STANDARDIZATION
GUIDELINES FOR CRIMINAL CASES

刑事案件
规范化指引

项国 ◎ 编著

中国民主法制出版社
全国百佳图书出版单位

图书在版编目（CIP）数据

刑事案件规范化指引 / 项国编著 . — 北京：中国民主法制出版社，2023.9

ISBN 978-7-5162-3386-3

Ⅰ . ①刑… Ⅱ . ①项… Ⅲ . ①刑事犯罪—案例—中国 Ⅳ . ① D924.115

中国国家版本馆 CIP 数据核字（2023）第 174583 号

图书出品人：刘海涛
责 任 编 辑：逯卫光　莫义亮

书　　名 / 刑事案件规范化指引
作　　者 / 项国　编著

出版·发行 / 中国民主法制出版社
地址 / 北京市丰台区右安门外玉林里 7 号（100069）
电话 /（010）63055259（总编室）　63057714（发行部）
传真 /（010）63056975　63056983
http:// www.npcpub.com
E-mail: mzfz@npcpub.com
经销 / 新华书店
开本 /16 开　787 毫米×1092 毫米
印张 /49.5　**字数** /965 千字
版本 /2023 年 10 月第 1 版　2023 年 10 月第 1 次印刷
印刷 / 三河市中晟雅豪印务有限公司

书号 /ISBN 978-7-5162-3386-3
定价 /168.00 元
出版声明 / 版权所有，侵权必究。

前 言

　　刑法是保护企业和企业家最有力的法律。面对经济犯罪的严峻形势，犯罪化加速推进，刑罚日益严厉，这是近半个多世纪以来世界刑事法律发展的基本趋势。在我国法治传统薄弱、法治不完善的国情下，如果尊重和保护企业和企业家权利的意识不强、政策不清晰、制度不健全，面对复杂的经济犯罪（法定犯居多，前置性行政法规则复杂），不断扩大的犯罪圈和不断强化的刑罚措施也可能加大其伤害企业和企业家的风险。这是一个刑事立法问题，也是一个刑事司法问题，从深层看是一个法治文化问题。刑事案件的规范化处理对于维护社会秩序、保护人民权益至关重要。然而，由于案件的复杂性和多样性，使得刑事司法过程变得复杂。在这个背景下，基于多年的工作经验和对案件处理的深入研究，本人撰写了《刑事案件规范化指引》一书，旨在为从事刑事司法工作的法官、检察官、辩护律师以及其他相关从业人员提供一份全面而实用的指南，帮助读者理解和应用现行的法律法规，以及在处理刑事案件过程中应遵循的程序和原则。无论您是从事刑事司法工作的新手还是资深从业人员，本书都将为您提供有关刑事案件规范化处理的重要知识和指导。

　　本书主要源于以下 3 个方面的出发点：一是与贯彻最高法的要求有关。最高法近几年针对争议比较大的一些案件，建立了类案以及关联案件的强制检索的机制，以确保类案裁判标准、法律适用的统一。其实这不仅仅是对司法裁判人员的要求，也是对每一个办案人员、律师的要求。我们在办理案件过程当中，不能够将目光仅仅局限于法律、司法解释的规定，而且要进行类案检索，比较检索到的这一类案件和在办案件有哪些异同，有哪些有可以借鉴的地方，目的是实现个案的司法公正。二是与涉企犯罪本身的特殊性有关。这一类的犯罪往往疑难、复杂，罪与非罪存在着模糊的地带。很多企业从业人员缺乏合规的意识，一不小心就很容易触碰刑事犯罪的高压线，从而身陷囹圄，甚至导致企业面临灭顶之灾。本书提取了与企业合规运行有关的有罪裁判要旨，经过梳理发现，其实每一个涉企犯罪的有罪裁判要旨，就是一个企业经营过程当中常见的刑事风险点。所以本书可以助推企业从业人员更好地识别刑事风险，更好地合规经营。三是有助于办案人员提高办案的效率和效果。每一个涉企犯罪的背后，其实都对应着非常复杂的法律条文。这些条文、司法解释很繁杂，晦涩难懂。作为一名专业人员，作者对这些判决、裁判要旨、包括司法解释进行提炼，然后进行分类、整合，形成了本书。这样就便于办案人员查阅对照，帮助其就比较复杂的涉企犯罪作出快速的反应，进行案件的专业分析和预判，提高办案的效率和效果。

本书分为六章，第一章为重要法律法规文件汇编，包括《中共中央关于加强新时代检察机关法律监督工作的意见》《中华人民共和国人民检察院组织法》《中华人民共和国检察官法》《信访工作条例》《最高人民检察院关于推进行政执法与刑事司法衔接工作的规定》《最高人民法院　最高人民检察院关于检察公益诉讼案件适用法律若干问题的解释》《人民检察院检察建议工作规定》。第二章为最高人民法院等关于常见犯罪的量刑指导意见，包括《最高人民法院　最高人民检察院　公安部　国家安全部　司法部关于加强协调配合积极推进量刑规范化改革的通知》《最高人民法院关于常见犯罪的量刑指导意见》《最高人民法院关于常见犯罪的量刑指导意见（二）（试行）》。第三章为常见犯罪的量刑案例，精选了五大案例，包括胡某红敲诈勒索案、张某宝故意伤害案、黄某钊掩饰隐瞒犯罪所得案、高某交通肇事案、王某涛盗窃案。第四章为认罪认罚制度，介绍《最高人民法院　最高人民检察院　公安部　国家安全部　司法部印发〈关于适用认罪认罚从宽制度的指导意见〉的通知》。第五章为最高人民检察院指导性案例，精选了190个指导性案例，分为47批指导性案例分类介绍。第六章为企业合规，收录了《关于印发〈最高人民检察院关于开展企业合规改革试点工作方案〉的通知》《最高人民检察院关于开展企业合规改革试点工作方案》《最高人民检察院关于加强涉企业合规案件办理工作的通知》《最高人民检察院　司法部　财政部　生态环境部　国务院国有资产监督管理委员会　国家税务总局　国家市场监督管理总局　中华全国工商业联合会　中国国际贸易促进委员会关于印发〈关于建立涉案企业合规第三方监督评估机制的指导意见（试行）〉的通知》《关于印发〈《关于建立涉案企业合规第三方监督评估机制的指导意见（试行）》实施细则〉〈涉案企业合规第三方监督评估机制专业人员选任管理办法（试行）〉的通知》；分四批介绍了 20 个精选企业合规改革试点典型案例。此外，本书附录了立案追溯标准（常用罪名数额标准一览表）及刑事罪名分类汇总。

　　本书可作为从事刑事司法工作的人员以及其他相关从业人员的工具书和参考用书。通过遵循其中的原则和指导，读者能够在刑事司法领域中更加自信和专业地开展工作。

　　作为作者，希望读者能从本书中有所受益，同时，希望本书能够促进对刑事案件规范化处理的深入思考和讨论，为我们的司法体系的改进和发展作出贡献。另外，希望读者多提宝贵意见，联系邮箱：620748720@QQ.COM。

项　国

2023 年 7 月 13 日

目　录

第一章　重要法律法规文件汇编

第二章　最高人民法院等关于常见犯罪的量刑指导意见

第三章 常见犯罪的量刑案例

第四章 认罪认罚制度

第五章 最高人民检察院指导性案例

第六章　企业合规

附　　录

第一章

重要法律法规文件汇编

中共中央关于加强新时代检察机关法律监督工作的意见

（2021 年 6 月 15 日，中发〔2021〕28 号）

人民检察院是国家的法律监督机关，是保障国家法律统一正确实施的司法机关，是保护国家利益和社会公共利益的重要力量，是国家监督体系的重要组成部分，在推进全面依法治国、建设社会主义法治国家中发挥着重要作用。党的十八大以来，在以习近平同志为核心的党中央坚强领导下，各级检察机关认真贯彻党中央决策部署，依法忠实履行法律监督职责，为促进经济社会发展作出了积极贡献。进入新发展阶段，与人民群众在民主、法治、公平、正义、安全、环境等方面的新需求相比，法律执行和实施仍是亟需补齐的短板，检察机关法律监督职能作用发挥还不够充分。为进一步加强党对检察工作的绝对领导，确保检察机关依法履行宪法法律赋予的法律监督职责，现就加强新时代检察机关法律监督工作提出如下意见。

一、总体要求

坚持以习近平新时代中国特色社会主义思想为指导，全面贯彻党的十九大和十九届二中、三中、四中、五中全会精神，深入贯彻习近平法治思想，增强"四个意识"、坚定"四个自信"、做到"两个维护"，紧紧围绕统筹推进"五位一体"总体布局、协调推进"四个全面"战略布局，讲政治、顾大局、谋发展、重自强，以高度的政治自觉依法履行刑事、民事、行政和公益诉讼等检察职能，实现各项检察工作全面协调充分发展，推动检察机关法律监督与其他各类监督有机贯通、相互协调，全面深化司法体制改革，大力推进检察队伍革命化、正规化、专业化、职业化建设，着力提高法律监督能力水平，为坚持和完善中国特色社会主义制度、推进国家治理体系和治理能力现代化不断作出新贡献。

二、充分发挥法律监督职能作用，为大局服务、为人民司法

1. 坚决维护国家安全和社会大局稳定。坚持总体国家安全观，积极投入更高水平

的平安中国建设。坚决防范和依法惩治分裂国家、颠覆国家政权、组织实施恐怖活动等犯罪，提高维护国家安全能力。常态化开展扫黑除恶斗争，实现常治长效。依法惩治和有效预防网络犯罪，推动健全网络综合治理体系，营造清朗的网络空间。根据犯罪情况和治安形势变化，准确把握宽严相济刑事政策，落实认罪认罚从宽制度，严格依法适用逮捕羁押措施，促进社会和谐稳定。积极参与社会治安防控体系建设，促进提高社会治理法治化水平。

2. 服务保障经济社会高质量发展。准确把握新发展阶段，深入贯彻新发展理念，服务构建新发展格局，充分发挥检察职能作用，为经济社会高质量发展提供有力司法保障。依法参与金融风险防范化解工作，服务巩固拓展脱贫攻坚成果和全面推进乡村振兴，加强生态文明司法保护。依法维护企业合法权益。加强知识产权司法保护，服务保障创新驱动发展。加强区域执法司法协作，服务保障国家重大战略实施。深化国际司法合作，坚决维护司法主权、捍卫国家利益。

3. 切实加强民生司法保障。坚持以人民为中心的发展思想，顺应新时代人民对美好生活的新需求，依法从严惩治危害食品药品安全、污染环境、危害安全生产等犯罪，切实保障民生福祉。抓住人民群众反映强烈的执法不严、司法不公等问题，加大法律监督力度，维护社会公平正义。坚持和发展新时代"枫桥经验"，健全控告申诉检察工作机制，完善办理群众信访制度，引入听证等方式审查办理疑难案件，有效化解矛盾纠纷。强化未成年人司法保护，完善专业化与社会化相结合的保护体系。

4. 积极引领社会法治意识。将社会主义核心价值观融入法律监督，通过促进严格执法、公正司法，规范社会行为、引领社会风尚。定期分析公布法律监督工作有关情况，深化检务公开，提升司法公信力，以司法公正引领社会公正。落实"谁执法谁普法"普法责任制，及时发布指导性案例和典型案例，加强法律文书说理和以案释法，深化法治进校园、进社区等活动，促进全民法治观念养成。

三、全面提升法律监督质量和效果，维护司法公正

5. 健全行政执法和刑事司法衔接机制。完善检察机关与行政执法机关、公安机关、审判机关、司法行政机关执法司法信息共享、案情通报、案件移送制度，实现行政处罚与刑事处罚依法对接。对于行政执法机关不依法向公安机关移送涉嫌犯罪案件的，检察机关要依法监督。发现行政执法人员涉嫌职务违法或者职务犯罪线索的，移交监察机关处理。健全检察机关对决定不起诉的犯罪嫌疑人依法移送有关主管机关给予行政处罚、政务处分或者其他处分的制度。

6. 强化刑事立案、侦查活动和审判活动监督。及时发现和纠正应当立案而不立案、不应当立案而立案、长期"挂案"等违法情形，坚决防止和纠正以刑事手段插手民事纠纷、经济纠纷。增强及时发现和纠正刑讯逼供、非法取证等侦查违法行为的能力，从源头上防范冤假错案发生。规范强制措施和侦查手段适用，切实保障人权。落实以审判为中心的诉讼制度改革要求，秉持客观公正立场，强化证据审查，严格落实非法

证据排除规则，坚持疑罪从无，依法及时有效履行审查逮捕、审查起诉和指控证明犯罪等职责。加强保障律师执业权利法律监督，纠正阻碍律师依法行使诉讼权利的行为。综合运用抗诉、纠正意见、检察建议等监督手段，及时纠正定罪量刑明显不当、审判程序严重违法等问题。进一步加强死刑复核法律监督工作。

7. 加强检察机关与监察机关办案衔接和配合制约。健全衔接顺畅、权威高效的工作机制，推动刑事司法与监察调查的办案程序、证据标准衔接。落实检察机关与监察机关办理职务犯罪案件互相配合、互相制约原则，完善监察机关商请检察机关派员提前介入办理职务犯罪案件工作机制，以及检察机关退回补充调查和自行补充侦查机制。加强检察机关立案侦查司法工作人员相关职务犯罪与监察机关管辖案件的衔接协调、线索移送和办案协作，不断增强依法反腐合力。

8. 完善刑事执行和监管执法监督。健全对监狱、看守所等监管场所派驻检察与巡回检察相结合的工作机制，加强对社区矫正和财产刑执行的监督，促进严格依法监管，增强罪犯改造成效。加强对刑罚交付执行、强制医疗执行的监督，维护司法权威。完善对刑罚变更执行的同步监督机制，有效防止和纠正违法减刑、假释、暂予监外执行。加强与监管场所信息联网建设，强化对超期羁押、在押人员非正常死亡案件的监督。

9. 精准开展民事诉讼监督。以全面实施民法典为契机，进一步加强民事检察工作，畅通司法救济渠道，加强对损害社会公共利益、程序违法、裁判显失公平等突出问题的监督，依法保护公民、法人和其他组织的合法权益。健全检察机关依法启动民事诉讼监督机制，完善对生效民事裁判申诉的受理审查机制，完善案卷调阅制度。健全抗诉、检察建议等法律监督方式，增强监督的主动性、精准度和实效性。深入推进全国执行与监督信息法检共享，推动依法解决执行难问题，加强对损害国家利益或者社会公共利益、严重损害当事人合法权益、造成重大社会影响等违法执行行为的监督。加强检察机关与审判机关、公安机关协作配合，健全对虚假诉讼的防范、发现和追究机制。

10. 全面深化行政检察监督。检察机关依法履行对行政诉讼活动的法律监督职能，促进审判机关依法审判，推进行政机关依法履职，维护行政相对人合法权益；在履行法律监督职责中发现行政机关违法行使职权或者不行使职权的，可以依照法律规定制发检察建议等督促其纠正；在履行法律监督职责中开展行政争议实质性化解工作，促进案结事了。

11. 积极稳妥推进公益诉讼检察。建立公益诉讼检察与行政执法信息共享机制，加大生态环境和资源保护、食品药品安全、国有财产保护、国有土地使用权出让和英烈权益保护、未成年人权益保护等重点领域公益诉讼案件办理力度。积极稳妥拓展公益诉讼案件范围，探索办理安全生产、公共卫生、妇女及残疾人权益保护、个人信息保护、文物和文化遗产保护等领域公益损害案件，总结实践经验，完善相关立法。

12. 完善审判监督工作机制。加强对审判工作中自由裁量权行使的监督。完善对人民法院巡回法庭和跨行政区划审判机构等审判活动的监督机制，确保法律监督不留死角。

13. 进一步提升法律监督效能。检察机关要加强对监督事项的调查核实工作，精准开展法律监督。检察机关依法调阅被监督单位的卷宗材料或者其他文件，询问当事人、案外人或者其他有关人员，收集证据材料的，有关单位和个人应当协助配合。依法向有关单位提出纠正意见或者检察建议的，有关单位应当及时整改落实并回复，有不同意见的，可以在规定时间内书面说明情况或者提出复议。对于无正当理由拒绝协助调查和接受监督的单位和个人，检察机关可以建议监察机关或者该单位的上级主管机关依法依规处理。检察机关在法律监督中发现党员涉嫌违犯党纪或者公职人员涉嫌职务违法、职务犯罪的线索，应当按照规定移送纪检监察机关或者有关党组织、任免机关和单位依规依纪依法处理。

四、加强过硬检察队伍建设，全面落实司法责任制

14. 旗帜鲜明把加强党的政治建设放在首位。强化政治机关意识，不断提高检察人员政治判断力、政治领悟力、政治执行力。深入开展社会主义法治理念教育，确保检察人员绝对忠诚、绝对纯洁、绝对可靠。扎实开展检察队伍教育整顿，推动解决顽瘴痼疾。加强检察机关党风廉政建设，严格落实中央八项规定精神。完善检察权运行制约监督机制，建立健全廉政风险防控体系。强化内部监督，严格执行领导干部干预司法活动、插手具体案件处理的记录、通报和责任追究等规定。

15. 着力提升检察人员专业素养。围绕检察机关专业化建设目标，全面提升检察人员专业知识、专业能力、专业作风、专业精神。按照政法队伍人才发展规划要求，加快实施检察领军人才培养计划，健全检察业务专家制度，深化检察人才库建设。健全检察人员职业培训制度，建立检察官与法官、人民警察、律师等同堂培训制度，统一执法司法理念和办案标准尺度。

16. 深化司法责任制综合配套改革。健全检察官、检察辅助人员和司法行政人员分类招录、管理、保障制度，畅通三类检察人员职业发展通道，严格控制编制外聘用人员。完善检察官遴选入额和员额退出机制及其配套政策。建立健全检察官惩戒和权益保障制度，落实检察人员履行法定职责保护机制和不实举报澄清机制。

五、加强对检察机关法律监督工作的组织保障

17. 坚持和完善党对检察机关法律监督工作的领导。严格执行《中国共产党政法工作条例》，最高人民检察院党组要认真履行领导责任，贯彻落实党中央决策部署，对于检察机关法律监督工作中的重大问题和重大事项，按照规定向党中央和总书记以及中央政法委请示报告。地方各级检察机关党组要严格执行向同级党委及其政法委请示报告工作的制度。各级党委要定期听取检察机关工作情况汇报，研究解决检察机关法律监督工作中的重大问题。各级党委政法委要指导、支持、督促检察机关在宪法法律规定的职责范围内开展工作。坚持党管干部原则，把政治标准作为选配领导干部的第一标准，选优配强各级检察机关领导班子。按照有关规定，做好上级检察机关党组

对下级检察机关领导班子协管工作。落实检察机关领导班子成员任职回避及交流轮岗制度，根据实际情况对任职时间较长的副职进行异地交流、部门交流。

18.加强对检察机关法律监督工作的监督制约。各级人民代表大会及其常委会要通过听取和审议检察机关工作报告、专项工作报告以及开展法律实施情况检查、询问和质询、特定问题调查等方式，监督和支持检察机关依法履行职责。各级政协要加强对检察机关的民主监督。各级纪检监察机关要加强对检察人员履职行为的监督，健全调查处置违纪违法检察人员与检察官惩戒制度的衔接机制，确保检察权依法规范行使。完善人民监督员制度，拓宽群众有序参与和监督司法的渠道。审判机关、检察机关、公安机关按照有关规定分工负责、互相配合、互相制约，保证准确有效执行法律。

19.加强对检察机关法律监督工作的支持保障。各级政府及其工作部门要支持检察机关依法开展法律监督工作。加强对检察机关履行职责的经费保障和办案业务装备建设。加强检察机关信息化、智能化建设，运用大数据、区块链等技术推进公安机关、检察机关、审判机关、司法行政机关等跨部门大数据协同办案，实现案件数据和办案信息网上流转，推进涉案财物规范管理和证据、案卷电子化共享。因地制宜，有序推进省以下检察院财物省级统管改革，完善市、县级检察院公用经费保障标准。根据经济社会发展和案件数量变化，适应检察机关法律监督工作需要，优化编制布局，强化编制动态管理，加强省级行政区划内编制动态调整。完善符合基层实际的人才招录政策，加强检察机关基层基础建设。加大对边远、欠发达、条件艰苦地区基层检察院帮扶援建力度。按照重心下移、检力下沉要求，加强基层检察院办案规范化建设，全面提高做好新时代法律监督工作的能力和水平。

中华人民共和国人民检察院组织法

（1979年7月1日第五届全国人民代表大会第二次会议通过　根据1983年9月2日第六届全国人民代表大会常务委员会第二次会议《关于修改〈中华人民共和国人民检察院组织法〉的决定》第一次修正　根据1986年12月2日第六届全国人民代表大会常务委员会第十八次会议《关于修改〈中华人民共和国地方各级人民代表大会和地方各级人民政府组织法〉的决定》第二次修正　2018年10月26日第十三届全国人民代表大会常务委员会第六次会议修订）

目　录

第一章　总　则

第一条　为了规范人民检察院的设置、组织和职权，保障人民检察院依法履行职责，根据宪法，制定本法。

第二条　人民检察院是国家的法律监督机关。

人民检察院通过行使检察权，追诉犯罪，维护国家安全和社会秩序，维护个人和组织的合法权益，维护国家利益和社会公共利益，保障法律正确实施，维护社会公平正义，维护国家法制统一、尊严和权威，保障中国特色社会主义建设的顺利进行。

第三条　人民检察院依照宪法、法律和全国人民代表大会常务委员会的决定设置。

第四条　人民检察院依照法律规定独立行使检察权，不受行政机关、社会团体和个人的干涉。

第五条　人民检察院行使检察权在适用法律上一律平等，不允许任何组织和个人有超越法律的特权，禁止任何形式的歧视。

第六条　人民检察院坚持司法公正，以事实为根据，以法律为准绳，遵守法定程序，尊重和保障人权。

第七条　人民检察院实行司法公开，法律另有规定的除外。

第八条　人民检察院实行司法责任制，建立健全权责统一的司法权力运行机制。

第九条　最高人民检察院对全国人民代表大会及其常务委员会负责并报告工作。地方各级人民检察院对本级人民代表大会及其常务委员会负责并报告工作。

各级人民代表大会及其常务委员会对本级人民检察院的工作实施监督。

第十条　最高人民检察院是最高检察机关。

最高人民检察院领导地方各级人民检察院和专门人民检察院的工作，上级人民检察院领导下级人民检察院的工作。

第十一条　人民检察院应当接受人民群众监督，保障人民群众对人民检察院工作依法享有知情权、参与权和监督权。

第二章　人民检察院的设置和职权

第十二条　人民检察院分为：

（一）最高人民检察院；

（二）地方各级人民检察院；

（三）军事检察院等专门人民检察院。

第十三条　地方各级人民检察院分为：

（一）省级人民检察院，包括省、自治区、直辖市人民检察院；

（二）设区的市级人民检察院，包括省、自治区辖市人民检察院，自治州人民检察院，省、自治区、直辖市人民检察院分院；

（三）基层人民检察院，包括县、自治县、不设区的市、市辖区人民检察院。

第十四条 在新疆生产建设兵团设立的人民检察院的组织、案件管辖范围和检察官任免，依照全国人民代表大会常务委员会的有关规定。

第十五条 专门人民检察院的设置、组织、职权和检察官任免，由全国人民代表大会常务委员会规定。

第十六条 省级人民检察院和设区的市级人民检察院根据检察工作需要，经最高人民检察院和省级有关部门同意，并提请本级人民代表大会常务委员会批准，可以在辖区内特定区域设立人民检察院，作为派出机构。

第十七条 人民检察院根据检察工作需要，可以在监狱、看守所等场所设立检察室，行使派出它的人民检察院的部分职权，也可以对上述场所进行巡回检察。

省级人民检察院设立检察室，应当经最高人民检察院和省级有关部门同意。设区的市级人民检察院、基层人民检察院设立检察室，应当经省级人民检察院和省级有关部门同意。

第十八条 人民检察院根据检察工作需要，设必要的业务机构。检察官员额较少的设区的市级人民检察院和基层人民检察院，可以设综合业务机构。

第十九条 人民检察院根据工作需要，可以设必要的检察辅助机构和行政管理机构。

第二十条 人民检察院行使下列职权：

（一）依照法律规定对有关刑事案件行使侦查权；

（二）对刑事案件进行审查，批准或者决定是否逮捕犯罪嫌疑人；

（三）对刑事案件进行审查，决定是否提起公诉，对决定提起公诉的案件支持公诉；

（四）依照法律规定提起公益诉讼；

（五）对诉讼活动实行法律监督；

（六）对判决、裁定等生效法律文书的执行工作实行法律监督；

（七）对监狱、看守所的执法活动实行法律监督；

（八）法律规定的其他职权。

第二十一条 人民检察院行使本法第二十条规定的法律监督职权，可以进行调查核实，并依法提出抗诉、纠正意见、检察建议。有关单位应当予以配合，并及时将采纳纠正意见、检察建议的情况书面回复人民检察院。

抗诉、纠正意见、检察建议的适用范围及其程序，依照法律有关规定。

第二十二条 最高人民检察院对最高人民法院的死刑复核活动实行监督；对报请核准追诉的案件进行审查，决定是否追诉。

第二十三条 最高人民检察院可以对属于检察工作中具体应用法律的问题进行解释。

最高人民检察院可以发布指导性案例。

第二十四条 上级人民检察院对下级人民检察院行使下列职权：

（一）认为下级人民检察院的决定错误的，指令下级人民检察院纠正，或者依法撤销、变更；

（二）可以对下级人民检察院管辖的案件指定管辖；

（三）可以办理下级人民检察院管辖的案件；

（四）可以统一调用辖区的检察人员办理案件。

上级人民检察院的决定，应当以书面形式作出。

第二十五条 下级人民检察院应当执行上级人民检察院的决定；有不同意见的，可以在执行的同时向上级人民检察院报告。

第二十六条 人民检察院检察长或者检察长委托的副检察长，可以列席同级人民法院审判委员会会议。

第二十七条 人民监督员依照规定对人民检察院的办案活动实行监督。

第三章 人民检察院的办案组织

第二十八条 人民检察院办理案件，根据案件情况可以由一名检察官独任办理，也可以由两名以上检察官组成办案组办理。

由检察官办案组办理的，检察长应当指定一名检察官担任主办检察官，组织、指挥办案组办理案件。

第二十九条 检察官在检察长领导下开展工作，重大办案事项由检察长决定。检察长可以将部分职权委托检察官行使，可以授权检察官签发法律文书。

第三十条 各级人民检察院设检察委员会。检察委员会由检察长、副检察长和若干资深检察官组成，成员应当为单数。

第三十一条 检察委员会履行下列职能：

（一）总结检察工作经验；

（二）讨论决定重大、疑难、复杂案件；

（三）讨论决定其他有关检察工作的重大问题。

最高人民检察院对属于检察工作中具体应用法律的问题进行解释、发布指导性案例，应当由检察委员会讨论通过。

第三十二条 检察委员会召开会议，应当有其组成人员的过半数出席。

检察委员会会议由检察长或者检察长委托的副检察长主持。检察委员会实行民主集中制。

地方各级人民检察院的检察长不同意本院检察委员会多数人的意见，属于办理案件的，可以报请上一级人民检察院决定；属于重大事项的，可以报请上一级人民检察院或者本级人民代表大会常务委员会决定。

第三十三条 检察官可以就重大案件和其他重大问题，提请检察长决定。检察长可以根据案件情况，提交检察委员会讨论决定。

检察委员会讨论案件，检察官对其汇报的事实负责，检察委员会委员对本人发表的意见和表决负责。检察委员会的决定，检察官应当执行。

第三十四条　人民检察院实行检察官办案责任制。检察官对其职权范围内就案件作出的决定负责。检察长、检察委员会对案件作出决定的，承担相应责任。

第四章　人民检察院的人员组成

第三十五条　人民检察院的检察人员由检察长、副检察长、检察委员会委员和检察员等人员组成。

第三十六条　人民检察院检察长领导本院检察工作，管理本院行政事务。人民检察院副检察长协助检察长工作。

第三十七条　最高人民检察院检察长由全国人民代表大会选举和罢免，副检察长、检察委员会委员和检察员由检察长提请全国人民代表大会常务委员会任免。

第三十八条　地方各级人民检察院检察长由本级人民代表大会选举和罢免，副检察长、检察委员会委员和检察员由检察长提请本级人民代表大会常务委员会任免。

地方各级人民检察院检察长的任免，须报上一级人民检察院检察长提请本级人民代表大会常务委员会批准。

省、自治区、直辖市人民检察院分院检察长、副检察长、检察委员会委员和检察员，由省、自治区、直辖市人民检察院检察长提请本级人民代表大会常务委员会任免。

第三十九条　人民检察院检察长任期与产生它的人民代表大会每届任期相同。

全国人民代表大会常务委员会和省、自治区、直辖市人民代表大会常务委员会根据本级人民检察院检察长的建议，可以撤换下级人民检察院检察长、副检察长和检察委员会委员。

第四十条　人民检察院的检察官、检察辅助人员和司法行政人员实行分类管理。

第四十一条　检察官实行员额制。检察官员额根据案件数量、经济社会发展情况、人口数量和人民检察院层级等因素确定。

最高人民检察院检察官员额由最高人民检察院商有关部门确定。地方各级人民检察院检察官员额，在省、自治区、直辖市内实行总量控制、动态管理。

第四十二条　检察官从取得法律职业资格并且具备法律规定的其他条件的人员中选任。初任检察官应当由检察官遴选委员会进行专业能力审核。上级人民检察院的检察官一般从下级人民检察院的检察官中择优遴选。

检察长应当具有法学专业知识和法律职业经历。副检察长、检察委员会委员应当从检察官、法官或者其他具备检察官、法官条件的人员中产生。

检察官的职责、管理和保障，依照《中华人民共和国检察官法》的规定。

第四十三条　人民检察院的检察官助理在检察官指导下负责审查案件材料、草拟法律文书等检察辅助事务。

符合检察官任职条件的检察官助理，经遴选后可以按照检察官任免程序任命为检察官。

第四十四条 人民检察院的书记员负责案件记录等检察辅助事务。

第四十五条 人民检察院的司法警察负责办案场所警戒、人员押解和看管等警务事项。

司法警察依照《中华人民共和国人民警察法》管理。

第四十六条 人民检察院根据检察工作需要，可以设检察技术人员，负责与检察工作有关的事项。

第五章　人民检察院行使职权的保障

第四十七条 任何单位或者个人不得要求检察官从事超出法定职责范围的事务。

对于领导干部等干预司法活动、插手具体案件处理，或者人民检察院内部人员过问案件情况的，办案人员应当全面如实记录并报告；有违法违纪情形的，由有关机关根据情节轻重追究行为人的责任。

第四十八条 人民检察院采取必要措施，维护办案安全。对妨碍人民检察院依法行使职权的违法犯罪行为，依法追究法律责任。

第四十九条 人民检察院实行培训制度，检察官、检察辅助人员和司法行政人员应当接受理论和业务培训。

第五十条 人民检察院人员编制实行专项管理。

第五十一条 人民检察院的经费按照事权划分的原则列入财政预算，保障检察工作需要。

第五十二条 人民检察院应当加强信息化建设，运用现代信息技术，促进司法公开，提高工作效率。

第六章　附　　则

第五十三条 本法自2019年1月1日起施行。

中华人民共和国检察官法

（1995年2月28日第八届全国人民代表大会常务委员会第十二次会议通过　根据2001年6月30日第九届全国人民代表大会常务委员会第二十二次会议《关于修改〈中华人民共和国检察官法〉的决定》第一次修正　根据2017年9月1日第十二届全国人民代表大会常务委员会第二十九次会议《关于修改〈中华人民共和国法官法〉等八部法律的决定》第二次修正　2019年4月23日第十三届全国人民代表大会常务委员会

第十次会议修订）

目　　录

第一章　总　　则

第一条　为了全面推进高素质检察官队伍建设，加强对检察官的管理和监督，维护检察官合法权益，保障人民检察院依法独立行使检察权，保障检察官依法履行职责，保障司法公正，根据宪法，制定本法。

第二条　检察官是依法行使国家检察权的检察人员，包括最高人民检察院、地方各级人民检察院和军事检察院等专门人民检察院的检察长、副检察长、检察委员会委员和检察员。

第三条　检察官必须忠实执行宪法和法律，维护社会公平正义，全心全意为人民服务。

第四条　检察官应当勤勉尽责，清正廉明，恪守职业道德。

第五条　检察官履行职责，应当以事实为根据，以法律为准绳，秉持客观公正的立场。

检察官办理刑事案件，应当严格坚持罪刑法定原则，尊重和保障人权，既要追诉犯罪，也要保障无罪的人不受刑事追究。

第六条　检察官依法履行职责，受法律保护，不受行政机关、社会团体和个人的干涉。

第二章　检察官的职责、义务和权利

第七条　检察官的职责：

（一）对法律规定由人民检察院直接受理的刑事案件进行侦查；

（二）对刑事案件进行审查逮捕、审查起诉，代表国家进行公诉；

（三）开展公益诉讼工作；

（四）开展对刑事、民事、行政诉讼活动的监督工作；

（五）法律规定的其他职责。

检察官对其职权范围内就案件作出的决定负责。

第八条 人民检察院检察长、副检察长、检察委员会委员除履行检察职责外，还应当履行与其职务相适应的职责。

第九条 检察官在检察长领导下开展工作，重大办案事项由检察长决定。检察长可以将部分职权委托检察官行使，可以授权检察官签发法律文书。

第十条 检察官应当履行下列义务：

（一）严格遵守宪法和法律；

（二）秉公办案，不得徇私枉法；

（三）依法保障当事人和其他诉讼参与人的诉讼权利；

（四）维护国家利益、社会公共利益，维护个人和组织的合法权益；

（五）保守国家秘密和检察工作秘密，对履行职责中知悉的商业秘密和个人隐私予以保密；

（六）依法接受法律监督和人民群众监督；

（七）通过依法办理案件以案释法，增强全民法治观念，推进法治社会建设；

（八）法律规定的其他义务。

第十一条 检察官享有下列权利：

（一）履行检察官职责应当具有的职权和工作条件；

（二）非因法定事由、非经法定程序，不被调离、免职、降职、辞退或者处分；

（三）履行检察官职责应当享有的职业保障和福利待遇；

（四）人身、财产和住所安全受法律保护；

（五）提出申诉或者控告；

（六）法律规定的其他权利。

第三章 检察官的条件和遴选

第十二条 担任检察官必须具备下列条件：

（一）具有中华人民共和国国籍；

（二）拥护中华人民共和国宪法，拥护中国共产党领导和社会主义制度；

（三）具有良好的政治、业务素质和道德品行；

（四）具有正常履行职责的身体条件；

（五）具备普通高等学校法学类本科学历并获得学士及以上学位；或者普通高等学校非法学类本科及以上学历并获得法律硕士、法学硕士及以上学位；或者普通高等学校非法学类本科及以上学历，获得其他相应学位，并具有法律专业知识；

（六）从事法律工作满五年。其中获得法律硕士、法学硕士学位，或者获得法学博士学位的，从事法律工作的年限可以分别放宽至四年、三年；

（七）初任检察官应当通过国家统一法律职业资格考试取得法律职业资格。

适用前款第五项规定的学历条件确有困难的地方，经最高人民检察院审核确定，在一定期限内，可以将担任检察官的学历条件放宽为高等学校本科毕业。

第十三条　下列人员不得担任检察官：

（一）因犯罪受过刑事处罚的；

（二）被开除公职的；

（三）被吊销律师、公证员执业证书或者被仲裁委员会除名的；

（四）有法律规定的其他情形的。

第十四条　初任检察官采用考试、考核的办法，按照德才兼备的标准，从具备检察官条件的人员中择优提出人选。

人民检察院的检察长应当具有法学专业知识和法律职业经历。副检察长、检察委员会委员应当从检察官、法官或者其他具备检察官条件的人员中产生。

第十五条　人民检察院可以根据检察工作需要，从律师或者法学教学、研究人员等从事法律职业的人员中公开选拔检察官。

除应当具备检察官任职条件外，参加公开选拔的律师应当实际执业不少于五年，执业经验丰富，从业声誉良好，参加公开选拔的法学教学、研究人员应当具有中级以上职称，从事教学、研究工作五年以上，有突出研究能力和相应研究成果。

第十六条　省、自治区、直辖市设立检察官遴选委员会，负责初任检察官人选专业能力的审核。

省级检察官遴选委员会的组成人员应当包括地方各级人民检察院检察官代表、其他从事法律职业的人员和有关方面代表，其中检察官代表不少于三分之一。

省级检察官遴选委员会的日常工作由省级人民检察院的内设职能部门承担。

遴选最高人民检察院检察官应当设立最高人民检察院检察官遴选委员会，负责检察官人选专业能力的审核。

第十七条　初任检察官一般到基层人民检察院任职。上级人民检察院检察官一般逐级遴选；最高人民检察院和省级人民检察院检察官可以从下两级人民检察院遴选。参加上级人民检察院遴选的检察官应当在下级人民检察院担任检察官一定年限，并具有遴选职位相关工作经历。

第四章　检察官的任免

第十八条　检察官的任免，依照宪法和法律规定的任免权限和程序办理。

最高人民检察院检察长由全国人民代表大会选举和罢免，副检察长、检察委员会委员和检察员，由检察长提请全国人民代表大会常务委员会任免。

地方各级人民检察院检察长由本级人民代表大会选举和罢免，副检察长、检察委员会委员和检察员，由检察长提请本级人民代表大会常务委员会任免。

地方各级人民检察院检察长的任免，须报上一级人民检察院检察长提请本级人民代表大会常务委员会批准。

省、自治区、直辖市人民检察院分院检察长、副检察长、检察委员会委员和检察员，由省、自治区、直辖市人民检察院检察长提请本级人民代表大会常务委员会任免。

省级人民检察院和设区的市级人民检察院依法设立作为派出机构的人民检察院的检察长、副检察长、检察委员会委员和检察员，由派出的人民检察院检察长提请本级人民代表大会常务委员会任免。

新疆生产建设兵团各级人民检察院、专门人民检察院的检察长、副检察长、检察委员会委员和检察员，依照全国人民代表大会常务委员会的有关规定任免。

第十九条 检察官在依照法定程序产生后，在就职时应当公开进行宪法宣誓。

第二十条 检察官有下列情形之一的，应当依法提请免除其检察官职务：

（一）丧失中华人民共和国国籍的；

（二）调出所任职人民检察院的；

（三）职务变动不需要保留检察官职务的，或者本人申请免除检察官职务经批准的；

（四）经考核不能胜任检察官职务的；

（五）因健康原因长期不能履行职务的；

（六）退休的；

（七）辞职或者依法应当予以辞退的；

（八）因违纪违法不宜继续任职的。

第二十一条 对于不具备本法规定条件或者违反法定程序被选举为人民检察院检察长的，上一级人民检察院检察长有权提请本级人民代表大会常务委员会不批准。

第二十二条 发现违反本法规定的条件任命检察官的，任命机关应当撤销该项任命；上级人民检察院发现下级人民检察院检察官的任命违反本法规定的条件的，应当要求下级人民检察院依法提请任命机关撤销该项任命。

第二十三条 检察官不得兼任人民代表大会常务委员会的组成人员，不得兼任行政机关、监察机关、审判机关的职务，不得兼任企业或者其他营利性组织、事业单位的职务，不得兼任律师、仲裁员和公证员。

第二十四条 检察官之间有夫妻关系、直系血亲关系、三代以内旁系血亲以及近姻亲关系的，不得同时担任下列职务：

（一）同一人民检察院的检察长、副检察长、检察委员会委员；

（二）同一人民检察院的检察长、副检察长和检察员；

（三）同一业务部门的检察员；

（四）上下相邻两级人民检察院的检察长、副检察长。

第二十五条 检察官的配偶、父母、子女有下列情形之一的，检察官应当实行任职回避：

（一）担任该检察官所任职人民检察院辖区内律师事务所的合伙人或者设立人的；

（二）在该检察官所任职人民检察院辖区内以律师身份担任诉讼代理人、辩护人，或者为诉讼案件当事人提供其他有偿法律服务的。

第五章 检察官的管理

第二十六条 检察官实行员额制管理。检察官员额根据案件数量、经济社会发展情况、人口数量和人民检察院层级等因素确定，在省、自治区、直辖市内实行总量控制、动态管理，优先考虑基层人民检察院和案件数量多的人民检察院办案需要。

检察官员额出现空缺的，应当按照程序及时补充。

最高人民检察院检察官员额由最高人民检察院商有关部门确定。

第二十七条 检察官实行单独职务序列管理。

检察官等级分为十二级，依次为首席大检察官、一级大检察官、二级大检察官、一级高级检察官、二级高级检察官、三级高级检察官、四级高级检察官、一级检察官、二级检察官、三级检察官、四级检察官、五级检察官。

第二十八条 最高人民检察院检察长为首席大检察官。

第二十九条 检察官等级的确定，以检察官德才表现、业务水平、检察工作实绩和工作年限等为依据。

检察官等级晋升采取按期晋升和择优选升相结合的方式，特别优秀或者工作特殊需要的一线办案岗位检察官可以特别选升。

第三十条 检察官的等级设置、确定和晋升的具体办法，由国家另行规定。

第三十一条 初任检察官实行统一职前培训制度。

第三十二条 对检察官应当有计划地进行政治、理论和业务培训。

检察官的培训应当理论联系实际、按需施教、讲求实效。

第三十三条 检察官培训情况，作为检察官任职、等级晋升的依据之一。

第三十四条 检察官培训机构按照有关规定承担培训检察官的任务。

第三十五条 检察官申请辞职，应当由本人书面提出，经批准后，依照法律规定的程序免除其职务。

第三十六条 辞退检察官应当依照法律规定的程序免除其职务。

辞退检察官应当按照管理权限决定。辞退决定应当以书面形式通知被辞退的检察官，并列明作出决定的理由和依据。

第三十七条 检察官从人民检察院离任后两年内，不得以律师身份担任诉讼代理人或者辩护人。

检察官从人民检察院离任后，不得担任原任职检察院办理案件的诉讼代理人或者辩护人，但是作为当事人的监护人或者近亲属代理诉讼或者进行辩护的除外。

检察官被开除后，不得担任诉讼代理人或者辩护人，但是作为当事人的监护人或者近亲属代理诉讼或者进行辩护的除外。

第三十八条 检察官因工作需要，经单位选派或者批准，可以在高等学校、科研院所协助开展实践性教学、研究工作，并遵守国家有关规定。

第六章　检察官的考核、奖励和惩戒

第三十九条　人民检察院设立检察官考评委员会，负责对本院检察官的考核工作。

第四十条　检察官考评委员会的组成人员为五至九人。

检察官考评委员会主任由本院检察长担任。

第四十一条　对检察官的考核，应当全面、客观、公正，实行平时考核和年度考核相结合。

第四十二条　对检察官的考核内容包括：检察工作实绩、职业道德、专业水平、工作能力、工作作风。重点考核检察工作实绩。

第四十三条　年度考核结果分为优秀、称职、基本称职和不称职四个等次。

考核结果作为调整检察官等级、工资以及检察官奖惩、免职、降职、辞退的依据。

第四十四条　考核结果以书面形式通知检察官本人。检察官对考核结果如果有异议，可以申请复核。

第四十五条　检察官在检察工作中有显著成绩和贡献的，或者有其他突出事迹的，应当给予奖励。

第四十六条　检察官有下列表现之一的，应当给予奖励：

（一）公正司法，成绩显著的；

（二）总结检察实践经验成果突出，对检察工作有指导作用的；

（三）在办理重大案件、处理突发事件和承担专项重要工作中，做出显著成绩和贡献的；

（四）对检察工作提出改革建议被采纳，效果显著的；

（五）提出检察建议被采纳或者开展法治宣传、解决各类纠纷，效果显著的；

（六）有其他功绩的。

检察官的奖励按照有关规定办理。

第四十七条　检察官有下列行为之一的，应当给予处分；构成犯罪的，依法追究刑事责任：

（一）贪污受贿、徇私枉法、刑讯逼供的；

（二）隐瞒、伪造、变造、故意损毁证据、案件材料的；

（三）泄露国家秘密、检察工作秘密、商业秘密或者个人隐私的；

（四）故意违反法律法规办理案件的；

（五）因重大过失导致案件错误并造成严重后果的；

（六）拖延办案，贻误工作的；

（七）利用职权为自己或者他人谋取私利的；

（八）接受当事人及其代理人利益输送，或者违反有关规定会见当事人及其代理人的；

（九）违反有关规定从事或者参与营利性活动，在企业或者其他营利性组织中兼任职务的；

（十）有其他违纪违法行为的。

检察官的处分按照有关规定办理。

第四十八条　检察官涉嫌违纪违法，已经被立案调查、侦查，不宜继续履行职责的，按照管理权限和规定的程序暂时停止其履行职务。

第四十九条　最高人民检察院和省、自治区、直辖市设立检察官惩戒委员会，负责从专业角度审查认定检察官是否存在本法第四十七条第四项、第五项规定的违反检察职责的行为，提出构成故意违反职责、存在重大过失、存在一般过失或者没有违反职责等审查意见。检察官惩戒委员会提出审查意见后，人民检察院依照有关规定作出是否予以惩戒的决定，并给予相应处理。

检察官惩戒委员会由检察官代表、其他从事法律职业的人员和有关方面代表组成，其中检察官代表不少于半数。

最高人民检察院检察官惩戒委员会、省级检察官惩戒委员会的日常工作，由相关人民检察院的内设职能部门承担。

第五十条　检察官惩戒委员会审议惩戒事项时，当事检察官有权申请有关人员回避，有权进行陈述、举证、辩解。

第五十一条　检察官惩戒委员会作出的审查意见应当送达当事检察官。当事检察官对审查意见有异议的，可以向惩戒委员会提出，惩戒委员会应当对异议及其理由进行审查，作出决定。

第五十二条　检察官惩戒委员会审议惩戒事项的具体程序，由最高人民检察院商有关部门确定。

第七章　检察官的职业保障

第五十三条　人民检察院设立检察官权益保障委员会，维护检察官合法权益，保障检察官依法履行职责。

第五十四条　除下列情形外，不得将检察官调离检察业务岗位：

（一）按规定需要任职回避的；

（二）按规定实行任职交流的；

（三）因机构调整、撤销、合并或者缩减编制员额需要调整工作的；

（四）因违纪违法不适合在检察业务岗位工作的；

（五）法律规定的其他情形。

第五十五条　任何单位或者个人不得要求检察官从事超出法定职责范围的事务。

对任何干涉检察官办理案件的行为，检察官有权拒绝并予以全面如实记录和报告；有违纪违法情形的，由有关机关根据情节轻重追究有关责任人员、行为人的责任。

第五十六条　检察官的职业尊严和人身安全受法律保护。

任何单位和个人不得对检察官及其近亲属打击报复。

对检察官及其近亲属实施报复陷害、侮辱诽谤、暴力侵害、威胁恐吓、滋事骚扰等违法犯罪行为的，应当依法从严惩治。

第五十七条 检察官因依法履行职责遭受不实举报、诬告陷害、侮辱诽谤，致使名誉受到损害的，人民检察院应当会同有关部门及时澄清事实，消除不良影响，并依法追究相关单位或者个人的责任。

第五十八条 检察官因依法履行职责，本人及其近亲属人身安全面临危险的，人民检察院、公安机关应当对检察官及其近亲属采取人身保护、禁止特定人员接触等必要保护措施。

第五十九条 检察官实行与其职责相适应的工资制度，按照检察官等级享有国家规定的工资待遇，并建立与公务员工资同步调整机制。

检察官的工资制度，根据检察工作特点，由国家另行规定。

第六十条 检察官实行定期增资制度。

经年度考核确定为优秀、称职的，可以按照规定晋升工资档次。

第六十一条 检察官享受国家规定的津贴、补贴、奖金、保险和福利待遇。

第六十二条 检察官因公致残的，享受国家规定的伤残待遇。检察官因公牺牲、因公死亡或者病故的，其亲属享受国家规定的抚恤和优待。

第六十三条 检察官的退休制度，根据检察工作特点，由国家另行规定。

第六十四条 检察官退休后，享受国家规定的养老金和其他待遇。

第六十五条 对于国家机关及其工作人员侵犯本法第十一条规定的检察官权利的行为，检察官有权提出控告。

第六十六条 对检察官处分或者人事处理错误的，应当及时予以纠正；造成名誉损害的，应当恢复名誉、消除影响、赔礼道歉；造成经济损失的，应当赔偿。对打击报复的直接责任人员，应当依法追究其责任。

第八章 附 则

第六十七条 国家对初任检察官实行统一法律职业资格考试制度，由国务院司法行政部门商最高人民检察院等有关部门组织实施。

第六十八条 人民检察院的检察官助理在检察官指导下负责审查案件材料、草拟法律文书等检察辅助事务。

人民检察院应当加强检察官助理队伍建设，为检察官遴选储备人才。

第六十九条 有关检察官的权利、义务和管理制度，本法已有规定的，适用本法的规定；本法未作规定的，适用公务员管理的相关法律法规。

第七十条 本法自 2019 年 10 月 1 日起施行。

信访工作条例

（2022年1月24日中共中央政治局会议审议批准　2022年2月25日中共中央、国务院发布）

第一章　总　　则

第一条　为了坚持和加强党对信访工作的全面领导，做好新时代信访工作，保持党和政府同人民群众的密切联系，制定本条例。

第二条　本条例适用于各级党的机关、人大机关、行政机关、政协机关、监察机关、审判机关、检察机关以及群团组织、国有企事业单位等开展信访工作。

第三条　信访工作是党的群众工作的重要组成部分，是党和政府了解民情、集中民智、维护民利、凝聚民心的一项重要工作，是各级机关、单位及其领导干部、工作人员接受群众监督、改进工作作风的重要途径。

第四条　信访工作坚持以马克思列宁主义、毛泽东思想、邓小平理论、"三个代表"重要思想、科学发展观、习近平新时代中国特色社会主义思想为指导，贯彻落实习近平总书记关于加强和改进人民信访工作的重要思想，增强"四个意识"、坚定"四个自信"、做到"两个维护"，牢记为民解难、为党分忧的政治责任，坚守人民情怀，坚持底线思维、法治思维，服务党和国家工作大局，维护群众合法权益，化解信访突出问题，促进社会和谐稳定。

第五条　信访工作应当遵循下列原则：

（一）坚持党的全面领导。把党的领导贯彻到信访工作各方面和全过程，确保正确政治方向。

（二）坚持以人民为中心。践行党的群众路线，倾听群众呼声，关心群众疾苦，千方百计为群众排忧解难。

（三）坚持落实信访工作责任。党政同责、一岗双责，属地管理、分级负责，谁主管、谁负责。

（四）坚持依法按政策解决问题。将信访纳入法治化轨道，依法维护群众权益、规范信访秩序。

（五）坚持源头治理化解矛盾。多措并举、综合施策，着力点放在源头预防和前端化解，把可能引发信访问题的矛盾纠纷化解在基层、化解在萌芽状态。

第六条　各级机关、单位应当畅通信访渠道，做好信访工作，认真处理信访事项，倾听人民群众建议、意见和要求，接受人民群众监督，为人民群众服务。

第二章 信访工作体制

第七条 坚持和加强党对信访工作的全面领导，构建党委统一领导、政府组织落实、信访工作联席会议协调、信访部门推动、各方齐抓共管的信访工作格局。

第八条 党中央加强对信访工作的统一领导：

（一）强化政治引领，确立信访工作的政治方向和政治原则，严明政治纪律和政治规矩；

（二）制定信访工作方针政策，研究部署信访工作中事关党和国家工作大局、社会和谐稳定、群众权益保障的重大改革措施；

（三）领导建设一支对党忠诚可靠、恪守为民之责、善做群众工作的高素质专业化信访工作队伍，为信访工作提供组织保证。

第九条 地方党委领导本地区信访工作，贯彻落实党中央关于信访工作的方针政策和决策部署，执行上级党组织关于信访工作的部署要求，统筹信访工作责任体系构建，支持和督促下级党组织做好信访工作。

地方党委常委会应当定期听取信访工作汇报，分析形势，部署任务，研究重大事项，解决突出问题。

第十条 各级政府贯彻落实上级党委和政府以及本级党委关于信访工作的部署要求，科学民主决策、依法履行职责，组织各方力量加强矛盾纠纷排查化解，及时妥善处理信访事项，研究解决政策性、群体性信访突出问题和疑难复杂信访问题。

第十一条 中央信访工作联席会议在党中央、国务院领导下，负责全国信访工作的统筹协调、整体推进、督促落实，履行下列职责：

（一）研究分析全国信访形势，为中央决策提供参考；

（二）督促落实党中央关于信访工作的方针政策和决策部署；

（三）研究信访制度改革和信访法治化建设重大问题和事项；

（四）研究部署重点工作任务，协调指导解决具有普遍性的信访突出问题；

（五）领导组织信访工作责任制落实、督导考核等工作；

（六）指导地方各级信访工作联席会议工作；

（七）承担党中央、国务院交办的其他事项。

中央信访工作联席会议由党中央、国务院领导同志以及有关部门负责同志担任召集人，各成员单位负责同志参加。中央信访工作联席会议办公室设在国家信访局，承担联席会议的日常工作，督促检查联席会议议定事项的落实。

第十二条 中央信访工作联席会议根据工作需要召开全体会议或者工作会议。研究涉及信访工作改革发展的重大问题和重要信访事项的处理意见，应当及时向党中央、国务院请示报告。

中央信访工作联席会议各成员单位应当落实联席会议确定的工作任务和议定事项，及时报送落实情况；及时将本领域重大敏感信访问题提请联席会议研究。

第十三条 地方各级信访工作联席会议在本级党委和政府领导下，负责本地区信访工作的统筹协调、整体推进、督促落实，协调处理发生在本地区的重要信访问题，指导下级信访工作联席会议工作。联席会议召集人一般由党委和政府负责同志担任。

地方党委和政府应当根据信访工作形势任务，及时调整成员单位，健全规章制度，建立健全信访信息分析研判、重大信访问题协调处理、联合督查等工作机制，提升联席会议工作的科学化、制度化、规范化水平。

根据工作需要，乡镇党委和政府、街道党工委和办事处可以建立信访工作联席会议机制，或者明确党政联席会定期研究本地区信访工作，协调处理发生在本地区的重要信访问题。

第十四条 各级党委和政府信访部门是开展信访工作的专门机构，履行下列职责：

（一）受理、转送、交办信访事项；

（二）协调解决重要信访问题；

（三）督促检查重要信访事项的处理和落实；

（四）综合反映信访信息，分析研判信访形势，为党委和政府提供决策参考；

（五）指导本级其他机关、单位和下级的信访工作；

（六）提出改进工作、完善政策和追究责任的建议；

（七）承担本级党委和政府交办的其他事项。

各级党委和政府信访部门以外的其他机关、单位应当根据信访工作形势任务，明确负责信访工作的机构或者人员，参照党委和政府信访部门职责，明确相应的职责。

第十五条 各级党委和政府以外的其他机关、单位应当做好各自职责范围内的信访工作，按照规定及时受理办理信访事项，预防和化解政策性、群体性信访问题，加强对下级机关、单位信访工作的指导。

各级机关、单位应当拓宽社会力量参与信访工作的制度化渠道，发挥群团组织、社会组织和"两代表一委员"、社会工作者等作用，反映群众意见和要求，引导群众依法理性反映诉求、维护权益，推动矛盾纠纷及时有效化解。

乡镇党委和政府、街道党工委和办事处以及村（社区）"两委"应当全面发挥职能作用，坚持和发展新时代"枫桥经验"，积极协调处理化解发生在当地的信访事项和矛盾纠纷，努力做到小事不出村、大事不出镇、矛盾不上交。

第十六条 各级党委和政府应当加强信访部门建设，选优配强领导班子，配备与形势任务相适应的工作力量，建立健全信访督查专员制度，打造高素质专业化信访干部队伍。各级党委和政府信访部门主要负责同志应当由本级党委或者政府副秘书长〔办公厅（室）副主任〕兼任。

各级党校（行政学院）应当将信访工作作为党性教育内容纳入教学培训，加强干部教育培训。

各级机关、单位应当建立健全年轻干部和新录用干部到信访工作岗位锻炼制度。

各级党委和政府应当为信访工作提供必要的支持和保障，所需经费列入本级预算。

第三章　信访事项的提出和受理

第十七条　公民、法人或者其他组织可以采用信息网络、书信、电话、传真、走访等形式，向各级机关、单位反映情况，提出建议、意见或者投诉请求，有关机关、单位应当依规依法处理。

采用前款规定的形式，反映情况，提出建议、意见或者投诉请求的公民、法人或者其他组织，称信访人。

第十八条　各级机关、单位应当向社会公布网络信访渠道、通信地址、咨询投诉电话、信访接待的时间和地点、查询信访事项处理进展以及结果的方式等相关事项，在其信访接待场所或者网站公布与信访工作有关的党内法规和法律、法规、规章，信访事项的处理程序，以及其他为信访人提供便利的相关事项。

各级机关、单位领导干部应当阅办群众来信和网上信访、定期接待群众来访、定期下访、包案化解群众反映强烈的突出问题。

市、县级党委和政府应当建立和完善联合接访工作机制，根据工作需要组织有关机关、单位联合接待，一站式解决信访问题。

任何组织和个人不得打击报复信访人。

第十九条　信访人一般应当采用书面形式提出信访事项，并载明其姓名（名称）、住址和请求、事实、理由。对采用口头形式提出的信访事项，有关机关、单位应当如实记录。

信访人提出信访事项，应当客观真实，对其所提供材料内容的真实性负责，不得捏造、歪曲事实，不得诬告、陷害他人。

信访事项已经受理或者正在办理的，信访人在规定期限内向受理、办理机关、单位的上级机关、单位又提出同一信访事项的，上级机关、单位不予受理。

第二十条　信访人采用走访形式提出信访事项的，应当到有权处理的本级或者上一级机关、单位设立或者指定的接待场所提出。

信访人采用走访形式提出涉及诉讼权利救济的信访事项，应当按照法律法规规定的程序向有关政法部门提出。

多人采用走访形式提出共同的信访事项的，应当推选代表，代表人数不得超过5人。

各级机关、单位应当落实属地责任，认真接待处理群众来访，把问题解决在当地，引导信访人就地反映问题。

第二十一条　各级党委和政府应当加强信访工作信息化、智能化建设，依规依法有序推进信访信息系统互联互通、信息共享。

各级机关、单位应当及时将信访事项录入信访信息系统，使网上信访、来信、来访、来电在网上流转，方便信访人查询、评价信访事项办理情况。

第二十二条　各级党委和政府信访部门收到信访事项，应当予以登记，并区分情况，在15日内分别按照下列方式处理：

（一）对依照职责属于本级机关、单位或者其工作部门处理决定的，应当转送有权处理的机关、单位；情况重大、紧急的，应当及时提出建议，报请本级党委和政府决定。

（二）涉及下级机关、单位或者其工作人员的，按照"属地管理、分级负责，谁主管、谁负责"的原则，转送有权处理的机关、单位。

（三）对转送信访事项中的重要情况需要反馈办理结果的，可以交由有权处理的机关、单位办理，要求其在指定办理期限内反馈结果，提交办结报告。

各级党委和政府信访部门对收到的涉法涉诉信件，应当转送同级政法部门依法处理；对走访反映涉诉问题的信访人，应当释法明理，引导其向有关政法部门反映问题。对属于纪检监察机关受理的检举控告类信访事项，应当按照管理权限转送有关纪检监察机关依规依纪依法处理。

第二十三条　党委和政府信访部门以外的其他机关、单位收到信访人直接提出的信访事项，应当予以登记；对属于本机关、单位职权范围的，应当告知信访人接收情况以及处理途径和程序；对属于本系统下级机关、单位职权范围的，应当转送、交办有权处理的机关、单位，并告知信访人转送、交办去向；对不属于本机关、单位或者本系统职权范围的，应当告知信访人向有权处理的机关、单位提出。

对信访人直接提出的信访事项，有关机关、单位能够当场告知的，应当当场书面告知；不能当场告知的，应当自收到信访事项之日起15日内书面告知信访人，但信访人的姓名（名称）、住址不清的除外。

对党委和政府信访部门或者本系统上级机关、单位转送、交办的信访事项，属于本机关、单位职权范围的，有关机关、单位应当自收到之日起15日内书面告知信访人接收情况以及处理途径和程序；不属于本机关、单位或者本系统职权范围的，有关机关、单位应当自收到之日起5个工作日内提出异议，并详细说明理由，经转送、交办的信访部门或者上级机关、单位核实同意后，交还相关材料。

政法部门处理涉及诉讼权利救济事项、纪检监察机关处理检举控告事项的告知按照有关规定执行。

第二十四条　涉及两个或者两个以上机关、单位的信访事项，由所涉及的机关、单位协商受理；受理有争议的，由其共同的上一级机关、单位决定受理机关；受理有争议且没有共同的上一级机关、单位的，由共同的信访工作联席会议协调处理。

应当对信访事项作出处理的机关、单位分立、合并、撤销的，由继续行使其职权的机关、单位受理；职责不清的，由本级党委和政府或者其指定的机关、单位受理。

第二十五条　各级机关、单位对可能造成社会影响的重大、紧急信访事项和信访信息，应当及时报告本级党委和政府，通报相关主管部门和本级信访工作联席会议办公室，在职责范围内依法及时采取措施，防止不良影响的产生、扩大。

地方各级党委和政府信访部门接到重大、紧急信访事项和信访信息，应当向上一级信访部门报告，同时报告国家信访局。

第二十六条　信访人在信访过程中应当遵守法律、法规，不得损害国家、社会、集体的利益和其他公民的合法权利，自觉维护社会公共秩序和信访秩序，不得有下列行为：

（一）在机关、单位办公场所周围、公共场所非法聚集，围堵、冲击机关、单位，拦截公务车辆，或者堵塞、阻断交通；

（二）携带危险物品、管制器具；

（三）侮辱、殴打、威胁机关、单位工作人员，非法限制他人人身自由，或者毁坏财物；

（四）在信访接待场所滞留、滋事，或者将生活不能自理的人弃留在信访接待场所；

（五）煽动、串联、胁迫、以财物诱使、幕后操纵他人信访，或者以信访为名借机敛财；

（六）其他扰乱公共秩序、妨害国家和公共安全的行为。

第四章　信访事项的办理

第二十七条　各级机关、单位及其工作人员应当根据各自职责和有关规定，按照诉求合理地解决问题到位、诉求无理的思想教育到位、生活困难的帮扶救助到位、行为违法的依法处理的要求，依法按政策及时就地解决群众合法合理诉求，维护正常信访秩序。

第二十八条　各级机关、单位及其工作人员办理信访事项，应当恪尽职守、秉公办事，查明事实、分清责任，加强教育疏导，及时妥善处理，不得推诿、敷衍、拖延。

各级机关、单位应当按照诉讼与信访分离制度要求，将涉及民事、行政、刑事等诉讼权利救济的信访事项从普通信访体制中分离出来，由有关政法部门依法处理。

各级机关、单位工作人员与信访事项或者信访人有直接利害关系的，应当回避。

第二十九条　对信访人反映的情况、提出的建议意见类事项，有权处理的机关、单位应当认真研究论证。对科学合理、具有现实可行性的，应当采纳或者部分采纳，并予以回复。

信访人反映的情况、提出的建议意见，对国民经济和社会发展或者对改进工作以及保护社会公共利益有贡献的，应当按照有关规定给予奖励。

各级党委和政府应当健全人民建议征集制度，对涉及国计民生的重要工作，主动听取群众的建议意见。

第三十条　对信访人提出的检举控告类事项，纪检监察机关或者有权处理的机关、单位应当依规依纪依法接收、受理、办理和反馈。

党委和政府信访部门应当按照干部管理权限向组织（人事）部门通报反映干部问题的信访情况，重大情况向党委主要负责同志和分管组织（人事）工作的负责同志报送。组织（人事）部门应当按照干部选拔任用监督的有关规定进行办理。

不得将信访人的检举、揭发材料以及有关情况透露或者转给被检举、揭发的人员或者单位。

第三十一条　对信访人提出的申诉求决类事项，有权处理的机关、单位应当区分情况，分别按照下列方式办理：

（一）应当通过审判机关诉讼程序或者复议程序、检察机关刑事立案程序或者法律监督程序、公安机关法律程序处理的，涉法涉诉信访事项未依法终结的，按照法律法规规定的程序处理。

（二）应当通过仲裁解决的，导入相应程序处理。

（三）可以通过党员申诉、申请复审等解决的，导入相应程序处理。

（四）可以通过行政复议、行政裁决、行政确认、行政许可、行政处罚等行政程序解决的，导入相应程序处理。

（五）属于申请查处违法行为、履行保护人身权或者财产权等合法权益职责的，依法履行或者答复。

（六）不属于以上情形的，应当听取信访人陈述事实和理由，并调查核实，出具信访处理意见书。对重大、复杂、疑难的信访事项，可以举行听证。

第三十二条　信访处理意见书应当载明信访人投诉请求、事实和理由、处理意见及其法律法规依据：

（一）请求事实清楚，符合法律、法规、规章或者其他有关规定的，予以支持；

（二）请求事由合理但缺乏法律依据的，应当作出解释说明；

（三）请求缺乏事实根据或者不符合法律、法规、规章或者其他有关规定的，不予支持。

有权处理的机关、单位作出支持信访请求意见的，应当督促有关机关、单位执行；不予支持的，应当做好信访人的疏导教育工作。

第三十三条　各级机关、单位在处理申诉求决类事项过程中，可以在不违反政策法规强制性规定的情况下，在裁量权范围内，经争议双方当事人同意进行调解；可以引导争议双方当事人自愿和解。经调解、和解达成一致意见的，应当制作调解协议书或者和解协议书。

第三十四条　对本条例第三十一条第六项规定的信访事项应当自受理之日起60日内办结；情况复杂的，经本机关、单位负责人批准，可以适当延长办理期限，但延长期限不得超过30日，并告知信访人延期理由。

第三十五条　信访人对信访处理意见不服的，可以自收到书面答复之日起30日内请求原办理机关、单位的上一级机关、单位复查。收到复查请求的机关、单位应当自收到复查请求之日起30日内提出复查意见，并予以书面答复。

第三十六条　信访人对复查意见不服的，可以自收到书面答复之日起30日内向复查机关、单位的上一级机关、单位请求复核。收到复核请求的机关、单位应当自收到复核请求之日起30日内提出复核意见。

复核机关、单位可以按照本条例第三十一条第六项的规定举行听证，经过听证的复核意见可以依法向社会公示。听证所需时间不计算在前款规定的期限内。

信访人对复核意见不服，仍然以同一事实和理由提出投诉请求的，各级党委和政府信访部门和其他机关、单位不再受理。

第三十七条 各级机关、单位应当坚持社会矛盾纠纷多元预防调处化解，人民调解、行政调解、司法调解联动，综合运用法律、政策、经济、行政等手段和教育、协商、疏导等办法，多措并举化解矛盾纠纷。

各级机关、单位在办理信访事项时，对生活确有困难的信访人，可以告知或者帮助其向有关机关或者机构依法申请社会救助。符合国家司法救助条件的，有关政法部门应当按照规定给予司法救助。

地方党委和政府以及基层党组织和基层单位对信访事项已经复查复核和涉法涉诉信访事项已经依法终结的相关信访人，应当做好疏导教育、矛盾化解、帮扶救助等工作。

第五章　监督和追责

第三十八条 各级党委和政府应当对开展信访工作、落实信访工作责任的情况组织专项督查。

信访工作联席会议及其办公室、党委和政府信访部门应当根据工作需要开展督查，就发现的问题向有关地方和部门进行反馈，重要问题向本级党委和政府报告。

各级党委和政府督查部门应当将疑难复杂信访问题列入督查范围。

第三十九条 各级党委和政府应当以依规依法及时就地解决信访问题为导向，每年对信访工作情况进行考核。考核结果应当在适当范围内通报，并作为对领导班子和有关领导干部综合考核评价的重要参考。

对在信访工作中作出突出成绩和贡献的机关、单位或者个人，可以按照有关规定给予表彰和奖励。

对在信访工作中履职不力、存在严重问题的领导班子和领导干部，视情节轻重，由信访工作联席会议进行约谈、通报、挂牌督办，责令限期整改。

第四十条 党委和政府信访部门发现有关机关、单位存在违反信访工作规定受理、办理信访事项，办理信访事项推诿、敷衍、拖延、弄虚作假或者拒不执行信访处理意见等情形的，应当及时督办，并提出改进工作的建议。

对工作中发现的有关政策性问题，应当及时向本级党委和政府报告，并提出完善政策的建议。

对在信访工作中推诿、敷衍、拖延、弄虚作假造成严重后果的机关、单位及其工作人员，应当向有管理权限的机关、单位提出追究责任的建议。

对信访部门提出的改进工作、完善政策、追究责任的建议，有关机关、单位应当书面反馈采纳情况。

　　第四十一条　党委和政府信访部门应当编制信访情况年度报告，每年向本级党委和政府、上一级党委和政府信访部门报告。年度报告应当包括下列内容：

　　（一）信访事项的数据统计、信访事项涉及领域以及被投诉较多的机关、单位；

　　（二）党委和政府信访部门转送、交办、督办情况；

　　（三）党委和政府信访部门提出改进工作、完善政策、追究责任建议以及被采纳情况；

　　（四）其他应当报告的事项。

　　根据巡视巡察工作需要，党委和政府信访部门应当向巡视巡察机构提供被巡视巡察地区、单位领导班子及其成员和下一级主要负责人有关信访举报，落实信访工作责任制，具有苗头性、倾向性的重要信访问题，需要巡视巡察工作关注的重要信访事项等情况。

　　第四十二条　因下列情形之一导致信访事项发生，造成严重后果的，对直接负责的主管人员和其他直接责任人员，依规依纪依法严肃处理；构成犯罪的，依法追究刑事责任：

　　（一）超越或者滥用职权，侵害公民、法人或者其他组织合法权益；

　　（二）应当作为而不作为，侵害公民、法人或者其他组织合法权益；

　　（三）适用法律、法规错误或者违反法定程序，侵害公民、法人或者其他组织合法权益；

　　（四）拒不执行有权处理机关、单位作出的支持信访请求意见。

　　第四十三条　各级党委和政府信访部门对收到的信访事项应当登记、转送、交办而未按照规定登记、转送、交办，或者应当履行督办职责而未履行的，由其上级机关责令改正；造成严重后果的，对直接负责的主管人员和其他直接责任人员依规依纪依法严肃处理。

　　第四十四条　负有受理信访事项职责的机关、单位有下列情形之一的，由其上级机关、单位责令改正；造成严重后果的，对直接负责的主管人员和其他直接责任人员依规依纪依法严肃处理：

　　（一）对收到的信访事项不按照规定登记；

　　（二）对属于其职权范围的信访事项不予受理；

　　（三）未在规定期限内书面告知信访人是否受理信访事项。

　　第四十五条　对信访事项有权处理的机关、单位有下列情形之一的，由其上级机关、单位责令改正；造成严重后果的，对直接负责的主管人员和其他直接责任人员依规依纪依法严肃处理：

　　（一）推诿、敷衍、拖延信访事项办理或者未在规定期限内办结信访事项；

　　（二）对事实清楚，符合法律、法规、规章或者其他有关规定的投诉请求未予支持；

　　（三）对党委和政府信访部门提出的改进工作、完善政策等建议重视不够、落实不力，导致问题长期得不到解决；

（四）其他不履行或者不正确履行信访事项处理职责的情形。

第四十六条 有关机关、单位及其领导干部、工作人员有下列情形之一的，由其上级机关、单位责令改正；造成严重后果的，对直接负责的主管人员和其他直接责任人员依规依纪依法严肃处理；构成犯罪的，依法追究刑事责任：

（一）对待信访人态度恶劣、作风粗暴，损害党群干群关系；

（二）在处理信访事项过程中吃拿卡要、谋取私利；

（三）对规模性集体访、负面舆情等处置不力，导致事态扩大；

（四）对可能造成社会影响的重大、紧急信访事项和信访信息隐瞒、谎报、缓报，或者未依法及时采取必要措施；

（五）将信访人的检举、揭发材料或者有关情况透露、转给被检举、揭发的人员或者单位；

（六）打击报复信访人；

（七）其他违规违纪违法的情形。

第四十七条 信访人违反本条例第二十条、第二十六条规定的，有关机关、单位工作人员应当对其进行劝阻、批评或者教育。

信访人滋事扰序、缠访闹访情节严重，构成违反治安管理行为的，或者违反集会游行示威相关法律法规的，由公安机关依法采取必要的现场处置措施、给予治安管理处罚；构成犯罪的，依法追究刑事责任。

信访人捏造歪曲事实、诬告陷害他人，构成违反治安管理行为的，依法给予治安管理处罚；构成犯罪的，依法追究刑事责任。

第六章 附 则

第四十八条 对外国人、无国籍人、外国组织信访事项的处理，参照本条例执行。

第四十九条 本条例由国家信访局负责解释。

第五十条 本条例自 2022 年 5 月 1 日起施行。

最高人民检察院关于推进行政执法与刑事司法衔接工作的规定

（高检发释字〔2021〕4 号）

第一条 为了健全行政执法与刑事司法衔接工作机制，根据《中华人民共和国人民检察院组织法》《中华人民共和国行政处罚法》《中华人民共和国刑事诉讼法》等有关规定，结合《行政执法机关移送涉嫌犯罪案件的规定》，制定本规定。

第二条　人民检察院开展行政执法与刑事司法衔接工作，应当严格依法、准确及时，加强与监察机关、公安机关、司法行政机关和行政执法机关的协调配合，确保行政执法与刑事司法有效衔接。

第三条　人民检察院开展行政执法与刑事司法衔接工作由负责捕诉的部门按照管辖案件类别办理。负责捕诉的部门可以在办理时听取其他办案部门的意见。

本院其他办案部门在履行检察职能过程中，发现涉及行政执法与刑事司法衔接线索的，应当及时移送本院负责捕诉的部门。

第四条　人民检察院依法履行职责时，应当注意审查是否存在行政执法机关对涉嫌犯罪案件应当移送公安机关立案侦查而不移送，或者公安机关对行政执法机关移送的涉嫌犯罪案件应当立案侦查而不立案侦查的情形。

第五条　公安机关收到行政执法机关移送涉嫌犯罪案件后应当立案侦查而不立案侦查，行政执法机关建议人民检察院依法监督的，人民检察院应当依法受理并进行审查。

第六条　对于行政执法机关应当依法移送涉嫌犯罪案件而不移送，或者公安机关应当立案侦查而不立案侦查的举报，属于本院管辖且符合受理条件的，人民检察院应当受理并进行审查。

第七条　人民检察院对本规定第四条至第六条的线索审查后，认为行政执法机关应当依法移送涉嫌犯罪案件而不移送的，经检察长批准，应当向同级行政执法机关提出检察意见，要求行政执法机关及时向公安机关移送案件并将有关材料抄送人民检察院。人民检察院应当将检察意见抄送同级司法行政机关，行政执法机关实行垂直管理的，应当将检察意见抄送其上级机关。

行政执法机关收到检察意见后无正当理由仍不移送的，人民检察院应当将有关情况书面通知公安机关。

对于公安机关可能存在应当立案而不立案情形的，人民检察院应当依法开展立案监督。

第八条　人民检察院决定不起诉的案件，应当同时审查是否需要对被不起诉人给予行政处罚。对被不起诉人需要给予行政处罚的，经检察长批准，人民检察院应当向同级有关主管机关提出检察意见，自不起诉决定作出之日起三日以内连同不起诉决定书一并送达。人民检察院应当将检察意见抄送同级司法行政机关，主管机关实行垂直管理的，应当将检察意见抄送其上级机关。

检察意见书应当写明采取和解除刑事强制措施，查封、扣押、冻结涉案财物以及对被不起诉人予以训诫或者责令具结悔过、赔礼道歉、赔偿损失等情况。对于需要没收违法所得的，人民检察院应当将查封、扣押、冻结的涉案财物一并移送。对于在办案过程中收集的相关证据材料，人民检察院可以一并移送。

第九条　人民检察院提出对被不起诉人给予行政处罚的检察意见，应当要求有关主管机关自收到检察意见书之日起两个月以内将处理结果或者办理情况书面回复人民检察院。因情况紧急需要立即处理的，人民检察院可以根据实际情况确定回复期限。

  第十条 需要向上级有关单位提出检察意见的，应当层报其同级人民检察院决定并提出，或者由办理案件的人民检察院制作检察意见书后，报上级有关单位的同级人民检察院审核并转送。

  需要向下级有关单位提出检察意见的，应当指令对应的下级人民检察院提出。

  需要异地提出检察意见的，应当征求有关单位所在地同级人民检察院意见。意见不一致的，层报共同的上级人民检察院决定。

  第十一条 有关单位在要求的期限内不回复或者无正当理由不作处理的，经检察长决定，人民检察院可以将有关情况书面通报同级司法行政机关，或者提请上级人民检察院通报其上级机关。必要时可以报告同级党委和人民代表大会常务委员会。

  第十二条 人民检察院发现行政执法人员涉嫌职务违法、犯罪的，应当将案件线索移送监察机关处理。

  第十三条 行政执法机关就刑事案件立案追诉标准、证据收集固定保全等问题咨询人民检察院，或者公安机关就行政执法机关移送的涉嫌犯罪案件主动听取人民检察院意见建议的，人民检察院应当及时答复。书面咨询的，人民检察院应当在七日以内书面回复。

  人民检察院在办理案件过程中，可以就行政执法专业问题向相关行政执法机关咨询。

  第十四条 人民检察院应当定期向有关单位通报开展行政执法与刑事司法衔接工作的情况。发现存在需要完善工作机制等问题的，可以征求被建议单位的意见，依法提出检察建议。

  第十五条 人民检察院根据工作需要，可以会同有关单位研究分析行政执法与刑事司法衔接工作中的问题，提出解决方案。

  第十六条 人民检察院应当配合司法行政机关建设行政执法与刑事司法衔接信息共享平台。已经接入信息共享平台的人民检察院，应当自作出相关决定之日起七日以内，录入相关案件信息。尚未建成信息共享平台的人民检察院，应当及时向有关单位通报相关案件信息。

  第十七条 本规定自公布之日起施行，《人民检察院办理行政执法机关移送涉嫌犯罪案件的规定》（高检发释字〔2001〕4号）同时废止。

最高人民法院　最高人民检察院关于检察公益诉讼案件适用法律若干问题的解释

（2018 年 2 月 23 日最高人民法院审判委员会第 1734 次会议、2018 年 2 月 11 日最高人民检察院第十二届检察委员会第 73 次会议通过　根据 2020 年 12 月 23 日最高人民法院审判委员会第 1823 次会议、2020 年 12 月 28 日最高人民检察院第十三届检察委员会第 58 次会议修正）

一、一般规定

第一条　为正确适用《中华人民共和国民法典》《中华人民共和国民事诉讼法》《中华人民共和国行政诉讼法》关于人民检察院提起公益诉讼制度的规定，结合审判、检察工作实际，制定本解释。

第二条　人民法院、人民检察院办理公益诉讼案件主要任务是充分发挥司法审判、法律监督职能作用，维护宪法法律权威，维护社会公平正义，维护国家利益和社会公共利益，督促适格主体依法行使公益诉权，促进依法行政、严格执法。

第三条　人民法院、人民检察院办理公益诉讼案件，应当遵守宪法法律规定，遵循诉讼制度的原则，遵循审判权、检察权运行规律。

第四条　人民检察院以公益诉讼起诉人身份提起公益诉讼，依照民事诉讼法、行政诉讼法享有相应的诉讼权利，履行相应的诉讼义务，但法律、司法解释另有规定的除外。

第五条　市（分、州）人民检察院提起的第一审民事公益诉讼案件，由侵权行为地或者被告住所地中级人民法院管辖。

基层人民检察院提起的第一审行政公益诉讼案件，由被诉行政机关所在地基层人民法院管辖。

第六条　人民检察院办理公益诉讼案件，可以向有关行政机关以及其他组织、公民调查收集证据材料；有关行政机关以及其他组织、公民应当配合；需要采取证据保全措施的，依照民事诉讼法、行政诉讼法相关规定办理。

第七条　人民法院审理人民检察院提起的第一审公益诉讼案件，适用人民陪审制。

第八条　人民法院开庭审理人民检察院提起的公益诉讼案件，应当在开庭三日前向人民检察院送达出庭通知书。

人民检察院应当派员出庭，并应当自收到人民法院出庭通知书之日起三日内向人民法院提交派员出庭通知书。派员出庭通知书应当写明出庭人员的姓名、法律职务以及出庭履行的具体职责。

第九条　出庭检察人员履行以下职责：

（一）宣读公益诉讼起诉书；

（二）对人民检察院调查收集的证据予以出示和说明，对相关证据进行质证；

（三）参加法庭调查，进行辩论并发表意见；

（四）依法从事其他诉讼活动。

第十条　人民检察院不服人民法院第一审判决、裁定的，可以向上一级人民法院提起上诉。

第十一条　人民法院审理第二审案件，由提起公益诉讼的人民检察院派员出庭，上一级人民检察院也可以派员参加。

第十二条　人民检察院提起公益诉讼案件判决、裁定发生法律效力，被告不履行的，人民法院应当移送执行。

二、民事公益诉讼

第十三条　人民检察院在履行职责中发现破坏生态环境和资源保护，食品药品安全领域侵害众多消费者合法权益，侵害英雄烈士等的姓名、肖像、名誉、荣誉等损害社会公共利益的行为，拟提起公益诉讼的，应当依法公告，公告期间为三十日。

公告期满，法律规定的机关和有关组织、英雄烈士等的近亲属不提起诉讼的，人民检察院可以向人民法院提起诉讼。

人民检察院办理侵害英雄烈士等的姓名、肖像、名誉、荣誉的民事公益诉讼案件，也可以直接征询英雄烈士等的近亲属的意见。

第十四条　人民检察院提起民事公益诉讼应当提交下列材料：

（一）民事公益诉讼起诉书，并按照被告人数提出副本；

（二）被告的行为已经损害社会公共利益的初步证明材料；

（三）已经履行公告程序、征询英雄烈士等的近亲属意见的证明材料。

第十五条　人民检察院依据民事诉讼法第五十五条第二款的规定提起民事公益诉讼，符合民事诉讼法第一百一十九条第二项、第三项、第四项及本解释规定的起诉条件的，人民法院应当登记立案。

第十六条　人民检察院提起的民事公益诉讼案件中，被告以反诉方式提出诉讼请求的，人民法院不予受理。

第十七条　人民法院受理人民检察院提起的民事公益诉讼案件后，应当在立案之日起五日内将起诉书副本送达被告。

人民检察院已履行诉前公告程序的，人民法院立案后不再进行公告。

第十八条　人民法院认为人民检察院提出的诉讼请求不足以保护社会公共利益

的，可以向其释明变更或者增加停止侵害、恢复原状等诉讼请求。

第十九条　民事公益诉讼案件审理过程中，人民检察院诉讼请求全部实现而撤回起诉的，人民法院应予准许。

第二十条　人民检察院对破坏生态环境和资源保护，食品药品安全领域侵害众多消费者合法权益，侵害英雄烈士等的姓名、肖像、名誉、荣誉等损害社会公共利益的犯罪行为提起刑事公诉时，可以向人民法院一并提起附带民事公益诉讼，由人民法院同一审判组织审理。

人民检察院提起的刑事附带民事公益诉讼案件由审理刑事案件的人民法院管辖。

三、行政公益诉讼

第二十一条　人民检察院在履行职责中发现生态环境和资源保护、食品药品安全、国有财产保护、国有土地使用权出让等领域负有监督管理职责的行政机关违法行使职权或者不作为，致使国家利益或者社会公共利益受到侵害的，应当向行政机关提出检察建议，督促其依法履行职责。

行政机关应当在收到检察建议书之日起两个月内依法履行职责，并书面回复人民检察院。出现国家利益或者社会公共利益损害继续扩大等紧急情形的，行政机关应当在十五日内书面回复。

行政机关不依法履行职责的，人民检察院依法向人民法院提起诉讼。

第二十二条　人民检察院提起行政公益诉讼应当提交下列材料：

（一）行政公益诉讼起诉书，并按照被告人数提出副本；

（二）被告违法行使职权或者不作为，致使国家利益或者社会公共利益受到侵害的证明材料；

（三）已经履行诉前程序，行政机关仍不依法履行职责或者纠正违法行为的证明材料。

第二十三条　人民检察院依据行政诉讼法第二十五条第四款的规定提起行政公益诉讼，符合行政诉讼法第四十九条第二项、第三项、第四项及本解释规定的起诉条件的，人民法院应当登记立案。

第二十四条　在行政公益诉讼案件审理过程中，被告纠正违法行为或者依法履行职责而使人民检察院的诉讼请求全部实现，人民检察院撤回起诉的，人民法院应当裁定准许；人民检察院变更诉讼请求，请求确认原行政行为违法的，人民法院应当判决确认违法。

第二十五条　人民法院区分下列情形作出行政公益诉讼判决：

（一）被诉行政行为具有行政诉讼法第七十四条、第七十五条规定情形之一的，判决确认违法或者确认无效，并可以同时判决责令行政机关采取补救措施；

（二）被诉行政行为具有行政诉讼法第七十条规定情形之一的，判决撤销或者部分撤销，并可以判决被诉行政机关重新作出行政行为；

（三）被诉行政机关不履行法定职责的，判决在一定期限内履行；

（四）被诉行政机关作出的行政处罚明显不当，或者其他行政行为涉及对款额的确定、认定确有错误的，可以判决予以变更；

（五）被诉行政行为证据确凿，适用法律、法规正确，符合法定程序，未超越职权，未滥用职权，无明显不当，或者人民检察院诉请被诉行政机关履行法定职责理由不成立的，判决驳回诉讼请求。

人民法院可以将判决结果告知被诉行政机关所属的人民政府或者其他相关的职能部门。

四、附则

第二十六条　本解释未规定的其他事项，适用民事诉讼法、行政诉讼法以及相关司法解释的规定。

第二十七条　本解释自 2018 年 3 月 2 日起施行。

最高人民法院、最高人民检察院之前发布的司法解释和规范性文件与本解释不一致的，以本解释为准。

人民检察院检察建议工作规定

（2018 年 12 月 25 日最高人民检察院第十三届检察委员会第十二次会议通过）

第一章　总　　则

第一条　为了进一步加强和规范检察建议工作，确保检察建议的质量和效果，充分发挥检察建议的作用，根据《中华人民共和国人民检察院组织法》等法律规定，结合检察工作实际，制定本规定。

第二条　检察建议是人民检察院依法履行法律监督职责，参与社会治理，维护司法公正，促进依法行政，预防和减少违法犯罪，保护国家利益和社会公共利益，维护个人和组织合法权益，保障法律统一正确实施的重要方式。

第三条　人民检察院可以直接向本院所办理案件的涉案单位、本级有关主管机关以及其他有关单位提出检察建议。

需要向涉案单位以外的上级有关主管机关提出检察建议的，应当层报被建议单位的同级人民检察院决定并提出检察建议，或者由办理案件的人民检察院制作检察建议书后，报被建议单位的同级人民检察院审核并转送被建议单位。

需要向下级有关单位提出检察建议的，应当指令对应的下级人民检察院提出检察建议。

需要向异地有关单位提出检察建议的，应当征求被建议单位所在地同级人民检察院意见。被建议单位所在地同级人民检察院提出不同意见，办理案件的人民检察院坚持认为应当提出检察建议的，层报共同的上级人民检察院决定。

第四条　提出检察建议，应当立足检察职能，结合司法办案工作，坚持严格依法、准确及时、必要审慎、注重实效的原则。

第五条　检察建议主要包括以下类型：

（一）再审检察建议；

（二）纠正违法检察建议；

（三）公益诉讼检察建议；

（四）社会治理检察建议；

（五）其他检察建议。

第六条　检察建议应当由检察官办案组或者检察官办理。

第七条　制发检察建议应当在统一业务应用系统中进行，实行以院名义统一编号、统一签发、全程留痕、全程监督。

第二章　适用范围

第八条　人民检察院发现同级人民法院已经发生法律效力的判决、裁定具有法律规定的应当再审情形的，或者发现调解书损害国家利益、社会公共利益的，可以向同级人民法院提出再审检察建议。

第九条　人民检察院在履行对诉讼活动的法律监督职责中发现有关执法、司法机关具有下列情形之一的，可以向有关执法、司法机关提出纠正违法检察建议：

（一）人民法院审判人员在民事、行政审判活动中存在违法行为的；

（二）人民法院在执行生效民事、行政判决、裁定、决定或者调解书、支付令、仲裁裁决书、公证债权文书等法律文书过程中存在违法执行、不执行、怠于执行等行为，或者有其他重大隐患的；

（三）人民检察院办理行政诉讼监督案件或者执行监督案件，发现行政机关有违反法律规定、可能影响人民法院公正审理和执行的行为的；

（四）公安机关、人民法院、监狱、社区矫正机构、强制医疗执行机构等在刑事诉讼活动中或者执行人民法院生效刑事判决、裁定、决定等法律文书过程中存在普遍性、倾向性违法问题，或者有其他重大隐患，需要引起重视予以解决的；

（五）诉讼活动中其他需要以检察建议形式纠正违法的情形。

第十条　人民检察院在履行职责中发现生态环境和资源保护、食品药品安全、国有财产保护、国有土地使用权出让等领域负有监督管理职责的行政机关违法行使职权或者不作为，致使国家利益或者社会公共利益受到侵害，符合法律规定的公益诉讼条件的，应当按照公益诉讼案件办理程序向行政机关提出督促依法履职的检察建议。

第十一条　人民检察院在办理案件中发现社会治理工作存在下列情形之一的，可以向有关单位和部门提出改进工作、完善治理的检察建议：

（一）涉案单位在预防违法犯罪方面制度不健全、不落实，管理不完善，存在违法犯罪隐患，需要及时消除的；

（二）一定时期某类违法犯罪案件多发、频发，或者已发生的案件暴露出明显的管理监督漏洞，需要督促行业主管部门加强和改进管理监督工作的；

（三）涉及一定群体的民间纠纷问题突出，可能导致发生群体性事件或者恶性案件，需要督促相关部门完善风险预警防范措施，加强调解疏导工作的；

（四）相关单位或者部门不依法及时履行职责，致使个人或者组织合法权益受到损害或者存在损害危险，需要及时整改消除的；

（五）需要给予有关涉案人员、责任人员或者组织行政处罚、政务处分、行业惩戒，或者需要追究有关责任人员的司法责任的；

（六）其他需要提出检察建议的情形。

第十二条　对执法、司法机关在诉讼活动中的违法情形，以及需要对被不起诉人给予行政处罚、处分或者需要没收其违法所得，法律、司法解释和其他有关规范性文件明确规定应当发出纠正违法通知书、检察意见书的，依照相关规定执行。

第三章　调查办理和督促落实

第十三条　检察官在履行职责中发现有应当依照本规定提出检察建议情形的，应当报经检察长决定，对相关事项进行调查核实，做到事实清楚、准确。

第十四条　检察官可以采取以下措施进行调查核实：

（一）查询、调取、复制相关证据材料；

（二）向当事人、有关知情人员或者其他相关人员了解情况；

（三）听取被建议单位意见；

（四）咨询专业人员、相关部门或者行业协会等对专门问题的意见；

（五）委托鉴定、评估、审计；

（六）现场走访、查验；

（七）查明事实所需要采取的其他措施。

进行调查核实，不得采取限制人身自由和查封、扣押、冻结财产等强制性措施。

第十五条　检察官一般应当在检察长作出决定后两个月以内完成检察建议事项的调查核实。情况紧急的，应当及时办结。

检察官调查核实完毕，应当制作调查终结报告，写明调查过程和认定的事实与证据，提出处理意见。认为需要提出检察建议的，应当起草检察建议书，一并报送检察长，由检察长或者检察委员会讨论决定是否提出检察建议。

经调查核实，查明相关单位不存在需要纠正或者整改的违法事实或者重大隐患，决定不提出检察建议的，检察官应当将调查终结报告连同相关材料订卷存档。

第十六条　检察建议书要阐明相关的事实和依据，提出的建议应当符合法律、法规及其他有关规定，明确具体、说理充分、论证严谨、语言简洁、有操作性。

检察建议书一般包括以下内容：

（一）案件或者问题的来源；

（二）依法认定的案件事实或者经调查核实的事实及其证据；

（三）存在的违法情形或者应当消除的隐患；

（四）建议的具体内容及所依据的法律、法规和有关文件等的规定；

（五）被建议单位提出异议的期限；

（六）被建议单位书面回复落实情况的期限；

（七）其他需要说明的事项。

第十七条 检察官依据本规定第十一条的规定起草的检察建议书，报送检察长前，应当送本院负责法律政策研究的部门对检察建议的必要性、合法性、说理性等进行审核。

检察建议书正式发出前，可以征求被建议单位的意见。

第十八条 检察建议书应当以人民检察院的名义送达有关单位。送达检察建议书，可以书面送达，也可以现场宣告送达。

宣告送达检察建议书应当商被建议单位同意，可以在人民检察院、被建议单位或者其他适宜场所进行，由检察官向被建议单位负责人当面宣读检察建议书并进行示证、说理，听取被建议单位负责人意见。必要时，可以邀请人大代表、政协委员或者特约检察员、人民监督员等第三方人员参加。

第十九条 人民检察院提出检察建议，除另有规定外，应当要求被建议单位自收到检察建议书之日起两个月以内作出相应处理，并书面回复人民检察院。因情况紧急需要被建议单位尽快处理的，可以根据实际情况确定相应的回复期限。

第二十条 涉及事项社会影响大、群众关注度高、违法情形具有典型性、所涉问题应当引起有关部门重视的检察建议书，可以抄送同级党委、人大、政府、纪检监察机关或者被建议单位的上级机关、行政主管部门以及行业自律组织等。

第二十一条 发出的检察建议书，应当于五日内报上一级人民检察院对口业务部门和负责法律政策研究的部门备案。

第二十二条 检察长认为本院发出的检察建议书确有不当的，应当决定变更或者撤回，并及时通知有关单位，说明理由。

上级人民检察院认为下级人民检察院发出的检察建议书确有不当的，应当指令下级人民检察院变更或者撤回，并及时通知有关单位，说明理由。

第二十三条 被建议单位对检察建议提出异议的，检察官应当立即进行复核。经复核，异议成立的，应当报经检察长或者检察委员会讨论决定后，及时对检察建议书作出修改或者撤回检察建议书；异议不成立的，应当报经检察长同意后，向被建议单位说明理由。

第二十四条 人民检察院应当积极督促和支持配合被建议单位落实检察建议。督促落实工作由原承办检察官办理，可以采取询问、走访、不定期会商、召开联席会议等方式，并制作笔录或者工作记录。

第二十五条　被建议单位在规定期限内经督促无正当理由不予整改或者整改不到位的，经检察长决定，可以将相关情况报告上级人民检察院，通报被建议单位的上级机关、行政主管部门或者行业自律组织等，必要时可以报告同级党委、人大，通报同级政府、纪检监察机关。符合提起公益诉讼条件的，依法提起公益诉讼。

第四章　监督管理

第二十六条　各级人民检察院检察委员会应当定期对本院制发的检察建议的落实效果进行评估。

第二十七条　人民检察院案件管理部门负责检察建议的流程监控和分类统计，定期组织对检察建议进行质量评查，对检察建议工作情况进行综合分析。

第二十八条　人民检察院应当将制发检察建议的质量和效果纳入检察官履职绩效考核。

第二十九条　上级人民检察院应当加强对下级人民检察院开展检察建议工作的指导，及时通报情况，帮助解决检察建议工作中的问题。

第五章　附　　则

第三十条　法律、司法解释和其他有关规范性文件对再审检察建议、纠正违法检察建议和公益诉讼检察建议的办理有规定的，依照其规定办理；没有规定的，参照本规定办理。

第三十一条　本规定由最高人民检察院负责解释。

第三十二条　本规定自公布之日起施行，2009年印发的《人民检察院检察建议工作规定（试行）》同时废止。

第二章

最高人民法院等关于常见犯罪的量刑指导意见

最高人民法院 最高人民检察院 公安部 国家安全部 司法部关于加强协调配合积极推进量刑规范化改革的通知

（2010 年 11 月 6 日 法发〔2010〕47 号）

各省、自治区、直辖市高级人民法院、人民检察院、公安厅（局）、国家安全厅（局）、司法厅（局），解放军军事法院、军事检察院，新疆维吾尔自治区高级人民法院生产建设兵团分院、新疆生产建设兵团人民检察院、公安局、国家安全局、司法局：

"规范裁量权，将量刑纳入法庭审理程序"（以下简称量刑规范化改革）是中央确定的重大司法改革项目。根据中央关于深化司法体制和工作机制改革的总体部署要求，在深入调研论证、广泛征求各方面意见的基础上，最高人民法院制定了《人民法院量刑指导意见（试行）》，最高人民法院、最高人民检察院、公安部、国家安全部、司法部联合制定了《关于规范量刑程序若干问题的意见（试行）》。经中央批准同意，从 2010 年 10 月 1 日起在全国全面推行量刑规范化改革。为认真贯彻落实中央的重大决策部署，积极推进量刑规范化改革，确保改革取得成效，现就有关问题通知如下：

一、充分认识量刑规范化改革的重要意义，全面开展量刑规范化改革

1. 量刑规范化改革是规范裁量权，实现量刑公正和均衡，提高执法公信力和权威的重要保证，是推动社会矛盾化解、完善社会管理创新、促进公正廉洁执法的重要举措。量刑规范化改革是中央根据新时期新形势，认真总结司法实践经验，倾听人民群众对司法公正的呼声，作出的决策部署。中央决定实施量刑规范化改革，是对时代呼唤、群众心声和现实需要的积极回应，事关人心向背，事关党的执政基础。改革的主要目的，是进一步规范法官审理刑事案件的刑罚裁量权，通过将量刑纳入法庭审理程序，增强量刑的公开性与透明度，统一法律适用标准，更好地贯彻落实宽严相济的刑事政策。这项改革的顺利施行，将更加有利于依法准确惩罚刑事犯罪，更加有利于

依法保障公民的诉讼权利，更加有利于维护社会和谐稳定，更加有利于刑事司法工作的科学发展，意义重大。各级人民法院、人民检察院、公安机关、国家安全机关和司法行政机关，一定要从全局高度认识中央这一决策部署的重大意义，进一步统一思想，提高认识，认真学习有关文件，准确把握改革内容，积极开展量刑规范化改革，确保取得良好的法律效果和社会效果。

二、更新执法理念，加强协作配合，深入推进量刑规范化改革

2. 要更新刑事执法理念。量刑规范化改革是一项新的工作，对执法人员的执法理念、程序意识、执法能力都提出了新的更高的要求。各级人民法院、人民检察院、公安机关、国家安全机关和司法行政机关要通过深入开展社会主义法治理念教育，彻底清理和摒弃那些不符合、不适应社会主义法治理念要求的陈旧观念，牢固树立打击犯罪与保障人权并重、定罪与量刑并重、实体公正与程序公正并重的社会主义刑事执法理念，切实提高执法办案的能力和水平，实现办案法律效果和社会效果有机统一。

3. 要高度重视调查取证工作。侦查机关、检察机关不但要注重收集各种证明犯罪嫌疑人、被告人有罪、罪重的证据，而且要注重收集各种证明犯罪嫌疑人、被告人无罪、罪轻的证据；不但要注重收集各种法定量刑情节，而且要注重查明各种酌定量刑情节，比如案件起因、被害人过错、退赃退赔、民事赔偿、犯罪嫌疑人、被告人一贯表现等，确保定罪量刑事实清楚，证据确实充分。为量刑规范化和公正量刑，以及做好调解工作、化解社会矛盾奠定基础。

4. 要进一步强化审查起诉工作。人民检察院审查案件，要客观全面审查案件证据，既要注重审查定罪证据，也要注重审查量刑证据；既要注重审查法定量刑情节，也要注重审查酌定量刑情节；既要注重审查从重量刑情节，也要注重审查从轻、减轻、免除处罚量刑情节。在审查案件过程中，可以要求侦查机关提供法庭审判所必需的与量刑有关的各种证据材料。对于量刑证据材料的移送，依照有关规定进行。

5. 要全面执行刑事诉讼法规定的各种强制措施。在侦查活动中，对于罪行较轻，社会危害性较小的犯罪嫌疑人，如果符合取保候审、监视居住条件，要尽量适用取保候审、监视居住等强制措施，减少羁押性强制措施的适用；人民检察院、人民法院在审查起诉、审判过程中，发现羁押期限可能超过所应判处刑罚的，可以根据案件情况变更强制措施，避免羁押期超过判处的刑期，切实保障被告人的合法权益。

6. 要继续完善量刑建议制度。检察机关要坚持积极、慎重、稳妥的原则，由易到难，边实践边总结，逐步扩大案件适用范围。要依法规范提出量刑建议，注重量刑建议的质量和效果。提出量刑建议，一般应当制作量刑建议书。对于人民检察院不派员出席法庭的简易程序案件，应当制作量刑建议书。量刑建议一般应当具有一定的幅度，但对于敏感复杂的案件、社会关注的案件、涉及国家安全和严重影响局部地区稳定的案件等，可以不提出具体的量刑建议，而仅提出依法从重、从轻、减轻处罚等概括性建议。

7. 要加强律师辩护工作指导，加大法律援助工作力度。各级司法行政机关、律师协会要加强对律师辩护工作的指导，完善律师办理刑事案件业务规则，规范律师执业行为。律师办理刑事案件，要依法履行辩护职责，切实维护犯罪嫌疑人、被告人的合法权益。司法机关应当充分保障律师执业权利，重视辩护律师提出的量刑证据和量刑意见。司法行政机关要进一步扩大法律援助范围，加大法律援助投入，壮大法律援助队伍，尽可能地为那些不认罪或者对量刑建议有争议、因经济困难或者其他原因没有委托辩护人的被告人提供法律援助，更好地保护被告人的辩护权。

8.要进一步提高法庭审理的质量和水平。在法庭审理中，应当保障量刑程序的相对独立性，要合理安排定罪量刑事实调查顺序和辩论重点，对于被告人对指控的犯罪事实和罪名没有异议的案件，可以主要围绕量刑和其他有争议的问题进行调查和辩论；对于被告人不认罪或者辩护人作无罪辩护的案件，应当先查明定罪事实和量刑事实，再围绕定罪和量刑问题进行辩论。公诉人、辩护人要积极参与法庭调查和法庭辩论。审判人员对量刑证据有疑问的，可以对证据进行调查核实，必要时也可以要求人民检察院补充调查核实。人民检察院应当补充调查核实有关证据，必要时可以要求侦查机关提供协助。

三、加强组织协调，确保量刑规范化改革取得实效

9.加强组织领导，形成工作合力。量刑规范化改革牵涉到政法工作全局，必须依靠党委领导、人大监督和政法各部门的相互支持、相互配合，才能保证各项改革措施落到实处。各级人民法院、人民检察院、公安机关、国家安全机关、司法行政机关要高度重视，严格按照中央的部署要求，切实加强组织领导，认真抓好工作落实。要建立完善工作联席机制，加强相互沟通协调，形成工作合力，及时协调研究解决量刑规范化改革过程中遇到的问题和困难，确保量刑规范化改革顺利推进。

10.加强业务培训，提高素质能力。量刑规范化改革对调查取证、审查起诉、律师辩护、法律援助、法庭审理等工作提出了新的更高的要求。各级人民法院、人民检察院、公安机关、国家安全机关、司法行政机关要根据工作实际，通过不同途径，采取不同方式，加强业务培训，确保相关刑事办案人员正确理解量刑规范化改革的重要性和必要性，强化量刑程序意识，掌握科学量刑方法，不断提高执法办案的能力和水平，确保刑事办案质量。

11.加大宣传力度，不断总结提高。量刑规范化改革需要社会各界的理解和支持，要进一步加强宣传解释工作，积极传播量刑规范化改革的重要意义和实际成效，让人民群众充分感受到量刑规范化改革带来的成果。量刑规范化改革目前还处在试行阶段，需要有一个不断总结完善的过程。各级人民法院、人民检察院、公安机关、国家安全机关、司法行政机关要及时总结经验，发现问题，加以改进。上级机关要加强对下级机关的监督指导，及时掌握工作进展情况，切实解决试行工作中存在的问题，不断提高量刑规范化工作水平。对于重大问题，要及时层报最高人民法院、最高人民检察院、公安部、国家安全部和司法部。将于明年对各地量刑规范化改革试行情况进行全面检查总结，修改完善试行文件，不断深化量刑规范化改革。

最高人民法院　最高人民检察院

公安部　国家安全部　司法部

二〇一〇年十一月六日

最高人民法院　最高人民检察院印发《关于常见犯罪的量刑指导意见（试行）》的通知

（2021 年 6 月 16 日　法发〔2021〕21 号）

各省、自治区、直辖市高级人民法院、人民检察院，解放军军事法院、军事检察院，新疆维吾尔自治区高级人民法院生产建设兵团分院、新疆生产建设兵团人民检察院：

为进一步规范量刑和量刑建议工作，落实宽严相济刑事政策和认罪认罚从宽制度，增强量刑公开性，实现量刑公正，最高人民法院、最高人民检察院研究制定了《关于常见犯罪的量刑指导意见（试行）》（以下简称《量刑指导意见》）。现将《量刑指导意见》印发你们，并从 2021 年 7 月 1 日起在全国法院、检察院全面实施。现将有关事项通知如下。

一、深入推进量刑规范化工作和量刑建议工作。量刑规范化改革和量刑建议改革对规范刑罚裁量权，推进司法公开，促进司法公正，保障司法廉洁发挥了重要作用。最高人民法院、最高人民检察院联合制定实施《量刑指导意见》，是深入推进量刑规范化工作和量刑建议工作的重要举措，对于进一步贯彻落实宽严相济刑事政策，落实以审判为中心的刑事诉讼制度改革、认罪认罚从宽制度改革、司法责任制改革具有重要意义。各级人民法院、人民检察院要高度重视，统一思想认识，统一标准尺度，精心组织实施，积极推动量刑规范化工作和量刑建议工作深入发展，促进量刑公开公平公正，努力让人民群众在每一个司法案件中感受到公平正义。

二、共同制定实施细则。《量刑指导意见》对量刑的指导原则、量刑的基本方法、常见量刑情节的适用、常见犯罪的量刑等作了原则性规定。各高级人民法院、省级人民检察院要在总结司法实践经验的基础上，按照规范、实用、符合司法实际的原则要求，共同研究制定《量刑指导意见》实施细则，重点细化常见量刑情节的适用、常见犯罪的量刑以及罚金、缓刑的适用，确保实施细则符合相关规定，符合量刑实际，符合罪责刑相适应原则，具有较强的实用性和可操作性。2021 年 6 月底前，各高级人民法院、省级人民检察院完成实施细则制定工作，经审判委员会、检察委员会讨论通过后，分别报最高人民法院、最高人民检察院备案审查，并与《量刑指导意见》同步实施。

三、全面深入组织实施。《量刑指导意见》自 2021 年 7 月 1 日实施后，全国各级人民法院、人民检察院要全面实施到位。对于符合规范范围的二十三种常见犯罪的量刑，都应当按照《量刑指导意见》提出量刑建议、规范量刑。对于其他没有纳入规范范围的案件，可以参照相关量刑规范提出量刑建议、规范量刑。要正确理解和运用"以定性分析为主，定量分析为辅"的量刑方法，在量刑过程中坚持以定性分析为主，在此基础上进行定量分析，依法确定量刑起点、基准刑和宣告刑。要正确理解和适用认罪认罚从宽情节，准确把握认罪认罚的基本内涵和不同诉讼阶段的表现形式，依法确定认罪认罚情节的适用和从宽幅度。要将宽严相济的指导原则贯穿到量刑的各环节和全过程，确保罪责刑相适应，努力实现政治效果、法律效果和社会效果的统一。

四、切实加强培训指导。全面实施《量刑指导意见》，对量刑规范化、量刑建议工作提出了新的更高的要求。各地人民法院、人民检察院要结合工作实际，认真组织学习培训，加强对基层办案法官、检察官特别是新任法官、检察官的业务培训，让每一位刑事法官、检察官都掌握量刑的基本方法，切实提高规范量刑建议、规范量刑的能力和水平，确保量刑公正。上级人民法院、人民检察院要切实加强调研指导，及时研究解决工作中遇到的问题和困难，不断总结提高，确保《量刑指导意见》全面、顺利实施。实施中遇到的重大、疑难问题，请及时层报最高人民法院、最高人民检察院。最高人民法院、最高人民检察院将适时修改完善《量刑指导意见》，促进量刑规范化、量刑建议工作高质量发展。

最高人民法院　最高人民检察院
2021 年 6 月 16 日

最高人民法院　最高人民检察院关于常见犯罪的量刑指导意见（试行）

为进一步规范量刑活动，落实宽严相济刑事政策和认罪认罚从宽制度，增强量刑公开性，实现量刑公正，根据刑法、刑事诉讼法和有关司法解释等规定，结合司法实践，制定本指导意见。

一、量刑的指导原则

（一）量刑应当以事实为根据，以法律为准绳，根据犯罪的事实、性质、情节和对于社会的危害程度，决定判处的刑罚。

（二）量刑既要考虑被告人所犯罪行的轻重，又要考虑被告人应负刑事责任的大小，做到罪责刑相适应，实现惩罚和预防犯罪的目的。

（三）量刑应当贯彻宽严相济的刑事政策，做到该宽则宽，当严则严，宽严相济，罚当其罪，确保裁判政治效果、法律效果和社会效果的统一。

（四）量刑要客观、全面把握不同时期不同地区的经济社会发展和治安形势的变化，确保刑法任务的实现；对于同一地区同一时期案情相似的案件，所判处的刑罚应当基本均衡。

二、量刑的基本方法

量刑时，应当以定性分析为主，定量分析为辅，依次确定量刑起点、基准刑和宣告刑。

（一）量刑步骤

1. 根据基本犯罪构成事实在相应的法定刑幅度内确定量刑起点。

2. 根据其他影响犯罪构成的犯罪数额、犯罪次数、犯罪后果等犯罪事实，在量刑起点的基础上增加刑罚量确定基准刑。

3. 根据量刑情节调节基准刑，并综合考虑全案情况，依法确定宣告刑。

（二）调节基准刑的方法

1. 具有单个量刑情节的，根据量刑情节的调节比例直接调节基准刑。

2. 具有多个量刑情节的，一般根据各个量刑情节的调节比例，采用同向相加、逆向相减的方法调节基准刑；具有未成年人犯罪、老年人犯罪、限制行为能力的精神病人犯罪、又聋又哑的人或者盲人犯罪，防卫过当、避险过当、犯罪预备、犯罪未遂、犯罪中止、从犯、胁从犯和教唆犯等量刑情节的，先适用该量刑情节对基准刑进行调节，在此基础上，再适用其他量刑情节进行调节。

3. 被告人犯数罪，同时具有适用于个罪的立功、累犯等量刑情节的，先适用该量刑情节调节个罪的基准刑，确定个罪所应判处的刑罚，再依法实行数罪并罚，决定执行的刑罚。

（三）确定宣告刑的方法

1. 量刑情节对基准刑的调节结果在法定刑幅度内，且罪责刑相适应的，可以直接确定为宣告刑；具有应当减轻处罚情节的，应当依法在法定最低刑以下确定宣告刑。

2. 量刑情节对基准刑的调节结果在法定最低刑以下，具有法定减轻处罚情节，且罪责刑相适应的，可以直接确定为宣告刑；只有从轻处罚情节的，可以依法确定法定最低刑为宣告刑；但是根据案件的特殊情况，经最高人民法院核准，也可以在法定刑以下判处刑罚。

3. 量刑情节对基准刑的调节结果在法定最高刑以上的，可以依法确定法定最高刑为宣告刑。

4. 综合考虑全案情况，独任审判员或合议庭可以在20%的幅度内对调节结果进行调整，确定宣告刑。当调节后的结果仍不符合罪责刑相适应原则的，应当提交审判委员会讨论，依法确定宣告刑。

5. 综合全案犯罪事实和量刑情节，依法应当判处无期徒刑以上刑罚、拘役、管制或者单处附加刑、缓刑、免予刑事处罚的，应当依法适用。

（四）判处罚金刑，应当以犯罪情节为根据，并综合考虑被告人缴纳罚金的能力，依法决定罚金数额。

（五）适用缓刑，应当综合考虑被告人的犯罪情节、悔罪表现、再犯罪的危险以及宣告缓刑对所居住社区的影响，依法作出决定。

三、常见量刑情节的适用

量刑时应当充分考虑各种法定和酌定量刑情节，根据案件的全部犯罪事实以及量刑情节的不同情形，依法确定量刑情节的适用及其调节比例。对黑恶势力犯罪、严重暴力犯罪、毒品犯罪、性侵未成年人犯罪等危害严重的犯罪，在确定从宽的幅度时，应当从严掌握；对犯罪情节较轻的犯罪，应当充分体现从宽。具体确定各个量刑情节的调节比例时，应当综合平衡调节幅度与实际增减刑罚量的关系，确保罪责刑相适应。

（一）对于未成年人犯罪，综合考虑未成年人对犯罪的认知能力、实施犯罪行为的动机和目的、犯罪时的年龄、是否初犯、偶犯、悔罪表现、个人成长经历和一贯表现等情况，应当予以从宽处罚。

1. 已满十二周岁不满十六周岁的未成年人犯罪，减少基准刑的30%～60%；

2. 已满十六周岁不满十八周岁的未成年人犯罪，减少基准刑的10%～50%。

（二）对于已满七十五周岁的老年人故意犯罪，综合考虑犯罪的性质、情节、后果等情况，可以减少基准刑的40%以下；过失犯罪的，减少基准刑的20%～50%。

（三）对于又聋又哑的人或者盲人犯罪，综合考虑犯罪性质、情节、后果以及聋哑人或者盲人犯罪时的控制能力等情况，可以减少基准刑的50%以下；犯罪较轻的，可以减少基准刑的50%以上或者依法免除处罚。

（四）对于未遂犯，综合考虑犯罪行为的实行程度、造成损害的大小、犯罪未得逞的原因等情况，可以比照既遂犯减少基准刑的50%以下。

（五）对于从犯，综合考虑其在共同犯罪中的地位、作用等情况，应当予以从宽处罚，减少基准刑的20%-50%；犯罪较轻的，减少基准刑的50%以上或者依法免除处罚。

（六）对于自首情节，综合考虑自首的动机、时间、方式、罪行轻重、如实供述罪行的程度以及悔罪表现等情况，可以减少基准刑的40%以下；犯罪较轻的，可以减少基准刑的40%以上或者依法免除处罚。恶意利用自首规避法律制裁等不足以从宽处罚的除外。

（七）对于坦白情节，综合考虑如实供述罪行的阶段、程度、罪行轻重以及悔罪表现等情况，确定从宽的幅度。

1. 如实供述自己罪行的，可以减少基准刑的20%以下；

2. 如实供述司法机关尚未掌握的同种较重罪行的，可以减少基准刑的10%～30%；

3. 因如实供述自己罪行，避免特别严重后果发生的，可以减少基准刑的30%～50%。

（八）对于当庭自愿认罪的，根据犯罪的性质、罪行的轻重、认罪程度以及悔罪表现等情况，可以减少基准刑的10%以下。依法认定自首、坦白的除外。

（九）对于立功情节，综合考虑立功的大小、次数、内容、来源、效果以及罪行轻重等情况，确定从宽的幅度。

1. 一般立功的，可以减少基准刑的20%以下；

2. 重大立功的，可以减少基准刑的20%～50%；犯罪较轻的，减少基准刑的50%以上或者依法免除处罚。

（十）对于退赃、退赔的，综合考虑犯罪性质，退赃、退赔行为对损害结果所能弥补的程度，退赃、退赔的数额及主动程度等情况，可以减少基准刑的30%以下；对抢劫等严重危害社会治安犯罪的，应当从严掌握。

（十一）对于积极赔偿被害人经济损失并取得谅解的，综合考虑犯罪性质、赔偿数额、赔偿能力以及认罪悔罪表现等情况，可以减少基准刑的40%以下；积极赔偿但没有取得谅解的，可以减少基准刑的30%以下；尽管没有赔偿，但取得谅解的，可以减少基准刑的20%以下。对抢劫、强奸等严重危害社会治安犯罪的，应当从严掌握。

（十二）对于当事人根据刑事诉讼法第二百八十八条达成刑事和解协议的，综合考虑犯罪性质、赔偿数额、赔礼道歉以及真诚悔罪等情况，可以减少基准刑的50%以下；犯罪较轻的，可以减少基准刑的50%以上或者依法免除处罚。

（十三）对于被告人在羁押期间表现好的，可以减少基准刑的10%以下。

（十四）对于被告人认罪认罚的，综合考虑犯罪的性质、罪行的轻重、认罪认罚的阶段、程度、价值、悔罪表现等情况，可以减少基准刑的30%以下；具有自首、重大坦白、退赃退赔、赔偿谅解、刑事和解等情节的，可以减少基准刑的60%以下，犯罪较轻的，可以减少基准刑的60%以上或者依法免除处罚。认罪认罚与自首、坦白、当庭自愿认罪、退赃退赔、赔偿谅解、刑事和解、羁押期间表现好等量刑情节不作重复评价。

（十五）对于累犯，综合考虑前后罪的性质、刑罚执行完毕或赦免以后至再犯罪时间的长短以及前后罪罪行轻重等情况，应当增加基准刑的10%～40%，一般不少于3个月。

（十六）对于有前科的，综合考虑前科的性质、时间间隔长短、次数、处罚轻重等情况，可以增加基准刑的10%以下。前科犯罪为过失犯罪和未成年人犯罪的除外。

（十七）对于犯罪对象为未成年人、老年人、残疾人、孕妇等弱势人员的，综合考虑犯罪的性质、犯罪的严重程度等情况，可以增加基准刑的20%以下。

（十八）对于在重大自然灾害、预防、控制突发传染病疫情等灾害期间故意犯罪的，根据案件的具体情况，可以增加基准刑的20%以下。

四、常见犯罪的量刑

（一）交通肇事罪

1. 构成交通肇事罪的，根据下列情形在相应的幅度内确定量刑起点：

（1）致人重伤、死亡或者使公私财产遭受重大损失的，在二年以下有期徒刑、拘役幅度内确定量刑起点。

（2）交通运输肇事后逃逸或者有其他特别恶劣情节的，在三年至五年有期徒刑幅度内确定量刑起点。

（3）因逃逸致一人死亡的，在七年至十年有期徒刑幅度内确定量刑起点。

2. 在量刑起点的基础上，根据事故责任、致人重伤、死亡的人数或者财产损失的数额以及逃逸等其他影响犯罪构成的犯罪事实增加刑罚量，确定基准刑。

3. 构成交通肇事罪的，综合考虑事故责任、危害后果、赔偿谅解等犯罪事实、量刑情节，以及被告人的主观恶性、人身危险性、认罪悔罪表现等因素，决定缓刑的适用。

（二）危险驾驶罪

1. 构成危险驾驶罪的，依法在一个月至六个月拘役幅度内确定宣告刑。

2. 构成危险驾驶罪的，根据危险驾驶行为、实际损害后果等犯罪情节，综合考虑被告人缴纳罚金的能力，决定罚金数额。

3. 构成危险驾驶罪的，综合考虑危险驾驶行为、危害后果等犯罪事实、量刑情节，以及被告人主观恶性、人身危险性、认罪悔罪表现等因素，决定缓刑的适用。

（三）非法吸收公众存款罪

1. 构成非法吸收公众存款罪的，根据下列情形在相应的幅度内确定量刑起点：

（1）犯罪情节一般的，在一年以下有期徒刑、拘役幅度内确定量刑起点。

（2）达到数额巨大起点或者有其他严重情节的，在三年至四年有期徒刑幅度内确定量刑起点。

（3）达到数额特别巨大起点或者有其他特别严重情节的，在十年至十二年有期徒刑幅度内确定量刑起点。

2. 在量刑起点的基础上，根据非法吸收存款数额等其他影响犯罪构成的犯罪事实增加刑罚量，确定基准刑。

3. 对于在提起公诉前积极退赃退赔，减少损害结果发生的，可以减少基准刑的40%以下；犯罪较轻的，可以减少基准刑的40%以上或者依法免除处罚。

4. 构成非法吸收公众存款罪的，根据非法吸收公众存款数额、存款人人数、给存款人造成的直接经济损失数额等犯罪情节，综合考虑被告人缴纳罚金的能力，决定罚金数额。

5. 构成非法吸收公众存款罪的，综合考虑非法吸收存款数额、存款人人数、给存款人造成的直接经济损失数额、清退资金数额等犯罪事实、量刑情节，以及被告人主观恶性、人身危险性、认罪悔罪表现等因素，决定缓刑的适用。

（四）集资诈骗罪

1. 构成集资诈骗罪的，根据下列情形在相应的幅度内确定量刑起点：

（1）达到数额较大起点的，在三年至四年有期徒刑幅度内确定量刑起点。

（2）达到数额巨大起点或者有其他严重情节的，在七年至九年有期徒刑幅度内确定量刑起点。依法应当判处无期徒刑的除外。

2. 在量刑起点的基础上，根据集资诈骗数额等其他影响犯罪构成的犯罪事实增加刑罚量，确定基准刑。

3. 构成集资诈骗罪的，根据犯罪数额、危害后果等犯罪情节，综合考虑被告人缴纳罚金的能力，决定罚金数额。

4. 构成集资诈骗罪的，综合考虑犯罪数额、诈骗对象、危害后果、退赃退赔等犯罪事实、量刑情节，以及被告人主观恶性、人身危险性、认罪悔罪表现等因素，决定缓刑的适用。

（五）信用卡诈骗罪

1. 构成信用卡诈骗罪的，根据下列情形在相应的幅度内确定量刑起点：

（1）达到数额较大起点的，在二年以下有期徒刑、拘役幅度内确定量刑起点。

（2）达到数额巨大起点或者有其他严重情节的，在五年至六年有期徒刑幅度内确定量刑起点。

（3）达到数额特别巨大起点或者有其他特别严重情节的，在十年至十二年有期徒刑幅度内确定量刑起点。依法应当判处无期徒刑的除外。

2. 在量刑起点的基础上，根据信用卡诈骗数额等其他影响犯罪构成的犯罪事实增加刑罚量，确定基准刑。

3. 构成信用卡诈骗罪的，根据诈骗手段、犯罪数额、危害后果等犯罪情节，综合考虑被告人缴纳罚金的能力，决定罚金数额。

4. 构成信用卡诈骗罪的，综合考虑诈骗手段、犯罪数额、危害后果、退赃退赔等犯罪事实、量刑情节，以及被告人主观恶性、人身危险性、认罪悔罪表现等因素，决定缓刑的适用。

（六）合同诈骗罪

1. 构成合同诈骗罪的，根据下列情形在相应的幅度内确定量刑起点：

（1）达到数额较大起点的，在一年以下有期徒刑、拘役幅度内确定量刑起点。

（2）达到数额巨大起点或者有其他严重情节的，在三年至四年有期徒刑幅度内确定量刑起点。

（3）达到数额特别巨大起点或者有其他特别严重情节的，在十年至十二年有期徒刑幅度内确定量刑起点。依法应当判处无期徒刑的除外。

2. 在量刑起点的基础上，根据合同诈骗数额等其他影响犯罪构成的犯罪事实增加刑罚量，确定基准刑。

3. 构成合同诈骗罪的，根据诈骗手段、犯罪数额、损失数额、危害后果等犯罪情节，综合考虑被告人缴纳罚金的能力，决定罚金数额。

4. 构成合同诈骗罪的，综合考虑诈骗手段、犯罪数额、危害后果、退赃退赔等犯罪事实、量刑情节，以及被告人主观恶性、人身危险性、认罪悔罪表现等因素，决定缓刑的适用。

（七）故意伤害罪

1. 构成故意伤害罪的，根据下列情形在相应的幅度内确定量刑起点：

（1）故意伤害致一人轻伤的，在二年以下有期徒刑、拘役幅度内确定量刑起点。

（2）故意伤害致一人重伤的，在三年至五年有期徒刑幅度内确定量刑起点。

（3）以特别残忍手段故意伤害致一人重伤，造成六级严重残疾的，在十年至十三年有期徒刑幅度内确定量刑起点。依法应当判处无期徒刑以上刑罚的除外。

2.在量刑起点的基础上，根据伤害后果、伤残等级、手段残忍程度等其他影响犯罪构成的犯罪事实增加刑罚量，确定基准刑。

故意伤害致人轻伤的，伤残程度可以在确定量刑起点时考虑，或者作为调节基准刑的量刑情节。

3.构成故意伤害罪的，综合考虑故意伤害的起因、手段、危害后果、赔偿谅解等犯罪事实、量刑情节，以及被告人的主观恶性、人身危险性、认罪悔罪表现等因素，决定缓刑的适用。

（八）强奸罪

1.构成强奸罪的，根据下列情形在相应的幅度内确定量刑起点：

（1）强奸妇女一人的，在三年至六年有期徒刑幅度内确定量刑起点。

奸淫幼女一人的，在四年至七年有期徒刑幅度内确定量刑起点。

（2）有下列情形之一的，在十年至十三年有期徒刑幅度内确定量刑起点：强奸妇女、奸淫幼女情节恶劣的；强奸妇女、奸淫幼女三人的；在公共场所当众强奸妇女、奸淫幼女的；二人以上轮奸妇女的；奸淫不满十周岁的幼女或者造成幼女伤害的；强奸致被害人重伤或者造成其他严重后果的。依法应当判处无期徒刑以上刑罚的除外。

2.在量刑起点的基础上，根据强奸妇女、奸淫幼女情节恶劣程度、强奸人数、致人伤害后果等其他影响犯罪构成的犯罪事实增加刑罚量，确定基准刑。

强奸多人多次的，以强奸人数作为增加刑罚量的事实，强奸次数作为调节基准刑的量刑情节。

3.构成强奸罪的，综合考虑强奸的手段、危害后果等犯罪事实、量刑情节，以及被告人的主观恶性、人身危险性、认罪悔罪表现等因素，从严把握缓刑的适用。

（九）非法拘禁罪

1.构成非法拘禁罪的，根据下列情形在相应的幅度内确定量刑起点：

（1）犯罪情节一般的，在一年以下有期徒刑、拘役幅度内确定量刑起点。

（2）致一人重伤的，在三年至五年有期徒刑幅度内确定量刑起点。

（3）致一人死亡的，在十年至十三年有期徒刑幅度内确定量刑起点。

2.在量刑起点的基础上，根据非法拘禁人数、拘禁时间、致人伤亡后果等其他影响犯罪构成的犯罪事实增加刑罚量，确定基准刑。

非法拘禁多人多次的，以非法拘禁人数作为增加刑罚量的事实，非法拘禁次数作为调节基准刑的量刑情节。

3.有下列情节之一的，增加基准刑的 10% ～ 20%：

（1）具有殴打、侮辱情节的；

（2）国家机关工作人员利用职权非法扣押、拘禁他人的。

4.构成非法拘禁罪的，综合考虑非法拘禁的起因、时间、危害后果等犯罪事实、量刑情节，以及被告人的主观恶性、人身危险性、认罪悔罪表现等因素，决定缓刑的适用。

（十）抢劫罪

1.构成抢劫罪的，根据下列情形在相应的幅度内确定量刑起点：

（1）抢劫一次的，在三年至六年有期徒刑幅度内确定量刑起点。

（2）有下列情形之一的，在十年至十三年有期徒刑幅度内确定量刑起点：入户抢劫的；在公共交通工具上抢劫的；抢劫银行或者其他金融机构的；抢劫三次或者抢劫数额达到数额巨大起点的；抢劫致一人重伤的；冒充军警人员抢劫的；持枪抢劫的；抢劫军用物资或者抢险、救灾、救济物资的。依法应当判处无期徒刑以上刑罚的除外。

2.在量刑起点的基础上，根据抢劫情节严重程度、抢劫数额、次数、致人伤害后果等其他影响犯罪构成的犯罪事实增加刑罚量，确定基准刑。

3.构成抢劫罪的，根据抢劫的数额、次数、手段、危害后果等犯罪情节，综合考虑被告人缴纳罚金的能力，决定罚金数额。

4.构成抢劫罪的，综合考虑抢劫的起因、手段、危害后果等犯罪事实、量刑情节，以及被告人的主观恶性、人身危险性、认罪悔罪表现等因素，从严把握缓刑的适用。

（十一）盗窃罪

1.构成盗窃罪的，根据下列情形在相应的幅度内确定量刑起点：

（1）达到数额较大起点的，二年内三次盗窃的，入户盗窃的，携带凶器盗窃的，或者扒窃的，在一年以下有期徒刑、拘役幅度内确定量刑起点。

（2）达到数额巨大起点或者有其他严重情节的，在三年至四年有期徒刑幅度内确定量刑起点。

（3）达到数额特别巨大起点或者有其他特别严重情节的，在十年至十二年有期徒刑幅度内确定量刑起点。依法应当判处无期徒刑的除外。

2.在量刑起点的基础上，根据盗窃数额、次数、手段等其他影响犯罪构成的犯罪事实增加刑罚量，确定基准刑。

多次盗窃，数额达到较大以上的，以盗窃数额确定量刑起点，盗窃次数可以作为调节基准刑的量刑情节；数额未达到较大的，以盗窃次数确定量刑起点，超过三次的次数作为增加刑罚量的事实。

3.构成盗窃罪的，根据盗窃的数额、次数、手段、危害后果等犯罪情节，综合考虑被告人缴纳罚金的能力，在一千元以上盗窃数额二倍以下决定罚金数额；没有盗窃数额或者盗窃数额无法计算的，在一千元以上十万元以下判处罚金。

4.构成盗窃罪的，综合考虑盗窃的起因、数额、次数、手段、退赃退赔等犯罪事实、量刑情节，以及被告人的主观恶性、人身危险性、认罪悔罪表现等因素，决定缓刑的适用。

（十二）诈骗罪

1.构成诈骗罪的，根据下列情形在相应的幅度内确定量刑起点：

（1）达到数额较大起点的，在一年以下有期徒刑、拘役幅度内确定量刑起点。

（2）达到数额巨大起点或者有其他严重情节的，在三年至四年有期徒刑幅度内确定量刑起点。

（3）达到数额特别巨大起点或者有其他特别严重情节的，在十年至十二年有期徒刑幅度内确定量刑起点。依法应当判处无期徒刑的除外。

2.在量刑起点的基础上，根据诈骗数额等其他影响犯罪构成的犯罪事实增加刑罚量，确定基准刑。

3.构成诈骗罪的，根据诈骗的数额、手段、危害后果等犯罪情节，综合考虑被告人缴纳罚金的能力，决定罚金数额。

4.构成诈骗罪的，综合考虑诈骗的起因、手段、数额、危害后果、退赃退赔等犯罪事实、量刑情节，以及被告人的主观恶性、人身危险性、认罪悔罪表现等因素，决定缓刑的适用。对实施电信网络诈骗的，从严把握缓刑的适用。

（十三）抢夺罪

1.构成抢夺罪的，根据下列情形在相应的幅度内确定量刑起点：

（1）达到数额较大起点或者二年内三次抢夺的，在一年以下有期徒刑、拘役幅度内确定量刑起点。

（2）达到数额巨大起点或者有其他严重情节的，在三年至五年有期徒刑幅度内确定量刑起点。

（3）达到数额特别巨大起点或者有其他特别严重情节的，在十年至十二年有期徒刑幅度内确定量刑起点。依法应当判处无期徒刑的除外。

2.在量刑起点的基础上，根据抢夺数额、次数等其他影响犯罪构成的犯罪事实增加刑罚量，确定基准刑。

多次抢夺，数额达到较大以上的，以抢夺数额确定量刑起点，抢夺次数可以作为调节基准刑的量刑情节；数额未达到较大的，以抢夺次数确定量刑起点，超过三次的次数作为增加刑罚量的事实。

3.构成抢夺罪的，根据抢夺的数额、次数、手段、危害后果等犯罪情节，综合考虑被告人缴纳罚金的能力，决定罚金数额。

4.构成抢夺罪的，综合考虑抢夺的起因、数额、手段、次数、危害后果、退赃退赔等犯罪事实、量刑情节，以及被告人的主观恶性、人身危险性、认罪悔罪表现等因素，决定缓刑的适用。

（十四）职务侵占罪

1.构成职务侵占罪的，根据下列情形在相应的幅度内确定量刑起点：

（1）达到数额较大起点的，在一年以下有期徒刑、拘役幅度内确定量刑起点。

（2）达到数额巨大起点的，在三年至四年有期徒刑幅度内确定量刑起点。

（3）达到数额特别巨大起点的，在十年至十一年有期徒刑幅度内确定量刑起点。依法应当判处无期徒刑的除外。

2.在量刑起点的基础上，根据职务侵占数额等其他影响犯罪构成的犯罪事实增加刑罚量，确定基准刑。

3.构成职务侵占罪的，根据职务侵占的数额、危害后果等犯罪情节，综合考虑被告人缴纳罚金的能力，决定罚金数额。

4.构成职务侵占罪的，综合考虑职务侵占的数额、手段、危害后果、退赃退赔等犯罪事实、量刑情节，以及被告人的主观恶性、人身危险性、认罪悔罪表现等因素，决定缓刑的适用。

（十五）敲诈勒索罪

1.构成敲诈勒索罪的，根据下列情形在相应的幅度内确定量刑起点：

（1）达到数额较大起点的，或者二年内三次敲诈勒索的，在一年以下有期徒刑、拘役幅度内确定量刑起点。

（2）达到数额巨大起点或者有其他严重情节的，在三年至五年有期徒刑幅度内确定量刑起点。

（3）达到数额特别巨大起点或者有其他特别严重情节的，在十年至十二年有期徒刑幅度内确定量刑起点。

2.在量刑起点的基础上，根据敲诈勒索数额、次数、犯罪情节严重程度等其他影响犯罪构成的犯罪事实增加刑罚量，确定基准刑。

多次敲诈勒索，数额达到较大以上的，以敲诈勒索数额确定量刑起点，敲诈勒索次数可以作为调节基准刑的量刑情节；数额未达到较大的，以敲诈勒索次数确定量刑起点，超过三次的次数作为增加刑罚量的事实。

3.构成敲诈勒索罪的，根据敲诈勒索的数额、手段、次数、危害后果等犯罪情节，综合考虑被告人缴纳罚金的能力，在二千元以上敲诈勒索数额的二倍以下决定罚金数额；被告人没有获得财物的，在二千元以上十万元以下判处罚金。

4.构成敲诈勒索罪的，综合考虑敲诈勒索的手段、数额、次数、危害后果、退赃退赔等犯罪事实、量刑情节，以及被告人的主观恶性、人身危险性、认罪悔罪表现等因素，决定缓刑的适用。

（十六）妨害公务罪

1.构成妨害公务罪的，在二年以下有期徒刑、拘役幅度内确定量刑起点。

2.在量刑起点的基础上，根据妨害公务造成的后果、犯罪情节严重程度等其他影响犯罪构成的犯罪事实增加刑罚量，确定基准刑。

3.构成妨害公务罪，依法单处罚金的，根据妨害公务的手段、危害后果、造成的人身伤害以及财物毁损情况等犯罪情节，综合考虑被告人缴纳罚金的能力，决定罚金数额。

4.构成妨害公务罪的，综合考虑妨害公务的手段、造成的人身伤害、财物的毁损及社会影响等犯罪事实、量刑情节，以及被告人的主观恶性、人身危险性、认罪悔罪表现等因素，决定缓刑的适用。

（十七）聚众斗殴罪

1.构成聚众斗殴罪的，根据下列情形在相应的幅度内确定量刑起点：
（1）犯罪情节一般的，在二年以下有期徒刑、拘役幅度内确定量刑起点。

（2）有下列情形之一的，在三年至五年有期徒刑幅度内确定量刑起点：聚众斗殴三次的；聚众斗殴人数多，规模大，社会影响恶劣的；在公共场所或者交通要道聚众斗殴，造成社会秩序严重混乱的；持械聚众斗殴的。

2. 在量刑起点的基础上，根据聚众斗殴人数、次数、手段严重程度等其他影响犯罪构成的犯罪事实增加刑罚量，确定基准刑。

3. 构成聚众斗殴罪的，综合考虑聚众斗殴的手段、危害后果等犯罪事实、量刑情节，以及被告人的主观恶性、人身危险性、认罪悔罪表现等因素，决定缓刑的适用。

（十八）寻衅滋事罪

1. 构成寻衅滋事罪的，根据下列情形在相应的幅度内确定量刑起点：
（1）寻衅滋事一次的，在三年以下有期徒刑、拘役幅度内确定量刑起点。
（2）纠集他人三次寻衅滋事（每次都构成犯罪），严重破坏社会秩序的，在五年至七年有期徒刑幅度内确定量刑起点。

2. 在量刑起点的基础上，根据寻衅滋事次数、伤害后果、强拿硬要他人财物或任意损毁、占用公私财物数额等其他影响犯罪构成的犯罪事实增加刑罚量，确定基准刑。

3. 构成寻衅滋事罪，判处五年以上十年以下有期徒刑，并处罚金的，根据寻衅滋事的次数、危害后果、对社会秩序的破坏程度等犯罪情节，综合考虑被告人缴纳罚金的能力，决定罚金数额。

4. 构成寻衅滋事罪的，综合考虑寻衅滋事的具体行为、危害后果、对社会秩序的破坏程度等犯罪事实、量刑情节，以及被告人的主观恶性、人身危险性、认罪悔罪表现等因素，决定缓刑的适用。

（十九）掩饰、隐瞒犯罪所得、犯罪所得收益罪

1. 构成掩饰、隐瞒犯罪所得、犯罪所得收益罪的，根据下列情形在相应的幅度内确定量刑起点：
（1）犯罪情节一般的，在一年以下有期徒刑、拘役幅度内确定量刑起点。
（2）情节严重的，在三年至四年有期徒刑幅度内确定量刑起点。

2. 在量刑起点的基础上，根据犯罪数额等其他影响犯罪构成的犯罪事实增加刑罚量，确定基准刑。

3. 构成掩饰、隐瞒犯罪所得、犯罪所得收益罪的，根据掩饰、隐瞒犯罪所得及其收益的数额、犯罪对象、危害后果等犯罪情节，综合考虑被告人缴纳罚金的能力，决定罚金数额。

4. 构成掩饰、隐瞒犯罪所得、犯罪所得收益罪的，综合考虑掩饰、隐瞒犯罪所得及其收益的数额、危害后果、上游犯罪的危害程度等犯罪事实、量刑情节，以及被告人的主观恶性、人身危险性、认罪悔罪表现等因素，决定缓刑的适用。

（二十）走私、贩卖、运输、制造毒品罪

1. 构成走私、贩卖、运输、制造毒品罪的，根据下列情形在相应的幅度内确定量刑起点：

（1）走私、贩卖、运输、制造鸦片一千克，海洛因、甲基苯丙胺五十克或者其它毒品数量达到数量大起点的，量刑起点为十五年有期徒刑。依法应当判处无期徒刑以上刑罚的除外。

（2）走私、贩卖、运输、制造鸦片二百克，海洛因、甲基苯丙胺十克或者其它毒品数量达到数量较大起点的，在七年至八年有期徒刑幅度内确定量刑起点。

（3）走私、贩卖、运输、制造鸦片不满二百克，海洛因、甲基苯丙胺不满十克或者其他少量毒品的，可以在三年以下有期徒刑、拘役幅度内确定量刑起点；情节严重的，在三年至四年有期徒刑幅度内确定量刑起点。

2.在量刑起点的基础上，根据毒品犯罪次数、人次、毒品数量等其他影响犯罪构成的犯罪事实增加刑罚量，确定基准刑。

3.有下列情节之一的，增加基准刑的10% ～ 30%：

（1）利用、教唆未成年人走私、贩卖、运输、制造毒品的；

（2）向未成年人出售毒品的；

（3）毒品再犯。

4.有下列情节之一的，可以减少基准刑的30%以下：

（1）受雇运输毒品的；

（2）毒品含量明显偏低的；

（3）存在数量引诱情形的。

5.构成走私、贩卖、运输、制造毒品罪的，根据走私、贩卖、运输、制造毒品的种类、数量、危害后果等犯罪情节，综合考虑被告人缴纳罚金的能力，决定罚金数额。

6.构成走私、贩卖、运输、制造毒品罪的，综合考虑走私、贩卖、运输、制造毒品的种类、数量、危害后果等犯罪事实、量刑情节，以及被告人的主观恶性、人身危险性、认罪悔罪表现等因素，从严把握缓刑的适用。

（二十一）非法持有毒品罪

1.构成非法持有毒品罪的，根据下列情形在相应的幅度内确定量刑起点：

（1）非法持有鸦片一千克以上、海洛因或者甲基苯丙胺五十克以上或者其他毒品数量大的，在七年至九年有期徒刑幅度内确定量刑起点。依法应当判处无期徒刑的除外。

（2）非法持有毒品情节严重的，在三年至四年有期徒刑幅度内确定量刑起点。

（3）非法持有鸦片二百克、海洛因或者甲基苯丙胺十克或者其他毒品数量较大的，在一年以下有期徒刑、拘役幅度内确定量刑起点。

2.在量刑起点的基础上，根据毒品数量等其他影响犯罪构成的犯罪事实增加刑罚量，确定基准刑。

3.构成非法持有毒品罪的，根据非法持有毒品的种类、数量等犯罪情节，综合考虑被告人缴纳罚金的能力，决定罚金数额。

4.构成非法持有毒品罪的，综合考虑非法持有毒品的种类、数量等犯罪事实、量刑情节，以及被告人主观恶性、人身危险性、认罪悔罪表现等因素，从严把握缓刑的适用。

（二十二）容留他人吸毒罪

1. 构成容留他人吸毒罪的，在一年以下有期徒刑、拘役幅度内确定量刑起点。

2. 在量刑起点的基础上，根据容留他人吸毒的人数、次数等其他影响犯罪构成的犯罪事实增加刑罚量，确定基准刑。

3. 构成容留他人吸毒罪的，根据容留他人吸毒的人数、次数、违法所得数额、危害后果等犯罪情节，综合考虑被告人缴纳罚金的能力，决定罚金数额。

4. 构成容留他人吸毒罪的，综合考虑容留他人吸毒的人数、次数、危害后果等犯罪事实、量刑情节，以及被告人主观恶性、人身危险性、认罪悔罪表现等因素，决定缓刑的适用。

（二十三）引诱、容留、介绍卖淫罪

1. 构成引诱、容留、介绍卖淫罪的，根据下列情形在相应的幅度内确定量刑起点：

（1）情节一般的，在二年以下有期徒刑、拘役幅度内确定量刑起点。

（2）情节严重的，在五年至七年有期徒刑幅度内确定量刑起点。

2. 在量刑起点的基础上，根据引诱、容留、介绍卖淫的人数等其他影响犯罪构成的犯罪事实增加刑罚量，确定基准刑。

3. 旅馆业、饮食服务业、文化娱乐业、出租汽车业等单位的主要负责人，利用本单位的条件，引诱、容留、介绍他人卖淫的，增加基准刑的 10% ～ 20%。

4. 构成引诱、容留、介绍卖淫罪的，根据引诱、容留、介绍卖淫的人数、次数、违法所得数额、危害后果等犯罪情节，综合考虑被告人缴纳罚金的能力，决定罚金数额。

5. 构成引诱、容留、介绍卖淫罪的，综合考虑引诱、容留、介绍卖淫的人数、次数、危害后果等犯罪事实、量刑情节，以及被告人主观恶性、人身危险性、认罪悔罪表现等因素，决定缓刑的适用。

五、附则

（一）本指导意见规范上列二十三种犯罪判处有期徒刑的案件。其他判处有期徒刑的案件，可以参照量刑的指导原则、基本方法和常见量刑情节的适用规范量刑。

（二）各省、自治区、直辖市高级人民法院、人民检察院应当结合当地实际，共同制定实施细则。

（三）本指导意见自 2021 年 7 月 1 日起实施。最高人民法院 2017 年 3 月 9 日《关于实施修订后的〈关于常见犯罪的量刑指导意见〉的通知》（法发〔2017〕7 号）同时废止。

第三章

常见犯罪的量刑案例

胡某红敲诈勒索案
——多次敲诈勒索数额较大的，如何确定量刑起点和基准刑

一、基本案情

被告人胡某红，男，1966 年 3 月 17 日出生。2008 年 10 月 30 日因犯贩卖毒品罪被判处拘役四个月，并处罚金人民币一千元，同年 11 月 30 日刑满释放。2012 年 11 月 30 日因涉嫌犯敲诈勒索罪被逮捕。

湖北省武汉市江汉区人民检察院以被告人胡某红犯敲诈勒索罪，向江汉区人民法院提起公诉。

武汉市江汉区人民法院经公开审理查明：2012 年 10 月 6 日至同月 17 日凌晨期间，被告人胡某红单独或与同伙顾某军（另案处理）相互纠结，窜至武汉市江岸区、江汉区居民住宅小区、酒店、商铺、售楼部、治安岗亭等旁边，采取盗窃凯迪拉克、奔驰等高档轿车后视镜并以归还后视镜为由向车主索要钱财的手段，先后 9 次分别勒索被害人邓某照 600 元，范某涛 500 元，沈某石 300 元，龚某飞 500 元，黄某 300 元，邹某翔 600 元，唐某梅、王某琪夫妇 600 元，王某 200 元，李某勇 400 元，以上共计 4000 元。上述赃款用于购买毒品等。

武汉市江汉区人民法院认为，被告人胡某红单独或伙同他人，以非法占有为目的，采取盗窃他人财物后以归还财物为由进行敲诈的手段，多次勒索他人钱财 4000 元，数额较大，其行为已构成敲诈勒索罪。被告人胡某红具有前科劣迹，为吸毒而多次敲诈勒索，酌情从重处罚。其归案后如实供述部分罪行，可酌情从轻处罚。依照《中华人民共和国刑法》第二百七十四条、第二十五条第一款、第六十七条第三款、第六十四条的规定，武汉市江汉区人民法院认定被告人胡某红犯敲诈勒索罪，判处有期徒刑十个月并处罚金。

一审宣判后，被告人胡某红未提出上诉，公诉机关亦未抗诉，该判决已发生法律效力。

二、主要问题

多次敲诈勒索，数额较大的，如何确定量刑起点和基准刑？

三、量刑分析

根据刑法第二百七十四条的规定，敲诈勒索数额较大、多次敲诈勒索均是敲诈勒索罪的犯罪构成要件。实践中，对于多次敲诈勒索，数额未达到较大的，如何入罪，如何确定量刑起点和基准刑；对于数额达到较大的，如何确定量刑起点和基准刑，存在不同的观点和做法。有的观点认为，对于多次敲诈勒索，应一律入罪处罚；有的认为，不能一概而论，要受刑法第十三条"但书"规定的制约。对于多次敲诈勒索，数额达到较大的，有的以数额较大确定量刑起点，多次敲诈勒索作为增加刑罚量的事实；有的认为，以数额确定量刑起点和基准刑，多次敲诈勒索作为从重处罚情节。

如何认定"多次敲诈勒索"？《最高人民法院　最高人民检察院关于办理敲诈勒索刑事案件适用法律若干问题的解释》（以下简称《解释》）第三条规定，两年内敲诈勒索三次以上的，应当认定为刑法第二百七十四条规定的"多次敲诈勒索"。"多次敲诈勒索"是敲诈勒索罪的犯罪构成要件之一，但并非只要认定为"多次敲诈勒索"，就必须定罪处罚。根据我国刑法的规定，构成犯罪不但有罪质的要求，而且还有罪量的要求。只有行为的社会危害性达到一定程度才构成犯罪。因此，认定"多次敲诈勒索"是否构成犯罪，要结合敲诈勒索的次数、数额、情节等因素考虑。对于多次敲诈勒索数额达到较大的，因为数额已达到了罪量的要求，故应当依法定罪处罚。但对于多次敲诈勒索，数额未达较大的，要结合数额、情节综合考虑，如果数额达到较大标准的50%的，或者具有《解释》第二条规定的较为严重的情节的，可以定罪处罚；如果数额较小或情节一般，犯罪情节显著轻微危害不大的，就不构成敲诈勒索罪。《解释》第五条对敲诈勒索情节显著轻微危害不大的情形做了细化："行为人认罪、悔罪，退赃、退赔，并具有下列情形之一的，可以认定为犯罪情节轻微，不起诉或者免予刑事处罚，由有关部门依法予以行政处罚：（一）具有法定从宽处罚情节的；（二）没有参与分赃或者获赃较少且不是主犯的；（三）被害人谅解的；（四）其他情节轻微、危害不大的。"第六条规定："被害人对敲诈勒索的发生存在过错的，根据被害人过错程度和案件其他情况，可以对行为人酌情从宽处理；情节显著轻微危害不大的，不认为是犯罪。"在审判阶段，案件符合上述规定的，依法不认定构成犯罪。例如，行为人系17周岁的未成年人，一年内对他人（成年人）实施敲诈勒索三次，数额500元，案发后退出赃款，由于犯罪情节显著轻微，就可不认定为犯罪。

对于多次敲诈勒索构成犯罪的，如何确定量刑起点和基准刑，要区分不同情形：

对于多次敲诈勒索，数额较大的，根据《量刑指导意见》有关确定量刑起点和基准刑的规定，本应以数额较大确定量刑起点，多次敲诈勒索作为增加刑罚量的事实，但考虑敲诈勒索是财产型犯罪，在以数额确定量刑起点的同时，又以多次增加刑罚量，难免会存在重复评价的问题，容易导致量刑偏重。但多次敲诈勒索社会危害性较大，故可酌情从重处罚。据此，《量刑指导意见》规定："多次敲诈勒索，数额达到较大以上的，以敲诈勒索数额确定量刑起点，敲诈勒索次数可作为调节基准刑的量刑情节。"实践中，应以敲诈勒索数额较大作为基本犯罪构成事实确定量刑起点，超出较大起点的部分作为增加刑罚量的事实，在量刑起点的基础上增加刑罚量，确定基准刑，敲诈勒索次数可作为从重处罚情节调节基准刑。

对于多次敲诈勒索，数额未达到较大的，根据每次敲诈勒索的情节、数额等因素，如果三次就构成犯罪的，以三次敲诈勒索作为基本犯罪构成事实确定量刑起点，超过三次的事实作为增加刑罚量的事实；如果以多次敲诈勒索一并认定构成犯罪的，犯罪数额、次数在确定量刑起点时一并考虑，如果次数较多，在量刑起点幅度内尚不足以体现其社会危害性，确定基准刑后，可以酌情从重处罚。例如，五次敲诈勒索，数额未达到较大，以五次敲诈勒索认定构成犯罪的，次数、数额在确定量刑起点时考虑；如果十次敲诈勒索，数额未达到较大，以十次敲诈勒索认定构成犯罪的，次数、数额在量刑起点幅度内考虑尚不足以体现其犯罪行为的危害性的，还可以酌情从重处罚。

本案中，被告人胡某红1个月内九次敲诈勒索他人钱财4000元，数额较大，属于多次敲诈勒索且数额较大的情形，以数额确定量刑起点和基准刑，以次数作为从重处罚情节。根据《量刑指导意见》以及湖北省实施细则的规定，敲诈勒索公私财物，犯罪数额达到"数额较大"起点3000元，在4个月拘役至6个月有期徒刑幅度内确定量刑起点。犯罪数额每增加2000元，增加1个月刑期。综合被告人胡某红伙同他人或者单独连续作案，敲诈勒索数额超过3000元，但超过较大起点不足2000元，故不单独增加刑罚量，在确定量刑起点时一并考虑，故确定量刑起点为6个月。无增加刑罚量的事实，基准刑即为6个月。根据湖北省实施细则的规定，敲诈勒索公私财物，数额分别达到数额较大、数额巨大、数额特别巨大的标准，并具有多次敲诈勒索情形的，增加基准刑的20%以下。被告人胡某红1个月内敲诈勒索九次，间隔时间短，敲诈次数多，反映其人身危险性较大，犯罪的社会危害性较大，故确定增加基准刑的20%。其他量刑情节：为吸毒而实施敲诈勒索，增加基准刑的20%；前科情节，增加基准刑的5%；归案后如实供述部分罪行，减少基准刑的5%。上述量刑情节调节基准刑的结果约为8个月。综合全案考虑，被告人胡某红在1个月内连续作案，作案频率高，被害人较多，社会危害严重，且案发后未能退赃，拟宣告有期徒刑8个月系量刑偏轻。合议庭运用综合裁量权予以调整，决定判处有期徒刑10个月。

案例要点

多次多诈勒索是否构成犯罪，要结合犯罪次数、数额、情节等情况考虑，犯罪情节显著轻微危害不大的，不构成犯罪。多次敲诈勒索，数额较大的，以犯罪数额确定量刑起点和基准刑，以次数作为从重处罚情节；数额未达到较大（构成犯罪）的，区别情形确定量刑起点和基准刑。

张某宝故意伤害案
——如何根据基本犯罪构成事实确定量刑起点

一、基本案情

被告人张某宝，男，1977年1月2日出生，土家族，初中文化，无业。2007年12月27日因犯盗窃罪被判处有期徒刑四年六个月，2011年3月26日刑满释放。2014年12月12日因涉嫌故意伤害罪被逮捕。

海南省海口市龙华区人民检察院以被告人张某宝犯故意伤害罪，向龙华区人民法院提起公诉。

海口市龙华区人民法院经公开审理查明：2014年7月11日21时20分许，被告人张某宝与陈某清在海南省海口市龙华区新港路茶叶城附近因债务纠纷发生矛盾，互相拉扯，张某宝随后离开。其后不久，张某宝带另外两名男子（在逃）携带钢管、木棍返回新港路茶叶城，找到陈某清及其朋友王某波，即持钢管、木棍对二人进行殴打，致被害人王某波左胫骨粉碎性骨折及右尺骨的三处骨折。经鉴定，被害人王某波为轻伤一级。

海口市龙华区人民法院认为，被告人张某宝故意伤害他人身体，致一人轻伤，其行为已构成故意伤害罪，应依法惩处。张某宝因故意犯罪被判处有期徒刑，于刑罚执行完毕后五年内再犯应当判处有期徒刑以上刑罚之罪，系累犯，依法应当从重处罚。根据被告人张某宝犯罪的事实、性质、情节及其行为对社会的危害程度，依照《中华人民共和国刑法》第二百三十四条第一款、第六十五条第一款之规定，海口市龙华区人民法院认定被告人张某宝犯故意伤害罪，判处有期徒刑一年八个月。

一审宣判后，被告人张某宝未提出上诉，检察机关亦未抗诉，该判决已发生法律效力。

二、主要问题

如何根据基本犯罪构成事实确定量刑起点？

三、量刑分析

根据《量刑指导意见》的规定，量刑步骤的第一步是：根据基本犯罪构成事实，在相应的法定刑幅度内确定量刑起点。实践中，由于对基本犯罪构成事实概念认识不同，关于如何确定量刑起点，仍然存在不同做法。有观点认为，基本犯罪构成事实是抽象的构成事实，因而对应的量刑起点也应是确定的。据此，在确定不同案件的量刑起点时，不区分基本犯罪构成事实的具体情节，以量刑幅度中线或者某个定点作为量刑起点；也有实施细则直接将个罪的量刑起点规定至"点"。

其实，上述做法与现行的《量刑指导意见》是不相符的。量刑起点是指具体犯罪的量刑起点，而不是抽象的量刑起点；确定量刑起点的根据是具体犯罪的基本犯罪构成事实，而不是抽象的犯罪构成事实。量刑起点是根据不同个案的基本犯罪构成事实而变化的，而基本犯罪构成事实本身的情节也是千变万化的，量刑起点也应随之而变化。例如，故意伤害致一人轻伤的案件，个案中轻伤伤情不同，反映出的社会危害性就不一样，据此确定的量刑起点就应有所不同。

《量刑指导意见》根据常见犯罪的不同情形，在相应的法定刑幅度内确定了量刑起点幅度，而不是固定的点。以故意伤害罪为例，致一人轻伤的，可以在二年以下有期徒刑、拘役幅度内确定量刑起点；致一人重伤的，可以在三年至五年有期徒刑幅度内确定量刑起点；以特别残忍手段故意伤害致一人重伤，造成六级严重残疾的，可以在十年至十三年有期徒刑幅度内确定量刑起点。在法定刑幅度内，《量刑指导意见》之所以仍然规定一个量刑起点幅度，而不直接确定到"点"，就是为了便于法官根据个案基本犯罪构成事实的具体情节来选择一个合适的量刑起点。个案的基本犯罪构成事实具有较为丰富的内涵。同为故意伤害致一人轻伤的案件，有的系接近于重伤的轻伤一级，有的系接近于轻微伤的轻伤二级；有的是一处损伤达到轻伤一级，有的是背部、腿部、头部等多个部位的伤情均符合轻伤一级。对于上述不同情况，不能以固定中线为量刑起点，也不可能预设固定其他的量刑起点。总之，每个具体案件的情况不同，如同不可能存在两片完全相同的树叶。即使是基本犯罪构成事实相近或相似的伤害案件，社会危害性也不可能完全相同，需要根据伤害手段、情节和伤情后果等具体事实反映出的社会危害性，在规定幅度内合理确定量刑起点。

实践中直接将量刑起点规定至"点"的做法，操作起来比较简便，但不利于体现个案的差异。我们认为，还是由法官根据具体犯罪的基本犯罪构成事实在一个幅度内选择量刑起点为宜。其一，有利于满足审判实际需要。我国不同地区经济社会发展和社会治安状况各异，即便是基本犯罪构成事实相近或相似的案件，其社会危害性也会因地而异、因时而异、因势而异，各地法院结合当地实际，根据不同个案的情况，在量刑起点幅度内确定适当的点，更有利于刑法任务和刑罚目的的实现。其二，有利于实现罪责刑相适应。在不同个案中，基本犯罪构成事实包含的影响量刑的因素不同，其社会危害性就轻重有别。对于危害性较大的，可以确定较高的量刑起点；反之，可以确定相对较低的量刑起点。基本犯罪构成事实的社会危害性不同，量刑起点应当体现差别。其三，有利于法官自由裁量权的行使。量刑规范化绝不意味着量刑"机械化"。量刑规范化改革的初衷是规范法官自由裁量权，而不是限制甚至剥夺自由裁量权。量刑起点幅度为法官留足自由裁量的空间，法官根据个案的基本犯罪构成事实确定适当的量刑起点，有利于量刑公正，也有利于实现刑罚个别化。

确定量刑起点的根据是具体犯罪的基本犯罪构成事实，量刑起点的确定，取决于基本犯罪构成事实的社会危害性大小。对于数额型犯罪，基本犯罪构成事实的社会危害性大小主要取决于犯罪数额；对于非数额型犯罪，基本犯罪构成事实的社会危害性大小主要取决于行为对象、结果及方法等因素。例如，对于故意伤害致人轻伤的案件，根据《量刑指导意见》的规定，故意伤害致一人轻伤的，可在二年以下有期徒刑、拘役幅度内确定量刑起点。就具体犯罪而言，要根据致人轻伤的社会危害性来确定量刑起点，根据伤害部位、伤害程度等不同情况，确定不同的量刑起点，可确定为六个月、七个月，也可确定为一年、一年二个月或者一年六个月，等等。基本犯罪构成事实的社会危害性不同，量刑起点就应该不同。对于数额型犯罪，在确定量刑起点时，还要注意不能唯数额论，例如，甲、乙盗窃数额都是刚刚达到巨大起点，但甲盗窃的是他人用于支付医药费的"救命钱"，其社会危害性就比盗窃一般财物的乙要大，量刑起点就应当高些。

本案中，被告人张某宝持械殴打一名被害人致左胫骨粉碎性骨折、右尺骨三处骨折，造成一级轻伤。合议庭综合全案事实情节分析，本案虽因普通债务纠纷引发，但被告人持械作案，具有累犯等情节，决定在法定刑幅度内予以从重处罚。根据认定的事实，本案基本犯罪构成事实属于"故意伤害致一人轻伤"的情形。《量刑指导意见》规定："故意伤害致一人轻伤的，可以在二年以下有期徒刑、拘役幅度内确定量刑起点。"海南省实施细则规定："故意伤害致一人轻伤的，可以在六个月至一年六个月有期徒刑幅度内确定量刑起点。"合议庭认为，轻伤伤情是反映本罪基本犯罪构成事实社会危害性的重要方面，应在确定量刑起点时予以考虑。鉴于被告人造成被害人左胫骨粉碎性骨折和右尺骨三处骨折，均达到了轻伤一级，伤害后果更为严重，据此，确定量刑起点为有期徒刑一年三个月。鉴于本案无其他增加刑罚量的事实，基准刑即为有期徒刑一年三个月。合议庭根据民间纠纷引发、持械作案以及累犯等情节对基准刑进行调节，调节结果在法定刑幅度内，体现了罪责刑相适应原则，也体现了从重处罚的效果，故依法确定宣告刑为有期徒刑一年八个月，并依法作出判决。

案例要点

确定量刑起点的根据是具体犯罪的基本犯罪构成事实。量刑时，要结合犯罪手段、犯罪后果、被告人主观恶性等因素，综合判断基本犯罪构成事实的社会危害性大小，据以确定量刑起点。

黄某钊掩饰、隐瞒犯罪所得案
——如何根据黄某钊掩饰、隐瞒犯罪所得的犯罪数额、犯罪次数认定"情节严重"并量刑

一、基本案情

被告人黄某钊，男，1982年12月3日出生。因涉嫌犯掩饰、隐瞒犯罪所得罪于2015年4月30日被逮捕。

内蒙古自治区呼伦贝尔市海拉尔区人民检察院以被告人黄某钊犯掩饰、隐瞒犯罪所得罪，向呼伦贝尔市海拉尔区人民法院提起公诉。

呼伦贝尔市海拉尔区人民法院经审理查明：

1. 2015年3月10日，他人（在逃）冒充被害人艾某的领导，要求艾某向户名为罗某伟的中国银行卡、户名为罗某琪的建设银行卡内分别存入50000元。艾某于同日在呼伦贝尔市海拉尔区将100000元存入上述两张银行卡内。3月10日11时41分至11时42分，被告人黄某钊使用罗某伟尾号为3669的中国银行卡在建设银行广东省电白县东海分理处ATM机上取款20000元。

2. 2015年3月10日，他人（在逃）冒充被害人史某婷的同事韩某，要求史某坤向户名为洪某东的农业银行卡内存入20000元。史某婷于同日在内蒙古自治区锡林浩特市将20000元存入上述银行卡内。3月10日9时4分至9时7分、同日9时46分至9时48分，被告人黄某钊使用尾号为8570的农业银行卡在农业银行广东省电白县东阳、丽涛支行ATM机上共计取款20000元。

3. 2015年3月11日，他人（在逃）冒充被害人莘某梁的领导，要求莘某梁向户名为郭某亮的农业银行卡内存入20000元。莘某梁于同日在锡林浩特市将20000元存入上述银行卡内。3月11日10时3分至10时8分，被告人黄某钊使用尾号为4879的农业银行卡在农业银行广东省电白县东阳支行ATM机上共计取款20000元。呼伦贝尔市海拉尔区人民法院认为，被告人黄某钊明知他人实施犯罪行为而为其支取犯罪所得钱款，其行为已构成掩饰、隐瞒犯罪所得罪。海拉尔区人民检察院指控的罪名成立。被告人掩饰、隐瞒犯罪所得三次且总额达到五万元以上，属"情节严重"。被告人到案后如实供述所犯罪行，当庭自愿认罪，可以从轻处罚。

综合被告人的犯罪性质、情节、悔罪表现等情况，依照《中华人民共和国刑法》

第三百一十二条、第六十七条第三款，最高人民法院《关于审理掩饰、隐瞒犯罪所得、犯罪所得收益刑事案件适用法律若干问题的解释》第三条第一款第（二）项之规定，呼伦贝尔市海拉尔区人民法院认定被告人黄某钊犯掩饰、隐瞒犯罪所得罪，判处有期徒刑三年，并处罚金人民币四万元。

一审宣判后，被告人黄某钊没有提出上诉，公诉机关亦未抗诉，该判决已经发生法律效力。

二、主要问题

如何根据掩饰、隐瞒犯罪所得的犯罪数额、犯罪次数认定"情节严重"并量刑？

三、量刑分析

刑法第三百一十二条规定："明知是犯罪所得及其产生的收益而予以窝藏、转移、收购、代为销售或者以其他方法掩饰、隐瞒的，处三年以下有期徒刑、拘役或者管制，并处或者单处罚金；情节严重的，处三年以上七年以下有期徒刑，并处罚金。"长期以来，除掩饰、隐瞒涉及盗窃、抢劫、诈骗、抢夺机动车、涉及非法获取计算机信息系统数据犯罪所获取的数据、非法控制计算机信息系统犯罪所获取的计算机信息系统控制权等相关司法解释明确了"情节严重"的情形外，其他普通掩饰、隐瞒犯罪所得、犯罪所得收益犯罪如何认定"情节严重"，无明确标准可循，造成量刑不统一，有的数额相同、情节相似的案件在不同地区判决结果差异很大。

为解决该问题，最高人民法院发布《关于审理掩饰、隐瞒犯罪所得、犯罪所得收益刑事案件适用法律若干问题的解释》（以下简称《解释》），规定了此类案件"情节严重"的具体认定标准，并于2015年6月1日起施行。《解释》在综合考虑犯罪所得、犯罪所得收益的价值总额、种类、犯罪的次数、上游犯罪的性质及对司法机关追查上游犯罪的妨害程度等因素的基础上，明确"情节严重"的一般标准和特殊标准，并规定了兜底条款。

（一）认定"情节严重"的一般标准

《解释》第三条第一款第（一）项规定，掩饰、隐瞒犯罪所得及其产生的收益价值总额达到十万元以上的，应当认定为"情节严重"。该项从犯罪数额上规定了"情节严重"的一般标准。根据该规定，掩饰、隐瞒犯罪所得及其产生的收益价值总额达到十万元的，即可认定为"情节严重"，在"三年以上七年以下有期徒刑，并处罚金"法定刑幅度内量刑。个案中，以"掩饰、隐瞒犯罪所得及其产生的收益价值总额十万元"作为基本犯罪构成事实，根据《量刑指导意见》，可在三年至四年有期徒刑幅度内确定量刑起点；超出十万元的数额，可用于增加刑罚量确定基准刑。

（二）认定"情节严重"的特殊标准

1.次数标准。《解释》第三条第一款第（二）项规定，掩饰、隐瞒犯罪所得及其产生的收益十次以上，或者三次以上且价值总额达到五万元以上的，应当认定为"情节严重"。根据该规定，次数标准又分为两种情况：（1）掩饰、隐瞒犯罪所得及其收益十次以上的。该规定主要考虑行为次数多，社会危害性大，行为人属于"职业收赃人"，应严厉打击，此时不考虑犯罪数额。量刑时，以"掩饰、隐瞒犯罪所得及其收益十次"作为基本犯罪构成事实确定量刑起点，超出十次的次数可用来增加刑罚量。（2）掩饰、隐瞒犯罪所得及其收益三次以上且价值总额达到一般数额标准（十万元）的百分之五十（五万元）的。量刑时，以"掩饰、隐瞒犯罪所得及其收益三次以上且价值总额五万元"作为基本犯罪构成事实，超出五万元的数额可用于增加刑罚量。由于多次犯罪行为的价值总额达到五万元才可构成"情节严重"，故多次行为是作为一个整体来评价的，超过三次的次数也不再用于增加刑罚量，一般在量刑起点范围内考虑。如掩饰、隐瞒犯罪所得五次，价值总额为六万元，此时以"五次＋五万"作为基本犯罪构成事实，由于实施的行为有五次，可选择较高的量刑起点，超出的一万元用于增加刑罚量。如掩饰、隐瞒犯罪所得次数较多，达到八次或九次，在量刑起点部分考虑不足以反映其社会危害性的，还可将多次犯罪作为从重处罚情节调节基准刑。

适用该条款时，需要注意"次数"的认定：（1）每一次掩饰、隐瞒行为，必须是一个有独立主观意图、独立掩饰、隐瞒行为、独立结果的行为。如果基于同一个故意，在同一时间、同一地点，同时或者连续对多起上游犯罪实施掩饰、隐瞒行为的，一般应认定为一次掩饰、隐瞒犯罪所得及其收益的行为。为同一个上游犯罪人同一起犯罪事实的犯罪所得及其收益而分多次予以窝藏、转移、收购、代为销售或者以其他方法掩饰、隐瞒的，由于其犯罪对象的同一性，也应认定为一次掩饰、隐瞒犯罪所得及其收益的行为。（2）每一次掩饰、隐瞒行为，不以每次都构成犯罪为前提。（3）需注意有关治安处罚时效和刑事追诉时效的规定。单次掩饰、隐瞒行为不构成犯罪，且超过治安处罚时效的，不再累计次数；单次掩饰、隐瞒行为构成犯罪，但超过刑事追诉时效的，也不再累计次数。

2. 特殊财物标准。《解释》第三条第一款第（三）项规定，掩饰、隐瞒的犯罪所得系电力设备、交通设施、广播电视设施、公用电信设施、军事设施或者救灾、抢险、防汛、优抚、扶贫、移民、救济款物，价值总额达到五万元以上的，应当认定为"情节严重"。司法实践中大量存在对光缆铜线、电力设施变压器等的收赃行为，助长了破坏公用设施类的犯罪，社会危害性也较其他收赃行为更大，应当从严打击。故针对公用设备、设施及其他特殊财物实施的掩饰、隐瞒犯罪所得及其收益犯罪，情节严重的标准有所降低，不要求次数，只要数额达到一般标准（十万元）的一半（五万元）以上，就可认定为"情节严重"。量刑时，以"犯罪数额五万元"作为基本犯罪构成事实确定量刑起点，超出的数额用于增加刑罚量确定基准刑。

（三）兜底条款

《解释》第三条第一款第（四）项、第（五）项规定，掩饰、隐瞒行为致使上游犯罪无法及时查处，并造成公私财物重大损失无法挽回或其他严重后果的；实施其他掩饰、隐瞒犯罪所得及其产生的收益行为，严重妨害司法机关对上游犯罪予以追究的，应当认定为"情节严重"。实践中，有的掩饰、隐瞒犯罪所得、犯罪所得收益的行为，虽然所涉及的犯罪数额不大，甚至很小，但上游犯罪的危害特别大，社会影响特别恶劣，甚至给国家和社会带来巨大的损失，由于掩饰、隐瞒行为致使上游犯罪无法及时得到查处，即使掩饰、隐瞒犯罪所得及其收益不到十万元甚至不到五万元，但确属情节严重的，就应当依法认定为"情节严重"。

需要注意的是，《解释》第三条第二款规定，司法解释对掩饰、隐瞒涉及机动车、计算机信息系统数据、计算机信息系统控制权的犯罪所得及其产生的收益行为认定"情节严重"已有规定的，审理此类案件依照该规定。也即，《解释》第三条第一款的各项认定"情节严重"的标准不适用于掩饰、隐瞒涉及机动车、计算机信息系统数据、计算机信息系统控制权的犯罪所得及其收益犯罪。

经查，本案被告人黄某钊与上游犯罪人（真实姓名不详，在逃）认识，黄某钊虽不清楚钱款的具体来源，但明知钱款系犯罪所得，为获得酬劳而替上游犯罪人取钱；无证据证实黄某钊与上游犯罪人存在诈骗的共同犯意和共同实施诈骗行为，根据现有证据，被告人黄某钊的行为应定性为掩饰、隐瞒犯罪所得罪。黄某钊掩饰、隐瞒犯罪所得三次，价值总额六万元。根据《解释》第三条第一款第（二）项的规定，应当认定为"情节严重"，在"三年以上七年以下有期徒刑，并处罚金"法定刑幅度内量刑。考虑到被告人归案后始终如实供述罪行，认罪态度好，具有坦白情节，决定从轻处罚。

本案基本犯罪构成事实是"掩饰、隐瞒犯罪所得三次，价值总额五万元"，根据《量刑指导意见》及内蒙古自治区实施细则的规定，可以在三年至四年有期徒刑幅度内确定量刑起点。考虑被告人实施犯罪的数额、情节，确定量刑起点为有期徒刑三年五个月。超出数额起点的一万元相应增加刑罚量一个月，基准刑为三年六个月。量刑情节部分：本案被告人具有坦白、当庭自愿认罪情节。根据《量刑指导意见》的规定，认定坦白情节的，不再单独适用当庭自愿认罪情节。被告人到案后即如实供述犯罪事实，且当庭自愿认罪，悔罪态度较好，故坦白情节确定减少基准刑的15%。根据量刑情节调节基准刑，调节结果为有期徒刑三年。综合全案犯罪事实、情节，该调节结果符合罪责刑适应原则。法院依法认定被告人黄某钊犯掩饰、隐瞒犯罪所得罪，判处有期徒刑三年，并处罚金人民币四万元。

案例要点

对于掩饰、隐瞒犯罪所得及其产生的收益十次以上，认定为"情节严重"的，以"掩饰、隐瞒犯罪所得及其收益十次"作为基本犯罪构成事实确定量刑起点，超出十次的次数可用来增加刑罚量；对于三次以上且价值总额达到五万元以上的，认定为"情节严重"的，以"掩饰、隐瞒犯罪所得及其收益三次以上且价值总额五万元"作为基本犯罪构成事实，超出五万元的数额可用于增加刑罚量，犯罪次数一般在量刑起点范围内考虑，如犯罪次数较多，可作为从重处罚情节调节基准刑。

高某交通肇事案
——如何在刑事速裁程序中适用庭审量刑程序

一、基本案情

被告人高某，男，汉族，1983年1月27日出生。

辩护人徐卫平，北京市百瑞律师事务所律师。

北京市海淀区人民检察院以被告人高某犯交通肇事罪，而向海淀区人民法院提起公诉。海淀区人民法院适用刑事速裁程序，实行独任审判，公开开庭审理了本案。

公诉机关指控：2015年8月9日16时许，被告人高某在北京市海淀区阜石路双槐树路路口，驾驶一辆与其驾驶证载明的准驾车型不符的无号牌两轮摩托车，搭载被害人明某华（女，殁年35岁）由东向西行驶时，违反交通信号灯指示通行，与他车发生交通事故，致明某华颅脑损伤死亡。道路交通事故认定书认定被告人高某为主要责任，对方为次要责任。案发后，被告人高某家属代为赔偿被害人近亲属人民币20万元，并取得谅解。被告人高某于2015年9月14日被公安机关电话传唤到案，如实供述了上述犯罪事实。公诉机关认为被告人高某具有自首的从轻情节，建议判处被告人高某九个月至十个月有期徒刑。被告人高某及其辩护人对指控事实、罪名及量刑建议均没有异议，并签字具结，在开庭审理过程中亦均无异议。

北京市海淀区人民法院认为，公诉机关指控被告人高某犯交通肇事罪的事实清楚，证据确实、充分，指控罪名成立，量刑建议适当，应予采纳。依照《中华人民共和国刑法》第一百三十三条，第六十七条第一款，第七十二条第一款，第七十三条第二款、第三款之规定，北京市海淀区人民法院认定被告人高某犯交通肇事罪，判处有期徒刑十个月，缓刑一年。

一审宣判后，被告人高某没有提出上诉，公诉机关亦未抗诉，该判决已经发生法律效力。

二、主要问题

如何在刑事速裁程序中适用庭审量刑程序？

三、量刑程序分析

刑事速裁程序，是指针对司法实践中大量无争议且更为轻微、更为多发的案件设计的相对于简易程序更为简便的诉讼程序。法庭审理作为当前试点速裁案件审判阶段最为重要的一环，主要集中解决的是程序适用的正当性和量刑问题，法庭需要审查被告人认罪的自愿性，并促使控辩双方对量刑问题进行协商进而达成一致意见，保障被告人认罪以获得从宽处罚。在推动"以审判为中心""庭审实质化"的司法改革背景下，速裁案件不仅要简化庭审程序，以提高诉讼效率；更要优化庭审程序，保障庭审实质化，避免试点实践中庭审程序过于简单导致庭审功能的虚化和弱化。本案是适用速裁程序开庭审理的典型案例，庭审程序简洁、清晰，较好地在庭审程序中处理了案件量刑问题，审判效果突出，体现了简化程序、保障人权、从宽处理的速裁程序制度价值，值得借鉴。

第一，切实保障被告人诉讼权利。速裁程序在简化审判程序的同时，首要强调的是对被告人诉讼权利的保障，包括案件快速审理以及被告人权利告知、自主选择程序、获得法律帮助、最后陈述等，强化被告人诉讼主体地位，确保其明确知晓并了解速裁程序适用的法律后果，确定被告人认罪认罚的主动性、程序选择的自愿性。上述权利保障是后续诉讼程序顺利进行以及被告人获得从宽量刑的基础。核实并确认程序适用的正当性是速裁案件法庭审理的重要内容之一。试点实践中，不通过当庭对被告人进行确认，直接适用速裁庭审程序的做法存在不妥。在决定适用速裁庭审程序前，法庭应当再次询问、确认被告人是否自愿认罪、是否自愿选择此程序，由此审查判断被告人认罪认罚的客观性和自愿性，保障其合法权益。另外，速裁案件在实体上主要解决的是被告人的量刑问题，即便控辩双方在庭前已经就量刑问题协商一致，庭审中仍然应当在程序上保障当事人，尤其是被告人及其辩护人再次发表意见的权利。本案庭审中，鉴于被告人庭前已经接受法律援助，应当明确知晓速裁程序适用后果，且有辩护人为其当庭辩护，法庭首先进行简要询问，当庭确认被告人在庭前已接受法律援助以及被告人系自愿适用速裁程序后，方决定适用速裁程序进行法庭审理。同时，法庭还提示被告人和辩护人有权在庭审过程中随时提出其他问题或申请，保障被告人和辩护人的申辩权和发言权。在公诉机关发表指控意见、量刑建议后，再次询问被告人对量刑建议的意见，并提请辩护人发表辩护意见，充分保障了被告人的量刑辩护权。整个庭审过程，落实被告人的各项诉讼权利，为最终裁判结果的作出，尤其是对被告人从宽处罚量刑结果的公正性提供了程序保障。

第二，保证控辩双方充分进行量刑协商。根据《全国人民代表大会常务委员会关于授权最高人民法院、最高人民检察院在部分地区开展刑事案件速裁程序试点工作的决定》及《最高人民法院　最高人民检察院　公安部　司法部关于在部分地区开展刑事案件速裁程序试点工作的办法》的规定，被告人当庭自愿认罪、同意量刑建议和适用速裁程序的，不再进行法庭调查和法庭辩论。上述规定是对速裁案件法庭审理中法庭调查和法庭辩论程序简化处理的总原则。实践操作中，法庭审理虽然省去了严格意义上的法庭调查和法庭辩论程序，但是为了保障量刑的公正性，充分落实量刑激励机制，仍然应当审查、确认控辩双方庭前是否进行量刑协商，被告人以及辩护人是否明确知晓公诉机关的量刑建议并没有异议。对庭前已协商一致的量刑建议，被告人、辩护人在庭审中没有提出异议的，不再进行法庭调查和辩论；对基本符合罪责刑相适应原则的，可以直接参照协商结果作出判决。

对庭前已协商一致的量刑建议，被告人、辩护人在庭审中又提出新的量刑事实或者量刑意见的，法庭根据具体情况认为有必要调查核实相关量刑情节，且能够当庭查清的，可以补充简要的举证、质证，不影响速裁程序的进行。在当庭确认相关量刑事实、情节的基础上，法庭继续引导控辩双方再次进行量刑协商。本案庭审中，法庭首先确认被告人在庭前已经与公诉人进行量刑协商，并达成一致意见。庭审中，根据辩护人提出请求适用缓刑的量刑意见，法庭引导控辩双方围绕是否适用缓刑再次进行协商，通过当庭了解被告人的犯罪原因、家庭状况以及监管条件，控辩双方在缓刑适用问题上达成一致意见，为案件当庭裁判、提高诉讼效率奠定良好基础。

第三，程序设置落实量刑激励机制。速裁案件对自愿认罪的被告人量刑时依法从轻，要体现优惠政策，坚持能判缓刑就不判实刑，能判罚金刑就不判自由刑，能判非刑罚方法就不判刑罚方法的原则。这是被告人通过让渡部分程序权利在实体上应当获得的收益。因此，在程序上，尤其是法庭审理过程中，应当结合案件具体情况，通过个性化庭审细节保障对被告人的量刑激励落实到位。例如，在确认被告人是否明知适用速裁程序的法律后果时，法庭可以明确告知被告人认罪认罚、选择适用速裁程序有获得从宽处罚的权利，既当庭示明被告人的合法权益，又提示法官在裁量刑罚时应当酌情适用该量刑情节。再如，对被告人或者辩护人当庭提出量刑事实的认定，采取有利于被告人的原则，在有针对性的、简单的调查，听取控辩双方意见后当庭予以认定。还可以根据具体案情，在当庭宣判前增设被告人自我求情环节、当庭宣判时增加量刑释法、法庭教育等个性化内容，简要说明量刑情节和量刑理由，引导被告人主动悔罪、息诉服判。需要指出的是最高人民法院、最高人民检察院、公安部、司法部《刑事案件速裁程序试点工作座谈会纪要（二）》规定，适用速裁程序的案件，包括可能宣告缓刑、判处管制、免予刑事处罚的案件，一律不提交审判委员会讨论决定。刑事判决一般由独任法官直接签署，当庭宣判并送达。由此，一方面解决了审判实践中因不合理的案件报批审批制度制约部分速裁案件不能当庭裁判、不当限制速裁案件被告人非监禁刑的适用，从而导致量刑激励落实不到位的情况；另一方面也为速裁法官根据庭审实际情况调整程序细节，灵活掌控庭审节奏，体现速裁案件庭审的个性化提供了发挥空间。本案庭审过程中，法庭指引控辩双方围绕被告人的量刑问题进行进一步量刑协商，并根据庭审情况当庭作出裁判。针对本案被告人系过失犯罪，且与被害人是同事关系，主观恶性不深，到案后竭力赔偿被害人家属经济损失并取得谅解，认罪悔罪态度好，积极配合司法机关并自愿选择适用速裁程序，节约司法资源等犯罪事实和情节，法庭坚持认罪认罚的从宽处理原则，采纳控辩双方协商一致的量刑意见，对被告人宣告缓刑。宣判时，当庭向控辩双方充分并简明扼要地阐述了案件裁判理由以及从宽处罚的法律政策依据，并及时告知被告人闭庭后将变更强制措施。

上述庭审程序灵活、简便，结合案件自身特性，从实体和程序上均体现对被告人量刑从宽到位的审判要求，达到提高诉讼效率、化解社会矛盾、终结诉讼纠纷、教育矫治犯罪的良好效果。

　　附：庭审笔录摘要

　　开庭时间：2015 年 12 月 2 日 10 时 30 分

　　闭庭时间：2015 年 12 月 2 日 10 时 50 分

　　开庭地址：速裁法庭

　　被告人姓名：高某。

　　辩护人：徐卫平，北京市百瑞律师事务所律师。

　　审判长：现在开庭。

　　审判长：被告人你叫什么名字？

　　被告人：高某。

　　审判长：有何前科劣迹？

　　被告人：无。

　　审判长：这次是因为何事什么时间被羁押？

　　被告人：因交通肇事于 2015 年 9 月 14 日被羁押，2015 年 9 月 28 日被逮捕。

　　审判长：你庭前是否接受过法律帮助？

　　被告人：接受过。

　　审判长：是否同意本案适用速裁程序审理？

　　被告人：同意。

　　审判长：本院现适用速裁程序公开开庭审理北京市海淀区人民检察院提起公诉的被告人高某交通肇事一案。本案由本院审判员郑红艳独任审判，书记员汪冬泉担任法庭记录，北京市海淀区人民检察院指派代理检察员孙鹏支持公诉。北京市百瑞律师事务所律师徐卫平作为你的法律援助律师出庭为你辩护。上述人员你都听清了吗？

　　被告人：听清了。

　　审判长：你是否申请回避？

　　被告人：不申请。

　　审判长：辩护人是否申请回避？

　　辩护人：不申请回避。

　　审判长：被告人如果你在庭审过程中有其他问题或申请，可以随时提出。你听清了吗？

　　被告人：听清了。

　　审判长：公诉人、辩护人如有需要讯问或发问，请向法庭示意，是否听清？

　　公诉人：好的。

　　辩护人：好的。

　　审判长：下面请公诉人简要说明指控被告人的主要犯罪事实和证据。

　　公诉人：说明主要指控事实（参见起诉书）。主要证据：被告人高某的供述，证人田士明、郭辉、马金峰、张晓波、明占蕊的证言，司法鉴定意见书，司法鉴定检验报告书，道路交通事故认定书，122报警台事故电话记录表，驾驶证复印件，赔偿协议书，收条，谅解书，受案登记表，到案经过，身份证明等。

审判长：被告人对起诉书指控的事实、证据有无异议？

被告人：没有。

审判长：被告人你对指控事实有无补充陈述？

被告人：没有。

审判长：被告人高某，你与被害人明某华是什么关系？

被告人：同事关系。

审判长：当天她为什么搭载你的电动车？

被告人：因为经常下班顺道就带到车站。

审判长：你为什么闯红灯？

被告人：当时没注意。

审判长：事故发生后你做了什么？

被告人：打电话报警、打120。

审判长：辩护人对指控的事实和证据有无意见？

辩护人：没有意见。

审判长：公诉人说明指控意见、主要量刑情节及量刑建议。

公诉人：公诉机关认为被告人高某的行为构成交通肇事罪。被告人高某具有自首的从轻处罚情节，且被告人家属已经赔偿被害人亲属，本案适用速裁程序，建议判处被告人高某九至十个月有期徒刑。

审判长：被告人，庭前公诉人是否与你进行过量刑协商？你是否同意公诉人的量刑建议？

被告人：有过。同意。

审判长：辩护人发表辩护意见。

辩护人：被告人高某构成交通肇事罪。认罪悔罪态度好，初犯偶犯，有自首情节，家属积极赔偿并获得谅解，被害人与被告人是同事关系，家庭困难，建议判处缓刑。适用缓刑的理由：被告人是北京人、有固定工作、有家庭，具备监管条件；已经赔偿并获得谅解，社会危害性已经降到最低。我愿意配合司法局和社区参加社区矫正工作。

审判长：公诉人，辩护人同意公诉人的量刑建议，但建议判处缓刑，公诉人有何意见？

公诉人：鉴于辩护人提出的建议判处缓刑的意见，想再补充问被告人几个问题。

审判长：可以。

公诉人：被告人高某，公诉人现在对你讯问，你说一下你的家庭情况及居住、工作情况？

被告人：住在石景山区，在一起住的有我爱人。工作单位是环境二队，原单位还没有对我进行处理。

公诉人：综合量刑情节，对辩护人提出的判处缓刑的意见，不持异议。

审判长：你家庭经济状况怎么样？

被告人：我从事环卫工作，在 2010 年受了工伤，收入不高，父母身体不好，孩子还小。

审判长：下面由被告人作最后陈述。你最后有什么要说的？

被告人：对这件事挺后悔，我认识到自己的错误，对不起被害人家属。我尽力赔偿了，也达到谅解了，我希望对方原谅我。以后不再闯红灯，不再违法了。

审判长：下面进行宣判：根据刚才的庭审，本院认为公诉机关指控被告人高某犯交通肇事罪的事实清楚，证据确实充分，指控罪名成立，量刑建议适当，应予采纳。就辩护人提出的建议判处被告人缓刑的意见，庭审中控辩双方进行了充分的协商，公诉机关同意判处被告人缓刑。法庭认为，被告人高某基于同事间的互相帮助搭载被害人途中因闯红灯被撞导致被害人死亡，犯罪情节较轻；案发后能够自首，在家庭经济状态并不富裕的情况下，在家属的帮助下积极赔偿了被害人近亲属的经济损失并取得被害人近亲属的谅解；没有前科劣迹，在因公受伤后也能坚持工作，庭审过程中被告人对自己的行为有了深刻的认识，认罪悔罪态度较好。

综合以上情节，根据宽严相济的刑事政策及罪责刑相适应的原则，结合"适用刑事速裁程序可对被告人在法定范围内可适当从宽"的精神。现根据刑法有关规定，判决如下：

被告人高某犯交通肇事罪，判处有期徒刑十个月，缓刑一年。

案例要点

适用刑事速裁程序审理案件时，应当当庭询问确认被告人是否自愿认罪、接受量刑建议、同意适用速裁程序。庭审中，控辩双方可以根据新的量刑事实情节重新进行量刑协商，协商一致的，不影响速裁程序的适用。适用刑事速裁程序的，量刑时应当体现认罪认罚从宽处罚精神。

王某涛盗窃案
——刑事速裁案件被告人认罪认罚的，如何从宽处罚

一、基本案情

被告人王某涛，男，汉族，1976 年 11 月 14 日出生。

湖北省武汉市江汉区人民检察院以被告人王某涛犯盗窃罪，向武汉市江汉区人民

法院提起公诉。武汉市江汉区人民法院适用刑事案件速裁程序审理本案。

公诉机关指控：2015 年 6 月 1 日 13 时许，被告人王某涛在武汉市江汉区万松园路西园三楼电玩游戏机室内，乘人不备，扒窃被害人许某放在身边投篮机上价值人民币 6500 元的苹果牌 iPhone6（16G）、三星牌移动电话机各 1 部。被害人报案后，公安机关根据线索于同年 6 月 5 日将被告人王某涛抓获。被告人王某涛归案后协助公安机关追回赃物并发还被害人。公诉机关认为，被告人王某涛具有扒窃、退赃、如实供述罪行等量刑情节，建议判处有期徒刑十个月以下或拘役，并处罚金。

被告人王某涛对指控事实、罪名及量刑建议没有异议并签字具结，在开庭审理过程中亦均无异议。

武汉市江汉区人民法院认为，公诉机关指控被告人王某涛犯盗窃罪的事实清楚，证据确实、充分，指控罪名成立，量刑建议适当，应予采纳。依照《中华人民共和国刑法》第二百六十四条、第六十七条第三款的规定，以被告人王某涛犯盗窃罪，判处有期徒刑 6 个月，并处罚金人民币 1000 元。

一审宣判后，被告人王某涛没有提出上诉，公诉机关亦未抗诉，该判决已经发生法律效力。

二、主要问题

刑事速裁案件被告人认罪认罚的，如何从宽处罚？

三、量刑程序分析

对被告人认罪且量刑没有争议的轻微刑事案件适用速裁程序审理，是相对于简易程序更为简便和快速的诉讼程序。刑事速裁程序改革的首要价值体现在落实认罪认罚制度，实行繁简分流，提高办案效率。对于适用速裁程序审理的案件，适用刑罚的主要效果不在于其严厉性，而在于其及时性，并更加注重刑罚适用的教育矫治功能。

开展刑事速裁程序改革试点以来，对被告人认罪认罚给予充分、有效的积极评价，通过从宽处理给予优惠的量刑条件鼓励被告人自愿接受速裁程序，已是普遍共识。但是，对于被告人认罪认罚情节如何在量刑中体现从宽处罚，存在三种不同的观点和做法：

第一种观点认为，认罪认罚有多种具体表现形式，包括自首、坦白、当庭自愿认罪以及刑事和解等。刑法、刑事诉讼法及相关司法解释规定了自首、坦白和刑事和解为法定从宽处罚的量刑情节。《量刑指导意见》及各地实施细则详细规定了上述量刑情节的从宽处罚幅度。在适用认罪认罚情节时，可以在上述情节的从宽处罚幅度内确定相对较大的从宽调节比例以体现对认罪认罚情节的从宽处罚精神。此种做法的优点在于量刑适用时法律依据充分、量刑标准明确，易于操作；缺点是被告人认罪认罚的从宽处罚幅度受制于其他量刑情节调节幅度范围的局限，可能导致个案从宽力度不足，不能充分体现量刑激励的效果。

第二种观点认为，对速裁案件被告人认罪认罚从宽处罚主要体现的是程序性价值，在法律规范没有明确规定为量刑情节以及具体如何适用的情况下，可以根据案件具体情况，在20%综合裁量权范围内调整拟宣告刑，体现从宽处罚的效果。此种做法的优点在于突破了认罪认罚情节依附于其他量刑情节适用的限制；缺点是与综合裁量权混同适用，弱化了综合裁量权的适用意义和适用效果。

第三种观点认为，在目前法律框架内，可以将被告人认罪认罚作为一个独立的酌定量刑情节适用。我们赞同这种做法，理由是：以单独的量刑情节适用能够凸显被告人认罪认罚的积极意义和独立价值，最大限度地鼓励被告人积极主动自愿认罪认罚，推动案件快速审理，更好地落实宽严相济的刑事政策，体现罪责刑相适应原则，有效避免前两种做法的局限性。2016年最高人民法院、最高人民检察院、公安部、司法部《关于印发〈刑事案件速裁程序试点工作座谈会纪要（二）〉的通知》（以下简称《纪要（二）》）精神也认可了这种观点和做法，并规定"被告人同意适用速裁程序的，在确保法律效果的前提下，可以减少基准刑的10%～30%"。

据此，速裁案件审理中，被告人认罪认罚可以作为独立的量刑情节予以适用，在10%～30%的幅度范围内调节基准刑。如何确定具体从宽比例，需要在综合考虑全案犯罪事实的基础上，重点分析以下因素：

1. 自愿认罪的阶段及认罪悔罪的程度。被告人认罪的阶段体现其认罪悔罪的态度及价值，特别是在诉讼早期，如到案后或者在侦查阶段即如实供述罪行、自愿认罪认罚的，对于侦查机关及时收集证据、及早侦结案件越有帮助，越能节约司法资源，提高司法效率，据此可以适用较大的从宽幅度。被告人是否交代全部罪行还是只交代个人主要罪行，反映出犯罪人的认罪、悔罪表现是否彻底。多次供述前后反复、交代罪行避重就轻、可能隐匿其他同案犯的，属于认罪悔罪表现不彻底。对于被告人认罪悔罪越彻底的越应体现从宽处罚精神，反之，从宽幅度相对较小。

2. 犯罪性质和罪行轻重。犯罪性质和罪行轻重决定犯罪行为社会危害性大小，在确定从宽幅度时应有所区别。如交通肇事、危险驾驶等过失犯罪可以确定相对较大的从宽幅度，而抢夺、寻衅滋事等故意犯罪可以适用相对较小的从宽幅度，特别是毒品犯罪应严格掌握从宽幅度。相对于犯罪动机恶劣、主观恶性较深、具有多次前科劣迹以及预谋型犯罪而言，被告人是初犯、偶犯，或者因民间纠纷引发犯罪的表明其人身危险性较小，可适用较大从宽比例。

3. 矛盾纠纷化解和损失弥补程度。被告人积极挽回、赔偿被害人经济损失，并取得被害人的谅解，社会矛盾得以化解，破坏的社会关系得以修复的，可适用较大从宽比例。被告人竭尽其经济能力进行赔偿，取得被害人谅解的，也可以适用较大从宽处罚幅度。对于被告人与被害人双方矛盾未能化解或者被害人系被迫接受不足额赔偿等非正常原因谅解的，应当在听取被害人意见的基础上，适用相对较小的从宽幅度。

需要注意的是，当认罪认罚情节与自首、坦白情节并存时，虽然认罪认罚情节与自首、坦白情节有一定的交叉，但认罪认罚情节具有实体上和程序上的双重价值，与自首、坦白情节在基本内涵和适用功能上存在区别，故量刑时可以并列适用，但要合理确定各情节的调节比例，总从宽幅度不宜过大。在刑事速裁案件中，认罪认罚情节完全涵盖了当庭自愿认罪情节，且从宽幅度也大于当庭自愿认罪情节，故在量刑时适用认罪认罚情节即可。

本案中，被告人王某涛扒窃他人手机2部共计价值人民币6500元，盗窃数额较大。综合全案考虑其犯罪社会危害较大，应当判处有期徒刑或者拘役。鉴于王某涛对检察机关的十个月以下有期徒刑或者拘役的量刑建议没有异议，自愿选择适用速裁程序审理，根据《纪要（二）》的规定，对被告人王某涛认罪认罚情节予以从宽处罚，落实量刑优惠。综合全案考虑王某涛是初犯，所犯罪行属于法定刑在三年有期徒刑以下的轻罪；到案后能积极与司法机关合作，如实供述犯罪事实，并配合公安机关追回全部赃物，挽回被害人的全部经济损失；同时其认罪认罚、自愿选择适用速裁程序办理案件，故在10%～30%的幅度内确定减少基准刑的25%。

根据《量刑指导意见》以及湖北省实施细则规定，盗窃公私财物，犯罪数额达到"数额较大"起点的，在三个月拘役至六个月有期徒刑幅度内确定量刑起点。由于被告人王某涛系在公共场所扒窃作案，侵犯他人财产同时还对被害人人身安全造成威胁，犯罪危害性相比普通盗窃大。结合当地扒窃作案猖獗，严重危害社会治安的司法现状，确定量刑起点为有期徒刑六个月。超出盗窃数额较大的部分，增加三个月刑期，确定基准刑为有期徒刑九个月。量刑情节方面：王某涛还具有扒窃情节，在30%幅度内确定增加基准刑的15%；到案后如实供述犯罪事实，有助于公安机关收集定案证据，在20%幅度内确定减少基准刑的10%；积极配合公安机关追缴全部赃物，亦未给被害人造成其他经济损失，在10%幅度内确定减少基准刑的10%。

根据量刑情节调节基准刑，调节结果为有期徒刑六个月。综合考虑全案犯罪事实和情节，该调节结果符合罪责刑相适应原则，体现了认罪认罚从轻处罚的精神，达到了惩治罪犯、预防犯罪的目的。鉴于王某涛实施扒窃型盗窃犯罪，社会危害较大，考虑当地社会治安状况，不宜适用缓刑。据此，法院依法当庭判处被告人王某涛有期徒刑六个月。

案例要点

刑事速裁案件被告人认罪认罚的情节可以作为独立的从宽处罚量刑情节适用。确定从宽调节比例时，要综合考虑犯罪性质、罪行轻重、被告人自愿认罪的阶段及悔罪程度、赔偿谅解等情况，可以减少基准刑的10%～30%。

第四章

认罪认罚制度

最高人民法院　最高人民检察院　公安部　国家安全部　司法部印发《关于适用认罪认罚从宽制度的指导意见》的通知

（2019 年 10 月 11 日）

各省、自治区、直辖市高级人民法院、人民检察院、公安厅（局）、国家安全厅（局）、司法厅（局），解放军军事法院、军事检察院，新疆维吾尔自治区高级人民法院生产建设兵团分院，新疆生产建设兵团人民检察院、公安局、国家安全局、司法局：

为正确实施刑事诉讼法新规定，精准适用认罪认罚从宽制度，确保严格公正司法，推动国家治理体系和治理能力现代化，最高人民法院、最高人民检察院会同公安部、国家安全部、司法部制定了《关于适用认罪认罚从宽制度的指导意见》（以下简称《指导意见》），现予印发，请结合实际贯彻执行。具体工作要求通知如下：

一、充分认识设立认罪认罚从宽制度的重大意义。认罪认罚从宽是 2018 年修改后刑事诉讼法规定的一项重要制度，是全面贯彻宽严相济刑事政策的重要举措。各级人民法院、人民检察院、公安机关、国家安全机关、司法行政机关要站在推动国家治理体系和治理能力现代化的高度，充分认识这项制度对及时有效惩治犯罪、加强人权司法保障、优化司法资源配置、提高刑事诉讼效率、化解社会矛盾纠纷、促进社会和谐稳定的重要意义，强化责任担当，敢于积极作为，深入推进制度贯彻实施，确保制度效用有效发挥。

二、加强组织领导和业务指导。各级人民法院、人民检察院、公安机关、国家安全机关、司法行政机关要加强组织领导，将适用认罪认罚从宽制度作为重要工作来落实，紧密结合本地实际，根据《指导意见》研究制定实施方案或实施细则，分别层报最高人民法院、最高人民检察院、公安部、国家安全部、司法部备案。要加强对刑事诉讼法有关规定和《指导意见》等规范性文件的学习和培训，明确工作原则和要求，统一思想认识，提高办理认罪认罚案件的能力。要加强业务指导，深入开展调查研究，及时掌握本地区推进情况，确保工作规范有序开展。

三、加强协调配合。认罪认罚从宽制度涉及侦查、批捕、起诉、审判等各个诉讼环节，涉及人民法院、人民检察院、公安机关、国家安全机关、司法行政机关等多个部门。各级人民法院、人民检察院、公安机关、国家安全机关、司法行政机关在分工负责、各司其职的基础上，要加强沟通、协调和配合，建立绿色通道、专人联络、定期通报、联席会议等制度，及时研究解决实践中出现的问题，形成贯彻实施合力。对法律援助机构人员紧缺、经费保障困难等问题，司法行政机关要积极争取党委和政府支持，将值班律师补贴纳入法律援助业务经费开支范围并合理确定补贴标准。

四、加强监督制约。加强监督制约是确保认罪认罚从宽制度正确适用和公正运行，防止产生"权权交易""权钱交易"等司法腐败问题的重要手段。各级人民法院、人民检察院、公安机关、国家安全机关、司法行政机关要健全监督制约机制，切实防范认罪认罚从宽制度适用中可能产生的廉政风险，筑牢不能腐、不敢腐的制度篱笆。要加强对认罪认罚案件办理情况的监督，将具有从宽幅度较大、程序互相转换、认罪认罚后又反悔、社会关注度高、群众有反映等情形的案件作为监督评查的重点，促进提升案件质量和效果，确保制度统一正确适用。

最高人民检察院　最高人民法院
国家安全部　公安部
司法部
2019 年 10 月 11 日

关于适用认罪认罚从宽制度的指导意见

适用认罪认罚从宽制度，对准确及时惩罚犯罪、强化人权司法保障、推动刑事案件繁简分流、节约司法资源、化解社会矛盾、推动国家治理体系和治理能力现代化，具有重要意义。为贯彻落实修改后刑事诉讼法，确保认罪认罚从宽制度正确有效实施，根据法律和有关规定，结合司法工作实际，制定本意见。

一、基本原则

1. 贯彻宽严相济刑事政策。落实认罪认罚从宽制度，应当根据犯罪的具体情况，区分案件性质、情节和对社会的危害程度，实行区别对待，做到该宽则宽，当严则严，宽严相济，罚当其罪。对可能判处三年有期徒刑以下刑罚的认罪认罚案件，要尽量依法从简从快从宽办理，探索相适应的处理原则和办案方式；对因民间矛盾引发的犯罪，犯罪嫌疑人、被告人自愿认罪、真诚悔罪并取得谅解、达成和解、尚未严重影响人民群众安全感的，要积极适用认罪认罚从宽制度，特别是对其中社会危害不大的初犯、偶犯、过失犯、未成年犯，一般应当体现从宽；对严重危害国家安全、公共安全犯罪、严重暴力犯罪，以及社会普遍关注的重大敏感案件，应当慎重把握从宽，避免案件处理明显违背人民群众的公平正义观念。

2. 坚持罪责刑相适应原则。办理认罪认罚案件，既要考虑体现认罪认罚从宽，又要考虑其所犯罪行的轻重、应负刑事责任和人身危险性的大小，依照法律规定提出量刑建议，准确裁量刑罚，确保罚当其罪，避免罪刑失衡。特别是对于共同犯罪案件，主犯认罪认罚，从犯不认罪认罚的，人民法院、人民检察院应当注意两者之间的量刑平衡，防止因量刑失当严重偏离一般的司法认知。

3. 坚持证据裁判原则。办理认罪认罚案件，应当以事实为根据，以法律为准绳，严格按照证据裁判要求，全面收集、固定、审查和认定证据。坚持法定证明标准，侦查终结、提起公诉、作出有罪裁判应当做到犯罪事实清楚，证据确实、充分，防止因犯罪嫌疑人、被告人认罪而降低证据要求和证明标准。对犯罪嫌疑人、被告人认罪认罚，但证据不足，不能认定其有罪的，依法作出撤销案件、不起诉决定或者宣告无罪。

4. 坚持公检法三机关配合制约原则。办理认罪认罚案件，公、检、法三机关应当分工负责、互相配合、互相制约，保证犯罪嫌疑人、被告人自愿认罪认罚，依法推进从宽落实。要严格执法、公正司法，强化对自身执法司法办案活动的监督，防止产生"权权交易""权钱交易"等司法腐败问题。

二、适用范围和适用条件

5. 适用阶段和适用案件范围。认罪认罚从宽制度贯穿刑事诉讼全过程，适用于侦查、起诉、审判各个阶段。

认罪认罚从宽制度没有适用罪名和可能判处刑罚的限定，所有刑事案件都可以适用，不能因罪轻、罪重或者罪名特殊等原因而剥夺犯罪嫌疑人、被告人自愿认罪认罚获得从宽处理的机会。但"可以"适用不是一律适用，犯罪嫌疑人、被告人认罪认罚后是否从宽，由司法机关根据案件具体情况决定。

6. "认罪"的把握。认罪认罚从宽制度中的"认罪"，是指犯罪嫌疑人、被告人自愿如实供述自己的罪行，对指控的犯罪事实没有异议。承认指控的主要犯罪事实，仅对个别事实情节提出异议，或者虽然对行为性质提出辩解但表示接受司法机关认定意见的，不影响"认罪"的认定。犯罪嫌疑人、被告人犯数罪，仅如实供述其中一罪或部分罪名事实的，全案不作"认罪"的认定，不适用认罪认罚从宽制度，但对如实供述的部分，人民检察院可以提出从宽处罚的建议，人民法院可以从宽处罚。

7. "认罚"的把握。认罪认罚从宽制度中的"认罚"，是指犯罪嫌疑人、被告人真诚悔罪，愿意接受处罚。"认罚"，在侦查阶段表现为表示愿意接受处罚；在审查起诉阶段表现为接受人民检察院拟作出的起诉或不起诉决定，认可人民检察院的量刑建议，签署认罪认罚具结书；在审判阶段表现为当庭确认自愿签署具结书，愿意接受刑罚处罚。

"认罚"考察的重点是犯罪嫌疑人、被告人的悔罪态度和悔罪表现，应当结合退赃退赔、赔偿损失、赔礼道歉等因素来考量。犯罪嫌疑人、被告人虽然表示"认罚"，却暗中串供、干扰证人作证、毁灭、伪造证据或者隐匿、转移财产，有赔偿能力而不赔偿损失，则不能适用认罪认罚从宽制度。犯罪嫌疑人、被告人享有程序选择权，不同意适用速裁程序、简易程序的，不影响"认罚"的认定。

三、认罪认罚后"从宽"的把握

8．"从宽"的理解。从宽处理既包括实体上从宽处罚，也包括程序上从简处理。"可以从宽"，是指一般应当体现法律规定和政策精神，予以从宽处理。但可以从宽不是一律从宽，对犯罪性质和危害后果特别严重、犯罪手段特别残忍、社会影响特别恶劣的犯罪嫌疑人、被告人，认罪认罚不足以从轻处罚的，依法不予从宽处罚。

办理认罪认罚案件，应当依照刑法、刑事诉讼法的基本原则，根据犯罪的事实、性质、情节和对社会的危害程度，结合法定、酌定的量刑情节，综合考虑认罪认罚的具体情况，依法决定是否从宽、如何从宽。对于减轻、免除处罚，应当于法有据；不具备减轻处罚情节的，应当在法定幅度以内提出从轻处罚的量刑建议和量刑；对其中犯罪情节轻微不需要判处刑罚的，可以依法作出不起诉决定或者判决免予刑事处罚。

9．从宽幅度的把握。办理认罪认罚案件，应当区别认罪认罚的不同诉讼阶段、对查明案件事实的价值和意义、是否确有悔罪表现，以及罪行严重程度等，综合考量确定从宽的限度和幅度。在刑罚评价上，主动认罪优于被动认罪，早认罪优于晚认罪，彻底认罪优于不彻底认罪，稳定认罪优于不稳定认罪。

认罪认罚的从宽幅度一般应当大于仅有坦白，或者虽认罪但不认罚的从宽幅度。对犯罪嫌疑人、被告人具有自首、坦白情节，同时认罪认罚的，应当在法定刑幅度内给予相对更大的从宽幅度。认罪认罚与自首、坦白不作重复评价。

对罪行较轻、人身危险性较小的，特别是初犯、偶犯，从宽幅度可以大一些；罪行较重、人身危险性较大的，以及累犯、再犯，从宽幅度应当从严把握。

四、犯罪嫌疑人、被告人辩护权保障

10．获得法律帮助权。人民法院、人民检察院、公安机关办理认罪认罚案件，应当保障犯罪嫌疑人、被告人获得有效法律帮助，确保其了解认罪认罚的性质和法律后果，自愿认罪认罚。

犯罪嫌疑人、被告人自愿认罪认罚，没有辩护人的，人民法院、人民检察院、公安机关（看守所）应当通知值班律师为其提供法律咨询、程序选择建议、申请变更强

制措施等法律帮助。符合通知辩护条件的，应当依法通知法律援助机构指派律师为其提供辩护。

人民法院、人民检察院、公安机关（看守所）应当告知犯罪嫌疑人、被告人有权约见值班律师，获得法律帮助，并为其约见值班律师提供便利。犯罪嫌疑人、被告人及其近亲属提出法律帮助请求的，人民法院、人民检察院、公安机关（看守所）应当通知值班律师为其提供法律帮助。

11. 派驻值班律师。法律援助机构可以在人民法院、人民检察院、看守所派驻值班律师。人民法院、人民检察院、看守所应当为派驻值班律师提供必要办公场所和设施。

法律援助机构应当根据人民法院、人民检察院、看守所的法律帮助需求和当地法律服务资源，合理安排值班律师。值班律师可以定期值班或轮流值班，律师资源短缺的地区可以通过探索现场值班和电话、网络值班相结合，在人民法院、人民检察院毗邻设置联合工作站，省内和市内统筹调配律师资源，以及建立政府购买值班律师服务机制等方式，保障法律援助值班律师工作有序开展。

12. 值班律师的职责。值班律师应当维护犯罪嫌疑人、被告人的合法权益，确保犯罪嫌疑人、被告人在充分了解认罪认罚性质和法律后果的情况下，自愿认罪认罚。值班律师应当为认罪认罚的犯罪嫌疑人、被告人提供下列法律帮助：

（一）提供法律咨询，包括告知涉嫌或指控的罪名、相关法律规定，认罪认罚的性质和法律后果等；

（二）提出程序适用的建议；

（三）帮助申请变更强制措施；

（四）对人民检察院认定罪名、量刑建议提出意见；

（五）就案件处理，向人民法院、人民检察院、公安机关提出意见；

（六）引导、帮助犯罪嫌疑人、被告人及其近亲属申请法律援助；

（七）法律法规规定的其他事项。

值班律师可以会见犯罪嫌疑人、被告人，看守所应当为值班律师会见提供便利。危害国家安全犯罪、恐怖活动犯罪案件，侦查期间值班律师会见在押犯罪嫌疑人的，应当经侦查机关许可。自人民检察院对案件审查起诉之日起，值班律师可以查阅案卷材料、了解案情。人民法院、人民检察院应当为值班律师查阅案卷材料提供便利。

值班律师提供法律咨询、查阅案卷材料、会见犯罪嫌疑人或者被告人、提出书面意见等法律帮助活动的相关情况应当记录在案，并随案移送。

13. 法律帮助的衔接。对于被羁押的犯罪嫌疑人、被告人，在不同诉讼阶段，可以由派驻看守所的同一值班律师提供法律帮助。对于未被羁押的犯罪嫌疑人、被告人，前一诉讼阶段的值班律师可以在后续诉讼阶段继续为犯罪嫌疑人、被告人提供法律帮助。

14. 拒绝法律帮助的处理。犯罪嫌疑人、被告人自愿认罪认罚，没有委托辩护人，拒绝值班律师帮助的，人民法院、人民检察院、公安机关应当允许，记录在案并随案移送。但是审查起诉阶段签署认罪认罚具结书时，人民检察院应当通知值班律师到场。

15. **辩护人职责。** 认罪认罚案件犯罪嫌疑人、被告人委托辩护人或者法律援助机构指派律师为其辩护的，辩护律师在侦查、审查起诉和审判阶段，应当与犯罪嫌疑人、被告人就是否认罪认罚进行沟通，提供法律咨询和帮助，并就定罪量刑、诉讼程序适用等向办案机关提出意见。

五、被害方权益保障

16. **听取意见。** 办理认罪认罚案件，应当听取被害人及其诉讼代理人的意见，并将犯罪嫌疑人、被告人是否与被害方达成和解协议、调解协议或者赔偿被害方损失，取得被害方谅解，作为从宽处罚的重要考虑因素。人民检察院、公安机关听取意见情况应当记录在案并随案移送。

17. **促进和解谅解。** 对符合当事人和解程序适用条件的公诉案件，犯罪嫌疑人、被告人认罪认罚的，人民法院、人民检察院、公安机关应当积极促进当事人自愿达成和解。对其他认罪认罚案件，人民法院、人民检察院、公安机关可以促进犯罪嫌疑人、被告人通过向被害方赔偿损失、赔礼道歉等方式获得谅解，被害方出具的谅解意见应当随案移送。

人民法院、人民检察院、公安机关在促进当事人和解谅解过程中，应当向被害方释明认罪认罚从宽、公诉案件当事人和解适用程序等具体法律规定，充分听取被害方意见，符合司法救助条件的，应当积极协调办理。

18. **被害方异议的处理。** 被害人及其诉讼代理人不同意对认罪认罚的犯罪嫌疑人、被告人从宽处理的，不影响认罪认罚从宽制度的适用。犯罪嫌疑人、被告人认罪认罚，但没有退赃退赔、赔偿损失，未能与被害方达成调解或者和解协议的，从宽时应当予以酌减。犯罪嫌疑人、被告人自愿认罪并且愿意积极赔偿损失，但由于被害方赔偿请求明显不合理，未能达成调解或者和解协议的，一般不影响对犯罪嫌疑人、被告人从宽处理。

六、强制措施的适用

19. **社会危险性评估。** 人民法院、人民检察院、公安机关应当将犯罪嫌疑人、被告人认罪认罚作为其是否具有社会危险性的重要考虑因素。对于罪行较轻、采用非羁押性强制措施足以防止发生刑事诉讼法第八十一条第一款规定的社会危险性的犯罪嫌疑人、被告人，根据犯罪性质及可能判处的刑罚，依法可不适用羁押性强制措施。

20. **逮捕的适用。** 犯罪嫌疑人认罪认罚，公安机关认为罪行较轻、没有社会危险性的，应当不再提请人民检察院审查逮捕。对提请逮捕的，人民检察院认为没有社会危险性不需要逮捕的，应当作出不批准逮捕的决定。

21. **逮捕的变更。** 已经逮捕的犯罪嫌疑人、被告人认罪认罚的，人民法院、人民检察院应当及时审查羁押的必要性，经审查认为没有继续羁押必要的，应当变更为取保候审或者监视居住。

七、侦查机关的职责

22. 权利告知和听取意见。公安机关在侦查过程中，应当告知犯罪嫌疑人享有的诉讼权利、如实供述罪行可以从宽处理和认罪认罚的法律规定，听取犯罪嫌疑人及其辩护人或者值班律师的意见，记录在案并随案移送。

对在非讯问时间、办案人员不在场情况下，犯罪嫌疑人向看守所工作人员或者辩护人、值班律师表示愿意认罪认罚的，有关人员应当及时告知办案单位。

23. 认罪教育。公安机关在侦查阶段应当同步开展认罪教育工作，但不得强迫犯罪嫌疑人认罪，不得作出具体的从宽承诺。犯罪嫌疑人自愿认罪，愿意接受司法机关处罚的，应当记录在案并附卷。

24. 起诉意见。对移送审查起诉的案件，公安机关应当在起诉意见书中写明犯罪嫌疑人自愿认罪认罚情况。认为案件符合速裁程序适用条件的，可以在起诉意见书中建议人民检察院适用速裁程序办理，并简要说明理由。

对可能适用速裁程序的案件，公安机关应当快速办理，对犯罪嫌疑人未被羁押的，可以集中移送审查起诉，但不得为集中移送拖延案件办理。

对人民检察院在审查逮捕期间或者重大案件听取意见中提出的开展认罪认罚工作的意见或建议，公安机关应当认真听取，积极开展相关工作。

25. 执法办案管理中心建设。加快推进公安机关执法办案管理中心建设，探索在执法办案管理中心设置速裁法庭，对适用速裁程序的案件进行快速办理。

八、审查起诉阶段人民检察院的职责

26. 权利告知。案件移送审查起诉后，人民检察院应当告知犯罪嫌疑人享有的诉讼权利和认罪认罚的法律规定，保障犯罪嫌疑人的程序选择权。告知应当采取书面形式，必要时应当充分释明。

27. 听取意见。犯罪嫌疑人认罪认罚的，人民检察院应当就下列事项听取犯罪嫌疑人、辩护人或者值班律师的意见，记录在案并附卷：

（一）涉嫌的犯罪事实、罪名及适用的法律规定；

（二）从轻、减轻或者免除处罚等从宽处罚的建议；

（三）认罪认罚后案件审理适用的程序；

（四）其他需要听取意见的情形。

人民检察院未采纳辩护人、值班律师意见的，应当说明理由。

28. 自愿性、合法性审查。对侦查阶段认罪认罚的案件，人民检察院应当重点审查以下内容：

（一）犯罪嫌疑人是否自愿认罪认罚，有无因受到暴力、威胁、引诱而违背意愿认罪认罚；

（二）犯罪嫌疑人认罪认罚时的认知能力和精神状态是否正常；

（三）犯罪嫌疑人是否理解认罪认罚的性质和可能导致的法律后果；

（四）侦查机关是否告知犯罪嫌疑人享有的诉讼权利，如实供述自己罪行可以从宽处理和认罪认罚的法律规定，并听取意见；

（五）起诉意见书中是否写明犯罪嫌疑人认罪认罚情况；

（六）犯罪嫌疑人是否真诚悔罪，是否向被害人赔礼道歉。

经审查，犯罪嫌疑人违背意愿认罪认罚的，人民检察院可以重新开展认罪认罚工作。存在刑讯逼供等非法取证行为的，依照法律规定处理。

29. 证据开示。人民检察院可以针对案件具体情况，探索证据开示制度，保障犯罪嫌疑人的知情权和认罪认罚的真实性及自愿性。

30. 不起诉的适用。完善起诉裁量权，充分发挥不起诉的审前分流和过滤作用，逐步扩大相对不起诉在认罪认罚案件中的适用。对认罪认罚后没有争议，不需要判处刑罚的轻微刑事案件，人民检察院可以依法作出不起诉决定。人民检察院应当加强对案件量刑的预判，对其中可能判处免刑的轻微刑事案件，可以依法作出不起诉决定。

对认罪认罚后案件事实不清、证据不足的案件，应当依法作出不起诉决定。

31. 签署具结书。犯罪嫌疑人自愿认罪，同意量刑建议和程序适用的，应当在辩护人或者值班律师在场的情况下签署认罪认罚具结书。犯罪嫌疑人被羁押的，看守所应当为签署具结书提供场所。具结书应当包括犯罪嫌疑人如实供述罪行、同意量刑建议、程序适用等内容，由犯罪嫌疑人、辩护人或者值班律师签名。

犯罪嫌疑人认罪认罚，有下列情形之一的，不需要签署认罪认罚具结书：

（一）犯罪嫌疑人是盲、聋、哑人，或者是尚未完全丧失辨认或者控制自己行为能力的精神病人的；

（二）未成年犯罪嫌疑人的法定代理人、辩护人对未成年人认罪认罚有异议的；

（三）其他不需要签署认罪认罚具结书的情形。

上述情形犯罪嫌疑人未签署认罪认罚具结书的，不影响认罪认罚从宽制度的适用。

32. 提起公诉。人民检察院向人民法院提起公诉的，应当在起诉书中写明被告人认罪认罚情况，提出量刑建议，并移送认罪认罚具结书等材料。量刑建议书可以另行制作，也可以在起诉书中写明。

33. 量刑建议的提出。犯罪嫌疑人认罪认罚的，人民检察院应当就主刑、附加刑、是否适用缓刑等提出量刑建议。人民检察院提出量刑建议前，应当充分听取犯罪嫌疑人、辩护人或者值班律师的意见，尽量协商一致。

办理认罪认罚案件，人民检察院一般应当提出确定刑量刑建议。对新类型、不常见犯罪案件，量刑情节复杂的重罪案件等，也可以提出幅度刑量刑建议。提出量刑建议，应当说明理由和依据。

犯罪嫌疑人认罪认罚没有其他法定量刑情节的，人民检察院可以根据犯罪的事实、性质等，在基准刑基础上适当减让提出确定刑量刑建议。有其他法定量刑情节的，人民检察院应当综合认罪认罚和其他法定量刑情节，参照相关量刑规范提出确定刑量刑建议。

犯罪嫌疑人在侦查阶段认罪认罚的，主刑从宽的幅度可以在前款基础上适当放宽；被告人在审判阶段认罪认罚的，在前款基础上可以适当缩减。建议判处罚金刑的，参照主刑的从宽幅度提出确定的数额。

34. 速裁程序的办案期限。犯罪嫌疑人认罪认罚，人民检察院经审查，认为符合速裁程序适用条件的，应当在十日以内作出是否提起公诉的决定；对可能判处的有期徒刑超过一年的，可以在十五日以内作出是否提起公诉的决定。

九、社会调查评估

35. 侦查阶段的社会调查。犯罪嫌疑人认罪认罚，可能判处管制、宣告缓刑的，公安机关可以委托犯罪嫌疑人居住地的社区矫正机构进行调查评估。

公安机关在侦查阶段委托社区矫正机构进行调查评估，社区矫正机构在公安机关移送审查起诉后完成调查评估的，应当及时将评估意见提交受理案件的人民检察院或者人民法院，并抄送公安机关。

36. 审查起诉阶段的社会调查。犯罪嫌疑人认罪认罚，人民检察院拟提出缓刑或者管制量刑建议的，可以及时委托犯罪嫌疑人居住地的社区矫正机构进行调查评估，也可以自行调查评估。人民检察院提起公诉时，已收到调查材料的，应当将材料一并移送，未收到调查材料的，应当将委托文书随案移送；在提起公诉后收到调查材料的，应当及时移送人民法院。

37. 审判阶段的社会调查。被告人认罪认罚，人民法院拟判处管制或者宣告缓刑的，可以及时委托被告人居住地的社区矫正机构进行调查评估，也可以自行调查评估。

社区矫正机构出具的调查评估意见，是人民法院判处管制、宣告缓刑的重要参考。对没有委托社区矫正机构进行调查评估或者判决前未收到社区矫正机构调查评估报告的认罪认罚案件，人民法院经审理认为被告人符合管制、缓刑适用条件的，可以判处管制、宣告缓刑。

38. 司法行政机关的职责。受委托的社区矫正机构应当根据委托机关的要求，对犯罪嫌疑人、被告人的居所情况、家庭和社会关系、一贯表现、犯罪行为的后果和影响、居住地村（居）民委员会和被害人意见、拟禁止的事项等进行调查了解，形成评估意见，及时提交委托机关。

十、审判程序和人民法院的职责

39. 审判阶段认罪认罚自愿性、合法性审查。办理认罪认罚案件，人民法院应当告知被告人享有的诉讼权利和认罪认罚的法律规定，听取被告人及其辩护人或者值班律师的意见。庭审中应当对认罪认罚的自愿性、具结书内容的真实性和合法性进行审查核实，重点核实以下内容：

（一）被告人是否自愿认罪认罚，有无因受到暴力、威胁、引诱而违背意愿认罪认罚；

（二）被告人认罪认罚时的认知能力和精神状态是否正常；

（三）被告人是否理解认罪认罚的性质和可能导致的法律后果；

（四）人民检察院、公安机关是否履行告知义务并听取意见；

（五）值班律师或者辩护人是否与人民检察院进行沟通，提供了有效法律帮助或者辩护，并在场见证认罪认罚具结书的签署。

庭审中审判人员可以根据具体案情，围绕定罪量刑的关键事实，对被告人认罪认罚的自愿性、真实性等进行发问，确认被告人是否实施犯罪，是否真诚悔罪。

被告人违背意愿认罪认罚，或者认罪认罚后又反悔，依法需要转换程序的，应当按照普通程序对案件重新审理。发现存在刑讯逼供等非法取证行为的，依照法律规定处理。

40. 量刑建议的采纳。对于人民检察院提出的量刑建议，人民法院应当依法进行审查。对于事实清楚，证据确实、充分，指控的罪名准确，量刑建议适当的，人民法院应当采纳。具有下列情形之一的，不予采纳：

（一）被告人的行为不构成犯罪或者不应当追究刑事责任的；

（二）被告人违背意愿认罪认罚的；

（三）被告人否认指控的犯罪事实的；

（四）起诉指控的罪名与审理认定的罪名不一致的；

（五）其他可能影响公正审判的情形。

对于人民检察院起诉指控的事实清楚，量刑建议适当，但指控的罪名与审理认定的罪名不一致的，人民法院可以听取人民检察院、被告人及其辩护人对审理认定罪名的意见，依法作出裁判。

人民法院不采纳人民检察院量刑建议的，应当说明理由和依据。

41. 量刑建议的调整。人民法院经审理，认为量刑建议明显不当，或者被告人、辩护人对量刑建议有异议且有理有据的，人民法院应当告知人民检察院，人民检察院可以调整量刑建议。人民法院认为调整后的量刑建议适当的，应当予以采纳；人民检察院不调整量刑建议或者调整后仍然明显不当的，人民法院应当依法作出判决。

适用速裁程序审理的，人民检察院调整量刑建议应当在庭前或者当庭提出。调整量刑建议后，被告人同意继续适用速裁程序的，不需要转换程序处理。

42. 速裁程序的适用条件。基层人民法院管辖的可能判处三年有期徒刑以下刑罚的案件，案件事实清楚，证据确实、充分，被告人认罪认罚并同意适用速裁程序的，可以适用速裁程序，由审判员一人独任审判。人民检察院提起公诉时，可以建议人民法院适用速裁程序。

有下列情形之一的，不适用速裁程序办理：

（一）被告人是盲、聋、哑人，或者是尚未完全丧失辨认或者控制自己行为能力的精神病人的；

（二）被告人是未成年人的；

（三）案件有重大社会影响的；

（四）共同犯罪案件中部分被告人对指控的犯罪事实、罪名、量刑建议或者适用速裁程序有异议的；

（五）被告人与被害人或者其法定代理人没有就附带民事诉讼赔偿等事项达成调解或者和解协议的；

（六）其他不宜适用速裁程序办理的案件。

43. 速裁程序的审理期限。适用速裁程序审理案件，人民法院应当在受理后十日以内审结；对可能判处的有期徒刑超过一年的，应当在十五日以内审结。

44. 速裁案件的审理程序。适用速裁程序审理案件，不受刑事诉讼法规定的送达期限的限制，一般不进行法庭调查、法庭辩论，但在判决宣告前应当听取辩护人的意见和被告人的最后陈述意见。

人民法院适用速裁程序审理案件，可以在向被告人送达起诉书时一并送达权利义务告知书、开庭传票，并核实被告人自然信息等情况。根据需要，可以集中送达。

人民法院适用速裁程序审理案件，可以集中开庭，逐案审理。人民检察院可以指派公诉人集中出庭支持公诉。公诉人简要宣读起诉书后，审判人员应当当庭询问被告人对指控事实、证据、量刑建议以及适用速裁程序的意见，核实具结书签署的自愿性、真实性、合法性，并核实附带民事诉讼赔偿等情况。

适用速裁程序审理案件，应当当庭宣判。集中审理的，可以集中当庭宣判。宣判时，根据案件需要，可以由审判员进行法庭教育。裁判文书可以简化。

45. 速裁案件的二审程序。被告人不服适用速裁程序作出的第一审判决提出上诉的案件，可以不开庭审理。第二审人民法院审查后，按照下列情形分别处理：

（一）发现被告人以事实不清、证据不足为由提出上诉的，应当裁定撤销原判，发回原审人民法院适用普通程序重新审理，不再按认罪认罚案件从宽处罚；

（二）发现被告人以量刑不当为由提出上诉的，原判量刑适当的，应当裁定驳回上诉，维持原判；原判量刑不当的，经审理后依法改判。

46. 简易程序的适用。基层人民法院管辖的被告人认罪认罚案件，事实清楚、证据充分，被告人对适用简易程序没有异议的，可以适用简易程序审判。

适用简易程序审理认罪认罚案件，公诉人可以简要宣读起诉书，审判人员当庭询问被告人对指控的犯罪事实、证据、量刑建议及适用简易程序的意见，核实具结书签署的自愿性、真实性、合法性。法庭调查可以简化，但对有争议的事实和证据应当进行调查、质证，法庭辩论可以仅围绕有争议的问题进行。裁判文书可以简化。

47. 普通程序的适用。适用普通程序办理认罪认罚案件，可以适当简化法庭调查、辩论程序。公诉人宣读起诉书后，合议庭当庭询问被告人对指控的犯罪事实、证据及量刑建议的意见，核实具结书签署的自愿性、真实性、合法性。公诉人、辩护人、审判人员对被告人的讯问、发问可以简化。对控辩双方无异议的证据，可以仅就证据名称及证明内容进行说明；对控辩双方有异议，或者法庭认为有必要调查核实的证据，应当出示并进行质证。法庭辩论主要围绕有争议的问题进行，裁判文书可以适当简化。

48.程序转换。人民法院在适用速裁程序审理过程中，发现有被告人的行为不构成犯罪或者不应当追究刑事责任、被告人违背意愿认罪认罚、被告人否认指控的犯罪事实情形的，应当转为普通程序审理。发现其他不宜适用速裁程序但符合简易程序适用条件的，应当转为简易程序重新审理。

发现有不宜适用简易程序审理情形的，应当转为普通程序审理。

人民检察院在人民法院适用速裁程序审理案件过程中，发现有不宜适用速裁程序审理情形的，应当建议人民法院转为普通程序或者简易程序重新审理；发现有不宜适用简易程序审理情形的，应当建议人民法院转为普通程序重新审理。

49.被告人当庭认罪认罚案件的处理。被告人在侦查、审查起诉阶段没有认罪认罚，但当庭认罪，愿意接受处罚的，人民法院应当根据审理查明的事实，就定罪和量刑听取控辩双方意见，依法作出裁判。

50.第二审程序中被告人认罪认罚案件的处理。被告人在第一审程序中未认罪认罚，在第二审程序中认罪认罚的，审理程序依照刑事诉讼法规定的第二审程序进行。第二审人民法院应当根据其认罪认罚的价值、作用决定是否从宽，并依法作出裁判。确定从宽幅度时应当与第一审程序认罪认罚有所区别。

十一、认罪认罚的反悔和撤回

51.不起诉后反悔的处理。因犯罪嫌疑人认罪认罚，人民检察院依照刑事诉讼法第一百七十七条第二款作出不起诉决定后，犯罪嫌疑人否认指控的犯罪事实或者不积极履行赔礼道歉、退赃退赔、赔偿损失等义务的，人民检察院应当进行审查，区分下列情形依法作出处理：

（一）发现犯罪嫌疑人没有犯罪事实，或者符合刑事诉讼法第十六条规定的情形之一的，应当撤销原不起诉决定，依法重新作出不起诉决定；

（二）认为犯罪嫌疑人仍属于犯罪情节轻微，依照刑法规定不需要判处刑罚或者免除刑罚的，可以维持原不起诉决定；

（三）排除认罪认罚因素后，符合起诉条件的，应当根据案件具体情况撤销原不起诉决定，依法提起公诉。

52.起诉前反悔的处理。犯罪嫌疑人认罪认罚，签署认罪认罚具结书，在人民检察院提起公诉前反悔的，具结书失效，人民检察院应当在全面审查事实证据的基础上，依法提起公诉。

53.审判阶段反悔的处理。案件审理过程中，被告人反悔不再认罪认罚的，人民法院应当根据审理查明的事实，依法作出裁判。需要转换程序的，依照本意见的相关规定处理。

54. 人民检察院的法律监督。完善人民检察院对侦查活动和刑事审判活动的监督机制，加强对认罪认罚案件办理全过程的监督，规范认罪认罚案件的抗诉工作，确保无罪的人不受刑事追究、有罪的人受到公正处罚。

十二、未成年人认罪认罚案件的办理

55. 听取意见。人民法院、人民检察院办理未成年人认罪认罚案件，应当听取未成年犯罪嫌疑人、被告人的法定代理人的意见，法定代理人无法到场的，应当听取合适成年人的意见，但受案时犯罪嫌疑人已经成年的除外。

56. 具结书签署。未成年犯罪嫌疑人签署认罪认罚具结书时，其法定代理人应当到场并签字确认。法定代理人无法到场的，合适成年人应当到场签字确认。法定代理人、辩护人对未成年人认罪认罚有异议的，不需要签署认罪认罚具结书。

57. 程序适用。未成年人认罪认罚案件，不适用速裁程序，但应当贯彻教育、感化、挽救的方针，坚持从快从宽原则，确保案件及时办理，最大限度保护未成年人合法权益。

58. 法治教育。办理未成年人认罪认罚案件，应当做好未成年犯罪嫌疑人、被告人的认罪服法、悔过教育工作，实现惩教结合目的。

十三、附则

59. 国家安全机关、军队保卫部门、中国海警局、监狱办理刑事案件，适用本意见的有关规定。

60. 本指导意见由会签单位协商解释，自发布之日起施行。

第五章

最高人民检察院指导性案例

第一批指导性案例

施某某等 17 人聚众斗殴案
（检例第 1 号）

要 旨

检察机关办理群体性事件引发的犯罪案件，要从促进社会矛盾化解的角度，深入了解案件背后的各种复杂因素，依法慎重处理，积极参与调处矛盾纠纷，以促进社会和谐，实现法律效果与社会效果的有机统一。

基本案情

犯罪嫌疑人施某某等 9 人系福建省石狮市永宁镇西岑村人。

犯罪嫌疑人李某某等 8 人系福建省石狮市永宁镇子英村人。

福建省石狮市永宁镇西岑村与子英村相邻，原本关系友好。近年来，两村因土地及排水问题发生纠纷。永宁镇政府为解决两村之间的纠纷，曾组织人员对发生土地及排水问题的地界进行现场施工，但被多次阻挠未果。2008 年 12 月 17 日上午 8 时许，该镇组织镇干部与施工队再次进行施工。上午 9 时许，犯罪嫌疑人施某某等 9 人以及数十名西岑村村民头戴安全帽，身背装有石头的袋子，手持木棍、铁锹等器械到达两村交界处的施工地界，犯罪嫌疑人李某某等 8 人以及数十名子英村村民随后也到达施工地界，手持木棍、铁锹等器械与西岑村村民对峙，双方互相谩骂、互扔石头。出警到达现场的石狮市公安局工作人员把双方村民隔开并劝说离去，但仍有村民不听劝说，继续叫骂并扔掷石头，致使二辆警车被砸损（经鉴定损失价值人民币 761 元），三名民警手部被打伤（经鉴定均未达轻微伤）。

诉讼过程

案发后，石狮市公安局对积极参与斗殴的西岑村施某某等 9 人和子英村李某某等 8 人以涉嫌聚众斗殴罪向石狮市人民检察院提请批准逮捕。为避免事态进一步扩大，也为矛盾化解创造有利条件，石狮市人民检察院在依法作出批准逮捕决定的同时，建议公安机关和有关部门联合两村村委会做好矛盾化解工作，促成双方和解。2010 年 3 月 16 日，石狮市公安局将本案移送石狮市人民检察院审查起诉。石狮市人民检察院在办案中，抓住化解积怨这一关键，专门成立了化解矛盾工作小组，努力促成两村之间矛盾的化解。在取得地方党委、人大、政府支持后，工作小组多次走访两村所在的永宁镇党委、政府，深入两村争议地点现场查看，并与村委会沟通，制订工作方案。随后协调镇政府牵头征求专家意见并依照镇排水、排污规划对争议地点进行施工，从交通安全与保护环境的角度出发，在争议的排水沟渠所在地周围修建起护栏和人行道，并纳入镇政府的统一规划。这一举措得到了两村村民的普遍认同。化解矛盾工作期间，工作小组还耐心、细致地进行释法说理、政策教育、情绪疏导和思想感化等工作，两村相关当事人及其家属均对用聚众斗殴这种违法行为解决矛盾纠纷的做法进行反省并表示后悔，都表现出明确的和解意愿。2010 年 4 月 23 日，西岑村、子英村两村村委会签订了两村和解协议，涉案人员也分别出具承诺书，表示今后不再就此滋生事端，并保证遵纪守法。至此，两村纠纷得到妥善解决，矛盾根源得以消除。

石狮市人民检察院认为：施某某等 17 人的行为均已触犯了《中华人民共和国刑法》第二百九十二条第一款、第二十五条第一款之规定，涉嫌构成聚众斗殴罪，依法应当追究刑事责任。鉴于施某某等 17 人参与聚众斗殴的目的并非为了私仇或争霸一方，且造成的财产损失及人员伤害均属轻微，并未造成严重后果；两村村委会达成了和解协议，施某某等 17 人也出具了承诺书，从惩罚与教育相结合的原则出发以及有利于促进社会和谐的角度考虑，2010 年 4 月 28 日，石狮市人民检察院根据《中华人民共和国刑事诉讼法》第一百四十二条第二款之规定，决定对施某某等 17 人不起诉。

忻元龙绑架案

（检例第 2 号）

要　旨

对于死刑案件的抗诉，要正确把握适用死刑的条件，严格证明标准，依法履行刑事审判法律监督职责。

基本案情

被告人忻元龙，男，1959 年 2 月 1 日出生，汉族，浙江省宁波市人，高中文化。2005 年 9 月 15 日，因涉嫌绑架罪被刑事拘留，2005 年 9 月 27 日被逮捕。

被告人忻元龙因经济拮据而产生绑架儿童并勒索家长财物的意图，并多次到浙江省慈溪市进行踩点和物色被绑架人。2005 年 8 月 18 日上午，忻元龙驾驶自己的浙B3C751 通宝牌面包车从宁波市至慈溪市浒山街道团圈支路老年大学附近伺机作案。当日下午 1 时许，忻元龙见女孩杨某某（女，1996 年 6 月 1 日出生，浙江省慈溪市浒山东门小学三年级学生，因本案遇害，殁年 9 岁）背着书包独自一人经过，即以"陈老师找你"为由将杨某某骗上车，将其扣在一个塑料洗澡盆下，开车驶至宁波市东钱湖镇"钱湖人家"后山。当晚 10 时许，忻元龙从杨某某处骗得其父亲的手机号码和家中的电话号码后，又开车将杨某某带至宁波市北仑区新碶镇算山村防空洞附近，采用捂口、鼻的方式将杨某某杀害后掩埋。8 月 19 日，忻元龙乘火车到安徽省广德县购买了一部波导 1220 型手机，于 20 日凌晨 0 时许拨打杨某某家电话，称自己已经绑架杨某某并要求杨某某的父亲于当月 25 日下午 6 时前带 60 万元赎金到浙江省湖州市长兴县交换其女儿。尔后，忻元龙又乘火车到安徽省芜湖市打勒索电话，因其将记录电话的纸条丢失，将被害人家的电话号码后四位 2353 误记为 7353，电话接通后听到接电话的人操宁波口音，而杨某某的父亲讲普通话，由此忻元龙怀疑是公安人员已介入，遂停止了勒索。2005 年 9 月 15 日忻元龙被公安机关抓获，忻元龙供述了绑架杀人经过，并带领公安人员指认了埋尸现场，公安机关起获了一具尸骨，从其浙 B3C751 通宝牌面包车上提取了杨某某头发两根（经法医学 DNA 检验鉴定，是被害人杨某某的尸骨和头发）。公安机关从被告人忻元龙处扣押波导 1220 型手机一部。

诉讼过程

被告人忻元龙绑架一案，由浙江省慈溪市公安局立案侦查，于 2005 年 11 月 21 日移送慈溪市人民检察院审查起诉。慈溪市人民检察院于同年 11 月 22 日告知了忻元龙有权委托辩护人等诉讼权利，也告知了被害人的近亲属有权委托诉讼代理人等诉讼权利。按照案件管辖的规定，同年 11 月 28 日，慈溪市人民检察院将案件报送宁波市人民检察院审查起诉。宁波市人民检察院依法讯问了被告人忻元龙，审查了全部案件材料。2006 年 1 月 4 日，宁波市人民检察院以忻元龙涉嫌绑架罪向宁波市中级人民法院提起公诉。

2006 年 1 月 17 日，浙江省宁波市中级人民法院依法组成合议庭，公开审理了此案。法庭审理认为：被告人忻元龙以勒索财物为目的，绑架并杀害他人，其行为已构成绑架罪。手段残忍、后果严重，依法应予严惩。检察机关指控的罪名成立。

2006 年 2 月 7 日，宁波市中级人民法院作出一审判决：一、被告人忻元龙犯绑架罪，判处死刑，剥夺政治权利终身，并处没收个人全部财产。二、被告人忻元龙赔偿附带民事诉讼原告人杨宝凤、张玉彬应得的被害人死亡赔偿金 317640 元、丧葬费 11380 元，合计人民币 329020 元。三、供被告人忻元龙犯罪使用的浙 B3C751 通宝牌面包车一辆及波导 1220 型手机一部，予以没收。

忻元龙对一审刑事部分的判决不服，向浙江省高级人民法院提出上诉。

2006 年 10 月 12 日，浙江省高级人民法院依法组成合议庭，公开审理了此案。法庭审理认为：被告人忻元龙以勒索财物为目的，绑架并杀害他人，其行为已构成绑架罪。犯罪情节特别严重，社会危害极大，依法应予严惩。但鉴于本案的具体情况，对忻元龙判处死刑，可不予立即执行。2007 年 4 月 28 日，浙江省高级人民法院作出二审判决：一、撤销浙江省宁波市中级人民法院（2006）甬刑初字第 16 号刑事附带民事判决中对忻元龙的量刑部分，维持判决的其余部分；二、被告人忻元龙犯绑架罪，判处死刑，缓期二年执行，剥夺政治权利终身。

被害人杨某某的父亲不服，于 2007 年 6 月 25 日向浙江省人民检察院申诉，请求提出抗诉。

浙江省人民检察院经审查认为，浙江省高级人民法院二审判决改判忻元龙死刑缓期二年执行确有错误，于 2007 年 8 月 10 日提请最高人民检察院按照审判监督程序提出抗诉。最高人民检察院派员到浙江专门核查了案件相关情况。最高人民检察院检察委员会两次审议了该案，认为被告人忻元龙绑架犯罪事实清楚，证据确实、充分，依法应当判处死刑立即执行，浙江省高级人民法院以"鉴于本案具体情况"为由改判忻元龙死刑缓期二年执行确有错误，应予纠正。理由如下：

（一）忻元龙绑架犯罪事实清楚，证据确实、充分。本案定案的物证、书证、证人证言、被告人供述、鉴定结论、现场勘查笔录等证据能够形成完整的证据体系。公安机关根据忻元龙的供述找到被害人杨某某尸骨，忻元龙供述的诸多隐蔽细节，如埋尸地点、尸体在土中的姿势、尸体未穿鞋袜、埋尸坑中没有书包、打错勒索电话的原因、打勒索电话的通话次数、通话内容、接电话人的口音等，得到了其他证据的印证。

（二）浙江省高级人民法院二审判决确有错误。二审改判是认为本案证据存在两个疑点。一是卖给忻元龙波导 1220 型手机的证人傅世红在证言中讲该手机的串号与公安人员扣押在案手机的串号不一致，手机的同一性存有疑问；二是证人宋丽娟和艾力买买提尼牙子证实，在案发当天看见一中年妇女将一个与被害人特征相近的小女孩带走，不能排除有他人作案的可能。经审查，这两个疑点均能够排除。一是关于手机同一性问题。经审查，公安人员在询问傅世红时，将波导 1220 型手机原机主洪义军的身份证号码误记为手机的串号。宁波市人民检察院移送给宁波市中级人民法院的《随案移送物品文件清单》中写明波导 1220 型手机的串号是 350974114389275，且洪义军将手机卖给傅世红的《旧货交易凭证》等证据，清楚地证明了从忻元龙身上扣押的手机即是索要赎金时使用的手机，且手机就在宁波市中级人民法院，手机同一性的疑点能够排除。二是关于是否存在中年妇女作案问题。案卷原有证据能够证实宋丽娟、艾力买买提尼牙子证言证明的"中年妇女带走小女孩"与本案无关。宋丽娟、艾力买买提尼牙子证言证明的中年妇女带走小女孩的地点在绑架现场东侧200米左右，与忻元龙绑架杨某某并非同一地点。艾力买买提尼牙子证言证明的是迪欧咖啡厅南边的电脑培训学校门口，不是忻元龙实施绑架的地点；宋丽娟证言证明的中年妇女带走小女孩的地点是迪欧咖啡厅南边的十字路口，而不是老年大学北围墙外的绑架现场，因为宋丽娟所在位置被建筑物阻挡，看不到老年大学北围墙外的绑架现场，此疑问也已经排除。此外，二人提到的小女孩的外貌特征等细节也与杨某某不符。

（三）忻元龙所犯罪行极其严重，对其应当判处死刑立即执行。一是忻元龙精心预谋犯罪、主观恶性极深。忻元龙为实施绑架犯罪进行了精心预谋，多次到慈溪市"踩点"，并选择了相对僻静无人的地方作为行车路线。忻元龙以"陈老师找你"为由将杨某某骗上车实施绑架，与慈溪市老年大学剑桥英语培训班负责人陈老师的姓氏相符。忻元龙居住在宁波市的鄞州区，选择在宁波市的慈溪市实施绑架，选择在宁波市的北仑区杀害被害人，之后又精心实施勒索赎金行为，赴安徽省广德县购买波导1220型手机，使用异地购买的手机卡，赴安徽省宣城市、芜湖市打勒索电话并要求被害人父亲到浙江省长兴县交付赎金。二是忻元龙犯罪后果极其严重、社会危害性极大。忻元龙实施绑架犯罪后，为使自己的罪行不被发现，在得到被害人家庭信息后，当天就将年仅9岁的杨某某杀害，并烧掉了杨某某的书包，扔掉了杨某某挣扎时脱落的鞋子，实施了毁灭罪证的行为。忻元龙归案后认罪态度差。开始不供述犯罪，并隐瞒作案所用手机的来源，后来虽供述犯罪，但编造他人参与共同作案。忻元龙的犯罪行为不仅剥夺了被害人的生命、给被害人家属造成了无法弥补的巨大痛苦，也严重影响了当地群众的安全感。三是二审改判忻元龙死刑缓期二年执行不被被害人家属和当地群众接受。被害人家属强烈要求判处忻元龙死刑立即执行，当地群众对二审改判忻元龙死刑缓期二年执行亦难以接受，要求司法机关严惩忻元龙。

2008年10月22日，最高人民检察院依照《中华人民共和国刑事诉讼法》第二百零五条第三款之规定，向最高人民法院提出抗诉。2009年3月18日，最高人民法院指令浙江省高级人民法院另行组成合议庭，对忻元龙案件进行再审。

2009年5月14日，浙江省高级人民法院另行组成合议庭公开开庭审理本案。法庭审理认为：被告人忻元龙以勒索财物为目的，绑架并杀害他人，其行为已构成绑架罪，且犯罪手段残忍、情节恶劣，社会危害极大，无任何悔罪表现，依法应予严惩。检察机关要求纠正二审判决的意见能够成立。忻元龙及其辩护人要求维持二审判决的意见，理由不足，不予采纳。

2009年6月26日，浙江省高级人民法院依照《中华人民共和国刑事诉讼法》第二百零五条第二款、第二百零六条、第一百八十九条第二项，《中华人民共和国刑法》第二百三十九条第一款、第五十七条第一款、第六十四条之规定，作出判决：一、撤销浙江省高级人民法院（2006）浙刑一终字第146号刑事判决中对原审被告人忻元龙的量刑部分，维持该判决的其余部分和宁波市中级人民法院（2006）甬刑初字第16号刑事附带民事判决；二、原审被告人忻元龙犯绑架罪，判处死刑，剥夺政治权利终身，并处没收个人全部财产，并依法报请最高人民法院核准。

最高人民法院复核认为：被告人忻元龙以勒索财物为目的，绑架并杀害他人的行为已构成绑架罪。其犯罪手段残忍，情节恶劣，后果严重，无法定从轻处罚情节。浙江省高级人民法院再审判决认定的事实清楚，证据确实、充分，定罪准确，量刑适当，审判程序合法。

2009 年 11 月 13 日，最高人民法院依照《中华人民共和国刑事诉讼法》第一百九十九条和《最高人民法院关于复核死刑案件若干问题的规定》第二条第一款之规定，作出裁定：核准浙江省高级人民法院（2009）浙刑再字第 3 号以原审被告人忻元龙犯绑架罪，判处死刑，剥夺政治权利终身，并处没收个人全部财产的刑事判决。

2009 年 12 月 11 日，被告人忻元龙被依法执行死刑。

林志斌徇私舞弊暂予监外执行案
（检例第 3 号）

要　旨

司法工作人员收受贿赂，对不符合减刑、假释、暂予监外执行条件的罪犯，予以减刑、假释或者暂予监外执行的，应根据案件的具体情况，依法追究刑事责任。

基本案情

被告人林志斌，男，1964 年 8 月 21 日出生，汉族，原系吉林省吉林监狱第三监区监区长，大学文化。2008 年 11 月 1 日，因涉嫌徇私舞弊暂予监外执行罪被刑事拘留，2008 年 11 月 14 日被逮捕。

2003 年 12 月，高俊宏因犯合同诈骗罪，被北京市东城区人民法院判处有期徒刑十二年，2004 年 1 月入吉林省吉林监狱服刑。服刑期间，高俊宏认识了服刑犯人赵金喜，并请赵金喜为其办理保外就医。赵金喜找到时任吉林监狱第五监区副监区长的被告人林志斌，称高俊宏愿意出钱办理保外就医，让林志斌帮忙把手续办下来。林志斌答应帮助沟通此事。之后赵金喜找到服刑犯人杜迎涛，由杜迎涛配制了能表现出患病症状的药物。在赵金喜的安排下，高俊宏于同年 3 月 24 日服药后"发病"住院。林志斌明知高俊宏伪造病情，仍找到吉林监狱刑罚执行科的王连发（另案处理），让其为高俊宏办理保外就医，并主持召开了对高俊宏提请保外就医的监区干部讨论会。会上，林志斌隐瞒了高俊宏伪造病情的情况，致使讨论会通过了高俊宏的保外就医申请，然后其将高俊宏的保外就医相关材料报到刑罚执行科。期间高俊宏授意其弟高俊卫与赵金喜向林志斌行贿人民币 5 万元（林志斌将其中 3 万元交王连发）。2004 年 4 月

28 日，经吉林监狱呈报，吉林省监狱管理局以高俊宏双肺肺炎、感染性休克、呼吸衰竭，批准高俊宏暂予监外执行一年。同年 4 月 30 日，高俊宏被保外就医。2006 年 5 月 18 日，高俊宏被收监。

诉讼过程

2008 年 10 月 28 日，吉林省长春市宽城区人民检察院对林志斌涉嫌徇私舞弊暂予监外执行一案立案侦查。2009 年 8 月 4 日，长春市宽城区人民检察院以林志斌涉嫌徇私舞弊暂予监外执行罪向长春市宽城区人民法院提起公诉。2009 年 10 月 20 日，长春市宽城区人民法院作出（2009）宽刑初字第 223 号刑事判决，以被告人林志斌犯徇私舞弊暂予监外执行罪，判处有期徒刑三年。

第二批指导性案例

崔建国环境监管失职案
（检例第 4 号）

关键词

渎职罪主体　国有事业单位工作人员　环境监管失职罪

要　旨

实践中，一些国有公司、企业和事业单位经合法授权从事具体的管理市场经济和社会生活的工作，拥有一定管理公共事务和社会事务的职权，这些实际行使国家行政管理职权的公司、企业和事业单位工作人员，符合渎职罪主体要求；对其实施渎职行为构成犯罪的，应当依照刑法关于渎职罪的规定追究刑事责任。

相关立法

《中华人民共和国刑法》第四百零八条，全国人民代表大会常务委员会《关于〈中华人民共和国刑法〉第九章渎职罪主体适用问题的解释》。

基本案情

被告人崔建国，男，1960 年出生，原系江苏省盐城市饮用水源保护区环境监察支队二大队大队长。

江苏省盐城市标新化工有限公司（以下简称"标新公司"）位于该市二级饮用水保护区内的饮用水取水河蟒蛇河上游。根据国家、市、区的相关法律法规文件规定，标新公司为重点污染源，系"零排污"企业。标新公司于 2002 年 5 月经过江苏省盐城市环保局审批建设年产 500 吨氯代醚酮项目，2004 年 8 月通过验收。2005 年 11 月，标新公司未经批准在原有氯代醚酮生产车间套产甘宝素。2006 年 9 月建成甘宝素生产专用车间，含 11 台生产反应釜。氯代醚酮的生产过程中所产生的废水有钾盐水、母液、酸性废水、间接冷却水及生活污水。根据验收报告的要求，母液应外售，钾盐水、酸性废水、间接冷却水均应经过中和、吸附后回用（钾盐水也可收集后出售给有资质的单位）。但标新公司自生产以来，从未使用有关排污的技术处理设施。除在 2006 年至 2007 年部分钾盐废水（共 50 吨左右）外售至阜宁助剂厂外，标新公司生产产生的钾盐废水及其他废水直接排放至厂区北侧或者东侧的河流中，导致 2009 年 2 月发生盐城市区饮用水源严重污染事件。盐城市城西水厂、越河水厂水源遭受严重污染，所生产的自来水中酚类物质严重超标，近 20 万盐城市居民生活饮用水和部分单位供水被迫中断 66 小时 40 分钟，造成直接经济损失 543 万余元，并在社会上造成恶劣影响。

盐城市环保局饮用水源保护区环境监察支队负责盐城市区饮用水源保护区的环境保护、污染防治工作，标新公司位于市饮用水源二级保护区范围内，属该支队二大队管辖。被告人崔建国作为二大队大队长，对标新公司环境保护监察工作负有直接领导责任。崔建国不认真履行环境保护监管职责，并于 2006 到 2008 年多次收受标新公司法定代表人胡某某小额财物。崔建国在日常检查中多次发现标新公司有冷却水和废水外排行为，但未按规定要求标新公司提供母液台账、合同、发票等材料，只是填写现场监察记录，也未向盐城市饮用水源保护区环境监察支队汇报标新公司违法排污情况。2008 年 12 月 6 日，盐城市饮用水源保护区环境监察支队对保护区内重点化工企业进行专项整治活动，并对标新公司发出整改通知，但崔建国未组织二大队监察人员对标新公司进行跟踪检查，监督标新公司整改。直至 2009 年 2 月 18 日，崔建国对标新公司进行检查时，只在该公司办公室填写了 1 份现场监察记录，未对排污情况进行现场检查，没有能及时发现和阻止标新公司向厂区外河流排放大量废液，以致发生盐城市饮用水源严重污染。在水污染事件发生后，崔建国为掩盖其工作严重不负责任，于 2009 年 2 月 21 日伪造了日期为 2008 年 12 月 10 日和 2009 年 2 月 16 日两份虚假监察记录，以逃避有关部门的查处。

诉讼过程

2009 年 3 月 14 日，崔建国因涉嫌环境监管失职罪由江苏省盐城市阜宁县人民检察院立案侦查，同日被刑事拘留，3 月 27 日被逮捕，5 月 13 日侦查终结移送审查起诉。2009 年 6 月 26 日，江苏省盐城市阜宁县人民检察院以被告人崔建国犯环境监管失职罪向阜宁县人民法院提起公诉。2009 年 12 月 16 日，阜宁县人民法院作出一审判决，认为被告人崔建国作为负有环境保护监督管理职责的国家机关工作人员，在履行环境监管职责过程中，严重不负责任，导致发生重大环境污染事故，致使公私财产遭受重大损失，其行为构成环境监管失职罪；依照《中华人民共和国刑法》第四百零八条的规定，判决崔建国犯环境监管失职罪，判处有期徒刑二年。一审判决后，崔建国以自己对标新公司只具有督查的职责，不具有监管的职责，不符合环境监管失职罪的主体要求等为由提出上诉。盐城市中级人民法院认为，崔建国身为国有事业单位的工作人员，在受国家机关的委托代表国家机关履行环境监督管理职责过程中，严重不负责任，导致发生重大环境污染事故，致使公私财产遭受重大损失，其行为构成环境监管失职罪。崔建国所在的盐城市饮用水源保护区环境监察支队为国有事业单位，由盐城市人民政府设立，其系受国家机关委托代表国家机关行使环境监管职权，原判决未引用全国人民代表大会常务委员会《关于〈中华人民共和国刑法〉第九章渎职罪主体适用问题的解释》的相关规定，直接认定崔建国系国家机关工作人员不当，予以纠正；原判认定崔建国犯罪事实清楚，定性正确，量刑恰当，审判程序合法。2010年1月21日，盐城市中级人民法院二审终审裁定，驳回上诉，维持原判。

陈根明、林福娟、李德权滥用职权案
（检例第 5 号）

关键词

渎职罪主体　村基层组织人员　滥用职权罪

要　旨

随着我国城镇建设和社会主义新农村建设逐步深入推进，村民委员会、居民委员会等基层组织协助人民政府管理社会发挥越来越重要的作用。实践中，对村民委员会、居民委员会等基层组织人员协助人民政府从事行政管理工作时，滥用职权、玩忽职守构成犯罪的，应当依照刑法关于渎职罪的规定追究刑事责任。

相关立法

《中华人民共和国刑法》第三百九十七条，全国人民代表大会常务委员会《关于〈中华人民共和国刑法〉第九章渎职罪主体适用问题的解释》。

基本案情

被告人陈根明，男，1946年出生，原系上海市奉贤区四团镇推进小城镇社会保险（以下简称"镇保"）工作领导小组办公室负责人。

被告人林福娟，女，1960年出生，原系上海市奉贤区四团镇杨家宅村党支部书记、村民委员会主任、村镇保工作负责人。

被告人李德权（曾用名李德元），男，1958年出生，原系上海市奉贤区四团镇杨家宅村党支部委员、村民委员会副主任、村镇保工作经办人。

2004年1月至2006年6月期间，被告人陈根明利用担任上海市奉贤区四团镇推进镇保工作领导小组办公室负责人的职务便利，被告人林福娟、李德权利用受上海市奉贤区四团镇人民政府委托分别担任杨家宅村镇保工作负责人、经办人的职务便利，在从事被征用农民集体所有土地负责农业人员就业和社会保障工作过程中，违反相关规定，采用虚增被征用土地面积等方法徇私舞弊，共同或者单独将杨家宅村、良民村、横桥村114名不符合镇保条件的人员纳入镇保范围，致使奉贤区四团镇人民政府为上述人员缴纳镇保费用共计人民币600余万元、上海市社会保险事业基金结算管理中心（以下简称"市社保中心"）为上述人员实际发放镇保资金共计人民币178万余元，并造成了恶劣的社会影响。其中，被告人陈根明共同及单独将71名不符合镇保条件人员纳入镇保范围，致使镇政府缴纳镇保费用共计人民币400余万元、市社保中心实际发放镇保资金共计人民币114万余元；被告人林福娟共同及单独将79名不符合镇保条件人员纳入镇保范围，致使镇政府缴纳镇保费用共计人民币400余万元、市社保中心实际发放镇保资金共计人民币124万余元；被告人李德权共同及单独将60名不符合镇保条件人员纳入镇保范围，致使镇政府缴纳镇保费用共计人民币300余万元，市社保中心实际发放镇保资金共计人民币95万余元。

诉讼过程

2008年4月15日，陈根明、林福娟、李德权因涉嫌滥用职权罪由上海市奉贤区人民检察院立案侦查，陈根明于4月15日被刑事拘留，4月29日被逮捕，林福娟、李德权于4月15日被取保候审，6月27日侦查终结移送审查起诉。2008年7月28日，上海市奉贤区人民检察院以被告人陈根明、林福娟、李德权犯滥用职权罪向奉贤区人民法院提起公诉。2008年12月15日，上海市奉贤区人民法院作出一审判决，认为被告人陈根明身为国家机关工作人员，被告人林福娟、李德权作为在受国家机关委托代表国家机关行使职权的组织中从事公务的人员，在负责或经办被征地人员就业和保障工作过程中，故意违反有关规定，共同或单独擅自将不符合镇保条件的人员纳入镇保范围，致使公共财产遭受重大损失，并造成恶劣社会影响，其行为均已触犯刑法，构成滥用职权罪，且有徇个人私情、私利的徇私舞弊情节。其中被告人陈根明、林福娟情节特别严重。犯罪后，三被告人在尚未被司法机关采取强制措施时，如实供述自己的罪行，属自首，依法可从轻或减轻处罚。依照《中华人民共和国刑法》第三百九十七条、第二十五条第一款、第六十七条第一款、第七十二条第一款、第七十三条第二、三款之规定，判决被告人陈根明犯滥用职权罪，判处有期徒刑二年；

被告人林福娟犯滥用职权罪，判处有期徒刑一年六个月，宣告缓刑一年六个月；被告人李德权犯滥用职权罪，判处有期徒刑一年，宣告缓刑一年。一审判决后，被告人林福娟提出上诉。上海市第一中级人民法院二审终审裁定，驳回上诉，维持原判。

罗建华、罗镜添、朱炳灿、罗锦游滥用职权案
（检例第 6 号）

【关键词】

滥用职权罪　重大损失　恶劣社会影响

【要　旨】

根据刑法规定，滥用职权罪是指国家机关工作人员滥用职权，致使"公共财产、国家和人民利益遭受重大损失"的行为。实践中，对滥用职权"造成恶劣社会影响的"，应当依法认定为"致使公共财产、国家和人民利益遭受重大损失"。

【相关立法】

《中华人民共和国刑法》第三百九十七条，全国人民代表大会常务委员会《关于〈中华人民共和国刑法〉第九章渎职罪主体适用问题的解释》。

【基本案情】

被告人罗建华，男，1963 年出生，原系广州市城市管理综合执法局黄埔分局大沙街执法队协管员。

被告人罗镜添，男，1967 年出生，原系广州市城市管理综合执法局黄埔分局大沙街执法队协管员。

被告人朱炳灿，男，1964 年出生，原系广州市城市管理综合执法局黄埔分局大沙街执法队协管员。

被告人罗锦游，男，1987 年出生，原系广州市城市管理综合执法局黄埔分局大沙街执法队协管员。

2008 年 8 月至 2009 年 12 月期间，被告人罗建华、罗镜添、朱炳灿、罗锦游先后被广州市黄埔区人民政府大沙街道办事处招聘为广州市城市管理综合执法局黄埔分局大沙街执法队（以下简称"执法队"）协管员。上述四名被告人的工作职责是街道城市管理协管工作，包括动态巡查，参与街道、社区日常性的城管工作；劝阻和制

止并督促改正违反城市管理法规的行为；配合综合执法部门，开展集中统一整治行动等。工作任务包括坚持巡查与守点相结合，及时劝导中心城区的乱摆卖行为等。罗建华、罗镜添从 2009 年 8 月至 2011 年 5 月担任协管员队长和副队长，此后由罗镜添担任队长，罗建华担任副队长。协管员队长职责是负责协管员人员召集，上班路段分配和日常考勤工作；副队长职责是协助队长开展日常工作，队长不在时履行队长职责。上述四名被告人上班时，身着统一发放的迷彩服，臂上戴着写有"大沙街城市管理督导员"的红袖章，手持一根木棍。2010 年 8 月至 2011 年 9 月期间，罗建华、罗镜添、朱炳灿、罗锦游和罗慧洪（另案处理）利用职务便利，先后多次向多名无照商贩索要 12 元、10 元、5 元不等的少量现金、香烟或直接在该路段的"士多店"拿烟再让部分无照商贩结账，后放弃履行职责，允许给予好处的无照商贩在严禁乱摆卖的地段非法占道经营。由于上述被告人的行为，导致该地段的无照商贩非法占道经营十分严重，几百档流动商贩恣意乱摆卖，严重影响了市容市貌和环境卫生，给周边商铺和住户的经营、生活、出行造成极大不便。由于执法不公，对给予钱财的商贩放任其占道经营，对其他没给好处费的无照商贩则进行驱赶或通知城管部门到场处罚，引起了群众强烈不满，城市管理执法部门执法人员在依法执行公务过程中遭遇多次暴力抗法，数名执法人员受伤住院。上述四名被告人的行为严重危害和影响了该地区的社会秩序、经济秩序、城市管理和治安管理，造成了恶劣的社会影响。

诉讼过程

2011 年 10 月 1 日，罗建华、罗镜添、朱炳灿、罗锦游四人因涉嫌敲诈勒索罪被广州市公安局黄埔分局刑事拘留，11 月 7 日被逮捕。11 月 10 日，广州市公安局黄埔分局将本案移交广州市黄埔区人民检察院。2011 年 11 月 10 日，罗建华、罗镜添、朱炳灿、罗锦游四人因涉嫌滥用职权罪由广州市黄埔区人民检察院立案侦查，12 月 9 日侦查终结移送审查起诉。2011 年 12 月 28 日，广州市黄埔区人民检察院以被告人罗建华、罗镜添、朱炳灿、罗锦游犯滥用职权罪向黄埔区人民法院提起公诉。2012 年 4 月 18 日，黄埔区人民法院一审判决，认为被告人罗建华、罗镜添、朱炳灿、罗锦游身为虽未列入国家机关人员编制但在国家机关中从事公务的人员，在代表国家行使职权时，长期不正确履行职权，大肆勒索辖区部分无照商贩的钱财，造成无照商贩非法占道经营十分严重，暴力抗法事件不断发生，社会影响相当恶劣，其行为触犯了《中华人民共和国刑法》第三百九十七条第一款的规定，构成滥用职权罪。被告人罗建华与罗镜添身为城管协管员前、后任队长及副队长不仅参与勒索无照商贩的钱财，放任无照商贩非法占道经营，而且也收受其下属勒索来的香烟，放任其下属胡作非为，在共同犯罪中所起作用相对较大，可对其酌情从重处罚。鉴于四被告人归案后能供述自己的罪行，可对其酌情从轻处罚。依照《中华人民共和国刑法》第三百九十七条第一款、第六十一条、《全国人民代表大会常务委员会关于〈中华人民共和国刑法〉第九章渎职罪主体适用问题的解释》的规定，判决被告人罗建华犯滥用职权罪，判处有期徒刑一年六个月；被告人罗镜添犯滥用职权罪，判处有期徒刑一年五个月；被告人朱炳灿犯滥用职权罪，判处有期徒刑一年二个月；被告人罗锦游犯滥用职权罪，判处有期徒刑一年二个月。一审判决后，四名被告人在法定期限内均未上诉，检察机关也没有提出抗诉，一审判决发生法律效力。

胡宝刚、郑伶徇私舞弊不移交刑事案件案
（检例第 7 号）

关键词

诉讼监督　徇私舞弊不移交刑事案件罪

要　旨

诉讼监督，是人民检察院依法履行法律监督的重要内容。实践中，检察机关和办案人员应当坚持办案与监督并重，建立健全行政执法与刑事司法有效衔接的工作机制，善于在办案中发现各种职务犯罪线索；对于行政执法人员徇私舞弊，不移送有关刑事案件构成犯罪的，应当依法追究刑事责任。

相关立法

《中华人民共和国刑法》第四百零二条。

基本案情

被告人胡宝刚，男，1956 年出生，原系天津市工商行政管理局河西分局公平交易科科长。

被告人郑伶，男，1957 年出生，原系天津市工商行政管理局河西分局公平交易科科员。

被告人胡宝刚在担任天津市工商行政管理局河西分局（以下简称工商河西分局）公平交易科科长期间，于 2006 年 1 月 11 日上午，带领被告人郑伶等该科工作人员对群众举报的天津华夏神龙科贸发展有限公司（以下简称"神龙公司"）涉嫌非法传销问题进行现场检查，当场扣押财务报表及宣传资料若干，并于当日询问该公司法定代表人李蓬，李蓬承认其公司营业额为 114 万余元（与所扣押财务报表上数额一致），后由被告人郑伶具体负责办理该案。2006 年 3 月 16 日，被告人胡宝刚、郑伶在案件调查终结报告及处罚决定书中，认定神龙公司的行为属于非法传销行为，却隐瞒该案涉及经营数额巨大的事实，为牟取小集体罚款提成的利益，提出行政罚款的处罚意见。

被告人胡宝刚在局长办公会上汇报该案时亦隐瞒涉及经营数额巨大的事实。2006年4月11日，工商河西分局同意被告人胡宝刚、郑伶的处理意见，对当事人作出"责令停止违法行为，罚款50万元"的行政处罚，后李蓬分数次将50万元罚款交给工商河西分局。被告人胡宝刚、郑伶所在的公平交易科因此案得到2.5万元罚款提成。

李蓬在分期缴纳工商罚款期间，又成立河西、和平、南开分公司，由王福荫担任河西分公司负责人，继续进行变相传销活动，并造成被害人华某某等人经济损失共计40万余元人民币。公安机关接被害人举报后，查明李蓬进行传销活动非法经营数额共计2277万余元人民币（工商查处时为1600多万元）。天津市河西区人民检察院在审查起诉被告人李蓬、王福荫非法经营案过程中，办案人员发现胡宝刚、郑伶涉嫌徇私舞弊不移交被告人李蓬、王福荫非法经营刑事案件的犯罪线索。

诉讼过程

2010年1月13日，胡宝刚、郑伶因涉嫌徇私舞弊不移交刑事案件罪由天津市河西区人民检察院立案侦查，并于同日被取保候审，3月15日侦查终结移送审查起诉，因案情复杂，4月22日依法延长审查起诉期限半个月，5月6日退回补充侦查，6月4日侦查终结重新移送审查起诉。2010年6月12日，天津市河西区人民检察院以被告人胡宝刚、郑伶犯徇私舞弊不移交刑事案件罪向河西区人民法院提起公诉。2010年9月14日，河西区人民法院作出一审判决，认为被告人胡宝刚、郑伶身为工商行政执法人员，在明知查处的非法传销行为涉及经营数额巨大，依法应当移交公安机关追究刑事责任的情况下，为牟取小集体利益，隐瞒不报违法事实涉及的金额，以罚代刑，不移交公安机关处理，致使犯罪嫌疑人在行政处罚期间，继续进行违法犯罪活动，情节严重，二被告人负有不可推卸的责任，其行为均已构成徇私舞弊不移交刑事案件罪，且系共同犯罪。依照《中华人民共和国刑法》第四百零二条、第二十五条第一款、第三十七条之规定，判决被告人胡宝刚、郑伶犯徇私舞弊不移交刑事案件罪。一审判决后，被告人胡宝刚、郑伶在法定期限内均没有上诉，检察机关也没有提出抗诉，一审判决发生法律效力。

杨周武玩忽职守、徇私枉法、受贿案
（检例第8号）

关键词

玩忽职守罪　徇私枉法罪　受贿罪　因果关系　数罪并罚

要　旨

本案要旨有两点:一是渎职犯罪因果关系的认定。如果负有监管职责的国家机关工作人员没有认真履行其监管职责,从而未能有效防止危害结果发生,那么,这些对危害结果具有"原因力"的渎职行为,应认定与危害结果之间具有刑法意义上的因果关系。二是渎职犯罪同时受贿的处罚原则。对于国家机关工作人员实施渎职犯罪并收受贿赂,同时构成受贿罪的,除刑法第三百九十九条有特别规定的外,以渎职犯罪和受贿罪数罪并罚。

相关立法

《中华人民共和国刑法》第三百九十七条,第三百九十九条,第三百八十五条,第六十九条。

基本案情

被告人杨周武,男,1958 年出生,原系深圳市公安局龙岗分局同乐派出所所长。犯罪事实如下:

一、玩忽职守罪

1999 年 7 月 9 日,王静(另案处理)经营的深圳市龙岗区舞王歌舞厅经深圳市工商行政管理部门批准成立,经营地址在龙岗区龙平路。2006 年该歌舞厅被依法吊销营业执照。2007 年 9 月 8 日,王静未经相关部门审批,在龙岗街道龙东社区三和村经营舞王俱乐部,辖区派出所为同乐派出所。被告人杨周武自 2001 年 10 月开始担任同乐派出所所长。开业前几天,王静为取得同乐派出所对舞王俱乐部的关照,在杨周武之妻何晓初经营的川香酒家宴请了被告人杨周武等人。此后,同乐派出所三和责任区民警在对舞王俱乐部采集信息建档和日常检查中,发现王静无法提供消防许可证、娱乐经营许可证等必需证件,提供的营业执照复印件上的名称和地址与实际不符,且已过有效期。杨周武得知情况后没有督促责任区民警依法及时取缔舞王俱乐部。责任区民警还发现舞王俱乐部经营过程中存在超时超员、涉黄涉毒、未配备专业保安人员、发生多起治安案件等治安隐患,杨周武既没有依法责令舞王俱乐部停业整顿,也没有责令责任区民警跟踪监督舞王俱乐部进行整改。

2008 年 3 月,根据龙岗区"扫雷"行动的安排和部署,同乐派出所成立"扫雷"专项行动小组,杨周武担任组长。有关部门将舞王俱乐部存在治安隐患和消防隐患等于 2008 年 3 月 12 日通报同乐派出所,但杨周武没有督促责任区民警跟踪落实整改措施,导致舞王俱乐部的安全隐患没有得到及时排除。

2008 年 6 月至 8 月期间,广东省公安厅组织开展"百日信息会战",杨周武没有督促责任区民警如实上报舞王俱乐部无证无照经营,没有对舞王俱乐部采取相应处理措施。舞王俱乐部未依照《中华人民共和国消防法》《建筑工程消防监督审核管理规定》等规定要求取得消防验收许可，未通过申报开业前消防安全检查，擅自开业、违法经营，营业期间不落实安全管理制度和措施，导致 2008 年 9 月 20 日晚发生特大火灾，造成 44 人死亡、64 人受伤的严重后果。在这起特大消防事故中，杨周武及其他有关单位的人员负有重要责任。

二、徇私枉法罪

2008 年 8 月 12 日凌晨，江军、汪春蓉、赵志高等人在舞王俱乐部消费后乘坐电梯离开时与同时乘坐电梯的另外几名顾客发生口角，舞王俱乐部的保安员前来劝阻。争执过程中，舞王俱乐部的保安员易承桂及员工罗贤涛等五人与江军等人在舞王俱乐部一楼发生打斗，致江军受轻伤、汪春蓉、赵志高受轻微伤。杨周武指示以涉嫌故意伤害对舞王俱乐部罗贤涛、易承桂等五人立案侦查。次日，同乐派出所依法对涉案人员刑事拘留。案发后，舞王俱乐部负责人王静多次打电话给杨周武，并通过杨周武之妻何晓初帮忙请求调解，要求使其员工免受刑事处罚。王静并为此在龙岗中心城邮政局停车场处送给何晓初人民币 3 万元。何晓初收到钱后发短信告诉杨周武。杨周武明知该案不属于可以调解处理的案件，仍答应帮忙，并指派不是本案承办民警的刘力飚负责协调调解工作，于 2008 年 9 月 6 日促成双方以赔偿人民币 11 万元达成和解。杨周武随即安排办案民警将案件作调解结案。舞王俱乐部有关人员于 9 月 7 日被解除刑事拘留，未被追究刑事责任。

三、受贿罪

2007 年 9 月至 2008 年 9 月，杨周武利用职务便利，为舞王俱乐部负责人王静谋取好处，单独收受或者通过妻子何晓初收受王静好处费，共计人民币 30 万元。

诉讼过程

2008 年 9 月 28 日，杨周武因涉嫌徇私枉法罪由深圳市人民检察院立案侦查，10 月 25 日被刑事拘留，11 月 7 日被逮捕，11 月 13 日侦查终结移交深圳市龙岗区人民检察院审查起诉。2008 年 11 月 24 日，深圳市龙岗区人民检察院以被告人杨周武犯玩忽职守罪、徇私枉法罪和受贿罪向龙岗区人民法院提起公诉。一审期间，延期审理一次。2009 年 5 月 9 日，深圳市龙岗区人民法院作出一审判决，认为被告人杨周武作为同乐派出所的所长，对辖区内的娱乐场所负有监督管理职责，其明知舞王俱乐部未取得合法的营业执照擅自经营，且存在众多消防、治安隐患，但严重不负责任，不认真履行职责，使本应停业整顿或被取缔的舞王俱乐部持续违法经营达一年之久，并最终导致发生 44 人死亡、64 人受伤的特大消防事故，造成了人民群众生命财产的重大损失，其行为已构成玩忽职守罪，情节特别严重；被告人杨周武明知舞王俱乐部发生的江军等人被打案应予刑事处罚，不符合调解结案的规定，仍指示将该案件予以调解结案，构成徇私枉法罪，但是鉴于杨周武在实施徇私枉法行为的同时有受贿行为，且该受贿事实已被起诉，依照刑法第三百九十九条的规定，应以受贿罪一罪定罪处罚；被告人杨周武作为国家工作人员，利用职务上的便利，非法收受舞王俱乐部负责人王静的巨额钱财，为其谋取利益，其行为已构成受贿罪；被告人杨周武在未被采取强制措施前即主动交代自己全部受贿事实，属于自首，并由其妻何晓初代为退清全部赃款，依法可以从轻处罚。依照《中华人民共和国刑法》第三百九十七条第一款、第三百九十九条第一款、第四款、第三百八十五条第一款、第三百八十六条、第三百八十三条第一款第（一）项、第二款、第六十四条、第六十七条第一款、第六十九条第一款之规定，判决被告人杨周武犯玩忽职守罪，判处有期徒刑五年；犯受贿罪，判处有期徒刑十年；总和刑期十五年，决定执行有期徒刑十三年；追缴受贿所得的赃款人民币 30 万元，依法予以没收并上缴国库。一审判决后，被告人杨周武在法定期限内没有上诉，检察机关也没有提出抗诉，一审判决发生法律效力。

第三批指导性案例

李泽强编造、故意传播虚假恐怖信息案
（检例第 9 号）

关键词

编造、故意传播虚假恐怖信息罪

要　旨

编造、故意传播虚假恐怖信息罪是选择性罪名。编造恐怖信息以后向特定对象散布，严重扰乱社会秩序的，构成编造虚假恐怖信息罪。编造恐怖信息以后向不特定对象散布，严重扰乱社会秩序的，构成编造、故意传播虚假恐怖信息罪。

对于实施数个编造、故意传播虚假恐怖信息行为的，不实行数罪并罚，但应当将其作为量刑情节予以考虑。

相关立法

《中华人民共和国刑法》第二百九十一条之一。

基本案情

被告人李泽强，男，河北省人，1975 年出生，原系北京欣和物流仓储中心电工。

2010年8月4日22时许，被告人李泽强为发泄心中不满，在北京市朝阳区小营北路13号工地施工现场，用手机编写短信"今晚要炸北京首都机场"，并向数十个随意编写的手机号码发送。天津市的彭某收到短信后于2010年8月5日向当地公安机关报案，北京首都国际机场公安分局于当日接警后立即通知首都国际机场运行监控中心。首都国际机场运行监控中心随即启动紧急预案，对东、西航站楼和机坪进行排查，并加强对行李物品的检查和监控工作，耗费大量人力、物力，严重影响了首都国际机场的正常工作秩序。

诉讼过程

2010年8月7日，李泽强因涉嫌编造、故意传播虚假恐怖信息罪被北京首都国际机场公安分局刑事拘留，9月7日被逮捕，11月9日侦查终结移送北京市朝阳区人民检察院审查起诉。2010年12月3日，朝阳区人民检察院以被告人李泽强犯编造、故意传播虚假恐怖信息罪向朝阳区人民法院提起公诉。2010年12月14日，朝阳区人民法院作出一审判决，认为被告人李泽强法制观念淡薄，为泄私愤，编造虚假恐怖信息并故意向他人传播，严重扰乱社会秩序，已构成编造、故意传播虚假恐怖信息罪；鉴于被告人李泽强自愿认罪，可酌情从轻处罚，依照《中华人民共和国刑法》第二百九十一条之一、第六十一条之规定，判决被告人李泽强犯编造、故意传播虚假恐怖信息罪，判处有期徒刑一年。一审判决后，被告人李泽强在法定期限内未上诉，检察机关也未提出抗诉，一审判决发生法律效力。

卫学臣编造虚假恐怖信息案
（检例第10号）

关键词

编造虚假恐怖信息罪　严重扰乱社会秩序

要旨

关于编造虚假恐怖信息造成"严重扰乱社会秩序"的认定，应当结合行为对正常的工作、生产、生活、经营、教学、科研等秩序的影响程度、对公众造成的恐慌程度以及处置情况等因素进行综合分析判断。对于编造、故意传播虚假恐怖信息威胁民航安全，引起公众恐慌，或者致使航班无法正常起降的，应当认定为"严重扰乱社会秩序"。

相关立法

《中华人民共和国刑法》第二百九十一条之一。

基本案情

被告人卫学臣，男，辽宁省人，1987年出生，原系大连金色假期旅行社导游。

2010年6月13日14时46分，被告人卫学臣带领四川来大连的旅游团用完午餐后，对四川导游李忠键说自己可以让飞机停留半小时，遂用手机拨打大连周水子国际机场问询处电话，询问3U8814航班起飞时间后，告诉接电话的机场工作人员说"飞机上有两名恐怖分子，注意安全"。大连周水子国际机场接到电话后，立即启动防恐预案，将飞机安排到隔离机位，组织公安、安检对飞机客、货舱清仓，对每位出港旅客资料核对确认排查，查看安检现场录像，确认没有可疑问题后，当日19时33分，3U8814航班飞机起飞，晚点33分钟。

诉讼过程

2010年6月13日，卫学臣因涉嫌编造虚假恐怖信息罪被大连市公安局机场分局刑事拘留，6月25日被逮捕，8月12日侦查终结移送大连市甘井子区人民检察院审查起诉。2010年9月20日，甘井子区人民检察院以被告人卫学臣涉嫌编造虚假恐怖信息罪向甘井子区人民法院提起公诉。2010年10月11日，甘井子区人民法院作出一审判决，认为被告人卫学臣故意编造虚假恐怖信息，严重扰乱社会秩序，其行为已构成编造虚假恐怖信息罪；鉴于被告人卫学臣自愿认罪，可酌情从轻处罚，依照《中华人民共和国刑法》第二百九十一条之一之规定，判决被告人卫学臣犯编造虚假恐怖信息罪，判处有期徒刑一年六个月。一审判决后，被告人卫学臣在法定期限内未上诉，检察机关也未提出抗诉，一审判决发生法律效力。

袁才彦编造虚假恐怖信息案
（检例第11号）

关键词

编造虚假恐怖信息罪　择一重罪处断

要　旨

对于编造虚假恐怖信息造成有关部门实施人员疏散，引起公众极度恐慌的，或者致使相关单位无法正常营业，造成重大经济损失的，应当认定为"造成严重后果"。

　　以编造虚假恐怖信息的方式，实施敲诈勒索等其他犯罪的，应当根据案件事实和证据情况，择一重罪处断。

相关立法

《中华人民共和国刑法》第二百七十四条、第二百九十一条之一。

基本案情

被告人袁才彦，男，湖北省人，1956年出生，无业。

　　被告人袁才彦因经济拮据，意图通过编造爆炸威胁的虚假恐怖信息勒索钱财。2004年9月29日，被告人袁才彦冒用名为"张锐"的假身份证，在河南省工商银行信阳分行红星路支行体彩广场分理处申请办理了牡丹灵通卡账户。

　　2005年1月24日14时许，被告人袁才彦拨打上海太平洋百货有限公司徐汇店的电话，编造已经放置炸弹的虚假恐怖信息，以不给钱就在商场内引爆炸弹自杀相威胁，要求上海太平洋百货有限公司徐汇店在1小时内向其指定的牡丹灵通卡账户内汇款人民币5万元。上海太平洋百货有限公司徐汇店即向公安机关报警，并进行人员疏散。接警后，公安机关启动防爆预案，出动警力300余名对商场进行安全排查。被告人袁才彦的行为造成上海太平洋百货有限公司徐汇店暂停营业3个半小时。

　　1月25日10时许，被告人袁才彦拨打福州市新华都百货商场的电话，称已在商场内放置炸弹，要求福州市新华都百货商场在半小时内将人民币5万元汇入其指定的牡丹灵通卡账户。接警后，公安机关出动大批警力进行人员疏散、搜爆检查，并对现场及周边地区实施交通管制。

　　1月27日11时，被告人袁才彦拨打上海市铁路局春运办公室的电话，称已在火车上放置炸弹，并以引爆炸弹相威胁要求春运办公室在半小时内将人民币10万元汇入其指定的牡丹灵通卡账户。接警后，上海铁路公安局抽调大批警力对旅客、列车和火车站进行安全检查。

　　1月27日14时，被告人袁才彦拨打广州市天河城百货有限公司的电话，要求广州市天河城百货有限公司在半小时内将人民币2万元汇入其指定的牡丹灵通卡账户，否则就在商场内引爆炸弹自杀。

　　1月27日16时，被告人袁才彦拨打深圳市天虹商场的电话，要求深圳市天虹商场在1小时内将人民币2万元汇入其指定的牡丹灵通卡账户，否则就在商场内引爆炸弹。

　　1月27日16时32分，被告人袁才彦拨打南宁市百货商场的电话，要求南宁市百货商场在1小时内将人民币2万元汇入其指定的牡丹灵通卡账户，否则就在商场门口引爆炸弹。接警后，公安机关出动警力300余名在商场进行搜爆和安全检查。

诉讼过程

2005 年 1 月 28 日，袁才彦因涉嫌敲诈勒索罪被广州市公安局天河区分局刑事拘留。2005 年 2 月案件移交袁才彦的主要犯罪地上海市公安局徐汇区分局管辖，3 月 4 日袁才彦被逮捕，4 月 5 日侦查终结移送上海市徐汇区人民检察院审查起诉。2005 年 4 月 14 日，上海市人民检察院将案件指定上海市人民检察院第二分院管辖，4 月 18 日上海市人民检察院第二分院以被告人袁才彦涉嫌编造虚假恐怖信息罪向上海市第二中级人民法院提起公诉。2005 年 6 月 24 日，上海市第二中级人民法院作出一审判决，认为被告人袁才彦为勒索钱财故意编造爆炸威胁等虚假恐怖信息，严重扰乱社会秩序，其行为已构成编造虚假恐怖信息罪，且造成严重后果，依照《中华人民共和国刑法》第二百九十一条之一、第五十五条第一款、第五十六条第一款、第六十四条的规定，判决被告人袁才彦犯编造虚假恐怖信息罪，判处有期徒刑十二年，剥夺政治权利三年。一审判决后，被告人袁才彦提出上诉。2005 年 8 月 25 日，上海市高级人民法院二审终审裁定，驳回上诉，维持原判。

第四批指导性案例

柳立国等人生产、销售有毒、有害食品，
生产、销售伪劣产品案

（检例第 12 号）

关键词

生产、销售有毒、有害食品罪　生产、销售伪劣产品罪

要旨

明知对方是食用油经销者，仍将用餐厨废弃油（俗称"地沟油"）加工而成的劣质油脂销售给对方，导致劣质油脂流入食用油市场供人食用的，构成生产、销售有毒、有害食品罪；明知油脂经销者向饲料生产企业和药品生产企业等单位销售豆油等食用油，仍将用餐厨废弃油加工而成的劣质油脂销售给对方，导致劣质油脂流向饲料生产企业和药品生产企业等单位的，构成生产、销售伪劣产品罪。

相关立法

《中华人民共和国刑法》第一百四十四条、第一百四十条、第一百四十一条第一款。

基本案情

被告人柳立国，男，山东省人，1975年出生，原系山东省济南博汇生物科技有限公司（以下简称博汇公司）、山东省济南格林生物能源有限公司（以下简称格林公司）实际经营者。

被告人鲁军，男，山东省人，1968年出生，原系博汇公司生产负责人。

被告人李树军，男，山东省人，1974年出生，原系博汇公司、格林公司采购员。

被告人柳立海，男，山东省人，1965年出生，原系格林公司等企业管理后勤员工。

被告人于双迎，男，山东省人，1970年出生，原系格林公司员工。

被告人刘凡金，男，山东省人，1975年出生，原系博汇公司、格林公司驾驶员。

被告人王波，男，山东省人，1981年出生，原系博汇公司、格林公司驾驶员。

自2003年始，被告人柳立国在山东省平阴县孔村镇经营油脂加工厂，后更名为中兴脂肪酸甲酯厂，并转向餐厨废弃油（俗称"地沟油"）回收再加工。2009年3月、2010年6月，柳立国又先后注册成立了博汇公司、格林公司，扩大生产，进一步将地沟油加工提炼成劣质油脂。自2007年12月起，柳立国从四川、江苏、浙江等地收购地沟油加工提炼成劣质油脂，在明知他人将向其所购的劣质成品油冒充正常豆油等食用油进行销售的情况下，仍将上述劣质油脂销售给他人，从中赚取利润。柳立国先后将所加工提炼的劣质油脂销售给经营食用油生意的山东聊城昌泉粮油实业公司、河南郑州宏大粮油商行等（均另案处理）。前述粮油公司等明知从柳立国处购买的劣质油脂系地沟油加工而成，仍然直接或经勾兑后作为食用油销售给个体粮油店、饮食店、食品加工厂以及学校食堂，或冒充豆油等油脂销售给饲料、药品加工等企业。截至2011年7月案发，柳立国等人的行为最终导致金额为926万余元的此类劣质油脂流向食用油市场供人食用，金额为9065万余元的劣质油脂流入非食用油加工市场。

期间，经被告人柳立国招募，被告人鲁军负责格林公司的筹建、管理；被告人李树军负责地沟油采购并曾在格林公司分提车间工作；被告人柳立海从事后勤工作；被告人于双迎负责格林公司机器设备维护及管理水解车间；被告人刘凡金作为驾驶员运输成品油脂；被告人王波作为驾驶员运输半成品和厂内污水，并提供个人账户供柳立国收付货款。上述被告人均在明知柳立国用地沟油加工劣质油脂并对外销售的情况下，仍予以帮助。其中，鲁军、于双迎参与生产、销售上述销往食用油市场的劣质油脂的金额均为134万余元，李树军为765万余元，柳立海为457万余元，刘凡金为138万余元，王波为270万余元；鲁军、于双迎参与生产、销售上述流入非食用油市场的劣质油脂金额均为699万余元，李树军为9065万余元，柳立海为4961万余元，刘凡金为 2221 万余元，王波为 6534 万余元。

诉讼过程

2011 年 7 月 5 日，柳立国、鲁军、李树军、柳立海、于双迎、刘凡金、王波因涉嫌生产、销售不符合安全标准的食品罪被刑事拘留，8 月 11 日被逮捕。

该案侦查终结后，移送浙江省宁波市人民检察院审查起诉。浙江省宁波市人民检察院经审查认为，被告人柳立国、鲁军、李树军、柳立海、于双迎、刘凡金、王波违反国家食品管理法规，结伙将餐厨废弃油等非食品原料进行生产、加工，并将加工提炼而成且仍含有有毒、有害物质的非食用油冒充食用油予以销售，并供人食用，严重危害了人民群众的身体健康和生命安全，其行为均触犯了《中华人民共和国刑法》第一百四十四条之规定，犯罪事实清楚，证据确实充分，应当以生产、销售有毒、有害食品罪追究其刑事责任。被告人柳立国、鲁军、李树军、柳立海、于双迎、刘凡金、王波又违反国家食品管理法规，结伙将餐厨废弃油等非食品原料进行生产、加工，并将加工提炼而成的非食用油冒充食用油予以销售，以假充真，销售给饲料加工、药品加工单位，其行为均触犯了《中华人民共和国刑法》第一百四十条之规定，犯罪事实清楚，证据确实充分，应当以生产、销售伪劣产品罪追究其刑事责任。2012 年 6 月 12 日，宁波市人民检察院以被告人柳立国等人犯生产、销售有毒、有害食品罪和生产、销售伪劣产品罪向宁波市中级人民法院提起公诉。

2013 年 4 月 11 日，宁波市中级人民法院一审判决被告人柳立国犯生产、销售有毒、有害食品罪和生产、销售伪劣产品罪，数罪并罚，判处无期徒刑，剥夺政治权利终身，并处没收个人全部财产；被告人鲁军犯生产、销售有毒、有害食品罪和生产、销售伪劣产品罪，数罪并罚，判处有期徒刑十四年，并处罚金人民币四十万元；被告人李树军犯生产、销售有毒、有害食品罪和生产、销售伪劣产品罪，数罪并罚，判处有期徒刑十一年，并处罚金人民币四十万元；被告人柳立海犯生产、销售有毒、有害食品罪和生产、销售伪劣产品罪，数罪并罚，判处有期徒刑十年六个月，并处罚金人民币四十万元；被告人于双迎犯生产、销售有毒、有害食品罪和生产、销售伪劣产品罪，数罪并罚，判处有期徒刑十年，并处罚金人民币四十万元；被告人刘凡金犯生产、销售有毒、有害食品罪和生产、销售伪劣产品罪，数罪并罚，判处有期徒刑七年，并处罚金人民币三十万元；被告人王波犯生产、销售有毒、有害食品罪和生产、销售伪劣产品罪，数罪并罚，判处有期徒刑七年，并处罚金人民币三十万元。

一审宣判后，柳立国、鲁军、李树军、柳立海、于双迎、刘凡金、王波提出上诉。

浙江省高级人民法院二审认为，柳立国利用餐厨废弃油加工劣质食用油脂，销往粮油食品经营户，并致劣质油脂流入食堂、居民家庭等，供人食用，其行为已构成生产、销售有毒、有害食品罪。柳立国还明知下家购买其用餐厨废弃油加工的劣质油脂冒充合格豆油等，仍予以生产、销售，流入饲料、药品加工等企业，其行为又构成生产、销售伪劣产品罪，应予二罪并罚。柳立国生产、销售有毒、有害食品的犯罪行为持续时间长，波及范围广，严重危害食品安全，严重危及人民群众的身体健康，情节特别严重，应依法严惩。鲁军、李树军、柳立海、于双迎、刘凡金、王波明知柳立国利用餐厨废弃油加工劣质油脂并予销售，仍积极参与，其行为分别构成生产、销售有毒、有害食品罪和生产、销售伪劣产品罪，亦应并罚。在共同犯罪中，柳立国起主要作用，系主犯；鲁军、李树军、柳立海、于双迎、刘凡金、王波起次要或辅助作用，系从犯，原审均予减轻处罚。原判定罪和适用法律正确，量刑适当；审判程序合法。2013年6月4日，浙江省高级人民法院二审裁定驳回上诉，维持原判。

徐孝伦等人生产、销售有害食品案

（检例第13号）

关键词

生产、销售有害食品罪

要旨

在食品加工过程中，使用有毒、有害的非食品原料加工食品并出售的，应当认定为生产、销售有毒、有害食品罪；明知是他人使用有毒、有害的非食品原料加工出的食品仍然购买并出售的，应当认定为销售有毒、有害食品罪。

相关立法

《中华人民共和国刑法》第一百四十四条、第一百四十一条第一款。

基本案情

被告人徐孝伦，男，贵州省人，1969年出生，经商。
被告人贾昌容，女，贵州省人，1966年出生，经商。
被告人徐体斌，男，贵州省人，1986年出生，经商。
被告人叶建勇，男，贵州省人，1980年出生，经商。
被告人杨玉美，女，安徽省人，1971年出生，经商。

2010年3月起，被告人徐孝伦、贾昌容在瑞安市鲍田前北村育英街12号的加工点内使用工业松香加热的方式对生猪头进行脱毛，并将加工后的猪头分离出猪头肉、猪耳朵、猪舌头、肥肉等销售给当地菜市场内的熟食店，销售金额达61万余元。被告人徐体斌、叶建勇、杨玉美明知徐孝伦所销售的猪头系用工业松香加工脱毛仍予以购买，并做成熟食在其经营的熟食店进行销售，其中徐体斌的销售金额为3.4万元，叶建勇和杨玉美的销售金额均为2.5万余元。2012年8月8日，徐孝伦、贾昌容、徐体斌在瑞安市的加工点内被公安机关及瑞安市动物卫生监督所当场抓获，并现场扣押猪头（已分割）50个，猪耳朵、猪头肉等600公斤，松香10公斤及销售单。经鉴定，被扣押的松香系工业松香，属食品添加剂外的化学物质，内含重金属铅，经反复高温使用后，铅等重金属含量升高，长期食用工业松香脱毛的禽畜类肉可能会对人体造成伤害。案发后徐体斌协助公安机关抓获两名犯罪嫌疑人。

诉讼过程

2012年8月8日，徐孝伦、贾昌容因涉嫌生产、销售有毒、有害食品罪被刑事拘留，9月15日被逮捕。2012年8月8日，徐体斌因涉嫌生产、销售有毒、有害食品罪被刑事拘留，8月13日被取保候审，2013年3月12日被逮捕。2012年9月27日，叶建勇、杨玉美因涉嫌生产、销售有毒、有害食品罪被取保候审，2013年3月12日被逮捕。

该案由浙江省瑞安市公安局侦查终结后，移送瑞安市人民检察院审查起诉。瑞安市人民检察院经审查认为，被告人徐孝伦、贾昌容在生产、销售的食品中掺有有害物质，被告人徐体斌、叶建勇、杨玉美销售明知掺有有害物质的食品，其中被告人徐孝伦、贾昌容有其他特别严重情节，其行为均已触犯《中华人民共和国刑法》第一百四十四条之规定，犯罪事实清楚、证据确实充分，应当以生产、销售有害食品罪追究被告人徐孝伦、贾昌容的刑事责任；以销售有害食品罪追究被告人徐体斌、叶建勇、杨玉美的刑事责任。被告人徐孝伦、贾昌容、徐体斌、叶建勇、杨玉美归案后均能如实供述自己的罪行，依法可以从轻处罚。2013年3月1日，瑞安市人民检察院以被告人徐孝伦、贾昌容犯生产、销售有害食品罪，被告人徐体斌、叶建勇、杨玉美犯销售有害食品罪向瑞安市人民法院提起公诉。

2013年5月22日，瑞安市人民法院一审认为，被告人徐孝伦、贾昌容在生产、销售的食品中掺入有害物质，有其他特别严重情节，其行为均已触犯刑法，构成生产、销售有害食品罪；徐体斌、叶建勇、杨玉美销售明知掺有有害物质的食品，其行为均已触犯刑法，构成销售有害食品罪。被告人徐孝伦、贾昌容共同经营猪头加工厂，生产、销售猪头，系共同犯罪。在共同犯罪中，被告人徐孝伦起主要作用，系主犯；被告人贾昌容起次要作用，系从犯，依法减轻处罚。被告人贾昌容、徐体斌、叶建勇归案后均能如实供述自己的罪行，依法从轻处罚。被告人徐体斌有立功表现，依法从轻处罚。依照刑法和司法解释有关规定，判决被告人徐孝伦犯生产、销售有害食品罪，判处有期徒刑十年六个月，并处罚金人民币一百二十五万元；被告人贾昌容犯生产、销售有害食品罪，判处有期徒刑六年，并处罚金人民币六十万元；被告人徐体斌犯销售有害食品罪，判处有期徒刑一年六个月，并处罚金人民币七万元；

被告人叶建勇犯销售有害食品罪，判处有期徒刑一年六个月，并处罚金人民币五万元；被告人杨玉美犯销售有害食品罪，判处有期徒刑一年六个月，并处罚金人民币五万元。

一审宣判后，徐孝伦、贾昌容、杨玉美提出上诉。

2013 年 6 月 21 日，浙江省温州市中级人民法院二审裁定驳回上诉，维持原判。

孙建亮等人生产、销售有毒、有害食品案

（检例第 14 号）

天键词

生产、销售有毒、有害食品罪　共犯

要　旨

明知盐酸克伦特罗（俗称"瘦肉精"）是国家禁止在饲料和动物饮用水中使用的药品，而用以养殖供人食用的动物并出售的，应当认定为生产、销售有毒、有害食品罪。明知盐酸克伦特罗是国家禁止在饲料和动物饮用水中使用的药品，而买卖和代买盐酸克伦特罗片，供他人用以养殖供人食用的动物的，应当认定为生产、销售有毒、有害食品罪的共犯。

相天立法

《中华人民共和国刑法》第一百四十四条。

基本案情

被告人孙建亮，男，天津市人，1958 年出生，农民。

被告人陈林，男，天津市人，1964 年出生，农民。

被告人郝云旺，男，天津市人，1973 年出生，农民。

被告人唐连庆，男，天津市人，1946 年出生，农民。

被告人唐民，男，天津市人，1971 年出生，农民。

2011 年 5 月，被告人陈林、郝云旺、唐连庆、唐民明知盐酸克伦特罗（俗称"瘦肉精"）属于国家禁止在饲料和动物饮用水中使用的药品而进行买卖，郝云旺从唐连庆、唐民处购买三箱盐酸克伦特罗片（每箱 100 袋，每袋 1000 片），后陈林从郝云旺处为自己购买一箱该药品，同时帮助被告人孙建亮购买一箱该药品。孙建亮在自己的养殖场内，使用陈林从郝云旺处购买的盐酸克伦特罗片喂养肉牛。2011 年 12 月 3 日，

孙建亮将喂养过盐酸克伦特罗片的9头肉牛出售，被天津市宝坻区动物卫生监督所查获。经检测，其中4头肉牛尿液样品中所含盐酸克伦特罗超过国家规定标准。郝云旺、唐连庆、唐民主动到公安机关投案。

诉讼过程

2011年12月14日，孙建亮因涉嫌生产、销售有毒、有害食品罪被刑事拘留，2012年1月9日被取保候审，10月25日被逮捕。2011年12月21日，陈林因涉嫌生产、销售有毒、有害食品罪被刑事拘留，2012年1月9日被取保候审，10月25日被逮捕。2011年12月20日，郝云旺因涉嫌生产、销售有毒、有害食品罪被取保候审，2012年10月25日被逮捕。2011年12月28日，唐连庆、唐民因涉嫌生产、销售有毒、有害食品罪被取保候审。

该案由天津市公安局宝坻分局侦查终结后，移送天津市宝坻区人民检察院审查起诉。天津市宝坻区人民检察院经审查认为，被告人孙建亮使用违禁药品盐酸克伦特罗饲养肉牛并将使用该药品饲养的肉牛出售，被告人陈林、郝云旺、唐连庆、唐民明知盐酸克伦特罗是禁止用于饲养供人食用的动物的药品而进行买卖，其行为均触犯了《中华人民共和国刑法》第一百四十四条之规定，应当以生产、销售有毒、有害食品罪追究刑事责任。2012年8月15日，天津市宝坻区人民检察院以被告人孙建亮、陈林、郝云旺、唐连庆、唐民犯生产、销售有毒、有害食品罪向宝坻区人民法院提起公诉。

2012年10月29日，宝坻区人民法院一审认为，被告人孙建亮使用违禁药品盐酸克伦特罗饲养肉牛并将肉牛出售，其行为已构成生产、销售有毒、有害食品罪；被告人陈林、郝云旺、唐连庆、唐民明知盐酸克伦特罗是禁止用于饲养供人食用的动物药品而代购或卖给他人，供他人用于饲养供人食用的肉牛，属于共同犯罪，应依法以生产、销售有毒、有害食品罪予以处罚。在共同犯罪中，孙建亮起主要作用，系主犯；被告人陈林、郝云旺、唐连庆、唐民起次要作用，系从犯，依法应当从轻处罚。被告人郝云旺、唐连庆、唐民在案发后主动到公安机关投案，并如实供述犯罪事实，属自首，依法可以从轻处罚。被告人孙建亮、陈林到案后如实供述犯罪事实，属坦白，依法可以从轻处罚。依照刑法相关条款规定，判决被告人孙建亮犯生产、销售有毒、有害食品罪，判处有期徒刑二年，并处罚金人民币七万五千元；被告人陈林犯生产、销售有毒、有害食品罪，判处有期徒刑一年，并处罚金人民币二万元；被告人郝云旺犯生产、销售有毒、有害食品罪，判处有期徒刑一年，并处罚金人民币二万元；被告人唐连庆犯生产、销售有毒、有害食品罪，判处有期徒刑六个月，缓刑一年，并处罚金人民币五千元；被告人唐民犯生产、销售有毒、有害食品罪，判处有期徒刑六个月，缓刑一年，并处罚金人民币五千元。

一审宣判后，郝云旺提出上诉。

2012年12月12日，天津市第一中级人民法院二审裁定驳回上诉，维持原判。

胡林贵等人生产、销售有毒、有害食品，行贿骆梅、刘康素销售伪劣产品朱伟全、曾伟中生产、销售伪劣产品黎达文等人受贿、食品监管渎职案

（检例第 15 号）

关键词

生产、销售有毒、有害食品罪　生产、销售伪劣产品罪　食品监管渎职罪　受贿罪　行贿罪

要　旨

实施生产、销售有毒、有害食品犯罪，为逃避查处向负有食品安全监管职责的国家工作人员行贿的，应当以生产、销售有毒、有害食品罪和行贿罪实行数罪并罚。

负有食品安全监督管理职责的国家机关工作人员，滥用职权，向生产、销售有毒、有害食品的犯罪分子通风报信，帮助逃避处罚的，应当认定为食品监管渎职罪；在渎职过程中受贿的，应当以食品监管渎职罪和受贿罪实行数罪并罚。

相关立法

《中华人民共和国刑法》第一百四十四条、第一百四十条 第四百零八条之一、第三百八十五条、第三百八十九条。

基本案情

被告人胡林贵，男，1968 年出生，重庆市人，原系广东省东莞市渝湘腊味食品有限公司股东。

被告人刘康清，男，1964 年出生，重庆市人，原系广东省东莞市渝湘腊味食品有限公司股东。

被告人叶在均，男，1954 年出生，重庆市人，原系广东省东莞市渝湘腊味食品有限公司股东。

被告人刘国富，男，1976 年出生，重庆市人，原系广东省东莞市渝湘腊味食品有限公司股东。

被告人张永富，男，1969 年出生，重庆市人，原系广东省东莞市渝湘腊味食品有

限公司股东。

被告人叶世科，男，1979年出生，重庆市人，原系广东省东莞市渝湘腊味食品有限公司驾驶员。

被告人骆梅，女，1977年出生，重庆市人，原系广东省东莞市大岭山镇信立农产品批发市场销售人员。

被告人刘康素，女，1971年出生，重庆市人，原系广东省东莞市中堂镇江南农产品批发市场销售人员。

被告人朱伟全，男，1958年出生，广东省人，无业。

被告人曾伟中，男，1971年出生，广东省人，无业。

被告人黎达文，男，1973年出生，广东省人，原系广东省东莞市中堂镇人民政府经济贸易办公室（简称经贸办）副主任、中堂镇食品药品监督站站长，兼任中堂镇食品安全委员会（简称食安委）副主任及办公室主任。

被告人王伟昌，男，1965年出生，广东省人，原系广东省东莞市中堂中心屠场稽查队队长。

被告人陈伟基，男，1982年出生，广东省人，原系广东省东莞市中堂中心屠场稽查队队员。

被告人余忠东，男，1963年出生，湖南省人，原系广东省东莞市江南市场经营管理有限公司仓储加工管理部主管。

（一）被告人胡林贵、刘康清、叶在均、刘国富、张永富等人于2011年6月以每人出资2万元，在未取得工商营业执照和卫生许可证的情况下，在东莞市中堂镇江南农产品批发市场租赁加工区建立加工厂，利用病、死、残猪猪肉为原料，加入亚硝酸钠、工业用盐等调料，生产腊肠、腊肉。并将生产出来的腊肠、腊肉运至该市农产品批发市场固定铺位进行销售，平均每天销售约500公斤。该工厂主要由胡林贵负责采购病、死、残猪猪肉，刘康清负责销售，刘国富等人负责加工生产，张永富、叶在均等人负责打杂及协作，该加工厂还聘请了被告人叶世科等人负责运输，聘请了骆梅、刘康素等人负责销售上述加工厂生产出的腊肠、腊肉，其中骆梅于2011年8月初开始受聘担任销售，刘康素于2011年9月初开始受聘担任销售。

2011年10月17日，经群众举报，执法部门查处了该加工厂，当场缴获腊肠500公斤、腊肉500公斤、未检验的腊肉半成品2吨、工业用盐24包（每包50公斤）、敌百虫8支、亚硝酸钠11支等物品；10月25日，公安机关在农产品批发市场固定铺位缴获胡林贵等人存放的半成品猪肉7980公斤，经广东省质量监督检测中心抽样检测，该半成品含敌百虫等有害物质严重超标。

（二）自2010年12月至2011年6月份期间，被告人朱伟全、曾伟中等人收购病、死、残猪后私自屠宰，每月运行20天，并将每天生产出的约500公斤猪肉销售给被告人胡林贵、刘康清等人。后曾伟中退出经营，朱伟全等人于2011年9月份开始至案发期间，继续每天向胡林贵等人合伙经营的腊肉加工厂出售病、死、残猪猪肉约 500 公斤。

（三）被告人黎达文于 2008 年起先后兼任中堂镇产品质量和食品安全工作领导小组成员、经贸办副主任、中堂食安委副主任兼办公室主任、食品药品监督站站长，负责对中堂镇全镇食品安全的监督管理，包括中堂镇内食品安全综合协调职能和依法组织各执法部门查处食品安全方面的举报等工作。被告人余忠东于 2005 年起在东莞市江南市场经营管理有限公司任仓储加工管理部的主管。

2010 年至 2011 年期间，黎达文在组织执法人员查处江南农产品批发市场的无证照腊肉、腊肠加工窝点过程中，收受被告人刘康清、胡林贵、余忠东等人贿款共十一次，每次 5000 元，合计 55000 元，其中胡林贵参与行贿十一次，计 55000 元，刘康清参与行贿十次，计 50000 元，余忠东参与行贿六次，计 30000 元。

被告人黎达文在收受被告人刘康清、胡林贵、余忠东等人的贿款之后，滥用食品安全监督管理的职权，多次在组织执法人员检查江南农产品批发市场之前打电话通知余忠东或胡林贵，让胡林贵等人做好准备，把加工场内的病、死、残猪猪肉等生产原料和腊肉、腊肠藏好，逃避查处，导致胡林贵等人在一年多时间内持续非法利用病、死、残猪猪肉生产敌百虫和亚硝酸盐成分严重超标的腊肠、腊肉，销往东莞市及周边城市的食堂和餐馆。

被告人王伟昌自 2007 年起任中堂中心屠场稽查队队长，被告人陈伟基自 2009 年 2 月起任中堂中心屠场稽查队队员，二人所在单位受中堂镇政府委托负责中堂镇内私宰猪肉的稽查工作。2009 年 7 月至 2011 年 10 月间，王伟昌、陈伟基在执法过程中收受刘康清、刘国富等人贿款，其中王伟昌、陈伟基共同收受贿款 13100 元，王伟昌单独受贿 3000 元。

王伟昌、陈伟基受贿后，滥用食品安全监督管理的职权，多次在带队稽查过程中，明知刘康清和刘国富等人非法销售死猪猪肉、排骨而不履行查处职责，王伟昌还多次在参与中堂镇食安委组织的联合执法行动前打电话给刘康清通风报信，让刘康清等人逃避查处。

诉讼过程

2011 年 10 月 22 日，胡林贵、刘康清因涉嫌生产、销售有毒、有害食品罪被刑事拘留，11 月 24 日被逮捕。2011 年 10 月 23 日，叶在均、刘国富、张永富、叶世科、骆梅、刘康素因涉嫌生产、销售有毒、有害食品罪被刑事拘留，11 月 24 日被逮捕。2011 年 10 月 28 日，朱伟全、曾伟中因涉嫌生产、销售有毒、有害食品罪被刑事拘留，11 月 24 日被逮捕。2012 年 3 月 6 日，黎达文因涉嫌受贿罪被刑事拘留，3 月 20 日被逮捕。2012 年 4 月 26 日，王伟昌、陈伟基因涉嫌受贿罪被刑事拘留，5 月 10 日被逮捕。2012 年 3 月 6 日，余忠东因涉嫌受贿罪被刑事拘留，3 月 20 日被逮捕。

被告人胡林贵、刘康清、叶在均、刘国富、张永富、叶世科、骆梅、刘康素、曾伟中、朱伟全涉嫌生产、销售有毒、有害食品罪一案，由广东省东莞市公安局侦查终结，移送东莞市第一市区人民检察院审查起诉。被告人黎达文、王伟昌、陈伟基涉嫌受贿、食品监管渎职罪，被告人胡林贵、刘康清、余忠东涉嫌行贿罪一案，由东莞市人民检察院侦查终结，移送东莞市第一市区人民检察院审查起诉。因上述两个案件系关联案件，东莞市第一市区人民检察院决定并案审查。东莞市第一市区人民检察院经审查认为，被告人胡林贵、刘康清、叶在均、刘国富、张永富、叶世科无视国法，在生产、销售的食品中掺入有毒、有害的非食品原料，胡林贵、刘康清还为牟取不正当利益，多次向被告人黎达文、王伟昌、陈伟基等人行贿，胡林贵、刘康清的行为均已触犯了《中华人民共和国刑法》第一百四十四条、第三百八十九条第一款之规定，被告人叶在均、刘国富、张永富、叶世科的行为均已触犯了《中华人民共和国刑法》第一百四十四条之规定；被告人骆梅、刘康素在销售中以不合格产品冒充合格产品，其中骆梅销售的金额五十万元以上，刘康素销售的金额二十万元以上，二人的行为均已触犯了《中华人民共和国刑法》第一百四十条之规定；被告人朱伟全、曾伟中在生产、销售中以不合格产品冒充合格产品，生产、销售金额五十万元以上，二人的行为均已触犯了《中华人民共和国刑法》第一百四十条之规定；被告人黎达文、王伟昌、陈伟基身为国家机关工作人员，利用职务之便，多次收受贿款，同时黎达文、王伟昌、陈伟基身为负有食品安全监督管理职责的国家机关工作人员，滥用职权为刘康清等人谋取非法利益，造成恶劣社会影响，三人的行为已分别触犯了《中华人民共和国刑法》第三百八十五条第一款、第四百零八条之一之规定；被告人余忠东为谋取不正当利益，多次向被告人黎达文、王伟昌、陈伟基等人行贿，其行为已触犯《中华人民共和国刑法》第三百八十九条第一款之规定。2012 年 5 月 29 日，东莞市第一市区人民检察院以被告人胡林贵、刘康清犯生产、销售有毒、有害食品罪、行贿罪，叶在均、刘国富、张永富、叶世科犯生产、销售有毒、有害食品罪，骆梅、刘康素犯销售伪劣产品罪，朱伟全、曾伟中犯生产、销售伪劣产品罪，黎达文、王伟昌、陈伟基犯受贿罪、食品监管渎职罪，余忠东犯行贿罪，向东莞市第一人民法院提起公诉。

2012 年 7 月 9 日，东莞市第一人民法院一审认为，被告人胡林贵、刘康清、叶在均、刘国富、张永富、叶世科无视国法，在生产、销售的食品中掺入有毒、有害的非食品原料，其行为已构成生产、销售有毒、有害食品罪，且属情节严重；被告人骆梅、刘康素作为产品销售者，以不合格产品冒充合格产品，其中被告人骆梅销售金额为五十万元以上不满二百万元，被告人刘康素销售金额为二十万元以上不满五十万元，其二人的行为已构成销售伪劣产品罪；被告人朱伟全、曾伟中在生产、销售中以不合格产品冒充合格产品，涉案金额五十万元以上不满二百万元，其二人的行为已构成生产、销售伪劣产品罪；被告人黎达文身为国家工作人员，被告人王伟昌、陈伟基身为受国家机关委托从事公务的人员，均利用职务之便，多次收受贿款，同时，被告人黎达文、王伟昌、陈伟基还违背所负的食品安全监督管理职责，滥用职权为刘康清等人谋取非法利益，造成严重后果，被告人黎达文、王伟昌、陈伟基的行为已构成受贿罪、食品监管渎职罪；被告人胡林贵、刘康清、余忠东为谋取不正当利益，多次向黎达文、王伟昌、陈伟基等人行贿，其三人的行为均已构成行贿罪。对上述被告人的犯罪行为，依法均应惩处，对被告人胡林贵、刘康清、黎达文、王伟昌、陈伟基依法予以数罪并罚。被告人刘康清系累犯，依法应从重处罚；刘康清在被追诉前主动交代其行贿行为，依法可以从轻处罚；刘康清还举报了胡林贵向黎达文行贿5000元的事实，并经查证属实，是立功，依法可以从轻处罚。被告人黎达文、王伟昌、陈伟基归案后已向侦查机关退出全部赃款，对其从轻处罚。被告人胡林贵、刘康清、张永富、叶世科、余忠东归案后如实供述犯罪事实，认罪态度较好，均可从轻处罚；被告人黎达文在法庭上认罪态度较好，可酌情从轻处罚。依照刑法相关条款规定，判决：

（一）被告人胡林贵犯生产、销售有毒、有害食品罪和行贿罪，数罪并罚，判处有期徒刑九年九个月，并处罚金人民币十万元。被告人刘康清犯生产、销售有毒、有害食品罪和行贿罪，数罪并罚，判处有期徒刑九年，并处罚金人民币九万元。被告人叶在均、刘国富、张永富、叶世科犯生产、销售有毒、有害食品罪，分别判处有期徒刑八年六个月并处罚金人民币十万元、有期徒刑八年六个月并处罚金人民币十万元、有期徒刑八年三个月并处罚金人民币十万元、有期徒刑七年九个月并处罚金人民币五万元。被告人骆梅、刘康素犯销售伪劣产品罪，分别判处有期徒刑七年六个月并处罚金人民币三万元、有期徒刑六年并处罚金人民币二万元。

（二）被告人朱伟全、曾伟中犯生产、销售伪劣产品罪，分别判处有期徒刑八年并处罚金人民币七万元、有期徒刑七年六个月并处罚金人民币六万元。

（三）被告人黎达文犯受贿罪和食品监管渎职罪，数罪并罚，判处有期徒刑七年六个月，并处没收个人财产人民币一万元。被告人王伟昌犯受贿罪和食品监管渎职罪，数罪并罚，判处有期徒刑三年三个月。被告人陈伟基犯受贿罪和食品监管渎职罪，数罪并罚，判处有期徒刑二年六个月。被告人余忠东犯行贿罪，判处有期徒刑十个月。

一审宣判后，被告人胡林贵、刘康清、叶在均、刘国富、张永富、叶世科、骆梅、刘康素、曾伟中、黎达文、王伟昌、陈伟基提出上诉。

2012年8月21日，广东省东莞市中级人民法院二审裁定驳回上诉，维持原判。

赛跃、韩成武受贿、食品监管渎职案
（检例第 16 号）

【关键词】

受贿罪　食品监管渎职罪

【要　旨】

负有食品安全监督管理职责的国家机关工作人员，滥用职权或玩忽职守，导致发生重大食品安全事故或者造成其他严重后果的，应当认定为食品监管渎职罪。在渎职过程中受贿的，应当以食品监管渎职罪和受贿罪实行数罪并罚。

【相关立法】

《中华人民共和国刑法》第三百八十五条、第四百零八条之一。

【基本案情】

被告人赛跃，男，云南省人，1965 年出生，原系云南省嵩明县质量技术监督局（以下简称嵩明县质监局）局长。

被告人韩成武，男，云南省人，1963 年出生，原系嵩明县质监局副局长。

2011 年 9 月 17 日，根据群众举报称云南丰瑞粮油工业产业有限公司（位于云南省嵩明县杨林工业园区，以下简称杨林丰瑞公司）违法生产地沟油，时任嵩明县质监局局长、副局长的赛跃、韩成武等人到杨林丰瑞公司现场检查，查获该公司无生产许可证，其生产区域的配套的食用油加工设备以"调试设备"之名在生产，现场有生产用原料毛猪油 2244.912 吨，其中有的外包装无标签标识等，不符合食品安全标准。9 月 21 日，被告人赛跃、韩成武没有计量核实毛猪油数量、来源，仅凭该公司人员陈述 500 吨，而对毛猪油 591.4 吨及生产用活性土 30 吨、无证生产的菜油 100 吨进行封存。同年 10 月 22 日，韩成武以"杨林丰瑞公司采购的原料共 59.143 吨不符合食品安全标准"建议立案查处，赛跃同意立案，并召开案审会经集体讨论，决定对杨林丰瑞公司给予行政处罚。10 月 24 日，嵩明县质监局作出对杨林丰瑞公司给予销毁不符合安全标准的原材料和罚款 1419432 元的行政处罚告知，并将行政处罚告知书送达该公司。之后，该公司申请从轻、减轻处罚。同年 12 月 9 日，赛跃、韩成武以企业配合调查及经济困难为由，未经集体讨论，决定减轻对杨林丰瑞公司的行政处罚，嵩明县质监局于 12 月 12 日作出行政处罚决定书，对杨林丰瑞公司作出销毁不符合食品安全标准的原料和罚款 20 万元的处罚，并下达责令改正通知书，责令杨林丰瑞公司于 2011 年 12 月 27 日前改正"采购的原料毛猪油不符合食品安全标准"的违法行为。12 月 13 日，嵩明县质监局解除了对毛猪油、活性土、菜油的封存，实际并未销毁该批原料。致使杨林丰瑞公司在 2011 年 11 月至 2012 年 3 月期间，使用已查获的原料无证生产食用猪油并流入社会，对人民群众的生命健康造成较大隐患。

2011 年 10 月至 11 月间，被告人赛跃、韩成武在查处该案的过程中，先后两次在办公室收受该公司吴庆伟（另案处理）分别送给的人民币 10 万元、3 万元。

2012 年 3 月 13 日，公安机关以该公司涉嫌生产、销售有毒、有害食品罪立案侦查。3 月 20 日，赛跃和韩成武得知该情况后，更改相关文书材料、销毁原始行政处罚文书、伪造质监局分析协调会、案审会记录及杨林丰瑞公司毛猪油原材料的销毁材料，将所收受的 13 万受贿款作为对杨林丰瑞公司的罚款存入罚没账户。

诉讼过程

2012 年 5 月 4 日，赛跃、韩成武因涉嫌徇私舞弊不移交刑事案件罪、受贿罪被云南省嵩明县人民检察院立案侦查，韩成武于 5 月 7 日被刑事拘留，赛跃于 5 月 8 日被刑事拘留，5 月 21 日二人被逮捕。

该案由云南省嵩明县人民检察院反渎职侵权局侦查终结后，移送该院公诉部门审查起诉。云南省嵩明县人民检察院经审查认为，被告人赛跃、韩成武作为负有食品安全监督管理职责的国家机关工作人员，未认真履行职责，失职、渎职造成大量的问题猪油流向市场，后果特别严重；同时二被告人利用职务上的便利，非法收受他人贿赂，为他人谋取利益，二被告人之行为已触犯《中华人民共和国刑法》第四百零八条之一、第三百八十五条第一款之规定，应当以食品监管渎职罪、受贿罪追究刑事责任。2012 年 9 月 5 日，云南省嵩明县人民检察院以被告人赛跃、韩成武犯食品监管渎职罪、受贿罪向云南省嵩明县人民法院提起公诉。

2012 年 11 月 26 日，云南省嵩明县人民法院一审认为，被告人赛跃、韩成武作为国家工作人员，利用职务上的便利，非法收受他人财物，为他人谋取利益，其行为已构成受贿罪；被告人赛跃、韩成武作为质监局工作人员，在查办杨林丰瑞公司无生产许可证生产有毒、有害食品案中玩忽职守、滥用职权，致使查获的不符合食品安全标准的原料用于生产，有毒、有害油脂流入社会，造成严重后果，其行为还构成食品监管渎职罪。鉴于杨林丰瑞公司被公安机关查处后，赛跃、韩成武向领导如实汇报受贿事实，且将受贿款以"罚款"上交，属自首，可从轻、减轻处罚。依照刑法相关条款之规定，判决被告人赛跃犯受贿罪和食品监管渎职罪，数罪并罚，判处有期徒刑六年；韩成武犯受贿罪和食品监管渎职罪，数罪并罚，判处有期徒刑二年六个月。

一审宣判后，赛跃、韩成武提出上诉。

2013 年 4 月 20 日，云南省昆明市中级人民法院二审裁定驳回上诉，维持原判。

第五批指导性案例

陈邓昌抢劫、盗窃，付志强盗窃案
（检例第 17 号）

关键词

第二审程序刑事抗诉　　入户抢劫　　盗窃罪　　补充起诉

基本案情

被告人陈邓昌，男，贵州省人，1989 年出生，无业。

被告人付志强，男，贵州省人，1981 年出生，农民。

一、抢劫罪

2012 年 2 月 18 日 15 时，被告人陈邓昌携带螺丝刀等作案工具来到广东省佛山市禅城区澜石石头后二村田边街 10 巷 1 号的一间出租屋，撬门进入房间盗走现金人民币 100 元，后在客厅遇到被害人陈南姐，陈邓昌拿起铁锤威胁不让其喊叫，并逃离现场。

二、盗窃罪

1.2012 年 2 月 23 日，被告人付志强携带作案工具来到广东省佛山市高明区荷城街道井溢村 398 号 302 房间，撬门进入房间内盗走现金人民币 300 元。

2.2012 年 2 月 25 日，被告人付志强、陈邓昌密谋后携带作案工具到佛山市高明区荷城街道井溢村 287 号 502 出租屋，撬锁进入房间盗走一台华硕笔记本电脑（价值人民币 2905 元）。后二人以 1300 元的价格销赃。

3.2012 年 2 月 28 日，被告人付志强携带作案工具来到佛山市高明区荷城街道井溢村 243 号 402 房间，撬锁进入房间后盗走现金人民币 1500 元。

4.2012 年 3 月 3 日，被告人付志强、陈邓昌密谋后携带六角匙等作案工具到佛山市高明区荷城街道官当村 34 号 401 房，撬锁进入房间后盗走现金人民币 700 元。

5.2012 年 3 月 28 日，被告人陈邓昌、叶其元、韦圣伦（后二人另案处理，均已判刑）密谋后携带作案工具来到佛山市禅城区跃进路 31 号 501 房间，叶其元负责望风，陈邓昌、韦圣伦二人撬锁进入房间后盗走联想一体化电脑一台（价值人民币 3928 元）、尼康 P300 数码相机一台（价值人民币 1813 元）及 600 元现金人民币。后在逃离现场的过程中被人发现，陈邓昌等人将一体化电脑丢弃。

6.2012年4月3日，被告人付志强携带作案工具来到佛山市高明区荷城街道岗头冯村283号301房间，撬锁进入房间后盗走现金人民币7000元。

7.2012年4月13日，被告人陈邓昌、叶其元、韦圣伦密谋后携带作案工具来到佛山市禅城区石湾凤凰路隔田坊63号5座303房间，叶其元负责望风，陈邓昌、韦圣伦二人撬锁进入房间后盗走现金人民币6000元、港币900元以及一台诺基亚N86手机（价值人民币608元）。

诉讼过程

2012年4月6日，付志强因涉嫌盗窃罪被广东省佛山市公安局高明分局刑事拘留，同年5月9日被逮捕。2012年5月29日，陈邓昌因涉嫌盗窃罪被佛山市公安局高明分局刑事拘留，同年7月2日被逮捕。2012年7月6日，佛山市公安局高明分局以犯罪嫌疑人付志强、陈邓昌涉嫌盗窃罪向佛山市高明区人民检察院移送审查起诉。2012年7月23日，高明区人民检察院以被告人付志强、陈邓昌犯盗窃罪向佛山市高明区人民法院提起公诉。

一审期间，高明区人民检察院经进一步审查，发现被告人陈邓昌有三起遗漏犯罪事实。2012年9月24日，高明区人民检察院依法补充起诉被告人陈邓昌入室盗窃转化为抢劫的犯罪事实一起和陈邓昌伙同叶其元、韦圣伦共同盗窃的犯罪事实二起。

2012年11月14日，佛山市高明区人民法院一审认为，检察机关指控被告人陈邓昌犯抢劫罪、盗窃罪，被告人付志强犯盗窃罪的犯罪事实清楚，证据确实充分，罪名成立。被告人陈邓昌在入户盗窃后被发现，为抗拒抓捕而当场使用凶器相威胁，其行为符合转化型抢劫的构成要件，应以抢劫罪定罪处罚，但不应认定为"入户抢劫"。理由是陈邓昌入户并不以实施抢劫为犯罪目的，而是在户内临时起意以暴力相威胁，且未造成被害人任何损伤，依法判决：被告人陈邓昌犯抢劫罪，处有期徒刑三年九个月，并处罚金人民币四千元；犯盗窃罪，处有期徒刑一年九个月，并处罚金人民币二千元；决定执行有期徒刑五年，并处罚金人民币六千元。被告人付志强犯盗窃罪，处有期徒刑二年，并处罚金人民币二千元。

2012年11月19日，佛山市高明区人民检察院认为一审判决适用法律错误，造成量刑不当，依法向佛山市中级人民法院提出抗诉。2013年3月21日，佛山市中级人民法院二审判决采纳了抗诉意见，撤销原判对原审被告人陈邓昌抢劫罪量刑部分及决定合并执行部分，依法予以改判。

抗诉理由

一审宣判后，佛山市高明区人民检察院审查认为一审判决未认定被告人陈邓昌的行为属于"入户抢劫"，属于适用法律错误，且造成量刑不当，应予纠正，遂依法向佛山市中级人民法院提出抗诉；佛山市人民检察院支持抗诉。抗诉和支持抗诉理由是：

（一）原判决对"入户抢劫"的理解存在偏差。原判决以"暴力行为虽然发生在户内，但是其不以实施抢劫为目的，而是在户内临时起意并以暴力相威胁，且未造成被害人任何损害"为由，未认定被告人陈邓昌所犯抢劫罪具有"入户"情节。根据 2005 年 7 月《最高人民法院关于审理抢劫、抢夺刑事案件适用法律若干问题的意见》关于认定"入户抢劫"的规定，"入户"必须以实施抢劫等犯罪为目的。但是，这里"目的"的非法性不是以抢劫罪为限，还应当包括盗窃等其他犯罪。

（二）原判决适用法律错误。2000 年 11 月《最高人民法院关于审理抢劫案件具体应用法律若干问题的解释》（以下简称《解释》）第一条第二款规定，"对于入户盗窃，因被发现而当场使用暴力或者以暴力相威胁的行为，应当认定为入户抢劫。"依据刑法和《解释》的有关规定，本案中，被告人陈邓昌入室盗窃被发现后当场使用暴力相威胁的行为，应当认定为"入户抢劫"。

（三）原判决适用法律错误，导致量刑不当。"户"对一般公民而言属于最安全的地方。"入户抢劫"不仅严重侵犯公民的财产所有权，更是危及公民的人身安全。因为被害人处于封闭的场所，通常无法求救，与发生在户外的一般抢劫相比，被害人的身心会受到更为严重的惊吓或者伤害。根据刑法第二百六十三条第一项的规定，"入户抢劫"应当判处十年以上有期徒刑、无期徒刑或者死刑，并处罚金或者没收财产。原判决对陈邓昌抢劫罪判处三年九个月有期徒刑，属于适用法律错误，导致量刑不当。

终审判决

广东省佛山市中级人民法院二审认为，一审判决认定原审被告人陈邓昌犯抢劫罪，原审被告人陈邓昌、付志强犯盗窃罪的事实清楚，证据确实、充分。陈邓昌入户盗窃后，被被害人当场发现，意图抗拒抓捕，当场使用暴力威胁被害人不许其喊叫，然后逃离案发现场，依法应当认定为"入户抢劫"。原判决未认定陈邓昌所犯的抢劫罪具有"入户"情节，系适用法律错误，应当予以纠正。检察机关抗诉意见成立，予以采纳。据此，依法判决：撤销一审判决对陈邓昌抢劫罪量刑部分及决定合并执行部分；判决陈邓昌犯抢劫罪，处有期徒刑十年，并处罚金人民币一万元，犯盗窃罪，处有期徒刑一年九个月，并处罚金二千元，决定执行有期徒刑十一年，并处罚金一万二千元。

要 旨

（一）对于入户盗窃，因被发现而当场使用暴力或者以暴力相威胁的行为，应当认定为"入户抢劫"。

（二）在人民法院宣告判决前，人民检察院发现被告人有遗漏的罪行可以一并起诉和审理的，可以补充起诉。

（三）人民检察院认为同级人民法院第一审判决重罪轻判，适用刑罚明显不当的，应当提出抗诉。

相关法律规定

《中华人民共和国刑法》第二百六十三条、第二百六十四条、第二百六十九条、第二十五条、第六十九条；《中华人民共和国刑事诉讼法》第二百一十七条、第二百二十五条第一款第二项。

郭明先参加黑社会性质组织、故意杀人、故意伤害案

（检例第18号）

关键词

第二审程序刑事抗诉　　故意杀人　　罪行极其严重　　死刑立即执行

基本案情

被告人郭明先，男，四川省人，1972年出生，无业。1997年9月因犯盗窃罪被判有期徒刑五年六个月，2001年12月刑满释放。

2003年5月7日，李泽荣（另案处理，已判刑）等人在四川省三台县"经典歌城"唱歌结账时与该歌城老板何春发生纠纷，被告人郭明先受李泽荣一方纠集，伙同李泽荣、王成鹏、王国军（另案处理，均已判刑）打砸"经典歌城"，郭明先持刀砍人，致何春重伤、顾客吴启斌轻伤。

2008年1月1日，闵思金（另案处理，已判刑）与王元军在四川省三台县里程乡岩崖坪发生交通事故，双方因闵思金摩托车受损赔偿问题发生争执。王元军电话通知被害人兰金、李西秀等人，闵思金电话召集郭明先及闵思勇、陈强（另案处理，均已判刑）等人。闵思勇与其朋友代安全、兰在伟先到现场，因代安全、兰在伟与争执双方均认识，即进行劝解，事情已基本平息。后郭明先、陈强等人亦分别骑摩托车赶至现场。闵思金向郭明先指认兰金后，郭明先持菜刀欲砍兰金，被路过并劝架的被害人蓝继宇（殁年26岁）阻拦，郭明先遂持菜刀猛砍蓝继宇头部，致蓝继宇严重颅脑损伤死亡。兰金、李西秀等见状，持木棒击打郭明先，郭明先持菜刀乱砍，致兰金重伤，致李西秀轻伤。后郭明先搭乘闵思勇所驾摩托车逃跑。

2008年5月，郭明先负案潜逃期间，应同案被告人李进（犯组织、领导黑社会性质组织罪、故意伤害罪等，被判处有期徒刑十四年）的邀约，到四川省绵阳市安县参

加了同案被告人王术华（犯组织、领导黑社会性质组织罪、故意伤害罪等罪名，被判处有期徒刑二十年）组织、领导的黑社会性质组织，充当打手。因王术华对胡建不满，让李进安排人教训胡建及其手下。2009 年 5 月 17 日，李进见胡建两名手下范平、张选辉在安县花荄镇姜记烧烤店吃烧烤，便打电话叫来郭明先。经指认，郭明先蒙面持菜刀砍击范平、张选辉，致该二人轻伤。

诉讼过程

2009 年 7 月 28 日，郭明先因涉嫌故意伤害罪被四川省绵阳市安县公安局刑事拘留，同年 8 月 18 日被逮捕，经查犯罪嫌疑人郭明先还涉嫌王术华等人黑社会性质组织系列犯罪案件。四川省绵阳市安县公安局侦查终结后，移送四川省绵阳市安县人民检察院审查起诉。该院受理后，于 2010 年 1 月 3 日报送四川省绵阳市人民检察院审查起诉。2010 年 7 月 19 日，四川省绵阳市人民检察院对王术华等人参与的黑社会性质组织系列犯罪案件向绵阳市中级人民法院提起公诉，其中指控该案被告人郭明先犯参加黑社会性质组织罪、故意伤害罪和故意杀人罪。

2010 年 12 月 17 日，绵阳市中级人民法院一审认为，被告人郭明先 1997 年因犯盗窃罪被判处有期徒刑，2001 年 12 月 26 日刑满释放后，又于 2003 年故意伤害他人，2008 年故意杀人、参加黑社会性质组织，均应判处有期徒刑以上刑罚，系累犯，应当从重处罚。依法判决：被告人郭明先犯参加黑社会性质组织罪，处有期徒刑两年；犯故意杀人罪，处死刑，缓期二年执行，剥夺政治权利终身；犯故意伤害罪，处有期徒刑五年；数罪并罚，决定执行死刑，缓期二年执行，剥夺政治权利终身。

2010 年 12 月 30 日，四川省绵阳市人民检察院认为一审判决对被告人郭明先量刑畸轻，依法向四川省高级人民法院提出抗诉。2012 年 4 月 16 日，四川省高级人民法院二审判决采纳抗诉意见，改判郭明先死刑立即执行。2012 年 10 月 26 日，最高人民法院裁定核准四川省高级人民法院对被告人郭明先的死刑判决。2012 年 11 月 22 日，被告人郭明先被执行死刑。

抗诉理由

一审宣判后，四川省绵阳市人民检察院经审查认为原审判决对被告人郭明先量刑畸轻，依法向四川省高级人民法院提出抗诉；四川省人民检察院支持抗诉。抗诉和支持抗诉理由是：一审判处被告人郭明先死刑，缓期二年执行，量刑畸轻。郭明先 1997 年因犯盗窃罪被判有期徒刑五年六个月，2001 年 12 月刑满释放后，不思悔改，继续犯罪。于 2003 年 5 月 7 日，伙同他人打砸三台县"经典歌城"，并持刀行凶致一人重伤，一人轻伤，其行为构成故意伤害罪。负案潜逃期间，于 2008 年 1 月 1 日在三台县里程乡岩崖坪持刀行凶，致一人死亡，一人重伤，一人轻伤，其行为构成故意杀人罪和故意伤害罪。此后，又积极参加黑社会性质组织，充当他人打手，并于 2009 年 5 月 17 日受该组织安排，蒙面持刀行凶，致两人轻伤，其行为构成参加黑社会性质组织罪和故意伤害罪。根据本案事实和证据，被告人郭明先的罪行极其严重、犯罪手段残忍、犯罪后果严重，主观恶性极大，根据罪责刑相适应原则，应当依法判处其死刑立即执行。

终审结果

四川省高级人民法院二审认为，本案事实清楚，证据确实、充分，原审被告人郭明先犯参加黑社会性质组织罪、故意杀人罪、故意伤害罪，系累犯，主观恶性极深，依法应当从重处罚。检察机关认为"原判对郭明先量刑畸轻"的抗诉理由成立。据此，依法撤销一审判决关于原审被告人郭明先量刑部分，改判郭明先犯参加黑社会性质组织罪，处有期徒刑两年；犯故意杀人罪，处死刑；犯故意伤害罪，处有期徒刑五年；数罪并罚，决定执行死刑，并剥夺政治权利终身。经报最高人民法院核准，已被执行死刑。

要　旨

死刑依法只适用于罪行极其严重的犯罪分子。对故意杀人、故意伤害、绑架、爆炸等涉黑、涉恐、涉暴刑事案件中罪行极其严重，严重危害国家安全和公共安全、严重危害公民生命权，或者严重危害社会秩序的被告人，依法应当判处死刑，人民法院未判处死刑的，人民检察院应当依法提出抗诉。

相关法律规定

《中华人民共和国刑法》第二百三十二条、第二百三十四条、第二百九十四条；《中华人民共和国刑事诉讼法》第二百一十七条、第二百二十五条第一款第二项。

张某、沈某某等七人抢劫案

（检例第 19 号）

关键词

第二审程序刑事抗诉　未成年人与成年人共同犯罪　分案起诉　累犯

基本案情

被告人沈某某，男，1995 年 1 月出生。2010 年 3 月因抢劫罪被判拘役六个月，缓刑六个月，并处罚金五百元。

被告人胡某某，男，1995 年 4 月出生。

被告人许某，男，1993年1月出生。2008年6月因抢劫罪被判有期徒刑六个月，并处罚金五百元；2010年1月因犯盗窃罪被判有期徒刑七个月，并处罚金一千四百元。

另四名被告人张某、吕某、蒋某、杨某，均为成年人。

被告人张某为牟利，介绍沈某某、胡某某、吕某、蒋某认识，教唆他们以暴力方式劫取助力车，并提供砍刀等犯罪工具，事后负责联系销赃分赃。2010年3月，被告人沈某某、胡某某、吕某、蒋某经被告人张某召集，并伙同被告人许某、杨某等人，经预谋，相互结伙，持砍刀、断线钳、撬棍等作案工具，在上海市内公共场所抢劫助力车。其中，被告人张某、沈某某、胡某某参与抢劫四次；被告人吕某、蒋某参与抢劫三次；被告人许某参与抢劫二次；被告人杨某参与抢劫一次。具体如下：

（一）2010年3月4日11时许，沈某某、胡某某、吕某、蒋某随身携带砍刀，至上海市长寿路699号国美电器商场门口，由吕、沈撬窃停放在该处的一辆黑色本凌牌助力车，当被害人甲制止时，沈、胡、蒋拿出砍刀威胁，沈砍击被害人致其轻伤。后吕、沈等人因撬锁不成，砸坏该车外壳后逃离现场。经鉴定，该助力车价值人民币1930元。

（二）2010年3月4日12时许，沈某某、胡某某、吕某、蒋某随身携带砍刀，结伙至上海市老沪太路万荣路路口的临时菜场门口，由胡、吕撬窃停放在该处的一辆白色南方雅马哈牌助力车，当被害人乙制止时，沈、蒋等人拿出砍刀威胁，沈砍击被害人致其轻微伤，后吕等人撬开锁将车开走。经鉴定，该助力车价值人民币2058元。

（三）2010年3月11日14时许，沈某某、胡某某、吕某、蒋某、许某随身携带砍刀，结伙至上海市胶州路669号东方典当行门口，由沈撬窃停放在该处的一辆黑色宝雕牌助力车，当被害人丙制止时，胡、蒋、沈拿出砍刀将被害人逼退到东方典当行店内，许则在一旁接应，吕上前帮助撬开车锁后由胡将车开走。经鉴定，该助力车价值人民币2660元。

（四）2010年3月18日14时许，沈某某、胡某某、许某、杨某及王某（男，13岁）随身携带砍刀，结伙至上海市上大路沪太路路口地铁七号线出口处的停车点，由胡持砍刀威胁该停车点的看车人员，杨在旁接应，沈、许等人则当场劫得助力车三辆。其中被害人丁的一辆黑色珠峰牌助力车，经鉴定，该助力车价值人民币2090元。

诉讼过程

2010年3、4月，张某、吕某、蒋某、杨某以及三名未成年人沈某某、胡某某、许某因涉嫌抢劫罪先后被刑事拘留、逮捕。2010年6月21日，上海市公安局静安分局侦查终结，以犯罪嫌疑人张某、沈某某、胡某某、吕某、蒋某、许某、杨某等七人涉嫌抢劫罪向静安区人民检察院移送审查起诉。静安区人民检察院经审查认为，本案虽系未成年人与成年人共同犯罪案件，但鉴于本案多名未成年人系共同犯罪中的主犯，不宜分案起诉。2010年9月25日，静安区人民检察院以上述七名被告人犯抢劫罪依法向静安区人民法院提起公诉。

2010 年 12 月 15 日，静安区人民法院一审认为，七名被告人行为均构成抢劫罪，其中许某系累犯。依法判决：（一）对未成年被告人量刑如下：沈某某判处有期徒刑五年六个月，并处罚金人民币五千元，撤销缓刑，决定执行有期徒刑五年六个月，罚金人民币五千元；胡某某判处有期徒刑七年，并处罚金人民币七千元；许某判处有期徒刑五年，并处罚金人民币五千元。（二）对成年被告人量刑如下：张某判处有期徒刑十四年，剥夺政治权利二年，并处罚金人民币一万五千元；吕某判处有期徒刑十二年六个月，剥夺政治权利一年，并处罚金人民币一万二千元；蒋某判处有期徒刑十二年，剥夺政治权利一年，并处罚金人民币一万二千元；杨某判处有期徒刑二年，并处罚金人民币二千元。

2010 年 12 月 30 日，上海市静安区人民检察院认为一审判决适用法律错误，对未成年被告人的量刑不当，遂依法向上海市第二中级人民法院提出抗诉。张某以未参与抢劫，量刑过重为由，提出上诉。2011 年 6 月 16 日，上海市第二中级人民法院二审判决采纳抗诉意见，驳回上诉，撤销原判决对原审被告人沈某某、胡某某、许某抢劫罪量刑部分，依法予以改判。

抗诉理由

一审宣判后，上海市静安区人民检察院审查认为，一审判决对犯罪情节相对较轻的胡某某判处七年有期徒刑量刑失衡，对未成年被告人沈某某、胡某某、许某判处罚金刑未依法从宽处罚，属适用法律错误，量刑不当，遂依法向上海市第二中级人民法院提出抗诉；上海市人民检察院第二分院支持抗诉。抗诉和支持抗诉的理由是：

（一）一审判决量刑失衡，对被告人胡某某量刑偏重。本案中，被告人胡某某、沈某某均参与了四次抢劫犯罪，虽然均系主犯，但是被告人胡某某行为的社会危害性及人身危险性均小于被告人沈某某。从犯罪情节看，沈某某实施抢劫过程中直接用砍刀造成一名被害人轻伤，一名被害人轻微伤；被告人胡某某只有持刀威胁及撬车锁的行为。从犯罪时年龄看，沈某某已满十五周岁，胡某某尚未满十五周岁。从人身危险性看，沈某某因抢劫罪于 2010 年 3 月 4 日被判处拘役六个月，缓刑六个月，缓刑期间又犯新罪；胡某某系初犯。一审判决分别以抢劫罪判胡某某有期徒刑七年、沈某某有期徒刑五年六个月，属于量刑不当。

（二）一审判决适用法律错误，对未成年被告人罚金刑的适用既没有体现依法从宽，也没有体现与成年被告人罚金刑适用的区别。根据最高人民法院《关于适用财产刑若干问题的规定》《关于审理未成年人刑事案件具体应用法律若干问题的解释》的规定，对未成年人犯罪应当从轻或者减轻判处罚金。一审判决对未成年被告人判处罚金未依法从宽，均是按照同案成年被告人罚金的标准判处五千元以上的罚金，属于适用法律错误。

此外，2010 年 12 月 21 日一审判决认定未成年被告人许某系累犯正确，但审判后刑法有所修改。根据 2011 年 2 月全国人大常委会通过的《中华人民共和国刑法修正案

（八）》和 2011 年 5 月最高人民法院《关于〈中华人民共和国刑法修正案（八）时间效力问题的解释〉》的有关规定，被告人许某实施犯罪时不满十八周岁，依法不构成累犯。

终审判决

上海市第二中级人民法院二审认为，原审判决认定抢劫罪事实清楚，定性准确，证据确实、充分。鉴于胡某某在抢劫犯罪中的地位作用略低于沈某某及对未成年犯并处罚金应当从轻或减轻处罚等实际情况，原判对胡某某主刑及对沈某某、胡某某、许某罚金刑的量刑不当，应予纠正。检察机关的抗诉意见正确，应予支持。另依法认定许某不构成累犯。据此，依法判决：撤销一审判决对原审三名未成年被告人沈某某、胡某某、许某的量刑部分；改判沈某某犯抢劫罪，处有期徒刑五年六个月，并处罚金人民币二千元，撤销缓刑，决定执行有期徒刑五年六个月，罚金人民币二千元；胡某某犯抢劫罪，处有期徒刑五年，罚金人民币二千元；许某犯抢劫罪，处有期徒刑四年，罚金人民币一千五百元。

要旨

（一）办理未成年人与成年人共同犯罪案件，一般应当将未成年人与成年人分案起诉，但对于未成年人系犯罪集团的组织者或者其他共同犯罪中的主犯，或者具有其他不宜分案起诉情形的，可以不分案起诉。

（二）办理未成年人与成年人共同犯罪案件，应当根据未成年人在共同犯罪中的地位、作用，综合考量未成年人实施犯罪行为的动机和目的、犯罪时的年龄、是否属于初犯、偶犯、犯罪后的悔罪表现、个人成长经历和一贯表现等因素，依法从轻或者减轻处罚。

（三）未成年人犯罪不构成累犯。

相关法律规定

《中华人民共和国刑法》第二百六十三条、第二十五条、第二十六条、第六十一条、第六十五条、第七十七条；《中华人民共和国刑事诉讼法》第二百一十七条、第二百二十五条第一款第二项。

第六批指导性案例

马世龙（抢劫）核准追诉案

（检例第20号）

关键词

核准追诉　后果严重　影响恶劣

基本案情

犯罪嫌疑人马世龙，男，1970年生，吉林省公主岭市人。

1989年5月19日下午，犯罪嫌疑人马世龙、许云刚、曹立波（后二人另案处理，均已判刑）预谋到吉林省公主岭市苇子沟街獾子洞村李树振家抢劫，并准备了面罩、匕首等作案工具。5月20日零时许，三人蒙面持刀进入被害人李树振家大院，将屋门玻璃撬开后拉开门锁进入李树振卧室。马世龙、许云刚、曹立波分别持刀逼住李树振及其妻子王某，并强迫李树振及其妻子拿钱。李树振和妻子王某喊救命，曹立波、许云刚随即逃离。马世龙在逃离时被李树振拉住，遂持刀在李树振身上乱捅，随后逃脱。曹立波、许云刚、马世龙会合后将抢得的现金380余元分掉。李树振被送往医院抢救无效死亡。

核准追诉案件办理过程

案发后马世龙逃往黑龙江省七台河市打工。公安机关没有立案，也未对马世龙采取强制措施。2014年3月10日，吉林省公主岭市公安局接到黑龙江省七台河市桃山区桃山街派出所移交案件：当地民警在对辖区内一名叫"李红"的居民进行盘查时，"李红"交代其真实姓名为马世龙，1989年5月伙同他人闯入吉林省公主岭市苇子沟街獾子洞村李树振家抢劫，并将李树振用刀扎死后逃跑。当日，公主岭市公安局对马世龙立案侦查，3月18日通过公主岭市人民检察院层报最高人民检察院核准追诉。

公主岭市人民检察院、四平市人民检察院、吉林省人民检察院对案件进行审查并开展了必要的调查。2014年4月8日，吉林省人民检察院报最高人民检察院对马世龙核准追诉。

另据查明：（一）被害人妻子王某和儿子因案发时受到惊吓患上精神病，靠捡破烂为生，生活非常困难，王某强烈要求追究马世龙刑事责任。（二）案发地群众表示，李树振被抢劫杀害一案在当地造成很大恐慌，影响至今没有消除，对犯罪嫌疑人应当追究刑事责任。

最高人民检察院审查认为：犯罪嫌疑人马世龙伙同他人入室抢劫，造成一人死亡的严重后果，依据《中华人民共和国刑法》第十二条、1979年《中华人民共和国刑法》第一百五十条规定，应当适用的法定量刑幅度的最高刑为死刑。本案对被害人家庭和亲属造成严重伤害，在案发当地造成恶劣影响，虽然经过二十年追诉期限，被害方以及案发地群众反映强烈，社会影响没有消失，不追诉可能严重影响社会稳定或者产生其他严重后果。综合上述情况，依据1979年《中华人民共和国刑法》第七十六条第四项规定，决定对犯罪嫌疑人马世龙核准追诉。

案件结果

2014年6月26日，最高人民检察院作出对马世龙核准追诉决定。2014年11月5日，吉林省四平市中级人民法院以马世龙犯抢劫罪，同时考虑其具有自首情节，判处其有期徒刑十五年，并处罚金1000元。被告人马世龙未上诉，检察机关未抗诉，一审判决生效。

要 旨

故意杀人、抢劫、强奸、绑架、爆炸等严重危害社会治安的犯罪，经过二十年追诉期限，仍然严重影响人民群众安全感，被害方、案发地群众、基层组织等强烈要求追究犯罪嫌疑人刑事责任，不追诉可能影响社会稳定或者产生其他严重后果的，对犯罪嫌疑人应当追诉。

相关法律规定

《中华人民共和国刑法》第十二条、第六十七条；1979年《中华人民共和国刑法》第七十六条、第一百五十条。

丁国山等（故意伤害）核准追诉案

（检例第21号）

关键词

核准追诉　情节恶劣　无悔罪表现

基本案情

犯罪嫌疑人丁国山，男，1963年生，黑龙江省齐齐哈尔市人。

犯罪嫌疑人常永龙，男，1973年生，辽宁省朝阳市人。

犯罪嫌疑人丁国义，男，1965年生，黑龙江省齐齐哈尔市人。

犯罪嫌疑人闫立军，男，1970年生，黑龙江省齐齐哈尔市人。

1991年12月21日，李万山、董立君、魏江等三人上山打猎，途中借宿在莫旗红彦镇大韭菜沟村（后改名干拉抛沟村）丁国义家中。李万山酒后因琐事与丁国义侄子常永龙发生争吵并殴打了常永龙。12月22日上午7时许，丁国山、丁国义、常永龙、闫立军为报复泄愤，对李万山、董立君、魏江三人进行殴打，并将李万山、董立君装进麻袋，持木棒继续殴打三人要害部位。后丁国山等四人用绳索将李万山和董立君捆绑吊于房梁上，将魏江捆绑在柱子上后逃离现场。李万山头部、面部多处受伤，经救治无效于当日死亡。

核准追诉案件办理过程

案发后丁国山等四名犯罪嫌疑人潜逃。莫旗公安局当时没有立案手续，也未对犯罪嫌疑人采取强制措施。2010年全国追逃行动期间，莫旗公安局经对未破命案进行梳理，并通过网上信息研判、证人辨认，确定了丁国山等四名犯罪嫌疑人下落。2013年12月25日，犯罪嫌疑人丁国山、丁国义、闫立军被抓获归案；2014年1月17日，犯罪嫌疑人常永龙被抓获归案。2014年1月25日，莫旗公安局通过莫旗人民检察院层报最高人民检察对丁国山等四名犯罪嫌疑人核准追诉。

莫旗人民检察院、呼伦贝尔市人民检察院、内蒙古自治区人民检察院对案件进行审查并开展了必要的调查。2014年4月10日，内蒙古自治区人民检察院报最高人民检察院对丁国山等四名犯罪嫌疑人核准追诉。

另据查明：（一）案发后四名犯罪嫌疑人即逃跑，在得知李万山死亡后分别更名潜逃到黑龙江、陕西等地，其间对于死伤者及其家属未给予任何赔偿。（二）被害人家属强烈要求严惩犯罪嫌疑人。（三）案发地部分村民及村委会出具证明表示，本案虽然过了20多年，但在当地造成的影响没有消失。

最高人民检察院审查认为：犯罪嫌疑人丁国山、丁国义、常永龙、闫立军涉嫌故意伤害罪，并造成一人死亡的严重后果，依据《中华人民共和国刑法》第十二条、1979年《中华人民共和国刑法》第一百三十四条、全国人民代表大会常务委员会《关于严惩严重危害社会治安的犯罪分子的决定》第一条规定，应当适用的法定量刑幅度的最高刑为死刑。本案情节恶劣、后果严重，虽然已过20年追诉期限，但社会影响没有消失，不追诉可能严重影响社会稳定或者产生其他严重后果。本案系共同犯罪，四名犯罪嫌疑人具有共同犯罪故意，共同实施了故意伤害行为，应当对犯罪结果共同承担责任。综合上述情况，依据1979年《中华人民共和国刑法》第七十六条第四项规定，决定对犯罪嫌疑人丁国山、常永龙、丁国义、闫立军核准追诉。

案件结果

2014 年 6 月 13 日，最高人民检察院作出对丁国山、常永龙、丁国义、闫立军核准追诉决定。2015 年 2 月 26 日，内蒙古自治区呼伦贝尔市中级人民法院以犯故意伤害罪，同时考虑审理期间被告人向被害人进行赔偿等因素，判处主犯丁国山、常永龙、丁国义有期徒刑十四年、十三年、十二年，从犯闫立军有期徒刑三年。被告人均未上诉，检察机关未抗诉，一审判决生效。

要　旨

涉嫌犯罪情节恶劣、后果严重，并且犯罪后积极逃避侦查，经过二十年追诉期限，犯罪嫌疑人没有明显悔罪表现，也未通过赔礼道歉、赔偿损失等获得被害方谅解，犯罪造成的社会影响没有消失，不追诉可能影响社会稳定或者产生其他严重后果的，对犯罪嫌疑人应当追诉。

相关法律规定

《中华人民共和国刑法》第十二条；1979 年《中华人民共和国刑法》第二十二条、第七十六条、第一百三十四条。

杨菊云（故意杀人）不核准追诉案

（检例第 22 号）

关键词

不予核准追诉　家庭矛盾　被害人谅解

基本案情

犯罪嫌疑人杨菊云，女，1962 年生，四川省简阳市人。

1989 年 9 月 2 日晚，杨菊云与丈夫吴德禄因琐事发生口角，吴德禄因此殴打杨菊云。杨菊云乘吴德禄熟睡，手持家中一节柏树棒击打吴德禄头部，后因担心吴德禄继续殴打自己，便用剥菜尖刀将吴德禄杀死。案发后杨菊云携带儿子吴某（当时不满 1 岁）逃离简阳。9 月 4 日中午，吴德禄继父魏某去吴德禄家中，发现吴德禄被杀死在床上，于是向公安机关报案。公安机关随即开展了尸体检验、现场勘查等调查工作，并于 9 月 26 日立案侦查，但未对杨菊云采取强制措施。

核准追诉案件办理过程

杨菊云潜逃后辗转多地，后被拐卖嫁给安徽省凤阳县农民曹某。2013年3月，吴德禄亲属得知杨菊云联系方式、地址后，多次到简阳市公安局、资阳市公安局进行控告，要求追究杨菊云刑事责任。同年4月22日，简阳市及资阳市公安局在安徽省凤阳县公安机关协助下将杨菊云抓获，后依法对其刑事拘留、逮捕，并通过简阳市人民检察院层报最高人民检察院核准追诉。

简阳市人民检察院、资阳市人民检察院、四川省人民检察院先后对案件进行审查并开展了必要的调查。2013年6月8日，四川省人民检察院报最高人民检察院对杨菊云核准追诉。

另据查明：（一）杨菊云与吴德禄之子吴某得知自己身世后，恳求吴德禄父母及其他亲属原谅杨菊云。吴德禄的父母等亲属向公安机关递交谅解书，称鉴于杨菊云将吴某抚养成人，成立家庭，不再要求追究杨菊云刑事责任。（二）案发地部分群众表示，吴德禄被杀害，当时社会影响很大，现在事情过去二十多年，已经没有什么影响。

最高人民检察院审查认为：犯罪嫌疑人杨菊云故意非法剥夺他人生命，依据《中华人民共和国刑法》第十二条、1979年《中华人民共和国刑法》第一百三十二条规定，应当适用的法定量刑幅度的最高刑为死刑。本案虽然情节、后果严重，但属于因家庭矛盾引发的刑事案件，且多数被害人家属已经表示原谅杨菊云，被害人与犯罪嫌疑人杨菊云之子吴某也要求不追究杨菊云刑事责任。案发地群众反映案件造成的社会影响已经消失。综合上述情况，本案不属于必须追诉的情形，依据1979年《中华人民共和国刑法》第七十六条第四项规定，决定对杨菊云不予核准追诉。

案件结果

2013年7月19日，最高人民检察院作出对杨菊云不予核准追诉决定。2013年7月29日，简阳市公安局对杨菊云予以释放。

要　旨

1. 因婚姻家庭等民间矛盾激化引发的犯罪，经过二十年追诉期限，犯罪嫌疑人没有再犯罪危险性，被害人及其家属对犯罪嫌疑人表示谅解，不追诉有利于化解社会矛盾、恢复正常社会秩序，同时不会影响社会稳定或者产生其他严重后果的，对犯罪嫌疑人可以不再追诉。

2. 须报请最高人民检察院核准追诉的案件，侦查机关在核准之前可以依法对犯罪嫌疑人采取强制措施。侦查机关报请核准追诉并提请逮捕犯罪嫌疑人，人民检察院经审查认为必须追诉而且符合法定逮捕条件的，可以依法批准逮捕。

相关法律规定

《中华人民共和国刑法》第十二条；1979年《中华人民共和国刑法》第七十六条、第一百三十二条。

蔡金星、陈国辉等（抢劫）不核准追诉案

（检例第23号）

关键词

不予核准追诉　悔罪表现　共同犯罪

基本案情

犯罪嫌疑人蔡金星，男，1963年生，福建省莆田市人。

犯罪嫌疑人陈国辉，男，1963年生，福建省莆田市人。

犯罪嫌疑人蔡金星、林俊雄于1991年初认识了在福建、安徽两地从事鳗鱼苗经营的一男子（姓名身份不详），该男子透露莆田市多人集资14万余元赴芜湖市购买鳗鱼苗，让蔡金星、林俊雄设法将钱款偷走或抢走，自己作为内应。蔡金星、林俊雄遂召集陈国辉、李建忠、蔡金文、陈锦城赶到芜湖市。经事先"踩点"，蔡金星、陈国辉等六人携带凶器及作案工具，于1991年3月12日上午租乘一辆面包车到被害人林文忠租住的房屋附近。按照事先约定，蔡金星在车上等候，其余五名犯罪嫌疑人进入屋内，陈国辉上前按住林文忠，其他人用水果刀逼迫林文忠，抢到装在一个密码箱内的14万余元现金后逃跑。

核准追诉案件办理过程

1991年3月12日，被害人林文忠到芜湖市公安局报案，4月18日芜湖市公安局对犯罪嫌疑人李建忠、蔡金文、陈锦城进行通缉，4月23日对三人作出刑事拘留决定。李建忠于2011年9月21日被江苏省连云港市公安局抓获，蔡金文、陈锦城于2011年12月8日在福建省莆田市投案（三名犯罪嫌疑人另案处理，均已判刑）。李建忠、蔡金文、陈锦城到案后，供出同案犯罪嫌疑人蔡金星、陈国辉、林俊雄（已死亡）三人。莆田市公安局于2012年3月9日将犯罪嫌疑人蔡金星、陈国辉抓获。2012年3月12日，芜湖市公安局对两名犯罪嫌疑人刑事拘留（后取保候审），并通过芜湖市人民检察院层报最高人民检察院核准追诉。

芜湖市人民检察院、安徽省人民检察院分别对案件进行审查并开展了必要的调查。2012年12月4日，安徽省人民检察院报最高人民检察院对蔡金星、陈国辉核准追诉。

另据查明：（一）犯罪嫌疑人蔡金星、陈国辉与被害人（林文忠等当年集资做生意的群众）达成和解协议，并支付被害人40余万元赔偿金（包括直接损失和间接损失），各被害人不再要求追究其刑事责任。（二）蔡金星、陈国辉居住地基层组织未发现二人有违法犯罪行为，建议司法机关酌情不予追诉。

最高人民检察院审查认为：犯罪嫌疑人蔡金星、陈国辉伙同他人入户抢劫14万余元，依据《中华人民共和国刑法》第十二条、1979年《中华人民共和国刑法》第一百五十条规定，应当适用的法定量刑幅度的最高刑为死刑。本案发生在1991年3月12日，案发后公安机关只发现了犯罪嫌疑人李建忠、蔡金文、陈锦城，在追诉期限内没有发现犯罪嫌疑人蔡金星、陈国辉，二人在案发后也没有再犯罪，因此已超过二十年追诉期限。本案虽然犯罪数额巨大，但未造成被害人人身伤害等其他严重后果。犯罪嫌疑人与被害人达成和解协议，并实际赔偿了被害人损失，被害人不再要求追究其刑事责任。综合上述情况，本案不属于必须追诉的情形，依据1979年《中华人民共和国刑法》第七十六条第四项规定，决定对蔡金星、陈国辉不予核准追诉。

案件结果

2012年12月31日，最高人民检察院作出对蔡金星、陈国辉不予核准追诉决定。2013年2月20日，芜湖市公安局对蔡金星、陈国辉解除取保候审。

要旨

（一）涉嫌犯罪已过二十年追诉期限，犯罪嫌疑人没有再犯罪危险性，并且通过赔礼道歉、赔偿损失等方式积极消除犯罪影响，被害方对犯罪嫌疑人表示谅解，犯罪破坏的社会秩序明显恢复，不追诉不会影响社会稳定或者产生其他严重后果的，对犯罪嫌疑人可以不再追诉。

（二）1997年9月30日以前实施的共同犯罪，已被司法机关采取强制措施的犯罪嫌疑人逃避侦查或者审判的，不受追诉期限限制。司法机关在追诉期限内未发现或者未采取强制措施的犯罪嫌疑人，应当受追诉期限限制；涉嫌犯罪应当适用的法定量刑幅度的最高刑为无期徒刑、死刑，犯罪行为发生二十年以后认为必须追诉的，须报请最高人民检察院核准。

相关法律规定

《中华人民共和国刑法》第十二条；1979年《中华人民共和国刑法》第二十二条、七十六条、第一百五十条。

第七批指导性案例

马乐利用未公开信息交易案

（检例第 24 号）

关键词

适用法律错误　刑事抗诉　援引法定刑　情节特别严重

基本案情

马乐，男，1982 年 8 月生。

2011 年 3 月 9 日至 2013 年 5 月 30 日期间，马乐担任博时基金管理有限公司旗下博时精选股票证券投资基金经理，全权负责投资基金投资股票市场，掌握了博时精选股票证券投资基金交易的标的股票、交易时点和交易数量等未公开信息。马乐在任职期间利用其掌控的上述未公开信息，操作自己控制的"金某""严某进""严某雯"三个股票账户，通过临时购买的不记名神州行电话卡下单，从事相关证券交易活动，先于、同期或稍晚于其管理的"博时精选"基金账户，买卖相同股票 76 只，累计成交金额人民币 10.5 亿余元，非法获利人民币 19120246.98 元。

诉讼过程

2013 年 6 月 21 日中国证监会决定对马乐涉嫌利用未公开信息交易行为立案稽查，交深圳证监局办理。2013 年 7 月 17 日，马乐到广东省深圳市公安局投案。2014 年 1 月 2 日，深圳市人民检察院向深圳市中级人民法院提起公诉，指控被告人马乐构成利用未公开信息交易罪，情节特别严重。2014 年 3 月 24 日，深圳市中级人民法院作出一审判决，认定马乐构成利用未公开信息交易罪，鉴于刑法第一百八十条第四款未对利用未公开信息交易罪情节特别严重作出相关规定，马乐属于犯罪情节严重，同时考虑其具有自首、退赃、认罪态度良好、罚金能全额缴纳等可以从轻处罚情节，因此判处其有期徒刑三年，缓刑五年，并处罚金 1884 万元，同时对其违法所得 1883 万余元予以追缴。

深圳市人民检察院于 2014 年 4 月 4 日向广东省高级人民法院提出抗诉，认为被告人马乐的行为应当认定为犯罪情节特别严重，依照"情节特别严重"的量刑档次处罚；马乐的行为不属于退赃，应当认定为司法机关追赃。一审判决适用法律错误，量刑明显不当，应当依法改判。2014年8月28日，广东省人民检察院向广东省高级人民法院发出《支持刑事抗诉意见书》，认为一审判决认定情节错误，导致量刑不当，应当依法纠正。

广东省高级人民法院于2014年10月20日作出终审裁定，认为刑法第一百八十条第四款并未对利用未公开信息交易罪规定有"情节特别严重"情形，马乐的行为属"情节严重"，应在该量刑幅度内判处刑罚，抗诉机关提出马乐的行为应认定为"情节特别严重"缺乏法律依据；驳回抗诉，维持原判。

广东省人民检察院认为终审裁定理解法律规定错误，导致认定情节错误，适用缓刑不当，于2014年11月27日提请最高人民检察院抗诉。2014年12月8日，最高人民检察院按照审判监督程序向最高人民法院提出抗诉。

抗诉理由

最高人民检察院审查认为，原审被告人马乐利用因职务便利获取的未公开信息，违反规定从事相关证券交易活动，累计成交额人民币10.5亿余元，非法获利人民币1883万余元，属于利用未公开信息交易罪"情节特别严重"的情形。本案终审裁定以刑法第一百八十条第四款并未对利用未公开信息交易罪有"情节特别严重"规定为由，对此情形不作认定，降格评价被告人的犯罪行为，属于适用法律确有错误，导致量刑不当。理由如下：

（一）刑法第一百八十条第四款属于援引法定刑的情形，应当引用第一款处罚的全部规定。按照立法精神，刑法第一百八十条第四款中的"情节严重"是入罪标准，在处罚上应当依照本条第一款的全部罚则处罚，即区分情形依照第一款规定的"情节严重"和"情节特别严重"两个量刑档次处罚。首先，援引的重要作用就是减少法条重复表述，只需就该罪的基本构成要件作出表述，法定刑全部援引即可；如果法定刑不是全部援引，才需要对不同量刑档次作出明确表述，规定独立的罚则。刑法分则多个条文都存在此种情形，这是业已形成共识的立法技术问题。其次，刑法第一百八十条第四款"情节严重"的规定是入罪标准，作此规定是为了避免"情节不严重"也入罪，而非量刑档次的限缩。最后，从立法和司法解释先例来看，刑法第二百八十五条第三款也存在相同的文字表述，2011年《最高人民法院　最高人民检察院关于办理危害计算机信息系统安全刑事案件应用法律若干问题的解释》第三条明确规定了刑法第二百八十五条第三款包含有"情节严重""情节特别严重"两个量刑档次。司法解释的这一规定，表明了最高司法机关对援引法定刑立法例的一贯理解。

（二）利用未公开信息交易罪与内幕交易、泄露内幕信息罪的违法与责任程度相当，法定刑亦应相当。内幕交易、泄露内幕信息罪和利用未公开信息交易罪，都属于特定人员利用未公开的可能对证券、期货市场交易价格产生影响的信息从事交易活动的犯罪。两罪的主要差别在于信息范围不同，其通过信息的未公开性和价格影响性获利的本质相同，均严重破坏了金融管理秩序，损害了公众投资者利益。刑法将两罪放在第一百八十条中分款予以规定，亦是对两罪违法和责任程度相当的确认。因此，从社会危害性理解，两罪的法定刑也应相当。

（三）马乐的行为应当认定为"情节特别严重"，对其适用缓刑明显不当。《最高人民检察院　公安部关于公安机关管辖的刑事案件立案追诉标准的规定（二）》对内幕交易、泄露内幕信息罪和利用未公开信息交易罪"情节严重"规定了相同的追诉标准，《最高人民法院　最高人民检察院关于办理内幕交易、泄露内幕信息刑事案件具体应用法律若干问题的解释》将成交额 250 万元以上、获利 75 万元以上等情形认定为内幕交易、泄露内幕信息罪"情节特别严重"。如前所述，利用未公开信息交易罪"情节特别严重"的，也应当依照第一款的规定，遵循相同的标准。马乐利用未公开信息进行交易活动，累计成交额人民币 10.5 亿余元，从中非法获利人民币 1883 万余元，显然属于"情节特别严重"，应当在"五年以上十年以下有期徒刑"的幅度内量刑。其虽有自首情节，但适用缓刑无法体现罪责刑相适应，无法实现惩罚和预防犯罪的目的，量刑明显不当。

（四）本案所涉法律问题的正确理解和适用，对司法实践和维护我国金融市场的健康发展具有重要意义。自刑法修正案（七）增设利用未公开信息交易罪以来，司法机关对该罪是否存在"情节特别严重"、是否有两个量刑档次长期存在分歧，亟需统一认识。正确理解和适用本案所涉法律问题，对明确同类案件的处理、同类从业人员犯罪的处罚具有重要指导作用，对于加大打击"老鼠仓"等严重破坏金融管理秩序的行为，维护社会主义市场经济秩序，保障资本市场健康发展具有重要意义。

案件结果

2015 年 7 月 8 日，最高人民法院第一巡回法庭公开开庭审理此案，最高人民检察院依法派员出庭履行职务，原审被告人马乐的辩护人当庭发表了辩护意见。最高人民法院审理认为，最高人民检察院对刑法第一百八十条第四款援引法定刑的理解及原审被告人马乐的行为属于犯罪情节特别严重的抗诉意见正确，应予采纳；辩护人的辩护意见不能成立，不予采纳。原审裁判因对刑法第一百八十条第四款援引法定刑的理解错误，导致降格认定了马乐的犯罪情节，进而对马乐判处缓刑确属不当，应予纠正。

2015 年 12 月 11 日，最高人民法院作出再审终审判决：维持原刑事判决中对被告人马乐的定罪部分；撤销原刑事判决中对原审被告人马乐的量刑及追缴违法所得部分；原审被告人马乐犯利用未公开信息交易罪，判处有期徒刑三年，并处罚金人民币 1913 万元；违法所得人民币 19120246.98 元依法予以追缴，上缴国库。

要　旨

刑法第一百八十条第四款利用未公开信息交易罪为援引法定刑的情形，应当是对第一款法定刑的全部援引。其中，"情节严重"是入罪标准，在处罚上应当依照本条第一款内幕交易、泄露内幕信息罪的全部法定刑处罚，即区分不同情形分别依照第一款规定的"情节严重"和"情节特别严重"两个量刑档次处罚。

指导意义

我国刑法分则"罪状＋法定刑"的立法模式决定了在性质相近、危害相当罪名的法条规范上，基本采用援引法定刑的立法技术。本案对刑法第一百八十条第四款援引法定刑理解的争议是刑法解释的理论问题。正确理解刑法条文，应当以文义解释为起点，综合运用体系解释、目的解释等多种解释方法，按照罪刑法定原则和罪责刑相适应原则的要求，从整个刑法体系中把握立法目的，平衡法益保护。

（一）从法条文义理解，刑法第一百八十条第四款中的"情节严重"是入罪条款，为犯罪构成要件，表明该罪情节犯的属性，具有限定处罚范围的作用，以避免"情节不严重"的行为也入罪，而非量刑档次的限缩。本条款中"情节严重"之后并未列明具体的法定刑，不兼具量刑条款的性质，量刑条款为"依照第一款的规定处罚"，应当理解为对第一款法定刑的全部援引而非部分援引，即同时存在"情节严重""情节特别严重"两种情形和两个量刑档次。

（二）从刑法体系的协调性考量，一方面，刑法中存在与第一百八十条第四款表述类似的条款，印证了援引法定刑为全部援引。如刑法第二百八十五条第三款规定"情节严重的，依照前款的规定处罚"，2011年《最高人民法院　最高人民检察院关于办理危害计算机信息系统安全刑事案件应用法律若干问题的解释》第三条明确了本款包含有"情节严重""情节特别严重"两个量刑档次。另一方面，从刑法其他条文的反面例证看，法定刑设置存在细微差别时即无法援引。如刑法第一百八十条第二款关于内幕交易、泄露内幕信息罪单位犯罪的规定，没有援引前款个人犯罪的法定刑，而是单独明确规定处五年以下有期徒刑或者拘役。这是因为第一款规定了情节严重、情节特别严重两个量刑档次，而第二款只有一个量刑档次，并且不对直接负责的主管人员和其他直接责任人员并处罚金。在这种情况下，为避免发生歧义，立法不会采用援引法定刑的方式，而是对相关法定刑作出明确表述。

（三）从设置利用未公开信息交易罪的立法目的分析，刑法将本罪与内幕交易、泄露内幕信息罪一并放在第一百八十条中分款予以规定，就是由于两罪虽然信息范围不同，但是其通过信息的未公开性和价格影响性获利的本质相同，对公众投资者利益和金融管理秩序的实质危害性相当，行为人的主观恶性相当，应当适用相同的法定量刑幅度，具体量刑标准也应一致。如果只截取情节严重部分的法定刑进行援引，势必违反罪刑法定原则和罪刑相适应原则，无法实现惩罚和预防犯罪的目的。

相关法律规定

中华人民共和国刑法

第一百八十条　证券、期货交易内幕信息的知情人员或者非法获取证券、期货交易内幕信息的人员，在涉及证券的发行，证券、期货交易或者其他对证券、期货交易价格有重大影响的信息尚未公开前，买入或者卖出该证券，或者从事与该内幕信息有关的期货交易，或者泄露该信息，或者明示、暗示他人从事上述交易活动，情节严重的，处五年以下有期徒刑或者拘役，并处或者单处违法所得一倍以上五倍以下罚金；情节特别严重的，处五年以上十年以下有期徒刑，并处违法所得一倍以上五倍以下罚金。

单位犯前款罪的，对单位判处罚金，并对其直接负责的主管人员和其他直接责任人员，处五年以下有期徒刑或者拘役。

内幕信息、知情人员的范围，依照法律、行政法规的规定确定。

证券交易所、期货交易所、证券公司、期货经纪公司、基金管理公司、商业银行、保险公司等金融机构的从业人员以及有关监管部门或者行业协会的工作人员，利用因职务便利获取的内幕信息以外的其他未公开的信息，违反规定，从事与该信息相关的证券、期货交易活动，或者明示、暗示他人从事相关交易活动，情节严重的，依照第一款的规定处罚。

于英生申诉案

（检例第 25 号）

关键词

刑事申诉　再审检察建议　改判无罪

基本案情

于英生，男，1962 年 3 月生。

1996 年 12 月 2 日，于英生的妻子韩某在家中被人杀害。安徽省蚌埠市中区公安分局侦查认为于英生有重大犯罪嫌疑，于 1996 年 12 月 12 日将其刑事拘留。1996 年 12 月 21 日，蚌埠市中市区人民检察院以于英生涉嫌故意杀人罪，将其批准逮捕。在侦查阶段的审讯中，于英生供认了杀害妻子的主要犯罪事实。蚌埠市中区公安分局侦查终结后，移送蚌埠市中市区人民检察院审查起诉。蚌埠市中市区人民检察院审查后，依法移送蚌埠市人民检察院审查起诉。1997 年 12 月 24 日，蚌埠市人民检察院以涉嫌故意杀人罪对于英生提起公诉。蚌埠市中级人民法院一审判决认定以下事实：1996 年 12 月 1 日，于英生一家三口在逛商场时，韩某将 2800 元现金交给于英生让其存入银行，但却不愿告诉这笔钱的来源，引起于英生的不满。12 月 2 日 7 时 20 分，于英生送其子去上学，回家后再次追问韩某 2800 元现金是哪来的。因韩某坚持不愿说明来源，二人发生争吵厮打。厮打过程中，于英生见韩某声音越来越大，即恼羞成怒将其推倒在床上，然后从厨房拿了一根塑料绳，将韩某的双手拧到背后捆上。接着又用棉被盖住韩某头面部并隔着棉被用双手紧捂其口鼻，将其捂昏迷后匆忙离开现场到单位上班。约 9 时 50 分，于英生从单位返回家中，发现韩某已经死亡，便先解开捆绑韩某的塑料绳，用菜刀对韩某的颈部割了数刀，然后将其内衣向上推至胸部、将其外面穿的毛线衣拉平，并将尸体翻成俯卧状。接着又将屋内家具的柜门、抽屉拉开，将物品翻乱，造成家中被抢劫、韩某被奸杀的假象。临走时，于英生又将液化气打开并点燃一根蜡烛放在床头柜上的烟灰缸里，企图使液化气排放到一定程度，烛火引燃液化气，达到烧毁现场的目的。后因被及时发现而未引燃。经法医鉴定：死者韩某口、鼻腔受暴力作用，致机械性窒息死亡。

诉讼过程

1998 年 4 月 7 日，蚌埠市中级人民法院以故意杀人罪判处于英生死刑，缓期二年执行。于英生不服，向安徽省高级人民法院提出上诉。

1998 年 9 月 14 日，安徽省高级人民法院以原审判决认定于英生故意杀人的部分事实不清，证据不足为由，裁定撤销原判，发回重审。被害人韩某的父母提起附带民事诉讼。

1999 年 9 月 16 日，蚌埠市中级人民法院以故意杀人罪判处于英生死刑，缓期二年执行。于英生不服，再次向安徽省高级人民法院提出上诉。

2000 年 5 月 15 日，安徽省高级人民法院以原审判决事实不清，证据不足为由，裁定撤销原判，发回重审。

2000 年 10 月 25 日，蚌埠市中级人民法院以故意杀人罪判处于英生无期徒刑。于英生不服，向安徽省高级人民法院提出上诉。2002 年 7 月 1 日，安徽省高级人民法院裁定驳回上诉，维持原判。

2002 年 12 月 8 日，于英生向安徽省高级人民法院提出申诉。2004 年 8 月 9 日，安徽省高级人民法院驳回于英生的申诉。后于英生向安徽省人民检察院提出申诉。

安徽省人民检察院经复查，提请最高人民检察院按照审判监督程序提出抗诉。最高人民检察院经审查，于 2013 年 5 月 24 日向最高人民法院提出再审检察建议。

建议再审理由

最高人民检察院审查认为，原审判决、裁定认定于英生故意杀人的事实不清，证据不足，案件存在的矛盾和疑点无法得到合理排除，案件事实结论不具有唯一性。

（一）原审判决认定事实的证据不确实、不充分。一是根据安徽省人民检察院复查调取的公安机关侦查内卷中的手写"现场手印检验报告"及其他相关证据，能够证实现场存在的 2 枚指纹不是于英生及其家人所留，但侦查机关并未将该情况写入检验报告。原审判决依据该"现场手印检验报告"得出"没有发现外人进入现场的痕迹"的结论与客观事实不符。二是关于于英生送孩子上学以及到单位上班的时间，缺少明确证据支持，且证人证言之间存在矛盾。原审判决认定于英生9时50分回家伪造现场，10时20分回到单位，而于英生辩解其在10时左右回到单位，后接到传呼并用办公室电话回此传呼，并在侦查阶段将传呼机提交侦查机关。安徽省人民检察院复查及最高人民检察院审查时，相关人员证实侦查机关曾对有关人员及传呼机信息问题进行了调查，并调取了通话记录，但案卷中并没有相关调查材料及通话记录，于英生关于在10时左右回到单位的辩解不能合理排除。因此依据现有证据，原审判决认定于英生具有20分钟作案时间和30分钟伪造现场时间的证据不足。

（二）原审判决定罪的主要证据之间存在矛盾。原审判决认定于英生有罪的证据主要是现场勘查笔录、尸检报告以及于英生曾作过的有罪供述。而于英生在侦查阶段虽曾作过有罪供述，但其有罪供述不稳定，时供时翻，供述前后矛盾。且其有罪供述与现场勘查笔录、尸检报告等证据亦存在诸多不一致的地方，如于英生曾作有罪供述中有关菜刀放置的位置、掐断电话线、用于点燃蜡烛的火柴梗丢弃在现场以及与被害人发生性行为等情节与现场勘查笔录、尸检报告等证据均存在矛盾。

（三）原审判决认定于英生故意杀人的结论不具有唯一性。根据从公安机关侦查内卷中调取的手写"手印检验报告"以及DNA鉴定意见，现场提取到外来指纹，被害人阴道提取的精子也不是于英生的精子，因此存在其他人作案的可能。同时，根据侦查机关蜡烛燃烧试验反映的情况，该案存在杀害被害人并伪造现场均在8时之前完成的可能。原审判决认定于英生故意杀害韩某的证据未形成完整的证据链，认定的事实不能排除合理怀疑。

案件结果

2013年6月6日，最高人民法院将最高人民检察院再审检察建议转安徽省高级人民法院。2013年6月27日，安徽省高级人民法院对该案决定再审。2013年8月5日，安徽省高级人民法院不公开开庭审理了该案。安徽省高级人民法院审理认为，原判决、裁定根据于英生的有罪供述、现场勘查笔录、尸体检验报告、刑事科学技术鉴定、证人证言等证据，认定原审被告人于英生杀害了韩某。但于英生供述中部分情节与现场勘查笔录、尸体检验报告、刑事科学技术鉴定等证据存在矛盾，且韩某阴道擦拭纱布及三角内裤上的精子经DNA鉴定不是于英生的，安徽省人民检察院提供的侦查人员从现场提取的没有比对结果的他人指纹等证据没有得到合理排除，因此原审判决、裁定认定于英生犯故意杀人罪的事实不清、证据不足，指控的犯罪不能成立。2013年8月8日，安徽省高级人民法院作出再审判决：撤销原审判决裁定，原审被告人于英生无罪。

要旨

坚守防止冤假错案底线，是保障社会公平正义的重要方面。检察机关既要依法监督纠正确有错误的生效刑事裁判，又要注意在审查逮捕、审查起诉等环节有效发挥监督制约作用，努力从源头上防止冤假错案发生。在监督纠正冤错案件方面，要严格把握纠错标准，对于被告人供述反复，有罪供述前后矛盾，且有罪供述的关键情节与其他在案证据存在无法排除的重大矛盾，不能排除有其他人作案可能的，应当依法进行监督。

指导意义

（一）对案件事实结论应当坚持"唯一性"证明标准。刑事诉讼法第一百九十五条第一项规定："案件事实清楚，证据确实、充分，依据法律认定被告人有罪的，应当作出有罪判决。"刑事诉讼法第五十三条第二款对于认定"证据确实、充分"的条件进行了规定："（一）定罪量刑的事实都有证据证明；（二）据以定案的证据均经法定程序查证属实；（三）综合全案证据，对所认定的案件事实已排除合理怀疑。"排除合理怀疑，要求对于认定的案件事实，从证据角度已经没有符合常理的、有根据的怀疑，特别在是否存在犯罪事实和被告人是否实施了犯罪等关键问题上，确信证据指向的案件结论具有唯一性。只有坚持对案件事实结论的唯一性标准，才能够保证裁判认定的案件事实与客观事实相符，最大限度避免冤假错案的发生。

（二）坚持全面收集证据，严格把握纠错标准。在复查刑事申诉案件过程中，除全面审查原有证据外，还应当注意补充收集、调取能够证实被告人有罪或者无罪、犯罪情节轻重的新证据，通过正向肯定与反向否定，检验原审裁判是否做到案件事实清楚，证据确实、充分。要坚持疑罪从无原则，严格把握纠错标准，对于被告人有罪供述出现反复且前后矛盾，关键情节与其他在案证据存在无法排除的重大矛盾，不能排除有其他人作案可能的，应当认为认定主要案件事实的结论不具有唯一性。人民法院据此判决被告人有罪的，人民检察院应当按照审判监督程序向人民法院提出抗诉，或者向同级人民法院提出再审检察建议。

相关法律规定

中华人民共和国刑事诉讼法

第五十三条　对一切案件的判处都要重证据，重调查研究，不轻信口供。只有被告人供述，没有其他证据的，不能认定被告人有罪和处以刑罚；没有被告人供述，证据确实、充分的，可以认定被告人有罪和处以刑罚。

证据确实、充分，应当符合以下条件：

（一）定罪量刑的事实都有证据证明；

（二）据以定案的证据均经法定程序查证属实；

（三）综合全案证据，对所认定事实已排除合理怀疑。

第二百四十二条　当事人及其法定代理人、近亲属的申诉符合下列情形之一的，人民法院应当重新审判：

（一）有新的证据证明原判决、裁定认定的事实确有错误，可能影响定罪量刑的；

（二）据以定罪量刑的证据不确实、不充分、依法应当予以排除，或者证明案件事实的主要证据之间存在矛盾的；

（三）原判决、裁定适用法律确有错误的；

（四）违反法律规定的诉讼程序，可能影响公正审判的；

（五）审判人员在审理该案件的时候，有贪污受贿，徇私舞弊，枉法裁判行为的。

第二百四十三条　各级人民法院院长对本院已经发生法律效力的判决和裁定，如果发现在认定事实上或者在适用法律上确有错误，必须提交审判委员会处理。

最高人民法院对各级人民法院已经发生法律效力的判决和裁定，上级人民法院对下级人民法院已经发生法律效力的判决和裁定，如果发现确有错误，有权提审或者指令下级人民法院再审。

最高人民检察院对各级人民法院已经发生法律效力的判决和裁定，上级人民检察院对下级人民法院已经发生法律效力的判决和裁定，如果发现确有错误，有权按照审判监督程序向同级人民法院提出抗诉。

人民检察院抗诉的案件，接受抗诉的人民法院应当组成合议庭重新审理，对于原判决事实不清楚或者证据不足的，可以指令下级人民法院再审。

陈满申诉案

（检例第 26 号）

关键词

刑事申诉　刑事抗诉　改判无罪

基本案情

陈满，男，1963 年 2 月生。

1992 年 12 月 25 日 19 时 30 分许，海南省海口市振东区（现为海口市美兰区）上坡下村 109 号发生火灾。19 时 58 分，海口市消防中队接警后赶到现场救火，并在灭火过程中发现室内有一具尸体，立即向公安机关报案。20 时 30 分，海口市公安局接报警后派员赴现场进行现场勘查及调查工作。经走访调查后确定，死者是居住在 109 号的钟某，曾经在此处租住的陈满有重大作案嫌疑。同年 12 月 28 日凌晨，公安机关将犯罪嫌疑人陈满抓获。1993 年 9 月 25 日，海口市人民检察院以陈满涉嫌故意杀人罪，将其批准逮捕。1993 年 11 月 29 日，海口市人民检察院以涉嫌故意杀人罪对陈满提起公诉。

海口市中级人民法院一审判决认定以下事实：1992年1月，被告人陈满搬到海口市上坡下村109号钟某所在公司的住房租住。期间，陈满因未交房租等，与钟某发生矛盾，钟某声称要向公安机关告发陈满私刻公章帮他人办工商执照之事，并于同年12月17日要陈满搬出上坡下村109号房。陈满怀恨在心，遂起杀害钟某的歹念。同年12月25日19时许，陈满发现上坡下村停电并得知钟某要返回四川老家，便从宁屯大厦窜至上坡下村109号，见钟某正在客厅喝酒，便与其聊天，随后从厨房拿起一把菜刀，趁钟某不备，向其头部、颈部、躯干部等处连砍数刀，致钟某当即死亡。后陈满将厨房的煤气罐搬到钟某卧室门口，用打火机点着火焚尸灭迹。大火烧毁了钟某卧室里的床及办公桌等家具，消防队员及时赶到，才将大火扑灭。经法医鉴定：被害人钟某身上有多处锐器伤、颈动脉被割断造成失血性休克死亡。

诉讼过程

1994年11月9日，海口市中级人民法院以故意杀人罪判处陈满死刑，缓期二年执行，剥夺政治权利终身；以放火罪，判处有期徒刑九年，决定执行死刑，缓期二年执行，剥夺政治权利终身。

1994年11月13日，海口市人民检察院以原审判决量刑过轻，应当判处死刑立即执行为由提出抗诉。1999年4月15日，海南省高级人民法院驳回抗诉，维持原判。判决生效后，陈满的父母提出申诉。

2001年11月8日，海南省高级人民法院经复查驳回申诉。陈满的父母仍不服，向海南省人民检察院提出申诉。2013年4月9日，海南省人民检察院经审查，认为申诉人的申诉理由不成立，不符合立案复查条件。陈满不服，向最高人民检察院提出申诉。

2015年2月10日，最高人民检察院按照审判监督程序向最高人民法院提出抗诉。

抗诉理由

最高人民检察院复查认为，原审判决据以定案的证据不确实、不充分，认定原审被告人陈满故意杀人、放火的事实不清，证据不足。

（一）原审裁判认定陈满具有作案时间与在案证据证明的案件事实不符。原审裁判认定原审被告人陈满于1992年12月25日19时许，在海口市振东区（现为海口市美兰区）上坡下村109号房间持刀将钟某杀死。根据证人杨某春、刘某生、章某胜的证言，能够证实在当日19时左右陈满仍在宁屯大厦，而根据证人何某庆、刘某清的证言，19时多一点听到109号传出上气不接下气的"啊啊"声，大约过了30分钟看见109号起火。据此，有证据证明陈满案发时仍然在宁屯大厦，不可能在同一时间出现在案发现场，原审裁判认定陈满在19时许进入109号并实施杀人、放火行为与证人提供的情况不符。

（二）原审裁判认定事实的证据不足，部分重要证据未经依法查证属实。原审裁判认定原审被告人陈满实施杀人、放火行为的主要证据，除陈满有罪供述为直接证据外，其他如公安机关火灾原因认定书、现场勘查笔录、现场照片、物证照片、法医检验报告书、物证检验报告书、刑事科学技术鉴定书等仅能证明被害人钟某被人杀害，现场遭到人为纵火；在案证人证言只是证明了发案时的相关情况、案发前后陈满的活动情况以及陈满与被害人的关系等情况，但均不能证实犯罪行为系陈满所为。而在现场提取的带血白衬衫、黑色男西装等物品在侦查阶段丢失，没有在原审法院庭审中出示并接受检验，因此不能作为定案的根据。

（三）陈满有罪供述的真实性存在疑问。陈满在侦查阶段虽曾作过有罪供述，但其有罪供述不稳定，时供时翻，且与现场勘查笔录、法医检验报告等证据存在矛盾。如陈满供述杀人后厨房水龙头没有关，而现场勘查时，厨房水龙头呈关闭状，而是卫生间的水龙头没有关；陈满供述杀人后菜刀扔到被害人的卧室中，而现场勘查时，该菜刀放在厨房的砧板上，且在菜刀上未发现血迹、指纹等痕迹；陈满供述将"工作证"放在被害人身上，是为了制造自己被烧死假象的说法，与案发后其依然正常工作、并未逃避侦查的实际情况相矛盾。

案件结果

2015 年 4 月 24 日，最高人民法院作出再审决定，指令浙江省高级人民法院再审。2015 年 12 月 29 日，浙江省高级人民法院公开开庭审理了本案。法院经过审理认为，原审裁判据以定案的主要证据即陈满的有罪供述及辨认笔录的客观性、真实性存疑，依法不能作为定案依据；本案除原被告人陈满有罪供述外无其他证据指向陈满作案。因此，原审裁判认定原审被告人陈满故意杀人并放火焚尸灭迹的事实不清、证据不足，指控的犯罪不能成立。2016 年 1 月 25 日，浙江省高级人民法院作出再审判决：撤销原审判决裁定，原审被告人陈满无罪。

要　旨

证据是刑事诉讼的基石，认定案件事实，必须以证据为根据。证据未经当庭出示、辨认、质证等法庭调查程序查证属实，不能作为定案的根据。对于在案发现场提取的物证等实物证据，未经鉴定，且在诉讼过程中丢失或者毁灭，无法在庭审中出示、质证，有罪供述的主要情节又得不到其他证据印证，而原审裁判认定被告人有罪的，应当依法进行监督。

指导意义

（一）切实强化证据裁判和证据审查意识。证据裁判原则是现代刑事诉讼的一项基本原则，是正确惩治犯罪，防止冤假错案的重要保障。证据裁判原则不仅要求认定案件事实必须以证据为依据，而且所依据的证据必须客观真实、合法有效。我国刑事诉讼法第四十八条第三款规定："证据必须经过查证属实，才能作为定案的根据。"这是证据使用的根本原则，违背这一原则就有可能导致冤假错案，放纵罪犯或者侵犯公民的合法权利。检察机关审查逮捕、审查起诉和复查刑事申诉案件，都必须注意对证据的客观性、合法性进行审查，及时防止和纠正冤假错案。对于刑事申诉案件，经审查，如果原审裁判据以定案的有关证据，在原审过程中未经法定程序证明其真实性、合法性，而人民法院据此认定被告人有罪的，人民检察院应当依法进行监督。

（二）坚持综合审查判断证据规则。刑事诉讼法第一百九十五条第一项规定："案件事实清楚，证据确实、充分，依据法律认定被告人有罪的，应当作出有罪判决。"证据确实、充分，不仅是对单一证据的要求，而且是对审查判断全案证据的要求。只有使各项证据相互印证，合理解释消除证据之间存在的矛盾，才能确保查明案件事实真相，避免出现冤假错案。特别是在将犯罪嫌疑人、被告人有罪供述作为定罪主要证据的案件中，尤其要重视以客观性证据检验补强口供等言词证据。只有口供而没有其他客观性证据，或者口供与其他客观性证据相互矛盾、不能相互印证，对所认定的事实不能排除合理怀疑的，应当坚持疑罪从无原则，不能认定被告人有罪。

相关法律规定

中华人民共和国刑事诉讼法

第四十八条　可以用于证明案件事实的材料，都是证据。

证据包括：（一）物证；（二）书证；（三）证人证言；（四）被害人陈述；（五）犯罪嫌疑人、被告人供述和辩解；（六）鉴定意见；（七）勘验、检查、辨认、侦查实验等笔录；（八）视听资料、电子数据。

证据必须经过查证属实，才能作为定案的根据。

第一百九十三条　法庭审理过程中，对与定罪、量刑有关的事实、证据都应当进行调查、辩论。

经审判长许可，公诉人、当事人和辩护人、诉讼代理人可以对证据和案件情况发表意见并且可以相互辩论。

审判长在宣布辩论终结后，被告人有最后陈述的权利。

王玉雷不批准逮捕案

（检例第 27 号）

关键词

侦查活动监督　排除非法证据　不批准逮捕

基本案情

王玉雷，男，1968 年 3 月生。

2014 年 2 月 18 日 22 时许，河北省顺平县公安局接王玉雷报案称：当日 22 时许，其在回家路上发现一名男子躺在地上，旁边有血迹。次日，顺平县公安局对此案立案侦查。经排查，顺平县公安局认为报案人王玉雷有重大嫌疑，遂于 2014 年 3 月 8 日以涉嫌故意杀人罪对王玉雷刑事拘留。

诉讼过程

2014 年 3 月 15 日，顺平县公安局提请顺平县人民检察院批准逮捕王玉雷。顺平县人民检察院办案人员在审查案件时，发现该案事实证据存在许多疑点和矛盾。在提讯过程中，王玉雷推翻了在公安机关所作的全部有罪供述，称有罪供述系被公安机关对其采取非法取证手段后作出。顺平县人民检察院认为，该案事实不清，证据不足，不符合批准逮捕条件。鉴于案情重大，顺平县人民检察院向保定市人民检察院进行了汇报。保定市人民检察院同意顺平县人民检察院的意见。2014 年 3 月 22 日，顺平县人民检察院对王玉雷作出不批准逮捕的决定。

不批准逮捕理由

顺平县人民检察院在审查公安机关的报捕材料和证据后认为：

（一）该案主要证据之间存在矛盾，案件存在的疑点不能合理排除。公安机关认为王玉雷涉嫌故意杀人罪，但除王玉雷的有罪供述外，没有其他证据证实王玉雷实施了杀人行为，且有罪供述与其他证据相互矛盾。王玉雷先后九次接受侦查机关询问、讯问，其中前五次为无罪供述，后四次为有罪供述，前后供述存在矛盾；在有罪供述中，对作案工具有斧子、锤子、刨锛三种不同说法，但去向均未查明；供述的作案工具与尸体照片显示的创口形状不能同一认定。

（二）影响定案的相关事实和部分重要证据未依法查证，关键物证未收集在案。侦查机关在办案过程中，对以下事实和证据未能依法查证属实：被害人尸检报告没有判断出被害人死亡的具体时间，公安机关认定王玉雷的作案时间不足信；王玉雷作案的动机不明；现场提取的手套没有进行 DNA 鉴定；王玉雷供述的三种凶器均未收集在案。

（三）犯罪嫌疑人有罪供述属非法言词证据，应当依法予以排除。2014 年 3 月 18 日，顺平县人民检察院办案人员首次提审王玉雷时发现，其右臂被石膏固定、活动吃力，在询问该伤情原因时，其极力回避，虽然对杀人行为予以供认，但供述内容无法排除案件存在的疑点。在顺平县人民检察院驻所检察室人员发现王玉雷胳膊打了绷带并进行询问时，王玉雷自称是骨折旧伤复发。监所检察部门认为公安机关可能存在违法提讯情况，遂通报顺平县人民检察院侦查监督部门，提示在批捕过程中予以关注。

鉴于王玉雷伤情可疑，顺平县人民检察院办案人员向检察长进行了汇报，检察长在阅卷后，亲自到看守所提审犯罪嫌疑人，并对讯问过程进行全程录音录像。经过耐心细致的思想疏导，王玉雷消除顾虑，推翻了在公安机关所作的全部有罪供述，称被害人王某被杀不是其所为，其有罪供述系被公安机关采取非法取证手段后作出。

2014年3月22日，顺平县人民检察院检察委员会研究认为，王玉雷有罪供述系采用非法手段取得，属于非法言词证据，依法应当予以排除。在排除王玉雷有罪供述后，其他在案证据不能证实王玉雷实施了犯罪行为，因此不应对其作出批准逮捕决定。

案件结果

2014年3月22日，顺平县人民检察院对王玉雷作出不批准逮捕决定。后公安机关依法解除王玉雷强制措施，予以释放。

顺平县人民检察院对此案进行跟踪监督，依法引导公安机关调查取证并抓获犯罪嫌疑人王斌。2014年7月14日，顺平县人民检察院以涉嫌故意杀人罪对王斌批准逮捕。2015年1月17日，保定市中级人民法院以故意杀人罪判处被告人王斌死刑，缓期二年执行，剥夺政治权利终身。被告人王斌未上诉，一审判决生效。

要　旨

检察机关办理审查逮捕案件，要严格坚持证据合法性原则，既要善于发现非法证据，又要坚决排除非法证据。非法证据排除后，其他在案证据不能证明犯罪嫌疑人实施犯罪行为的，应当依法对犯罪嫌疑人作出不批准逮捕的决定。要加强对审查逮捕案件的跟踪监督，引导侦查机关全面及时收集证据，促进侦查活动依法规范进行。

指导意义

（一）严格坚持非法证据排除规则。根据我国刑事诉讼法第七十九条规定，逮捕的证据条件是"有证据证明有犯罪事实"，这里的"证据"必须是依法取得的合法证据，不包括采取刑讯逼供、暴力取证等非法方法取得的证据。检察机关在审查逮捕过程中，要高度重视对证据合法性的审查，如果接到犯罪嫌疑人及其辩护人或者证人、被害人等关于刑讯逼供、暴力取证等非法行为的控告、举报及提供的线索，或者在审查案件材料时发现可能存在非法取证行为，以及刑事执行检察部门反映可能存在违法提讯情况的，应当认真进行审查，通过当面讯问犯罪嫌疑人、查看犯罪嫌疑人身体状况、识别犯罪嫌疑人供述是否自然可信以及调阅提审登记表、犯罪嫌疑人入所体检记录等途径，及时发现非法证据，坚决排除非法证据。

（二）严格把握作出批准逮捕决定的条件。构建以客观证据为核心的案件事实认定体系，高度重视无法排除合理怀疑的矛盾证据，注意利用收集在案的客观证据验证、比对全案证据，守住"犯罪事实不能没有、犯罪嫌疑人不能搞错"的逮捕底线。要坚持惩罚犯罪与保障人权并重的理念，重视犯罪嫌疑人不在犯罪现场、没有作案时间等方面的无罪证据以及侦查机关可能存在的非法取证行为的线索。综合审查全案证据，不能证明犯罪嫌疑人实施了犯罪行为的，应当依法作出不批准逮捕的决定。要结合办理审查逮捕案件，注意发挥检察机关侦查监督作用，引导侦查机关及时收集、补充其他证据，促进侦查活动依法规范进行。

相关法律规定

中华人民共和国刑事诉讼法

第五十四条　采用刑讯逼供等非法方法收集的犯罪嫌疑人、被告人供述和采用暴力、威胁等非法方法收集的证人证言、被害人陈述，应当予以排除。收集物证、书证不符合法定程序，可能严重影响司法公正的，应当予以补正或者作出合理解释；不能补正或者作出合理解释的，对该证据应当予以排除。

在侦查、审查起诉、审判时发现有应当排除的证据的，应当依法予以排除，不得作为起诉意见、起诉决定和判决的依据。

第七十九条　对有证据证明有犯罪事实，可能判处徒刑以上刑罚的犯罪嫌疑人、被告人，采取取保候审尚不足以防止发生下列社会危险性的，应当予以逮捕：

（一）可能实施新的犯罪的；

（二）有危害国家安全、公共安全或者社会秩序的现实危险的；

（三）可能毁灭、伪造证据，干扰证人作证或者串供的；

（四）可能对被害人、举报人、控告人实施打击报复的；

（五）企图自杀或者逃跑的。

对有证据证明有犯罪事实，可能判处十年有期徒刑以上刑罚的，或者有证据证明有犯罪事实，可能判处徒刑以上刑罚，曾经故意犯罪或者身份不明的，应当予以逮捕。

被取保候审、监视居住的犯罪嫌疑人、被告人违反取保候审、监视居住的规定，情节严重的，可以予以逮捕。

第八十六条　人民检察院审查批准逮捕，可以讯问犯罪嫌疑人；有下列情形之一的，应当讯问犯罪嫌疑人：

（一）对是否符合逮捕条件有疑问的；

（二）犯罪嫌疑人要求向检察人员当面陈述的；

（三）侦查活动可能有重大违法行为的。

人民检察院审查批准逮捕，可以询问证人等诉讼参与人，听取辩护律师的意见；辩护律师提出要求的，应当听取辩护律师的意见。

第八十八条　人民检察院对于公安机关提请批准逮捕的案件进行审查后，应当根据情况分别作出批准逮捕或者不批准逮捕的决定。对于批准逮捕的决定，公安机关应当立即执行，并且将执行情况及时通知人民检察院。对于不批准逮捕的，人民检察院应当说明理由，需要补充侦查的，应当同时通知公安机关。

第八批指导性案例

江苏省常州市人民检察院诉许建惠、许玉仙

民事公益诉讼案

（检例第28号）

关键词

民事公益诉讼　生态环境修复　虚拟治理成本法

基本案情

许建惠，男，1962年4月1日生。

许玉仙，女，1965年5月15日生。

2010年上半年至2014年9月，许建惠、许玉仙在江苏省常州市武进区遥观镇东方村租用他人厂房，在无营业执照、无危险废物经营许可证的情况下，擅自从事废树脂桶和废油桶的清洗业务。洗桶产生的废水通过排污沟排向无防渗漏措施的露天污水池，产生的残渣被堆放在污水池周围。

2014年9月1日，公安机关在许建惠、许玉仙洗桶现场查获废桶7789只，其中6289只尚未清洗。经鉴定，未清洗的桶及桶内物质均属于危险废物，现场地下水、污水池内废水以及污水池四周堆放的残渣、污水池底部沉积物中均检出铬、锌等多种重金属和总石油烃、氯代烷烃、苯系物等多种有机物。

2015年6月17日，许建惠、许玉仙因犯污染环境罪被常州市武进区人民法院分别判处有期徒刑二年六个月、缓刑四年，有期徒刑二年、缓刑四年，并分别判处罚金。许建惠、许玉仙虽被依法追究刑事责任，但现场尚留存130只未清洗的废桶、残渣、污水和污泥尚未清除，对土壤和地下水持续造成污染。

诉前程序

经调查，在常州市民政局登记的三家环保类社会组织，均不符合法律对提起公益诉讼主体要求的相关规定，不能作为原告向常州市中级人民法院提起环境民事公益诉讼。

[诉讼过程]

2015年12月21日，常州市人民检察院以公益诉讼人身份，向常州市中级人民法院提起民事公益诉讼，诉求：1.判令二被告依法及时处置场地内遗留的危险废物，消除危险；2.判令二被告依法及时修复被污染的土壤，恢复原状；3.判令二被告依法赔偿场地排污对环境影响的修复费用，以虚拟治理成本30万元为基数，根据该区域环境敏感程度以4.5～6倍计算赔偿数额。常州市人民检察院认为：

（一）许建惠、许玉仙非法洗桶行为造成了严重的环境污染损害后果。现场留存的大量废桶、残渣，污水池里的废水、污泥，均属于有毒物质，并且仍在对环境造成污染。经检测，污水池下方的地下水、土壤已遭到严重污染。

（二）许建惠、许玉仙的行为与环境污染损害后果之间存在因果关系。污水池附近区域的地下水中检测出的污染物与洗桶产生的特征污染物相同，而周边的纺织、塑料和铝制品加工企业等不会产生该系列的特征污染物。

[案件结果]

庭审过程中，公益诉讼人向法院申请由市环保局从常州市环境应急专家库中甄选的环境专家苏衡博士作为专家辅助人，就本案涉及的环境专业性问题发表意见。

2016年4月14日，常州市中级人民法院作出一审判决：

（一）被告许建惠、许玉仙于本判决发生法律效力之日起十五日内，将常州市武进区遥观镇东方村洗桶场地内留存的130只废桶、两个污水池中蓄积的污水及池底污泥以及厂区内堆放的残渣委托有处理资质的单位全部清理处置，消除继续污染环境危险。

（二）被告许建惠、许玉仙于本判决发生法律效力之日起三十日内，委托有土壤处理资质的单位制定土壤修复方案，提交常州市环保局审核通过后，六十日内实施。

（三）被告许建惠、许玉仙赔偿对环境造成的其他损失150万元，该款于判决发生法律效力之日起三十日内支付至常州市环境公益基金专用账户。

一审宣判后，许建惠、许玉仙均未上诉，判决已发生法律效力。

本案的办理得到当地政府、相关行政执法部门以及公益组织的广泛关注和支持，对引导政府完善社会治理，促进环保等行政执法部门加强履职起到了积极作用。本案经20多家媒体直播庭审、跟踪报道，激发了社会公众关注公益诉讼的热情。当地政府将本案作为典型案例，以生效判决文书作为宣教材料，对当地企业开展宣传教育，为进一步推进公益保护工作营造了良好的社会氛围。

[要旨]

（一）侵权人因同一行为已经承担行政责任或者刑事责任的，不影响承担民事侵权责任。

（二）环境污染导致生态环境损害无法通过恢复工程完全恢复的，恢复成本远远大于其收益的或者缺乏生态环境损害恢复评价指标的，可以参考虚拟治理成本法计算修复费用。

（三）专业技术问题，可以引入专家辅助人。专家意见经质证，可以作为认定事实的根据。

指导意义

本案是全国人大常委会授权检察机关开展公益诉讼试点工作后全国首例由检察机关提起的民事公益诉讼案件。

（一）围绕侵权构成要件，开展调查核实。虽然污染环境侵权案件因果关系适用举证责任倒置原则，但为保证依法准确监督，检察机关仍应充分开展调查核实，查明案件事实。调查核实主要包括以下方面：1.侵权人实施了污染环境的行为；2.侵权人的行为已经损害社会公共利益；3.侵权人实施的污染环境行为与损害结果之间具有关联性。

（二）准确定位民事侵权责任，提起公益诉讼。《中华人民共和国侵权责任法》第四条规定，侵权人因同一行为应当承担行政责任或者刑事责任的，不影响依法承担侵权责任。污染环境肇事人、食品药品安全领域侵害众多消费者合法权益等损害社会公共利益的侵权人，因该侵权行为受过行政或刑事处罚，不影响检察机关对该侵权人提起民事公益诉讼。罚款或罚金均不属于民事侵权责任范畴，不能抵销损害社会公共利益的侵权损害赔偿金额。

（三）围绕环境污染情况，提出合理诉求。检察机关提起环境民事公益诉讼，应当结合具体案情和相关证据合理确定污染者承担停止侵害、排除妨碍、消除危险、恢复原状、赔礼道歉、赔偿损失等民事责任。检察机关提起环境民事公益诉讼的第一诉求应是停止侵害、排除危险和恢复原状。其中，"恢复原状"应当是在有恢复原状的可能和必要的前提下，要求损害者承担治理污染和修复生态的责任。无法完全恢复或恢复成本远远大于其收益的，可以准许采用替代性修复方式，也可以要求被告承担生态环境修复费用。

（四）围绕生态环境修复实际，确定赔偿费用。生态环境修复费用包括制定、实施修复方案的费用和监测、监管等费用。环境污染所致生态环境损害无法通过恢复工程完全恢复的，恢复成本远大于收益的，缺乏生态环境损害恢复评价指标、生态环境修复费用难以确定的，可以参考环境保护部制定的《环境损害鉴定评估推荐方法》，采用虚拟治理成本法计算修复费用，即在虚拟治理成本基数的基础上，根据受污染区域的环境功能敏感程度与对应的敏感系数相乘予以合理确定。

（五）围绕专业技术问题，引入专家辅助人。环境民事公益诉讼案件，涉及土壤污染、非法排污、因果关系、环境修复等大量的专业技术问题，检察机关可以通过甄选环境专家协助办案，厘清关键证据中的专业性技术问题。专家辅助人出庭就鉴定人作出的鉴定意见或者就因果关系、生态环境修复方式、生态环境修复费用以及生态环境受到损害至恢复原状期间服务功能的损失等专门性问题，作出说明或提出意见，经质证后可以作为认定事实的根据。

相关规定

中华人民共和国侵权责任法（2009 年 12 月 26 日第十一届全国人民代表大会常务委员会第十二次会议通过）*

第四条　侵权人因同一行为应当承担行政责任或者刑事责任的，不影响依法承担侵权责任。

因同一行为应当承担侵权责任和行政责任、刑事责任，侵权人的财产不足以支付的，先承担侵权责任。

中华人民共和国固体废物污染环境防治法（2013 年修正）**

第十七条　收集、贮存、运输、利用、处置固体废物的单位和个人，必须采取防扬散、防流失、防渗漏或者其他防止污染环境的措施；不得擅自倾倒、堆放、丢弃、遗撒固体废物。

禁止任何单位或者个人向江河、湖泊、运河、渠道、水库及其最高水位线以下的滩地和岸坡等法律、法规规定禁止倾倒、堆放废弃物的地点倾倒、堆放固体废物。

最高人民法院关于审理环境民事公益诉讼案件适用法律若干问题的解释（2014 年12 月 8 日最高人民法院审判委员会第 1631 次会议通过）***

第十五条　当事人申请通知有专门知识的人出庭，就鉴定人作出的鉴定意见或者

---

*　编者注：《中华人民共和国侵权责任法》已失效，现为《中华人民共和国民法典》第七编"侵权责任"。后文同此注。

**　编者注：《中华人民共和国固体废物污染环境防治法》（2013 年修正）已于 2020 年 4 月 29 日第十三届全国人民代表大会常务委员会第十七次会议第二次修订，原第十七条修改为第二十条："产生、收集、贮存、运输、利用、处置固体废物的单位和其他生产经营者，应当采取防扬散、防流失、防渗漏或者其他防止污染环境的措施，不得擅自倾倒、堆放、丢弃、遗撒固体废物。禁止任何单位或者个人向江河、湖泊、运河、渠道、水库及其最高水位线以下的滩地和岸坡以及法律法规规定的其他地点倾倒、堆放、贮存固体废物。"

***　编者注：《最高人民法院关于审理环境民事公益诉讼案件适用法律若干问题的解释》（2014 年12 月 8 日最高人民法院审判委员会第 1631 次会议通过）已于 2020 年 12 月 23 日根据最高人民法院审判委员会第 1823 次会议通过的《最高人民法院关于修改〈最高人民法院关于人民法院民事调解工作若干问题的规定〉等十九件民事诉讼类司法解释的决定》修正，其第十五条修改为"当事人申请通知有专门知识的人出庭，就鉴定人作出的鉴定意见或者就因果关系、生态环境修复方式、生态环境修复费用以及生态环境受到损害至修复完成期间服务功能丧失导致的损失等专门性问题提出意见的，人民法院可以准许。前款规定的专家意见经质证，可以作为认定事实的根据。"其第二十条修改为："原告请求修复生态环境的，人民法院可以依法判决被告将生态环境修复到损害发生之前的状态和功能。无法完全修复的，可以准许采用替代性修复方式。人民法院可以在判决被告修复生态环境的同时，确定被告不履行修复义务时应承担的生态环境修复费用；也可以直接判决被告承担生态环境修复费用。生态环境修复费用包括制定、实施修复方案的费用，修复期间的监测、监管费用，以及修复完成后的验收费用、修复效果后评估费用等。"其第二十三条修改为："生态环境修复费用难以确定或者确定具体数额所需鉴定费用明显过高的，人民法院可以结合污染环境、破坏生态的范围和程度，生态环境的稀缺性，生态环境恢复的难易程度，防治污染设备的运行成本，被告因侵害行为所获得的利益以及过错程度等因素，并可以参考负有环境资源保护监督管理职责的部门的意见、专家意见等，予以合理确定。"

就因果关系、生态环境修复方式、生态环境修复费用以及生态环境受到损害至恢复原状期间服务功能的损失等专门性问题提出意见的，人民法院可以准许。

前款规定的专家意见经质证，可以作为认定事实的根据。

第二十条　原告请求恢复原状的，人民法院可以依法判决被告将生态环境修复到损害发生之前的状态和功能。无法完全修复的，可以准许采用替代性修复方式。

人民法院可以在判决被告修复生态环境的同时，确定被告不履行修复义务时应承担的生态环境修复费用；也可以直接判决被告承担生态环境修复费用。

生态环境修复费用包括制定、实施修复方案的费用和监测、监管等费用。

第二十三条　生态环境修复费用难以确定或者确定具体数额所需鉴定费用明显过高的，人民法院可以结合污染环境、破坏生态的范围和程度、生态环境的稀缺性、生态环境恢复的难易程度、防治污染设备的运行成本、被告因侵害行为所获得的利益以及过错程度等因素，并可以参考负有环境保护监督管理职责的部门的意见、专家意见等，予以合理确定。

人民检察院提起公益诉讼试点工作实施办法（2015 年 12 月 16 日最高人民检察院第十二届检察委员会第四十五次会议通过）*

第十四条　经过诉前程序，法律规定的机关和有关组织没有提起民事公益诉讼，或者没有适格主体提起诉讼，社会公共利益仍处于受侵害状态的，人民检察院可以提起民事公益诉讼。

第十七条　人民检察院提起民事公益诉讼应当提交下列材料：

（一）民事公益诉讼起诉书；

（二）被告的行为已经损害社会公共利益的初步证明材料。

环境损害鉴定评估推荐方法（第 II 版）

A.2.3　虚拟治理成本法

虚拟治理成本是按照现行的治理技术和水平治理排放到环境中的污染物所需要的支出。虚拟治理成本法适用于环境污染所致生态环境损害无法通过恢复工程完全恢复、恢复成本远远大于其收益或缺乏生态环境损害恢复评价指标的情形。虚拟治理成本法的具体计算方法见《突发环境事件应急处置阶段环境损害评估技术规范》。

突发环境事件应急处置阶段环境损害评估推荐方法（即《突发环境事件应急处置阶段环境损害评估技术规范》）

附 F　虚拟治理成本法

虚拟治理成本是指工业企业或污水处理厂治理等量地排放到环境中的污染物应

---

* 编者注：《人民检察院提起公益诉讼试点工作实施办法》已失效，现为《人民检察院公益诉讼办案规则》。后文同此注。

该花费的成本，即污染物排放量与单位污染物虚拟治理成本的乘积。单位污染物虚拟治理成本是指突发环境事件发生地的工业企业或污水处理厂单位污染物治理平均成本（含固定资产折旧）。在量化生态环境损害时，可以根据受污染影响区域的环境功能敏感程度分别乘以 1.5 ~ 10 的倍数作为环境损害数额的上下限值，确定原则见附表 F-1。利用虚拟治理成本法计算得到的环境损害可以作为生态环境损害赔偿的依据。

附表 F-1：利用虚拟治理成本法确定生态环境损害数额的原则

环境功能区类型	生态环境损害数额
地表水	
Ⅰ类	＞虚拟治理成本的 8 倍
Ⅱ类	虚拟治理成本的 6 ~ 8 倍
Ⅲ类	虚拟治理成本的 4.5 ~ 6 倍
Ⅳ类	虚拟治理成本的 3 ~ 4.5 倍
Ⅴ类	虚拟治理成本的 1.5 ~ 3 倍
地下水污染	
Ⅰ类	＞虚拟治理成本的 10 倍
Ⅱ类	虚拟治理成本的 8 ~ 10 倍
Ⅲ类	虚拟治理成本的 6 ~ 8 倍
Ⅳ类	虚拟治理成本的 4 ~ 6 倍
Ⅴ类	虚拟治理成本的 2 ~ 4 倍
环境空气污染	
Ⅰ类	＞虚拟治理成本的 5 倍
Ⅱ类	虚拟治理成本的 3 ~ 5 倍
Ⅲ类	虚拟治理成本的 1.5 ~ 3 倍
土壤污染	
Ⅰ类	＞虚拟治理成本的 8 倍
Ⅱ类	虚拟治理成本的 4 ~ 8 倍
Ⅲ类	虚拟治理成本的 2 ~ 4 倍

注：本表中所指的环境功能区类型以现状功能区为准。

吉林省白山市人民检察院诉白山市江源区卫生和计划生育局及江源区中医院行政附带民事公益诉讼案

（检例第 29 号）

关键词

行政附带民事公益诉讼　　诉前程序　　管辖

基本案情

2012 年，吉林省白山市江源区中医院建设综合楼时未建设污水处理设施，综合楼未经环保验收即投入使用，并将医疗污水经消毒粉处理后直接排入院内渗井及院外渗坑，污染了周边地下水及土壤。2014 年 1 月 8 日，江源区中医院在进行建筑设施改建时，未执行建设项目的防治污染措施应当与主体工程同时设计、同时施工、同时投产使用的"三同时"制度，江源区环保局对区中医院作出罚款行政处罚和责令改正、限期办理环保验收的行政处理。江源区中医院因污水处理系统建设资金未到位，继续通过渗井、渗坑排放医疗污水。

2015 年 5 月 18 日，在江源区中医院未提供环评合格报告的情况下，江源区卫生和计划生育局对区中医院《医疗机构执业许可证》校验结果评定为合格。

诉前程序

2015 年 11 月 18 日，吉林省白山市江源区人民检察院向区卫生和计划生育局发出检察建议，建议该局依法履行监督管理职责，采取有效措施，制止江源区中医院违法排放医疗污水。江源区卫生和计划生育局于 2015 年 11 月 23 日向区中医院发出整改通知，并于 2015 年 12 月 10 日向江源区人民检察院作出回复，但一直未能有效制止江源区中医院违法排放医疗污水，导致社会公共利益持续处于受侵害状态。

经咨询吉林省环保厅，白山市环保局、民政局，吉林省内没有符合法律规定条件的可以提起公益诉讼的社会公益组织。

诉讼过程

2016 年 2 月 29 日，白山市人民检察院以公益诉讼人身份向白山市中级人民法院提起行政附带民事公益诉讼，诉求判令江源区中医院立即停止违法排放医疗污水，确认江源区卫生和计划生育局校验监管行为违法，并要求江源区卫生和计划生育局立即履行法定监管职责责令区中医院有效整改建设污水净化设施。白山市人民检察院认为：

（一）江源区中医院排放医疗污水造成了环境污染及更大环境污染风险隐患。经取样检测，医疗污水及渗井周边土壤化学需氧量、五日生化需氧量、悬浮物、总余氯等均超出国家规定的标准限值，已造成周边地下水、土壤污染。鉴定意见认为，医疗污水的排放可引起医源性细菌对地下水、生活用水及周边土壤的污染，存在细菌传播的隐患。

（二）江源区卫生和计划生育局怠于履行监管职责。江源区卫生和计划生育局对辖区内医疗机构具有监督管理的法定职责。江源区人民检察院发出检察建议后，江源区卫生和计划生育局虽然发出整改通知并回复，并通过向江源区人民政府申请资金的方式，促使区中医院污水处理工程投入建设。但江源区中医院仍通过渗井、渗坑违法排放医疗污水，导致社会公共利益持续处于受侵害状态。

（三）江源区卫生和计划生育局的校验行为违法。卫生部《医疗机构管理条例实施细则》第三十五条、《吉林省医疗机构审批管理办法（试行）》第四十四条规定，医疗机构申请校验时应提交校验申请、执业登记项目变更情况、接受整改情况、环评合格报告等材料。在江源区中医院未提交环评合格报告的情况下，江源区卫生和计划生育局对区中医院的《医疗机构执业许可证》校验为合格，违反上述规章和规范性文件的规定，江源区卫生和计划生育局的校验行为违法。

案件结果

2016年5月11日，白山市中级人民法院公开开庭审理了本案。同年7月15日，白山市中级人民法院分别作出一审行政判决和民事判决。行政判决确认江源区卫生和计划生育局于2015年5月18日对江源区中医院《医疗机构执业许可证》校验合格的行政行为违法；判令江源区卫生和计划生育局履行监督管理职责，监督江源区中医院在三个月内完成医疗污水处理设施的整改。民事判决判令江源区中医院立即停止违法排放医疗污水。

一审宣判后，江源区卫生和计划生育局、中医院均未上诉，判决已发生法律效力。

本案判决作出后，白山市委、市政府为积极推动整改，专门开展医疗废物、废水的专项治理活动，并要求江源区政府拨款90余万元，购买并安装医疗污水净化处理设备。江源区政府主动接受监督，积极整改，拨款90余万元推动完成整改工作。吉林省人民检察院就全省范围内存在的医疗垃圾和污水处理不规范等问题，向省卫计委、环保厅发出检察建议，与省卫计委、环保厅召开座谈会，联合发文开展专项执法检查，推动在全省范围内对医疗垃圾和污水处理问题的全面调研、全面检查、全面治理。

要　旨

检察机关在履行职责中发现负有监督管理职责的行政机关存在违法行政行为，导致发生污染环境，侵害社会公共利益的行为，且违法行政行为是民事侵权行为的先决或者前提行为，在履行行政公益诉讼和民事公益诉讼诉前程序后，违法行政行为和民事侵权行为未得到纠正，在没有适格主体或者适格主体不提起诉讼的情况下，检察机关可以参照《中华人民共和国行政诉讼法》第六十一条第一款的规定，向人民法院提起行政附带民事公益诉讼，由法院一并审理。

指导意义

本案是公益诉讼试点后全国首例行政附带民事公益诉讼案。

（一）检察机关作为公益诉讼人，可以提起行政附带民事公益诉讼。根据《人民检察院提起公益诉讼试点工作实施办法》（以下简称《检察院实施办法》）第五十六条和《人民法院审理人民检察院提起公益诉讼案件试点工作实施办法》（以下简称《法院实施办法》）第四条、第十四条、第二十三条的规定，人民检察院以公益诉讼人身份提起民事或行政公益诉讼，诉讼权利义务参照民事诉讼法、行政诉讼法关于原告诉讼权利义务的规定。人民法院审理人民检察院提起的公益诉讼案件，《检察院实施办法》《法院实施办法》没有规定的，适用民事诉讼法、行政诉讼法及相关司法解释的规定。

根据《检察院实施办法》第一条和第二十八条规定，试点阶段人民检察院可以同时提起民事公益诉讼和行政公益诉讼的仅为污染环境领域。人民检察院能否直接提起行政附带民事公益诉讼，《检察院实施办法》和《法院实施办法》均没有明确规定。根据《检察院实施办法》第五十六条和《法院实施办法》第二十三条规定，没有规定的即适用民事诉讼法、行政诉讼法及相关司法解释的规定。其中《中华人民共和国行政诉讼法》第六十一条第一款规定了行政附带民事诉讼制度，该制度的设立主要是源于程序效益原则，有利于节约诉讼成本，优化审判资源，统一司法判决和增强判决权威性。在试点的检察机关提起的公益诉讼中，存在生态环境领域侵害社会公共利益的民事侵权行为，而负有监督管理职责的行政机关又存在违法行政行为，且违法行政行为是民事侵权行为的先决或前提行为，为督促行政机关依法正确履行职责，一并解决民事主体对国家利益和社会公共利益造成侵害的问题，检察机关可以参照《中华人民共和国行政诉讼法》第六十一条第一款的规定，向人民法院提起行政附带民事公益诉讼，由法院一并审理。

（二）检察机关提起行政附带民事公益诉讼，应当同时履行行政公益诉讼和民事公益诉讼诉前程序。《检察院实施办法》规定，人民检察院提起民事公益诉讼或行政公益诉讼，都必须严格履行诉前程序。行政附带民事公益诉讼涵盖民事公益诉讼和行政公益诉讼，提起公益诉讼前，人民检察院应当发出检察建议依法督促行政机关纠正违法行为、履行法定职责，并督促、支持法律规定的机关和有关组织提请民事公益诉讼。

（三）检察机关提起行政附带民事公益诉讼案件，原则上由市（分、州）以上人民检察院办理。《检察院实施办法》第二条第一款、第二十九条第一款、第四款规定："人民检察院提起民事公益诉讼的案件，一般由侵权行为地、损害结果地或者被告住所地的市（分、州）人民检察院管辖""人民检察院提起行政公益诉讼的案件，一般由违法行使职权或者不作为的行政机关所在地的基层人民检察院管辖""上级人民检察院认为确有必要，可以办理下级人民检察院管辖的案件"。由于检察机关提起的行政公益诉讼和民事公益诉讼管辖级别不同，民事公益诉讼一般不由基层人民检察院管辖，而上级人民检察院可以办理下级人民检察院的行政公益诉讼案件，故行政附带民事公益诉讼原则上应由市（分、州）以上人民检察院向中级人民法院提起。

有管辖权的市（分、州）人民检察院根据《检察院实施办法》第二条第四款规定将案件交办的，基层人民检察院也可以提起行政附带民事公益诉讼。

相关规定

中华人民共和国行政诉讼法（2014 年修正）*

第六十一条 在涉及行政许可、登记、征收、征用和行政机关对民事争议所作的裁决的行政诉讼中，当事人申请一并解决相关民事争议的，人民法院可以一并审理。

在行政诉讼中，人民法院认为行政案件的审理需以民事诉讼的裁判为依据的，可以裁定中止行政诉讼。

人民检察院提起公益诉讼试点工作实施办法（2015 年 12 月 16 日最高人民检察院第十二届检察委员会第四十五次会议通过）

第一条 人民检察院履行职责中发现污染环境、食品药品安全领域侵害众多消费者合法权益等损害社会公共利益的行为，在没有适格主体或者适格主体不提起诉讼的情况下，可以向人民法院提起民事公益诉讼。

人民检察院履行职责包括履行职务犯罪侦查、批准或者决定逮捕、审查起诉、控告检察、诉讼监督等职责。

第二条 人民检察院提起民事公益诉讼的案件，一般由侵权行为地、损害结果地或者被告住所地的市（分、州）人民检察院管辖。

有管辖权的人民检察院由于特殊原因，不能行使管辖权的，应当由上级人民检察院指定本区域其他试点地区人民检察院管辖。

上级人民检察院认为确有必要，可以办理下级人民检察院管辖的案件。下级人民检察院认为需要由上级人民检察院办理的，可以报请上级人民检察院办理。

有管辖权的人民检察院认为有必要将本院管辖的民事公益诉讼案件交下级人民检察院办理的，应当报请其上一级人民检察院批准。

第二十八条 人民检察院履行职责中发现生态环境和资源保护、国有资产保护、国有土地使用权出让等领域负有监督管理职责的行政机关违法行使职权或者不作为，造成国家和社会公共利益受到侵害，公民、法人和其他社会组织由于没有直接利害关

---

* 编者注：《中华人民共和国行政诉讼法》（2014 年修正）已于 2017 年 6 月 27 日根据第十二届全国人民代表大会常务委员会第二十八次会议《关于修改〈中华人民共和国民事诉讼法〉和〈中华人民共和国行政诉讼法〉的决定》第二次修正，原第六十一条未修改。

系，没有也无法提起诉讼的，可以向人民法院提起行政公益诉讼。

人民检察院履行职责包括履行职务犯罪侦查、批准或者决定逮捕、审查起诉、控告检察、诉讼监督等职责。

第二十九条　人民检察院提起行政公益诉讼的案件，一般由违法行使职权或者不作为的行政机关所在地的基层人民检察院管辖。

违法行使职权或者不作为的行政机关是县级以上人民政府的案件，由市（分、州）人民检察院管辖。

有管辖权的人民检察院由于特殊原因，不能行使管辖权的，应当由上级人民检察院指定本区域其他试点地区人民检察院管辖。

上级人民检察院认为确有必要，可以办理下级人民检察院管辖的案件。下级人民检察院认为需要由上级人民检察院办理的，可以报请上级人民检察院办理。

第五十六条　本办法未规定的，分别适用民事诉讼法、行政诉讼法以及相关司法解释的规定。

人民法院审理人民检察院提起公益诉讼案件试点工作实施办法（2016 年 2 月 22 日由最高人民法院审判委员会第 1679 次会议通过）

第四条　人民检察院以公益诉讼人身份提起民事公益诉讼，诉讼权利义务参照民事诉讼法关于原告诉讼权利义务的规定。民事公益诉讼的被告是被诉实施损害社会公共利益行为的公民、法人或者其他组织。

第十四条　人民检察院以公益诉讼人身份提起行政公益诉讼，诉讼权利义务参照行政诉讼法关于原告诉讼权利义务的规定。行政公益诉讼的被告是生态环境和资源保护、国有资产保护、国有土地使用权出让等领域行使职权或者负有行政职责的行政机关，以及法律、法规、规章授权的组织。

第二十三条　人民法院审理人民检察院提起的公益诉讼案件，本办法没有规定的，适用《中华人民共和国民事诉讼法》《中华人民共和国行政诉讼法》及相关司法解释的规定。

湖北省十堰市郧阳区人民检察院诉
郧阳区林业局行政公益诉讼案
（检例第 30 号）

关键词

行政公益诉讼　公共利益　依法履行法定职责

基本案情

2013 年 3 月至 4 月，金兴国、吴刚、赵丰强在未经县级林业主管部门同意、未办理林地使用许可手续的情况下，在湖北省十堰市郧阳区杨溪铺镇财神庙村五组、卜家河村一组、杨溪铺村大沟处，相继占用国家和省级生态公益林地 0.28 公顷、0.22 公顷、0.28 公顷开采建筑石料。2013 年 4 月 22 日、4 月 30 日、5 月 2 日，郧阳区林业局对金兴国、吴刚、赵丰强作出行政处罚决定，责令金兴国、吴刚、赵丰强停止违法行为，恢复所毁林地原状，分别处以 56028 元、22000 元、28000 元罚款，限期十五日内缴清。金兴国、吴刚、赵丰强在收到行政处罚决定书后，在法定期限内均未申请行政复议，也未提起行政诉讼，仅分别缴纳罚款 20000 元、15000 元、20000 元，未将被毁公益林地恢复原状。郧阳区林业局在法定期限内既未催告三名行政相对人履行行政处罚决定所确定的义务，也未向人民法院申请强制执行，致使其作出的行政处罚决定未得到全部执行，被毁公益林地未得到及时修复。

诉前程序

2015 年 12 月 12 日，郧阳区人民检察院向区林业局发出检察建议，建议区林业局规范执法，认真落实行政处罚决定，采取有效措施，恢复森林植被。区林业局收到检察建议后，在规定期限内既未按检察建议进行整改落实，也未书面回复。

郧阳区人民检察院经调查核实，没有公民、法人和其他社会组织因公益林被毁而提起相关诉讼。

诉讼过程

2016 年 2 月 29 日，郧阳区人民检察院以公益诉讼人身份向郧阳区人民法院提起行政公益诉讼，要求法院确认区林业局未依法履行职责违法，并判令其依法继续履行职责。郧阳区人民检察院认为：

（一）金兴国等 3 人破坏了公益林，损害了社会公共利益。根据国家林业局、财政部制定的《国家级公益林区划界定办法》第二条、《湖北省生态公益林管理办法》第二条规定，公益林有提供公益性服务的典型目的，金兴国等 3 人非法改变公益林用途，导致公共利益受损。专家意见认为，金兴国等 3 人共破坏 11.7 亩生态公益林，单从森林资源方面已造成对公共生态环境影响。

（二）郧阳区林业局怠于履职，行政处罚决定得不到有效执行，国家和社会公共利益持续处于受侵害状态。区林业局对其辖区内的森林资源有管理和监督的职责。针对金兴国等 3 人的违法行为，区林业局已对金兴国等 3 人处以限期恢复林地原状和罚款的行政处罚决定。作出行政处罚决定后，区林业局还应根据《中华人民共和国行政处罚法》第五十一条规定，对金兴国等 3 人逾期未履行生效行政处罚决定的行为，依法采取法律规定的措施督促履行。但区林业局怠于履职，致使行政处罚决定得不到有效执行，被金兴国等 3 人非法改变用途的林地未恢复原状，剩余罚款未依法收缴，区林业局也没有对金兴国等 3 人加处罚款，导致国家和社会公共利益持续处于受侵害状态。

案件审理过程中，经郧阳区林业局督促，吴刚、赵丰强相继将罚款及加处罚款全部缴清，金兴国缴纳了全部罚款及部分加处罚款，剩余加处罚款以经济困难为由申请缓缴，区林业局批准了金兴国缓缴加处罚款的请求。同时，金兴国等三人均在被毁林地上补栽了苗木。受郧阳区人民法院委托，十堰市林业调查规划设计院对被毁林地当前生态恢复程度及生态恢复所需期限进行了鉴定，鉴定意见为：造林时间、树种、苗木质量、造林密度、造林方式等符合林业造林相关技术要求，在正常管护的情况下修复期限至少需要三年的时间才能达到郁闭要求。

郧阳区林业局在案件审理期间提交了一套对被毁林地拟定的管护方案。方案中，区林业局明确表示愿意继续履行监督管理职责，采取有效措施进行补救，恢复被毁林地的生态功能，并且成立领导小组，明确责任单位、管护范围、管护措施和相关要求。

案件结果

2016 年 5 月 5 日，郧阳区人民法院作出一审判决：确认郧阳区林业局在对金兴国、吴刚、赵丰强作出行政处罚决定后，未依法履行后续监督、管理和申请人民法院强制执行法定职责的行为违法；责令区林业局继续履行收缴剩余加处罚款的法定职责；责令区林业局继续履行被毁林地生态修复工作的监督、管理法定职责。

一审宣判后，郧阳区林业局未上诉，判决已发生法律效力。

案件办理期间，十堰市、郧阳区两级党委和政府主要领导表态要积极支持检察机关提起公益诉讼。庭审期间组织了 70 余名相关行政机关负责人到庭旁听。郧阳区林业局局长当庭就其怠于履职行为鞠躬道歉。

案件宣判后，湖北省林业厅专门向全省林业行政部门下发文件，要求各级林业部门高度重视检察机关监督，引以为戒，认真整改、切实规范林业执法，并在全省范围内开展规范执法自查活动，查找、整改违法作为和不作为的问题。

要　旨

负有监督管理职责的行政机关对侵害生态环境和资源保护领域的侵权人进行行政处罚后，怠于履行法定职责，既未依法履行后续监督、管理职责，也未申请人民法院强制执行，导致国家和社会公共利益未脱离受侵害状态，经诉前程序后，人民检察院可以向人民法院提起行政公益诉讼。

指导意义

（一）检察机关提起公益诉讼的前提是公共利益受到侵害。公共利益可以界定为：

由不特定多数主体享有的，具有基本性、整体性和发展性的重大利益。在实践中，判断被侵害的利益是否属于公共利益范畴，可以从以下几个方面来把握：一是公共利益的主体是不特定的多数人。公共利益首先是一种多数人的利益，但又不同于一般的多数人利益，其享有主体具有开放性。二是公共利益具有基本性。公共利益是有关国家和社会共同体及其成员生存和发展的基本利益，如公共安全、公共秩序、自然环境和公民的生命、健康、自由等。三是公共利益具有整体性和层次性。公共利益是一种整体性利益，可以分享，但不可以分割。公共利益不仅有涉及全国范围的存在形式，也有某个地区的存在形式。四是公共利益具有发展性。公共利益始终与社会价值取向联系在一起，会随着时代的发展变化而变化，也会随着不同社会价值观的改变而变动。五是公共利益具有重大性。其涉及不特定多数人，涉及公共政策变动，涉及公权与私权的限度，代表的利益都是重大利益。六是公共利益具有相对性。它受时空条件的影响，在此时此地认定为公共利益的事项，彼时彼地可能应认定为非公共利益。

（二）行政机关没有依法履行法定职责与国家和社会公共利益受到侵害是检察机关提起行政公益诉讼的必要条件。判断负有监督管理职责的行政机关是否依法履职，关键要厘清行政机关的法定职责和行政机关是否依法履职到位；判断国家和社会公共利益是否受侵害，要看违法行政行为造成国家和社会公共利益的实然侵害，发出检察建议后要看国家和社会公共利益是否脱离被侵害状态。

相关规定

中华人民共和国行政处罚法（2009 年修正）*

第五十一条　当事人逾期不履行行政处罚决定的，作出行政处罚决定的行政机关可以采取下列措施：

（一）到期不缴纳罚款的，每日按罚款数额的百分之三加处罚款；

（二）根据法律规定，将查封、扣押的财物拍卖或者将冻结的存款划拨抵缴罚款；

（三）申请人民法院强制执行。

中华人民共和国行政强制法〔2011 年 6 月 30 日第十一届全国人民代表大会常务委员会第二十一次会议通过〕

第五十条　行政机关依法作出要求当事人履行排除妨碍、恢复原状等义务的行政

---

* 编者注：《中华人民共和国行政处罚法》（2009 年修正）已经 2021 年 1 月 22 日第十三届全国人民代表大会常务委员会第二十五次会议修订，原第五十一条修改为第七十二条："当事人逾期不履行行政处罚决定的，作出行政处罚决定的行政机关可以采取下列措施：（一）到期不缴纳罚款的，每日按罚款数额的百分之三加处罚款，加处罚款的数额不得超出罚款的数额；（二）根据法律规定，将查封、扣押的财物拍卖、依法处理或者将冻结的存款、汇款划拨抵缴罚款；（三）根据法律规定，采取其他行政强制执行方式；（四）依照《中华人民共和国行政强制法》的规定申请人民法院强制执行。行政机关批准延期、分期缴纳罚款的，申请人民法院强制执行的期限，自暂缓或者分期缴纳罚款期限结束之日起计算。"

决定，当事人逾期不履行，经催告仍不履行，其后果已经或者将危害交通安全、造成环境污染或者破坏自然资源的，行政机关可以代履行，或者委托没有利害关系的第三人代履行。

第五十三条 当事人在法定期限内不申请行政复议或者提起行政诉讼，又不履行行政决定的，没有行政强制执行权的行政机关可以自期限届满之日起三个月内，依照本章规定申请人民法院强制执行。

人民检察院提起公益诉讼试点工作实施办法（2015 年 12 月 16 日最高人民检察院第十二届检察委员会第四十五次会议通过）

第二十八条 人民检察院履行职责中发现生态环境和资源保护、国有资产保护、国有土地使用权出让等领域负有监督管理职责的行政机关违法行使职权或者不作为，造成国家和社会公共利益受到侵害，公民、法人和其他社会组织由于没有直接利害关系，没有也无法提起诉讼的，可以向人民法院提起行政公益诉讼。

人民检察院履行职责包括履行职务犯罪侦查、批准或者决定逮捕、审查起诉、控告检察、诉讼监督等职责。

福建省清流县人民检察院诉清流县环保局
行政公益诉讼案
（检例第 31 号）

关键词

行政公益诉讼 违法行政行为 变更诉讼请求

基本案情

2014 年 7 月 31 日，福建省三明市清流县环保局会同县公安局现场制止刘文胜非法焚烧电子垃圾，当场查扣危险废物电子垃圾 28580 千克并存放在附近的养猪场。2014 年 8 月，清流县环保局将扣押的电子垃圾转移至不具有贮存危险废物条件的东莹公司仓库存放。2014 年 9 月 2 日，清流县公安局对刘文胜涉嫌污染环境案刑事立案侦查，并于 2015 年 5 月 5 日作出扣押决定书，扣押刘文胜污染环境案中的危险废物电子垃圾。清流县环保局未将电子垃圾移交公安机关，于 2015 年 5 月 12 日将电子垃圾转移到不具有贮存危险废物条件的九利公司仓库存放。

诉前程序

因刘文胜涉嫌污染环境罪一案事实不清，证据不足，清流县人民检察院于 2015 年 7 月 7 日作出不起诉决定，并于 7 月 9 日向县环保局发出检察建议，建议其对扣押的电子垃圾和焚烧后的电子垃圾残留物进行无害化处置。2015 年 7 月 22 日，清流县环保局回函称，拟将电子垃圾等危险废物交由有资质的单位处置。2015 年 12 月 16 日，清流县人民检察院得知县环保局逾期仍未对扣押的电子垃圾和焚烧电子垃圾残留物进行无害化处置，也未对刘文胜作出行政处罚。

清流县人民检察院经调查核实，没有公民、法人和其他社会组织因县环保局非法贮存危险物品而提起相关诉讼。

诉讼过程

2015 年 12 月 21 日，清流县人民检察院以公益诉讼人身份向清流县人民法院提起行政公益诉讼，诉求法院确认清流县环保局怠于履行职责行为违法并判决其依法履行职责。清流县人民检察院认为：

（一）清流县环保局作为涉案电子垃圾的实际监管人，在明知涉案电子垃圾属于危险废物，具有毒性，理应依法管理并及时处置的情形下，没有寻找符合贮存条件的场所进行贮存，而是将危险废物从扣押现场转移至附近的养猪场、再转至没有危险废物经营许可证资质的东莹公司，后再租用同样不具资质的九利公司仓库进行贮存，且未设置危险废物识别标志。清流县环保局的行为属于不依法履行职责的违法行政行为。

（二）清流县环保局作为地方环境保护主管部门，在检察机关对刘文胜作出不起诉决定后，未对刘文胜非法收集、贮存、焚烧电子垃圾的行为作出行政处罚，属于行政不作为。

（三）经检察机关发出检察建议督促后，清流县环保局仍怠于依法履行职责，使社会公共利益持续处于被侵害状态，导致重大环境风险和隐患。

2015 年 12 月 29 日，三明市中级人民法院作出行政裁定书，指定该案由明溪县人民法院管辖。2016 年 1 月 5 日，清流县环保局向三明市环保局提出危险废物跨市转移，并于 1 月 11 日得到批准。2016 年 1 月 18 日，清流县公安局告知县环保局，清流县人民检察院对犯罪嫌疑人刘文胜作出不起诉决定。1 月 23 日，清流县环保局对刘文胜作出责令停止生产并对焚烧现场残留物进行无害化处理及罚款 2 万元的行政处罚。同日清流县环保局将涉案的 28580 千克电子垃圾交由福建德晟环保技术有限公司处置。

鉴于清流县环保局在诉讼期间已对刘文胜的违法行为进行行政处罚并依法处置危险废物，清流县人民检察院将诉讼请求变更为确认被告清流县环保局处置危险废物的行为违法。

案件结果

2016 年 3 月 1 日，明溪县人民法院依法作出一审判决，确认被告清流县环保局处置危险废物的行为违法。

一审宣判后，清流县环保局未上诉，判决已发生法律效力。

福建省清流县人民检察院诉县环保局不依法履行职责一案，受到社会各界广泛关注，产生积极反响。福建省政府下发文件充分肯定检察机关提起公益诉讼的积极作用，指出"该案充分体现了人民检察院作为国家法律监督机关，在促进依法行政、推进法治政府建设中发挥的积极作用。该案在福建省乃至全国都有典型的示范意义，建议由环境保护督察办公室在环保系统内通报，吸取教训"。并采纳检察机关跟进监督建议，要求"省环境保护督察办公室开展环境专项督察，对各地相关部门不积极落实环保法律法规等行政不作为加强督察，督促相关部门予以整改，严肃问责。"中央电视台等主流媒体均对该案办理进行报道并给予积极评价。

要　旨

（一）发出检察建议是检察机关提起行政公益诉讼的前置程序，目的是增强行政机关纠正违法行政行为的主动性，有效节约司法资源。

（二）行政公益诉讼审理过程中，行政机关纠正违法行为或者依法履行职责而使人民检察院的诉讼请求实现的，人民检察院可以变更诉讼请求。

指导意义

（一）检察机关提起行政公益诉讼，必须严格履行诉前程序。提起公益诉讼前，人民检察院应当依法督促行政机关纠正违法行政行为、履行法定职责。诉前程序主要目的在于增强行政机关纠正违法行政行为的主动性，也是为了最大限度地节约诉讼成本和司法资源。通过诉前程序推动侵害公益问题的解决，不仅是检察机关提起公益诉讼工作的重要内容，也是公益诉讼制度价值的重要体现。只有当行政机关应当纠正而拒不纠正，坚持不履行法定职责，致使国家和社会公共利益持续处于受侵害状态的，检察机关才应当提起行政公益诉讼。检察机关提起行政公益诉讼仅是在公共利益严重受损而无相关救济渠道时的一种司法补救措施，具有救济性和终局性。

（二）依法适时变更诉讼请求。《人民检察院提起公益诉讼试点工作实施办法》第四十九条规定，在行政公益诉讼审理过程中，行政机关纠正违法行为或者依法履行职责而使人民检察院的诉讼请求全部实现的，人民检察院可以变更诉讼请求，请求判决确认行政行为违法，或者撤回起诉。该条规定的目的在于实现诉讼请求的同时，提高诉讼效率，节约司法资源。检察机关提出检察建议和提起行政公益诉讼，目的都是为了督促涉案行政机关积极依法履行职责，有效维护国家和社会公共利益。

相关规定

中华人民共和国固体废物污染环境防治法（2013 年修正）[*]

第十条 国务院环境保护行政主管部门对全国固体废物污染环境的防治工作实施统一监督管理。国务院有关部门在各自的职责范围内负责固体废物污染环境防治的监督管理工作。

县级以上地方人民政府环境保护行政主管部门对本行政区域内固体废物污染环境的防治工作实施统一监督管理。县级以上地方人民政府有关部门在各自的职责范围内负责固体废物污染环境防治的监督管理工作。

国务院建设行政主管部门和县级以上地方人民政府环境卫生行政主管部门负责生活垃圾清扫、收集、贮存、运输和处置的监督管理工作。

第十七条 收集、贮存、运输、利用、处置固体废物的单位和个人，必须采取防扬散、防流失、防渗漏或者其他防止污染环境的措施；不得擅自倾倒、堆放、丢弃、遗撒固体废物。

禁止任何单位或者个人向江河、湖泊、运河、渠道、水库及其最高水位线以下的滩地和岸坡等法律、法规规定禁止倾倒、堆放废弃物的地点倾倒、堆放固体废物。

第五十二条 对危险废物的容器和包装物以及收集、贮存、运输、处置危险废物的设施、场所，必须设置危险废物识别标志。

第五十八条 收集、贮存危险废物，必须按照危险废物特性分类进行。禁止混合收集、贮存、运输、处置性质不相容而未经安全性处置的危险废物。

贮存危险废物必须采取符合国家环境保护标准的防护措施，并不得超过一年；确需延长期限的，必须报经原批准经营许可证的环境保护行政主管部门批准；法律、行

---

[*] 编者注：《中华人民共和国固体废物污染环境防治法》（2013 年修正）已于 2020 年 4 月 29 日第十三届全国人民代表大会常务委员会第十七次会议第二次修订，原第十条修改为第九条："国务院生态环境主管部门对全国固体废物污染环境防治工作实施统一监督管理。国务院发展改革、工业和信息化、自然资源、住房城乡建设、交通运输、农业农村、商务、卫生健康、海关等主管部门在各自职责范围内负责固体废物污染环境防治的监督管理工作。地方人民政府生态环境主管部门对本行政区域固体废物污染环境防治工作实施统一监督管理。地方人民政府发展改革、工业和信息化、自然资源、住房城乡建设、交通运输、农业农村、商务、卫生健康等主管部门在各自职责范围内负责固体废物污染环境防治的监督管理工作。"原第十七条修改为第二十条："产生、收集、贮存、运输、利用、处置固体废物的单位和其他生产经营者，应当采取防扬散、防流失、防渗漏或者其他防止污染环境的措施，不得擅自倾倒、堆放、丢弃、遗撒固体废物。禁止任何单位或者个人向江河、湖泊、运河、渠道、水库及其最高水位线以下的滩地和岸坡以及法律法规规定的其他地点倾倒、堆放、贮存固体废物。"原第五十二条修改为第七十七条："对危险废物的容器和包装物以及收集、贮存、运输、利用、处置危险废物的设施、场所，应当按照规定设置危险废物识别标志。"原第五十八条修改为第八十一条："收集、贮存危险废物，应当按照危险废物特性分类进行。禁止混合收集、贮存、运输、处置性质不相容而未经安全性处置的危险废物。贮存危险废物应当采取符合国家环境保护标准的防护措施。禁止将危险废物混入非危险废物中贮存。从事收集、贮存、利用、处置危险废物经营活动的单位，贮存危险废物不得超过一年；确需延长期限的，应当报经颁发许可证的生态环境主管部门批准；法律、行政法规另有规定的除外。"

政法规另有规定的除外。

禁止将危险废物混入非危险废物中贮存。

人民检察院提起公益诉讼试点工作实施办法（2015 年 12 月 16 日最高人民检察院第十二届检察委员会第四十五次会议通过）

第四十条　在提起行政公益诉讼之前，人民检察院应当先行向相关行政机关提出检察建议，督促其纠正违法行为或者依法履行职责。行政机关应当在收到检察建议书后一个月内依法办理，并将办理情况及时书面回复人民检察院。

第四十一条　经过诉前程序，行政机关拒不纠正违法行为或者不履行法定职责，国家和社会公共利益仍处于受侵害状态的，人民检察院可以提起行政公益诉讼。

第四十九条　在行政公益诉讼审理过程中，被告纠正违法行为或者依法履行职责而使人民检察院的诉讼请求全部实现的，人民检察院可以变更诉讼请求，请求判决确认行政行为违法，或者撤回起诉。

贵州省锦屏县人民检察院诉锦屏县环保局行政公益诉讼案

（检例第 32 号）

关键词

行政公益诉讼　指定集中管辖　履行法定职责到位

基本案情

2014 年 8 月 5 日，贵州省黔东南州锦屏县环保局在执法检查中发现鸿发石材公司、雄军石材公司等七家石材加工企业均存在未按建设项目环保设施"同时设计、同时施工、同时投产"要求配套建设，并将生产中的污水直接排放清水江，造成清水江悬浮物和油污污染的后果。锦屏县环保局责令鸿发石材公司、雄军石材公司等七家石材加工企业立即停产整改。鸿发石材公司等七家石材加工企业在收到停产整改通知后，在未完成环境保护设施建设和报请验收的情形下，仍擅自开工生产并继续向清水江排污。

诉前程序

2014 年 8 月 15 日，锦屏县人民检察院在开展督促起诉工作中发现上述七家企业没有停产整改，向锦屏县环保局发出检察建议，建议锦屏县环保局及时跟进对上述七家企业的督促与检查，对于不按要求整改的企业依法依规进行处罚，并将情况书面回复检察院。2015年4月16日，锦屏县人民检察院发现鸿发石材公司和雄军石材公司仍未修建环保设施却一直生产、排污，遂再次向锦屏县环保局发出检察建议，督促县环保局履行监督管理职责，对鸿发石材公司和雄军石材公司的违法行为进行制止和处罚并书面回复。对于上述检察建议，锦屏县环保局均逾期未答复，也未依法履行监督管理职责，督促违法企业停业整改。2015年11月11日，锦屏县环保局责令鸿发石材公司、雄军石材公司立即停止生产。12月1日，锦屏县环保局对鸿发石材公司和雄军石材公司分别作出罚款1万元的行政处罚。但锦屏县环保局仍没有向锦屏县人民检察院书面回复。

锦屏县人民检察院经调查核实，没有公民、法人和其他社会组织因鸿发石材公司和雄军石材公司非法排污行为而提起相关诉讼。

诉讼过程

2015年12月18日，锦屏县人民检察院根据《贵州省高级人民法院关于环境保护案件指定集中管辖的规定（试行）》，以公益诉讼人身份向福泉市人民法院提起行政公益诉讼，诉求判令：1.确认锦屏县环保局对鸿发石材公司、雄军石材公司等企业违法生产怠于履行监督管理职责的行为违法；2.判令锦屏县环保局履行行政监督管理职责，依法对鸿发石材公司、雄军石材公司进行处罚。锦屏县人民检察院认为：

（一）锦屏县环保局具有环境保护工作监督管理的职责。根据《中华人民共和国环境保护法》第十条规定，锦屏县环保局作为锦屏县的环境保护主管部门，监督管理本县生态环境保护工作是其法定职责。

（二）锦屏县环保局明知生产企业违法却没有有效制止。锦屏县环保局发现鸿发石材公司、雄军石材公司等七家企业的违法行为后，虽责令违法企业限期整改，但并未继续就整改情况进行监督管理。经检察机关多次督促，仍未履行环境保护的监督管理职责，导致排污企业的违法行为未得到制止，其怠于履行职责的行为与其行政职能是相违背的。

（三）国家和社会公共利益未脱离被侵害状态。锦屏县环保局不依法及时履行职责，继续放任上述企业违法生产，进一步加剧清水江的水质污染和生态破坏。污水中高浓度悬浮物常年沉积于河床，还将给下游水库的行洪、泄洪带来安全隐患，国家和社会公共利益受到更加严重的侵害。

2015年12月24日，锦屏县环保局向锦屏县人民检察院书面回复，称其已对鸿发石材公司、雄军石材公司予以处罚。2015年12月29日，锦屏县人民检察院经现场查看，发现鸿发石材公司和雄军石材公司仍在生产，污水在未经有效处理的情况下仍排向清水江。2015年12月31日，锦屏县政府组织国土、环保、安监等部门，开展非煤矿山集中整治专项行动，对清水江沿河两岸包括鸿发石材公司、雄军石材公司在内存在环境违法行为的石材加工企业全部实行关停。

庭审过程中，锦屏县人民检察院申请撤回诉讼请求中的第二项，即：判令锦屏县环保局履行行政监督管理职责，依法对鸿发石材公司、雄军石材公司进行处罚的诉讼请求。

案件结果

2016年1月13日，福泉市人民法院依法作出一审判决，确认被告锦屏县环保局在2014年8月5日至2015年12月31日对鸿发、雄军等企业违法生产的行为怠于履行监督管理职责的行为违法。

一审宣判后，锦屏县环保局未上诉，判决已发生法律效力。

案件庭审期间，黔东南州各市县环保局局长、锦屏县政府行政职能部门的主要负责人、生态环境破坏较严重的乡镇一把手均到庭参与旁听，实现了办理一案、教育一片的警示效果。庭审结束后，锦屏县环保局局长表示："公益诉讼是检察院对环境保护工作的支持和促进，在以后的工作中一定要加以改进落实，要举一反三，加强与政法等部门的协作沟通，共同为保护生态环境作贡献。"

该案一审宣判后，贵州省委、省政府领导高度重视，密切关注案件后续整改工作，省环保厅根据要求立即成立工作小组赶赴黔东南州和锦屏县，就依法做好涉案企业处理进行指导，并向全省各级环保主管部门专题通报了案件情况，明确要求在全省推动建立环保行政执法责任制，完善环保行政执法制度和程序。要求全省各级环保部门及执法人员要以此为鉴，积极支持配合检察机关公益诉讼工作，大力提高依法行政意识，加强和改进环境执法监管工作。锦屏县委总结案件经验教训，对环保工作进行了专题研究部署，及时成立联合执法领导小组专项整治锦屏县非煤矿山，明确了具体整改目标、整治内容和整改要求，从源头上遏制和治理环境污染问题。

要　旨

（一）行政相对人违法行为是否停止可以作为判断行政机关履行法定职责到位的一个标准。

（二）生态环保民事、行政案件可以指定集中管辖。

指导意义

（一）行政机关违法作为或不作为是人民检察院提起行政公益诉讼的前提条件。实践中，环境保护执法是一项连续性、持续性强的执法工作，检察机关在判断行政机关是否尽到生态环境和资源监管保护的法定职责时，行政相对人违法行为是否停止可以作为一个判断标准。行政机关虽有执法行为，但没有依照法定职责执法到位，导致行政相对人的违法行为仍在继续，造成生态环境和资源受到侵害的后果，经人民检察院督促依法履职后，行政机关在一定期限内仍然没有依法履职到位，国家和社会公共利益仍处在被侵害状态，人民检察院可以将行政机关作为被告提起行政公益诉讼。

（二）生态环保民事、行政案件可以指定集中管辖。根据《中华人民共和国民事诉讼法》第三十八条、《中华人民共和国行政诉讼法》第十八条第二款、《最高人民法院关于审理环境民事公益诉讼案件适用法律若干问题的解释》第七条、《最高人民法院关于行政案件管辖若干问题的规定》第五条、第九条的规定，生态环保民事、行政案件可以根据审判工作的实际情况，指定集中管辖。生态环保民事、行政案件采取集中管辖模式，有利于避免对跨行政区划环境污染分段治理，各自为政，治标不治本的问题；有利于在对区域内污染情况进行整体评估的基础上，统一司法政策和裁判尺度，实现司法裁判法律效果和社会效果的统一；有利于避免因按行政区划管辖案件带来的地方保护。

相关规定

中华人民共和国民事诉讼法（2012 年修正）*

第三十八条 上级人民法院有权审理下级人民法院管辖的第一审民事案件；确有必要将本院管辖的第一审民事案件交下级人民法院审理的，应当报请其上级人民法院批准。

下级人民法院对它所管辖的第一审民事案件，认为需要由上级人民法院审理的，可以报请上级人民法院审理。

中华人民共和国行政诉讼法（2014 年修正）**

第十八条 行政案件由最初作出行政行为的行政机关所在地人民法院管辖。经复议的案件，也可以由复议机关所在地人民法院管辖。

经最高人民法院批准，高级人民法院可以根据审判工作的实际情况，确定若干人民法院跨行政区域管辖行政案件。

中华人民共和国环境保护法（2014 年修订）

第十条 国务院环境保护主管部门，对全国环境保护工作实施统一监督管理；县级以上地方人民政府环境保护主管部门，对本行政区域环境保护工作实施统一监督管理。

县级以上人民政府有关部门和军队环境保护部门，依照有关法律的规定对资源保护和污染防治等环境保护工作实施监督管理。

第四十一条 建设项目中防治污染的设施，应当与主体工程同时设计、同时施工、同时投产使用。防治污染的设施应当符合经批准的环境影响评价文件的要求，不得擅

---

* 编者注：《中华人民共和国民事诉讼法》（2012 年修正）已于 2023 年 9 月 1 日第十四届全国人民代表大会常务委员会第五次会议通过第五次修正，原第三十八条修改为第三十九条，内容未修改。

** 编者注：《中华人民共和国行政诉讼法》（2014 年修正）已于 2017 年 6 月 27 日第十二届全国人民代表大会常务委员会第二十八次会议《关于修改〈中华人民共和国民事诉讼法〉和〈中华人民共和国行政诉讼法〉的决定》第二次修正，原第十八条未修改。

自拆除或者闲置。

**最高人民法院关于审理环境民事公益诉讼案件适用法律若干问题的解释（2014 年 12 月 8 日最高人民法院审判委员会第 1631 次会议通过）*

第七条　经最高人民法院批准，高级人民法院可以根据本辖区环境和生态保护的实际情况，在辖区内确定部分中级人民法院受理第一审环境民事公益诉讼案件。

中级人民法院管辖环境民事公益诉讼案件的区域由高级人民法院确定。

最高人民法院关于行政案件管辖若干问题的规定（2007 年 12 月 17 日由最高人民法院审判委员会第 1441 次会议通过）

第五条　中级人民法院对基层人民法院管辖的第一审行政案件，根据案件情况，可以决定自己审理，也可以指定本辖区其他基层人民法院管辖。

第九条　中级人民法院和高级人民法院管辖的第一审行政案件需要由上一级人民法院审理或者指定管辖的，参照本规定。

建设项目环境保护管理条例（1998 年 11 月 18 日国务院第 10 次常务会议通过，1998 年 11 月 29 日发布施行）*

第二十八条　违反本条例规定，建设项目需要配套建设的环境保护设施未建成、未经验收或者经验收不合格，主体工程正式投入生产或者使用的，由审批该建设项目环境影响报告书、环境影响报告表或者环境影响登记表的环境保护行政主管部门责令停止生产或者使用，可以处 10 万元以下的罚款。

---

* 编者注：《最高人民法院关于审理环境民事公益诉讼案件适用法律若干问题的解释》（2014 年 12 月 8 日最高人民法院审判委员会第 1631 次会议通过）已于 2020 年 12 月 23 日根据最高人民法院审判委员会第 1823 次会议通过的《最高人民法院关于修改〈最高人民法院关于人民法院民事调解工作若干问题的规定〉等十九件民事诉讼类司法解释的决定》修正，原第七条未修改。

** 编者注：根据《最高人民法院关于废止部分司法解释（第十三批）的决定》（法释〔2019〕11 号），《最高人民法院关于行政案件管辖若干问题的规定》自 2019 年 7 月 20 日起废止。

*** 编者注：《建设项目环境保护管理条例》已于 2017 年 7 月 16 日根据《国务院关于修改〈建设项目环境保护管理条例〉的决定》修订，原第二十八条改为第二十三条："违反本条例规定，需要配套建设的环境保护设施未建成、未经验收或者验收不合格，建设项目即投入生产或者使用，或者在环境保护设施验收中弄虚作假的，由县级以上环境保护行政主管部门责令限期改正，处 20 万元以上 100 万元以下的罚款；逾期不改正的，处 100 万元以上 200 万元以下的罚款；对直接负责的主管人员和其他责任人员，处 5 万元以上 20 万元以下的罚款；造成重大环境污染或者生态破坏的，责令停止生产或者使用，或者报经有批准权的人民政府批准，责令关闭。违反本条例规定，建设单位未依法向社会公开环境保护设施验收报告的，由县级以上环境保护行政主管部门责令公开，处 5 万元以上 20 万元以下的罚款，并予以公告。"

第九批指导性案例

李丙龙破坏计算机信息系统案

（检例第 33 号）

关键词

破坏计算机信息系统　劫持域名

基本案情

被告人李丙龙，男，1991 年 8 月生，个体工商户。

被告人李丙龙为牟取非法利益，预谋以修改大型互联网网站域名解析指向的方法，劫持互联网流量访问相关赌博网站，获取境外赌博网站广告推广流量提成。2014 年 10 月 20 日，李丙龙冒充某知名网站工作人员，采取伪造该网站公司营业执照等方式，骗取该网站注册服务提供商信任，获取网站域名解析服务管理权限。10 月 21 日，李丙龙通过其在域名解析服务网站平台注册的账号，利用该平台相关功能自动生成了该知名网站二级子域名部分 DNS（域名系统）解析列表，修改该网站子域名的 IP 指向，使其连接至自己租用境外虚拟服务器建立的赌博网站广告发布页面。当日 19 时许，李丙龙对该网站域名解析服务器指向的修改生效，致使该网站不能正常运行。23 时许，该知名网站经技术排查恢复了网站正常运行。11 月 25 日，李丙龙被公安机关抓获。至案发时，李丙龙未及获利。

经司法鉴定，该知名网站共有 559 万有效用户，其中邮箱系统有 36 万有效用户。按日均电脑客户端访问量计算，10 月 7 日至 10 月 20 日邮箱系统日均访问量达 12.3 万。李丙龙的行为造成该知名网站 10 月 21 日 19 时至 23 时长达四小时左右无法正常发挥其服务功能，案发当日仅邮件系统电脑客户端访问量就从 12.3 万减少至 4.43 万。

诉讼过程和结果

本案由上海市徐汇区人民检察院于 2015 年 4 月 9 日以被告人李丙龙犯破坏计算机信息系统罪向上海市徐汇区人民法院提起公诉。11 月 4 日，徐汇区人民法院作出判决，认定李丙龙的行为构成破坏计算机信息系统罪。根据《最高人民法院　最高人民检察院关于办理危害计算机信息系统安全刑事案件应用法律若干问题的解释》第四条规定，李丙龙的行为符合"造成为五万以上用户提供服务的计算机信息系统不能正常运行累计一小时以上""后果特别严重"的情形。结合量刑情节，判处李丙龙有期徒刑五年。一审宣判后，被告人李丙龙提出上诉，经上海市第一中级人民法院终审裁定，维持原判。

要旨

以修改域名解析服务器指向的方式劫持域名，造成计算机信息系统不能正常运行，是破坏计算机信息系统的行为。

指导意义

修改域名解析服务器指向，强制用户偏离目标网站或网页进入指定网站或网页，是典型的域名劫持行为。行为人使用恶意代码修改目标网站域名解析服务器，目标网站域名被恶意解析到其他 IP 地址，无法正常发挥网站服务功能，这种行为实质是对计算机信息系统功能的修改、干扰，符合刑法第二百八十六条第一款"对计算机信息系统功能进行删除、修改、增加、干扰"的规定。根据《最高人民法院　最高人民检察院关于办理危害计算机信息系统安全刑事案件应用法律若干问题的解释》第四条的规定，造成为一万以上用户提供服务的计算机信息系统不能正常运行累计一小时以上的，属于"后果严重"，应以破坏计算机信息系统罪论处；造成为五万以上用户提供服务的计算机信息系统不能正常运行累计一小时以上的，属于"后果特别严重"。

认定遭受破坏的计算机信息系统服务用户数，可以根据计算机信息系统的功能和使用特点，结合网站注册用户、浏览用户等具体情况，作出客观判断。

相关法律规定

中华人民共和国刑法

第二百八十六条　违反国家规定，对计算机信息系统功能进行删除、修改、增加、干扰，造成计算机信息系统不能正常运行，后果严重的，处五年以下有期徒刑或者拘役；后果特别严重的，处五年以上有期徒刑。

最高人民法院、最高人民检察院关于办理危害计算机信息系统安全刑事案件应用法律若干问题的解释

第四条　破坏计算机信息系统功能、数据或者应用程序，具有下列情形之一的，应当认定为刑法第二百八十六条第一款和第二款规定的"后果严重"：

……

（四）造成为一百台以上计算机信息系统提供域名解析、身份认证、计费等基础服务或者为一万以上用户提供服务的计算机信息系统不能正常运行累计一小时以上的；

……

实施前款规定行为，具有下列情形之一的，应当认定为破坏计算机信息系统"后果特别严重"：

……

（二）造成为五百台以上计算机信息系统提供域名解析、身份认证、计费等基础服务或者为五万以上用户提供服务的计算机信息系统不能正常运行累计一小时以上的；

……

李骏杰等破坏计算机信息系统案

（检例第 34 号）

关键词

破坏计算机信息系统　删改购物评价　购物网站评价系统

基本案情

被告人李骏杰，男，1985 年 7 月生，原系浙江杭州某网络公司员工。

被告人胡榕，男，1975 年 1 月生，原系江西省九江市公安局民警。

被告人黄福权，男，1987 年 9 月生，务工。

被告人董伟，男，1983 年 5 月生，无业。

被告人王凤昭，女，1988 年 11 月生，务工。

2011 年 5 月至 2012 年 12 月，被告人李骏杰在工作单位及自己家中，单独或伙同他人通过聊天软件联系需要修改中差评的某购物网站卖家，并从被告人黄福权等处购买发表中差评的该购物网站买家信息 300 余条。李骏杰冒用买家身份，骗取客服审核通过后重置账号密码，登录该购物网站内部评价系统，删改买家的中差评 347 个，获利 9 万余元。

经查：被告人胡榕利用职务之便，将获取的公民个人信息分别出售给被告人黄福权、董伟、王凤昭。

2012 年 12 月 11 日，被告人李骏杰被公安机关抓获归案。此后，因涉嫌出售公民个人信息、非法获取公民个人信息，被告人胡榕、黄福权、董伟、王凤昭等人也被公安机关先后抓获。

诉讼过程和结果

本案由浙江省杭州市滨江区人民检察院于 2014 年 3 月 24 日以被告人李骏杰犯破

坏计算机信息系统罪、被告人胡榕犯出售公民个人信息罪、被告人黄福权等人犯非法获取公民个人信息罪，向浙江省杭州市滨江区人民法院提起公诉。2015 年 1 月 12 日，杭州市滨江区人民法院作出判决，认定被告人李骏杰的行为构成破坏计算机信息系统罪，判处有期徒刑五年；被告人胡榕的行为构成出售公民个人信息罪，判处有期徒刑十个月，并处罚金人民币二万元；被告人黄福权、董伟、王凤昭的行为构成非法获取公民个人信息罪，分别判处有期徒刑、拘役，并处罚金。一审宣判后，被告人董伟提出上诉。杭州市中级人民法院二审裁定驳回上诉，维持原判。判决已生效。

要　旨

冒用购物网站买家身份进入网站内部评价系统删改购物评价，属于对计算机信息系统内存储数据进行修改操作，应当认定为破坏计算机信息系统的行为。

指导意义

购物网站评价系统是对店铺销量、买家评价等多方面因素进行综合计算分值的系统，其内部储存的数据直接影响到搜索流量分配、推荐排名、营销活动报名资格、同类商品在消费者购买比较时的公平性等。买家在购买商品后，根据用户体验对所购商品分别给出好评、中评、差评三种不同评价。所有的评价都是以数据形式存储于买家评价系统之中，成为整个购物网站计算机信息系统整体数据的重要组成部分。

侵入评价系统删改购物评价，其实质是对计算机信息系统内存储的数据进行删除、修改操作的行为。这种行为危害到计算机信息系统数据采集和流量分配体系运行，使网站注册商户及其商品、服务的搜索受到影响，导致网站商品、服务评价功能无法正常运作，侵害了购物网站所属公司的信息系统安全和消费者的知情权。行为人因删除、修改某购物网站中差评数据违法所得 25000 元以上，构成破坏计算机信息系统罪，属于"后果特别严重"的情形，应当依法判处五年以上有期徒刑。

相关法律规定

中华人民共和国刑法

第二百八十六条　违反国家规定，对计算机信息系统功能进行删除、修改、增加、干扰，造成计算机信息系统不能正常运行，后果严重的，处五年以下有期徒刑或者拘役；后果特别严重的，处五年以上有期徒刑。

违反国家规定，对计算机信息系统中存储、处理或者传输的数据和应用程序进行删除、修改、增加的操作，后果严重的，依照前款的规定处罚。

最高人民法院、最高人民检察院关于办理危害计算机信息系统安全刑事案件应用法律若干问题的解释

第四条　破坏计算机信息系统功能、数据或者应用程序，具有下列情形之一的，

应当认定为刑法第二百八十六条第一款和第二款规定的"后果严重":

......

（三）违法所得五千元以上或者造成经济损失一万元以上的；

......

实施前款规定行为，具有下列情形之一的，应当认定为破坏计算机信息系统"后果特别严重"：

（一）数量或者数额达到前款第（一）项至第（三）项规定标准五倍以上的；

......

计算机信息网络国际联网安全保护管理办法

第六条　任何单位和个人不得从事下列危害计算机信息网络安全的活动：

（一）未经允许，进入计算机信息网络或者使用计算机信息网络资源的；

（二）未经允许，对计算机信息网络功能进行删除、修改或者增加的；

（三）未经允许，对计算机信息网络中存储、处理或者传输的数据和应用程序进行删除、修改或者增加的；

（四）故意制作、传播计算机病毒等破坏性程序的；

（五）其他危害计算机信息网络安全的。

曾兴亮、王玉生破坏计算机信息系统案

（检例第 35 号）

关键词

破坏计算机信息系统　智能手机终端　远程锁定

基本案情

被告人曾兴亮，男，1997 年 8 月生，农民。

被告人王玉生，男，1992 年 2 月生，农民。

2016 年 10 月至 11 月，被告人曾兴亮与王玉生结伙或者单独使用聊天社交软件，冒充年轻女性与被害人聊天，谎称自己的苹果手机因故障无法登录"iCloud"（云存储），请被害人代为登录，诱骗被害人先注销其苹果手机上原有的 ID，再使用被告人提供的 ID 及密码登录。随后，曾、王二人立即在电脑上使用新的 ID 及密码登录苹果官方网站，利用苹果手机相关功能将被害人的手机设置修改，并使用"密码保护问题"修改该 ID 的密码，从而远程锁定被害人的苹果手机。曾、王二人再在其个人电脑上，用网络聊天软件与被害人联系，以解锁为条件索要钱财。采用这种方式，曾兴亮单独或合伙作案共21起，涉及苹果手机22部，锁定苹果手机21部，索得人民币合计7290元；王玉生参与作案12起，涉及苹果手机12部，锁定苹果手机11部，索得人民币合计4750元。2016年11月24日，二人被公安机关抓获。

诉讼过程和结果

本案由江苏省海安县人民检察院于2016年12月23日以被告人曾兴亮、王玉生犯破坏计算机信息系统罪向海安县人民法院提起公诉。2017年1月20日，海安县人民法院作出判决，认定被告人曾兴亮、王玉生的行为构成破坏计算机信息系统罪，分别判处有期徒刑一年三个月、有期徒刑六个月。一审宣判后，二被告人未上诉，判决已生效。

要旨

智能手机终端，应当认定为刑法保护的计算机信息系统。锁定智能手机导致不能使用的行为，可认定为破坏计算机信息系统。

指导意义

计算机信息系统包括计算机、网络设备、通信设备、自动化控制设备等。智能手机和计算机一样，使用独立的操作系统、独立的运行空间，可以由用户自行安装软件等程序，并可以通过移动通信网络实现无线网络接入，应当认定为刑法上的"计算机信息系统"。

行为人通过修改被害人手机的登录密码，远程锁定被害人的智能手机设备，使之成为无法开机的"僵尸机"，属于对计算机信息系统功能进行修改、干扰的行为。造成10台以上智能手机系统不能正常运行，符合刑法第二百八十六条破坏计算机信息系统罪构成要件中"对计算机信息系统功能进行修改、干扰""后果严重"的情形，构成破坏计算机信息系统罪。

行为人采用非法手段锁定手机后以解锁为条件，索要钱财，在数额较大或多次敲诈的情况下，其目的行为又构成敲诈勒索罪。在这类犯罪案件中，手段行为构成的破坏计算机信息系统罪与目的行为构成的敲诈勒索罪之间成立牵连犯。牵连犯应当从一重罪处断。破坏计算机信息系统罪后果严重的情况下，法定刑为五年以下有期徒刑或者拘役；敲诈勒索罪在数额较大的情况下，法定刑为三年以下有期徒刑、拘役或者管制，并处或者单处罚金。本案应以重罪即破坏计算机信息系统罪论处。

相关法律规定

中华人民共和国刑法

第二百八十六条　违反国家规定，对计算机信息系统功能进行删除、修改、增加、干扰,造成计算机信息系统不能正常运行,后果严重的,处五年以下有期徒刑或者拘役；

后果特别严重的，处五年以上有期徒刑。

第二百七十四条　敲诈勒索公私财物，数额较大或者多次敲诈勒索的，处三年以下有期徒刑、拘役或者管制，并处或者单处罚金；数额巨大或者有其他严重情节的，处三年以上十年以下有期徒刑，并处罚金；数额特别巨大或者有其他特别严重情节的，处十年以上有期徒刑，并处罚金。

最高人民法院、最高人民检察院关于办理危害计算机信息系统安全刑事案件应用法律若干问题的解释

第十一条　本解释所称"计算机信息系统"和"计算机系统"，是指具备自动处理数据功能的系统，包括计算机、网络设备、通信设备、自动化控制设备等。

……

最高人民法院、最高人民检察院关于办理敲诈勒索刑事案件适用法律若干问题的解释

第一条　敲诈勒索公私财物价值二千元至五千元以上、三万元至十万元以上、三十万元至五十万元以上的，应当分别认定为刑法第二百七十四条规定的"数额较大""数额巨大""数额特别巨大"。

各省、自治区、直辖市高级人民法院、人民检察院可以根据本地区经济发展状况和社会治安状况，在前款规定的数额幅度内，共同研究确定本地区执行的具体数额标准，报最高人民法院、最高人民检察院批准。

江苏省高级人民法院、江苏省人民检察院、江苏省公安厅关于我省执行敲诈勒索公私财物"数额较大""数额巨大""数额特别巨大"标准的意见

根据《最高人民法院　最高人民检察院关于办理敲诈勒索刑事案件适用法律若干问题的解释》的规定，结合我省经济发展和社会治安实际状况，确定我省执行刑法第二百七十四条规定的敲诈勒索公私财物"数额较大""数额巨大""数额特别巨大"标准如下：

一、敲诈勒索公私财物价值人民币四千元以上的，为"数额较大"；

二、敲诈勒索公私财物价值人民币六万元以上的，为"数额巨大"；

……

卫梦龙、龚旭、薛东东非法获取
计算机信息系统数据案

（检例第 36 号）

关键词

非法获取计算机信息系统数据　超出授权范围登录　侵入计算机信息系统

基本案情

被告人卫梦龙，男，1987 年 10 月生，原系北京某公司经理。

被告人龚旭，女，1983 年 9 月生，原系北京某大型网络公司运营规划管理部员工。

被告人薛东东，男，1989 年 12 月生，无固定职业。

被告人卫梦龙曾于 2012 年至 2014 年在北京某大型网络公司工作，被告人龚旭供职于该大型网络公司运营规划管理部，两人原系同事。被告人薛东东系卫梦龙商业合作伙伴。

因工作需要，龚旭拥有登录该大型网络公司内部管理开发系统的账号、密码、Token 令牌（计算机身份认证令牌），具有查看工作范围内相关数据信息的权限。但该大型网络公司禁止员工私自在内部管理开发系统查看、下载非工作范围内的电子数据信息。

2016 年 6 月至 9 月，经事先合谋，龚旭向卫梦龙提供自己所掌握的该大型网络公司内部管理开发系统账号、密码、Token 令牌。卫梦龙利用龚旭提供的账号、密码、Token 令牌，违反规定多次在异地登录该大型网络公司内部管理开发系统，查询、下载该计算机信息系统中储存的电子数据。后卫梦龙将非法获取的电子数据交由薛东东通过互联网出售牟利，违法所得共计 37000 元。

诉讼过程和结果

本案由北京市海淀区人民检察院于 2017 年 2 月 9 日以被告人卫梦龙、龚旭、薛东东犯非法获取计算机信息系统数据罪，向北京市海淀区人民法院提起公诉。6 月 6 日，北京市海淀区人民法院作出判决，认定被告人卫梦龙、龚旭、薛东东的行为构成非法获取计算机信息系统数据罪，情节特别严重。判处卫梦龙有期徒刑四年，并处罚金人民币四万元；判处龚旭有期徒刑三年九个月，并处罚金人民币四万元；判处薛东东有期徒刑四年，并处罚金人民币四万元。一审宣判后，三被告人未上诉，判决已生效。

要　旨

超出授权范围使用账号、密码登录计算机信息系统，属于侵入计算机信息系统的行为；侵入计算机信息系统后下载其储存的数据，可以认定为非法获取计算机信息系统数据。

指导意义

非法获取计算机信息系统数据罪中的"侵入"，是指违背被害人意愿、非法进入计算机信息系统的行为。其表现形式既包括采用技术手段破坏系统防护进入计算机信息系统，也包括未取得被害人授权擅自进入计算机信息系统，还包括超出被害人授权范围进入计算机信息系统。

本案中，被告人龚旭将自己因工作需要掌握的本公司账号、密码、Token 令牌等交由卫梦龙登录该公司管理开发系统获取数据，虽不属于通过技术手段侵入计算机信息系统，但内外勾结擅自登录公司内部管理开发系统下载数据，明显超出正常授权范围。超出授权范围使用账号、密码、Token 令牌登录系统，也属于侵入计算机信息系统的行为。行为人违反《计算机信息系统安全保护条例》第七条、《计算机信息网络国际联网安全保护管理办法》第六条第一项等国家规定，实施了非法侵入并下载获取计算机信息系统中存储的数据的行为，构成非法获取计算机信息系统数据罪。按照2011 年《最高人民法院　最高人民检察院关于办理危害计算机信息系统安全刑事案件应用法律若干问题的解释》规定，构成犯罪，违法所得二万五千元以上，应当认定为"情节特别严重"，处三年以上七年以下有期徒刑，并处罚金。

相关法律规定

中华人民共和国刑法

第二百八十五条　违反国家规定，侵入国家事务、国防建设、尖端科学技术领域的计算机信息系统的，处三年以下有期徒刑或者拘役。

违反国家规定，侵入前款规定以外的计算机信息系统或者采用其他技术手段，获取该计算机信息系统中存储、处理或者传输的数据，或者对该计算机信息系统实施非法控制，情节严重的，处三年以下有期徒刑或者拘役，并处或者单处罚金；情节特别严重的，处三年以上七年以下有期徒刑，并处罚金。

最高人民法院、最高人民检察院关于办理危害计算机信息系统安全刑事案件应用法律若干问题的解释

第一条　非法获取计算机信息系统数据或者非法控制计算机信息系统，具有下列情形之一的，应当认定为刑法第二百八十五条第二款规定的"情节严重"：

……

（四）违法所得五千元以上或者造成经济损失一万元以上的；

……

实施前款规定行为，具有下列情形之一的，应当认定为刑法第二百八十五条第二款规定的"情节特别严重"：

（一）数量或者数额达到前款第（一）项至第（四）项规定标准五倍以上的；

……

中华人民共和国计算机信息系统安全保护条例

第七条　任何组织或者个人，不得利用计算机信息系统从事危害国家利益、集体利益和公民合法利益的活动，不得危害计算机信息系统的安全。

计算机信息网络国际联网安全保护管理办法

第六条　任何单位和个人不得从事下列危害计算机信息网络安全的活动：

（一）未经允许，进入计算机信息网络或者使用计算机信息网络资源的；

（二）未经允许，对计算机信息网络功能进行删除、修改或者增加的；

（三）未经允许，对计算机信息网络中存储、处理或者传输的数据和应用程序进行删除、修改或者增加的；

（四）故意制作、传播计算机病毒等破坏性程序的；

（五）其他危害计算机信息网络安全的。

张四毛盗窃案

（检例第 37 号）

关键词

盗窃　网络域名　财产属性　域名价值

基本案情

被告人张四毛，男，1989 年 7 月生，无业。

2009 年 5 月，被害人陈某在大连市西岗区登录网络域名注册网站，以人民币 11.85 万元竞拍取得"www.8.cc"域名，并交由域名维护公司维护。

被告人张四毛预谋窃取陈某拥有的域名"www.8.cc"，其先利用技术手段破解该域名所绑定的邮箱密码，后将该网络域名转移绑定到自己的邮箱上。2010 年 8 月 6 日，张四毛将该域名从原有的维护公司转移到自己在另一网络公司申请的 ID 上，又于 2011 年 3 月 16 日将该网络域名再次转移到张四毛冒用"龙嫦"身份申请的 ID 上，并更换绑定邮箱。2011 年 6 月，张四毛在网上域名交易平台将网络域名"www.8.cc"以人民币 12.5 万元出售给李某。2015 年 9 月 29 日，张四毛被公安机关抓获。

诉讼过程和结果

本案由辽宁省大连市西岗区人民检察院于 2016 年 3 月 22 日以被告人张四毛犯盗窃罪向大连市西岗区人民法院提起公诉。2016 年 5 月 5 日，大连市西岗区人民法院作出判决，认定被告人张四毛的行为构成盗窃罪，判处有期徒刑四年七个月，并处罚金人民币五万元。一审宣判后，当事人未上诉，判决已生效。

要　旨

网络域名具备法律意义上的财产属性，盗窃网络域名可以认定为盗窃行为。

指导意义

网络域名是网络用户进入门户网站的一种便捷途径，是吸引网络用户进入其网站的窗口。网络域名注册人注册了某域名后，该域名将不能再被其他人申请注册并使用，因此网络域名具有专属性和唯一性。网络域名属稀缺资源，其所有人可以对域名行使出售、变更、注销、抛弃等处分权利。网络域名具有市场交换价值，所有人可以以货币形式进行交易。通过合法途径获得的网络域名，其注册人利益受法律承认和保护。本案中，行为人利用技术手段，通过变更网络域名绑定邮箱及注册 ID，实现了对域名的非法占有，并使原所有人丧失了对网络域名的合法占有和控制，其目的是非法获取网络域名的财产价值，其行为给网络域名的所有人带来直接的经济损失。该行为符合以非法占有为目的窃取他人财产利益的盗窃罪本质属性，应以盗窃罪论处。对于网络域名的价值，当前可综合考虑网络域名的购入价、销赃价、域名升值潜力、市场热度等综合认定。

相关法律规定

中华人民共和国刑法

第二百六十四条　盗窃公私财物，数额较大的，或者多次盗窃、入户盗窃、携带凶器盗窃、扒窃的，处三年以下有期徒刑、拘役或者管制，并处或者单处罚金；数额巨大或者有其他严重情节的，处三年以上十年以下有期徒刑，并处罚金；数额特别巨大或者有其他特别严重情节的，处十年以上有期徒刑或者无期徒刑，并处罚金或者没收财产。

中国互联网络域名管理办法 *

第二十八条　域名注册申请者应当提交真实、准确、完整的域名注册信息，并与域名注册服务机构签订用户注册协议。

域名注册完成后，域名注册申请者即成为其注册域名的持有者。

第二十九条　域名持有者应当遵守国家有关互联网络的法律、行政法规和规章。

因持有或使用域名而侵害他人合法权益的责任，由域名持有者承担。

第三十条　注册域名应当按期缴纳域名运行费用。域名注册管理机构应当制定具体的域名运行费用收费办法，并报信息产业部备案。

董亮等四人诈骗案

（检例第 38 号）

关键词

诈骗　自我交易　打车软件　骗取补贴

基本案情

被告人董亮，男，1981 年 9 月生，无固定职业。

被告人谈申贤，男，1984 年 7 月生，无固定职业。

被告人高炯，男，1974 年 12 月生，无固定职业。

被告人宋瑞华，女，1977 年 4 月生，原系上海杨浦火车站员工。

2015 年，某网约车平台注册登记司机董亮、谈申贤、高炯、宋瑞华，分别用购买、租赁未实名登记的手机号注册网约车乘客端，并在乘客端账户内预充打车费一二十元。随后，他们各自虚构用车订单，并用本人或其实际控制的其他司机端账户接单，发起较短距离用车需求，后又故意变更目的地延长乘车距离，致使应付车费大幅提高。由于乘客端账户预存打车费较少，无法支付全额车费。网约车公司为提升市场占有率，按照内部规定，在这种情况下由公司垫付车费，同样给予司机承接订单的补贴。四被告人采用这一手段，分别非法获取网约车公司垫付车费及公司给予司机承接订单的补贴。董亮获取 40664.94 元，谈申贤获取 14211.99 元，高炯获取 38943.01 元，宋瑞华获取 6627.43 元。

---

* 编者注：根据中华人民共和国工业和信息化部令第 43 号，《中国互联网络域名管理办法》自 2017 年 11 月 1 日起废止，现为《互联网域名管理办法》。

诉讼过程和结果

本案由上海市普陀区人民检察院于 2016 年 4 月 1 日以被告人董亮、谈申贤、高炯、宋瑞华犯诈骗罪向上海市普陀区人民法院提起公诉。2016 年 4 月 18 日，上海市普陀区人民法院作出判决，认定被告人董亮、谈申贤、高炯、宋瑞华的行为构成诈骗罪，综合考虑四被告人到案后能如实供述自己的罪行，依法可从轻处罚，四被告人家属均已代为全额退赔赃款，可酌情从轻处罚，分别判处被告人董亮有期徒刑一年，并处罚金人民币一千元；被告人谈申贤有期徒刑十个月，并处罚金人民币一千元；被告人高炯有期徒刑一年，并处罚金人民币一千元；被告人宋瑞华有期徒刑八个月，并处罚金人民币一千元；四被告人所得赃款依法发还被害单位。一审宣判后，四被告人未上诉，判决已生效。

要　旨

以非法占有为目的，采用自我交易方式，虚构提供服务事实，骗取互联网公司垫付费用及订单补贴，数额较大的行为，应认定为诈骗罪。

指导意义

当前，网络约车、网络订餐等互联网经济新形态发展迅速。一些互联网公司为抢占市场，以提供订单补贴的形式吸引客户参与。某些不法分子采取违法手段，骗取互联网公司给予的补贴，数额较大的，可以构成诈骗罪。

在网络约车中，行为人以非法占有为目的，通过网约车平台与网约车公司进行交流，发出虚构的用车需求，使网约车公司误认为是符合公司补贴规则的订单，基于错误认识，给予行为人垫付车费及订单补贴的行为，符合诈骗罪的本质特征，是诈骗罪的一种新型表现形式。

相关法律规定

中华人民共和国刑法

第二百六十六条　诈骗公私财物，数额较大的，处三年以下有期徒刑、拘役或者管制，并处或者单处罚金；数额巨大或者有其他严重情节的，处三年以上十年以下有期徒刑，并处罚金；数额特别巨大或者有其他特别严重情节的，处十年以上有期徒刑或者无期徒刑，并处罚金或者没收财产。本法另有规定的，依照规定。

第十批指导性案例

朱炜明操纵证券市场案

（检例第 39 号）

关键词

操纵证券市场　"抢帽子"交易　公开荐股

基本案情

被告人朱炜明，男，1982 年 7 月出生，原系国开证券有限责任公司上海龙华西路证券营业部（以下简称国开证券营业部）证券经纪人，上海电视台第一财经频道《谈股论金》节目（以下简称《谈股论金》节目）特邀嘉宾。

2013 年 2 月 1 日至 2014 年 8 月 26 日，被告人朱炜明在任国开证券营业部证券经纪人期间，先后多次在其担任特邀嘉宾的《谈股论金》电视节目播出前，使用实际控制的三个证券账户买入多只股票，于当日或次日在《谈股论金》节目播出中，以特邀嘉宾身份对其先期买入的股票进行公开评价、预测及推介，并于节目首播后一至二个交易日内抛售相关股票，人为地影响前述股票的交易量和交易价格，获取利益。经查，其买入股票交易金额共计人民币 2094.22 万余元，卖出股票交易金额共计人民币 2169.70 万余元，非法获利 75.48 万余元。

要　旨

证券公司、证券咨询机构、专业中介机构及其工作人员违背从业禁止规定，买卖或者持有证券，并在对相关证券作出公开评价、预测或者投资建议后，通过预期的市场波动反向操作，谋取利益，情节严重的，以操纵证券市场罪追究其刑事责任。

指控与证明犯罪

2016 年 11 月 29 日，上海市公安局以朱炜明涉嫌操纵证券市场罪移送上海市人民检察院第一分院审查起诉。

审查起诉阶段，朱炜明辩称：1. 涉案账户系其父亲朱某实际控制，其本人并未建议和参与相关涉案股票的买卖；2.节目播出时，已隐去股票名称和代码，仅展示 K 线图、描述股票特征及信息，不属于公开评价、预测、推介个股；3.涉案账户资金系家庭共同财产，其本人并未从中受益。

检察机关审查认为，现有证据足以认定犯罪嫌疑人在媒体上公开进行了股票推介行为，并且涉案账户在公开推介前后进行了涉案股票反向操作。但是，犯罪嫌疑人与涉案账户的实际控制关系，公开推介是否构成"抢帽子"交易操纵中的"公开荐股"以及行为能否认定为"操纵证券市场"等问题，有待进一步查证。针对需要进一步查证的问题，上海市人民检察院第一分院分别于 2017 年 1 月 13 日、3 月 24 日二次将案件退回上海市公安局补充侦查，要求公安机关补充查证犯罪嫌疑人的淘宝、网银等 IP 地址、MAC 地址（硬件设备地址，用来定义网络设备的位置），并与涉案账户证券交易 IP 地址做筛选比对；将涉案账户资金出入与犯罪嫌疑人个人账户资金往来做关联比对；进一步对其父朱某在关键细节上做针对性询问，以核实朱炜明的辩解；由证券监管部门对本案犯罪嫌疑人的行为是否构成"公开荐股""操纵证券市场"提出认定意见。

经补充侦查，上海市公安局进一步收集了朱炜明父亲朱某等证人证言、中国证监会对朱炜明操纵证券市场行为性质的认定函、司法会计鉴定意见书等证据。中国证监会出具的认定函认定：2013 年 2 月 1 日至 2014 年 8 月 26 日，朱炜明在《谈股论金》节目中通过明示股票名称或描述股票特征的方法，对 15 只股票进行公开评价和预测。朱炜明通过其控制的三个证券账户在节目播出前一至二个交易日或当天买入推荐的股票，交易金额 2094.22 万余元，并于节目播出后一至二个交易日内卖出上述股票，交易金额 2169.70 万余元，获利 75.48 万余元。朱炜明所荐股票次日交易价量明显上涨，偏离行业板块和大盘走势。其行为构成操纵证券市场，扰乱了证券市场秩序，并造成了严重社会影响。

结合补充收集的证据，上海市人民检察院第一分院办案人员再次提讯朱炜明，并听取其辩护律师意见。朱炜明在展示的证据面前，承认其在节目中公开荐股，称其明知所推荐股票价格在节目播出后会有所上升，故在公开荐股前建议其父朱某买入涉案 15 只股票，并在节目播出后随即卖出，以牟取利益。但对于指控其实际控制涉案账户买卖股票的事实予以否认。

针对其辩解，办案人员将相关证据向朱炜明及其辩护人出示，并一一阐明证据与朱炜明行为之间的证明关系。1.账户登录、交易 IP 地址大量位于朱炜明所在的办公地点，与朱炜明出行等电脑数据轨迹一致。例如，2014 年 7 月 17 日、18 日，涉案的朱某证券账户登录、交易 IP 地址在重庆，与朱炜明的出行记录一致。2.涉案三个账户之间与朱炜明个人账户资金往来频繁，初始资金有部分来自朱炜明账户，转出资金中有部分转入朱炜明银行账户后由其消费，证明涉案账户资金由朱炜明控制。经过上述证据展示，朱炜明对自己实施"抢帽子"交易操纵他人证券账户买卖股票牟利的事实供认不讳。

2017 年 5 月 18 日，上海市人民检察院第一分院以被告人朱炜明犯操纵证券市场罪向上海市第一中级人民法院提起公诉。7 月 20 日，上海市第一中级人民法院公开开庭审理了本案。

法庭调查阶段，公诉人宣读起诉书指控被告人朱炜明违反从业禁止规定，以"抢帽子"交易的手段操纵证券市场谋取利益，其行为构成操纵证券市场罪。对以上指控的犯罪事实，公诉人出示了四组证据予以证明：

一是关于被告人朱炜明主体身份情况的证据。包括：1. 国开证券公司与朱炜明签订的劳动合同、委托代理合同等工作关系书证；2.《谈股论金》节目编辑陈某等证人证言；3. 户籍资料、从业资格证书等书证；4. 被告人朱炜明的供述。证明：朱炜明于 2013 年 2 月至 2014 年 8 月担任国开证券营业部证券经纪人期间，先后多次受邀担任《谈股论金》节目特邀嘉宾。

二是关于涉案账户登录异常的证据。包括：1. 证人朱某等证人的证言；2. 朱炜明出入境及国内出行记录等书证；3. 司法会计鉴定意见书、搜查笔录等；4. 被告人朱炜明的供述。证明：2013 年 2 月至 2014 年 8 月，"朱某""孙某""张某"三个涉案证券账户的实际控制人为朱炜明。

三是关于涉案账户交易异常的证据。包括：1. 证人陈某等证人的证言；2. 证监会行政处罚决定书及相关认定意见、调查报告等书证；3. 司法会计鉴定意见书；4. 节目视频拷贝光盘、QQ 群聊天记录等视听资料、电子数据；5. 被告人朱炜明的供述。证明：朱炜明在节目中推荐的 15 只股票，均被其在节目播出前一至二个交易日或播出当天买入，并于节目播出后一至二个交易日内卖出。

四是关于涉案证券账户资金来源及获利的证据。包括：1. 证人朱某的证言；2. 证监会查询通知书等书证；3. 司法会计鉴定意见书等；4. 被告人朱炜明的供述。证明：朱炜明在公开推荐股票后，股票交易量、交易价格涨幅明显。"朱某""孙某""张某"三个证券账户交易初始资金大部分来自朱炜明，且与朱炜明个人账户资金往来频繁。上述账户在涉案期间累计交易金额人民币 4263.92 万余元，获利人民币 75.48 万余元。

法庭辩论阶段，公诉人发表公诉意见：

第一，关于本案定性。证券公司、证券咨询机构、专业中介机构及其工作人员，买卖或者持有相关证券，并对该证券或其发行人、上市公司公开作出评价、预测或者投资建议，以便通过期待的市场波动取得经济利益的行为是"抢帽子"交易操纵行为。根据刑法第一百八十二条第一款第（四）项的规定，属于"以其他方法操纵"证券市场，情节严重的，构成操纵证券市场罪。

第二，关于控制他人账户的认定。综合本案证据，可以认定朱炜明通过实际控制的"朱某""孙某""张某"三个证券账户在公开荐股前买入涉案 15 只股票，荐股后随即卖出牟取利益，涉案股票价量均因荐股有实际影响，朱炜明实际获利

75 万余元。

第三，关于公开荐股的认定。结合证据，朱炜明在电视节目中，或明示股票名称，或介绍股票标识性信息、展示 K 线图等，投资者可以依据上述信息确定涉案股票名称，系在电视节目中对涉案股票公开作出评价、预测、推介，可以认定构成公开荐股。

第四，关于本案量刑建议。根据刑法第一百八十二条的规定，被告人朱炜明的行为构成操纵证券市场罪，依法应在五年以下有期徒刑至拘役之间量刑，并处违法所得一倍以上五倍以下罚金。建议对被告人朱炜明酌情判处三年以下有期徒刑，并处违法所得一倍以上的罚金。

被告人朱炜明及其辩护人对公诉意见没有异议，被告人当庭表示愿意退缴违法所得。辩护人提出，考虑被告人认罪态度好，建议从轻处罚。

法庭经审理，认定公诉人提交的证据能够相互印证，予以确认。综合考虑全案犯罪事实、情节，对朱炜明处以相应刑罚。2017 年 7 月 28 日，上海市第一中级人民法院作出一审判决，以操纵证券市场罪判处被告人朱炜明有期徒刑十一个月，并处罚金人民币 76 万元，其违法所得予以没收。一审宣判后，被告人未上诉，判决已生效。

指导意义

证券公司、证券咨询机构、专业中介机构及其工作人员，违反规定买卖或者持有相关证券后，对该证券或者其发行人、上市公司作出公开评价、预测或者提出投资建议，通过期待的市场波动谋取利益的，构成"抢帽子"交易操纵行为。发布投资咨询意见的机构或者证券从业人员往往具有一定的社会知名度，他们借助影响力较大的传播平台发布诱导性信息，容易对普通投资者交易决策产生影响。其在发布信息后，又利用证券价格波动实施与投资者反向交易的行为获利，破坏了证券市场管理秩序，违反了证券市场公开、公平、公正原则，具有较大的社会危害性，情节严重的，构成操纵证券市场罪。

证券犯罪具有专业性、隐蔽性、间接性等特征，检察机关办理该类案件时，应当根据证券犯罪案件特点，引导公安机关从证券交易记录、资金流向等问题切入，全面收集涉及犯罪的书证、电子数据、证人证言等证据，并结合案件特点开展证据审查。对书证，要重点审查涉及证券交易记录的凭据，有关交易数量、交易额、成交价格、资金走向等证据。对电子数据，要重点审查收集程序是否合法，是否采取必要的保全措施，是否经过篡改，是否感染病毒等。对证人证言，要重点审查证人与犯罪嫌疑人的关系，证言能否与客观证据相印证等。

办案中，犯罪嫌疑人或被告人及其辩护人经常会提出涉案账户实际控制人及操作人非其本人的辩解。对此，检察机关可以通过行为人资金往来记录，MAC 地址（硬件设备地址）、IP 地址与互联网访问轨迹的重合度与连贯性，身份关系和资金关系的紧密度，涉案股票买卖与公开荐股在时间及资金比例上的高度关联性，相关证人证言在细节上是否吻合等入手，构建严密证据体系，确定被告人与涉案账户的实际控制关系。

非法证券活动涉嫌犯罪的案件，来源往往是证券监管部门向公安机关移送。审查案件过程中，人民检察院可以与证券监管部门加强联系和沟通。证券监管部门在行政执法和查办案件中收集的物证、书证、视听资料、电子数据等证据材料，在刑事诉讼中可以作为证据使用。检察机关通过办理证券犯罪案件，可以建议证券监管部门针对案件反映出的问题，加强资本市场监管和相关制度建设。

相关规定

《中华人民共和国刑法》第一百八十二条。

《最高人民检察院　公安部关于公安机关管辖的刑事案件立案追诉标准的规定（二）》第三十九条。

周辉集资诈骗案

（检例第 40 号）

关键词

集资诈骗　非法占有目的　网络借贷信息中介机构

基本案情

被告人周辉，男，1982 年 2 月出生，原系浙江省衢州市中宝投资有限公司（以下简称中宝投资公司）法定代表人。

2011 年 2 月，被告人周辉注册成立中宝投资公司，担任法定代表人。公司上线运营"中宝投资"网络平台，借款人（发标人）在网络平台注册、缴纳会费后，可发布各种招标信息，吸引投资人投资。投资人在网络平台注册成为会员后可参与投标，通过银行汇款、支付宝、财付通等方式将投资款汇至周辉公布在网站上的 8 个个人账户或第三方支付平台账户。借款人可直接从周辉处取得所融资金。项目完成后，借款人返还资金，周辉将收益给予投标人。

运行前期，周辉通过网络平台为 13 个借款人提供总金额约 170 万余元的融资服务，因部分借款人未能还清借款造成公司亏损。此后，周辉除用本人真实身份信息在公司网络平台注册 2 个会员外，自 2011 年 5 月至 2013 年 12 月陆续虚构 34 个借款人，并利用上述虚假身份自行发布大量虚假抵押标、宝石标等，以支付投资人约20%的年化收益率及额外奖励等为诱饵，向社会不特定公众募集资金。所募资金未进入公司账户，全部由周辉个人掌控和支配。除部分用于归还投资人到期的本金及收益外，其余主要用于购买房产、高档车辆、首饰等。这些资产绝大部分登记在周辉名下或供周辉个人使用。2011年5月至案发，周辉通过中宝投资网络平台累计向全国1586名不特定对象非法集资共计10.3亿余元，除支付本金及收益回报6.91亿余元外，尚有3.56亿余元无法归还。案发后，公安机关从周辉控制的银行账户内扣押现金1.80亿余元。

要　旨

网络借贷信息中介机构或其控制人，利用网络借贷平台发布虚假信息，非法建立资金池募集资金，所得资金大部分未用于生产经营活动，主要用于借新还旧和个人挥霍，无法归还所募资金数额巨大，应认定为具有非法占有目的，以集资诈骗罪追究刑事责任。

指控与证明犯罪

2014年7月15日，浙江省衢州市公安局以周辉涉嫌集资诈骗罪移送衢州市人民检察院审查起诉。

审查起诉阶段，衢州市人民检察院审查了全案卷宗，讯问了犯罪嫌疑人。针对该案犯罪行为涉及面广，众多集资参与人财产遭受损失的情况，检察机关充分听取了辩护人和部分集资参与人意见，进一步核实了非法集资金额，对扣押的房产等作出司法鉴定或价格评估。针对辩护人提出的非法证据排除申请，检察机关审查后发现，涉案证据存在以下瑕疵：公安机关向部分证人取证时存在取证地点不符合刑事诉讼法规定以及个别辨认笔录缺乏见证人等情况。为此，检察机关要求公安机关予以补正或作出合理解释。公安机关作出情况说明：证人从外地赶来，经证人本人同意，取证在宾馆进行。关于此项情况说明，检察机关审查后予以采信。对于缺乏见证人的个别辨认笔录，检察机关审查后予以排除。

2015年1月19日，浙江省衢州市人民检察院以周辉犯集资诈骗罪向浙江省衢州市中级人民法院提起公诉。6月25日，衢州市中级人民法院公开开庭审理本案。

法庭调查阶段，公诉人宣读起诉书指控被告人周辉以高息为诱饵，虚构借款人和借款用途，利用网络P2P形式，面向社会公众吸收资金，主要用于个人肆意挥霍，其行为构成集资诈骗罪。对于指控的犯罪事实，公诉人出示了四组证据予以证明：一是被告人周辉的立案情况及基本信息；二是中宝投资公司的发标、招投标情况及相关证人证言；三是集资情况的证据，包括银行交易清单，司法会计鉴定意见书等；四是集资款的去向，包括购买车辆、房产等物证及相关证人证言。

法庭辩论阶段，公诉人发表公诉意见：被告人周辉注册网络借贷信息平台，早期从事少量融资信息服务。在公司亏损、经营难以为继的情况下，虚构借款人和借款标的，以欺诈方式面向不特定投资人吸收资金，自建资金池。在公安机关立案查处时，虽暂可通过"拆东墙补西墙"的方式偿还部分旧债维持周转，但根据其所募资金主要用于还本付息和个人肆意挥霍，未投入生产经营，不可能产生利润回报的事实，可以判断其后续资金缺口势必不断扩大，无法归还所募全部资金，故可以认定其具有非法占有的目的，应以集资诈骗罪对其定罪处罚。

辩护人提出：一是周辉行为系单位行为；二是周辉一直在偿还集资款，主观上不具有非法占有集资款的故意；三是周辉利用互联网从事P2P借贷融资，不构成集资诈骗罪，构成非法吸收公众存款罪。

公诉人针对辩护意见进行答辩：第一，中宝投资公司是由被告人周辉控制的一人公司，不具有经营实体，不具备单位意志，集资款未纳入公司财务进行核算，而是由周辉一人掌控和支配，因此周辉的行为不构成单位犯罪。第二，周辉本人主观上认识到资金不足，少量投资赚取的收益不足以支付许诺的高额回报，没有将集资款用于生产经营活动，而是主要用于个人肆意挥霍，其主观上对集资款具有非法占有的目的。第三，P2P网络借贷，是指个人利用中介机构的网络平台，将自己的资金出借给资金短缺者的商业模式。根据中国银行业监管委员会、工业和信息化部、公安部、国家互联网信息办公室制定的《网络借贷信息中介机构业务活动管理暂行办法》等监管规定，P2P作为新兴金融业态，必须明确其信息中介性质，平台本身不得提供担保，不得归集资金搞资金池，不得非法吸收公众资金。周辉吸收资金建资金池，不属于合法的P2P网络借贷。非法吸收公众存款罪与集资诈骗罪的区别，关键在于行为人对吸收的资金是否具有非法占有的目的。利用网络平台发布虚假高利借款标募集资金，采取借新还旧的手段，短期内募集大量资金，不用于生产经营活动，或者用于生产经营活动与筹集资金规模明显不成比例，致使集资款不能返还的，是典型的利用网络中介平台实施集资诈骗行为。本案中，周辉采用编造虚假借款人、虚假投标项目等欺骗手段集资，所融资金未投入生产经营，大量集资款被其个人肆意挥霍，具有明显的非法占有目的，其行为构成集资诈骗罪。

法庭经审理，认为公诉人出示的证据能够相互印证，予以确认。对周辉及其辩护人提出的不构成集资诈骗罪及本案属于单位犯罪的辩解、辩护意见，不予采纳。综合考虑犯罪事实和量刑情节，2015年8月14日，浙江省衢州市中级人民法院作出一审判决，以集资诈骗罪判处被告人周辉有期徒刑十五年，并处罚金人民币50万元。继续追缴违法所得，返还各集资参与人。

一审宣判后，浙江省衢州市人民检察院认为，被告人周辉非法集资10.3亿余元，属于刑法规定的集资诈骗数额特别巨大并且给人民利益造成特别重大损失的情形，依法应处无期徒刑或者死刑，并处没收财产，一审判决量刑过轻。2015年8月24日，向浙江省高级人民法院提出抗诉。被告人周辉不服一审判决，提出上诉。其上诉理由是量刑畸重，应判处缓刑。

本案二审期间，2015年8月29日，第十二届全国人大常委会第十六次会议审议通过了《中华人民共和国刑法修正案（九）》，删去《刑法》第一百九十九条关于犯集资诈骗罪"数额特别巨大并且给国家和人民利益造成特别重大损失的，处无期徒刑或者死刑，并处没收财产"的规定。刑法修正案（九）于2015年11月1日起施行。

浙江省高级人民法院经审理后认为，刑法修正案（九）取消了集资诈骗罪死刑的规定，根据从旧兼从轻原则，一审法院判处周辉有期徒刑十五年符合修订后的法律规定。上诉人周辉具有集资诈骗的主观故意及客观行为，原审定性准确。2016年4月29日，二审法院作出裁定，维持原判。终审判决作出后，周辉及其父亲不服判决提出申诉，浙江省高级人民法院受理申诉并经审查后，认为原判事实清楚，证据确实充分，定性准确，量刑适当，于2017年12月22日驳回申诉，维持原裁判。

指导意义

是否具有非法占有目的，是正确区分非法吸收公众存款罪和集资诈骗罪的关键。对非法占有目的的认定，应当围绕融资项目真实性、资金去向、归还能力等事实、证据进行综合判断。行为人将所吸收资金大部分未用于生产经营活动，或名义上投入生产经营，但又通过各种方式抽逃转移资金，或供其个人肆意挥霍，归还本息主要通过借新还旧来实现，造成数额巨大的募集资金无法归还的，可以认定具有非法占有的目的。

集资诈骗罪是近年来检察机关重点打击的金融犯罪之一。对该类犯罪，检察机关应着重从以下几个方面开展工作：一是强化证据审查。非法集资类案件由于参与人数多、涉及面广，受主客观因素影响，取证工作易出现瑕疵和问题。检察机关对重大复杂案件要及时介入侦查、引导取证。在审查案件中要强化对证据的审查，需要退回补充侦查或者自行补充侦查的，要及时退查或补查，建立起完整、牢固的证据锁链，夯实认定案件事实的证据基础。二是在法庭审理中要突出指控和证明犯罪的重点。要紧紧围绕集资诈骗罪构成要件，特别是行为人主观上具有非法占有目的、客观上以欺骗手段非法集资的事实梳理组合证据，运用完整的证据体系对认定犯罪的关键事实予以清晰证明。三是要将办理案件与追赃挽损相结合。检察机关办理相关案件，要积极配合公安机关、人民法院依法开展追赃挽损、资产处置等工作，最大限度减少人民群众的实际损失。四是要结合办案开展以案释法，增强社会公众的法治观念和风险防范意识，有效预防相关犯罪的发生。

相关规定

《中华人民共和国刑法》第一百九十二条。

《最高人民法院关于审理非法集资刑事案件具体应用法律若干问题的解释》第四条。

《最高人民检察院　公安部关于公安机关管辖的刑事案件立案追诉标准的规定（二）》第四十九条。

叶经生等组织、领导传销活动案

（检例第 41 号）

关键词

组织、领导传销活动　网络传销　骗取财物

基本案情

被告人叶经生，男，1975 年 12 月出生，原系上海宝乔网络科技有限公司（以下简称宝乔公司）总经理。

被告人叶青松，男，1973 年 10 月出生，原系宝乔公司浙江省区域总代理。

2011 年 6 月，被告人叶经生等人成立宝乔公司，先后开发"经销商管理系统网站""金乔网商城网站"（以下简称金乔网）。以网络为平台，或通过招商会、论坛等形式，宣传、推广金乔网的经营模式。

金乔网的经营模式是：1. 经上线经销商会员推荐并缴纳保证金成为经销商会员，无需购买商品，只需发展下线经销商，根据直接或者间接发展下线人数获得推荐奖金，晋升级别成为股权会员，享受股权分红。2. 经销商会员或消费者在金乔网经销商会员处购物消费满 120 元以上，向宝乔公司支付消费金额 10% 的现金，即可注册成为返利会员参与消费额双倍返利，可获一倍现金返利和一倍的金乔币（虚拟电子货币）返利。3. 金乔网在全国各地设立省、地区、县（市、区）三级区域运营中心，各运营中心设区域代理，由经销商会员负责本区域会员的发展和管理，享受区域范围内不同种类业绩一定比例的提成奖励。

2011 年 11 月，被告人叶青松经他人推荐加入金乔网，缴纳三份保证金并注册了三个经销商会员号。因发展会员积极，经金乔网审批成为浙江省区域总代理，负责金乔网在浙江省的推广和发展。

截至案发，金乔网注册会员 3 万余人，其中注册经销商会员 1.8 万余人。在全国各地发展省、地区、县三级区域代理 300 余家，涉案金额 1.5 亿余元。其中，叶青松直接或间接发展下线经销商会员 1886 人，收取浙江省区域会员保证金、参与返利的消费额 10% 现金、区域代理费等共计 3000 余万元，通过银行转汇给叶经生。叶青松通过抽取保证金推荐奖金、股权分红、消费返利等提成的方式非法获利 70 余万元。

要 旨

组织者或者经营者利用网络发展会员，要求被发展人员以缴纳或者变相缴纳"入门费"为条件，获得提成和发展下线的资格。通过发展人员组成层级关系，并以直接或者间接发展的人员数量作为计酬或者返利的依据，引诱被发展人员继续发展他人参加，骗取财物，扰乱经济社会秩序的，以组织、领导传销活动罪追究刑事责任。

指控与证明犯罪

2012 年 8 月 28 日、2012 年 11 月 9 日，浙江省松阳县公安局分别以叶青松、叶经生涉嫌组织、领导传销活动罪移送浙江省松阳县人民检察院审查起诉。因叶经生、叶青松系共同犯罪，松阳县人民检察院作并案处理。

2013 年 3 月 11 日，浙江省松阳县人民检察院以被告人叶经生、叶青松犯组织、领导传销活动罪向松阳县人民法院提起公诉。松阳县人民法院公开开庭审理了本案。

法庭调查阶段，公诉人宣读起诉书指控被告人叶经生、叶青松利用网络，以会员消费双倍返利为名，吸引不特定公众成为会员、经销商，组成一定层级，采取区域累计计酬方式，引诱参加者继续发展他人参与，骗取财物，扰乱经济社会秩序，其行为构成组织、领导传销活动罪。在共同犯罪中，被告人叶经生起主要作用，系主犯；被告人叶青松起辅助作用，系从犯。

针对起诉书指控的犯罪事实，被告人叶经生辩解认为，宝乔公司系依法成立，没有组织、领导传销的故意，金乔网模式是消费模式的创新。

公诉人针对涉及传销的关键问题对被告人叶经生进行讯问：

第一，针对成为金乔网会员是否要向金乔网缴纳费用，公诉人讯问：如何成为金乔网会员，获得推荐奖金、消费返利？被告人叶经生回答：注册成为金乔网会员，需缴纳诚信保证金 7200 元，成为会员后发展一个经销商就可以获得奖励 1250 元；参与返利，消费要达到 120 元以上，并向公司缴纳 10% 的消费款。公诉人这一讯问揭示了缴纳保证金、缴纳 10% 的消费款才有资格获得推荐奖励、返利，保证金及 10% 的消费款其实质就是入门费。金乔网的经营模式符合传销组织要求参加者以缴纳费用或者购买商品、服务等方式获得加入资格的组织特征。

第二，针对金乔网利润来源、计酬或返利的资金来源，公诉人讯问：除了收取的保证金和 10% 的消费款费用，金乔网还有无其他收入？被告人叶经生回答：收取的 10% 的消费款就足够天天返利了，金乔网的主要收入是保证金、10% 的消费款，支出主要是天天返利及推荐奖、运营费用。公诉人讯问：公司收取消费款有多少，需返利多少？被告人叶经生回答：收到 4000 万元左右，返利也要 4000 万元，我们的经营模式不需要盈利。公诉人通过讯问，揭示了金乔网没有实质性的经营活动，其利润及资金的真实来源系后加入人员缴纳的费用。如果没有新的人员加入，根本不可能维持其"经营活动"的运转，符合传销活动骗取财物的本质特征。

同时，公诉人向法庭出示了四组证据证明犯罪事实：

一是宝乔公司的工商登记、资金投入、人员组成、公司财务资料、网站功能等书证。证明：宝乔公司实际投入仅300万元，没有资金实力建立与其宣传匹配的电子商务系统。

二是宝乔公司内部人员证言及被告人的供述等证据。证明：公司缺乏售后服务人员、系统维护人员、市场推广及监管人员，员工主要从事虚假宣传，收取保证金及消费款，推荐佣金，发放返利。

三是宝乔公司银行明细、公司财务资料、款项开支情况等证据，证明：公司收入来源于会员缴纳的保证金、消费款。技术人员的证言等证据，证明：网站功能简单，不具备第三方支付功能，不能适应电子商务的需求。

四是金乔网网站系统的电子数据及鉴定意见，并由鉴定人出庭作证。鉴定人揭示网络数据库显示了金乔网会员加入时间、缴纳费用数额、会员之间的推荐（发展）关系、获利数额等信息。鉴定人当庭通过对上述信息的分析，指出数据库表格中的会员账号均列明了推荐人，按照推荐人关系排列，会员层级呈金字塔状，共有68层。每个结点有左右两个分支，左右分支均有新增单数，则可获得推荐奖金，奖金实行无限代计酬。证明：金乔网会员层级呈现金字塔状，上线会员可通过下线、下下线会员发展会员获得收益。

法庭辩论阶段，公诉人发表公诉意见，指出金乔网的人财物及主要活动目的，在于引诱消费者缴纳保证金、消费款，并从中非法牟利。其实质是借助公司的合法形式，打着电子商务旗号进行网络传销。同时阐述了这种新型传销活动的本质和社会危害。

辩护人提出：金乔网没有入门费，所有的人员都可以在金乔网注册，不缴纳费用也可以成为金乔网的会员。金乔网没有设层级，经销商、会员、区域代理之间不存在层级关系，没有证据证实存在层级获利。金乔网没有拉人头，没有以发展人员的数量作为计酬或返利依据。直接推荐才有奖金，间接推荐没有奖金，没有骗取财物，不符合组织、领导传销活动罪的特征。

公诉人答辩：金乔网缴纳保证金和消费款才能获得推荐佣金和返利的资格，本质系入门费。上线会员可以通过发展下线人员获取收益，并组成会员、股权会员、区域代理等层级，本质为设层级。以推荐的人数作为发放佣金的依据系直接以发展的人员数量作为计酬依据，区域业绩及返利资金主要取决于参加人数的多少，实质属于以发展人员的数量作为提成奖励及返利的依据，本质为拉人头。金乔网缺乏实质的经营活动，不产生利润，以后期收到的保证金、消费款支付前期的推荐佣金、返利，与所有的传销活动一样，人员不可能无限增加，资金链必然断裂。传销组织人员不断增加的过程实际也是风险不断积累和放大的过程。金乔网所谓经营活动本质是从被发展人员缴纳的费用中非法牟利，具有骗取财物的特征。

法庭经审理，认定检察机关出示的证据能够相互印证，予以确认。被告人及其辩护人提出的不构成组织、领导传销活动罪的辩解、辩护意见不能成立。

2013 年 8 月 23 日，浙江省松阳县人民法院作出一审判决，以组织、领导传销活动罪判处被告人叶经生有期徒刑七年，并处罚金人民币 150 万元。以组织、领导传销活动罪判处被告人叶青松有期徒刑三年，并处罚金人民币 30 万元。扣押和冻结的涉案财物予以没收，继续追缴二被告人的违法所得。

二被告人不服一审判决，提出上诉。叶经生的上诉理由是其行为不构成组织、领导传销活动罪。叶青松的上诉理由是量刑过重。浙江省丽水市中级人民法院经审理，认定原判事实清楚，证据确实、充分，定罪准确，量刑适当，审判程序合法，驳回上诉，维持原判。

指导意义

随着互联网技术的广泛应用，微信、语音视频聊天室等社交平台作为新的营销方式被广泛运用。传销组织在手段上借助互联网不断翻新，打着"金融创新"的旗号，以"资本运作""消费投资""网络理财""众筹""慈善互助"等为名从事传销活动。常见的表现形式有：组织者、经营者注册成立电子商务企业，以此名义建立电子商务网站。以网络营销、网络直销等名义，变相收取入门费，设置各种返利机制，激励会员发展下线，上线从直接或者间接发展的下线的销售业绩中计酬，或以直接或者间接发展的人员数量为依据计酬或者返利。这类行为，不管其手段如何翻新，只要符合传销组织骗取财物、扰乱市场经济秩序本质特征的，应以组织、领导传销活动罪论处。

检察机关办理组织、领导传销活动犯罪案件，要紧扣传销活动骗取财物的本质特征和构成要件，收集、审查、运用证据。特别要注意针对传销网站的经营特征与其他合法经营网站的区别，重点收集涉及入门费、设层级、拉人头等传销基本特征的证据及企业资金投入、人员组成、资金来源去向、网站功能等方面的证据，揭示传销犯罪没有创造价值，经营模式难以持续，用后加入者的财物支付给先加入者，通过发展下线牟利骗取财物的本质特征。

相关规定

《中华人民共和国刑法》第二百二十四条之一。

《最高人民检察院 公安部关于公安机关管辖的刑事案件立案追诉标准的规定（二）》第七十八条。

第十一批指导性案例

齐某强奸、猥亵儿童案

（检例第 42 号）

关键词

强奸罪　猥亵儿童罪　情节恶劣　公共场所当众

基本案情

被告人齐某，男，1969 年 1 月出生，原系某县某小学班主任。

2011 年夏天至 2012 年 10 月，被告人齐某在担任班主任期间，利用午休、晚自习及宿舍查寝等机会，在学校办公室、教室、洗澡堂、男生宿舍等处多次对被害女童 A（10 岁）、B（10 岁）实施奸淫、猥亵，并以带女童 A 外出看病为由，将其带回家中强奸。齐某还在女生集体宿舍等地多次猥亵被害女童 C（11 岁）、D（11 岁）、E（10 岁），猥亵被害女童 F（11 岁）、G（11 岁）各一次。

要　旨

（一）性侵未成年人犯罪案件中，被害人陈述稳定自然，对于细节的描述符合正常记忆认知、表达能力，被告人辩解没有证据支持，结合生活经验对全案证据进行审查，能够形成完整证明体系的，可以认定案件事实。

（二）奸淫幼女具有《最高人民法院　最高人民检察院　公安部　司法部关于依法惩治性侵害未成年人犯罪的意见》规定的从严处罚情节，社会危害性与刑法第二百三十六条第三款第二至四项规定的情形相当的，可以认定为该款第一项规定的"情节恶劣"。

（三）行为人在教室、集体宿舍等场所实施猥亵行为，只要当时有多人在场，即使在场人员未实际看到，也应当认定犯罪行为是在"公共场所当众"实施。

指控与证明犯罪

一、提起公诉及原审判决情况

2013 年 4 月 14 日，某市人民检察院以齐某犯强奸罪、猥亵儿童罪对其提起公诉。

5月9日，某市中级人民法院依法不公开开庭审理本案。9月23日，该市中级人民法院作出判决，认定齐某犯强奸罪，判处死刑缓期二年执行，剥夺政治权利终身；犯猥亵儿童罪，判处有期徒刑四年六个月；决定执行死刑，缓期二年执行，剥夺政治权利终身。被告人未上诉，判决生效后，报某省高级人民法院复核。

2013年12月24日，某省高级人民法院以原判认定部分事实不清为由，裁定撤销原判，发回重审。

2014年11月13日，某市中级人民法院经重新审理，作出判决，认定齐某犯强奸罪，判处无期徒刑，剥夺政治权利终身；犯猥亵儿童罪，判处有期徒刑四年六个月；决定执行无期徒刑，剥夺政治权利终身。齐某不服提出上诉。

2016年1月20日，某省高级人民法院经审理，作出终审判决，认定齐某犯强奸罪，判处有期徒刑六年，剥夺政治权利一年；犯猥亵儿童罪，判处有期徒刑四年六个月；决定执行有期徒刑十年，剥夺政治权利一年。

二、提起审判监督程序及再审改判情况

某省人民检察院认为该案终审判决确有错误，提请最高人民检察院抗诉。最高人民检察院经审查，认为该案适用法律错误，量刑不当，应予纠正。2017年3月3日，最高人民检察院依照审判监督程序向最高人民法院提出抗诉。

2017年12月4日，最高人民法院依法不公开开庭审理本案，最高人民检察院指派检察员出席法庭，辩护人出庭为原审被告人进行辩护。

法庭调查阶段，针对原审被告人不认罪的情况，检察员着重就齐某辩解与在案证据是否存在矛盾，以及有无其他证据或线索支持其辩解进行发问和举证，重点核实以下问题：案发前齐某与被害人及其家长关系如何，是否到女生宿舍查寝，是否多次单独将女生叫出教室，是否带女生回家过夜。齐某当庭供述与被害人及其家长没有矛盾，承认曾到女生宿舍查寝，为女生揉肚子，单独将女生叫出教室问话，带女生外出看病以及回家过夜。通过当庭讯问，进一步印证了被害人陈述细节的真实性、客观性。

法庭辩论阶段，检察员发表出庭意见：

首先，原审被告人齐某犯强奸罪、猥亵儿童罪的犯罪事实清楚，证据确实充分。1.各被害人及其家长和齐某在案发前没有矛盾。报案及时，无其他介入因素，可以排除诬告的可能。2.各被害人陈述内容自然合理，可信度高，且有同学的证言予以印证。被害人对于细节的描述符合正常记忆认知、表达能力，如齐某实施性侵害的大致时间、地点、方式、次数等内容基本一致。因被害人年幼、报案及作证距案发时间较长等客观情况，具体表达存在不尽一致之处，完全正常。3.各被害人陈述的基本事实得到本案其他证据印证，如齐某卧室勘验笔录、被害人辨认现场的笔录、现场照片、被害人生理状况诊断证明等。

其次，原审被告人齐某犯强奸罪情节恶劣，且在公共场所当众猥亵儿童，某省高级人民法院判决对此不予认定，属于适用法律错误，导致量刑畸轻。1. 齐某奸淫幼女"情节恶劣"。齐某利用教师身份，多次强奸二名幼女，犯罪时间跨度长。本案发生在校园内，对被害人及其家人伤害非常大，对其他学生造成了恐惧。齐某的行为具备《最高人民法院　最高人民检察院　公安部　司法部关于依法惩治性侵害未成年人犯罪的意见》第 25 条规定的多项"更要依法从严惩处"的情节，综合评判应认定为"情节恶劣"，判处十年有期徒刑以上刑罚。2. 本案中齐某的行为属于在"公共场所当众"猥亵儿童。公共场所系供社会上多数人从事工作、学习、文化、娱乐、体育、社交、参观、旅游和满足部分生活需求的一切公用建筑物、场所及其设施的总称，具备由多数人进出、使用的特征。基于对未成年人保护的需要，《最高人民法院　最高人民检察院　公安部　司法部关于依法惩治性侵害未成年人犯罪的意见》第 23 条明确将"校园"这种除师生外，其他人不能随便进出的场所认定为公共场所。司法实践中也已将教室这种相对封闭的场所认定为公共场所。本案中女生宿舍是 20 多人的集体宿舍，和教室一样属于校园的重要组成部分，具有相对涉众性、公开性，应当是公共场所。《最高人民法院　最高人民检察院　公安部　司法部关于依法惩治性侵害未成年人犯罪的意见》第 23 条规定，在公共场所对未成年人实施猥亵犯罪，"只要有其他多人在场，不论在场人员是否实际看到"，均可认定为当众猥亵。本案中齐某在熄灯后进入女生集体宿舍，当时就寝人数较多，床铺之间没有遮挡，其猥亵行为易被同寝他人所感知，符合上述规定"当众"的要求。

原审被告人及其辩护人坚持事实不清、证据不足的辩护意见，理由是：一是认定犯罪的直接证据只有被害人陈述，齐某始终不认罪，其他证人证言均是传来证据，没有物证，证据链条不完整。二是被害人陈述前后有矛盾，不一致。且其中一个被害人在第一次陈述中只讲到被猥亵，第二次又讲到被强奸，前后有重大矛盾。

针对辩护意见，检察员答辩：一是被害人陈述的一些细节，如强奸的地点、姿势等，结合被害人年龄及认知能力，不亲身经历，难以编造。二是齐某性侵次数多、时间跨度长，被害人年龄小，前后陈述有些细节上的差异和模糊是正常的，恰恰符合被害人的记忆特征。且被害人对基本事实和情节的描述是稳定的。有的被害人虽然在第一次询问时没有陈述被强奸，但在此后对没有陈述的原因做了解释，即当时学校老师在场，不敢讲。这一理由符合孩子的心理。三是被害人同学证言虽然是传来证据，但其是在犯罪发生之后即得知有关情况，因此证明力较强。四是齐某及其辩护人对其辩解没有提供任何证据或者线索的支持。

2018 年 6 月 11 日，最高人民法院召开审判委员会会议审议本案，最高人民检察院检察长列席会议并发表意见：一是最高人民检察院抗诉书认定的齐某犯罪事实、情节符合客观实际。性侵害未成年人案件具有客观证据、直接证据少，被告人往往不认罪等特点。本案中，被害人家长与原审被告人之前不存在矛盾，案发过程自然。被害人陈述及同学证言符合案发实际和儿童心理，证明力强。综合全案证据看，足以排除合理怀疑，能够认定原审被告人强奸、猥亵儿童的犯罪事实。二是原审被告人在女生宿舍猥亵儿童的犯罪行为属于在"公共场所当众"猥亵。考虑本案具体情节，原审被告人猥亵儿童的犯罪行为应当判处十年有期徒刑以上刑罚。三是某省高级人民法院二审判决确有错误，依法应当改判。

2018年7月27日，最高人民法院作出终审判决，认定原审被告人齐某犯强奸罪，判处无期徒刑，剥夺政治权利终身；犯猥亵儿童罪，判处有期徒刑十年；决定执行无期徒刑，剥夺政治权利终身。

指导意义

一、准确把握性侵未成年人犯罪案件证据审查判断标准

对性侵未成年人犯罪案件证据的审查，要根据未成年人的身心特点，按照有别于成年人的标准予以判断。审查言词证据，要结合全案情况予以分析。根据经验和常识，未成年人的陈述合乎情理、逻辑，对细节的描述符合其认知和表达能力，且有其他证据予以印证，被告人的辩解没有证据支持，结合双方关系不存在诬告可能的，应当采纳未成年人的陈述。

二、准确适用奸淫幼女"情节恶劣"的规定

刑法第二百三十六条第三款第一项规定，奸淫幼女"情节恶劣"的，处十年以上有期徒刑、无期徒刑或者死刑。《最高人民法院 最高人民检察院 公安部 司法部关于依法惩治性侵害未成年人犯罪的意见》第25条规定了针对未成年人实施强奸、猥亵犯罪"更要依法从严惩处"的七种情形。实践中，奸淫幼女具有从严惩处情形，社会危害性与刑法第二百三十六条第三款第二至四项相当的，可以认为属于该款第一项规定的"情节恶劣"。例如，该款第二项规定的"奸淫幼女多人"，一般是指奸淫幼女三人以上。本案中，被告人具备教师的特殊身份，奸淫二名幼女，且分别奸淫多次，其危害性并不低于奸淫幼女三人的行为，据此可以认定符合"情节恶劣"的规定。

三、准确适用"公共场所当众"实施强奸、猥亵未成年人犯罪的规定

刑法对"公共场所当众"实施强奸、猥亵未成年人犯罪，作出了从重处罚的规定。《最高人民法院 最高人民检察院 公安部 司法部关于依法惩治性侵害未成年人犯罪的意见》第23条规定了在"校园、游泳馆、儿童游乐场等公共场所"对未成年人实施强奸、猥亵犯罪，可以认定为在"公共场所当众"实施犯罪。适用这一规定，是否属于"当众"实施犯罪至为关键。对在规定列举之外的场所实施强奸、猥亵未成年人犯罪的，只要场所具有相对公开性，且有其他多人在场，有被他人感知可能的，就可以认定为在"公共场所当众"犯罪。最高人民法院对本案的判决表明：学校中的教室、集体宿舍、公共厕所、集体洗澡间等，是不特定未成年人活动的场所，在这些场所实施强奸、猥亵未成年人犯罪的，应当认定为在"公共场所当众"实施犯罪。

相关规定

《中华人民共和国刑法》第二百三十六条、第二百三十七条。

《中华人民共和国刑事诉讼法》第五十五条。

《最高人民法院　最高人民检察院　公安部　司法部关于依法惩治性侵害未成年人犯罪的意见》第 2 条、第 23 条、第 25 条。

骆某猥亵儿童案

（检例第 43 号）

关键词

猥亵儿童罪　网络猥亵　犯罪既遂

基本案情

被告人骆某，男，1993 年 7 月出生，无业。

2017 年 1 月，被告人骆某使用化名，通过 QQ 软件将 13 岁女童小羽加为好友。聊天中得知小羽系初二学生后，骆某仍通过言语恐吓，向其索要裸照。在被害人拒绝并在 QQ 好友中将其删除后，骆某又通过小羽的校友周某对其施加压力，再次将小羽加为好友。同时骆某还虚构"李某"的身份，注册另一 QQ 号并添加小羽为好友。之后，骆某利用"李某"的身份在 QQ 聊天中对小羽进行威胁恐吓，同时利用周某继续施压。小羽被迫按照要求自拍裸照十张，通过 QQ 软件传送给骆某观看。后骆某又以在网络上公布小羽裸照相威胁，要求与其见面并在宾馆开房，企图实施猥亵行为。因小羽向公安机关报案，骆某在依约前往宾馆途中被抓获。

要　旨

行为人以满足性刺激为目的，以诱骗、强迫或者其他方法要求儿童拍摄裸体、敏感部位照片、视频等供其观看，严重侵害儿童人格尊严和心理健康的，构成猥亵儿童罪。

指控与证明犯罪

一、提起、支持公诉和一审判决情况

2017 年 6 月 5 日，某市某区人民检察院以骆某犯猥亵儿童罪对其提起公诉。7 月

20日，该区人民法院依法不公开开庭审理本案。

法庭调查阶段，公诉人出示了指控犯罪的证据：被害人陈述、证人证言及被告人供述，证明骆某对小羽实施了威胁恐吓，强迫其自拍裸照的行为；QQ聊天记录截图、小羽自拍裸体照片、身份信息等，证明骆某明知小羽系儿童及强迫其拍摄裸照的事实等。

法庭辩论阶段，公诉人发表公诉意见：被告人骆某为满足性刺激，通过网络对不满14周岁的女童进行威胁恐吓，强迫被害人按照要求的动作、姿势拍摄裸照供其观看，并以公布裸照相威胁欲进一步实施猥亵，犯罪事实清楚，证据确实、充分，应当以猥亵儿童罪对其定罪处罚。

辩护人对指控的罪名无异议，但提出以下辩护意见：一是认定被告人明知被害人未满14周岁的证据不足。二是认定被告人利用小羽的校友周某对小羽施压、威胁并获取裸照的证据不足。三是被告人猥亵儿童的行为未得逞，系犯罪未遂。四是被告人归案后如实供述，认罪态度较好，可酌情从轻处罚。

针对辩护意见，公诉人答辩：一是被告人骆某供述在QQ聊天中已知小羽系初二学生，可能不满14周岁，看过其生活照、小视频，了解其身体发育状况，通过周某了解过小羽的基本信息，证明被告人骆某应当知道小羽系未满14周岁的幼女。二是证人周某二次证言均证实其被迫帮助骆某威胁小羽，能够与被害人陈述、被告人供述相互印证，同时有相关聊天记录等予以印证，足以认定被告人骆某通过周某对小羽施压、威胁的事实。三是被告人骆某前后实施两类猥亵儿童的行为，构成猥亵儿童罪。1.骆某强迫小羽自拍裸照通过网络传输供其观看。该行为虽未直接接触被害人，但实质上已使儿童人格尊严和心理健康受到严重侵害。骆某已获得裸照并观看，应认定为犯罪既遂。2.骆某利用公开裸照威胁小羽，要求与其见面在宾馆开房，并供述意欲实施猥亵行为。因小羽报案，该猥亵行为未及实施，应认定为犯罪未遂。

一审判决情况：法庭经审理，认定被告人骆某强迫被害女童拍摄裸照，并通过QQ软件获得裸照的行为不构成猥亵儿童罪。但被告人骆某以公开裸照相威胁，要求与被害女童见面，准备对其实施猥亵，因被害人报案未能得逞，该行为构成猥亵儿童罪，系犯罪未遂。2017年8月14日，某区人民法院作出一审判决，认定被告人骆某犯猥亵儿童罪（未遂），判处有期徒刑一年。

二、抗诉及终审判决情况

一审宣判后，某区人民检察院认为，一审判决在事实认定、法律适用上均存在错误，并导致量刑偏轻。被告人骆某利用网络强迫儿童拍摄裸照并观看的行为构成猥亵儿童罪，且犯罪形态为犯罪既遂。2017年8月18日，该院向某市中级人民法院提出抗诉。某市人民检察院经依法审查，支持某区人民检察院的抗诉意见。

2017年11月15日，某市中级人民法院开庭审理本案。某市人民检察院指派检察员出庭支持抗诉。检察员认为：1.关于本案的定性。一审判决认定骆某强迫被害人拍摄裸照并传输观看的行为不是猥亵行为，系对猥亵儿童罪犯罪本质的错误理解。一审判决未从猥亵儿童罪侵害儿童人格尊严和心理健康的实质要件进行判断，导致法律适用错误。2.关于本案的犯罪形态。骆某获得并观看了儿童裸照，猥亵行为已经实施终了，应认定为犯罪既遂。3.关于本案量刑情节。根据《最高人民法院　最高人民检察院　公安部　司法部关于依法惩治性侵害未成年人犯罪的意见》第25条的规定，采取胁迫手段猥亵儿童的，依法从严惩处。一审判决除法律适用错误外，还遗漏了应当从重处罚的情节，导致量刑偏轻。

原审被告人骆某的辩护人认为，骆某与被害人没有身体接触，该行为不构成猥亵儿童罪。检察机关的抗诉意见不能成立，请求二审法院维持原判。

某市中级人民法院经审理，认为原审被告人骆某以寻求性刺激为目的，通过网络聊天对不满14周岁的女童进行言语威胁，强迫被害人按照要求自拍裸照供其观看，已构成猥亵儿童罪（既遂），依法应当从重处罚。对于市人民检察院的抗诉意见，予以采纳。2017年12月11日，某市中级人民法院作出终审判决，认定原审被告人骆某犯猥亵儿童罪，判处有期徒刑二年。

指导意义

猥亵儿童罪是指以淫秽下流的手段猥亵不满14周岁儿童的行为。刑法没有对猥亵儿童的具体方式作出列举，需要根据实际情况进行判断和认定。实践中，只要行为人主观上以满足性刺激为目的，客观上实施了猥亵儿童的行为，侵害了特定儿童人格尊严和身心健康的，应当认定构成猥亵儿童罪。

网络环境下，以满足性刺激为目的，虽未直接与被害儿童进行身体接触，但是通过QQ、微信等网络软件，以诱骗、强迫或者其他方法要求儿童拍摄、传送暴露身体的不雅照片、视频，行为人通过画面看到被害儿童裸体、敏感部位的，是对儿童人格尊严和心理健康的严重侵害，与实际接触儿童身体的猥亵行为具有相同的社会危害性，应当认定构成猥亵儿童罪。

检察机关办理利用网络对儿童实施猥亵行为的案件，要及时固定电子数据，证明行为人出于满足性刺激的目的，利用网络，采取诱骗、强迫或者其他方法要求被害人拍摄、传送暴露身体的不雅照片、视频供其观看的事实。要准确把握猥亵儿童罪的本质特征，全面收集客观证据，证明行为人通过网络不接触被害儿童身体的猥亵行为，具有与直接接触被害儿童身体的猥亵行为相同的性质和社会危害性。

相关规定

《中华人民共和国刑法》第二百三十七条。

《最高人民法院　最高人民检察院　公安部　司法部关于依法惩治性侵害未成年人犯罪的意见》第2条、第19条、第25条。

于某虐待案

（检例第 44 号）

关键词

虐待罪　告诉能力　支持变更抚养权

基本案情

被告人于某，女，1986 年 5 月出生，无业。

2016 年 9 月以来，因父母离婚，父亲丁某常年在外地工作，被害人小田（女，11 岁）一直与继母于某共同生活。于某以小田学习及生活习惯有问题为由，长期、多次对其实施殴打。2017 年 11 月 21 日，于某又因小田咬手指甲等问题，用衣服撑、挠痒工具等对其实施殴打，致小田离家出走。小田被爷爷找回后，经鉴定，其头部、四肢等多处软组织挫伤，身体损伤程度达到轻微伤等级。

要旨

（一）被虐待的未成年人，因年幼无法行使告诉权利的，属于刑法第二百六十条第三款规定的"被害人没有能力告诉"的情形，应当按照公诉案件处理，由检察机关提起公诉，并可以依法提出适用禁止令的建议。

（二）抚养人对未成年人未尽抚养义务，实施虐待或者其他严重侵害未成年人合法权益的行为，不适宜继续担任抚养人的，检察机关可以支持未成年人或者其他监护人向人民法院提起变更抚养权诉讼。

指控与证明犯罪

2017 年 11 月 22 日，网络披露 11 岁女童小田被继母虐待的信息，引起舆论关注。某市某区人民检察院未成年人检察部门的检察人员得知信息后，会同公安机关和心理咨询机构的人员对被害人小田进行询问和心理疏导。通过调查发现，其继母于某存在长期、多次殴打小田的行为，涉嫌虐待罪。本案被害人系未成年人，没有向人民法院告诉的能力，也没有近亲属代为告诉。检察机关建议公安机关对于某以涉嫌虐待罪立案侦查。11 月 24 日，公安机关作出立案决定。次日，犯罪嫌疑人于某投案自首。2018 年 4 月 26 日，公安机关以于某涉嫌虐待罪向检察机关移送审查起诉。

审查起诉阶段，某区人民检察院依法讯问了犯罪嫌疑人，听取了被害人及其法定代理人的意见，核实了案件事实与证据。检察机关经审查认为，犯罪嫌疑人供述与被害人陈述能够相互印证，并得到其他家庭成员的证言证实，能够证明于某长期、多次对被害人进行殴打，致被害人轻微伤，属于情节恶劣，其行为涉嫌构成虐待罪。

2018 年 5 月 16 日，某区人民检察院以于某犯虐待罪对其提起公诉。5 月 31 日，该区人民法院适用简易程序开庭审理本案。

法庭调查阶段，公诉人宣读起诉书，指控被告人于某虐待家庭成员，情节恶劣，应当以虐待罪追究其刑事责任。被告人对起诉书指控的犯罪事实及罪名无异议。

法庭辩论阶段，公诉人发表公诉意见：被告人于某虐待未成年家庭成员，情节恶劣，其行为触犯了《中华人民共和国刑法》第二百六十条第一款，犯罪事实清楚，证据确实充分，应当以虐待罪追究其刑事责任。被告人于某案发后主动投案，如实供述自己的犯罪行为，系自首，可以从轻或者减轻处罚。综合法定、酌定情节，建议在有期徒刑六个月至八个月之间量刑。考虑到被告人可能被宣告缓刑，公诉人向法庭提出应适用禁止令，禁止被告人于某再次对被害人实施家庭暴力。

最后陈述阶段，于某表示对检察机关指控的事实和证据无异议，并当庭认罪。

法庭经审理，认为公诉人指控的罪名成立，出示的证据能够相互印证，提出的量刑建议适当，予以采纳。当庭作出一审判决，认定被告人于某犯虐待罪，判处有期徒刑六个月，缓刑一年。禁止被告人于某再次对被害人实施家庭暴力。一审宣判后，被告人未上诉，判决已生效。

支持提起变更抚养权诉讼

某市某区人民检察院在办理本案中发现，2015 年 9 月，小田的亲生父母因感情不和协议离婚，约定其随父亲生活。小田的父亲丁某于 2015 年 12 月再婚。丁某长期在外地工作，没有能力亲自抚养被害人。检察人员征求小田生母武某的意见，武某愿意抚养小田。检察人员支持武某到人民法院起诉变更抚养权。2018 年 1 月 15 日，小田生母武某向某市某区人民法院提出变更抚养权诉讼。法庭经过调解，裁定变更小田的抚养权，改由生母武某抚养，生父丁某给付抚养费至其独立生活为止。

指导意义

《中华人民共和国刑法》第二百六十条规定，虐待家庭成员，情节恶劣的，告诉的才处理，但被害人没有能力告诉，或者因受到强制、威吓无法告诉的除外。虐待未成年人犯罪案件中，未成年人往往没有能力告诉，应按照公诉案件处理，由检察机关提起公诉，维护未成年被害人的合法权利。

《最高人民法院　最高人民检察院　公安部　司法部关于对判处管制、宣告缓刑的犯罪分子适用禁止令有关问题的规定（试行）》第七条规定，人民检察院在提起公诉时，对可能宣告缓刑的被告人，可以建议禁止其从事特定活动，进入特定区域、场所，接触特定的人。对未成年人遭受家庭成员虐待的案件，结合犯罪情节，检察机关可以在提出量刑建议的同时，有针对性地向人民法院提出适用禁止令的建议，禁止被告人再次对被害人实施家庭暴力，依法保障未成年人合法权益，督促被告人在缓刑考验期内认真改造。

夫妻离婚后，与未成年子女共同生活的一方不尽抚养义务，对未成年人实施虐待或者其他严重侵害合法权益的行为，不适宜继续担任抚养人的，根据《中华人民共和国民事诉讼法》第十五条的规定，检察机关可以支持未成年人或者其他监护人向人民法院提起变更抚养权诉讼，切实维护未成年人合法权益。

相关规定

《中华人民共和国刑法》第七十二条、第二百六十条。

《中华人民共和国未成年人保护法》第五十条。

《中华人民共和国民事诉讼法》（2017年修正）第十五条（现为2023年修正后的第十五条）。

《最高人民法院　最高人民检察院　公安部　民政部关于依法处理监护人侵害未成年人权益行为若干问题的意见》第二条、第十四条。

《最高人民法院　最高人民检察院　公安部　司法部关于依法办理家庭暴力犯罪案件的意见》第九条、第十七条。

《最高人民法院　最高人民检察院　公安部　司法部关于对判处管制、宣告缓刑的犯罪分子适用禁止令有关问题的规定（试行）》第七条。

第十二批指导性案例

陈某正当防卫案

（检例第 45 号）

关键词

未成年人　故意伤害　正当防卫　不批准逮捕

要　旨

在被人殴打、人身权利受到不法侵害的情况下，防卫行为虽然造成了重大损害的客观后果，但是防卫措施并未明显超过必要限度的，不属于防卫过当，依法不负刑事责任。

基本案情

陈某，未成年人，某中学学生。

2016 年 1 月初，因陈某在甲的女朋友的网络空间留言示好，甲纠集乙等人，对陈某实施了殴打。

1 月 10 日中午，甲、乙、丙等 6 人（均为未成年人），在陈某就读的中学门口，见陈某从大门走出，有人提议陈某向老师告发他们打架，要去问个说法。甲等人尾随一段路后拦住陈某质问，陈某解释没有告状，甲等人不肯罢休，抓住并围殴陈某。乙的 3 位朋友（均为未成年人）正在附近，见状加入围殴陈某。其中，有人用膝盖顶击陈某的胸口、有人持石块击打陈某的手臂、有人持钢管击打陈某的背部，其他人对陈某或勒脖子或拳打脚踢。陈某掏出随身携带的折叠式水果刀（刀身长 8.5 厘米，不属于管制刀具），乱挥乱刺后逃脱。部分围殴人员继续追打并从后投掷石块，击中陈某的背部和腿部。陈某逃进学校，追打人员被学校保安拦住。陈某在反击过程中刺中了甲、乙和丙，经鉴定，该 3 人的损伤程度均构成重伤二级。陈某经人身检查，见身体多处软组织损伤。

案发后，陈某所在学校向司法机关提交材料，证实陈某遵守纪律、学习认真、成绩优秀，是一名品学兼优的学生。

公安机关以陈某涉嫌故意伤害罪立案侦查，并对其采取刑事拘留强制措施，后提请检察机关批准逮捕。检察机关根据审查认定的事实，依据刑法第二十条第一款的规定，认为陈某的行为属于正当防卫，不负刑事责任，决定不批准逮捕。公安机关将陈某释放同时要求复议。检察机关经复议，维持原决定。

检察机关在办案过程中积极开展释法说理工作，甲等人的亲属在充分了解事实经过和法律规定后，对检察机关的处理决定表示认可。

不批准逮捕的理由

公安机关认为，陈某的行为虽有防卫性质，但已明显超过必要限度，属于防卫过当，涉嫌故意伤害罪。检察机关则认为，陈某的防卫行为没有明显超过必要限度，不属于防卫过当，不构成犯罪。主要理由如下：

第一，陈某面临正在进行的不法侵害，反击行为具有防卫性质。任何人面对正在进行的不法侵害，都有予以制止、依法实施防卫的权利。本案中，甲等人借故拦截陈某并实施围殴，属于正在进行的不法侵害，陈某的反击行为显然具有防卫性质。

第二，陈某随身携带刀具，不影响正当防卫的认定。对认定正当防卫有影响的，并不是防卫人携带了可用于自卫的工具，而是防卫人是否有相互斗殴的故意。陈某在事前没有与对方约架斗殴的意图，被拦住后也是先解释退让，最后在遭到对方围打时才被迫还手，其随身携带水果刀，无论是日常携带还是事先有所防备，都不影响对正当防卫作出认定。

第三，陈某的防卫措施没有明显超过必要限度，不属于防卫过当。陈某的防卫行为致实施不法侵害的 3 人重伤，客观上造成了重大损害，但防卫措施并没有明显超过必要限度。陈某被 9 人围住殴打，其中有人使用了钢管、石块等工具，双方实力相差悬殊，陈某借助水果刀增强防卫能力，在手段强度上合情合理。并且，对方在陈某逃脱时仍持续追打，共同侵害行为没有停止，所以就制止整体不法侵害的实际需要来看，陈某持刀挥刺也没有不相适应之处。综合来看，陈某的防卫行为虽有致多人重伤的客观后果，但防卫措施没有明显超过必要限度，依法不属于防卫过当。

指导意义

刑法第二十条第一款规定，"为了使国家、公共利益、本人或者他人的人身、财产和其他权利免受正在进行的不法侵害，而采取的制止不法侵害的行为，对不法侵害人造成损害的，属于正当防卫，不负刑事责任"。司法实践通常称这种正当防卫为"一般防卫"。

一般防卫有限度要求，超过限度的属于防卫过当，需要负刑事责任。刑法规定的限度条件是"明显超过必要限度造成重大损害"，具体而言，行为人的防卫措施虽明显超过必要限度但防卫结果客观上并未造成重大损害，或者防卫结果虽客观上造成重大损害但防卫措施并未明显超过必要限度，均不能认定为防卫过当。本案中，陈某为了保护自己的人身安全而持刀反击，就所要保护的权利性质以及与侵害方的手段强度比较来看，不能认为防卫措施明显超过了必要限度，所以即使防卫结果在客观上造成了重大损害，也不属于防卫过当。

正当防卫既可以是为了保护自己的合法权益，也可以是为了保护他人的合法权益。《中华人民共和国未成年人保护法》第六条第二款也规定，"对侵犯未成年人合法权益的行为，任何组织和个人都有权予以劝阻、制止或者向有关部门提出检举或者控告"。对于未成年人正在遭受侵害的，任何人都有权介入保护，成年人更有责任予以救助。但是，冲突双方均为未成年人的，成年人介入时，应当优先选择劝阻、制止的方式；劝阻、制止无效的，在隔离、控制或制服侵害人时，应当注意手段和行为强度的适度。

检察机关办理正当防卫案件遇到争议时，应当根据《最高人民检察院关于实行检察官以案释法制度的规定》，适时、主动进行释法说理工作。对事实认定、法律适用和办案程序等问题进行答疑解惑，开展法治宣传教育，保障当事人和其他诉讼参与人的合法权利，努力做到案结事了。

人民检察院审查逮捕时，应当严把事实关、证据关和法律适用关。根据查明的事实，犯罪嫌疑人的行为属于正当防卫，不负刑事责任的，应当依法作出不批准逮捕的决定，保障无罪的人不受刑事追究。

相关规定

《中华人民共和国刑法》第二十条。
《中华人民共和国刑事诉讼法》第九十条、第九十二条。

朱凤山故意伤害（防卫过当）案

（检例第 46 号）

关键词

民间矛盾　故意伤害　防卫过当　二审检察

要　旨

在民间矛盾激化过程中，对正在进行的非法侵入住宅、轻微人身侵害行为，可以进行正当防卫，但防卫行为的强度不具有必要性并致不法侵害人重伤、死亡的，属于明显超过必要限度造成重大损害，应当负刑事责任，但是应当减轻或者免除处罚。

基本案情

朱凤山，男，1961 年 5 月 6 日出生，农民。

朱凤山之女朱某与齐某系夫妻，朱某于 2016 年 1 月提起离婚诉讼并与齐某分居，朱某带女儿与朱凤山夫妇同住。齐某不同意离婚，为此经常到朱凤山家吵闹。4 月 4 日，齐某在吵闹过程中，将朱凤山家门窗玻璃和朱某的汽车玻璃砸坏。朱凤山为防止齐某再进入院子，将院子一侧的小门锁上并焊上铁窗。5 月 8 日 22 时许，齐某酒后驾车到朱凤山家，欲从小门进入院子，未得逞后在大门外叫骂。朱某不在家中，仅朱凤山夫妇带外孙女在家。朱凤山将情况告知齐某，齐某不肯作罢。朱凤山又分别给邻居和齐某的哥哥打电话，请他们将齐某劝离。在邻居的劝说下，齐某驾车离开。23 时许，齐某驾车返回，站在汽车引擎盖上摇晃、攀爬院子大门，欲强行进入，朱凤山持铁叉阻拦后报警。齐某爬上院墙，在墙上用瓦片掷砸朱凤山。朱凤山躲到一边，并从屋内拿出宰羊刀防备。随后齐某跳入院内徒手与朱凤山撕扯，朱凤山刺中齐某胸部一刀。朱凤山见齐某受伤把大门打开，民警随后到达。齐某因主动脉、右心房及肺脏被刺破致急性大失血死亡。朱凤山在案发过程中报警，案发后在现场等待民警抓捕，属于自动投案。

一审阶段，辩护人提出朱凤山的行为属于防卫过当，公诉人认为朱凤山的行为不具有防卫性质。一审判决认定，根据朱凤山与齐某的关系及具体案情，齐某的违法行为尚未达到朱凤山必须通过持刀刺扎进行防卫制止的程度，朱凤山的行为不具有防卫性质，不属于防卫过当；朱凤山自动投案后如实供述主要犯罪事实，系自首，依法从轻处罚，朱凤山犯故意伤害罪，判处有期徒刑十五年，剥夺政治权利五年。

朱凤山以防卫过当为由提出上诉。河北省人民检察院二审出庭认为，根据查明的事实，依据《中华人民共和国刑法》第二十条第二款的规定，朱凤山的行为属于防卫过当，应当负刑事责任，但是应当减轻或者免除处罚，朱凤山的上诉理由成立。河北省高级人民法院二审判决认定，朱凤山持刀致死被害人，属防卫过当，应当依法减轻处罚，对河北省人民检察院的出庭意见予以支持，判决撤销一审判决的量刑部分，改判朱凤山有期徒刑七年。

检察机关二审审查和出庭意见

检察机关二审审查认为，朱凤山及其辩护人所提防卫过当的意见成立，一审公诉和判决对此未作认定不当，属于适用法律错误，二审应当作出纠正，并据此发表了出庭意见。主要意见和理由如下：

第一，齐某的行为属于正在进行的不法侵害。齐某与朱某已经分居，齐某当晚的行为在时间、方式上也显然不属于探视子女，故在朱凤山拒绝其进院后，其摇晃、攀爬大门并跳入院内，属于非法侵入住宅。齐某先用瓦片掷砸随后进行撕扯，侵犯了朱凤山的人身权利。齐某的这些行为，均属于正在进行的不法侵害。

第二，朱凤山的行为具有防卫的正当性。齐某的行为从吵闹到侵入住宅、侵犯人身，呈现升级趋势，具有一定的危险性。齐某经人劝离后再次返回，执意在深夜时段实施侵害，不法行为具有一定的紧迫性。朱凤山先是找人规劝，继而报警求助，始终没有与齐某斗殴的故意，提前准备工具也是出于防卫的目的，因此其反击行为具有防卫的正当性。

第三，朱凤山的防卫行为明显超过必要限度造成重大损害，属于防卫过当。齐某上门闹事、滋扰的目的是不愿离婚，希望能与朱某和好继续共同生活，这与离婚后可能实施报复的行为有很大区别。齐某虽实施了投掷瓦片、撕扯的行为，但整体仍在闹事的范围内，对朱凤山人身权利的侵犯尚属轻微，没有危及朱凤山及其家人的健康或生命的明显危险。朱凤山已经报警，也有继续周旋、安抚、等待的余地，但却选择使用刀具，在撕扯过程中直接捅刺齐某的要害部位，最终造成了齐某伤重死亡的重大损害。综合来看，朱凤山的防卫行为，在防卫措施的强度上不具有必要性，在防卫结果与所保护的权利对比上也相差悬殊，应当认定为明显超过必要限度造成重大损害，属于防卫过当，依法应当负刑事责任，但是应当减轻或者免除处罚。

指导意义

刑法第二十条第二款规定，"正当防卫明显超过必要限度造成重大损害的，应当负刑事责任，但是应当减轻或者免除处罚"。司法实践通常称本款规定的情况为"防卫过当"。

防卫过当中，重大损害是指造成不法侵害人死亡、重伤的后果，造成轻伤及以下损伤的不属于重大损害；明显超过必要限度是指，根据所保护的权利性质、不法侵害的强度和紧迫程度等综合衡量，防卫措施缺乏必要性，防卫强度与侵害程度对比也相差悬殊。司法实践中，重大损害的认定比较好把握，但明显超过必要限度的认定相对复杂，对此应当根据不法侵害的性质、手段、强度和危害程度，以及防卫行为的性质、手段、强度、时机和所处环境等因素，进行综合判断。本案中，朱凤山为保护住宅安宁和免受可能的一定人身侵害，而致侵害人丧失生命，就防卫与侵害的性质、手段、强度和结果等因素的对比来看，既不必要也相差悬殊，属于明显超过必要限度造成重大损害。

民间矛盾引发的案件极其复杂，涉及防卫性质争议的，应当坚持依法、审慎的原则，准确作出判断和认定，从而引导公民理性平和解决争端，避免在争议纠纷中不必要地使用武力。针对实践当中的常见情形，可注意把握以下几点：一是应作整体判断，即分清前因后果和是非曲直，根据查明的事实，当事人的行为具有防卫性质的，应当依法作出认定，不能唯结果论，也不能因矛盾暂时没有化解等因素而不去认定或不敢认定；二是对于近亲属之间发生的不法侵害，对防卫强度必须结合具体案情作出更为严格的限制；三是对于被害人有无过错与是否正在进行的不法侵害，应当通过细节的审查、补查，作出准确的区分和认定。

人民检察院办理刑事案件，必须高度重视犯罪嫌疑人、被告人及其辩护人所提正当防卫或防卫过当的意见，对于所提意见成立的，应当及时予以采纳或支持，依法保障当事人的合法权利。

相关规定

《中华人民共和国刑法》第二十条、第二百三十四条。
《中华人民共和国刑事诉讼法》第二百三十五条。

于海明正当防卫案

（检例第 47 号）

关键词

行凶　正当防卫　撤销案件

要旨

对于犯罪故意的具体内容虽不确定，但足以严重危及人身安全的暴力侵害行为，应当认定为刑法第二十条第三款规定的"行凶"。行凶已经造成严重危及人身安全的紧迫危险，即使没有发生严重的实害后果，也不影响正当防卫的成立。

基本案情

于海明，男，1977年3月18日出生，某酒店业务经理。

2018年8月27日21时30分许，于海明骑自行车在江苏省昆山市震川路正常行驶，刘某醉酒驾驶小轿车（经检测，血液酒精含量87mg/100ml），向右强行闯入非机动车道，与于海明险些碰擦。刘某的一名同车人员下车与于海明争执，经同行人员劝解返回时，刘某突然下车，上前推搡、踢打于海明。虽经劝解，刘某仍持续追打，并从轿车内取出一把砍刀（系管制刀具），连续用刀面击打于海明颈部、腰部、腿部。刘某在击打过程中将砍刀甩脱，于海明抢到砍刀，刘某上前争夺，在争夺中于海明捅刺刘某的腹部、臀部，砍击其右胸、左肩、左肘。刘某受伤后跑向轿车，于海明继续追砍2刀均未砍中，其中1刀砍中轿车。刘某跑离轿车，于海明返回轿车，将车内刘某的手机取出放入自己口袋。民警到达现场后，于海明将手机和砍刀交给处警民警（于海明称，拿走刘某的手机是为了防止对方打电话召集人员报复）。刘某逃离后，倒在附近绿化带内，后经送医抢救无效，因腹部大静脉等破裂致失血性休克于当日死亡。于海明经人身检查，见左颈部条形挫伤1处、左胸季肋部条形挫伤1处。

8月27日当晚公安机关以"于海明故意伤害案"立案侦查，8月31日公安机关查明了本案的全部事实。9月1日，江苏省昆山市公安局根据侦查查明的事实，依据《中华人民共和国刑法》第二十条第三款的规定，认定于海明的行为属于正当防卫，不负刑事责任，决定依法撤销于海明故意伤害案。其间，公安机关依据相关规定，听取了检察机关的意见，昆山市人民检察院同意公安机关的撤销案件决定。

检察机关的意见和理由

检察机关的意见与公安机关的处理意见一致，具体论证情况和理由如下：

第一，关于刘某的行为是否属于"行凶"的问题。在论证过程中有意见提出，刘某仅使用刀面击打于海明，犯罪故意的具体内容不确定，不宜认定为行凶。论证后认为，对行凶的认定，应当遵循刑法第二十条第三款的规定，以"严重危及人身安全的暴力犯罪"作为把握的标准。刘某开始阶段的推搡、踢打行为不属于"行凶"，但从持砍刀击打后，行为性质已经升级为暴力犯罪。刘某攻击行为凶狠，所持凶器可轻易致人死伤，随着事态发展，接下来会造成什么样的损害后果难以预料，于海明的人身安全处于现实的、急迫的和严重的危险之下。刘某具体抱持杀人的故意还是伤害的故意不确定，正是许多行凶行为的特征，而不是认定的障碍。因此，刘某的行为符合"行凶"的认定标准，应当认定为"行凶"。

第二，关于刘某的侵害行为是否属于"正在进行"的问题。在论证过程中有意见提出，于海明抢到砍刀后，刘某的侵害行为已经结束，不属于正在进行。论证后认为，判断侵害行为是否已经结束，应看侵害人是否已经实质性脱离现场以及是否还有继续攻击或再次发动攻击的可能。于海明抢到砍刀后，刘某立刻上前争夺，侵害行为没有停止，刘某受伤后又立刻跑向之前藏匿砍刀的汽车，于海明此时作不间断的追击也符合防卫的需要。于海明追砍两刀均未砍中，刘某从汽车旁边跑开后，于海明也未再追击。因此，在于海明抢得砍刀顺势反击时，刘某既未放弃攻击行为也未实质性脱离现场，不能认为侵害行为已经停止。

第三，关于于海明的行为是否属于正当防卫的问题。在论证过程中有意见提出，于海明本人所受损伤较小，但防卫行为却造成了刘某死亡的后果，二者对比不相适应，于海明的行为属于防卫过当。论证后认为，不法侵害行为既包括实害行为也包括危险行为，对于危险行为同样可以实施正当防卫。认为"于海明与刘某的伤情对比不相适应"的意见，只注意到了实害行为而忽视了危险行为，这种意见实际上是要求防卫人应等到暴力犯罪造成一定的伤害后果才能实施防卫，这不符合及时制止犯罪、让犯罪不能得逞的防卫需要，也不适当地缩小了正当防卫的依法成立范围，是不正确的。本案中，在刘某的行为因具有危险性而属于"行凶"的前提下，于海明采取防卫行为致其死亡，依法不属于防卫过当，不负刑事责任，于海明本人是否受伤或伤情轻重，对正当防卫的认定没有影响。公安机关认定于海明的行为系正当防卫，决定依法撤销案件的意见，完全正确。

指导意义

刑法第二十条第三款规定，"对正在进行行凶、杀人、抢劫、强奸、绑架以及其他严重危及人身安全的暴力犯罪，采取防卫行为，造成不法侵害人伤亡的，不属于防卫过当，不负刑事责任"。司法实践通常称这种正当防卫为"特殊防卫"。

刑法作出特殊防卫的规定，目的在于进一步体现"法不能向不法让步"的秩序理念，同时肯定防卫人以对等或超过的强度予以反击，即使造成不法侵害人伤亡，也不必顾虑可能成立防卫过当因而构成犯罪的问题。司法实践中，如果面对不法侵害人"行凶"性质的侵害行为，仍对防卫人限制过苛，不仅有违立法本意，也难以取得制止犯罪，保护公民人身权利不受侵害的效果。

适用本款规定，"行凶"是认定的难点，对此应当把握以下两点：一是必须是暴力犯罪，对于非暴力犯罪或一般暴力行为，不能认定为行凶；二是必须严重危及人身安全，即对人的生命、健康构成严重危险。在具体案件中，有些暴力行为的主观故意尚未通过客观行为明确表现出来，或者行为人本身就是持概括故意予以实施，这类行为的故意内容虽不确定，但已表现出多种故意的可能，其中只要有现实可能造成他人重伤或死亡的，均应当认定为"行凶"。

正当防卫以不法侵害正在进行为前提。所谓正在进行，是指不法侵害已经开始但尚未结束。不法侵害行为多种多样、性质各异，判断是否正在进行，应就具体行为和现场情境作具体分析。判断标准不能机械地对刑法上的着手与既遂作出理解、判断，因为着手与既遂侧重的是侵害人可罚性的行为阶段问题，而侵害行为正在进行，侧重的是防卫人的利益保护问题。所以，不能要求不法侵害行为已经加诸被害人身上，只要不法侵害的现实危险已经近在眼前，或者已达既遂状态但侵害行为没有实施终了的，就应当认定为正在进行。

需要强调的是，特殊防卫不存在防卫过当的问题，因此不能作宽泛的认定。对于因民间矛盾引发、不法与合法对立不明显以及夹杂泄愤报复成分的案件，在认定特殊防卫时应当十分慎重。

相关规定

《中华人民共和国刑法》第二十条。

侯雨秋正当防卫案

（检例第 48 号）

关键词

聚众斗殴　　故意伤害　　正当防卫　　不起诉

要　旨

单方聚众斗殴的，属于不法侵害，没有斗殴故意的一方可以进行正当防卫。单方持械聚众斗殴，对他人的人身安全造成严重危险的，应当认定为刑法第二十条第三款规定的"其他严重危及人身安全的暴力犯罪"。

基本案情

侯雨秋，男，1981 年 5 月 18 日出生，务工人员。

侯雨秋系葛某经营的养生会所员工。2015 年 6 月 4 日 22 时 40 分许，某足浴店股东沈某因怀疑葛某等人举报其店内有人卖淫嫖娼，遂纠集本店员工雷某、柴某等 4 人持棒球棍、匕首赶至葛某的养生会所。沈某先行进入会所，无故推翻大堂盆栽挑衅，与葛某等人扭打。雷某、柴某等随后持棒球棍、匕首冲入会所，殴打店内人员，其中雷某持匕首两次刺中侯雨秋右大腿。其间，柴某所持棒球棍掉落，侯雨秋捡起棒球棍挥打，击中雷某头部致其当场倒地。该会所员工报警，公安人员赶至现场，将沈某等人抓获，并将侯雨秋、雷某送医救治。雷某经抢救无效，因严重颅脑损伤于 6 月 24 日死亡。侯雨秋的损伤程度构成轻微伤，该会所另有 2 人被打致轻微伤。

公安机关以侯雨秋涉嫌故意伤害罪，移送检察机关审查起诉。浙江省杭州市人民检察院根据审查认定的事实，依据《中华人民共和国刑法》第二十条第三款的规定，认为侯雨秋的行为属于正当防卫，不负刑事责任，决定对侯雨秋不起诉。

不起诉的理由

检察机关认为，本案沈某、雷某等人的行为属于刑法第二十条第三款规定的"其他严重危及人身安全的暴力犯罪"，侯雨秋对此采取防卫行为，造成不法侵害人之一雷某死亡，依法不属于防卫过当，不负刑事责任。主要理由如下：

第一，沈某、雷某等人的行为属于"其他严重危及人身安全的暴力犯罪"。判断不法侵害行为是否属于刑法第二十条第三款规定的"其他"犯罪，应当以本款列举的杀人、抢劫、强奸、绑架为参照，通过比较暴力程度、危险程度和刑法给予惩罚的力度等综合作出判断。本案沈某、雷某等人的行为，属于单方持械聚众斗殴，构成犯罪的法定最低刑虽然不重，与一般伤害罪相同，但刑法第二百九十二条同时规定，聚众斗殴，致人重伤、死亡的，依照刑法关于故意伤害致人重伤、故意杀人的规定定罪处罚。刑法作此规定表明，聚众斗殴行为常可造成他人重伤或者死亡，结合案件具体情况，可以判定聚众斗殴与故意致人伤亡的犯罪在暴力程度和危险程度上是一致的。本案沈某、雷某等共5人聚众持棒球棍、匕首等杀伤力很大的工具进行斗殴，短时间内已经打伤3人，应当认定为"其他严重危及人身安全的暴力犯罪"。

第二，侯雨秋的行为具有防卫性质。侯雨秋工作的养生会所与对方的足浴店，尽管存在生意竞争关系，但侯雨秋一方没有斗殴的故意，本案打斗的起因系对方挑起，打斗的地点也系在本方店内，所以双方攻击与防卫的关系清楚明了。沈某纠集雷某等人聚众斗殴属于正在进行的不法侵害，没有斗殴故意的侯雨秋一方可以进行正当防卫，因此侯雨秋的行为具有防卫性质。

第三，侯雨秋的行为不属于防卫过当，不负刑事责任。本案沈某、雷某等人的共同侵害行为，严重危及他人人身安全，侯雨秋为保护自己和本店人员免受暴力侵害，而采取防卫行为，造成不法侵害人之一雷某死亡，依据刑法第二十条第三款的规定，不属于防卫过当，不负刑事责任。

指导意义

刑法第二十条第三款规定的"其他严重危及人身安全的暴力犯罪"的认定，除了在方法上，以本款列举的四种罪行为参照，通过比较暴力程度、危险程度和刑法给予惩罚的力度作出判断以外，还应当注意把握以下几点：一是不法行为侵害的对象是人身安全，即危害人的生命权、健康权、自由权和性权利。人身安全之外的财产权利、民主权利等其他合法权利不在其内，这也是特殊防卫区别于一般防卫的一个重要特征；二是不法侵害行为具有暴力性，且应达到犯罪的程度。对本款列举的杀人、抢劫、强奸、绑架应作广义的理解，即不仅指这四种具体犯罪行为，也包括以此种暴力行为作为手段，而触犯其他罪名的犯罪行为，如以抢劫为手段的抢劫枪支、弹药、爆炸物的行为，以绑架为手段的拐卖妇女、儿童的行为，以及针对人的生命、健康而采取的放火、爆炸、决水等行为；三是不法侵害行为应当达到一定的严重程度，即有可能造成他人重伤或死亡的后果。需要强调的是，不法侵害行为是否已经造成实际伤害后果，不必然影响特殊防卫的成立。此外，针对不法侵害行为对他人人身安全造成的严重危险，可以实施特殊防卫。

在共同不法侵害案件中，"行凶"与"其他严重危及人身安全的暴力犯罪"，在认定上可以有一定交叉，具体可结合全案行为特征和各侵害人的具体行为特征作综合判定。另外，对于寻衅滋事行为，不宜直接认定为"其他严重危及人身安全的暴力犯罪"，寻衅滋事行为暴力程度较高、严重危及他人人身安全的，可分别认定为刑法第二十条第三款规定中的行凶、杀人或抢劫。需要说明的是，侵害行为最终成立何种罪名，对防卫人正当防卫的认定没有影响。

人民检察院审查起诉时，应当严把事实关、证据关和法律适用关。根据查明的事实，犯罪嫌疑人的行为属于正当防卫，不负刑事责任的，应当依法作出不起诉的决定，保障无罪的人不受刑事追究。

【相关规定】

《中华人民共和国刑法》第二十条。
《中华人民共和国刑事诉讼法》第一百七十七条。

第十三批指导性案例

陕西省宝鸡市环境保护局凤翔分局不全面履职案

（检例第 49 号）

【关键词】

行政公益诉讼　环境保护　依法全面履职

【要旨】

行政机关在履行环境保护监管职责时，虽有履职行为，但未依法全面运用行政监管手段制止违法行为，检察机关经诉前程序仍未实现督促行政机关依法全面履职目的的，应当向人民法院提起行政公益诉讼。

基本案情

2014 年 5 月，陕西长青能源化工有限公司（以下简称长青能化）年产 60 万吨甲醇工程项目建成，并经陕西省环境保护厅审批投入试生产至 2014 年 12 月 31 日。2014 年 11 月 24 日，陕西省发布《关中地区重点行业大气污染物排放限值》地方标准，燃煤锅炉颗粒物排放限值为 20mg/m³，自 2015 年 1 月 1 日起实施。长青能化试生产期间，燃煤锅炉大气污染物排放值基本处于地方标准 20mg/m³ 以上，国家标准 50mg/m³ 以下。

2015 年 1 月 1 日，长青能化试生产期满后未停止生产且燃煤锅炉颗粒物排放值持续在 20mg/m³ 以上 50mg/m³ 以下。

2015 年 7 月 7 日，陕西省宝鸡市环境保护局凤翔分局（以下简称凤翔分局）向长青能化下达《环境违法行为限期改正通知书》，责令其限期改正生产甲醇环保违规行为，否则将予以高限处罚。长青能化没有整改到位，凤翔分局未作出高限处罚。2015 年 11 月 18 日，凤翔分局向长青能化下达《行政处罚决定书》，限其于一个月内整改到位，并处以 5 万元罚款。但该企业并未停止甲醇项目生产，颗粒物超标排放问题依然没有得到有效解决，对周围大气造成污染。

诉前程序

2015 年 11 月下旬，陕西省宝鸡市人民检察院在办案中发现凤翔分局可能有履职不尽责的情况，遂指定凤翔县人民检察院开展调查。凤翔县人民检察院查明：长青能化超期试生产且颗粒物超标排放，而凤翔分局虽对长青能化作出行政处罚，但未依法全面履职。2015 年 12 月 3 日，凤翔县人民检察院向凤翔分局发出《检察建议书》，建议其依法履职，督促长青能化上线治污减排设备，确保环保达标。

2016 年 1 月 4 日，凤翔分局书面回复凤翔县人民检察院称：2015 年 12 月 24 日对长青能化下达《责令限制生产决定书》，责令该公司限产。2015 年 12 月 30 日作出《排污核定与排污费缴纳决定书》，对长青能化 2015 年 10 月至 12 月间颗粒物超标排放加收排污费。

针对凤翔分局回复意见，凤翔县人民检察院进一步查明：凤翔分局作出责令限制生产决定、加收排污费等措施后，长青能化虽然按要求限制生产，但其治污减排设备建设项目未正式投入使用，颗粒物排放依然超过限值。

诉讼过程

鉴于检察建议未实现应有效果，2016 年 5 月 11 日，凤翔县人民检察院向凤翔县人民法院提起行政公益诉讼。凤翔县人民法院受理后，认为符合起诉条件，但不宜由凤翔县人民法院管辖。经向宝鸡市中级人民法院请示指定管辖，2016 年 5 月 13 日，宝鸡市中级人民法院依法裁定本案由宝鸡市陈仓区人民法院管辖。2016 年 11 月 10 日，宝鸡市陈仓区人民法院对本案公开开庭审理。

一、法庭调查

出庭检察人员宣读起诉书，请求：1. 确认凤翔分局未依法全面履职的行为违法；2. 判令凤翔分局依法全面履行职责，督促长青能化采取有效措施，确保颗粒物排放符合标准。

凤翔分局答辩状称其对企业采取了行政处罚、责令限制生产等措施，已经全面履行职责。诉讼前，长青能化减污设备已经运行，检察机关不需要再提起诉讼。

法庭举证、质证阶段，围绕凤翔分局是否依法全面履行法定职责，出庭检察人员出示了凤翔分局行政职责范围的依据，2015 年 1 月 1 日至 2016 年 5 月 8 日长青能化颗粒物排放数据等证据。证明截至提起诉讼前，长青能化湿电除尘系统没有竣工验收并且颗粒物依然超标排放，持续给周围大气环境造成污染问题没有彻底解决。

凤翔分局针对起诉书，提交了对长青能化日常监管的表格及 2015 年 7 月以来对长青能化作出的各类处罚文书等证据材料，证明已经依法全面履行了对相对人的环境监管职责。

针对凤翔分局提出的证据，出庭检察人员认为，其只能证明凤翔分局对长青能化作出了行政处罚，但不能证明依法全面履职并实现了履职目的。诉讼前，长青能化排放仍存在不达标的情况。

二、法庭辩论

出庭检察人员指出，凤翔分局未依法全面履职主要表现在三个方面：

一是凤翔分局未依法监管相对人严格执行建设项目环境保护设施设计、施工、使用"三同时"的规定。长青能化的环境保护设施虽然与建设项目同时设计、同时施工，但并未同时使用。

二是凤翔分局初期未采取有效措施对长青能化违法排放颗粒物的行为作出处理。自 2015 年 1 月 1 日起，长青能化颗粒物排放浓度均超过 20mg/m³ 的标准，最高达 72mg/m³。凤翔分局却未采取有效行政监管措施予以处置，直到 2015 年 7 月 7 日才对颗粒物超标排放违法行为作出《环境违法行为限期改正通知书》。

三是凤翔分局未依法全面运用监管措施督促长青能化纠正违法行为。长青能化在收到《环境违法行为限期改正通知书》后两个月内未按要求整改到位，凤翔分局未采取相应措施作出高限处罚。

凤翔分局答辩称：已履行了法定职责，多次对长青能化作出行政处罚，颗粒物超标排放是由于地方标准的变化。2016 年 3 月 27 日，长青能化减污设备已经运行，检察机关无需提起诉讼。

针对凤翔分局答辩，检察机关提出辩论意见：对于长青能化的排污行为，凤翔分局虽有履职行为，但履职不尽责。一是作出的 5 万元罚款不是高限处罚。二是按照相关规定，在地方标准严于国家标准的情况下，依法应当执行地方标准。三是 2016 年 3 月 27 日，长青能化减污设备已经上线运行，但颗粒物排放数据仍不稳定，仍有不达标的问题。四是诉讼中，凤翔分局于 2016 年 5 月 16 日才作出按日连续处罚的行政处罚，对长青能化违法行为罚款 645 万元。

2016 年 8 月 22 日，长青能化减污设备经评估正式投入运行，经第三方检测机构的检测，长青能化颗粒物排放已持续稳定符合国家和地方排放标准。2016 年 12 月 20 日，检察机关撤回了第二项诉讼请求，即督促长青能化采取有效措施，确保颗粒物排放达到国家标准和地方标准。

三、审理结果

2016 年 12 月 28 日，陕西省宝鸡市陈仓区人民法院作出一审判决，确认被告凤翔分局未依法全面履行对相对人长青能化环境监管职责的行为违法。

指导意义

诉前程序是检察机关提起公益诉讼的前置程序。办理公益诉讼案件，要对违法事实进行调查核实，围绕行政机关不依法履职或者不全面履职行为的客观表现、主观过错、与国家利益或者社会公共利益遭受侵害后果的关系以及相关的法律依据、政策要求、文件规定等全面收集、固定证据，在查清事实的基础上依法提出检察建议，督促行政机关纠正违法、依法履职。行政机关未在检察建议要求的期限内依法全面履行职责，国家利益或者社会公共利益仍然遭受侵害的，检察机关应当依法向人民法院提起公益诉讼。

对行政机关不依法履行法定职责的判断和认定，应以法律规定的行政机关法定职责为依据，对照行政机关的执法权力清单和责任清单，以是否全面运用或者穷尽法律法规和规范性文件规定的行政监管手段制止违法行为，国家利益或者社会公共利益是否得到了有效保护为标准。行政机关虽然采取了部分行政监管或者处罚措施，但未依法全面运用或者穷尽行政监管手段制止违法行为，国家利益或者社会公共利益受侵害状态没有得到有效纠正的，应认定行政机关不依法全面履职。

相关规定

《中华人民共和国环境保护法》第十五条第二款。
《中华人民共和国大气污染防治法》第五条、第七条、第四十三条、第九十九条。
《中华人民共和国行政处罚法》第五十一条。
《中华人民共和国行政诉讼法》第二十五条第四款。
《环境保护主管部门实施按日连续处罚办法》第五条、第十条。
《建设项目环境保护管理条例》第十五条、第二十条第一款。
《建设项目竣工环境保护验收管理办法》第十四条、第十七条第三款。
《火电厂大气污染物排放标准》。
《关中地区重点行业大气污染物排放限值》。

湖南省长沙县城乡规划建设局等不依法履职案

（检例第 50 号）

关键词

行政公益诉讼　生态环境保护　督促履职

要旨

检察机关通过检察建议实现了督促行政机关依法履职、维护国家利益和社会公共利益目的的，不需要再向人民法院提起诉讼。

基本案情

2013 年 6 月，长沙威尼斯城房地产开发有限公司（以下简称威尼斯城房产公司）开发的威尼斯城第四期项目开始建设。该项目将原定项目建设的性质、规模、容积率等作出重大调整，开工建设前未按照《中华人民共和国环境影响评价法》的规定重新报批环境影响评价文件。2016 年 8 月 29 日，湖南省长沙县行政执法局对威尼斯城房产公司作出行政处罚决定，责令该公司停止第四期项目建设，并处以 10 万元罚款。威尼斯城房产公司虽然缴纳了罚款但并未停止建设。截至 2018 年 3 月 7 日，该项目已经建成 1—6 栋。7—8 栋未取得施工许可证即开始进行基坑施工（停工状态），9 栋未开工建设。

提出检察建议

2017 年 7 月 20 日，湖南省长沙市人民检察院在参与中央环保督查组督查过程中，发现长沙县城乡规划建设局、长沙县行政执法局不依法履行职责致使国家和社会公共利益受损的线索。报告湖南省人民检察院后，湖南省人民检察院将案件线索交长沙市人民检察院办理。

长沙市人民检察院调查发现，2003 年 4 月 22 日至 2017 年 3 月 14 日，威尼斯城第四期项目建设用地位于参照饮用水水源一级保护区保护范围内。2017 年 3 月 14 日后，根据湖南省人民政府调整后的饮用水水源保护区划定，该建设项目用地位于饮用水水源二级保护区保护范围内。经调查核实，长沙市人民检察院认为长沙县城乡规划建设局等三行政机关不依法履行职责，对当地生态环境、饮用水水源安全造成重大影响，侵害了社会公共利益。其中：

长沙县城乡规划建设局明知威尼斯城第四期项目必须重新申报环境影响评价文

件，但在未重新申报的情况下，发放建设工程规划许可证和建筑工程施工许可证，导致项目违法建设，给当地生态环境造成重大影响。

长沙县行政执法局明知威尼斯城第四期项目环境影响评价未申报通过、未批先建的情况下，在作出责令停止建设，并处以罚款 10 万元的决定后，未进一步采取措施，导致该项目 1—6 栋最终建设完成，同时对该项目 7—8 栋无建筑工程施工许可就开挖基坑的违法行为未责令恢复原状，造成重大生态环境影响。

长沙县环境保护局明知威尼斯城第四期项目环境影响评价未申报通过，却在该项目 1—6 栋建设工程规划许可证申请表上盖章予以认可，造成违法建设行为发生，给当地生态环境造成重大影响。

2017 年 12 月 18 日、2018 年 3 月 16 日，长沙市人民检察院先后分别向长沙县城乡规划建设局、长沙县行政执法局和长沙县环境保护局发出检察建议：一是建议长沙县行政执法局依法对威尼斯城房产公司未依法停止建设，仍处于继续状态的违法行为进行处罚，责令对违法在建工程恢复原状。二是建议三行政机关在职责范围内依法处理威尼斯城第四期项目环境影响评价、建设工程规划许可和建筑工程施工许可等问题。三是建议三行政机关依法加强对该项目行政许可的审批管理和执法监管，杜绝类似违法行为再次发生。

检察机关发出检察建议后，与长沙县行政执法局等三机关以及长沙县人民政府进行了反复协调沟通，促进相关检察建议落实。三机关均按期对长沙市人民检察院检察建议进行了书面回复。2018 年 4 月 10 日，长沙县行政执法局根据检察建议的要求对威尼斯城房产公司作出行政处罚决定：责令该公司立即停止第四期项目建设；对 7—8 栋基坑恢复原状，并处罚款 4365058.67 元。威尼斯城房产公司接受处罚并对 7—8 栋基坑恢复原状。长沙县城乡规划建设局、长沙县环境保护局根据检察建议的要求加大对该项目的监管力度，对类似行政审批流程进行规范，对相关责任人员进行追责，给予四名工作人员相应的行政处分。

2018 年 2 月 9 日，长沙县人民政府就纠正违法行为与长沙市人民检察院沟通并对相关问题提出处置意见。因该案涉及饮用水水源地保护区调整，长沙市人民检察院依法向长沙县人民政府发出工作建议，建议该县及时向上级机关申报重新划定饮用水水源地保护区范围；对该项目监管和执法中暴露出来的相关违法违规问题依法依规进行处理；加强对建设项目审批的管理和监督、对招商引资项目的管理，进一步规范行政许可、行政审批行为，切实防止损害生态环境和资源保护行为的发生。

2018 年 5 月 17 日，长沙县人民政府就工作建议向长沙市人民检察院作出书面回复，对威尼斯城第四期项目违法建设的处置提出具体的工作意见和实施办法。长沙市人民检察院认为，威尼斯城第四期项目违法建设对当地生态环境和饮用水水源地造成重大影响，损害社会公共利益，考虑到该项目 1—6 栋已经销售完毕，仅第 6 栋就涉及 320 户，涉及众多群众利益，撤销该项目的建设工程规划许可证和建筑工程施工许可证并拆除建筑，将损害不知情群众的利益。经论证，采取取水口上移变更饮用水水源地保护区范围等补救措施，不影响威尼斯城众多业主的合法权益和生活稳定，社会效果和法律效果较好。根据长沙市人民检察院的建议，长沙县人民政府上移饮用水取水口。2018 年 5 月 31 日，新建设的长沙县星沙第二水厂取水泵站已经通水。2018 年 10 月 29 日，经湖南省人民政府批准，长沙市人民政府对饮用水水源地保护范围进行了调整。

指导意义

检察机关办理公益诉讼案件，应当着眼于切实维护国家利益和社会公共利益的目标，加强与行政机关沟通协调，注重各项实际措施的落实到位。充分发挥诉前程序的功能作用，努力实现案件办理政治效果、社会效果和法律效果的有机统一。对于一个污染环境或者破坏生态的事件，多个行政机关存在违法行使职权或者不作为情形的，检察机关可以分别提出检察建议，督促其依法履行各自职责。依据法律规定，有多种行政监管、处罚措施可选择时，应从最大限度保护国家利益或者社会公共利益出发，建议行政机关采取尽量不减损非侵权主体的合法权益、实际效果最好的监管处罚措施。

相关规定

《中华人民共和国环境保护法》第六十一条。

《中华人民共和国水污染防治法》第六十六条。

《中华人民共和国环境影响评价法》第三十一条。

《中华人民共和国行政诉讼法》第二十五条第四款。

《环境行政处罚办法》第十一条。

曾云侵害英烈名誉案

（检例第 51 号）

关键词

民事公益诉讼　英烈名誉　社会公共利益

要　旨

对侵害英雄烈士的姓名、肖像、名誉、荣誉，损害社会公共利益的行为人，英雄烈士近亲属不提起民事诉讼的，检察机关可以依法向人民法院提起公益诉讼，要求侵权人承担侵权责任。

基本案情

2018 年 5 月 12 日下午，江苏省淮安市消防支队水上大队城南中队副班长谢勇在实施灭火救援行动中不幸牺牲。5 月 13 日，公安部批准谢勇同志为烈士并颁发献身国防金质纪念章；5 月 14 日，中共江苏省公安厅委员会追认谢勇同志为中国共产党党员，追记一等功；淮安市人民政府追授谢勇同志"灭火救援勇士"荣誉称号。

2018 年 5 月 14 日，曾云因就职受挫、生活不顺等原因，饮酒后看到其他网友发表悼念谢勇烈士的消息，为发泄自己的不满，在微信群公开发表一系列侮辱性言论，歪曲谢勇烈士英勇牺牲的事实。该微信群共有成员 131 人，多人阅看了曾云的言论，有多人转发。曾云歪曲事实、侮辱英烈的行为，侵害了烈士的名誉，造成了较为恶劣的社会影响。

诉前程序

2018 年 5 月 17 日，江苏省淮安市人民检察院以侵害英雄烈士名誉对曾云作出立案决定。

检察机关围绕曾云是否应当承担侵害英烈名誉的责任开展调查取证。经调查核实，曾云主观上明知其行为可能造成侵害烈士名誉的后果，客观上实施了侵害烈士名誉的违法行为，在社会上产生较大负面影响，损害了社会公共利益。

检察机关依法履行民事公益诉讼诉前程序，指派检察官赴谢勇烈士家乡湖南衡阳，就是否对曾云侵害烈士名誉的行为提起民事诉讼当面征求了谢勇烈士父母、祖父母及其弟的意见（谢勇烈士的外祖父母均已去世）。烈士近亲属声明不提起民事诉讼，并签署支持检察机关追究曾云侵权责任的书面意见。

诉讼过程

2018 年 5 月 21 日，淮安市人民检察院就曾云侵害谢勇烈士名誉案向淮安市中级人民法院提起民事公益诉讼。6 月 12 日，淮安市中级人民法院公开开庭审理本案。

一、法庭调查

淮安市人民检察院派员以公益诉讼起诉人的身份出庭，并宣读起诉书，认为曾云发表的侮辱性语言和不实言论侵害了谢勇烈士的名誉，损害了社会公共利益。

公益诉讼起诉人出示了相关证据材料：一是批准谢勇同志烈士称号的批文、追授谢勇同志"灭火救援勇士"荣誉称号的文件等，证明谢勇同志被批准为英雄烈士和被授予荣誉称号。二是曾云微信群的聊天记录截图、证人证言等，证明曾云实施侵害谢勇烈士名誉的行为，损害社会公共利益。三是检察机关向谢勇烈士近亲属发出的征求意见函、谢勇烈士近亲属出具的书面声明等，证明检察机关履行了诉前程序。

曾云表示对检察机关起诉书载明的事实和理由没有异议。

二、法庭辩论

公益诉讼起诉人发表出庭意见：

一是曾云公开发表侮辱性言论，歪曲英雄被追认为烈士的相关事实，侵害了谢勇烈士的名誉。证据充分证明曾云发表的不当言论被众多网友知晓并转发，在社会上产生了负面影响，侵害了谢勇烈士的名誉。

二是曾云的行为损害了社会公共利益。英雄事迹是社会主义核心价值观和民族精神的体现。曾云的行为置社会主义核心价值观于不顾，严重损害了社会公共利益。

三是检察机关依法提起民事公益诉讼，意义重大。检察机关对侵害英烈名誉的行为提起公益诉讼，旨在对全社会起到警示教育作用，形成崇尚英雄、学习英雄、传承英雄精神的社会风尚。

曾云承认在微信群发表不当言论对烈士亲属造成了伤害，愿意通过媒体公开赔礼道歉，并当庭宣读了道歉信。

三、审理结果

2018年6月12日，淮安市中级人民法院经审理，认定曾云的行为侵害了谢勇烈士名誉并损害了社会公共利益，当庭作出判决，判令曾云在判决生效之日起七日内在本地市级报纸上公开赔礼道歉。

一审宣判后，曾云当庭表示不上诉并愿意积极履行判决确定的义务。2018年6月16日，曾云在《淮安日报》公开刊登道歉信，消除因其不当言论造成的不良社会影响。

指导意义

《中华人民共和国英雄烈士保护法》第二十五条规定："英雄烈士没有近亲属或者近亲属不提起诉讼的，检察机关依法对侵害英雄烈士的姓名、肖像、名誉、荣誉，损害社会公共利益的行为向人民法院提起诉讼。"英雄烈士的形象是民族精神的体现，是引领社会风尚的标杆。英雄烈士的姓名、肖像、名誉和荣誉等不仅属于英雄烈士本人及其近亲属，更是社会正义的重要组成内容，承载着社会主义核心价值观，具有社会公益性质。侵害英雄烈士名誉就是对公共利益的损害。对于侵害英雄烈士名誉的行为，英雄烈士没有近亲属或者近亲属不提起诉讼时，检察机关应依法提起公益诉讼，捍卫社会公共利益。

检察机关履行这类公益诉讼职责，要在提起诉讼前确认英雄烈士是否有近亲属以及其近亲属是否提起诉讼，区分情况处理。对于英雄烈士有近亲属的，检察机关应当当面征询英雄烈士近亲属是否提起诉讼；对于英雄烈士没有近亲属或者近亲属下落不明的，检察机关可以通过公告的方式履行告知程序。

检察机关办理该类案件，除围绕侵权责任构成要件收集、固定证据外，还要就侵权行为是否损害社会公共利益这一结果要件进行调查取证。对于在微信群内发表侮辱、诽谤英雄烈士言论的行为，要重点收集微信群成员数量、微信群组的私密性、进群验证方式、不当言论被阅读数、转发量等方面的证据，证明侵权行为产生的不良社会影响及其严重性。检察机关在决定是否提起公益诉讼时，还应当考虑行为人的主观过错程度、社会公共利益受损程度等，充分履行职责，实现政治效果、社会效果和法律效果的有机统一。

相关规定

《中华人民共和国英雄烈士保护法》第二十二条、第二十五条、第二十六条。

《中华人民共和国民法总则》第一百八十五条。*

《中华人民共和国侵权责任法》第十五条。

《中华人民共和国民事诉讼法》（2017 年修正）第五十五条第二款（现为 2023 年修正后的第五十八条第二款）。

《最高人民法院　最高人民检察院关于检察公益诉讼案件适用法律若干问题的解释》第五条。

第十四批指导性案例

广州乙置业公司等骗取支付令执行虚假诉讼监督案

（检例第 52 号）

关键词

骗取支付令　侵吞国有资产　检察建议

要　旨

当事人恶意串通、虚构债务，骗取法院支付令，并在执行过程中通谋达成和解协议，通过以物抵债的方式侵占国有资产，损害司法秩序，构成虚假诉讼。检察机关对此类案件应当依法进行监督，充分发挥法律监督职能，维护司法秩序，保护国有资产。

基本案情

2003 年起，国有企业甲农工商公司因未按期偿还银行贷款被诉至法院，银行账户

---

* 编者注：《中华人民共和国民法总则》已废止，其第一百八十五条修改为《中华人民共和国民法典》第一百八十五条，内容未修改。

被查封。为转移甲农工商公司及其下属公司的资产，甲农工商公司班子成员以个人名义出资，于 2003 年 5 月 26 日成立广州乙置业公司，甲农工商公司经理张某任乙置业公司董事长，其他班子成员任乙置业公司股东兼管理人员。

2004 年 6 月 23 日和 2005 年 2 月 20 日，乙置业公司分别与借款人甲农工商公司下属丙实业公司和丁果园场签订金额为 251.846 万元和 1600 万元的借款协议，丙实业公司以自有房产为借款提供抵押担保。乙置业公司没有自有流动运营资金和自有业务，其出借的资金主要来源于甲农工商公司委托其代管的资金。

丙实业公司借款时，甲农工商公司在乙置业公司已经存放有 13893401.67 元理财资金可以调拨，但甲农工商公司未调拨理财资金，反而由下属的丙实业公司以房产抵押的方式借款。丁果园场借款时，在 1600 万元借款到账的 1～3 天内便以"往来款"名义划付到案外人账户，案外人又在 5 天内通过银行转账方式将等额资金划还给乙置业公司。

上述借款到期后，乙置业公司立即向广州市白云区人民法院申请支付令，要求偿还借款。2004 年 9 月 6 日，法院作出（2004）云法民二督字第 23 号支付令，责令丙实业公司履行付款义务；2005 年 11 月 9 日，法院作出（2005）云法民二督字第 16 号支付令，责令丁果园场履行付款义务。丙实业公司与丁果园场未提出异议，并在执行过程中迅速与乙置业公司达成以房抵债的和解协议。2004 年 10 月 11 日，丙实业公司与乙置业公司签署和解协议，以自有房产抵偿 251.846 万元债务。丙实业公司还主动以自有的 36 栋房产为丁果园场借款提供执行担保。2006 年 2 月、4 月，法院先后裁定将丁果园场的房产作价 611.7212 万元、丙实业公司担保房产作价 396.9387 万元以物抵债给乙置业公司。

案发后，甲农工商公司的主管单位于 2013 年 9 月 10 日委托评估，评估报告显示，以法院裁定抵债日为评估基准日，涉案房产评估价值合计 1.09 亿余元，比法院裁定以物抵债的价格高出 9640 万余元，国有资产受到严重损害。

检察机关监督情况

线索发现。2016 年 4 月，广东省人民检察院在办理甲农工商公司经理张某贪污、受贿刑事案件的过程中，发现乙置业公司可能存在骗取支付令、侵吞国有资产的行为，遂将案件线索交广州市人民检察院办理。广州市人民检察院依职权启动监督程序，与白云区人民检察院组成办案组共同办理该案。

调查核实。办案组调取法院支付令与执行案件卷宗，经审查发现，乙置业公司与丙实业公司、丁果园场在诉讼过程中对借款事实等问题的陈述高度一致；三方在执行过程中主动、迅速达成以物抵债的和解协议，而缺乏通常诉讼所具有的对抗性；经审查张某贪污、受贿案的刑事卷宗，发现甲农工商公司、乙置业公司的班子成员存在合谋串通、侵吞国有资产的主观故意；经审查工商登记资料，发现乙置业公司没有自有资金，其资金来源于代管的甲农工商公司资金；经调取银行流水清单，核实了借款资金流转情况。办案组沿涉案资金、房产的转移路径，逐步厘清案情脉络，并重新询问相关涉案人员，最终获取张某等人的证言，进一步夯实证据。

监督意见。2016 年 10 月 8 日，白云区人民检察院就白云区人民法院前述两份支付令分别发出穗云检民（行）违监（2016）4 号、5 号检察建议书，指出乙置业公司与丙实业公司、丁果园场恶意串通、虚构债务，骗取法院支付令，借执行和解程序侵吞国有资产，损害了正常司法秩序，建议法院撤销涉案支付令。

监督结果。2018 年 5 月 15 日，白云区人民法院作出（2018）粤 0111 民督监 1 号、2 号民事裁定书，分别确认前述涉案支付令错误，裁定予以撤销，驳回乙置业公司的支付令申请。同年 10 月，白云区人民法院依据生效裁定执行回转，至此，1.09 亿余元的国有资产损失得以挽回。甲农工商公司原班子成员张某等人因涉嫌犯贪污罪、受贿罪，已被广州市人民检察院提起公诉。

指导意义

（一）虚构债务骗取支付令成为民事虚假诉讼的一种表现形式，应当加强法律监督。民事诉讼法规定的督促程序，旨在使债权人便捷高效地获得强制执行依据，解决纠纷。司法实践中，有的当事人正是利用法院发出支付令以形式审查为主、实质问题不易被发现的特点，恶意串通、虚构债务骗取支付令并获得执行，侵害其他民事主体的合法权益。本案乙置业公司与丙实业公司、丁果园场恶意串通、虚构债务申请支付令，构成虚假诉讼。由于法院在发出支付令时无需经过诉讼程序，仅对当事人提供的事实、证据进行形式审查，因此，骗取支付令的虚假诉讼案件通常具有一定的隐蔽性，检察机关应当加强对此类案件的监督，充分发挥法律监督职能。

（二）办理虚假诉讼案件重点围绕捏造事实行为进行审查。虚假诉讼通常以捏造的事实启动民事诉讼程序，检察机关应当以此为重点内容开展调查核实工作。本案办理过程中，办案组通过调阅张某刑事案件卷宗材料掌握案情，以刑事案件中固定的证据作为本案办理的突破口；通过重点审查涉案公司的企业法人营业执照、公司章程、公司登记申请书、股东会决议等工商资料，确认丙实业公司和丁果园场均由甲农工商公司设立，均系全民所有制企业，名下房产属于国有财产，上述公司的主要班子成员存在交叉任职等事实；通过调取报税资料、会计账册、资金代管协议等档案材料发现，乙置业公司没有自有流动运营资金和业务，其资金来源于代管的甲农工商公司资金；通过调取银行流水清单，发现丁果园场在借款到账后即以"往来款"名义划付至案外人账户，案外人随即将等额资金划还至乙置业公司，查明了借款资金流转的情况。一系列事实和证据均指向当事人存在恶意串通、虚构债务骗取支付令的行为。

（三）发现和办理虚假诉讼案件，检察机关应当形成整体合力。虚假诉讼不仅侵害其他民事主体的合法权益，影响经济社会生活秩序，更对司法公信力、司法秩序造成严重侵害，检察机关应当形成整体合力，加大法律监督力度。检察机关各业务部门在履行职责过程中发现民事虚假诉讼线索的，均应及时向民事检察部门移送；并积极探索建立各业务部门之间的线索双向移送、反馈机制，线索共享、信息互联机制。本案即是检察机关在办理刑事案件过程中发现可能存在民事虚假诉讼线索，民事检察部门由此进行深入调查的典型案例。

【 相关规定 】

《中华人民共和国民事诉讼法》（2017 年修正）第十四条、第二百一十六条（现为 2023 年修正后的第十四条、第二百二十七条）。

《最高人民法院关于适用〈中华人民共和国民事诉讼法〉的解释》第四百一十四条。

《人民检察院民事诉讼监督规则（试行）》第九十九条。

武汉乙投资公司等骗取调解书虚假诉讼监督案

（检例第 53 号）

【 关键词 】

虚假调解　　逃避债务　　民事抗诉

【 要　旨 】

伪造证据、虚构事实提起诉讼，骗取人民法院调解书，妨害司法秩序、损害司法权威，不仅可能损害他人合法权益，而且损害国家和社会公共利益的，构成虚假诉讼。检察机关办理此类虚假诉讼监督案件，应当从交易和诉讼中的异常现象出发，追踪利益流向，查明当事人之间的通谋行为，确认是否构成虚假诉讼，依法予以监督。

【 基本案情 】

2010 年 4 月 26 日，甲商贸公司以商品房预售合同纠纷为由向武汉市蔡甸区人民法院起诉乙投资公司，称双方于 2008 年 4 月 30 日签订《商品房订购协议书》，约定甲商贸公司购买乙投资公司天润工业园项目约 4 万平方米的商品房，总价款人民币 7375 万元，甲公司支付 1475 万元定金，乙投资公司于收到定金后 30 日内完成上述项目地块的抵押登记注销，双方再签订正式《商品房买卖合同》。协议签订后，甲商贸公司依约支付定金，但乙投资公司未解除土地抵押登记，甲商贸公司遂提出四起商品房预售合同纠纷诉讼，诉请判令乙投资公司双倍返还定金，诉讼标的额分别为 700 万元、700 万元、750 万元、800 万元，共计 2950 万元。武汉市蔡甸区人民法院受理后，适用简易程序审理、以调解方式结案，作出（2010）蔡民二初字第79 号、第 80 号、第 81 号、第 82 号民事调解书，分别确认乙投资公司双倍返还定金 700 万元、700 万元、750 万元、800 万元，合计 2950 万元。甲商贸公司随即向该法院申请执行，领取可供执行的款项 2065 万元。

检察机关监督情况

线索发现。2015 年，武汉市人民检察院接到案外人相关举报，经对上述案件进行审查，初步梳理出如下案件线索：一是法院受理异常。双方只签订了一份《商品房订购协议书》，甲商贸公司却拆分提出四起诉讼；甲商贸公司已支付定金为 1475 万元，依据当时湖北省法院案件级别管辖规定，基层法院受理标的额在 800 万元以下的案件，本案明显属于为回避级别管辖规定而拆分起诉，法院受理异常。二是均适用简易程序由同一名审判人员审结，从受理到审理、制发调解书在 5 天内全部完成。三是庭审无对抗性，乙投资公司对甲商贸公司主张的事实、证据及诉讼请求全部认可，双方当事人及代理人在整个诉讼过程中陈述高度一致。四是均快速进入执行程序、快速执结。

调查核实。针对初步梳理的案件线索，武汉市人民检察院随即开展调查核实。第一步，通过裁判文书网查询到乙投资公司作为被告或被执行人的案件在武汉市蔡甸区人民法院已有 40 余件，总标的额 1.3 亿余元，乙投资公司已经资不抵债；第二步，通过银行查询执行款流向，发现甲商贸公司收到 2065 万元执行款后，将其中 1600 万元转账至乙投资公司法定代表人方某的个人账户，320 万元转账至丙公司、丁公司；第三步，通过查询工商信息，发现方某系乙投资公司法定代表人，而甲、乙、丙、丁四公司系关联公司，实际控制人均为成某某；第四步，调阅法院卷宗，发现方某本人参加了四起案件的全部诉讼过程；第五步，经进一步调查方某个人银行账户，发现方某在本案诉讼前后与武汉市蔡甸区人民法院民二庭原庭长杨某某之间存在金额达 100 余万元的资金往来。检察人员据此判断该四起案件可能是乙投资公司串通关联公司提起的虚假诉讼。经进一步审查发现，甲商贸公司、乙投资公司的实际控制人成某某通过受让债权取得乙投资公司 80% 的股权，后因经营不善产生巨额债务，遂指使甲商贸公司，伪造了以上《商品房订购协议书》，并将甲商贸公司其他业务的银行资金往来明细作为支付定金 1475 万元的证据，由甲商贸公司向武汉市蔡甸区人民法院提起诉讼，请求"被告乙投资公司双倍返还定金 2950 万元"，企图达到转移公司资产、逃避公司债务的非法目的。该院民二庭庭长杨某某在明知甲、乙投资公司的实际控制人为同一人，且该院对案件无管辖权的情况下，主动建议甲商贸公司将一案拆分为 4 个案件起诉；案件转审判庭后，杨某某向承办法官隐瞒上述情况，指示其按照简易程序快速调解结案；进入执行后，杨某某又将该案原、被告公司的实际控制人为同一人的情况告知本院执行二庭原庭长童某，希望快速执行。在杨某某、童某的参与下，案件迅速执行结案。

监督意见。2016 年 10 月 21 日，武汉市人民检察院就（2010）蔡民二初字第 79 号、第 80 号、第 81 号、第 82 号民事调解书，向武汉市中级人民法院提出抗诉，认为本案调解书认定的事实与案件真实情况明显不符，四起诉讼均系双方当事人恶意串通为逃避公司债务提起的虚假诉讼，应当依法纠正。首先，从《商品房订购协议书》的表面形式来看，明显与正常的商品房买卖交易惯例不符，连所订购房屋的具体位置、房号都没有约定；其次，乙投资公司法定代表人方某在刑事侦查中供述双方不存在真实的商品房买卖合同关系，四份商品房订购协议书系伪造，目的是通过双倍返还购房定金的方式转移公司资产，逃避公司债务；再次，在双方无房屋买卖交易的情况下，不存在支付及返还"定金"之说。证明甲商贸公司支付 1475 万元定金的证据是 7 张银行凭证，其中一笔 600 万的汇款人为案外人戊公司；甲商贸公司陆续汇入乙投资公司 875 万元后，乙投资公司又向甲商贸公司汇回 175 万元，甲商贸公司汇入乙投资公司账户的金额实际仅有 700 万元，且属于公司内部的调度款。

监督结果。2018 年 1 月 16 日，武汉市中级人民法院对武汉市人民检察院抗诉的四起案件作出民事裁定，指令武汉市蔡甸区人民法院再审。2018 年 11 月 19 日，武汉市蔡甸区人民法院分别作出再审判决：撤销武汉市蔡甸区人民法院（2010）蔡民二初字第 79 号、第 80 号、第 81 号、第 82 号四份民事调解书；驳回甲商贸公司全部诉讼请求。2017 年，武汉市蔡甸区人民法院民二庭原庭长杨某某、执行二庭原庭长童某被以受贿罪追究刑事责任。

指导意义

（一）对于虚假诉讼形成的民事调解书，检察机关应当依法监督。虚假诉讼的民事调解有其特殊性，此类案件以调解书形式出现，从外表看是当事人在处分自己的民事权利义务，与他人无关。但其实质是当事人利用调解书形式达到了某种非法目的，获得了某种非法利益，或者损害了他人的合法权益。当事人这种以调解形式达到非法目的或获取非法利益的行为，利用了人民法院的审判权，从实质上突破了调解各方私益的范畴，所处分和损害的利益已不仅仅是当事人的私益，还妨碍司法秩序，损害司法权威，侵害国家和社会公共利益，应当依法监督。对于此类虚假民事调解，检察机关可以依照民事诉讼法的相关规定提出抗诉。

（二）注重对案件中异常现象的调查核实，查明虚假诉讼的真相。检察机关对办案中发现的异于常理的现象要进行调查，这些异常既包括交易的异常，也包括诉讼的异常。例如，合同约定和合同履行明显不符合交易惯例和常识，可能存在通谋的；案件的立、审、执较之同地区同类型案件异常迅速的；庭审过程明显缺乏对抗性，双方当事人在诉讼过程对主张的案件事实和证据高度一致等。检察机关要敏锐捕捉异常现象，有针对性运用调查核实措施，还案件事实以本来面目。

相关规定

《中华人民共和国民事诉讼法》（2017年修正）第一百一十二条、第一百一十三条、第二百零八条、第二百一十条（现为2023年修正后的第一百一十五条、第一百一十六条、第二百一十九条、第二百二十一条）。

《中华人民共和国刑法》第三百零七条之一。

陕西甲实业公司等公证执行虚假诉讼监督案

（检例第54号）

关键词

虚假公证　非诉执行监督　检察建议

要　旨

当事人恶意串通、捏造事实，骗取公证文书并申请法院强制执行，侵害他人合法权益，损害司法秩序和司法权威，构成虚假诉讼。检察机关对此类虚假诉讼应当依法监督，规范非诉执行行为，维护司法秩序和社会诚信。

基本案情

2011年，陕西甲实业公司董事长高某因非法吸收公众存款罪被追究刑事责任；2012年底，甲实业公司名下资产陕西某酒店被西安市中级人民法院查封拍卖，拍卖所得用于退赔集资款和偿还债务。

2013年11月，高某保外就医期间与郗某、高某萍、高某云、王某、杜某、唐某、耿某等人商议，由高某以甲实业公司名义出具借条，虚构甲实业公司曾于2006年、2007年向郗某等七人借款的事实，并分别签订还款协议书。2013年12月，甲实业公司委托代理人与郗某等七人前往西安市莲湖区公证处，对涉案还款协议书分别办理《具有强制执行效力的债权文书公证书》，莲湖区公证处向郗某等七人出具《执行证书》。2013年12月，郗某等七人依据《执行证书》，向西安市雁塔区人民法院申请执行。2014年3月，西安市雁塔区人民法院作出执行裁定书，以甲实业公司名下财产被西安市中级人民法院拍卖，尚需等待分配方案确定后再恢复执行为由，裁定本案执行程序终结。西安市中级人民法院确定分配方案后，雁塔区人民法院恢复执行并向西安市中级人民法院上报郗某等七人债权请求分配。

检察机关监督情况

线索发现。2015 年 11 月，检察机关接到债权人不服西安市中级人民法院制定的债权分配方案，提出高某所涉部分债务涉嫌虚构的举报。雁塔区人民检察院接到举报后，根据债权人提供的线索对高某所涉债务进行清查，发现该七起虚假公证案件线索。

调查核实。雁塔区人民检察院对案件线索依法进行调查核实。首先，到高某服刑的监狱和保外就医的医院对其行踪进行调查，并随即询问了王某、郗某、耿某，郗某等人承认了基于利益因素配合高某虚构甲实业公司借款的事实；其次，雁塔区人民检察院到公证机关调取公证卷宗，向西安市中级人民法院了解甲实业公司执行案件相关情况。经调查核实发现，高某与郗某等七人为套取执行款，逃避债务，虚构甲实业公司向郗某等七人借款 1180 万元的事实、伪造还款协议书等证据，并对虚构的借款事实进行公证，向西安市雁塔区人民法院申请强制执行该公证债权文书。

监督意见。在查明相关案件事实的基础上，2015 年 11 月，雁塔区人民检察院将涉嫌虚假诉讼刑事案件的线索移交西安市公安局雁塔分局立案侦查。2016 年 9 月 23 日，雁塔区人民检察院针对雁塔区人民法院的执行活动发出检察建议，指出甲实业公司与郗某等七人恶意串通，伪造借款凭据和还款协议，《执行证书》中的内容与事实不符，由于公证债权文书确有错误，建议依法不予执行。

监督结果。2016 年 10 月 24 日，雁塔区人民法院回函称，经调取刑事卷宗中郗某等人涉嫌虚假诉讼犯罪的相关证据材料，确认相关公证内容确系捏造，经合议庭合议决定，对相关执行证书裁定不予执行。2017 年 7 月 16 日，雁塔区人民法院作出（2017）陕 0113 执异 153 至 159 号七份执行裁定书，认定郗某等申请执行人在公证活动进行期间存在虚假行为，公证债权文书的内容与事实不符，裁定对相关公证书及执行证书不予执行。后高某等四人因构成虚假诉讼罪被追究刑事责任。

指导意义

（一）利用虚假公证申请法院强制执行是民事虚假诉讼的一种表现形式，应当加强检察监督。对债权文书赋予强制执行效力是法律赋予公证机关的特殊职能，经赋强公证的债权文书，可以不经诉讼直接成为人民法院的执行依据。近年来，对虚假债权文书进行公证的行为时有发生，一些当事人与他人恶意串通，对虚假的赠与合同、买卖合同，或抵偿债务协议进行公证，并申请法院强制执行，以达到转移财产、逃避债务的目的。本案中，甲实业公司与郗某等七人捏造虚假借款事实申请公证，并向人民法院申请强制执行、参与执行财产分配就属于此类情形，不仅损害了案外人的合法债权，同时也损害了诉讼秩序和司法公正，影响社会诚信。本案中，检察机关和公安机关已经查实系虚假公证，由检察机关建议人民法院不予执行较之利害关系人申请公证机关撤销公证更有利于保护债权人合法权益。

（二）加强对执行公证债权文书等非诉执行行为的监督，促进公证活动依法有序开展。根据《公证法》规定，公证机关应当对当事人的身份、申请办理该项公证的资格以及相应的权利；提供的文书内容是否完备，含义是否清晰，签名、印鉴是否齐全；提供的证明材料是否真实、合法、充分；申请公证的事项是否真实、合法等内容进行审查。检察机关在对人民法院执行公证债权文书等非诉执行行为进行监督时，如果发现公证机关未依照法律规定程序和要求进行公证的，应当建议公证机关予以纠正。

相关规定

《中华人民共和国民事诉讼法》（2017年修正）第二百三十五条（现为2023年修正后的第二百四十六条）。

《最高人民法院　最高人民检察院关于民事执行活动法律监督若干问题的规定》第三条。

《中华人民共和国公证法》第二十八条。

福建王某兴等人劳动仲裁执行虚假诉讼监督案

（检例第55号）

关键词

虚假劳动仲裁　仲裁执行监督　检察建议

要　旨

为从执行款项中优先受偿，当事人伪造证据将普通债权债务关系虚构为劳动争议申请劳动仲裁，获取仲裁裁决或调解书，据此向人民法院申请强制执行，构成虚假诉讼。检察机关对此类虚假诉讼行为应当依法进行监督。

基本案情

2014年，王某兴借款339500元给甲茶叶公司原法定代表人王某贵，多次催讨未果。2017年5月，甲茶叶公司因所欠到期债务未偿还，厂房和土地被武平县人民法院拍卖。2017年7月下旬，王某兴为实现其出借给王某贵个人的借款能从甲茶叶公司资产拍卖款中优先受偿的目的，与甲茶叶公司新法定代表人王某福（王某贵之子）商议申请仲裁事宜。双方共同编造甲茶叶公司拖欠王某兴、王某兴妻子及女儿等13人414700元工资款的书面材料，并向武平县劳动人事争议仲裁委员会申请劳动仲裁。2017年7月31日，仲裁员曾某明在明知该13人不是甲茶叶公司员工的情况下，作出武劳仲案（2017）19号仲裁调解书，确认甲茶叶公司应支付给王某兴等 13 人工资款合计 414700 元，由武平县人民法院在甲茶叶公司土地拍卖款中直接支付到武平县人力资源和社会保障局农民工工资账户，限于 2017 年 7 月 31 日履行完毕。同年 8 月 1 日，王某兴以另外 12 人委托代理人的身份向武平县人民法院申请强制执行。同月 4 日，武平县人民法院立案执行，裁定：（1）冻结、划拨甲茶叶公司在银行的存款；（2）查封、扣押、拍卖、变卖甲茶叶公司的所有财产；（3）扣留、提取甲茶叶公司的收入。

检察机关监督情况

线索发现。 2017 年 8 月初，武平县人民检察院在开展执行监督专项活动中发现，武平县人民法院对被执行人甲茶叶公司的拍卖款进行分配时，突然新增多名自称甲茶叶公司员工的申请执行人，以仲裁调解书为依据申请参与执行款分配。鉴于甲茶叶公司 2014 年就已停产，本案存在虚假仲裁的可能性。

调查核实。 首先，检察人员调取了法院的执行卷宗，从 13 个申请执行人的住址、年龄和性别等身份信息初步判断，他们可能存在夫妻关系或其他亲戚关系，随后至公安机关查询户籍信息证实了申请执行人之间的上述亲属关系；其次，经查询工商登记信息，2013 年至 2015 年底，王某兴独资经营一家汽车修配公司，2015 年以后在广东佛山经营不锈钢制品，王某兴之女一直在外地居住，王某兴一家在甲茶叶公司工作的可能性不存在；再者，检察人员经对申请人执行人李某林、曾某秀夫妇进行调查询问，发现其长期经营百货商店，亦未在甲茶叶公司工作过，仲裁员曾某明与其有亲属关系；最后，检察人员经对王某福进行说服教育，王某福交代了其与王某兴合谋提起虚假仲裁的事实，王某兴亦承认其与另外 12 人均与甲茶叶公司不存在劳动关系，"授权委托书"上的签名系伪造，仲裁员曾某明清楚申请人与甲茶叶公司之间不存在劳动关系但仍出具了仲裁调解书。

监督意见。 2017 年 8 月 24 日，武平县人民检察院向武平县劳动人事争议仲裁委员会发出检察建议书，指出王某兴、王某福虚构事实申请劳动仲裁，仲裁员在明知的情况下仍作出虚假仲裁调解书，使得王某贵的个人借款变成了甲茶业公司的劳动报酬债务，损害了甲茶业公司其他债权人的合法权益，建议撤销该案仲裁调解书。仲裁委撤销仲裁调解书后，2017 年 8 月 28 日，武平县人民检察院向武平县人民法院发出检察建议书，指出王某兴与王某福共同虚构事实获取仲裁调解书后向法院申请执行，法院据此裁定执行，损害了甲茶业公司其他债权人的合法权益，妨碍民事诉讼秩序，损害司法权威，且据以执行的仲裁调解书已被撤销，建议法院终结执行。

监督结果。 2017 年 8 月 24 日，武平县劳动人事争议仲裁委员会作出武劳仲决（2017）1 号决定书，撤销武劳仲案（2017）19 号仲裁调解书。2017 年 8 月 29 日，武平县人民法院裁定终结（2017）闽 0824 执 888 号执行案件的执行，并于同年 9 月 25 日书面回复武平县人民检察院。王某兴、王某福因构成虚假诉讼罪被追究刑事责任，曾某明因构成枉法仲裁罪被追究刑事责任。

指导意义

（一）以虚假劳动仲裁申请执行是民事虚假诉讼的一种情形，应当加强检察监督。在清算、破产和执行程序中，立法和司法对职工工资债权给予了优先保护：在公司清算程序中职工工资优先支付；在破产程序中职工工资属于优先受偿债权；在执行程序中追索劳动报酬优先考虑。正是由于立法和司法的优先保护，有的债权人为实现自身普通债权优先受偿的目的，与债务人甚至仲裁员恶意串通，伪造证据，捏造拖欠劳动报酬的事实申请劳动仲裁，获取仲裁文书向人民法院申请执行。检察机关在对人民法院执行仲裁裁决书、调解书的活动进行法律监督时，应重点审查是否存在虚假仲裁行为，对查实为虚假仲裁的，应建议法院终结执行，防止执行款错误分配。注重加强与仲裁机构及其主管部门的沟通，共同防范虚假仲裁行为。

（二）办理虚假诉讼监督案件，应当保持对线索的高度敏感性。虚假诉讼案件的表面事实和证据与真实情况往往具有较大差距，当事人之间利益纠葛复杂，多存在通谋，检察机关要敏于发现案件线索，充分做好调查核实工作。本案中，检察人员在执行监督活动中发现虚假仲裁线索，及时开展调查核实工作，认真审查当事人之间的身份关系、户籍信息、经济往来等事项，分析当事人的从业、居住等情况，有步骤地开展调查工作，夯实证据基础，最终查清虚假劳动仲裁的事实。

（三）检察机关在办理虚假诉讼案件中，发现仲裁活动违法的，应当依法进行监督。根据《仲裁法》及《劳动争议调解仲裁法》的规定，仲裁裁决被撤销的法定情形包括：仲裁庭组成或者仲裁程序违反法定程序，裁决所根据的证据系伪造，对方当事人隐瞒了足以影响公正裁决的证据，仲裁员在仲裁该案时有索贿受贿，徇私舞弊，枉法裁决行为等。根据《人民检察院检察建议工作规定》，人民检察院可以直接向本院所办理案件的涉案单位、本级有关主管机关以及其他有关单位提出检察建议。检察机关在办理虚假诉讼案件中，发现仲裁裁决虚假的，应当依法发出检察建议要求纠正；发现仲裁员涉嫌枉法仲裁犯罪的，依法移送犯罪线索。

相关规定

《中华人民共和国民事诉讼法》（2017年修正）第二百三十五条（现为2023年修正后的第二百四十六条）。

《最高人民法院　最高人民检察院关于民事执行活动法律监督若干问题的规定》第一条。

《最高人民法院　最高人民检察院关于办理虚假诉讼刑事案件适用法律若干问题的解释》第一条第三款、第二条第一款。

《最高人民法院关于防范和制裁虚假诉讼的指导意见》第八条。

《中华人民共和国仲裁法》第五十八条、第五十九条。

《中华人民共和国劳动争议调解仲裁法》第四十九条。

《人民检察院检察建议工作规定》第三条。

江西熊某等交通事故保险理赔虚假诉讼监督案

（检例第 56 号）

【关键词】

保险理赔　伪造证据　民事抗诉

【要旨】

假冒原告名义提起诉讼，采取伪造证据、虚假陈述等手段，取得法院生效裁判文书，非法获取保险理赔款，构成虚假诉讼。检察机关在履行职责过程中发现虚假诉讼案件线索，应当强化线索发现和调查核实的能力，查明违法事实，纠正错误裁判。

【基本案情】

2012 年 10 月 21 日，张某驾驶轿车与熊某驾驶摩托车发生碰撞，致使熊某受伤、车辆受损，交通事故责任认定书认定张某负事故全部责任，熊某无责任。熊某伤情经司法鉴定为九级伤残。张某驾驶的轿车在甲保险公司投保交强险和商业第三者责任险。

事故发生后，熊某经他人介绍同意由周某与保险公司交涉该案保险理赔事宜，但并未委托其提起诉讼，周某为此向熊某支付了 5 万元。张某亦经同一人介绍同意将该案保险赔偿事宜交周某处理，并出具了委托代理诉讼的《特别授权委托书》。2013 年 3 月 18 日，周某冒用熊某的名义向上饶市信州区人民法院提起诉讼，周某冒用熊某名义签署起诉状和授权委托书，冒用委托代理人的名义签署庭审笔录、宣判笔录和送达回证，熊某及被冒用的"委托代理人"对此均不知情。该案中，周某还作为张某的诉讼代理人参加诉讼。

此外，本案事故发生时，熊某为农村户籍，从事钢筋工工作，居住上饶县某某村家中，而周某为实现牟取高额保险赔偿金的目的，伪造公司证明和工资表，并利用虚假材料到公安机关开具证明，证明熊某在 2011 年 9 月至 2012 年 10 月在县城工作并居住。2013 年 6 月 17 日，上饶市信州区人民法院作出（2013）信民一初字第 470 号民事判决，判令甲保险公司在保险限额内向原告熊某赔偿医疗费、伤残赔偿金、被抚养人生活费等共计 118723.33 元。甲保险公司不服一审判决，上诉至上饶市中级人民法院。2013 年 10 月 18 日，上饶市中级人民法院作出（2013）饶中民一终字第 573 号民事调解书,确认甲保险公司赔偿熊某医疗费、残疾赔偿金、被抚养人生活费等共计106723元。

检察机关监督情况

线索发现。2016年3月,上饶市检察机关在履行职责中发现,熊某在人民法院作出生效裁判后又提起诉讼,经调阅相关卷宗,发现周某近两年来代理十余件道路交通事故责任涉保险索赔案件,相关案件中存在当事人本人未出庭、委托代理手续不全、熊某的工作证明与个人基本情况明显不符等疑点,初步判断有虚假诉讼嫌疑。

调查核实。根据案件线索,检察机关重点开展了以下调查核实工作:一是向熊某本人了解情况,查明2013年3月18日的民事起诉状非熊某本人的意思表示,起诉状中签名也非熊某本人所签,熊某本人对该起诉讼毫不知情,并不认识起诉状中所载原告委托代理人,亦未委托其参加诉讼;二是向有关单位核实熊某出险前的经常居住地和工作地,查明周某为套用城镇居民人均可支配收入的赔偿标准获取非法利益,指使某汽车服务公司伪造了熊某工作证明和居住证明;三是对周某代理的13件道路交通事故保险理赔案件进行梳理,发现均涉嫌虚假诉讼,本案最为典型;四是及时将线索移送公安机关,进一步查实了周某通过冒用他人名义虚构诉讼主体、伪造授权委托书、伪造工作证明以及利用虚假证据材料骗取公安机关证明文件等事实。

监督意见。2016年6月26日,上饶市人民检察院提请抗诉。2016年11月5日,江西省人民检察院提出抗诉,认为上饶市中级人民法院(2013)饶中民一终字第573号民事调解书系虚假调解,周某伪造原告起诉状、假冒原告及其诉讼代理人提起虚假诉讼,非法套取高额保险赔偿金,扰乱诉讼秩序,损害社会公共利益和他人合法权益。

监督结果。2017年8月1日,江西省高级人民法院作出(2017)赣民再第45号民事裁定书,认为本案是一起由周某假冒熊某诉讼代理人向法院提起的虚假诉讼案件,熊某本人及被冒用的诉讼代理人并未提起和参加诉讼,原一审判决和原二审调解书均有错误,裁定撤销,终结本案审理程序。同时,江西省高级人民法院还作出(2017)赣民再第45号民事制裁决定书,对周某进行民事制裁。2019年1月,上饶市中级人民法院决定对一审法官、信州区人民法院立案庭副庭长戴某给予撤职处分。

指导意义

检察机关办理民事虚假诉讼监督案件,应当强化线索发现和调查核实的能力。虚假诉讼具有较强的隐蔽性和欺骗性,仅从诉讼活动表面难以甄别,要求检察人员在履职过程中有敏锐的线索发现意识。本案中,就线索发现而言,检察人员注重把握了以下几个方面:一是庭审过程的异常,"原告代理人"或无法发表意见,或陈述、抗辩前后矛盾;二是案件材料和证据异常,熊某工作证明与其基本情况、履历明显不符;三是调解结案异常,甲保险公司二审中并未提交新的证据,"原告代理人"为了迅速达成调解协议,主动提出减少保险赔偿数额,不符合常理。以发现的异常情况为线索,开展深入的调查核实工作,是突破案件瓶颈的关键。根据案件具体情况,可以综合运用询问有关当事人或者知情人，查阅、调取、复制相关法律文书或者证据材料、案卷材料，查询财务账目、银行存款记录，勘验、鉴定、审计以及向有关部门进行专业咨询等调查措施。同时，应主动加强与公安机关、人民法院、司法行政部门的沟通协作。本案中，检察机关及时移送刑事犯罪案件线索，通过公安机关侦查取证手段，查实了周某虚假诉讼的事实。

相关规定

《中华人民共和国民事诉讼法》（2017 年修正）第二百零八条（现为 2023 年修正后的第二百一十九条）。

《人民检察院民事诉讼监督规则（试行）》第二十三条。

第十五批指导性案例

某实业公司诉某市住房和城乡建设局征收补偿认定纠纷抗诉案

（检例第 57 号）

关键词

行政抗诉　征收补偿　依职权监督　调查核实

要　旨

人民检察院办理行政诉讼监督案件，应当秉持客观公正立场，既保护行政相对人的合法权益，又支持合法的行政行为。依职权启动监督程序，不以当事人向人民法院申请再审为前提。认为行政判决、裁定可能存在错误，通过书面审查难以认定的，应当进行调查核实。

基本案情

2015 年 9 月，某市政府决定对某片区实施棚户区改造项目房屋征收，市住房和城乡建设局（简称市住建局）依据土地房屋登记卡、测绘报告及房屋分户面积明细表，向某实业公司作出房屋征收补偿面积的复函，认定案涉大厦第四层存在自行加建面积为 203.78 平方米，第五层存在自行加建面积为 929.93 平方米，对自行加建部分按照建安成本给予某实业公司补偿。实业公司不服，认为第四层的 203.78 平方米和第五层的 187.26 平方米是规划许可允许建造且在案涉大厦建成时一并建造完成，并系经过法院裁定、判决而合法受让，遂向该市某区人民法院起诉，请求：确认复函违法并撤销；确认争议部分建筑合法并按非住宅房屋价值给予补偿。

2016 年 8 月 1 日，区人民法院作出行政判决，认为：案涉大厦目前尚未取得房屋所有权证，应当以规划许可的建筑面积来认定是否属于自行加建面积。土地房屋登记卡记载的面积，连同第四层和第五层的争议面积，共计 5560.55 平方米，未超过规划许可证件载明的面积 5674.62 平方米，应当认定争议建筑具有合法效力。某测绘公司 2011 年 11 月 13 日受法院委托，对案涉大厦进行测绘后出具了测绘报告，2015 年 12 月 25 日该测绘公司受市政府委托对该大厦测绘后出具测绘报告及房屋分户面积明细表，二者相互矛盾，2011 年测绘报告被市中级人民法院另案判决采信在先，其证明效力应当优于 2015 年出具的房屋分户面积明细表，因此对市住建局复函依据的房屋分户面积明细表不予采信。该判决还认为：该市中级人民法院另案民事判决将争议建筑作为合法财产分割归某实业公司所有，是发生法律效力的物权设立决定，应当认定争议的面积不是自行加建的面积。遂判决确认市住建局复函违法，责令其对争议部分建筑按非住宅房屋的补偿标准给予安置补偿或者货币补偿。

一审判决后，双方当事人均未提起上诉，也未申请再审。

检察机关监督情况

线索发现。2018 年 4 月，该市人民检察院在处理当事人来函信件中发现该案判决可能存在错误，非住宅补偿标准（每平方米约 3 万元）与建安成本（每平方米约 2000 元）差距巨大，如果按照判决进行补偿，不仅放纵违法建设行为，而且政府将多支付补偿款 1000 余万元，严重损害国家利益，根据《人民检察院行政诉讼监督规则（试行）》第九条第一项之规定，决定依职权启动监督程序。

调查核实。市人民检察院在审查案件过程中，发现一审期间实业公司提供的案涉大厦规划许可证件复印件是判决的关键证据之一，与其他证据存在矛盾，遂开展了以下调查核实工作：一是向法院调取案件卷宗材料；二是向市规划委员会、市不动产登记中心等单位调取规划许可证件及相关文件；三是向市不动产登记中心等单位及工作人员询问了解规划许可证件等文件复印件的来源和审核情况。经对以上材料进行审查和比对，发现法院卷宗中的规划许可证件等文件复印件记载的面积与市规划委员会保存的规划许可证件等文件原件记载的面积不一致。最终查明：实业公司向法院提供的规划许可证件等三份文件复印件，是从市不动产登记中心查询复印的，而该中心保存的这三份材料又是实业公司在申请办理房证时提供的复印件。市规划委员会于 2018 年 7 月 19 日向人民检察院出具的《关于协助说明规划许可相关内容的复函》证明：案涉大厦建筑规划许可总建筑面积为 5074.62 平方米。据此认定，实业公司提供的规划许可证件等 3 份文件复印件中 5674.62 平方米的面积系经涂改，规划许可的建筑面积应为 5074.62 平方米，二者相差 600 平方米。

监督意见。市人民检察院审查后，认为区人民法院行政判决认定事实的主要证据系变造，且事实认定和法律适用存在错误。第一，2015 年测绘报告的房屋分户面积明细表是受市人民政府委托，为了征收某片区棚户区改造项目房屋，对整个大厦建筑面积包括合法、非法加建面积而进行的测绘，应当作为认定争议面积是否属于合法建筑面积的依据。而 2011 年测绘报告则是另案为了处理有关当事人关于某酒店共有产权民事纠纷而进行的测绘，未就争议建筑部分是否合法予以认定或区分，不应作为认定建筑是否合法的依据。第二，根据检察机关调查核实情况，判决认定规划许可面积错误，以此为标准认定实际建筑面积未超过规划许可面积也存在错误。第三，根据市国土局土地房屋登记卡及附件、2015 年测绘报告的房屋分户面积明细表等证据，应当认定第四层、第五层存在擅自加建。第四，另案民事判决是对房屋权属进行的分割和划分，不应当作为认定建筑是否合法的依据。判决认定争议建筑不是自行加建，存在错误。市人民检察院遂于 2018 年 11 月 22 日依法向市中级人民法院提出抗诉。

监督结果。市中级人民法院经过审查，于 2018 年 12 月 3 日作出行政裁定书，指令某区人民法院再审。2019 年 1 月 8 日，实业公司向某区人民法院提交撤诉申请。某区人民法院依照《中华人民共和国行政诉讼法》第六十二条之规定，裁定：（1）撤销本院原行政判决书；（2）准许实业公司撤回对市住建局的起诉。

2019 年 3 月 6 日，市中级人民法院对实业公司另案起诉的市住建局强制拆除行为违法及赔偿纠纷案作出终审行政判决，认定实业公司提交的案涉大厦规划许可证件等文件中 5674.62 平方米是经涂改后的面积，规划许可建筑面积应为 5074.62 平方米。实业公司对法院认定的上述事实无异议。该案最终判决驳回实业公司的诉讼请求。对变造证据行为的责任追究，另案处理。

指导意义

（一）人民检察院办理行政诉讼监督案件，应当秉持客观公正立场，既注重保护公民、法人和其他组织的合法权益，也注重支持合法的行政行为，保护国家利益和社会公共利益。人民检察院行政诉讼监督的重要任务是维护社会公平正义，监督人民法院依法审判和执行，促进行政机关依法行政。人民检察院是国家的法律监督机关，应当居中监督，不偏不倚，依法审查人民法院判决、裁定所基于的事实根据和法律依据，发现行政判决、裁定确有错误，符合法定监督条件的，依法提出抗诉或再审检察建议。本案中，人民检察院通过抗诉，监督人民法院纠正了错误判决，保护了国家利益，维护了社会公平正义。

（二）人民检察院依职权对行政裁判结果进行监督，不以当事人申请法院再审为前提。按照案件来源划分，对行政裁判结果进行监督分为当事人申请监督和依职权监督两类。法律规定当事人在申请检察建议或抗诉之前应当向法院提出再审申请，目的是防止当事人就同一案件重复申请、司法机关多头审查。人民检察院是国家的法律监督机关，是公共利益的代表，担负着维护司法公正、保证法律统一正确实施、维护国家利益和社会公共利益的重要任务，对于符合《人民检察院行政诉讼监督规则（试行）》第九条规定的行政诉讼案件，应当从监督人民法院依法审判、促进行政机关依法行政的目的出发，充分发挥检察监督职能作用，依职权主动进行监督，不受当事人是否申请再审的限制。本案中，虽然当事人未上诉也未向法院申请再审，但人民检察院发现存在损害国家利益的情形，遂按照《人民检察院行政诉讼监督规则（试行）》第九条第一项的规定，依职权启动了监督程序。

（三）人民检察院进行行政诉讼监督，通过书面审查卷宗、当事人提供的材料等对有关案件事实难以认定的，应当进行调查核实。《人民检察院组织法》规定，人民检察院行使法律监督权，可以进行调查核实。办理行政诉讼监督案件，通过对卷宗、当事人提供的材料等进行书面审查后，对有关事实仍然难以认定的，为查清案件事实，确保精准监督，应当进行调查核实。根据《人民检察院行政诉讼监督规则（试行）》等相关规定，调查核实可以采取以下措施：1.查询、调取、复制相关证据材料；2.询问当事人或者案外人；3.咨询专业人员、相关部门或者行业协会等对专门问题的意见；4.委托鉴定、评估、审计；5.勘验物证、现场；6.查明案件事实所需要采取的其他措施。调查核实的目的在于查明人民法院的行政判决、裁定是否存在错误，审判和执行活动是否符合法律规定，为决定是否监督提供依据和参考。本案中，市住建局作出复函时已有事实根据和法律依据，并在诉讼中及时向法庭提交，但法院因采信原告提供的虚假证据作出了错误判决。检察机关通过调查核实，向原审人民法院调取案件卷宗，向规划部门调取规划许可证件等文件原件，向出具书证的不动产登记中心及工作人员了解询问规划许可证件等文件复印件的形成过程，进而查明原审判决采信的关键证据存在涂改，为检察机关依法提出抗诉提供了根据。

相关规定

《中华人民共和国人民检察院组织法》第六条、第二十一条。

《中华人民共和国行政诉讼法》第九十一条、第九十三条、第一百零一条。

《中华人民共和国民事诉讼法》（2017年修正）第二百一十条（现为2023年修正后的第二百二十一条）。

《人民检察院行政诉讼监督规则（试行）》第九条、第十三条、第三十六条。

《人民检察院民事诉讼监督规则（试行）》第六十六条。

浙江省某市国土资源局申请强制执行
杜某非法占地处罚决定监督案
（检例第58号）

关键词

行政非诉执行监督　　违法占地　　遗漏请求事项　　专项监督

要　旨

人民检察院行政非诉执行监督要发挥监督法院公正司法、促进行政机关依法行政的双重监督功能。发现人民法院对行政非诉执行申请裁定遗漏请求事项的，应当依法监督。对于行政非诉执行中的普遍性问题，可以以个案为切入点开展专项监督活动。

基本案情

2014年5月，浙江省某市某区某镇村民杜某未经批准，擅自在该村占用土地681.46平方米，其中建造活动板房112.07平方米，硬化水泥地面569.39平方米。市国土资源局认为杜某的行为违反了《中华人民共和国土地管理法》和《基本农田保护条例》规定，根据《中华人民共和国土地管理法》第七十六条、《中华人民共和国土地管理法实施条例》第四十二条及《浙江省国土资源行政处罚裁量权执行标准》规定，作出行政处罚决定：（1）责令退还非法占用土地681.46平方米；（2）对其中符合土地利用总体规划的45.46平方米土地上的建筑物和设施，予以没收；（3）对不符合土地利用总体规划的636平方米土地（基本农田）上的建筑物和设施，予以拆除；（4）对非法占用规划内土地45.46平方米的行为处以每平方米11元的罚款，非法占用规划外土地636平方米的行为处以每平方米21元的罚款，共计人民币13856.06元。杜某在规定的期限内未履行该处罚决定第3项和第4项内容，亦未申请行政复议或提起行政诉讼，经催告仍未履行。市国土资源局遂于2017年7月21日向某市某区人民法院申请强制执行杜某违法占地行政处罚决定第3项和第4项内容。区人民法院立案受理后，于2017年7月25日作出行政裁定书，裁定准予执行市国土资源局行政处罚决定第3项内容，并由某镇政府组织实施。某镇政府未在法定期限内执行法院裁定。

检察机关监督情况

线索发现。区人民检察院在办理其他案件过程中发现该案线索。经初步调查了解，某镇政府未根据法院裁定书内容组织实施拆除，土地未恢复至复耕条件，杜某也未履行缴纳罚款的义务，遂依职权启动监督程序。

调查核实。根据案件线索，检察机关重点开展了以下调查核实工作：一是向法院调阅了案件卷宗材料；二是向当地土地管理部门工作人员了解案涉行政处罚决定执行情况和申请法院强制执行的情况；三是检察人员到违法占地现场进行实地查看。最终查明：市国土资源局的行政处罚决定有充分的事实根据，申请法院强制执行符合法律规定，目前行政处罚决定中罚款仍未缴纳，法院裁定拆除的地上建筑物和设施亦未被拆除。

监督意见。2018年5月，区人民检察院分别向区人民法院和某镇政府提出检察建议，建议区人民法院查明该案未就行政处罚决定第4项罚款作出裁定的原因，并依法处理，建议某镇政府查明违法建筑物和设施未拆除的原因，并依法处置。

监督结果。区人民法院收到检察建议后于2018年5月30日作出补充裁定，准予强制执行市国土资源局作出的13856.06元罚款决定，7月该款执行到位。某镇政府收到检察建议后，迅速行动，案涉违法建筑物和设施于2018年7月被拆除。

专项监督。区人民检察院在办理该案过程中，发现农村违法占地行政处罚未执行到位问题突出，遂决定就国土资源领域行政非诉执行开展专项监督活动，共监督法院裁定遗漏强制执行请求事项等案件17件，乡镇街道未执行法院裁判文书确定的义务案件18件。市人民检察院通过认真研究后发现辖区内类似问题较多，遂于2018年5月在全市检察机关开展专项监督活动。截至2019年2月专项活动结束时，通过检察机关监督，全市共整治拆除各类违法建筑物及设施45.5万平方米，恢复土地原状23万平方米，退还非法占用土地21.7万平方米。市中级人民法院针对检察机关专项监督活动中发现的问题，在全市法院系统开展专项评查，有效规范了行政非诉执行的受理、审查和实施等活动。

指导意义

（一）人民检察院履行行政非诉执行监督职能，应当发挥既监督人民法院公正司法又促进行政机关依法行政的双重功能，实现双赢多赢共赢。行政非诉执行监督对于促进人民法院依法、公正、高效履行行政非诉执行职能，促进行政机关依法履行职责，维护公共利益和社会秩序，保护公民、法人和其他组织的合法权益，具有重要作用。人民检察院对人民法院行政非诉执行的受理、审查和实施等各个环节开展监督，针对存在的违法情形提出检察建议，有利于促进人民法院依法审查行政决定、正确作出裁定并实施，防止对违法的行政决定予以强制执行，保护行政相对人的合法权益。开展行政非诉执行监督，应当注意审查行政行为的合法性，包括是否具备行政主体资格、是否明显缺乏事实根据、是否明显缺乏法律法规依据、是否损害被执行人合法权益等。对于行政行为明显违法，人民法院仍裁定准予执行的，应当向人民法院和行政机关提出检察建议予以纠正，防止被执行人合法权益受损。对于行政行为符合法律规定的，应当引导行政相对人依法履行法定义务，支持行政机关依法行政。

（二）人民法院对行政非诉执行申请裁定遗漏请求事项的，人民检察院应当依法提出检察建议予以监督。根据《中华人民共和国行政强制法》第五十七条和第五十八条的规定，人民法院受理行政机关强制执行申请后进行书面审查，应当对行政机关提出的强制执行申请请求事项作出是否准予执行的裁定。本案中，市国土资源局向区人民法院申请强制执行的项目中包括强制执行 13856.06 元罚款，但区人民法院却未对该请求事项予以裁定，致使罚款无法通过强制执行方式收缴，影响了行政决定的公信力。人民检察院应当对人民法院遗漏申请事项的裁定依法提出检察建议予以纠正。

（三）人民检察院应当坚持在办案中监督、在监督中办案的理念，在办理行政非诉执行监督案件过程中，注重以个案为突破口，积极开展专项活动，促进一个区域内一类问题的解决。人民检察院履行行政非诉执行监督职责，要注重举一反三，深挖细查，以小见大，以点带面，针对人民法院行政非诉执行受理、审查和实施等各个环节存在的普遍性问题开展专项活动，实现办理一案、影响一片的监督效果。某市两级检察机关在成功办理本案的基础上，开展专项监督活动，有力推进了全市国土资源领域"执行难"等问题的解决，促进了行政管理目标的实现。市中级人民法院针对检察机关专项监督活动中发现的问题，在全市法院系统开展专项评查，规范了行政非诉执行活动。

相关规定

《中华人民共和国行政诉讼法》第十一条、第九十七条、第一百零一条。

《中华人民共和国民事诉讼法》（2017 年修正）第二百三十五条（现为 2023 年修正后的第二百四十六条）。

《中华人民共和国行政强制法》第五十三条、第五十七条、第五十八条。

《人民检察院行政诉讼监督规则（试行）》第二十九条。

《最高人民法院 最高人民检察院关于民事执行活动法律监督若干问题的规定》第一条、第二十一条。

《人民检察院检察建议工作规定》第十一条。

湖北省某县水利局申请强制执行
肖某河道违法建设处罚决定监督案
（检例第 59 号）

关键词

行政非诉执行监督　河道违法建设　强制拆除

要 旨

办理行政非诉执行监督案件，应当查明行政机关对相关事项是否具有直接强制执行权，对具有直接强制执行权的行政机关向人民法院申请强制执行，人民法院不应当受理而受理的，应当依法进行监督。人民检察院在履行行政非诉执行监督职责中，发现行政机关的行政行为存在违法或不当履职情形的，可以向行政机关提出检察建议。

基本案情

2011年9月，湖北省某县村民肖某未经许可，擅自在某水库库区（河道）管理范围内316国道某大桥下建房（房基）5间，占地面积289.8平方米。2011年11月3日，某县水利局根据《中华人民共和国水法》第六十五条作出《行政处罚决定书》，要求肖某立即停止在桥下建房的违法行为，限7日内拆除所建房屋，恢复原貌；罚款5万元；并告知肖某不服处罚决定申请复议和提起诉讼的期限，注明期满不申请复议、不起诉又不履行处罚决定，将依法申请人民法院强制执行。肖某在规定的期限内未履行该处罚决定，亦未申请复议或提起行政诉讼。2012年3月29日，县水利局向法院申请强制执行。2012年4月23日，县人民法院作出行政裁定书，裁定准予执行行政处罚决定，责令肖某履行处罚决定书确定的义务。但肖某未停止违法建设，截至2017年4月，肖某已在河道区域违法建成四层房屋，建筑面积约520平方米。

检察机关监督情况

线索发现。县人民检察院于2017年4月通过某日报《"踢皮球"执法现象何时休？》的报道发现案件线索，依职权启动监督程序。检察机关经调查发现，肖某在河道内违法建设的行为持续多年，违反了国家河道管理规定，违法建筑物严重影响行洪、防洪安全。水利局和法院对违法建筑物未被强制拆除的原因则各执一词。法院认为，对违反水法的建筑物，水利局是法律明确授予强制执行权的行政机关，法院不能作为该案强制执行主体。但水利局认为，其没有强制执行手段，应当由法院强制执行。

监督意见。检察机关审查认为：法律没有赋予水利局采取查封、扣押、冻结、划拨财产等强制执行措施的权力，对于不缴纳罚款的，水利局可以向法院申请强制执行；但根据行政强制法和水法等相关规定，水利局对于河道违法建筑物具有强行拆除的权力，不应当向法院申请强制执行。因此，水利局向法院申请执行行政处罚决定中的拆除违法建筑物部分，法院不应当受理而受理并裁定准予执行，违反法律规定。县人民检察院于2017年5月向县水利局提出检察建议，建议其依法强制拆除违法建筑物；同年8月向县人民法院提出检察建议，建议其依法履职、规范行政非诉执行案件受理等工作。

监督结果。县水利局收到检察建议后，立即向当地党委政府报告。在县委、县政府的大力支持下，河道违法建筑物被依法拆除。县人民法院收到检察建议后，回复表示今后要加强案件审查，对行政机关具有强制执行权而向法院申请强制执行的案件裁定不予受理。

指导意义

（一）人民检察院办理行政非诉执行监督案件，应当依法查明行政机关对相关事项是否具有直接强制执行权。我国行政强制法规定的行政强制执行，包括行政机关直接强制执行和行政机关申请人民法院强制执行两种类型。法律赋予某些行政机关以直接强制执行权的主要目的是提高行政效率，及时执行行政决定。如果行政机关有直接强制执行权，又向人民法院申请执行，不但浪费司法资源，而且容易引起相互推诿，降低行政效率。人民检察院办理行政非诉执行监督案件，应当查明行政机关是否具有直接强制执行权，对具有直接强制执行权的行政机关向人民法院申请强制执行，人民法院不应当受理而受理的，应当依法进行监督。《中华人民共和国水法》第六十五条第一款规定，"在河道管理范围内建设妨碍行洪的建筑物、构筑物，或者从事影响河势稳定、危害河岸堤防安全和其他妨碍河道行洪的活动的，由县级以上人民政府水行政主管部门或者流域管理机构依据职权，责令停止违法行为，限期拆除违法建筑物、构筑物，恢复原状；逾期不拆除、不恢复原状的，强行拆除……"根据上述规定，对河道管理范围内妨碍行洪的建筑物、构筑物，水行政主管部门具有直接强行拆除的权力。但在本案中，水利局本应直接强制执行，却向人民法院申请执行，人民法院不应当受理而受理、不应当裁定准予执行而裁定准予执行，致使两个单位相互推诿，河道安全隐患长期得不到消除，人民检察院依法提出检察建议，促进了问题的解决。

（二）人民检察院在履行行政非诉执行监督职责中，发现行政机关的行政行为存在违法或不当履职情形的，可以向行政机关提出检察建议。《人民检察院检察建议工作规定》第十一条规定，"人民检察院在办理案件中发现社会治理工作存在下列情形之一的，可以向有关单位和部门提出改进工作、完善治理的检察建议：……（四）相关单位或者部门不依法及时履行职责，致使个人或者组织合法权益受到损害或者存在损害危险，需要及时整改消除的；……"根据上述规定，检察机关发现行政机关向人民法院提出强制执行申请存在不当，怠于履行法定职责的，应当向行政机关提出检察建议。对由于行政机关违法行为致使损害持续存在甚至继续扩大的，应当更加重视，优先快速办理，促进行政执行效率提高，及时消除损害、减少损失，维护人民群众的合法权益。本案中，检察机关针对水利局怠于履职行为，依法提出检察建议，促使河道违法建筑物被拆除，保障了行洪、泄洪安全，保护了当地人民群众的生命财产安全。

相关规定

《中华人民共和国行政诉讼法》第二十五条、第九十七条、第一百零一条。

《中华人民共和国民事诉讼法》（2017年修正）第二百三十五条（现为2023年修正后的第二百四十六条）。

《中华人民共和国行政强制法》第四条、第十三条、第三十四条、第四十四条、第五十三条。

《中华人民共和国水法》第三十七条、第六十五条。

《人民检察院行政诉讼监督规则（试行）》第二十九条。

《人民检察院检察建议工作规定》第十一条。

第十六批指导性案例

刘强非法占用农用地案

（检例第 60 号）

关键词

非法占用农用地罪　永久基本农田　"大棚房"　非农建设改造

要　旨

行为人违反土地管理法规，在耕地上建设"大棚房""生态园""休闲农庄"等，非法占用耕地数量较大，造成耕地等农用地大量毁坏的，应当以非法占用农用地罪追究实际建设者、经营者的刑事责任。

基本案情

被告人刘强，男，1979 年 10 月出生，北京大道千字文文化发展有限公司法定代表人。2008 年 1 月，因犯敲诈勒索罪被北京市海淀区人民法院判处有期徒刑二年，缓刑二年。

2016 年 3 月，被告人刘强经人介绍以人民币 1000 万元的价格与北京春杰种植专业合作社（以下简称合作社）的法定代表人池杰商定，受让合作社位于延庆区延庆镇广积屯村东北蔬菜大棚 377 亩集体土地使用权。同年 4 月 15 日，刘强指使其司机刘广岐与池杰签订转让意向书，约定将合作社土地使用权及地上物转让给刘广岐。同年 10 月 21 日，合作社的法定代表人变更为刘广岐。其间，刘强未经国土资源部门批准，以合作社的名义组织人员对蔬菜大棚园区进行非农建设改造，并将园区命名为"紫薇庄园"。截至 2016 年 9 月 28 日，刘强先后组织人员在园区内建设鱼池、假山、规划外道路等设施，同时将原有蔬菜大棚加高、改装钢架，并将其一分为二，在其中各建房间，每个大棚门口铺设透水砖路面，外垒花墙。截至案发，刘强组织人员共建设"大棚房"260余套（每套面积350平方米至550平方米不等，内部置橱柜、沙发、藤椅、马桶等各类生活起居设施），并对外出租。经北京市国土资源局延庆分局组织测绘鉴定，该项目占用耕地28.75亩，其中含永久基本农田22.84亩，造成耕地种植条件被破坏。

截至2017年4月，北京市规划和国土资源管理委员会、延庆区延庆镇人民政府先后对该项目下达《行政处罚决定书》《责令停止建设通知书》《限期拆除决定书》，均未得到执行。2017年5月，延庆区延庆镇人民政府组织有关部门将上述违法建设强制拆除。

指控与证明犯罪

2017年5月10日，北京市国土资源局延庆分局向北京市公安局延庆分局移送刘广岐涉嫌非法占用农用地一案，5月13日，北京市公安局延庆分局对刘广岐涉嫌非法占用农用地案立案侦查，经调查发现刘强有重大嫌疑。2017年12月5日，北京市公安局延庆分局以刘强涉嫌非法占用农用地罪，将案件移送北京市延庆区人民检察院审查起诉。

审查起诉阶段，刘强拒不承认犯罪事实，辩称：1.自己从未参与紫薇庄园项目建设，没有实施非法占地的行为。2.紫薇庄园项目的实际建设者、经营者是刘广岐。3.自己与紫薇庄园无资金往来。4.蔬菜大棚改造项目系设施农业，属于政府扶持项目，不属于违法行为。刘广岐虽承认自己是合作社的法定代表人、项目建设的出资人，但对于转让意向书内容、资金来源、大棚内施工建设情况语焉不详。

为进一步查证紫薇庄园的实际建设者、经营者，北京市延庆区人民检察院将案件退回公安机关补充侦查，要求补充查证：1.调取刘强、刘广岐、池杰、张红军（工程承包方）之间的资金往来凭证，核实每笔资金往来的具体操作人，对全案账目进行司法会计鉴定，了解资金的来龙去脉，查实资金实际出让人和受让人。2.寻找关键证人会计李祥彬，核实合作社账目与刘强个人账户的资金往来，确定刘强、刘广岐在紫薇庄园项目中的地位作用。3.就测量技术报告听取专业测量人员的意见，查清所占耕地面积。

经补充侦查，北京市公安局延庆分局收集到证人李祥彬的证言，证实了合作社是刘强出资从池杰手中购买，李祥彬受刘强邀请负责核算合作社的收入和支出。会计师事务所出具的司法鉴定意见书，证实了资金往来去向。在补充侦查过程中，侦查机关调取了紫薇庄园临时工作人员胡楠等人的证言，证实刘广岐是刘强的司机；刘广岐受刘强指使在转让意向书中签字，并担任合作社法定代表人，但其并未与刘强共谋参与非农建设改造事宜。针对辩护律师对测量技术报告数据的质疑，承办检察官专门听取了参与测量人员的意见，准确掌握所占耕地面积。

2018年5月23日，北京市延庆区人民检察院以刘强犯非法占用农用地罪向北京市延庆区人民法院提起公诉。7月2日，北京市延庆区人民法院公开开庭审理了本案。

法庭调查阶段，公诉人宣读起诉书，指控被告人刘强违反土地管理法规，非法占用耕地进行非农建设改造，改变被占土地用途，造成耕地大量毁坏，其行为构成非法占用农用地罪。针对以上指控的犯罪事实，公诉人向法庭出示了四组证据予以证明：

一是现场勘测笔录、《测量技术报告书》《非法占用耕地破坏程度鉴定意见》、现场照片78张等，证明紫薇庄园园区内存在非法占地行为，改变被占土地用途且数量较大，造成耕地大量毁坏。

二是合作社土地租用合同，设立、变更登记材料，转让意向书，合作社大棚改造工程相关资料，延庆镇政府、北京市国土资源局延庆分局提供的相关书证等证据，证明合作社土地使用权受让相关事宜，以及未经国土资源部门批准，刘强擅自对园区土地进行非农建设改造，并拒不执行行政处罚。

三是司法鉴定意见书、案件相关银行账户的交易流水及凭证、合作社转让改造项目的参与人证言及被告人的供述与辩解等证据材料，证明刘强是紫薇庄园非农建设改造的实际建设者、经营者及合作社改造项目资金来源、获利情况等。

四是紫薇庄园宣传材料、租赁合同、大棚房租户、池杰、李祥彬证人证言等，证明刘强修建大棚共196个，其中东院136个，西院60个，每个大棚都配有耳房，面积约10至20平方米；刘强将大棚改造后，命名为"紫薇庄园"对外宣传，"大棚房"内有休闲、娱乐、居住等生活设施，对外出租，造成不良社会影响。

被告人刘强对公诉人指控的上述犯罪事实没有异议，当庭认罪。

法庭辩论阶段，公诉人发表了公诉意见，指出刘强作为合作社的实际建设者、经营者，在没有行政批准的情况下，擅自对园区内农用地进行非农建设改造并对外出租，造成严重危害，应当追究刑事责任。

辩护人提出：1.刘强不存在主观故意，社会危害性小。2.建造蔬菜"大棚房"符合设施农业政策。3.刘强认罪态度较好，主动到公安机关投案，具有自首情节。4.起诉书中指控的假山、鱼池等设施，仅在测量报告中有描述且描述模糊。5.相关设施已被有关部门拆除。请求法庭对被告人刘强从轻处罚。

公诉人针对辩护意见进行答辩：

第一，刘强受让合作社时指使司机刘广岐代其签字，证明其具有规避法律责任的行为，主观上存在违法犯罪的故意，刘强非法占用农用地，造成大量农用地被严重毁坏，其行为具有严重社会危害性。

第二，关于符合国家政策的说法不实，农业大棚与违法建造的非农"大棚房"存在本质区别，刘强建设的"大棚房"集休闲、娱乐、居住为一体，对农用地进行非农改造，严重违反《土地管理法》永久基本农田保护政策。该项目因违法建设受到行政处罚，但刘强未按照处罚决定积极履行耕地修复义务，直至案发，也未缴纳行政罚款，其行为明显违法。

第三，刘强直到开庭审理时才表示认罪，不符合自首条件。

第四，测量技术报告对案发时合作社建设情况作了详细的记录和专业说明，现场勘验笔录和现场照片均证实了蔬菜大棚改造的实际情况，另有相关证人证言也能证实假山、鱼池存在。

第五，违法设施应由刘强承担拆除并恢复原状的责任，有关行政部门进行拆除违法设施，恢复耕地的行为，不能成为刘强从轻处罚的理由。

法庭经审理，认为公诉人提交的证据能够相互印证，予以确认。对辩护人提出的被告人当庭认罪态度较好的辩护意见予以采纳，其他辩护意见缺乏事实依据，不予采纳。2018年10月16日，北京市延庆区人民法院作出一审判决，以非法占用农用地罪判处被告人刘强有期徒刑一年六个月，并处罚金人民币五万元。一审宣判后，被告人刘强未上诉，判决已生效。

刘广岐在明知刘强是合作社非农建设改造的实际建设者、经营者，且涉嫌犯罪的情况下，故意隐瞒上述事实和真相，向公安机关做虚假证明。经北京市延庆区人民检察院追诉，2019年3月13日，北京市延庆区人民法院以包庇罪判处被告人刘广岐有期徒刑六个月。一审宣判后，被告人刘广岐未上诉，判决已生效。

本案中，延庆镇规划管理与环境保护办公室虽然采取了约谈、下发《责令停止建设通知书》和《限期拆除决定书》等方式对违法建设予以制止，但未遏制住违法建设，履职不到位，北京市延庆区监察委员会给予延庆镇副镇长等3人行政警告处分，1人行政记过处分，广积屯村村党支部给予该村党支部书记党内警告处分。

指导意义

十分珍惜、合理利用土地和切实保护耕地是我国的基本国策。近年来，随着传统农业向产业化、规模化的现代农业转变，以温室大棚为代表的设施农业快速发展。一些地区出现了假借发展设施农业之名，擅自或者变相改变农业用途，在耕地甚至永久基本农田上建设"大棚房""生态园""休闲农庄"等现象，造成土地资源被大量非法占用和毁坏，严重侵害农民权益和农业农村的可持续发展，在社会上造成恶劣影响。2018年，自然资源部和农业农村部在全国开展了"大棚房"问题专项整治行动，推进落实永久基本农田保护制度和最严格的耕地保护政策。在基本农田上建设"大棚房"予以出租出售，违反《中华人民共和国土地管理法》，属于破坏耕地或者非法占地的违法行为。非法占用耕地数量较大或者造成耕地大量毁坏的，应当以非法占用农用地罪追究实际建设者、经营者的刑事责任。

该类案件中，实际建设者、经营者为逃避法律责任，经常隐藏于幕后。对此，检察机关可以通过引导公安机关查询非农建设项目涉及的相关账户交易信息、资金走向等，辅以相关证人证言，形成严密证据体系，查清证实实际建设者、经营者的法律责任。对于受其操控签订合同或者作假证明包庇，涉嫌共同犯罪或者伪证罪、包庇罪的相关行为人，也要一并查实惩处。对于非法占用农用地面积这一关键问题，可由专业机构出具测量技术报告，必要时可申请测量人员出庭作证。

《中华人民共和国刑法》第三百一十条、第三百四十二条。

《全国人民代表大会常务委员会关于〈中华人民共和国刑法〉第二百二十八条、第三百四十二条、第四百一十条的解释》。

《中华人民共和国土地管理法》第七十五条。

《最高人民法院关于审理破坏土地资源刑事案件具体应用法律若干问题的解释》第三条。

《最高人民检察院 公安部关于公安机关管辖的刑事案件立案追诉标准的规定（一）》第六十七条。

王敏生产、销售伪劣种子案

（检例第 61 号）

关键词

生产、销售伪劣种子罪 假种子 农业生产损失认定

要 旨

以同一科属的此品种种子冒充彼品种种子，属于刑法上的"假种子"。行为人对假种子进行小包装分装销售，使农业生产遭受较大损失的，应当以生产、销售伪劣种子罪追究刑事责任。

基本案情

被告人王敏，男，1991 年 3 月出生，江西农业大学农学院毕业，原四川隆平高科种业有限公司（以下简称隆平高科）江西省宜春地区区域经理。

2017 年 3 月，江西省南昌县种子经销商郭宝珍询问隆平高科的经销商之一江西省丰城市"民生种业"经营部的闵生如、闵蜀蓉父子（以下简称闵氏父子）是否有"T优705"水稻种子出售，在得到闵蜀蓉的肯定答复并报价后，先后汇款共 30 万元给闵生如用于购买种子。

闵氏父子找到王敏订购种子，王敏向隆平高科申报了"陵两优 711"稻种计划，后闵生如汇款 20 万元给隆平高科作为订购种子款（单价 13 元/公斤）。王敏找到金海环保包装有限公司的曹传宝，向其提供制版样式，印制了标有"四川隆平高科种

业有限公司""T 优 705"字样的小包装袋 29850 个。收到隆平高科寄来的"陵两优711"散装种子后，王敏请闵氏父子帮忙雇工人将运来的散装种子分装到此前印好的标有"T 优 705"的小包装袋（每袋 1 公斤）内，并将分装好的 24036 斤种子运送给郭宝珍。郭宝珍销售给南昌县等地的农户。农户播种后，禾苗未能按期抽穗、结实，导致 200 余户农户 4000 余亩农田绝收，造成直接经济损失 460 余万元。

经查，隆平高科不生产"T 优 705"种子，其生产的"陵两优 711"种子也未通过江西地区的审定，不能在江西地区进行终端销售。

指控与证明犯罪

2018 年 5 月 8 日，江西省南昌县公安局以王敏涉嫌销售伪劣种子罪，将案件移送南昌县人民检察院审查起诉。

审查起诉阶段，王敏辩称自己的行为不构成犯罪，不知道销售的种子为伪劣种子。王敏还辩解：1. 印制小包装袋经过隆平高科的许可；2. 自己没有请工人进行分装，也没有进行技术指导；3. 没有造成大的损失。

检察机关审查认为，现有证据足以认定犯罪嫌疑人王敏将"陵两优 711"冒充"T 优 705"销售给农户，但其是否明知为伪劣种子、"陵两优 711"是如何变换成"T 优 705"的、隆平高科是否授权王敏印刷小包装袋、造成的损失如何认定、哪些人员涉嫌犯罪等问题，有待进一步查证。针对上述问题，南昌县人民检察院两次退回公安机关补充侦查，要求公安机关补充收集订购种子的货运单、合同、签收单、交易记录等书证；核实印制小包装袋有无得到隆平高科的授权，是否有合格证等细节；种子从四川发出，中途有无调换等，"陵两优 711"是怎么变换成"T 优 705"的物流情况；对于损失认定，充分听取辩护人及受害农户的意见，收集受害农户订购种子数量的原始凭证等。

经补充侦查，南昌县公安局进一步收集了物流司机等人的证言、农户购买谷种小票、农作物不同生长期照片、货运单、王敏任职证明等证据。物流司机证言证明货物没有被调换，但货运单上只写了种子，并没有写明具体的种子品名；隆平高科方面一致声称王敏订购的是"陵两优 711"，出库单上也注明是"陵两优 711"（散子），散子销售不受区域限制，并且该公司从不生产"T 优 705"；而闵氏父子辩称自己是应农户要求订购"T 优 705"，到货也是应王敏要求提供场地，王敏代表公司进行分装。因双方没有签订种子订购合同且各执一词，无法查实闵氏父子订购的是哪种种子。但可以明确的是 2010 年 5 月 17 日广西农作物品种审定委员会对"陵两优 711"审定通过，可在桂南稻作区或者桂中稻作区南部适宜种植感光型品种的地区作为晚稻种植，在江西省未审定通过。王敏作为隆平高科的区域经理，对公司不生产"T 优705"种子应该明知，对"陵两优 711"在江西省未被审定通过也应明知。另查实，隆平高科从未授权王敏进行设计、印制"T 优 705"小包装袋。

针对损失认定，公安机关补充收集了购种票据、证人证言等，认定南昌县及其他地区受害农户合计 205 户，绝收面积合计 4000 余亩。为评估损失，公安机关开展现场勘查，邀请农科院土肥、农业、气象方面专家进行评估。评估认定：1. 南昌县部分稻田种植的"陵两优711"尚处始穗期，已无法正常结实，导致绝收。2. 2017 年 10 月下旬评估时，部分稻田种植的"陵两优 711"处于齐穗期，但南昌地区晚稻的安全齐穗期是 9 月 20 日左右，根据南昌往年气象资料，10 月下旬齐穗的水稻将会受到 11 月份低温影响，无法正常结实，严重时会绝收。3. 根据种子包装袋上注明的平均亩产 444.22 公斤的数据，结合南昌县往年晚稻平均亩产量，考虑到晚稻因品种和种植方式不同存在差异，产量评估可以以种子包装袋上注明的平均亩产 444.22 公斤为依据，结合当年晚稻平均单价 2.60 元 / 公斤计算损失。205 户农户因种植假种子造成的经济损失为 4619888 元（444.22 × 2.60 × 4000）。

综合上述证据情况，检察机关采信评估意见，认定损失为 461 万余元，王敏及辩护人对此均不再提出异议。

2018 年 7 月 16 日，南昌县人民检察院以被告人王敏犯生产、销售伪劣种子罪向南昌县人民法院提起公诉。9 月 10 日，南昌县人民法院公开开庭审理了本案。

法庭调查阶段，公诉人宣读起诉书指控被告人王敏身为隆平高科宜春地区区域经理，负有对隆平高科销售种子的质量进行审查监管的职责，其将未通过江西地区审定的"陵两优 711"种子冒充"T 优 705"种子，违背职责分装并销售，使农业生产遭受特别重大损失，其行为构成生产、销售伪劣种子罪。针对以上指控的犯罪事实，公诉人向法庭出示了四组证据予以证明：

一是被告人王敏的立案情况及任职身份信息，证明王敏从农业大学毕业后就从事种子销售业务，有着多年的种子销售经验。2015 年 8 月至 2018 年 2 月在隆平高科从事销售工作，身份是江西宜春地区区域经理，职责是介绍和推广公司种子，并代表公司销售种子，对所销售的种子品种、质量负责。

二是相关证人证言，证明王敏接受闵氏父子种子订单，并向公司订购了"陵两优 711"种子，印制"T 优 705"小包装袋分装种子并予以冒充销售。其中，闵蜀蓉证言证明郭宝珍需要"T 优 705"种子，自己向王敏提出采购种子计划，王敏表示有该种种子，并承诺有提成；证人曹传宝等的证言，证明其按王敏要求印制了"T 优 705"种子小包装袋，王敏予以签字确认。证人闵生如的证言，证明王敏明知印制"T 优 705"小包装袋用于包装"陵两优 711"种子，仍予以签字确认。

三是相关证人证言，证明四川隆平高科研发、运送"陵两优 711"到江西丰城等情况。其中，四川隆平高科副总张友强证言证明：王敏向隆平高科江西省级负责人杨剑辉报购了订购"陵两优 711"计划；杨剑辉证言证明公司收到"陵两优 711"计划并向江西发出"陵两优 711"散子，该散子可以销往江西，由江西有资质的经销商卖到广西，但不能在江西直接销售。隆平高科票据显示收到王敏订购"陵两优 711"计划并发货至江西。

四是造成损失情况、相关鉴定意见及被害人陈述、证人证言等，证明农户购买种子后造成绝收等损失。

王敏对以上证据无异议，但提出在小包装袋印制版式上签字是闵生如让他签的。

法庭辩论阶段，被告人王敏及其辩护人认为王敏没有主观犯罪故意，其行为不构成犯罪。

公诉人针对辩护意见进行答辩：

第一，从主观方面看，王敏明知公司不生产"T优705"种子，却将其订购的"陵两优711"分装成"T优705"予以销售。王敏主观上明知销售的种子不是订购时的种子，仍对种子进行名实不符的分装，具有销售伪劣种子的主观故意。

第二，从职责角度看，不论王敏还是四川隆平高科的工作人员，都证明所有种子订购，是由经销商报单给区域经理，区域经理再报单给公司，公司发货后，由区域经理分销。王敏作为四川隆平高科宜春地区区域经理，具有对种子质量进行审查的职责，其明知隆平高科不生产"T优705"种子，出于谋利，仍以此种子冒充彼种子进行包装、销售，具备犯罪故意，社会危害性大。

第三，王敏的供述证明，其实施了"在百度上搜索'T优705'及'T优705'审定公告内容"的行为，并将手机上搜索到的"T优705"种子包装袋版式提供给印刷商，后在"T优705"包装袋版式上签字；曹传宝和李亚东（江西运城制版有限公司设计师）都证实"T优705"小包装袋的制版、印刷都是王敏主动联系，还拿出公司的授权书给他们看，并特别交代要在印刷好的袋子上打一个洞，说种子要呼吸；刘英（隆平高科在南昌县的经销商）也证实，从种子公司运过来的种子不可以换其他品种的包装袋卖，这是犯法的事。王敏能够认识"在包装袋印制版式上签字就是对种子的种类、质量负责"的法律意义，仍予以签字。

第四，王敏作为隆平高科的区域经理，实施申报销售计划、设计包装规格、寻找印刷点、签字确认、指导分包作业等行为，均表明王敏积极实施生产、销售伪劣种子犯罪行为，王敏提出是闵生如让他签字，与事实不符，其辩护理由无法成立。

法庭经审理，认为公诉人提交的证据能够相互印证，予以确认。2018年10月25日，江西省南昌县人民法院作出一审判决，以生产、销售伪劣种子罪判处被告人王敏有期徒刑八年，并处罚金人民币十五万元。

王敏不服一审判决，提出上诉。其间，王敏及其家属向南昌县农业局支付460万元用于赔偿受害农民损失。2018年12月26日，南昌市中级人民法院作出终审判决，维持一审法院对上诉人王敏的定性，鉴于上诉期间王敏已积极赔偿损失，改判其有期徒刑七年，并处罚金人民币十五万元。

指导意义

生产、销售伪劣种子的行为严重危害国家农业生产安全，损害农民合法利益，及时、准确打击该类犯罪，是检察机关保护农民权益，维护农村稳定的职责。检察机关办理该类案件，应注意把握两方面问题：

（一）以此种子冒充彼种子应认定为假种子。根据刑法第一百四十七条规定，生产、销售假种子，使生产遭受较大损失的，应认定为生产、销售伪劣种子罪。假种子有不符型假种子（种类、名称、产地与标注不符）和冒充型假种子（以甲冒充乙、非种子冒充种子）。现实生活中，完全以非种子冒充种子的，比较少见。犯罪嫌疑人往往抓住种子专业性强、农户识别能力低的弱点，以此种子冒充彼种子或者以不合格种子冒充合格种子进行销售。因农作物生产周期较长，案发较为隐蔽，冒充型假种子往往造成农民投入种植成本，得不到应有收成回报，严重影响农业生产，应当依据刑法予以追诉。

（二）对伪劣种子造成的损失应予综合认定。伪劣种子造成的损失是涉假种子类案件办理时的疑难问题。实践中，可由专业人员根据现场勘查情况，对农业生产产量及其损失进行综合计算。具体可考察以下几方面：一是根据现场实地勘察，邀请农业、气象、土壤等方面专家，分析鉴定农作物生育期异常的原因，能否正常结实，是减产还是绝收等，分析减产或者绝收面积、产量。二是通过审定的农作物区试平均产量与根据现场调查的往年产量，结合当年可能影响产量的气候、土肥等因素，综合评估平均产量。三是根据农作物市场行情及平均单价等，确定直接经济损失。

相关规定

《中华人民共和国刑法》第一百四十七条。

《中华人民共和国种子法》第四十九条、第九十一条。

《最高人民法院　最高人民检察院关于办理生产、销售伪劣商品刑事案件具体应用法律若干问题的解释》第七条。

《最高人民检察院　公安部关于公安机关管辖的刑事案件立案追诉标准的规定（一）》第二十三条。

《农作物种子生产经营许可管理办法》第三十三条。

南京百分百公司等生产、销售伪劣农药案

（检例第62号）

关键词

生产、销售伪劣农药罪　借证生产农药　田间试验

要　旨

1.未取得农药登记证的企业或者个人，借用他人农药登记证、生产许可证、质量

标准证等许可证明文件生产、销售农药，使生产遭受较大损失的，以生产、销售伪劣农药罪追究刑事责任。

2. 对于使用伪劣农药造成的农业生产损失，可采取田间试验的方法确定受损原因，并以农作物绝收折损面积、受害地区前三年该类农作物的平均亩产量和平均销售价格为基准，综合计算认定损失金额。

基本案情

被告单位南京百分百化学有限责任公司（以下简称百分百公司）。

被告单位中土化工（安徽）有限公司（以下简称中土公司）。

被告单位安徽喜洋洋农资连锁有限公司（以下简称喜洋洋公司）。

被告人许全民，男，1971年12月出生，喜洋洋公司法定代表人、百分百公司实际经营人。

被告人朱桦，男，1971年3月出生，中土公司副总经理。

被告人王友定，男，1970年10月出生，安徽久易农业股份有限公司（以下简称久易公司）市场运营部经理。

2014年5月，被告单位喜洋洋公司、百分百公司准备从事50%吡蚜酮农药（以下简称吡蚜酮）经营活动，被告人许全民以百分百公司的名义与被告人王友定商定，借用久易公司吡蚜酮的农药登记证、生产许可证、质量标准证（以下简称"农药三证"）。双方约定：王友定提供吡蚜酮"农药三证"及电子标签，并对百分百公司设计的产品外包装进行审定，百分百公司按久易公司的标准生产并对产品质量负责。经查，王友定擅自出借"农药三证"，久易公司并未从中营利。

2014年5月18日、6月16日，许全民代表百分百公司与中土公司负责销售的副总经理朱桦先后签订4吨（单价93000元）、5吨（单价87000元）采购合同，向朱桦采购吡蚜酮，并约定质量标准、包装标准、付款方式等内容，合同金额计813000元。

2014年5月至6月，中土公司在未取得吡蚜酮"农药三证"的情况下，由朱桦负责采购吡蚜酮的主要生产原料，安排人员自研配方，生产吡蚜酮。许全民联系设计吡蚜酮包装袋，并经王友定审定，提供给中土公司分装。该包装袋印制有百分百公司持有的"金鼎"商标，久易公司获得批准的"农药三证"，生产企业标注为久易公司。同年6月至8月，中土公司先后向百分百公司销售吡蚜酮计2324桶（6.972吨），销售金额计629832元。百分百公司出售给喜洋洋公司，由喜洋洋公司分售给江苏多家农资公司，农资公司销售给农户。泰州市姜堰区农户使用该批农药后，发生不同程度的药害，水稻心叶发黄，秧苗矮缩，根系生长受抑制。经调查，初步认定发生药害水稻面积5800余亩，折损面积计2800余亩，造成经济损失计270余万元。经检验，药害原因是因农药中含有烟嘧磺隆（除草剂）成分。但对涉案农药为何混入烟嘧磺隆，被告人无法给出解释，且农药生产涉及原料收购、加工、分装等一系列流程，客观上亦无法查证。

案发后，许全民自动投案并如实供述犯罪事实，朱桦、王友定到案后如实供述犯罪事实。久易公司及王友定向姜堰区农业委员会共同缴纳赔偿款 150 万元，中土公司缴纳赔偿款 150 万元，喜洋洋公司缴纳赔偿款 55 万元，百分百公司及许全民缴纳赔偿款 95 万元，朱桦缴纳赔偿款 80 万元，合计 530 万元。

指控与证明犯罪

本案由泰州市姜堰区农业委员会于 2015 年 8 月 12 日移送至姜堰区公安局。8 月 14 日，姜堰区公安局立案侦查。2016 年 5 月 13 日，泰州市姜堰区公安局以许全民等涉嫌生产、销售伪劣农药罪移送泰州市姜堰区人民检察院审查起诉。11 月 1 日，泰州市姜堰区人民检察院以被告单位及被告人涉嫌生产、销售伪劣农药罪向泰州市姜堰区人民法院提起公诉。12 月 14 日，泰州市姜堰区人民法院公开开庭审理了本案。

法庭调查阶段，公诉人宣读起诉书，指控被告人及被告单位在无"农药三证"的情况下，生产、销售有药害成分的农药，并造成特别重大损失，其行为构成生产、销售伪劣农药罪。针对以上指控的犯罪事实，公诉人向法庭出示了三组证据予以证明：

一是销售合同、出库清单、协议书等证据，证明被告单位、被告人借证生产、销售农药的事实。

二是田间试验公证书、农作物生产事故技术鉴定书、检验报告等证据，证明被告单位、被告人生产、销售的吡呀酮中含有烟嘧磺隆（除草剂）成分，是造成水稻受损的直接原因。

三是证人证言、被害人陈述、被告人供述和辩解等证据，证明被告单位、被告人共谋借用"农药三证"，违法生产、销售伪劣农药，造成水稻大面积受损，及农户损失已经得到赔偿的事实。

法庭辩论阶段，被告人及辩护人提出：1. 涉案农药不应认定为伪劣农药，行为人不具有生产伪劣农药的故意。2. 盐城市产品质量监督检验所并非司法鉴定机构，其出具的检验报告不具有证据效力；泰州市农作物事故技术鉴定书是依据农药检测报告等作出的，不应作为定案依据。3. 水稻受损原因不明，不能排除天气、施药方法等因素导致。

公诉人针对辩护意见进行答辩：

第一，虽然因客观原因无法查证涉案农药吡呀酮如何混入烟嘧磺隆（除草剂）成分，但现有证据足以证明，涉案吡呀酮含有烟嘧磺隆（除草剂）成分，并造成水稻大面积减产的危害后果，可以认定为伪劣农药。被告单位、被告人无"农药三证"，未按照经国务院农业主管部门审批获得登记的农药配方进行生产，生产完成后未进行严格检验即出厂销售，主观上具有生产、销售伪劣农药的故意。

第二，盐城市产品质量监督检验所具有农药成分检验资质，其出具的检验报告符合书证有关要求，可证明涉案吡蚜酮含有烟嘧磺隆（除草剂）成分这一事实。泰州市农业委员会依据该检验报告和田间试验结果出具的《农作物事故技术鉴定书》，系按照《江苏省农作物生产事故技术鉴定实施办法》组成专家组开展鉴定后作出的，符合证据规定，能证明受害水稻受损是使用涉案吡蚜酮导致。

第三，为科学确定水稻受损原因，田间试验结果系由泰州市新农农资有限公司申请，在泰州市姜堰公证处的全程监督下，进行拍照、摄像固定取得的。"七种配方，八块试验田"的试验方法，是根据农户将吡蚜酮与阿维氟铃尿、戊唑醇、咪鲜三环唑混合施用的实际情况，并考虑涉案吡蚜酮仅存在于两个批次，确定第一到第四块试验田分别施用两个批次、不同剂量（20克和40克）的吡蚜酮；第五和第六块试验田分别将两个批次吡蚜酮与其他农药混合施用；第七块试验田混合施用不含吡蚜酮的其他农药；第八块试验田未施用农药。结果显示凡施用涉案农药的试验田，水稻均出现典型的除草剂药害情况，排除了天气等因素影响，证明水稻受害系因农户使用的涉案农药吡蚜酮中含有烟嘧磺隆造成。

法庭经审理，认为公诉人提交的证据能够相互印证，予以确认。因被告人许全民自动投案，如实供述罪行，且判决前主动足额赔付了农户损失，达成了谅解，构成自首，依法减轻处罚，2017年9月19日，江苏省泰州市姜堰区人民法院作出一审判决，以生产、销售伪劣农药罪判处被告单位百分百公司罚金五十万元，中土公司罚金四十万元，喜洋洋公司罚金三十五万元；以生产、销售伪劣农药罪判处被告人许全民有期徒刑三年，缓刑五年，并处罚金八万元；因被告人朱桦及王友定系从犯，如实供述，积极赔偿损失，依法减轻处罚，以生产、销售伪劣农药罪判处被告人朱桦有期徒刑三年，缓刑四年，并处罚金五万元；判处被告人王友定有期徒刑三年，缓刑三年，并处罚金人民币二万元。一审宣判后，被告单位及被告人均未上诉，判决已生效。

指导意义

（一）借用或通过非法转让获得他人"农药三证"生产农药，并经检验鉴定含有药害成分，使生产遭受较大损失的，应予追诉。根据我国《农药管理条例》规定，农药生产销售应具备"农药三证"。一些企业通过非法转让或者购买等手段非法获取"农药三证"生产不合格农药，扰乱农药市场，往往造成农业生产重大损失，危害农民利益。借用或者通过非法转让获得"农药三证"生产不符合资质农药，经检验鉴定含有药害成分，致使农业生产遭受损失二万元以上的，应当依据刑法予以追诉。农药生产企业将"农药三证"出借给未取得生产资质的企业或者个人，且明知借用方生产、销售伪劣农药的，构成生产、销售伪劣农药罪共同犯罪。其中使农业生产遭受损失五十万元以上，销售金额不满二百万元的，依据刑法第一百四十七条生产、销售伪劣农药罪追诉；销售金额二百万元以上的，依据刑法第一百四十九条从重处罚原则，以生产、销售伪劣产品罪予以追诉。

（二）生产损失认定方法。生产、销售伪劣农药罪为结果犯，需以"使生产遭受较大损失"为前提。办理此类案件，可以采用以下方法认定生产损失：一是运用田间试验确定涉案农药与生产损失的因果关系。可在公证部门见证下，依据农业生产专家指导，根据农户对受损作物实际使用的农药种类，合理确定试验方法和试验所需样本田块数量，综合认定农药使用与生产损失的因果关系。二是及时引导侦查机关收集、固定受损作物折损情况证据。检察机关应结合农业生产具有时令性的特点，引导侦查机关走访受损农户了解情况，实地考察受损农田，及时收集证据，防止作物收割、复播影响生产损失的认定。三是综合评估损害数额。农业生产和粮食作物价格具有一定的波动性，办案中对损害具体数额的评估，应以绝收折损面积为基准，综合考察受损地区前三年农作物平均亩产量和平均销售价格，计算损害后果。

相关规定

《中华人民共和国刑法》第一百四十七条、第一百四十九条、第一百五十条。

《最高人民法院　最高人民检察院关于办理生产、销售伪劣商品刑事案件具体应用法律若干问题的解释》第七条、第九条。

《最高人民检察院　公安部关于公安机关管辖的刑事案件立案追诉标准的规定（一）》第二十三条。

《农药管理条例》第四十五条、第四十七条、第五十二条。

《农药登记管理办法》第二条。

《农药生产许可管理办法》第五条、第二十八条。

湖北省天门市人民检察院诉拖市镇政府
不依法履行职责行政公益诉讼案
（检例第63号）

关键词

行政公益诉讼　行政监管职责　违法建设　农村垃圾治理

要旨

一级政府对本行政区域的环境质量保护负有法定职责。政府在履行农村环境综合整治职责中违法行使职权或者不作为，损害社会公共利益的，检察机关可以发出检察建议督促其依法履职。对于行政机关作出的整改回复，检察机关应当跟进调查；对于无正当理由未整改到位的，可以依法提起行政公益诉讼。

基本案情

2005 年 4 月，湖北省天门市拖市镇人民政府（以下简称拖市镇政府）违反《中华人民共和国土地管理法》，未办理农用地转为建设用地相关手续，也未按照《中华人民共和国环境保护法》开展环境影响评价，与天门市拖市镇拖市村村民委员会签订《关于垃圾场征用土地的协议》，租用该村 5.1 亩农用地建设垃圾填埋场，用于拖市镇区生活垃圾的填埋。该垃圾填埋场于同年 4 月投入运行，至 2016 年 10 月停止。该垃圾填埋场在运行过程中，违反污染防治设施必须与主体工程同时设计、同时施工、同时投产使用的"三同时"规定，未按照规范建设防渗工程等相关污染防治设施，对周边环境造成了严重污染。

诉前程序

2017 年 2 月，天门市人民检察院发现拖市镇政府在没有申报审批获得合法手续的情况下，未建设必要配套环境保护设施，以"以租代征"的形式，违法建设、运行生活垃圾填埋场，在运行过程中存在对周边环境造成严重污染、损害公益的行为，决定立案审查。

调查核实过程中，检察机关查阅了拖市镇政府关于租用拖市村集体土地建设垃圾填埋场的会议纪要、文件、协议等档案材料；督促天门市环境保护局进行了现场勘查；采集了现场影像资料，询问了相关人员。基本查明：拖市镇政府未办理用地审批、环境评价等法定手续，建设并运行生活垃圾填埋场，未建设防渗工程、垃圾渗滤液疏导、收集和处理系统、雨水分流系统、地下水导排和监测设施等必要配套环境保护设施，垃圾填埋场在运行过程中对周边环境造成严重污染。根据《中华人民共和国地方各级人民代表大会和地方各级人民政府组织法》《中华人民共和国环境保护法》等相关法律规定，拖市镇政府作为一级人民政府，对本行政区域负有环境保护职责，应当对自身违法行使职权造成环境污染的行为予以纠正，并及时治理污染，修复生态环境。

2017 年 3 月 6 日，天门市人民检察院向拖市镇政府发出检察建议，督促其依法履职，纠正违法行为并采取补救措施，修复区域生态环境，恢复农用地功能。检察建议书发出后，天门市人民检察院多次与拖市镇政府进行沟通，督促整改。3 月 22 日，拖市镇政府针对检察建议书作出书面回复称：其已将该垃圾填埋场的垃圾清运至天门市垃圾处理场进行集中处理，并投入资金、落实专人对垃圾场周围进行了清理、消毒，运送土壤进行了回填处理，杜绝了垃圾污染，且在该处设立了禁止倾倒垃圾的警示牌。

4 月 12 日，天门市人民检察院对拖市镇政府的整改情况进行跟进调查时发现，拖市镇政府虽然采取了一些整改措施，但整改后的垃圾填埋场表层覆土不到 1 米，覆土下仍有大量垃圾。天门市人民检察院委托湖北省环境科学研究院对垃圾填埋场垃圾渗滤液及周边地下水样进行检测。检测结果表明，拖市镇垃圾填埋场周边地下水样中铬、铅超标严重，渗滤液中含有重金属、氨氮、磷等污染物。经专家检测评价认为，该垃圾填埋场周边水质显示出典型的垃圾渗滤液污染特性，严重影响当地居民的健康和生态安全；现存垃圾随着时间推移还会产生大量渗滤液，若不采取措施将会对周边水体和汉江造成持续 15 到 20 年的长期生态污染风险；建议采取清理转移的方法，将垃圾清挖送到市区垃圾处理场，垃圾渗滤液抽取送城区污水处理厂处理，原址采用回填土壤绿化。

诉讼过程

一、提起诉讼

通过诉前调查取证，天门市人民检察院固定了相关证据，认定拖市镇政府采取有限整改措施后，其违法行政行为造成的公益侵害仍在持续。经湖北省人民检察院批准，2017 年 6 月 29 日，天门市人民检察院向天门市人民法院提起行政公益诉讼，请求判令：1. 确认拖市镇政府建立、运行该垃圾填埋场，造成周边环境污染的行政行为违法；2. 判令拖市镇政府继续履行职责，对关停后的该垃圾填埋场环境进行综合整治，消除污染，修复生态。

二、法庭审理

2017 年 12 月 22 日，天门市人民法院公开开庭审理了本案。

法庭审理过程中，拖市镇政府答辩认为：1. 只有县级以上政府及其环保部门才是具有环境保护职责的行政机关，其作为镇政府，不具有该项职责；2. 检察机关关于垃圾填埋场污染周边环境的证据不充分；3. 镇政府建设垃圾填埋场的行为并非行政行为，在行政诉讼中不具有可诉性。

针对镇政府答辩意见，天门市人民检察院向法院提交了《天门市委办公室、市政府办公室关于印发乡镇综合配套改革三个配套文件的通知》《市环保局关于拖市镇垃圾填埋场环境问题的复函》、湖北省环境科学研究院《检测报告》、相关专家出具的《关于天门市拖市镇区垃圾填埋场污染潜在生态风险的评估意见》、垃圾填埋场现场照片等证据。天门市人民检察院认为，《中华人民共和国环境保护法》第六条第二款规定，地方各级人民政府应当对本行政区域的环境质量负责；第三十三条第二款规定，县级、乡级人民政府应当提高农村环境保护公共服务水平，推动农村环境综合整治；第三十七条规定，地方各级人民政府应当采取措施，组织对生活废弃物的分类处置、回收利用。本案中，镇政府与村委会签订征地协议，建设、运行垃圾填埋场，目的是为了处置镇区生活垃圾，履行农村环境综合整治职责，是行使职权的行政行为。但其履职不到位，未办理用地审批、环境评价，未建设防渗工程、渗滤液处理、地下水导排监测等必要配套设施，导致周边环境严重污染，造成社会公共利益受到损害，应当依法履职，采取积极措施治理污染，修复生态；拖市镇政府在收到检察建议后，虽然对该垃圾填埋场做了覆土处理，但未完全进行治理，检察机关经跟进调查和委托检测，确认社会公共利益仍处于受侵害状态。综上，拖市镇政府答辩理由不成立。

三、审理结果

2018 年 3 月 19 日，天门市人民法院作出判决，支持了检察机关全部诉讼请求，认定拖市镇政府作为一级政府，具有环境保护的法定职责；拖市镇政府建设垃圾填埋场是履行职权行政行为；根据现有证据，该垃圾填埋场存在潜在污染风险；拖市镇政府治理垃圾填埋场是其违法后应当承担的法律义务，其应当继续履行整治义务。判决如下：1. 确认被告拖市镇政府建设、运行垃圾填埋场的行政行为违法；2. 责令被告拖市镇政府对垃圾填埋场采取补救措施，继续进行综合整治。

四、案件办理效果

该案判决后，拖市镇政府积极履职，组织清运原垃圾填埋场覆土下的各类垃圾1000 余立方并进行了无害处理。经湖北省相关部门审批同意，2018 年 4 月至 12 月，在垃圾填埋场原址上新建污水处理厂一座，设计产能日处理污水 500 吨。目前该污水处理厂已投入使用。

该案办理后，天门市人民检察院摸排发现全市乡镇垃圾填埋场普遍存在环境污染风险问题。经过全面调查分析，天门市人民检察院向天门市委、市政府报送《关于建议进一步加强对全市乡镇垃圾填埋场进行整治的报告》，提出了将乡镇垃圾填埋场整治工作纳入天门市污染防治工作总体规划、进行清挖转运以及覆土植绿等建议。天门市委、市政府高度重视，相关职能部门迅速组织力量，对全市乡镇 27 个非正规垃圾填埋场、堆放点进行了专项重点督查，整治恢复土地近 8.5 万平方米。

指导意义

改善农村人居环境是以习近平同志为核心的党中央作出的重大决策，是实施乡村振兴战略的重要内容。加强农村生活垃圾治理，是改善农村人居环境的重要环节，也是推进乡村生态振兴的关键之举，对于促进乡村治理具有重大意义。

（一）基层人民政府应当对本行政区域的环境质量负责，其在农村环境综合整治中违法行使职权或者不作为，导致环境污染损害社会公共利益的，检察机关可以督促其依法履职。《中华人民共和国地方各级人民代表大会和地方各级人民政府组织法》《中华人民共和国环境保护法》《村庄和集镇规划建设管理条例》等法律法规规定了基层人民政府对农村环境保护、农村环境综合整治等具有管理职责。其在履行上述法定职责时，存在违法行使职权或者不作为，造成社会公共利益损害的，符合《中华人民共和国行政诉讼法》第二十五条第四款规定的情形，检察机关可以向其发出检察建议，督促依法履行职责。对于行政机关作出的整改回复，检察机关应当跟进调查，对于无正当理由未整改到位的，依法提起行政公益诉讼。

（二）涉及多个行政机关监管职责的公益损害行为，检察机关应当综合考虑各行政机关具体监管职责、履职尽责情况、违法行使职权或者不作为与公益受损的关联程度、实施公益修复的有效性等因素确定重点监督对象。农村违法建设垃圾填埋场可能涉及的行政监管部门包括规划、环保、国土、城建、基层人民政府等多个行政机关，而基层人民政府一般在农村环境治理、生活垃圾处置方面起主导作用。如果环境污染行为与基层人民政府违法行使职权直接相关，检察机关可以重点监督基层人民政府，督促其依法全面履职，根据需要也可以同时督促环保部门发挥监管职责，以形成合力，促使环境污染行为得到有效纠正。检察机关通过办案发现本地普遍存在类似环境污染行为的，可以经过深入调查，向当地党委、政府提出建议，以引起重视，促使问题"一揽子"解决。

相关规定

《中华人民共和国行政诉讼法》第二十五条。

《中华人民共和国地方各级人民代表大会和地方各级人民政府组织法》第六十一条。

《中华人民共和国环境保护法》第六条、第十九条、第三十三条、第三十七条、第四十一条。

《中华人民共和国土地管理法》第四十四条。

《最高人民法院　最高人民检察院关于检察公益诉讼案件适用法律若干问题的解释》第二十一条。

《村庄和集镇规划建设管理条例》第三十九条。

第十七批指导性案例

杨卫国等人非法吸收公众存款案
（检例第 64 号）

关键词

非法吸收公众存款　网络借贷　资金池

要旨

单位或个人假借开展网络借贷信息中介业务之名，未经依法批准，归集不特定公众的资金设立资金池，控制、支配资金池中的资金，并承诺还本付息的，构成非法吸收公众存款罪。

基本案情

被告人杨卫国，男，浙江望洲集团有限公司法定代表人、实际控制人。

被告人张雯婷，女，浙江望洲集团有限公司出纳，主要负责协助杨卫国调度、使用非法吸收的资金。

被告人刘蓓蕾，女，上海望洲财富投资管理有限公司总经理，负责该公司业务。

被告人吴梦，女，浙江望洲集团有限公司经理、望洲集团清算中心负责人，主要负责资金池运作有关业务。

浙江望洲集团有限公司（以下简称望洲集团）于2013年2月28日成立，被告人杨卫国为法定代表人、董事长。自2013年9月起，望洲集团开始在线下进行非法吸收公众存款活动。2014年，杨卫国利用其实际控制的公司又先后成立上海望洲财富投资管理有限公司（以下简称望洲财富）、望洲普惠投资管理有限公司（以下简称望洲普惠），通过线下和线上两个渠道开展非法吸收公众存款活动。其中，望洲普惠主要负责发展信贷客户（借款人），望洲财富负责发展不特定社会公众成为理财客户（出借人），根据理财产品的不同期限约定7%～15%不等的年化利率募集资金。在线下渠道，望洲集团在全国多个省、市开设门店，采用发放宣传单、举办年会、发布广告等方式进行宣传，理财客户或者通过与杨卫国签订债权转让协议，或者通过匹配望洲集团虚构的信贷客户借款需求进行投资，将投资款转账至杨卫国个人名下42个银行账户，被望洲集团用于还本付息、生产经营等活动。在线上渠道，望洲集团及其关联公司以网络借贷信息中介活动的名义进行宣传，理财客户根据望洲集团的要求在第三方支付平台上开设虚拟账户并绑定银行账户。理财客户选定投资项目后将投资款从银行账户转入第三方支付平台的虚拟账户进行投资活动，望洲集团、杨卫国及望洲集团实际控制的担保公司为理财客户的债权提供担保。望洲集团对理财客户虚拟账户内的资金进行调配，划拨出借资金和还本付息资金到相应理财客户和信贷客户账户，并将剩余资金直接转至杨卫国在第三方支付平台上开设的托管账户，再转账至杨卫国开设的个人银行账户，与线下资金混同，由望洲集团支配使用。

因资金链断裂，望洲集团无法按期兑付本息。截至2016年4月20日，望洲集团通过线上、线下两个渠道非法吸收公众存款共计64亿余元，未兑付资金共计26亿余元，涉及集资参与人13400余人。其中，通过线上渠道吸收公众存款11亿余元。

指控与证明犯罪

2017年2月15日，浙江省杭州市江干区人民检察院以非法吸收公众存款罪对杨卫国等4名被告人依法提起公诉，杭州市江干区人民法院公开开庭审理本案。

法庭调查阶段，公诉人宣读起诉书指控杨卫国等被告人的行为构成非法吸收公众存款罪，并对杨卫国等被告人进行讯问。杨卫国对望洲集团通过线下渠道非法吸收公众存款的犯罪事实和性质没有异议，但辩称望洲集团的线上平台经营的是正常P2P业务，线上的信贷客户均真实存在，不存在资金池，不是吸收公众存款，不需要取得金融许可牌照，在营业执照许可的经营范围内即可开展经营。针对杨卫国的辩解，公诉人围绕理财资金的流转对被告人进行了重点讯问。

公诉人：（杨卫国）如果线上理财客户进来的资金大于借款方的资金，如何操作？

杨卫国：一般有两种操作方式。一种是停留在客户的操作平台上，另一种是转移到我开设的托管账户。如果转移到托管账户，客户就没有办法自主提取了。如果客户需要提取，我们根据客户指令再将资金返回到客户账户。

公诉人：（吴梦）理财客户充值到第三方支付平台的虚拟账户后，望洲集团操作员是否可以对第三方支付平台上的资金进行划拨。

吴梦：可以。

公诉人：（吴梦）请叙述一下划拨资金的方式。

吴梦：直接划拨到借款人的账户，如果当天资金充足，有时候会划拨到杨卫国在第三方支付平台上设立的托管账户，再提现到杨卫国绑定的银行账户，用来兑付线下的本息。

公诉人补充讯问：（吴梦）如果投资进来的资金大于借款方，如何操作？

吴梦：会对一部分进行冻结，也会提现一部分。资金优先用于归还客户的本息，然后配给借款方，然后再提取。

被告人的当庭供述证明，望洲集团通过直接控制理财客户在第三方平台上的虚拟账户和设立托管账户，实现对理财客户资金的归集和控制、支配、使用，形成了资金池。

举证阶段，公诉人出示证据，全面证明望洲集团线上、线下业务活动本质为非法吸收公众存款，并就线上业务相关证据重点举证。

第一，通过出示书证、审计报告、电子数据、证人证言、被告人供述和辩解等证据，证实望洲集团的线上业务归集客户资金设立资金池并进行控制、支配、使用，不是网络借贷信息中介业务。（1）第三方支付平台赋予望洲集团对所有理财客户虚拟账户内的资金进行冻结、划拨、查询的权限。线上理财客户在合同中也明确授权望洲集团对其虚拟账户内的资金进行冻结、划拨、查询，且虚拟账户销户需要望洲集团许可。（2）理财客户将资金转入第三方平台的虚拟账户后，望洲集团每日根据理财客户出借资金和信贷客户的借款需求，以多对多的方式进行人工匹配。当理财客户资金总额大于信贷客户借款需求时，剩余资金划入杨卫国在第三方支付平台开设的托管账户。望洲集团预留第二天需要支付的到期本息后，将剩余资金提现至杨卫国的银行账户，用于线下非法吸收公众存款活动或其他经营活动。（3）信贷客户的借款期限与理财客户的出借期限不匹配，存在期限错配等问题。（4）杨卫国及其控制的公司承诺为信贷客户提供担保，当信贷客户不能按时还本付息时，杨卫国保证在债权期限届满之日起3个工作日内代为偿还本金和利息。实际操作中，归还出借人的资金都来自于线上的托管账户或者杨卫国用于线下经营的银行账户。（5）望洲集团通过多种途径向不特定公众进行宣传，发展理财客户，并通过明示年化收益率、提供担保等方式承诺向理财客户还本付息。

第二，通过出示理财、信贷余额列表，扣押清单，银行卡照片，银行卡交易明细，审计报告，证人证言，被告人供述和辩解等证据，证实望洲集团资金池内的资金去向：

（1）望洲集团吸收的资金除用于还本付息外，主要用于扩大望洲集团下属公司的经营业务。（2）望洲集团线上资金与线下资金混同使用，互相弥补资金不足，望洲集团从第三方支付平台提现到杨卫国银行账户资金为2.7亿余元，杨卫国个人银行账户转入第三方支付平台资金为2亿余元。（3）望洲集团将吸收的资金用于公司自身的投资项目，并有少部分用于个人支出，案发时线下、线上的理财客户均遭遇资金兑付困难。

法庭辩论阶段，公诉人发表公诉意见，论证杨卫国等被告人构成非法吸收公众存款罪，起诉书指控的犯罪事实清楚，证据确实、充分。其中，望洲集团在线上经营所谓网络借贷信息中介业务时，承诺为理财客户提供保底和增信服务，获取对理财客户虚拟账户内资金进行冻结、划拨、查询等权限，归集客户资金设立资金池，实际控制、支配、使用客户资金，用于还本付息和其他生产经营活动，超出了网络借贷信息中介的业务范围，属于变相非法吸收公众存款。杨卫国等被告人明知其吸收公众存款的行为未经依法批准而实施，具有犯罪的主观故意。

杨卫国认为望洲集团的线上业务不构成犯罪，不应计入犯罪数额。杨卫国的辩护人认为，国家允许P2P行业先行先试，望洲集团设立资金池、开展自融行为的时间在国家对P2P业务进行规范之前，没有违反刑事法律，属民事法律调整范畴，不应受到刑事处罚，犯罪数额应扣除通过线上模式流入的资金。

公诉人针对杨卫国及其辩护人的辩护意见进行答辩：望洲集团在线上开展网络借贷中介业务已从信息中介异化为信用中介，望洲集团对理财客户投资款的归集、控制、支配、使用以及还本付息的行为，本质与商业银行吸收存款业务相同，并非国家允许创新的网络借贷信息中介行为，不论国家是否出台有关网络借贷信息中介的规定，未经批准实施此类行为，都应当依法追究刑事责任。因此，线上吸收的资金应当计入犯罪数额。

法庭经审理认为，望洲集团以提供网络借贷信息中介服务为名，实际从事直接或间接归集资金，甚至自融或变相自融行为，本质是吸收公众存款。判断金融业务的非法性，应当以现行刑事法律和金融管理法律规定为依据，不存在被告人开展P2P业务时没有禁止性法律规定的问题。望洲集团的行为已经扰乱金融秩序，破坏国家金融管理制度，应受刑事处罚。

2018年2月8日，杭州市江干区人民法院作出一审判决，以非法吸收公众存款罪，分别判处被告人杨卫国有期徒刑九年六个月，并处罚金人民币五十万元；判处被告人刘蓓蕾有期徒刑四年六个月，并处罚金人民币十万元；判处被告人吴梦有期徒刑三年，缓刑五年，并处罚金人民币十万元；判处被告人张雯婷有期徒刑三年，缓刑五年，并处罚金人民币十万元。在案扣押冻结款项分别按损失比例发还；在案查封、扣押的房产、车辆、股权等变价后分别按损失比例发还。不足部分责令继续退赔。宣判后，被告人杨卫国提出上诉后又撤回上诉，一审判决已生效。本案追赃挽损工作仍在进行中。

指导意义

（一）向不特定社会公众吸收存款是商业银行专属金融业务，任何单位和个人未经批准不得实施。根据《中华人民共和国商业银行法》第十一条规定，未经国务院银行业监督管理机构批准，任何单位和个人不得从事吸收公众存款等商业银行业务，这是判断吸收公众存款行为合法与非法的基本法律依据。任何单位或个人，包括非银行金融机构，未经国务院银行业监督管理机构批准，面向社会吸收公众存款或者变相吸收公众存款均属非法。国务院《非法金融机构和非法金融业务活动取缔办法》进一步明确规定，未经依法批准，非法吸收公众存款、变相吸收公众存款、以任何名义向社会不特定对象进行的非法集资都属于非法金融活动，必须予以取缔。为了解决传统金融机构覆盖不了、满足不好的社会资金需求，缓解个体经营者、小微企业经营当中的小额资金困难，国务院金融监管机构于2016年发布了《网络借贷信息中介机构业务活动管理暂行办法》等"一个办法、三个指引"，允许单位或个人在规定的借款余额范围内通过网络借贷信息中介机构进行小额借贷，并且对单一组织、单一个人在单一平台、多个平台的借款余额上限作了明确限定。检察机关在办案中要准确把握法律法规、金融管理规定确定的界限、标准和原则精神，准确区分融资借款活动的性质，对于违反规定达到追诉标准的，依法追究刑事责任。

（二）金融创新必须遵守金融管理法律规定，不得触犯刑法规定。金融是现代经济的核心和血脉，金融活动引发的风险具有较强的传导性、扩张性、潜在性和不确定性。为了发挥金融服务经济社会发展的作用，有效防控金融风险，国家制定了完善的法律法规，对商业银行、保险、证券等金融业务进行严格的规制和监管。金融也需要发展和创新，但金融创新必须有效地防控可能产生的风险，必须遵守金融管理法律法规，尤其是依法须经许可才能从事的金融业务，不允许未经许可而以创新的名义擅自开展。检察机关办理涉金融案件，要深入分析、清楚认识各类新金融现象，准确把握金融的本质，透过复杂多样的表现形式，准确区分是真的金融创新还是披着创新外衣的伪创新，是合法金融活动还是以金融创新为名实施金融违法犯罪活动，为防范化解金融风险提供及时、有力的司法保障。

（三）网络借贷中介机构非法控制、支配资金，构成非法吸收公众存款。网络借贷信息中介机构依法只能从事信息中介业务，为借款人与出借人实现直接借贷提供信息搜集、信息公布、资信评估、信息交互、借贷撮合等服务。信息中介机构不得提供增信服务，不得直接或间接归集资金，包括设立资金池控制、支配资金或者为自己控制的公司融资。网络借贷信息中介机构利用互联网发布信息归集资金，不仅超出了信息中介业务范围，同时也触犯了刑法第一百七十六条的规定。检察机关在办案中要通过对网络借贷平台的股权结构、实际控制关系、资金来源、资金流向、中间环节和最终投向的分析，综合全流程信息，分析判断是规范的信息中介，还是假借信息中介名义从事信用中介活动，是否存在违法设立资金池、自融、变相自融等违法归集、控制、支配、使用资金的行为，准确认定行为性质。

相关规定

《中华人民共和国刑法》第一百七十六条。

《中华人民共和国商业银行法》第十一条。

《最高人民法院关于审理非法集资刑事案件具体应用法律若干问题的解释》（法释〔2010〕18号）第一条。

王鹏等人利用未公开信息交易案

（检例第65号）

关键词

利用未公开信息交易　间接证据　证明方法

要　旨

具有获取未公开信息职务便利条件的金融机构从业人员及其近亲属从事相关证券交易行为明显异常，且与未公开信息相关交易高度趋同，即使其拒不供述未公开信息传递过程等犯罪事实，但其他证据之间相互印证，能够形成证明利用未公开信息犯罪的完整证明体系，足以排除其他可能的，可以依法认定犯罪事实。

基本案情

被告人王鹏，男，某基金管理有限公司原债券交易员。

被告人王慧强，男，无业，系王鹏父亲。

被告人宋玲祥，女，无业，系王鹏母亲。

2008年11月至2014年5月，被告人王鹏担任某基金公司交易管理部债券交易员。在工作期间，王鹏作为债券交易员的个人账号为6610。因工作需要，某基金公司为王鹏等债券交易员开通了恒生系统6609账号的站点权限。自2008年7月7日起，该6609账号开通了股票交易指令查询权限，王鹏有权查询证券买卖方向、投资类别、证券代码、交易价格、成交金额、下达人等股票交易相关未公开信息；自2009年7月6日起又陆续增加了包含委托流水、证券成交回报、证券资金流水、组合证券持仓、基金资产情况等未公开信息查询权限。2011年8月9日，因新系统启用，某基金公司交易管理部申请关闭了所有债券交易员登录6609账号的权限。

2009 年 3 月 2 日至 2011 年 8 月 8 日期间，被告人王鹏多次登录 6609 账号获取某基金公司股票交易指令等未公开信息，王慧强、宋玲祥操作牛某、宋某祥、宋某珍的证券账户，同期或稍晚于某基金公司进行证券交易，与某基金公司交易指令高度趋同，证券交易金额共计 8.78 亿余元，非法获利共计 1773 万余元。其中，王慧强交易金额 9661 万余元，非法获利 201 万余元；宋玲祥交易金额 7.8 亿余元，非法获利 1572 万余元。

指控与证明犯罪

2015 年 6 月 5 日，重庆市公安局以被告人王鹏、王慧强、宋玲祥涉嫌利用未公开信息交易罪移送重庆市人民检察院第一分院审查起诉。

审查起诉阶段，重庆市人民检察院第一分院审查了全案卷宗，讯问了被告人。被告人王鹏辩称，没有获取未公开信息的条件，也没有向其父母传递过未公开信息。被告人王慧强、宋玲祥辩称，王鹏没有向其传递过未公开信息，买卖股票均根据自己的判断进行。针对三人均不供认犯罪事实的情况，为进一步查清王鹏与王慧强、宋玲祥是否存在利用未公开信息交易行为，重庆市人民检察院第一分院将本案两次退回重庆市公安局补充侦查，并提出补充侦查意见：（1）继续讯问三被告人，以查明三人之间传递未公开信息的情况；（2）询问某基金公司有关工作人员，调取工作制度规定，核查工作区通信设备保管情况，调取某基金债券交易工作区现场图，以查明王鹏是否具有传递信息的条件；（3）调查王慧强、宋玲祥的亲友关系，买卖股票的资金来源及获利去向，以查明王鹏是否为未公开信息的唯一来源，三人是否共同参与利用未公开信息交易；（4）询问某基金公司其他债券交易员，收集相关债券交易员登录工作账号与 6609 账号的查询记录，以查明王鹏登录 6609 账号是否具有异常性；（5）调取王慧强、宋玲祥在王鹏不具有获取未公开信息的职务便利期间买卖股票情况、与某基金股票交易指令趋同情况，以查明王慧强、宋玲祥在被指控犯罪时段的交易行为与其他时段的交易行为是否明显异常。经补充侦查，三被告人仍不供认犯罪事实，重庆市公安局补充收集了前述第 2 项至第 5 项证据，进一步补强证明王鹏具有获取和传递信息的条件，王慧强、宋玲祥交易习惯的显著异常性等事实。

2015 年 12 月 18 日，重庆市人民检察院第一分院以利用未公开信息交易罪对王鹏、王慧强、宋玲祥提起公诉。重庆市第一中级人民法院公开开庭审理本案。

法庭调查阶段，公诉人宣读起诉书指控三名被告人构成利用未公开信息交易罪，并对三名被告人进行了讯问。三被告人均不供认犯罪事实。公诉人全面出示证据，并针对被告人不供认犯罪事实的情况进行重点举证。

第一，出示王鹏与某基金公司的《劳动合同》、《保密管理办法》、6609 账号使用权限、操作方法和操作日志、某基金公司交易室照片等证据，证实：王鹏在 2009 年 1 月 15 日至 2011 年 8 月 9 日期间能够通过 6609 账号登录恒生系统查询到某基金公司对股票和债券的整体持仓和交易情况、指令下达情况、实时头寸变化情况等，王鹏具有获取某基金公司未公开信息的条件。

第二，出示王鹏登录6610个人账号的日志、6609账号权限设置和登录日志、某基金公司工作人员证言等证据，证实：交易员的账号只能在本人电脑上登录，具有唯一性，可以锁定王鹏的电脑只有王鹏一人使用；王鹏通过登录6609账号查看了未公开信息，且登录次数明显多于6610个人账号，与其他债券交易员登录6609账号情况相比存在异常。

第三，出示某基金公司股票指令下达执行情况，牛某、宋某祥、宋某珍三个证券账户不同阶段的账户资金对账单、资金流水、委托流水及成交流水以及牛某、宋某祥、宋某珍的证言等证据，证实：（1）三个证券账户均替王慧强、宋玲祥开设并由他们使用。（2）三个账户证券交易与某基金公司交易指令高度趋同。在王鹏拥有登录6609账号权限之后，王慧强操作牛某证券账户进行股票交易，牛某证券账户在2009年3月6日至2011年8月2日间，买入与某基金旗下股票基金产品趋同股票233只、占比93.95%，累计趋同买入成交金额9661.26万元、占比95.25%。宋玲祥操作宋某祥、宋某珍证券账户进行股票交易，宋某祥证券账户在2009年3月2日至2011年8月8日期间，买入趋同股票343只、占比83.05%，累计趋同买入成交金额1.04亿余元、占比90.87%。宋某珍证券账户在2010年5月13日至2011年8月8日期间，买入趋同股票183只、占比96.32%，累计趋同买入成交金额6.76亿元、占比97.03%。（3）交易异常频繁，明显背离三个账户在王鹏具有获取未公开信息条件前的交易习惯。从买入股数看，2009年之前每笔买入股数一般为数百股，2009年之后买入股数多为数千甚至上万股；从买卖间隔看，2009年之前买卖间隔时间多为几天甚至更久，但2009年之后买卖交易频繁，买卖间隔时间明显缩短，多为一至两天后卖出。（4）牛某、宋某祥、宋某珍三个账户停止股票交易时间与王鹏无权查看6609账号时间即2011年8月9日高度一致。

第四，出示王鹏、王慧强、宋玲祥和牛某、宋某祥、宋某珍的银行账户资料、交易明细、取款转账凭证等证据，证实：三个账户证券交易资金来源于王慧强、宋玲祥和王鹏，王鹏与宋玲祥、王慧强及其控制的账户之间存在大额资金往来记录。

法庭辩论阶段，公诉人发表公诉意见指出，虽然三名被告人均拒不供认犯罪事实，但在案其他证据能够相互印证，形成完整的证据链条，足以证明：王鹏具有获取某基金公司未公开信息的条件，王慧强、宋玲祥操作的证券账户在王鹏具有获取未公开信息条件期间的交易行为与某基金公司的股票交易指令高度趋同，且二人的交易行为与其在其他时间段的交易习惯存在重大差异，明显异常。对上述异常交易行为，二人均不能作出合理解释。王鹏作为基金公司的从业人员，在利用职务便利获取未公开信息后，由王慧强、宋玲祥操作他人账户从事与该信息相关的证券交易活动，情节特别严重，均应当以利用未公开信息交易罪追究刑事责任。

王鹏辩称，没有利用职务便利获取未公开信息，亦未提供信息让王慧强、宋玲祥交易股票，对王慧强、宋玲祥交易股票的事情并不知情；其辩护人认为，现有证据只能证明王鹏有条件获取未公开信息，而不能证明王鹏实际获取了该信息，同时也不能证明王鹏本人利用未公开信息从事交易活动，或王鹏让王慧强、宋玲祥从事相关交易活动。王慧强辩称，王鹏从未向其传递过未公开信息，王鹏到某基金公司后就不知道其还在进行证券交易；其辩护人认为，现有证据不能证实王鹏向王慧强传递了未公开信息，以及王慧强利用了王鹏传递的未公开信息进行证券交易。宋玲祥辩称，没有利用王鹏的职务之便获取未公开信息，也未利用未公开信息进行证券交易；其辩护人认为，宋玲祥不是本罪的适格主体，本案指控证据不足。

针对被告人及其辩护人辩护意见，公诉人结合在案证据进行答辩，进一步论证本案证据确实、充分，足以排除其他可能。首先，王慧强、宋玲祥与王鹏为亲子关系，关系十分密切，从王慧强、宋玲祥的年龄、从业经历、交易习惯来看，王慧强、宋玲祥不具备专业股票投资人的背景和经验，且始终无法对交易异常行为作出合理解释。其次，王鹏在证监会到某基金公司对其调查时，畏罪出逃，且离开后再没有回到某基金公司工作，亦未办理请假或离职手续。其辩称系因担心证监会工作人员到他家中调查才离开，逃跑行为及理由明显不符合常理。最后，刑法规定利用未公开信息罪的主体为特殊主体，虽然王慧强、宋玲祥本人不具有特殊主体身份，但其与具有特殊主体身份的王鹏系共同犯罪，主体适格。

法庭经审理认为，本案现有证据已形成完整锁链，能够排除合理怀疑，足以认定王鹏、王慧强、宋玲祥构成利用未公开信息交易罪，被告人及其辩护人提出的本案证据不足的意见不予采纳。

2018 年 3 月 28 日，重庆市第一中级人民法院作出一审判决，以利用未公开信息交易罪，分别判处被告人王鹏有期徒刑六年六个月，并处罚金人民币 900 万元；判处被告人宋玲祥有期徒刑四年，并处罚金人民币 690 万元；判处被告人王慧强有期徒刑三年六个月，并处罚金人民币 210 万元。对三被告人违法所得依法予以追缴，上缴国库。宣判后，三名被告人均未提出上诉，判决已生效。

指导意义

经济金融犯罪大多属于精心准备、组织实施的故意犯罪，犯罪嫌疑人、被告人熟悉法律规定和相关行业规则，犯罪隐蔽性强、专业程度高，证据容易被隐匿、毁灭，证明犯罪难度大。特别是在犯罪嫌疑人、被告人不供认犯罪事实、缺乏直接证据的情形下，要加强对间接证据的审查判断，拓宽证明思路和证明方法，通过对间接证据的组织运用，构建证明体系，准确认定案件事实。

（一）明确指控的思路和方法，全面客观补充完善证据。检察机关办案人员应当准确把握犯罪的主要特征和证明的基本要求，明确指控思路和方法，构建清晰明确的证明体系。对于证明体系中证明环节有缺陷的以及关键节点需要补强证据的，要充分发挥检察机关主导作用，通过引导侦查取证、退回补充侦查，准确引导侦查取证方向，明确侦查取证的目的和要求，及时补充完善证据。必要时要与侦查人员直接沟通，说明案件的证明思路、证明方法以及需要补充完善的证据在证明体系中的证明价值、证明方向和证明作用。在涉嫌利用未公开信息交易的犯罪嫌疑人、被告人不供认犯罪事实，缺乏证明犯意联络、信息传递和利用的直接证据的情形下，应当根据指控思路，围绕犯罪嫌疑人、被告人获取信息的便利条件、时间吻合程度、交易异常程度、利益关联程度、行为人专业背景等关键要素，通过引导侦查取证、退回补充侦查或者自行侦查，全面收集相关证据。

（二）加强对间接证据的审查，根据证据反映的客观事实判断案件事实。在缺乏直接证据的情形下，通过对间接证据证明的客观事实的综合判断，运用经验法则和逻辑规则，依法认定案件事实，建立从间接证据证明客观事实，再从客观事实判断案件事实的完整证明体系。本案中，办案人员首先通过对三名被告人被指控犯罪时段和其他时段证券交易数据、未公开信息相关交易信息等证据，证明其交易与未公开信息的关联性、趋同度及与其平常交易习惯的差异性；通过身份关系、资金往来等证据，证明双方具备传递信息的动机和条件；通过专业背景、职业经历、接触人员等证据，证明交易行为不符合其个人能力经验；然后借助证券市场的基本规律和一般人的经验常识，对上述客观事实进行综合判断，认定了案件事实。

（三）合理排除证据矛盾，确保证明结论唯一。运用间接证据证明案件事实，构成证明体系的间接证据应当相互衔接、相互支撑、相互印证，证据链条完整、证明结论唯一。基于经验和逻辑作出的判断结论并不必然具有唯一性，还要通过审查证据，进一步分析是否存在与指控方向相反的信息，排除其他可能性。既要审查证明体系中单一证据所包含的信息之间以及不同证据之间是否存在矛盾，又要注重审查证明体系之外的其他证据中是否存在相反信息。在犯罪嫌疑人、被告人不供述、不认罪案件中，要高度重视犯罪嫌疑人、被告人的辩解和其他相反证据，综合判断上述证据中的相反信息是否会实质性阻断由各项客观事实到案件事实的判断过程、是否会削弱整个证据链条的证明效力。与证明体系存在实质矛盾并且不能排除其他可能性的，不能认定案件事实。但不能因为犯罪嫌疑人、被告人不供述或者提出辩解，就认为无法排除其他可能性。犯罪嫌疑人、被告人的辩解不具有合理性、正当性，可以认定证明结论唯一。

相关规定

《中华人民共和国刑法》第一百八十条第四款。

《中华人民共和国刑事诉讼法》（2018 修正）第五十五条。

《最高人民法院 最高人民检察院关于办理利用未公开信息交易刑事案件适用法律若干问题的解释》（法释〔2019〕10 号）第四条。

博元投资股份有限公司、余蒂妮等人
违规披露、不披露重要信息案
（检例第 66 号）

关键词

违规披露、不披露重要信息　犯罪与刑罚

要　旨

刑法规定违规披露、不披露重要信息罪只处罚单位直接负责的主管人员和其他直接责任人员，不处罚单位。公安机关以本罪将单位移送起诉的，检察机关应当对单位直接负责的主管人员及其他直接责任人员提起公诉，对单位依法作出不起诉决定。对单位需要给予行政处罚的，检察机关应当提出检察意见，移送证券监督管理部门依法处理。

基本案情

被告人余蒂妮，女，广东省珠海市博元投资股份有限公司董事长、法定代表人，华信泰投资有限公司法定代表人。

被告人陈杰，男，广东省珠海市博元投资股份有限公司总裁。

被告人伍宝清，男，广东省珠海市博元投资股份有限公司财务总监、华信泰投资有限公司财务人员。

被告人张丽萍，女，广东省珠海市博元投资股份有限公司董事、财务总监。

被告人罗静元，女，广东省珠海市博元投资股份有限公司监事。

被不起诉单位广东省珠海市博元投资股份有限公司，住所广东省珠海市。

广东省珠海市博元投资股份有限公司（以下简称博元公司）原系上海证券交易所上市公司，股票名称：ST博元，股票代码：600656。华信泰投资有限公司（以下简称华信泰公司）为博元公司控股股东。在博元公司并购重组过程中，有关人员作出了业绩承诺，在业绩不达标时需向博元公司支付股改业绩承诺款。2011 年 4 月，余蒂妮、陈杰、伍宝清、张丽萍、罗静元等人采取循环转账等方式虚构华信泰公司已代全体股改义务人支付股改业绩承诺款 3.84 亿余元的事实，在博元公司临时报告、半年报中进行披露。为掩盖以上虚假事实，余蒂妮、伍宝清、张丽萍、罗静元采取将 1000 万元资金循环转账等方式，虚构用股改业绩承诺款购买 37 张面额共计 3.47 亿元银行承兑汇票的事实，在博元公司 2011 年的年报中进行披露。2012 年至 2014 年，余蒂妮、张丽萍多次虚构银行承兑汇票贴现等交易事实，并根据虚假的交易事实进行记账，制作虚假的财务报表，虚增资产或者虚构利润均达到当期披露的资产总额或利润总额的 30% 以上，并在博元公司当年半年报、年报中披露。此外，博元公司还违规不披露博元公司实际控制人及其关联公司等信息。

指控与证明犯罪

2015 年 12 月 9 日，珠海市公安局以余蒂妮等人涉嫌违规披露、不披露重要信息罪，伪造金融票证罪向珠海市人民检察院移送起诉；2016 年 2 月 22 日，珠海市公安局又以博元公司涉嫌违规披露、不披露重要信息罪，伪造、变造金融票证罪移送起诉。随后，珠海市人民检察院指定珠海市香洲区人民检察院审查起诉。

检察机关审查认为，犯罪嫌疑单位博元公司依法负有信息披露义务，在 2011 年至 2014 年期间向股东和社会公众提供虚假的或者隐瞒主要事实的财务会计报告，对依法应当披露的其他重要信息不按照规定披露，严重损害股东以及其他人员的利益，情节严重。余蒂妮、陈杰作为博元公司直接负责的主管人员，伍宝清、张丽萍、罗静元作为其他直接责任人员，已构成违规披露、不披露重要信息罪，应当提起公诉。根据刑法第一百六十一条规定，不追究单位的刑事责任，对博元公司应当依法不予起诉。

2016 年 7 月 18 日，珠海市香洲区人民检察院对博元公司作出不起诉决定。检察机关同时认为，虽然依照刑法规定不能追究博元公司的刑事责任，但对博元公司需要给予行政处罚。2016 年 9 月 30 日，检察机关向中国证券监督管理委员会发出《检察意见书》，建议对博元公司依法给予行政处罚。

2016 年 9 月 22 日，珠海市香洲区人民检察院将余蒂妮等人违规披露、不披露重要信息案移送珠海市人民检察院审查起诉。2016 年 11 月 3 日，珠海市人民检察院对余蒂妮等 5 名被告人以违规披露、不披露重要信息罪依法提起公诉。珠海市中级人民法院公开开庭审理本案。法庭经审理认为，博元公司作为依法负有信息披露义务的公司，在 2011 年至 2014 年期间向股东和社会公众提供虚假的或者隐瞒主要事实的财务会计报告，或者对依法应当披露的其他重要信息不按照规定披露，严重损害股东或者其他人的利益，情节严重，被告人余蒂妮、陈杰作为公司直接负责的主管人员，被告人伍宝清、张丽萍、罗静元作为其他直接责任人员，其行为均构成违规披露、不披露重要信息罪。2017 年 2 月 22 日，珠海市中级人民法院以违规披露、不披露重要信息罪判处被告人余蒂妮等五人有期徒刑一年七个月至拘役三个月不等刑罚，并处罚金。宣判后，五名被告人均未提出上诉，判决已生效。

指导意义

（一）违规披露、不披露重要信息犯罪不追究单位的刑事责任。上市公司依法负有信息披露义务，违反相关义务的，刑法规定了相应的处罚。由于上市公司所涉利益群体的多元性，为避免中小股东利益遭受双重损害，刑法规定对违规披露、不披露重要信息罪只追究直接负责的主管人员和其他直接责任人员的刑事责任，不追究单位的刑事责任。刑法第一百六十二条妨害清算罪、第一百六十二条之二虚假破产罪、第一百八十五条之一违法运用资金罪等也属于此种情形。对于此类犯罪案件，检察机关应当注意审查公安机关移送起诉的内容，区分刑事责任边界，准确把握追诉的对象和范围。

（二）刑法没有规定追究单位刑事责任的，应当对单位作出不起诉决定。对公安机关将单位一并移送起诉的案件，如果刑法没有规定对单位判处刑罚，检察机关应当对构成犯罪的直接负责的主管人员和其他直接责任人员依法提起公诉，对单位应当不起诉。鉴于刑事诉讼法没有规定与之对应的不起诉情形，检察机关可以根据刑事诉讼法规定的最相近的不起诉情形，对单位作出不起诉决定。

（三）对不追究刑事责任的单位，人民检察院应当依法提出检察意见督促有关机关追究行政责任。不追究单位的刑事责任并不表示单位不需要承担任何法律责任。检察机关不追究单位刑事责任，容易引起当事人、社会公众产生单位对违规披露、不披露重要信息没有任何法律责任的误解。由于违规披露、不披露重要信息行为，还可能产生上市公司强制退市等后果，这种误解还会进一步引起当事人、社会公众对证券监督管理部门、证券交易所采取措施的质疑，影响证券市场秩序。检察机关在审查起诉时，应当充分考虑办案效果，根据证券法等法律规定认真审查是否需要对单位给予行政处罚；需要给予行政处罚的，应当及时向证券监督管理部门提出检察意见，并进行充分的释法说理，消除当事人、社会公众因检察机关不追究可能产生的单位无任何责任的误解，避免对证券市场秩序造成负面影响。

相关规定

《中华人民共和国刑法》第三十条、第三十一条、第一百六十一条。
《中华人民共和国证券法》第一百九十三条。

第十八批指导性案例

张凯闵等 52 人电信网络诈骗案

（检例第 67 号）

关键词

跨境电信网络诈骗　境外证据审查　电子数据　引导取证

要　旨

跨境电信网络诈骗犯罪往往涉及大量的境外证据和庞杂的电子数据。对境外获取的证据应着重审查合法性，对电子数据应着重审查客观性。主要成员固定，其他人员有一定流动性的电信网络诈骗犯罪组织，可认定为犯罪集团。

基本案情

被告人张凯闵，男，1981年11月21日出生，中国台湾地区居民，无业。

林金德等其他被告人、被不起诉人基本情况略。

2015年6月至2016年4月间，被告人张凯闵等52人先后在印度尼西亚共和国和肯尼亚共和国参加对中国大陆居民进行电信网络诈骗的犯罪集团。在实施电信网络诈骗过程中，各被告人分工合作，其中部分被告人负责利用电信网络技术手段对大陆居民的手机和座机电话进行语音群呼，群呼的主要内容为"有快递未签收，经查询还有护照签证即将过期，将被限制出境管制，身份信息可能遭泄露"等。当被害人按照语音内容操作后，电话会自动接通冒充快递公司客服人员的一线话务员。一线话务员以帮助被害人报案为由，在被害人不挂断电话时，将电话转接至冒充公安局办案人员的二线话务员。二线话务员向被害人谎称"因泄露的个人信息被用于犯罪活动，需对被害人资金流向进行调查"，欺骗被害人转账、汇款至指定账户。如果被害人对二线话务员的说法仍有怀疑，二线话务员会将电话转给冒充检察官的三线话务员继续实施诈骗。

至案发，张凯闵等被告人通过上述诈骗手段骗取75名被害人钱款共计人民币2300余万元。

指控与证明犯罪

一、介入侦查引导取证

由于本案被害人均是中国大陆居民，根据属地管辖优先原则，2016年4月，肯尼亚将76名电信网络诈骗犯罪嫌疑人（其中大陆居民32人，台湾地区居民44人）遣返中国大陆。经初步审查，张凯闵等41人与其他被遣返的人分属互不关联的诈骗团伙，公安机关依法分案处理。2016年5月，北京市人民检察院第二分院经指定管辖本案，并应公安机关邀请，介入侦查引导取证。

鉴于肯尼亚在遣返犯罪嫌疑人前已将起获的涉案笔记本电脑、语音网关（指能将语音通信集成到数据网络中实现通信功能的设备）、手机等物证移交我国公安机关，为确保证据的客观性、关联性和合法性，检察机关就案件证据需要达到的证明标准以及涉外电子数据的提取等问题与公安机关沟通，提出提取、恢复涉案的Skype聊天记录、Excel和Word文档、网络电话拨打记录清单等电子数据，并对电子数据进行无污损鉴定的意见。在审查电子数据的过程中，检察人员与侦查人员在恢复的Excel文档中找到多份"返乡订票记录单"以及早期大量的 Skype 聊天记录。依据此线索，查实部分犯罪嫌疑人在去肯尼亚之前曾在印度尼西亚两度针对中国大陆居民进行诈骗，诈骗数额累计达 2000 余万元人民币。随后，11 名曾在印度尼西亚参与张凯闵团伙实施电信诈骗，未赴肯尼亚继续诈骗的犯罪嫌疑人陆续被缉捕到案。至此，张凯闵案 52 名犯罪嫌疑人全部到案。

二、审查起诉

审查起诉期间，在案犯罪嫌疑人均表示认罪，但对其在犯罪集团中的作用和参与犯罪数额各自作出辩解。

经审查，北京市人民检察院第二分院认为现有证据足以证实张凯闵等人利用电信网络实施诈骗，但案件证据还存在以下问题：一是电子数据无污损鉴定意见的鉴定起始基准时间晚于犯罪嫌疑人归案的时间近 11 个小时，不能确定在此期间电子数据是否被增加、删除、修改。二是被害人与诈骗犯罪组织间的关联性证据调取不完整，无法证实部分被害人系本案犯罪组织所骗。三是台湾地区警方提供的台湾地区犯罪嫌疑人出入境记录不完整，北京市公安局出入境管理总队出具的出入境记录与犯罪嫌疑人的供述等其他证据不尽一致，现有证据不能证实各犯罪嫌疑人参加诈骗犯罪组织的具体时间。

针对上述问题，北京市人民检察院第二分院于 2016 年 12 月 17 日、2017 年 3 月 7 日两次将案件退回公安机关补充侦查，并提出以下补充侦查意见：一是通过中国驻肯尼亚大使馆确认抓获犯罪嫌疑人和外方起获物证的具体时间，将此时间作为电子数据无污损鉴定的起始基准时间，对电子数据重新进行无污损鉴定，以确保电子数据的客观性。二是补充调取犯罪嫌疑人使用网络电话与被害人通话的记录、被害人向犯罪嫌疑人指定银行账户转账汇款的记录、犯罪嫌疑人的收款账户交易明细等证据，以准确认定本案被害人。三是调取各犯罪嫌疑人护照，由北京市公安局出入境管理总队结合护照，出具完整的出入境记录，补充讯问负责管理护照的犯罪嫌疑人，核实部分犯罪嫌疑人是否中途离开过诈骗窝点，以准确认定各犯罪嫌疑人参加犯罪组织的具体时间。补充侦查期间，检察机关就补侦事项及时与公安机关加强当面沟通，落实补证要求。与此同时，检察人员会同侦查人员共赴国家信息中心电子数据司法鉴定中心，就电子数据提取和无污损鉴定等问题向行业专家咨询，解决了无污损鉴定的具体要求以及提取、固定电子数据的范围、程序等问题。检察机关还对公安机关以《司法鉴定书》记录电子数据勘验过程的做法提出意见，要求将《司法鉴定书》转化为勘验笔录。通过上述工作，全案证据得到进一步完善，最终形成补充侦查卷 21 册，为案件的审查和提起公诉奠定了坚实基础。

检察机关经审查认为，根据肯尼亚警方出具的《调查报告》、我国驻肯尼亚大使馆出具的《情况说明》以及公安机关出具的扣押决定书、扣押清单等，能够确定境外获取的证据来源合法，移交过程真实、连贯、合法。国家信息中心电子数据司法鉴定中心重新作出的无污损鉴定，鉴定的起始基准时间与肯尼亚警方抓获犯罪嫌疑人并起获涉案设备的时间一致，能够证实电子数据的真实性。涉案笔记本电脑和手机中提取的 Skype 账户登录信息等电子数据与犯罪嫌疑人的供述相互印证，能够确定犯罪嫌疑人的网络身份和现实身份具有一致性。75 名被害人与诈骗犯罪组织间的关联性证据已补充到位，具体表现为：网络电话、Skype 聊天记录等与被害人陈述的诈骗电话号码、银行账号等证据相互印证；电子数据中的聊天时间、通话时间与银行交易记录中的转账时间相互印证；被害人陈述的被骗经过与被告人供述的诈骗方式相互印证。本案的 75 名被害人被骗的证据均满足上述印证关系。

三、出庭指控犯罪

2017 年 4 月 1 日，北京市人民检察院第二分院根据犯罪情节，对该诈骗犯罪集团中的 52 名犯罪嫌疑人作出不同处理决定。对张凯闵等 50 人以诈骗罪分两案向北京市第二中级人民法院提起公诉，对另 2 名情节较轻的犯罪嫌疑人作出不起诉决定。7 月 18 日、7 月 19 日，北京市第二中级人民法院公开开庭审理了本案。

庭审中，50 名被告人对指控的罪名均未提出异议，部分被告人及其辩护人主要提出以下辩解及辩护意见：一是认定犯罪集团缺乏法律依据，应以被告人实际参与诈骗成功的数额认定其犯罪数额。二是被告人系犯罪组织雇佣的话务员，在本案中起次要和辅助作用，应认定为从犯。三是检察机关指控的犯罪金额证据不足，没有形成完整的证据链条，不能证明被害人是被告人所骗。

针对上述辩护意见，公诉人答辩如下：

一是该犯罪组织以共同实施电信网络诈骗犯罪为目的而组建，首要分子虽然没有到案，但在案证据充分证明该犯罪组织在首要分子的领导指挥下，有固定人员负责窝点的组建管理、人员的召集培训，分工担任一线、二线、三线话务员，该诈骗犯罪组织符合刑法关于犯罪集团的规定，应当认定为犯罪集团。

二是在案证据能够证实二线、三线话务员不仅实施了冒充警察、检察官接听拨打电话的行为，还在犯罪集团中承担了组织管理工作，在共同犯罪中起主要作用，应认定为主犯。对从事一线接听拨打诈骗电话的被告人，已作区别对待。该犯罪集团在印度尼西亚和肯尼亚先后设立 3 个窝点，参加过 2 个以上窝点犯罪的一线人员属于积极参加犯罪，在犯罪中起主要作用，应认定为主犯；仅参加其中一个窝点犯罪的一线人员，参与时间相对较短，实际获利较少，可认定为从犯。

三是本案认定诈骗犯罪集团与被害人之间关联性的证据主要有：犯罪集团使用网络电话与被害人电话联系的通话记录；犯罪集团的 Skype 聊天记录中提到了被害人姓名、公民身份证号码等个人信息；被害人向被告人指定银行账户转账汇款的记录。起诉书认定的 75 名被害人至少包含上述一种关联方式，实施诈骗与被骗的证据能够形成印证关系，足以认定 75 名被害人被本案诈骗犯罪组织所骗。

四、处理结果

2017 年 12 月 21 日，北京市第二中级人民法院作出一审判决，认定被告人张凯闵等 50 人以非法占有为目的，参加诈骗犯罪集团，利用电信网络技术手段，分工合作，冒充国家机关工作人员或其他单位工作人员，诈骗被害人钱财，各被告人的行为均已构成诈骗罪，其中 28 人系主犯，22 人系从犯。法院根据犯罪事实、情节并结合各被告人的认罪态度、悔罪表现，对张凯闵等 50 人判处十五年至一年九个月不等有期徒刑，并处剥夺政治权利及罚金。张凯闵等部分被告人以量刑过重为由提出上诉。2018 年 3 月，北京市高级人民法院二审裁定驳回上诉，维持原判。

指导意义

一、对境外实施犯罪的证据应着重审查合法性

对在境外获取的实施犯罪的证据，一是要审查是否符合我国刑事诉讼法的相关规定，对能够证明案件事实且符合刑事诉讼法规定的，可以作为证据使用。二是对基于有关条约、司法互助协定、两岸司法互助协议或通过国际组织委托调取的证据，应注意审查相关办理程序、手续是否完备，取证程序和条件是否符合有关法律文件的规定。对不具有规定规范的，一般应当要求提供所在国公证机关证明，由所在国中央外交主管机关或其授权机关认证，并经我国驻该国使、领馆认证。三是对委托取得的境外证据，移交过程中应注意审查过程是否连续、手续是否齐全、交接物品是否完整、双方的交接清单记载的物品信息是否一致、交接清单与交接物品是否一一对应。四是对当事人及其辩护人、诉讼代理人提供的来自境外的证据材料，要审查其是否按照条约等相关规定办理了公证和认证，并经我国驻该国使、领馆认证。

二、对电子数据应重点审查客观性

一要审查电子数据存储介质的真实性。通过审查存储介质的扣押、移交等法律手续及清单，核实电子数据存储介质在收集、保管、鉴定、检查等环节中是否保持原始性和同一性。二要审查电子数据本身是否客观、真实、完整。通过审查电子数据的来源和收集过程，核实电子数据是否从原始存储介质中提取，收集的程序和方法是否符合法律和相关技术规范。对从境外起获的存储介质中提取、恢复的电子数据应当进行无污损鉴定，将起获设备的时间作为鉴定的起始基准时间，以保证电子数据的客观、真实、完整。三要审查电子数据内容的真实性。通过审查在案言词证据能否与电子数据相互印证，不同的电子数据间能否相互印证等，核实电子数据包含的案件信息能否与在案的其他证据相互印证。

三、紧紧围绕电话卡和银行卡审查认定案件事实

办理电信网络诈骗犯罪案件，认定被害人数量及诈骗资金数额的相关证据，应当紧紧围绕电话卡和银行卡等证据的关联性来认定犯罪事实。一是通过电话卡建立被害人与诈骗犯罪组织间的关联。通过审查诈骗犯罪组织使用的网络电话拨打记录清单、被害人接到诈骗电话号码的陈述以及被害人提供的通话记录详单等通信类证据，认定被害人与诈骗犯罪组织间的关联性。二是通过银行卡建立被害人与诈骗犯罪组织间的关联。通过审查被害人提供的银行账户交易明细、银行客户通知书、诈骗犯罪集团指定银行账户信息等书证以及诈骗犯罪组织使用的互联网软件聊天记录，核实聊天记录中是否出现被害人的转账账户，以确定被害人与诈骗犯罪组织间的关联性。三是将电话卡和银行卡结合起来认定被害人及诈骗数额。审查被害人接到诈骗电话的时间、向诈骗犯罪组织指定账户转款的时间，诈骗犯罪组织手机或电脑中储存的聊天记录中出现的被害人的账户信息和转账时间是否印证。相互关联印证的，可以认定为案件被害人，被害人实际转账的金额可以认定为诈骗数额。

四、有明显首要分子，主要成员固定，其他人员有一定流动性的电信网络诈骗犯罪组织，可以认定为诈骗犯罪集团

实施电信网络诈骗犯罪，大都涉案人员众多、组织严密、层级分明、各环节分工明确。对符合刑法关于犯罪集团规定，有明确首要分子，主要成员固定，其他人员虽有一定流动性的电信网络诈骗犯罪组织，依法可以认定为诈骗犯罪集团。对出资筹建诈骗窝点、掌控诈骗所得资金、制定犯罪计划等起组织、指挥管理作用的，依法可以认定为诈骗犯罪集团首要分子，按照集团所犯的全部罪行处罚。对负责协助首要分子组建窝点、招募培训人员等起积极作用的，或加入时间较长，通过接听拨打电话对受害人进行诱骗，次数较多、诈骗金额较大的，依法可以认定为主犯，按照其参与或组织、指挥的全部犯罪处罚。对诈骗次数较少、诈骗金额较小，在共同犯罪中起次要或者辅助作用的，依法可以认定为从犯，依法从轻、减轻或免除处罚。

相关规定

《中华人民共和国刑法》第六条、第二十六条、第二百六十六条。

《中华人民共和国刑事诉讼法》第十八条、第二十五条。

《中华人民共和国国际刑事司法协助法》第九条、第十条、第二十五条、第二十六条、第三十九条、第四十条、第四十一条、第六十八条。

《最高人民法院　最高人民检察院关于办理诈骗刑事案件具体应用法律若干问题的解释》第一条、第二条。

《最高人民法院　最高人民检察院　公安部关于办理电信网络诈骗等刑事案件适用法律若干问题的意见》。

《最高人民法院　最高人民检察院　公安部关于办理刑事案件收集提取和审查判断电子数据若干问题的规定》。

《检察机关办理电信网络诈骗案件指引》。

《最高人民法院关于适用〈中华人民共和国刑事诉讼法〉的解释》第四百零五条。

---

* 编者注：《最高人民法院关于适用〈中华人民共和国刑事诉讼法〉的解释》（法释〔2012〕21号）已失效。原第四百零五条修改为《最高人民法院关于适用〈中华人民共和国刑事诉讼法〉的解释》（2021年）第七十七条，内容修改为："对来自境外的证据材料，人民检察院应当随案移送有关材料来源、提供人、提取人、提取时间等情况的说明。经人民法院审查，相关证据材料能够证明案件事实且符合刑事诉讼法规定的，可以作为证据使用，但提供人或者我国与有关国家签订的双边条约对材料的使用范围有明确限制的除外；材料来源不明或者真实性无法确认的，不得作为定案的根据。当事人及其辩护人、诉讼代理人提供来自境外的证据材料的，该证据材料应当经所在国公证机关证明，所在国中央外交主管机关或者其授权机关认证，并经中华人民共和国驻该国使领馆认证，或者履行中华人民共和国与该所在国订立的有关条约中规定的证明手续，但我国与该国之间有互免认证协定的除外。"

叶源星、张剑秋提供侵入计算机信息系统程序、谭房妹非法
获取计算机信息系统数据案
（检例第 68 号）

关键词

专门用于侵入计算机信息系统的程序 非法获取计算机信息系统数据 撞库 打码

要 旨

对有证据证明用途单一，只能用于侵入计算机信息系统的程序，司法机关可依法认定为"专门用于侵入计算机信息系统的程序"；难以确定的，应当委托专门部门或司法鉴定机构作出检验或鉴定。

基本案情

叶源星，男，1977 年 3 月 10 日出生，超市网络维护员。

张剑秋，男，1972 年 8 月 14 日出生，小学教师。

谭房妹，男，1993 年 4 月 5 日出生，农民。

2015 年 1 月，被告人叶源星编写了用于批量登录某电商平台账户的"小黄伞"撞库软件（"撞库"是指黑客通过收集已泄露的用户信息，利用账户使用者相同的注册习惯，如相同的用户名和密码，尝试批量登录其他网站，从而非法获取可登录用户信息的行为）供他人免费使用。"小黄伞"撞库软件运行时，配合使用叶源星编写的打码软件（"打码"是指利用人工大量输入验证码的行为）可以完成撞库过程中对大量验证码的识别。叶源星通过网络向他人有偿提供打码软件的验证码识别服务，同时将其中的人工输入验证码任务交由被告人张剑秋完成，并向其支付费用。

2015 年 1 月至 9 月，被告人谭房妹通过下载使用"小黄伞"撞库软件，向叶源星购买打码服务，获取到某电商平台用户信息 2.2 万余组。

被告人叶源星、张剑秋通过实施上述行为，从被告人谭房妹处获取违法所得共计人民币 4 万余元。谭房妹通过向他人出售电商平台用户信息，获取违法所得共计人民币 25 万余元。法院审理期间，叶源星、张剑秋、谭房妹退缴了全部违法所得。

指控与证明犯罪

一、审查起诉

2016 年 10 月 10 日, 浙江省杭州市公安局余杭区分局以犯罪嫌疑人叶源星、张剑秋、

谭房妹涉嫌非法获取计算机信息系统数据罪移送杭州市余杭区人民检察院审查起诉。期间,叶源星、张剑秋的辩护人向检察机关提出二名犯罪嫌疑人无罪的意见。叶源星的辩护人认为,叶源星利用"小黄伞"软件批量验证已泄露信息的行为,不构成非法获取计算机信息系统数据罪。张剑秋的辩护人认为,张剑秋不清楚组织打码是为了非法获取某电商平台的用户信息。张剑秋与叶源星没有共同犯罪故意,不构成非法获取计算机信息系统数据罪。

杭州市余杭区人民检察院经审查认为,犯罪嫌疑人叶源星编制"小黄伞"撞库软件供他人使用,犯罪嫌疑人张剑秋组织码工打码,犯罪嫌疑人谭房妹非法获取网络用户信息并出售牟利的基本事实清楚,但需要进一步补强证据。2016 年 11 月 25 日、2017 年 2 月 7 日,检察机关二次将案件退回公安机关补充侦查,明确提出需要补查的内容、目的和要求。一是完善"小黄伞"软件的编制过程、运作原理、功能等方面的证据,以便明确"小黄伞"软件是否具有避开或突破某电商平台服务器的安全保护措施,非法获取计算机信息系统数据的功能。二是对扣押的张剑秋电脑进行补充勘验,以便确定张剑秋主观上是否明知其组织打码行为是为他人非法获取某电商平台用户信息提供帮助;调取张剑秋与叶源星的 QQ 聊天记录,以便查明二人是否有犯意联络。三是提取叶源星被扣押电脑的 MAC 地址(又叫网卡地址,由 12 个 16 进制数组成,是上网设备在网络中的唯一标识),分析"小黄伞"软件源代码中是否含有叶源星电脑的 MAC 地址,以便查明某电商平台被非法登录过的账号与叶源星编制的"小黄伞"撞库软件之间是否存在关联性。四是对被扣押的谭房妹电脑和 U 盘进行补充勘验,调取其中含有账号、密码的文件,查明文件的生成时间和特征,以便确定被查获的存储介质中的某电商平台用户信息是否系谭房妹使用"小黄伞"软件获取。

公安机关按照检察机关的要求,对证据作了进一步补充完善。同时,检察机关就"小黄伞"软件的运行原理等问题,听取了技术专家意见。结合公安机关两次退查后补充的证据,案件证据中存在的问题已经得到解决:

一是明确了"小黄伞"软件具有以下功能特征:1. "小黄伞"软件用途单一,仅针对某电商平台账号进行撞库和接入打码平台,这种非法侵入计算机信息系统获取用户数据的程序没有合法用途。2. "小黄伞"软件具有避开或突破计算机信息系统安全保护措施的功能。在实施撞库过程中,一个 IP 地址需要多次登录大量账号,为防止被某电商平台识别为非法登录,导致 IP 地址被封锁,"小黄伞"软件被编入自动拨号功能,在批量登录几组账号后,会自动切换新的 IP 地址,从而达到避开该电商平台安全防护的目的。3. "小黄伞"软件具有绕过验证码识别防护措施的功能。在他人利用非法获取的该电商平台账号登录时,需要输入验证码。"小黄伞"软件会自动抓取验证码图片发送到打码平台,由张剑秋组织的码工对验证码进行识别。4. "小黄伞"软件具有非法获取计算机信息系统数据的功能。"小黄伞"软件对登录成功的某电商平台账号,在未经授权的情况下,会自动抓取账号对应的昵称、注册时间、账号等级等信息数据。根据以上特征,可以认定"小黄伞"软件属于刑法规定的"专门用于侵入计算机信息系统的程序"。

二是从张剑秋和叶源星电脑中补充勘查到的 QQ 聊天记录等电子数据证实,叶源星与张剑秋聊天过程中曾提及"扫平台""改一下平台程序""那些人都是出码的";通过补充讯问张剑秋和叶源星,明确了张剑秋明知其帮叶源星打验证码可能被用于非法目的,仍然帮叶源星做打码代理。上述证据证实张剑秋与叶源星之间已经形成犯意联络,具有共同犯罪故意。

三是通过进一步补充证据,证实了使用撞库软件的终端设备的 MAC 地址与叶源星电脑的 MAC 地址、小黄伞软件的源代码里包含的 MAC 地址一致。上述证据证实叶源星就是"小黄伞"软件的编制者。

四是通过对谭房妹所有包含某电商平台用户账号和密码的文件进行比对,查明了谭房妹利用"小黄伞"撞库软件非法获取的某电商平台用户信息文件不仅包含账号、密码,还包含了注册时间、账号等级、是否验证等信息,而谭房妹从其他渠道非法获取的账号信息文件并不包含这些信息。通过对谭房妹电脑的进一步勘查和对谭房妹的进一步讯问,确定了谭房妹利用"小黄伞"软件登录某电商平台用户账号的过程和具体时间,该登录时间与部分账号信息文件的生成时间均能一一对应。根据上述证据,最终确定谭房妹利用"小黄伞"撞库所得的网络用户信息为 2.2 万余组。

综上,检察机关认为案件事实已查清,但公安机关对犯罪嫌疑人叶源星、张剑秋移送起诉适用的罪名不准确。叶源星、张剑秋共同为他人提供专门用于侵入计算机信息系统的程序,均已涉嫌提供侵入计算机信息系统程序罪;犯罪嫌疑人谭房妹的行为已涉嫌非法获取计算机信息系统数据罪。

二、出庭指控犯罪

2017 年 6 月 20 日,杭州市余杭区人民检察院以被告人叶源星、张剑秋构成提供侵入计算机信息系统程序罪,被告人谭房妹构成非法获取计算机信息系统数据罪,向杭州市余杭区人民法院提起公诉。11 月 17 日,法院公开开庭审理了本案。

庭审中,3 名被告人对检察机关的指控均无异议。谭房妹的辩护人提出,谭房妹系初犯,归案后能如实供述罪行,自愿认罪,请求法庭从轻处罚。叶源星和张剑秋的辩护人提出以下辩护意见:一是检察机关未提供省级以上有资质机构的检验结论,现有证据不足以认定"小黄伞"软件是"专门用于侵入计算机信息系统的程序"。二是张剑秋与叶源星间没有共同犯罪的主观故意。三是叶源星和张剑秋的违法所得金额应扣除支付给码工的钱款。

针对上述辩护意见,公诉人答辩如下:一是在案电子数据、勘验笔录、技术人员的证言、被告人供述等证据相互印证,足以证实"小黄伞"软件具有避开和突破计算机信息系统安全保护措施,未经授权获取计算机信息系统数据的功能,属于法律规定的"专门用于侵入计算机信息系统的程序"。二是被告人叶源星与张剑秋具有共同犯罪的故意。QQ 聊天记录反映两人曾提及非法获取某电商平台用户信息的内容,能证实张剑秋主观明知其组织他人打码系用于批量登录该电商平台账号。张剑秋组织他人帮助打码的行为和叶源星提供撞库软件的行为相互配合，相互补充，系共同犯罪。三是被告人叶源星、张剑秋的违法所得应以其出售验证码服务的金额认定，给码工等相关支出均属于犯罪成本，不应扣除。二人系共同犯罪，应当对全部犯罪数额承担责任。四是3名被告人在庭审中认罪态度较好且上交了全部违法所得，建议从轻处罚。

三、处理结果

浙江省杭州市余杭区人民法院采纳了检察机关的指控意见，判决认定被告人叶源星、张剑秋的行为已构成提供侵入计算机信息系统程序罪，且系共同犯罪；被告人谭房妹的行为已构成非法获取计算机信息系统数据罪。鉴于3名被告人均自愿认罪，并退出违法所得，对3名被告人判处三年有期徒刑，适用缓刑，并处罚金。宣判后，3名被告人均未提出上诉，判决已生效。

指导意义

审查认定"专门用于侵入计算机信息系统的程序"，一般应要求公安机关提供以下证据：一是从被扣押、封存的涉案电脑、U盘等原始存储介质中收集、提取相关的电子数据。二是对涉案程序、被侵入的计算机信息系统及电子数据进行勘验、检查后制作的笔录。三是能够证实涉案程序的技术原理、制作目的、功能用途和运行效果的书证材料。四是涉案程序的制作人、提供人、使用人对该程序的技术原理、制作目的、功能用途和运行效果进行阐述的言词证据，或能够展示涉案程序功能的视听资料。五是能够证实被侵入计算机信息系统安全保护措施的技术原理、功能以及被侵入后果的专业人员的证言等证据。六是对有运行条件的，应要求公安机关进行侦查实验。对有充分证据证明涉案程序是专门设计用于侵入计算机信息系统、非法获取计算机信息系统数据的，可直接认定为"专门用于侵入计算机信息系统的程序"。

证据审查中，可从以下方面对涉案程序是否属于"专门用于侵入计算机信息系统的程序"进行判断：一是结合被侵入的计算机信息系统的安全保护措施，分析涉案程序是否具有侵入的目的，是否具有避开或者突破计算机信息系统安全保护措施的功能。二是结合计算机信息系统被侵入的具体情形，查明涉案程序是否在未经授权或超越授权的情况下，获取计算机信息系统数据。三是分析涉案程序是否属于"专门"用于侵入计算机信息系统的程序。

根据《最高人民法院 最高人民检察院关于办理危害计算机信息系统安全刑事案件应用法律若干问题的解释》第十条和《最高人民法院 最高人民检察院 公安部关于办理刑事案件收集提取和审查判断电子数据若干问题的规定》第十七条的规定，对是否属于"专门用于侵入计算机信息系统的程序"难以确定的，一般应当委托省级以上负责计算机信息系统安全保护管理工作的部门检验，也可由司法鉴定机构出具鉴定意见，或者由公安部指定的机构出具报告。实践中，应重点审查检验报告、鉴定意见对程序运行过程和运行结果的判断，结合案件具体情况，认定涉案程序是否具有突破或避开计算机信息系统安全保护措施，未经授权或超越授权获取计算机信息系统数据的功能。

相关规定

《中华人民共和国刑法》第二十五条、第二百八十五条。

《最高人民法院　最高人民检察院关于办理危害计算机信息系统安全刑事案件应用法律若干问题的解释》第一条、第二条、第三条、第十条、第十一条。

《最高人民法院　最高人民检察院　公安部关于办理刑事案件收集提取和审查判断电子数据若干问题的规定》第十七条。

姚晓杰等 11 人破坏计算机信息系统案

（检例第 69 号）

关键词

破坏计算机信息系统　网络攻击　引导取证　损失认定

要　旨

为有效打击网络攻击犯罪，检察机关应加强与公安机关的配合，及时介入侦查引导取证，结合案件特点提出明确具体的补充侦查意见。对被害互联网企业提供的证据和技术支持意见，应当结合其他证据进行审查认定，客观全面准确认定破坏计算机信息系统罪的危害后果。

基本案情

被告人姚晓杰，男，1983 年 3 月 27 日出生，无固定职业。

被告人丁虎子，男，1998 年 2 月 7 日出生，无固定职业。

其他 9 名被告人基本情况略。

2017 年初，被告人姚晓杰等人接受王某某（另案处理）雇佣，招募多名网络技术人员，在境外成立"暗夜小组"黑客组织。"暗夜小组"从被告人丁虎子等 3 人处购买大量服务器资源，再利用木马软件操控控制端服务器实施 DDOS 攻击（指黑客通过远程控制服务器或计算机等资源，对目标发动高频服务请求，使目标服务器因来不及处理海量请求而瘫痪）。2017 年 2—3 月间，"暗夜小组"成员三次利用 14 台控制端服务器下的计算机，持续对某互联网公司云服务器上运营的三家游戏公司的客户端 IP 进行 DDOS 攻击。攻击导致三家游戏公司的 IP 被封堵，出现游戏无法登录、用户频繁掉线、游戏无法正常运行等问题。为恢复云服务器的正常运营，某互联网公司组织人员对服务器进行了抢修并为此支付4万余元。

指控与证明犯罪

一、介入侦查引导取证

2017年初，某互联网公司网络安全团队在日常工作中监测到多起针对该公司云服务器的大流量高峰值DDOS攻击，攻击源IP地址来源不明，该公司随即报案。公安机关立案后，同步邀请广东省深圳市人民检察院介入侦查、引导取证。

针对案件专业性、技术性强的特点，深圳市人民检察院会同公安机关多次召开案件讨论会，就被害单位云服务器受到的DDOS攻击的特点和取证策略进行研究，建议公安机关及时将被害单位报案提供的电子数据送国家计算机网络应急技术处理协调中心广东分中心进行分析，确定主要攻击源的IP地址。

2017年6—9月间，公安机关陆续将11名犯罪嫌疑人抓获。侦查发现，"暗夜小组"成员为逃避打击，在作案后已串供并将手机、笔记本电脑等作案工具销毁或者进行了加密处理。"暗夜小组"成员到案后大多作无罪辩解。有证据证实丁虎子等人实施了远程控制大量计算机的行为，但证明其将控制权出售给"暗夜小组"用于DDOS网络攻击的证据薄弱。

鉴于此，深圳市检察机关与公安机关多次会商研究"暗夜小组"团伙内部结构、犯罪行为和技术特点等问题，建议公安机关重点做好以下三方面工作：一是查明导致云服务器不能正常运行的原因与"暗夜小组"攻击行为间的关系。具体包括：对被害单位提供的受攻击IP和近20万个攻击源IP作进一步筛查分析，找出主要攻击源的IP地址，并与丁虎子等人出售的控制端服务器IP地址进行比对；查清主要攻击源的波形特征和网络协议，并和丁虎子等人控制的攻击服务器特征进行比对，以确定主要攻击是否来自该控制端服务器；查清攻击时间和云服务器因被攻击无法为三家游戏公司提供正常服务的时间；查清攻击的规模；调取"暗夜小组"实施攻击后给三家游戏公司发的邮件。二是做好犯罪嫌疑人线上身份和线下身份同一性的认定工作，并查清"暗夜小组"各成员在犯罪中的分工、地位和作用。三是查清犯罪行为造成的危害后果。

二、审查起诉

2017年9月19日，公安机关将案件移送广东省深圳市南山区人民检察院审查起诉。鉴于在案证据已基本厘清"暗夜小组"实施犯罪的脉络，"暗夜小组"成员的认罪态度开始有了转变。经审查，全案基本事实已经查清，基本证据已经调取，能够认定姚晓杰等人的行为已涉嫌破坏计算机信息系统罪：一是可以认定系"暗夜小组"对某互联网公司云服务器实施了大流量攻击。国家计算机网络应急技术处理协调中心广东分中心出具的报告证实，筛选出的大流量攻击源IP中有198个IP为僵尸网络中的被控主机，这些主机由14个控制端服务器控制。通过比对丁虎子等人电脑中的电子数据，证实丁虎子等人控制的服务器就是对三家游戏公司客户端实施网络攻击的服务器。分析报告还明确了云服务器受到的攻击类型和攻击采用的网络协议、波形特征，这些证据与"暗夜小组"成员供述的攻击资源特征一致。网络聊天内容和银行交易流水等证据证实"暗夜小组"向丁虎子等三人购买上述14个控制端服务器控制权的事实。电子邮件等证据进一步印证了"暗夜小组"实施攻击的事实。二是通过进一步提取犯罪嫌疑人网络活动记录、犯罪嫌疑人之间的通信信息、资金往来等证据，结合对电子数据的分析，查清了"暗夜小组"成员虚拟身份与真实身份的对应关系，查明了小组成员在招募人员、日常管理、购买控制端服务器、实施攻击和后勤等各个环节中的分工负责情况。

审查中，检察机关发现，攻击行为造成的损失仍未查清：部分犯罪嫌疑人实施犯罪的次数，上下游间交易的证据仍欠缺。针对存在的问题，深圳市南山区人民检察院与公安机关进行了积极沟通，于2017年11月2日和2018年1月16日两次将案件退回公安机关补充侦查。一是鉴于证实受影响计算机信息系统和用户数量的证据已无法调取，本案只能以造成的经济损失认定危害后果。因此要求公安机关补充调取能够证实某互联网公司直接经济损失或为恢复网络正常运行支出的必要费用等证据，并交专门机构作出评估。二是进一步补充证实"暗夜小组"成员参与每次网络攻击具体情况以及攻击服务器控制权在"暗夜小组"与丁虎子等人间流转情况的证据。三是对丁虎子等人向"暗夜小组"提供攻击服务器控制权的主观明知证据作进一步补强。

公安机关按要求对证据作了补强和完善，全案事实已查清，案件证据确实充分，已经形成了完整的证据链条。

三、出庭指控犯罪

2018年3月6日，深圳市南山区人民检察院以被告人姚晓杰等11人构成破坏计算机信息系统罪向深圳市南山区人民法院提起公诉。4月27日，法院公开开庭审理了本案。

庭审中，11名被告人对检察机关的指控均表示无异议。部分辩护人提出以下辩护意见：一是网络攻击无处不在，现有证据不能认定三家网络游戏公司受到的攻击均是"暗夜小组"发动的，不能排除攻击来自其他方面。二是即便认定"暗夜小组"参与对三家网络游戏公司的攻击，也不能将某互联网公司支付给抢修系统数据的员工工资认定为本案的经济损失。

针对辩护意见，公诉人答辩如下：一是案发时并不存在其他大规模网络攻击，在案证据足以证实只有"暗夜小组"针对云服务器进行了DDOS高流量攻击，每次的攻击时间和被攻击的时间完全吻合，攻击手法、流量波形、攻击源IP和攻击路径与被告人供述及其他证据相互印证，现有证据足以证明三家网络游戏公司客户端不能正常运行系受"暗夜小组"攻击导致。二是根据法律规定，"经济损失"包括危害计算机信息系统犯罪行为给用户直接造成的经济损失以及用户为恢复数据、功能而支出的必要费用。某互联网公司为修复系统数据、功能而支出的员工工资系因犯罪产生的必要费用，应当认定为本案的经济损失。

四、处理结果

2018年6月8日，广东省深圳市南山区人民法院判决认定被告人姚晓杰等11人犯破坏计算机信息系统罪；鉴于各被告人均表示认罪悔罪，部分被告人具有自首等法定从轻、减轻处罚情节，对11名被告人分别判处有期徒刑一年至二年不等。宣判后，11名被告人均未提出上诉，判决已生效。

　　指导意义

一、立足网络攻击犯罪案件特点引导公安机关收集调取证据

对重大、疑难、复杂的网络攻击类犯罪案件，检察机关可以适时介入侦查引导取证，会同公安机关研究侦查方向，在收集、固定证据等方面提出法律意见。一是引导公安机关及时调取证明网络攻击犯罪发生、证明危害后果达到追诉标准的证据。委托专业技术人员对收集提取到的电子数据等进行检验、鉴定，结合在案其他证据，明确网络攻击类型、攻击特点和攻击后果。二是引导公安机关调取证明网络攻击是犯罪嫌疑人实施的证据。借助专门技术对攻击源进行分析，溯源网络犯罪路径。审查认定犯罪嫌疑人网络身份与现实身份的同一性时，可通过核查IP地址、网络活动记录、上网终端归属，以及证实犯罪嫌疑人与网络终端、存储介质间的关联性综合判断。犯罪嫌疑人在实施网络攻击后，威胁被害人的证据可作为认定攻击事实和因果关系的证据。有证据证明犯罪嫌疑人实施了攻击行为，网络攻击类型和特点与犯罪嫌疑人实施的攻击一致，攻击时间和被攻击时间吻合的，可以认定网络攻击系犯罪嫌疑人实施。三是网络攻击类犯罪多为共同犯罪，应重点审查各犯罪嫌疑人的供述和辩解、手机通信记录等，通过审查自供和互证的情况以及与其他证据间的印证情况，查明各犯罪嫌疑人间的犯意联络、分工和作用，准确认定主、从犯。四是对需要通过退回补充侦查进一步完善上述证据的，在提出补充侦查意见时，应明确列出每一项证据的补侦目的，以及为了达到目的需要开展的工作。在补充侦查过程中，要适时与公安机关面对面会商，了解和掌握补充侦查工作的进展，共同研究分析补充到的证据是否符合起诉和审判的标准和要求，为补充侦查工作提供必要的引导和指导。

二、对被害单位提供的证据和技术支持意见需结合其他在案证据作出准确认定

网络攻击类犯罪案件的被害人多为大型互联网企业。在打击该类犯罪的过程中，司法机关往往会借助被攻击的互联网企业在网络技术、网络资源和大数据等方面的优势，进行溯源分析或对攻击造成的危害进行评估。由于互联网企业既是受害方，有时也是技术支持协助方，为确保被害单位提供的证据客观真实，必须特别注意审查取证过程的规范性；有条件的，应当聘请专门机构对证据的完整性进行鉴定。如条件不具备，应当要求提供证据的被害单位对证据作出说明。同时要充分运用印证分析审查思路，将被害单位提供的证据与在案其他证据，如从犯罪嫌疑人处提取的电子数据、社交软件聊天记录、银行流水、第三方机构出具的鉴定意见、证人证言、犯罪嫌疑人供述等证据作对照分析，确保不存在人为改变案件事实或改变案件危害后果的情形。

三、对破坏计算机信息系统的危害后果应作客观全面准确认定

实践中，往往倾向于依据犯罪违法所得数额或造成的经济损失认定破坏计算机信息系统罪的危害后果。但是在一些案件中，违法所得或经济损失并不能全面、准确反映出犯罪行为所造成的危害。有的案件违法所得或者经济损失的数额并不大，但网络攻击行为导致受影响的用户数量特别大，有的导致用户满意度降低或用户流失，有的造成了恶劣社会影响。对这类案件，如果仅根据违法所得或经济损失数额来评估危害后果，可能会导致罪刑不相适应。因此，在办理破坏计算机信息系统犯罪案件时，检察机关应发挥好介入侦查引导取证的作用，及时引导公安机关按照法律规定，从扰乱公共秩序的角度，收集、固定能够证实受影响的计算机信息系统数量或用户数量、受影响或被攻击的计算机信息系统不能正常运行的累计时间、对被害企业造成的影响等证据，对危害后果作出客观、全面、准确认定，做到罪责相当、罚当其罪，使被告人受到应有惩处。

相关规定

《中华人民共和国刑法》第二百八十六条。

《最高人民法院　最高人民检察院关于办理危害计算机信息系统安全刑事案件应用法律若干问题的解释》第四条、第六条、第十一条。

第十九批指导性案例

宣告缓刑罪犯蔡某等 12 人减刑监督案

（检例第 70 号）

关键词

缓刑罪犯减刑　持续跟进监督　地方规范性文件法律效力　最终裁定纠正违法意见

要　旨

对于判处拘役或者三年以下有期徒刑并宣告缓刑的罪犯，在缓刑考验期内确有悔改表现或者有一般立功表现，一般不适用减刑。在缓刑考验期内有重大立功表现的，可以参照刑法第七十八条的规定予以减刑。人民法院对宣告缓刑罪犯裁定减刑适用法律错误的，人民检察院应当依法提出纠正意见。人民法院裁定维持原减刑裁定的，人民检察院应当继续予以监督。

基本案情

罪犯蔡某，女，1966年9月6日出生，因犯受贿罪于2009年12月22日被江苏省南京市雨花台区人民法院判处有期徒刑三年，缓刑四年，缓刑考验期自2010年1月4日起至2014年1月3日止。另有罪犯陈某某、丁某某、胡某等11人分别因犯故意伤害、盗窃、诈骗等罪被人民法院判处有期徒刑并宣告缓刑。上述12名缓刑罪犯，分别在南京市的7个市辖区接受社区矫正。

2013年1月，南京市司法局以蔡某等12名罪犯在社区矫正期间确有悔改表现为由，向南京市中级人民法院提出减刑建议。2013年2月7日，南京市中级人民法院以蔡某等12名罪犯能认罪服法、遵守法律法规和社区矫正相关规定、确有悔改表现为由，依照刑法第七十八条规定，分别对上述罪犯裁定减去六个月、三个月不等的有期徒刑，并相应缩短缓刑考验期。

检察机关监督情况

线索发现。2014年8月，南京市人民检察院在开展减刑、假释、暂予监外执行专项检察活动中发现，南京市中级人民法院对2014年8月之前作出的部分减刑、假释裁定，未按法定期限将裁定书送达南京市人民检察院，随后依法提出书面纠正意见。南京市中级人民法院接受监督意见，将减刑、假释裁定书送达南京市人民检察院。南京市人民检察院通过将减刑、假释裁定书与辖区内在押人员信息库和社区矫正对象信息库进行逐一比对，发现南京市中级人民法院对蔡某等12名缓刑罪犯裁定减刑可能不当。

调查核实。为查明蔡某等12名缓刑罪犯是否符合减刑条件，南京市人民检察院牵头，组织有关区人民检察院联合调查，调取了蔡某等12名罪犯在社区矫正期间的原始档案材料，并实地走访社区矫正部门、基层街道社区，了解相关罪犯在社区矫正期间实际表现、奖惩、有无重大立功表现等情况。经调查核实，蔡某等12名缓刑罪犯，虽然在社区矫正期间能够认罪服法，认真参加各类矫治活动，按期报告法定事项，受到多次表扬，均确有悔改表现，但是均无重大立功表现。

监督意见。南京市人民检察院经审查认为，南京市中级人民法院对没有重大立功表现的缓刑罪犯裁定减刑，违反了《最高人民法院关于办理减刑、假释案件具体应用法律若干问题的规定》（法释〔2012〕2号）第十三条"判处拘役或者三年以下有期徒刑并宣告缓刑的罪犯，一般不适用减刑。前款规定的罪犯在缓刑考验期限内有重大立功表现的，可以参照刑法第七十八条的规定，予以减刑，同时应依法缩减其缓刑考验期限。拘役的缓刑考验期限不能少于二个月，有期徒刑的缓刑考验期限不能少于一年"的规定，依法应当予以纠正。2014年10月14日南京市人民检察院向南京市中级人民法院分别发出 12 份《纠正不当减刑裁定意见书》。南京市中级人民法院重新组成合议庭对上述案件进行审理，2014 年 12 月 4 日作出了维持对蔡某等 12 名罪犯减刑的刑事裁定。主要理由是，依据 2004 年、2006 年江苏省、南京市两级人民法院、人民检察院、公安机关、司法行政机关先后制定的有关社区矫正规范性文件的有关规定，蔡某等 12 名罪犯在社区矫正期间受到多次表扬，确有悔改表现，可以给予减刑，因此原刑事裁定并无不当。经再次审查，南京市人民检察院认为南京市中级人民法院的刑事裁定仍违反法律规定，于 2014 年 12 月 24 日向该院发出《纠正违法通知书》，要求该院纠正。2015 年 1 月 8 日，南京市中级人民法院重新另行组成合议庭对上述案件进行了审理；南京市人民检察院依法派员出庭，宣读了《纠正违法通知书》，发表了检察意见；南京市司法局作为提请减刑的机关，派员出庭发表意见，认为在社区矫正试点期间，为了调动社区矫正对象接受矫正积极性，江苏省、南京市有关部门先后制定规范性文件，规定对获得多次表扬的社区矫正对象可以给予减刑。这些规范性文件目前还没有废止，可以作为减刑的依据。出庭检察人员指出，2012 年 3 月 1 日实施的《社区矫正实施办法》（司发通〔2012〕12 号）明确规定，符合法定减刑条件是为社区矫正人员办理减刑的前提，因此，对缓刑罪犯减刑应当适用法律和司法解释的规定，不应当适用与法律和司法解释相冲突的地方规范性文件。

监督结果。2015 年 1 月 21 日，南京市中级人民法院重新作出刑事裁定，同意南京市人民检察院的纠正意见，认定该院对蔡某等 12 名缓刑罪犯作出的原减刑裁定、原再审减刑裁定，系适用法律错误，分别裁定撤销原减刑裁定、原再审减刑裁定，对蔡某等 12 名缓刑罪犯不予减刑，剩余缓刑考验期继续执行。裁定生效后，南京市中级人民法院及时将法律文书交付执行机关执行，蔡某等 12 名罪犯在法定期限内到原区司法局报到，接受社区矫正。

指导意义

（一）人民法院减刑裁定适用法律错误，人民检察院应当依法监督纠正。人民检察院在办理减刑、假释案件时，应准确把握法院减刑、假释裁定所依据规范性文件。对于地方人民法院、人民检察院制定的司法解释性文件，应当根据《最高人民法院 最高人民检察院关于地方人民法院、人民检察院不得制定司法解释性质文件的通知》予以清理。人民法院依据地方人民法院、人民检察院制定的司法解释性文件作出裁定的，属于适用法律错误，人民检察院应当依法向人民法院提出书面监督纠正意见，监督人民法院重新组成合议庭进行审理。

（二）人民法院对没有重大立功表现的缓刑罪犯裁定减刑的，人民检察院应当予以监督纠正。减刑、假释是我国重要的刑罚执行制度，不符合法定条件和非经法定程序，不得减刑、假释。根据有关法律和司法解释的规定，判处拘役或者三年以下有期徒刑并宣告缓刑的罪犯，一般不适用减刑；在缓刑考验期限内有重大立功表现的，可以参照刑法第七十八条的规定，予以减刑。因此，对缓刑罪犯适用减刑的法定条件是在缓刑考验期限内有重大立功表现。根据《社区矫正法》的有关规定，人民检察院依法对社区矫正工作实行法律监督，发现社区矫正机构对宣告缓刑的罪犯向人民法院提出减刑建议不当的，应当依法提出纠正意见；发现人民法院对于确有悔改表现或者有一般立功表现但没有重大立功表现的缓刑罪犯裁定减刑的，应当依法向人民法院发出《纠正不当减刑裁定意见书》，申明监督理由、依据和意见，监督人民法院重新组成合议庭进行审理并作出最终裁定。

（三）人民检察院发现人民法院已经生效的减刑、假释裁定仍有错误的，应当继续向人民法院提出书面纠正意见。人民检察院对人民法院减刑、假释的裁定提出纠正意见后，应当监督人民法院在收到纠正意见后一个月内重新组成合议庭进行审理，并监督人民法院重新作出的裁定是否符合法律规定。人民法院重新作出的裁定仍不符合法律规定的，人民检察院应当继续向人民法院提出纠正意见，提请人民法院按照审判监督程序依法另行组成合议庭重新审理并作出裁定。对人民法院仍然不采纳纠正意见的，人民检察院应当提请上级人民检察院继续监督。

相关规定

中华人民共和国刑法

第七十八条　被判处管制、拘役、有期徒刑、无期徒刑的犯罪分子，在执行期间，如果认真遵守监规，接受教育改造，确有悔改表现的，或者有立功表现的，可以减刑；有下列重大立功表现之一的，应当减刑：

（一）阻止他人重大犯罪活动的；

（二）检举监狱内外重大犯罪活动，经查证属实的；

（三）有发明创造或者重大技术革新的；

（四）在日常生产、生活中舍己救人的；

（五）在抗御自然灾害或者排除重大事故中，有突出表现的；

（六）对国家和社会有其他重大贡献的。

减刑以后实际执行的刑期不能少于下列期限：

（一）判处管制、拘役、有期徒刑的，不能少于原判刑期的二分之一；

（二）判处无期徒刑的，不能少于十三年；

（三）人民法院依照本法第五十条第二款规定限制减刑的死刑缓期执行的犯罪分子，缓期执行期满后依法减为无期徒刑的，不能少于二十五年，缓期执行期满后依法减为二十五年有期徒刑的，不能少于二十年。

最高人民法院关于办理减刑、假释案件具体应用法律若干问题的规定

第十三条　判处拘役或者三年以下有期徒刑并宣告缓刑的罪犯，一般不适用减刑。

前款规定的罪犯在缓刑考验期限内有重大立功表现的，可以参照刑法第七十八条的规定，予以减刑，同时应依法缩减其缓刑考验期限。拘役的缓刑考验期限不能少于二个月，有期徒刑的缓刑考验期限不能少于一年。

人民检察院刑事诉讼规则

第六百四十一条　人民检察院对人民法院减刑、假释的裁定提出纠正意见后，应当监督人民法院是否在收到纠正意见后一个月以内重新组成合议庭进行审理，并监督重新作出的裁定是否符合法律规定。对最终裁定不符合法律规定的，应当向同级人民法院提出纠正意见。

社区矫正实施办法[*]

第二十八条　社区矫正人员符合法定减刑条件的，由居住地县级司法行政机关提出减刑建议书并附相关证明材料，经地（市）级司法行政机关审核同意后提请社区矫正人员居住地的中级人民法院裁定。人民法院应当自收到之日起一个月内依法裁定；暂予监外执行罪犯的减刑，案情复杂或者情况特殊的，可以延长一个月。司法行政机关减刑建议书和人民法院减刑裁定书副本，应当同时抄送社区矫正人员居住地同级人民检察院和公安机关。

罪犯康某假释监督案

（检例第 71 号）

关键词

未成年罪犯　假释适用　帮教

要旨

人民检察院办理未成年罪犯减刑、假释监督案件，应当比照成年罪犯依法适当从宽把握假释条件。对既符合法定减刑条件又符合法定假释条件的，可以建议刑罚执行机关优先适用假释。审查未成年罪犯是否符合假释条件时，应当结合犯罪的具体情节、

---

* 编者注：《社区矫正实施办法》已失效，原第二十八条变更为《中华人民共和国社区矫正法》第四十二条，内容修改为："社区矫正对象符合法定减刑条件的，由执行地县级社区矫正机构提出减刑建议书并附相关证据材料，报经地（市）社区矫正机构审核同意后，由地（市）社区矫正机构提请执行地的中级人民法院裁定。依法应由高级人民法院裁定的减刑案件，由执行地县级社区矫正机构提出减刑建议书并附相关证据材料，逐级上报省级社区矫正机构审核同意后，由省级社区矫正机构提请执行地的高级人民法院裁定。人民法院应当自收到减刑建议书和相关证据材料之日起三十日内依法裁定。社区矫正机构减刑建议书和人民法院减刑裁定书副本，应当同时抄送社区矫正执行地同级人民检察院、公安机关及罪犯原服刑或者接收其档案的监狱。"

原判刑罚情况、刑罚执行中的表现、家庭帮教能力和条件等因素综合认定。

基本案情

罪犯康某,男,1999年9月29日出生,汉族,初中文化。2016年12月23日因犯抢劫罪被河南省安阳市中级人民法院终审判处有期徒刑三年,并处罚金人民币1000元,刑期至2018年11月13日。康某因系未成年罪犯,于2017年1月20日被交付到河南省郑州未成年犯管教所执行刑罚。2018年6月,郑州未成年犯管教所在办理减刑过程中,认定康某认真遵守监规,接受教育改造,确有悔改表现,拟对其提请减刑。

检察机关监督情况

线索发现。2018年6月,郑州未成年犯管教所就罪犯康某提请减刑征求检察机关意见,郑州市人民检察院审查认为,康某符合法定减刑条件,同时符合法定假释条件,依据相关司法解释规定可以优先适用假释。与对罪犯适用减刑相比,假释更有利于促进罪犯教育改造和融入社会。

调查核实。为了确保监督意见的准确性,派驻检察室根据假释的条件重点开展了以下调查核实工作:一是对康某改造表现进行考量。通过询问罪犯、监管民警及相关人员,查阅计分考核材料,认定康某在服刑期间确有悔改表现。二是对康某原判犯罪情节进行考量。通过审查案卷材料,查明康某虽系抢劫犯罪,但其犯罪时系在校学生,犯罪情节较轻,且罚金刑已履行完毕。三是对康某假释后是否具有再犯罪危险进行考量。结合司法局出具的"关于对康某适用假释调查评估意见书",走访调取了康某居住地村支书、邻居等人的证言,证实康某犯罪前表现良好,无犯罪前科和劣迹,且上述人员均愿意协助监管帮教康某。四是对康某家庭是否具有监管条件和能力进行考量。通过走访康某原在校班主任,其证实康某在校期间系班干部,学习刻苦,乐于助人,无违反校规校纪情况;康某的父母职业稳定,认识到康某所犯罪行的社会危险性,对康某假释后监管帮教有明确可行的措施和计划。

监督意见。2018年6月26日,郑州市人民检察院提出对罪犯康某依法提请假释的检察意见。郑州未成年犯管教所接受检察机关的意见,于2018年6月28日向郑州市中级人民法院提请审核裁定。为增强假释庭审效果,督促罪犯父母协助落实帮教措施,郑州市人民检察院提出让康某的父母参加假释庭审的建议并被郑州市中级人民法院采纳。

监督结果。2018年7月27日,郑州市中级人民法院在郑州未成年犯管教所开庭审理罪犯康某假释案。庭审中,检察人员发表了依法对康某假释的检察意见,对康某成长经历、犯罪轨迹、性格特征、原判刑罚执行、假释后监管条件和帮教措施等涉及康某假释的问题进行了说明。康某的父母以及郑州未成年犯管教所百余名未成年服刑罪犯旁听了庭审,康某父母检讨了在教育孩子问题上的不足并提出了假释后的家庭帮教措施，百余名未成年罪犯受到了很好的法治教育。2018 年 7 月 30 日，郑州市中级人民法院依法对罪犯康某裁定假释。

指导意义

（一）罪犯既符合法定减刑条件又符合法定假释条件的，可以优先适用假释。减刑、假释都是刑罚变更执行的重要方式，与减刑相比，假释更有利于维护裁判的权威和促进罪犯融入社会、预防罪犯再犯罪。目前，世界其他法治国家多数是实行单一假释制度或者是假释为主、减刑为辅的刑罚变更执行制度。但在我国司法实践中，减刑、假释适用不平衡，罪犯减刑比例一般在百分之二十多，假释比例只有百分之一左右，假释适用率低。人民检察院在办理减刑、假释案件时，应当充分发挥减刑、假释制度的不同价值功能，对既符合法定减刑条件又符合法定假释条件的罪犯，可以建议刑罚执行机关提请人民法院优先适用假释。

（二）对犯罪时未满十八周岁的罪犯适用假释可以依法从宽掌握，综合各种因素判断罪犯是否符合假释条件。人民检察院办理犯罪时未满十八周岁的罪犯假释案件，应当综合罪犯犯罪情节、原判刑罚、服刑表现、身心特点、监管帮教等因素依法从宽掌握。特别是对初犯、偶犯和在校学生等罪犯，假释后其家庭和社区具有帮教能力和条件的，可以建议刑罚执行机关和人民法院依法适用假释。对罪犯"假释后有无再犯罪危险"的审查判断，人民检察院应当根据相关法律和司法解释的规定，结合未成年罪犯犯罪的具体情节、原判刑罚情况，其在刑罚执行中的一贯表现、帮教条件（包括其身体状况、性格特征、被假释后生活来源以及帮教环境等因素）综合考虑。

（三）对犯罪时未满十八周岁的罪犯假释案件，人民检察院可以建议罪犯的父母参加假释庭审。将未成年人罪犯父母到庭制度引入假释案件审理中，有助于更好地调查假释案件相关情况，客观准确地适用法律，保障罪犯的合法权益，督促罪犯假释后社会帮教责任的落实，有利于发挥司法机关、家庭和社会对罪犯改造帮教的合力作用，促进罪犯的权益保护和改造教育，实现办案的政治效果、法律效果和社会效果的有机统一。

（四）人民检察院应当做好罪犯监狱刑罚执行和社区矫正法律监督工作的衔接，继续加强对假释的罪犯社区矫正活动的法律监督。监狱罪犯被裁定假释实行社区矫正后，检察机关应当按照《中华人民共和国社区矫正法》的有关规定，监督有关部门做好罪犯的交付、接收等工作，并应当做好对社区矫正机构对罪犯社区矫正活动的监督，督促社区矫正机构对罪犯进行法治、道德等方面的教育，组织其参加公益活动，增强其法治观念，提高其道德素质和社会责任感，帮助其融入社会，预防和减少犯罪。

相关规定

中华人民共和国刑法

第八十一条　被判处有期徒刑的犯罪分子，执行原判刑期二分之一以上，被判处无期徒刑的犯罪分子，实际执行十三年以上，如果遵守监规，接受教育改造，确有悔改表现，没有再犯罪的危险的，可以假释。如果有特殊情况的，经最高人民法院核准，可以不受上述执行刑期的限制。

对累犯以及因故意杀人、强奸、抢劫、绑架、放火、爆炸、投放危险物质或者有组织的暴力犯罪被判处十年以上有期徒刑、无期徒刑的犯罪分子，不得假释。

对犯罪分子决定假释时，应当考虑其假释后对所居住社区的影响。

第八十二条 对于犯罪分子的假释，依照本法第七十九条的程序进行。非经法定程序不得假释。

中华人民共和国刑事诉讼法

第二百七十三条 罪犯在服刑期间又犯罪的，或者发现了判决的时候所没有发现的罪行，由执行机关移送人民检察院处理。

被判处管制、拘役、有期徒刑或者无期徒刑的罪犯，在执行期间确有悔改表现或者立功表现，应当依法予以减刑、假释的时候，由执行机关提出建议书，报请人民法院审核裁定，并将建议书副本抄送人民检察院。人民检察院可以向人民法院提出书面意见。

第二百七十四条 人民检察院认为人民法院减刑、假释裁定不当，应当在收到裁定书副本后二十日以内，向人民法院提出书面纠正意见。人民法院应当在收到纠正意见后一个月内重新组成合议庭进行审理，作出最终裁定。

中华人民共和国未成年人保护法 *

第五十条 公安机关、人民检察院、人民法院以及司法行政部门，应当依法履行职责，在司法活动中保护未成年人的合法权益。

中华人民共和国预防未成年人犯罪法 **

第四十七条 未成年人的父母或者其他监护人和学校、城市居民委员会、农村村民委员会，对因不满十六周岁而不予刑事处罚、免予刑事处罚的未成年人，或者被判处非监禁刑罚、被判处刑罚宣告缓刑、被假释的未成年人，应当采取有效的帮教措施，协助司法机关做好未成年人的教育、挽救工作。

---

* 编者注：《中华人民共和国未成年人保护法》（2012年修正）第五十条变更为《中华人民共和国未成年人保护法》（2020年修订）第一百条，内容修改为："公安机关、人民检察院、人民法院和司法行政部门应当依法履行职责，保障未成年人合法权益。"

** 编者注：《中华人民共和国预防未成年人犯罪法》（2012年修正）第四十七条变更为《中华人民共和国预防未成年人犯罪法》（2020年修订）第五十七条，内容修改为："未成年人的父母或者其他监护人和学校、居民委员会、村民委员会对接受社区矫正、刑满释放的未成年人，应当采取有效的帮教措施，协助司法机关以及有关部门做好安置帮教工作。居民委员会、村民委员会可以聘请思想品德优秀，作风正派，热心未成年人工作的离退休人员、志愿者或其他人员协助做好前款规定的安置帮教工作。"

最高人民法院关于办理减刑、假释案件具体应用法律的规定

第二十六条　对下列罪犯适用假释时可以依法从宽掌握：

（一）过失犯罪的罪犯、中止犯罪的罪犯、被胁迫参加犯罪的罪犯；

（二）因防卫过当或者紧急避险过当而被判处有期徒刑以上刑罚的罪犯；

（三）犯罪时未满十八周岁的罪犯；

（四）基本丧失劳动能力、生活难以自理，假释后生活确有着落的老年罪犯、患严重疾病罪犯或者身体残疾罪犯；

（五）服刑期间改造表现特别突出的罪犯；

（六）具有其他可以从宽假释情形的罪犯。罪犯既符合法定减刑条件，又符合法定假释条件的，可以优先适用假释。

罪犯王某某暂予监外执行监督案

（检例第 72 号）

关键词

暂予监外执行监督　徇私舞弊　不计入执行刑期　贿赂　技术性证据的审查

要　旨

人民检察院对违法暂予监外执行进行法律监督时，应当注意发现和查办背后的相关司法工作人员职务犯罪。对司法鉴定意见、病情诊断意见的审查，应当注重对其及所依据的原始资料进行重点审查。发现不符合暂予监外执行条件的罪犯通过非法手段暂予监外执行的，应当依法监督纠正。办理暂予监外执行案件时，应当加强对鉴定意见等技术性证据的联合审查。

基本案情

罪犯王某某，男，1966 年 4 月 3 日出生，个体工商户。2010 年 9 月 16 日，因犯保险诈骗罪被辽宁省营口市站前区人民法院判处有期徒刑五年，并处罚金人民币十万元。

罪犯王某某审前未被羁押但被判处实刑，交付执行过程中，罪犯王某某及其家属以其身体有病为由申请暂予监外执行，法院随后启动保外就医鉴定工作。2011 年 5 月 17 日，营口市站前区人民法院依据营口市中医院司法鉴定所出具的罪犯疾病伤残司法鉴定书，因罪犯王某某患 "2 型糖尿病" "脑梗塞"，符合《罪犯保外就医疾病伤残范围》（司发〔1990〕247 号）第十条规定，决定对其暂予监外执行一年。一年期满后，经社区矫正机构提示和检察机关督促，法院再次启动暂予监外执行鉴定工作，委托营口市中医院司法鉴定所进行鉴定。期间，营口市中医院司法鉴定所被上级主管部门依法停业整顿，未能及时出具鉴定意见书。2014 年 7 月 29 日，营口市站前区人民法院依据营口市中医院司法鉴定所出具的罪犯疾病伤残司法鉴定书，以罪犯王某某患有"高血压病 3 期，极高危""糖尿病合并多发性脑梗塞"，符合《罪犯保外就医疾病伤残范围》（司发〔1990〕247 号）第三条、第十条规定，决定对其暂予监外执行一年。

2015 年 1 月 16 日，营口市站前区人民法院因罪犯王某某犯保险诈骗犯罪属于"三类罪犯"、所患疾病为"高血压"，依据 2014 年 12 月 1 日起施行的《暂予监外执行规定》，要求该罪犯提供经诊断短期内有生命危险的证明。罪犯王某某因无法提供上述证明被营口市站前区人民法院决定收监执行剩余刑期有期徒刑三年，已经暂予监外执行的两年计入执行刑期。2015 年 9 月 8 日，罪犯王某某被交付执行刑罚。

检察机关监督情况

线索发现。2016 年 3 月，辽宁省营口市人民检察院在对全市两级法院决定暂予监外执行案件进行检察中发现，营口市站前区人民法院对罪犯王某某决定暂予监外执行所依据的病历资料、司法鉴定书等证据材料有诸多疑点，于是调取了该罪犯的法院暂予监外执行卷宗、社区矫正档案、司法鉴定档案等。经审查发现：罪犯王某某在进行司法鉴定时，负责对其进行查体的医生与本案鉴定人不是同一人，卷宗材料无法证实鉴定人是否见过王某某本人；罪犯王某某 2011 年 5 月 17 日、2014 年 7 月 29 日两次得到暂予监外执行均因其患有"脑梗塞"，但两次司法鉴定中均未做过头部 CT 检查。

立案侦查。营口市人民检察院经审查认为，罪犯王某某暂予监外执行过程中有可能存在违纪或违法问题，依法决定对该案进行调查核实。检察人员调取了罪犯王某某在营口市中心医院的住院病历等书证与鉴定档案等进行比对，协调监狱对罪犯王某某重新进行头部 CT 检查，对时任营口市中医院司法鉴定所负责人赵某、营口市中级人民法院技术科科长张某及其他相关人员进行询问。经过调查核实，检察机关基本查明了罪犯王某某违法暂予监外执行的事实，认为相关工作人员涉嫌职务犯罪。2016 年 4 月 10 日，营口市人民检察院以营口市中级人民法院技术科科长张某、营口市中医院司法鉴定所负责人赵某涉嫌徇私舞弊暂予监外执行犯罪，依法对其立案侦查。经侦查查明：2010 年 12 月至 2013 年 5 月，张某在任营口市中级人民法院技术科科长期间，受罪犯王某某亲友等人请托，在明知罪犯王某某不符合保外就医条件的情况下，利用其负责鉴定业务对外进行委托的职务便利，两次指使营口市中医院司法鉴定所负责人赵某为罪犯王某某作出虚假的符合保外就医条件的罪犯疾病伤残司法鉴定意见。赵某在明知罪犯王某某不符合保外就医条件的情况下，违规签发了罪犯王某某因患"糖尿病合并脑梗塞"、符合保外就医条件的司法鉴定书，导致罪犯王某某先后两次被法院决定暂予监外执行。期间，张某收受罪犯王某某亲友给付好处费人民币五万元，赵某收受张某给付的好处费人民币七千元。同时，检察机关注意到罪犯王某某的亲友为帮助王某某违法暂予监外执行，向营口市中级人民法院技术科科长张某等人行贿，但综合考虑相关情节和因素后，检察机关当时决定不立案追究其刑事责任。

监督结果。案件侦查终结后，检察机关以张某构成受贿罪、徇私舞弊暂予监外执行罪，赵某构成徇私舞弊暂予监外执行罪，依法向人民法院提起公诉。2017年5月27日，人民法院以张某犯受贿罪、徇私舞弊暂予监外执行罪，赵某犯徇私舞弊暂予监外执行罪，对二人定罪处罚。

判决生效后，检察机关依法向营口市站前区人民法院发出《纠正不当暂予监外执行决定意见书》，提出罪犯王某某在不符合保外就医条件的情况下，通过他人贿赂张某、赵某等人谋取了虚假的疾病伤残司法鉴定意见；营口市站前区人民法院依据虚假鉴定意见作出的暂予监外执行决定显属不当，建议法院依法纠正2011年5月17日和2014年7月29日对罪犯王某某作出的两次不当暂予监外执行决定。

营口市站前区人民法院采纳了检察机关的监督意见，作出《收监执行决定书》，认定"罪犯王某某贿赂司法鉴定人员，被二次鉴定为符合暂予监外执行条件，人民法院以此为依据决定对其暂予监外执行合计二年，上述二年暂予监外执行期限不计入已执行刑期"。后罪犯王某某被收监再执行有期徒刑二年。

指导意义

（一）人民检察院对暂予监外执行进行法律监督时，应注重发现和查办违法暂予监外执行背后的相关司法工作人员职务犯罪案件。实践中，违法暂予监外执行案件背后往往隐藏着司法腐败。因此，检察机关在监督纠正违法暂予监外执行的同时，应当注意发现和查办违法监外执行背后存在的相关司法工作人员职务犯罪案件，把刑罚变更执行法律监督与职务犯罪侦查工作相结合，以监督促侦查，以侦查促监督，不断提升法律监督质效。在违法暂予监外执行案件中，一些罪犯亲友往往通过贿赂相关司法工作人员等手段，帮助罪犯违法暂予监外执行，这是违法暂予监外执行中较为常见的一种现象，对于情节严重的，应当依法追究其刑事责任。

（二）对司法鉴定意见、病情诊断意见的审查，应当注重对其及所依据的原始资料进行重点审查。检察人员办理暂予监外执行监督案件时，应当在审查鉴定意见、病情诊断的基础上，对鉴定意见、病情诊断所依据的原始资料进行重点审查，包括罪犯以往就医病历资料、病情诊断所依据的体检记录、住院病案、影像学报告、检查报告单等，判明原始资料以及鉴定意见和病情诊断的真伪、资料的证明力、鉴定人员的资质、产生资料的程序等问题，以及是否能够据此得出鉴定意见、病情诊断所阐述的结论性意见，相关鉴定部门及鉴定人的鉴定行为是否合法有效等。经审查发现疑点的应进行调查核实，可以邀请有专门知识的人参加。同时，也可以视情况要求有关部门重新组织或者自行组织诊断、检查或者鉴别。

（三）办理暂予监外执行案件时，应当加强对鉴定意见等技术性证据的联合审查。司法实践中，负责直接办理暂予监外执行监督案件的刑事执行检察人员一般缺乏专业性的医学知识，为确保检察意见的准确性，刑事执行检察人员在办理暂予监外执行监督案件时，应当委托检察技术人员对鉴定意见等技术性证据进行审查，检察技术人员应当协助刑事执行检察人员审查或者组织审查案件中涉及的鉴定意见等技术性证据。刑事执行检察人员可以将技术性证据审查意见作为审查判断证据的参考，也可以作为决定重新鉴定、补充鉴定或提出检察建议的依据。

相关规定

中华人民共和国刑法

第四百零一条 司法工作人员徇私舞弊，对不符合减刑、假释、暂予监外执行条件的罪犯，予以减刑、假释或者暂予监外执行的，处三年以下有期徒刑或者拘役；情节严重的，处三年以上七年以下有期徒刑。

中华人民共和国刑事诉讼法

第二百六十七条 决定或者批准暂予监外执行的机关应当将暂予监外执行决定抄送人民检察院。人民检察院认为暂予监外执行不当的，应当自接到通知之日起一个月以内将书面意见送交决定或者批准暂予监外执行的机关，决定或者批准暂予监外执行的机关接到人民检察院的书面意见后，应当立即对该决定进行重新核查。

第二百六十八条 对暂予监外执行的罪犯，有下列情形之一的，应当及时收监：

（一）发现不符合暂予监外执行条件的；

（二）严重违反有关暂予监外执行监督管理规定的；

（三）暂予监外执行的情形消失后，罪犯刑期未满的。

对于人民法院决定暂予监外执行的罪犯应当予以收监的，由人民法院作出决定，将有关的法律文书送达公安机关、监狱或者其他执行机关。

不符合暂予监外执行条件的罪犯通过贿赂等非法手段被暂予监外执行的，在监外执行的期间不计入执行刑期。罪犯在暂予监外执行期间脱逃的，脱逃的期间不计入执行刑期。

罪犯在暂予监外执行期间死亡的，执行机关应当及时通知监狱或者看守所。

暂予监外执行规定

第二十九条 人民检察院发现暂予监外执行的决定或者批准机关、监狱、看守所、社区矫正机构有违法情形的，应当依法提出纠正意见。

第三十条 人民检察院认为暂予监外执行不当的，应当自接到决定书之日起一个月以内将书面意见送交决定或者批准暂予监外执行的机关，决定或者批准暂予监外执行的机关接到人民检察院的书面意见后，应当立即对该决定进行重新核查。

第三十一条 人民检察院可以向有关机关、单位调阅有关材料、档案，可以调查、核实有关情况，有关机关、单位和人员应当予以配合。人民检察院认为必要时，可以自行组织或者要求人民法院、监狱、看守所对罪犯重新组织进行诊断、检查或者鉴别。

第三十二条　在暂予监外执行执法工作中，司法工作人员或者从事诊断、检查、鉴别等工作的相关人员有玩忽职守、徇私舞弊、滥用职权等违法违纪行为的，依法给予相应的处分；构成犯罪的，依法追究刑事责任。

第二十批指导性案例

浙江省某县图书馆及赵某、徐某某单位受贿、私分国有资产、贪污案

（检例第73号）

天键词

单位犯罪　追加起诉　移送线索

要　旨

人民检察院在对职务犯罪案件审查起诉时，如果认为相关单位亦涉嫌犯罪，且单位犯罪事实清楚、证据确实充分，经与监察机关沟通，可以依法对犯罪单位提起公诉。检察机关在审查起诉中发现遗漏同案犯或犯罪事实的，应当及时与监察机关沟通，依法处理。

基本案情

被告单位浙江省某县图书馆，全额拨款的国有事业单位。

被告人赵某，男，某县图书馆原馆长。

被告人徐某某，男，某县图书馆原副馆长。

一、单位受贿罪

2012年至2016年，为提高福利待遇，经赵某、徐某某等人集体讨论决定，某县图书馆通过在书籍采购过程中账外暗中收受回扣的方式，收受A书社梁某某、B公司、C图书经营部潘某某所送人民币共计36万余元，用于发放工作人员福利及支付本单位其他开支。

二、私分国有资产罪

2012年至2016年，某县图书馆通过从A书社、B公司、C图书经营部虚开购书

发票、虚列劳务支出、采购价格虚高的借书卡等手段套取财政资金 63 万余元，经赵某、徐某某等人集体讨论决定，将其中的 56 万余元以单位名义集体私分给本单位工作人员。

三、贪污罪

2015 年，被告人徐某某利用担任某县图书馆副馆长，分管采购业务的职务之便，通过从 C 图书经营部采购价格虚高的借书卡的方式，套取财政资金 3.8 万元归个人所有。

检察工作情况

（一）提前介入提出完善证据体系意见，为案件准确定性奠定基础。某县监察委员会以涉嫌贪污罪、受贿罪对赵某立案调查，县人民检察院提前介入后，通过梳理分析相关证据材料，提出完善证据的意见。根据检察机关意见，监察机关进一步收集证据，完善了证据体系。2018 年 9 月 28 日，县监察委员会调查终结，以赵某涉嫌单位受贿罪、私分国有资产罪移送县人民检察院起诉。

（二）对监察机关未移送起诉的某县图书馆，直接以单位受贿罪提起公诉。某县监察委员会对赵某移送起诉后，检察机关审查认为，某县图书馆作为全额拨款的国有事业单位，在经济往来中，账外暗中收受各种名义的回扣，情节严重，根据《刑法》第三百八十七条之规定，应当以单位受贿罪追究其刑事责任，且单位犯罪事实清楚，证据确实充分。经与监察机关充分沟通，2018 年 11 月 12 日，县人民检察院对某县图书馆以单位受贿罪，对赵某以单位受贿罪、私分国有资产罪提起公诉。

（三）审查起诉阶段及时移送徐某某涉嫌贪污犯罪问题线索，依法追诉漏犯漏罪。检察机关对赵某案审查起诉时，认为徐某某作为参与集体研究并具体负责采购业务的副馆长，属于其他直接责任人员，也应以单位受贿罪、私分国有资产罪追究其刑事责任。同时在审查供书商账目时发现，其共有两次帮助某县图书馆以虚增借书卡制作价格方式套取财政资金，但赵某供述只套取一次财政资金用于私分，检察人员分析另一次套取的 3.8 万元财政资金很有可能被经手该笔资金的徐某某贪污，检察机关遂将徐某某涉嫌贪污犯罪线索移交监察机关。监察机关立案调查后，通过进一步补充证据，查明了徐某某参与单位受贿、私分国有资产以及个人贪污的犯罪事实。2018 年 11 月 16 日，县监察委员会调查终结，以徐某某涉嫌单位受贿罪、私分国有资产罪、贪污罪移送县人民检察院起诉。2018 年 12 月 27 日，县人民检察院对徐某某以单位受贿罪、私分国有资产罪、贪污罪提起公诉。

2018 年 12 月 20 日，某县人民法院以单位受贿罪判处某县图书馆罚金人民币二十万元；以单位受贿罪、私分国有资产罪判处赵某有期徒刑一年二个月，并处罚金人民币十万元。2019 年 1 月 10 日，某县人民法院以单位受贿罪、私分国有资产罪、贪污罪判处徐某某有期徒刑一年，并处罚金人民币二十万元。

指导意义

（一）检察机关对单位犯罪可依法直接追加起诉。人民检察院审查监察机关移送起诉的案件，应当查明有无遗漏罪行和其他应当追究刑事责任的人。对于单位犯罪案件，监察机关只对直接负责的主管人员和其他直接责任人员移送起诉，未移送起诉涉嫌犯罪单位的，如果犯罪事实清楚，证据确实充分，经与监察机关沟通，检察机关对犯罪单位可以依法直接提起公诉。

（二）检察机关在审查起诉中发现遗漏同案犯或犯罪事实的，应当及时与监察机关沟通，依法处理。检察机关在审查起诉中，如果发现监察机关移送起诉的案件遗漏同案职务犯罪人或犯罪事实的，应当及时与监察机关沟通，依法处理。如果监察机关在本案审查起诉期限内调查终结移送起诉，且犯罪事实清楚，证据确实充分的，可以并案起诉；如果监察机关不能在本案审查起诉期限内调查终结移送起诉，或者虽然移送起诉，但因案情重大复杂等原因不能及时审结的，也可分案起诉。

相关规定

《中华人民共和国刑法》第三十条，第三十一条，第三百八十二条第一款，第三百八十三条第一款第一项、第三款，第三百八十七条，第三百九十六条第一款。

《中华人民共和国刑事诉讼法》第一百七十六条。

《中华人民共和国监察法》第三十四条。

李华波贪污案

（检例第74号）

关键词

违法所得没收程序　犯罪嫌疑人到案　程序衔接

要　旨

对于贪污贿赂等重大职务犯罪案件，犯罪嫌疑人、被告人逃匿，在通缉一年后不能到案，如果有证据证明有犯罪事实，依照刑法规定应当追缴其违法所得及其他涉案财产的，应当依法适用违法所得没收程序办理。违法所得没收裁定生效后，在逃的职务犯罪嫌疑人自动投案或者被抓获，监察机关调查终结移送起诉的，检察机关应当依照普通刑事诉讼程序办理，并与原没收裁定程序做好衔接。

基本案情

被告人李华波，男，江西省上饶市鄱阳县财政局经济建设股原股长。

2006年10月至2010年12月间，李华波利用担任鄱阳县财政局经济建设股股长管理该县基本建设专项资金的职务便利，伙同该股副股长张庆华（已判刑）、鄱阳县农村信用联社城区信用社主任徐德堂（已判刑）等人，采取套用以往审批手续、私自开具转账支票并加盖假印鉴、制作假银行对账单等手段，骗取鄱阳县财政局基建专项资金共计人民币9400万元。除李华波与徐德堂赌博挥霍及同案犯分得部分赃款外，其余赃款被李华波占有。李华波用上述赃款中的人民币240余万元为其本人及家人办理了移民新加坡的手续及在新加坡购置房产；将上述赃款中的人民币2700余万元通过新加坡中央人民币汇款服务私人有限公司兑换成新加坡元，转入本人及妻子在新加坡大华银行的个人账户内。后李华波夫妇使用转入个人账户内的新加坡元用于购买房产及投资，除用于项目投资的150万新加坡元外，其余均被新加坡警方查封扣押，合计540余万新加坡元（折合人民币约2600余万元）。

检察工作情况

（一）国际合作追逃，异地刑事追诉。2011年1月29日，李华波逃往新加坡。2011年2月13日，鄱阳县人民检察院以涉嫌贪污罪对李华波立案侦查，同月16日，上饶市人民检察院以涉嫌贪污罪对李华波决定逮捕。中新两国未签订双边引渡和刑事司法协助条约，经有关部门充分沟通协商，决定依据两国共同批准加入的《联合国反腐败公约》和司法协助互惠原则，务实开展该案的国际司法合作。为有效开展工作，中央追逃办先后多次组织召开案件协调会，由监察、检察、外交、公安、审判和司法行政以及地方执法部门组成联合工作组先后8次赴新加坡开展工作。因中新两国最高检察机关均被本国指定为实施《联合国反腐败公约》司法协助的中央机关，其中6次由最高人民检察院牵头组团与新方进行工作磋商，拟定李华波案国际司法合作方案，相互配合，分步骤组织实施。

2011年2月23日，公安部向国际刑警组织请求对李华波发布红色通报，并向新加坡国际刑警发出协查函。2011年3月初，新加坡警方拘捕李华波。随后新加坡法院发出冻结令，冻结李华波夫妇转移到新加坡的涉案财产。2012年9月，新加坡总检察署以三项"不诚实盗取赃物罪"指控李华波。2013年8月15日，新加坡法院一审判决认定对李华波的所有指控罪名成立，判处其15个月监禁。

（二）适用特别程序，没收违法所得。李华波贪污公款9400万元人民币的犯罪事实，有相关书证、证人证言及同案犯供述等予以证明。根据帮助李华波办理转账、移民事宜的相关证人证言、银行转账凭证复印件、新加坡警方提供的《事实概述》、新加坡法院签发的扣押财产报告等证据，能够证明被新加坡警方查封、扣押、冻结的李华波夫妇名下财产，属于李华波贪污犯罪违法所得。

李华波在红色通报发布一年后不能到案，2013 年 3 月 6 日，上饶市人民检察院向上饶市中级人民法院提出没收李华波违法所得申请。2015 年 3 月 3 日，上饶市中级人民法院作出一审裁定，认定李华波涉嫌重大贪污犯罪，其逃匿新加坡后被通缉，一年后未能到案。现有证据能够证明，被新加坡警方扣押的李华波夫妇名下财产共计 540 余万新加坡元，均系李华波的违法所得，依法予以没收。相关人员均未在法定期限内提出上诉，没收裁定生效。2016 年 6 月 29 日，新加坡高等法院作出判决，将扣押的李华波夫妇名下共计 540 余万新加坡元涉案财产全部返还中方。

（三）迫使回国投案，依法接受审判。为迫使李华波回国投案，中方依法吊销李华波全家四人中国护照并通知新方。2015 年 1 月，新加坡移民局作出取消李华波全家四人新加坡永久居留权的决定。2015 年 2 月 2 日，李华波主动写信要求回国投案自首。2015 年 5 月 9 日，李华波被遣返回国，同日被执行逮捕。2015 年 12 月 30 日，上饶市人民检察院以李华波犯贪污罪，向上饶市中级人民法院提起公诉。2017 年 1 月 23 日，上饶市中级人民法院以贪污罪判处李华波无期徒刑，剥夺政治权利终身，并处没收个人全部财产。扣除同案犯徐德堂等人已被追缴的赃款以及依照违法所得没收程序裁定没收的赃款，剩余赃款继续予以追缴。

指导意义

（一）对于犯罪嫌疑人、被告人逃匿的贪污贿赂等重大职务犯罪案件，符合法定条件的，人民检察院应当依法适用违法所得没收程序办理。对于贪污贿赂等重大职务犯罪案件，犯罪嫌疑人、被告人逃匿，在通缉一年后不能到案，如果有证据证明有犯罪事实，依照刑法规定应当追缴其违法所得及其他涉案财产的，人民检察院应当依法向人民法院提出没收违法所得的申请，促进追赃追逃工作开展。

（二）违法所得没收裁定生效后，犯罪嫌疑人、被告人到案的，人民检察院应当依照普通刑事诉讼程序审查起诉。人民检察院依照特别程序提出没收违法所得申请，人民法院作出没收裁定生效后，犯罪嫌疑人、被告人自动投案或者被抓获的，检察机关应当依照普通刑事诉讼程序进行审查。人民检察院审查后，认为犯罪事实清楚，证据确实充分的，应当向原作出裁定的人民法院提起公诉。

（三）在依照普通刑事诉讼程序办理案件过程中，要与原违法所得没收程序做好衔接。对扣除已裁定没收财产后需要继续追缴违法所得的，检察机关应当依法审查提出意见，由人民法院判决后追缴。

相关规定

《中华人民共和国刑法》第五十七条第一款，第五十九条，第六十四条，第六十七条第一款，第三百八十二条第一款，第三百八十三条第一款第三项。

《中华人民共和国刑事诉讼法》（2012 年 3 月 14 日修正）第十七条，第二百八十条，第二百八十一条，第二百八十二条，第二百八十三条。*

《中华人民共和国监察法》第四十八条。

《最高人民法院　最高人民检察院关于办理贪污贿赂刑事案件适用法律若干问题的解释》第三条第一款，第十九条第一款。

《最高人民法院　最高人民检察院关于适用犯罪嫌疑人、被告人逃匿、死亡案件违法所得没收程序若干问题的规定》。

金某某受贿案

（检例第 75 号）

关键词

职务犯罪　认罪认罚　确定刑量刑建议

要　旨

对于犯罪嫌疑人自愿认罪认罚的职务犯罪案件，应当依法适用认罪认罚从宽制度办理。在适用认罪认罚从宽制度办理职务犯罪案件过程中，检察机关应切实履行主导责任，与监察机关、审判机关互相配合，互相制约，充分保障犯罪嫌疑人、被告人的程序选择权。要坚持罪刑法定和罪责刑相适应原则，对符合有关规定条件的，一般应当就主刑、附加刑、是否适用缓刑等提出确定刑量刑建议。

基本案情

被告人金某某，女，安徽省某医院原党委书记、院长。

2007 年至 2018 年，被告人金某某在担任安徽省某医院党委书记、院长期间，利用职务上的便利，为请托人在承建工程项目、销售医疗设备、销售药品、支付货款、结算工程款、职务晋升等事项上提供帮助，非法收受他人财物共计人民币 1161.1 万元、4000 欧元。

---

* 编者注：《中华人民共和国刑事诉讼法》（2012 年 3 月 14 日修正）变更为《中华人民共和国刑事诉讼法》（2018 年 10 月 26 日修正），其中，第十七条变更为第十八条，内容未修改；第二百八十条变更为第二百九十八条，内容未修改；第二百八十一条变更为第二百九十九条，内容未修改；第二百八十二条变更为第三百条，内容未修改；第二百八十三条变更为第三百零一条，内容未修改。

检察工作情况

（一）提前介入全面掌握案情，充分了解被调查人的认罪悔罪情况。安徽省检察机关在提前介入金某某案件过程中，通过对安徽省监察委员会调查的证据材料进行初步审查，认为金某某涉嫌受贿犯罪的基本事实清楚，基本证据确实充分。同时注意到，金某某到案后，不但如实交代了监察机关已经掌握的受贿170余万元的犯罪事实，还主动交代了监察机关尚未掌握的受贿980余万元的犯罪事实，真诚认罪悔罪，表示愿意接受处罚，并已积极退缴全部赃款。初步判定本案具备适用认罪认罚从宽制度条件。

（二）检察长直接承办，积极推动认罪认罚从宽制度适用。安徽省监察委员会调查终结后，于2019年1月16日以金某某涉嫌受贿罪移送安徽省人民检察院起诉，安徽省人民检察院于同月29日将案件交由淮北市人民检察院审查起诉，淮北市人民检察院检察长作为承办人办案。经全面审查认定，金某某受贿案数额特别巨大，在安徽省医疗卫生系统有重大影响，但其自愿如实供述自己的罪行，真诚悔罪，愿意接受处罚，全部退赃，符合刑事诉讼法规定的认罪认罚从宽制度适用条件，检察机关经慎重研究，依法决定适用认罪认罚从宽制度办理。

（三）严格依法确保认罪认罚的真实性、自愿性、合法性。一是及时告知权利。案件移送起诉后，淮北市人民检察院在第一次讯问时，告知金某某享有的诉讼权利和认罪认罚相关法律规定，加强释法说理，充分保障其程序选择权和认罪认罚的真实性、自愿性。二是充分听取意见。切实保障金某某辩护律师的阅卷权、会见权，就金某某涉嫌的犯罪事实、罪名及适用的法律规定，从轻处罚建议，认罪认罚后案件审理适用的程序等，充分听取金某某及其辩护律师的意见，记录在案并附卷。三是提出确定刑量刑建议。金某某虽然犯罪持续时间长、犯罪数额特别巨大，但其自监委调查阶段即自愿如实供述自己的罪行，尤其是主动交代了监察机关尚未掌握的大部分犯罪事实，具有法定从轻处罚的坦白情节；且真诚悔罪，认罪彻底稳定，全部退赃，自愿表示认罪认罚，应当在法定刑幅度内相应从宽，检察机关综合上述情况，提出确定刑量刑建议。四是签署具结书。金某某及其辩护律师同意检察机关量刑建议，并同意适用普通程序简化审理，在辩护律师见证下，金某某自愿签署了《认罪认罚具结书》。

2019年3月13日，淮北市人民检察院以被告人金某某犯受贿罪，向淮北市中级人民法院提起公诉，建议判处金某某有期徒刑十年，并处罚金人民币五十万元，并建议适用普通程序简化审理。2019年4月10日，淮北市中级人民法院公开开庭，适用普通程序简化审理本案。经过庭审，认定起诉书指控被告人金某某犯受贿罪事实清楚、证据确实充分，采纳淮北市人民检察院提出的量刑建议并当庭宣判，金某某当庭表示服判不上诉。

指导意义

（一）对于犯罪嫌疑人自愿认罪认罚的职务犯罪案件，检察机关应当依法适用认罪认罚从宽制度办理。依据刑事诉讼法第十五条规定，认罪认罚从宽制度贯穿刑事诉讼全过程，没有适用罪名和可能判处刑罚的限定，所有刑事案件都可以适用。职务犯罪案件适用认罪认罚从宽制度，符合宽严相济刑事政策，有利于最大限度实现办理职务犯罪案件效果，有利于推进反腐败工作。职务犯罪案件的犯罪嫌疑人自愿如实供述自己的罪行，真诚悔罪，愿意接受处罚，检察机关应当依法适用认罪认罚从宽制度办理。

（二）适用认罪认罚从宽制度办理职务犯罪案件，检察机关应切实履行主导责任。检察机关通过提前介入监察机关办理职务犯罪案件工作，即可根据案件事实、证据、性质、情节、被调查人态度等基本情况，初步判定能否适用认罪认罚从宽制度。案件移送起诉后，人民检察院应当及时告知犯罪嫌疑人享有的诉讼权利和认罪认罚从宽制度相关法律规定，保障犯罪嫌疑人的程序选择权。犯罪嫌疑人自愿认罪认罚的，人民检察院应当就涉嫌的犯罪事实、罪名及适用的法律规定，从轻、减轻或者免除处罚等从宽处罚的建议，认罪认罚后案件审理适用的程序及其他需要听取意见的情形，听取犯罪嫌疑人、辩护人或者值班律师的意见并记录在案，同时加强与监察机关、审判机关的沟通，听取意见。

（三）依法提出量刑建议，提升职务犯罪案件适用认罪认罚从宽制度效果。检察机关办理认罪认罚职务犯罪案件，应当根据犯罪的事实、性质、情节和对社会的危害程度，结合法定、酌定的量刑情节，综合考虑认罪认罚的具体情况，依法决定是否从宽、如何从宽。对符合有关规定条件的，一般应当就主刑、附加刑、是否适用缓刑等提出确定刑量刑建议。对于减轻、免除处罚，应当于法有据；不具备减轻处罚情节的，应当在法定幅度以内提出从轻处罚的量刑建议。

相关规定

《中华人民共和国刑法》第六十七条第三款，第三百八十三条第一款第三项、第二款、第三款，第三百八十五条第一款，第三百八十六条。

《中华人民共和国刑事诉讼法》第十五条，第一百七十三条，第一百七十四条第一款，第一百七十六条，第二百零一条。

《最高人民法院 最高人民检察院关于办理职务犯罪案件认定自首、立功等量刑情节若干问题的意见》第三部分。

第二十一批指导性案例

张某受贿，郭某行贿、职务侵占、诈骗案

（检例第76号）

关键词

受贿罪　改变提前介入意见　案件管辖　追诉漏罪

要　旨

检察机关提前介入应认真审查案件事实和证据，准确把握案件定性，依法提出提前介入意见。检察机关在审查起诉阶段仍应严格审查，提出审查起诉意见。审查起诉意见改变提前介入意见的，应及时与监察机关沟通。对于在审查起诉阶段发现漏罪，如该罪属于公安机关管辖，但犯罪事实清楚，证据确实充分，符合起诉条件的，检察机关在征得相关机关同意后，可以直接追加起诉。

基本案情

被告人张某，男，北京市东城区某街道办事处环卫所原副所长。

被告人郭某，女，北京某物业公司原客服部经理。

2014年11月，甲小区和乙小区被北京市东城区某街道办事处确定为环卫项目示范推广单位。按照规定，两小区应选聘19名指导员从事宣传、指导、监督、服务等工作，政府部门按每名指导员每月600元标准予以补贴。上述两小区由北京某物业公司负责物业管理，两小区19名指导员补贴款由该物业公司负责领取发放。2014年11月至2017年3月，郭某在担任该物业公司客服部经理期间，将代表物业公司领取的指导员补贴款共计人民币33.06万元据为己有。郭某从物业公司离职后，仍以物业公司客服部经理名义，于2017年6月、9月，冒领指导员补贴款共计人民币6.84万元据为己有。2014年11月至2017年9月期间，张某接受郭某请托，利用担任某街道办事处环卫所职员、副所长的职务便利，不严格监督检查上述补贴款发放，非法收受郭某给予的人民币8.85万元。2018年1月，张某担心事情败露，与郭某共同筹集人民币35万元退还给物业公司。2018年2月28日，张某、郭某自行到北京市东城区监察委

员会接受调查，并如实供述全部犯罪事实。

检察工作情况

（一）提前介入准确分析案件定性，就法律适用及证据完善提出意见。调查阶段，东城区监委对张某、郭某构成贪污罪共犯还是行受贿犯罪存在意见分歧，书面商请东城区人民检察院提前介入。主张认定二人构成贪污罪共犯的主要理由：一是犯罪对象上，郭某侵占并送给张某的资金性质为国家财政拨款，系公款；二是主观认识上，二人对截留的补贴款系公款的性质明知，并对截留补贴款达成一定共识；三是客观行为上，二人系共同截留补贴款进行分配。

检察机关分析在案证据后认为，应认定二人构成行受贿犯罪，主要理由：一是主观上没有共同贪污故意。二人从未就补贴款的处理使用有过明确沟通，郭某给张某送钱，就是为了让张某放松监管，张某怠于履行监管职责，就是因为收受了郭某所送贿赂，而非自己要占有补贴款。二是客观上没有共同贪污行为。张某收受郭某给予的钱款后怠于履行监管职责，正是利用职务之便为郭某谋取利益的行为，但对于郭某侵占补贴款，在案证据不能证实张某主观上有明确认识，郭某也从未想过与张某共同瓜分补贴款。三是款项性质对受贿罪认定没有影响。由于二人缺乏共同贪占补贴款的故意和行为，不应构成贪污罪共犯，而应分别构成行贿罪和受贿罪，并应针对主客观方面再补强相关证据。检察机关将法律适用和补充完善证据的意见书面反馈给东城区监委。东城区监委采纳了检察机关的提前介入意见，补充证据后，以张某涉嫌受贿罪、郭某涉嫌行贿罪，于 2018 年 11 月 12 日将两案移送起诉。

（二）审查起诉阶段不囿于提前介入意见，依法全面审查证据，及时发现漏罪。案件移送起诉后，检察机关全面严格审查在案证据，认为郭某领取和侵吞补贴款的行为分为两个阶段：第一阶段，郭某作为上述物业公司客服部经理，利用领取补贴款的职务便利，领取并将补贴款非法占为己有，其行为构成职务侵占罪；第二阶段，郭某从物业公司客服部经理岗位离职后，仍冒用客服部经理的身份领取补贴款并非法占为己有，其行为构成诈骗罪。

（三）提起公诉直接追加指控罪名，法院判决予以确认。检察机关在对郭某行贿案审查起诉时发现，郭某侵吞补贴款的行为构成职务侵占罪和诈骗罪，且犯罪事实清楚，证据确实充分，已符合起诉条件。经与相关机关沟通后，检察机关在起诉时追加认定郭某构成职务侵占罪、诈骗罪。

2018 年 12 月 28 日，北京市东城区人民检察院对张某以受贿罪提起公诉；对郭某以行贿罪、职务侵占罪、诈骗罪提起公诉。2019 年 1 月 17 日，北京市东城区人民法院作出一审判决，以受贿罪判处张某有期徒刑八个月，缓刑一年，并处罚金人民币十万元；以行贿罪、职务侵占罪、诈骗罪判处郭某有期徒刑二年，缓刑三年，并处罚金人民币十万一千元。

指导意义

（一）检察机关依法全面审查监察机关移送起诉案件，审查起诉意见与提前介入意见不一致的，应当及时与监察机关沟通。检察机关提前介入监察机关办理的职务犯罪案件时，已对证据收集、事实认定、案件定性、法律适用等提出意见。案件进入审查起诉阶段后，检察机关仍应依法全面审查，可以改变提前介入意见。审查起诉意见改变提前介入意见的，检察机关应当及时与监察机关沟通。

（二）对于监察机关在调查其管辖犯罪时已经查明，但属于公安机关管辖的犯罪，检察机关可以依法追加起诉。对于监察机关移送起诉的案件，检察机关在审查起诉阶段发现漏罪，如该罪属于公安机关管辖，但犯罪事实清楚，证据确实充分，符合起诉条件的，经征求监察机关、公安机关意见后，没有不同意见的，可以直接追加起诉；提出不同意见，或者事实不清、证据不足的，应当将案件退回监察机关并说明理由，建议其移送有管辖权的机关办理，必要时可以自行补充侦查。

（三）根据主客观相统一原则，准确区分受贿罪和贪污罪。对于国家工作人员收受贿赂后故意不履行监管职责，使非国家工作人员非法占有财物的，如该财物又涉及公款，应根据主客观相统一原则，准确认定案件性质。一要看主观上是否对侵吞公款进行过共谋，二要看客观上是否共同实施侵吞公款行为。如果具有共同侵占公款故意，且共同实施了侵占公款行为，应认定为贪污罪共犯；如果国家工作人员主观上没有侵占公款故意，只是收受贿赂后放弃职守，客观上使非国家工作人员任意处理其经手的钱款成为可能，应认定为为他人谋取利益，国家工作人员构成受贿罪，非国家工作人员构成行贿罪。如果国家工作人员行为同时构成玩忽职守罪的，以受贿罪和玩忽职守罪数罪并罚。

相关规定

《中华人民共和国刑法》第六十七条第一款，第二百六十六条，第二百七十一条第一款[*]，第三百八十三条第一款第一项，第三百八十五条第一款，第三百八十六条，第三百八十九条第一款，第三百九十条。

《最高人民法院　最高人民检察院关于办理贪污贿赂刑事案件适用法律若干问题的解释》第一条第一款，第七条第一款，第十一条第一款，第十九条。

《最高人民法院　最高人民检察院关于办理诈骗刑事案件具体应用法律的若干问题的解释》第一条，第三条。

---

[*]　编者注：《中华人民共和国刑法》（2017年修正）第二百七十一条第一款修正为《中华人民共和国刑法》（2020年修正）第二百七十一条第一款，内容修改为："公司、企业或者其他单位的工作人员，利用职务上的便利，将本单位财物非法占为己有，数额较大的，处三年以下有期徒刑或者拘役，并处罚金；数额巨大的，处三年以上十年以下有期徒刑，并处罚金；数额特别巨大的，处十年以上有期徒刑或者无期徒刑，并处罚金。"

深圳市丙投资企业（有限合伙）被诉股东
损害赔偿责任纠纷抗诉案
（检例第 77 号）

关键词

企业资产重整　保护股东个人合法财产　优化营商环境　抗诉监督

要　旨

公司股东应以出资额为限，对公司承担有限责任。股东未滥用公司法人独立地位逃避债务并严重损害公司债权人利益的，不应对公司债务承担连带责任。检察机关应严格适用股东有限责任等产权制度，依法保护投资者的个人财产安全，让有恒产者有恒心。

基本案情

2007 年 11 月，惠州甲房产开发有限公司（以下简称甲公司）登记设立，为开发广东省惠州市某房产的房地产项目公司。甲公司多次对外借款。2010 年 1 月，因甲公司无力清偿债务，广东省惠州市中级人民法院受理债权人对甲公司提出的破产申请。在惠州乙发展有限公司（以下简称乙公司）提供 5000 万元破产重整保证金后，相关债权人于 2011 年 5 月撤回破产清算申请。2011 年 8 月，深圳市丙投资企业（有限合伙）（以下简称丙企业）与甲公司、惠州市丁房产开发有限公司（以下简称丁公司）、陈某军、乙公司签订《投资合作协议》及补充协议，约定丙企业以 2000 万元受让丁公司持有的甲公司 100% 股权，并向甲公司提供 1.48 亿元委托贷款，甲公司以案涉国有土地使用权等为丙企业的债权投资提供担保，丁公司、陈某军、乙公司亦提供连带责任担保。

2011 年 8 月 9 日，甲公司的股东变更为丙企业和陈某军，其中丙企业占股东出资额的 99.9%。2011 年 8 月 10 日，丙企业委托中国建设银行股份有限公司某分行将其 1.48 亿元款项借给甲公司，用于甲公司某项目运作和甲公司运营，甲公司和丁公司依约提供抵押担保。同日，1.48 亿元委托贷款和 2000 万元股权转让款转入甲公司。款项到位后，2011 年 8 月至 2012 年 4 月期间，为完成破产重整程序中债务清偿及期间发生的借款、担保等相关衍生事宜，甲公司依照合同约定及乙公司、债权人陈某忠等人指令，先后向丁公司、深圳市戊公司、深圳市己公司等多家公司转账，款项共计 1.605 亿元。

2012 年 11 月 1 日，诸某某将其持有的对甲公司债权中的 800 万元转让给赵某新，并通知债务人。2012 年 11 月 5 日，赵某新向浙江省兰溪市人民法院起诉，要求甲公司归还欠款 800 万元，丙企业承担连带责任。

兰溪市人民法院一审认为，丙企业是甲公司的绝对控股股东，其滥用公司法人独立地位和股东有限责任，对甲公司进行不正当支配和控制，且未将贷款用于房地产开发，其转移资产、逃避债务的行为严重损害公司债权人利益，应当对甲公司的债务承担连带责任，遂判决甲公司归还赵某新 800 万元借款，丙企业承担连带责任。丙企业不服，上诉至浙江省金华市中级人民法院。二审判决驳回上诉，维持原判。丙企业申请再审，浙江省高级人民法院裁定驳回其再审申请。

检察机关监督情况

受理及审查情况。丙企业主张，甲公司对外转款均有特定用途，并非转移资产，丙企业并不存在滥用公司法人独立地位和股东有限责任的行为，不应承担连带责任，遂于 2016 年 2 月向浙江省金华市人民检察院申请监督。该院予以受理审查。

围绕丙企业是否存在滥用公司法人独立地位和股东有限责任逃避公司债务的问题，检察机关依法调阅原审案卷；核实相关工商登记信息，并对本案关键证人进行询问，相关证据可以证实甲公司于 2011 年 8 月至 2012 年 4 月期间的对外转款均具有正当事由，而非恶意转移资产，逃避债务。

监督意见。金华市人民检察院就本案向浙江省人民检察院提请抗诉。浙江省人民检察院经审查认为，丙企业并未支配控制甲公司的资金支出，在丙企业受让股权后，甲公司仍然由原股东丁公司派人进行管理，公司管理人员未发生变化；甲公司向丁公司等公司多次转款均具有明确用途，而非恶意转移资产；丙企业与甲公司、丁公司等企业之间不存在人员、业务、财务的交叉或混同。因此，终审判决认定丙企业利用法人独立地位和股东有限责任逃避债务，属于认定事实和适用法律错误。2016 年 11 月 25 日，浙江省人民检察院依法向浙江省高级人民法院提出抗诉。

监督结果。2018 年 1 月 31 日，浙江省高级人民法院作出（2017）浙民再 116 号民事判决，认定案涉委托贷款以及股权转让款的对外支付有合理解释，现有证据不足以证明丙企业有滥用公司法人独立地位和股东有限责任逃避债务的行为，判决撤销一、二审判决有关丙企业对案涉债务承担连带责任的判项，驳回赵某新对丙企业提出的诉讼请求。

指导意义

（一）严格适用公司有限责任制度，依法保护股东的个人财产安全。公司人格独立和股东有限责任是公司法的基本原则。否认公司独立人格，由滥用公司法人独立地位和股东有限责任的股东对公司债务承担连带责任，是股东有限责任的例外。在具体案件中应依据特定的法律事实和法律关系，综合判断和审慎适用，依法区分股东与公司的各自财产与债务，维护市场主体的独立性和正常的经济秩序。

（二）检察机关在审查股东损害公司债权人利益的案件时，应当严格区分企业正当融资担保与恶意转移公司资产逃避债务损害公司债权人利益违法行为的界限。如果公司股东没有利用经营权恶意转移公司资产谋一己之私，没有损害公司债权人利益的，依法不应当对公司债务承担连带偿还责任。

（三）检察机关应积极发挥监督职责，推动法治化营商环境建设。公司有限责任是具有标志性的现代企业法律制度，旨在科学化解市场风险，鼓励投资创造财富。产权是市场经济的基础、社会文明的基石和社会向前发展的动力，投资者无法回避市场风险，但需要筑牢企业家个人和家庭与企业之间的财产风险"防火墙"，对于依法出资和合法经营的，即使企业关闭停产，也能守住股东个人和家庭的合法财产底线，真正让有恒产者有恒心，优化营商环境，保护企业家的投资创业热情，为完善市场秩序提供法治保障。

相关规定

《中华人民共和国公司法》第二十条。

《中华人民共和国民事诉讼法》（2017年修正）第二百条、第二百零八条（现为2023年修正后的第二百一十一条、第二百一十九条）。

某牧业公司被错列失信被执行人名单执行监督案

（检例第78号）

关键词

企业借贷纠纷　失信被执行人　妨碍企业正常经营　执行违法监督

要　旨

查封、扣押、冻结的财产足以清偿生效法律文书确定的债务的，执行法院不应将被执行人纳入失信被执行人名单。执行法院违法将被执行人纳入失信被执行人名单的，检察机关应当及时发出检察建议，监督法院纠正对被执行人违法采取的信用惩戒措施，以维护企业的正常经营秩序，优化营商环境。

基本案情

张某奎系山西省临汾市某牧业有限公司（以下简称某牧业公司）法定代表人。乔某与某牧业公司、张某奎因民间借贷产生纠纷。2016年9月16日，山西省临汾市尧都区人民法院判决张某奎、某牧业公司归还乔某借款本金18万元及利息6.14万元，自2016年2月1日起至判决生效之日止，按约定月息2分的利率承担该借款利息。

判决生效后，乔某向尧都区人民法院申请强制执行。尧都区人民法院作出执行裁定，冻结被执行人张某奎、某牧业公司银行存款281280元，查封张某奎名下房产一套，同时还决定将某牧业公司、张某奎纳入失信被执行人名单。该查封裁定作出后，执行法院未送达当事人。

检察机关监督情况

受理情况。山西省临汾市尧都区人民检察院发现乔某与某牧业公司、张某奎民间借贷纠纷一案执行行为违法，并予以立案审查。

审查核实。经审查执行案卷，检察机关发现：一是被执行人被法院冻结、查封的财产足以清偿生效法律文书确定的债务，不符合纳入失信被执行人名单的法定情形；二是法院作出的查封裁定书未向当事人送达。同时，检察机关了解到，某牧业公司被纳入失信被执行人名单后，银行贷款被暂停发放，经营陷入困境。

监督意见。尧都区人民检察院经审查认为，执行法院存在以下违法情形：一是将张某奎纳入失信被执行人名单属于适用法律错误。《最高人民法院关于公布失信被执行人名单信息的若干规定》第三条规定："被采取查封、扣押、冻结等措施的财产足以清偿生效法律文书确定债务的，人民法院不得将被执行人纳入失信被执行人名单。"本案执行程序中，被执行人张某奎、某牧业公司被冻结的存款和被查封的房产足以清偿生效裁判确定的债务。因此，执行法院将其纳入失信被执行人名单，显属违法。二是未向当事人送达执行裁定书。《最高人民法院关于人民法院民事执行中查封、扣押、冻结财产的规定》第一条规定："人民法院查封、扣押、冻结被执行人的动产、不动产及其他财产权，应当作出裁定，并送达被执行人和申请执行人。查封、扣押、冻结裁定书送达时发生法律效力。"本案中法院制作执行裁定书后，长期未向当事人送达，违反了上述规定。

监督结果。2017年11月28日，尧都区人民检察院向尧都区人民法院提出检察建议，建议该院依法纠正违法执行行为。尧都区人民法院采纳了检察建议，于2017年12月8日将执行裁定书送达当事人，并撤销了将张某奎、某牧业公司纳入失信被执行人名单的决定。

指导意义

（一）规范适用失信被执行人名单制度，对于保证执行程序的公正性具有重要意义。失信被执行人名单制度以信用惩戒的方式约束被执行人，提高了执行活动的质量和效率，对于破解"执行难"起到了重要作用。在维护申请执行人利益的同时，执行的谦抑原则要求尽可能避免对被执行人合法权益造成损害。

（二）检察机关应积极履行监督职能，确保失信被执行人名单制度规范运行。失信被执行人名单制度的规范运行，对于建立诚实守信、依法履约的良好社会风气意义重大。但该项制度应当依法运用，否则将降低被执行人的社会信誉度，给其社会生活、商业经营等带来不便。执行法院查封、冻结的财产足以清偿债务的，将企业或其法定代表人纳入失信被执行人名单是不妥当的，检察机关应对违法执行行为予以监督，切实维护企业或个人合法权益。

（三）检察机关应加强对执行法律文书送达的监督，保障当事人的知情权和申辩权。执行法院在作出查封、扣押、冻结被执行人财产的裁定后，应当依法送达申请执行人和被执行人。执行法院未送达当事人，既损害了当事人的诉讼权利，亦损害了司法权威。检察机关在履行监督职责时应注意审查相关诉讼文书送达的合法性，对执行法院送达违法的行为及时提出检察建议，监督执行法院予以纠正，保障当事人行使诉讼权利。

相关规定

《人民检察院民事诉讼监督规则（试行）》第一百零二条*。
《最高人民法院关于人民法院民事执行中查封、扣押、冻结财产的规定》第一条。
《最高人民法院关于公布失信被执行人名单信息的若干规定》第三条。

南漳县丙房地产开发有限责任公司被明显超标的
额查封执行监督案
（检例第 79 号）

关键词

诉讼保全　超标的额查封　依法保护企业资产安全　审判程序违法监督

要　旨

查封、扣押、冻结被执行人财产应与生效法律文书确定的被执行人的债务相当，不得明显超出被执行人应当履行义务的范围。检察机关对于明显超标的额查封的违法行为，应提出检察建议，督促执行法院予以纠正，以保护民营企业产权，优化营商环境。

---

* 编者注：《人民检察院民事诉讼监督规则（试行）》已失效，变更为《人民检察院民事诉讼监督规则》，第一百零二条变更为第一百零四条，内容修改为："人民检察院对人民法院执行生效民事判决、裁定、调解书、支付令、仲裁裁决以及公证债权文书等法律文书的活动实行法律监督。"后文同此注。

基本案情

2015年5月26日，襄阳市甲小额贷款股份有限责任公司（以下简称甲小贷公司）、襄阳市乙工程总公司（以下简称乙公司）向湖北省襄阳市樊城区人民法院提起民事诉讼，请求判令南漳县丙房地产开发有限责任公司（以下简称丙公司）、南漳县丁建筑安装工程有限责任公司（以下简称丁公司）、洪某生偿还借款5589万元及利息，并申请对价值6671万元的房产进行保全。同日，樊城区人民法院立案受理并作出财产保全裁定，查封丙公司、丁公司及洪某生的房产共计210套。丙公司认为查封明显超出标的额，于2015年6月提出异议，但樊城区人民法院未书面回复。

2015年7月至2016年10月期间，樊城区人民法院对当事人双方的多起借款纠纷作出民事判决，判令丙公司、丁公司、洪某生偿还乙公司、甲小贷公司借款合计5536.2万元及利息约438万元。在本案执行阶段，丙公司向执行法院提出房产评估申请，经执行法院同意，由丙公司委托鉴定机构进行评估，评估结果为查封的房产市场价值为1.21亿元。丙公司提出执行异议，但樊城区人民法院审查后认定，丙公司提出的执行异议依据不充分，且未在法定期限内申请复议，故不予支持。由于丙公司已建成的210套商品房均被执行法院查封，无法正常销售，企业资金断流，经营陷入困境。

检察机关监督情况

受理情况。2016年12月27日，丙公司、丁公司以樊城区人民法院明显超标的额查封为由，向樊城区人民检察院申请监督。该院予以受理审查。

审查核实。樊城区人民检察院对案件线索依法进行调查核实。询问了申请人丙公司；前往樊城区人民法院查阅了审判与执行案卷，收集相关法律文书、价格鉴定报告与其他书证；实地前往被查封楼盘进行现场勘查。经审查核实发现，相关裁判文书确定的债务总额为5974万元，且甲小贷公司、乙公司申请查封的标的额仅为6671万元，而执行法院实际查封的房产价值为1.21亿元，存在明显超标的额查封的问题。

监督意见。樊城区人民检察院认为，樊城区人民法院查封的210套房产价值为1.21亿元，查封财产价值明显超出生效裁判文书确定的债务数额，违反《中华人民共和国民事诉讼法》第二百四十二条规定及《最高人民法院关于人民法院民事执行中查封、扣押、冻结财产的规定》第二十一条规定，存在明显超标的额查封被执行人财产的违法行为。2017年3月20日，樊城区人民检察院向樊城区人民法院发出检察建议，建议对超标的额查封的违法行为予以纠正。

监督结果。收到检察建议书后，樊城区人民法院认定本案确系超标的额查封，于2017年4月17日发出协助执行通知书，通知某县住房保障管理局解除对被执行人先期查封的210套商品房中109套的查封。解封后，丙公司得以顺利出售商品房，回收售楼款，改善资金困境，并及时发放拖欠的农民工工资，积极协商偿还本案剩余债务。

指导意义

（一）纠正明显超标的额的违法查封行为，消除对涉案企业正常生产经营的不利影响。执行程序的适度原则要求对执行措施限制在合理的范围内，执行目的与执行手段之间的基本平衡。纠正明显超标的额的违法查封行为，对于盘活企业资产，激发企业活力，特别是保障民营企业的可持续发展十分重要。

（二）办理明显超标的额查封的民事监督案件，应当围绕保全范围和标的物价值进行审查。查封、扣押、冻结等强制执行措施的违法使用，将限制企业生产要素的自由流动，降低市场主体创造社会财富的活力。因此，在认定是否明显超标的额查封时，不仅需要查明主债权、利息、违约金及为实现债权而支出的合理费用，还要结合查封财产是否为可分物、财产上是否设定其他影响债权实现的权利负担等因素予以综合考虑。做到监督有据，准确有效。

（三）诉讼保全措施延续到执行程序后，检察机关应按执行监督程序进行审查。诉讼保全发生于裁判生效前的审判活动，目的是保障生效裁判的履行。裁判生效后即转入强制执行程序。对于明显超标的额查封的财产，应依法提出执行检察建议，监督执行法院纠正错误执行行为。

相关规定

《中华人民共和国民事诉讼法》（2017 年修正）第二百四十二条（现为 2023 年修正后的第二百五十三条）。

《最高人民法院关于人民法院民事执行中查封、扣押、冻结财产的规定》第二十一条。

《人民检察院民事诉讼监督规则（试行）》第一百零二条。

福建甲光电公司、福建乙科技公司与福建丁物业公司
物业服务合同纠纷和解案
（检例第 80 号）

关键词

企业债务纠纷　不影响审判违法监督　多元化解机制　检察调处

要　旨

检察机关办理民事监督案件，在不影响审判违法监督的前提下，可以引导当事人

和解，但必须尊重当事人意愿，遵循意思自治与合法原则，在查清事实、厘清责任的基础上，依法促成和解，减轻当事人诉累，营造良好营商环境。

基本案情

福州软件园兴建于 1999 年 3 月，是福建省迄今为止规模最大的软件产业园区。2007 年，福建甲光电有限公司（以下简称甲公司）、福建乙科技有限公司（以下简称乙公司）等进驻软件园，购买园区土地建设自有研发楼。为提升园区服务质量，2011 年 1 月 28 日，福州丙开发有限公司（以下简称丙公司）通过招投标方式确定福建丁物业有限公司（以下简称丁公司）作为物业服务中标单位，中标价为 1.3 元／平方米／月。2011 年 3 月 28 日，丙公司与丁公司签订物业服务合同。甲公司、乙公司等多家公司认为，其自建园区相对独立封闭，未得到物业服务，且自身未与物业公司签订物业服务合同，因此拒绝交纳物业费，引发纠纷。丁公司于 2013 年 10 月向福建省福州市鼓楼区人民法院起诉，请求甲公司、乙公司支付拖欠的物业服务费及违约金。

鼓楼区人民法院一审认为，签订物业服务合同的一方须为物业的建设单位，甲公司的办公楼系其自建，故丙公司签订的物业服务合同对甲公司、乙公司无约束力，但丁公司对园区的道路、绿化等配套设施进行日常维护管养，甲公司、乙公司享受了基础设施服务，故应当支付物业费，酌定物业服务费标准为合同标准的 30%，即 0.39 元／平方米／月。丁公司不服，上诉至福建省福州市中级人民法院。二审判决驳回上诉，维持原判。

丁公司向福建省高级人民法院申请再审。再审法院认为，丙公司是园区公共区域的建设单位，其依法选聘物业服务企业并签订物业服务合同，对园区内公司具有相应约束力，改判甲公司、乙公司按照 1.3 元／平方米／月的标准交纳物业服务费。

检察机关监督情况

受理情况。甲公司、乙公司等民营企业认为其自建园区未享受物业服务，且丙公司无权代表业主签订物业服务合同，遂于 2018 年 11 月向福建省人民检察院申请监督。该院予以受理审查。

调查核实。为查清事实，检察机关走访福州市某管理委员会和丙公司，并实地查看甲公司、乙公司等多家民营企业的自建园区，调阅三次审理的审判案卷，全面掌握案件事实和争议症结。同时，在调查走访中也了解到，再审败诉对甲公司、乙公司等民营企业的营商环境产生一定影响，特别是与物业公司发生的长期纠纷也影响了企业的正常经营。

和解过程及结果。福建省人民检察院经研究认为，由于丁公司仅对甲公司等自有园区以外的公共区域提供物业服务，仍按照合同标准确定物业服务费，有违公平合理原则。为此，检察机关多次约谈物业公司和相关科技公司的法定代表人及诉讼代理人，认真听取并分析双方意见，解释法律规定，各方一致认为此案的最佳处理方式是和解结案。在检察机关引导下，双方自愿达成和解协议，丁公司同意甲公司、乙公司按照0.85元/平方米/月的标准交纳物业服务费，对之前六年的物业服务费一并结算，即时履行完毕，并将和解协议送交执行法院，执行法院终结本案执行。2019年8月，福建省人民检察院作出终结审查决定。

指导意义

（一）坚持和发展新时代"枫桥经验"，构建和谐营商环境。各级人民检察院办理民事监督案件，应当积极践行"枫桥经验"，在不影响审判违法监督、不损害国家利益、社会公共利益及他人合法权益的前提下，可以引导当事人自愿达成和解协议。由于民事监督案件涉及的法律关系已经为生效裁判确认，人民检察院应当把握和解的适用条件，避免损害裁判的既判力。如果生效裁判并无不当，人民检察院应当释法说理，说服申请人息诉罢访；如果人民法院的生效裁判违反法律相关规定，同级人民检察院在尊重当事人意愿的前提下可以引导当事人和解，节约司法资源、化解矛盾纠纷，真正实现"双赢、共赢、多赢"。

（二）检察机关引导当事人达成和解协议的，应当加强与法院执行程序的衔接。人民检察院办理民事监督案件，引导达成和解的，要注意与人民法院执行程序的衔接。当事人达成和解协议后，检察机关应当告知当事人向执行法院递交和解协议，必要时检察机关也可以主动告知执行法院相关和解情况，由执行法院按照执行和解的法律规定办理，以实现案结事了。

相关规定

《中华人民共和国民事诉讼法》（2017年修正）第七条、第二百条、第二百零八条（现为2023年修正后的第七条、第二百一十一条、第二百一十九条）。

《人民检察院民事诉讼监督规则（试行）》第五十五条、第六十六条、第七十五条第一款第（二）项。*

---

* 编者注：《人民检察院民事诉讼监督规则（试行）》已失效，变更为《人民检察院民事诉讼监督规则》。第五十五条变更为第五十一条，内容修改为："人民检察院在办理民事诉讼监督案件过程中，当事人有和解意愿的，可以引导当事人自行和解。"第六十六条变更为第六十三条，内容未修改。第七十五条变更为第七十三条，内容修改为："有下列情形之一的，人民检察院应当终结审查：（一）人民法院已经裁定再审或者已经纠正违法行为的；（二）申请人撤回监督申请，且不损害国家利益、社会公共利益或者他人合法权益的；（三）申请人在与其他当事人达成的和解协议中声明放弃申请监督权利，且不损害国家利益、社会公共利益或者他人合法权益的；（四）申请监督的自然人死亡，没有继承人或者继承人放弃申请，且没有发现其他应当监督的违法情形的；（五）申请监督的法人或者非法人组织终止，没有权利义务承受人或者权利义务承受人放弃申请，且没有发现其他应当监督的违法情形的；（六）发现已经受理的案件不符合受理条件的；（七）人民检察院依职权启动监督程序的案件，经审查不需要采取监督措施的；（八）其他应当终结审查的情形。终结审查的，应当制作《终结审查决定书》，需要通知当事人的，发送当事人。"

第二十二批指导性案例

无锡 F 警用器材公司虚开增值税专用发票案

（检例第 81 号）

关键词

单位认罪认罚　不起诉　移送行政处罚　合规经营

要　旨

民营企业违规经营触犯刑法情节较轻，认罪认罚的，对单位和直接责任人员依法能不捕的不捕，能不诉的不诉。检察机关应当督促认罪认罚的民营企业合法规范经营。拟对企业作出不起诉处理的，可以通过公开听证听取意见。对被不起诉人（单位）需要给予行政处罚、处分或者需要没收其违法所得的，应当依法提出检察意见，移送有关主管机关处理。

基本案情

被不起诉单位，无锡 F 警用器材新技术有限公司（以下简称"F 警用器材公司"），住所地江苏省无锡市。

被不起诉人乌某某，男，F 警用器材公司董事长。

被不起诉人陈某某，女，F 警用器材公司总监。

被不起诉人倪某，男，F 警用器材公司采购员。

被不起诉人杜某某，女，无锡 B 科技有限公司法定代表人。

2015 年 12 月间，乌某某、陈某某为了 F 警用器材公司少缴税款，商议在没有货物实际交易的情况下，从其他公司虚开增值税专用发票抵扣税款，并指使倪某通过公司供应商杜某某等人介绍，采用伪造合同、虚构交易、支付开票费等手段，从王某某（另案处理）实际控制的商贸公司、电子科技公司虚开增值税专用发票 24 份，税额计人民币 377344.79 元，后 F 警用器材公司从税务机关抵扣了税款。

乌某某、陈某某、倪某、杜某某分别于 2018 年 11 月 22 日、23 日至公安机关投案，均如实供述犯罪事实。11 月 23 日，公安机关对乌某某等四人依法取保候审。案发后，F 警用器材公司补缴全部税款并缴纳滞纳金。2019 年 11 月 8 日，无锡市公安局新吴分局以 F 警用器材公司及乌某某等人涉嫌虚开增值税专用发票罪移送检察机关审查起诉。检察机关经审查，综合案件情况拟作出不起诉处理，举行了公开听证。该公司及乌某某等人均自愿认罪认罚，在律师的见证下签署了《认罪认罚具结书》。2020 年 3 月 6 日，无锡市新吴区人民检察院依据《中华人民共和国刑事诉讼法》第一百七十七条第二款规定，对该公司及乌某某等四人作出不起诉决定，就没收被不起诉人违法所得及对被不起诉单位予以行政处罚向公安机关和税务机关分别提出检察意见。后公安机关对倪某、杜某某没收违法所得共计人民币 45503 元，税务机关对该公司处以行政罚款人民币 466131.8 元。

检察履职情况

（一）开展释法说理，促使被不起诉单位和被不起诉人认罪认罚。新吴区人民检察院受理案件后，向 F 警用器材公司及乌某某等四人送达《认罪认罚从宽制度告知书》，结合案情进行释法说理，并依法听取意见。乌某某等四人均表示认罪认罚，该公司提交了书面意见，表示对本案事实及罪名不持异议，愿意认罪认罚，请求检察机关从宽处理。

（二）了解企业状况，评估案件对企业生产经营的影响。检察机关为全面评估案件的处理对企业生产经营的影响，通过实地走访、调查，查明该公司成立于 1997 年，系科技创新型民营企业，无违法经营处罚记录，近三年销售额人民币 7000 余万元，纳税额人民币 692 万余元。该公司拥有数十项专利技术、计算机软件著作权和省级以上科学技术成果，曾参与制定 10 项公共安全行业标准，在业内有较好的技术创新影响力。审查起诉期间，公司参与研发的项目获某创新大赛金奖。

（三）提出检察建议，考察涉罪企业改进合规经营情况。该企业发案前有基本的经营管理制度，但公司治理制度尚不健全。在评估案件情况后，检察机关围绕如何推动企业合法规范经营提出具体的检察建议，督促涉罪企业健全完善公司管理制度。该公司根据检察机关建议，制定合规经营方案，修订公司规章制度，明确岗位职责，对员工开展合法合规管理培训，并努力完善公司治理结构。结合该企业上述改进情况，根据单位犯罪特点，在检察机关主持下，由单位诉讼代表人签字、企业盖章，在律师见证下签署《认罪认罚具结书》。

（四）举行公开听证，听取各方意见后作出不起诉决定，并提出检察意见。考虑到本案犯罪情节较轻且涉罪企业和直接责任人员认罪认罚，检察机关拟对涉罪企业及有关人员作出不起诉处理。为提升不起诉决定的公信力和公正性，新吴区人民检察院举行公开听证会，邀请侦查机关代表、人民监督员、特约检察员参加听证，通知涉罪企业法定代表人、犯罪嫌疑人、辩护人到场听证。经听取各方意见，新吴区人民检察院依法作出不起诉决定，同时依法向公安机关、税务机关提出行政处罚的检察意见。公安机关、税务机关对该公司作出相应行政处罚，并没收违法所得。

指导意义

（一）对犯罪情节较轻且认罪认罚的涉罪民营企业及其有关责任人员，应当依法从宽处理。检察机关办理涉罪民营企业刑事案件，应当充分考虑促进经济发展，促进职工就业，维护国家和社会公共利益的需要，积极做好涉罪企业及其有关责任人员的认罪认罚工作，促使涉罪企业退缴违法所得、赔偿损失、修复损害、挽回影响，从而将犯罪所造成的危害降到最低。对犯罪情节较轻且认罪认罚、积极整改的企业及其相关责任人员，符合不捕、不诉条件的，坚持能不捕的不捕，能不诉的不诉，符合判处缓刑条件的要提出适用缓刑的建议。

（二）把建章立制落实合法规范经营要求，作为悔罪表现和从宽处罚的考量因素。检察机关在办理企业涉罪案件过程中，通过对自愿认罪认罚的民营企业进行走访、调查，查明企业犯罪的诱发因素、制度漏洞、刑事风险等，提出检察建议。企业通过主动整改、建章立制落实合法规范经营要求体现悔罪表现。检察机关可以协助和督促企业执行，帮助企业增强风险意识，规范经营行为，有效预防犯罪并据此作为从宽处罚的考量因素。

（三）依法做好刑事不起诉与行政处罚、处分有效衔接。检察机关依法作出不起诉决定的案件，要执行好《中华人民共和国刑事诉讼法》第一百七十七条第三款的规定，对被不起诉人需要给予行政处罚、处分或者需要没收其违法所得的，应当提出检察意见，移送有关主管机关处理。有关主管机关应当将处理结果及时通知人民检察院。有关主管机关未及时通知处理结果的，人民检察院应当依法予以督促。

相关规定

《中华人民共和国刑法》第三十七条*、第二百零五条。

《中华人民共和国刑事诉讼法》第十五条、第一百七十三条、第一百七十四条、第一百七十七条。**

---

* 编者注：2020 年 12 月 26 日，根据《中华人民共和国刑法修正案（十一）》，在刑法第三十七条后增加一条，作为第三十七条之一："因利用职业便利实施犯罪，或者实施违背职业要求的特定义务的犯罪被判处刑罚的，人民法院可以根据犯罪情况和预防再犯罪的需要，禁止其自刑罚执行完毕之日或者假释之日起从事相关职业，期限为三年至五年。被禁止从事相关职业的人违反人民法院依照前款规定作出的决定的，由公安机关依法给予处罚；情节严重的，依照本法第三百一十三条的规定定罪处罚。其他法律、行政法规对其从事相关职业另有禁止或者限制性规定的，从其规定。"

** 编者注：《中华人民共和国刑事诉讼法》（2012 年修正）变更为《中华人民共和国刑事诉讼法》（2018 年修正）。其中，第十五条变更为第十六条，内容未修改；第一百七十三条变更为第一百七十七条，内容修改为："犯罪嫌疑人没有犯罪事实，或者有本法第十六条规定的情形之一的，人民检察院应当作出不起诉决定。对于犯罪情节轻微，依照刑法规定不需要判处刑罚或者免除刑罚的，人民检察院可以作出不起诉决定。人民检察院决定不起诉的案件，应当同时对侦查中查封、扣押、冻结的财物解除查封、扣押、冻结。对被不起诉人需要给予行政处罚、处分或者需要没收其违法所得的，人民检察院应当提出检察意见，移送有关主管机关处理。有关主管机关应当将处理结果及时通知人民检察院。"第一百七十四条变更为第一百七十八条，内容未修改。第一百七十七条变更为第一百八十一条，内容修改为："对于人民检察院依照本法第一百七十七条第二款规定作出的不起诉决定，被不起诉人如果不服，可以自收到决定书后七日以内向人民检察院申诉。人民检察院应当作出复查决定，通知被不起诉的人，同时抄送公安机关。"

《人民检察院刑事诉讼规则》第三百七十三条。

《最高人民法院　最高人民检察院　公安部　国家安全部　司法部关于适用认罪认罚从宽制度的指导意见》。

《最高人民法院　关于虚开增值税专用发票定罪量刑标准有关问题的通知》第二条。

钱某故意伤害案

（检例第 82 号）

关键词

认罪认罚　律师参与协商　量刑建议说理　司法救助

要　旨

检察机关应当健全量刑协商机制，规范认罪认罚案件量刑建议的形成过程。依法听取犯罪嫌疑人、辩护人或者值班律师的意见，通过出示有关证据、释法说理等方式，结合案件事实和情节开展量刑协商，促进协商一致。注重运用司法救助等制度措施化解矛盾，提升办案质效。

基本案情

被告人钱某，1982 年 5 月生，浙江嵊州人，嵊州市某工厂工人。

2019 年 9 月 28 日晚，钱某应朋友邀请在嵊州市长乐镇某餐馆与被害人马某某等人一起吃饭。其间，钱某与马某某因敬酒发生争吵，马某某不满钱某喝酒态度持玻璃酒杯用力砸向钱某头部，致其额头受伤流血。钱某随后从餐馆门口其电瓶车内取出一把折叠刀，在厮打过程中刺中马某某胸部、腹部。马某某随即被送往医院救治，经医治无效于同年 11 月 27 日死亡。案发后，钱某即向公安机关主动投案，如实供述了自己的犯罪行为。案件移送检察机关审查起诉后，钱某表示愿意认罪认罚，在辩护人见证下签署了《认罪认罚具结书》。案发后，被告人钱某向被害人亲属进行了民事赔偿，取得被害人亲属谅解。

绍兴市人民检察院以钱某犯故意伤害罪于 2020 年 5 月 15 日向绍兴市中级人民法院提起公诉，提出有期徒刑十二年的量刑建议。绍兴市中级人民法院经开庭审理，当庭判决采纳检察机关指控的罪名和量刑建议。被告人未上诉，判决已生效。

检察履职情况

（一）依法听取意见，开展量刑协商。本案被告人自愿认罪认罚，检察机关在依法审查证据、认定事实基础上，围绕如何确定量刑建议开展了听取意见、量刑协商等工作。根据犯罪事实和量刑情节，检察机关初步拟定有期徒刑十五年的量刑建议。针对辩护人提出钱某有正当防卫性质，属防卫过当的辩护意见，检察机关结合证据阐明被告人激愤之下报复伤害的犯罪故意明显，不属于针对不法侵害实施的防卫行为，辩护人表示认同，同时提交了钱某与被害人亲属达成的调解协议及被害人亲属出具的谅解书。检察机关审查并听取被害方意见后予以采纳，经与被告人及其辩护人沟通协商，将量刑建议调整为有期徒刑十二年，控辩双方达成一致意见。

（二）量刑建议说理。被告人签署具结书前，检察机关向被告人和辩护人详细阐释了本案拟起诉认定的事实、罪名、情节，量刑建议的理由和依据，自首、认罪认罚、赔偿损失及取得谅解等情节的量刑从宽幅度等。被告人表示接受，并在辩护人见证下签署了《认罪认罚具结书》。检察机关提起公诉时随案移送《量刑建议说理书》。

（三）开展司法救助。检察机关受理案件后，检察官多次到被害人家中慰问，了解到被害人家中仅有年迈的父亲和年幼的儿子二人，无力支付被害人医疗费和丧葬费，被告人也家境困难，虽然尽力赔付但不足以弥补被害方的损失。检察机关积极为被害人家属申请了司法救助金，帮助其解决困难，促进双方矛盾化解。

指导意义

（一）有效保障辩护人或者值班律师参与量刑协商。办理认罪认罚案件，检察机关应当与被告人、辩护人或者值班律师进行充分有效的量刑协商。检察机关组织开展量刑协商时，应当充分听取被告人、辩护人或者值班律师的意见。检察机关可以通过向被告人出示证据、释法说理等形式，说明量刑建议的理由和依据，保障协商的充分性。被告人及其辩护人或者值班律师提出新的证据材料或者不同意见的，应当重视并认真审查，及时反馈是否采纳并说明理由，需要核实或一时难以达成一致的，可以在充分准备后再开展协商。检察机关应当听取被害方及其诉讼代理人的意见，促进和解谅解，并作为对被告人从宽处罚的重要因素。

（二）运用司法救助促进矛盾化解。对于因民间矛盾纠纷引发，致人伤亡的案件，被告人认罪悔罪态度好，但因家庭经济困难没有赔偿能力或者赔偿能力有限，而被害方又需要救助的，检察机关应当积极促使被告人尽力赔偿被害方损失，争取被害方谅解，促进矛盾化解。同时要积极开展司法救助，落实帮扶措施，切实为被害方纾解困难提供帮助，做实做细化解矛盾等社会治理工作。

相关规定

《中华人民共和国刑法》第二百三十四条、第六十七条第一款。

《中华人民共和国刑事诉讼法》第十五条、第一百七十三条、第一百七十四条、第一百七十六条。

《最高人民法院　最高人民检察院　公安部　国家安全部　司法部关于适用认罪

认罚从宽制度的指导意见》。

《人民检察院国家司法救助工作细则（试行）》。

琚某忠盗窃案

（检例第 83 号）

天键词

认罪认罚　无正当理由上诉　抗诉　取消从宽量刑

要　旨

对于犯罪事实清楚，证据确实、充分，被告人自愿认罪认罚，一审法院采纳从宽量刑建议判决的案件，因被告人无正当理由上诉而不再具有认罪认罚从宽的条件，检察机关可以依法提出抗诉，建议法院取消因认罪认罚给予被告人的从宽量刑。

基本案情

被告人琚某忠，男，1985 年 11 月生，浙江省常山县人。

2017 年 11 月 16 日下午，被告人琚某忠以爬窗入室的方式，潜入浙江省杭州市下城区某小区 502 室，盗取被害人张某、阮某某贵金属制品 9 件（共计价值人民币 28213 元）、现金人民币 400 余元、港币 600 余元。案发后公安机关追回上述 9 件贵金属制品，并已发还被害人。

审查起诉期间，检察机关依法告知被告人琚某忠诉讼权利义务、认罪认罚的具体规定，向琚某忠核实案件事实和证据，并出示监控录像等证据后，之前认罪态度反复的被告人琚某忠表示愿意认罪认罚。经与值班律师沟通、听取意见，并在值班律师见证下，检察官向琚某忠详细说明本案量刑情节和量刑依据，提出有期徒刑二年三个月，并处罚金人民币三千元的量刑建议，琚某忠表示认可和接受，自愿签署《认罪认罚具结书》。2018 年 3 月 6 日，杭州市下城区人民检察院以被告人琚某忠犯盗窃罪提起公诉。杭州市下城区人民法院适用刑事速裁程序审理该案，判决采纳检察机关指控的罪名和量刑建议。

同年 3 月 19 日，琚某忠以量刑过重为由提出上诉，下城区人民检察院提出抗诉。杭州市中级人民法院认为，被告人琚某忠不服原判量刑提出上诉，导致原审适用认罪认罚从宽制度的基础已不存在，为保障案件公正审判，裁定撤销原判，发回重审。下城区人民法院经重新审理，维持原判认定的被告人琚某忠犯盗窃罪的事实和定性，改判琚某忠有期徒刑二年九个月，并处罚金人民币三千元。判决后，琚某忠未上诉。

检察履职情况

（一）全面了解上诉原因。琚某忠上诉后，检察机关再次阅卷审查，了解上诉原因，核实认罪认罚从宽制度的适用过程，确认本案不存在事实不清、证据不足、定性错误、量刑不当等情形；确认权利告知规范、量刑建议准确适当、具结协商依法进行。被告人提出上诉并无正当理由，违背了认罪认罚的具结承诺。

（二）依法提出抗诉。琚某忠无正当理由上诉表明其认罪不认罚的主观心态，其因认罪认罚而获得从宽量刑的条件已不存在，由此导致一审判决罪责刑不相适应。在这种情况下，检察机关以"被告人不服判决并提出上诉，导致本案适用认罪认罚从宽制度的条件不再具备，并致量刑不当"为由提出抗诉，并在抗诉书中就审查起诉和一审期间依法开展认罪认罚工作情况作出详细阐述。

指导意义

被告人通过认罪认罚获得量刑从宽后，在没有新事实、新证据的情况下，违背具结承诺以量刑过重为由提出上诉，无正当理由引起二审程序，消耗国家司法资源，检察机关可以依法提出抗诉。一审判决量刑适当、自愿性保障充分，因为认罪认罚后反悔上诉导致量刑不当的案件，检察机关依法提出抗诉有利于促使被告人遵守协商承诺，促进认罪认罚从宽制度健康稳定运行。检察机关提出抗诉时，应当建议法院取消基于认罪认罚给予被告人的从宽量刑，但不能因被告人反悔行为对其加重处罚。

相关规定

《中华人民共和国刑法》第二百六十四条。

《中华人民共和国刑事诉讼法》第十五条、第一百七十三条、第一百七十四条、第一百七十六条。

《最高人民法院　最高人民检察院　公安部　国家安全部　司法部关于适用认罪认罚从宽制度的指导意见》。

林某彬等人组织、领导、参加黑社会性质组织案

（检例第84号）

关键词

认罪认罚　黑社会性质组织犯罪　宽严相济　追赃挽损

要 旨

认罪认罚从宽制度可以适用于所有刑事案件，没有适用罪名和可能判处刑罚的限定，涉黑涉恶犯罪案件依法可以适用该制度。认罪认罚从宽制度贯穿刑事诉讼全过程，适用于侦查、起诉、审判各个阶段。检察机关办理涉黑涉恶犯罪案件，要积极履行主导责任，发挥认罪认罚从宽制度在查明案件事实、提升指控效果、有效追赃挽损等方面的作用。

基本案情

被告人林某彬，男，1983年8月生，北京某投资有限公司法定代表人，某金融服务外包（北京）有限公司实际控制人。

胡某某等其他51名被告人基本情况略。

被告人林某彬自2013年9月至2018年10月，以实际控制的北京某投资有限公司、某金融服务外包（北京）有限公司，通过招募股东、吸收业务员的方式，逐步形成了以林某彬为核心，被告人增某、胡某凯等9人为骨干，被告人林某强、杨某明等9人为成员的黑社会性质组织。该组织以老年人群体为主要目标，专门针对房产实施系列"套路贷"犯罪活动，勾结个别公安民警、公证员、律师以及暴力清房团伙，先后实施了诈骗、敲诈勒索、寻衅滋事、虚假诉讼等违法犯罪活动，涉及北京市朝阳区、海淀区等11个区、72名被害人、74套房产，造成被害人经济损失人民币1.8亿余元。

林某彬黑社会性质组织拉拢公安民警被告人庞某天入股，利用其身份查询被害人信息，利用其专业知识为暴力清房人员谋划支招。拉拢律师被告人李某杰以法律顾问身份帮助林某彬犯罪组织修改"套路贷"合同模板、代为应诉，并实施虚假诉讼处置房产。公证员被告人王某等人为获得费用提成或收受林某彬黑社会性质组织给予的财物，出具虚假公证文书。

在北京市人民检察院第三分院主持下，全案52名被告人中先后有36名签署了《认罪认罚具结书》。2019年12月30日，北京市第三中级人民法院依法判决，全部采纳检察机关量刑建议。林某彬等人上诉后，2020年7月16日，北京市高级人民法院二审裁定驳回上诉，维持原判。

检察履职情况

（一）通过部分被告人认罪认罚，进一步查清案件事实，教育转化同案犯。在案件侦查过程中，检察机关在梳理全案证据基础上，引导侦查机关根据先认罪的胡某凯负责公司财务、熟悉公司全部运作的情况，向其讲明认罪认罚的法律规定，促使其全面供述，查清了林某彬黑社会性质组织诈骗被害人房产所实施的多个步骤，证实了林某彬等人以房产抵押借款并非民间借贷，而是为骗取被害人房产所实施的"套路贷"犯罪行为，推动了全案取证工作。审查起诉阶段，通过胡某凯认罪认罚以及根据其供述调取的微信股东群聊天记录等客观证据，对股东韩某军、庞某天等被告人进行教育转化。同时开展对公司业务人员的教育转化工作，后业务人员白某金、吴某等被告人认罪认罚。审查起诉阶段共有 12 名被告人签署了《认罪认罚具结书》。通过被告人的供述及据此补充完善的相关证据，林某彬黑社会性质组织的人员结构、运作模式、资金分配等事实更加清晰。庭前会议阶段，围绕定罪量刑重点，展示全案证据，释明认定犯罪依据，促成 14 名被告人认罪认罚，在庭前会议结束后签署了《认罪认罚具结书》。开庭前，又有 10 名被告人表示愿意认罪认罚，签署了《认罪认罚具结书》。

（二）根据被告人在犯罪中的地位和作用以及认罪认罚的阶段，坚持宽严相济刑事政策，依法确定是否从宽以及从宽幅度。一是将被告人划分为"三类三档"。"三类"分别是公司股东及业务员、暴力清房人员、公证人员，"三档"是根据每一类被告人在犯罪中的地位和作用确定三档量刑范围，为精细化提出量刑建议提供基础。二是是否从宽以及从宽幅度坚持区别对待。一方面，坚持罪责刑相适应，对黑社会性质组织的组织者、领导者林某彬从严惩处，建议法庭依法不予从宽；对积极参加者，从严把握从宽幅度。另一方面，根据被告人认罪认罚的时间先后、对查明案件事实所起的作用、认罪悔罪表现、退赃退赔等不同情况，提出更具针对性的量刑建议。

（三）发挥认罪认罚从宽制度的积极作用，提升出庭公诉效果。出庭公诉人通过讯问和举证质证，继续开展认罪认罚教育，取得良好庭审效果。首要分子林某彬当庭表示愿意认罪认罚，在暴力清房首犯万某春当庭否认知晓"套路贷"运作流程的情况下，林某彬主动向法庭指证万某春的犯罪事实，使万某春的辩解不攻自破。在法庭最后陈述阶段，不认罪的被告人受到触动，也向被害人表达了歉意。

（四）运用认罪认罚做好追赃挽损，最大限度为被害人挽回经济损失。审查起诉阶段，通过强化对认罪认罚被告人的讯问，及时发现涉案房产因多次过户、抵押而涉及多起民事诉讼，已被法院查封或执行的关键线索，查清涉案财产走向。审判阶段，通过继续推动认罪认罚，不断扩大追赃挽损的效果。在庭前会议阶段，林某彬等多名被告人表示愿意退赃退赔；在庭审阶段，针对当庭认罪态度较好，部分退赔已落实到位或者明确表示退赔的被告人，公诉人向法庭建议在退赔到位时可以在检察机关量刑建议幅度以下判处适当的刑罚，促使被告人退赃退赔。全案在起诉时已查封、扣押、冻结涉案财产的基础上，一审宣判前，被告人又主动退赃退赔人民币 400 余万元。

指导意义

（一）对于黑社会性质组织犯罪等共同犯罪案件，适用认罪认罚从宽制度有助于提升指控犯罪质效。检察机关应当注重认罪认罚从宽制度的全流程适用，通过犯罪嫌疑人、被告人认罪认罚，有针对性地收集、完善和固定证据，同时以点带面促使其他被告人认罪认罚，完善指控犯罪的证据体系。对于黑社会性质组织等涉案人数众多的共同犯罪案件，通过对被告人开展认罪认罚教育转化工作，有利于分化瓦解犯罪组织，提升指控犯罪的效果。

（二）将认罪认罚与追赃挽损有机结合，彻底清除有组织犯罪的经济基础，尽力挽回被害人损失。检察机关应当运用认罪认罚深挖涉案财产线索，将退赃退赔情况作为是否认罚的考察重点，灵活运用量刑建议从宽幅度激励被告人退赃退赔，通过认罪认罚成果巩固和扩大追赃挽损的效果。

（三）区别对待，准确贯彻宽严相济刑事政策。认罪认罚从宽制度可以适用于所有案件，但"可以"适用不是一律适用，被告人认罪认罚后是否从宽，要根据案件性质、情节和对社会造成的危害后果等具体情况，坚持罪责刑相适应原则，区分情况、区别对待，做到该宽则宽，当严则严，宽严相济，罚当其罪。对犯罪性质恶劣、犯罪手段残忍、危害后果严重的犯罪分子，即使认罪认罚也不足以从宽处罚的，依法可不予以从宽处罚。

相关规定

《中华人民共和国刑法》第二百六十六条、第二百七十四条、第二百九十三条、第二百九十四条、第三百零七条之一。

《中华人民共和国刑事诉讼法》第十五条、第一百七十三条、第一百七十四条、第一百七十六条。

《最高人民法院 最高人民检察院 公安部 国家安全部 司法部关于适用认罪认罚从宽制度的指导意见》。

《最高人民法院 最高人民检察院 公安部 司法部关于办理"套路贷"刑事案件若干问题的意见》。

第二十三批指导性案例

刘远鹏（化名）涉嫌生产、销售"伪劣产品"（不起诉）案

（检例第 85 号）

关键词

民营企业 创新产品 强制标准 听证 不起诉

要旨

检察机关办理涉企案件，应当注意保护企业创新发展。对涉及创新的争议案件，

可以通过听证方式开展审查。对专业性问题，应当加强与行业主管部门沟通，充分听取行业意见和专家意见，促进完善相关行业领域标准。

基本案情

被不起诉人刘远鹏（化名），男，1982 年 5 月出生，浙江动迈有限公司（化名）法定代表人。

2017 年 10 月 26 日，刘远鹏以每台 1200 元的价格将其公司生产的"T600D"型电动跑步机对外出售，销售金额合计 5 万余元。浙江省永康市市场监督管理部门通过产品质量抽查，委托浙江省家具与五金研究所对所抽样品的 18 个项目进行检验，发现该跑步机"外部结构""脚踏平台"不符合国家强制标准，被鉴定为不合格产品。2017 年 11 月至 12 月，刘远鹏将研发的"智能平板健走跑步机"以跑步机的名义对外出售，销售金额共计 701.4 万元。经市场监督管理部门委托宁波出入境检验检疫技术中心检验，该产品未根据"跑步机附加的特殊安全要求和试验方法"加装"紧急停止开关"，且"安全扶手""脚踏平台"不符合国家强制标准，被鉴定为不合格产品。

检察机关履职过程

2018 年 9 月 21 日，浙江省永康市公安局以刘远鹏涉嫌生产、销售伪劣产品罪对其立案侦查并采取刑事拘留强制措施。案发后，永康市人民检察院介入侦查时了解到涉案企业系当地纳税优胜企业，涉案"智能平板健走跑步机"是该公司历经三年的研发成果，拥有十余项专利。在案件基本事实查清，主要证据已固定的情况下，考虑到刘远鹏系企业负责人和核心技术人员，为保障企业的正常生产经营，检察机关建议对刘远鹏变更强制措施。2018 年 10 月 16 日，公安机关决定对刘远鹏改为取保候审。

2018 年 11 月 2 日，公安机关将案件移送永康市人民检察院审查起诉。经审查，本案的关键问题在于："智能平板健走跑步机"是创新产品还是不合格产品？能否按照跑步机的国家强制标准认定该产品为不合格产品？经赴该企业实地调查核实，永康市人民检察院发现"智能平板健走跑步机"运行速度与传统跑步机有明显区别。通过电话回访，了解到消费者对该产品的质量投诉为零，且普遍反映该产品使用便捷，未造成人身伤害和财产损失。检察机关经进一步审查，鉴定报告中认定"智能平板健走跑步机"为不合格产品的主要依据，是该产品没有根据跑步机的国家强制标准，加装紧急停止装置、安全扶手、脚踏平台等特殊安全配置。经进一步核实，涉案"智能平板健走跑步机"最高限速仅 8 公里/小时，远低于传统跑步机 20 公里/小时的速度，加装该公司自主研发的红外感应智能控速、启停系统后，实际使用安全可靠，并无加装前述特殊安全配置的必要。检察机关又进一步咨询了行业协会和专业人士，业内认为"智能平板健走跑步机"是一种新型健身器材，对其适用传统跑步机标准认定是否安全不尽合理。综合全案证据，永康市人民检察院认为，"智能平板健走跑步机"可能是一种区别于传统跑步机的创新产品，鉴定报告依据传统跑步机质量标准认定其为伪劣产品，合理性存疑。

2019年3月11日，永康市人民检察院对本案进行听证，邀请侦查人员、辩护律师、人大代表、相关职能部门代表和跑步机协会代表共20余人参加听证。经评议，与会听证员一致认为，涉案"智能平板健走跑步机"是企业创新产品，从消费者使用体验和技术参数分析，使用该产品不存在现实隐患，在国家标准出台前，不宜以跑步机的强制标准为依据认定其为不合格产品。

结合听证意见，永康市人民检察院经审查，认定刘远鹏生产、销售的"智能平板健走跑步机"在运行速度、结构设计等方面与传统意义上的跑步机有明显区别，是一种创新产品。对其质量不宜以传统跑步机的标准予以认定，因其性能指标符合"固定式健身器材通用安全要求和试验方法"的国家标准，不属于伪劣产品，刘远鹏生产、销售该创新产品的行为不构成犯罪。综合全案事实，2019年4月28日，永康市人民检察院依法对刘远鹏作出不起诉决定。

该案办理后，经与行业主管、监管部门研究，永康市人民检察院建议永康市市场监督管理部门层报国家有关部委请示"智能平板健走跑步机"的标准适用问题。经层报国家市场监督管理总局，总局书面答复："智能平板健走跑步机"因具有运行速度较慢、结构相对简单、外形小巧等特点，是一种"创新产品"，不适用跑步机的国家标准。总局同时还就"走跑步机"类产品的名称、宣传、安全标准等方面，提出了规范性意见。

指导意义

（一）对创新产品要进行实质性审查判断，不宜简单套用现有产品标准认定为"伪劣产品"。刑法规定，以不合格产品冒充合格产品的，构成生产、销售伪劣产品罪。认定"不合格产品"，以违反《产品质量法》规定的相关质量要求为前提。《产品质量法》要求产品"不存在危及人身、财产安全的不合理的危险"，"有保障人体健康和人身、财产安全的国家标准、行业标准的，应当符合该标准"的要求；同时，产品还应当具备使用性能。根据这些要求，对于已有国家标准、行业标准的传统产品，只有符合标准的才能认定为合格产品；对于尚无国家标准、行业标准的创新产品，应当本着既鼓励创新，又保证人身、财产安全的原则，多方听取意见，进行实质性研判。创新产品在使用性能方面与传统产品存在实质性差别的，不宜简单化套用传统产品的标准认定是否"合格"。创新产品不存在危及人身、财产安全隐患，且具备应有使用性能的，不应当认定为伪劣产品。相关质量检验机构作出鉴定意见的，检察机关应当进行实质审查。

（二）改进办案方式，加强对民营企业的平等保护。办理涉民营企业案件，要有针对性地转变理念，改进方法，严格把握罪与非罪、捕与不捕、诉与不诉的界限标准，把办案与保护企业经营结合起来，通过办案保护企业创新，在办案过程中，注重保障企业正常经营活动。要注重运用听证方式办理涉企疑难案件，善于听取行业意见和专家意见，准确理解法律规定，将法律判断、专业判断与民众的朴素认知结合起来，力争办案"三个效果"的统一。

（三）立足办案积极参与社会治理，促进相关规章制度和行业标准的制定完善。办理涉及企业经营管理和产品技术革新的案件，发现个案反映出的问题带有普遍性、行业性的，应当及时通过与行业主管部门进行沟通并采取提出检察建议等方式，促使行业主管部门制定完善相关制度规范和行业标准等，推进相关领域规章制度健全完善，促进提升治理效果。

相关规定

《中华人民共和国刑法》第一百四十条。

《中华人民共和国刑事诉讼法》第一百七十七条。

《中华人民共和国产品质量法》第二十六条。

《最高人民法院 最高人民检察院关于办理生产、销售伪劣商品刑事案件具体应用法律若干问题的解释》第一条。

盛开水务公司污染环境刑事附带民事公益诉讼案

（检例第86号）

关键词

刑事附带民事公益诉讼 参与调解 连带责任 替代性修复

要旨

检察机关办理环境污染民事公益诉讼案件，可以在查清事实明确责任的基础上，遵循自愿、合法和最大限度保护公共利益的原则，积极参与调解。造成环境污染公司的控股股东自愿加入诉讼，愿意承担连带责任并提供担保的，检察机关可以依申请将其列为第三人，让其作为共同赔偿主体，督促其运用现金赔偿、替代性修复等方式，承担生态损害赔偿的连带责任。对办案中发现的带有普遍性的问题，检察机关可以通过提出检察建议、立法建议等方式，促进社会治理创新。

基本案情

被告单位南京盛开水务有限公司（化名，以下简称盛开水务公司），住所地南京某工业园区。

被告人郑一庚（化名），男，1965年3月出生，南京盛开水务公司总经理。

盛开水务公司于2003年5月成立，主营污水处理业务。2014年10月至2017年

4月，该公司在高浓度废水处理系统未运行、SBR（序批式活性污泥处理技术，主要用于处理水中有机物）反应池无法正常使用的情况下，利用暗管向长江违法排放高浓度废水28.46万立方米和含有危险废物的混合废液54.06吨。该公司还采取在二期废水处理系统中篡改在线监测仪器数据的方式，逃避监管，向长江偷排含有毒有害成分污泥4362.53吨及超标污水906.86万立方米。上述排污行为造成生态环境损害，经鉴定评估，按照虚拟治理成本法的方式，以单位治理成本总数乘以环境敏感系数，认定生态环境修复费用约4.70亿元。

检察机关履职过程

一、提起公诉追究刑事责任

2017年4月10日，南京市公安局水上分局对盛开水务公司等以污染环境罪立案侦查。2017年8月25日，公安机关对该案侦查终结后移送南京市鼓楼区人民检察院审查起诉。2018年1月23日，根据南京市环境资源类案件集中管辖的要求，南京市鼓楼区人民检察院向南京市中级人民法院指定的南京市玄武区人民法院提起公诉。

2018年10月、2019年3月，南京市玄武区人民法院对该案开庭审理。庭审围绕危险废物判定、涉案公司处理工艺、污染标准认定、虚拟治理成本适用方法等问题展开法庭调查和辩论。经审理，法院采纳检察机关刑事指控，认定被告单位及被告人郑一庚等构成污染环境罪。2019年5月17日，玄武区人民法院以污染环境罪判处被告单位盛开水务公司罚金5000万元；判处被告人郑一庚等12人有期徒刑六年至一年不等，并处罚金200万元至5万元不等。一审判决作出后，盛开水务公司及郑一庚等提出上诉，2019年10月15日，南京市中级人民法院作出二审裁定，维持原判。

二、提起刑事附带民事公益诉讼

南京市鼓楼区人民检察院在介入侦查、引导取证过程中发现公益受损的案件线索，遂决定作为公益诉讼案件立案。2017年9月22日，按照公益诉讼试点工作要求，该院根据实际情况，采取走访环保部门及辖区具有提起环境公益诉讼资格的公益组织的方式履行了诉前程序，环保部门和公益组织明确表示不就该案提起公益诉讼。

公益诉讼案件立案后，检察机关进一步收集完善侵权主体、非法排污数量、因果关系等方面证据，并委托环保部南京生态环境研究所等专业机构，组织20余次专家论证会，出具6份阶段性鉴定意见。2018年9月14日，南京市鼓楼区人民检察院对盛开水务公司提起刑事附带民事公益诉讼，诉请法院判令其在省级以上媒体公开赔礼道歉并承担约4.70亿元生态环境损害赔偿责任。2018年10月、2019年3月，人民法院在两次开庭审理中，对民事公益诉讼案件与刑事部分一并进行了审理。2019年5月7日，盛开水务公司对民事公益诉讼部分提出调解申请，但其资产为1亿元左右，无力全额承担4.7亿元的赔偿费用。其控股股东盛开（中国）投资有限公司（化名，以下简称盛开投资公司，持有盛开水务公司95%的股份）具有赔付能力及代为修复环境的意愿，自愿申请加入诉讼，愿意进行环境修复并出具担保函，检察机关和人民法院经审查均予以认可。

调解过程中，检察机关提出"现金赔偿＋替代性修复"调解方案，由盛开水务公司承担现金赔偿责任，盛开投资公司承担连带责任。同时，盛开投资公司承担替代性修复义务，并确定承担替代性修复义务的具体措施，包括新建污水处理厂、现有污水处理厂提标改造、设立保护江豚公益项目等内容。

经过多次磋商，被告及盛开投资公司认同检察机关关于该案环境损害鉴定方法、赔偿标准与赔偿总额、赔偿方式等问题的主张。2019 年 12 月 27 日，在南京市玄武区人民法院的主持下，检察机关与盛开水务公司、盛开投资公司共同签署分四期支付 2.37 亿元的现金赔偿及承担 2.33 亿元替代性修复义务的调解协议。2019 年 12 月 31 日，法院对该调解协议在人民法院网进行了为期 30 日的公告，公告期间未收到异议反馈。2020 年 2 月 7 日，调解协议签订。目前，盛开投资公司已按期支付 1.17 亿元赔偿金，剩余 1.20 亿元分三年支付。替代性修复项目正在有序进行中。

三、参与社会治理，推动地方立法

办理该案后，检察机关针对办案中发现的环境监管漏洞等问题，积极推动完善社会治理。一是针对办案中发现的污水排放核定标准中氯离子浓度过高等问题，鉴于环保部门未尽到充分注意义务，检察机关发出检察建议，要求将氯离子浓度纳入江苏省《化学工业水污染物排放标准》予以监管，被建议单位予以采纳。二是对包括盛开公司在内的 300 余名化工企业负责人和环保管理人员开展警示教育，增强公司管理人员环境保护意识和法治意识，促进加强水污染防治监管。三是结合本案，对长江水污染问题开展调研，针对长江生态保护的行政监管部门多、职能交叉、衔接不畅等问题，提出制定"南京市长江生态环境保护实施条例"的立法建议，获得南京市人大常委会采纳，并决定适时研究制定该地方性法规，助力长江生态保护，促进区域治理体系和治理能力现代化建设。

指导意义

（一）环境公益诉讼中，检察机关可以在最大限度保护公共利益的前提下参与调解。检察机关办理环境污染类案件，要充分发挥民事公益诉讼职能，注重服务经济社会发展。既要落实"用最严格制度最严密法治保护生态环境"的原则要求，又要注意办案方式方法的创新。在办案中遇到企业因重罚而资不抵债，可能破产关闭等情况时，不能机械办案或者一罚了之。依据相关法律规定，检察机关可以与被告就赔偿问题进行调解。与一般的民事调解不同，检察机关代表国家提起公益诉讼，在调解中应当保障公共利益最大化实现。在被告愿意积极赔偿的情况下，检察机关考虑生态修复需要，综合评估被告财务状况、预期收入情况、赔偿意愿等情节，可以推进运用现金赔偿、替代性修复等方式，既落实责任承担，又确保受损环境得以修复。在实施替代性修复时，对替代性修复项目应当进行评估论证。项目应当既有利于生态环境恢复，又具有公益性，同时，还应当经人民检察院、人民法院和社会公众的认可。

（二）股东自愿申请加入公益诉讼，检察机关经审查认为有利于生态环境公益保护的,可以同意其请求。在环境民事公益诉讼中,被告单位的控股股东自愿共同承担公益损害赔偿责任,检察机关经审查认为其加入确实有利于生态环境修复等公益保护的,可以准许,并经人民法院认可,将其列为第三人。是否准许加入诉讼,检察机关需要重点审查控股股东是否与损害发生确无法律上的义务和责任。如果控股股东对损害的发生具有法律上的义务和责任,则应当由人民法院追加其参加诉讼,不能由其自主选择是否参加诉讼。

(三)在公益诉讼中,检察机关应当注重运用检察建议、立法建议等多种方式,推动社会治理创新。检察机关办理涉环境类公益诉讼案件,针对生态环境执法、监管、社会治理等方面存在的问题,可以运用检察建议等方式,督促相关行政部门履职,促进区域生态环境质量改善。对于涉及地方治理的重点问题,可以采取提出立法建议的方式,促进社会治理创新,推进法制完善。对于法治教育和宣传普及中存在的问题,应当按照"谁执法谁普法"的原则,结合办案以案释法,对相关特殊行业从业人员开展法治宣传教育,提升环境保护法治意识。

相关规定

《中华人民共和国刑事诉讼法》第一百零一条。

《中华人民共和国民事诉讼法》(2017年修正)第五十一条、第五十五条(现为2023年修正后的第五十四条、第五十八条)。

《中华人民共和国水污染防治法》第十条、第三十九条。

《中华人民共和国环境保护法》第六条、第四十二条、第六十四条。

《最高人民法院 最高人民检察院关于检察公益诉讼案件适用法律若干问题的解释》第二十条。

《最高人民法院关于审理环境民事公益诉讼案件适用法律若干问题的解释》第四条、第二十五条。

《最高人民法院关于适用〈中华人民共和国刑事诉讼法〉的解释》第一百五十九条。

《最高人民法院 最高人民检察院关于人民检察院提起刑事附带民事公益诉讼应否履行诉前公告程序问题的批复》。

李卫俊等"套路贷"虚假诉讼案

(检例第 87 号)

关键词

虚假诉讼 套路贷 刑民检察协同 类案监督 金融监管

要　旨

检察机关办理涉及"套路贷"案件时，应当查清是否存在通过虚假诉讼行为实现非法利益的情形。对虚假诉讼中涉及的民事判决、裁定、调解协议书等，应当依法开展监督。针对办案中发现的非法金融活动和监管漏洞，应当运用检察建议等方式，促进依法整治并及时堵塞行业监管漏洞。

基本案情

被告人李卫俊，男，1979年10月出生，无业。

2015年10月以来，李卫俊以其开设的江苏省常州市金坛区汇丰金融小额贷款公司为载体，纠集冯小陶、王岩、陆云波、丁众等多名社会闲散人员，实施高利放贷活动，逐步形成以李卫俊为首要分子的恶势力犯罪集团。该集团长期以欺骗、利诱等手段，让借款人虚写远高于本金的借条、签订虚假房屋租赁合同等，并要求借款人提供抵押物、担保人，制造虚假给付事实。随后，采用电话骚扰、言语恐吓、堵锁换锁等"软暴力"手段，向借款人、担保人及其家人索要高额利息，或者以收取利息为名让其虚写借条。在借款人无法给付时，又以虚假的借条、租赁合同等向法院提起民事诉讼，欺骗法院作出民事判决或者主持签订调解协议。李卫俊等并通过申请法院强制执行，逼迫借款人、担保人及其家人偿还债务，造成5人被司法拘留，26人被限制高消费，21人被纳入失信被执行人名单，11名被害人名下房产6处、车辆7辆被查封。

检察机关履职过程

一、提起公诉追究刑事责任

2018年3月，被害人吴某向公安机关报警，称其在李卫俊等人开办的小额贷款公司借款被骗。公安机关对李卫俊等人以涉嫌诈骗罪立案侦查。经侦查终结，2018年8月20日，公安机关以李卫俊等涉嫌诈骗罪移送江苏省常州市金坛区人民检察院审查起诉。金坛区人民检察院审查发现，李卫俊等人长期从事职业放贷活动，具有"套路贷"典型特征，有涉嫌黑恶犯罪嫌疑。办案检察官随即向人民法院调取李卫俊等人提起的民事诉讼情况，发现2015年至2018年间，李卫俊等人提起民事诉讼上百起，多为民间借贷纠纷，且借条均为格式合同，多数案件被人民法院缺席判决。经初步判断，金坛区人民检察院认为该犯罪集团存在通过虚假诉讼的方式实施"套路贷"犯罪活动的情形。检察机关遂将案件退回公安机关补充侦查。经公安机关补充侦查，查清"套路贷"犯罪事实后，2018年12月13日，公安机关以李卫俊等涉嫌诈骗罪、敲诈勒索罪、虚假诉讼罪、寻衅滋事罪再次移送审查起诉。

2019年1月25日，金坛区人民检察院对本案刑事部分提起公诉，金坛区人民法院于2019年1月至10月四次开庭审理。经审理查明李卫俊等人犯罪事实后，金坛区人民法院依法认定其为恶势力犯罪集团。2019年11月1日，金坛区人民法院以诈骗罪、敲诈勒索罪、虚假诉讼罪、寻衅滋事罪判处李卫俊有期徒刑十二年，并处罚金人民币二十八万元；其余被告人分别被判处有期徒刑八年至三年六个月不等，并处罚金。

二、开展虚假诉讼案件民事监督

针对审查起诉中发现的李卫俊等人套路贷中可能存在虚假诉讼问题，常州市金坛区人民检察院在做好审查起诉追究刑事责任的同时，依职权启动民事诉讼监督程序，并重点开展了以下调查核实工作：一是对李卫俊等人提起民事诉讼的案件进行摸底排查，查明李卫俊等人共向当地法院提起民间借贷、房屋租赁、买卖合同纠纷等民事诉讼 113 件，申请民事执行案件 80 件，涉案金额共计 400 余万元。二是向相关民事诉讼当事人进行调查核实，查明相关民间借贷案件借贷事实不清，金额虚高，当事人因李卫俊等实施"软暴力"催债，被迫还款。三是对民事判决中的主要证据进行核实，查明作出相关民事判决、裁定、调解确无合法证据。四是对案件是否存在重大金融风险隐患进行核实，查明包括本案在内的小额贷款公司、商贸公司均存在无资质经营、团伙性放贷等问题，金融监管缺位，存在重大风险隐患。

经调查核实，检察机关认为李卫俊等人主要采取签写虚高借条、肆意制造违约、隐瞒抵押事实等手段，假借诉讼侵占他人合法财产。人民法院在相关民事判决中，认定案件基本事实所依据的证据虚假，相关民事判决应予纠正；对于李卫俊等与其他当事人的民事调解书，因李卫俊等人的犯罪行为属于利用法院审判活动，非法侵占他人合法财产，严重妨害司法秩序，损害国家利益与社会公共利益，也应当予以纠正。2019 年 6 月至 7 月，金坛区人民检察院对该批 50 件涉虚假诉讼案件向人民法院提出再审检察建议 42 件，对具有典型意义的 8 件案件提请常州市人民检察院抗诉。2019 年 7 月，常州市人民检察院向常州市中级人民法院提出抗诉，同年 8 月，常州市中级法院裁定将 8 件案件指令金坛区人民法院再审。9 月，金坛区人民法院对 42 件案件裁定再审。10 月，金坛区人民法院对该批 50 件案件一并作出民事裁定，撤销原审判决。案件办结后，经调查，2020 年 1 月，金坛区纪委监委对系列民事案件中存在失职问题的涉案审判人员作出了相应的党纪政纪处分。

三、结合办案参与社会治理

针对办案中发现的社会治理问题，检察机关立足法律监督职能，开展了以下工作。一是推动全市开展集中打击虚假诉讼的专项活动，共办理虚假诉讼案件 103 件，移送犯罪线索 12 件 15 人；与人民法院协商建立民事案件正副卷一并调阅制度及民事案件再审信息共享机制，与纪委监委、公安、司法等相关部门建立线索移送、案件协作机制，有效形成社会治理合力。二是针对发现的小微金融行业无证照开展金融服务等管理漏洞，向行政主管部门发出检察建议 7 份；联合公安、金融监管、市场监管等部门，在全市范围内开展金融整治专项活动，对重点区域进行清理整顿，对非法金融活动集中的写字楼开展"扫楼"行动，清理取缔 133 家非法理财公司，查办 6 起非法经营犯罪案件。三是向常州市人大常委会专题报告民事虚假诉讼检察监督工作情况，推动出台

《常州市人大常委会关于全市民事虚假诉讼法律监督工作情况的审议意见》，要求全市相关职能部门加强协作配合，推动政法机关信息大平台建设、实施虚假诉讼联防联惩等9条举措。四是针对办案中发现的律师违规代理和公民违法代理的行为，分别向常州市律师协会和相关法院发出检察建议并获采纳。常州市律师协会由此开展专项教育整顿，规范全市律师执业行为，推进加强社会诚信体系建设。

指导意义

（一）刑民检察协同，加强涉黑涉恶犯罪中"套路贷"行为的审查。检察机关在办理涉黑涉恶案件存在"套路贷"行为时，应当注重强化刑事检察和民事检察职能协同。既充分发挥刑事检察职能，严格审查追诉犯罪，又发挥民事检察职能，以发现的异常案件线索为基础，开展关联案件的研判分析，并予以精准监督。刑事检察和民事检察联动，形成监督合力，加大打击黑恶犯罪力度，提升法律监督质效。

（二）办理"套路贷"案件要注重审查是否存在虚假诉讼行为。对涉黑涉恶案件中存在"套路贷"行为的，检察机关应当注重审查是否存在通过虚假诉讼手段实现"套路贷"非法利益的情形。对此，可围绕案件中是否存在疑似职业放贷人，借贷合同是否为统一格式，原告提供的证据形式是否不合常理，被告是否缺席判决等方面进行审查。发现虚假诉讼严重损害当事人利益，妨害司法秩序的，应当依职权启动监督，及时纠正错误判决、裁定和调解协议书。

（三）综合运用多种手段促进金融行业治理。针对办案中发现的非法金融活动、行业监管漏洞、诚信机制建设等问题，检察机关应当分析监管缺位的深层次原因，注重运用检察建议等方式，促进行业监管部门建章立制、堵塞管理漏洞。同时，还应当积极会同纪委监委、法院、公安、金融监管、市场监管等单位建立金融风险联防联惩体系，形成监管合力和打击共识。对所发现的倾向性、苗头性问题，可以通过联席会议的方式，加强研判，建立健全信息共享、线索移送、案件协查等工作机制，促进从源头上铲除非法金融活动的滋生土壤。

相关规定

《中华人民共和国民事诉讼法》（2017年修正）第二百零八条（现为2023年修正后的第二百一十九条）。

《中华人民共和国刑法》第二百三十八条、第二百六十六条、第二百七十四条、第二百九十三条*、第三百零七条之一。

《最高人民法院关于审理民间借贷案件适用法律若干问题的规定》第十九条。

---

* 编者注：2020年12月26日，根据《中华人民共和国和刑法修正案（十一）》，在刑法第二百九十三条后增加一条，作为第二百九十三条之一："有下列情形之一，催收高利放贷等产生的非法债务，情节严重的，处三年以下有期徒刑、拘役或者管制，并处或者单处罚金：（一）使用暴力、胁迫方法的；（二）限制他人人身自由或者侵入他人住宅的；（三）恐吓、跟踪、骚扰他人的。"

北京市海淀区人民检察院督促落实未成年人禁烟保护案

（检例第 88 号）

【关键词】

行政公益诉讼　未成年人司法保护　检察建议　禁烟保护

【要　旨】

未成年人合法权益受到侵犯涉及公共利益的，人民检察院应当提起公益诉讼予以司法保护。校园周边存在向未成年人出售烟草制品等违法行为时，检察机关可以采取提出检察建议的方式，督促相关行政部门依法履职，加强校园周边环境整治，推进未成年人权益保护。

【基本案情】

北京市海淀区人民检察院在法治进校园宣传活动中，结合调查核实发现，本区学校周边的部分零售经营场所存在违法出售烟草制品等行为，使得未成年人可轻易获得烟草制品，可能损害未成年人的身心健康，违反《未成年人保护法》《烟草专卖法》等相关法律规定。2019 年 5 月 17 日，海淀区人民检察院决定针对未成年人禁烟保护予以行政公益诉讼立案。经调查核实发现，本区存在违法向未成年人出售烟草制品等明显违法的情形，相关行政监管部门履职不到位。经海淀区人民检察院向区烟草专卖局、区市场监督管理局发出诉前检察建议，两机关高度重视检察建议提出的问题，积极履行监管职责，采取切实有效整改措施消除学校周边可随意购买烟草制品的问题。

【检察机关履职过程】

一、调查核实

北京市海淀区人民检察院对该案立案后，组成检察官办案组在一个月内对辖区 30 多所中小学周边的 100 余处烟草零售经营场所进行走访调查，发现在涉及未成年人禁烟保护问题上存在以下违法现象：一是学校周围存在经营者向未成年人出售烟草制品的违法行为。二是在未成年人经常出入的便利店等零售场所，经营者未设置不向未成年人出售烟草制品的明显标识。

针对部分经营者存在的违反《未成年人保护法》《烟草专卖法》等现象，海淀区人民检察院研究梳理相关行政监管部门职责认为：区烟草专卖局作为烟草专卖行政主管部门,应当对上述违法行为履行监管职责,责令相关经营者纠正违法行为,并对其处以罚款等行政处罚;区市场监督管理局作为学校周边禁售烟草制品的行政主管部门,应当发挥监管职责,责令经营者停止违法零售业务,并采取没收违法所得、处以罚款等行政处罚。两机关均未依法履职。

经调查核实,海淀区人民检察院认为,应当通过履行行政公益诉讼检察职能督促行政机关依法履行职责,纠正相关市场主体违法行为,切实保护未成年人身心健康。

二、制发检察建议

2019年5月24日,海淀区人民检察院向区烟草专卖局、区市场监督管理局发出诉前检察建议:一是依法履行监督管理职责,对上述经营者的违法行为进行查处。二是进一步加强对辖区内未成年人禁烟保护问题的监管力度,建立健全长效工作机制,切实保护未成年人身心健康及合法权益。两机关收到检察建议后,迅速制定整改落实方案,并开展联合执法行动,对涉案违法经营者进行查处。海淀区人民检察院全程跟进监督,强化沟通协作,多次监督现场执法检查活动,确保整改效果。

2019年7月,海淀区人民检察院先后收到区烟草专卖局、区市场监管局关于落实检察建议情况的回函。回函称检察建议中的涉案违法行为全部得到整改:对未依法设置标识的违法行为,已责令违法经营者在显著位置张贴了标识;对向未成年人出售烟草制品的违法行为,按法定程序立案审查后,对经营者作出罚款1万元的行政处罚决定,当事人均已缴纳罚款;对学校周边100米内存在违法行为的经营主体分别作出责令停止销售烟草制品、没收违法所得、罚款等处理决定。

三、健全长效机制

在办理个案的基础上,海淀区人民检察院还与行政机关加大沟通协作力度,切实发挥"以点带面"的示范引领效应,着力构建解决和防范涉案问题的长效机制。一是开展全区类似问题排查。海淀区市场监督管理局对全区中小学校、少年宫等85家单位周边销售烟草制品商户进行全面摸排整治;海淀区烟草专卖局逐户排查是否设置控烟标识,加大对向未成年人出售烟草制品的查处力度。二是在全区范围内开展形式多样的控烟预防活动。开展宣传讲解,建立辖区街道互助小组,聘请第三方机构暗访检查,做到防控"零距离";两机关还联合召开专项行动约谈会,加强对通过互联网推广和销售烟草制品行为的监测、劝阻和制止。海淀区人民检察院在办案同时注重总结宣传,邀请新华社等主流媒体对案件进行广泛报道,引起较大反响。2019年10月29日,国家卫生健康委等八部门联合印发《关于进一步加强青少年控烟工作的通知》。同年10月30日,国家烟草专卖局和国家市场监督管理总局联合发布《关于进一步保护未成年人免受电子烟侵害的通告》。

指导意义

(一)检察机关可以运用公益诉讼的方式,依法保护未成年人权益。未成年人司法保护是未成年人权益保护的重要内容。2020年10月17日第十三届全国人民代表大会常务委员会第二十二次会议修订通过的《未成年人保护法》第五十九条规定："学校、幼儿园周边不得设置烟、酒、彩票销售网点。禁止向未成年人销售烟、酒、彩票或者兑付彩票奖金。烟、酒和彩票经营者应当在显著位置设置不向未成年人销售烟、酒或者彩票的标志；对难以判明是否是未成年人的，应当要求其出示身份证件。"第一百零六条规定："未成年人合法权益受到侵犯，相关组织和个人未代为提起诉讼的，人民检察院可以督促、支持其提起诉讼；涉及公共利益的，人民检察院有权提起公益诉讼。"根据法律规定，检察机关可以针对校园周边存在售卖烟、酒制品，销售彩票，售卖不合格食品，不审查未成年人身份即允许未成年人进入网吧等常见的侵犯未成年人权益的问题，依法运用公益诉讼的方式，提出诉前检察建议，督促行政机关依法履职，切断未成年人获取烟酒等的途径，防止未成年人沉溺网络，实现社会问题的前端治理。

（二）检察机关在办案中要注重沟通协作，强化部门联动，确保监督效果。在公益诉讼案件办理过程中，应当通过事前全面调查取证，事中充分沟通协调，事后严格跟踪监督，凝聚各方共识，确保有效发挥公益诉讼诉前检察建议实效，督促行政机关切实依法履职，最大限度提高检察机关办理行政公益诉讼案件的质量和效率。

（三）检察机关就办案中发现的社会问题，要推动建立健全长效工作机制。为切实净化未成年人成长环境，助力未成年人健康成长，检察机关可以结合办理的案件，推动搭建多部门配合协作的平台，实现"检察＋行政＋学校＋社会"的多维度联动协调，形成良性互动的工作机制，推进社会治理的改善。

相关规定

《中华人民共和国行政诉讼法》第二十五条。

《中华人民共和国未成年人保护法》第五十九条、第一百零六条（2020年10月17日第十三届全国人民代表大会常务委员会第二十二次会议第二次修订，自2021年6月1日起施行）。

《中华人民共和国烟草专卖法》第五条。

《中华人民共和国烟草专卖法实施条例》第四条。

《最高人民法院　最高人民检察院关于检察公益诉讼案件适用法律若干问题的解释》第二十一条。

黑龙江省检察机关督促治理二次供水安全公益诉讼案

（检例第 89 号）

关键词

重大民生 区域治理 协同整改 检察建议 社会治理

要　旨

检察机关办理涉及重大民生的公益诉讼案件，如果其他地方存在类似问题时，应当在依法办理的同时，向上级人民检察院报告。对于较大区域内存在公共利益受损情形且涉及多个行政部门监管职责的问题，可以由上级人民检察院向人民政府提出检察建议，促使其统筹各部门协同整改。

基本案情

2018 年 6 月，黑龙江省鸡西市滴道区人民检察院收到市民投诉，反映该区供水公司所属的二次供水设施存在严重安全隐患。二次供水是指为了补偿市政供水管线压力缺乏或者高层建筑用水需求，将城市公共供水设施提供的生活用水在入户之前，经再度储存、加压和消毒后，通过管道或者容器输送给用户的供水方式。

《中华人民共和国传染病防治法》规定，饮用水供水单位从事生产或者供应活动，应当依法取得卫生许可证；《二次供水设施卫生规范》规定，二次供水管理单位每年应对设施进行一次全面清洗，消毒，并对水质进行检验，直接从事供、管水人员必须取得体检合格证，经卫生知识培训后方可上岗工作，且每年需要进行一次健康检查。

鸡西市滴道区人民检察院经调查发现，该区供水公司所属的小半道泵站负责将滴道区北山水厂的生活饮用水通过加压供给滴道区 1.8 万户约 5.4 万居民。该泵站未取得卫生许可证擅自进行二次供水，直接从事供水的人员未取得健康证直接上岗，加压站水箱未按规定进行定期清洗消毒，违反相关法律规定，水质存在安全隐患。

检察机关履职过程

一、鸡西市滴道区人民检察院履职情况

发现二次供水公共安全隐患后，鸡西市滴道区人民检察院于 2018 年 6 月 12 日决定立案，6 月 14 日分别向该区卫生健康委员会、住房和城乡建设局发出检察建议，建议行政机关切实履行职责，消除居民生活饮用水卫生安全隐患，建立健全卫生许可等相关制度，严格监督小半道泵站二次供水卫生，并责令其限期改正。收到检察建议后，区卫生健康委和城乡建设局高度重视并迅速行动，依法履行职责进行整改，并回复了整改情况。与此同时，鸡西市滴道区人民检察院将相关情况向鸡西市人民检察院报告。

二、鸡西市人民检察院履职情况

鸡西市人民检察院分析认为，上述个案中发现的问题可能具有更大范围的普遍性，遂在全市部署二次供水安全行政公益诉讼类案监督，共摸排"二次供水"公益诉讼案件线索57件并全部立案。经调查核实，2018年10月，鸡西市人民检察院向鸡西市卫生健康委、住房和城乡建设局等部门提出检察建议。收到检察建议后，鸡西市卫生健康委等积极督促供水公司整改。经整改，鸡西市卫生健康委为验收后合格的供水单位签发卫生许可证。为巩固治理效果，鸡西市人民检察院还推动并参与起草《鸡西市城市二次供水管理条例》，拟以地方性法规形式建立健全二次供水管理运行的长效机制，填补社会治理疏漏。该条例于2020年6月12日经鸡西市人民政府常务会议审议通过，已提请鸡西市人大常委会审议。鸡西市人民检察院在"二次供水安全"类案监督活动取得良好效果后，将监督情况上报黑龙江省人民检察院。

三、黑龙江省人民检察院履职情况

（一）调查核实

黑龙江省人民检察院经初步调查认为，二次供水安全隐患在全省具有普遍性，危及公共健康。为推动集中解决全省二次供水安全问题，黑龙江省人民检察院以专项监督的方式，对全省相关居民小区及自来水公司的二次供水安全状况进行实地调查。调查发现，全省二次供水单位达不到卫生许可条件的情况突出；存在未取得健康证的人员直接从事供水工作、未按规定进行二次供水设施储水设施清洗消毒和水质监测、采取卫生防护和安全防范措施及在储水池或者水箱附近长期堆放垃圾、水箱无盖无锁等违法违规问题。省卫生健康委员会、省住房和城乡建设厅等行政部门存在违反相关法律，履职不到位导致水质存在安全隐患，危及公共安全健康的问题。针对以上问题，黑龙江省人民检察院先后赴省卫生健康委员会、省住房和城乡建设厅等省级行政主管部门及部分市、县、区调查核实情况，就其各自职责领域有关问题作进一步沟通。

结合调查核实掌握的情况，黑龙江省人民检察院研判认为，全省二次供水行政监管领域存在治理疏漏。一是二次供水单位管理不到位，运维水平低，应急响应滞后，部分供水设施老化，影响供水稳定和水质安全。二是政府主导作用有待进一步发挥，相关行政主管部门协调配合不够，缺少信息沟通和执法联动，且监管手段落后，监测智能化和覆盖度不够。三是部分老旧小区二次供水设施权属单位和管理单位不明晰，资金短缺问题突出。四是相关政策不完善。《黑龙江省生活饮用水卫生监督管理条例》对各部门职责做了框架性规定，但部门之间分工协作机制不够明确。对此，仅靠基层检察机关以个案监督方式督促基层行政单位依法履职，难以从根本上解决问题，需要督促上级人民政府发挥主体作用，统筹相关部门进行系统性、源头性治理并形成长效机制，才能取得最佳效果。

（二）制发检察建议

在深入调查核实的基础上，为提升督促履职的精准度，黑龙江省人民检察院专门听取各行政主管部门的监管难点和需要协同推动的重点事项，征求有关专家学者、人大代表、政协委员、律师的意见建议；并就检察公益诉讼从个案监督到类案监督乃至促进省域内行业治理的工作思路，与黑龙江省人民政府进行多次沟通。在上述工作基础上，2019 年 12 月 20 日，黑龙江省人民检察院向黑龙江省人民政府送达检察建议书，建议：一是加强二次供水设施运行维护管理，推行供水服务到终端，逐步实现城市公共供水企业统建统管。二是强化相关职能部门行政监管，建立健全行政执法信息共享机制，建立严格的抽检和通报制度，加大惩戒力度，提高违法成本。三是发挥政府统筹作用，强化系统监管促进系统共治，将二次供水监管成效纳入政府及其职能部门目标考核评价体系。四是加强资金保障，统筹使用政策资金，综合施策融通资金，保障配套资金到位。五是完善相关配套政策，完善二次供水制度规范，建立联合执法机制，加强供水设施改造。

收到检察建议书后，黑龙江省人民政府高度重视。2020 年 1 月 12 日，黑龙江省人民政府在向黑龙江省第十三届人民代表大会第四次会议作的工作报告中指出，要"加快城市二次供水设施改造"。4 月 28 日，黑龙江省住房和城乡建设厅发布《黑龙江省既有小区供水设施改造技术导则》，加强对城市老旧小区二次供水设施改造工程设计的技术指导。同年 5 月，黑龙江省住房和城乡建设厅和省卫生健康委员会联合制定相关工作方案，对全省二次供水泵站和管网底数、老旧二次供水泵站数量、健康卫生许可等情况进行全面普查，建立问题台账，明确 2020 年改造目标任务。6 月 23 日，黑龙江省人民政府召开全省城镇二次供水设施改造工作电视电话会议，明确三年之内完成全部"老、旧、散、小、差"二次供水设施的改造，从根本上解决二次供水"最后一公里"的安全卫生问题。经认真开展整改工作，黑龙江省住房和城乡建设厅、省卫生健康委员会分别向省人民检察院回复了整改落实的情况。

指导意义

（一）检察机关在办案中要自觉践行司法为民宗旨，密切关注重大民生问题，通过履行法定职责，积极参与社会治理。供水是基础性的民生工程，关系广大居民的身体健康。针对辖区内二次供水存在的安全隐患和治理疏漏，检察机关在深入调查核实和广泛听取意见的基础上，有针对性地向行政主管部门提出检察建议，积极推动行政机关依法全面履职，切实保障城镇居民生活用水的"最后一公里"安全，彰显司法为民的责任担当。

（二）检察机关开展公益诉讼工作，既要办好个案，又要注重从个案到类案的拓展，更好地提升监督效果。检察机关办理涉及重大民生的公益诉讼案件，如认为其他地方也有类似问题时，应当在依法办理的同时，向上级人民检察院报告。如果公益受损问题在一定区域内具有多发性和普遍性，基层人民检察院难以解决的，应当及时将案件线索向上级人民检察院报告。上级人民检察院应当及时受理，并发挥"检察一体"的优势，组织开展调查核实。在办理涉及重大民生公共利益且具有多发性的公益诉讼案件时，上级人民检察院可以采取类案监督的方式，集中解决区域或者行业内普遍存在的公益受损问题，达到"办理一案，整治一片"的效果。

（三）对于重大公益受损问题，应当向有统筹协调职能的单位提出检察建议，促成问题的系统性整改。对于相关管理制度不完善、涉及上级行政机关监管职责或者多个行政机关职能交叉等因素而致使涉及面广的重大公益受损问题，应当由上级检察机关督促同级政府或者相关部门依法履职。省级人民政府在省域社会治理体系中居于重要地位，对于涉及省域范围的社会治理问题，省级人民检察院可以向其提出检察建议，从根本上推动问题的解决，促进自上而下进行源头性、系统性整改，形成公益保护的长效机制，发挥检察机关在社会治理中的积极作用。

相关规定

《中华人民共和国行政诉讼法》第二十五条。

《中华人民共和国传染病防治法》第十四条、第二十九条、第五十三条、第七十三条。

《城市供水条例》第七条。

《人民检察院检察建议工作规定》第五条、第十条。

第二十四批指导性案例

许某某、包某某串通投标立案监督案

（检例第90号）

关键词

串通拍卖　串通投标　竞拍国有资产　罪刑法定　监督撤案

要　旨

刑法规定了串通投标罪，但未规定串通拍卖行为构成犯罪。对于串通拍卖行为，不能以串通投标罪予以追诉。公安机关对串通竞拍国有资产行为以涉嫌串通投标罪刑事立案的，检察机关应当通过立案监督，依法通知公安机关撤销案件。

基本案情

犯罪嫌疑人许某某，男，1975 年 9 月出生，江苏某事业有限公司实际控制人。

犯罪嫌疑人包某某，男，1964 年 9 月出生，连云港某建设工程质量检测有限公司负责人。

江苏省连云港市海州区锦屏磷矿"尾矿坝"系江苏海州发展集团有限公司（以下简称海发集团，系国有独资）的项目资产，矿区占地面积近 1200 亩，存有尾矿砂 1610 万吨，与周边村庄形成 35 米的落差。该"尾矿坝"是应急管理部要求整改的重大危险源，曾两次发生泄漏事故，长期以来维护难度大、资金要求高，国家曾拨付专项资金 5000 万元用于安全维护。2016 年至 2017 年间，经多次对外招商，均未能吸引到合作企业投资开发。2017 年 4 月 10 日，海州区政府批复同意海发集团对该项目进行拍卖。同年 5 月 26 日，海发集团委托江苏省大众拍卖有限公司进行拍卖，并主动联系许某某参加竞拍。之后，许某某联系包某某，二人分别与江苏甲建设集团有限公司（以下简称甲公司）、江苏乙工程集团有限公司（以下简称乙公司）合作参与竞拍，武汉丙置业发展有限公司（以下简称丙公司，代理人王某某）也报名参加竞拍。2017 年 7 月 26 日，甲公司、乙公司、丙公司三家单位经两次举牌竞价，乙公司以高于底价竞拍成功。2019 年 4 月 26 日，连云港市公安局海州分局（以下简称海州公安分局）根据举报，以涉嫌串通投标罪对许某某、包某某立案侦查。

检察机关履职过程

线索发现。2019 年 6 月 19 日，许某某、包某某向连云港市海州区人民检察院提出监督申请，认为海州公安分局立案不当，严重影响企业生产经营，请求检察机关监督撤销案件。海州区人民检察院经审查，决定予以受理。

调查核实。海州区人民检察院通过向海州公安分局调取侦查卷宗，走访海发集团、拍卖公司，实地勘查"尾矿坝"项目开发现场，并询问相关证人，查明：一是海州区锦屏磷矿"尾矿坝"项目长期闲置，存在重大安全隐患，政府每年需投入大量资金进行安全维护，海发集团曾邀请多家企业参与开发，均未成功；二是海州区政府批复同意对该项目进行拍卖，海发集团为防止项目流拍，主动邀请许某某等多方参与竞拍，最终仅许某某、王某某，以及许某某邀请的包某某报名参加；三是许某某邀请包某某参与竞拍，目的在于防止项目流拍，并未损害他人利益；四是"尾矿坝"项目后期开发运行良好，解决了长期存在的重大安全隐患，盘活了国有不良资产。

监督意见。2019 年 7 月 2 日，海州区人民检察院向海州公安分局发出《要求说明立案理由通知书》。公安机关回复认为，许某某、包某某的串通竞买行为与串通投标行为具有同样的社会危害性，可以扩大解释为串通投标行为。海州区人民检察院认为，投标与拍卖行为性质不同，分别受招标投标法和拍卖法规范，对于串通投标行为，法律规定了刑事责任，而对于串通拍卖行为，法律仅规定了行政责任和民事赔偿责任，串通拍卖行为不能类推为串通投标行为。并且，许某某、包某某的串通拍卖行为，目的在于防止项目流拍，该行为实际上盘活了国有不良资产，消除了长期存在的重大安全隐患，不具有刑法规定的社会危害性。因此，公安机关以涉嫌串通投标罪对二人予以立案的理由不能成立。同时，许某某、包某某的行为亦不符合刑法规定的其他犯罪的构成要件。2019年7月18日，海州区人民检察院向海州公安分局发出《通知撤销案件书》，并与公安机关充分沟通，得到公安机关认同。

监督结果。2019年7月22日，海州公安分局作出《撤销案件决定书》，决定撤销许某某、包某某串通投标案。

指导意义

（一）检察机关发现公安机关对串通拍卖行为以涉嫌串通投标罪刑事立案的，应当依法监督撤销案件。严格遵循罪刑法定原则，法律没有明文规定为犯罪行为的，不得予以追诉。拍卖与投标虽然都是竞争性的交易方式，形式上具有一定的相似性，但二者行为性质不同，分别受不同法律规范调整。刑法第二百二十三条规定，投标人相互串通投标报价，损害招标人或者其他投标人利益，情节严重的，或者投标人与招标人串通投标，损害国家、集体、公民的合法利益的，以串通投标罪追究刑事责任。刑法未规定串通拍卖行为构成犯罪，拍卖法亦未规定串通拍卖行为可以追究刑事责任。公安机关将串通拍卖行为类推为串通投标行为予以刑事立案的，检察机关应当通过立案监督，通知公安机关撤销案件。

（二）准确把握法律政策界限，依法保护企业合法权益和正常经济活动。坚持法治思维，贯彻"谦抑、审慎"理念，严格区分案件性质及应承担的责任类型。对企业的经济行为，法律政策界限不明，罪与非罪不清的，应充分考虑其行为动机和对于社会有无危害及其危害程度，加强研究分析，慎重妥善处理，不能轻易进行刑事追诉。对于民营企业参与国有资产处置过程中的串通拍卖行为，不应以串通投标罪论处。如果在串通拍卖过程中有其他犯罪行为或者一般违法违规行为的，依照刑法、拍卖法等法律法规追究相应责任。

相关规定

《中华人民共和国刑法》第三条、第二百二十三条。
《中华人民共和国拍卖法》第六十五条。
《中华人民共和国招标投标法》第五十三条。
《人民检察院刑事诉讼规则》第五百五十七至五百六十一条、第五百六十三条。
《最高人民检察院 公安部关于刑事立案监督有关问题的规定（试行）》第六至九条。

温某某合同诈骗立案监督案

（检例第 91 号）

天键词

合同诈骗　合同欺诈　不应当立案而立案　侦查环节"挂案"　监督撤案

要旨

检察机关办理涉企业合同诈骗犯罪案件，应当严格区分合同诈骗与民事违约行为的界限。要注意审查涉案企业在签订、履行合同过程中是否具有非法占有目的和虚构事实、隐瞒真相的行为，准确认定是否具有诈骗故意。发现公安机关对企业之间的合同纠纷以合同诈骗进行刑事立案的，应当依法监督撤销案件。对于立案后久侦不结的"挂案"，检察机关应当向公安机关提出纠正意见。

基本案情

犯罪嫌疑人温某某，男，1975 年 10 月出生，广西壮族自治区钦州市甲水务有限公司（以下简称甲公司）负责人。

2010 年 4 月至 5 月间，甲公司分别与乙建设有限公司（以下简称乙公司）、丙建设股份有限公司（以下简称丙公司）签订钦州市钦北区引水供水工程《建设工程施工合同》。根据合同约定，乙公司和丙公司分别向甲公司支付 70 万元和 110 万元的施工合同履约保证金。工程报建审批手续完成后，甲公司和乙公司、丙公司因工程款支付问题发生纠纷。2011 年 8 月 31 日，丙公司广西分公司经理王某某到南宁市公安局良庆分局（以下简称良庆公安分局）报案，该局于 2011 年 10 月 14 日对甲公司负责人温某某以涉嫌合同诈骗罪刑事立案。此后，公安机关未传唤温某某，也未采取刑事强制措施，直至 2019 年 8 月 13 日，温某某被公安机关采取刑事拘留措施，并被延长刑事拘留期限至 9 月 12 日。

检察机关履职过程

线索发现。2019 年 8 月 26 日，温某某的辩护律师向南宁市良庆区人民检察院提出监督申请，认为甲公司与乙公司、丙公司之间的纠纷系支付工程款方面的经济纠纷，并非合同诈骗，请求检察机关监督公安机关撤销案件。良庆区人民检察院经审查，决定予以受理。

调查核实。经走访良庆公安分局，查阅侦查卷宗，核实有关问题，并听取辩护律师意见，接收辩护律师提交的证据材料，良庆区人民检察院查明：一是甲公司案发前处于正常生产经营状态，2006 年至 2009 年间，经政府有关部门审批，同意甲公司建设钦州市钦北区引水供水工程项目，资金由甲公司自筹；二是甲公司与乙公司、丙公司签订《建设工程施工合同》后，向钦州市环境保护局钦北分局等政府部门递交了办理"钦北区引水工程项目管道线路走向意见"的报批手续，但报建审批手续未能在约定的开工日前完成审批，双方因此另行签订补充协议，约定了甲公司所应承担的违约责任；三是报建审批手续完成后，乙公司、丙公司要求先支付工程预付款才进场施工，甲公司要求按照工程进度支付工程款，双方协商不下，乙公司、丙公司未进场施工，甲公司也未退还履约保证金；四是甲公司在该项目工程中投入勘测、复垦、自来水厂建设等资金 3000 多万元，收取的 180 万元履约保证金已用于自来水厂的生产经营。

监督意见。2019 年 9 月 16 日，良庆区人民检察院向良庆公安分局发出《要求说明立案理由通知书》。良庆公安分局回复认为，温某某以甲公司钦州市钦北区引水供水工程项目与乙公司、丙公司签订合同，并收取履约保证金，而该项目的建设环评及规划许可均未获得政府相关部门批准，不具备实际履行建设工程能力，其行为涉嫌合同诈骗。良庆区人民检察院认为，甲公司与乙公司、丙公司签订《建设工程施工合同》时，引水供水工程项目已经政府有关部门审批同意。合同签订后，甲公司按约定向政府职能部门提交该项目报建手续，得到了相关职能部门的答复，在项目工程未能如期开工后，甲公司又采取签订补充协议、承担相应违约责任等补救措施，并且甲公司在该项目工程中投入大量资金，收取的履约保证金也用于公司生产经营。因此，不足以认定温某某在签订合同时具有虚构事实或者隐瞒真相的行为和非法占有对方财物的目的，公安机关以合同诈骗罪予以刑事立案的理由不能成立。对于甲公司不退还施工合同履约保证金的行为，乙公司、丙公司可以向人民法院提起民事诉讼。同时，良庆区人民检察院审查认为，该案系公安机关立案后久侦未结形成的侦查环节"挂案"，应当监督公安机关依法处理。2019 年 9 月 27 日，良庆区人民检察院向良庆公安分局发出《通知撤销案件书》。

监督结果。良庆公安分局接受监督意见，于 2019 年 9 月 30 日作出《撤销案件决定书》，决定撤销温某某合同诈骗案。在此之前，良庆公安分局已于 2019 年 9 月 12 日依法释放了温某某。

指导意义

（一）检察机关对公安机关不应当立案而立案的，应当依法监督撤销案件。检察机关负有立案监督职责，有权监督纠正公安机关不应当立案而立案的行为。涉案企业认为公安机关对企业之间的合同纠纷以合同诈骗进行刑事立案，向检察机关提出监督申请的，检察机关应当受理并进行审查。认为需要公安机关说明立案理由的，应当书面通知公安机关。认为公安机关立案理由不能成立的，应当制作《通知撤销案件书》，通知公安机关撤销案件。

（二）严格区分合同诈骗与民事违约行为的界限。注意审查涉案企业在签订、履行合同过程中是否具有虚构事实、隐瞒真相的行为，是否有刑法第二百二十四条规定的五种情形之一。注重从合同项目真实性、标的物用途、有无实际履约行为、是否有逃匿和转移资产的行为、资金去向、违约原因等方面，综合认定是否具有诈骗的故意，避免片面关注行为结果而忽略主观上是否具有非法占有的目的。对于签订合同时具有部分履约能力，其后完善履约能力并积极履约的，不能以合同诈骗罪追究刑事责任。

（三）对于公安机关立案后久侦未结形成的"挂案"，检察机关应当提出监督意见。由于立案标准、工作程序和认识分歧等原因，有些涉民营企业刑事案件逾期滞留在侦查环节，既未被撤销，又未被移送审查起诉，形成"挂案"，导致民营企业及企业相关人员长期处于被追诉状态，严重影响企业的正常生产经营，破坏当地营商环境，也损害了司法机关的公信力。检察机关发现侦查环节"挂案"的，应当对公安机关的立案行为进行监督，同时也要对公安机关侦查过程中的违法行为依法提出纠正意见。

相关规定

《中华人民共和国刑法》第二百二十四条。*

《人民检察院刑事诉讼规则》第五百五十七至五百六十一条、第五百六十三条。

《最高人民检察院 公安部关于刑事立案监督有关问题的规定（试行）》第六至九条。

上海甲建筑装饰有限公司、吕某拒不执行判决立案监督案

（检例第92号）

关键词

拒不执行判决 调查核实 应当立案而不立案 监督立案

---

* 编者注：2020年12月26日，根据《中华人民共和国刑法修正案（十一）》，在刑法第二百二十四条后增加一条，作为第二百二十四条之一："组织、领导以推销商品、提供服务等经营活动为名，要求参加者以缴纳费用或者购买商品、服务等方式获得加入资格，并按照一定顺序组成层级，直接或者间接以发展人员的数量作为计酬或者返利依据，引诱、胁迫参加者继续发展他人参加，骗取财物，扰乱经济社会秩序的传销活动的，处五年以下有期徒刑或者拘役，并处罚金；情节严重的，处五年以上有期徒刑，并处罚金。"

要 旨

负有执行义务的单位和个人以更换企业名称、隐瞒到期收入等方式妨害执行，致使已经发生法律效力的判决、裁定无法执行，情节严重的，应当以拒不执行判决、裁定罪予以追诉。申请执行人认为公安机关对拒不执行判决、裁定的行为应当立案侦查而不立案侦查，向检察机关提出监督申请的，检察机关应当要求公安机关说明不立案的理由。经调查核实，认为公安机关不立案理由不能成立的，应当通知公安机关立案。对于通知立案的涉企业犯罪案件，应当依法适用认罪认罚从宽制度。

基本案情

被告单位上海甲建筑装饰有限公司（以下简称甲公司）。

被告人吕某，男，1964 年 8 月出生，甲公司实际经营人。

2017 年 5 月 17 日，上海乙实业有限公司（以下简称乙公司）因与甲公司合同履行纠纷诉至上海市青浦区人民法院。同年 8 月 16 日，青浦区人民法院判决甲公司支付乙公司人民币 3250995.5 元及相关利息。甲公司提出上诉，上海市第二中级人民法院判决驳回上诉，维持原判。2017 年 11 月 7 日，乙公司向青浦区人民法院申请执行。青浦区人民法院调查发现，被执行人甲公司经营地不明，无可供执行的财产，经乙公司确认并同意后，于 2018 年 2 月 27 日裁定终结本次执行程序。2018 年 5 月 9 日，青浦区人民法院恢复执行程序，组织乙公司、甲公司达成执行和解协议，但甲公司经多次催讨仍拒绝履行协议。2019 年 5 月 6 日，乙公司以甲公司拒不执行判决为由，向上海市公安局青浦分局（以下简称青浦公安分局）报案，青浦公安分局决定不予立案。

检察机关履职过程

线索发现。2019 年 6 月 3 日，乙公司向上海市青浦区人民检察院提出监督申请，认为甲公司拒不执行法院生效判决，已构成犯罪，但公安机关不予立案，请求检察机关监督立案。青浦区人民检察院经审查，决定予以受理。

调查核实。针对乙公司提出的监督申请，青浦区人民检察院调阅青浦公安分局相关材料和青浦区人民法院执行卷宗，调取甲公司银行流水，听取乙公司法定代表人金某意见，并查询国家企业信用信息公示系统。查明甲公司实际经营人吕某在同乙公司诉讼过程中，将甲公司更名并变更法定代表人为马某某，以致法院判决甲公司败诉后，在执行阶段无法找到甲公司资产。为调查核实甲公司资产情况，青浦区人民检察院又调取甲公司与丙控股集团江西南昌房地产事业部（以下简称丙集团）业务往来账目以及银行流水、银行票据等证据，进一步查明：2018 年 5 月至 2019 年 1 月期间，在甲公司银行账户被法院冻结的情况下，吕某要求丙集团将甲公司应收工程款人民币 2506.99 万元以银行汇票形式支付，其后吕某将该银行汇票背书转让给由其实际经营的上海丁装饰工程有限公司，该笔资金用于甲公司日常经营活动。

监督意见。2019 年 7 月 9 日，青浦区人民检察院向青浦公安分局发出《要求说明不立案理由通知书》。青浦公安分局回复认为，本案尚在执行期间，甲公司未逃避执行判决，没有犯罪事实，不符合立案条件。青浦区人民检察院认为，甲公司在诉讼期间更名并变更法定代表人，导致法院在执行阶段无法查找到甲公司资产，并裁定终结本次执行程序。并且在执行同期，甲公司舍弃电子支付、银行转账等便捷方式，要求丙集团以银行汇票形式向其结算并支付大量款项，该款未进入甲公司账户，但实际用于甲公司日常经营活动，其目的就是利用汇票背书形式规避法院的执行。因此，甲公司存在隐藏、转移财产，致使法院生效判决无法执行的行为，已符合刑法第三百一十三条规定的"有能力执行而拒不执行，情节严重"的情形，公安机关的不立案理由不能成立。2019 年 8 月 6 日，青浦区人民检察院向青浦公安分局发出《通知立案书》，并将调查获取的证据一并移送公安机关。

监督结果。2019 年 8 月 11 日，青浦公安分局决定对甲公司以涉嫌拒不执行判决罪立案侦查，同年 9 月 4 日将甲公司实际经营人吕某传唤到案并刑事拘留。2019 年 9 月 6 日，甲公司向乙公司支付了全部执行款项人民币 371 万元，次日，公安机关对吕某变更强制措施为取保候审。案件移送起诉后，经依法告知诉讼权利和认罪认罚的法律规定，甲公司和吕某自愿认罪认罚。2019 年 11 月 28 日，青浦区人民检察院以甲公司、吕某犯拒不执行判决罪向青浦区人民法院提起公诉，并提出对甲公司判处罚金人民币 15 万元，对吕某判处有期徒刑十个月、缓刑一年的量刑建议。2019 年 12 月 10 日，青浦区人民法院判决甲公司、吕某犯拒不执行判决罪，并全部采纳了检察机关的量刑建议。一审宣判后，被告单位和被告人均未提出上诉，判决已生效。

指导意义

（一）检察机关发现公安机关对拒不执行判决、裁定的行为应当立案侦查而不立案侦查的，应当依法监督公安机关立案。执行人民法院依法作出并已发生法律效力的判决、裁定，是被执行人的法定义务。负有执行义务的单位和个人有能力执行而故意以更改企业名称、隐瞒到期收入等方式，隐藏、转移财产，致使判决、裁定无法执行的，应当认定为刑法第三百一十三条规定的"有能力执行而拒不执行，情节严重"的情形，以拒不执行判决、裁定罪予以追诉。申请执行人认为公安机关对拒不执行判决、裁定的行为应当立案侦查而不立案侦查，向检察机关提出监督申请的，检察机关应当要求公安机关说明不立案的理由，认为公安机关不立案理由不能成立的，应当制作《通知立案书》，通知公安机关立案。

（二）检察机关进行立案监督，应当开展调查核实。检察机关受理立案监督申请后，应当根据事实、法律进行审查，并依法开展调查核实。对于拒不执行判决、裁定案件，检察机关可以调阅公安机关相关材料、人民法院执行卷宗和相关法律文书，询问公安机关办案人员、法院执行人员和有关当事人，并可以调取涉案企业、人员往来账目、合同、银行票据等书证，综合研判是否属于"有能力执行而拒不执行，情节严重"的情形。决定监督立案的，应当同时将调查收集的证据材料送达公安机关。

（三）办理涉企业犯罪案件，应当依法适用认罪认罚从宽制度。检察机关应当坚持惩治犯罪与保护市场主体合法权益、引导企业守法经营并重。对于拒不执行判决、裁定案件，应当积极促使涉案企业执行判决、裁定，向被害方履行赔偿义务、赔礼道歉。涉案企业及其直接负责的主管人员和其他直接责任人员自愿如实供述自己的罪行，承认指控的犯罪事实，愿意接受处罚的，对涉案企业和个人可以提出依法从宽处理的确定刑量刑建议。

相关规定

《中华人民共和国刑法》第三百一十三条。

《中华人民共和国刑事诉讼法》第一百一十三条。

《全国人民代表大会常务委员会关于〈中华人民共和国刑法〉第三百一十三条的解释》。

《人民检察院刑事诉讼规则》第五百五十七至五百六十一条、第五百六十三条

《最高人民法院关于审理拒不执行判决、裁定刑事案件适用法律若干问题的解释》第一条、第二条。

《最高人民检察院　公安部关于刑事立案监督有关问题的规定（试行）》第四条、第五条、第七至九条。

丁某某、林某某等人假冒注册商标立案监督案

（检例第 93 号）

关键词

制假售假　假冒注册商标　监督立案　关联案件管辖

要　旨

检察机关在办理售假犯罪案件时，应当注意审查发现制假犯罪事实，强化对人民群众切身利益和企业知识产权的保护力度。对于公安机关未立案侦查的制假犯罪与已立案侦查的售假犯罪不属于共同犯罪的，应当按照立案监督程序，监督公安机关立案侦查。对于跨地域实施的关联制假售假犯罪，检察机关可以建议公安机关并案管辖。

基本案情

被告人丁某某，女，1969 年 9 月出生，福建省晋江市个体经营者。

被告人林某某，男，1986 年 8 月出生，福建省晋江市个体经营者。

被告人张某，男，1991 年 7 月出生，河南省光山县个体经营者。

其他被告人基本情况略。

玛氏食品（嘉兴）有限公司（以下简称玛氏公司）是注册于浙江省嘉兴市的一家知名食品生产企业，依法取得"德芙"商标专用权，该注册商标的核定使用商品为巧克力等。2016 年 8 月至 2016 年 12 月期间，丁某某等人雇佣多人在福建省晋江市某小区民房生产假冒"德芙"巧克力，累计生产 2400 箱，价值人民币 96 万元。2017 年 9 月至 2018 年 1 月期间，林某某等人雇佣多人在福建省晋江市某工业园区厂房生产假冒"德芙"巧克力，累计生产 1392 箱，价值人民币 55.68 万元。2016 年下半年至 2017 年年底，张某等人购进上述部分假冒"德芙"巧克力，通过注册的网店向社会公开销售。

检察机关履职过程

线索发现。2018 年 1 月 23 日，嘉兴市公安局接玛氏公司报案，称有网店销售假冒其公司生产的"德芙"巧克力，该局指定南湖公安分局立案侦查。2018 年 4 月 6 日，南湖公安分局以涉嫌销售伪劣产品罪提请南湖区人民检察院审查批准逮捕网店经营者张某等人，南湖区人民检察院进行审查后，作出批准逮捕决定。在审查批准逮捕过程中，南湖区人民检察院发现，公安机关只对销售假冒"德芙"巧克力的行为进行立案侦查，而没有继续追查假冒"德芙"巧克力的供货渠道、生产源头，可能存在对制假犯罪应当立案侦查而未立案侦查的情况。

调查核实。南湖区人民检察院根据犯罪嫌疑人张某等人关于进货渠道的供述，调阅、梳理公安机关提取的相关微信聊天记录、网络交易记录、账户资金流水等电子数据，并主动联系被害单位玛氏公司，深入了解"德芙"商标的注册、许可使用情况、产品生产工艺流程、成分配料、质量标准等。经调查核实发现，本案中的制假行为涉嫌生产销售伪劣产品、侵犯知识产权等犯罪。

监督意见。经与公安机关沟通，南湖公安分局认为，本案的造假窝点位于福建省晋江市，销售下家散布于福建、浙江等地，案件涉及多个侵权行为实施地，制假犯罪不属本地管辖。南湖区人民检察院认为，本案是注册地位于嘉兴市的玛氏公司最先报案，且有南湖区消费者网购收到假冒"德芙"巧克力的证据，无论是根据最初受理地、侵权结果发生地管辖原则，还是基于制假售假行为的关联案件管辖原则，南湖公安分局对本案中的制假犯罪均具有管辖权。鉴于此，2018 年 5 月 15 日，南湖区人民检察院向南湖公安分局发出《要求说明不立案理由通知书》。

监督结果。南湖公安分局收到《要求说明不立案理由通知书》后，审查认为该案现有事实证据符合立案条件，决定以涉嫌生产、销售伪劣产品罪对丁某某、林某某等人立案侦查，其后陆续将犯罪嫌疑人抓获归案，并一举捣毁位于福建省晋江市的造假窝点。南湖公安分局侦查终结，以丁某某、林某某、张某等人涉嫌生产、销售伪劣产品罪移送起诉。南湖区人民检察院经委托食品检验机构进行检验，不能认定本案中的假冒"德芙"巧克力为伪劣产品和有毒有害食品，但丁某某、林某某等人未经注册商标所有人许可，在生产巧克力上使用"德芙"商标，应当按假冒注册商标罪起诉，张某等人通过网络公开销售假冒"德芙"巧克力，应当按销售假冒注册商标的商品罪起诉。2019 年 1 月 14 日，南湖区人民检察院以被告人丁某某、林某某等人犯假冒注册商标罪，被告人张某等人犯销售假冒注册商标的商品罪，向南湖区人民法院提起公诉。2019 年 11 月 1 日，南湖区人民法院以假冒注册商标罪判处丁某某、林某某等 7 人有期徒刑一年二个月至四年二个月，并处罚金；以销售假冒注册商标的商品罪判处张某等 4 人有期徒刑一年至三年四个月，并处罚金。一审宣判后，被告人均未提出上诉，判决已生效。

指导意义

（一）检察机关审查批准逮捕售假犯罪嫌疑人时，发现公安机关对制假犯罪未立案侦查的，应当履行监督职责。制假售假犯罪严重损害国家和人民利益，危及广大人民群众的生命和财产安全，侵害企业的合法权益，破坏社会主义市场经济秩序，应当依法惩治。检察机关办理售假犯罪案件时，应当注意全面审查、追根溯源，防止遗漏对制假犯罪的打击。对于公安机关未立案侦查的制假犯罪与已立案侦查的售假犯罪不属于共同犯罪的，按照立案监督程序办理；属于共同犯罪的，按照纠正漏捕漏诉程序办理。

（二）加强对企业知识产权的保护，依法惩治侵犯商标专用权犯罪。保护知识产权就是保护创新，检察机关应当依法追诉破坏企业创新发展的侵犯商标专用权、专利权、著作权、商业秘密等知识产权犯罪，营造公平竞争、诚信有序的市场环境。对于实施刑法第二百一十三条规定的假冒注册商标行为，又销售该假冒注册商标的商品，构成犯罪的，以假冒注册商标罪予以追诉。如果同时构成刑法分则第三章第一节生产、销售伪劣商品罪各条规定之罪的，应当依照处罚较重的罪名予以追诉。

（三）对于跨地域实施的关联制假售假案件，检察机关可以建议公安机关并案管辖。根据《最高人民法院 最高人民检察院 公安部 国家安全部 司法部 全国人大常委会法制工作委员会关于实施刑事诉讼法若干问题的规定》第三条第四项和《最高人民法院 最高人民检察院 公安部关于办理侵犯知识产权刑事案件适用法律若干问题的意见》第一条的规定，对于跨地域实施的关联制假售假犯罪，并案处理有利于查明案件事实、及时打击制假售假犯罪的，检察机关可以建议公安机关并案管辖。

相关规定

《中华人民共和国刑法》第二百一十三条、第二百一十四条。

《中华人民共和国刑事诉讼法》第一百一十三条。

《人民检察院刑事诉讼规则》第五百五十七条、第五百五十九条、第五百六十条。

《最高人民法院 最高人民检察院 公安部关于办理侵犯知识产权刑事案件适用

法律若干问题的意见》第一条。

《最高人民法院　最高人民检察院　公安部　国家安全部　司法部　全国人大常委会法制工作委员会关于实施刑事诉讼法若干问题的规定》第三条。

《最高人民检察院　公安部关于刑事立案监督有关问题的规定（试行）》第四条、第七条。

第二十五批指导性案例

余某某等人重大劳动安全事故重大责任事故案

（检例第 94 号）

关键词

重大劳动安全事故罪　重大责任事故罪　关联案件办理　追诉漏罪漏犯　检察建议

要　旨

办理危害生产安全刑事案件，要根据案发原因及涉案人员的职责和行为，准确适用重大责任事故罪和重大劳动安全事故罪。要全面审查案件事实证据，依法追诉漏罪漏犯，准确认定责任主体和相关人员责任，并及时移交职务违法犯罪线索。针对事故中暴露出的相关单位安全管理漏洞和监管问题，要及时制发检察建议，督促落实整改。

基本案情

被告人余某某，男，湖北 A 化工集团股份有限公司（简称 A 化工集团）原董事长、当阳市 B 矸石发电有限责任公司（简称 B 矸石发电公司，该公司由 A 化工集团投资控股）原法定代表人。

被告人张某某，男，A 化工集团物资供应公司原副经理。

被告人双某某，男，B 矸石发电公司原总经理。

被告人赵某某，男，A 化工集团原副总经理、总工程师。

被告人叶某某，男，A 化工集团生产部原部长。

被告人赵玉某，男，B 矸石发电公司原常务副总经理兼总工程师。

被告人王某某，男，B 矸石发电公司原锅炉车间主任。

2015年6月，B矸石发电公司热电联产项目开工建设。施工中，余某某、双某某为了加快建设进度，在采购设备时，未按湖北省发展与改革委员会关于该项目须公开招投标的要求，自行组织邀请招标。张某某收受无生产资质的重庆某仪表有限公司（简称仪表公司）负责人李某某给予的4000元好处费及钓鱼竿等财物，向其采购了质量不合格的"一体焊接式长颈喷嘴"（简称喷嘴），安装在2号、3号锅炉高压主蒸汽管道上。项目建成后，余某某、双某某擅自决定试生产。

2016年8月10日凌晨，B矸石发电公司锅炉车间当班员工巡检时发现集中控制室前楼板滴水、2号锅炉高压主蒸汽管道保温层漏气。赵玉某、王某某赶到现场，未发现滴水情况和泄漏点，未进一步探查。8月11日11时许，锅炉运行人员发现事故喷嘴附近有泄漏声音且温度比平时高，赵玉某指示当班员工继续加强监控。13时许，2号锅炉主蒸汽管道蒸汽泄漏更加明显且伴随高频啸叫声。赵玉某、王某某未按《锅炉安全技术规程》《锅炉运行规程》等规定下达紧急停炉指令。13时50分至14时20分，叶某某先后三次接到B矸石发电公司生产科副科长和A化工集团生产调度中心调度员电话报告"2号锅炉主蒸汽管道有泄漏，请求停炉"。叶某某既未到现场处置，也未按规定下达停炉指令。14时30分，叶某某向赵某某报告"蒸汽管道泄漏，电厂要求停炉"。赵某某未按规定下达停炉指令，亦未到现场处置。14时49分，2号锅炉高压主蒸汽管道上的喷嘴发生爆裂，致使大量高温蒸汽喷入事故区域，造成22人死亡、4人受伤，直接经济损失2313万元。

检察机关履职过程

一、介入侦查

事故发生后，当阳市公安局以涉嫌重大责任事故罪对余某某、双某某、张某某、赵玉某、王某某、赵某某、叶某某等人立案侦查并采取强制措施。当阳市人民检察院提前介入，参加公安机关案情研讨，从三个方面提出取证重点：一是查明事故企业在立项审批、设备采购、项目建设及招投标过程中是否存在违法违规行为；二是查明余某某等人对企业安全生产的管理职责；三是查明在事故过程中，余某某等人的履职情况及具体行为。当阳市公安局补充完善上述证据，侦查终结后，于2017年1月23日至2月22日对余某某等7人以涉嫌重大责任事故罪先后向当阳市人民检察院移送起诉。

二、审查起诉

该事故涉及的系列案件共11件14人，除上述7人外，还包括湖北省特种设备检验检测研究院宜昌分院、当阳市发展与改革局、当阳市质监局工作人员涉嫌的渎职犯罪，A化工集团有关人员涉嫌的帮助毁灭证据犯罪以及仪表公司涉嫌的生产、销售伪劣产品犯罪。当阳市人民检察院按照案件类型成立多个办案组，根据案件的难易程度调配力量，保证各办案组的审查起诉工作协调推进。由于不同罪名的案情存在密切关联，为使各办案组掌握全部案情，办案部门定期召开检察官联席会议，统一协调系列案件的办理。

当阳市人民检察院审查认为：本次事故发生的最主要原因是 B 矸石发电公司所采购的喷嘴系质量不合格的劣质产品，直接原因是主蒸汽管道蒸汽泄漏形成重大安全隐患时，相关管理人员没有按照操作规程及时停炉，作出正确处置。余某某、双某某作为 A 化工集团负责人和 B 矸石发电公司管理者，在热电联产项目设备采购过程中，未按审批内容公开招标，自行组织邀请招标，监督管理不到位，致使采购人员采购了质量不合格的喷嘴；张某某作为 A 化工集团电气设备采购负责人，收受投标人好处费，怠于履行职责，未严格审查投标单位是否具备相关生产资质，采购了无资质厂家生产的存在严重安全隐患的劣质产品，3 人的主要责任均在于未依法依规履职，致使 B 矸石发电公司的安全生产设施和条件不符合国家规定，从而导致本案事故的发生，涉嫌构成重大劳动安全事故罪。赵某某作为 A 化工集团副总经理、总工程师，叶某某作为该集团生产部部长，赵玉某作为 B 矸石发电公司的副总经理，王某某作为该公司锅炉车间主任，对 B 矸石发电公司的安全生产均负有直接管理职责，4 人在高压蒸汽管道出现漏气、温度异常并伴随高频啸叫声的危险情况下，未按操作规程采取紧急停炉措施，导致重大伤亡事故发生，4 人的主要责任在于生产、作业过程中违反有关安全管理规定，涉嫌构成重大责任事故罪。

同时，当阳市人民检察院在办案中发现，赵某某在事故发生后同意 A 化工集团安全部部长孙某某（以帮助毁灭证据罪另案处理）将集团办公系统中储存的 13 万余份关于集团内部岗位职责的电子数据（该数据对查清公司高层管理人员在事故中的责任具有重要作用）删除，涉嫌帮助毁灭证据罪，遂依法予以追加起诉。

2017 年 5 月至 6 月，当阳市人民检察院先后以余某某、双某某、张某某涉嫌重大劳动安全事故罪，赵玉某、王某某、叶某某涉嫌重大责任事故罪，赵某某涉嫌重大责任事故罪、帮助毁灭证据罪向当阳市人民法院提起公诉。

三、指控与证明犯罪

当阳市人民法院分别于 2017 年 6 月 20 日、7 月 4 日、7 月 20 日公开开庭审理上述案件。各被告人对公诉指控的犯罪事实及出示的证据均不持异议，当庭认罪。余某某的辩护人提出余某某不构成犯罪，理由是：（1）A 化工集团虽然是 B 矸石发电公司的控股股东，余某某是法定代表人，但只负责 B 矸石发电公司的投资和重大技改。B 矸石发电公司作为独立的企业法人实行总经理负责制，人员招聘任免、日常管理生产、设备采购均由 B 矸石发电公司自己负责。（2）该事故系多因一果，原因包括设计不符合标准规范要求、事故喷嘴是质量不合格的劣质产品，不能将设计方及不合格产品生产方的责任转嫁由 B 矸石发电公司承担。公诉人针对辩护意见答辩：（1）A 化工集团作为 B 矸石发电公司的控股股东，对 B 矸石发电公司实行人力资源、财务、物资采购、生产调度的"四统一"管理。余某某既是 A 化工集团的董事长，又是 B 矸石发电公司的法定代表人，是企业安全生产的第一责任人。其违规决定采取邀请招标的方式采购设备，致使 B 矸石发电公司采购了质量不合格的喷嘴。（2）本案事故发生的主要原因为喷嘴质量不合格，同时相关管理人员在生产、作业中违反安全管理规定，操作不当，各方都应当在自己职责范围内承担相应的法律责任，不能因为追究其中一方的责任就减轻或免除其他人的责任。因此，应以重大劳动安全事故罪追究余某某的刑事责任。

四、处理结果

2018 年 8 月 21 日，当阳市人民法院以重大劳动安全事故罪分别判处被告人余某某、双某某、张某某有期徒刑五年、四年、五年；以重大责任事故罪、帮助毁灭证据罪分别判处被告人赵某某有期徒刑四年、六个月，数罪并罚决定执行四年三个月；以重大责任事故罪分别判处被告人叶某某、赵玉某、王某某有期徒刑四年、五年、四年。各被告人均未上诉，判决已生效。

五、办理关联案件

一是依法惩处生产、销售不符合安全标准的产品犯罪。本案事故发生的最主要原因是安装在主蒸汽管道上的喷嘴质量不合格。2017 年 2 月 17 日，当阳市公安局对喷嘴生产企业仪表公司负责人李某某以涉嫌生产、销售伪劣产品罪向当阳市人民检察院移送起诉。当阳市人民检察院经审查认为，李某某明知生产的喷嘴将被安装于高压蒸汽管道上，直接影响生产安全和他人人身、财产安全，但其为追求经济利益，在不具备生产高温高压设备资质和条件的情况下，通过查看书籍、网上查询的方法自行设计、制造了喷嘴，并伪造产品检测报告和合格证，销售给 B 矸石发电公司，其行为属于生产、销售不符合保障人身、财产安全国家标准、行业标准的产品，造成特别严重后果的情况。本案中的喷嘴既属于伪劣产品，也属于不符合安全标准的产品，李某某的行为同时构成生产、销售伪劣产品罪和生产、销售不符合安全标准的产品罪，根据刑法第 149 条第 2 款规定，应当依照处罚较重的生产、销售不符合安全标准的产品罪定罪处罚。5 月 22 日，当阳市人民检察院以该罪对李某某提起公诉。同时，追加起诉了仪表公司为单位犯罪。后李某某及仪表公司被以生产、销售不符合安全标准的产品罪判处刑罚。

二是依法追究职务犯罪。当阳市人民检察院办理本案过程中，依照当时的法定权限深挖事故背后的国家工作人员职务犯罪。查明：当阳市发展和改革局原副局长杨某未落实省、市发展与改革委员会文件要求，未对 B 矸石发电公司设备采购招投标工作进行监管，致使该公司自行组织邀标，采购了质量严重不合格的喷嘴；当阳市质量技术监督局特监科原科长赵某怠于履行监管职责，未对 B 矸石发电公司特种设备的安装、使用进行监督检查；宜昌市特种设备检验检测研究院技术负责人韩某、压力管道室主任饶某、副主任洪某在对发生事故的高压主蒸汽管道安装安全质量监督检验工作中，未严格执行国家行业规范，对项目建设和管道安装过程中的违法违规问题没有监督纠正，致使存在严重质量缺陷和安全隐患的高压主蒸汽管道顺利通过监督检验并运行。2017 年 3 月至 5 月，当阳市人民检察院分别对 5 人以玩忽职守罪提起公诉（另，饶某还涉嫌构成挪用公款罪）。2018 年 8 月 21 日，当阳市人民法院分别以玩忽职守罪判处 5 人有期徒刑三年六个月至有期徒刑三年缓刑四年不等。后 5 人均提出上诉，宜昌市中级人民法院裁定驳回上诉，维持原判。判决已生效。

六、制发检察建议

针对本案反映出的当阳市人民政府及有关职能部门怠于履行职责、相关工作人员责任意识不强、相关企业安全生产观念淡薄等问题，2017 年 8 月 16 日，当阳市人民检察院向当阳市人民政府及市发展和改革局、市质量技术监督局分别发出检察建议，提出组织相关部门联合执法、在全市范围内开展安全生产大检查、加强对全市重大项目工程建设和招投标工作的监督管理、加强对全市特种设备及相关人员的监督管理、加大对企业安全生产知识的宣传等有针对性的意见建议。被建议单位高度重视，通过开展重点行业领域专项整治活动、联合执法等措施，认真整改落实。检察建议促进当地政府有关部门加强了安全生产监管，相关企业提升了安全生产管理水平。

指导意义

（一）准确适用重大责任事故罪与重大劳动安全事故罪。两罪主体均为生产经营活动的从业者，法定最高刑均为七年以下有期徒刑。两罪的差异主要在于行为特征不同，重大责任事故罪是行为人"在生产、作业中违反有关安全管理的规定"；重大劳动安全事故罪是生产经营单位的"安全生产设施或者安全生产条件不符合国家规定"。实践中，安全生产事故发生的原因如果仅为生产、作业中违反有关安全管理的规定，或者仅为提供的安全生产设施或条件不符合国家规定，罪名较易确定；如果事故发生系上述两方面混合因素所致，两罪则会出现竞合，此时，应当根据相关涉案人员的工作职责和具体行为来认定其罪名。具体而言，对企业安全生产负有责任的人员，在生产、作业过程中违反安全管理规定的，应认定为重大责任事故罪；对企业安全生产设施或者安全生产条件不符合国家规定负有责任的人员，应认定为重大劳动安全事故罪；如果行为人的行为同时包括在生产、作业中违反有关安全管理的规定和提供安全生产设施或条件不符合国家规定，为全面评价其行为，应认定为重大责任事故罪。

（二）准确界定不同责任人员和责任单位的罪名，依法追诉漏罪漏犯，向相关部门移交职务违法犯罪线索。安全生产刑事案件，有的涉案人员较多，既有一线的直接责任人员，也有管理层的实际控制人，还有负责审批监管的国家工作人员；有的涉及罪名较广，包括生产、销售不符合安全标准的产品罪、玩忽职守罪、受贿罪、帮助毁灭证据罪等；除了自然人犯罪，有的还包括单位犯罪。检察机关办案中，要注重深挖线索，准确界定相关人员责任，发现漏罪漏犯要及时追诉。对负有监管职责的国家工作人员，涉嫌渎职犯罪或者违纪违法的，及时将线索移交相关部门处理。

（三）充分发挥检察建议作用，以办案促安全生产治理。安全生产事关企业健康发展，人民群众人身财产安全，社会和谐稳定。党的十九大报告指出，要"树立安全发展理念，弘扬生命至上、安全第一的思想，健全公共安全体系，完善安全生产责任制，坚决遏制重特大安全事故，提升防灾减灾救灾能力"。检察机关要认真贯彻落实，充分履行检察职能，在依法严厉打击危害企业安全生产犯罪的同时，针对办案中发现的安全生产方面的监管漏洞或怠于履行职责等问题，要积极主动作为，在充分了解有关部门职能范围的基础上，有针对性地制发检察建议，并持续跟踪落实情况，引导企业树牢安全发展理念，督促政府相关部门加强安全生产监管，实现以办案促进治理，为安全生产保驾护航。

相关规定

《中华人民共和国刑法》第一百三十四条、第一百三十五条、第一百四十六条、第一百四十九条、第三百零七条第二款、第三百九十七条。*

《最高人民法院　最高人民检察院关于办理危害生产安全刑事案件适用法律若干问题的解释》第一条、第三条。

《最高人民法院关于进一步加强危害生产安全刑事案件审判工作的意见》。

宋某某等人重大责任事故案

（检例第 95 号）

关键词

事故调查报告　证据审查　责任划分　不起诉　追诉漏犯

要　旨

对相关部门出具的安全生产事故调查报告，要综合全案证据进行审查，准确认定案件事实和相关人员责任。要正确区分相关涉案人员的责任和追责方式，发现漏犯及时追诉，对不符合起诉条件的，依法作出不起诉处理。

---

* 编者注：2020 年 12 月 26 日，根据《中华人民共和国刑法修正案（十一）》，将刑法第一百三十四条第二款修改为："强令他人违章冒险作业，或者明知存在重大事故隐患而不排除，仍冒险组织作业，因而发生重大伤亡事故或者造成其他严重后果的，处五年以下有期徒刑或者拘役；情节特别恶劣的，处五年以上有期徒刑。"在刑法第一百三十四条后增加一条，作为第一百三十四条之一："在生产、作业中违反有关安全管理的规定，有下列情形之一，具有发生重大伤亡事故或者其他严重后果的现实危险的，处一年以下有期徒刑、拘役或者管制：（一）关闭、破坏直接关系生产安全的监控、报警、防护、救生设备、设施，或者篡改、隐瞒、销毁其相关数据、信息的；（二）因存在重大事故隐患被依法责令停产停业、停止施工、停止使用有关设备、设施、场所或者立即采取排除危险的整改措施，而拒不执行的；（三）涉及安全生产的事项未经依法批准或者许可，擅自从事矿山开采、金属冶炼、建筑施工，以及危险物品生产、经营、储存等高度危险的生产作业活动的。"

基本案情

被告人宋某某，男，山西 A 煤业公司（隶属于山西 B 煤业公司）原矿长。

被告人杨某，男，A 煤业公司原总工程师。

被不起诉人赵某某，男，A 煤业公司原工人。

2016 年 5 月，宋某某作为 A 煤业公司矿长，在 3 号煤层配采项目建设过程中，违反《关于加强煤炭建设项目管理的通知》（发改能源〔2006〕1039 号）要求，在没有施工单位和监理单位的情况下，即开始自行组织工人进行施工，并与周某某（以伪造公司印章罪另案处理）签订虚假的施工、监理合同以应付相关单位的验收。杨某作为该矿的总工程师，违反《煤矿安全规程》（国家安全监管总局令第 87 号）要求，未结合实际情况加强设计和制订安全措施，在 3 号煤层配采施工遇到旧巷时仍然采用常规设计，且部分设计数据与相关要求不符，导致旧巷扩刷工程对顶煤支护的力度不够。2017 年 3 月 9 日 3 时 50 分许，该矿施工人员赵某某带领 4 名工人在 3101 综采工作面运输顺槽和联络巷交叉口处清煤时，发生顶部支护板塌落事故，导致上覆煤层坍塌，造成 3 名工人死亡，赵某某及另一名工人受伤，直接经济损失 635.9 万元。

检察机关履职过程

一、补充侦查

2017 年 5 月 5 日，长治市事故联合调查组认定宋某某、赵某某分别负事故的主要责任、直接责任，二人行为涉嫌重大责任事故罪，建议由公安机关依法处理，并建议对杨某等相关人员给予党政纪处分或行政处罚。2018 年 3 月 18 日，长治市公安局上党分局对赵某某、宋某某以涉嫌重大责任事故罪立案侦查，并于 5 月 31 日移送长治市上党区（案发时为长治县）人民检察院审查起诉。

上党区人民检察院审查认为，该案相关人员责任不明、部分事实不清，公安机关结合事故调查报告作出的一些结论性事实认定缺乏证据支撑。如调查报告和公安机关均认定赵某某在发现顶板漏煤的情况下未及时组织人员撤离，其涉嫌构成重大责任事故罪。检察机关审查发现，认定该事实的证据主要是工人冯某某的证言，但其说法前后不一，现有证据不足以认定该事实。为查清赵某某的责任，上党区人民检察院开展自行侦查，调查核实相关证人证言等证据。再如调查报告和公安机关均认定总工程师杨某"在运输顺槽遇到旧巷时仍然采用常规设计，未结合实际情况及时修改作业规程或补充安全技术措施"，但是公安机关移送的案卷材料中，没有杨某的设计图纸，也没有操作规程的相关规定。针对上述问题检察机关二次退回补充侦查，要求补充杨某的设计图纸、相关操作规程等证据材料；并就全案提出补充施工具体由谁指挥、宋某某和股东代表是否有过商议、安检站站长以及安检员职责等补查意见，以查清相关人员具体行为和责任。后公安机关补充完善了上述证据，查清了相关人员责任等案件事实。

二、准确认定相关人员责任

上党区人民检察院经审查，认为事故发生的主要原因有：一是该矿违反规定自行施工，项目安全管理不到位；二是项目扩刷支护工程设计不符合行业标准要求。在分清主要和次要原因、直接和间接原因的基础上，上党区人民检察院对事故责任人进行了准确区分，作出相应处理。

第一，依法追究主要责任人宋某某的刑事责任。检察机关审查认为，《关于加强煤炭建设项目管理的通知》要求建设单位要按有关规定，通过招投标方式，结合煤矿建设施工的灾害特点，确定施工和监理单位。宋某某作为建设单位 A 煤业公司的矿长，是矿井安全生产第一责任人，负责全矿安全生产工作，为节约成本，其违反上述通知要求，在没有施工单位和监理单位（均要求具备相关资质）的情况下，弄虚作假应付验收，无资质情况下自行组织工人施工，长期危险作业，最终发生该起事故，其对事故的发生负主要责任。且事故发生后，其对事故的迟报负直接责任。遂对宋某某以重大责任事故罪向上党区人民法院提起公诉。

第二，依法对赵某某作出不起诉决定。事故调查报告认定赵某某对事故的发生负直接责任，认为赵某某在发现漏煤时未组织人员撤离而是继续清煤导致了事故的发生，公安机关对其以重大责任事故罪移送起诉。检察机关审查起诉过程中，经自行侦查，发现案发地点当时是否出现过顶板漏煤的情况存在疑点，赵某某、冯某某和其他案发前经过此处及上一班工人的证言，均不能印证现场存在漏煤的事实，不能证明赵某某对危害结果的发生有主观认识，无法确定赵某某的责任。因此，依据刑事诉讼法第 175 条第 4 款规定，对赵某某作出不起诉决定。

第三，依法追诉漏犯杨某。公安机关未对杨某移送起诉，检察机关认为，《煤矿安全规程》要求，在采煤工作面遇过断层、过老空区时应制定安全措施，采用锚杆、锚索等支护形式加强支护。杨某作为 A 煤业公司总工程师，负责全矿技术工作，其未按照上述规程要求，加强安全设计，履行岗位职责不到位，对事故的发生负主要责任。虽然事故调查报告建议"吊销其安全生产管理人员安全生产知识和管理能力考核合格证"，但行政处罚不能代替刑事处罚。因此，依法对杨某以涉嫌重大责任事故罪予以追诉。

三、指控与证明犯罪

庭审中，被告人宋某某辩称，是 A 煤业公司矿委会集体决定煤矿自行组织工人施工的，并非其一个人的责任。公诉人答辩指出，虽然自行组织施工的决定是由矿委会作出的，但是宋某某作为矿长，是矿井安全生产的第一责任人，明知施工应当由有资质的施工单位进行且应在监理单位监理下施工，仍自行组织工人施工，且在工程日常施工过程中安全管理不到位，最终导致了该起事故的发生，其对事故的发生负主要责任，应当以重大责任事故罪追究其刑事责任。

四、处理结果

2018 年 12 月 21 日，上党区人民法院作出一审判决，认定宋某某、杨某犯重大责任事故罪，考虑到二人均当庭认罪悔罪，如实供述自己的犯罪事实，具有坦白情节，且 A 煤业公司积极对被害方进行赔偿，分别判处二人有期徒刑三年，缓刑三年。二被告人均未提出上诉，判决已生效。

事故发生后，主管部门对 A 煤业公司作出责令停产整顿四个月、暂扣《安全生产许可证》、罚款 270 万元的行政处罚。对宋某某开除党籍，吊销矿长安全资格证，给予其终生不得担任矿长职务、处年收入 80% 罚款等处罚；对杨某给予吊销安全生产知识和管理能力考核合格证的处罚。对 A 煤业公司生产副矿长、安全副矿长等 5 人分别予以吊销安全生产知识和管理能力考核合格证、撤销职务、留党察看、罚款或解除合同等处理；对 B 煤业公司董事长、总经理、驻 A 煤业公司安检员等 9 人分别给予相应的党政纪处分及行政处罚；对长治市上党区原煤炭工业局总工程师、煤炭工业局驻 A 煤业公司原安检员等 10 人分别给予相应的党政纪处分。对时任长治县委书记、县长等 4 人也给予相应的党政纪处分。

指导意义

（一）安全生产事故调查报告在刑事诉讼中可以作为证据使用，应结合全案证据进行审查。安全生产事故发生后，相关部门作出的事故调查报告，与收集调取的物证、书证、视听资料、电子数据等相关证据材料一并移送给司法机关后，调查报告和这些证据材料在刑事诉讼中可以作为证据使用。调查报告对事故原因、事故性质、责任认定、责任者处理等提出的具体意见和建议，是检察机关办案中是否追究相关人员刑事责任的重要参考，但不应直接作为定案的依据，检察机关应结合全案证据进行审查，准确认定案件事实和涉案人员责任。对于调查报告中未建议移送司法机关处理，侦查（调查）机关也未移送起诉的人员，检察机关审查后认为应当追究刑事责任的，要依法追诉。对于调查报告建议移送司法机关处理，侦查（调查）机关移送起诉的涉案人员，检察机关审查后认为证据不足或者不应当追究刑事责任的，应依法作出不起诉决定。

（二）通过补充侦查完善证据体系，查清涉案人员的具体行为和责任大小。危害生产安全刑事案件往往涉案人员较多，案发原因复杂，检察机关应当根据案件特点，从案发直接原因和间接原因、主要原因和次要原因、涉案人员岗位职责、履职过程、违反有关管理规定的具体表现和事故发生后的施救经过、违规行为与结果之间的因果关系等方面进行审查，证据有欠缺的，应当通过自行侦查或退回补充侦查，补充完善证据，准确区分和认定各涉案人员的责任，做到不枉不纵。

（三）准确区分责任，注重多层次、多手段惩治相关涉案人员。对涉案人员身份多样的案件，要按照各涉案人员在事故中有无主观过错、违反了哪方面职责和规定、具体行为表现及对事故发生所起的作用等，确定其是否需要承担刑事责任。对于不予追究刑事责任的涉案人员，相关部门也未进行处理的，发现需要追究党政纪责任，禁止其从事相关行业，或者应对其作出行政处罚的，要及时向有关部门移送线索，提出意见和建议。确保多层次的追责方式能起到惩戒犯罪、预防再犯、促进安全生产的作用。

相关规定

《中华人民共和国刑法》第一百三十四条第一款。

《中华人民共和国刑事诉讼法》第一百七十一条、第一百七十五条。

《人民检察院刑事诉讼规则》第三百五十六条、三百六十七条。

《最高人民法院 最高人民检察院关于办理危害生产安全刑事案件适用法律若干问题的解释》第一条、第六条。

《最高人民法院关于进一步加强危害生产安全刑事案件审判工作的意见》第四条、第六条、第八条。

黄某某等人重大责任事故、谎报安全事故案

（检例第 96 号）

关键词

谎报安全事故罪　引导侦查取证　污染处置　化解社会矛盾

要　旨

检察机关要充分运用行政执法和刑事司法衔接工作机制，通过积极履职，加强对线索移送和立案的法律监督。认定谎报安全事故罪，要重点审查谎报行为与贻误事故抢救结果之间的因果关系。对同时构成重大责任事故罪和谎报安全事故罪的，应当数罪并罚。应注重督促涉事单位或有关部门及时赔偿被害人损失，有效化解社会矛盾。安全生产事故涉及生态环境污染等公益损害的，刑事检察部门要和公益诉讼检察部门加强协作配合，督促协同行政监管部门，统筹运用法律、行政、经济等手段严格落实企业主体责任，修复受损公益，防控安全风险。

基本案情

被告人黄某某，男，福建A石油化工实业有限公司（简称A公司）原法定代表人兼执行董事。

被告人雷某某，男，A公司原副总经理。

被告人陈某某，男，A公司原常务副总经理兼安全生产管理委员会主任。

被告人陈小某，男，A公司码头原操作工。

被告人刘某某，男，A公司码头原操作班长。

被告人林某某，男，B船务有限公司（简称B公司）"天桐1"船舶原水手。

被告人叶某某，男，B公司"天桐1"船舶原水手长。

被告人徐某某，男，A公司原安全环保部经理。

2018年3月，C材料科技有限公司（简称C公司）与A公司签订货品仓储租赁合同，租用A公司3005#、3006#储罐用于存储其向福建某石油化工有限公司购买的工业用裂解碳九（简称碳九）。同年，B公司与C公司签订船舶运输合同，委派"天桐1"船舶到A公司码头装载碳九。

同年11月3日16时许，"天桐1"船舶靠泊在A公司2000吨级码头，准备接运A公司3005#储罐内的碳九。18时30分许，当班的刘某某、陈小某开始碳九装船作业，因码头吊机自2018年以来一直处于故障状态，二人便违规操作，人工拖拽输油软管，将岸上输送碳九的管道终端阀门和船舶货油总阀门相连接。陈小某用绳索把输油软管固定在岸上操作平台的固定支脚上，船上值班人员将船上的输油软管固定在船舶的右舷护栏上。19时许，刘某某、陈小某打开码头输油阀门开始输送碳九。其间，被告人徐某某作为值班经理，刘某某、陈小某作为现场操作班长及操作工，叶某某、林某某作为值班水手长及水手，均未按规定在各自职责范围内对装船情况进行巡查。4日凌晨，输油软管因两端被绳索固定致下拉长度受限而破裂，约69.1吨碳九泄漏，造成A公司码头附近海域水体、空气等受到污染，周边69名居民身体不适接受治疗。泄漏的碳九越过围油栏扩散至附近海域网箱养殖区，部分浮体被碳九溶解，导致网箱下沉。

事故发生后，雷某某到达现场向A公司生产运行部副经理卢某和计量员庄某核实碳九泄漏量，在得知实际泄漏量约有69.1吨的情况下，要求船方隐瞒事故原因和泄漏量。黄某某、雷某某、陈某某等人经商议，决定在对外通报及向相关部门书面报告中谎报事故发生的原因是法兰垫片老化、碳九泄漏量为6.97吨。A公司也未按照海上溢油事故专项应急预案等有关规定启动一级应急响应程序，导致不能及时有效地组织应急处置人员开展事故抢救工作，直接贻误事故抢救时机，进一步扩大事故危害后果，并造成不良的社会影响。经审计，事故造成直接经济损失672.73万元。经泉州市生态环境局委托，生态环境部华南环境科学研究所作出技术评估报告，认定该起事故泄漏的碳九是一种组分复杂的混合物，其中含量最高的双环戊二烯为低毒化学品，长期接触会刺激眼睛、皮肤、呼吸道及消化道系统，遇明火、高热或与氧化剂接触，有引起燃烧爆炸的危险。本次事故泄漏的碳九对海水水质的影响天数为25天，对海洋沉积物及潮间带泥滩的影响天数为100天，对海洋生物质量的影响天数为51天，对海洋生态影响的最大时间以潮间带残留污染物全部挥发计，约100天。

检察机关履职过程

一、介入侦查

经事故调查组认定，该事故为企业生产管理责任不落实引发的化学品泄漏事故。

事故发生后，泉州市泉港区人民检察院与泉州市及泉港区原安监部门、公安机关等共同就事故定性与侦查取证方向问题进行会商。泉港区人民检察院根据已掌握的情况并听取省、市两级检察院指导意见，提出涉案人员可能涉嫌重大责任事故罪、谎报安全事故罪。2018 年 11 月 10 日、11 月 23 日，泉港公安分局分别以涉嫌上述两罪对黄某某等 8 人立案侦查。泉港区人民检察院提前介入引导侦查，提出取证方向和重点：尽快固定现场证据，调取能体现涉案人员违规操作及未履行日常隐患排查和治理职责的相关证据，及船舶安全管理文件、复合软管使用操作规程、油船码头安全作业规程、A 公司操作规程等证据材料；根据案件定性，加强对犯罪现场的勘验，强化勘验现场与言词证据的印证关系；注重客观证据的收集，全面调取监控视频、语音通话、短信、聊天记录等电子证据。侦查过程中，持续跟进案件办理，就事实认定、强制措施适用、办案程序规范等进一步提出意见建议。11 月 24 日，泉港区人民检察院对相关责任人员批准逮捕后，发出《逮捕案件继续侦查取证意见书》，要求公安机关及时调取事故调查报告，收集固定直接经济损失、人员受损、环境污染等相关证据，委托相关机构出具涉案碳九属性的检验报告，调取 A 公司谎报事故发生原因、泄漏量以及谎报贻误抢救时机等相关证据材料，并全程跟踪、引导侦查取证工作。上述证据公安机关均补充到位，为后续案件办理奠定了扎实的基础。

二、审查起诉

案件移送起诉后，泉港区人民检察院成立以检察长为主办检察官的办案组，针对被告人陈某某及其辩护人提出的陈某某虽被任命为常务副总经理职务，但并未实际参与安全生产，也未履行安全生产工作职责，其不构成重大责任事故罪的意见，及时要求公安机关调取 A 公司内部有关材料，证实了陈某某实际履行 A 公司安全生产职责，系安全生产第一责任人的事实。针对公安机关出具的陈某某、刘某某、陈小某系主动投案的到案经过说明与案件实际情况不符等问题，通过讯问被告人、向事故调查组核实等方式自行侦查进行核实。经查，公安机关根据掌握的线索，先后将陈某某、刘某某、陈小某带至办案中心进行审查，3 人均不具备到案的主动性。本案未经退回补充侦查，2019 年 6 月 6 日，泉港区人民检察院以黄某某、雷某某、陈某某涉嫌重大责任事故罪、谎报安全事故罪，以陈小某等 5 人涉嫌重大责任事故罪向泉港区人民法院提起公诉，并分别提出量刑建议。

三、指控与证明犯罪

鉴于该案重大复杂，泉港区人民检察院建议法院召开庭前会议，充分听取被告人、辩护人的意见。2019 年 7 月 5 日，泉港区人民法院开庭审理此案。庭审中，部分被告人及辩护人提出黄某某、雷某某、陈某某的谎报行为未贻误抢救时机，不构成谎报安全事故罪；被告人陈某某不具有安全生产监管责任，不构成重大责任事故罪；对部分被告人应当适用缓刑等辩解和辩护意见。公诉人针对上述辩护意见有针对性地对各被告人展开讯问，并全面出示证据，充分证实了检察机关指控的各被告人的犯罪事实清楚、证据确实充分。针对黄某某等人的行为不构成谎报安全事故罪的辩解，公诉人答辩指出，黄某某等人合谋并串通他人瞒报碳九泄漏数量，致使 A 公司未能采取最高级别的一级响应（溢油量 50 吨以上），而只是采取最低级别的三级响应（溢油量 10 吨以下）。按照规定，一级响应需要全公司和社会力量参与应急，三级响应则仅需运行部门和协议单位参与应急。黄某某等人的谎报行为贻误了事故救援时机，导致直接经济损失扩大，同时造成了恶劣社会影响，依法构成谎报安全事故罪。针对陈某某不构成重大责任事故罪的辩解，公诉人指出，根据补充调取的书证及相关证人证言、被告人供述和辩解等证据，足以证实陈某某在案发前被任命为常务副总经理兼安全生产管理委员会主任，并已实际履行职务，系 A 公司安全生产第一责任人，其未在责任范围内有效履行安全生产管理职责，未发现并制止企业日常经营中长期存在的违规操作行为，致使企业在生产、作业过程中存在重大安全隐患，最终导致本案事故的发生，其应当对事故的发生承担主要责任，构成重大责任事故罪。针对应当对部分被告人适用缓刑的辩护意见，公诉人指出，本案性质恶劣，后果严重，不应对被告人适用缓刑。公诉人在庭审中的意见均得到一、二审法院的采纳。

四、处理结果

2019 年 10 月 8 日，泉港区人民法院作出一审判决，采纳检察机关指控的事实、罪名及量刑建议。对被告人黄某某以重大责任事故罪、谎报安全事故罪分别判处有期徒刑三年六个月、一年六个月，数罪并罚决定执行四年六个月；对被告人雷某某以重大责任事故罪、谎报安全事故罪分别判处有期徒刑二年六个月、二年三个月，数罪并罚决定执行四年三个月；对被告人陈某某以重大责任事故罪、谎报安全事故罪分别判处有期徒刑一年六个月，数罪并罚决定执行二年六个月。对陈小某等 5 名被告人，以重大责任事故罪判处有期徒刑一年六个月至二年三个月不等。禁止黄某某、雷某某在判决规定期限内从事与安全生产相关的职业。雷某某等 6 人不服一审判决，提出上诉。2019 年 12 月 2 日，泉州市中级人民法院裁定驳回上诉，维持原判。判决已生效。

五、污染处置

该起事故造成码头附近海域及海上网箱养殖区被污染，部分区域空气刺鼻，当地医院陆续接治接触泄漏碳九的群众 69 名，其中留院观察 11 名。泄漏的碳九越过围油栏扩散至网箱养殖区约 300 亩，直接影响海域面积约 0.6 平方公里，受损网箱养殖区涉及养殖户 152 户、养殖面积 99 单元。针对事故造成的危害后果，泉港区人民检察院认真听取被害人的意见和诉求，积极协调政府相关职能部门督促 A 公司赔偿事故周边群众的经济损失。在一审判决前，A 公司向受损养殖户回购了受污染的网箱养殖鲍鱼等海产品，及时弥补了养殖户损失，化解了社会矛盾。

泉港区人民检察院在提前介入侦查过程中，发现事故对附近海域及大气造成污染，刑事检察部门与公益诉讼检察部门同步介入，密切协作配合，根据当地行政执法与刑事司法衔接工作规定，及时启动重大案件会商机制，联系环保、海洋与渔业等部门，实地查看污染现场，了解事件进展情况。并针对案件性质、可能导致的后果等情况进行风险评估研判，就污染监测鉴定、公私财产损失计算、海域污染清理、修复等事宜对公安机关侦查和环保部门取证工作提出意见建议。前期取证工作，为泉州市生态环境局向厦门海事法院提起海洋自然资源与生态环境损害赔偿诉讼，奠定了良好基础。

指导意义

（一）准确认定谎报安全事故罪。一是本罪主体为特殊主体，是指对安全事故负有报告职责的人员，一般为发生安全事故的单位中负有组织、指挥或者管理职责的负责人、管理人员、实际控制人、投资人以及其他负有报告职责的人员，不包括没有法定或者职务要求报告义务的普通工人。二是认定本罪，应重点审查谎报事故的行为与贻误事故抢救结果之间是否存在刑法上的因果关系。只有谎报事故的行为造成贻误事故抢救的后果，即造成事故后果扩大或致使不能及时有效开展事故抢救，才可能构成本罪。如果事故已经完成抢救，或者没有抢救时机（危害结果不可能加重或扩大），则不构成本罪。构成重大责任事故罪，同时又构成谎报安全事故罪的，应当数罪并罚。

（二）健全完善行政执法与刑事司法衔接工作机制，提升法律监督实效。检察机关要认真贯彻落实国务院《行政执法机关移送涉嫌犯罪案件的规定》和中共中央办公厅、国务院办公厅转发的原国务院法制办等八部门《关于加强行政执法与刑事司法衔接工作的意见》以及应急管理部、公安部、最高人民法院、最高人民检察院联合制定的《安全生产行政执法与刑事司法衔接工作办法》，依照本地有关细化规定，加强相关执法司法信息交流、规范案件移送、加强法律监督。重大安全生产事故发生后，检察机关可通过查阅案件资料、参与案件会商等方式及时了解案情，从案件定性、证据收集、法律适用等方面提出意见建议，发现涉嫌犯罪的要及时建议相关行政执法部门向公安机关或者监察机关移送线索，着力解决安全生产事故有案不移、以罚代刑、有案不立等问题，形成查处和治理重大安全生产事故的合力。

（三）重视被害人权益保障，化解社会矛盾。一些重大安全生产事故影响范围广泛，被害人人数众多，人身损害和财产损失交织。检察机关办案中应高度重视维护被害人合法权益，注重听取被害人意见，全面掌握被害人诉求。要加强与相关职能部门的沟通配合，督促事故单位尽早赔偿被害人损失，及时回应社会关切，有效化解社会矛盾，确保实现办案政治效果、法律效果和社会效果相统一。

（四）安全生产事故涉及生态环境污染的，刑事检察部门要和公益诉讼检察部门加强协作配合，减少公共利益损害。化工等领域的安全生产事故，造成生态环境污染破坏的，刑事检察部门和公益诉讼检察部门要加强沟通，探索"一案双查"，提高效率，及时通报情况、移送线索，需要进行公益损害鉴定的，及时引导公安机关在侦查过程中进行鉴定。要积极与行政机关磋商，协同追究事故企业刑事、民事、生态损害赔偿责任。推动建立健全刑事制裁、民事赔偿和生态补偿有机衔接的生态环境修复责任制度。依托办理安全生产领域刑事案件，同步办好所涉及的生态环境和资源保护等领域公益诉讼案件，积极稳妥推进安全生产等新领域公益诉讼检察工作。

相关法律规定

《中华人民共和国刑法》第二十五条、第六十九条、第一百三十四条第一款、第一百三十九条之一。

《最高人民法院　最高人民检察院关于办理危害生产安全刑事案件适用法律若干问题的解释》第一条、第四条、第六条、第七条、第八条、第十六条。

国务院《行政执法机关移送涉嫌犯罪案件的规定》。

中共中央办公厅、国务院办公厅转发的原国务院法制办等八部门《关于加强行政执法与刑事司法衔接工作的意见》。

应急管理部、公安部、最高人民法院、最高人民检察院《安全生产行政执法与刑事司法衔接工作办法》。

夏某某等人重大责任事故案

（检例第 97 号）

关键词

重大责任事故罪　交通肇事罪　捕后引导侦查　审判监督

要　旨

内河运输中发生的船舶交通事故，相关责任人员可能同时涉嫌交通肇事罪和重大责任事故罪，要根据运输活动是否具有营运性质以及相关人员的具体职责和行为，准确适用罪名。重大责任事故往往涉案人员较多，因果关系复杂，要准确认定涉案单位投资人、管理人员及相关国家工作人员等涉案人员的刑事责任。

基本案情

被告人夏某某，男，原"X号"平板拖船股东、经营者、驾驶员。

被告人刘某某，男，原"X号"平板拖船驾驶员、平板拖船联营股东。

被告人左某某，男，原平板拖船联营股东、经营者。

被告人段某某，男，原"X号"平板拖船联营股东、经营者。

被告人夏英某，男，原"X号"平板拖船股东、经营者。

2012年3月，在左某某的召集下，"X号"等四艘平板拖船的股东夏某某、刘某某、段某某、伍某某等十余人经协商签订了联营协议，左某某负责日常经营管理及财务，并与段某某共同负责船只调度；夏某某、夏英某、刘某某负责"X号"平板拖船的具体经营。在未依法取得船舶检验合格证书、船舶登记证书、水路运输许可证、船舶营业运输证等经营资质的情况下，上述四艘平板拖船即在湖南省安化县资江河段部分水域进行货运车辆的运输业务。

2012年12月8日晚12时许，按照段某某的调度安排，夏某某、刘某某驾驶的"X号"在安化县烟溪镇十八渡码头搭载四台货运车，经资江水域柘溪水库航道前往安化县平口镇。因"X号"无车辆固定装置，夏某某、刘某某仅在车辆左后轮处塞上长方形木条、三角木防止其滑动，并且未要求驾乘人员离开驾驶室实行"人车分离"。次日凌晨3时许，"X号"行驶至平口镇安平村河段时，因刘某某操作不当，船体发生侧倾，致使所搭载的四台货运车辆滑入柘溪水库，沉入水中。该事故造成10名司乘人员随车落水，其中9人当场溺亡，直接经济损失100万元。

检察机关履职过程

一、捕后引导侦查

事故发生后，"X号"驾驶员夏某某、刘某某主动投案，安化县公安局对二人以涉嫌重大责任事故罪立案侦查，经检察机关批准，对二人采取逮捕措施。安化县人民检察院审查批准逮捕时认为，在案证据仅能证明事故经过及后果，而证明联营体的组建、经营管理及是否违反安全生产规定的证据尚未到位。作出批捕决定的同时，提出详细的继续取证提纲，要求公安机关进一步查清四艘平板拖船的投资、经营管理情况及联营协议各方是否制定并遵守相关安全生产管理规定等。后公安机关补充完善了上述证据，对夏某某、刘某某以涉嫌重大责任事故罪向安化县人民检察院移送起诉。

二、指控和证明犯罪

安化县人民检察院经审查，对夏某某、刘某某以涉嫌重大责任事故罪向安化县人民法院提起公诉。安化县人民法院公开开庭审理此案，庭审中，辩护律师辩称：该案若定性为重大责任事故罪，刘某某不是事故船舶股东，应宣判无罪；若定性为交通肇事罪，夏某某不是肇事驾驶员，也没有指使或强令违章驾驶行为，应宣判无罪。对此，公诉人出示事故调查报告、其他股东等证人证言、收据等证据，指出刘某某既是联营船舶的股东，又接受联营组织安排与夏某某一起负责经营管理"X号"；夏某某、刘某某在日常经营管理中，实施了非法运输、违规夜间航行、违规超载、无证驾驶或放任无证驾驶等违反安全管理规定的行为，二人均构成重大责任事故罪。安化县人民法院经审理认为该案是在公共交通管理范围内发生的水上交通事故，遂改变定性以交通肇事罪认定罪名。

三、提出抗诉

检察机关审查后认为一审判决认定罪名有误，遂以一审判决适用法律确有错误为由，依法提出抗诉。主要理由：（1）联营船舶非法营运，长期危险作业。一是四艘船舶系左某某、夏某某、刘某某等股东分别委托他人非法制造，均未取得船舶检验合格证书、船舶登记证书、水路运输许可证、船舶营业运输证等经营资质，非法从事货运车辆运输经营。二是违反规定未配备适格船员。联营协议仅确定了利益分配方案和经营管理人员，左某某、段某某作为联营组织的管理人员，夏英某、夏某某、刘某某作为联营船舶的经营管理人员，违反《中华人民共和国安全生产法》《中华人民共和国内河交通安全管理条例》等规定，未制定安全作业管理规定，未配备拥有适任证的船员。三是联营船舶长期危险作业。未按规定组织船员参加安全生产教育培训，未在船舶上设置固定货运车辆的设施和安全救援设施，且无视海事、交通管理等部门多次作出的停航等行政处罚，无视"禁止夜间渡运、禁止超载、货运车辆人车分离"等安全规定，甚至私自拆除相关部门在船舶上加装的固定限载措施，长期危险营运。（2）夏某某、刘某某系"X号"经营管理人员和驾驶人员，认定重大责任事故罪更能全面准确评价二人的行为。夏某某、刘某某是联营船舶经营管理人员，对上述违规和危险作业情况明知，且长期参与营运，又是事故当晚驾驶人员，实施了超载运输、无证驾驶、超速行驶等违规行为，二人同时违反了有关安全管理的规定和交通运输法规，因而发生重大事故，由于联营船舶运输活动具有营运性质，是生产经营活动，不仅是交通运输，以重大责任事故罪认定罪名更为准确，更能全面评价二人的行为。益阳市中级人民法院二审改变一审罪名认定，支持检察机关抗诉意见。

四、依法追究股东等管理人员的刑事责任

事故发生后，公安机关分别对左某某、夏英某、段某某等股东以非法经营罪立案侦查，并提请安化县人民检察院批准逮捕。安化县人民检察院审查后，认为缺少事故调查报告、犯罪嫌疑人明知存在安全隐患等方面证据，以事实不清、证据不足为由不批捕。公安机关遂变更强制措施为监视居住，期满后解除，后3人逃匿。公安机关于2015年4月1日对该3人决定刑事拘留并上网追逃。左某某于2016年8月1日被抓获归案，段某某、夏英某分别于2017年11月4日、5日主动投案。后公安机关以涉嫌重大责任事故罪分别将3人移送安化县人民检察院审查起诉。

安化县人民检察院经审查认为，该起事故是联营船舶长期以来严重违反相关安全管理规定危险作业造成的，左某某系联营的召集者，负责日常经营管理、调度及会计事务；段某某实际履行调度职责，且在案发当晚调度事故船只"X号"承载业务；夏英某系事故船舶"X号"的主要经营管理人员，3人对事故发生均负有重要责任，均涉嫌构成重大责任事故罪，先后于2016年12月28日对左某某、2018年8月10日对段某某、夏英某向安化县人民法院提起公诉。此外，对于伍某某等其他联营股东，检察机关审查后认为，其或者未参与经营、管理，或者仅负责"X号"外其他联营船舶的经营、管理，不能认定其对事故的发生负有主要责任或者直接责任，可不予追究刑事责任。

法院审理阶段，左某某及其辩护律师在庭审中，提出联营船舶风险各自承担、左某某不是管理者、联营体已于案发前几天即2012年12月4日解散等辩解。公诉人指出，尽管夏英某、段金某等股东的证言均证实左某某与夏英某于2012年12月4日在电话联系时发生争执并声称要散伙，但股东之间并未就解散进行协商；且左某某记载的联营账目上仍记载了2012年12月5日"X号"加油、修理等经营费用。因此，左某某是联营体管理者，事故发生时联营体仍处于存续状态。法院采纳了检察机关的意见。

五、处理结果

2015年8月20日，安化县人民法院以交通肇事罪分别判处夏某某、刘某某有期徒刑四年六个月。安化县人民检察院抗诉后，益阳市中级人民法院于2015年12月21日以重大责任事故罪分别判处夏某某、刘某某有期徒刑四年六个月。判决已生效。2017年5月25日，安化县人民法院以重大责任事故罪判处左某某有期徒刑三年，左某某提起上诉，二审发回重审，该院作出相同判决，左某某再次上诉后，二审法院裁定维持原判。2018年9月19日，安化县人民法院以重大责任事故罪分别判处段某某、夏英某有期徒刑三年，缓刑五年。二人未上诉，判决已生效。

事故发生后，负有监管责任的相关国家工作人员被依法问责。安化县地方海事处原副主任刘雄某、航道股股长姜某某等6人，因负有直接安全监管责任，未认真履行职责，或在发现重大安全隐患后没有采取积极、有效的监管措施，被追究玩忽职守罪的刑事责任。安化县交通运输局原党组成员、工会主席余某某等9人分别被给予警告、严重警告、记过、撤职等党政纪处分。

指导意义

（一）准确适用交通肇事罪与重大责任事故罪。两罪均属危害公共安全犯罪，前罪违反的是"交通运输法规"，后罪违反的是"有关安全管理的规定"。一般情况下，在航道、公路等公共交通领域，违反交通运输法规驾驶机动车辆或者其他交通工具，致人伤亡或者造成其他重大财产损失，构成犯罪的，应认定为交通肇事罪；在停车场、修理厂、进行农耕生产的田地等非公共交通领域，驾驶机动车辆或者其他交通工具，造成人员伤亡或者财产损失，构成犯罪的，应区分情况，分别认定为重大责任事故罪、重大劳动安全事故罪、过失致人死亡罪等罪名。需要指出的是，对于从事营运活动的交通运输组织来说，航道、公路既是公共交通领域，也是其生产经营场所，"交通运输法规"同时亦属交通运输组织的"安全管理的规定"，交通运输活动的负责人、投资人、驾驶人员等违反有关规定导致在航道、公路上发生交通事故，造成人员伤亡或者财产损失的，可能同时触犯交通肇事罪与重大责任事故罪。鉴于两罪前两档法定刑均为七年以下有期徒刑（交通肇事罪有因逃逸致人死亡判处七年以上有期徒刑的第三档法定刑），要综合考虑行为人对交通运输活动是否负有安全管理职责、对事故发生是否负有直接责任、所实施行为违反的主要是交通运输法规还是其他安全管理的法规等，准确选择适用罪名。具有营运性质的交通运输活动中，行为人既违反交通运输法规，也违反其他安全管理规定（如未取得安全许可证、经营资质、不配备安全设施等），发生重大事故的，由于该类运输活动主要是一种生产经营活动，并非单纯的交通运输行为，为全面准确评价行为人的行为，一般可按照重大责任事故罪认定。交通运输活动的负责人、投资人等负有安全监管职责的人员违反有关安全管理规定，造成重大事故发生，应认定为重大责任事故罪；驾驶人员等一线运输人员违反交通运输法规造成事故发生的，应认定为交通肇事罪。

（二）准确界定因果关系，依法认定投资人、实际控制人等涉案人员及相关行政监管人员的刑事责任。危害生产安全案件往往多因一果，涉案人员较多，既有直接从事生产、作业的人员，又有投资人、实际控制人等，还可能涉及相关负有监管职责的国家工作人员。投资人、实际控制人等一般并非现场作业人员，确定其行为与事故后果之间是否存在刑法意义上的因果关系是个难点。如果投资人、实际控制人等实施了未取得经营资质和安全生产许可证、未制定安全生产管理规定或规章制度、不提供安全生产条件和必要设施等不履行安全监管职责的行为，在此情况下进行生产、作业，导致发生重大伤亡事故或者造成其他严重后果的，不论事故发生是否介入第三人违规行为或者其他因素，均不影响认定其行为与事故后果之间存在刑法上的因果关系，应当依法追究其刑事责任。对发案单位的生产、作业负有安全监管、查处等职责的国家工作人员，不履行或者不正确履行工作职责，致使发案单位违规生产、作业或者危险状态下生产、作业，发生重大安全事故的，其行为也是造成危害结果发生的重要原因，应以渎职犯罪追究其刑事责任。

相关规定

《中华人民共和国刑法》第一百三十三条、第一百三十四条第一款。

《最高人民法院　最高人民检察院关于办理危害生产安全刑事案件适用法律若干问题的解释》第一条。

《中华人民共和国安全生产法》（2009年）第二条、第四条、第五条、第十六条、第十七条、第十八条、第四十九条、第五十条、第五十一条。*

《中华人民共和国内河交通安全管理条例》（2011年）第六条、第九条、第十五条、第二十一条、第二十二条。

----

* 编者注：《中华人民共和国安全生产法》（2009年修正）先后经过两次修正，现为2021年6月10日第三次修正。其中，第二条修改为："在中华人民共和国领域内从事生产经营活动的单位（以下统称生产经营单位）的安全生产，适用本法；有关法律、行政法规对消防安全和道路交通安全、铁路交通安全、水上交通安全、民用航空安全以及核与辐射安全、特种设备安全另有规定的，适用其规定。"第四条修改为："生产经营单位必须遵守本法和其他有关安全生产的法律、法规，加强安全生产管理，建立、健全安全生产责任制和安全生产规章制度，改善安全生产条件，推进安全生产标准化建设，提高安全生产水平，确保安全生产。"第十六条修改为第二十条，内容未修改。第十七条修改为第二十一条："生产经营单位的主要负责人对本单位安全生产工作负有下列职责：（一）建立健全并落实本单位全员安全生产责任制，加强安全生产标准化建设；（二）组织制定并实施本单位安全生产规章制度和操作规程；（三）组织制定并实施本单位安全生产教育和培训计划；（四）保证本单位安全生产投入的有效实施；（五）组织建立并落实安全风险分级管控和隐患排查治理双重预防工作机制，督促、检查本单位的安全生产工作，及时消除生产安全事故隐患；（六）组织制定并实施本单位的生产安全事故应急救援预案；（七）及时、如实报告生产安全事故。"第十八条修改为第二十三条，新增一款作为第二款："有关生产经营单位应当按照规定提取和使用安全生产费用，专门用于改善安全生产条件。安全生产费用在成本中据实列支。安全生产费用提取、使用和监督管理的具体办法由国务院财政部门会同国务院安全生产监督管理部门征求国务院有关部门意见后制定。"第四十九条修改为第五十七条："从业人员在作业过程中，应当严格落实岗位安全责任，遵守本单位的安全生产规章制度和操作规程，服从管理，正确佩戴和使用劳动防护用品。"第五十条修改为第五十八条，内容未修改。第五十一条修改为第五十九条，内容未修改。

第二十六批指导性案例

邓秋城、双善食品（厦门）有限公司等销售
假冒注册商标的商品案
（检例第 98 号）

关键词

销售假冒注册商标的商品　食品安全　上下游犯罪　公益诉讼

要　旨

办理侵犯注册商标类犯罪案件，应注意结合被告人销售假冒商品数量、扩散范围、非法获利数额及在上下游犯罪中的地位、作用等因素，综合判断犯罪行为的社会危害性，确保罪责刑相适应。在认定犯罪的主观明知时，不仅考虑被告人供述，还应综合考虑交易场所、交易时间、交易价格等客观行为，坚持主客观相一致。对侵害众多消费者利益的情形，可以建议相关社会组织或自行提起公益诉讼。

基本案情

被告人邓秋城，男，1981 年生，广州市百益食品贸易有限公司（以下简称百益公司）负责人。

被告单位双善食品（厦门）有限公司（以下简称双善公司），住所地福建省厦门市。

被告人陈新文，男，1981 年生，双善公司实际控制人。

被告人甄连连，女，1984 年生，双善公司法定代表人。

被告人张泗泉，男，1984 年生，双善公司销售员。

被告人甄政，男，1986 年生，双善公司发货员。

2017 年 5 月至 2019 年 1 月初，被告人邓秋城明知从香港购入的速溶咖啡为假冒"星巴克""STARBUCKS VIA"等注册商标的商品，仍伙同张晓建（在逃）以每件人民币 180 元这一明显低于市场价（正品每件 800 元，每件 20 盒，每盒 4 条）的价格，将 21304 件假冒速溶咖啡（每件 20 盒，每盒 5 条，下同）销售给被告单位双善公司，销售金额 383 万余元。被告人邓秋城、陈新文明知百益公司没有"星巴克"公司授权，

为便于假冒咖啡销往商业超市，伪造了百益公司许可双善公司销售"星巴克"咖啡的授权文书。2017年12月至2019年1月初，被告人陈新文、甄连连、张泗泉、甄政以双善公司名义从邓秋城处购入假冒"星巴克"速溶咖啡后，使用伪造的授权文书，以双善公司名义将19264件假冒"星巴克"速溶咖啡销售给无锡、杭州、汕头、乌鲁木齐等全国18个省份50余家商户，销售金额共计724万余元。

案发后，公安机关在百益公司仓库内查获待售假冒"星巴克"速溶咖啡6480余件，按实际销售价格每件180元计算，价值116万余元；在被告单位双善公司仓库内查获假冒"星巴克"速溶咖啡2040件，由于双善公司向不同销售商销售的价格不同，对于尚未销售的假冒商品的货值金额以每件340元的最低销售价格计算，价值69万余元。

检察机关履职情况

审查起诉。2019年4月1日，江苏省无锡市公安局新吴分局（以下简称新吴分局）以犯罪单位双善公司、被告人陈新文、甄连连、甄政涉嫌销售假冒注册商标的商品罪向江苏省无锡市新吴区人民检察院（以下简称新吴区检察院）移送起诉。同年8月22日，新吴分局以被告人邓秋城涉嫌假冒注册商标罪、销售假冒注册商标的商品罪移送起诉。新吴区检察院并案审查，重点开展以下工作：

一是准确认定罪名及犯罪主体。涉案咖啡系假冒注册商标的商品，是否属于有毒有害或不符合安全标准的食品，将影响案件定性，但在案证据没有关于假冒咖啡是否含有有毒有害成分、是否符合安全标准及咖啡质量的鉴定意见。鉴于该部分事实不清，检察机关要求公安机关对照GB7101-2015《食品安全国家标准饮料》等的规定，对扣押在案的多批次咖啡分别抽样鉴定。经鉴定，涉案咖啡符合我国食品安全标准，不构成生产、销售有毒、有害食品罪等罪名。公安机关基于被告人邓秋城销售假冒咖啡的行为，认定其涉嫌构成销售假冒注册商标的商品罪；基于在百益公司仓库内查获的假冒咖啡的制作和灌装工具，认为邓秋城亦实施了生产、制造假冒咖啡的行为，认定其同时构成假冒注册商标罪，故以涉嫌两罪移送起诉。检察机关经审查认为，现场仅有咖啡制作和罐装工具，无其他证据，且同案犯未到案，证明邓秋城实施制造假冒咖啡行为的证据不足，在案证据只能证实邓秋城将涉案假冒咖啡销售给犯罪单位双善公司，故改变邓秋城行为的定性，只认定销售假冒注册商标的商品罪一罪。检察机关还依职权主动对百益公司是否构成单位犯罪、是否需要追加起诉进行了审查，认定百益公司系邓秋城等为经营假冒咖啡于2018年4月专门设立。根据最高人民法院《关于办理单位犯罪案件具体应用法律有关问题的解释》第二条的规定，个人为进行违法犯罪活动而设立的公司、企业、事业单位实施犯罪的，不以单位犯罪论，故对百益公司的行为不应认定为单位犯罪。

二是追加认定犯罪数额。检察机关从销售单和买家证言等证据材料中发现，除公安机关移送起诉的被告人邓秋城销售金额121万元、犯罪单位双善公司销售金额324万元的事实外，邓秋城、双善公司还另有向其他客户销售大量假冒咖啡的行为。

检察机关就百益公司、双善公司收取、使用货款的交易明细、公司员工聊天记录等证据退回公安机关补充侦查，公安机关补充调取了百益公司与双善公司以及邓秋城与被告人甄连连个人账户之间合计 600 万余元的转账记录、双善公司员工工作微信内涉案咖啡发货单照片 120 余份后，检察机关全面梳理核对销售单、快递单、汇款记录等证据，对邓秋城销售金额补充认定了 172 万余元，对双善公司销售金额补充认定了 400 万余元。

三是综合判断被告人主观上是否明知是假冒注册商标的商品。被告人邓秋城、陈新文、甄连连处于售假上游，有伪造并使用虚假授权文书、以明显低于市场价格进行交易的行为，应认定三人具有主观明知。在侦查阶段初期，被告人甄政否认自己明知涉案咖啡系假冒注册商标的商品，公安机关根据其他被告人供述、证人证言等证据，证实其采用夜间收发货、隐蔽包装运输等异常交易方式，认定其对售假行为具有主观明知。后甄政供认了自己的罪行，并表示愿意认罪认罚。经补充侦查，公安机关结合销售商证言，查明被告人张泗泉明知涉案咖啡被超市认定为假货被下架、退货，但仍继续销售涉案咖啡，金额达 364 万余元，可认定张泗泉具有主观明知。鉴于公安机关未将张泗泉一并移送，检察机关遂书面通知对张泗泉补充移送起诉。

四是综合考量量刑情节，提出量刑建议。针对销售假冒注册商标的商品罪的特点，在根据销售金额确定基准刑的前提下，充分考虑各被告人所处售假环节、假冒产品类别、销售数量、扩散范围等各项情节，在辩护人或值班律师的见证下，5 名被告人均自愿认罪认罚，认可检察机关指控的全部犯罪事实和罪名，接受检察机关提出的有期徒刑一年九个月至五年不等，罚金 10 万元至 300 万元不等的量刑建议。2019 年 9 月 26 日，新吴区检察院以被告人邓秋城、被告单位双善公司及陈新文、甄连连、张泗泉、甄政构成销售假冒注册商标的商品罪向江苏省无锡市新吴区人民法院（以下简称新吴区法院）提起公诉。

指控与证明犯罪。2019 年 11 月 7 日，新吴区法院依法公开开庭审理本案。庭审过程中，部分辩护人提出以下辩护意见：1. 商品已销售，但仅收到部分货款，货款未收到的部分事实应当认定为犯罪未遂；2. 被告人邓秋城获利较少，且涉案重大事项均由未到案的同案犯决定，制假售假源头均来自未到案同案犯，其在全案中作用较小，在共同犯罪中起次要作用，系从犯。公诉人答辩如下：第一，根据被告单位双善公司内部销售流程，销售员已向被告人甄连连发送销售确认单，表明相关假冒商品已发至客户，销售行为已经完成，应认定为犯罪既遂，是否收到货款不影响犯罪既遂的认定。第二，邓秋城处于整个售假环节上游，在全案中地位作用突出，不应认定为从犯。首先，邓秋城实施了从香港进货、骗取报关单据、出具虚假授权书、与下家双善公司签订购销合同、收账走账等关键行为；其次，邓秋城销售金额低于双善公司，是因为其处于售假产业链的上游环节，销售单价低于下游经销商所致，但其销售数量高于双善公司。正是由于邓秋城实施伪造授权文书、提供进口报关单等行为，导致假冒咖啡得以进入大型商业超市，销售范围遍布全国，受害消费者数量众多，被侵权商标知名度高，媒体高度关注。合议庭对公诉意见和量刑建议予以采纳。

处理结果。2019年12月6日，新吴区法院作出一审判决，以销售假冒注册商标的商品罪判处被告单位双善公司罚金320万元；分别判处被告人邓秋城、陈新文等五人有期徒刑一年九个月至五年不等，对被告人张泗泉、甄政适用缓刑，并对邓秋城等五人各处罚金10万元至300万元不等。判决宣告后，被告单位和被告人均未提出上诉，判决已生效。

鉴于此案侵害众多消费者合法权益，损害社会公共利益，新吴区检察院提出检察建议，建议江苏省消费者权益保护委员会（以下简称江苏消保委）对双善公司提起消费民事公益诉讼。江苏消保委依法向江苏省无锡市中级人民法院（以下简称无锡中院）提起侵害消费者权益民事公益诉讼，主张涉案金额三倍的惩罚性赔偿。无锡中院于2020年9月18日立案受理。

指导意义

一、依法严惩假冒注册商标类犯罪，切实维护权利人和消费者合法权益

依法严厉惩治侵犯注册商标犯罪行为，保护权利人对注册商标的合法权益是检察机关贯彻国家知识产权战略，营造良好知识产权法治环境的重要方面。在办理侵犯注册商标犯罪案件中，检察机关应当全面强化职责担当。对于商品可能涉及危害食品药品安全、社会公共安全的，应当引导公安机关通过鉴定检验等方式就产品质量进行调查取证，查明假冒商品是否符合国家产品安全标准，是否涉嫌构成生产、销售有毒有害食品罪等罪名。如果一行为同时触犯数个罪名，则应当按照法定刑较重的犯罪进行追诉。制假售假犯罪链条中由于层层加价销售，往往出现上游制售假冒商品数量大但销售金额小、下游销售数量小而销售金额大的现象。检察机关在提出量刑建议时，不能仅考虑犯罪金额，还要综合考虑被告人在上下游犯罪中的地位与作用、所处的制假售假环节、销售数量、扩散范围、非法获利数额、社会影响等多种因素，客观评价社会危害性，体现重点打击制假售假源头的政策导向，做到罪刑相适应，有效惩治犯罪行为。

二、对销售假冒注册商标的商品犯罪的上下游人员，应注意结合相关证据准确认定不同环节被告人的主观明知

司法实践中，对于销售主观明知的认定，应注意审查被告人在上下游犯罪中的客观行为。对售假源头者，可以通过是否伪造授权文件等进行认定；对批发环节的经营者，可以通过进出货价格是否明显低于市场价格，以及交易场所与交易方式是否合乎常理等因素进行甄别；对终端销售人员，可以通过客户反馈是否异常等情况进行判断；对确受伪造变造文件蒙蔽或主观明知证据不足的人员，应坚持主客观相一致原则，依法不予追诉。

三、一体发挥刑事检察和公益诉讼检察职能，维护社会公共利益

检察机关依法履职的同时，要善于发挥刑事检察和公益诉讼检察职能合力，用好检察建议等法律监督措施，以此推动解决刑事案件涉及的公共利益保护和社会治理问题。对于侵害众多消费者利益，涉案金额大，侵权行为严重的，检察机关可以建议有关社会组织提起民事公益诉讼，也可以自行提起民事公益诉讼，以维护社会公众合法权益。

相关规定

《中华人民共和国刑法》第二十三条、第二十六条、第二十七条、第二百一十三条、第二百一十四条。*

《最高人民法院　最高人民检察院关于办理侵犯知识产权刑事案件具体应用法律若干问题的解释》第九条。

《最高人民法院关于审理单位犯罪案件具体应用法律有关问题的解释》第二条。

广州卡门实业有限公司涉嫌销售假冒注册
商标的商品立案监督案
（检例第 99 号）

关键词

在先使用　听证　监督撤案　民营企业保护

要　旨

在办理注册商标类犯罪的立案监督案件时，对符合商标法规定的正当合理使用情形而未侵犯注册商标专用权的，应依法监督公安机关撤销案件，以保护涉案企业合法权益。必要时可组织听证，增强办案透明度和监督公信力。

基本案情

申请人广州卡门实业有限公司（以下简称卡门公司），住所地广东省广州市。

---

* 编者注：2020 年 12 月 26 日，根据《中华人民共和国刑法修正案（十一）》，将刑法第二百一十三条修改为："未经注册商标所有人许可，在同一种商品、服务上使用与其注册商标相同的商标，情节严重的，处三年以下有期徒刑，并处或者单处罚金；情节特别严重的，处三年以上十年以下有期徒刑，并处罚金。"将刑法第二百一十四条修改为："销售明知是假冒注册商标的商品，违法所得数额较大或者有其他严重情节的，处三年以下有期徒刑，并处或者单处罚金；违法所得数额巨大或者有其他特别严重情节的，处三年以上十年以下有期徒刑，并处罚金。"

2013 年 3 月，卡门公司开始在服装上使用"KM"商标。2014 年 10 月 30 日，卡门公司向原国家工商行政管理总局商标局（以下简称商标局）申请注册该商标在服装、帽子等商品上使用，商标局以该商标与在先注册的商标近似为由，驳回申请。2016 年 6 月 14 日，卡门公司再次申请在服装、帽子等商品上注册"KM"商标，2017 年 2 月 14 日，商标局以该商标与在先注册的商标近似为由，仅核准"KM"商标在睡眠用眼罩类别上使用，但卡门公司继续在服装上使用"KM"商标。其间，卡门公司逐渐发展为在全国拥有门店近 600 家、员工近 10000 余名的企业。

2015 年 11 月 20 日，北京锦衣堂企业文化发展有限公司（以下简称锦衣堂公司）申请在服装等商品上注册"KM"商标，商标局以该商标与在先注册的商标近似为由，驳回申请。2016 年 11 月 22 日，锦衣堂公司再次申请在服装等商品上使用"KM"商标。因在先注册的近似商标被撤销，商标局于 2018 年 1 月 7 日核准该申请。后锦衣堂公司授权北京京津联行房地产经纪有限公司（以下简称京津联行公司）使用该商标。2018 年 1 月，京津联行公司授权周某经营的服装专卖店使用"KM"商标。2018 年 5 月，京津联行公司向全国多地市场监管部门举报卡门公司在服装上使用"KM"商标，并以卡门公司涉嫌销售假冒注册商标的商品罪向广东省佛山市公安局南海分局（以下简称南海分局）报案。南海分局于同年 5 月 31 日立案，并随后扣押卡门公司物流仓库中约 9 万件标记"KM"商标的服装。

检察机关履职情况

受理立案监督。2018 年 5 月 31 日，南海分局以卡门公司涉嫌销售假冒注册商标的商品罪立案侦查。6 月 8 日，卡门公司不服公安机关立案决定，向广东省佛山市南海区人民检察院（以下简称南海区检察院）申请监督撤案。南海区检察院依法启动立案监督程序。

调查核实。南海区检察院向公安机关发出《要求说明立案理由通知书》。公安机关在《立案理由说明书》中认为，卡门公司未取得"KM"商标服装类别的商标权，且未经"KM"商标所有人锦衣堂公司许可，在服装上使用"KM"商标，情节严重，涉嫌犯罪，故立案侦查。经南海区检察院审查发现，公安机关认定卡门公司涉嫌销售假冒注册商标的商品罪存在以下问题：一是欠缺卡门公司申请过"KM"商标的相关证据；二是卡门公司与锦衣堂公司申请"KM"商标的先后时间不清晰；三是欠缺卡门公司"KM"商标的使用情况、销售金额、销售规模等证据。

针对上述问题，南海区检察院进行了调查核实：一是调取卡门公司申请商标注册的材料、"KM"商标使用情况、服装生产、销售业绩表、对外宣传材料及京津联行公司委托生产、销售"KM"服装数量和规模等证据，查明卡门公司两次申请注册"KM"商标的时间均早于锦衣堂公司，卡门公司自成立时已使用并一直沿用"KM"商标，且卡门公司在全国拥有多家门店，具有一定规模和影响力。二是主动联系佛山市南海区市场监督局、广州市工商行政管理局，了解卡门公司"KM"服装被行政扣押后又解除扣押的原因，查明广东省工商行政管理局认定卡门公司"KM"商标使用行为属于在先使用。三是两次召开听证会，邀请公安机关、行政执法部门人员及卡门公司代理律师参加听证，并听取了京津联行公司的意见，充分了解公安机关立案、扣押财物及涉案企业对立案所持异议的理由及依据，并征求行政执法部门意见。四是咨询法律专家，详细了解近似商标的判断标准、在先使用抗辩等。

监督意见。南海区检察院经审查认为，公安机关刑事立案的理由不能成立。一是卡门公司存在在先使用的事实。卡门公司在锦衣堂公司取得"KM"商标之前，已经长期使用"KM"商标。二是卡门公司主观上没有犯罪故意。卡门公司在生产、销售服装期间，一直沿用该商标，从未对外宣称是锦衣堂公司或京津联行公司产品，且卡门公司经营的"KM"服装品牌影响力远大于上述两家公司，并无假冒他人注册商标的故意。卡门公司生产、销售"KM"服装的行为不构成销售假冒注册商标的商品罪，公安机关立案错误，应予纠正。

处理结果。2018年8月3日，南海区检察院发出《通知撤销案件书》。同年8月10日，南海分局撤销案件，并发还扣押货物。卡门公司及时出售货物，避免了上千万元经济损失。

指导意义

一、检察机关办理侵犯知识产权犯罪案件，应注意审查是否存在法定的正当合理使用情形

办理侵犯知识产权犯罪案件，检察机关在依法惩治侵犯知识产权犯罪的同时，还应注意保护权利人的正当权益免遭损害。其中一个重要方面是应注意审查是否存在不构成知识产权侵权的法定情形。如《商标法》第五十九条规定的商标描述性使用、在先使用，《著作权法》第二十四条规定的合理使用，第二十五条、第三十五条第二款、第四十二条第二款、第四十六条第二款规定的法定许可，《专利法》第六十七条规定的现有技术、第七十五条规定的专利先用权等正当合理使用的情形，防止不当启动刑事追诉。对于当事人提出的立案监督申请，检察机关经过审查和调查核实，认定有在先使用等正当合理使用情形，侵权事由不成立的，应依法通知公安机关撤销案件。

二、正确把握商标在先使用的抗辩事由

商标注册人申请商标注册前，他人已经在同一种商品或者类似商品上先于商标注册人使用与注册商标相同或者近似并有一定影响的商标的，注册商标专用权人无权禁止该使用人在原使用范围内继续使用该商标，注册商标所有人仅可以要求其附加适当区别标识。判断是否存在在先使用抗辩事由，需重点审查以下方面：一是在先使用人是否在商标注册人申请注册前先于商标注册人使用该商标。二是在先使用商标是否已产生一定影响。三是在先商标使用人主观上是否善意。只有在全面审查案件证据事实的基础上综合判断商标使用的情况，才能确保立案监督依据充分、意见正确，才能说服参与诉讼的各方接受监督结果，做到案结事了。

三、开展立案监督工作必要时可组织听证，增强办案透明度和监督公信力

听证是检察机关贯彻以人民为中心，充分尊重和保障当事人的知情权、参与权、监督权，健全完善涉检矛盾纠纷排查化解机制的有效举措。检察机关组织听证应当提前通知各方做好听证准备，整理好争议点，选取合适的听证员。听证中应围绕涉案当事人对刑事立案所持异议的理由和依据、公安机关立案的证据和理由、行政执法部门及听证员的意见展开，重点就侵权抗辩事由是否成立、是否具有犯罪的主观故意等焦点问题进行询问，全面审查在案证据，以准确认定公安机关立案的理由是否成立。通过听证开展立案监督工作，有助于解决在事实认定、法律适用问题上的分歧，化解矛盾纠纷，既推动规范执法，又增强检察监督公信力。

相关规定

《中华人民共和国商标法》第五十九条。
《中华人民共和国刑事诉讼法》第八条。
《最高人民检察院关于充分履行检察职能加强产权司法保护的意见》第十二条。
《人民检察院刑事诉讼规则（试行）》第五百五十二条至五百六十三条。
《人民检察院审查案件听证工作规定》。

陈力等八人侵犯著作权案

（检例第 100 号）

关键词

网络侵犯视听作品著作权　未经著作权人许可　引导侦查　电子数据

要旨

办理网络侵犯视听作品著作权犯罪案件，应注意及时提取、固定和保全相关电子数据，并围绕客观性、合法性、关联性要求对电子数据进行全面审查。对涉及众多作品的案件，在认定"未经著作权人许可"时，应围绕涉案复制品是否系非法出版、复制发行且被告人能否提供获得著作权人许可的相关证明材料进行审查。

基本案情

被告人陈力，男，1984 年生，2014 年 11 月 10 日因犯侵犯著作权罪被安徽省合肥市高新技术开发区人民法院判处有期徒刑七个月，罚金人民币十五万元，2014 年 12 月

25 日刑满释放。

被告人林銮等其他 7 名被告人基本情况略。

2017 年 7 月至 2019 年 3 月，被告人陈力受境外人员委托，先后招募被告人林銮、赖冬、严杰、杨小明、黄亚胜、吴兵峰、伍健兴，组建 QQ 聊天群，更新维护"www.131zy.net""www.zuikzy.com"等多个盗版影视资源网站。其中，陈力负责发布任务并给群内其他成员发放报酬；林銮负责招募部分人员、培训督促其他成员完成工作任务、统计工作量等；赖冬、严杰、杨小明等人通过从正版网站下载、云盘分享等方式获取片源，通过云转码服务器进行切片、转码、增加赌博网站广告及水印、生成链接，最后将该链接复制粘贴至上述盗版影视资源网站。其间，陈力收到境外人员汇入的盗版影视资源网站运营费用共计 1250 万余元，各被告人从中获利 50 万至 1.8 万余元不等。

案发后，公安机关从上述盗版影视网站内固定、保全了被告人陈力等人复制、上传的大量侵权影视作品，包括《流浪地球》《廉政风云》《疯狂外星人》等 2019 年春节档电影。

检察机关履职情况

审查逮捕。2019 年春节，《流浪地球》等八部春节档电影在院线期间集体遭高清盗版，盗版电影通过各种途径流入网络。上海市人民检察院第三分院（以下简称上海三分院）应公安机关邀请介入侦查，引导公安机关开展取证固证工作。一是通过调取和恢复 QQ 群聊天记录并结合各被告人到案后的供述，查明陈力团伙系共同犯罪，确定各被告人对共同实施的运营盗版影视资源网站行为的主观认知。二是联系侵权作品较为集中的美日韩等国家的著作权集体管理组织，由其出具涉案作品的版权认证文书。2019 年 4 月 8 日，公安机关对陈力团伙中的 8 名被告人提请逮捕，上海三分院依法批准逮捕。

审查起诉。2019 年 8 月 29 日，上海市公安局以被告人陈力等人涉嫌侵犯著作权罪向上海三分院移送起诉。本案涉及的大量影视作品涵盖电影、电视剧、综艺、动漫等多种类型，相关著作权人分布国内外。收集、审查是否获得权利人许可的证据存在难度。为进一步夯实证据基础，检察机关要求公安机关及时向国家广播电视总局调取"信息网络传播视听节目许可证"持证机构名单，以证实被告人陈力操纵的涉案网站均系非法提供网络视听服务的网站。同时，要求公安机关对陈力设置的多个网站中相对固定的美日韩剧各个板块，按照从每个网站下载 300 部的均衡原则抽取了 2425 部作品，委托相关著作权认证机构出具权属证明，证实抽样作品均系未经著作权人许可的侵权作品，且陈力等网站经营者无任何著作权人许可的相关证明材料。在事实清楚、证据确实、充分的基础上，8 名被告人在辩护人或值班律师的见证下均自愿认罪认罚，接受检察机关提出的有期徒刑十个月至四年六个月不等、罚金 2 万元至 50 万元不等的确定刑量刑建议，并签署了认罪认罚具结书。

2019年9月27日，上海三分院以被告人陈力等8人构成侵犯著作权罪向上海市第三中级人民法院（以下简称上海三中院）提起公诉。

指控与证明犯罪。2019年11月15日，上海三中院召开庭前会议，检察机关及辩护人就举证方式、鉴定人出庭、非法证据排除等事项达成共识，明确案件事实、证据和法律适用存在的分歧。同年11月20日，本案依法公开开庭审理。8名被告人及其辩护人对指控的罪名均无异议，但对本案非法经营数额的计算提出各自辩护意见。陈力的辩护人提出，陈力租借服务器的费用及为各被告人发放的工资应予扣除，其他辩护人提出应按照各被告人实得报酬计算非法经营数额。此外，本案辩护人均提出境外人员归案后会对各被告人产生影响，应当对各被告人适用缓刑。公诉人对此答辩：第一，通过经营盗版资源网站的方式侵犯著作权，其网站经营所得即为非法经营数额，租借服务器以及用于发放各被告人的报酬等支出系犯罪成本，不应予以扣除。公诉机关按照各被告人加入QQ群以及获取第一笔报酬的时间，认定各被告人参与犯罪的起始时间，并结合对应期间网站的整体运营情况，计算出各被告人应承担的非法经营数额，证据确实、充分。第二，本案在案证据已能充分证实各被告人实施了共同犯罪及其在犯罪中所起的作用，按照相关法律和司法解释规定，境外人员是否归案不影响各被告人的量刑。第三，本案量刑建议是根据各被告人的犯罪事实、证据、法定酌定情节、社会危害性等因素综合判定，并经各被告人具结认可，而且本案侵权作品数量多、传播范围广、经营时间长，具有特别严重情节，且被告人陈力在刑罚执行完毕后五年内又犯应当判处有期徒刑以上刑罚之罪，构成累犯，故不应适用缓刑。合议庭采纳了公诉意见和量刑建议。

处理结果。2019年11月20日，上海三中院作出一审判决，以侵犯著作权罪分别判处被告人陈力等8人有期徒刑十个月至四年六个月不等，各处罚金2万元至50万元不等。判决宣告后，被告人均未提出上诉，判决已生效。

指导意义

一、充分发挥检察职能，依法惩治网络侵犯视听作品著作权犯罪，切实维护权利人合法权益

依法保护著作权是国家知识产权战略的重要内容。检察机关坚决依法惩治侵犯著作权犯罪，尤其是注重惩治网络信息环境下的侵犯著作权犯罪。网络环境下侵犯视听作品著作权犯罪具有手段日益隐蔽、组织分工严密、地域跨度大、证据易毁损和隐匿等特点，且日益呈现高发多发态势，严重破坏网络安全与秩序，应予严惩。为准确指控和证明犯罪，检察机关在适时介入侦查、引导取证时，应注意以下方面：一是提取、固定和保全涉案网站视频链接、链接所指向的视频文件、涉案网站影视作品目录、涉案网站视频播放界面；二是固定、保全涉案网站对应的云转码服务器后台及该后台中的视频链接；三是比对确定云转码后台形成的链接与涉案网站播放的视频链接是否具有同一性；四是对犯罪过程中涉及的多个版本盗版影片，技术性地针对片头片中片尾分别进行作品的同一性对比。

二、检察机关办理网络侵犯著作权犯罪案件，应围绕电子数据的客观性、合法性和关联性进行全面审查，依法适用认罪认罚从宽制度，提高办案质效

网络环境下侵犯著作权犯罪呈现出跨国境、跨区域以及智能化、产业化特征，证据多表现为电子数据且难以获取。在办理此类案件时，一方面要着重围绕电子数据的客观性、合法性和关联性进行全面审查，区分不同类别的电子数据，采取有针对性的审查方法，特别要注意审查电子数据与案件事实之间的多元关联，综合运用电子数据与其他证据，准确认定案件事实。另一方面，面对网络犯罪的复杂性，检察机关要注意结合不同被告人的地位与作用，充分运用认罪认罚从宽制度，推动查明犯罪手段、共犯分工、人员关系、违法所得分配等案件事实，提高办案效率。

三、准确把握"未经著作权人许可"的证明方法

对于涉案作品种类众多且权利人分散的案件，在认定"未经著作权人许可"时，应围绕涉案复制品是否系非法出版、复制发行，被告人能否提供获得著作权人许可的相关证明材料予以综合判断。为证明涉案网站系非法提供网络视听服务的网站，可以收集"信息网络传播视听节目许可证"持证机构名单等证据，补强对涉案复制品系非法出版、复制发行的证明。涉案侵权作品数量众多时，可进行抽样取证，但应注意审查所抽取的样本是否具有代表性、抽样范围与其他在案证据是否相符、抽样是否具备随机性等影响抽样客观性的因素。在达到追诉标准的侵权数量基础上，对抽样作品提交著作权人进行权属认证，以确认涉案作品是否均系侵权作品。

相关规定

《中华人民共和国刑法》第二百一十七条。*

《中华人民共和国著作权法》第十条。

《中华人民共和国刑事诉讼法》第十五条。

《音像制品管理条例》第三条。

《计算机信息网络国际互联网安全保护管理办法》第五条。

《最高人民法院 最高人民检察院关于办理侵犯知识产权刑事案件具体应用法律

---

* 编者注：2020 年 12 月 26 日，根据《中华人民共和国刑法修正案（十一）》，将刑法第二百一十七条修改为："以营利为目的，有下列侵犯著作权或者与著作权有关的权利的情形之一，违法所得数额较大或者有其他严重情节的，处三年以下有期徒刑，并处或者单处罚金；违法所得数额巨大或者有其他特别严重情节的，处三年以上十年以下有期徒刑，并处罚金：（一）未经著作权人许可，复制发行、通过信息网络向公众传播其文字作品、音乐、美术、视听作品、计算机软件及法律、行政法规规定的其他作品的；（二）出版他人享有专有出版权的图书的；（三）未经录音录像制作者许可，复制发行、通过信息网络向公众传播其制作的录音录像的；（四）未经表演者许可，复制发行录有其表演的录音录像制品，或者通过信息网络向公众传播其表演的；（五）制作、出售假冒他人署名的美术作品的；（六）未经著作权人或者与著作权有关的权利人许可，故意避开或者破坏权利人为其作品、录音录像制品等采取的保护著作权或者与著作权有关的权利的技术措施的。"

若干问题的解释》第五条、第十一条。

《最高人民法院　最高人民检察院　公安部关于办理侵犯知识产权刑事案件适用法律若干问题的意见》第十一条、第十五条。

《人民检察院刑事诉讼规则》第二百五十二条。

姚常龙等五人假冒注册商标案

（检例第101号）

关键词

假冒注册商标　境内制造境外销售　共同犯罪

要　旨

凡在我国合法注册且在有效期内的商标，商标所有人享有的商标专用权依法受我国法律保护。未经商标所有人许可，无论假冒商品是否销往境外，情节严重构成犯罪的，依法应予追诉。判断侵犯注册商标犯罪案件是否构成共同犯罪，应重点审查假冒商品生产者和销售者之间的意思联络情况、对假冒违法性的认知程度、对销售价格与正品价格差价的认知情况等因素综合判断。

基本案情

被告人姚常龙，男，1983年生，日照市东港区万能国际贸易有限公司（以下简称万能国际公司）法定代表人。

被告人古进，男，1989年生，万能国际公司采购员。

被告人魏子皓，男，1990年生，万能国际公司销售组长。

被告人张超，男，1990年生，万能国际公司销售组长。

被告人庄乾星，女，1989年生，万能国际公司销售组长。

2015年至2019年4月，被告人姚常龙安排被告人古进购进打印机、标签纸、光纤模块等材料，伪造"CISCO""HP""HUAWEI"光纤模块等商品，并安排被告人魏子皓、张超、庄乾星向境外销售。姚常龙、古进共生产、销售假冒上述注册商标的光纤模块10万余件，销售金额共计人民币3162万余元；现场扣押假冒光纤模块、交换机等11975件，价值383万余元；姚常龙、古进的违法所得数额分别为400万元、24万余元。魏子皓、张超、庄乾星销售金额分别为745万余元、429万余元、352万余元；违法所得数额分别为20万元、18.5万元和14万元。

检察机关履职情况

审查逮捕。2019年4月，山东省日照市公安局（以下简称日照市公安局）接到惠普公司报案后立案侦查。同年5月24日，山东省日照市人民检察院（以下简称日照市检察院）以涉嫌假冒注册商标罪对被告人姚常龙、古进批准逮捕；对被告人魏子皓、张超、庄乾星因无法证实犯罪故意和犯罪数额不批准逮捕，同时要求公安机关调取国外买方证言及相关书证，以查明魏子皓、张超、庄乾星是否具有共同犯罪故意及各自的犯罪数额。

审查起诉。2019年7月19日，日照市公安局补充证据后以被告人姚常龙、古进涉嫌假冒注册商标罪，被告人魏子皓、张超、庄乾星涉嫌销售假冒注册商标的商品罪，移送日照市检察院起诉。同年7月23日，日照市检察院将该案交由山东省日照市东港区人民检察院（以下简称东港区检察院）办理。

东港区检察院在审查起诉期间要求公安机关补充完善了以下证据：一是调取被告人姚常龙等5人之间的QQ聊天记录、往来电子邮件等电子数据，证实庄乾星、张超、魏子皓主观上明知销售的商品系姚常龙、古进假冒注册商标的商品，仍根据姚常龙的安排予以销售，构成无事前通谋的共同犯罪。二是调取电子合同、发货通知、订单等电子数据，结合扣押在案的销售台账及被告人供述、证人证言等证据，证实本案各被告人在共同犯罪中所起的作用大小。三是调取涉案商标的商标注册证、核准商标转让、续展注册证明等书证，证实涉案商标系在我国注册，且在有效期内。经对上述证据进行审查，东港区检察院认为，现有证据能够证实被告人庄乾星、张超、魏子皓三人在加入万能国际公司担任销售人员后，曾对公司产品的价格与正品进行对比，且收悉产品质量差的客户反馈意见，在售假过程中发现是由古进负责对问题产品更换序列号并换货等，上述证据足以证实庄乾星、张超、魏子皓三人对其销售的光纤模块系姚常龙、古进贴牌制作的假冒注册商标的商品具有主观明知。故认定该三人构成假冒注册商标罪，与姚常龙、古进构成共同犯罪。检察机关还依法对万能国际公司是否构成单位犯罪进行了审查，认定万能国际公司自2014年成立后截至案发，并未开展其他业务，实际以实施犯罪活动为主，相关犯罪收益也均未归属于万能国际公司。根据最高人民法院《关于办理单位犯罪案件具体应用法律有关问题的解释》第二条的规定，公司、企业、事业单位设立后，以实施犯罪为主要活动的，不以单位犯罪论处，故不构成单位犯罪。

2019年9月6日，东港区检察院变更公安机关移送起诉的罪名，以被告人姚常龙、古进、庄乾星、张超、魏子皓均构成假冒注册商标罪向山东省日照市东港区人民法院（以下简称东港区法院）提起公诉。

指控与证明犯罪。2019年10月10日，东港区法院依法公开开庭审理本案。庭审过程中，部分辩护人提出以下辩护意见：1.被告人庄乾星、张超、魏子皓与被告人姚常龙不构成共同犯罪；2.本案商品均销往境外，社会危害性较小。公诉人答辩如下：第一，庄乾星、张超、魏子皓明知自己销售的假冒注册商标的商品系姚常龙、古进贴牌生产仍继续销售，具有假冒注册商标的主观故意，构成假冒注册商标的共同犯罪。第二，本案中涉案商品均销往境外，但是被侵权商标均在我国注册登记，假冒注册商标犯罪行为发生在我国境内，无论涉案商品是否销往境外均对注册商标所有人合法权益造成侵害。合议庭对公诉意见予以采纳。

处理结果。2019 年 12 月 12 日，东港区法院作出一审判决，以假冒注册商标罪分别判处被告人姚常龙、古进、庄乾星、张超、魏子皓有期徒刑二年二个月至四年不等，对古进、庄乾星、张超、魏子皓适用缓刑。同时对姚常龙判处罚金 500 万元，对古进等四人各处罚金 14 万元至 25 万元不等。一审判决后，上述被告人均未上诉，判决已生效。

指导意义

一、假冒在我国取得注册商标的商品销往境外，情节严重构成犯罪的，依法应予追诉

凡在我国合法注册且在有效期内的商标，商标所有权人享有的商标专用权依法受我国法律保护。未经注册商标所有人许可，假冒在我国注册的商标的商品，无论由境内生产销往境外，还是由境外生产销往境内，均属违反我国商标管理法律法规，侵害商标专用权，损害商品信誉，情节严重的，构成犯罪。司法实践中，要加强对跨境侵犯注册商标类犯罪的惩治，营造良好营商环境。

二、假冒注册商标犯罪中的上下游被告人是否构成共同犯罪，应结合假冒商品生产者和销售者之间的意思联络、对违法性的认知程度、对销售价格与正品价格差价认知情况等因素综合判断

侵犯注册商标犯罪案件往往涉案人数较多，呈现团伙作案、分工有序实施犯罪的特点。实践中，对被告人客观行为表现为生产、销售等分工负责情形的，检察机关应结合假冒商品生产者和销售者之间的意思联络情况，销售者对商品生产、商标标识制作等违法性认知程度，对销售价格与正品价格差价的认知情况，销售中对客户有无刻意隐瞒、回避商品系假冒，以及销售者的从业经历等因素，综合判断是否构成共同犯罪。对于部分被告人在假冒注册商标行为持续过程中产生主观明知，形成分工负责的共同意思联络，并继续维持或者实施帮助销售行为的，应认定构成共同犯罪。

相关规定

《中华人民共和国刑法》第二十五条、第二十七条、第三十条、第六十四条、第六十七条、第二百一十三条[*]。

---

[*] 编者注：2020 年 12 月 26 日，根据《中华人民共和国刑法修正案（十一）》，将刑法第二百一十三条修改为："未经注册商标所有人许可，在同一种商品、服务上使用与其注册商标相同的商标，情节严重的，处三年以下有期徒刑，并处或者单处罚金；情节特别严重的，处三年以上十年以下有期徒刑，并处罚金。"

《最高人民法院 最高人民检察院关于办理侵犯知识产权刑事案件具体应用法律若干问题的解释》第一条、第十二条、第十三条。

《最高人民法院关于审理单位犯罪案件具体应用法律有关问题的解释》第二条。

金义盈侵犯商业秘密案

（检例第 102 号）

〔关键词〕

侵犯商业秘密　司法鉴定　专家辅助办案　证据链

〔要　旨〕

办理侵犯商业秘密犯罪案件，被告人作无罪辩解的，既要注意审查商业秘密的成立及侵犯商业秘密的证据，又要依法排除被告人取得商业秘密的合法来源，形成指控犯罪的证据链。对鉴定意见的审查，必要时可聘请或指派有专门知识的人辅助办案。

〔基本案情〕

被告人金义盈，1981 年生，案发前系温州菲涅尔光学仪器有限公司（以下简称菲涅尔公司）法定代表人、总经理。

温州明发光学科技有限公司（以下简称明发公司）成立于 1993 年，主要生产、销售放大镜、望远镜等光学塑料制品。明发公司自 1997 年开始研发超薄型平面放大镜生产技术，研发出菲涅尔放大镜（"菲涅尔放大镜"系一种超薄放大镜产品的通用名称）批量生产的制作方法——耐高温抗磨专用胶板、不锈钢板、电铸镍模板三合一塑成制作方法和镍模制作方法。明发公司根据其特殊设计，将胶板、模板、液压机分别交给温州市光大橡塑制品公司、宁波市江东精杰模具加工厂、瑞安市永鑫液压机厂生产。随着生产技术的研发推进，明发公司不断调整胶板、模板、液压机的规格和功能，不断变更对供应商的要求，经过长期合作，三家供应商能够提供匹配的产品及设备。

被告人金义盈于 2005 年应聘到明发公司工作，双方签订劳动合同，最后一次合同约定工作期限为 2009 年 7 月 16 日至 2011 年 7 月 16 日。其间，金义盈先后担任业务员、销售部经理、副总经理，对菲涅尔超薄放大镜制作方法有一定了解，并掌握设备供销渠道、客户名单等信息。金义盈与明发公司签订有保密协议，其承担保密义务的信息包括：（1）技术信息，包括产品设计、产品图纸、生产模具、生产制造工艺、制造技术、技术数据、专利技术、科研成果等；（2）经营信息，包括商品产、供、销渠道，客户名单，买卖意向，成交或商谈的价格，商品性能、质量、数量、交货日期等。并约定劳动合同期限内、终止劳动合同后两年内及上述保密内容未被公众知悉期内，不得向第三方公开上述保密内容。

2011 年初，金义盈从明发公司离职，当年 3 月 24 日以其姐夫应某甲、应某乙的名义成立菲涅尔公司，该公司 2011 年度浙江省地方税（费）纳税综合申报表载明金义盈为财务负责人。菲涅尔公司成立后随即向上述三家供应商购买与明发公司相同的胶板、模具和液压机等材料、设备，使用与明发公司相同的工艺生产同一种放大镜进入市场销售，造成明发公司经济损失人民币 122 万余元。

检察机关履职情况

审查起诉。2018 年 1 月 23 日，浙江省温州市公安局以金义盈涉嫌侵犯商业秘密罪移送温州市人民检察院（以下简称温州市检察院）审查起诉。1 月 25 日，温州市检察院将本案交由瑞安市人民检察院（以下简称瑞安市检察院）办理。本案被告人未作有罪供述，为进一步夯实证据基础，检察机关退回公安机关就以下事项补充侦查：金义盈是否系菲涅尔公司实际经营者，该公司生产技术的取得途径，明发公司向金义盈支付保密费情况以及金义盈到案经过等事实。

8 月 16 日，瑞安市检察院以被告人金义盈构成侵犯商业秘密罪向浙江省瑞安市人民法院（瑞安市法院）提起公诉。

指控与证明犯罪。庭审过程中，检察机关申请两名鉴定人员出庭，辩护人申请有专门知识的人出庭，就《司法鉴定意见书》质证。被告人金义盈及辩护人提出以下辩护意见：1. 鉴定人检索策略错误、未进行技术特征比对、鉴定材料厚度未能全覆盖鉴定结论，故现有证据不足以证明明发公司掌握的菲涅尔超薄放大镜生产工艺属于"不为公众所知悉"的技术信息。2. 涉案三家供应商信息属于通过公开途径可以获取的信息，不属于商业秘密。3. 菲涅尔公司系通过正常渠道获知相关信息，其使用的生产工艺系公司股东应某甲通过向其他厂家学习、询问而得知，金义盈没有使用涉案技术、经营信息的行为及故意，并提供了 8 份文献证明涉案技术信息已公开。4. 保密协议仅对保密内容作了原则性规定，不具有可操作性，保密协议约定了保密津贴，但明发公司未按约向被告人金义盈发放保密津贴。

公诉人答辩如下：第一，涉案工艺具备非公知性。上海市科技咨询服务中心知识产权司法鉴定所鉴定人通过对现有专利、国内外文献以及明发公司对外宣传材料等内容进行检索、鉴定后认为，明发公司菲涅尔超薄放大镜的特殊制作工艺不能从公开渠道获取，属于"不为公众所知悉"的技术信息。该《司法鉴定意见书》系侦查机关委托具备知识产权司法鉴定资质的机构作出的，鉴定程序合法，意见明确，具有证据证明力。涉案菲涅尔超薄放大镜的制作工艺集成了多种技术，不是仅涉及产品尺寸、结构、材料、部件的简单组合，无法通过公开的产品进行直观或简单的测绘、拆卸或投入少量劳动、技术、资金便能直接轻易获得，相反，须经本领域专业技术人员进行长期研究、反复试验方能实现。故该辩护意见不能对鉴定意见形成合理怀疑。

第二，涉案供应商信息属于商业秘密。供应商、明发公司员工证言等证据证实，三家供应商提供的胶板、模具、液压机产品和设备均系明发公司技术研发过程中通过密切合作，对规格、功能逐步调整最终符合批量生产要求后固定下来的，故相关供应商供货能力的信息为明发公司独有的经营信息，具有秘密性。明发公司会计凭证、增值税专用发票以及供应商、明发公司员工证言证实，涉案加工设备、原材料供应商均系明发公司花费大量人力、时间和资金，根据明发公司生产工艺的特定要求，对所供产品及设备的规格、功能进行逐步调试、改装后选定，能够给明发公司带来成本优势，具有价值性。明发公司与员工签订的《保密协议》中明确约定了保密事项，应当认定明发公司对该供应商信息采取了合理的保护措施，具有保密性。

第三，金义盈在明发公司任职期间接触并掌握明发公司的商业秘密。明发公司员工证言等证据证实，金义盈作为公司分管销售的副总经理，因工作需要熟悉菲涅尔超薄放大镜生产制作工艺、生产过程、加工流程等技术信息，知悉生产所需的特定设备和原材料的采购信息及销售信息。

第四，金义盈使用了明发公司的商业秘密。明发公司的菲涅尔超薄放大镜制作工艺涉及多种技术，加工时的温度、压力、保压时间等工艺参数均有特定化的要求。根据鉴定意见和专家意见，金义盈使用的超薄放大镜生产工艺与明发公司菲涅尔超薄放大镜生产工艺在相关的技术秘点比对上均实质相同，能够认定金义盈使用了商业秘密。

第五，现有证据足以排除金义盈通过其他合法渠道获取或自行研发超薄放大镜生产工艺的可能。经对菲涅尔公司账册及企业营收情况进行审计，证实该公司无任何研发资金投入，公司相关人员均无超薄放大镜等同类产品经营、技术研发背景，不具有自行研发的能力和行为。金义盈辩称其技术系由其姐夫应某甲从放大镜设备厂家蔡某处习得，但经调查蔡某并未向其传授过放大镜生产技术，且蔡某本人亦不了解该技术。

第六，保密协议约定明确，被告人金义盈应当知晓其对涉案技术信息和经营信息负有保密义务。证人证言、权利人陈述以及保密协议中保密津贴与月工资同时发放的约定，能够证实明发公司支付了保密费。合议庭对公诉意见予以采纳。

处理结果。2019年9月6日，瑞安市法院以侵犯商业秘密罪判处被告人金义盈有期徒刑一年六个月，并处罚金70万元。宣判后，被告人提出上诉，温州市中级人民法院裁定驳回上诉，维持原判。

指导意义

一、依法惩治侵犯商业秘密犯罪，首先要准确把握商业秘密的界定

商业秘密作为企业的核心竞争力，凝聚了企业在社会活动中创造的智力成果，关系到企业生存与发展。依法保护商业秘密是国家知识产权战略的重要组成部分。检察机关依法严惩侵害商业秘密犯罪，对保护企业合法权益，营造良好营商环境，推进科技强国均有十分重要的意义。商业秘密是否成立，是认定是否构成侵犯商业秘密罪的前提条件。检察机关应着重审查以下方面：第一，涉案信息是否不为公众所知悉。注意审查涉案商业秘密是否不为其所属领域的相关人员普遍知悉和容易获得，是否属于《最高人民法院关于审理侵犯商业秘密民事案件适用法律若干问题的规定》第四条规定的已为公众所知悉的情形。第二，涉案信息是否具有商业价值。注意审查证明商业秘密形成过程中权利人投入研发成本、支付商业秘密许可费、转让费的证据；审查反映权利人实施该商业秘密获取的收益、利润、市场占有率等会计账簿、财务分析报告及其他体现商业秘密市场价值的证据。第三，权利人是否采取了相应的保密措施。注意审查权利人是否采取了《最高人民法院关于审理侵犯商业秘密民事案件适用法律若干问题的规定》第六条规定的保密措施，并注意审查该保密措施与商业秘密的商业价值、重要程度是否相适应、是否得到实际执行。

二、对于被告人不认罪的情形，要善于运用证据规则，排除被告人合法取得商业秘密的可能性，形成指控犯罪的证据链

由于商业秘密的非公开性和犯罪手段的隐蔽性，认定被告人是否实施了侵犯商业秘密的行为往往面临证明困境。在被告人不作有罪供述时，为查明犯罪事实，检察机关应注意引导公安机关从被告人使用的信息与权利人的商业秘密是否实质上相同、是否具有知悉和掌握权利人商业秘密的条件、有无取得和使用商业秘密的合法来源，全面客观收集证据。特别是要着重审查被告人是否存在合法取得商业秘密的情形，应注意围绕辩方提出的商业秘密系经许可、承继、自行研发、受让、反向工程等合法方式获得的辩解，引导公安机关收集被告人会计账目、支出凭证等能够证明是否有研发费用、资金投入、研发人员工资等研发成本支出的证据；收集被告人所在单位研发人员名单、研发资质能力、实施研发行为、研发过程的证据；收集有关商业秘密的转让合同、许可合同、支付转让费、许可费的证据；收集被告人是否通过公开渠道取得产品并实施反向工程对产品进行拆卸、测绘、分析的证据，以及被告人因传承、承继商业秘密的书证等证据。通过证据之间的相互印证，排除被告人获取、使用商业秘密来源合法的可能性的，可以证实其实施侵犯商业秘密的犯罪行为。

三、应注重对鉴定意见的审查，必要时引入有专门知识的人参与案件办理

办理侵犯商业秘密犯罪案件，由于商业秘密的认定，以及是否构成对商业秘密的侵犯，往往具有较强专业性，通常需要由鉴定机构出具专门的鉴定意见。检察机关对鉴定意见应予全面细致审查，以决定是否采信。对鉴定意见的审查应注意围绕以下方面：一是审查鉴定主体的合法性，包括鉴定机构、鉴定人员是否具有鉴定资质，委托鉴定事项是否符合鉴定机构的业务范围，鉴定人员是否存在应予回避等情形；二是审查鉴定材料的客观性，包括鉴定材料是否真实、完整、充分，取得方式是否合法，是否与原始材料一致等；三是审查鉴定方法的科学性，包括鉴定方法是否符合国家标准、行业标准，方法和标准的选用是否符合相关规定。同时，要注意审查鉴定意见与其他在案证据能否相互印证，证据之间的矛盾能否得到合理解释。必要时，可聘请或指派有专门知识的人辅助审查案件，出庭公诉时可申请鉴定人及其他有专门知识的人出庭，对鉴定意见的科学依据以及合理性、客观性发表意见，通过对技术性问题的充分质证，准确认定案件事实，加强指控和证明犯罪。

相关规定

《中华人民共和国刑法》第二百一十九条。*

《最高人民法院关于适用〈中华人民共和国刑事诉讼法〉的解释》第一百零五条。**

《最高人民检察院　公安部关于公安机关管辖的刑事案件立案追诉标准的规定（二）》第七十三条。

《最高人民法院关于审理侵犯商业秘密民事案件适用法律若干问题的规定》第四条、第六条。

《最高人民检察院关于指派、聘请有专门知识的人参与办案若干问题的规定（试行）》。

第二十七批指导性案例

胡某某抢劫案

（检例第 103 号）

关键词

抢劫　在校学生　附条件不起诉　调整考验期

---

* 编者注：2020 年 12 月，根据《中华人民共和国刑法修正案（十一）》，将刑法第二百一十九条修改为："有下列侵犯商业秘密行为之一，情节严重的，处三年以下有期徒刑，并处或者单处罚金；情节特别严重的，处三年以上十年以下有期徒刑，并处罚金：（一）以盗窃、贿赂、欺诈、胁迫、电子侵入或者其他不正当手段获取权利人的商业秘密的；（二）披露、使用或者允许他人使用以前项手段获取的权利人的商业秘密的；（三）违反保密义务或者违反权利人有关保守商业秘密的要求，披露、使用或者允许他人使用其所掌握的商业秘密。明知前款所列行为，获取、披露、使用或者允许他人使用该商业秘密的，以侵犯商业秘密论。本条所称权利人，是指商业秘密的所有人和经商业秘密所有人许可的商业秘密使用人。"

** 编者注：《最高人民法院关于适用〈中华人民共和国刑事诉讼法〉的解释》（法释〔2012〕21 号）已废止，其第一百零五条变更为《最高人民法院关于适用〈中华人民共和国刑事诉讼法〉的解释》（法释〔2021〕1 号）第一百四十条，第三项内容修改为："（三）全案证据形成完整的证据链。"

要　旨

办理附条件不起诉案件，应当准确把握其与不起诉的界限。对于涉罪未成年在校学生附条件不起诉，应当坚持最有利于未成年人健康成长原则，找准办案、帮教与保障学业的平衡点，灵活掌握办案节奏和考察帮教方式。要阶段性评估帮教成效，根据被附条件不起诉人角色转变和个性需求，动态调整考验期限和帮教内容。

基本案情

被附条件不起诉人胡某某，男，作案时 17 周岁，高中学生。

2015 年 7 月 20 日晚，胡某某到某副食品商店，谎称购买饮料，趁店主方某某不备，用网购的电击器杵方某某腰部索要钱款，致方某某轻微伤。后方某某将电击器夺下，胡某某逃跑，未劫得财物。归案后，胡某某的家长赔偿了被害人全部损失，获得谅解。

检察机关履职过程

（一）补充社会调查，依法作出不批准逮捕决定。案件提请批准逮捕后，针对公安机关移送的社会调查报告不能充分反映胡某某犯罪原因的问题，检察机关及时补充开展社会调查，查明：胡某某高一时父亲离世，为减轻经济负担，母亲和姐姐忙于工作，与胡某某沟通日渐减少。丧父打击、家庭氛围变化、缺乏关爱等多重因素导致胡某某逐渐沾染吸烟、饮酒等劣习，高二时因成绩严重下滑转学重读高一。案发前，胡某某与母亲就是否直升高三参加高考问题发生激烈冲突，母亲希望其重读高二以提高成绩，胡某某则希望直升高三报考个人感兴趣的表演类院校。在学习、家庭的双重压力下，胡某某产生了制造事端迫使母亲妥协的想法，继而实施抢劫。案发后，胡某某母亲表示愿意改进教育方式，加强监护。检察机关针对胡某某的心理问题，委托心理咨询师对其开展心理测评和心理疏导。在上述工作基础上，检察机关综合评估认为：胡某某此次犯罪主要是由于家庭变故、亲子矛盾、青春期叛逆，加之法治意识淡薄，冲动犯罪，认罪悔罪态度好，具备帮教条件，同时鉴于其赔偿了被害人损失，取得了被害人谅解，遂依法作出不批准逮捕决定。

（二）综合评估，依法适用附条件不起诉。案件审查起诉过程中，有观点认为，胡某某罪行较轻，具有未成年、犯罪未遂、坦白等情节，认罪悔罪，取得被害人谅解，其犯罪原因主要是身心不成熟，亲子矛盾处理不当，因此可直接作出不起诉决定。检察机关认真审查并听取各方面意见后认为，抢劫罪法定刑为三年有期徒刑以上刑罚，根据各种量刑情节，调节基准刑后测算胡某某可能判处有期徒刑十个月至一年，不符合犯罪情节轻微不需要判处刑罚或可以免除刑罚，直接作出不起诉决定的条件。同时，胡某某面临的学习压力短期内无法缓解，参考社会调查、心理疏导的情况，判断其亲子关系调适、不良行为矫正尚需一个过程，为保障其学业、教育管束和预防再犯，从最有利于未成年人健康成长出发，对胡某某附条件不起诉更有利于其回归社会。2016 年

3月11日，检察机关对胡某某作出附条件不起诉决定，考验期一年。

（三）立足帮教目标，对照负面行为清单设置所附条件，协调各方开展精准帮教。检察机关立足胡某某系在校学生的实际，围绕亲子共同需求，确立"学业提升进步、亲子关系改善"的帮教目标，并且根据社会调查列出阻碍目标实现的负面行为清单设置所附条件，如：遵守校纪校规；不得进入娱乐场所；不得吸烟、饮酒；接受心理辅导；接受监护人监管；定期参加社区公益劳动；阅读法治书籍并提交学习心得等。在此基础上，检察机关联合学校、社区、家庭三方成立考察帮教小组，围绕所附条件，制定方案，分解任务，精准帮教。学校选派老师督促备考，关注心理动态，社区为其量身定制公益劳动项目，家庭成员接受"正面管教"家庭教育指导，改善亲子关系。检察机关立足保障学业，灵活掌握帮教的频率与方式，最大程度减少对其学习、生活的影响。组建帮教小组微信群，定期反馈与实时监督相结合，督促各方落实帮教责任，对帮教进度和成效进行跟踪考察，同时要求控制知情范围，保护胡某某隐私。针对胡某某的犯罪源于亲子矛盾这一"症结"，检察机关协同公安民警、被害人、法律援助律师、法定代理人从法、理、情三个层面真情劝诫，胡某某表示要痛改前非。

（四）阶段性评估，动态调整考验期限和帮教措施。考验期内，胡某某表现良好，参加高考并考上某影视职业学院，还积极参与公益活动。鉴于胡某某表现良好、考上大学后角色转变等情况，检察机关组织家长、学校、心理咨询师、社区召开"圆桌会议"听取各方意见。经综合评估，各方一致认为原定考验期限和帮教措施已不适应当前教育矫治需求，有必要作出调整。2016年9月，检察机关决定将胡某某的考验期缩短为八个月，并对最后两个月的帮教内容进行针对性调整：开学前安排其参加企业实习，引导职业规划，开学后指导阅读法律读物，继续筑牢守法堤坝。11月10日考验期届满，检察机关依法对其作出不起诉决定，并进行相关记录封存。目前，胡某某已经大学毕业，在某公司从事设计工作，心态乐观积极，家庭氛围融洽。

指导意义

（一）办理附条件不起诉案件，应当注意把握附条件不起诉与不起诉之间的界限。根据刑事诉讼法第一百七十七条第二款，检察机关对于犯罪情节轻微，依照刑法规定不需要判处刑罚或者可以免除刑罚的犯罪嫌疑人，可以决定不起诉。而附条件不起诉的适用条件是可能判处一年有期徒刑以下刑罚，符合起诉条件，但有悔罪表现的未成年犯罪嫌疑人，且只限定于涉嫌刑法分则第四章、第五章、第六章规定的犯罪。对于犯罪情节轻微符合不起诉条件的未成年犯罪嫌疑人，应依法适用不起诉，不能以附条件不起诉代替不起诉。对于未成年犯罪嫌疑人涉嫌刑法分则第四章、第五章、第六章规定的犯罪，根据犯罪情节和悔罪表现，尚未达到不需要判处刑罚或者可以免除刑罚程度，综合考虑可能判处一年有期徒刑以下刑罚，适用附条件不起诉能更好地达到矫正效果，促使其再社会化的，应依法适用附条件不起诉。

（二）对涉罪未成年在校学生适用附条件不起诉，应当最大限度减少对其学习、生活的影响。坚持最有利于未成年人健康成长原则，立足涉罪在校学生教育矫治和回归社会，应尽可能保障其正常学习和生活。在法律规定的办案期限内，检察机关可灵活掌握办案节奏和方式，利用假期和远程方式办案帮教，在心理疏导、隐私保护等方面提供充分保障，达到教育、管束和保护的有机统一。

（三）对于已确定的考验期限和考察帮教措施，经评估后认为不能适应教育矫治需求的，可以适时动态调整。对于在考验期中经历考试、升学、求职等角色转变的被附条件不起诉人，应当及时对考察帮教情况、效果进行评估，根据考察帮教的新情况和新变化，有针对性地调整考验期限和帮教措施，巩固提升帮教成效，促其早日顺利回归社会。考验期限和帮教措施在调整前，应当充分听取各方意见。

相关规定

《中华人民共和国刑法》第二百六十三条。

《中华人民共和国刑事诉讼法》第一百七十七条、第二百七十七条、第二百七十九条、第二百八十二条、第二百八十三条、第二百八十四条。

《人民检察院刑事诉讼规则》第四百六十一条、第四百六十三条、第四百七十六条、第四百八十条。

《人民检察院办理未成年人刑事案件的规定》第二十九条、第四十条、第四十一条、第四十二条、第四十三条。

《未成年人刑事检察工作指引（试行）》第一百九十四条。

庄某等人敲诈勒索案

（检例第104号）

关键词

敲诈勒索　未成年人共同犯罪　附条件不起诉　个性化附带条件　精准帮教

要旨

检察机关对共同犯罪的未成年人适用附条件不起诉时，应当遵循精准帮教的要求对每名涉罪未成年人设置个性化附带条件。监督考察时，要根据涉罪未成年人回归社会的不同需求，督促制定所附条件执行的具体计划，分阶段评估帮教效果，发现问题及时调整帮教方案，提升精准帮教实效。

基本案情

被附条件不起诉人庄某，男，作案时 17 周岁，初中文化，在其父的印刷厂帮工。

被附条件不起诉人顾某，女，作案时 16 周岁，职业高中在读。

被附条件不起诉人常某，男，作案时 17 周岁，职业高中在读。

被附条件不起诉人章某，女，作案时 16 周岁，职业高中在读。

被附条件不起诉人汪某，女，作案时 17 周岁，职业高中在读。

2019 年 6 月 8 日，庄某因被害人焦某给其女友顾某发暧昧短信，遂与常某、章某、汪某及女友顾某共同商量向焦某索要钱财。顾某、章某、汪某先用微信把被害人约至某酒店，以顾某醉酒为由让被害人开房。进入房间后，章某和汪某借故离开，庄某和常某随即闯入，用言语威胁的手段逼迫焦某写下一万元的欠条，后实际获得五千元，用于共同观看球赛等消费。案发后，庄某等五人的家长在侦查阶段赔偿了被害人全部损失，均获得谅解。

检察机关履职过程

（一）开展补充社会调查和心理测评，找出每名未成年人需要矫正的"矫治点"，设置个性化附带条件。该案公安机关未提请批准逮捕，直接移送起诉。检察机关经审查认为，庄某等五人已涉嫌敲诈勒索罪，可能判处一年以下有期徒刑，均有悔罪表现，符合附条件不起诉条件，但前期所作社会调查不足以全面反映犯罪原因和需要矫正的关键点，故委托司法社工补充社会调查，并在征得各未成年犯罪嫌疑人及法定代理人同意后进行心理测评。经分析，五人具有法治观念淡薄、交友不当、家长失管失教等共性犯罪原因，同时各有特点：庄某因被父亲强行留在家庭小厂帮工而存在不满和抵触情绪；顾某因被过分宠溺而缺乏责任感，且沉迷网络游戏；汪某身陷网瘾；常某与单亲母亲长期关系紧张；章某因经常被父亲打骂心理创伤严重。据此，检察官和司法社工研究确定了五名未成年人具有共性特点的"矫治点"，包括认知偏差、行为偏差、不良"朋友"等，和每名未成年人个性化的"矫治点"，如庄某的不良情绪、章某的心理创伤等，据此对五人均设置共性化的附带条件：参加线上、线下法治教育以及行为认知矫正活动，记录学习感受；在司法社工指导下筛选出不良"朋友"并制定远离行动方案；参加每周一次的团体心理辅导。同时，设置个性化附带条件：庄某学习管理情绪的方法，定期参加专题心理辅导；顾某、汪某主动承担家务，定期参加公益劳动，逐渐递减网络游戏时间；常某在司法社工指导下逐步修复亲子关系；章某接受心理咨询师的创伤处理。检察机关综合考虑五名未成年人共同犯罪的事实、情节及需要矫正的问题，对五名未成年人均设置了六个月考验期，并在听取每名未成年人及法定代理人对附条件不起诉的意见时，就所附条件、考验期限等进行充分沟通、解释，要求法定代理人依法配合监督考察工作。在听取公安机关、被害人意见后，检察机关于 2019 年 10 月 9 日对五人作出附条件不起诉决定。

（二）制定具体的帮教计划并及时评估帮教效果，调整帮教方法。在监督考察期间，检察官与司法社工共同制定了督促执行所附条件的具体帮教计划：帮教初期（第1-3周）注重训诫教育工作，且司法社工与被附条件不起诉人及法定代理人密切接触，增强信任度；帮教中期（第4—9周）通过法治教育、亲子关系修复、行为偏差矫正、团体心理辅导等多措并举，提升被附条件不起诉人法律意识，促使不良行为转变；帮教后期（第10—26周）注重促使被附条件不起诉人逐步树立正确的人生观、价值观，自觉遵纪守法。每个阶段结束前通过心理测评、自评、他评等方式评估帮教效果，发现问题及时进行研判，调整帮教方法。比如，帮教初期发现庄某和章某对负责帮教的社工有一定的抵触情绪和回避、对抗行为，通过与司法社工机构共同评估双方信任度和匹配度后，及时更换社工。再如，针对章某在三次心理创伤处理后仍呈现易怒情绪，建议社工及时增加情绪管理能力培养的内容。又如，针对汪某远离不良"朋友"后亟需正面榜样力量引领的情况，联合团委确定大学生志愿者一对一结对引导。

（三）根据未成年人个体需求，协调借助相关社会资源提供帮助，促进回归社会。针对案发后学校打算劝退其中四人的情况，检察机关与教育局、学校沟通协调，确保四人不中断学业。根据五名被附条件不起诉人对就学就业的需求，检察机关积极协调教育部门为顾某、章某分别提供声乐、平面设计辅导，联系爱心企业为常某提供模型设计的实习机会，联系人力资源部门为庄某、汪某提供免费的职业培训，让矫治干预与正向培养双管齐下。经过六个月考察帮教，五名被附条件不起诉人逐步摒弃不良行为，法治观念、守法意识增强，良好生活学习习惯开始养成。2020年4月9日，检察机关综合五人考察期表现，均作出不起诉决定。目前，庄某已成为某西点店烘焙师，常某在模具企业学习模型设计，顾某、章某、汪某都实现了在大专院校理想专业学习的愿望。五个家庭也有较大改变，亲子关系融洽。

指导意义

（一）附条件不起诉设定的附带条件，应根据社会调查情况合理设置，具有个性化，体现针对性。检察机关办理附条件不起诉案件，应当坚持因案而异，根据社会调查情况，针对涉罪未成年人的具体犯罪原因和回归社会的具体需求等设置附带条件。对共同犯罪未成年人既要针对其共同存在的问题，又要考虑每名涉罪未成年人的实际情况，设定符合个体特点的附带条件并制定合理的帮教计划，做到"对症下药"，确保附条件不起诉制度教育矫治功能的实现。

（二）加强沟通，争取未成年犯罪嫌疑人及其法定代理人、学校的理解、配合和支持。检察机关应当就附带条件、考验期限等与未成年犯罪嫌疑人充分沟通，使其自觉遵守并切实执行。未成年犯罪嫌疑人的法定代理人和其所在学校是参与精准帮教的重要力量，检察机关应当通过释法说理、开展家庭教育指导等工作，与各方达成共识，形成帮教合力。

（三）加强对附带条件执行效果的动态监督，实现精准帮教。检察机关对于附条件不起诉所附带条件的执行要加强全程监督、指导，掌握落实情况，动态评估帮教效果，发现问题及时调整帮教方式和措施。为保证精准帮教目标的实现，可以联合其他社会机构、组织、爱心企业等共同开展帮教工作，帮助涉罪未成年人顺利回归社会。

相关规定

《中华人民共和国刑法》第二百七十四条。

《中华人民共和国刑事诉讼法》第一百七十七条、第二百八十二条、第二百八十三条、第二百八十四条、第二百八十六条。

《人民检察院刑事诉讼规则》第四百六十一条、第四百七十六条、第四百八十条

《人民检察院办理未成年人刑事案件的规定》第四十二条、第四十三条。

《未成年人刑事检察工作指引（试行）》第三十一条、第一百八十一条、第一百九十四条、第一百九十五条、第一百九十六条。

李某诈骗、传授犯罪方法牛某等人诈骗案

（检例第 105 号）

关键词

涉嫌数罪　听证　认罪认罚从宽　附条件不起诉　家庭教育指导　社会支持

要　旨

对于一人犯数罪符合起诉条件，但根据其认罪认罚等情况，可能判处一年有期徒刑以下刑罚的，检察机关可以依法适用附条件不起诉。对于涉罪未成年人存在家庭教育缺位或者不当问题的，应当突出加强家庭教育指导，因案因人进行精准帮教。通过个案办理和法律监督，积极推进社会支持体系建设。

基本案情

被附条件不起诉人李某，男，作案时 16 周岁，高中学生。

被附条件不起诉人牛某，男，作案时 17 周岁，高中学生。

被附条件不起诉人黄某，男，作案时 17 周岁，高中学生。

被附条件不起诉人关某，男，作案时 16 周岁，高中学生。

被附条件不起诉人包某，男，作案时 17 周岁，高中学生。

2018 年 11 月至 2019 年 3 月，李某利用某电商超市 7 天无理由退货规则，多次在某电商超市网购香皂、洗发水、方便面等日用商品，收到商品后上传虚假退货快递单号，骗取某电商超市退回购物款累计 8445.53 元。后李某将此犯罪方法先后传授给牛某、黄某、关某、包某，并收取 1200 元"传授费用"。得知这一方法的牛某、黄某、关某、包某以此方法各自骗取某电商超市 15598.86 元、8925.19 元、6617.71 元、6206.73 元。

涉案五人虽不是共同犯罪，但犯罪对象和犯罪手段相同，案件之间存在关联，为便于查明案件事实和保障诉讼顺利进行，公安机关采纳检察机关建议，对五人依法并案处理。

检察机关履职过程

（一）适用认罪认罚从宽制度，发挥惩教结合优势。审查逮捕期间，检察机关依法分别告知五名未成年犯罪嫌疑人及其法定代理人认罪认罚从宽制度的法律规定，促其认罪认罚。五名犯罪嫌疑人均表达了认罪认罚的意愿，并主动退赃，取得了被害方某电商超市的谅解。检察机关认为五人虽利用网络实施诈骗，但并非针对不特定多数人，系普通诈骗犯罪，且主观恶性不大，犯罪情节较轻，无逮捕必要，加上五人均面临高考，因而依法作出不批准逮捕决定。审查起诉阶段，检察机关通知派驻检察院的值班律师向五人及其法定代理人提供法律帮助，并根据五人犯罪情节，认罪悔罪态度，认为符合附条件不起诉条件，提出适用附条件不起诉的意见，将帮教方案和附带条件作为具结书的内容一并签署。

（二）召开不公开听证会，依法决定附条件不起诉。司法实践中，对犯数罪可否适用附条件不起诉，因缺乏明确的法律规定而很少适用。本案中，李某虽涉嫌诈骗和传授犯罪方法两罪，但综合全案事实、社会调查情况以及犯罪后表现，依据有关量刑指导意见，李某的综合刑期应在一年以下有期徒刑，对其适用附条件不起诉制度，有利于顺利进行特殊预防、教育改造。为此，检察机关专门针对李某涉嫌数罪是否可以适用附条件不起诉召开不公开听证会，邀请了未成年犯管教干部、少年审判法官、律师、心理咨询师、公益组织负责人等担任听证员。经听证评议，听证员一致认为应对李某作附条件不起诉，以最大限度促进其改恶向善、回归正途。通过听证，李某认识到自己行为的严重性，李某父母认识到家庭教育中存在的问题，参加听证的各方面代表达成了协同帮教意向。2019 年 12 月 23 日，检察机关对李某等五人依法作出附条件不起诉决定，考验期为六个月。

（三）开展家庭教育指导，因人施策精准帮教。针对家庭责任缺位导致五人对法律缺乏认知与敬畏的共性问题，检察官会同司法社工开展了家庭教育指导，要求五人及其法定代理人在监督考察期间定期与心理咨询师沟通、与检察官和司法社工面谈，并分享法律故事、参加预防违法犯罪宣讲活动。同时，针对五人各自特点分别设置了个性化附带条件：鉴于李某父母疏于管教，亲子关系紧张，特别安排追寻家族故事、追忆成长历程以增强家庭认同感和责任感，修复家庭关系；鉴于包某性格内向无主见、极易被误导，安排其参加"您好陌生人"志愿服务队，以走上街头送爱心的方式锻炼与陌生人的沟通能力，同时对其进行"朋辈群体干扰场景模拟"小组训练，通过场景模拟，帮助其向不合理要求勇敢说"不"；鉴于黄某因达不到父母所盼而缺乏自信，鼓励其发挥特长，担任禁毒教育、网络安全等普法活动主持人，使其在学习法律知识的同时，增强个人荣誉感和家庭认同感；鉴于牛某因单亲家庭而自卑，带领其参加照料空巢老人、探访留守儿童等志愿活动，通过培养同理心增强自我认同，实现"爱人以自爱"；鉴于关某沉迷网络游戏挥霍消费，督促其担任家庭记账员，激发其责任意识，克制网瘾，养成良好习惯。

（四）联合各类帮教资源，构建社会支持体系。案件办理过程中，引入司法社工全流程参与精准帮教。检察机关充分发挥"3+1"（检察院、未管所、社会组织和涉罪未成年人）帮教工作平台优势，并结合法治进校园"百千万工程"，联合团委、妇联、教育局共同组建"手拉手法治宣讲团"，要求五人及法定代理人定期参加法治教育讲座。检察机关还与辖区内广播电台、敬老院、图书馆、爱心企业签订观护帮教协议，组织五人及法定代理人接受和参与优秀传统文化教育或实践。2020年6月22日，检察机关根据五人在附条件不起诉考察期间的表现，均作出不起诉决定。五人在随后的高考中全部考上大学。

指导意义

（一）办理未成年人犯罪案件，对于涉嫌数罪但认罪认罚，可能判处一年有期徒刑以下刑罚的，也可以适用附条件不起诉。检察机关应当根据涉罪未成年人的犯罪行为性质、情节、后果，并结合犯罪原因、犯罪前后的表现等，综合评估可能判处的刑罚。"一年有期徒刑以下刑罚"是指将犯罪嫌疑人交付审判，法院对其可能判处的刑罚。目前刑法规定的量刑幅度均是以成年人犯罪为基准设计，检察机关对涉罪未成年人刑罚的预估要充分考虑"教育、感化、挽救"的需要及其量刑方面的特殊性。对于既可以附条件不起诉也可以起诉的，应当优先适用附条件不起诉。存在数罪情形时，要全面综合考量犯罪事实、性质和情节以及认罪认罚等情况，认为并罚后其刑期仍可能为一年有期徒刑以下刑罚的，可以依法适用附条件不起诉，以充分发挥附条件不起诉制度的特殊功能，促使涉罪未成年人及早摆脱致罪因素，顺利回归社会。

（二）加强家庭教育指导，提升考察帮教效果。未成年人犯罪原因往往关联家庭，预防涉罪未成年人再犯，同样需要家长配合。检察机关在办理附条件不起诉案件中，不仅要做好对涉罪未成年人自身的考察帮教，还要通过家庭教育指导，争取家长的信任理解，引导家长转变家庭教育方式，自愿配合监督考察，及时解决问题少年背后的家庭问题，让涉罪未成年人知法悔过的同时，在重温亲情中获取自新力量，真正实现矫治教育预期目的。

（三）依托个案办理整合帮教资源，推动未成年人检察工作社会支持体系建设。检察机关办理未成年人犯罪案件，要在社会调查、人格甄别、认罪教育、不公开听证、监督考察、跟踪帮教等各个环节，及时引入司法社工、心理咨询师等各种专门力量，积极与教育、民政、团委、妇联、关工委等各方联合，依托党委、政府牵头搭建的多元化协作平台，做到专业化办案与社会化支持相结合，最大限度地实现对涉罪未成年人的教育、感化和挽救。

相关规定

《中华人民共和国刑法》第二百六十六条、第二百九十五条。

《中华人民共和国刑事诉讼法》第一百七十三条、第二百七十七条、第二百八十二条。

《人民检察院刑事诉讼规则》第十八条、第四百五十七条、第四百六十三条、第四百八十条。

《未成年人刑事检察工作指引（试行）》第一百七十七条、第一百八十八条。

《关于适用认罪认罚从宽制度的指导意见》第十九条、第二十三条、第二十六条、第二十七条、第二十八条、第二十九条、第三十条、第三十一条。

牛某非法拘禁案

（检例第 106 号）

关键词

非法拘禁　共同犯罪　补充社会调查　附条件不起诉　异地考察帮教

要旨

检察机关对于公安机关移送的社会调查报告应当认真审查，报告内容不能全面反映未成年人成长经历、犯罪原因、监护教育等情况的，可以商公安机关补充调查，也可以自行或者委托其他有关组织、机构补充调查。对实施犯罪行为时系未成年人但诉讼过程中已满十八周岁的犯罪嫌疑人，符合条件的，可以适用附条件不起诉。对于外地户籍未成年犯罪嫌疑人，办案检察机关可以委托未成年人户籍所在地检察机关开展异地协作考察帮教，两地检察机关要各司其职，密切配合，确保帮教取得实效。

基本案情

被附条件不起诉人牛某，女，作案时 17 周岁，初中文化，无业。

2015 年初，牛某初中三年级辍学后打工，其间经人介绍加入某传销组织，后随该组织到某市进行传销活动。2016 年 4 月 21 日，被害人瞿某（男，成年人）被其女友卢某（另案处理）骗至该传销组织。4 月 24 日上午，瞿某在听课过程中发现自己进入的是传销组织，便要求卢某与其一同离开。乔某（传销组织负责人，到案前因意外事故死亡）得知情况后，安排牛某与卢某、孙某（另案处理）等人进行阻拦。次日上午，瞿某再次开门欲离开时，在乔某指使下，牛某积极参与对被害人瞿某实施堵门、言语威胁等行为，程某（另案处理）等人在客厅内以打牌名义进行看管。15 时许，瞿某在其被拘禁的四楼房间窗户前探身欲呼救时不慎坠至一楼，经法医鉴定，瞿某为重伤二级。

因该案系八名成年人与一名未成年人共同犯罪，公安机关进行分案办理。八名成年人除乔某已死亡外，均被提起公诉，人民法院以非法拘禁罪分别判处被告人有期徒刑一年至三年不等。

检察机关履职过程

（一）依法对牛某作出不批准逮捕决定。公安机关对未成年犯罪嫌疑人牛某提请批准逮捕后，检察机关依法讯问牛某，听取其法定代理人、辩护人及被害人的意见。经审查，检察机关认为牛某因被骗加入传销组织后，积极参与实施了非法拘禁致被害人重伤的共同犯罪行为，已构成非法拘禁罪，但在犯罪中起次要作用，且归案后供述稳定，认罪悔罪态度好，愿意尽力赔偿被害人经济损失，采取取保候审足以防止社会危险性的发生，依法对牛某作出不批准逮捕决定，并联合司法社工、家庭教育专家、心理咨询师及其法定代理人组成帮教小组，建立微信群，开展法治教育、心理疏导、就业指导等，预防其再犯。同时，商公安机关对牛某的成长经历、家庭情况、犯罪原因等进行社会调查。

（二）开展补充社会调查。案件移送起诉后，检察机关审查认为，随案移送的社会调查报告不够全面细致。为进一步查明牛某犯罪原因、犯罪后表现等情况，检察机关遂列出详细的社会调查提纲，并通过牛某户籍所在地检察机关委托当地公安机关对牛某的成长经历、犯罪原因、平时表现、社会交往、家庭监护条件、取保候审期间的表现等进行补充社会调查。调查人员通过走访牛某父母、邻居、村委会干部及打工期间的同事了解到，牛某家庭成员共五人，家庭关系融洽，母亲常年在外打工，父亲在家务农，牛某平时表现良好，服从父母管教，村委会愿意协助家庭对其开展帮教。取保候审期间，牛某在一家烧烤店打工，同事评价良好。综合上述情况，检察机关认为牛某能够被社会接纳，具备社会化帮教条件。

（三）促成与被害人和解。本案成年被告人赔偿后，被害人瞿某要求牛某赔偿五万元医药费。牛某及家人虽有赔偿意愿，但因家庭经济困难，无法一次性支付赔偿款。检察机关向被害人详细说明牛某和家人的诚意及困难，并提出先支付部分现金，剩余分期还款的赔偿方案，引导双方减少分歧。经做工作，牛某与被害人接受了检察机关的建议，牛某当面向被害人赔礼道歉，并支付现金两万元，剩余三万元承诺按月还款，两年内付清，被害人为牛某出具了谅解书。

（四）召开听证会，依法作出附条件不起诉决定。鉴于本案涉及传销，造成被害人重伤，社会关注度较高，且牛某在诉讼过程中已满十八周岁，对是否适宜作附条件不起诉存在不同认识，检察机关举行不公开听证会，牛某及其法定代理人、辩护人和侦查人员、帮教人员等参加。听证人员结合具体案情、法律规定和现场提问情况发表意见，一致赞同对牛某附条件不起诉。2018 年 5 月 16 日，检察机关依法对牛某作出附条件不起诉决定。综合考虑其一贯表现和犯罪性质、情节、后果、认罪悔罪表现及尚未完全履行赔偿义务等因素，参考同案人员判决情况以及其被起诉后可能判处的刑期，确定考验期为一年。

（五）开展异地协作考察帮教。鉴于牛某及其家人请求回户籍地接受帮教，办案检察机关决定委托牛某户籍地检察机关开展异地考察帮教，并指派承办检察官专程前往牛某户籍地检察机关进行工作衔接。牛某户籍地检察机关牵头成立了由检察官、司法社工、法定代理人等组成的帮教小组，根据所附条件共同制定帮助牛某提升法律意识和辨别是非能力、树立正确消费观、提高就业技能等方面的个性化帮教方案，要求牛某按照方案内容接受当地检察机关的帮教，定期向帮教检察官汇报思想、生活状况，根据协议按时、足额将赔偿款汇到被害人账户。办案检察机关定期与当地检察机关帮教小组联系，及时掌握对牛某的考察帮教情况。牛某认真接受帮教，并提前还清赔偿款。考验期满，检察机关综合牛某表现，依法作出不起诉决定。经回访，目前牛某工作稳定，各方面表现良好，生活已经走上正轨。

指导意义

（一）办理附条件不起诉案件，应当进行社会调查，社会调查报告内容不完整的，应当补充开展社会调查。社会调查报告是检察机关认定未成年犯罪嫌疑人主观恶性大小、是否适合作附条件不起诉以及附什么样的条件、如何制定具体的帮教方案等的重要参考。社会调查报告的内容主要包括涉罪未成年人个人基本情况、家庭情况、成长经历、社会生活状况、犯罪原因、犯罪前后表现、是否具备有效监护条件、社会帮教条件等，应具有个性化和针对性。公安机关、人民检察院、人民法院办理未成年人刑事案件，根据法律规定和案件情况可以进行社会调查。公安机关侦查未成年人犯罪案件，检察机关可以商请公安机关进行社会调查。认为公安机关随案移送的社会调查报告内容不完整、不全面的，可以商请公安机关补充进行社会调查，也可以自行补充开展社会调查。

（二）对于犯罪时系未成年人但诉讼过程中已满十八周岁的犯罪嫌疑人，可以适用附条件不起诉。刑事诉讼法第二百八十二条规定，对于涉嫌刑法分则第四章、第五章、第六章规定的犯罪，可能判处一年有期徒刑以下刑罚，符合起诉条件，但有悔罪表现的未成年人刑事案件，可以作出附条件不起诉决定。未成年人刑事案件是指犯罪嫌疑人实施犯罪时系未成年人的案件。对于实施犯罪行为时未满十八周岁，但诉讼中已经成年的犯罪嫌疑人，符合适用附条件不起诉案件条件的，人民检察院可以作出附条件不起诉决定。

（三）对外地户籍未成年人，可以开展异地协作考察帮教，确保帮教效果。被附条件不起诉人户籍地或经常居住地与办案检察机关属于不同地区，被附条件不起诉人希望返回户籍地或经常居住地生活工作的，办案检察机关可以委托其户籍地或经常居住地检察机关协助进行考察帮教，户籍地或经常居住地检察机关应当予以支持。两地检察机关应当根据被附条件不起诉人的具体情况，共同制定有针对性的帮教方案并积极沟通协作。当地检察机关履行具体考察帮教职责，重点关注未成年人行踪轨迹、人际交往、思想动态等情况，定期走访被附条件不起诉人的法定代理人以及所在社区、单位，并将考察帮教情况及时反馈办案检察机关。办案检察机关应当根据考察帮教需要提供协助。考验期届满前，当地检察机关应当出具被附条件不起诉人考察帮教情况总结报告，作为办案检察机关对被附条件不起诉人是否最终作出不起诉决定的重要依据。

相关规定

《中华人民共和国刑法》第二百三十八条。

《中华人民共和国刑事诉讼法》第二百七十九条、第二百八十二条、第二百八十三条、第二百八十四条。

《人民检察院刑事诉讼规则》第四百六十一条、第四百六十三条、第四百九十六条。

《人民检察院办理未成年人刑事案件的规定》第三十条、第三十一条、第四十条、第四十四条。

《未成年人刑事检察工作指引（试行）》第二十一条、第三十条、第六十九条、第一百八十一条、第一百九十四条、第一百九十六条。

唐某等人聚众斗殴案

（检例第 107 号）

关键词

聚众斗殴　违反监督管理规定　撤销附条件不起诉　提起公诉

要旨

对于被附条件不起诉人在考验期内多次违反监督管理规定，逃避或脱离矫治和教育,经强化帮教措施后仍无悔改表现,附条件不起诉的挽救功能无法实现,符合"违反考察机关监督管理规定,情节严重"的,应当依法撤销附条件不起诉决定,提起公诉。

基本案情

被附条件不起诉人唐某,男,作案时 17 周岁,辍学无业。

2017 年 3 月 15 日,唐某与潘某(男,作案时 14 周岁)因琐事在电话中发生口角,相约至某广场斗殴。唐某纠集十余名未成年人,潘某纠集八名未成年人前往约架地点。上午 8 时许,双方所乘车辆行至某城市主干道红绿灯路口时,唐某等人下车对正在等红绿灯的潘某一方所乘两辆出租车进行拦截,对拦住的一辆车上的四人进行殴打,未造成人员伤亡。

检察机关履职过程

(一)依法适用附条件不起诉。2017 年 6 月 20 日,公安机关以唐某涉嫌聚众斗殴罪将该案移送检察机关审查起诉。检察机关审查后认为:1.唐某涉嫌聚众斗殴罪,可能判处一年有期徒刑以下刑罚。唐某虽系聚众斗殴的纠集者,在上班高峰期的交通要道斗殴,但未造成严重后果,且案发时其不满十八周岁,参照最高人民法院量刑指导意见以及当地同类案件已生效判决,评估唐某可能判处有期徒刑八个月至十个月。2.唐某归案后如实供述犯罪事实,通过亲情会见、心理疏导以及看守所提供的表现良好书面证明材料,综合评估其具有悔罪表现。3.亲子关系紧张、社会交往不当是唐某涉嫌犯罪的重要原因。唐某的母亲常年外出务工,其与父母缺乏沟通交流;唐某与社会闲散人员交往过密,经常出入夜店,夜不归宿;遇事冲动、爱逞能、好面子,对斗殴行为性质及后果存在认知偏差。4.具备帮教矫治条件。心理咨询师对唐某进行心理疏导时,其明确表示认识到自己行为的危害性,不再跟以前的朋友来往,并提出想要学厨艺的强烈意愿。对其法定代理人开展家庭教育指导后,其母亲愿意返回家中履行监护职责,唐某明确表示将接受父母的管教和督促。检察机关综合唐某的犯罪情节、悔罪表现、犯罪成因及帮教条件并征求公安机关、法定代理人意见后,认定唐某符合附条件不起诉条件,于 2017 年 7 月 21 日依法对其作出附条件不起诉决定,考验期六个月。

(二)设置可评价考察条件,有针对性地调整强化帮教措施。检察机关成立由检察官、唐某的法定代理人和某酒店负责人组成的帮教小组,开展考察帮教工作。针对唐某的实际情况,为其提供烹饪技能培训,促其参加义务劳动和志愿者活动,要求法定代理人加强监管并禁止其出入特定场所。同时,委托专业心理咨询师对其多次开展心理疏导,对其父母开展家庭教育指导,改善亲子关系。在考验前期,唐某能够遵守各项监督管理规定,表现良好,但后期其开始无故迟到、旷工,还出入酒吧、夜店等娱乐场所。为此,检察机关及时调整强化帮教措施:第一,通过不定时电话访谈、委托公安机关不定期调取其出入网吧、住宿记录等形式监督唐某是否存在违反禁止性规定的行为，一旦发现立即训诫，并通过心理咨询师进行矫治。第二，针对唐某法定代理人监督不力的行为，重申违反考验期规定的严重后果，及时开展家庭教育指导和司法训诫。第三，安排唐某到黄河水上救援队接受先进事迹教育感化，引导其树立正确的价值观，选择具有正能量的人交往。

（三）认定违反监督管理规定情节严重，依法撤销附条件不起诉决定。因唐某自控能力较差，无法彻底阻断与社会不良人员的交往，法定代理人监管意识和监管能力不足，在经过检察机关多次训诫及心理疏导后，唐某仍擅自离开工作的酒店，并明确表示拒绝接受帮教。检察机关全面评估唐某考验期表现，认为其在考验期内，多次夜不归宿，经常在凌晨出入酒吧、夜店、KTV等娱乐场所；与他人结伴为涉嫌寻衅滋事犯罪的人员助威；多次醉酒，上班迟到、旷工；未向检察机关和酒店负责人报告，擅自离开帮教单位，经劝说仍拒绝上班。同时，唐某的法定代理人也未如实报告唐某日常表现，在检察机关调查核实时，帮助唐某欺瞒。因此，检察机关认定唐某违反考察机关附条件不起诉的监督管理规定，情节严重。2018年1月15日，检察机关依法撤销唐某的附条件不起诉决定。

（四）依法提起公诉，建议不适用缓刑。2018年1月17日，检察机关以唐某涉嫌聚众斗殴罪对其提起公诉。法庭审理阶段，公诉人指出应当以聚众斗殴罪追究其刑事责任，且根据附条件不起诉考验期间调查核实的情况，认为唐某虽认罪但没有悔罪表现，且频繁出入娱乐场所，长期与社会闲散人员交往，再犯可能性较高，不适用缓刑。2018年3月16日，法院作出一审判决，以被告人唐某犯聚众斗殴罪判处有期徒刑八个月。一审宣判后，被告人唐某未上诉。

指导意义

（一）针对被附条件不起诉人的实际表现，及时调整监督矫治措施，加大帮教力度。检察机关对干预矫治的情形和再犯风险应当进行动态评估，发现被附条件不起诉人在考验期内违反帮教协议的相关规定时，要及时分析原因，对仍有帮教可能性的，应当调整措施，通过延长帮教期限、心理疏导、司法训诫、家庭教育指导等多种措施加大帮教力度，及时矫正被附条件不起诉未成年人的行为认知偏差。

（二）准确把握"违反考察机关监督管理规定"行为频次、具体情节、有无继续考察帮教必要等因素，依法认定"情节严重"。检察机关经调查核实、动态评估后发现被附条件不起诉人多次故意违反禁止性监督管理规定，或者进入特定场所后违反治安管理规定，或者违反指示性监督管理规定，经检察机关采取训诫提醒、心理疏导等多种措施后仍无悔改表现，脱离、拒绝帮教矫治，导致通过附条件不起诉促进涉罪未成年人悔过自新、回归社会的功能无法实现时，应当认定为刑事诉讼法第二百八十四条第一款第（二）项规定的"情节严重"，依法撤销附条件不起诉决定，提起公诉。

相关规定

《中华人民共和国刑法》第二百九十二条。

《中华人民共和国刑事诉讼法》第一百七十六条、第二百八十二条、第二百八十三条、第二百八十四条。

《人民检察院刑事诉讼规则》第四百六十三条、第四百七十九条。

《未成年人刑事检察工作指引（试行）》第一百九十四条、第一百九十五条、第一百九十六条、第二百零四条。

第二十八批指导性案例

江苏某银行申请执行监督案

（检例第 108 号）

关键词

执行案件案外人 保证责任 执行行为异议 程序指引错误 执行监督

要　旨

质权人为实现约定债权申请执行法院解除对质物的冻结措施，向法院承诺对申请解除冻结错误造成的损失承担责任，该承诺不是对出质人债务的保证，人民法院不应裁定执行其财产。对人民法院错误裁定执行其财产的行为不服提出的异议是对执行行为的异议，对该异议裁定不服的救济途径为复议程序而非执行异议之诉。

基本案情

2014 年 7 月 9 日，某银行与某公司签订《最高额银行承兑汇票承兑合同》，约定承兑最高限额不超过 1000 万元。同日，毛某芹与某银行签订《质押合同》，约定毛某芹以其名下某银行开具的 2 张存单共计 1000 万元对前述承兑合同项下借款提供质押担保，约定若主债权到期（包括提前到期）债务人未予清偿的，某银行有权实现质权；质押期限为 2014 年 7 月 9 日至 2015 年 1 月 9 日。当日，毛某芹向某银行交付上述质押存单 2 张并签订《权利质押清单》。某银行依约向某公司开具 2 张共计 1000 万元的承兑汇票并承兑付款，但某公司未能在票据到期日将应付票据款交存某银行。

2014 年 11 月 10 日，江苏省扬中市人民法院在审理某小额贷款公司诉借款人杨某娥、连带保证人毛某芹民间借贷纠纷案中，根据某小额贷款公司的诉讼保全申请，冻结了毛某芹已质押给某银行的 500 万元的存单。

2015 年 1 月 7 日，某银行以涉案存单到期为由向扬中市人民法院提出解除冻结的书面申请，未获批准。同年 4 月 28 日，某银行根据法院要求，出具《承诺》一份，载明："现我单位申请解除对该质押存单的冻结，若申请解除冻结的行为存在错误导致损失的，我单位提供反担保，对上述存单的申请解除冻结行为承担责任。"次日，法院解除冻结。

2015 年 6 月 8 日，扬中市人民法院对某小额贷款公司诉杨某娥、毛某芹等人的民间借贷纠纷案作出判决，判令杨某娥偿还某小额贷款公司借款 200 万元本息，毛某芹等人共同承担连带还款责任。同年 12 月 29 日，某小额贷款公司申请强制执行。扬中市人民法院作出（2015）扬执字第 1614 号裁定，以某银行出具的《承诺》系自愿为毛某芹提供保证，故依据《最高人民法院关于人民法院执行工作若干问题的规定（试行）》（以下简称《执行工作若干规定》）第 85 条规定，裁定某银行在保证责任范围内对某小额贷款公司承担清偿责任。

某银行不服，向扬中市人民法院提出执行异议，认为其因行使质权需要，申请对涉案存单解除冻结并无过错，法院要求其承担保证责任无事实依据。扬中市人民法院于 2016 年 3 月 7 日作出（2016）苏 1182 执异 5 号裁定，认为某银行自愿为毛某芹提供保证，法院裁定执行其财产符合法律规定，遂裁定驳回异议，并告之如不服可在 15 日内向法院提起诉讼。

某银行遂根据法院指引，提起执行异议之诉，请求：确认某银行对涉案存单享有质权，其出具的《承诺》不构成保证；撤销扬中市人民法院追加其为被执行人的裁定及驳回异议裁定。2016 年 7 月 28 日，扬中市人民法院认为该案应当依照审判监督程序处理，裁定驳回起诉。某银行不服提起上诉。镇江市中级人民法院认为某银行可通过普通确权诉讼另行主张质权，驳回上诉。

2016 年底，某银行按照镇江市中级人民法院的指引，以毛某芹为被告、某小额贷款公司为第三人，向扬中市人民法院提起质押合同诉讼。2017 年 11 月 14 日，该院作出（2016）苏 1182 民初 4094 号判决，确认某银行对涉案存单享有质权，其提供的《承诺》不构成对毛某芹债务的担保。某小额贷款公司不服提起上诉。2018 年 5 月 24 日，镇江市中级人民法院二审判决驳回上诉，维持原判。

检察机关履职情况

线索来源。2017 年 3 月初，某银行向扬中市人民检察院申请执行监督，主张其对毛某芹涉案存单享有质权，《承诺》不构成担保，扬中市人民法院据此追加其为被执行人违法。

调查核实。扬中市人民检察院受理某银行的监督申请后，查明以下事实：一是对涉案合同进行了审查，确认某银行对涉案存单享有质权。因某公司未能在票据到期日将应付票据款 1000 万元交存某银行，某银行有权根据《质押合同》约定对毛某芹质押的 1000 万元存单行使优先受偿权。二是本案执行期间，执行法院同时执行的另案，即毛某芹与王某龙民间借贷纠纷案的审判及执行情况。该案一审中，法院依王某龙申请冻结了毛某芹在某银行的 12 张存单共计 6400 万元，某银行同样以其对 12 张存单享有质权为由申请法院解除冻结，并向法院出具书面承诺，内容与本案《承诺》基本一致。法院解除对上述存单的冻结后，王某龙不服，先后提出执行异议和执行异议之诉，法院一审、二审、再审均认为某银行对该 12 张存单享有质权，依法享有优先受偿权，对王某龙提出的诉求未予支持。

监督意见。2017 年 3 月 14 日，扬中市人民检察院向扬中市人民法院发出检察建议书，指出某银行出具的《承诺》不构成担保法意义上的保证，法院裁定由其承担还款责任，缺乏事实依据和法律依据。法院对某银行提出的异议予以驳回且引导其提起执行异议之诉，在执行异议之诉被驳回后又告之其依照审判监督程序处理，导致某银行饱受诉累，建议法院依法纠正错误执行行为。

2017 年 7 月 28 日，扬中市人民法院回函以某银行提起质权确认之诉为由，未采纳检察建议。扬中市人民检察院对该案持续跟进监督，发现在质押合同纠纷案件审理期间，法院根据某小额贷款公司的申请已强行划扣某银行 260 万元。在质押合同纠纷一案判决确认某银行对涉案存单享有质权，《承诺》不构成对毛某芹债务的担保后，法院亦未将划转的 260 万元执行回转。扬中市人民检察院遂于 2018 年 8 月 1 日，再次向扬中市人民法院发出检察建议，指出：某银行与毛某芹、某小额贷款公司质押合同纠纷一案已全部审理完毕，原复函中提出的"某银行正在提起质权确认之诉"的情形已不复存在，建议法院依法纠错并进行执行回转。

监督结果。2019 年 1 月 25 日，扬中市人民法院向扬中市人民检察院复函称，该院作出的（2015）扬执字第 1614 号裁定确有错误，应予纠正，对检察建议予以采纳。该院已于 2018 年 9 月 6 日裁定执行回转，某小额贷款公司已将 260 万元执行款返还某银行。

指导意义

（一）质权人为申请解除对质物的冻结，向法院承诺对申请解除冻结错误造成的损失承担责任，不是对出质人债务的保证，法院裁定执行其财产错误。《执行工作若干规定》第 85 条规定，人民法院在审理案件期间，保证人为被执行人提供保证，人民法院据此解除保全措施的，案件审结后如果被执行人无财产可供执行或其财产不足清偿债务时，人民法院有权裁定执行保证人在保证责任范围内的财产。执行程序中将案外人认定为保证人，意味着直接使得生效法律文书列明的被执行人以外的人承担实体责任，对当事人权利义务将产生无法律依据的不当影响，因此关于保证责任的认定应严格遵循有关法律规定，根据当事人真实意思表示慎重审查认定。本案中，某银行作为案外人，只有在向法院明确其愿意为被执行人毛某芹的债务提供保证时，法院才可裁定执行某银行在保证责任范围内的财产。某银行出具的《承诺》虽然有"反担保"一词，但反担保是指债务人为保证人提供的担保，某银行与毛某芹并非债务人与保证人的关系，某银行也未作出为毛某芹的债务提供担保的意思表示，因此不构成反担保。《承诺》是某银行应法院要求出具，内容是愿对其申请解除冻结错误可能导致的损失承担责任，并非为毛某芹对某小额贷款公司的担保债务提供保证，因此不属于《执行工作若干规定》第85条规定的"保证人为被执行人提供保证"的情形，人民法院据此裁定执行某银行的财产错误。

（二）执行程序中应正确区分对执行行为的异议与对执行标的的异议，准确适用不同的法律救济途径。《中华人民共和国民事诉讼法》第二百二十五条及第二百二十七条对执行行为异议和执行标的异议规定了不同的救济途径，当事人、利害关系人对执行行为异议裁定不服的，可向上级人民法院申请复议，对执行标的异议裁定不服的，可提起执行异议之诉。本案中，某银行是对法院认定《承诺》系对毛某芹担保的债务提供保证，并据此裁定执行其财产的行为不服，属于对执行行为提出的异议，而非对执行标的提出的异议，对该异议裁定不服的救济途径为复议程序，人民法院引导其提起执行异议之诉，程序指引有误。在某银行提起执行异议之诉后，人民法院认为该案应当依照审判监督程序处理，驳回起诉亦属适用法律错误。根据《最高人民法院关于适用〈中华人民共和国民事诉讼法〉的解释》第三百一十二条规定，人民法院应当对某银行就涉案存单是否享有足以排除强制执行的民事权益进行审理，并对其提出的确权诉讼请求一并作出裁判，而不应指引其另行提起普通确权诉讼主张质权。

（三）对已经设立质权的标的物，人民法院可以采取财产保全措施，但不影响质权人的优先受偿权。根据《最高人民法院关于适用〈中华人民共和国民事诉讼法〉的解释》第一百五十七条的规定，人民法院对抵押物、质押物、留置物可以采取财产保全措施，但不影响抵押权人、质权人、留置权人的优先受偿权。某银行作为涉案存单的质权人，有权请求法院解除冻结，法院在某银行提供有关证据证明其对涉案存单享有质权的情况下，应解除对涉案存单的冻结。此时申请诉讼保全的权利人若有异议，可以向法院提出，若在执行异议程序中仍不能解决双方争议，则可提起执行异议之诉。本案法院在解除对涉案存单冻结后，诉讼保全申请人某小额贷款公司并未提出异议的情况下，裁定执行该存单财产并指引某银行提起执行异议之诉及质权确权之诉，事实上混淆了本案争议焦点，适用法律及程序指引均存在错误。

人民检察院在依法履行民事执行法律监督职责时，经调查核实，发现人民法院执行活动存在上述违反法律规定情形的，应当依法提出检察建议。对于人民法院已错误划扣的财产应当建议法院进行执行回转。

相关规定

《最高人民法院关于人民法院执行工作若干问题的规定（试行）》第85条。

《中华人民共和国民事诉讼法》（2017年修正）第二百二十五条、第二百二十七条、

第二百三十五条（现为 2023 年修正后的第二百三十六条、第二百三十八条、第二百四十六条）。

《最高人民法院关于适用〈中华人民共和国民事诉讼法〉的解释》第三百一十二条。

《中华人民共和国担保法》第四条。*

湖北某房地产公司申请执行监督案

（检例第 109 号）

关键词

鉴定材料　评估结果明显失实　评估异议　执行人员违法　执行监督

要　旨

对于民事执行监督中当事人有证据证明执行标的物评估结果失实问题，人民检察院应当依法受理并围绕影响评估结果的关键性因素进行调查核实；经过调查核实查明违法情形属实的，人民检察院应当依法监督纠正；对于发现的执行人员和相关人员违纪、违法犯罪线索应当及时移送有关单位或部门处理。

基本案情

2004 年 9 月，某银行与某娱乐公司、某房地产公司因借款合同纠纷，向武汉仲裁委员会申请仲裁。武汉仲裁委员会裁决某娱乐公司向某银行偿还贷款本息共计 3590.45 万元，某银行对担保人某房地产公司抵押的财产优先受偿。裁决生效后，某银行于 2004 年 11 月向湖北省武汉市中级人民法院申请强制执行，后因某银行以当时拍卖变现抵押物会对该行造成较大损失为由，向武汉市中级人民法院申请暂缓拍卖，该院于 2005 年 10 月裁定终结本次执行程序，并向申请执行人发放债权凭证。2013 年 1 月，某银行申请恢复执行，武汉市中级人民法院于 2013 年 2 月作出（2004）武执字第 428 号执行裁定，对某房地产公司唯一资产——位于武汉市硚口区某地块 1.3 万余平方米的土地进行为期两年的查封，并于 2015 年 1 月作出（2004）武执字第 00428-1 号执行裁定，对上述土地续查封一年。上述两份执行裁定均未向某房地产公司和某银行送达。2014 年 7 月，武汉市中级人民法院委托评估机构对上述土地使用

---

* 编者注：《中华人民共和国担保法》已失效，原第四条变更为《中华人民共和国民法典》第六百八十九条，内容修改为："保证人可以要求债务人提供反担保。"

权价值进行评估,评估价为 5778.57 万元。某房地产公司对上述评估结果不服,提出执行异议,武汉市中级人民法院未对评估过程中是否存在程序违法进行审查,亦未交评估机构对异议内容进行复核。

2015 年 2 月 25 日,涉案土地公开拍卖,某置业公司经两轮竞价,以 5798.57 万元的价格竞买成交。2016 年 6 月,武汉市土地交易中心为竞买人办理变更使用权人登记时,为确定税费对涉案土地再次委托评估,确定总地价为 21300.7 万元。后武汉市土地交易中心与某置业公司签订《国有建设用地使用权成交确认书》。

检察机关履职情况

线索来源。2018 年 3 月,某房地产公司认为本案执行行为违反法律规定,向湖北省武汉市人民检察院申请监督,主要理由是执行程序中涉案土地的容积率明显有误,土地价值严重低估。武汉市人民检察院依法受理。

调查核实。武汉市人民检察院通过调查核实查明以下事实:一是武汉市国土资源和规划局保存的原始地籍资料显示,涉案土地出让时容积率为 4.16。二是武汉市中级人民法院执行人员曾于委托评估前调取该地籍资料并入卷,但委托评估时未向评估机构提供。三是本案土地价格评估时,评估人员未查实涉案土地容积率,自行依据周边情况设定容积率为 2.0。四是某房地产公司及本案其他债权人曾于 2014 年 9 月和 2015 年 2 月提出执行异议,法院未予处理。五是竞买后,某置业公司变更权属登记时,武汉市国土资源和规划局硚口分局经核算确定涉案土地的容积率为 4.61,并依此办理权属变更登记公示;为确定土地交易税费,武汉市土地交易中心委托三家评估机构分别进行价值评估,其中估价为 21300.7 万元的结果居中,该交易中心按 21300.7 万元的总地价确定交易税费。六是某置业公司后已在涉案土地上开发"盛世公馆"项目并销售,建设用地规划许可证载明用地面积 13214.19 平方米,建设规模 60969.75 平方米,据此计算容积率为 4.61。

监督意见。武汉市人民检察院认为武汉市中级人民法院在本案执行程序中存在下列违法情形:第一,在已调取地籍资料的情况下,未将地籍资料移交给评估公司,未对委托评估资料的完整性负责,致使涉案土地评估价格 5778.57 万元明显低于实际市场价格;第二,未依法对某房地产公司提出的执行异议进行审查并作出处理;第三,未依法送达法律文书。2018 年 4 月 13 日,武汉市人民检察院向武汉市中级人民法院发出检察建议书,建议依法纠正错误执行行为;采取有效措施,统筹解决执行纠错及某房地产公司破产问题,维护某房地产公司及其债权人的合法权益;对执行人员的失职行为按照《人民法院工作人员处分条例》的规定予以处理。另,本案在启动监督程序后,对发现的职务犯罪线索已移送有关部门。

监督结果。武汉市中级人民法院收到检察建议书后,于 2018 年 6 月 6 日立案审查;2018 年 11 月 8 日,该院复函武汉市人民检察院,确认执行人员委托鉴定时未依法移交调取的鉴定资料，未能保证鉴定资料的充分性、完整性，导致评估价格明显低于市场价格、评估结果失实，损害被执行人合法权益，且存在其他程序违法问题；2018 年12 月29 日，该院作出（2018）鄂 01 执监 9 号执行裁定，撤销该院对案涉地块土地使用权的网络司法拍卖；2019 年 1 月 14 日，武汉市中级人民法院再次复函武汉市人民检察院，确认竞买人之间存在恶意串通的行为，严重扰乱司法拍卖秩序。

就本案造成的财产损害，某房地产公司以某置业公司为被告，提起财产损害赔偿之诉，武汉市中级人民法院已作出二审判决，判令某置业公司赔偿某房地产公司财产损失 11760.09 万元及相应利息；就该判决的履行，双方已达成具体的履行协议。另，对本案移送的犯罪线索，有关部门已分别对某置业公司法定代表人翟某、某评估公司法定代表人贾某、估价师黄某 4 人立案。经湖北省武汉市洪山区人民检察院依法提起公诉，洪山区人民法院经审理认定翟某以威胁手段，强迫他人退出拍卖，导致翟某所控制的公司拍得土地使用权的价格远低于实际价值，以翟某犯强迫交易罪，判处有期徒刑二年，缓刑二年，并处罚金二万元，判决现已生效。贾某、黄某被武汉市中级人民法院二审以提供虚假证明文件罪分别判处有期徒刑一年零三个月、一年零六个月，并处罚金。

指导意义

（一）对于可能存在的执行标的物评估结果失实的问题，人民检察院应着重围绕影响评估结果的关键性因素进行调查核实。执行标的物评估结果失实，特别是评估结果明显低于市场价格损害财产权利人利益，是执行监督中当事人反映比较集中的一类问题，尤以土地、房产和重大设备价值评估为多发领域。评估结果失实是检察机关依法履职的线索来源，人民检察院应据此重点审查是否存在违法情形导致评估结果失实，查明违法情形属实的，应当依法监督。土地作为执行标的物时，其市场价格与土地容积率、地段、周边配套等因素密切相关，人民检察院调查核实违法情形时应当重点围绕决定土地价格的密切相关因素进行。以土地容积率为例，可以查实地块出让时确定的容积率、执行人员对容积率的查明掌握情况、评估鉴定机构确定容积率的方法、权属变更登记公示时的容积率和确定土地交易税费时的容积率，遇有容积率的确定存在前后明显差异的情形，应重点查实确定容积率的方法、途径和变化因素等。

（二）查实执行活动存在违法情形的，应当予以监督纠正，对于相关人员可能存在的违纪违法和犯罪线索，应当按规定移送有关部门处理。人民检察院开展执行监督工作，对确有错误的执行案件，应当建议人民法院依法纠正；发现执行人员违纪违法的，应建议人民法院予以处理；发现涉嫌犯罪的，应当将案件线索依法移送有关单位或部门。办理涉及评估鉴定的执行监督案件时，应当注意查明人民法院委托评估鉴定是否向评估鉴定机构提供了真实、完整、充分的评估鉴定材料，是否将已掌握的相关情况全部告知评估鉴定机构，从中发现委托评估鉴定过程中是否存在违法行为。

《中华人民共和国拍卖法》第三十七条。

《司法鉴定程序通则》第十三条。

黑龙江何某申请执行监督案

（检例第 110 号）

关键词

夫妻共同债务认定　　执行依据　　违法追加被执行人　　程序违法　　跟进监督

要　旨

执行程序应当按照生效判决等确定的执行依据进行，变更、追加被执行人应当遵循法定原则和程序，不得在法律和司法解释规定之外或者未经依法改判的情况下变更、追加被执行人。对于执行程序中违法变更、追加被执行人的，人民检察院应当依法监督。

基本案情

张某与何某系夫妻关系。2009 年至 2010 年，张某因销售燃煤急需资金，向魏某借款共计 35 万元，到期未偿还。魏某以张某为被告向黑龙江省铁力市人民法院提起诉讼。2012 年 2 月 27 日，铁力市人民法院作出（2011）铁民初字第 833 号民事判决，判令"被告张某于本判决发生法律效力后十五日内偿还原告魏某本金 35 万元"。张某不服一审判决，上诉至伊春市中级人民法院，二审驳回上诉、维持原判。2012 年 8 月 6 日，魏某向铁力市人民法院申请执行。2014 年 1 月 22 日，张某与何某协议离婚。

2015 年 7 月 30 日，铁力市人民法院作出（2012）铁执字 167-2 号执行裁定，以借款系夫妻共同债务为由，裁定追加何某为被执行人，并冻结何某工资。

何某向铁力市人民法院提出书面异议。2015 年 12 月 28 日，铁力市人民法院作出（2015）铁执异字第 16 号执行裁定，认为婚姻关系存续期间，夫妻一方以个人名义所负债务，除债权人与债务人明确约定为个人债务或夫妻约定婚姻关系存续期间财产归各自所有外，都应视为夫妻共同债务，裁定驳回何某的异议。何某不服该裁定，向黑龙江伊春市中级人民法院申请复议。2016 年 4 月 11 日，伊春市中级人民法院作出（2016）黑 07 执复 2 号执行裁定，驳回何某的复议申请。

检察机关履职情况

线索来源。2017 年 5 月 31 日，何某向黑龙江铁力市人民检察院申请执行监督，认为铁力市人民法院在执行程序中追加被执行人违法。铁力市人民检察院依法受理。

监督意见。2017 年 6 月 28 日，铁力市人民检察院向铁力市人民法院发出检察建议书，认为铁力市人民法院裁定追加何某为被执行人缺乏法律依据，建议纠正。7 月 26 日，铁力市人民法院复函，认为追加何某为被执行人适用法律准确，程序合法，且上级法院已作出执行异议复议裁定，故不予采纳检察建议。铁力市人民检察院提请伊春市人民检察院跟进监督。11 月 8 日，伊春市人民检察院向伊春市中级人民法院发出检察建议书，认为生效判决并未确认案涉款项为夫妻共同债务，执行环节不应直接改变执行依据，在未经法院改判的情况下不应直接将判决确认的个人债务推定为夫妻共同债务；追加何某为被执行人，既影响判决的既判力，又剥夺何某诉讼权利，使得何某未经审判程序即需承担义务，建议纠正。

监督结果。2018 年 3 月 22 日，伊春市中级人民法院作出（2018）黑 07 民监 1 号回复函，认为铁力市人民法院不应追加何某为被执行人，经该院审判委员会讨论决定，采纳伊春市人民检察院的检察建议。4 月 16 日，伊春市中级人民法院作出（2018）黑 07 执监 3 号执行裁定，撤销铁力市人民法院（2012）铁执字 167-2 号执行裁定。后铁力市人民法院解除对何某工资账户的冻结。

指导意义

（一）违法追加被执行人，人民检察院应当依法监督。审判和执行程序分工不同，当事人实体权利义务应由审判程序予以确定，执行程序通常不应直接确定当事人实体权利义务，只能依照执行依据予以执行。变更、追加被执行人应当遵循法定原则，对于法律或司法解释规定情形之外的，不能变更、追加，否则实质上剥夺了当事人的诉讼权利，属于程序违法。"未经审判程序，不得要求未举债的夫妻一方承担民事责任"的具体规定虽然是 2017 年 2 月最高人民法院在《关于依法妥善审理涉及夫妻债务案件有关问题的通知》中才明确表述的，但是，人民法院在执行程序中追加被执行人的基本原则、程序一直是确定的，这一规定只是对确定夫妻共同债务既有规则的重申。人民检察院发现执行程序中人民法院违法追加被执行人的，应当依法进行监督。

（二）办理可能涉及夫妻共同债务的案件，既要注重保护债权人的合法权利，又要注重保护未共同举债的夫妻另一方的合法权利。涉夫妻共同债务案件事关交易安全、社会诚信和家庭稳定，办理此类案件过程中，既要注意到可能存在夫妻双方恶意串通损害债权人利益的情形，也要注意到可能存在夫妻一方与债权人恶意串通损害配偶利益的情形，特别是要防止简单化地将夫妻关系存续期间发生的债务都认定为夫妻共同债务。如严格按照《民法典》第一千零六十四条的规定认定是否属于夫妻共同债务，同时要严守法定程序，保障当事人诉讼权利。如有证据证明可能存在夫妻双方恶意串通损害债权人利益的，应经由审判程序认定夫妻共同债务，而非在执行程序中直接追加夫妻另一方为被执行人。

（三）人民检察院认为人民法院对检察建议处理结果错误，可以提请上级院跟进监督。检察建议是人民检察院履行法律监督职能的重要方式。发现人民法院对人民检察院提出的检察建议未在规定的期限内作出处理并书面回复，以及对检察建议的处理结果错误的，应当按照有关规定进行监督，或者提请上级院监督。

相关规定

《人民检察院民事诉讼监督规则（试行）》第一百一十七条。*

第二十九批指导性案例

海南省海口市人民检察院诉海南 A 公司等三被告
非法向海洋倾倒建筑垃圾民事公益诉讼案
（检例第 111 号）

关键词

民事公益诉讼　　海洋倾废　　联合调查　　检察建议　　二审出庭

要　旨

对于海洋生态环境损害，行政机关的履职行为不能有效维护公益，又未提起生态环境损害赔偿诉讼的，检察机关可以依法提起民事公益诉讼。公益诉讼案件二审开庭，上一级人民检察院应当派员出庭，与下级检察机关共同参加法庭调查、法庭辩论、发表意见等，积极履行出庭职责。

基本案情

2018 年，海口 B 公司中标美丽沙项目两地块土石方施工工程后，将土石方外运工

---

* 编者注：《人民检察院民事诉讼监督规则（试行）》已失效，其第一百一十七条变更为《人民检察院民事诉讼监督规则》第一百二十四条，内容修改为："有下列情形之一的，人民检察院可以按照有关规定再次监督或者提请上级人民检察院监督：（一）人民法院审理民事抗诉案件作出的判决、裁定、调解书仍有明显错误的；（二）人民法院对检察建议未在规定的期限内作出处理并书面回复的；（三）人民法院对检察建议的处理结果错误的。"

程分包给海南 A 公司。陈某（A 公司实际控制人）以 A 公司的名义申请临时码头，虚假承诺将开挖的土石方用船运到湛江市某荒地进行处置，实际上却组织人员将工程固废倾倒于海口市美丽沙海域。

发现线索和调查核实

海口市秀英区人民检察院在"12345"平台发现，群众多次举报有运泥船在美丽沙海域附近倾倒废物，随后通过多次蹲点和无人机巡查，拍摄到船舶向海洋倾倒建筑垃圾的行为。

海口市人民检察院（以下简称海口市院）检察官在前期工作基础上，2018 年 12 月 14 日与海洋行政执法人员共同出海，联合开展特定海域调查行动，在海上截获一艘已倾倒完建筑垃圾正返回临时码头的开底船。12 月 17 日，针对行政机关对相关海域多次违法倾倒建筑垃圾行为存在未依法履职问题，海口市院作出行政公益诉讼立案决定。2019 年 1 月 2 日，海口市院向海口市海洋与渔业局送达检察建议，要求查处非法倾废行为，并追究违法行为人生态环境损害赔偿责任。2019 年 5 月 16 日，海口市海洋与渔业局对 A 公司及公司实际控制人陈某各处 10 万元罚款。

检察机关调查发现，A 公司无海洋倾废许可，倾倒的海域亦非政府指定的海洋倾废区域。申请美丽沙临时码头时 A 公司声称将开挖出的建筑垃圾运往湛江市某经济合作社，但经实地调查，建筑垃圾均未被运往湛江进行处置，相关合同系伪造。陈某系 A 公司实际控制人及船舶所有人，经手办理涉案合同签订、申请码头、联系调度倾废船舶等事宜，并获取大部分违法所得。B 公司虽在招标时书面承诺外运土方绝不倾倒入海，却通过组织车辆同步运输等方式积极配合 A 公司海上倾废活动，B 公司对海洋生态环境侵害构成共同侵权，依法应当承担连带责任。

检察机关还发现，行政处罚认定的非法倾废量为 1.57 万立方米，与当事人接受调查时自报的数量一致，但该数量明显与事实不符。根据工程结算凭证等证据，检察机关查明 A 公司海洋倾废量至少为 6.9 万立方米。

经委托生态环境部华南环境科学研究所（以下简称华南所）鉴定，倾倒入海的建筑垃圾中含有镉、汞、镍、铅、砷、铜等有毒有害物质，这些有毒有害物质会进入海洋生物链，破坏海洋生态环境和资源，生态环境损害量化共计 860.064 万元。

在本案调查过程中，对可能涉嫌污染环境罪的线索，海口市院公益诉讼检察部门于 2019 年 1 月 21 日将其移送刑事检察部门审查。根据调查情况及鉴定意见，依据刑法第 338 条及有关司法解释的相关规定，海口市院刑事检察部门与公安机关刑侦部门经研究，认为现有证据不能认定该倾废行为已构成污染环境罪。

检察机关书面建议海口市自然资源和规划局（承接原海洋与渔业局相关职能）依法启动海洋生态环境损害赔偿程序，该局于 2019 年 8 月 11 日回函称，因正处于机构改革中，缺乏法律专业人才和诉讼经验，请求检察机关提起民事公益诉讼。

诉讼过程

2019年8月23日，海口市院发布诉前公告，公告期满，没有其他适格主体提起民事公益诉讼。

2019年11月，海口市院以A公司、陈某、B公司为共同被告向海口海事法院提起民事公益诉讼，请求判令：1. 被告A公司赔偿生态环境损害费860.064万元，被告陈某和B公司承担连带赔偿责任。2. 三被告在全国发行的媒体上公开赔礼道歉。3. 三被告承担本案鉴定费47.5万元及公告费。检察机关申请了财产保全，法院查封了陈某名下的房产、船舶，冻结了陈某、B公司的银行账户。

一、一审情况

2020年3月26日，海口海事法院开庭审理此案。三被告辩称，鉴定评估在资质、取样、程序、依据等方面均存在问题，损害赔偿金量化为860.064万元与事实不符；实际海洋倾废数量没有6.9万立方米。A公司还辩称，美丽沙项目用地原系填海造地，倾倒的土方原本就来源于海洋，系清洁疏浚物，不是建筑垃圾，且鉴定和监测显示有毒有害物质均未超标，倾倒的土方对海洋无损害。陈某辩称其与A公司不存在财产混同，不应承担连带责任；涉案土方均倾倒于政府规定的海域；已被处以20万元行政罚款，不应再承担巨额赔偿。B公司辩称，合同已明确要求A公司要合法合规处置建筑垃圾，作为发包人其不再负有任何义务；起诉认为其通过组织车辆同步运输等方式积极配合海洋倾废没有事实根据。

检察机关根据调查收集的档案、书证、询问笔录、视听资料、鉴定意见等56份证据，进行了有针对性的举证、质证和辩论。根据无人机拍摄的现场视频等证据，涉案建筑垃圾倾倒入海的地点即美丽沙海域；根据现场开挖情况、车辆运输、工程款支付等结算证据，可以证明倾倒入海的建筑垃圾量至少为6.9万立方米；检察机关依法委托的华南所是生态环境部编制的《环境损害评估推荐机构名录（第一批）》推荐的环境损害鉴定评估机构，具备水环境、土壤环境、固体废弃物处置、环境风险评估、污染损害评估等多方面专业评估资质，其出具的环境损害鉴定评估报告程序规范，量化生态环境损害赔偿金为860.064万元的结论具有专业性和科学性；倾倒入海的建筑垃圾虽未达到危险废物标准，但含有毒有害物质，已对海洋生态环境造成损害；民事赔偿与行政处罚系不同法律性质的责任形式，不能相互替代，陈某应承担的环境损害民事赔偿责任不应因受到行政处罚而免除；B公司作为建筑垃圾的直接生产单位，陈某作为A公司的实际控制人和倾废船舶的所有人，与A公司三方分工协作，相互配合，共同完成非法倾废行为，实际上是以合同分包为名，行非法倾废之实，构成共同侵权，依法应当承担连带赔偿责任。

2020年3月26日，海口海事法院当庭宣判，支持检察机关的全部诉讼请求。

二、二审情况

三被告对一审判决不服，向海南省高级人民法院提出上诉。主要理由是：定案的关键证据即鉴定意见在资质、程序、检材取样、计算方式、依据的法律法规等方面存在重大错误；倾倒的淤泥、土方并非建筑垃圾；倾倒物未造成海洋生态环境损害；倾倒入海的建筑垃圾仅 1.5 万立方米等。

2020 年 8 月 13 日，二审开庭审理。海南省人民检察院指派 2 名检察官，与海口市院检察官共同参加庭审活动。海口市院出庭检察官围绕诉讼请求及争议焦点进行了举证，以视频、数据、鉴定意见和评估报告等，证明三被告共同实施了污染海洋环境侵权行为，依法应当承担赔偿损失等民事责任。海南省人民检察院出庭检察官参加了整个庭审活动，并阐明：所倾倒对象的性质并非疏浚物，而属于建筑垃圾；案涉倾废数量认定依据准确，符合法律、司法解释的规定；鉴定意见认定倾倒垃圾对海洋生态环境造成的损害数额清楚、取样程序规范。华南所参与鉴定的专家出庭接受质询，对 30 多个问题进行了专业解答。2020 年 11 月 23 日，海南省高级人民法院作出二审判决，驳回上诉，维持原判。

指导意义

（一）检察机关应加强海洋生态环境检察公益诉讼与生态环境损害赔偿制度的衔接，切实维护公共利益。对于海洋生态环境保护，行政机关担负着第一顺位职责，生态损害赔偿制度具有优先适用性，公益诉讼检察则具有补充性和兜底性。海洋监管部门虽然对违法行为人进行了行政处罚，但未能完全实现维护公益的目的，经书面建议和督促后又不提起生态环境损害赔偿诉讼的，检察机关可以不再继续通过行政公益诉讼督促行政机关履职而直接对违法行为人依法提起民事公益诉讼，切实发挥保护海洋生态环境、维护社会公共利益的职能作用。

（二）综合运用各类调查手段，查明公益损害的事实，确定公益损害赔偿数额。检察机关可利用无人机等科技手段充分履行调查职能，全面查明海洋污染情况。鉴于海洋调查取证的特殊性，在前期必要工作基础上，还可以与行政机关联合调查，完成特定现场取证。针对海洋生态损害后果，检察机关应委托有资质的专业鉴定机构出具鉴定评估意见，可通过召开专家论证会等形式进行审查论证，同时协调做好鉴定人出庭作证、应对提问和质询等工作，使鉴定意见经得起庭审考验。

（三）注意发挥上级检察机关派员二审出庭作用，形成维护公共利益的合力。根据《最高人民法院 最高人民检察院关于检察公益诉讼案件适用法律若干问题的解释》，人民法院审理第二审案件，由提起公益诉讼的人民检察院派员出庭，上一级人民检察院也可以派员参加。人民检察院办理公益诉讼案件的任务是充分发挥法律监督职能作用，维护宪法法律权威，维护社会公平正义，维护国家利益和社会公共利益。对于公益诉讼二审案件，原起诉检察院和上级检察院都应立足于法律监督职能和公益诉讼任务，全力以赴，认真履行法定职责，共同做好出庭工作。上级检察院应当指派检察官在全面阅卷审查和熟悉案情的基础上做好各种预案，与下级检察院的检察官共同出席二审庭审全过程。两级院出庭检察官应当加强协调配合，上级检察院出庭人员可以在庭审的各个阶段发表意见，与下级检察院出庭人员形成合力，从而取得良好的庭审效果。

相关规定

《中华人民共和国民事诉讼法》（2017 年修正）第五十五条第二款（现为 2023 年修正后的第五十八条第二款）。

《中华人民共和国海洋环境保护法》第四条、第八十九条。

《中华人民共和国侵权责任法》第八条、第十五条、第六十五条。

《最高人民法院　最高人民检察院关于检察公益诉讼案件适用法律若干问题的规定》第十一条、第十三条。

《最高人民法院关于审理海洋自然资源与生态环境损害赔偿纠纷案件若干问题的规定》第七条。

《最高人民法院关于审理环境民事公益诉讼案件适用法律若干问题的解释》第十八条、第二十二条。

《中华人民共和国海洋倾废管理条例》第六条。

江苏省睢宁县人民检察院督促处置危险废物行政公益诉讼案

（检例第 112 号）

关键词

行政公益诉讼　刑事附带民事公益诉讼　危险废物污染　代处置

要　旨

对犯罪行为造成的持续污染，检察机关可综合运用刑事检察和公益诉讼检察职能，对损害国家利益和社会公共利益的情形进行全方位监督。公安机关调查取证完成后，犯罪嫌疑人无力处置污染物，行政机关又不履行代处置义务的，检察机关应当督促其依法履职。

基本案情

2017 年 10 月，冯某某等将从浙江舟山市嘉达清舱有限公司（以下简称嘉达公司）非法收购的船舶清舱油泥，运输至江苏省睢宁县岚山镇境内，非法倾倒过程中被公安机关现场查获，清理出油泥及污染物共计 135 吨。徐州市睢宁生态环境局（原睢宁县环境保护局）将油泥转移至一停车场内，其中 71 吨用塑料桶贮存、64 吨临时放置货车上。经江苏省环境科学研究院鉴定，涉案油泥属于《国家危险废物名录》（2016 年版）中的"废矿物油与含矿物油废物"，其中所含甲苯、四氯乙烯、四氯化碳等成分均超过《危险废物鉴别标准　浸出毒性鉴别》（GB 5085.3-2007）相应标准值，系具有毒性和易燃性的危险废物。

根据当地集中管辖规定，睢宁县公安局 2018 年 5 月将刑事案件移送徐州铁路运输检察院审查起诉。徐州铁路运输检察院于 7 月 23 日就刑事部分向徐州铁路运输法院提起公诉，并于 9 月 18 日提起刑事附带民事公益诉讼。2019 年 8 月 8 日，徐州铁路运输法院作出刑事附带民事公益诉讼判决书，支持检察机关全部诉讼请求，判令冯某某等人赔偿尚未倾倒的 64 吨油泥需要支出的应急处置费 545166 元、135 吨油泥混合物处置费用 931665.8 元。同时，冯某某等五人分别被判处有期徒刑六年至一年八个月不等刑罚，嘉达公司被判处罚金五十万元。各被告均未提出上诉，并主动支付相关处置费用。

2019 年 4 月 17 日，在刑事附带民事公益诉讼案件审理期间，鉴于本案刑事诉讼证据已经固定，涉案油泥在未按规定进行专业技术封存的情况下存放长达 18 个月，持续造成环境污染，睢宁县人民检察院（以下简称睢宁县院）会同法院、公安、生态环境局等部门召开油泥处置协调会并形成会议纪要，鉴于污染者处于刑事羁押状态，检察机关已经通过刑事附带民事公益诉讼要求判令其承担环境修复费用，为避免污染持续发生，依据《固体废物污染环境防治法》《行政强制法》相关规定，应由环境主管部门组织对污染物代为处置。但会后，生态环境局仍未依法履职。

调查核实和督促履职

针对生态环境局怠于履职情形，睢宁县院于 2019 年 5 月 22 日以行政公益诉讼案件立案，并多次到油泥存放现场调查取证，向公安机关核实相关情况，通过拍照、录像、询问证人等方式固定现场证据。经现场勘查，贮存油泥的塑料桶未采取专业技术封存，现场未设置危险废物识别标识，亦未采取防扬散、流失、渗漏或者其他防止污染环境的措施，油泥持续挥发并部分渗漏，对周边空气、土壤造成二次污染。

2019 年 5 月 27 日，睢宁县院向生态环境局发出诉前检察建议，督促该局依法履行环境监管职责。2019 年 7 月 2 日，该局书面回复称，其没有处置固体废物的职责，且油泥作为刑事案件证据，不能在办案过程中处置。

对此，睢宁县院再次向公安机关核实涉案污染物最新情况，并到油泥堆放现场跟进调查，证实油泥处置不影响刑事案件办理；检察建议发出后，生态环境局始终未履行代处置职责。因值梅雨季节，油泥渗漏、流淌情形加重，生态环境仍持续受到侵害。

诉讼过程

2019 年 7 月 16 日，睢宁县院以徐州市睢宁生态环境局为被告，向徐州铁路运输法院提起行政公益诉讼。2019 年 8 月 14 日，徐州铁路运输法院公开开庭审理本案。

一、法庭调查

出庭检察人员宣读起诉书，请求：1. 确认被告对涉案危险废物贮存状况不履行监管职责的行为违法；2. 判令被告依法履行监管职责，尽快将涉案危险废物移交有处置资质的单位依法处置。

睢宁县生态环境局辩称：油泥作为刑事案件的重要物证，暂不能处置。该局已联系有资质单位落实处置工作，并当庭出示了向公安机关移送涉嫌犯罪线索的卷宗等证据。

在法庭举证、质证阶段，睢宁县院围绕生态环境局在危废处置上的法定职责、权限、法律依据，以及由于该局不依法履行职责致使公共利益受到侵害等情况向法庭出示了相关证据。

二、法庭辩论

出庭检察人员发表辩论意见认为：一是根据《环境保护法》《固体废物污染环境防治法》等法律规定，被告人因刑事犯罪被羁押而无法处置危险废物，生态环境局应当依法履行代处置职责。二是生态环境局不依法履职，致使部分油泥渗漏、流淌，造成周边空气、土壤严重污染，侵害了社会公共利益。

生态环境局辩称：一是该局已对油泥进行鉴定，并移交公安机关立案侦查；二是该局履行了油泥贮存的监管职责，符合危险废物转移、贮存的规范化标准；三是油泥系刑事案件的重要物证，该局多次征求公安机关意见，公安机关认为案件未结，油泥不能处置。

针对答辩意见，睢宁县院认为，生态环境局虽然在案发之初将犯罪线索移交，但在明知油泥系危险废物的情况下，未及时将油泥委托有危险品保管资质的公司贮存，且未采取有效的防扬散、流失、渗漏等措施，而是任其长期露天放置。公安机关出具的《情况说明》证实生态环境局并未与其联系处置油泥事宜，且在油泥处置协调会明确生态环境局的处置职责后，亦未及时履职。

三、审理结果

2019 年 11 月 15 日，徐州铁路运输法院作出行政公益诉讼判决，支持了检察机关的起诉意见。生态环境局未上诉，判决生效。

庭审后，生态环境局在网上发布采购公示、中标公告，确定了危废处置公司。在生态环境局的监督下，该公司对涉案油泥及部分受污染的土壤进行了无害化处置，对涉案现场进行了规范化处置。检察机关对上述过程进行了全程监督。

指导意义

（一）检察机关可以在办理环境污染犯罪案件中，综合运用刑事诉讼、民事公益诉讼职能，同时追究环境污染者的刑事责任和环境损害赔偿责任。依据《最高人民法院 最高人民检察院关于检察公益诉讼案件适用法律若干问题的解释》规定，人民检察院对破坏生态环境和资源保护等损害社会公共利益的犯罪行为提起刑事公诉时，可以向人民法院一并提起附带民事公益诉讼，由人民法院同一审判组织审理。检察机关可以依据相关规定，诉请判令违法行为人承担生态环境损害赔偿责任，包括污染物处置费用、生态环境修复费用等。检察机关要注重加强刑事检察与公益诉讼检察职能的衔接和协同，形成惩治不法行为、修复生态环境的合力。

（二）违法行为人对造成的环境污染拒绝履行或者没有能力履行环境修复义务，导致环境污染持续发生，损害国家利益或者社会公共利益的，检察机关可以通过行政公益诉讼督促污染物所在地的环境主管部门履行代处置职责。《环境保护法》规定，县级以上地方人民政府环境保护主管部门对本行政区域环境保护工作实施统一监督管理。违法行为人跨区域倾倒危险废物，危险废物倾倒地的环境主管部门对本行政区域内的环境污染具有监督管理职责。违法行为人拒绝履行或者没有能力履行环境修复义务的，检察机关可以依据《固体废物污染环境防治法》《行政强制法》相关规定，督促危险废物倾倒地的环境主管部门代为处置。

（三）针对行政执法与刑事司法衔接中涉案物品不及时处置可能导致公益受损的情况，检察机关可以通过公益诉讼程序督促行政机关及时进行处置。依据环境保护部、公安部、最高人民检察院《环境保护行政执法与刑事司法衔接工作办法》的规定，对具有危险性或者环境危害性的涉案物品，环境执法机关和刑事司法机关应当加强衔接、及时处置。针对实践中行政执法与刑事司法衔接中涉案物品危害环境的情形，刑事证据固定后，即应开展对受损环境的修复工作，行政机关以处置对象系涉案证物或者刑事案件未结为由拒绝组织对具有环境危害性的涉案物品代为处置，导致国家利益或者社会公共利益受损的，检察机关应当开展公益诉讼监督，及时维护公共利益，充分发挥检察公益诉讼的独特价值。

相关规定

《中华人民共和国行政诉讼法》第二十五条第四款。

《中华人民共和国环境保护法》第十条。

《中华人民共和国固体废物污染环境防治法（2016）》第十条第二款、第十七条第一款、第五十二条、第五十五条、第六十八条。

《中华人民共和国固体废物污染环境防治法（2020）》第九条第二款、第二十条第一款、第七十七条、第八十一条第三款、第一百一十三条。

《中华人民共和国行政强制法》第五十条。

《最高人民法院　最高人民检察院关于检察公益诉讼案件适用法律若干问题的解释》第二十一条。

《危险废物经营许可证管理办法》第四条、第五条、第十七条。

《环境保护行政执法与刑事司法衔接工作办法》第十条第二款。

河南省人民检察院郑州铁路运输分院督促整治违建塘坝危害高铁运营安全行政公益诉讼案

（检例第 113 号）

关键词

行政公益诉讼　　高铁运营安全　　侵害危险　　跨区划管辖

要　旨

对于高铁运营安全存在的重大安全隐患，行政机关未依法履职的，检察机关可以开展行政公益诉讼。对于跨行政区划的公益诉讼案件，可以指定铁路运输检察机关管辖。涉及多级、多地人民政府及其职能部门职责的，对具有统筹协调职责的上级人民政府发出检察建议。

基本案情

2016 年 2 月以来，三门峡市陕州区菜园乡、湖滨区交口乡部分村民在郑州到西安高速铁路（以下简称"郑西高铁"）南交口大桥桥梁南北两侧距桥墩不足 100 米处，分别修路筑坝、填土造田，造成桥梁南侧（上游）塘坝内蓄水约 1 万立方米，存在汛期溃坝冲击桥梁的风险；北侧（下游）形成堰塞湖，浸泡高铁桥墩，造成高铁运营重大安全隐患。经河南省防汛抗旱指挥部协调，三门峡市相关部门采取了开挖排洪渠、人工抽水等临时性解决措施，但仍未根本解决高铁桥梁防洪安全隐患问题。

调查核实和督促履职

2017 年 3 月至 12 月，最高人民检察院组织开展推动解决铁路线下安全隐患专项活动。河南省人民检察院郑州市铁路运输分院（以下简称"郑州铁检分院"）发现该重大公共安全隐患线索，向河南省人民检察院汇报相关情况。2018 年 1 月 8 日，河南省人民检察院指定郑州铁检分院管辖该案。

郑州铁检分院经现场勘验，调取行政机关监管职责及执法情况的证据材料，询问铁路安全监管部门、铁路企业、沿线村民等相关人员，查明违建塘坝、堰塞湖浸泡高铁桥墩，造成高铁运营重大安全隐患的事实。根据《中华人民共和国铁路法》《铁路安全管理条例》等规定，研判当地政府及其有关部门负有的监管职责和实际履职情况。郑州铁检分院认为：三门峡市陕州区、湖滨区人民政府和市区两级水利、国土、安全生产等相关职能部门未依法全面履行安全生产监督管理、防洪和保障铁路安全职责，造成高铁运营重大安全隐患，国家和社会公共利益受到严重威胁。三门峡市人民政府具有保障铁路安全职责，由其对下属两个区人民政府和相关职能部门进行统筹调度，更有利于高效解决问题。

2018年3月7日，郑州铁检分院依法向三门峡市人民政府发出行政公益诉讼诉前检察建议：一是督促行政主管部门、国土资源主管部门和安全生产监督管理部门全面履行法定职责，对上下游填土筑坝、修建影响高铁桥梁安全设施的行为依法进行处罚。二是制定符合铁路安全标准的根本性整治方案，消除高铁运营安全隐患。

检察建议发出后，三门峡市人民政府对下属两个区级政府、多个职能部门进行统筹调度，由三门峡市委政法委、市水利局等部门组成专项整治工作组，市财政拨付资金240余万元用于南交口大桥上下游堰塞湖除险工程。市政府对该工程"统一设计方案、统一组织施工、统一督导检查、统一资金使用"，委托专业公司进行勘测设计，并邀请专家对设计方案进行评审，铁路安全监督管理部门审核后全面组织施工。2018年汛期前，堰塞湖除险工程如期完成。

2018年6月14日，受三门峡市人民政府邀请，河南省人民检察院、郑州铁检分院及郑西铁路客运专线有限公司、中国铁路郑州局集团有限公司、武汉铁路监督管理局等相关部门到现场查看、验收，一致认为南交口大桥上下游堰塞湖除险工程施工质量良好，能够满足排洪泄洪条件，危及郑西高铁运营安全的重大风险得到排除。

指导意义

（一）高铁运营安全是安全生产领域的重要组成部分，事关国家利益和社会公共利益，检察机关可以通过公益诉讼督促消除安全隐患。检察机关积极、稳妥探索办理安全生产领域案件，有助于监督解决安全生产活动中行政监管缺失、不到位及执法不严等问题，减少安全生产事故隐患。铁路沿线存在的安全隐患，严重威胁出行群众的生命和财产安全。根据铁路安全法律法规，铁路沿线地方各级人民政府和县级以上人民政府有关部门应当按照各自职责，防范和制止危害铁路安全的行为，协调和处置保障铁路安全的有关事项，做好保障铁路安全有关工作。针对违法围垦造田、拦河筑坝等危害铁路运营安全问题等特殊领域，检察机关应依法履行公益诉讼监督职能，坚持预防为主的原则，在铁路安全受到侵害或者存在侵害危险时即督促行政机关消除隐患、依法履职，及时制止侵害、消除危险，避免造成无法挽回的严重后果。

（二）对于跨行政区划的公益诉讼案件，应综合考虑案件性质、领域、公益损害程度、需协调部门等因素确定管辖检察机关。对于跨多个行政区域涉铁案件，需要协调铁路部门、相关地方政府及其职能部门共同解决的，可以指定铁路运输检察分院管辖，发挥专门检察院跨行政区划的管理体制优势和办理涉铁案件的专业优势，同时更有效凝聚铁路、地方和相关行政部门的工作合力。

（三）对跨行政区划、行政部门职能交叉的案件，涉及不同层级人民政府和多个职能部门的，人民检察院应向其共同的上级行政机关发出检察建议。两个以上县级人民政府和市县两级水利、国土、安全生产等多个职能部门均具有与案涉事项相关的安全生产监督管理、防洪和保障铁路安全的法定职责，可以由人民检察院对能够发挥统筹作用的市级人民政府发送检察建议，督促市级人民政府对下级政府及相关职能部门进行协调调度，以提高监督效果，节约司法成本。

（四）检察机关履行公益诉讼职责，应当持续跟进监督，推动问题整改落实到位。行政机关虽然采取了部分行政监管措施，但国家利益和社会公共利益受损问题没有根本解决的，检察机关应当督促其依法全面履职。针对重大疑难复杂案件，可以采取委托专业机构、组织评审会或邀请相关部门参与等方式对诉前检察建议落实成效进行评估，提高评判结果公信力。

相关规定

《中华人民共和国行政诉讼法》第二十五条第四款。

《中华人民共和国安全生产法》第五十九条。

《中华人民共和国铁路法》第七条。

《中华人民共和国防洪法》第七条、第八条、第三十四条。

《铁路安全管理条例》第四条、第三十七条、第九十一条。

江西省上饶市人民检察院诉张某某等三人故意损毁

三清山巨蟒峰民事公益诉讼案

（检例第 114 号）

关键词

民事公益诉讼　自然遗迹　风景名胜　生态服务价值损失　专家意见

要　旨

破坏自然遗迹和风景名胜的行为，属于"破坏生态环境和资源保护"的公益诉讼案件范围，检察机关依法可以提起民事公益诉讼。对独特景观的生态服务价值损失，可以采用"条件价值法"进行评估，确定损害赔偿数额。

基本案情

江西省上饶市境内的三清山景区属于世界自然遗产地、世界地质公园、国家重点风景名胜区、国家 5A 级景区。巨蟒峰位于其核心景区，是经长期自然风化和重力崩解作用形成的巨型花岗岩石柱，是具有世界级地质地貌意义的地质遗迹，2017 年被认证为"世界最高的天然蟒峰"，是不可再生的珍稀自然资源性资产、可持续利用的自然遗产，具有重大科学价值、美学价值和经济价值。

2017 年 4 月 15 日，张某某、毛某某、张某前往三清山风景名胜区攀爬巨蟒峰，并采用电钻钻孔、打岩钉、布绳索的方式先后攀爬至巨蟒峰顶部。经现场勘查，张某某等在巨蟒峰自下而上打入岩钉 26 枚。公安机关委托专家组论证认为，钉入巨蟒峰的 26 枚岩钉属于钢铁物质，会直接诱发和加重巨蟒峰物理、化学、生物风化过程，巨蟒峰的最细处（直径约 7 米）已至少被打入 4 个岩钉，形成了新裂隙，会加快花岗岩柱体的侵蚀进程，甚至造成其崩解。张某某等三人的打岩钉攀爬行为对巨蟒峰造成了永久性的损害，破坏了自然遗产的自然性、原始性完整性。

发现线索和调查核实

2017 年 10 月张某某等三人因涉嫌故意损毁名胜古迹罪被公安机关移送起诉（2019 年 12 月 26 日，上饶市中级人民法院作出刑事判决，认定张某某、毛某某、张某犯故意损毁名胜古迹罪，分别判处张某某、毛某某有期徒刑一年、六个月，处罚金人民币十万元、五万元，张某免于刑事处罚）。上饶市信州区人民检察院在审查起诉过程中发现该三人故意损毁三清山巨蟒峰的行为可能损害社会公共利益，于 2018 年 3 月 29 日将线索移送上饶市人民检察院。

上饶市人民检察院认为，自然遗迹、风景名胜是环境的组成部分，三清山巨蟒峰的世界级地质地貌意义承载着特殊的遗迹价值和广泛的公共利益。张某某等三人的损害行为侵害了生态环境和不特定社会公众的环境权益，本案属于生态环境民事公益诉讼的案件范围。三人在明知法律禁止破坏景物设施的情况下，故意实施破坏性攀爬行为，造成不可修复的严重损毁和极大的负面影响，存在加速山体崩塌的重大风险。三人具备事前共同谋划、事中相互配合等行为，符合共同侵权的构成要件，依法应当承担连带责任。

2018 年 5 月，上饶市人民检察院委托江西财经大学三名专家成立专家组对三清山巨蟒峰的受损价值进行评估，并形成《评估报告》。专家组采用国际通用的条件价值法对三清山巨蟒峰受损后果进行价值评估〔按：条件价值法是原环境保护部下发的《环境损害鉴定评估推荐方法》（第Ⅱ版）确定的方法之一，是在假想市场情况下，直接调查和询问人们对某一环境效益改善或资源保护的措施的支付意愿，或者对环境或资源质量损失的接受赔偿意愿，以人们的支付意愿或受偿意愿来估计环境效益改善或环境质量损失的经济价值。该评估方法的科学性在世界范围内得到认可〕，分析得出该事件对巨蟒峰生态服务价值造成损失的最低阈值为 0.119 ～ 2.37 亿元。

诉讼过程

一、诉前公告

2018年4月18日，上饶市人民检察院发出公告，告知法律规定的机关和有关组织可以提起民事公益诉讼。公告期满后，没有法定的机关和组织提起诉讼。

二、一审程序

上饶市人民检察院于2018年8月29日向上饶市中级人民法院提起民事公益诉讼，诉请判令三被告依法对巨蟒峰非使用价值造成的损失0.119亿元和专家评估费15万元承担连带赔偿责任，并在全国性新闻媒体上公开赔礼道歉。

庭审过程中，三被告辩称：1.上饶市人民检察院不符合法定的起诉条件。2.三被告的行为不符合侵权责任的构成要件，且本案发生前存在他人在巨蟒峰上打岩钉的情况，三清山管委会在巨蟒峰上建设的监控系统也有损害作用，三被告造成的损害属于多因一果的损害，应由各方分担责任。3.江西财经大学专家组所采用的评估方法不科学、数据不可靠，评估报告不能采信。公益诉讼起诉人答辩如下：第一，根据环境保护法第二条的规定，自然遗迹、风景名胜是环境的组成部分，本案属于环境民事公益诉讼的案件范围。本案系检察机关在履行职责中发现，且已经履行诉前公告程序，上饶市人民检察院对本案提起民事公益诉讼符合法定程序和条件。第二，三被告在明知法律禁止在景物上刻划、涂污以及以其他方式破坏景物设施的情况下，故意实施破坏性攀爬行为，且事前共同谋划，事中相互配合，符合共同侵权的构成要件，依法应当承担连带侵权责任。专家组出具的《评估报告》系针对三被告在巨蟒峰打入26个岩钉造成的损害进行的评估，不涉及他人造成的损害；三清山风景名胜区管理委员会案发后出于维护公共利益考量，依法经许可和设计后在巨蟒峰周围安装监测设施（共计6个摄像头），该监测设施均不在巨蟒峰独柱体岩石上，避免了对巨蟒峰独柱体岩石的损害，其行为与三被告的行为不具有同一性。第三，此次评估所采用的条件价值法是经国家行政主管部门认可、国际通用的价值评估法，科学有据，评估过程严谨规范。评估专家依法出庭接受了质证，该专家意见可以作为认定损害赔偿数额的依据。

2019年12月27日，上饶市中级人民法院作出一审判决，在参照江西财经大学专家组的评估报告，并兼顾三被告的经济条件和赔偿能力等基础上，判令三被告连带赔偿环境资源损失600万元，连带承担专家评估费15万元，并在全国性媒体上刊登公告向社会公众赔礼道歉。

三、二审程序

张某某、张某对一审判决不服，提出上诉。江西省高级人民法院于2020年5月8日公开开庭进行了审理，江西省人民检察院与上饶市人民检察院共同派员出席法庭，就案件事实、证据、程序和一审判决情况发表了意见。江西省高级人民法院于2020年5月18日作出二审判决，驳回上诉，维持原判。

指导意义

（一）对景观生态服务价值的破坏行为，检察机关依法可以提起公益诉讼。自然遗迹和风景名胜是环境的组成部分，属于不可再生资源，具有代表性的自然遗迹和风景名胜的生态服务价值表现在社会公众对其享有的游憩权益和对独特景观的观赏权益。任何对其进行破坏的行为都是损害人类共同享有的环境资源、损害社会公共利益，检察机关应当及时依法开展公益诉讼检察。

（二）对独特景观的生态服务价值损失，可以采用条件价值法进行评估。因独特的环境资源、自然景观缺乏真实的交易市场，其环境资源和生态服务的价值难以用常规的市场方法评估，损害赔偿数额无法通过司法鉴定予以确定。在此情况下，检察机关可以委托专家，采用原环境保护部《环境损害鉴定评估推荐方法》（第Ⅱ版）和《生态环境损害鉴定评估技术指南总纲》中推荐使用的条件价值法进行评估，该方法被认为特别适用于独特景观、文物古迹等生态服务价值评估。评估后的结果可以专家意见书的方式进行举证，作为法院审理案件的参考依据。

（三）检察机关要综合运用刑事、公益诉讼司法手段打击破坏自然遗迹和风景名胜的行为，提高此类破坏行为的违法犯罪成本。损害赔偿数额可根据专家意见和案件综合因素合理确定。对于严重破坏或损害自然遗迹、风景名胜的行为，行为人应当依法承担刑事责任。其造成的公共利益损害，在无法恢复原状的情况下，可根据《侵权责任法》诉请侵权人赔偿损失。由行为人承担高额环境资源损失赔偿的民事侵权责任，充分体现了公益诉讼保护公共利益的独特制度价值，既有助于修复受损的公共利益，又能警示潜在的违法者，唤醒广大公众保护环境、珍惜自然资源的意识。环境损害赔偿数额的确定，可依据《最高人民法院关于审理环境民事公益诉讼案件适用法律若干问题的解释》相关规定，结合破坏行为的范围和程度、环境资源的稀缺性、恢复难易程度、涉案人的赔偿能力等综合考量。

相关规定

《中华人民共和国民事诉讼法》（2017年修正）第五十五条第二款（现为2023年修正后的第五十八条第二款）。

《中华人民共和国环境保护法》第二条、第二十九条、六十四条。

《中华人民共和国侵权责任法》第六条、第八条、第十五条。

《最高人民法院关于审理环境民事公益诉讼案件适用法律若干问题的解释》第十五条、第十八条、第二十二条、第二十三条。

《最高人民法院　最高人民检察院关于检察公益诉讼案件适用法律若干问题的解释》第八条、第九条、第十一条。

《风景名胜区条例》第二十四条第一款、第三款、第二十六条第三项。

贵州省榕江县人民检察院督促保护传统村落行政公益诉讼案

（检例第 115 号）

天键词

行政公益诉讼　传统村落保护　推动完善地方立法　促进乡村振兴

要　旨

纳入《中国传统村落名录》的传统村落属于环境保护法所规定的"环境"范围。地方政府及其相关职能部门对传统村落保护未依法履行监管、保护职责的，检察机关应发挥行政公益诉讼职能督促其依法履职。对具有一定普遍性的问题，可以结合办案促进相关政策转化和地方立法完善。

基本案情

贵州省黔东南州有 409 个村入选《中国传统村落名录》，包括榕江县栽麻镇宰荡侗寨、归柳侗寨。2018 年 3 月，黔东南州检察机关部署开展传统村落保护专项行动，榕江县人民检察院在专项行动中发现，栽麻镇宰荡、归柳两个侗寨的村民私自占用农田、河道、溪流新建住房，违规翻修旧房，严重破坏了中国传统村落的整体风貌，损害了国家利益和社会公共利益。

调查核实和督促履职

2018 年 4 月，榕江县人民检察院对本案决定立案并进行调查核实。通过现场勘验、询问村民及政府工作人员，查阅相关文件资料等，查明：栽麻镇宰荡、归柳两个侗寨部分村民未批先建砖混、砖木结构房屋的情况比较严重，导致大量修建的水泥砖房取代了民族传统木质瓦房，此外，加装墙壁瓷砖、铝合金门窗等新型建筑材料、加盖彩色铁皮瓦等现象，严重破坏了中国传统村落的整体格局和原始风貌，影响了侗寨这一民族文化遗产的保护和传承。贵州省颁布的《贵州省传统村落保护和发展条例》《黔东南苗族侗族自治州民族文化村寨保护条例》明确规定，乡镇人民政府负责本行政区域内传统村落保护和发展的具体工作。栽麻镇人民政府作为栽麻镇宰荡、归柳侗寨保护和发展工作的法定主体，未依法落实传统村落保护发展规划和控制性保护措施，未开展传统村落保护宣传、管理工作，对村民擅自新建、改建、扩建建（构）筑物等行为未及时予以制止和引导，导致传统村落格局和整体风貌遭到严重破坏。

2018年5月7日，榕江县人民检察院向榕江县栽麻镇人民政府发出行政公益诉讼诉前检察建议，建议对宰荡侗寨和归柳侗寨两个传统村落依法履行保护监管职责。榕江县栽麻镇人民政府未对违章建筑进行监管，也未在规定的期限内对检察建议作出书面回复。榕江县人民检察院两次向该镇政府催办，仍未予回复。此后榕江县检察院办案人员先后4次回访宰荡侗寨和归柳侗寨，原有破坏传统村落的违法建筑不但没有整改，数量不减反增，国家利益和社会公共利益持续处于受侵害状态。

诉讼过程

一、提起诉讼

2018年12月28日，经贵州省人民检察院批准，榕江县人民检察院根据行政诉讼集中管辖的规定，向黎平县人民法院提起行政公益诉讼，请求确认榕江县栽麻镇人民政府对中国传统村落宰荡侗寨和归柳侗寨不依法履行监管职责的行为违法；判令榕江县栽麻镇人民政府对破坏中国传统村落宰荡侗寨、归柳侗寨整体风貌的违法行为依法履行监管职责。

二、法庭审理

2019年2月27日，黎平县人民法院公开审理了本案。榕江县人民检察院出示了现场调查图片、走访当地村民以及政府工作人员的调查笔录，提供了《中国传统村落名录》等相关书证，证实宰荡侗寨和归柳侗寨已被列为"中国传统村落"，因违章建筑致使整体风貌受到严重破坏的客观事实。榕江县人民检察院认为，依据《贵州省传统村落保护和发展条例》等规定，栽麻镇人民政府对本行政区域内传统村落的保护和发展负有法定监管职责，检察机关发出诉前建议后，其仍未采取积极有效的监管、保护措施，传统村落整体风貌始终处于遭受破坏的状态中。

经庭审质证，栽麻镇人民政府对于未依法履职的事实予以认可，但提出传统村落的保护需要自然资源、住建部门等多部门协调配合，村民保护传统村落的意识淡薄，保护传统村落与村民改善生活条件的需求存在现实冲突和矛盾。

榕江县人民检察院指出，栽麻镇人民政府是本行政区内传统村落保护工作的责任者，对破坏传统村落的违法行为负有不可推卸的监管职责。栽麻镇人民政府应依法履职，协调各职能部门形成保护合力，加大力度发展生态旅游等相关产业，让村民共享传统村落保护与发展带来的红利和成果。

三、审理结果

经依法审理，法院当庭作出判决，支持检察机关全部诉讼请求，栽麻镇人民政府当庭表示不上诉。

四、案件办理效果

判决生效后，榕江县人民检察院督促栽麻镇人民政府加大监管力度，对宰荡侗寨和归柳侗寨采取相应的保护措施，逐步拆除破坏中国传统村落风貌的违章建筑。2019年5月，榕江县人民检察院在跟进监督时发现，违章建筑已经全部拆除。

诉讼过程中，榕江县人民政府下发了《榕江县传统村落保护管理办法（试行）》，对本地传统村落保护的具体措施、发展规划、法律责任进行了详细规定。此后，榕江县人民检察院积极与县自然资源、住建、规划等部门沟通，推动相关部门与同济大学签订技术服务合同，形成《榕江县侗族传统村落居民修缮与新建民居设计导则》，既延续传统民居风貌，又满足村民改善房屋质量和居住条件的现实需求。同时，协同两村村委会将传统村落保护纳入村规民约，增强村民保护传统村落的自觉性。

2019年9月，黔东南州人民检察院就传统村落保护向州人大做专题报告，并提出地方立法完善建议。2020年4月29日，《黔东南苗族侗族自治州民族文化村寨保护条例》（2008年9月1日施行）修订审议通过，确立了传统村落分级、分类保护原则，进一步明确了各相关部门职责，并增加规定了"检察机关针对行政机关违法行使职权或行政不作为，破坏传统村落、损害国家利益或社会公共利益的，可以依法提起行政公益诉讼"相关条款。黔东南州检察机关还推动协调传统村落保护资金1.43亿元，该州雷山县等地检察机关与相关行政部门形成了"传统村落保护与发展合作框架协议书"，改善传统村落的基础设施和公共服务设施配套项目，在保护中挖掘旅游资源，形成有特色的传统村落旅游金牌路线，让村民实现家门口创业、就业、增收，实现脱贫致富。当地对传统村落的保护与建设，既坚持了人与自然和谐共生，又因地制宜、发展特色经济，良好契合了我国乡村振兴战略发展。

指导意义

（一）加强传统村落保护，是检察机关行政公益诉讼的法定职能范围。传统村落属于《中华人民共和国环境保护法》第二条中列明的"环境"范畴，是影响人类生存和发展的人文遗迹。传统村落具有丰富的历史、文化、科学、艺术、社会、经济价值和独特的民族地域特色，是国家利益和社会公共利益的重要组成部分。政府和相关职能部门对传统村落保护未依法履行监管职责的，检察机关应当发挥行政公益诉讼职能，督促其依法履行职责，传承和保护传统村落所承载的人文环境、本地历史和民族文化，助力和服务脱贫攻坚、乡村振兴等国家重大战略。

（二）检察机关可以结合公益诉讼办案推进完善传统村落保护的配套制度机制。在传统村落、民族地域特色环境或其他人文遗迹保护领域，行政部门疏于或怠于履职存在多方面原因，或因法律、政策不完善，或因协调难、矛盾多、阻力大而难于充分履职，检察机关要及时督促相关行政部门依法履职。同时，还应坚持以人为本的原则，正视人民群众追求美好生活的合理要求。保护传统文化和改善人民生活从根本上讲具有一致性，保护好传统文化及其价值内涵本身就是保护村落百姓的财富与利益。检察机关在发挥监督职能的过程中，要平衡好传统文化保护和社会经济发展，以人民为中心，积极协调、配合、支持相关部门保护、改善群众生活环境的政策落实，为推动政策转化和地方立法完善贡献检察力量，真正实现"双赢、多赢、共赢"。

相关规定

《中华人民共和国行政诉讼法》第二十五条第四款。

《中华人民共和国环境保护法》第二条。

《中华人民共和国城乡规划法》第六十五条。

《最高人民法院　最高人民检察院关于检察公益诉讼案件适用法律若干问题的解释》第二十一条。

第三十批指导性案例

某材料公司诉重庆市某区安监局、市安监局行政处罚

及行政复议检察监督案

（检例第 116 号）

关键词

行政争议实质性化解　行政处罚　释法说理

要　旨

人民检察院办理行政诉讼监督案件，应当在履行法律监督职责中开展行政争议实质性化解工作，促进案结事了。人民检察院化解行政争议应当注重释法说理，有效回应当事人诉求，解心结、释法结。

基本案情

2017 年 5 月，重庆某防火材料有限公司（以下简称材料公司）与重庆某建设有限公司（以下简称建设公司）签订产品购销合同，约定材料公司向建设公司承建的某项目提供防火卷帘门，并负责安装调试。2017 年 8 月 18 日，材料公司职工程某到现场对车库防火卷帘门进行安装调试时，承担其他施工任务的某装饰设计工程公司（以下简称设计公司）职工苟某因施工放线需要，按动卷帘门起升启动按钮，导致程某卷入卷帘门窒息死亡。

2017 年 9 月 26 日，重庆市某区城乡建设委员会依据《重庆市建筑管理条例》第四十七条、第六十六条之规定，对建设公司作出责令停止施工和罚款 3 万元的行政

处罚。2018 年 1 月 26 日，重庆市某区安全生产监督管理局（以下简称区安监局）认为材料公司没有按照公司《安全生产管理制度》的要求对工人开展安全教育；在调试防火卷帘门时未在开关处设置警示标志，违反了《中华人民共和国安全生产法》第二十五条第一款和第三十二条的规定，依据该法第一百零九条第（一）项的规定作出行政处罚决定，对材料公司罚款 28 万元；依据该法第九十二条第（一）项的规定分别对材料公司法定代表人冯某罚款 1 万余元、对建设公司项目经理罚款 2 万余元；依据《重庆市安全生产条例》第五十八条的规定对监理公司经理罚款 1 万余元。材料公司不服行政处罚决定，向市安监局申请行政复议。2018 年 5 月 10 日，市安监局作出行政复议决定，维持区安监局行政处罚决定。

2018 年 5 月 25 日，材料公司向人民法院提起行政诉讼，请求撤销区安监局作出的行政处罚决定和市安监局作出的行政复议决定。人民法院一审认为，材料公司派员到现场配合购货方完成产品消防自检属于生产经营活动，负有安全生产管理的义务，材料公司的违法行为系造成安全生产事故的直接原因，对此次事故的发生负有责任，区安监局作出的行政处罚决定事实清楚、证据充分，程序合法，适用法律法规正确，市安监局作出的复议决定程序合法，并无不当，遂于 2018 年 11 月 19 日判决驳回材料公司的诉讼请求。

材料公司不服一审判决，向重庆市第一中级人民法院提起上诉，该院二审判决驳回上诉，维持原判。材料公司向重庆市高级人民法院申请再审，该院于 2019 年 9 月 2 日裁定驳回材料公司的再审申请。

检察机关履职情况

案件来源。 材料公司以案涉行政处罚决定违法以及原审法院判决不当为由，于 2019 年 10 月 23 日向重庆市人民检察院第一分院申请监督，检察机关依法受理，并由副检察长作为承办检察官办理。

调查核实。 为查明原审判决和被诉行政处罚决定是否合法，检察机关在阅卷审查的基础上进行了以下调查核实工作：一是对区安监局所作行政处罚进行调卷审查；二是听取材料公司法定代表人冯某申请监督意见和理由，询问了解案涉安全生产事故发生详细过程及材料公司职工程某工伤死亡赔偿情况。检察机关查明，根据产品购销合同约定，防火卷帘门调试作业属于材料公司生产经营活动，材料公司对其生产经营活动应承担相应的安全生产管理责任；事故发生的直接原因系程某违章操作、未设置警示标志，间接原因系材料公司安全教育培训不到位、建设公司项目经理履职不到位、监理单位现场协调不到位，某区城乡建设委员会依法对建设公司作出了处理，法院判决认定材料公司违法行为系事故发生直接原因，应承担责任，并无不当。在社会保险机构支付工伤死亡赔偿金的基础上，材料公司补助死亡职工家属 24 万元。

释法说理。 面对承办检察官，冯某坚持认为行政处罚不公，案涉事故的生产经营组织者系建设公司，事故发生系第三方（设计公司）违规操作直接导致，与材料公司没有直接因果关系，材料公司也是受害者，所受处罚过重。鉴于此案涉及民营企业和多方责任，经过行政复议、一审、二审、再审多次处理，材料公司始终不服，申请监督后，对检察机关的审查意见仍然不服，重庆市人民检察院向最高人民检察院请示。最高人民检察院领导高度重视，经审阅案卷后赴重庆与承办检察官共同接待材料公司法定代表人冯某及委托代理人邹某。在当面听取申请人的意见和诉求后，最高人民检察院领导分析了行政处罚和人民法院判决的合法性、合理性，指出安装调试防火卷帘门是材料公司履行合同义务的生产经营活动，材料公司负有安全生产管理责任；该事故属于综合责任事故，相关行政机关在裁量范围内依法对材料公司、建设公司、监理方都作了处罚，事故各方承担了相应的责任，程序上基本公正，法院判决并无不当。最高人民检察院领导还站在民营企业长远发展和维护申请人合法权益的角度，说法理、谈情理、讲道理，对材料公司积极认同社会责任给予死亡员工家属抚恤金的做法予以充分肯定；同时表示，解决好企业的烦心事和揪心事，是党中央的明确要求，检察机关对于涉及民企的案件格外重视，依法予以平等保护，希望材料公司辩证看待安全事故，从中吸取教训，将更多精力投入生产经营，让企业走得更稳、更远。针对材料公司反映的行政执法不规范、案件处理不平衡等问题，最高人民检察院领导表示检察机关可在深入调查核实后，提出相应的检察建议。

争议化解。经最高人民检察院领导释法说理，材料公司法定代表人冯某对检察机关所作的工作和提出的意见表示认可。2019年12月5日，冯某向检察机关提交撤回监督申请书，检察机关依法作出终结审查决定，本案行政争议成功化解。

诉源治理。重庆市人民检察院第一分院经调查核实，建议区应急管理局（因机构改革原安监局职能并入应急管理局）全面调查是否遗漏相关责任主体，针对区安监局超期提交事故调查报告等执法不规范问题，建议规范行政执法办案程序，提高行政执法办案效率，在个案处理中加强释法说理，减少行政争议，增强行政执法公信力。区应急管理局收到检察建议后，组织原事故调查组进行补充调查，将设计公司生产安全管理不合规问题移交行业主管部门区住房城乡建设委依法处理；为促进今后规范执法，建立案件审核委员会制度，加强对事故调查及作出行政处罚的审核把关，确保行政执法规范严谨。

指导意义

（一）人民检察院办理行政诉讼监督案件，应当坚持把实质性化解行政争议作为重要职责，努力实现案结事了和。人民检察院办理行政诉讼监督案件，应当践行以人民为中心的监督理念，全面贯彻行政诉讼法确定的立法目的，在监督人民法院公正司法、促进行政机关依法行政的同时，着眼于实质性化解行政争议，加强调查核实，针对行政争议产生的基础事实和申请人在诉讼中的实质诉求，综合运用抗诉、检察建议、公开听证、司法救助等方式，促使行政争议得到合法合理的解决，维护公民、法人和其他组织的合法权益。

（二）人民检察院化解行政争议，应当加强释法说理，有效回应当事人诉求。围绕案件事实和证据，阐明事理、释明法理、讲明情理，为当事人解心结、释法结，既体现法的力度，又体现法理情交融的温度，让当事人感受到法律监督的公正性、透明度。

相关规定

《中华人民共和国行政诉讼法》第十一条。

《中华人民共和国安全生产法》第二十五条第一款、第三十二条、第九十二条、第一百零九条。

《人民检察院行政诉讼监督规则（试行）》第三十四条、第三十六条。*

《人民检察院民事诉讼监督规则（试行）》第七十五条第一款。**

《人民检察院检察建议工作规定》第十一条。

陈某诉江苏省某市某区人民政府强制拆迁及行政赔偿检察监督案

（检例第 117 号）

关键词

行政争议实质性化解　行政赔偿　赔偿义务机关　促成和解

要　旨

人民检察院办理未经人民法院实体审理的行政赔偿监督案件，依据行政委托关系确定行政机关为赔偿责任主体的，可以促使双方当事人在法定补偿和赔偿标准幅度内达成和解。对于疑难复杂行政争议，应当充分发挥检察一体化优势，凝聚化解行政争议合力。

基本案情

2013 年，陈某位于某村民小组的房屋被损毁，陈某向江苏省某市某区公安局报警要求处理，公安局认为该案属于政府征地拆迁，不属于公安机关受案范围，未予立案。

---

* 编者注：《人民检察院行政诉讼监督规则（试行）》已失效，第三十四条已删除，第三十六条变更为《人民检察院行政诉讼监督规则》第一百三十五条，内容未修改。

** 编者注：《人民检察院民事诉讼监督规则（试行）》已失效，第七十五条第一款变更为《人民检察院民事诉讼监督规则》第七十三条第一款，内容未修改。

2015 年 8 月 18 日，陈某向某市中级人民法院提起行政诉讼，请求确认区人民政府拆除其房屋及厂房（与房屋一体）的行政行为违法，并判决赔偿其损失。某市中级人民法院经审理认为，陈某的起诉缺乏事实根据，不能证明案涉房屋系区政府拆除，故裁定驳回起诉。陈某不服，提起上诉。江苏省高级人民法院裁定驳回上诉，维持原裁定。陈某提出再审申请，被最高人民法院裁定驳回。

检察机关履职情况

案件来源。陈某不服人民法院生效裁定，向检察机关申请监督。江苏省人民检察院依法受理，经审查，提请最高人民检察院抗诉。

调查核实。最高人民检察院围绕陈某的房屋是否在被拆迁范围内、区人民政府是否是拆除案涉房屋的责任主体、案涉被拆除房屋是否为合法建筑等问题进行调查核实，调取案涉拆迁地块用地红线图、拆迁补偿档案等书证，询问区自然资源和规划局工作人员、参与拆迁的某建筑拆除公司负责人、拆迁小组成员以及陈某等。检察机关查明，案涉拆迁地块系用于区人民政府 2012 年为民办实事重点工程菜市场建设项目，征收拆迁由区人民政府主导、推动和组织实施，区人民政府为此专门成立城市建设指挥部，全面负责拆迁补偿相关事宜。区城市资产经营有限公司代表区人民政府作为拆迁人，委托某房屋拆迁公司具体实施。房屋拆迁公司与菜市场拆迁户签订协议并组织实施拆迁。陈某被拆除房屋在拆迁范围内，总面积 330.82 ㎡，其中合法应补偿面积 176.52 ㎡。陈某诉请所称厂房系违法建筑，不能按规定给予补偿安置，主张停工停产损失因其未能提供工厂经营的证据材料，不能得到支持。陈某对补偿的期望值与区人民政府的补偿方案差距悬殊，双方始终未能就拆迁补偿事宜达成一致意见，房屋拆迁公司指派实施专项拆除的某建筑拆除公司对陈某的房屋进行了强制拆除。

监督意见。检察机关审查认为，案涉强制拆除行为系因行政征收拆迁引起，区人民政府作为最初委托主体和征收行为主体，其委托的公司在未与陈某达成拆迁补偿协议的情况下违反法定程序实施强制拆除，区人民政府应当对受委托公司的行为后果承担责任。原审人民法院以被告主体不适格裁定驳回起诉不当。最高人民检察院在办案中了解到陈某的实质诉求是得到赔偿，陈某房屋被强制拆除后，区人民政府曾多次与陈某协商，表示作为征收主体愿意承担补偿责任。江苏省人民检察院办案过程中也曾促双方和解。最高人民检察院经研究后认为，本案系以主体不适格驳回起诉案件，即使通过抗诉解决了主体适格问题，实现陈某合法诉求，仍需经历行政确认和赔偿诉讼，促成双方和解更有利于及时实现陈某的实质诉求。鉴于双方均有和解意愿，最高人民检察院决定推动区人民政府与陈某达成和解，实质性化解行政争议。

争议化解。最高人民检察院成立由分管院领导担任主办检察官的办案组，与江苏省三级检察机关联动，共同开展化解工作。2019 年 12 月 18 日，办案组赴江苏陈某居住地面对面沟通，通过释法说理促其放弃超出法律和政策规定的不合理诉求；与区人民政府工作人员座谈，听取意见并强调人民政府应当秉持诚实信用原则，对受委托主体的违法行为依法承担责任。省、市、区三级检察机关加强与区政府对接，检察机关多次接待陈某，协调区司法局为陈某推荐法律援助律师；推动行政机关召开有陈某、法律援助律师、人大代表、政协委员、街道办、司法局参加的听证会。在四级检察院合力推动和各方积极参与下，双方按照拆迁安置补偿标准和相关利率达成补偿赔偿协议。

2020 年 7 月 31 日，陈某向检察机关提交撤回监督申请，最高人民检察院依法作出终结审查决定。持续 7 年的行政争议最终化解。

指导意义

（一）人民检察院办理未经人民法院实体审理的行政赔偿监督案件，可以促使应当担责的行政机关在法定补偿标准幅度内承担赔偿责任，与对方当事人达成和解。受行政机关委托从事征收拆迁等行政事务的公司从事受委托的行为违法，给公民、法人或者其他组织造成损失的，由委托的行政机关承担赔偿责任。检察机关办理行政强制拆除引起的行政赔偿诉讼监督案件，在查清案件事实、厘清各方责任的基础上，兼顾监督公权和保障私权双重目标，既要促使行政机关对其委托事务实施过程中发生的违法后果承担责任，又要将双方达成的赔偿协议限定在法定范围和幅度内，确保公平合法地解决行政赔偿争议。

（二）检察机关在化解行政争议过程中应当充分发挥检察一体化优势，凝聚合力，促进疑难复杂行政争议的化解。检察机关对于久拖未结的疑难复杂行政争议，可以根据案件实际情况多级联动，上级检察机关通过交办、督办、参与调处等方式，发挥协调指导作用，争议所在地检察机关充分调查、走访，发挥熟悉当地情况、就近开展工作的优势，齐心协力做好行政争议实质性化解工作。

相关规定

《中华人民共和国行政诉讼法》第十一条、第四十九条、第九十一条。
《中华人民共和国国家赔偿法》第七条、第三十六条。
《人民检察院行政诉讼监督规则（试行）》第十三条、第二十条。*

---

* 编者注：《人民检察院行政诉讼监督规则（试行）》已失效，变更为《人民检察院行政诉讼监督规则》。其第十三条变更为第五十八条，内容修改为："人民检察院因履行法律监督职责的需要，有下列情形之一的，可以向当事人或者案外人调查核实有关情况：（一）行政判决、裁定、调解书可能存在法律规定需要监督的情形，仅通过阅卷及审查现有材料难以认定的；（二）行政审判程序中审判人员可能存在违法行为的；（三）人民法院行政案件执行活动可能存在违法情形的；（四）被诉行政行为及相关行政行为可能违法的；（五）行政相对人、权利人合法权益未得到依法实现的；（六）其他需要调查核实的情形。人民检察院不得为证明行政行为的合法性调取行政机关作出行政行为时未收集的证据。"第二十条变更为第九十条，内容修改为："地方各级人民检察院发现同级人民法院已经发生法律效力的行政判决、裁定具有下列情形之一的，应当提请上一级人民检察院抗诉：（一）原判决、裁定适用法律、法规确有错误的；（二）审判人员在审理该案件时有贪污受贿、徇私舞弊、枉法裁判行为的。审判人员在审理该案件时有贪污受贿、徇私舞弊、枉法裁判行为，是指已经由生效刑事法律文书或者纪律处分决定所确认的行为。"

魏某等 19 人诉山西省某市发展和改革局不履行
法定职责检察监督案
（检例第 118 号）

关键词

行政争议实质性化解　履行法定职责　抗诉　公开听证　解决同类问题

要　旨

检察机关提出抗诉的行政案件，为保障申请人及时实现合法诉求，维护未提起行政诉讼的同等情况的其他主体合法权益，可以继续跟进推动行政争议化解，通过公开听证等方式，促成解决同类问题。对行政机关以法律、法规和规范性文件规定不明确为由履职不到位导致的行政争议，应当协调有关部门予以明确，推动行政争议解决，促进系统治理。

基本案情

2013 年，山西省某市人民政府决定对该市某小区实施整体拆迁改造，于同年 10 月与魏某等被征收人签订《某小区房屋征收与安置补偿协议书》。2014 年 3 月，该市某街道办事处某居委会与山西某房地产开发有限公司（以下简称房地产公司）签订《小区片区改造项目合作开发协议书》，由房地产公司对案涉小区进行开发改造。2015 年 3 月，案涉小区拆迁改造被确定为棚户区改造项目。在回迁安置过程中，房地产公司委托某物业管理有限公司（以下简称物业公司）向回迁安置户收取了供水、供气、供热等设施建设费。2017 年 6 月 30 日，魏某等 19 人投诉至某市发展和改革局，要求对物业公司乱收费行为进行查处，7 月 10 日，该局予以受理并立案，在查处案件过程中，该局认为《山西省棚户区改造工作实施方案》第十四条的规定不明确，遂于 8 月 11 日向某市人民政府作出请示。市人民政府市长办公会提出协调处理指导意见，未就该局提出的问题给出明确答复。11 月 20 日该局将相关情况告知申请人，后未作出相应的行政处理决定。

2017 年 9 月 5 日，魏某等 19 人向人民法院提起行政诉讼，要求确认发展和改革局行政不作为违法，并判令其依法履行法定职责。人民法院经审理认为，对辖区内的价格活动进行监督检查，对价格违法行为实施行政处罚属于发展和改革局的法定职责。魏某等 19 人就物业公司收费问题投诉后，发展和改革局及时立案，并进行了一系列检查、调查和协调工作，又因法规依据适用问题向上请示，虽然尚未作出行政行为，但案件仍在办理之中，被告不构成行政不作为。依照《中华人民共和国行政诉讼法》第六十九条之规定，判决驳回魏某等人的诉讼请求。魏某等19人不服，提出上诉。2018年3月27日某市中级人民法院审理认为，发展和改革局在立案查处过程中，因法律依据不明确，政策界限不清晰，且在全市范围内有较大影响，特向上级行政机关请示，具有一定的必要性，虽未在法定期限内作出行政行为，但其理由具有一定正当性，因此不构成不履行行政职能。依照《中华人民共和国行政诉讼法》第八十九条第一款第（一）项的规定，判决驳回上诉，维持原判。魏某等19人提出再审申请，被山西省高级人民法院驳回。

检察机关履职情况

案件来源。魏某等19人不服人民法院的生效判决，向某市人民检察院申请监督。某市人民检察院依法受理，经审查，提请山西省人民检察院抗诉。

调查核实。为查明物业公司向魏某等人收取相关费用的行为是否合法，发展和改革局是否已经依法履职，山西省人民检察院进行了以下调查核实工作：一是向山西省人民政府发函，商请制定机关对《山西省棚户区改造工作实施方案》第十四条"……棚户区改造新建安置小区有线电视和供水、供电、供气、供热、排水、通讯、道路等市政公用设施，由各相关单位出资配套建设，不得收取入网、管网增容等经营性收费，有线电视初装费减半收取"进行解释。二是与山西省住房和建设厅进行座谈，了解棚户区改造的相关政策。三是对案涉小区所在街道办事处、居委会、市场监督管理局（2019年机构改革，发展和改革局相关职能划入市场监督管理局）、住房和城乡建设局，市供热、供水、供气等公司有关负责人员以及当事人进行询问。

检察机关查明，根据山西省政府有关文件规定和山西省住房和建设厅对山西省人民检察院的函复意见，棚户区改造项目建设供水、供气、供热等市政公用设施产生的费用，由市政公用设施的相应主管部门或责任单位承担。案涉小区在棚户区改造过程中，市场监督管理局和市供水、供气、供热公司等相关单位向房地产公司收取回迁安置小区供水、供气、供热等基础设施建设和安装费用，因此房地产公司委托物业公司向魏某等回迁安置户收取自来水入网费、供热二次管网材料费和安装费。

监督意见。山西省人民检察院经审查认为，发展和改革局虽然对魏某等19人的投诉事项进行了立案、调查，针对法律适用和政策界限问题向市政府请示，市政府提出了协调处理指导意见，但发展和改革局未作出相应的处理决定，根据《价格违法行为举报处理规定》，发展和改革局存在行政不作为的情形。因此，原审判决认为发展和改革局不构成不履行行政职能，属认定事实不清，适用法律错误。2020年6月8日，依法向山西省高级人民法院提出抗诉。

争议化解。抗诉后双方当事人均向检察机关表达和解意愿，鉴于申请人魏某等

19 人虽然提起的是履行职责之诉，但实质诉求是退还已缴纳的供水、供气、供暖初装费，即使在抗诉再审后赢得诉讼，实现实质诉求仍需向对方当事人主张权利乃至提起给付之诉，同时，案涉小区还有未提出诉讼的 189 户安置户存在同类问题，山西省人民检察院在与法院沟通后，决定跟进推动行政争议实质性化解。2020 年 6 月 17 日，山西省人民检察院邀请某市政府主要领导、市场监督管理局、住建局和供水、供气、供热公司负责人等进行沟通对接，初步形成"承建方（房地产公司）收费无依据"的一致意见；6 月 23 日，山西省人民检察院召开魏某等 19 人申请检察监督案公开听证会，邀请全国政协委员、某市人大代表，相关行政机关负责人和房地产公司法定代表人参加听证会。听证会围绕市场监督局是否履职到位、案涉小区回迁户可否享受棚户区改造政策、《山西省棚户区改造工作实施方案》第十四条如何理解适用、房地产公司是否应退款等四方面焦点问题，听取各方意见，促成房地产公司与魏某等 19 人对争议处理意见达成一致，签订和解协议。行政主管部门在充分了解法律政策及安置户权益受损后，认同对案涉小区同等情况的其他 189 户安置户的权利参照协议确定的方案予以保障。某市财政支付房地产公司 150 万元，房地产公司自行承担 94 万余元，由房地产公司将违规收取的费用统一退还至魏某等 19 人及其他 189 户回迁安置户。本案行政争议实质性化解，检察机关依法撤回抗诉。

指导意义

（一）检察机关办理行政诉讼监督案件，为及时实现申请人合法诉求和维护具有同等情况但未提起行政诉讼的其他主体的合法权益，提出抗诉后可以继续跟进推动行政争议化解，通过公开听证等方式，促成解决同类问题。人民检察院办理行政诉讼监督案件，应当从有效解决争议，维护当事人合法权益，减少诉累出发，对于与案件相关的同类问题，除抗诉之外，注重采取跟进督促、沟通协调、公开听证等方式，推动行政争议实质性化解。

（二）人民检察院对于行政机关以法律、法规和规范性文件规定不明确为由履职不到位导致的行政争议，应积极协调有关部门作出解释。准确适用法律法规是依法公正解决争议的基本前提，也是精准监督、促进行政争议实质性化解的必然要求。人民检察院办理行政诉讼监督案件，对于行政机关以法律法规和规范性文件规定不明确、政策界限不清晰为由执行相关规定不到位的情况，可以商请政策制定机关进行解释，明确规则，解决分歧，促进争议解决的同时推进系统治理。

相关规定

《中华人民共和国行政诉讼法》第七十二条、第八十九条。

《价格违法行为举报处理规定》（2014 年 5 月 1 日，国家发展和改革委员会）第十条、第十一条。

《山西省行政执法条例》（2001 年 10 月 1 日，山西省人大常委会）第二十五条。

《人民检察院行政诉讼监督规则（试行）》第三十六条。*

《人民检察院民事诉讼监督规则（试行）》第一百一十四条。**

山东省某包装公司及魏某安全生产违法行政非诉执行检察监督案
（检例第 119 号）

天键词

行政争议实质性化解　非诉执行监督　公开听证　检察建议

要旨

人民检察院办理当事人申请监督并提出合法正当诉求的行政非诉执行监督案件，可以立足法律监督职能开展行政争议实质性化解工作。人民检察院通过监督人民法院非诉执行活动，审查行政行为是否合法，发现人民法院执行活动违反法律规定，行政机关违法行使职权或者不行使职权的，应当提出检察建议。

基本案情

山东省某包装有限公司（以下简称包装公司）是一家连续多年被评为纳税信用 A 级、残疾人职工占 41.2%、获评为残疾人就业创业扶贫示范基地等荣誉称号的福利性民营企业。2018 年 7 月，包装公司发生一般安全事故，经调解，累计向安全事故受害人赔偿 100 万元。2018 年 10 月 22 日，山东省某县安全生产监督管理局（以下简称县安监局）认为该公司未全面落实安全生产主体责任导致发生安全事故，违反《中华人民共和国安全生产法》第一百零九条规定，对该公司作出罚款 35 万元的行政处罚决定；认为公司负责人魏某未履行安全生产管理职责，违反《中华人民共和国安全生产法》第九十二条规定，对魏某作出罚款 4.68 万元的行政处罚决定。后经该公司及魏某申请，2018 年 11 月 8 日县安监局出具《延期（分期）缴纳罚款批准书》，同意该公司及魏某延期至 2019 年 3 月 30 日前缴纳罚款。

2019 年 3 月，公司及魏某因经济困难再次提出延期缴纳罚款请求。经公司驻地乡政府协调，2019 年 4 月 22 日县应急管理局（机构改革后安全生产监管职能并入县应

---

* 编者注：《人民检察院行政诉讼监督规则（试行）》已失效，其第三十六条变更为《人民检察院行政诉讼监督规则》第一百三十五条，内容修改为："人民检察院办理行政诉讼监督案件，本规则没有规定的，适用《人民检察院民事诉讼监督规则》的相关规定。"

** 编者注：《人民检察院民事诉讼监督规则（试行）》已失效，变更为《人民检察院民事诉讼监督规则》，其第一百一十四条已删除。

急管理局，以下简称县应急局）同意该公司及魏某延期至 2019 年 7 月 31 日前缴纳罚款，但未出具书面意见。2019 年 4 月 30 日，在经营资金紧张情况下，包装公司缴纳 10 万元罚款。

2019 年 7 月 12 日，县应急局认为包装公司未及时全额缴纳罚款，违反《中华人民共和国行政处罚法》第五十一条规定，对包装公司及魏某分别作出 35 万元、4.68 万元加处罚款决定。

经催告，2019 年 8 月 5 日，县应急局向县人民法院申请强制执行原处罚款剩余的 25 万元及魏某的 4.68 万元个人原处罚款，县人民法院分别作出准予强制执行裁定。2019 年 10 月，魏某缴纳个人 4.68 万元原处罚款。2020 年 3 月 6 日、10 日，县应急局分别向县人民法院申请强制执行对包装公司及魏某的加处罚款决定，某县人民法院分别作出准予强制执行裁定。期间，包装公司及魏某对原行政处罚、加处罚款决定不服，向行政机关提出异议，并多次向市、县相关部门反映情况。

检察机关履职情况

案件来源。2020 年 4 月 9 日，魏某认为处罚对象错误，不服人民法院准予强制执行县安监局处罚决定的行政裁定，包装公司及魏某不服人民法院准予强制执行县应急局加处罚款决定的行政裁定，向县人民检察院申请监督。

调查核实。受理案件后，县人民检察院重点开展了以下调查核实工作：一是调阅案卷材料，审查行政处罚及法院受理审查情况；二是向县应急局时任主要负责人、相关执法人员了解公司及魏某行政处罚、加处罚款执法和申请法院强制执行情况；三是到包装公司实地查看，了解公司生产经营状况；四是到公司驻地乡政府了解其协调延期缴纳的情况。检察机关经调查核实并向县人民法院审判人员了解情况，查明：包装公司发生安全事故时，原总经理于某已因股权纠纷、挪用资金等原因离开公司，由魏某实际负责；乡政府出具证明，企业法定代表人陈某证实，县应急局亦认可 2019 年 4 月 22 日经乡政府协调同意包装公司及魏某延期至 2019 年 7 月 31 日前缴纳、未出具书面意见的事实；包装公司在事故发生后已进行整改。

公开听证。县人民检察院多次与包装公司、县应急局沟通，争议双方对加处罚款是否适当、加处罚款决定是否应当撤销等存在重大分歧。为进一步查清案件事实，统一对法律适用的认识，推动行政争议实质性化解，县人民检察院邀请法律专家、人大代表等为听证员，组织对该案进行公开听证。听证员一致认为，对魏某的原行政处罚符合法律规定，处罚适当；对包装公司及魏某作出加处罚款明显不当，应予纠正。

监督意见。县人民检察院经审查：1. 对魏某的原行政处罚符合法律规定，处罚适当；县人民法院裁定准予强制执行加处罚款，认定事实与客观事实不符。向县人民法院发出检察建议，建议依法纠正对包装公司及魏某准予强制执行加处罚款的行政裁定。2. 县应急局实际已同意包装公司和魏某延期缴纳罚款，其在延期缴纳罚款期间对包装公司及魏某作出加处罚款决定明显不当。向县应急局发出检察建议，建议重新审查对公司及魏某作出的加处罚款决定，规范执法行为，同时建议县应急局依法加强对企业的安全生产监管，推动企业规范发展。3.建议包装公司进一步加强内部管理，规范企业经营，重视安全生产，提高风险防范能力。

争议化解。收到检察建议后，县人民法院撤销了对包装公司及魏某的准予强制执行加处罚款行政裁定书；县应急局撤销了对包装公司及魏某的加处罚款决定，表示今后进一步规范执法行为。

指导意义

（一）行政相对人未就行政决定申请复议、提起诉讼，在行政非诉执行阶段向检察机关申请监督提出合法正当诉求的，检察机关可以立足法律监督职能依法开展行政争议实质性化解工作。行政机关申请人民法院强制执行行政决定，人民法院裁定准予强制执行，行政相对人认为行政决定及行政裁定违法，侵犯其正当权益，向人民检察院申请监督的，人民检察院应当受理。人民检察院办理行政非诉执行监督案件，可以通过调查核实、公开听证和提出检察建议等方式，查清案件事实，明晰权责，凝聚共识，推动行政机关与行政相对人之间的争议得到实质性处理，实现案结事了政和。

（二）人民检察院办理行政非诉执行监督案件，通过监督人民法院行政非诉执行活动，审查行政机关行政行为是否合法，强制执行是否侵犯相对人合法权益。中央全面依法治国委员会《关于加强综合治理从源头切实解决执行难问题的意见》提出，检察机关要加强对行政执行包括非诉执行活动的法律监督，推动依法执行、规范执行。人民检察院监督人民法院非诉执行活动，应当审查准予执行行政裁定认定事实是否清楚、适用法律是否正确，发现人民法院执行活动违反法律规定，行政机关违法行使职权或者不行使职权的，应当提出检察建议，促进人民法院公正司法、行政机关依法行政。

相关规定

《中华人民共和国行政诉讼法》第十一条。

《中华人民共和国行政强制法》第四十二条。

《中华人民共和国行政处罚法》（2017年）第五十一条、第五十二条。*

---

* 编者注：《中华人民共和国行政处罚法》（2017年修正）已由中华人民共和国第十三届全国人民代表大会常务委员会第二十五次会议于2021年1月22日修订，其第五十一条变更为第七十二条，内容修改为："当事人逾期不履行行政处罚决定的，作出行政处罚决定的行政机关可以采取下列措施：（一）到期不缴纳罚款的，每日按罚款数额的百分之三加处罚款，加处罚款的数额不得超出罚款的数额；（二）根据法律规定，将查封、扣押的财物拍卖、依法处理或者将冻结的存款、汇款划拨抵缴罚款；（三）根据法律规定，采取其他行政强制执行方式；（四）依照《中华人民共和国行政强制法》的规定申请人民法院强制执行。行政机关批准延期、分期缴纳罚款的，申请人民法院强制执行的期限，自暂缓或者分期缴纳罚款期限结束之日起计算。" 第五十二条变更为第六十六条，新增一款作为第一款："行政处罚决定依法作出后，当事人应当在行政处罚决定书载明的期限内，予以履行。"

《中华人民共和国安全生产法》第九十二条、第一百零九条。

《人民检察院行政诉讼监督规则（试行）》第二十九条、第三十四条。*

《人民检察院检察建议工作规定》第九条。

王某凤等 45 人诉北京市某区某镇政府强制拆除和

行政赔偿检察监督系列案

（检例第 120 号）

关键词

行政争议实质性化解　民事纠纷与行政争议交织　一并化解

要　旨

人民检察院办理行政诉讼监督案件，应当把实质性化解行政争议作为"监督权力"和"保障权利"的结合点和着力点。对与行政争议直接相关的民事纠纷应一并审查，促进各方达成和解，通过解决民事纠纷促进行政争议的一并化解，及时有效保护各方当事人的合法权益。

基本案情

2001 年，北京市某区某镇人民政府（以下简称镇政府）根据北京市政府办公厅《关于确定本市郊区中心镇的通知》，在案涉地块以加快小城镇步伐发展文艺事业为由报建文化艺术园，该文化艺术园项目最终由山西省某集团公司组建的北京某文化交流有限公司（以下简称文化公司）进行建设。镇政府与文化公司签订《协议书》，约定镇政府向文化公司提供土地 160 亩，由后者出资在文化艺术园区建大学一所及相关配套的运动场所、娱乐、休闲设施和教职工公寓，协议有效期为 70 年。协议签订后，文化公司在案涉地块建设教学楼等设施 10 栋和家属楼 5 栋，于 2004 年起将 5 栋家属楼共计 238 套房屋陆续出售给某集团公司职工，并完成了物业交割。

2008 年 3 月，因文化公司一直未办理相关审批手续且经营不善导致教学楼闲置，镇政府将案涉地块转让给北京市某培训学校（以下简称培训学校）用于大学城建设，同时，要求培训学校对地上建筑物妥善回购。2009 年 1 月，培训学校与文化公司就

---

* 编者注：《人民检察院行政诉讼监督规则（试行）》已失效，变更为《人民检察院行政诉讼监督规则》，其第二十九条变更为第一百零九条，第一款第二项内容修改为："裁定受理、不予受理、中止执行、终结执行、终结本次执行程序、恢复执行、执行回转等违反法律规定的。"第三十四条已删除。

10 栋教学楼达成转让协议，同时签订《家属楼转让委托协议》，培训学校出资，委托文化公司以购房价格的 1.6 倍回购已出售家属楼。2017 年 6 月，因案涉建筑未办理乡村建设规划许可证，违反了《中华人民共和国城乡规划法》第四十一条、《北京市城乡规划条例》第四十一条、第四十二条，镇政府在调查后，向培训学校下达限期拆除通知、限期拆除决定书，并于 2018 年 2 月将案涉房屋强制拆除。

王某凤等 45 名购房者认为其是案涉被拆除房屋的实际居住人，镇政府所作的限期拆除通知、限期拆除决定缺乏事实和法律依据，程序严重违法，侵害了 45 名购房者的合法权益，于 2018 年 10 月先后提起 144 件行政诉讼，请求人民法院判决确认镇政府作出的限期拆除通知、限期拆除决定违法，并依法给予行政赔偿。北京市某区人民法院经审理认为，45 名申请人并非限期拆除通知、限期拆除决定的行政相对人，在案证据亦不足以证明其与该限期拆除通知、强制拆除行为具有法律上的利害关系，故以 45 名申请人不具有原告主体资格为由裁定驳回起诉，并据此驳回申请人后续的行政赔偿诉讼请求。45 名申请人的上诉和再审申请被上级人民法院以相同理由裁定驳回。

检察机关履职情况

案件来源。2020 年 1 月至 6 月，王某凤等 45 人对人民法院驳回起诉裁定不服，就该系列案件中的 127 件（限期拆除通知类 38 件、强制拆除类 44 件、行政赔偿类 45 件）陆续向北京市人民检察院第一分院申请监督。检察机关依法予以受理。

调查核实。为查清事实，厘清法律关系，检察机关审查了审判卷宗，并对王某凤等申请人、北京市某区政府、某镇政府和案涉企业相关人员进行询问，调取案涉房屋建设的有关文件，核实申请人提交的《文化公司教工住宅楼内部销售合同》、文化公司所制《住房所有权证》，文化公司作为物业管理方与申请人签订的《小区管理协议书》以及《购房付款收据》等书证。检察机关查明，案涉房屋系由文化公司出资建设，并在 2006 年与申请人签订《教工住宅楼内部销售合同》，申请人缴纳了房款，文化公司交付了房屋，并向申请人颁发了文化公司自制的《住房所有权证》。销售合同约定，"如由于房屋造成的一切问题均由甲方（注：文化公司）负责，如因产权造成乙方（注：购房者）无法居住的问题时乙方提出退房，甲方按房屋购买原价加银行同期贷款利息来归还乙方"。培训学校与文化公司《家属楼转让委托协议》签订后，案涉家属楼部分住户与文化公司解除购房合同并领取补偿款。2018 年 2 月，案涉房屋被强制拆除时，本案 45 名申请人在内的部分购房者未能与文化公司达成回购协议。

监督意见。检察机关经审查后认为，王某凤等 45 名申请人虽然未取得产权证明，但其作为房屋的实际购买者和使用人，直接受到被诉行政行为实际影响，属于行政行为的利害关系人，应当享有对案涉房屋相关处理决定的知情权和申辩权。镇政府在拆除案涉房屋的过程中仅将培训学校作为行政行为相对人，剥夺了申请人应享有的陈述、申辩等法定权利。原审法院认为申请人并非限期拆除通知的相对人，不具有法律上利害关系，以其不具有原告主体资格裁定驳回申请人对限期拆除通知、强制拆除行为提起的诉讼，并据此驳回申请人的行政赔偿诉讼请求，系认定事实不清，适用法律错误。

检察机关经分析研究，认为案涉房屋被认定为"违建"属实，但申请人支付了房屋价款享有居住和使用利益。房屋被强制拆除的根源在于房屋建设者即文化公司未办理相关审批手续，案件的关键问题是房屋购买者民事权益的保护与赔偿问题。鉴于文化公司与购房者就因产权造成无法居住的责任承担在购房合同中已有约定，且双方有民事和解意愿，为保护当事人合法权益，避免行政、民事案件分别机械处理导致循环诉讼，检察机关决定通过推动45名申请人与文化公司达成民事和解，促进本案行政争议的实质性化解。

争议化解。本案中，从案涉房屋建设立项到被认定为违建拆除，18年间市域治理政策不断调整，政策变迁等历史原因也是引发诉讼的因素之一。检察机关与镇政府沟通联系，促其出面协调文化公司、培训学校，同时依托镇政府促成案涉各方历经9轮磋商，最终达成以2010年补偿数额为基础，以屋内物品、装修损失赔偿金额为补充的和解方案，落实和解资金2044.5万元。2020年6月，45名申请人先后与文化公司签订和解协议，并撤回监督申请，检察机关作出终结审查决定，127件行政诉讼系列案件得以一并化解。

促进社会治理。检察机关通过审查该系列案件，发现镇政府在本案处理过程中存在执法不规范、缺乏工作合力、方式方法单一等问题，既不利于地区经济发展和政府良好形象的塑造，也容易形成矛盾风险，影响社会和谐稳定。检察机关向镇政府发出检察建议，建议其提升行政管理能力，健全执法全过程记录制度，进一步创新群众工作思路方法，努力提升执法服务水平。收到检察机关检察建议后，镇政府高度重视，立即召开会议研究并部署落实整改，2020年12月27日向北京市人民检察院第一分院反馈了整改情况。

指导意义

（一）人民检察院办理行政诉讼监督系列案件，应当把行政争议实质性化解作为"监督权力"与"保障权利"的结合点，促进各方达成和解。涉众型行政诉讼监督案件，申请人人数众多，处理不当可能影响社会大局稳定。检察机关办理行政检察系列案件，应当在查清案件事实、明晰法律关系、厘清是非责任基础上，秉持服务大局、司法为民理念，恪守客观公正立场，依托基层政府搭建各方磋商平台，畅通群众表达渠道，回应当事人诉求，促进各方在合法合理范围内实现和解。

（二）人民检察院办理与民事纠纷相互交织的行政诉讼监督案件，应当加强分析研判，通过推动民事纠纷的解决促进行政争议一并化解。2014年修改的行政诉讼法增设了在行政诉讼中一并审理民事争议的制度，在涉及行政许可、登记、征收、征用和行政机关对民事争议所作的裁决的行政诉讼中，当事人申请一并解决相关民事争议的，人民法院可以一并审理，有利于减轻当事人讼累，提高司法效率。检察机关办理涉民事纠纷的行政检察案件，通过查明行政争议背后的民事法律关系，分析申请人的真实诉求，综合研判民事纠纷解决对行政争议解决的作用，促使双方当事人达成民事和解，进而推动民事纠纷行政争议一并化解。

相关规定

《中华人民共和国行政诉讼法》第九十一条、第九十三条。

《中华人民共和国人民检察院组织法》第二十一条。

《人民检察院行政诉讼监督规则（试行）》第十三条、第二十条。*

《人民检察院检察建议工作规定》第十一条。

姚某诉福建省某县民政局撤销婚姻登记检察监督案

（检例第 121 号）

关键词

行政争议实质性化解　超过起诉期限　调查核实　公开听证　撤销冒名婚姻登记　刑事立案监督

要　旨

人民检察院对于人民法院以超过起诉期限为由不予立案或者驳回起诉，当事人通过诉讼途径未能实现正当诉求的行政案件，应当发挥法律监督职能，通过促进行政机关依法履职，维护当事人合法权益。人民检察院办理行政诉讼监督案件，应当综合运用调查核实、公开听证、专家论证、检察建议、司法救助等多种方式，促进行政争议实质性化解。人民检察院办理婚姻登记行政诉讼监督案件，对确属冒名婚姻登记的应当建议民政部门依法撤销，发现有关个人涉嫌犯罪的，应当依法监督有关部门立案侦查。

---

* 编者注：《人民检察院行政诉讼监督规则（试行）》已失效。变更为《人民检察院行政诉讼监督规则》。其第十三条变更为第五十八条，内容修改为："人民检察院因履行法律监督职责的需要，有下列情形之一的，可以向当事人或者案外人调查核实有关情况：（一）行政判决、裁定、调解书可能存在法律规定需要监督的情形，仅通过阅卷及审查现有材料难以认定的；（二）行政审判程序中审判人员可能存在违法行为的；（三）人民法院行政案件执行活动可能存在违法情形的；（四）被诉行政行为及相关行政行为可能违法的；（五）行政相对人、权利人合法权益未得到依法实现的；（六）其他需要调查核实的情形。人民检察院不得为证明行政行为的合法性调取行政机关作出行政行为时未收集的证据。"第二十条序号变更为第九十条，新增一款作为第二款："审判人员在审理该案件时有贪污受贿、徇私舞弊、枉法裁判行为，是指已经由生效刑事法律文书或者纪律处分决定所确认的行为。"

基本案情

2013 年 12 月 11 日，一女子使用广西"莫某某"的姓名和身份证明与姚某登记结婚，并收取礼金 7 万余元。登记次日，该女子失踪。姚某向福建省某县民政局申请撤销婚姻登记，民政局认为根据法律规定只有受胁迫登记的才予以撤销，但姚某与"莫某某"的婚姻登记不存在胁迫情形，故未予受理。2019 年 5 月 24 日，姚某向广西壮族自治区某县人民法院提起离婚诉讼，人民法院经审理查明，莫某某于 2010 年 7 月 26 日已与戚某登记结婚，该莫某某非 2013 年与姚某登记结婚的"莫某某"，在人民法院释明后，姚某撤回起诉。2019 年 8 月 21 日，姚某再次向广西壮族自治区某县人民法院提起诉讼，要求宣告其与"莫某某"的婚姻无效。莫某某本人出庭应诉，经人民法院审理查明，结婚证照片上的女子并非该莫某某，莫某某并未与姚某办理结婚登记，故姚某的诉讼请求没有事实依据，人民法院遂裁定驳回姚某的起诉。

2020 年 1 月 3 日，姚某向人民法院提起行政诉讼，请求撤销某县民政局于 2013 年 12 月颁发的结婚证。法院审查后认为，该结婚证系 2013 年 12 月 11 日登记颁发，姚某于 2020 年 1 月 3 日就此提起诉讼，已逾 5 年起诉期限，不符合立案条件，依法裁定不予立案。姚某不服，随后向某市中级人民法院提起上诉、向福建省高级人民法院申请再审，均未获得支持。

检察机关履职情况

案件来源。2020 年 7 月，姚某向福建省某市人民检察院申请监督，检察机关初步审查后认为，姚某的起诉确已超过起诉期限，人民法院裁定不予立案并无不当，但姚某要求撤销婚姻登记诉求合法合理，提起民事诉讼、行政诉讼均未获人民法院裁判支持，行政机关又表示无权主动撤销，姚某的正当诉求无法通过其他途径实现，检察机关决定对此案开展行政争议实质性化解。

调查核实。为查明案涉婚姻是否应当被撤销，检察机关重点围绕案涉婚姻是否存在冒名登记开展调查核实。一是向某县民政局调取《婚姻登记档案》及婚姻登记信息等材料，查明与姚某登记合影照片中的"莫某某"与身份证上的莫某某长相出入较大。且"莫某某"名下共有 5 次婚姻登记信息同时存续，依次在广西、浙江、山西、福建、安徽五省份。二是多次询问姚某及相关证人了解案情和诉讼过程，初步查明"莫某某"收取姚某 7 万元彩礼，冒用他人身份登记结婚并于次日出走等事实。三是福建省三级检察机关组成办案组赴山西跨省开展调查，走访多个相关单位和当事人，查明"莫某某"在山西省某县婚姻登记档案材料中的签名及照片与在福建省某县民政局办理婚姻登记的"莫某某"高度相似；山西某县同"莫某某"办理结婚登记的张某陈述其亦受骗并曾向公安机关报案。检察机关同时查明，姚某撤销婚姻登记的诉求持续 7 年未能得到解决，致使姚某不能与未婚妻登记结婚，两个子女难以落户就学。

公开听证与专家论证。为进一步厘清案件事实、统一认识分歧，检察机关决定进行公开听证。2020 年 9 月 16 日，检察机关邀请人大代表、政协委员、法学专家、政府法律顾问等参与公开听证。听证会重点围绕县民政局是否应当撤销姚某的婚姻登记展开，姚某和行政机关发表了意见，听证员对案涉有关问题进行询问并发表评议意见，多数意见认为县民政局应主动撤销婚姻登记。针对"冒名登记婚姻"应否撤销的法律适用问题，检察机关又邀请法学专家召开论证会。与会专家认为，1994 年《婚姻登记管理条例》规定，婚姻登记机关发现申请婚姻登记的当事人弄虚作假、骗取婚姻登记的，应当撤销婚姻登记，并宣布婚姻无效。虽然此后颁布的《中华人民共和国婚姻法》（2001 年）和《中华人民共和国民法典》均未再将"冒名结婚""假结婚"等明确规定为当事人可请求撤销婚姻的情形，但在检察机关充分调查核实认定骗婚事实的基础上，民政部门主动纠正错误的颁证行为符合立法精神。

监督意见。检察机关认为，根据《中华人民共和国婚姻法》第八条、《婚姻登记条例》第七条的规定，进行结婚登记的，男女双方必须亲自到婚姻登记机关进行结婚登记，婚姻登记机关应当对申请结婚登记当事人出具的证件、证明材料进行审查并询问相关情况，对于当事人符合结婚条件的，予以登记，发给结婚证。县民政局在"莫某某"系冒名的情况下为其与姚某办理结婚登记，缺乏婚姻登记的合法要件。基于已查明的事实，婚姻登记行为存在错误且对姚某造成重大影响，县民政局应予以纠正。2020 年 9 月 1 日，检察机关向县民政局发出检察建议，建议其重新审查姚某的婚姻登记程序，并及时作出相关处理决定。针对"莫某某"冒用他人身份证明结婚、骗取财物涉嫌犯罪的行为，福建省某县人民检察院启动立案监督程序，通知县公安局依法立案侦查。目前"莫某某"已被抓获，该案正在侦办中。

争议化解。2020 年 10 月 10 日，某县民政局注销了姚某与"莫某某"的婚姻登记，姚某的诉求得以实现，持续 7 年的行政争议得到实质性化解。同年 10 月 14 日，某县民政局为姚某和其未婚妻岳某某办理了婚姻登记。鉴于因撤销婚姻登记一案，姚某长期奔波申诉，生活陷入困境，某县人民检察院决定给予姚某司法救助 4 万元，并帮助姚某解决子女就学等实际困难。

指导意义

（一）对于因超过起诉期限被人民法院裁定不予立案或者驳回起诉，当事人通过诉讼途径难以维护合法权益的案件，检察机关应当发挥法律监督职能，促进行政争议实质性化解。人民法院以超过法定起诉期限裁定不予立案或者驳回起诉并无不当的行政案件，并不意味着被诉行政行为当然合法。对这类案件，检察机关不能简单作出不支持监督申请决定，而应当从促进依法行政、推动行政争议实质性化解的角度，进一步审查行政行为的合法性，通过检察建议的方式，督促行政机关依法履行职责，保护公民合法权利，解决好群众身边的操心事、烦心事、揪心事。

（二）人民检察院办理行政诉讼监督案件，应当加大调查核实、公开听证、专家论证、司法救助力度，促进行政争议实质性化解。不少行政争议持续时间长、当事人双方矛盾深。化解行政争议应当以精准化为导向，加强精细化审查，通过调查核实、公开听证等方式查明案件事实，辨明是非，为化解争议奠定基础。针对法律适用的争议，可以邀请专家参与分析论证，统一法律适用分歧。对于行政行为存在违法或瑕疵的，应当有针对性地提出检察建议，促使行政争议从根本上解决。对于当事人因多年诉讼确有生活困难，符合司法救助条件的，检察机关应积极协调司法救助，纾解当事人的生活窘困，体现司法温暖，促进社会和谐。

（三）人民检察院办理婚姻登记行政诉讼监督案件，对确属冒名婚姻登记的应当建议民政部门依法撤销，发现有关个人涉嫌犯罪的，应当依法监督公安机关立案侦查。《中华人民共和国婚姻法》及《中华人民共和国民法典》未规定冒名登记结婚、假结婚可撤销情形，但结婚自愿是婚姻法的最基本原则，提供虚假身份信息的一方当事人不具备缔结婚姻的真实意思表示，缺乏基本的结婚合意要件。人民检察院办理婚姻登记行政诉讼监督案件，经调查核实有证据证明婚姻登记一方当事人确属"骗婚"的，应当建议婚姻登记机关依法撤销婚姻登记。发现涉嫌犯罪的，应当监督公安机关依法立案查处。

相关规定

《中华人民共和国行政诉讼法》第一条、第十一条。

《中华人民共和国检察院组织法》第二十一条。

《中华人民共和国刑事诉讼法》第一百一十三条。

《中华人民共和国婚姻法》第八条。*

《婚姻登记条例》第七条。

《人民检察院行政诉讼监督规则（试行）》第十三条、第三十四条、第三十六条。**

《人民检察院检察建议工作规定》第十一条。

---

* 编者注：《中华人民共和国婚姻法》已失效，其第八条变更为《中华人民共和国民法典》第一千零四十九条，内容修改为："要求结婚的男女双方应当亲自到婚姻登记机关申请结婚登记。符合本法规定的，予以登记，发给结婚证。完成结婚登记，即确立婚姻关系。未办理结婚登记的，应当补办登记。"

** 编者注：《人民检察院行政诉讼监督规则（试行）》已失效，变更为《人民检察院行政诉讼监督规则》。其第十三条变更为第五十八条，内容修改为："人民检察院因履行法律监督职责的需要，有下列情形之一的，可以向当事人或者案外人调查核实有关情况：（一）行政判决、裁定、调解书可能存在法律规定需要监督的情形，仅通过阅卷及审查现有材料难以认定的；（二）行政审判程序中审判人员可能存在违法行为的；（三）人民法院行政案件执行活动可能存在违法情形的；（四）被诉行政行为及相关行政行为可能违法的；（五）行政相对人、权利人合法权益未得到依法实现的；（六）其他需要调查核实的情形。人民检察院不得为证明行政行为的合法性调取行政机关作出行政行为时未收集的证据。"第三十四条内容已删除。第三十六条序号变更为第一百三十六条，内容修改为："人民检察院办理行政诉讼监督案件，向有关单位和部门提出检察建议，本规则没有规定的，适用《人民检察院检察建议工作规定》的相关规定。"

第三十一批指导性案例

李某滨与李某峰财产损害赔偿纠纷支持起诉案

（检例第 122 号）

关键词

残疾人权益保障　支持起诉　监护人侵权　协助收集证据

要旨

因监护人侵害智力残疾的被监护人财产权，智力残疾人诉请赔偿损失存在障碍而请求支持起诉的，检察机关可以围绕法定起诉条件协助其收集证据，为其起诉维权提供帮助。在支持起诉程序中，检察机关应当依法履行支持起诉职能，保障当事人平等行使诉权。

基本案情

李某滨系三级智力残疾人，日常生活由弟弟李某峰照料。2017 年 1 月 24 日，李某峰以李某滨监护人身份与案外人季某签订房屋买卖协议，将登记在李某滨名下并实际为其所有的一套房屋以 130 万元价款出售给季某。签约后，售房款 130 万元转入李某峰银行账户内，房屋所有权变更登记至季某名下。2017 年 8 月 23 日，李某峰又将该售房款转入其个人名下另一银行账户内。2018 年 12 月 17 日，李某峰因肝脏疾病住院治疗。2018 年 12 月 24 日，李某峰与妻子杨某敏协议离婚，约定夫妻双方共同共有的天津市河西区的房产、所有存款及其他夫妻共同财产全部归杨某敏所有。2019 年 1 月至 6 月，李某峰陆续将上述 130 万元售房款转出，用于支付其肝脏移植手术费用。2019 年 7 月，李某峰病逝。2019 年 10 月，李某峰之女李某将李某峰银行账户内 204519.33 元返还给李某滨、李某峰姐姐李某光，剩余售房款未返还。

2020 年 1 月 13 日，天津市河西区人民法院（以下简称河西区法院）作出一审民事判决，认定李某滨为限制民事行为能力人，指定李某光为李某滨的监护人。后李某光向李某峰前妻杨某敏、女儿李某追索未返还的售房款未果。2020 年 1 月 21 日，李某滨向河西区法院提起民事诉讼，请求判令杨某敏、李某赔偿损失。因售房由原监护人李某峰实施，李某滨不了解售房价款、售房款去向等具体情节，无法提出具体的诉讼请求，河西区法院未予受理。

受理情况。2020 年 1 月 21 日，李某滨以其系智力残疾人，无法收集法院受理案件所需证据为由，向天津市河西区人民检察院（以下简称河西区检察院）申请支持起诉，该院审查后予以受理。

审查过程。河西区检察院经向河西区法院了解情况后确认，法院认定李某滨为限制民事行为能力人、李某光为监护人的民事判决已生效。经向天津市规划和自然资源局了解，2017 年 1 月 24 日，李某峰以李某滨监护人名义与案外人季某签订房屋买卖协议，将李某滨名下房屋以 130 万元价格出售给季某并办理过户手续。河西区检察院与河西区司法局联系，帮助李某滨聘请法律援助律师，提供无偿法律服务。

支持起诉意见。2020 年 1 月 22 日，李某滨监护人李某光作为法定代理人再次向河西区法院提起财产损害赔偿诉讼，河西区检察院同日发出支持起诉意见书。检察机关认为，李某滨系三级智力残疾人，属于特殊群体，系支持起诉对象。李某滨名下房产被监护人李某峰售出后，售房款被李某峰私自挪用，李某滨的财产权益受到严重侵害，有权通过民事诉讼程序获得救济，是民事诉讼适格主体。本案有明确被告，具体的诉讼请求和事实、理由，属于人民法院受理民事诉讼的范围和受诉人民法院管辖，符合法定起诉受理条件。

裁判结果。2020 年 1 月 22 日，河西区法院受理李某滨的起诉。2020 年 10 月 21 日，河西区法院作出一审民事判决。法院认定，李某峰将李某滨名下房产出售并将售房款 130 万元私自挪用，其行为构成侵权，造成被监护人李某滨财产损失 1095480.67 元，应当承担侵权赔偿责任。杨某敏与李某峰原为夫妻关系，于 2018 年 12 月 24 日协议离婚，约定将夫妻共同财产中的天津市河西区的房产和其他夫妻共同财产全部归杨某敏所有，住院治疗费使用出售李某滨房产所得房款支付，属于恶意串通侵害他人财产。杨某敏是侵权行为的受益人，应在受益的财产范围内承担民事责任。据此，该院作出一审判决，判令杨某敏以天津市河西区房产市场价值 1/2 份额为限承担赔偿李某滨 1095480.67 元的责任。判决生效后，李某滨已于 2020 年 12 月 17 日收到判决确定给付的全部款项。

（一）依法履行支持起诉职能，保障残疾人等特殊群体平等行使诉权。《中华人民共和国民事诉讼法》第十五条规定："机关、社会团体、企业事业单位对损害国家、集体或者个人民事权益的行为，可以支持受损害的单位或者个人向人民法院起诉。"支持起诉的要义是支持受损害的单位或者个人起诉，特别是支持特殊群体能够通过行使诉权获得救济，保障双方当事人诉权实质平等。适用条件上，检察机关支持起诉原则上以有关行政机关、社会团体等部门履职后仍未实现最低维权目标为前提条件。在支持起诉程序中，检察机关应当秉持客观公正立场，遵循自愿原则、处分原则、诉权平等原则等民事诉讼基本原则，避免造成诉权失衡；可以综合运用提供法律咨询、协助收集证据、提出支持起诉意见、协调提供法律援助等方式为残疾人等特殊群体起诉维权提供帮助。支持起诉并非代替当事人行使诉权，检察机关不能独立启动诉讼程序。除有涉及国家利益、社会公共利益等重大影响的案件外，检察机关一般不出席法庭；出庭时可以宣读支持起诉意见书，但不参与举证、质证等其他庭审活动；当事人撤回起诉的，支持起诉程序自行终结，检察机关无需撤回支持起诉意见。

（二）被监护人的财产权受到监护人侵害，人民法院以诉讼请求不具体为由未予受理的，检察机关可以依申请支持其起诉。监护人应当履行法定职责，保护被监护人的人身权和财产权不受侵害。监护人擅自出售被监护人名下房产用于个人医疗、购房等个人支出，侵害被监护人财产权益的，被监护人有权请求监护人赔偿损失。客观上，智力残疾人等被监护人诉讼能力偏弱，在其权利受到侵害时，难以凭个人之力通过民事诉讼程序获得救济。检察机关对于履职过程中发现的残疾人合法权益受到侵害的线索，应当先行督促残疾人联合会、残疾人居住地的居民委员会、村民委员会等社会团体、自治组织为残疾人维权提供法律帮助。残疾人径行向人民法院起诉的，应当告知其有权申请法律援助。认知能力低下的残疾人因财产权受到侵害提起损害赔偿诉讼，人民法院未告知其有权申请法律援助，以其诉讼请求不具体为由未予受理的，在尊重其真实意愿的前提下，检察机关可以依申请支持起诉，帮助其获得法律救济。

（三）综合运用协助收集证据、协调提供法律援助等方式，为智力残疾人起诉维权提供帮助。依照民事诉讼法相关规定，原告起诉必须符合法定条件。智力残疾人作为限制行为能力人虽然可以实施与其智力、精神状况相适应的民事法律行为，但难以独立、充分围绕法定起诉条件收集证据，提出诉讼请求。在支持起诉程序中，检察机关可以通过提供法律咨询，加强释法说理，引导智力残疾人自行收集证据；智力残疾人无法自行收集的，检察机关可以依法协助其收集确定当事人具体诉讼请求、证明原被告与案件争议事实存在关联并符合起诉条件的相应证据。检察机关可以与司法行政部门协调，为智力残疾人提供法律援助，由法律援助人员作为智力残疾人的委托代理人参加诉讼。

相关规定

《中华人民共和国民事诉讼法》（2017 年修正）第十五条、第一百一十九条（现为 2023 年修正后的第十五条、第一百二十二条）。

《中华人民共和国残疾人保障法》第九条、第六十条。

胡某祥、万某妹与胡某平赡养纠纷支持起诉案

（检例第 123 号）

【关键词】

老年人权益保障　支持起诉　不履行赡养义务　多元化解机制

【要　旨】

老年人依法起诉要求成年子女履行赡养义务，但是缺乏起诉维权能力的，检察机关可以依老年人提出的申请，支持其起诉维权。支持起诉的检察机关可以运用多元化解纠纷机制，修复受损家庭关系。案件办结后，可以开展案件回访，巩固办案效果。

【基本案情】

胡某祥、万某妹系夫妻。胡某祥现年 84 岁，基本丧失劳动能力。万某妹现年 75 岁，2019 年 7 月因出血性脑梗死、高血压、糖尿病等先后住院两次，丧失自理能力。胡某祥、万某妹夫妇育有五名子女且均已成家，其中长女胡某玉患有精神疾病无赡养能力，次子胡某平有赡养能力但拒绝赡养父母，其余三子女不同程度地承担赡养义务。胡某祥、万某妹夫妻每月收入不足 1400 元，无力支付医疗费、护理费，生活陷入困境。

【检察机关履职过程】

受理情况。2019 年 12 月 17 日，胡某祥、万某妹夫妇因次子胡某平不履行赡养义务，生活陷入困境，就起诉维权事宜向江西省南昌市青山湖区罗家镇司法所申请法律援助，并向江西省南昌市青山湖区人民检察院（以下简称青山湖区检察院）申请支持起诉，该院审查后予以受理。

审查过程。青山湖区检察院经询问当事人、实地走访等了解到，胡某祥、万某妹夫妇生活基本不能自理，次子胡某平以其父母不抚养孙辈、财产分配不均等为由拒不分担老人医疗费、护理费，经村民委员会调解未果。考虑到本案系家事纠纷，应联合司法所、村民委员会等引导调处缓解家庭矛盾，青山湖区检察院开展一系列有针对性的矛盾化解工作。一是主动约谈胡某平夫妇，向其宣讲老年人权益保障法等相关法律，阐明拒绝赡养老人的法律后果；二是主动邀请胡某平亲戚邻居参与矛盾化解，帮助胡某平夫妇认识到拒绝赡养老人带来的亲情损害，与社会主义核心价值观相悖。经多次调解，胡某平夫妇对父母的态度发生较大变化，愿意花钱请人护理，但其同意承担的

费用与客观需要尚有一定差距，无法达成和解协议。

支持起诉意见。2019年12月23日，胡某祥、万某妹向江西省南昌市青山湖区人民法院（以下简称青山湖区法院）提起诉讼，青山湖区检察院同日发出支持起诉意见书。检察机关认为，敬老爱老自古以来就是中华民族的传统美德。成年子女应当履行对父母经济供养、生活照料和精神慰藉的赡养义务，使患病的父母及时得到治疗和护理。胡某平作为胡某祥、万某妹之子，拒不履行赡养义务，有违法律规定。

裁判结果。青山湖区法院受理本案后，青山湖区检察院主动就前期矛盾纠纷化解情况与法院沟通，配合开展调解工作。在法院、检察院、派出所、司法所等共同努力下，当事人达成调解协议。2019年12月26日，青山湖区法院作出民事调解书：一、胡某祥、万某妹的生活费由其自理，子女胡会某、胡和某、胡某包及胡某平每月按顺序轮流负责护理父母胡某祥、万某妹，胡某平支付相应的护理费；二、胡某祥、万某妹的医疗费用由子女胡某平、胡某包各负担一半。

本案办结后，青山湖区检察院与青山湖区法院会签《关于加强民事支持起诉工作的协作意见》、与江西省南昌市青山湖区司法局会签《关于建立支持起诉和法律援助工作联系机制的规定》。青山湖区检察院联合当地村委会，开展"送法进乡村"活动，结合本案及其他相关案例开展普法宣传，教育引导村民知法守法，促进村风改善和乡村治理。2020年12月30日，青山湖区检察院联合法院、妇联、民政局、司法所以及村委会等相关单位，再次回访了胡某祥、万某妹夫妇。胡某祥反映，其子胡某平不仅及时给付医药费、护理费，还经常上门探望。胡某祥对检察机关等单位帮助修复受损家庭关系，实现家庭和睦，表示衷心感谢。

指导意义

（一）运用多元化解纠纷机制，修复受损家庭关系。支持老年人追索赡养费案件，属于家事纠纷，要把化解矛盾、消除对立、修复受损家庭关系作为价值追求，坚持和发展新时代"枫桥经验"，将多元化解纠纷机制贯穿于支持起诉工作始终。要与司法行政机关、村委会、居委会基层群众性自治组织及人民调解组织等紧密合作，找准纠纷症结所在，做实做深矛盾化解工作，促使当事人达成和解协议。当事人未能达成和解协议诉至人民法院的，积极配合人民法院开展诉讼调解工作。通过人民调解、诉讼调解，最大限度地修复受损的家庭关系，树立优良家风，弘扬家庭美德。

（二）老年人缺乏起诉维权能力的，检察机关可以支持老年人起诉。百善孝为先。让老年人老有所养、老有所依是践行社会主义核心价值观的必然要求，是弘扬家庭美德的主要途径。成年子女不履行赡养义务的，缺乏劳动能力或者生活困难的父母有权要求成年子女给付赡养费。维护保障老年人合法权益是全社会的共同责任，县级以上人民政府负责老龄工作的机构，负责组织、协调、指导、督促有关部门做好老年人权益保障工作。基层群众性自治组织和依法设立的老年人组织亦负有维护老年人合法权益，为老年人服务的职责。检察机关履职中发现老年人合法权益受到侵害的，应当先行联系政府有关部门、基层群众性组织等为老年人维权提供帮助。老年人因年龄、身体、文化等原因不能独立提起诉讼追索赡养费而陷入生活困境的，其维权获得帮助后尚未解困的，检察机关可以支持老年人起诉，帮助老年人行使诉权，维护老年人的合法权益。

（三）积极开展案件回访，巩固办案效果。赡养包括经济帮助与亲情慰藉，缺一不可。新矛盾、新问题的出现可能造成修复的家庭关系再次破裂。办理此类案件，不能一诉了之，而要持续关注并巩固办案效果。灵活采取电话回访、实地回访、联合回访等形式，跟踪了解生效裁判执行情况和家庭关系现状，及时化解新矛盾、解决新问题。

相关规定

《中华人民共和国民事诉讼法》（2017 年修正）第十五条（现为 2023 年修正后的第十五条）。

《中华人民共和国民法总则》第二十六条第二款 。*

《中华人民共和国老年人权益保障法》第十四条、第十五条第一款、第十九条第二款。

孙某宽等 78 人与某农业公司追索劳动报酬纠纷支持起诉案

（检例第 124 号）

关键词

进城务工人员权益保障 支持起诉 追索劳动报酬 服务保障企业发展

要　旨

劳动报酬是进城务工人员维持生计的基本保障，用人单位未按照国家规定和劳动合同约定及时足额支付劳动报酬的，检察机关应当因案制宜，通过督促人力资源社会保障等单位履职尽责、支持起诉、移送拒不支付劳动报酬罪线索等方式保障进城务工人员获得劳动报酬。

---

* 编者注：《中华人民共和国民法总则》已废止，其第二十六条修改为《中华人民共和国民法典》第二十六条，内容未修改。

基本案情

某农业公司负责温州市某现代农业园项目运营，招聘孙某宽等78名进城务工人员从事日常生产经营，但双方未签订劳动合同。2016年3月，某农业公司资金周转困难，至2017年11月共拖欠78名进城务工人员工资128.324万元。2018年1月初，78名进城务工人员仍未能领到拖欠的工资，多次到有关部门上访。

检察机关履职过程

受理情况。2018年1月，浙江省温州市龙湾区人民检察院（以下简称龙湾区检察院）在参与人力资源社会保障部门开展的进城务工人员讨薪专项监督活动中，发现某农业公司存在拖欠众多进城务工人员工资的线索。该院及时与人力资源社会保障、财政等部门共同努力，协调动用应急周转金50万元，为78名进城务工人员垫付部分工资。2018年4月11日，孙某宽等78名进城务工人员向龙湾区检察院申请支持起诉，请求检察机关为其起诉讨薪提供法律帮助。该院审查后予以受理。

审查过程。龙湾区检察院查明：经某农业公司与78名进城务工人员共同确认，2016年3月至2017年11月间，欠薪金额总计128.324万元。在前期开展矛盾化解工作的基础上，龙湾区检察院继续与78名进城务工人员、某农业公司沟通交流，引导双方当事人达成和解协议，但因某农业公司资金周转暂时困难未果。

支持起诉意见。2018年4月20日，孙某宽等78人向浙江省温州市龙湾区人民法院（以下简称龙湾区法院）提起诉讼，龙湾区检察院同日发出支持起诉意见书。检察机关认为，某农业公司长期拖欠众多进城务工人员劳动报酬总计128.324万元，进城务工人员作为支持起诉申请人请求某农业公司支付劳动报酬，事实清楚，证据充分，孙某宽等78人提起的诉讼应予受理。

裁判结果。2018年4月20日，龙湾区法院受理孙某宽等78人的起诉。庭审前，检察机关认为，某农业公司系有发展潜力的企业，资金暂时周转困难，且有关单位已动用应急周转金垫付部分拖欠的劳动报酬，建议法院主持双方调解。在龙湾区法院、检察院共同努力下，当事人达成调解协议。2018年4月27日，龙湾区法院出具调解书，确认某农业公司于2018年5月27日前支付所欠孙某宽等78人的工资（扣除已领取的垫付金额）。某农业公司现已履行调解书确定的给付义务，经营状况良好。有关单位与某农业公司就50万元垫付款的后续处理已达成协议。

指导意义

（一）因案制宜，妥善解决欠薪问题。进城务工人员享有按时足额获得劳动报酬的权利。人力资源社会保障部门负有组织实施劳动保障监察、协调劳动者维权工作，依法查处涉劳动保障重大案件的职责。检察机关履职中发现拖欠劳动报酬线索的，应当甄别是否属于恶意欠薪。对于恶意欠薪，可能涉嫌拒不支付劳动报酬罪的，应当将犯罪线索移送公安机关立案审查。对于欠薪行为未构成犯罪的，可以协调人力资源社会保障部门履职尽责。对人力资源社会保障等职能部门履职后仍未能获得劳动报酬的，检察机关应当在尊重进城务工人员意愿的前提下，依法支持其起诉维权。

（二）依法履职，切实保护劳动者的合法权益。劳动报酬是进城务工人员维持生计的基本保障。根治进城务工人员欠薪问题，关乎进城务工人员切身利益，关乎社会和谐稳定。进城务工人员多在建筑、餐饮、快递等行业就业，因相关市场不规范、未签订劳动合同、法律知识欠缺等原因，部分进城务工人员起诉讨薪往往会遇到诸如确定用工主体难、明确诉讼请求难等问题。对经政府主管部门协调后仍未能获得劳动报酬的进城务工人员，检察机关应当及时通过提供法律咨询、协助收集证据等方式支持进城务工人员追索劳动报酬，维护其合法权益，促进社会和谐稳定。

（三）加强配合，保障进城务工人员获得劳动报酬的同时，服务保障企业发展。对于企业因经营管理、政策调整、市场变化等因素暂时无力支付进城务工人员工资的情形，可以运用多元化解纠纷机制，做好矛盾化解工作，引导进城务工人员与企业共渡难关。同时，加强与人力资源社会保障、财政、街道等单位协作配合，在为进城务工人员提供基本生活保障的前提下，为企业恢复正常经营提供缓冲期，服务保障企业发展。

相关规定

《中华人民共和国民事诉讼法》（2017年修正）第十五条（现为2023年修正后的第十五条）。

《中华人民共和国劳动法》第三条。

《中华人民共和国劳动合同法》第三十条。

安某民等80人与某环境公司确认劳动关系纠纷支持起诉案
（检例第125号）

关键词

劳动者权益保障　支持起诉　确认劳动关系　社会保险

要旨

劳动者要求用人单位补办社保登记、补缴社会保险费未果的，检察机关可以协助收集证据、提出支持起诉意见，支持劳动者起诉确认劳动关系，为其办理社保登记、补缴社会保险费提供帮助。

基本案情

安某民等80人自2003年起先后在南京市某环卫所（系事业单位，以下简称某环卫所）从事环卫工作。双方未订立劳动合同，也未办理社保登记、缴纳社会保险费。2012 年 11 月，某环卫所改制转企为某环境公司。安某民等 80 人继续在某环境公司工作，但仍未订立劳动合同。2018 年，安某民等 80 人多次向某环境公司提出补办社保登记手续、补缴入职以来社会保险费等诉求未果。2020 年 3 月 16 日，安某民等 80 人向劳动争议仲裁机构申请确认与某环境公司之间存在劳动关系。劳动争议仲裁机构以劳动者未提交与某环境公司存在劳动关系的初步证据为由未予受理。2020 年 3 月 31 日，安某民等 80 人诉至江苏省南京市玄武区人民法院（以下简称玄武区法院），请求确认与某环境公司存在劳动关系。

检察机关履职过程

受理情况。2020 年 4 月 20 日，安某民等 80 人因无法收集某环境公司改制的证据等原因，向江苏省南京市玄武区人民检察院（以下简称玄武区检察院）申请支持起诉，请求检察机关为其维权提供法律帮助，该院审查后予以受理。

审查过程。玄武区检察院从南京市玄武区城管局调取了某环卫所改制的相关文件，证明用人单位的沿革及 80 人事实劳动关系的承继，该证据与确认劳动关系及劳动者的工作年限密切相关。从相关街道办事处和某环境公司调取了某环卫所改制前后的工资发放签名表，证明安某民等 80 人与某环境公司存在劳动关系。经询问当事人、走访了解，玄武区检察院查明：安某民等 80 人在某环卫所从事环卫工作均已超过 10 年。某环卫所改制转企后，安某民等 80 人向某环境公司提出补办社保登记、补缴社会保险费未果而形成群体性诉求。经梳理相关证据材料、逐人逐项核对，某环境公司需补缴安某民等 80 人社会保险费共计 400 余万元。

支持起诉意见。2020 年 4 月 27 日，玄武区检察院分别向玄武区法院发出支持起诉意见书。检察机关认为，劳动者的合法权益受法律保护。安某民等 80 名劳动者与某环卫所存在事实劳动关系。某环卫所改制后，某环境公司承继其权利义务并延续与安某民等 80 人的劳动关系。安某民等 80 人提出的诉讼请求具有事实和法律依据。

裁判结果。玄武区法院一审审理中，玄武区检察院派员到庭宣读支持起诉意见书。2020 年 9 月，玄武区法院作出一审民事判决。法院认定，用人单位自用工之日起即与劳动者建立劳动关系。安某民等人在某环卫所从事环卫工作，即与该所建立劳动关系。后某环卫所改制转企，相应的权利义务应由某环境公司承继。遂确认安某民等人与某环境公司存在劳动关系。一审判决生效后，社保部门为安某民等人补办了社保登记手续。玄武区检察院积极协调有关行政部门和用人单位确定社会保险费筹集方案并促成资金落实到位。后社保部门分别为 75 名环卫工人办理了补缴社会保险费手续。

指导意义

（一）劳动者提出补办社保登记、补缴社会保险费未果的，检察机关可以支持其起诉确认劳动关系，为其补办社保登记、补缴社会保险费提供帮助。国家建立基本养老保险、基本医疗保险等社会保险制度，保障劳动者在年老、患病、工伤、失业等情况下依法从国家和社会获得物质帮助的权利。用人单位应当依法为劳动者办理社会保险。实践中，部分用人单位未办理社保登记、未足额缴纳社会保险费，侵害了劳动者合法权益，使得劳动者难以实现老有所养、老有所医。检察机关履职中发现用人单位未依规为职工办理社会保险登记、未足额缴纳社会保险费的，应当先行协调政府责任部门履职尽责。经相关责任部门处理后仍未实现最低维权目标的，依照现行法律规定，劳动者诉请用人单位补办社保登记、补缴社会保险费存在客观障碍的，检察机关可依劳动者申请支持起诉确认劳动关系。人民法院确认劳动关系的生效裁判，可以作为办理社保登记、补缴社会保险费的依据。

（二）协助劳动者收集证据，为其起诉维权提供帮助。依照民事诉讼法相关规定，人民法院立案后发现不符合起诉条件的，裁定驳回原告的起诉。据此，因无法独立、充分地围绕法定起诉条件收集证据，劳动者在诉讼中可能丧失司法救济的机会。检察机关在诉讼中可依申请围绕法定起诉条件协助劳动者补充相关证据。一是协助收集被告身份的完整信息，比如用人单位变更材料、改制文件等。二是协助收集与具体诉讼请求和事实相关的起诉必备证据。比如，完整的工资支付凭证或者记录、工作证、招工招聘登记表、考勤表等。检察机关支持起诉的目的是保障劳动者实现诉权平等，而非代替劳动者行使诉权，检察机关不能独立启动诉讼程序。对于具有重大社会意义或者法律意义的案件，经商人民法院，检察机关可以出庭宣读支持起诉意见书。

相关规定

《中华人民共和国民事诉讼法》（2017 年修正）第十五条（现为 2023 年修正后的第十五条）。

《中华人民共和国劳动合同法》第七条、第三十四条。

《中华人民共和国劳动法》第七十条、第七十三条。

《中华人民共和国劳动争议调解仲裁法》第二条、第五条。

张某云与张某森离婚纠纷支持起诉案

（检例第 126 号）

关键词

妇女权益保障　支持起诉　反家庭暴力　尊重家暴受害人真实意愿

要旨

反家庭暴力是国家、社会和每个家庭的共同责任，检察机关应当加强与公安机关、人民法院、工会、共产主义青年团、妇女联合会、残疾人联合会、居民委员会、村民委员会等单位、组织的协作配合，形成维护家庭暴力受害人合法权益的合力。在充分尊重家庭暴力受害人真实意愿的前提下，对惧于家庭暴力不敢起诉，未获得妇女联合会等单位帮助的，检察机关可依申请支持家庭暴力受害人起诉维权。

基本案情

2006年3月9日，张某云与张某森登记结婚。2019年6月，因张某森实施家庭暴力，张某云起诉离婚。河北省武邑县人民法院（以下简称武邑县法院）审理后认定，夫妻双方结婚十余年，因家庭琐事发生纠纷，夫妻关系不睦，但夫妻感情尚未破裂；虽然张某云提交因遭受家庭暴力受伤的照片，但未能提供充分证据证实达到婚姻法规定的"家庭暴力"并导致夫妻感情确已破裂的程度，考虑到双方婚后育有两个子女，且尚未成年，父母离婚往往会对孩子成长产生不利影响，为顾及双方子女利益，家庭关系稳定，社会和谐，判决不准张某云与张某森离婚。一审判决生效后，张某森与张某云继续分居。张某森仍时常殴打、恐吓张某云，导致张某云无法正常生活，夫妻关系并未改善，反而更加恶化。

检察机关履职过程

受理情况。2020年4月12日，张某云以遭受家庭暴力请求离婚为由向河北省武邑县司法局申请法律援助。在该局指引下，张某云向河北省武邑县人民检察院（以下简称武邑县检察院）申请支持起诉，该院审查后予以受理。

审查过程。武邑县检察院通过询问张某云，查阅张某云母亲王某同报案材料、派出所出警记录、张某云伤情照片、微信聊天记录等调查核实工作，查明：张某森对张某云多次实施殴打，造成张某云面部、颈部多处瘀青、眼球充血；张某森还对张某云实施经常性恐吓等精神强制，致使张某云在第一次离婚诉讼时不敢出庭。武邑县检察院对张某云进行心理疏导，引导其走出心理阴影；向其宣讲反家庭暴力法等相关法律规定，鼓励其敢于向家庭暴力说不，勇于维护自身合法权益。

支持起诉意见。2020年4月16日，张某云再次向武邑县法院提起离婚诉讼，武邑县检察院同日发出支持起诉意见书。检察机关认为，张某云长期遭受家庭暴力，系家暴受害妇女，其合法权益依法应得到保护，根据《中华人民共和国民事诉讼法》第十五条之规定，可以支持其向人民法院起诉离婚。

裁判结果。2020年4月16日，武邑县法院受理张某云的起诉。2020年5月28日，武邑县法院作出一审民事判决，认定张某云遭受家庭暴力的事实，认为夫妻感情确已破裂，准予张某云与张某森离婚。一审判决后，张某森提出上诉。2020年7月15日，河北省衡水市中级人民法院作出民事调解书，双方当事人同意离婚，并就子女抚养、夫妻共同财产分割等达成协议。

指导意义

（一）加强协作配合，形成保护家庭暴力受害人的合力。国家禁止任何形式的家庭暴力。"法不入家门"已成为历史，反对家庭暴力不仅是家事，更是国家和全社会的共同责任。《反家庭暴力法》第四条规定，县级以上人民政府有关部门、司法机关、人民团体、社会组织、居民委员会、村民委员会、企事业单位，应当依照本法和有关法律规定，做好反家庭暴力工作。第六条至第十条、第十四条等诸多条款规定司法机关、行政机关、社会团体、群众性自治组织等在反家暴工作中的责任与义务。检察机关履职中发现家暴线索的，应当先行协调相关责任单位履职尽责。检察机关除做好家庭暴力受害人的法律宣讲、心理疏导外，可以与民政部门联系，将家庭暴力受害人安置到救助管理机构或者福利机构提供的临时庇护场所，提供临时生活帮助；可以引导家庭暴力受害人向公安机关报案、向人民法院申请人身保护令，保护其人身安全；对于涉嫌虐待犯罪的，可以引导家庭暴力受害人向人民法院提起刑事自诉追究加害人的刑事及附带民事赔偿责任。

（二）尊重家庭暴力受害人真实意愿，依申请支持其起诉维权。家庭暴力受害人享有婚姻自主权、人身损害赔偿请求权。家庭暴力受害人因害怕本人、父母、子女遭受报复等而不敢起诉维权，在获得妇女联合会等部门帮助下仍未能实现维权目标的，在充分尊重家庭暴力受害人真实意愿的前提下，检察机关可依其申请支持起诉，维护其合法权益。

相关规定

《中华人民共和国民事诉讼法》（2017 年修正）第十五条（现为 2023 年修正后的第十五条）。

《中华人民共和国婚姻法》第三条、四十三条、四十五条、四十六条。*

《中华人民共和国反家庭暴力法》第二条、第三条。

《中华人民共和国妇女权益保障法》第四十六条。

---

* 编者注，《中华人民共和国婚姻法》已失效，其第三条修改为《中华人民共和国民法典》第一千零四十二条，内容未修改；其第四十三条、第四十五条已删除；其第四十六条修改为《中华人民共和国民法典》第一千零九十一条："有下列情形之一，导致离婚的，无过错方有权请求损害赔偿：（一）重婚；（二）与他人同居；（三）实施家庭暴力；（四）虐待、遗弃家庭成员；（五）有其他重大过错。"

第三十二批指导性案例

白静贪污违法所得没收案
（检例第 127 号）

关键词

违法所得没收　　证明标准　　鉴定人出庭　　举证重点

要旨

检察机关提出没收违法所得申请，应有证据证明申请没收的财产直接或者间接来源于犯罪所得，或者能够排除财产合法来源的可能性。人民检察院出席申请没收违法所得案件庭审，应当重点对于申请没收的财产属于违法所得进行举证。对于专业性较强的案件，可以申请鉴定人出庭。

基本案情

犯罪嫌疑人白静，男，A 国有银行金融市场部投资中心本币投资处原处长。

利害关系人邢某某，白静亲属。

诉讼代理人牛某，邢某某儿子。

2008 至 2010 年间，白静伙同樊某某（曾任某国有控股的 B 证券公司投资银行事业部固定收益证券总部总经理助理、固定收益证券总部销售交易部总经理等职务，另案处理）等人先后成立了甲公司及乙公司，并在 C 银行股份有限公司为上述两公司开设了资金一般账户和进行银行间债券交易的丙类账户。白静、樊某某利用各自在 A 银行、B 证券公司负责债券买卖业务的职务便利，在 A 银行购入或卖出债券，或者利用 B 证券公司的资质、信用委托其他银行代为购入、经营银行债券过程中，增加交易环节，将白静实际控制的甲公司和乙公司引入交易流程，使上述两公司与 A 银行、B 证券公司进行关联交易，套取 A 银行、B 证券公司的应得利益。通过上述方式对 73 只债券交易进行操纵，甲公司和乙公司在未投入任何资金的情况下，套取国有资金共计人民币 2.06 亿余元。其中，400 余万元由樊某某占有使用，其他大部分资金由白静占有使用，白静使用 1.45 亿余元以全额付款方式购买 9 套房产，登记在自己妻子及其他亲属名下。该 9 套房产被办案机关依法查封。

2013年9月9日，内蒙古自治区公安厅以涉嫌职务侵占罪对白静立案侦查，查明白静已于2013年7月31日逃匿境外。2013年12月7日，内蒙古自治区人民检察院对白静批准逮捕，同年12月17日国际刑警组织对白静发布红色通报。2019年2月2日，内蒙古自治区公安厅将白静涉嫌贪污罪线索移送内蒙古自治区监察委员会，同年2月28日，内蒙古自治区监察委员会对白静立案调查。同年5月20日，内蒙古自治区监察委员会向内蒙古自治区人民检察院移送没收违法所得意见书。同年5月24日，内蒙古自治区人民检察院将案件交由呼和浩特市人民检察院办理。同年6月6日，呼和浩特市人民检察院向呼和浩特市中级人民法院提出没收违法所得申请。利害关系人及其诉讼代理人在法院公告期间申请参加诉讼，对检察机关没收违法所得申请没有提出异议。2020年11月13日，呼和浩特市中级人民法院作出违法所得没收裁定，依法没收白静使用贪污违法所得购买的9套房产。

（一）提前介入完善主体身份证据，依法妥善处理共同犯罪案件。内蒙古自治区检察机关提前介入白静案时，审查发现证明白静构成贪污罪主体身份的证据不足，而共同犯罪人樊某某已经被呼和浩特市赛罕区人民检察院以职务侵占罪提起公诉。检察机关依法将白静案和樊某某案一并审查，建议内蒙古自治区监察委员会针对二人主体身份进一步补充调取证据。监察机关根据检察机关列出的补充完善证据清单，补充调取了A银行党委会议纪要、B证券公司党政联席会议纪要、任命文件等证据，证明白静与樊某某均系国家工作人员，二人利用职务上的便利侵吞国有资产的共同犯罪行为应当定性为贪污罪。检察机关在与监察机关、公安机关、人民法院就案件新证据和适用程序等问题充分沟通后，依法适用违法所得没收程序申请没收白静贪污犯罪所得，依法对樊某某案变更起诉指控罪名。

（二）严格审查监察机关没收违法所得意见，准确界定申请没收的财产范围。监察机关调查期间依法查封、扣押、冻结了白静亲属名下11套房产及部分资金，没收违法所得意见书认定上述财产均来源于白静贪污犯罪所得，建议检察机关依法申请没收。检察机关审查认为，监察机关查封的9套房产系以全额付款方式购买，均登记在白静亲属名下，但登记购买人均未出资且对该9套房产不知情；9套房产的购买资金均来源于白静实际控制的甲公司和乙公司银行账户；白静伙同樊某某利用职务便利套取A银行和B证券公司资金后转入甲公司和乙公司银行账户。根据现有证据，可以认定该9套房产来源于白静贪污犯罪所得。

其余2套房产，现有证据证明其中1套系白静妻兄向白静借钱购买，且事后已将购房款项归还，检察机关认为无法认定该套房产属于白静贪污犯罪所得，不应列入申请没收的财产范围；另1套房产由樊某某购买并登记在樊名下，现有证据能够证明购房资金来源于二人贪污犯罪所得，但在樊某某案中处理更为妥当。监察机关冻结、扣押的资金，检察机关审查认为来源不清，且白静夫妇案发前一直在金融单位工作，收入较高，同时使用家庭收入进行了股票等金融类投资，现有证据尚达不到认定高度可能属于白静贪污违法所得的证明标准，不宜列入申请没收范围。监察机关认可上述意见。

（三）申请鉴定人出庭作证，增强庭审举证效果。本案证据繁杂、专业性强，白静贪污犯罪手段隐秘、过程复杂，在看似正常的银行间债券买卖过程中将其所控制公司引入交易流程，通过增加交易环节、控制交易价格，以低买高卖的方式套取 A 银行、B 证券公司应得利益。犯罪行为涉及银行间债券买卖的交易流程、交易策略、交易要素等专业知识，不为普通大众所熟知。2020 年 10 月 14 日，呼和浩特市中级人民法院公开开庭审理白静贪污违法所得没收案时，检察机关申请鉴定人出庭，就会计鉴定意见内容进行解释说明，对白静操纵债券交易过程和违法资金流向等进行全面分析，有力证明了白静贪污犯罪事实及贪污所得流向，增强了庭审举证效果。

（四）突出庭审举证重点，着重证明申请没收的财产属于违法所得。庭审中，检察机关针对白静有贪污犯罪事实出示相关证据。通过出示任职文件、会议纪要等证据，证明白静符合贪污罪主体要件；运用多媒体分类示证方式，分步骤展示白静对债券交易的操纵过程，证明其利用职务便利实施了贪污犯罪。对申请没收的 9 套房产属于白静贪污违法所得进行重点举证。出示购房合同、房产登记信息等书证及登记购买人证言，证明申请没收的 9 套房系以全额付款方式购买，但登记购买人对房产不知情且未出资；出示委托付款书、付款凭证等书证，证明申请没收的 9 套房产的购买资金全部来源于白静控制的甲公司和乙公司银行账户；出示银行开户资料、银行流水等书证，相关证人证言，另案被告人樊某某供述及鉴定意见，并申请鉴定人出庭对鉴定意见进行说明，证明甲公司和乙公司银行账户的资金高度可能属于白静套取的 A 银行和 B 证券公司的国有资金，且部分用于购买房产等消费；出示查封、扣押通知书、接收协助执行法律文书登记表等书证，证明申请没收的 9 套房产已全部被监察机关依法查封。利害关系人及其诉讼代理人对检察机关出示的证据未提出异议。人民法院采信上述证据，依法裁定没收白静使用贪污违法所得购买的 9 套房产。

指导意义

（一）准确把握认定违法所得的证明标准，依法提出没收申请。检察机关提出没收违法所得申请，应当有证据证明有犯罪事实。除因犯罪嫌疑人、被告人逃匿无法收集的证据外，其他能够证明犯罪事实的证据都应当收集在案。在案证据应能够证明申请没收的财产具有高度可能系直接或者间接来源于违法所得或者系犯罪嫌疑人、被告人非法持有的违禁品、供犯罪所用的本人财物。对于在案证据无法证明部分财产系犯罪嫌疑人、被告人违法所得及其他涉案财产的，则不应列入申请没收的财产范围。

（二）证明申请没收的财产属于违法所得，是检察机关庭审举证的重点。人民法院开庭审理申请没收违法所得案件，人民检察院应当派员出席法庭承担举证责任。针对犯罪嫌疑人、被告人实施了法律规定的重大犯罪出示相关证据后，应当着重针对申请没收的财产属于违法所得进行举证。对于涉及金融证券类等重大复杂、专业性强的案件，检察机关可以申请人民法院通知鉴定人出庭作证，以增强证明效果。

相关规定

《中华人民共和国监察法》第四十八条。

《中华人民共和国刑法》第三百八十二条第一款。

《中华人民共和国刑事诉讼法》第二百九十八条、第二百九十九条、第三百条。

《人民检察院刑事诉讼规则》第十二章第四节。

《最高人民法院 最高人民检察院关于适用犯罪嫌疑人、被告人逃匿、死亡案件违法所得没收程序若干问题的规定》第一条至第三条，第五条至第十条，第十三条至第十七条。

彭旭峰受贿，贾斯语受贿、洗钱违法所得没收案

（检例第 128 号）

关键词

违法所得没收　主犯　洗钱罪　境外财产　国际刑事司法协助

要 旨

对于跨境转移贪污贿赂所得的洗钱犯罪案件，检察机关应当依法适用特别程序追缴贪污贿赂违法所得。对于犯罪嫌疑人、被告人转移至境外的财产，如果有证据证明具有高度可能属于违法所得及其他涉案财产的，可以依法申请予以没收。对于共同犯罪的主犯逃匿境外，其他共同犯罪人已经在境内依照普通刑事诉讼程序处理的案件，应当充分考虑主犯应对全案事实负责以及国际刑事司法协助等因素，依法审慎适用特别程序追缴违法所得。

基本案情

犯罪嫌疑人彭旭峰，男，某市基础建设投资集团有限公司原党委书记，曾任某市住房和城乡建设委员会副主任、轨道交通集团有限公司党委书记、董事长。

犯罪嫌疑人贾斯语，女，自由职业，彭旭峰妻子。

利害关系人贾某，贾斯语亲属。

利害关系人蔡某，贾斯语亲属。

利害关系人邱某某，北京某国际投资咨询有限公司实际经营者。

另案被告人彭某一，彭旭峰弟弟，已被判刑。

一、涉嫌受贿犯罪事实

2010 至 2017 年，彭旭峰利用担任某市住房和城乡建设委员会副主任、轨道交通集团有限公司党委书记、董事长等职务上的便利，为有关单位或个人在承揽工程、承租土地及设备采购等事项上谋取利益，单独或者伙同贾斯语及彭某一等人非法收受上述单位或个人给予的财物共计折合人民币 2.3 亿余元和美元 12 万元。其中，彭旭峰伙同贾斯语非法收受他人给予的财物共计折合人民币 31 万余元、美元 2 万元。

2015 至 2017 年，彭旭峰安排彭某一使用两人共同受贿所得人民币 2085 万余元，在长沙市购买 7 套房产。案发后，彭某一出售该 7 套房产，并向办案机关退缴房款人民币 2574 万余元。

2015 年 9 月至 2016 年 11 月，彭旭峰安排彭某一将两人共同受贿所得人民币 4500 万元借给邱某某；2016 年 11 月，彭旭峰和彭某一收受他人所送对邱某某人民币 3000 万元的债权，并收取了 315 万元利息。上述 7500 万元债权，邱某某以北京某国际投资咨询有限公司在某商业有限公司的 40% 股权设定抵押担保。案发后，办案机关冻结了上述股份，并将上述 315 万元利息予以扣押。

2010 至 2015 年，彭旭峰、贾斯语将收受有关单位或个人所送黄金制品，分别存放于彭旭峰家中和贾某、蔡某家中。办案机关提取并扣押上述黄金制品。

二、涉嫌洗钱犯罪事实

2012 年至 2017 年，贾斯语将彭旭峰受贿犯罪所得人民币 4299 万余元通过地下钱庄或者借用他人账户转移至境外。

2014 年至 2017 年，彭旭峰、贾斯语先后安排彭某一等人将彭旭峰受贿款兑换成外币后，转至贾斯语在其他国家开设的银行账户，先后用于在 4 个国家购买房产、国债及办理移民事宜等。应中华人民共和国刑事司法协助请求，相关国家对涉案房产、国债、资金等依法予以监管和控制。

[诉讼过程]

2017 年 4 月 1 日，湖南省岳阳市人民检察院以涉嫌受贿罪对彭旭峰立案侦查，查明彭旭峰已于同年 3 月 24 日逃匿境外。同年 4 月 25 日，湖南省人民检察院对彭旭峰决定逮捕，同年 5 月 10 日，国际刑警组织对彭旭峰发布红色通报。

2017 年 4 月 21 日，岳阳市人民检察院以涉嫌受贿罪、洗钱罪对贾斯语立案侦查，查明贾斯语已于同年 3 月 10 日逃匿境外。同年 4 月 25 日，湖南省人民检察院对贾斯语决定逮捕，同年 5 月 10 日，国际刑警组织对贾斯语发布红色通报。

2018 年 9 月 5 日，岳阳市人民检察院将本案移交岳阳市监察委员会办理。岳阳市监察委员会对彭旭峰、贾斯语涉嫌职务犯罪案件立案调查，并向岳阳市人民检察院移送没收违法所得意见书。2019 年 6 月 22 日，岳阳市人民检察院向岳阳市中级人民法院提出没收违法所得申请。利害关系人贾某、蔡某、邱某某在法院公告期间申请参加诉讼。其中贾某、蔡某对在案扣押的 38 万元提出异议，认为在案证据不能证明该 38 万元属于违法所得，同时提出彭旭峰、贾斯语未成年儿子在国内由其夫妇抚养，请求法庭从没收财产中为其预留生活、教育费用；邱某某对检察机关没收违法所得申请无异议，建议司法机关在执行时将冻结的某商业有限公司 40% 股份变卖后，扣除 7500 万元违法所得，剩余部分返还给其公司。2020 年 1 月 3 日，岳阳市中级人民法院作出违法所得没收裁定，依法没收彭旭峰实施受贿犯罪、贾斯语实施受贿、洗钱犯罪境内违法所得共计人民币 1 亿余元、黄金制品以及境外违法所得共计 5 处房产、250 万欧元国债及孳息、50 余万美元及孳息。同时对贾某、蔡某提出异议的 38 万元解除扣押，予以返还；对邱某某所提意见予以支持，在执行程序中依法处置。

检察履职情况

（一）提前介入完善证据体系。本案涉嫌受贿、洗钱犯罪数额特别巨大，涉案境外财产分布在 4 个国家，涉及大量通过刑事司法协助获取的境外证据。检察机关发挥提前介入作用，对监察机关提供的案卷材料进行全面审查，详尽梳理案件涉及的上下游犯罪、关联犯罪关系以及电子证据、境外证据、再生证据等，以受贿罪为主线，列明监察机关应予补充调查的问题，并对每一项补证内容进行分解细化，分析论证补证目的和方向。经过监察机关补充调查，进一步完善了有关受贿犯罪所得去向和涉嫌洗钱犯罪的证据。

（二）证明境外财产属于违法所得。在案证据显示彭旭峰、贾斯语将受贿所得转移至 4 个国家，用于购买房产、国债等。其中对在某国购买的房产，欠缺该国资金流向和购买过程的证据。检察机关认为，在案证据证明，贾斯语通过其外国银行账户向境外某公司转账 59.2 万美元，委托该境外公司购买上述某国房产，该公司将其中 49.4 万美元汇往某国，购房合同价款为 43.5 万美元。同一时期内彭旭峰多次安排他人，将共计人民币 390 余万元（折合 60 余万美元）受贿所得汇至贾斯语外国银行账户，汇款数额大于购房款。因此，可以认定彭旭峰、贾斯语在该国的房产高度可能来源于彭旭峰受贿所得，应当认定该房产为违法所得予以申请没收。检察机关对彭旭峰、贾斯语在上述 4 个国家的境外财产均提出没收申请，利害关系人及其诉讼代理人均未提出异议，法院裁定均予以支持。

（三）依法审慎适用特别程序追缴违法所得。本案彭旭峰涉嫌受贿犯罪事实，大部分系伙同彭某一共同实施，彭某一并未逃匿，其受贿案在国内依照普通刑事诉讼程序办理，二人共同受贿犯罪涉及的部分境内财产已在彭某一案中予以查封、扣押或冻结。检察机关审查认为，本案系利用彭旭峰的职权实施，彭旭峰系本案主犯，对受贿行为起到了决定作用，宜将彭某一案中与彭旭峰有关联的境内财产，如兄弟二人在长沙市购买的房产、共同借款给他人的资金等，均纳入违法所得没收程序申请没收。利害关系人及其诉讼代理人和彭某一对此均未提出异议。人民法院作出的违法所得没收裁定生效后，通过国际刑事司法协助申请境外执行，目前已得到部分国家承认。

指导意义

（一）依法加大对跨境转移贪污贿赂所得的洗钱犯罪打击力度。犯罪嫌疑人、被告人逃匿境外的贪污贿赂犯罪案件，一般均已先期将巨额资产转移至境外，我国刑法第一百九十一条明确规定此类跨境转移资产行为属于洗钱犯罪。《最高人民法院 最高人民检察院关于适用犯罪嫌疑人、被告人逃匿、死亡案件违法所得没收程序若干问题的规定》明确规定对于洗钱犯罪案件，可以适用特别程序追缴违法所得及其他涉案财产。检察机关在办理贪污贿赂犯罪案件中，应当加大对涉嫌洗钱犯罪线索的审查力度，对于符合法定条件的，应积极适用违法所得没收程序追缴违法所得。

（二）准确认定需要没收违法所得的境外财产。《最高人民法院 最高人民检察院关于适用犯罪嫌疑人、被告人逃匿、死亡案件违法所得没收程序若干问题的规定》明确规定对于适用违法所得没收程序案件，适用"具有高度可能"的证明标准。经审查，有证据证明犯罪嫌疑人、被告人将违法所得转移至境外，在境外购置财产的支出小于所转移的违法所得，且犯罪嫌疑人、被告人没有足以支付其在境外购置财产的其他收入来源的，可以认定其在境外购置的财产具有高度可能属于需要申请没收的违法所得。

（三）对于主犯逃匿境外的共同犯罪案件，依法审慎适用特别程序追缴违法所得。共同犯罪中，主犯对全部案件事实负责，犯罪后部分犯罪嫌疑人、被告人逃匿境外，部分犯罪嫌疑人、被告人在境内被司法机关依法查办的，如果境内境外均有涉案财产，且逃匿的犯罪嫌疑人、被告人是共同犯罪的主犯，依法适用特别程序追缴共同犯罪违法所得，有利于全面把握涉案事实，取得较好办案效果。

相关规定

《中华人民共和国监察法》第四十八条。

《中华人民共和国刑法》第一百九十一条第一款、第三百八十五条第一款。

《中华人民共和国刑事诉讼法》第二百九十八条、第二百九十九条、第三百条。

《人民检察院刑事诉讼规则》第十二章第四节。

《最高人民法院 最高人民检察院关于适用犯罪嫌疑人、被告人逃匿、死亡案件违法所得没收程序若干问题的规定》第一条至第三条，第五条至第十条，第十三条至第十七条。

黄艳兰贪污违法所得没收案

（检例第 129 号）

关键词

违法所得没收　利害关系人异议　善意第三方

要旨

检察机关在适用违法所得没收程序中，应当承担证明有犯罪事实以及申请没收的财产属于违法所得及其他涉案财产的举证责任。利害关系人及其诉讼代理人参加诉讼并主张权利，但不能提供合法证据或者其主张明显与事实不符的，应当依法予以辩驳。善意第三方对申请没收财产享有合法权利的，应当依法予以保护。

基本案情

犯罪嫌疑人黄艳兰，女，原某市物资总公司（简称物资总公司）总经理、法定代表人。

利害关系人施某某，黄艳兰朋友。

利害关系人邓某某，黄艳兰亲属。

利害关系人 A 银行股份有限公司上海分行（简称 A 银行上海分行）。

利害关系人 B 银行股份有限公司上海市南支行（简称 B 银行市南支行）。

利害关系人 C 银行股份有限公司上海市虹桥开发区支行（简称 C 银行虹桥支行）。

1993 年 5 月至 1998 年 8 月，物资总公司用自有资金、银行贷款及融资借款经营期货等业务，由黄艳兰等人具体操作执行。其间，黄艳兰利用职务上的便利，先后控制和使用包括 D 商贸有限公司（简称 D 公司）等多个银行账户和证券账户进行期货交易，累计盈利人民币 1.8 亿余元，其中 1.1 亿余元未纳入物资总公司管理，由黄艳兰实际控制。

1997 年 7 月至 1999 年 4 月，黄艳兰直接或指使他人先后从 D 公司等六个账户转出人民币 3000.35 万元，以全额付款方式在上海购买 2 套房产，又向 A 银行上海分行、B 银行市南支行、C 银行虹桥支行按揭贷款在上海购买 50 套房产，分别登记在李某某（黄艳兰亲属）、施某某等人名下。在公司改制过程中，黄艳兰隐匿并占有上述房产。

2000 年 12 月，涉案 20 套房产因涉及民事纠纷被法院查封。为逃避债务，黄艳兰指使其亲属李某某将另外 32 套房产的合同权益虚假转让给施某某和高某某（施某某朋友），后又安排邓某某与施某某、高某某签订委托合同，继续由邓某某全权管理该房产。之后，黄艳兰指使邓某某出售 15 套，用部分售房款和剩余的 17 套房产（登记在施某某、高某某名下）出租所得款项又购买 6 套房产，其中 4 套登记在施某某名下，2 套登记在蒋某（邓某某亲属）名下，另将部分售房款和出租款存入以施某某等人名义开设的银行账户。经查，上述 23 套房产均以按揭贷款方式购买。2002 年 12 月至 2003 年 5 月，广西壮族自治区桂林市人民检察院依法查封了涉案 23 套房产，依法冻结施某某等人银行账户内存款人民币 90 余万元、美元 2.7 万余元。

诉讼过程

2002 年 8 月 14 日，桂林市人民检察院以涉嫌贪污罪对黄艳兰立案侦查，查明黄艳兰已于 2001 年 12 月 8 日逃匿境外。2002 年 8 月 16 日，桂林市人民检察院决定对黄艳兰刑事拘留，同年 12 月 30 日决定逮捕。2005 年 5 月 23 日，国际刑警组织对黄艳兰发布红色通报。2016 年 12 月 23 日，桂林市人民检察院向桂林市中级人民法院提出没收违法所得申请。利害关系人施某某、邓某某、A 银行上海分行、B 银行市南支行、C 银行虹桥支行申请参加诉讼，对涉案财产主张权利。2018 年 11 月 15 日，桂林市中级人民法院作出裁定，依法没收黄艳兰实施贪污犯罪所得 23 套房产、银行账户内存款人民币 90 余万元、美元 2.7 万余元及利息，依法向 A 银行上海分行、B 银行市南支行、C 银行虹桥支行支付贷款欠款本金、利息及实现债权的费用。利害关系人施某某、邓某某不服提出上诉。2019 年 6 月 29 日，广西壮族自治区高级人民法院驳回上诉，维持一审裁定。

检察履职情况

（一）详细梳理贪污资金流向，依法认定涉案财产属于贪污违法所得。检察机关经审查在案资金流向相关证据，结合对黄艳兰实施贪污犯罪行为的分析，证实黄艳兰贪污公款后购买 52 套房产，其中 2 套以全额付款方式购买，50 套以抵押贷款方式购买。司法机关已在相关民事诉讼中依法强制执行 20 套，黄艳兰指使邓某某出售 15 套，后用售房款和出租剩余 17 套房产所得款项又购买 6 套房产，另将部分售房款和出租房屋所得款项存入施某某等人名下银行账户。因此，在案 23 套房产以及存入施某某等人名下银行账户中的款项，均系黄艳兰贪污犯罪所得，依法应予以没收。

（二）针对性开展举证、质证、答辩，依法驳斥利害关系人不当异议。在开庭审理过程中，利害关系人邓某某及其诉讼代理人提出，以李某某名义开设的 E 期货账户曾转出 3077 万元至黄艳兰控制的 D 公司账户，购房资金来源于李某某从事期货交易的收益，并向法庭提交了开户资料等证据。出庭检察员对此从证据的合法性、真实性和关联性等方面，发表质证意见，提出邓某某及其诉讼代理人提交的开户资料等证据均为复印件，均未加盖出具单位公章，并有明显涂改痕迹，不具备证据的真实性。同时，根据证监会对涉案部分期货合约交易中有关单位和个人违规行为的处罚决定、期货公司出具的说明等书证、司法会计鉴定意见、检验鉴定意见以及相关证人证言，足以证实 E 期货账户系由黄艳兰指挥物资总公司工作人员开设和操作，账户内的保证金和资金高度可能属于物资总公司的公款。邓某某及其诉讼代理人所提意见与本案证据证明的事实不符，建议法庭不予采纳。另一利害关系人施某某及其诉讼代理人提出，施某某、高某某名下房产系施某某合法财产。对此，出庭检察员答辩指出，上述房产是相关民事纠纷过程中，黄艳兰为逃避债务，与李某某、黄某一（黄艳兰亲属）串通，将涉案房产登记到二人名下。且在变更登记后，施某某即将涉案房产委托给邓某某全权管理，涉案房产仍由邓某某实际控制，售房款、出租款等也均由邓某某控制和使用。施某某无法提交购房资金来源的证据，以证明其实际支付了购房款。因此，施某某及其诉讼代理人所提意见，与本案证据证明的事实不符，不应支持。法院对检察机关上述意见均予采纳。

（三）依法认定其他利害关系人身份，切实保护善意第三方合法权益。涉案 23 套房产均系黄艳兰利用贪污所得资金支付首付款后，向 A 银行上海分行、B 银行市南支行、C 银行虹桥支行以按揭贷款方式购买，三家银行对按揭贷款房产依法进行抵押，约定了担保债权的范围。诉讼期间，三家银行及其诉讼代理人提出，涉案房产的借款合同均合法有效，并享有抵押权，依法应当优先受偿。检察机关经审查认为，三家银行既未与黄艳兰串通，亦不明知黄艳兰购房首付款系贪污赃款，依法应当认定为善意第三方，其合法权益应当予以保护。根据《最高人民法院　最高人民检察院关于适用犯罪嫌疑人、被告人逃匿、死亡案件违法所得没收程序若干问题的规定》第七条第一款、第二款规定，检察机关依法认定上述三家银行系本案的"其他利害关系人"，对三家银行主张的优先受偿权，依法予以支持。

指导意义

（一）利害关系人对申请没收财产提出异议或主张权利的，检察人员出庭时应当作为质证重点。根据《最高人民法院　最高人民检察院关于适用犯罪嫌疑人、被告人逃匿、死亡案件违法所得没收程序若干问题的规定》第十五条的规定，利害关系人在诉讼中对检察机关申请没收的财产属于违法所得及其他涉案财产等相关事实及证据有异议的，可以提出意见；对申请没收财产主张权利的，应当出示相关证据。对于其提供的证据不合法，或其异议明显与客观事实不符的，出庭检察人员应当围绕财产状态、财产来源、与违法犯罪的关系等内容，有针对性地予以驳斥，建议人民法院依法不予支持。

（二）善意第三方对申请没收财产享有合法权益的，应当依法保护。对申请没收财产因抵押而享有优先受偿权的债权人，或者享有其他合法权利的利害关系人，如果在案证据能够证明其在抵押权设定时对该财产系违法所得不知情，或者有理由相信该财产为合法财产，依法应当认定为善意第三方，对其享有的担保物权或其他合法权利，依法应当予以保护。

相关规定

《中华人民共和国刑法》第三百八十二条第一款。

《中华人民共和国合同法》第一百零七条、第二百零五条。*

《中华人民共和国担保法》第三十三条、第四十六条。**

《中华人民共和国刑事诉讼法》第二百九十八条、第二百九十九条、第三百条。

《人民检察院刑事诉讼规则》第十二章第四节。

《最高人民法院　最高人民检察院关于适用犯罪嫌疑人、被告人逃匿、死亡案件违法所得没收程序若干问题的规定》第一条至第三条，第五条至第十条，第十三条至十七条。

任润厚受贿、巨额财产来源不明违法所得没收案

（检例第 130 号）

关键词

违法所得没收　巨额财产来源不明　财产混同　孳息

要旨

涉嫌巨额财产来源不明犯罪的人在立案前死亡，依照刑法规定应当追缴其违法所得及其他涉案财产的，可以依法适用违法所得没收程序。对涉案的巨额财产，可以由其近亲属或其他利害关系人说明来源。没有近亲属或其他利害关系人主张权利或者说

---

* 编者注：《中华人民共和国合同法》已失效，原第一百零七条修改为《中华人民共和国民法典》第五百七十七条："当事人一方不履行合同义务或者履行合同义务不符合约定的，应当承担继续履行、采取补救措施或者赔偿损失等违约责任。"原第二百零五条修改为《中华人民共和国民法典》第六百七十四条："借款人应当按照约定的期限支付利息。对支付利息的期限没有约定或者约定不明确，依据本法第五百一十条的规定仍不能确定，借款期间不满一年的，应当在返还借款时一并支付；借款期间一年以上的，应当在每届满一年时支付，剩余期间不满一年的，应当在返还借款时一并支付。"

** 编者注：《中华人民共和国担保法》已失效，原第三十三条修改为《中华人民共和国民法典》第三百九十四条："为担保债务的履行，债务人或者第三人不转移财产的占有，将该财产抵押给债权人的，债务人不履行到期债务或者发生当事人约定的实现抵押权的情形，债权人有权就该财产优先受偿。前款规定的债务人或者第三人为抵押人，债权人为抵押权人，提供担保的财产为抵押财产。"原第四十六条修改为《中华人民共和国民法典》第三百八十九条："担保物权的担保范围包括主债权及其利息、违约金、损害赔偿金、保管担保财产和实现担保物权的费用。当事人另有约定的，按照其约定。"

明来源，或者近亲属或其他利害关系人主张权利所提供的证据达不到相应证明标准，或说明的来源经查证不属实的，依法认定为违法所得予以申请没收。违法所得与合法财产混同并产生孳息的，可以按照违法所得占比计算孳息予以申请没收。

基本案情

犯罪嫌疑人任润厚，男，某省人民政府原副省长，曾任 A 矿业（集团）有限责任公司（简称 A 集团）董事长、总经理，B 环保能源开发股份有限公司（简称 B 环能公司）董事长。

利害关系人任某一，任润厚亲属。

利害关系人任某二，任润厚亲属。

利害关系人袁某，任润厚亲属。

一、涉嫌受贿犯罪事实

2001 至 2013 年，犯罪嫌疑人任润厚利用担任 A 集团董事长、总经理，B 环能公司董事长，某省人民政府副省长等职务上的便利，为相关请托人在职务晋升、调整等事项上提供帮助，向下属单位有关人员索要人民币共计 70 万元用于贿选；要求具有行政管理关系的被管理单位为其支付旅游、疗养费用，共计人民币 123 万余元；收受他人所送人民币共计 30 万元，被办案机关依法扣押、冻结。

二、涉嫌巨额财产来源不明犯罪事实

2000 年 9 月至 2014 年 8 月，犯罪嫌疑人任润厚及其亲属名下的财产和支出共计人民币 3100 余万元，港币 43 万余元，美元 104 万余元，欧元 21 万余元，加元 1 万元，英镑 100 镑；珠宝、玉石、黄金制品、字画、手表等物品 155 件。

任润厚的合法收入以及其亲属能够说明来源的财产为人民币 1835 万余元，港币 800 元，美元 1489 元，欧元 875 元，英镑 132 镑；物品 20 件。任润厚亲属对扣押、冻结在案的人民币 1265 万余元，港币 42 万余元，美元 104 万余元，欧元 21 万余元，加元 1 万元及物品 135 件不能说明来源。

诉讼过程

2014 年 9 月 20 日，任润厚因严重违纪被免职，同年 9 月 30 日因病死亡。经最高人民检察院指定管辖，江苏省人民检察院于 2016 年 7 月 11 日启动违法所得没收程序。同年 10 月 19 日，江苏省人民检察院将案件交由扬州市人民检察院办理。同年 12 月 2 日，扬州市人民检察院向扬州市中级人民法院提出没收违法所得申请。利害关系人任某一、任某二、袁某申请参加诉讼。2017 年 6 月 21 日，扬州市中级人民法院公开开庭审理。同年 7 月 25 日，扬州市中级人民法院作出违法所得没收裁定，依法没收任润厚受贿犯罪所得人民币 30 万元及孳息；巨额财产来源不明犯罪所得人民币 1265 万余元、港元 42 万余元、美元 104 万余元、欧元 21 万余元、加元 1 万元及孳息，以及珠宝、玉石、黄金制品、字画、手表等物品 135 件。

检察履职情况

（一）准确把握立法精神，依法对立案前死亡的涉嫌贪污贿赂犯罪行为人适用违法所得没收程序。任润厚在纪检监察机关对其涉嫌严重违纪违法问题线索调查期间因病死亡。检察机关认为，与普通刑事诉讼程序旨在解决涉嫌犯罪人的定罪与量刑问题不同，违法所得没收作为特别程序主要解决涉嫌犯罪人的违法所得及其他涉案财产的追缴问题，不涉及对其刑事责任的追究。因此，涉嫌贪污贿赂犯罪行为人在立案前死亡的，虽然依法不再追究其刑事责任，但也应当通过违法所得没收程序追缴其违法所得。本案中，任润厚涉嫌受贿、巨额财产来源不明等重大犯罪，虽然未被刑事立案即死亡，但其犯罪所得及其他涉案财产依法仍应予以追缴，应当通过违法所得没收程序进行处理。

（二）认真核查财产来源证据，依法认定巨额财产来源不明的涉嫌犯罪事实及违法所得数额。办案中，检察机关对任润厚本人及其转移至亲属名下的财产情况、任润厚家庭支出及合法收入情况，进行了重点审查，通过对涉案 270 余个银行账户存款、现金、155 件物品的查封、扣押、冻结，对 160 余名证人复核取证等工作，查明了任润厚家庭财产的支出和收入情况。根据核查情况，将任润厚家庭的购房费用、购车费用、女儿留学费用、结婚赠与及债权共 929 万元纳入重大支出范围，计入财产总额。鉴于任润厚已经死亡，且死亡前未对本人及转移至亲属名下的财产和支出来源作出说明，检察机关依法向任润厚的亲属调查询问，由任润厚亲属说明财产和支出来源，并根据其说明情况向相关单位、人员核实，调取相关证据。对于相关证据证实及任润厚亲属能够说明合法来源的工资奖金、房租收入、卖房所得、投资盈利等共计 1806 万余元，以及手表、玉石、黄金制品等物品，依法在涉案财产总额中予以扣减。将犯罪嫌疑人及其亲属名下财产和家庭重大支出数额，减去家庭合法收入及其近亲属等利害关系人能说明合法来源的收入，作为任润厚涉嫌巨额财产来源不明罪的违法所得，据此提出没收违法所得申请。利害关系人任某一和袁某对检察机关没收申请没有提出异议。任某二对于检察机关将任润厚夫妇赠与的 50 万元购车款作为重大支出计入财产总额，提出异议，并提供购车发票证明其购买汽车裸车价格为 30 万元，提出余款 20 万元不能作为重大支出，应从没收金额中扣减。检察机关根据在案证据认为不应扣减，并在出庭时指出：该 50 万元系由任润厚夫妇赠与任某二，支出去向明确，且任润厚家庭财产与任某二家庭财产并无混同；购车费用除裸车价格外，还包括车辆购置税、保险费等其他费用；任某二没有提供证据，证明购车款结余部分返还给任润厚夫妇。因此，其主张在没收金额中扣减 20 万元的依据不足，不应支持。该意见被法院裁定采纳。

（三）依法审查合法财产与违法所得混同的财产，按违法所得所占比例认定和申请没收违法所得孳息。经审查认定，依法应当申请没收的巨额财产来源不明犯罪所得为人民币 1265 万余元、部分外币以及其他物品。冻结在案的任润厚及其亲属名下财产为人民币 1800 余万存款、部分外币以及其他物品。其中本金 1800 余万元存款产生了 169 万余元孳息。关于如何确定应当没收的孳息，检察机关认为，可以按该笔存款总额中违法所得所占比例（约 1265/1800=70.2%），计算出违法所得相应的孳息，依法予以申请没收，剩余部分为合法财产及孳息，返还给其近亲属。法院经审理予以采纳。

指导意义

（一）涉嫌贪污贿赂等重大犯罪的人立案前死亡的，依法可以适用违法所得没收程序。违法所得没收程序的目的在于解决违法所得及其他涉案财产的追缴问题，不是追究被申请人的刑事责任。涉嫌实施贪污贿赂等重大犯罪行为的人，依照刑法规定应当追缴其犯罪所得及其他涉案财产的，无论立案之前死亡或立案后作为犯罪嫌疑人、被告人在诉讼中死亡，都可以适用违法所得没收程序。

（二）巨额财产来源不明犯罪案件中，本人因死亡不能对财产来源作出说明的，应当结合其近亲属说明的来源，或者其他利害关系人主张权利以及提供的证据情况，依法认定是否属于违法所得。已死亡人员的近亲属或其他利害关系人主张权利或说明来源的，应要求其提供相关证据或线索，并进行调查核实。没有近亲属或其他利害关系人主张权利或说明来源，或者近亲属或其他利害关系人虽然主张权利但提供的证据没有达到相应证明标准，或者说明的来源经查证不属实的，应当依法认定为违法所得，予以申请没收。

（三）违法所得与合法财产混同并产生孳息的，可以按照比例计算违法所得孳息。在依法查封、扣押、冻结的犯罪嫌疑人财产中，对违法所得与合法财产混同后产生的孳息，可以按照全案中合法财产与违法所得的比例，计算违法所得的孳息数额，依法申请没收。对合法财产及其产生的孳息，及时予以返还。

相关规定

《中华人民共和国刑法》第三百八十二条第一款、第三百八十五条第一款、第三百九十五条第一款。

《中华人民共和国刑事诉讼法》第二百八十条第一款、第二百八十二条第一款。*

《人民检察院刑事诉讼规则》第十二章第四节。

---

* 编者注：《中华人民共和国刑事诉讼法》（2012 年修正）已修改，原第二百八十条第一款修改为《中华人民共和国刑事诉讼法》（2018 年修正）第二百九十八条第一款："对于贪污贿赂犯罪、恐怖活动犯罪等重大犯罪案件，犯罪嫌疑人、被告人逃匿，在通缉一年后不能到案，或者犯罪嫌疑人、被告人死亡，依照刑法规定应当追缴其违法所得及其他涉案财产的，人民检察院可以向人民法院提出没收违法所得的申请。"原第二百八十二条第一款修改为《中华人民共和国刑事诉讼法》（2018 年修正）第三百条第一款："人民法院经审理，对经查证属于违法所得及其他涉案财产，除依法返还被害人的以外，应当裁定予以没收；对不属于应当追缴的财产的，应当裁定驳回申请，解除查封、扣押、冻结措施。"

《最高人民法院　最高人民检察院关于适用犯罪嫌疑人、被告人逃匿、死亡案件违法所得没收程序若干问题的规定》第一条至第三条，第五条至第十条，第十三条至十七条。

第三十三批指导性案例

社区矫正对象孙某某撤销缓刑监督案

（检例第 131 号）

关键词

社区矫正监督　违反规定外出、出境　调查核实　撤销缓刑

要　旨

人民检察院应当加强对社区矫正机构监督管理和教育帮扶社区矫正对象等社区矫正工作的法律监督，保证社区矫正活动依法进行。人民检察院开展社区矫正法律监督，应当综合运用查阅档案、调查询问、信息核查等多种方式，查明社区矫正中是否存在违法情形，精准提出监督意见。对宣告缓刑的社区矫正对象违反法律、行政法规和监督管理规定的，应当结合违法违规的客观事实和主观情节，准确认定是否属于"情节严重"应予撤销缓刑情形。对符合撤销缓刑情形但社区矫正机构未依法向人民法院提出撤销缓刑建议的，人民检察院应当向社区矫正机构提出纠正意见；对社区矫正工作中存在普遍性、倾向性违法问题或者有重大隐患的，人民检察院应当提出检察建议。

基本案情

社区矫正对象孙某某，男，1978 年 9 月出生，2016 年 7 月 6 日因犯非法买卖枪支罪被天津市滨海新区人民法院判处有期徒刑三年，宣告缓刑四年，缓刑考验期自 2016 年 7 月 17 日至 2020 年 7 月 16 日止。孙某某在北京市海淀区某镇司法所接受社区矫正。

2019 年，北京市海淀区人民检察院在日常监督时发现孙某某存在未经批准擅自外出、出境等应当撤销缓刑情形，依法监督社区矫正机构提请人民法院对孙某某撤销缓刑，收监执行原判有期徒刑三年。

检察机关履职过程

线索发现。2019 年，海淀区人民检察院在日常监督中发现，社区矫正对象孙某某在被实施电子监管期间，电子定位轨迹出现中断情形，孙某某可能存在故意逃避监管等违法违规行为。

调查核实。海淀区人民检察院开展了以下调查核实工作。一是通过查看社区矫正综合管理平台和社区矫正档案，发现司法所对孙某某进行监督管理时，缺乏实地查访、信息核查等监管措施。二是向铁路、航空、出入境等部门调取孙某某社区矫正期间出行信息，并与请假批准手续记录对比，发现孙某某在被实施电子监管期间故意对电子定位装置不充电擅自外出一次，在被摘除电子定位装置（因法律法规调整，孙某某不再符合使用电子定位装置条件）后又利用每个月到司法所当面报到的间隔期间擅自外出二十余次，最长一次达十九天，其中违法出境两次、累计十一天。三是对孙某某进行询问，其对未经批准擅自外出的事实予以承认。

监督意见。海淀区人民检察院经审查认为，孙某某在社区矫正期间多次违规外出并两次违法出境，违反了《中华人民共和国刑法》第七十五条、《中华人民共和国出境入境管理法》第十二条及《社区矫正实施办法》（2020 年 7 月 1 日废止，有关规定内容被 2020 年 7 月 1 日起施行的《中华人民共和国社区矫正法实施办法》吸收）第二十五条规定，且情节严重，于 2019 年 5 月 24 日向海淀区司法局提出纠正意见，建议其向法院提出撤销缓刑建议。同时，向海淀区某镇司法所制发《纠正违法通知书》，依法纠正社区矫正监管教育措施落实不到位等问题。为促进本辖区社区矫正工作全面规范提升，海淀区人民检察院对近三年办理的社区矫正监督案件进行全面梳理，针对发现的监督管理中存在的普遍性、倾向性问题，于 2019 年 10 月 21 日向海淀区司法局发出《检察建议书》，建议：建立有效监督管理机制，综合运用实地查访、信息化核查、通信联络等方式，准确掌握社区矫正对象实际情况；加强与出入境管理部门以及公安派出所的沟通协作和信息互通，采取有效措施防止社区矫正对象违法出境和违规外出等问题的发生。

监督结果。2019 年 6 月 19 日，海淀区司法局向天津市滨海新区人民法院制发《撤销缓刑建议书》。2019 年 7 月 22 日，滨海新区人民法院作出刑事裁定，撤销孙某某宣告缓刑四年，收监执行原判有期徒刑三年。同时，海淀区司法局采纳检察建议进行了整改：一是完善自身督察机制。采取专项督察、定项督察、随机督察、派驻督察等方式，进一步强化社区矫正监管教育措施的落实。二是完善与出入境管理部门及公安派出所的协作和信息互通机制。在采取原有出入境备案措施基础上，全面落实社区矫正对象护照、港澳台通行证暂停使用制度；同时加强与公安派出所的信息互通机制，及时排查社区矫正对象有无违规出行和违法出境等情况。三是加强社区矫正与法律监督配合机制。邀请检察机关共同研判社区矫正执法风险、开展线上线下警示教育，形成司法合力，以监督促社区矫正规范提升。四是对相关责任人员予以党政纪处分。

指导意义

（一）人民检察院开展社区矫正法律监督工作，应依法全面履行法律监督职责，确保社区矫正法的正确实施。《中华人民共和国社区矫正法》规定，对被判处管制、宣告缓刑、假释和暂予监外执行的罪犯，依法实行社区矫正，并规定人民检察院依法对社区矫正工作实行法律监督。人民检察院应当加强对社区矫正机构监督管理和教育帮扶社区矫正对象等社区矫正工作的法律监督，保证社区矫正工作依法进行，促进社区矫正对象顺利融入社会，预防社区矫正对象再次违法犯罪。在开展社区矫正监督工作时，应当加强对社区矫正档案和信息管理平台中社区矫正对象的日常监管教育、请假外出审批、考核奖惩等有关情况的审查。对于发现的违法违规监督线索，要及时开展调查核实，查清违法违规事实，准确适用法律，精准提出监督意见，更好地满足人民群众对司法公正和社会和谐稳定的需求。

（二）人民检察院办理撤销缓刑监督案件时，应当全面考量行为人主客观情形，依法判断是否符合"其他违反有关法律、行政法规和监督管理规定，情节严重"的撤销缓刑情形。现行《中华人民共和国社区矫正法实施办法》第四十六条第一款第五项沿用了 2012 年 3 月 1 日实施的《社区矫正实施办法》（2020 年 7 月 1 日废止）第二十五条第一款第五项的规定，对社区矫正对象撤销缓刑情形规定了兜底性条款，即有"其他违反有关法律、行政法规和监督管理规定，情节严重的情形"，应当提出撤销缓刑建议。认定是否达到"情节严重"时，应当全面考量社区矫正对象违反有关法律、行政法规和监督管理规定行为的性质、次数、频率、手段、事由、后果等客观事实，并在准确把握其主观恶性大小的基础上作出综合认定。具有撤销缓刑情形而社区矫正机构未依法提出撤销缓刑建议的，人民检察院应当向社区矫正机构提出纠正意见，监督社区矫正机构向人民法院提出撤销缓刑建议。

（三）人民检察院应当依法监督社区矫正机构加强对社区矫正对象的监督管理，完善与公安机关等的沟通协作机制，防止社区矫正对象非法出境。社区矫正对象在社区矫正期间应当遵守外出、报告、会客等监管规定。依据《中华人民共和国出境入境管理法》规定，被判处刑罚尚未执行完毕的罪犯，不准出境。人民检察院应当监督社区矫正机构加强对社区矫正对象遵守禁止出境等规定情况的监督管理，督促社区矫正机构会同公安机关等部门完善沟通协作和信息互通机制，防止社区矫正对象非法出境。

（四）对社区矫正工作中存在的普遍性、倾向性违法问题和重大隐患，人民检察院应当充分运用检察建议等提升监督效果。检察建议是检察机关履行法律监督职责的重要方式。人民检察院办理社区矫正监督案件时，发现社区矫正机构存在的普遍性问题和管理漏洞，应充分运用检察建议，依法依规提出有针对性的建议，督促执行机关整改落实、规范管理、堵塞漏洞，最大限度地发挥法律监督促进社会治理的效果，实现法律监督工作和社区矫正工作的双促进、双提升。

相关规定

《中华人民共和国刑法》第七十五条、第七十七条。

《中华人民共和国出境入境管理法》第十二条。

《中华人民共和国社区矫正法》第二十七条。

《中华人民共和国社区矫正法实施办法》第二十七条、第四十六条（2020年7月1日起施行）。

《社区矫正实施办法》第十三条、第二十五条（2012年3月1日起施行，2020年7月1日废止）。

《人民检察院刑事诉讼规则》第六百四十四条。

《人民检察院检察建议工作规定》第九条。

社区矫正对象崔某某暂予监外执行、收监执行监督案

（检例第132号）

关键词

社区矫正监督　重点审查对象　变更执行地　保外就医情形消失　暂予监外执行　收监执行

要　旨

人民检察院开展社区矫正法律监督工作，应当加强对因患严重疾病被暂予监外执行以及变更执行地等社区矫正对象的监督管理活动的监督。人民检察院在监督工作中应当准确把握暂予监外执行适用条件，必要时聘请有专门知识的人辅助审查。发现社区矫正对象暂予监外执行情形消失且刑期未满的，应当依法提出收监执行的检察建议，维护刑罚执行公平公正。

基本案情

社区矫正对象崔某某，男，1958年8月出生，原山东某国有企业总经理。2015年6月2日因犯受贿罪被山东省淄博市博山区人民法院判处有期徒刑十年，刑期至2025年1月20日止。2015年7月4日，崔某某被交付山东省淄博监狱服刑。2016年5月6日，崔某某因在监狱中诊断患有胃癌被暂予监外执行，在山东省淄博市博山区某镇

司法所接受社区矫正。因其儿子在上海工作并定居，崔某某被暂予监外执行后在上海接受手术及化疗。后为便于病情复查及照料看护，崔某某提出申请变更社区矫正执行地至上海市金山区。2017 年 3 月 6 日，崔某某变更至上海市金山区某镇司法所接受社区矫正。崔某某在上海市金山区接受社区矫正期间能遵守社区矫正相关规定，按时向社区矫正机构报告病情复查情况，矫正表现良好。

2020 年，金山区人民检察院结合病情诊断、专家意见和法医审查报告认为，崔某某化疗结束后三年期间未发现癌症复发或转移现象，暂予监外执行情形消失且刑期未满，依法监督社区矫正机构提请监狱管理机关将崔某某收监执行。

检察机关履职过程

线索发现。2020 年 7 月，金山区人民检察院邀请区人大代表、政协委员、医师等，以辖区内被暂予监外执行的职务犯罪社区矫正对象监督管理工作为重点，开展专项监督。检察人员发现，崔某某自 2017 年 6 月化疗结束至 2020 年 7 月，由上海市静安区中心医院出具的历次复诊小结中，均未见明显的胃癌症状描述，其是否仍符合暂予监外执行情形需要进一步调查。

调查核实。为全面掌握崔某某身体健康状况和接受社区矫正情况，金山区人民检察院查阅了崔某某刑罚变更执行和接受日常监管矫正文书档案，以及原始病历资料和每三个月的病情复查材料等，询问了社区矫正工作人员及崔某某。同时为更精准判断崔某某暂予监外执行监督工作中所涉及的医学问题，金山区人民检察院邀请主任医师杨某某作为有专门知识的人全程参与，提出咨询意见。经调查核实，崔某某在社区矫正期间能够遵守各项规定，一直接受治疗，病情较为稳定。杨某某根据调查核实情况，出具"初步认为其胃癌术后恢复情况良好，无癌症复发指征"的专家意见。

监督意见。2020 年 9 月 23 日，金山区人民检察院向金山区司法局提出检察建议，建议其组织对崔某某进行病情复查和鉴定。如鉴定结果为不再符合暂予监外执行情形，应当及时提请收监执行。金山区司法局采纳了检察建议，组织病情复查。复旦大学附属金山医院作出"目前癌症未发现明显复发或转移"的诊断结论。2020 年 10 月 15 日，金山区司法局就崔某某收监执行征求金山区人民检察院意见。金山区人民检察院结合病情诊断、专家意见和法医审查报告认为，崔某某化疗结束后三年期间未发现癌症复发或转移现象，可以认定其暂予监外执行情形消失且刑期未满，符合收监执行情形，遂向金山区司法局制发《检察意见书》，同意对崔某某收监执行。

监督结果。2020 年 10 月 20 日，金山区司法局向山东省监狱管理局发出《收监执行建议书》。2020 年 10 月 30 日，山东省监狱管理局制发《暂予监外执行收监决定书》，决定将崔某某依法收监执行。2020 年 11 月 2 日，崔某某被收监执行。

指导意义

（一）人民检察院开展社区矫正监督工作，对于保外就医的社区矫正对象是否符合暂予监外执行条件应当加强审查。对于交付社区矫正、变更执行地的保外就医社区矫正对象，检察机关应及时审查是否符合暂予监外执行条件。对于保外就医的职务犯罪、破坏金融管理秩序和金融诈骗犯罪、黑社会性质组织犯罪等社区矫正对象，特别是在监内服刑时间较短、剩余刑期较长的人员，应当予以重点审查。社区矫正期间，人民检察院应监督社区矫正机构及时掌握暂予监外执行社区矫正对象身体状况及疾病治疗等情况，每三个月审查保外就医社区矫正对象病情复查情况。必要时，人民检察院可以自行组织或者要求社区矫正机构对社区矫正对象重新组织诊断、检查或者鉴别。为保证相关结果客观公正，诊断、检查的医疗机构应当与暂予监外执行社区矫正对象日常就诊的医疗机构不同且不存在利益相关。对于暂予监外执行情形消失的，人民检察院应当及时提出收监执行的检察建议，防止"一保到底"，切实维护刑罚执行公平公正。

（二）人民检察院开展社区矫正监督工作，可充分结合专家意见，综合判断社区矫正对象是否符合继续保外就医条件。人民检察院在对保外就医社区矫正对象的监督管理活动开展法律监督时，要重点关注社区矫正对象的身体健康状况，依法判断是否仍属于《保外就医严重疾病范围》规定的严重疾病情形。人民检察院在甄别病情是否发生重大变化、保外就医情形是否消失时，可以邀请有专门知识的人参与，辅助对病情复查诊断书及相关化验单、影像学资料、病历、鉴定意见等材料进行审查，并充分考虑专家意见后进行综合判断。

（三）人民检察院应加强对变更社区矫正执行地的监督，切实防止通过变更执行地逃避刑罚执行问题的发生。为促进社区矫正对象顺利融入社会，因工作变动、居所变化、生活需要等正当理由，社区矫正对象可以申请变更社区矫正执行地。人民检察院应当加强对变更社区矫正执行地等情形的法律监督，重点审查变更理由是否合理、相关证明材料是否充分、变更审批手续、交付接收程序等是否合法规范，同时应当监督变更执行地后的社区矫正机构加强对社区矫正对象的监督管理。

相关规定

《中华人民共和国刑事诉讼法》第二百六十八条。

《中华人民共和国社区矫正法》第二十七条、第四十九条。

《中华人民共和国社区矫正法实施办法》第二十四条、第三十条、第三十一条、第四十九条（2020 年 7 月 1 日起施行）。

《社区矫正实施办法》第十四条、第二十六条（2012 年 3 月 1 日起施行，2020 年 7 月 1 日废止）。

《暂予监外执行规定》第二十一条、第二十三条、第三十一条。

《人民检察院刑事诉讼规则》第六百四十四条。

社区矫正对象王某减刑监督案

（检例第 133 号）

关键词

社区矫正监督　见义勇为　重大立功　减刑监督　检察听证

要　旨

人民检察院开展社区矫正法律监督工作，应当坚持客观公正立场，既监督纠正社区矫正中的违法行为，又依法维护社区矫正对象合法权益。发现宣告缓刑的社区矫正对象有见义勇为、抢险救灾等突出表现的，应当监督相关部门审查确定是否属于重大立功情形，是否符合减刑条件。对有重大社会影响的减刑监督案件，人民检察院可以召开听证会，围绕社区矫正对象是否符合重大立功等重点内容进行听证，结合原判罪名情节、社区矫正期间表现等依法提出检察建议。

基本案情

社区矫正对象王某，男，1989 年 6 月出生，2018 年 3 月 14 日因犯诈骗罪被浙江省德清县人民法院判处有期徒刑三年，宣告缓刑四年，并处罚金人民币六万元，缓刑考验期自 2018 年 3 月 27 日至 2022 年 3 月 26 日止。王某在浙江省德清县某街道司法所接受社区矫正。社区矫正期间，王某能够积极接受教育管理，各方面表现良好。

2019 年 11 月 12 日上午，王某在德清县某街道进行社区服务时，发现社区卫生服务站门口的道路上，一辆正在施工的热熔划线工程车上的液化气罐突然起火，危及周边安全。王某见状主动上前施救，并成功排除险情。经德清县人民检察院监督，王某的行为被法院依法认定为重大立功，符合减刑的法定条件。湖州市中级人民法院依法裁定对王某减去有期徒刑六个月，缩减缓刑考验期一年。

检察机关履职过程

线索发现。救火事件经新闻媒体报道后，德清县人民检察院检察人员通过查看现场照片，并与德清县社区矫正机构确认，主动救火的人是社区矫正对象王某。德清县人民检察院认为，王某的行为可能构成重大立功情形，符合减刑条件。

调查核实。德清县人民检察院将王某主动救火的情况向社区矫正机构反映，但社区矫正机构未及时进行核查。检察机关随即开展调查核实等工作。一是审查救火事件的基本事实和证据。通过走访事发现场，询问事发地社区工作人员、社区医生、道路施工人员、消防救援人员及周边群众，收集调取现场照片等证据，了解到当日工程车上的液化气罐突然起火，王某发现后三次往返火场灭火，最后爬上工程车徒手将有随时被引爆风险的 7 个液化气罐全部拧紧，成功排除一起重大火灾爆炸险情。灭火过程中，王某身体多处受伤。事发地位于德清县城闹市区，来往车辆和行人较多，周边均为居民区，一旦发生爆炸可能造成重大事故。二是审查王某在社区矫正期间的表现情况。全面调取王某的社区矫正档案材料，询问王某和社区矫正机构工作人员，了解到王某原判罚金刑已履行完毕，其在社区矫正期间能够认罪悔罪，遵守法律法规和监督管理规定，积极参加教育学习和社区服务，月度考核中多次获得表扬。三是论证是否符合重大立功情形。会同公安机关、人民法院和社区矫正机构等部门，就王某的行为是否属于重大立功表现等问题进行分析论证，推动社区矫正机构有针对性地开展调查取证。2019 年 12 月 25 日，德清县人民检察院向德清县公安局发出王某见义勇为举荐书，德清县公安局核实后于 2020 年 1 月 3 日依法确定王某的行为系见义勇为。四是召开公开听证会。考虑到王某见义勇为行为已被媒体宣传报道，具有较大的社会影响，德清县人民检察院围绕是否构成重大立功等问题组织召开检察听证会，邀请省市县三级人大代表和政协委员、社区矫正机构代表等人员作为听证员，当事人及其代理律师也参加听证。听证员认为，王某见义勇为行为成功排除了一起重大事故，符合重大立功的条件，有力传播了社会正能量，建议德清县人民检察院依法监督德清县司法局对王某提请减刑。

监督意见。2020 年 4 月 17 日，德清县人民检察院依法向德清县司法局提出对社区矫正对象王某提请减刑的检察建议。

监督结果。2020 年 7 月 1 日，湖州市司法局在审查德清县司法局报送的减刑建议书后，向湖州市中级人民法院提出减刑建议。湖州市中级人民法院经审理认为，社区矫正对象王某在排除重大事故中有见义勇为行为，且表现突出，构成重大立功，符合减刑的法定条件。2020 年 7 月 13 日，湖州市中级人民法院依法裁定对王某减去有期徒刑六个月，缩减缓刑考验期一年。

指导意义

（一）人民检察院开展社区矫正法律监督工作，发现宣告缓刑社区矫正对象有重大立功线索的，应当监督社区矫正机构进行调查核实，依法维护社区矫正对象合法权益。根据有关法律和司法解释的规定，宣告缓刑的罪犯，一般不适用减刑；在缓刑考验期内有重大立功表现的，可以参照《中华人民共和国刑法》第七十八条的规定，予以减刑。因此，人民检察院在监督工作中发现社区矫正对象有见义勇为等突出表现，可能构成重大立功的，应当监督社区矫正机构及时进行调查，依法予以确认。必要时，人民检察院可以自行开展调查核实。

（二）人民检察院在办理减刑监督案件时，可以通过公开听证方式听取各方意见，最大程度凝聚共识，确保案件办理质效。人民检察院办理有重大社会影响的社区矫正对象减刑监督案件，可以运用公开听证方式开展案件审查工作，广泛听取意见，并通过以案释法，弘扬社会主义核心价值观。在听证过程中，应重点围绕社区矫正对象的行为是否符合《中华人民共和国刑法》第七十八条规定的重大立功情形听取意见。人民检察院综合听证员意见，结合社区矫正对象见义勇为的具体表现、有效避免或阻止发生的危害后果，以及原判罪名情节、社会危害程度和社区矫正期间表现等因素，经审慎研究，依法认定符合减刑条件的，应当向刑罚执行机关提出提请减刑的检察建议。

相关规定

《中华人民共和国刑法》第七十八条。

《中华人民共和国刑事诉讼法》第二百七十三条。

《中华人民共和国社区矫正法》第三十三条。

《中华人民共和国社区矫正法实施办法》第三十三条、第四十二条（2020 年 7 月 1 日起施行）。

《最高人民法院关于办理减刑、假释案件具体应用法律的规定》第五条、第十八条。

《人民检察院刑事诉讼规则》第六百四十四条。

《人民检察院办理减刑、假释案件规定》第九条。

社区矫正对象管某某申请外出监督案

（检例第 134 号）

关键词

社区矫正监督　生产经营需要　申请外出　依申请监督　跟进监督

要　旨

人民检察院开展社区矫正法律监督工作，应当监督社区矫正机构依法履行社区矫正对象申请外出的审批职责。社区矫正对象因生产经营需要等正当理由申请外出，社区矫正机构未予批准，申请人民检察院监督的，人民检察院应当在调查核实后依法监督社区矫正机构批准。社区矫正机构批准外出的，人民检察院应当监督社区矫正机构加强对社区矫正对象外出期间的动态监督管理，确保社区矫正对象"放得出""管得住"。

基本案情

社区矫正对象管某某，男，1970年5月出生，江苏某电子科技有限公司控股股东、实际控制人。2016年7月21日，管某某因犯虚开增值税专用发票罪被江苏省昆山市人民法院判处有期徒刑三年，宣告缓刑五年，缓刑考验期自2016年8月2日至2021年8月1日止。管某某在安徽省芜湖市湾沚区某司法所接受社区矫正。管某某在社区矫正期间遵纪守法，服从监督管理，表现良好。

2020年8月，芜湖市湾沚区人民检察院根据管某某的申请，依法对某司法所不批准管某某外出申请进行监督。经监督，社区矫正机构依法批准管某某外出申请。

检察机关履职过程

线索发现。2020年8月，湾沚区人民检察院接到社区矫正对象管某某反映，其经营的某电子公司因生产经营陷入困境，亟需本人赴上海、江苏等地洽谈业务，其向某司法所申请外出，未获批准，遂向湾沚区人民检察院提出法律监督申请。

调查核实。受理管某某的申请后，湾沚区人民检察院开展了以下调查核实工作：一是了解司法所不批准管某某外出的理由。主要是担心管某某外出后，可能发生脱管或重新犯罪等问题。二是调查管某某外出的必要性。经实地走访管某某经营的公司，查阅公司营业执照、纳税申报表和业务合同等材料，询问公司相关人员，查明管某某经营的公司共有员工近200名，年均销售额7000万元，年均纳税400余万元。管某某是公司的实际控制人，公司业务一直由管某某负责经营管理。另查明新冠疫情发生以来，其公司销售业绩下滑约40%，面临停产危险，亟需管某某赴上海、江苏等地拓展加工销售市场，帮助公司复工复产。三是评估管某某的社会危险性。经查阅管某某原刑事案件卷宗、社区矫正档案，走访社区矫正工作人员，综合分析其原犯罪事实、性质、情节、社会危害性、认罪悔罪态度等情况，同时查明管某某在犯罪后认罪悔罪态度较好，在社区矫正期间认真遵守法律法规和社区矫正监督管理规定，未发生漏管、脱管情况。

监督意见。湾沚区人民检察院审查认为，管某某因犯虚开增值税专用发票罪被判处有期徒刑三年，宣告缓刑五年，且为初犯，能认罪悔罪。同时，管某某在社区矫正期间，能严格遵守社区矫正监督管理规定，创业热情较高、回报社会意愿较强，现实表现良好，造成社会危险的可能性较小，其申请外出从事企业亟需开展的生产经营活动，符合《中华人民共和国社区矫正法》第二十七条第一款、《中华人民共和国社区矫正法实施办法》第二十六条关于申请外出的条件。2020年8月26日，湾沚区人民检察院与湾沚区司法局召开联席会议，检察机关结合管某某原判罪名情节、有期徒刑缓刑考验期间改造表现、申请外出事由等情形，提出社区矫正机构应依法批准管某某外出的检察意见，并与该区司法局就批准管某某请假外出事宜达成共识。

监督结果。2020年9月10日，某司法所批准管某某外出4天。之后，管某某又因生产经营需要申请外出共计11次，均被批准。管某某因外出开展经营业务，促进企业转型升级，在疫情防控常态化条件下，企业未出现停产、裁员情况，稳定提供就业岗位近两百个。

管某某外出期间，湾沚区人民检察院监督司法所建立社区矫正对象重点监督台账，并与司法所对接，通过登录司法局社区矫正智慧矫正系统，动态获悉司法所对管某某的监督管理情况。该司法所通过电话通信、微信实时定位、社区矫正智慧监管系统平台推送信息等方式，核查管某某行动轨迹，并将相关情况及时通报湾沚区人民检察院，实现对管某某的动态监管。

指导意义

（一）人民检察院开展社区矫正法律监督工作，应当监督社区矫正机构依法开展社区矫正对象外出申请审批工作。开展社区矫正法律监督，应当自觉服务保障经济社会发展大局，依法维护社区矫正对象合法权益，保障正常生产经营活动的开展。对于社区矫正对象因生产经营需要等有正当理由的外出申请，社区矫正机构未批准，申请人民检察院监督的，人民检察院可综合社区矫正对象所在企业经营状况、个人在企业经营中的职责地位、外出理由是否合理紧迫、原犯罪性质和情节、社区矫正期间表现等情况，判断申请外出的必要性和可能发生的社会危险性，准确提出监督意见。对于社区矫正对象确因生产经营、就医、就学等正当理由申请外出且无社会危险性的，应当认定为符合《中华人民共和国社区矫正法》第二十七条第一款规定，建议社区矫正机构依法予以批准。

（二）对于社区矫正机构批准社区矫正对象外出的，人民检察院应当监督社区矫正机构加强对外出社区矫正对象的动态监管。社区矫正对象经批准外出，仍应接受社区矫正机构的监督管理。人民检察院应当监督社区矫正机构将批准外出社区矫正对象列为重点监管对象，按照《中华人民共和国社区矫正法》和相关法律法规规定，采取电话联络、实时视频或者信息化大数据等高科技手段加强动态管理。必要时，可以建议外出目的地社区矫正机构协助进行监督管理，确保社区矫正对象"放得出""管得住"。

相关规定

《中华人民共和国社区矫正法》第二十七条。

《中华人民共和国社区矫正法实施办法》第二十六条、第二十八条（2020年7月1日起施行）。

社区矫正对象贾某某申请经常性跨市县活动监督案

（检例第 135 号）

关键词

社区矫正监督　　经常性跨市县活动　　依申请监督　　简化审批

要　旨

人民检察院开展社区矫正法律监督工作，应当切实加强社区矫正对象合法权益保障，着力解决人民群众"急难愁盼"问题。对于社区矫正对象因正常工作、生活需要申请经常性跨市县（包含跨不同省份之间的市、县）活动的，人民检察院应当监督社区矫正机构依法予以批准，并简化批准程序和方式。

基本案情

社区矫正对象贾某某，男，1978 年 2 月出生，汽车驾驶员。2020 年 11 月 2 日，贾某某因犯非法侵入住宅罪被河南省滑县人民法院判处有期徒刑十个月，宣告缓刑一年，缓刑考验期自 2020 年 12 月 3 日至 2021 年 12 月 2 日止。贾某某在河南省滑县某镇司法所接受社区矫正。贾某某在社区矫正期间遵纪守法，服从监督管理，表现良好。

2021 年 1 月，河南省滑县人民检察院根据贾某某的申请，依法对滑县司法局不批准贾某某经常性跨市、县活动申请进行监督。经监督，社区矫正机构依法简化批准程序和方式，批准贾某某经常性跨市、县活动申请。

检察机关履职过程

线索发现。2021 年 1 月，河南省滑县人民检察院接到社区矫正对象贾某某反映，其以从事长途货运服务为生，在社区矫正期间，因正常工作和生活需要经常性跨市、县活动，于 2020 年 12 月 8 日向滑县司法局申请经常性跨市、县活动，未获批准。现已严重影响其工作和生活，申请检察机关对滑县司法局进行监督。

调查核实。滑县人民检察院受理申请后，开展以下调查核实工作：一是了解社区矫正机构不批准贾某某申请的理由。通过走访滑县司法局，询问社区工作人员，了解到滑县司法局不批准贾某某经常性跨市、县活动外出申请的理由为：根据《中华人民共和国社区矫正法》第二十七条、《中华人民共和国社区矫正法实施办法》第二十九条规定，社区矫正对象申请经常性跨市、县活动的，可以简化批准程序和方式，批准一次的有效期为六个月。但现行法律法规没有明确经常性跨市、县活动能否跨省，因此不予批准。贾某某可以在每次外出时，临时单独申请，社区矫正机构将根据申请予以审批。二是了解贾某某申请经常性跨市、县活动的必要性。通过调取贾某某家庭情况信息、父母及岳父母病历、贷款信息、银行流水，询问贾某某及其家属、村委会成员，了解到贾某某承包某运输公司滑县至江苏和山东某运输线路，每月需往返5至8次，频次较高；运输任务一般临时通知，接到任务后再向社区矫正机构申请外出，严重影响其按时完成运输任务。贾某某全家的生活支出主要依赖其工作收入，现因无法完成运输任务，收入锐减，已开始举债偿还每月一万余元的货车贷款和房贷，家庭正常生活开支难以维持。三是评估贾某某的社会危险性。经查阅贾某某原刑事案件卷宗、社区矫正档案，走访社区矫正工作人员，了解到贾某某犯非法侵入住宅罪系亲属之间矛盾引发，被宣告缓刑，社区矫正表现良好，社会危险性较小；其从事长途运输期间未发现违反交通运输法律法规行为。

监督意见。滑县人民检察院经审查认为，一是"经常性跨市、县活动"应当包含跨不同省份之间的市、县。《中华人民共和国社区矫正法》《中华人民共和国社区矫正法实施办法》规定"社区矫正对象因正常工作和生活需要，申请经常性跨市、县活动"的主要目的，是为了帮助社区矫正对象解决正常工作需要和日常生活中遇到的实际困难，让其更好地回归社会。因此，根据立法精神，可以将"经常性跨市、县活动"中的"跨市、县"理解为包含跨省份之间的市、县。二是贾某某申请经常性跨市、县活动确有必要。贾某某的运输任务一般临时通知，每次单独申请严重影响其正常工作需要。贾某某一直从事货运服务，运输收入为家庭生活的唯一来源，如无货运服务收入，其家庭生活将无以为继，不利于贾某某顺利融入社会，易产生社会不稳定因素。贾某某申请社区矫正机构简化批准程序和方式，一次性批准其六个月经常性跨市、县活动，确有必要。

2021年1月20日，滑县人民检察院邀请人大代表、政协委员、律师、纪检监察人员作为听证员，就贾某某申请经常性跨市、县活动的必要性、社会危险性等问题组织了听证会。听证员一致认为，贾某某确属因正常工作和生活需要经常性跨市、县活动，社会危险性较小，一次性批准其六个月内可以跨市、县活动，更有利于解决贾某某家庭困难问题，帮助其更好地回归社会。滑县人民检察院参考听证意见并研究后，依法向滑县司法局提出检察意见，建议滑县司法局批准贾某某经常性跨市、县活动的申请。

监督结果。2021年1月21日，滑县司法局就"经常性跨市、县活动"范围理解问题逐级请示上级司法行政部门后，批准贾某某经常性跨市、县活动六个月。2021年10月，河南省司法厅印发《河南省社区矫正对象外出审批管理办法》，明确社区矫正对象申请跨市、县活动范围包括但不限于本省。

贾某某外出活动期间，滑县人民检察院跟进监督滑县司法局加强对贾某某的教育管理措施，保证社区矫正效果。2021 年 5 月，滑县人民检察院进行回访调查，了解到贾某某外出期间能够遵守法律法规，通过经常性跨市、县活动从事货运服务的收入保障了家庭正常生活。

指导意义

（一）人民检察院开展社区矫正法律监督工作，应当切实加强社区矫正对象合法权益保障，着力解决人民群众"急难愁盼"问题。回应新时代人民群众新要求，着力解决人民群众"急难愁盼"问题，是检察机关落实"司法为民"要求的重要体现。人民检察院履行社区矫正法律监督职责，要立足于厚植党的执政根基、维护社会秩序稳定，办理好事关社区矫正对象等人民群众切身利益的每一起"小案"，努力解决人民群众操心事、烦心事、揪心事，不断提升人民群众的获得感、幸福感、安全感。

（二）准确把握立法精神，厘清"经常性跨市、县活动"界限。对社区矫正对象因正常工作和生活需要提出经常性跨市、县活动申请进行审批时，应当将经常性跨市、县活动所指的"市、县"理解为，既包括本省域内的市、县，也包括不同省份之间的市、县。对因正常工作和生活需要，以相对固定时间、频次经常性跨市、县活动的长途货运司机、物流押送员、销售员等特定社区矫正对象，人民检察院应当监督社区矫正机构依法履职，简化批准程序和方式，批准社区矫正对象经常性跨市、县活动的申请。

相关规定

《中华人民共和国社区矫正法》第二十七条。

《中华人民共和国社区矫正法实施办法》第二十六条、第二十八条、第二十九条（2020 年 7 月 1 日起施行）。

第三十四批指导性案例

仇某侵害英雄烈士名誉、荣誉案

（检例第 136 号）

关键词

侵害英雄烈士名誉、荣誉　情节严重　刑事附带民事公益诉讼

要 旨

侵害英雄烈士名誉、荣誉罪中的"英雄烈士",是指已经牺牲、逝世的英雄烈士。在同一案件中,行为人所侵害的群体中既有烈士,又有健在的英雄模范人物时,应当整体评价为侵害英雄烈士名誉、荣誉的行为,不宜区别适用侵害英雄烈士名誉、荣誉罪和侮辱罪、诽谤罪。《刑法修正案(十一)》实施后,以侮辱、诽谤或者其他方式侵害英雄烈士名誉、荣誉的行为,情节严重的,构成侵害英雄烈士名誉、荣誉罪。行为人利用信息网络侵害英雄烈士名誉、荣誉,引起广泛传播,造成恶劣社会影响的,应当认定为"情节严重"。英雄烈士没有近亲属或者近亲属不提起民事诉讼的,检察机关在提起公诉时,可以一并提起附带民事公益诉讼。

基本案情

被告人仇某,男,1982年出生,南京某投资管理有限公司法定代表人。

2020年6月,印度军队公然违背与我方达成的共识,悍然越线挑衅。在与之交涉和激烈斗争中,团长祁发宝身先士卒,身负重伤;营长陈红军、战士陈祥榕突入重围营救,奋力反击,英勇牺牲;战士肖思远突围后义无反顾返回营救战友,战斗至生命最后一刻;战士王焯冉在渡河支援途中,拼力救助被冲散的战友脱险,自己却淹没在冰河中。边防官兵誓死捍卫祖国领土,彰显了新时代卫国戍边官兵的昂扬风貌。同年6月,陈红军、陈祥榕、肖思远、王焯冉被评定为烈士;2021年2月,中央军委追授陈红军"卫国戍边英雄"荣誉称号,追记陈祥榕、肖思远、王焯冉一等功,授予祁发宝"卫国戍边英雄团长"荣誉称号。

2021年2月19日上午,仇某在卫国戍边官兵英雄事迹宣传报道后,为博取眼球,获得更多关注,在住处使用其新浪微博账号"辣笔小球"(粉丝数250余万),先后发布2条微博,歪曲卫国戍边官兵祁发宝、陈红军、陈祥榕、肖思远、王焯冉等人的英雄事迹,诋毁、贬损卫国戍边官兵的英雄精神。

上述微博在网络上迅速扩散,引起公众强烈愤慨,造成恶劣社会影响。截至当日15时30分,仇某删除微博时,上述2条微博共计被阅读202569次、转发122次、评论280次。

检察履职情况

一、引导侦查取证

2021年2月20日,江苏省南京市公安局建邺分局对仇某以涉嫌寻衅滋事罪立案侦查并刑事拘留。当日,江苏省南京市建邺区人民检察院经公安机关商请介入侦查,围绕犯罪对象、动机、情节、行为方式及造成的社会影响等方面提出收集证据的意见,并同步开展公益诉讼立案调查。

二、审查逮捕

2021年2月25日，建邺分局以仇某涉嫌寻衅滋事罪提请批准逮捕。3月1日，建邺区人民检察院以仇某涉嫌侵害英雄烈士名誉、荣誉罪批准逮捕。检察机关认为：首先，仇某发布微博，以戏谑口吻贬损英雄团长"临阵脱逃"，并提出四名战士因为营救团长而牺牲、立功，质疑牺牲人数、诋毁牺牲战士的价值，侵害了祁发宝等整个战斗团体的名誉、荣誉，根据刑法第二百九十三条、《最高人民法院 最高人民检察院关于办理利用信息网络实施诽谤等刑事案件适用法律若干问题的解释》（以下简称《网络诽谤的解释》）第五条的规定，已涉嫌寻衅滋事罪；其次，仇某的行为符合3月1日实施的《刑法修正案（十一）》增设的侵害英雄烈士名誉、荣誉罪的规定，根据刑法第十二条规定的"从旧兼从轻"原则，应当按《刑法修正案（十一）》处理；再次，仇某作为有250余万粉丝的微博博主，在国家弘扬卫国戍边官兵英雄事迹的特定时间节点实施上述行为，其言论在网络迅速、广泛扩散，造成恶劣社会影响，应当认定为"情节严重"。

三、审查起诉

2021年3月11日，建邺分局以仇某涉嫌侵害英雄烈士名誉、荣誉罪移送审查起诉。因本案系新罪名案件，没有类案和量刑指导意见供参考，建邺区人民检察院在依法审查证据、认定事实基础上，邀请不同职业、年龄、文化程度的群众参加听证，就量刑问题听取意见，并对仇某依法开展认罪认罚教育工作。仇某认罪认罚，同意量刑建议和程序适用，在辩护人见证下自愿签署具结书。

4月26日，建邺区人民检察院以仇某涉嫌侵害英雄烈士名誉、荣誉罪提起公诉，提出有期徒刑八个月的量刑建议。同时，检察机关就公益诉讼听取祁发宝和烈士近亲属的意见，他们提出希望检察机关依法办理。检察机关遂提起附带民事公益诉讼，请求判令仇某在国内主要门户网站及全国性媒体公开赔礼道歉、消除影响。

四、指控与证明犯罪

2021年5月31日，江苏省南京市建邺区人民法院依法公开开庭审理本案。仇某对检察机关指控的事实、证据及量刑建议均无异议，当庭再次表示认罪认罚，真诚向英雄烈士及其家属道歉，向社会各界忏悔。辩护人对指控罪名不持异议，认为仇某主观恶性较小，发布的微博虽多次发酵，但绝大多数网友对仇某的观点是不赞同的，造成的不良影响较小。公诉人答辩指出，仇某作为具有媒体从业经历的"网络大V"，恶意用游戏术语诋毁、贬损卫国戍边官兵，主观恶性明显。其微博账户拥有250余万粉丝，其不当言论在网络上迅速扩散、蔓延，网友对其口诛笔伐，恰恰说明其言论严重伤害民众情感，损害社会公共利益。

公益诉讼起诉人出示证据，证明仇某的行为、后果，发表了公益诉讼的意见。仇某及其诉讼代理人对检察机关提起刑事附带民事公益诉讼的事实、证据及诉讼请求均无异议。

五、处理结果

建邺区人民法院审理后当庭宣判，采纳检察机关指控的事实、罪名及量刑建议，支持检察机关的公益诉讼，以仇某犯侵害英雄烈士名誉、荣誉罪判处有期徒刑八个月，并责令仇某自判决生效之日起十日内通过国内主要门户网站及全国性媒体公开赔礼道歉，消除影响。判决宣告后，仇某未提出上诉，判决已生效。2021年6月25日，仇某在《法治日报》及法制网发布道歉声明。

指导意义

（一）对侵害英雄烈士名誉、荣誉罪中的"英雄烈士"应当依照刑法修正案的本意作适当解释。本罪中的"英雄烈士"，是指已经牺牲、逝世的英雄烈士。如果行为人以侮辱、诽谤或者其他方式侵害健在的英雄模范人物名誉、荣誉，构成犯罪的，可以适用侮辱罪、诽谤罪追究刑事责任。但是，如果在同一案件中，行为人的行为所侵害的群体中既有已牺牲的烈士，又有健在的英雄模范人物时，应当整体评价为侵害英雄烈士名誉、荣誉的行为，不宜区别适用侵害英雄烈士名誉、荣誉罪和侮辱罪、诽谤罪。虽不属于烈士，但事迹、精神被社会普遍公认的已故英雄模范人物的名誉、荣誉被侵害的，因他们为国家、民族和人民作出巨大贡献和牺牲，其名誉、荣誉承载着社会主义核心价值观，应当纳入侵害英雄烈士名誉、荣誉罪的犯罪对象，与英雄烈士的名誉、荣誉予以刑法上的一体保护。

（二）《刑法修正案（十一）》实施后，侮辱、诽谤英雄烈士名誉、荣誉，情节严重的，构成侵害英雄烈士名誉、荣誉罪。《刑法修正案（十一）》实施前，实施侮辱、诽谤英雄烈士名誉、荣誉的行为，构成犯罪的，可以按照寻衅滋事罪追究刑事责任。《刑法修正案（十一）》实施后，对上述行为认定为侵害英雄烈士名誉、荣誉罪，符合立法精神，更具有针对性，更有利于实现对英雄烈士名誉、荣誉的特殊保护。发生在《刑法修正案（十一）》实施前的行为，实施后尚未处理或者正在处理的，应当根据刑法第十二条规定的"从旧兼从轻"原则，以侵害英雄烈士名誉、荣誉罪追究刑事责任。

（三）侵害英雄烈士名誉、荣誉罪中"情节严重"的认定，可以参照《网络诽谤的解释》的规定，并可以结合案发时间节点、社会影响等综合认定。《网络诽谤的解释》第二条规定，同一诽谤信息实际被点击、浏览次数达到5000次以上，或者被转发次数达到500次以上的；造成被害人或者其近亲属精神失常、自残、自杀等严重后果的；2年内曾因诽谤受过行政处罚，又诽谤他人的；具有其他情节严重的情形的，属于"情节严重"。办理利用信息网络侵害英雄烈士名誉、荣誉案件时，可以参照上述标准，或者虽未达到上述数量、情节要求，但在特定时间节点通过具有公共空间属性的网络平台和媒介公然侵害英雄烈士名誉、荣誉，引起广泛传播，造成恶劣社会影响的，也可以认定为"情节严重"。对于只是在相对封闭的网络空间，如在亲友微信群、微信朋友圈等发表不当言论，没有造成大范围传播的，可以不认定为"情节严重"。

（四）刑事检察和公益诉讼检察依法协同履职，维护社会公共利益。检察机关办理侵害英雄烈士名誉、荣誉案件，在英雄烈士没有近亲属，或者经征询意见，近亲属不提出民事诉讼时，应当充分履行刑事检察和公益诉讼检察职能，提起公诉的同时，可以向人民法院一并提起附带民事公益诉讼，同步推进刑事责任和民事责任的追究，实现审判阶段刑事诉讼、附带民事公益诉讼由人民法院同一合议庭审理、同步判决，提高诉讼效率、确保庭审效果。

相关规定

《中华人民共和国刑法》第十二条、第二百九十九条之一。

《中华人民共和国民法典》第一百八十五条。

《中华人民共和国英雄烈士保护法》第二十二条、第二十五条、第二十六条。

《中华人民共和国国家勋章和国家荣誉称号法》第二条、第三条、第四条。

《国家功勋荣誉表彰条例》第一条、第二条、第五条、第六条、第七条、第八条、第十四条。

《最高人民法院　最高人民检察院关于办理利用信息网络实施诽谤等刑事案件适用法律若干问题的解释》第二条、第五条。

《最高人民法院　最高人民检察院关于检察公益诉讼案件适用法律若干问题的解释》第二十条。

郎某、何某诽谤案

（检例第 137 号）

关键词

网络诽谤　严重危害社会秩序　能动司法　自诉转公诉

要旨

利用信息网络诽谤他人，破坏公众安全感，严重扰乱网络社会秩序，符合刑法第二百四十六条第二款"严重危害社会秩序"的，检察机关应当依法履行追诉职责，作为公诉案件办理。对公安机关未立案侦查，被害人已提出自诉的，检察机关应当处理好由自诉向公诉程序的转换。

基本案情

被告人郎某，男，1993 年出生，个体工商户。

被告人何某，男，1996 年出生，务工。

被害人谷某，女，1992年出生，务工。

2020年7月7日18时许，郎某在杭州市余杭区某小区东门快递驿站内，使用手机偷拍正在等待取快递的被害人谷某，并将视频发布在某微信群。后郎某、何某分别假扮快递员和谷某，捏造谷某结识快递员并多次发生不正当性关系的微信聊天记录。为增强聊天记录的可信度，郎某、何某还捏造"赴约途中""约会现场"等视频、图片。7月7日至7月16日期间，郎某将上述捏造的微信聊天记录截图39张及视频、图片陆续发布在该微信群，引发群内大量低俗、侮辱性评论。

8月5日，上述偷拍的视频以及捏造的微信聊天记录截图27张被他人合并转发，并相继扩散到110余个微信群（群成员约2.6万）、7个微信公众号（阅读数2万余次）及1个网站（浏览量1000次）等网络平台，引发大量低俗、侮辱性评论，严重影响了谷某的正常工作生活。

8月至12月，此事经多家媒体报道引发网络热议，其中，仅微博话题"被造谣出轨女子至今找不到工作"阅读量就达4.7亿次、话题讨论5.8万人次。该事件在网络上广泛传播，给广大公众造成不安全感，严重扰乱了网络社会公共秩序。

检察履职情况

一、推动案件转为公诉程序办理

2020年8月7日，谷某就郎某、何某涉嫌诽谤向浙江省杭州市公安局余杭分局报案。8月13日，余杭分局作出对郎某、何某行政拘留9日的决定。10月26日，谷某委托诉讼代理人向浙江省杭州市余杭区人民法院提起刑事自诉，并根据法院通知补充提交了相关材料。12月14日，法院立案受理并对郎某、何某采取取保候审强制措施。

因相关事件及视频在网络上进一步传播、蔓延，案件情势发生重大变化。检察机关认为，郎某、何某的行为不仅侵害被害人的人格权，而且经网络迅速传播，已经严重扰乱网络社会公共秩序。由于本案被侵害对象系随意选取，具有不特定性，任何人都可能成为被侵害对象，严重破坏了广大公众安全感。对此类案件，由自诉人收集证据并达到事实清楚，证据确实、充分的证明标准难度很大，只有通过公诉程序追诉才能及时、有效收集、固定证据，依法惩罚犯罪、维护社会公共秩序。12月22日，浙江省杭州市余杭区人民检察院建议公安机关立案侦查。

12月25日，余杭分局对郎某、何某涉嫌诽谤罪立案侦查。12月26日，谷某向余杭区人民法院撤回起诉。

二、引导侦查取证

余杭区人民检察院围绕诽谤罪"情节严重"的标准以及"严重危害社会秩序"的公诉情形，向公安机关提出对诽谤信息传播侵害被害人人格权与社会秩序、公众安全感遭受破坏的相关证据一并收集固定的意见。公安机关经侦查，及时收集、固定了诽谤信息传播扩散情况、引发的低俗评论以及该案给广大公众造成的不安全感等关键证据。

三、审查起诉

2021年1月20日，余杭分局将该案移送审查起诉。余杭区人民检察院审查认为，郎某、何某为寻求刺激、博取关注，捏造损害他人名誉的事实，在网络上散布，造成该信息被大量阅读、转发，严重侵害谷某的人格权，导致谷某被公司劝退，随后多次求职被拒，使谷某遭受一定经济损失，社会评价也遭受严重贬损，且二被告人侵害对象选择随意，造成不特定公众恐慌和社会安全感、秩序感下降；诽谤信息在网络上大范围流传，引发大量低俗评论，对网络公共秩序造成严重冲击，严重危害社会秩序，符合刑法第二百四十六条第二款"严重危害社会秩序"的规定。

2月26日，余杭区人民检察院依法对郎某、何某以涉嫌诽谤罪提起公诉。鉴于二被告人认罪认罚，对被害人进行赔偿并取得谅解，余杭区人民检察院对二被告人提出有期徒刑一年，缓刑二年的量刑建议。

四、指控与证明犯罪

2021年4月30日，余杭区人民法院依法公开开庭审理本案。庭审中，二被告人再次表示认罪认罚。

辩护人对检察机关指控事实、定性均无异议。郎某的辩护人提出，诽谤信息的传播介入了他人的编辑、转发，属于多因一果。公诉人答辩指出，郎某作为成年人应当知道网络具有开放性、不可控性，诽谤信息会被他人转发或者评论，因此，他人的扩散行为应当由其承担责任。而且，被他人转发，恰恰说明该诽谤信息对社会秩序的破坏。

五、处理结果

余杭区人民法院审理后当庭宣判，采纳检察机关指控的犯罪事实和量刑建议，判决二被告人有期徒刑一年，缓刑二年。宣判后，二被告人未提出上诉，判决已生效。

指导意义

（一）准确把握网络诽谤犯罪"严重危害社会秩序"的认定条件。网络涉及面广、浏览量大，一旦扩散，往往造成较大社会影响，与传统的发生在熟人之间、社区传播形式的诽谤案件不同，通过网络诽谤他人，诽谤信息经由网络广泛传播，严重损害被害人人格权，如果破坏了公序良俗和公众安全感，严重扰乱网络社会公共秩序的，应当认定为《最高人民法院　最高人民检察院关于办理利用信息网络实施诽谤等刑事案件适用法律若干问题的解释》第三条规定的"其他严重危害社会秩序的情形"。对此，可以根据犯罪方式、对象、内容、主观目的、传播范围和造成后果等，综合全案事实、性质、情节和危害程度等予以评价。

（二）坚持能动司法，依法惩治网络诽谤犯罪。网络诽谤传播广、危害大、影响难消除，被害人往往面临举证难、维权难，通过自诉很难实现权利救济，更无法通过自诉有效追究犯罪嫌疑人刑事责任。如果网络诽谤犯罪侵害了社会公共利益，就应当适用公诉程序处理。检察机关要适应新时代人民群众对人格尊严保护的更高需求，针对网络诽谤犯罪的特点，积极主动履职，加强与其他执法司法机关沟通协调，依法启动公诉程序，及时有效打击犯罪，加强对公民人格权的刑法保护，维护网络社会秩序，营造清朗网络空间。

（三）被害人已提起自诉的网络诽谤犯罪案件，因同时侵害公共利益需要适用公诉程序办理的，应当依法处理好程序转换。对自诉人已经提起自诉的网络诽谤犯罪案件，检察机关审查认为属于"严重危害社会秩序"，应当适用公诉程序的，应当履行法律监督职责，建议公安机关立案侦查。在公安机关立案后，对自诉人提起的自诉案件，人民法院尚未受理的，检察机关可以征求自诉人意见，由其撤回起诉。人民法院对自诉人的自诉案件受理以后，公安机关又立案的，检察机关可以征求自诉人意见，由其撤回起诉，或者建议人民法院依法裁定终止自诉案件的审理，以公诉案件审理。

相关规定

《中华人民共和国刑法》第二百四十六条。

《中华人民共和国民法典》第九百九十条、第九百九十一条、第一千零二十四条。

《最高人民法院　最高人民检察院关于办理利用信息网络实施诽谤等刑事案件适用法律若干问题的解释》第二条、第三条。

《最高人民法院关于适用〈中华人民共和国刑事诉讼法〉的解释》第一条、第三百二十条。

岳某侮辱案

（检例第 138 号）

关键词

网络侮辱　裸照　情节严重　严重危害社会秩序　公诉程序

要　旨

利用信息网络散布被害人的裸体视频、照片及带有侮辱性的文字，公然侮辱他人，贬损他人人格、破坏他人名誉，导致出现被害人自杀等后果，严重危害社会秩序的，应当按照公诉程序，以侮辱罪依法追究刑事责任。

基本案情

被告人岳某，男，1982 年出生，农民。

被害人张某，女，殁年 34 岁。

二人系同村村民，自 2014 年开始交往。交往期间，岳某多次拍摄张某裸露身体的照片和视频。2020 年 2 月，张某与岳某断绝交往。岳某为报复张某及其家人，在自己的微信朋友圈、快手 App 散布二人交往期间拍摄的张某的裸体照片、视频，并发送给张某的家人。后岳某的该快手账号因张某举报被封号。5 月，岳某再次申请快手账号，继续散布张某的上述视频及写有侮辱性文字的张某照片，该快手 App 散布的视频、照片的浏览量达到 600 余次。

上述侮辱信息在当地迅速扩散、发酵，造成恶劣社会影响。同时，岳某还多次通过电话、微信骚扰、挑衅张某的丈夫。张某倍受舆论压力，最终不堪受辱服毒身亡。

检察履职情况

一、审查逮捕

2020 年 7 月 6 日，张某的丈夫以张某被岳某强奸为由到公安机关报案。7 月 7 日，河北省肃宁县公安局立案侦查。7 月 13 日，肃宁县公安局以岳某涉嫌强奸罪向河北省肃宁县人民检察院提请批准逮捕。

肃宁县人民检察院审查认为，因张某死亡，且无其他证据，无法证实岳某实施了强奸行为，但岳某为报复张某，将张某的裸体视频及带有侮辱性文字的照片发送到微信朋友圈和快手等网络平台，公然贬损张某人格、破坏其名誉，致张某自杀，情节严重，应当以侮辱罪追究其刑事责任。岳某侮辱他人，在当地造成恶劣影响，范围较广，严重危害社会秩序，应当适用公诉程序追诉。7 月 20 日，肃宁县人民检察院以岳某涉嫌侮辱罪对其批准逮捕。

二、审查起诉

2020 年 9 月 18 日，肃宁县公安局以岳某涉嫌侮辱罪移送审查起诉。肃宁县人民检察院受理后，根据审查情况，要求公安机关向腾讯、快手公司补充调取岳某的账号信息及发布内容，确定发布内容的浏览量，以及在当地造成的社会影响。审查后，肃宁县人民检察院于 10 月 9 日以岳某涉嫌侮辱罪提起公诉，并结合认罪认罚情况，对岳某提出有期徒刑二年八个月的量刑建议。

三、指控与证明犯罪

2020 年 11 月 25 日，河北省肃宁县人民法院依法不公开开庭审理本案。

被告人岳某表示认罪认罚。岳某的辩护人提出，岳某的行为不构成犯罪。一是岳某的行为属于民事侵权行为，散布隐私尚未达到"情节严重"；二是岳某出于专门散布张某隐私视频和照片的目的而开设快手账号，两个账号粉丝共 4 人，不会有粉丝以外的人浏览，不符合侮辱罪"公然性"要求。公诉人答辩指出，岳某的行为已构成侮辱罪。一是张某因岳某的侮辱行为而自杀，该侮辱行为与死亡结果存在因果关系，属于"情节严重"；二是侮辱行为具有"公然性"。岳某将被害人的裸照、视频发送到网络上，使不特定多数人均可以看到，符合侮辱罪"公然性"的规定。而且，快手

App 并非只有成为粉丝才能浏览，粉丝人数少不代表浏览人数少，在案证据证实视频和照片的浏览量分别为 222 次、429 次，且证人岳某坤等证实曾接收到快手同城推送的带有侮辱性文字的张某照片。

四、处理结果

2020 年 12 月 3 日，肃宁县人民法院作出判决，采纳检察机关指控的犯罪事实和量刑建议，以侮辱罪判处岳某有期徒刑二年八个月。判决宣告后，岳某未提出上诉，判决已生效。

指导意义

（一）侮辱他人行为恶劣或者造成被害人精神失常、自残、自杀等严重后果的，可以认定为"情节严重"。行为人以破坏他人名誉、贬低他人人格为目的，故意在网络上对他人实施侮辱行为，如散布被害人的个人隐私、生理缺陷等，情节严重的，应当认定为侮辱罪。侮辱罪"情节严重"，包括行为恶劣、后果严重等情形，如当众撕光妇女衣服的，当众向被害人泼洒粪便、污物的，造成被害人或者其近亲属精神失常、自残、自杀的，二年内曾因侮辱受过行政处罚又侮辱他人的，在网络上散布被害人隐私导致被广泛传播的，以及其他情节严重情形。

（二）侮辱罪"严重危害社会秩序"可以结合行为方式、社会影响等综合认定。侮辱罪属于告诉才处理的犯罪，但严重危害社会秩序和国家利益的除外。行为人利用信息网络侮辱他人犯罪案件中，是否属于"严重危害社会秩序"的情形，可以根据《最高人民法院　最高人民检察院关于办理利用信息网络实施诽谤等刑事案件适用法律若干问题的解释》的相关规定予以认定。行为人在网络上散布被害人裸照、视频等严重侵犯他人隐私的信息，造成恶劣社会影响的，或者在网络上散布侮辱他人的信息，导致对被害人产生大量负面评价，造成恶劣社会影响的，不仅侵害被害人人格权，而且严重扰乱社会秩序的，可以认定为"其他严重危害社会秩序的情形"，按照公诉程序依法追诉。

（三）准确认定利用网络散布他人裸照、视频等隐私的行为性质。行为人在与被害人交往期间，获得了被害人的裸照、视频等，无论其获取行为是否合法，是否得到被害人授权，只要恶意对外散布，均应当承担相应法律责任，情节严重的，要依法追究刑事责任。对上述行为认定为侮辱罪还是强制侮辱罪，要结合行为人的主客观方面综合判断。如果行为人以破坏特定人名誉、贬低特定人人格为目的，故意在网络上对特定对象实施侮辱行为，情节严重的，应当认定为侮辱罪。如果行为人出于寻求精神刺激等动机，以暴力、胁迫或者其他方式，对妇女进行身体或者精神强制，使之不能反抗或者不敢反抗，进而实施侮辱的行为，应当认定为强制侮辱罪。

相关规定

《中华人民共和国刑法》第二百四十六条。

《最高人民法院　最高人民检察院关于办理利用信息网络实施诽谤等刑事案件适用法律若干问题的解释》第二条、第三条、第五条。

钱某制作、贩卖、传播淫秽物品牟利案

（检例第 139 号）

关键词

制作、贩卖、传播淫秽物品牟利　私密空间行为　偷拍　淫秽物品

要　旨

自然人在私密空间的日常生活属于民法典保护的隐私。行为人以牟利为目的，偷拍他人性行为并制作成视频文件，以贩卖、传播方式予以公开，不仅侵犯他人隐私，而且该偷拍视频公开后具有描绘性行为、宣扬色情的客观属性，符合刑法关于"淫秽物品"的规定，构成犯罪的，应当以制作、贩卖、传播淫秽物品牟利罪追究刑事责任。以牟利为目的提供互联网链接，使他人可以通过偷拍设备实时观看或者下载视频文件的，属于该罪的"贩卖、传播"行为。检察机关办理涉及偷拍他人隐私的刑事案件时，应当根据犯罪的主客观方面依法适用不同罪名追究刑事责任。

基本案情

被告人钱某，男，1990 年出生，无固定职业。

钱某曾因偷拍他人性行为被行政拘留，仍不思悔改，产生通过互联网贩卖偷拍视频文件从中牟利的想法。2017 年 11 月，钱某从网络上购买了多个偷拍设备，分别安装在多家酒店客房内，先后偷拍 51 对入住旅客的性行为，并将编辑、加工的偷拍视频文件保存至互联网云盘，通过非法网站、即时通信软件发布贩卖信息。2018 年 5 月 9 日，公安机关将钱某抓获，并在上述互联网云盘中检出偷拍视频 114 个。

此外，钱某还以"付费包月观看"的方式，先后 182 次为他人通过偷拍设备实时观看入住旅客性行为或者下载偷拍视频提供互联网链接。

检察履职情况

一、引导侦查取证

2018 年 6 月 8 日，四川省成都市公安局锦江分局以钱某涉嫌传播淫秽物品罪向检察机关提请批准逮捕。

四川省成都市锦江区人民检察院审查认为，钱某偷拍他人性行为后既有传播扩散行为，也有编辑加工、贩卖牟利行为，故以制作淫秽物品牟利罪对钱某批准逮捕，并向公安机关提出对扣押在案的手机进行电子数据检查和恢复，对其注册使用的互联网云盘信息进行提取和固定的取证意见。此后，公安机关进一步查明了钱某的作案方式、获利情况和危害后果。

二、审查起诉

2018 年 8 月 15 日，锦江分局以钱某涉嫌制作、贩卖、传播淫秽物品牟利罪移送锦江区人民检察院审查起诉。审查起诉期间，钱某辩解其上传到互联网云盘的淫秽视频文件并非偷拍所得，而是从他人处获取后上传互联网用于个人观看。对此，检察机关自行补充侦查，对涉案多家酒店实地察看，详细了解装有偷拍设备的酒店客房布局、特征和偷拍设备安装位置、取景场域，通过与起获的视频文件中拍摄的客房画面逐一比对，结合其有罪供述，发现有 114 个视频文件中的场景与偷拍现场具有同一性，结合其他证据认定相关视频确系钱某偷拍。

2019 年 1 月 29 日，锦江区人民检察院以钱某涉嫌制作、贩卖、传播淫秽物品牟利罪提起公诉。

三、指控与证明犯罪

2019 年 7 月 17 日、7 月 24 日，四川省成都市锦江区人民法院不公开开庭审理本案。

庭审中，辩护人对视频文件的性质和数量认定等提出了辩护意见。一是涉案的视频文件形式上不具有实物特征，内容上不具有淫秽特征，不属于淫秽物品；二是多个视频文件描绘的是同一对旅客的性行为，即便属于淫秽物品，也应当以被偷拍的旅客的对数认定数量，不能以设备自动分段或人为编辑制作的数量认定。

公诉人答辩指出，偷拍的视频文件属于淫秽物品，数量应当以钱某编辑、制作的数量为标准。一是涉案的视频文件属于淫秽物品。形式上，淫秽物品的视频文件形式与刊物、光盘等有形物具有同质性。对此，《全国人民代表大会常务委员会关于维护互联网安全的决定》明确规定，在互联网上建立淫秽网站、网页，提供淫秽站点链接服务，或者传播淫秽书刊、影片、音像、图片的，依照刑法有关规定追究刑事责任。最高人民法院、最高人民检察院的司法解释对制作、贩卖、传播视频文件、音频文件等淫秽电子信息也有明确规定。内容上，自然人在私密空间的性行为本身不具有淫秽性，但被告人将其编辑、贩卖、对外传播，则具有描绘性行为或者露骨宣扬色情的客观属性，符合刑法对"淫秽物品"的界定；二是视频文件的数量应当以钱某编辑、制作数量为标准，而非依据旅客区分。本案中每个视频文件都是钱某偷拍后通过筛选、剪辑而成；每个视频文件都能够独立播放，内容涉及不同性行为；每个视频文件都是露骨宣扬色情，被非法传播后都能给观看者带来淫秽性刺激，社会危害性不会因为数个片段均反映同一对旅客的性行为而降低。

四、处理结果

2019 年 7 月 26 日，锦江区人民法院作出判决，采纳检察机关指控的犯罪事实和意见，以制作、贩卖、传播淫秽物品牟利罪判处钱某有期徒刑三年六个月，并处罚金人民币五千元。宣判后，钱某未提出上诉，判决已生效。

五、制发检察建议

旅客入住酒店偷拍事件频发，导致隐私安全无法得到保障，严重侵犯消费者的个人隐私，暴露出相关行业主管部门监管不力、经营者管理不善问题，检察机关从建立健全旅客隐私保护、落实实名登记入住制度、增加安防设施投入、加强日常检查巡查等方面，向治安主管部门和行业组织发出检察建议。治安主管部门落实整改，对辖区旅馆业进行滚动摸排、对场所软硬件开展检查，强化旅客入住"人证合一"，开展公民隐私权法制宣传，会同市场监管部门联合核查网络摄像头生产、销售商家，督促落实市场主体责任。行业组织开展了旅馆、酒店会员单位法制宣传、隐私安全保护培训，增加安防设备，会同治安主管部门制定治安安全防范规范，提高旅馆业安全管理水平，加大保护公民隐私安全力度。

指导意义

（一）准确界定"淫秽物品""贩卖、传播行为"，依法严惩网络背景下传播淫秽物品犯罪。自然人的私人生活安宁和不愿受他人干扰的私密空间、私密活动、私密信息，依法不受侵犯。发生在酒店、旅馆、民宿等非公开空间内的性行为，属于隐私保护的范围。行为人偷拍他人性行为并经互联网传播扩散的视频，不仅侵害个人隐私，而且客观上具有描绘性行为的诲淫性，具有宣扬色情的危害性，符合刑法对"淫秽物品"的界定。行为人有偿提供互联网链接，他人付费后可以实时在线观看，与建立并运营"点对面"式互联网直播平台的传播行为性质相同，应当认定为贩卖、传播行为。

（二）行为人偷拍他人隐私，行为方式、目的多样，应当区分不同情形依法惩处。行为人非法使用偷拍设备窥探他人隐私，未贩卖、传播的，如果相关设备经鉴定属于窃听、窃照专用器材，造成严重后果的，应当以非法使用窃听、窃照专用器材罪追究刑事责任；如果行为人又将偷拍的内容贩卖、传播的，应当按照处罚较重的罪名追究刑事责任。行为人通过远程操控侵入他人自行安装的摄像头后台信息系统，对他人私密空间、行为进行窥探，进行遥控并自行观看，情节严重的，应当以非法控制计算机信息系统罪追究刑事责任；如果行为人在侵入上述计算机信息系统以后，又将偷拍的视频贩卖、传播的，应当按照处罚较重的罪名追究刑事责任。行为人以非法占有他人财物为目的，通过偷拍获取他人隐私，进而要挟他人、获取财物，构成犯罪的，应当以敲诈勒索罪追究刑事责任。上述行为尚未构成犯罪的，应当依法从严追究其行政违法责任。

（三）通过制发检察建议促进社会治理。个人隐私被非法收集、买卖，成为电信网络诈骗、网络传播淫秽物品等犯罪的源头，并催生出一条黑灰产业链，严重侵扰公民生活安宁、财产安全，破坏社会秩序。检察机关办案中要注意剖析案发地区、案发领域管理、制度上的漏洞，研究提出有针对性、可操作性的检察建议，推动有关部门建章立制、堵塞漏洞、消除隐患，促进完善社会治理。

相关规定

《中华人民共和国刑法》第三百六十三条、第三百六十七条。

《最高人民法院　最高人民检察院关于办理利用互联网、移动通信终端、声讯台制作、复制、出版、贩卖、传播淫秽电子信息刑事案件具体应用法律若干问题的解释》第一条。

《最高人民法院　最高人民检察院关于办理利用互联网、移动通信终端、声讯台制作、复制、出版、贩卖、传播淫秽电子信息刑事案件具体应用法律若干问题的解释（二）》第一条。

柯某侵犯公民个人信息案

（检例第 140 号）

关键词

侵犯公民个人信息　业主房源信息　身份识别　信息主体另行授权

要旨

业主房源信息是房产交易信息和身份识别信息的组合，包含姓名、通信通讯联系方式、住址、交易价格等内容，属于法律保护的公民个人信息。未经信息主体另行授权，非法获取、出售限定使用范围的业主房源信息，系侵犯公民个人信息的行为，情节严重、构成犯罪的，应当依法追究刑事责任。检察机关办理案件时应当对涉案公民个人信息具体甄别，筛除模糊、无效及重复信息，准确认定侵犯公民个人信息数量。

基本案情

被告人柯某，男，1980 年出生，系安徽某信息技术有限公司经营者，开发了"房利帮"网站。

2016 年 1 月起，柯某开始运营"房利帮"网站并开发同名手机 App，以对外售卖上海市二手房租售房源信息为主营业务。运营期间，柯某对网站会员上传真实业主房源信息进行现金激励，吸引掌握该类信息的房产中介人员（另案处理）注册会员并向网站提供信息，有偿获取了大量包含房屋门牌号码及业主姓名、电话等非公开内容的业主房源信息。

柯某在获取上述业主房源信息后，安排员工冒充房产中介人员逐一电话联系业主进行核实，将有效的信息以会员套餐形式提供给网站会员付费查询使用。上述员工在联系核实信息过程中亦未如实告知业主获取、使用业主房源信息的情况。

自2016年1月至案发，柯某通过运营"房利帮"网站共非法获取业主房源信息30余万条，以会员套餐方式出售获利达人民币150余万元。

上海市公安局金山分局在侦办一起侵犯公民个人信息案时，发现该案犯罪嫌疑人非法出售的部分信息购自"房利帮"网站，根据《最高人民法院　最高人民检察院　公安部关于办理网络犯罪案件适用刑事诉讼法若干问题的意见》的规定，柯某获取的均为上海地区的业主信息，遂对柯某立案侦查。

检察履职情况

一、引导侦查取证

2017年11月17日，金山分局以柯某涉嫌侵犯公民个人信息罪向上海市金山区人民检察院提请批准逮捕。

11月24日，金山区人民检察院作出批准逮捕决定，并建议公安机关从电子数据、言词证据两方面，针对信息性质和经营模式继续取证。公安机关根据建议，一是调取了完整的运营数据库进行鉴定，确认了信息数量；二是结合"房利帮"网站员工证言，进一步向柯某确认了该公司是由其个人控制经营，以有偿获取、出售个人信息为业，查明本案属自然人犯罪而非单位犯罪。

二、审查起诉

2018年1月19日，金山分局将本案移送审查起诉。经退回补充侦查并完善证据，查清了案件事实。一是对信息数据甄别去重，结合网站的资金支出和柯某供述，进一步明确了有效业主房源信息的数量；二是对相关业主开展随机调查，证实房产中介人员向"房利帮"网站上传信息未经业主事先同意或者另行授权，以及业主在信息泄露后频遭滋扰等情况。

7月27日，金山区人民检察院以柯某涉嫌侵犯公民个人信息罪提起公诉。

三、指控与证明犯罪

2019年1月16日，上海市金山区人民法院依法公开开庭审理本案。审理中，柯某及其辩护人对柯某的业务模式、涉案信息数量等事实问题无异议，但认为柯某的行为不构成犯罪。

辩护人提出，第一，房源信息是用于房产交易的商用信息，部分信息没有业主实名，不属于刑法保护的公民个人信息；第二，网站的房源信息多由房产中介人员上传，房产中介人员获取该信息时已得到业主许可，系公开信息，网站属合理使用，无须另行授权；第三，网站对信息核实后，将真实房源信息整合，主要向房产中介人员出售，促进房产交易，符合业主意愿和利益。

公诉人答辩指出，柯某的行为依法构成犯罪。第一，业主房源信息中的门牌号码、业主电话，组合后足以识别特定自然人，且部分信息有业主姓名，符合刑法对公民个人信息的界定；第二，业主委托房产中介时提供姓名、电话等，目的是供相对的房产中介提供服务时联系使用，不能以此视为业主同意或者授权中介对社会公开；第三，柯某安排员工冒充房产中介向业主核实时，仍未如实告知信息获取的途径及用途。而且，该网站并不从事中介业务帮助业主寻找交易对象，只是将公民个人信息用于倒卖牟利。

四、处理结果

2019 年 12 月 31 日，金山区人民法院作出判决，采纳金山区人民检察院指控的犯罪事实和意见，以侵犯公民个人信息罪判处柯某有期徒刑三年，缓刑四年，并处罚金人民币一百六十万元。宣判后，柯某未提出上诉，判决已生效。

指导意义

（一）包含房产信息和身份识别信息的业主房源信息属于公民个人信息。公民个人信息，是指以电子或者其他方式记录的能够单独或者与其他信息结合识别特定自然人身份或者反映特定自然人活动情况的各种信息，包括姓名、身份证件号码、通信通讯联络方式、住址、账号密码、财产状况、行踪轨迹等。业主房源信息包括房产坐落区域、面积、售租价格等描述房产特征的信息，也包含门牌号码、业主电话、姓名等具有身份识别性的信息，上述信息组合，使业主房源信息符合公民个人信息"识别特定自然人"的规定。上述信息非法流入公共领域存在较大风险。现实生活中，被害人因信息泄露被频繁滋扰，更有大量信息进入黑灰产业链，被用于电信网络诈骗、敲诈勒索等犯罪活动，严重威胁公民人身财产安全、社会公共利益，甚至危及国家信息安全，应当依法惩处。

（二）获取限定使用范围的信息需信息主体同意、授权。对生物识别、宗教信仰、特定身份、医疗健康、金融账户、行踪轨迹等敏感个人信息，进行信息处理须得到信息主体明确同意、授权。对非敏感个人信息，如上述业主电话、姓名等，应当根据具体情况作出不同处理。信息主体自愿、主动向社会完全公开的信息，可以认定同意他人获取，在不侵犯其合法利益的情况下可以合法、合理利用。但限定用途、范围的信息，如仅提供给中介供服务使用的，他人在未经另行授权的情况下，非法获取、出售，情节严重的，应当以侵犯公民个人信息罪追究刑事责任。

（三）认定公民个人信息数量，应当在全面固定数据基础上有效甄别。侵犯公民个人信息案件中，信息一般以电子数据形式存储，往往数据庞杂、真伪交织、形式多样。检察机关应当把握公民个人信息"可识别特定自然人身份或者反映特定自然人活动情况"的标准，准确提炼出关键性的识别要素，如家庭住址、电话号码、姓名等，对信息数据有效甄别。对包含上述信息的认定为有效的公民个人信息，以准确认定信息数量。

《中华人民共和国刑法》第二百五十三条之一。

《中华人民共和国网络安全法》第四十一条、第四十二条。

《最高人民法院　最高人民检察院关于办理侵犯公民个人信息刑事案件适用法律若干问题的解释》第一条、第二条、第三条、第四条、第十一条。

第三十五批指导性案例

浙江省杭州市余杭区人民检察院对北京某公司侵犯儿童

个人信息权益提起民事公益诉讼

北京市人民检察院督促保护儿童个人信息权益行政公益诉讼案

（检例第 141 号）

关键词

民事公益诉讼　行政公益诉讼　侵犯儿童个人信息权益　综合司法保护　案件管辖

要　旨

检察机关在办理涉未成年人刑事案件时，应当注意发现公益诉讼案件线索，通过综合发挥未成年人检察职能，促推未成年人保护社会治理。网络运营者未依法履行网络保护义务，相关行政机关监管不到位，侵犯儿童个人信息权益的，检察机关可以依法综合开展民事公益诉讼和行政公益诉讼。网络保护公益诉讼案件，在多个检察机关均具有管辖权时，民事公益诉讼应当层报共同的上级检察机关指定管辖，行政公益诉讼一般由互联网企业注册地检察机关管辖。

基本案情

某 App 是北京某公司开发运营的一款知名短视频应用类软件。该 App 在未以显著、清晰的方式告知并征得儿童监护人明示同意的情况下，允许儿童注册账号，并收集、存储儿童网络账户、位置、联系方式，以及儿童面部识别特征、声音识别特征等个人敏感信息。在未再次征得儿童监护人明示同意的情况下，运用后台算法，向具有浏览儿童内容视频喜好的用户直接推送含有儿童个人信息的短视频。该 App 未对儿童账号采取区分管理措施，默认用户点击"关注"后即可与儿童账号私信联系，并能获取其地理位置、面部特征等个人信息。2018 年 1 月至 2019 年 5 月，徐某某收到该 App 后台推送的含有儿童个人信息的短视频，通过其私信功能联系多名儿童，并对其中 3 名儿童实施猥亵犯罪。

检察机关履职过程

一、民事公益诉讼案件办理

2020 年 7 月，浙江省杭州市余杭区人民检察院在办理徐某某猥亵儿童案时发现北京某公司侵犯儿童个人信息民事公益诉讼案件线索，遂依托互联网技术开展初步调查。检察机关综合 App 收集处理的个人信息数量、App 用户言词证据等证据材料，以证明 App 收集处理儿童个人信息的事实。对该 App 用户服务协议、隐私权保护政策、应用界面等内容进行手机截图，收集儿童用户未经监护人同意即可注册使用 App 的言词证据；使用"区块链"取证设备证明 App 采取监护人默示同意、一次性授权概括同意等方式收集处理儿童个人信息等，以证明 App 收集处理儿童个人信息行为的侵权性质。收集固定数百名儿童个人信息权益受到侵犯的证据，以证明危害后果。提取固定徐某某供述等，以证明 App 侵权行为与实害后果具有因果关系。

经调查并听取当地网信、公安、法院意见，组织互联网领域法律专家、技术专家进行论证，余杭区人民检察院认为，北京某公司运营的短视频 App 在收集、存储、使用儿童个人信息过程中，未遵循正当必要、知情同意、目的明确、安全保障、依法利用原则，其行为违反了民法总则、未成年人保护法、网络安全法关于未成年人民事行为能力、个人信息保护、对未成年人给予特殊优先保护、网络经营者应当依法收集使用个人信息等相关规定，违反了国家互联网信息办公室《儿童个人信息网络保护规定》中"网络运营者收集、使用、转移、披露儿童个人信息的，应当以显著、清晰的方式告知儿童监护人，并应当征得儿童监护人的同意""网络运营者因业务需要，确需超出约定的目的、范围使用儿童个人信息的，应当再次征得儿童监护人的同意"等相关规定，属于违法违规收集、使用儿童个人信息、侵犯儿童个人信息的行为。

据该公司提供数据显示，2020 年，平台 14 岁以下实名注册用户数量约为 7.8 万，14 至 18 岁实名注册用户数量约为 62 万，18 岁以下未实名注册未成年人用户数量以头像、简介、背景等基础维度模型测算约为 1000 余万。该 App 的行为致使众多儿童个人信息权益被侵犯，相关信息面临被泄露、违法使用的风险，给儿童人身、财产安全造成威胁，严重损害了社会公共利益。

该案为涉互联网案件，北京、浙江等地相关检察机关均具有管辖权。余杭区为徐某某猥亵儿童案发生地，杭州市为杭州互联网法院所在地，考虑到调查取证、诉讼便利等因素，经浙江省检察机关层报最高人民检察院指定管辖，2020年9月，余杭区人民检察院对该线索以民事公益诉讼案件立案。9月15日，余杭区人民检察院发布诉前公告，公告期满，没有其他适格主体提起民事公益诉讼。12月2日，余杭区人民检察院向杭州互联网法院提起民事公益诉讼，请求判令：北京某公司立即停止实施利用App侵犯儿童个人信息权益的行为，赔礼道歉、消除影响、赔偿损失。

检察机关发布诉前公告的同时，将公告送达北京某公司。该公司表达积极整改并希望调解结案的意愿。检察机关依据相关法律法规，推动公司完善管理，提出具体要求。北京某公司积极配合，对所运营App中儿童用户注册环节、儿童个人信息储存、使用和共享环节、儿童网络安全主动性保护等方面细化出34项整改措施，突出落实"监护人明示同意"等规则，重点制定单独的儿童个人信息保护规则、用户协议，建立专门儿童信息保护池、创建推送涉未成年人内容的独立算法等制度机制，并明确落实整改措施时间表。同时，该公司表示将结合整改，完善管理制度，自愿接受网信等部门审查，并愿意公开赔礼道歉、赔偿损失。

2021年2月7日，杭州互联网法院公开开庭审理此案。北京某公司对公益诉讼诉求均予认可，对检察机关依法履行公益诉讼职责、促进企业完善管理表示感谢。在法庭组织下，双方在确认相关事实证据的基础上达成调解协议：一是被告停止对儿童个人信息权益的侵权行为，对涉案App按照双方确认的整改方案、时间推进表执行整改；二是被告完成整改后，对整改情况及效果进行评估，并向公益诉讼起诉人、人民法院出具报告书；三是被告将整改方案及整改完成情况报送网信部门，接受审查；四是被告在《法治日报》及涉案App首页公开赔礼道歉。经30日公告，3月11日，杭州互联网法院出具调解书结案。

二、行政公益诉讼案件办理

鉴于该案同时反映出相关行政主管机关对北京某公司监管不到位的行政公益诉讼案件线索，经浙江省检察机关请示，2020年10月，最高人民检察院将该线索交北京市人民检察院办理。

10月22日，北京市人民检察院对该案以行政公益诉讼立案，经调查向北京市互联网信息办公室提出依法履行监管职责，全面排查、发现和处置违法情形，推动完善儿童个人信息权益网络保护的特殊条款，落实监护人同意的法律规定等相关建议。

12月4日，北京市网信办将其约谈北京某公司负责人、推进该公司严格落实网络保护责任及提升优化软件等履职监管情况函复北京市人民检察院。根据检察机关工作建议，北京市网信办制定了《关于开展未成年人信息安全保护专项整治的工作方案》，对属地重点直播和短视频平台逐一梳理，压实网站主体责任，并将此次专项整治工作与未成年人网络环境治理等专项工作有效衔接，形成保障未成年人用网安全管理合力。

2021年4月16日，最高人民检察院向国家互联网信息办公室通报该案有关情况，提出开展短视频行业侵犯儿童个人信息权益问题专项治理，压实网络运营者未成年人保护责任，促进互联网企业对算法等相关技术规则改进提升，推动行业源头治理，建立健全风险防范长效机制，督促企业依法经营等工作建议，强化对网络空间侵犯未成年人权益行为的监管整治。12月31日，国家网信办、工信部、公安部、市场监管总局联合发布《互联网信息服务算法推荐管理规定》，对应用算法推荐技术提供互联网信息服务的治理和相关监督管理工作作出了进一步规范。

指导意义

（一）统筹运用四大检察职能，充分发挥未成年人检察工作优势，为未成年人提供全面综合司法保护。未成年人保护案件中一个侵害行为往往涉及多个法律关系，检察机关应当在办案履职中强化综合司法保护意识，尤其是在办理刑事案件的过程中，要同步审查未成年人其他权益是否遭受损害，推进未成年人刑事案件办理与涉未成年人民事、行政、公益诉讼案件办理相互融合，在线索发现、调查取证、综合治理等方面统筹推动，充分发挥法律监督的能动性、及时性和有效性，以四大检察业务融合发展加大未成年人全面综合司法保护力度。

（二）检察机关可以综合运用民事公益诉讼和行政公益诉讼职能，对网络侵犯未成年人个人信息权益的情形进行监督。不特定人群的个人信息权益具有公益属性。对未成年人个人信息权益应予以特殊、优先保护。针对网络侵犯未成年人个人信息权益的情形，检察机关可以综合开展民事公益诉讼和行政公益诉讼，并注重加强两种诉讼类型的衔接和协同。通过对网络运营者提起民事公益诉讼，使其承担违法行为的民事责任，实现对公共利益的有效救济。通过行政公益诉讼督促行政主管部门依法充分履行监管职责，实现最大限度保护未成年人合法权益的目的。

（三）对于跨行政区划的未成年人网络保护公益诉讼案件，应综合考虑案件性质、领域、诉讼便利、有利整改等因素，确定管辖机关。涉网络案件通常具有企业注册地、主要营业地、服务覆盖地、侵权行为地、侵害结果地分离的特点。检察机关办理未成年人网络保护公益诉讼案件，在涉及多个行政区划，多个检察院均具有管辖权的情形下，民事公益诉讼案件应当层报共同的上级检察院指定，一般应当由损害结果发生地检察机关管辖；行政公益诉讼案件一般应当由网络企业注册地检察机关管辖，以便利行政监管。

相关规定

《中华人民共和国民法总则》（2017年施行）第一百七十九条（现为《中华人民共和国民法典》第一百七十九条）。

《中华人民共和国民法典》（2021年施行）第一千零三十四条、第一千零三十五条、第一千一百六十七条、第一千一百八十二条。

《中华人民共和国未成年人保护法》（2020 年修订）第一百零六条。

《中华人民共和国网络安全法》（2017 年施行）第四十一条、第四十三条、第七十六条。

《中华人民共和国民事诉讼法》（2017 年修订）第五十五条（现为 2023 年修订后的第五十八条）。

《最高人民法院　最高人民检察院关于检察公益诉讼案件适用法律若干问题的解释》（法释〔2018〕6 号）第十三条（现为 2020 年修订后的第十三条）。

《最高人民法院关于互联网法院审理案件若干问题的规定》（2018 年施行）第二条。

国家互联网信息办公室《儿童个人信息网络保护规定》（2019 年施行）第二条、第四条、第七条、第八条、第九条、第十条、第十一条、第十三条、第十四条。

江苏省宿迁市人民检察院对章某为未成年人文身提起民事公益诉讼案

（检例第 142 号）

关键词

民事公益诉讼　未成年人文身治理　最有利于未成年人原则　公共利益

要旨

为未成年人提供文身服务，损害未成年人身心健康，影响未成年人成长发展，侵犯公共利益，检察机关可以基于最有利于未成年人原则提起公益诉讼。在办理个案的基础上，检察机关可以针对此类问题的监管盲区，提出完善管理的检察建议，推动解决监管缺失问题，健全完善制度，促进社会治理。

基本案情

2017 年 6 月以来，章某在江苏省沭阳县沭城街道中华步行街经营某文身馆，累计为数百人提供文身服务，其中未成年人 40 余名。章某还在未取得医疗美容许可证的情况下，为 7 名未成年人清除文身。其间，曾有未成年人家长因反对章某为其子女文身而与其发生纠纷，公安机关介入处理。部分未成年人及父母反映因文身导致就学、就业受阻，文身难以清除，清除过程痛苦且易留疤痕，但章某仍然向未成年人提供文身服务。

检察机关履职过程

一、发现线索和调查核实

2020 年 4 月,江苏省沭阳县人民检察院在办理未成年人刑事案件中发现,一些涉案未成年人存在不同程度的文身,且大部分是满臂、满背的大面积文身,有文身馆存在为未成年人提供文身、清除文身服务的行为。其中,章某经营的文身馆先后为 40 余名未成年人文身,并在未取得医疗美容许可证的情况下为 7 名未成年人清除文身。根据卫生部办公厅《医疗美容项目分级管理目录》,清除文身属于医疗美容项目。2020 年 10 月 31 日,沭阳县人民检察院向县卫生健康局发出行政公益诉讼诉前检察建议,建议该局依法履行对无证清除文身行为的监管职责。县卫生健康局联合市场监督管理局、商务局在全县范围内整治无证清除文身乱象,对 5 家文身馆立案,并处以 2.5 万元罚款的行政处罚。

沭阳县人民检察院认为,未成年人文身具有易感染、难复原、就业受限制、易被标签化等危害。章某为未成年人提供文身服务,危害未成年人的身体权、健康权,影响其发展,损害社会公共利益。虽然现行相关规定对文身行业的归类管理不尽完善,对为未成年人文身也没有明确的禁止性规定,但是根据未成年人保护法关于"保护未成年人,应当坚持最有利于未成年人的原则",以及法律对未成年人给予特殊、优先保护的规定,可以通过履行民事公益诉讼检察职能,禁止文身场所经营者继续向未成年人提供文身服务,切实保护未成年人身心健康。

2020 年 12 月,沭阳县人民检察院立案并开展调查取证工作。围绕提供文身服务时章某主观上是否明知未成年人年龄、危害后果、公共利益属性等,与章某、40 余名未成年人及其法定代理人等开展谈话询问 70 余次;对文身馆开展现场勘查、提取相关物证,拍照固定证据;向案件当事人调取支付凭证、门诊病历、发票等书证,进一步证明文身行为事实;检索文身法医学鉴定实例等文献资料以及《中国人民解放军内务条令(试行)》《关于印发公务员录用体检特殊标准(试行)的通知》等规定,对部分未成年人及父母反映的文身难以清除,导致就学、参军、就业等受阻情况进一步调查核实。

二、诉讼过程

2020 年 12 月 25 日,沭阳县人民检察院发布诉前公告。公告期满,没有适格主体提起民事公益诉讼。2021 年 4 月 12 日,沭阳县人民检察院依据民事公益诉讼级别管辖的规定,将案件移送宿迁市人民检察院审查起诉。5 月 6 日,宿迁市人民检察院向宿迁市中级人民法院提起民事公益诉讼,请求判令:章某不得向未成年人提供文身服务,并在国家级媒体向社会公众公开赔礼道歉。

2021 年 5 月 24 日,宿迁市中级人民法院公开开庭审理本案。检察机关围绕诉讼请求、争议焦点、案件的来源和程序合法性、文身行为事实、文身损害后果等 3 组13 项证据进行多媒体示证,发表质证意见。同时申请了沭阳县中医院美容中心主任医师、南京大学法学院教授作为专家辅助人出庭,证实文身对身体造成创伤,具有不可逆、难以复原等特征;未成年人文身后,易遭社会排斥,给未成年人造成心理创伤,文身行为还会在未成年人群体中产生模仿效应。

被告及其诉讼代理人提出，法律没有禁止给未成年人文身，现行法律没有明确界定公共利益，章某的行为未达到涉及全体或多数未成年人利益的程度，不应认定为侵犯社会公共利益。公益诉讼起诉人提出答辩意见：第一，向未成年人提供文身服务损害社会公共利益。章某对文身对象不进行筛选，对未成年人文身行为予以放任，且文身经营活动具有开放性特征，导致其提供文身服务的未成年人数量众多。文身行为可能在未成年人中随时、随机出现，侵犯未成年人权益，属于侵犯社会公共利益，符合检察机关提起公益诉讼的情形。第二，文身破坏皮肤组织健康且极难清除，清除文身需要多次、反复治疗，并留下疤痕。文身容易被贴上负面评价的标签，易出现效仿和排斥双重效应，影响未成年人正常学习、生活、就业、社交。第三，未成年人心智尚不成熟，缺乏社会经验，对自身行为甄别能力不足，对行为后果缺乏理性判断，很多未成年人对自己的文身行为表示后悔。未成年人正值生长发育期，对任何可能改变其正常身体发育状态、影响其健康成长的行为均应受到合理规制。《中华人民共和国民法典》对未成年人实施民事法律行为的保护规定，《中华人民共和国未成年人保护法》对未成年人生存权、发展权、受保护权、参与权等权利保护规定，都是体现对未成年人的特殊、优先保护。章某明知未成年人文身的损害后果，仍为未成年人文身，不仅侵犯未成年人的身体权、健康权，也影响未成年人发展。

2021年6月1日，宿迁市中级人民法院作出一审判决，判令章某停止向未成年人提供文身服务，并在判决生效之日起十日内在国家级媒体公开向社会公众书面赔礼道歉。一审宣判后，章某当庭表示不上诉并愿意履行判决确定的义务。2021年6月3日，章某在《中国青年报》发表《公开道歉书》，向文身的未成年人、家人以及社会各界公开赔礼道歉，并表示今后不再为未成年人文身。

针对文身行业归类不明、监管主体不清、对为未成年人文身行政执法依据不足等问题，沭阳县人民检察院推动起草并由沭阳县人大常委会审议出台《关于加强未成年人文身治理工作的决议》，明确文身场所不允许未成年人进入，任何人不得为未成年人提供文身服务，不得强迫、劝诱未成年人文身。同时结合各行政部门的职能，对各部门在文身治理中的职责、任务进行规范，并对为未成年人文身的从业人员从信用记录等方面予以规制，提供可操作性规则，促进问题源头治理。

指导意义

（一）为未成年人提供文身服务，侵犯未成年人合法权益，损害社会公共利益，属于检察机关公益诉讼监督范畴。文身对未成年人的身心健康和发展均有不同程度的现实影响和潜在危害。未成年人身心尚未成熟，认知和辨别能力较弱，自护能力不足，对文身给自身成长和未来发展带来的影响缺乏预见和判断。为未成年人提供文身服务，侵犯未成年人合法权益，且侵犯行为具有持续性和反复性，侵犯结果和范围可能随时扩大，应当认定为侵犯社会公共利益，检察机关可以提起公益诉讼。

（二）在法律规定不够明确具体、未成年人合法权益亟待保护的情况下，基于最有利于未成年人的原则，检察机关可以提起公益诉讼。《中华人民共和国未成年人保护法》确立的最有利于未成年人的原则，是联合国《儿童权利公约》确定的儿童利益最大化原则的中国化表达。检察机关在处理关乎未成年人的问题时，要全方位考虑未成年人的长远利益和根本利益，综合考虑未成年人身心特点和健康发展需要，选择最有利于未成年人的方案，采取最有利于未成年人的措施，给予未成年人特殊、优先保护。在涉及未成年人利益的案件中，当法律规定不够明确具体，各部门、各方责任难以界定，但未成年人的权益受到严重侵犯或面临侵犯危险、公益亟需保护时，检察机关可立足最有利于未成年人的原则，通过公益诉讼方式维护未成年人合法权益。

（三）检察机关可以结合个案办理推动健全制度、完善监管，促进社会治理。检察机关在办理公益诉讼案件过程中，应当用足用好现有法律规定，督促行政机关依法充分履职。对于存在法律、政策不完善、行政监管缺失等问题的，检察机关可以在个案办理的基础上，推动解决因行政监管有限性和社会事务复杂性造成的监管盲区，促进健全制度和完善管理。

相关规定

《中华人民共和国民法典》（2021年施行）第十九条、第一百一十条、第一百七十九条。

《中华人民共和国未成年人保护法》（2020年修订）第三条、第四条、第六条、第一百条、第一百零六条。

《中华人民共和国民事诉讼法》（2017年修正）第五十五条（现为2023年修正后的第五十八条）。

《最高人民法院　最高人民检察院关于检察公益诉讼案件适用法律若干问题的解释》（法释〔2018〕6号）第五条、第十三条（现为2020年修订后的第五条、第十三条）。

《最高人民法院关于适用〈中华人民共和国民法典〉时间效力的若干规定》（法释〔2020〕15号）第一条、第二条。

福建省福清市人民检察院督促消除幼儿园
安全隐患行政公益诉讼案
（检例第143号）

关键词

行政公益诉讼　无证办学　公益诉讼检察建议　社会治理检察建议

要　旨

教育服务场所存在安全隐患，但行政监管不到位，侵犯未成年人合法权益的，检察机关可以开展行政公益诉讼，督促行政机关依法充分履职。检察机关在办理未成年人保护公益诉讼案件中，可以综合运用不同类型检察建议，推动未成年人权益保护的源头治理和综合治理。检察机关在督促行政机关依法全面履职过程中，应当推动行政机关选择最有利于保护未成年人合法权益的履职方式。

基本案情

2018 年 3 月以来，福建省福清市音西街道等 7 个街道（镇）共有无证幼儿园 16 所，在园幼儿约 1500 人。16 所幼儿园均未按规定配备消防设施，未经消防审批验收合格。其中部分幼儿园建在加油站、综合汽车站出入口、高压输变线电力走廊等危险路段，部分幼儿园直接租用普通民宅且在高层建筑内办学，部分幼儿园未经教育局审批擅自改变园址，部分幼儿园使用无资质车辆集中接送幼儿并超载，部分幼儿园玩教具配备、室内外设施设备、保健室设施、卫生设施及其他附属设施配置不达标。

检察机关履职过程

2018 年 3 月，福建省福清市人民检察院在办理三起"黑校车"危险驾驶案过程中，发现部分涉案幼儿园系无证办学，存在安全隐患。经调查核实，前述 16 所幼儿园无证办学违反了《中华人民共和国未成年人保护法》《中华人民共和国民办教育促进法》和住房和城乡建设部、国家发改委批准发布的《幼儿园建设标准》等法律法规、部门规章中关于保障幼儿园场所安全、办学许可证及幼儿园选址、消防等方面的规定要求。福清市教育局作为教育主管部门虽多次发出《责令停止办学行为通知书》，并向相关街道（镇）发函要求取缔，但监管手段有限、处罚措施未落到实处，也未能有效推动相关部门解决问题。无证幼儿园所在街道办事处及镇政府未严格执行《福州市学前教育管理办法》关于依法取缔无证幼儿园的规定，使部分无证幼儿园被检查时停办，检查后又复开。相关人民政府、行政机关履职不到位，使无证幼儿园长期存在，影响幼儿的生命权、健康权、受教育权。

2018 年 4 月，福清市人民检察院向福清市教育局、相关街道办事处和镇政府发出行政公益诉讼诉前检察建议：一是疏堵结合，妥善处理无证幼儿园。对缺乏基本办园条件，存在严重安全隐患的无证幼儿园，依法关停、取缔，并妥善分流在园幼儿和从业人员。对经整改后有条件取得办园许可证的无证幼儿园，主动引导，给予支持，积极促进整改以达到获取办学许可证条件，确保在园幼儿安全、健康。二是科学规划，形成合理布局。科学测算辖区内学龄前儿童数量分布，做好统筹规划工作，引导民办幼儿园合理布局，与公办幼儿园互补互惠。三是齐抓共管，落实主体责任。街道办事处、镇政府应当组织专门力量负责对无证幼儿园实施动态监管、指导整改、依法取缔工作，并协调教育、卫健、消防、物价、食药监局等部门齐抓共管，形成治理合力。福清市教育局、相关街道办事处和镇政府表示曾多次对无证幼儿园作出行政处罚并采取取缔措施，但始终无法根治，这与当地学前教育发展不平衡不充分密切相关，需要多个职能部门协同治理，建议由市政府统筹协调。

为提高监督效果，福清市人民检察院向福清市人民政府发出社会治理检察建议，建议市政府牵头，各部门各司其职，齐抓共管，通过落实责任主体和设定绩效考核指标等方式将无证幼儿园治理工作落到实处。检察建议发出后，福清市人民政府会同福清市人民检察院，召集相关街道（镇）、教育、公安、消防、安监等部门举行圆桌会议，制定联合执法方案，针对无证幼儿园选址布局、消防设施、校车营运、设施配备不达标等方面存在的隐患与问题，进行整改落实，同时明确各部门具体分工，全程监督联合执法进展。经整改，福清市教育局及相关街道（镇）回复检察建议落实情况：3家经整改后符合办学条件的幼儿园已申请并取得办学许可，13家整改后不符合办学条件的均已取缔关停，原在园幼儿已妥善分流至附近公办幼儿园或有资质的民办幼儿园就读。福清市人民检察院持续跟进检察建议的落实情况，定期走访、了解、调查无证幼儿园取缔后是否有反弹现象，并建议福清市人民政府定期组织开展"回头看"工作。

检察机关通过案件办理，既推动消除了幼儿园安全隐患，又妥善解决了幼儿就读问题，取得了良好的社会治理效果。此后，福清市未再发现无证民办幼儿园，政府部门持续推动普惠性幼儿园建设，公办幼儿园学额比为66%，较2017年上升6个百分点，全市普惠学额覆盖率达92.62%。

指导意义

（一）教育服务场所存在安全隐患，行政机关没有充分履职的，检察机关可以开展行政公益诉讼。对未成年人负有教育、照顾、看护等职责的教育服务场所，明知不符合办学条件，存在安全隐患，仍向未成年人开放，使未成年人合法权益面临风险，行政主管部门未依法充分履职，致使公共利益受到侵犯的，检察机关可以依法开展行政公益诉讼。

（二）不同层级人民政府和多个职能部门均具有与涉案事项相关的法定职责的，检察机关可以向能够发挥统筹作用的人民政府发出检察建议。相关人民政府、行政部门未依法完全充分履职导致公益损害的，检察机关可以通过公益诉讼检察建议督促履职。为提升监督效果，可以向能够发挥统筹作用的人民政府发出社会治理检察建议，推动人民政府对下级政府及相关职能部门进行协调调度，形成治理合力。

（三）检察机关应当建议行政机关采用有效履职方式，推动涉及未成年人合法权益问题实质性解决。行政机关对安全隐患无法消除的教育服务场所依法取缔关停时，检察机关应当建议行政机关疏堵结合、分类治理，根据未成年人及家长实际需要妥善安置受教育的未成年人，保障未成年人继续享有接受教育、照顾、看护、健康发展等权利，落实检察公益诉讼双赢多赢共赢理念。

相关规定

《中华人民共和国未成年人保护法》（2020 年修订）第一百零六条。

《中华人民共和国未成年人保护法》（2012 年修正）第二十二条（现为 2020 年修订后的第三十五条、三十六条）。

《中华人民共和国行政诉讼法》（2017 年修订）第二十五条。

《中华人民共和国民办教育促进法》（2018 年修正）第三条、第十二条、第十八条、第六十四条。

《最高人民法院　最高人民检察院关于检察公益诉讼案件适用法律若干问题的解释》（法释〔2018〕6 号）第二十一条（现为 2020 年修订后的第二十一条）。

贵州省沿河土家族自治县人民检察院督促履行食品安全监管职责行政公益诉讼案

（检例第 144 号）

关键词

行政公益诉讼　校园周边食品安全　线索发现　跟进监督　提起诉讼

要　旨

检察机关在履职中可以通过多种渠道发现未成年人保护公益诉讼案件线索。消除校园周边食品安全隐患，规范校园周边秩序，是未成年人保护公益诉讼检察的重点领域。对于易发多发易反弹的未成年人保护顽疾问题，检察机关应当在诉前检察建议发出后持续跟进监督，对于行政机关未能依法全面、充分履职的，应依法提起诉讼，将公益保护落到实处。

基本案情

2018 年秋季学期开学后，贵州省铜仁市沿河土家族自治县（以下简称"沿河县"）民族小学等 7 所中小学周边存在流动食品经营者占道制售肠粉、炒粉、油炸土豆、奶茶等食品，供周边中小学生食用的问题。流动食品经营者在未依法办理食品经营相关手续的情况下，以车辆为餐饮作业工具，未配备食品经营卫生设施，未按规定公示健康证明，未穿戴清洁的工作衣帽，所售卖食品存在安全隐患，影响中小学生身体健康，同时占道经营行为严重影响交通安全和社会管理秩序。

检察机关履职过程

一、调查核实和督促履职

2018 年 9 月，检察机关接到人大代表和家长师生反映，沿河县民族小学等学校周边存在流动食品经营者以车辆为餐饮作业工具，违法向未成年学生售卖食品的现象，影响未成年人食品安全、交通安全和校园周边秩序。获取该线索后，沿河县人民检察院经调查认为：流动食品经营者未经办理经营许可或备案登记等相关手续即以车辆为餐饮作业工具进行食品经营活动，存在食品卫生安全隐患，危害未成年人身体健康，对校园周边交通安全和社会秩序造成影响。沿河县市场监管局怠于履行食品安全监督管理职责，导致食品经营者在中小学校园周边占道经营、制售食品的行为形成多发乱象，侵犯了未成年人合法权益，遂决定作为行政公益诉讼案件予以立案。

9 月 13 日，沿河县人民检察院依法向沿河县市场监管局发出行政公益诉讼诉前检察建议，建议其依法履行职责，依法调查处理城区学校周边的流动食品经营者违法经营行为。11 月 12 日，沿河县市场监管局书面回复称，已取缔了所有学校周边以车辆为餐饮作业工具的食品经营活动，对校园周边环境联合开展了专项执法检查。沿河县人民检察院对诉前检察建议落实情况进行跟踪监督，发现沿河县市场监管局在检察机关发出检察建议后，虽采取了取缔、劝离等措施，但食品经营者以流动作业方式在校园周边向未成年学生制售食品的问题仍时常反弹，未能得到有效遏制，社会公共利益持续处于受侵犯状态。

二、诉讼过程

2019 年 8 月 8 日，沿河县人民检察院根据贵州省高级人民法院关于行政案件集中管辖的规定，向贵州省铜仁市思南县人民法院提起行政公益诉讼，请求确认被告沿河县市场监管局对城区校园周边无证食品经营者的违法经营行为怠于履行监督管理职责违法，判决沿河县市场监管局对城区校园周边无证食品经营者的违法经营行为依法履行职责。

12 月 27 日，思南县人民法院公开开庭审理本案。沿河县市场监管局辩称，其不具有划定临时区域和固定时段供食品摊贩经营的职责，无直接管理流动食品摊贩的职权。沿河县人民检察院答辩指出，食品摊贩是食品经营者的类型之一。对食品安全的保护是未成年人保护的重要内容，不应因食品经营者无固定经营场所而放松对食品安全的监管。根据《中华人民共和国食品安全法》《贵州省食品安全条例》及市场监管局"三定"方案等规定，市场监管局承担食品生产经营监督管理职责，负有食品安全监督管理，组织实施食品生产经营许可管理，指导食品生产小作坊、小餐饮登记管理和食品小摊贩备案管理的职责，对违法情形应当由其责令改正、给予警告、处以罚款及没收违法所得等。2020 年 8 月 1 日，思南县人民法院作出判决，支持沿河县人民检察院全部诉讼请求。沿河县市场监管局未提出上诉。

判决生效后，沿河县人民检察院持续监督判决的执行，并促成沿河县人民政府牵头制定《沿河土家族自治县城区校园周边食品安全综合治理实施方案》，组织沿河县市场监管局、城市管理局、公安局、教育局、街道办事处开展城区校园周边食品安全综合治理专项行动，加强法治宣传，划定经营区域，引导流动食品经营者进行备案登记、规范经营。该县中小学校园周边流动食品经营者的经营和生活得到保障，校园周边环境秩序和交通安全得到有效治理。

指导意义

（一）全面正确理解"履职中发现"的含义，多渠道拓展案件线索来源。未成年人保护公益诉讼案件线索，既可以在办理其他涉未成年人案件中发现，也可以通过人大代表、政协委员转交、新闻媒体反映以及法治副校长送法进校园、开展未成年人保护主题检察开放日活动、参加未成年人保护联席会议等渠道发现。要立足法律监督职能，注意拓展未成年人保护案件线索发现渠道，通过依法履职，切实维护未成年人合法权益。

（二）校园周边食品安全涉及未成年人合法权益，是未成年人保护检察公益诉讼的工作重点。食品安全事关未成年人身心健康。消除校园周边食品安全隐患，维护校园周边秩序和交通安全，是未成年人保护检察公益诉讼的工作重点。负有监管职责的行政机关不依法充分履职，致社会公共利益持续处于被侵犯状态的，检察机关应当认真分析研究行政机关监管职责，合理确定监督对象，以促使全面履职、有效整改。

（三）检察机关履行公益诉讼职责，应当持续跟进监督，推动问题整改落实到位。对于校园周边食品安全等易发多发易反弹的未成年人保护顽疾问题，检察机关发出公益诉讼诉前检察建议后，要持续跟进落实。行政机关根据诉前检察建议采取了监督管理措施，但未成年人合法权益受侵犯状态尚未得到有效遏制或隐患尚未消除的，要结合行政机关的职责范围、履职条件、履职方式、履职效果等进行综合分析，行政机关未依照法律规定全面、充分履职的，检察机关应当依法提起诉讼。

相关规定

《中华人民共和国未成年人保护法》（2020年修订）第一百零六条。

《中华人民共和国食品安全法》（2018年修订）第二条、第三十三条、第三十五条、第三十六条、第一百二十二条、第一百二十六条。

《中华人民共和国行政诉讼法》（2017年修订）第二十五条。

《最高人民法院　最高人民检察院关于检察公益诉讼案件适用法律若干问题的解释》（法释〔2018〕6号）第二十一条（现为2020年修订后的第二十一条）。

江苏省溧阳市人民检察院督促整治网吧违规
接纳未成年人行政公益诉讼案
（检例第 145 号）

关键词

行政公益诉讼　不适宜未成年人活动场所　社会支持体系　综合治理

要　旨

不适宜未成年人活动场所违规接纳未成年人进入，损害未成年人身心健康，易滋生违法犯罪，侵犯社会公共利益。检察机关应当依法履行公益诉讼职责，推动行政机关落实监管措施。充分发挥未成年人检察工作社会支持体系作用，促进社会综合治理，形成未成年人保护合力。

基本案情

2019 年以来，江苏省溧阳市所辖市区及农村地区部分网吧存在违规接纳未成年人上网的问题。有的网吧未在入口处显著位置悬挂未成年人禁入标志，有的网吧经营者在未成年人进入网吧时未要求其出示身份证件并核对年龄，有的网吧经营者发现未成年人进入后，仍然使用成年人身份证帮助其开户上网，家长多次反映但未能得到解决。

检察机关履职过程

2019 年 11 月，江苏省溧阳市人民检察院在办理未成年人孟某某盗窃案中发现，溧阳市辖区内多家网吧违规接纳未成年人上网，部分未成年人甚至通宵在网吧上网。溧阳市人民检察院通过发放 120 份调查问卷、调查走访全市所有 58 家网吧等方式，全面了解辖区内未成年人随意进出网吧的数量和比例，发现 120 名受访未成年人中曾随意进出网吧未受制止的占 32%。未成年人出入网吧影响身心健康，易沾染不良习气，甚至滋生违法犯罪问题。根据《中华人民共和国未成年人保护法》、国务院《互联网上网服务营业场所管理条例》相关规定，市文体广电和旅游局负责对依法设立的互联网上网服务营业场所的经营活动进行监督管理。

2020 年 3 月 2 日，溧阳市人民检察院向市文旅局发出行政公益诉讼诉前检察建议：一是结合实际情况，处罚涉案网吧；二是联合相关部门，推动专项执法；三是发挥社会力量，加强监督宣传；四是加强监督管理，规范网吧经营；五是完善制度，建立长效机制。

收到检察建议后，市文旅局对涉案网吧分别给予警告并罚款3000元的行政处罚，对相关责任人进行约谈。市文旅局、市公安局运用信息技术，联合推出双重严防系统，在全市所有网吧内全部强制上线运行，将网吧经营管理后台数据接入公安机关，实现对网吧运行数据的有效监控，确保从源头上杜绝网吧违规接纳未成年人现象。市文旅局在全市开展了为期6个月的"清风行动"，通过定期通报、签订承诺书、"文明网吧"创建等形式，推动网吧规范经营。

5月2日，市文旅局向检察机关书面回复检察建议落实情况，提出进一步加强网吧监管的工作措施：一是严格审批，强化退出机制，对违法违规的网吧一律列入黑名单；二是对照标准，完善监管体系，会同公安机关建设信息化监管平台；三是依法管理，推进社会监督，聘请200余名市场监督员对网吧进行监督；四是定人定岗，实行网格监管，全市每个网吧均有对应的管理执法人员，进行滚动式巡查；五是严管重罚，在寒假、暑假和法定节假日开展专项治理。

溧阳市人民检察院与市文旅局、市公安局召开联席会议，从2020年6月开始开展三个月的"回头看"工作。检察机关将办案中发现的放任未成年人进入营业性娱乐场所、酒吧、网吧的未成年人父母或其他监护人情况，向妇联、关工委等通报，推动妇联、关工委发挥自身优势，动员社会力量，开展家庭教育指导。积极协同相关职能部门，链接司法社工、"五老"、社区网格员、志愿者等多方资源力量，推动构建常态化监管网络体系，有效防止网吧违规接纳未成年人进入的问题复发和反弹。溧阳市人民检察院注重延伸办案效果，扩大保护范围，牵头与市教育局、公安局、司法局、团市委、卫健局、妇联等6家单位会签《关于加强未成年人权益保护的意见》，建立市青少年法治教育基地，推动形成全市未成年人保护大格局。

指导意义

（一）不适宜未成年人活动的场所多次违规接纳未成年人进入，行政监管不到位的，检察机关可以通过行政公益诉讼督促监管履职。营业性娱乐场所、酒吧、网吧等不适宜未成年人活动场所违规接纳未成年人，以及旅馆、宾馆、酒店等住宿经营者违规接待未成年人入住等，易对未成年人身心健康造成不良影响甚至诱发违法犯罪。上述违规行为发现难、监管难、易反弹，检察机关发现行政机关未依法充分履行监管执法职责的，可以通过行政公益诉讼，督促和支持行政机关依法履职，及时查处违规接纳未成年人的行为，避免出现侵犯未成年人合法权益和诱发违法犯罪等危害后果。

（二）充分发挥未成年人检察工作社会支持体系作用，促进构建未成年人保护大格局。检察机关在积极履行未成年人司法保护职责的同时，应当充分发挥未成年人检察工作社会支持体系优势，加强跨部门协同协作，引入并汇聚更多社会资源和专业力量参与，深入推进未成年人检察办案与社会化保护优势互补，促进齐抓共管和协同治理，以更强的综合保护合力，促进未成年人保护法律规定不折不扣地落到实处。

『相关规定』

《中华人民共和国未成年人保护法》（2020年修订）第一百零六条。

《中华人民共和国未成年人保护法》（2012年修正）第三十六条、第六十六条（现为2020年修订后的第五十八条、第一百二十三条）。

《中华人民共和国行政诉讼法》（2017年修订）第二十五条。

《互联网上网服务营业场所管理条例》（2019年修订）第二十一条、第三十一条。

《最高人民法院 最高人民检察院关于检察公益诉讼案件适用法律若干问题的解释》（法释〔2018〕6号）第二十一条（现为2020年修订后的第二十一条）。

第三十六批指导性案例

卢某诉福建省某市公安局交警支队道路交通行政处罚检察监督案

（检例第146号）

『关键词』

行政检察　类案监督　定罪量刑　吊销机动车驾驶证　抗诉　统一执法司法标准

『要　旨』

对于醉酒驾驶机动车被司法机关依法追究刑事责任的，应当由公安机关交通管理部门依法吊销行为人持有的所有准驾车型的机动车驾驶证。人民检察院办理行政诉讼监督案件，对行政执法与司法裁判存在适用法律不一致的共性问题，可以采取个案监督和类案监督相结合的方式，在监督纠正个案的同时，推动有关机关统一执法司法标准，保障法律正确统一实施。

『基本案情』

2013年5月1日21时许，卢某酒后无证驾驶无号牌两轮摩托车碰撞路边行人吴某珍，致其轻微伤。经鉴定，卢某的血液酒精浓度为255mg/100ml，已达醉酒驾驶标准；经某市公安局交通警察支队（以下简称市交警支队）某大队交通事故认定，卢某负事故全部责任。市交警支队某大队根据《中华人民共和国道路交通安全法》

第九十九条规定，对卢某无证驾驶无号牌摩托车的行为作出罚款300元的处罚。该市某区人民法院以危险驾驶罪判处卢某拘役三个月，并处罚金人民币3000元（判决已生效，300元罚款已折抵）。此后，市交警支队根据《中华人民共和国道路交通安全法》第九十一条第二款规定，对卢某作出吊销机动车驾驶证的行政处罚决定，卢某不服该处罚决定，以其持有的小型汽车驾驶证与涉案交通事故无关为由向某区人民法院提起行政诉讼。

区人民法院于2013年9月24日作出一审判决，维持市交警支队所作的行政处罚决定。卢某不服，向市中级人民法院提起上诉。市中级人民法院经审理认为，卢某在同一起交通事故中，因醉酒无证驾驶已经受到刑事处罚，又因无证驾驶无号牌摩托车受到罚款的行政处罚。市交警支队再以卢某醉酒驾驶而吊销其小型汽车驾驶证，该行政处罚与卢某已经受到的刑事处罚和行政罚款处罚存在矛盾，故于2013年12月11日作出二审判决：一、撤销区人民法院所作的一审行政判决；二、撤销市交警支队所作的吊销卢某机动车驾驶证的行政处罚决定。

检察机关履职过程

案件来源。市交警支队不服二审判决，向市人民检察院申请监督。市人民检察院依法审查后认为，二审判决适用法律错误，遂向市中级人民法院发出再审检察建议。市中级人民法院复函不予再审。市人民检察院提请福建省人民检察院抗诉。

监督意见。福建省人民检察院经审查认为，卢某醉酒无证驾驶无号牌两轮摩托车，违反《中华人民共和国道路交通安全法》的规定，分别受到刑事处罚和吊销驾驶证、罚款的行政处罚，三者之间不存在矛盾。《中华人民共和国道路交通安全法》规定的吊销机动车驾驶证是一种剥夺持证人驾驶各类型机动车上道路行驶资格的处罚，不是只剥夺驾驶某一准驾车型资格的处罚。被诉行政处罚决定是基于行为人实施严重危害道路交通安全的违法行为，认为允许其继续驾驶机动车或将危及公共安全，由此作出终止其驾驶许可的决定。这是对违法行为人道路交通安全和法律意识的一种否定性评价，与违法行为人实际持有驾驶证的准驾车型无关，也与其实施违法行为时实际驾驶的机动车类型无关。二审判决适用法律确有错误。

福建省人民检察院经调查发现，2019年，本省公安机关作出吊销驾驶证行政处罚案件中有32件被法院裁判撤销行政处罚决定。在这些案件中，公安机关认为吊销驾驶证是指对违法行为人所有准驾车型的驾驶资格一并吊销；法院认为一并吊销依据不足，且不符合过罚相当原则，通常判决撤销吊销机动车驾驶证的行政处罚决定，执法和司法中对法律理解和适用不一致。

监督结果。2019年9月30日，福建省人民检察院向福建省高级人民法院提出抗诉，认为：《中华人民共和国道路交通安全法》第九十一条第二款规定，"醉酒驾驶机动车的，由公安机关交通部门约束至酒醒，吊销机动车驾驶证，依法追究刑事责任；五年内不得重新取得机动车驾驶证"，其中"吊销机动车驾驶证，依法追究刑事责任"，并非可选择的处罚措施；根据《中华人民共和国行政处罚法》（2009年）第四条第二款关于"设定和实施行政处罚必须以事实为依据，与违法行为的事实、性质、情节以及社会危害程度相当"的规定，卢某在道路上醉酒驾驶机动车，是危害公共安全的行为，市交警支队在卢某被追究刑事责任后，对其处以吊销所有准驾车型驾驶资格的处罚符合法律规定。2020年5月21日，福建省高级人民法院采纳检察机关的抗诉意见，作出再审判决：一、撤销市中级人民法院所作的二审判决；二、维持区人民法院所作的一审判决。

类案监督。鉴于类似案件社会影响较大，具有一定代表性，行政执法与司法裁判对法律的理解和适用存在认识分歧，影响执法公信力和司法权威性，福建省人民检察院主动加强与省高级人民法院、省公安厅沟通协调，围绕吊销机动车驾驶证问题进行座谈研讨，就吊销机动车驾驶证行政诉讼案件裁判尺度和执法标准问题达成共识。2021年3月19日，福建省公安厅下发《关于进一步规范吊销机动车驾驶证行政案件办理的通知》，要求加强源头管理，把吊销机动车驾驶证相关规定内容纳入申领机动车驾驶证的安全文明驾驶常识考试题库；同时，鉴于吊销机动车驾驶证行政处罚减损被处罚人权益，对被处罚人影响重大，要求规范办案程序，严格事实认定，综合考量违法驾驶者的违法事实、性质、情节以及社会危害程度，体现过罚相当。2021年4月30日，福建省人民检察院与省高级人民法院印发会议纪要，就检察机关和人民法院正确执行《中华人民共和国道路交通安全法》，办理吊销机动车驾驶证行政案件提出具体要求，统一司法裁判尺度。截至目前，该省未再出现涉吊销驾驶证行政案件执法司法标准不统一的问题。

指导意义

（一）对于违反道路交通安全法律法规规定，醉酒驾驶等构成犯罪的，应当依法吊销驾驶人持有的机动车驾驶证。对构成犯罪的，刑事处罚与吊销驾驶证的行政处罚并不互相排斥，司法机关依法追究驾驶人的刑事责任，不影响行政机关依法作出吊销机动车驾驶证的行政处罚。鉴于吊销机动车驾驶证属于减损被处罚人行为能力的行政处罚，对于法律法规规定应当吊销机动车驾驶证的违法行为，必须符合法定情形，严格遵守法定程序。对于法律法规规定可以吊销机动车驾驶证的违法行为，要综合考量违法事实、性质、情节以及社会危害程度等因素决定是否吊销，确保过罚相当。

（二）吊销机动车驾驶证的行政处罚是一种资格罚，旨在剥夺持证人驾驶任何类型机动车上道路行驶的资格。法律规定对驾驶机动车实行行政许可制度，要求持证驾驶，目的在于保障道路交通公共安全。《中华人民共和国道路交通安全法》规定的吊销机动车驾驶证，是吊销持证人所有准驾车型的机动车驾驶证，并非吊销某一准驾车型的驾驶证。行政执法、司法活动中须正确理解和执行法律法规，符合立法目的和社会管理目标，实现行政处罚制度维护社会秩序、保障公共安全的治理功能。

（三）人民检察院办理行政诉讼监督案件，发现行政裁判和执法决定存在适用法律不一致的共性问题，应当开展类案监督。检察机关在依法监督纠正个案错误的同时，应当与行政机关、人民法院进行磋商，促进形成共识，解决执法司法办案中认识不一致、标准不统一等共性问题，推动统一执法司法标准，正确执行法律。

相关规定

《中华人民共和国行政诉讼法》（2017 年修正）第九十一条、第九十三条第二款。

《中华人民共和国行政处罚法》（2009 年修正）第四条第二款（现为 2021 年修订后的第五条第二款）。

《中华人民共和国道路交通安全法》（2011 年修正）第九十一条第二款、第九十九条（现为 2021 年修正后的第九十一条第二款、第九十九条）。

公安部《道路交通安全违法行为处理程序规定》（2008 年修订）第四十八条（现为 2020 年修订后的第五十条）。

湖南省某市人民检察院对市人民法院行政诉讼
执行活动检察监督案
（检例第 147 号）

关键词

行政检察　类案监督　行政诉讼执行活动　程序违法　异地管辖

要　旨

人民检察院对人民法院行政诉讼执行活动实行法律监督，应当对执行立案、采取执行措施、执行结案全过程进行监督，促进行政裁判确定的内容得以依法及时实现。发现人民法院行政诉讼执行活动存在同类违法问题的，可以就纠正同类问题向人民法院提出检察建议，并持续跟踪督促落实，促进依法执行。人民法院跨行政区域集中管辖的行政案件，原则上由受理案件法院所在地同级对应的人民检察院管辖并履行相应的法律监督职责。

基本案情

2020 年 7 月，湖南省某市人民检察院在履行法律监督职责中发现：李某某申请执行某县公安局返还强制扣押财产一案，实行跨区域集中管辖的某市人民法院于 2019 年

7月16日作出的行政判决书发生法律效力后，某县公安局未履行生效法律文书确定的义务，李某某向市人民法院申请强制执行，法院裁定准予强制执行。后该院作出终结执行裁定书，但该裁定书没有依法写明当事人自收到裁定书之日起六十日内可以对终结执行行为提出异议的救济权利和期限。

市人民检察院在监督办案中还发现另有申请人苏某某申请某镇政府履行行政判决、申请人蒋某某申请某县人力资源和社会保障局履行行政判决两个案件，市人民法院作出了终结执行的裁定，亦没有写明当事人可以向人民法院提出异议及异议期限等权利救济的内容。

检察机关履职过程

案件来源。市人民检察院在履行职责中发现人民法院行政诉讼执行活动不规范问题在当地并非个别，影响当事人依法维护自身正当权利，损害司法裁判公正性，决定对该市人民法院2017年至2020年的行政诉讼执行案件开展专项监督。

审查核实。市人民检察院在对市人民法院20件行政诉讼执行案件进行审查、调查及类案比对后发现，该院行政诉讼执行活动存在以下违法情形：一是立案程序不规范。20件案件中有13件未在七日内立案，存在立案超期问题。二是送达、告知、执行和解等程序不规范。有7件案件存在未送达、超期送达或留置送达不符合规定等问题；有11件案件送达终结执行裁定书未告知当事人提出异议的权利和期限；有1件执行和解案件被执行人未在和解协议上签字。三是结案程序不规范。有1件案件违反非财产类执行案件不适用终结本次执行的规定，对判决责令行政机关重新作出行政行为的，以被执行人无可供执行的财产为由，裁定终结本次执行。行政判决责令行政机关重新作出行政行为的2件案件，行政机关仅出具了暂缓的说明，并未实际履行，而以终结执行、执行完毕方式变通结案。

类案监督。针对专项监督中发现的问题，市人民检察院研究认为，这20件案件中多件案件存在相同违法情形，分别进行个案监督内容重复、效率不高，应当进行类案监督。2020年9月10日，市人民检察院向市人民法院制发检察建议书，建议改进行政诉讼执行工作：一是严格落实立案登记制，在法定期限内对当事人申请的行政诉讼执行案件予以受理。二是规范送达、告知、执行和解等程序，送达法律文书应当严格按照法定方式和期限送达，并依法告知救济权利和期限；对于执行和解案件，严格审查执行和解协议，申请执行人与被执行人达成和解协议的必须签字确认。三是规范结案程序，作出终结执行或终结本次执行裁定需具备司法解释规定的前置条件。

监督结果。市人民法院收到检察建议后，从五个方面加强和改进工作，并回复市人民检察院：1.严格执行立案登记制度，加快审查申请立案材料速度，规范执行案件立案登记行为，确保在接收材料后七日内完成立案。2.安排专人负责送达，接收案件材料后立即通过湖南省政务外网短信平台和法院特快专递向被执行人送达执行通知书及报告财产令等材料，相关执行措施作出后，在法律规定的期限内送达法律文书。3.严格按照《最高人民法院关于人民法院执行工作若干问题的规定（试行）》《最高人民法院关于执行和解若干问题的规定》关于执行和解协议签署的相关要求，对双方当事人达成和解的，签订书面和解协议并存卷；达成口头和解协议的，由执行人员记入笔录，并由双方当事人签名或盖章。4.对执行结案不规范问题进行整改，依据法律和司法解释规定的终结执行、终结本次执行、执行结案等不同适用条件，根据执行实际结果，规范适用不同执行结案方式。5.对终结执行案件，依法告知当事人提出异议的权利，将告知情况附卷，规范对当事人执行异议权利的告知程序。

对在专项监督中发现的终结本次执行不符合条件和变通结案的案件，市人民检察院跟踪督促人民法院及时采取法定措施执行到位。

指导意义

（一）人民检察院应当加强行政诉讼执行监督，促进人民法院依法及时执行生效行政裁判。行政诉讼执行直接关系当事人合法权益的实现。人民检察院发现人民法院在执行活动中有不依法受理执行申请、不依法作出执行裁定、不依法采取执行措施、错误适用终结本次执行、终结执行，以及其他不履行或者怠于履行执行职责情形的，应当向人民法院提出检察建议。

（二）人民检察院在履行法律监督职责中发现行政诉讼执行中存在多发的同类违法情形，可以进行类案监督。通过比对人民法院同类案件的处理情况，发现多起案件存在同类错误或者违法行为，实施个案监督内容重复、效率不高的，可以对同类案件反映出的问题进行汇总、梳理、归类，分析研判案件所反映的共性问题，依法提出针对性的类案监督检察建议，跟踪督促落实，促进一类问题的集中解决，提升监督质效。

（三）人民检察院办理人民法院跨行政区域集中管辖行政案件，应当践行便民理念，以对应监督管辖为原则，以有利于行政争议实质性化解指定管辖为补充。集中管辖法院受理的行政案件，原则上由受理案件法院所在地对应的同级检察院管辖并履行相应的法律监督职责。上级人民检察院根据实质性化解行政争议等需要，可以指定下级人民检察院办理。检察机关异地开展法律监督工作的，涉诉行政机关所在地检察机关应当提供协助。当事人向涉诉行政机关所在地检察院申请行政诉讼监督的，涉诉行政机关所在地检察院应当及时告知其向集中管辖所在地对应的检察机关申请监督，必要时可以将相关材料直接移送有管辖权的检察机关。

相关规定

《中华人民共和国行政诉讼法》（2017年修正）第十一条、第一百零一条。

《中华人民共和国民事诉讼法》（2017年修正）第八十六条、第二百三十条、第二百四十条、第二百五十八条（现为2023年修正后的第八十九条、第二百四十一条、第二百五十一条、第二百六十九条）。

《最高人民法院关于适用〈中华人民共和国民事诉讼法〉的解释》（2015年施行）第四百八十二条、第五百一十九条（现为2020年修正后的第四百八十二条、第五百一十九条）。

《最高人民法院关于对人民法院终结执行行为提出执行异议期限问题的批复》
（2016 年施行）。

《最高人民法院关于执行案件立案、结案若干问题的意见》第十五条（2015 年施行）。

《最高人民法院关于严格规范终结本次执行程序的规定（试行）》（2016 年施行）第五条。

安徽省某县自然资源和规划局申请执行强制拆除违法占用
土地上的建筑物行政处罚决定检察监督案
（检例第 148 号）

关键词

行政检察　类案监督　违法占地　非诉执行　不予受理　法律适用错误

要　旨

人民检察院在行政非诉执行监督中，对不具有行政强制执行权的行政机关依法申请人民法院强制执行，人民法院不予受理的，应当依法进行监督。发现人民法院在多个行政非诉执行案件中存在同类法律适用错误的，可以通过对其中有代表性的典型案件进行监督，解决一类案件法律适用问题，促进建立长效机制，确保法律监督效果。

基本案情

2018 年至 2020 年，安徽省某县自然资源和规划局（原某县国土资源局）依据《中华人民共和国土地管理法》对辖区内未经批准擅自占用土地进行建设的违法行为进行调查后，先后作出多个包含责令限期拆除违法建筑物等内容的处罚决定。部分行政相对人在法定期限内既不申请行政复议或者提起行政诉讼，又未自行拆除违法建筑物，县自然资源和规划局依照《中华人民共和国行政处罚法》（2017 年）第五十一条的规定，对其中的 64 个处罚决定先后以直接提交、邮寄申请书等方式向县人民法院申请强制拆除违法建筑物，县人民法院均不予受理。

检察机关履职过程

案件来源。2018 年 12 月，某县人民检察院在全国检察机关行政非诉执行监督专项活动中发现该类案件线索，对其中3起典型案件启动监督程序。

调查核实。根据案件情况，检察机关重点开展了以下调查核实工作：向当地土地管理部门了解近年来拆除违法建筑物行政处罚决定的自动履行和申请法院强制执行情况；实地查看违法占地现场；向人民法院了解相关情况。检察机关查明：县自然资源和规划局申请法院强制执行符合法律规定，县人民法院对2018年以来该类执行申请均不予受理。

监督意见。县人民检察院审查认为，法院对自然资源和规划局强制执行申请既不受理又不作出不予受理的裁定，县自然资源和规划局在无行政强制执行权的情况下，既无法申请人民法院强制执行，又无法向上一级人民法院申请复议进行救济，案件被搁置，被非法占用的土地得不到恢复，土地管理秩序不能有效维护。经检察委员会讨论决定，于2018年12月向县人民法院提出检察建议，建议其依法受理并审查行政机关的执行申请。

回复意见。县人民法院收到检察建议后，经审判委员会讨论后回复县人民检察院：《中华人民共和国行政强制法》第四十四条、《最高人民法院关于违法的建筑物、构筑物、设施等强制拆除问题的批复》（法释〔2013〕5号）赋予了自然资源和规划局强制执行权，土地管理法与行政强制法存在冲突，应当适用行政强制法，人民法院不予受理县自然资源和规划局的强制执行申请符合法律规定；正在与县政府、国土部门协商，妥善解决违法建筑物的强拆问题，对检察建议不予采纳。

跟进监督。县人民检察院提请市人民检察院跟进监督。市人民检察院审查认为，根据我国法律规定，行政机关自行实施强制执行应当由法律明确授权，法律没有明确规定由行政机关自行强制执行的，行政机关应当申请法院强制执行。《中华人民共和国行政强制法》对"行政机关强制执行程序"和"申请人民法院强制执行"分两章作出规定。该法第四十四条规定"对违法的建筑物、构筑物、设施等需要强制拆除的，应当由行政机关予以公告，限期当事人自行拆除。当事人在法定期限内不申请行政复议或者提起行政诉讼，又不拆除的，行政机关可以依法强制拆除。"本条规定在"行政机关强制执行程序"一章，是对"具有行政强制执行权的行政机关"实施强制拆除所作的程序性规定，不是对某一行政机关具有行政强制执行权的法律授权。案涉行政处罚决定均系自然资源主管部门根据《中华人民共和国土地管理法》作出，该法未授予自然资源主管部门强制拆除违法建筑物的执行权。该法第八十三条规定，"依照本法规定，责令限期拆除在非法占用的土地上新建的建筑物和其他设施的……由作出处罚决定的机关依法申请人民法院强制执行"。自然资源主管部门针对违反土地管理法的行为作出责令强制拆除的处罚决定，行政相对人期满不起诉又不自行拆除的，应当由行政机关依法申请人民法院强制执行。《最高人民法院关于违法的建筑物、构筑物、设施等强制拆除问题的批复》是就城乡规划领域的违法建设强制拆除所作的司法解释，即依据城乡规划法，乡镇人民政府有权对违反乡村规划的违法建筑物强制拆除，县级以上人民政府对城乡规划主管部门作出限期拆除的决定，当事人逾期不拆除的，有权责成有关部门强制拆除。本案自然资源主管部门申请执行的行政处罚决定均系依据土地管理法作出，依法应当申请人民法院强制执行，人民法院不予受理违反法律规定。

2019年6月，市人民检察院就上述3起案件向市中级人民法院提出检察建议，建议其监督县人民法院纠正违法行为。市中级人民法院在规定期限内回复，已建议县人民法院自行纠正。县人民法院依法受理并作出准予强制执行裁定，并均已执行。

建立长效机制。县人民检察院就案涉问题报告县人大常委会，并与县政府座谈交流。在各方共同推动下，2020年5月，县人民政府制发《关于进一步建立健全违法违规用地防控治理长效机制的意见》，明确行政执法部门就拆除非法占地违法建筑物向法院申请强制执行，法院裁定准予强制执行后，由县政府安排属地乡镇政府实施。此后，县人民法院对县自然资源和规划局该类案件的强制执行申请均予以受理并裁定准予执行。同时县、乡两级政府及行政主管部门按照"统一领导、属地管理、拆控并重、综合治理"的原则，建立健全网格巡查、快速反应、联合执行、联席会议等八项工作机制，确保对违法违规用地执行到位，有效遏制了土地违法行为。

指导意义

（一）人民检察院办理行政非诉执行监督案件，对于不具有行政强制执行权的行政机关依法申请人民法院强制执行，人民法院不予受理的，人民检察院应当依法进行监督。行政强制执行由法律设定。法律没有授权行政机关强制执行的，作出行政决定的行政机关应当申请人民法院强制执行，人民法院应当受理、审查并依法作出是否准予执行的裁定。土地管理法和城乡规划法实现的行政管理目的不同，关于法律责任的具体规定也有区别。土地管理法主要针对的是违法占地行为，城乡规划法主要针对的是"未取得建设工程规划许可证或者未按照建设工程规划许可证进行建设"的违法行为。土地管理法未授权自然资源主管部门强制拆除违法占地建筑物的执行权，因此自然资源主管部门适用土地管理法作出责令强制拆除违法占地建筑物的处罚决定后，占地违法建设行为人逾期不起诉又不自行拆除的，行政机关应当申请人民法院强制执行，而无权自行强制执行。人民检察院发现人民法院对应当受理的强制执行申请不予受理的，应当依法监督纠正。

（二）人民检察院在履行法律监督职责中发现同类案件法律适用错误，可以选择其中几个典型案件进行类案监督，促进同一类案件正确适用法律，并针对影响法律适用的难点问题建立长效机制。人民检察院开展法律监督，应当根据法律适用原则和法律解释方法，准确识别法律规范的真实含义，厘清法律适用争议，通过提出检察建议督促纠正法律适用错误。对一定数量性质相同、适用法律相同的个案存在同类错误的，可以选择几件典型案件作为突破口进行监督；对不采纳监督意见的，可以提请上级检察机关跟进监督，通过纠正典型案件错误为同一类案件纠错确定标准，提升监督效果和效率。加强类案监督成果的运用，主动向党委、人大报告，争取政府支持，提出解决问题的意见和建议，促进各方凝聚共识，形成长效工作机制。

相关规定

《中华人民共和国行政处罚法》（2017 年修正）第五十一条（现为 2021 年修订后的第七十二条）。

《中华人民共和国行政强制法》（2012 年施行）第三十四条、第四十四条。

《中华人民共和国土地管理法》（2019 年修正）第八十三条。

《最高人民法院关于违法的建筑物、构筑物、设施等强制拆除问题的批复》（2013 年施行）。

《人民检察院行政诉讼监督规则（试行）》（2016 年施行）第九条、第三十一条（现为 2021 年施行的《人民检察院行政诉讼监督规则》第三十六条、第一百一十一条）。

糜某诉浙江省某市住房和城乡建设局、某市人民政府
信息公开及行政复议检察监督案
（检例第 149 号）

关键词

行政检察　类案监督　送达日期　有效送达　诉源治理

要　旨

人民检察院办理因对送达日期存在争议引发的行政诉讼监督案件，发现法律文书送达不规范、影响当事人依法主张权利等普遍性问题，在监督纠正个案的同时，督促人民法院规范送达程序，促使邮政机构加强管理，确保有效送达。

基本案情

2017 年 1 月 11 日，糜某向某市住房和城乡建设局（以下简称市住建局）申请查询位于该市某路段的一间中式平房房地产原始登记凭证。2017 年 2 月 9 日，市住建局作出《政府信息依申请公开告知书》，并向糜某提供其申请公开的房地产所有权证复印件一份。2 月 16 日，糜某向市人民政府申请行政复议。市人民政府认为，除其中一项不属于政府信息公开范围外，市住建局已向糜某提供了其申请公开的信息，在法定期限内履行了职责，遂于 4 月 16 日作出维持原行政行为的行政复议决定书，并按照

糜某预留的送达地址某市 × 苑 × 幢 × 室，交由中国邮政速递物流股份有限公司某市分公司（以下简称某邮政公司）专递送达。同年 4 月 18 日，某邮政公司投递员因电话联系糜某未果，遂将该邮件交由糜某预留送达地址所在小区普通快递代收点某副食品商店代收，并短信告知糜某，但未确认糜某已收到告知短信。因糜某未查看短信中的通知信息，其于同年 5 月 10 日才实际收到该邮件。

2017 年 5 月 12 日，糜某向某市某区人民法院提起行政诉讼，请求撤销市住建局作出的《政府信息依申请公开告知书》和市人民政府作出的《行政复议决定书》。一审法院认为，糜某于 2017 年 4 月 18 日收到行政复议决定，5 月 12 日提起行政诉讼，已超过法定的十五日起诉期限，裁定不予立案。糜某向市中级人民法院提出上诉，二审法院以糜某未提供有效证据证明其因不可抗力或者其他不属于自身原因耽误起诉期限为由，裁定驳回上诉。糜某申请再审，亦被驳回。

检察机关履职过程

案件来源。2018 年 5 月，糜某向检察机关申请监督，称自其实际收到行政复议决定书的日期起算，未超过法定起诉期限。

调查核实。市人民检察院根据糜某反映的情况，在审查案卷的基础上进行调查核实：一是向邮政公司、副食品商店等单位调取收件时间相关证据；二是调查了解糜某是否存在指定代收人等情况。查明：涉案法律文书专递邮件跟踪查询单显示该邮件的处理情况为：2017 年 4 月 18 日，妥投（他人收），证明糜某本人并未签收该邮件；副食品商店并非糜某的指定代收人，商店经营者钟某也不是糜某的同住成年家属或诉讼代理人，其不具有代收权限；糜某实际收到邮件的日期确为 2017 年 5 月 10 日。

监督意见。市人民检察院经审查认为，法院一、二审行政裁定认定事实错误。第一，在无证据证明副食品商店系糜某的指定代收人或者钟某为糜某的同住成年家属或诉讼代理人的情况下，原审法院认定糜某于 2017 年 4 月 18 日收到涉案行政复议决定书证据不足。邮政公司将复议决定书送达副食品商店，并由该商店签收，不能视为有效送达。第二，钟某及邮政公司出具的相关材料可以证明糜某收到复议决定的时间为 2017 年 5 月 10 日。第三，根据《中华人民共和国行政诉讼法》第四十五条规定，公民、法人或者其他组织不服复议决定向人民法院提起诉讼的起诉期限为收到复议决定书之日起十五日，糜某 5 月 10 日实际收到行政复议决定书，其于 5 月 12 日向区人民法院起诉，并未超过起诉期限。市人民检察院提请浙江省人民检察院抗诉，2018 年 12 月 4 日，浙江省人民检察院依法向浙江省高级人民法院提出抗诉。

监督结果。浙江省高级人民法院采纳检察机关抗诉意见，于 2019 年 9 月 5 日依法作出再审行政裁定，撤销原一、二审不予受理裁定，指令区人民法院立案受理。同年 10 月 15 日，区人民法院受理该案，经依法审理于 2020 年 4 月 3 日作出一审判决。

类案监督。针对法院对类似案件认定送达标准不统一的问题，市人民检察院通过与市中级人民法院磋商，督促法院进一步明确邮寄送达的审查认定标准，严格把握指定代收的送达认定，防止因送达标准把握不准损害当事人诉讼权利。市中级人民法院出台《关于落实立案登记制和规范送达程序的八项措施》，对文书送达程序予以规范。

市人民检察院在办理本案后，对法律文书专递送达开展专题调研，听取行政机关、人民法院及邮政部门的意见，发现法律文书送达中，邮政公司部分投递员存在将邮件随意交由不具有代收权限的商店、物业公司或农村基层组织代为签收等送达程序不符合规定情形，导致当事人诉讼权利受损。据此，市人民检察院向邮政公司发出检察建议，建议加强对投递人员业务培训，规范法律文书邮件专递业务处理流程，以有效保障当事人诉讼权利。邮政公司收到检察建议后，在检察机关推动下开展专项整改，对全市邮政 115 个网点 1399 名投递人员开展法律文书送达业务培训，同时成立政务邮件特投队伍，落实奖惩制度，改进工作方法，完善流程监督，有效提升了法律文书送达水平。

指导意义

（一）送达法律文书属于重要的法律行为，执法司法机关应当确保法律文书有效送达。送达具有权利保障与程序推进的双重作用。送达日期是当事人行使权利、履行义务的重要时间节点。送达不规范导致当事人未收到或者未及时收到法律文书，不仅影响当事人及时行使权利、履行义务，还可能引发新的矛盾纠纷乃至关联性案件。执法司法机关要把以人民为中心的宗旨落实到执法司法的各个环节，提高对送达工作重要性的认识，强化责任意识，遵守法定要求，确保有效送达，切实保障当事人合法权益。人民检察院开展法律监督，发现执法司法机关存在法律文书不能依法有效送达问题，可以通过制发检察建议等方式促进依法送达工作。如，2018 年 11 月 11 日，最高人民检察院就检察机关履行法律监督职责中发现的人民法院民事公告送达存在送达方式、送达内容、送达程序等不规范问题，依法向最高人民法院制发"二号检察建议书"，建议降低当事人诉讼负担，提升公告效率；充分运用大数据等现代科技手段，强化人民法院依职权调查当事人送达地址的工作力度，实现公告送达的电子推送以提高送达率等，促进普遍性问题的改进解决。

（二）人民检察院办理行政诉讼监督案件，对于人民法院错误认定法律文书送达日期，以超过起诉期限为由裁定不予立案或者驳回起诉的，应当依法进行监督。送达日期直接关系起诉期限的计算，行政起诉如无正当事由超过起诉期限，当事人则丧失诉权，法院将不再受理。人民检察院发现人民法院在审理行政诉讼案件中认定有效送达日期错误，导致确定起诉期限起算点错误的，应当依法提出监督意见，督促人民法院纠正错误。

（三）人民检察院在履行法律监督职责中，针对一类案件发现深层次社会治理问题的，应当通过类案监督促进诉源治理。人民检察院可以办理个案为切入点，开展专题调研，分析案件背后的深层次原因，发现有关单位工作制度、管理方法、工作程序不完善，或特定行业存在监管漏洞或者监管不规范问题，需要改进、完善的，可以制发检察建议，督促相关责任主体改进工作、规范管理，从源头上减少内生、次生案件发生。

相关规定

《中华人民共和国行政诉讼法》（2017年修正）第四十五条、第九十一条、第九十三条、第一百零一条。

《中华人民共和国行政复议法》（2017年修正）第四十条。

《中华人民共和国民事诉讼法》（2017年修正）第八十五条（现为2023年修正后的第八十八条）。

《中华人民共和国邮政法》（2015年修正）第五十五条。

《最高人民法院关于以法院专递方式邮寄送达民事诉讼文书的若干规定》（2005年施行）第七条。

《人民检察院行政诉讼监督规则（试行）》（2016年施行）第十三条（现为2021年施行的《人民检察院行政诉讼监督规则》第五十八条）。

《人民检察院检察建议工作规定》（2019年施行）第三条、第五条。

国家邮政局《法院法律文书特快专递业务处理办法（试行）》（2005年执行）第九条。

第三十七批指导性案例

王某贩卖、制造毒品案

（检例第150号）

关键词

贩卖、制造毒品罪　国家管制化学品　麻醉药品、精神药品　毒品含量　涉毒资产查处

要　旨

行为人利用未列入国家管制的化学品为原料，生产、销售含有国家管制的麻醉药品、精神药品成分的食品，明知该成分毒品属性的，应当认定为贩卖、制造毒品罪。

检察机关办理新型毒品犯罪案件，应当审查毒品含量，依法准确适用刑罚。对于毒品犯罪所得的财物及其孳息、收益和供犯罪所用的本人财物，应当依法予以追缴、没收。

基本案情

被告人王某，男，1979年出生，原系某公司法定代表人。

2016年，被告人王某明知国家管制的精神药品γ-羟丁酸可以由当时尚未被国家列管的化学品γ-丁内酯（2021年被列管为易制毒化学品）通过特定方法生成，为牟取非法利益，多次购进γ-丁内酯，添加香精制成混合液体，委托广东某公司（另案处理）为混合液体粘贴"果味香精CD123"的商品标签，交由广东另一公司（另案处理）按其配方和加工方法制成"咔哇氿"饮料。王某通过四川某公司将饮料销往多地娱乐场所。至案发，共销售"咔哇氿"饮料52355件（24瓶/件，275ml/瓶），销售金额人民币1158万余元。

2017年9月9日，公安机关将王某抓获，当场查获"咔哇氿"饮料720余件，后追回售出的18505件。经鉴定，"果味香精CD123""咔哇氿"饮料中均检出γ-羟丁酸成分，含量分别为2000-44000μg/ml、80.3-7358μg/ml。

检察机关履职过程

一、引导取证

2017年10月11日，四川省成都市公安局青羊区分局以王某涉嫌生产、销售有毒、有害食品罪提请批准逮捕。10月18日，成都市青羊区人民检察院对王某依法批准逮捕。检察机关审查认为，"咔哇氿"饮料中含有国家管制的一类精神药品γ-羟丁酸，王某可能涉嫌毒品犯罪。为准确认定犯罪性质，检察机关引导公安机关重点围绕王某涉嫌犯罪主观故意开展侦查：一是核查王某的从业经历及知识背景；二是调取王某通信记录和委托生产饮料的情况；三是调取王某隐瞒饮料成分、规避检查的情况；四是核查饮料销售价格等异常情况。

二、审查起诉

2017年12月11日，公安机关认为王某在制造饮料过程中添加有毒、有害物质，以王某涉嫌生产、销售有毒、有害食品罪移送审查起诉。

成都市青羊区人民检察院认为本案定性存在疑问，继续引导公安机关侦查取证。一是收集、固定网络检索记录等电子证据，查明王某在生产"咔哇氿"饮料前，已明知γ-丁内酯可生成γ-羟丁酸，且明知γ-羟丁酸是国家管制的精神药品。二是收集、固定"咔哇氿"饮料包装标签等证据，结合王某的供述及其与他人的聊天记录，查明王某在家多次实验，明知γ-羟丁酸的性质和危害。三是对查获的饮料取样、送检、鉴定，收集专家的证言，证实γ-丁内酯自然状态下水解可少量生成γ-羟丁酸，但含量不稳定，在人工干预等特定条件下生成的含量较为稳定。四是调取快递发货单等书证，查明王某贩卖"咔哇汍"饮料的数量、途径。五是调查王某的涉案财物、资金流向及不动产登记情况，查封、扣押其涉案房产和资金。

检察机关综合全案事实证据审查认为，王某明知 γ-丁内酯能生成 γ-羟丁酸，γ-羟丁酸系国家管制的精神药品，而将 γ-丁内酯作为原料生产含有 γ-羟丁酸成分的饮料并进行销售，饮用后有麻醉、致幻和成瘾等后果，具有制造、贩卖毒品的主观故意和客观行为，符合贩卖、制造毒品罪的构成要件。

2018 年 6 月 15 日，成都市青羊区人民检察院以王某犯贩卖、制造毒品罪依法提起公诉。

三、指控与证明犯罪

2020 年 1 月 15 日，成都市青羊区人民法院依法公开开庭审理本案。被告人王某及其辩护人对检察机关指控的主要犯罪事实、证据无异议，但提出以下辩解及辩护意见：一是"咔哇汍"饮料中含有的 γ-羟丁酸，可能是原料自然生成；二是王某没有制造和贩卖毒品的主观故意；三是王某超限量滥用食品添加剂 γ-丁内酯，应构成生产、销售不符合安全标准的食品罪。

针对第一条辩解及辩护意见，公诉人答辩指出：一是公安机关对原料厂商仓库内的 γ-丁内酯进行抽样鉴定，未检出 γ-羟丁酸成分，而对查获的"咔哇汍"饮料进行抽样鉴定，均检出 γ-羟丁酸成分，能够排除"咔哇汍"饮料中 γ-羟丁酸系自然生成。二是 γ-丁内酯在自然状态下生成的 γ-羟丁酸含量不稳定，而以 γ-丁内酯为原料人工合成的 γ-羟丁酸含量较为稳定，本案查获的"果味香精 CD123"和"咔哇汍"饮料中 γ-羟丁酸含量均相对稳定，系特定条件下水解生成。三是王某以 γ-丁内酯为原料制造混合液体"果味香精 CD123"，再以"果味香精 CD123"为原料通过特定方法制成"咔哇汍"饮料。在制造"咔哇汍"饮料过程中，虽然"果味香精 CD123"被饮料用水稀释，但鉴定意见显示成品饮料中 γ-羟丁酸的含量却上升。综上，"咔哇汍"饮料中的 γ-羟丁酸不是原料自然生成，而是王某通过加工生成。

针对第二条辩解及辩护意见，公诉人答辩指出：一是根据王某所作供述、通信记录、网络搜索记录等证据，结合王某长期经营酒类、饮料工作经历，能够认定王某预谋用 γ-丁内酯生成国家管制的 γ-羟丁酸。二是王某通过长期实验制造出"咔哇汍"饮料，其不仅独自掌握配方，且在委托加工时刻意隐瞒使用 γ-丁内酯的事实，具有隐蔽性和欺骗性，证实王某明知 γ-丁内酯的特性及加工方法，仍将其作为原料加工生成 γ-羟丁酸。三是王某委托生产时要求包装瓶上印刷"每日饮用量小于三瓶""饮用后不宜驾驶汽车"等提示，配料表上用"γ-氨基丁酸"掩盖"γ-羟丁酸"，且将该饮料以远超"γ-氨基丁酸"类饮料价格销往娱乐场所，证实王某明知 γ-羟丁酸的危害性，而将含有该成分的饮料销售。综上，现有证据足以证明王某具有制造、贩卖毒品的主观故意。

针对第三条辩解及辩护意见，公诉人答辩指出：超限量使用食品添加剂足以造成严重食物中毒事故的，可构成生产、销售不符合安全标准的食品罪。但本案中，王某

明知 γ‐羟丁酸系国家管制的精神药品，在生产饮料过程中使用工业用的非食品原料 γ‐丁内酯生成 γ‐羟丁酸，以达到麻醉、致幻和成瘾的效果，其行为与生产、销售不符合安全标准的食品罪构成要件不符，应当认定为贩卖、制造毒品罪。

另外，公诉人当庭指出，被扣押的两套房产及人民币643万余元，其中有的房产登记在他人名下，部分资产存于他人账户，但均系王某的毒品犯罪所得，应当依法予以没收。

四、处理结果

2020年6月22日，成都市青羊区人民法院作出一审判决，采纳成都市青羊区人民检察院的指控，以贩卖、制造毒品罪判处王某有期徒刑十五年，并处没收个人财产人民币四百二十七万元；依法没收扣押的用毒资购买的两套房产及违法所得、收益、孳息人民币六百四十三万余元。宣判后，王某提出上诉。2020年9月18日，成都市中级人民法院依法裁定驳回上诉，维持原判。

五、制发检察建议

含新型毒品成分的饮料、食品向社会销售扩散，严重危害公众，特别是青少年的身心健康。针对主管部门监管不到位问题，成都市青羊区人民检察院从建立食品安全监管平台、开展综合整治、加强日常宣传及警示教育等方面，向食品安全监管部门制发检察建议。食品安全监管部门积极整改，对酒吧、KTV等娱乐场所加大监管力度，与卫生部门建立食品风险监测合作机制，加强了联合执法和饮料、食品安全监管。

指导意义

（一）对于生产、销售含有国家管制的麻醉药品、精神药品成分的食品的行为，应当区分不同情形依法惩处。行为人利用未被国家管制的化学品为原料，生产、销售含有国家管制的麻醉药品、精神药品成分的食品，明知该成分毒品属性的，应当认定为贩卖、制造毒品罪。行为人对化学品可生成毒品的特性或者相关成分毒品属性不明知，如果化学品系食品原料，超限量、超范围添加足以造成严重食物中毒事故或者其他严重食源性疾病的，依法构成生产、销售不符合安全标准的食品罪；如果化学品系有毒、有害非食品原料，依法构成生产、销售有毒、有害食品罪。行为人犯贩卖、制造毒品罪，同时构成生产、销售不符合安全标准的食品罪或者生产、销售有毒、有害食品罪的，应当按照处罚较重的罪名追究刑事责任。行为人对于相关毒品成分主观上是否明知，不能仅凭其口供，还应当根据其对相关物质属性认识、从业经历、生产制作工艺、产品标签标注、销售场所及价格等情况综合认定。

（二）办理新型毒品犯罪案件，应当审查涉案毒品含量。根据刑法第三百五十七条的规定，毒品数量以查证属实的走私、贩卖、运输、制造、非法持有毒品的数量计算，不以纯度折算。新型毒品混于饮料、食品中，往往含有大量水分或者其他物质，不同于传统毒品。检察机关应当综合考虑涉案新型毒品的纯度和致瘾癖性、社会危害性及其非法所得等因素，依法提出量刑建议。

（三）认真审查涉案财物性质及流转情况，依法追缴涉毒资产。追缴涉毒资产是惩治毒品犯罪的重要内容，对于提升惩治毒品犯罪质效具有重要意义。检察机关应当依法引导侦查机关及时对涉案资产进行查封、扣押，全面收集、固定证据。对于侦查机关移送的涉案资产，要着重审查性质、权属及流转，严格区分违法所得与合法财产、本人财产与其家庭成员的财产，并在提起公诉时提出明确的处置意见。对于毒品犯罪所得的财物及其孳息、收益和供犯罪所用的本人财物，应当依法予以追缴、没收。

相关规定

《中华人民共和国刑法》第六十四条、第一百四十三条、第一百四十四条、第三百四十七条、第三百五十七条。

《中华人民共和国禁毒法》第二条、第二十一条、第二十五条、第五十九条。

《麻醉药品和精神药品管理条例》（2016 年 2 月 6 日修订）第三条、第四条。

《最高人民法院关于审理毒品犯罪案件适用法律若干问题的解释》第一条。

《最高人民检察院 公安部关于公安机关管辖的刑事案件立案追诉标准的规定（三）》第一条。

《最高人民法院 最高人民检察院 公安部办理毒品犯罪案件毒品提取、扣押、称量、取样和送检程序若干问题的规定》第三十三条。

马某某走私、贩卖毒品案

（检例第 151 号）

关键词

走私、贩卖毒品罪　麻醉药品、精神药品　主观明知　非法用途　贩卖毒品既遂

要旨

行为人明知系国家管制的麻醉药品、精神药品，出于非法用途走私、贩卖的，应当以走私、贩卖毒品罪追究刑事责任。行为人出于非法用途，以贩卖为目的非法购买国家管制的麻醉药品、精神药品的，应当认定为贩卖毒品罪既遂。检察机关应当综合评价新型毒品犯罪的社会危害性，依法提出量刑建议。

基本案情

被告人马某某，男，1996 年出生，原系某社区卫生服务中心药剂师。

2020 年 8 月 16 日，马某某在网络上发布信息，称有三唑仑及其他违禁品出售。2021 年 4 月 16 日，马某某通过网络向境外卖家求购咪达唑仑，并支付人民币 1100 元。后境外卖家通过快递将一盒咪达唑仑从德国邮寄至马某某的住处，马某某以虚构的"李某英"作为收件人领取包裹。

2021 年 4 月 20 日至 25 日，马某某以名为"李医生"的 QQ 账号，与"阳光男孩"等多名 QQ 用户商议出售三唑仑、咪达唑仑等精神药品，马某某尚未卖出即于同年 7 月 15 日被民警抓获。民警在其住处查获透明液体 12 支（净重 36ml，经鉴定，检出咪达唑仑成分）、蓝色片剂 13 粒（净重 3.25mg，经鉴定，检出三唑仑成分）、白色片剂 72 粒（净重 28.8mg，经鉴定，检出阿普唑仑成分）等物品。

检察机关履职过程

一、引导取证

广东省广州市公安局海珠区分局以马某某涉嫌走私毒品罪提请批准逮捕。2021 年 8 月 20 日，广州市海珠区人民检察院对其批准逮捕。根据走私类案件管辖规定，广州市人民检察院及时派出检察官介入侦查，引导取证。通过阅卷审查，承办检察官发现有较充分证据证明马某某实施了通过网络从境外购买、走私精神药品咪达唑仑的犯罪行为，但没有证据证明从其家中搜出的其他精神药品三唑仑、阿普唑仑的来源和用途。对于走私精神药品的目的，马某某时而称拟用于非法用途，时而称拟用于贩卖，可能同时存在走私和贩卖的行为。为查明其主观上是否明知药品性质及危害，广州市人民检察院发出意见书，引导侦查机关调取马某某任职情况、学历证书、网页截图、网络聊天记录等证据，并查清涉案精神药品的来源和用途。

二、审查起诉

2021 年 10 月 12 日，广州市公安局海珠区分局以马某某涉嫌走私毒品罪移送审查起诉。广州市海珠区人民检察院根据走私案件管辖规定，于 2021 年 11 月 5 日将案件报送广州市人民检察院。马某某的辩护人向检察机关提出意见认为，国家管制的麻醉药品和精神药品种类繁多，马某某案发时并不明知所购买的咪达唑仑、三唑仑等精神药品属于国家管制名录中的毒品，马某某的行为不构成毒品犯罪。

检察机关审查认为，一是涉案毒品均已列入向社会公布的《精神药品品种目录》，马某某作为药学专业毕业生和药剂师，具备专业知识，对于精神药品属性具有认知能力。二是据马某某供述，其明知涉案药物不能在市面上随意流通和购买，只能通过翻墙软件、借助境外网络聊天工具购买，并假报姓名作为收货人，通过隐秘手段付款，将精神药品走私入境。后马某某又在网上发布出售广告，称相关药品可用于非法用途，与多名买家商谈价格和发货方式。可见，马某某的行为构成走私、贩卖毒品罪。

经检察机关依法告知诉讼权利义务，马某某表示自愿认罪认罚。检察机关结合马某某的犯罪行为、目的、毒品效能及用量，提出了判处有期徒刑八个月，并处罚金的量刑建议。马某某在辩护人见证下自愿签署认罪认罚具结书。

2021 年 12 月 2 日，广州市人民检察院以马某某涉嫌走私、贩卖毒品罪依法提起公诉。

三、指控与证明犯罪

2021 年 12 月 3 日，广州市中级人民法院依法公开开庭审理本案。被告人马某某对检察机关指控的事实、证据及量刑建议均无异议，当庭再次表示认罪认罚。马某某的辩护人认为，马某某自愿认罪悔罪，平时表现良好；涉案毒品数量少，未贩卖成功，也未实际使用，属于贩卖毒品未遂。

公诉人答辩指出，对于马某某的认罪态度、平时表现以及涉案毒品数量等情节，已在提出量刑建议时得到体现。马某某以贩卖为目的走私入境咪达唑仑等毒品，后又在网上发布出售毒品的信息，且与多名买家商谈交易事宜，根据相关司法解释性文件的规定，其行为已构成贩卖毒品罪既遂。

四、处理结果

2022 年 2 月 18 日，广州市中级人民法院作出一审判决，采纳检察机关的指控意见和量刑建议，以走私、贩卖毒品罪判处被告人马某某有期徒刑八个月，并处罚金人民币五千元。马某某未上诉，判决已生效。

指导意义

（一）审查涉案麻醉药品、精神药品的用途和行为人主观认知，依法认定走私、贩卖麻醉药品、精神药品行为的性质。麻醉药品、精神药品可以在医疗、教学、科研用途合法使用，也会被违法犯罪分子作为毒品使用。行为人向走私、贩卖毒品的犯罪分子或者吸毒人员贩卖国家管制的麻醉药品、精神药品，应当以贩卖毒品罪追究刑事责任。行为人出于其他非法用途，走私、贩卖国家管制的麻醉药品、精神药品，应当以走私、贩卖毒品罪追究刑事责任。行为人未核实购买人购买麻醉药品、精神药品具体用途，但知道其不是用于合法用途，为非法获利，基于放任的故意，向用于非法用途的人贩卖的，应当认定为贩卖毒品罪。对于"非法用途"，可以从行为人买卖麻醉药品、精神药品是否用于医疗等合法目的予以认定。判断行为人对涉案毒品性质是否明知，除审查其供述外，还应结合其认知能力、学历、从业背景、是否曾有同类药物服用史、是否使用虚假身份交易等证据进行综合认定。

（二）准确认定非法贩卖国家管制的麻醉药品、精神药品行为的犯罪既遂。根据《最高人民检察院 公安部关于公安机关管辖的刑事案件立案追诉标准的规定（三）》的规定，贩卖毒品是指明知是毒品而非法销售或者以贩卖为目的而非法收买的行为。行为人出于非法用途，以贩卖为目的非法购买国家管制的麻醉药品、精神药品的，应当认定为贩卖毒品罪既遂。

（三）综合评价新型毒品犯罪行为的社会危害性，确保罪责刑相适应。涉案麻醉药品、精神药品往往具有数量小、纯度低等特点，检察机关提出量刑建议时，应当考虑毒品数量、折算比例、效能及浓度、交易价格、犯罪次数、违法所得、危害后果、行为人的主观恶性及人身危险性等各种因素。对于将麻醉药品和精神药品用于实施其他犯罪的，还应当考量其用途、可能作用的人数及后果、其他犯罪的社会危害性等，确保罪责刑相适应。

相关规定

《中华人民共和国刑法》第三百四十七条、第三百五十七条。

《中华人民共和国禁毒法》第二条、第二十一条、第二十五条、第五十九条。

《麻醉药品和精神药品管理条例》（2016年2月6日修订）第三条、第四条。

《最高人民检察院　公安部关于公安机关管辖的刑事案件立案追诉标准的规定（三）》第一条。

郭某某欺骗他人吸毒案

（检例第 152 号）

关键词

欺骗他人吸毒罪　麻醉药品、精神药品　情节严重　自行补充侦查　客观性证据审查

要　旨

行为人明知系国家管制的麻醉药品、精神药品而向他人的饮料、食物中投放，欺骗他人吸食的，应当以欺骗他人吸毒罪追究刑事责任。对于有证据证明行为人为实施强奸、抢劫等犯罪而欺骗他人吸食麻醉药品、精神药品的，应当按照处罚较重的罪名追究刑事责任。检察机关应当加强自行补充侦查，强化电子数据等客观性证据审查，准确认定犯罪事实。

基本案情

被告人郭某某，男，1990年出生，原系某公司工程技术部副经理。

2015年，郭某某为寻求刺激，产生给其女友张某甲下"迷药"的想法。此后，郭某某通过网络了解药物属性后多次购买三唑仑、γ-羟丁酸。2015年至2020年间，郭某某趁张某甲不知情，多次将购买的"迷药"放入张某甲的酒水饮料中，致其出现头晕、恶心、呕吐、昏睡等症状。其中，2017年1月，郭某某将三唑仑片偷偷放入张某甲酒中让其饮下，致其昏迷两天。

2020 年 10 月 5 日，郭某某邀请某养生馆工作人员张某乙及其同事王某某（均为女性）到火锅店吃饭。郭某某趁两人离开座位之际，将含有 γ-羟丁酸成分的药水倒入两人啤酒杯中。后张某乙将啤酒喝下，王某某察觉味道不对将啤酒吐出。不久，张某乙出现头晕、呕吐、昏迷等症状，被送医救治。张某乙的同事怀疑郭某某下药，遂向公安机关报案。

检察机关履职过程

一、引导取证

因案件涉及新型毒品犯罪，浙江省舟山市普陀区人民检察院应公安机关商请参与案件会商，根据郭某某给人下"迷药"的事实和证据，引导公安机关从欺骗他人吸毒罪的角度取证，重点调取涉案电子数据及书证。同时，检察机关发现郭某某属于国企工作人员，向公安机关提出收集、固定其岗位职责等方面的证据。2021 年 1 月 7 日，公安机关以郭某某涉嫌欺骗他人吸毒罪立案侦查。

二、审查起诉

2021 年 3 月 2 日，舟山市公安局普陀区分局以郭某某涉嫌欺骗他人吸毒罪移送审查起诉。审查期间，郭某某辩解对张某甲未使用三唑仑片，对张某乙和王某某使用的"迷药"是在外地酒吧陌生人处购买的"拼酒药"，不知道该药成分，认为可能是高度酒精。舟山市普陀区人民检察院以查证毒品来源为主线自行补充侦查，从郭某某上网记录海量电子数据中，发现了其购买药品的名称、药效、使用方法、支付方式、收货地址等诸多细节，最终查明了其在火锅店使用的 γ-羟丁酸的来源，形成了客观性证据锁链。

舟山市普陀区人民检察院审查认为，郭某某明知三唑仑、γ-羟丁酸为国家管制的精神药品，仍在酒水饮料中掺入含上述成分的药物，欺骗多人吸食，其行为构成欺骗他人吸毒罪。郭某某作为国企工作人员，欺骗多人吸食毒品，按照相关司法解释规定，应当认定为刑法第三百五十三条第一款的规定"情节严重"的情形。

2021 年 4 月 28 日，舟山市普陀区人民检察院以郭某某犯欺骗他人吸毒罪依法提起公诉，结合郭某某的认罪态度提出了判处其有期徒刑三年六个月，并处罚金的量刑建议。

三、指控与证明犯罪

2021 年 6 月 3 日、8 月 23 日，舟山市普陀区人民法院两次依法不公开开庭审理本案。庭审中，郭某某不供认犯罪事实，称对所下药物的成分不明知，药物不是毒品。郭某某的辩护人认为，郭某某的行为不构成犯罪。理由：一是现有证据无法证实郭某某给张某甲下的药系三唑仑片；二是郭某某缺乏对其所下"迷药"属于毒品的认知；三是郭某某的行为构成自首；四是郭某某不是国家工作人员且在本案中未造成被害人成瘾，也未出现严重后果，属于情节显著轻微，可不作为犯罪处理。

公诉人答辩指出，郭某某的行为构成欺骗他人吸毒罪，且应认定为"情节严重"。

一是涉案"迷药"为国家管制精神药品三唑仑和 γ - 羟丁酸。郭某某的网络交易记录、浏览历史记录和聊天记录等客观性证据足以证明其所使用精神药品的药名、药效、购买方式等事实，特别是购买记录与作案时间的先后顺序和时间间隔对应，结合被害人张某甲、张某乙、王某某的陈述内容，就医症状和鉴定意见等，足以认定涉案"迷药"为国家管制的精神药品三唑仑和 γ - 羟丁酸。二是郭某某主观上对"迷药"的性质和毒品性状具有明知。从郭某某与网络卖家的聊天记录、郭某某浏览相关药品信息以及其通过网上邮寄、假名收货的方式进行交易等情节，足以推定其明知此类药物的性质属于毒品。三是郭某某得知他人报案后虽主动投案，但到案后拒不供认主要犯罪事实，不构成自首。四是欺骗他人吸毒罪不需要具备特定的动机或目的，亦不要求造成实害结果，郭某某"为寻求感官刺激"而下药，未让被害人染上毒瘾等不成为否定其构成欺骗他人吸毒罪的抗辩理由。五是在案证据证实郭某某系国有公司管理人员，且欺骗多人吸毒，符合《最高人民法院关于审理毒品犯罪案件适用法律若干问题的解释》规定的"情节严重"的情形。

四、处理结果

2021 年 8 月 26 日，舟山市普陀区人民法院作出一审判决，采纳舟山市普陀区人民检察院的指控和量刑建议，以欺骗他人吸毒罪判处郭某某有期徒刑三年六个月，并处罚金人民币三千元。郭某某不服一审判决，提出上诉。同年 11 月 16 日，舟山市中级人民法院作出二审裁定，驳回上诉，维持原判。

指导意义

（一）准确认定欺骗他人吸食国家管制的麻醉药品、精神药品行为的性质。当前，一些不法分子给他人投放新型毒品的违法犯罪案件增多，社会危害性大。对于行为人明知系国家管制的麻醉药品、精神药品而向他人的饮料、食物中投放，欺骗他人吸食的，应当以欺骗他人吸毒罪追究刑事责任。对于有证据证明行为人为实施强奸、抢劫等犯罪而欺骗他人吸食麻醉药品、精神药品的，应当按照处罚较重的罪名追究刑事责任。

（二）针对不同情形，依法认定涉案麻醉药品、精神药品为毒品。麻醉药品、精神药品的镇静、安眠等药用功效，往往成为行为人抗辩其毒品属性的借口，对此检察机关应当严格审查。对于有证据证明行为人明知系国家管制的麻醉药品、精神药品，仍利用其毒品属性和用途的，应当依法认定相关物品为毒品；行为人对于涉案物品系毒品主观上是否明知，应当根据其年龄、职业、生活阅历、有无吸贩毒史以及对物品的交付、使用方式等证据，运用经验法则和逻辑规则综合分析判断。

（三）办理新型毒品犯罪案件，依法做好补充侦查工作。检察机关应当及时引导侦查机关对新型毒品成分、来源和用途等事实进行补充侦查，制作具体可行的补查提纲，跟踪落实补查情况。必要时，检察机关应当依法履行自行补充侦查职能，充分发掘客观性证据，尤其要重视电子数据的恢复、勘验、检索和提取，加强对电子数据的审查，全面、公正评价行为人实施的犯罪行为及后果。

相关规定

《中华人民共和国刑法》第三百五十三条第一款、第三百五十七条。

《中华人民共和国禁毒法》第二条、第二十一条、第二十五条、第五十九条。

《麻醉药品和精神药品管理条例》（2016 年 2 月 6 日修订）第三条、第四条。

《最高人民法院关于审理毒品犯罪案件适用法律若干问题的解释》第十一条。

《最高人民检察院　公安部关于公安机关管辖的刑事案件立案追诉标准的规定（三）》第九条。

何某贩卖、制造毒品案

（检例第 153 号）

关键词

贩卖、制造毒品罪　麻醉药品、精神药品　未管制原生植物侦查实验

要　旨

行为人利用原生植物为原料，通过提炼等方法制成含有国家管制的麻醉药品、精神药品的物质，并予以贩卖的，应当认定为贩卖、制造毒品罪。办理新型毒品犯罪案件，检察机关应当依法引导侦查机关开展侦查实验，查明案件事实。

基本案情

被告人何某，男，1992 年出生，原系某单位医务人员。

2018 年 1 月至 2019 年 6 月间，被告人何某明知某类树皮含有国家管制的精神药品成分，为牟取非法利益，通过网络购买某类树皮，磨成粉末后按特定方法熬制成水溶液"死藤水"，先后三次贩卖给袁某某、傅某某、汪某吸食，非法获利人民币1800 元。2019 年 9 月 23 日，何某被公安机关抓获，在其住处查获某类树皮粉末，净重 256.55 克。

归案后，被告人何某检举揭发他人犯罪并查证属实。

检察机关履职过程

一、引导取证

2019 年 9 月 1 日，公安机关对何某涉嫌贩卖毒品罪立案侦查。公安机关认为，查

获的树皮粉末中检出二甲基色胺，树皮粉末和制成的"死藤水"均是毒品，何某买入树皮加工成"死藤水"销售获利的行为构成贩卖毒品罪，其应当对查获的树皮粉末以及售出的"死藤水"的总数量承担刑事责任。

鉴于本案系新类型案件，应公安机关商请，江苏省南京市秦淮区人民检察院依法介入侦查。检察机关认为，某类树属于原生态天然植物，目前并未列入国家管制，并非毒品原植物，不能仅因其含有国家管制的麻醉药品或精神药品成分而直接认定为毒品；在树皮实物灭失无法鉴定的情况下，不能直接认定犯罪嫌疑人何某通过熬制等方式制作出的"死藤水"含有该种成分。检察机关建议公安机关开展侦查实验，并列明实验要求和注意事项。公安机关按照何某供述的制作方法和流程进行侦查实验，获取"死藤水"样本一份，现场提取、封存并形成侦查实验笔录，该份"死藤水"经送检后检出二甲基色胺成分。

二、审查起诉

2021年5月11日，公安机关以何某涉嫌贩卖毒品罪移送审查起诉。南京市秦淮区人民检察院审查认为，除公安机关移送审查起诉的何某三次贩卖"死藤水"的犯罪事实外，何某从树皮提炼"死藤水"的行为还涉嫌制造毒品罪。在听取辩护人意见过程中，辩护人提出，无论是何某将树皮磨成粉末的行为，还是对树皮熬制提炼成"死藤水"的行为，都只包含物理方法，不存在化学加工行为，因此也没有产生与树皮有本质区别或是新的国家管制麻醉药品、精神药品成分，其行为不构成制造毒品罪。

检察机关审查认为：第一，制造毒品的行为不仅包括以化学方法加工、配制毒品的行为，还包括以改变毒品成分和效用为目的，用混合等物理方法加工、配制毒品的行为。何某通过特定方法对树皮粉末进行反复熬制，提炼出"死藤水"，目的就是将其中的二甲基色胺从树皮粉末中溶解并浓缩至易于人体服用的液体中，从根本上改变了原树皮的天然状态和效用，该提炼行为将原生植物转变成"毒品"，应认定为制造毒品的行为。同时，何某将制成的"死藤水"贩卖给他人吸食，应当以贩卖、制造毒品罪追究其刑事责任。第二，何某将树皮磨成粉末，改变了树皮的物理形状，未改变其内部成分比例和效用，不属于刑法意义上的"制造毒品"行为，故查获的树皮粉末系可用于制造毒品的"原料"，不应当将其计入毒品数量。

经检察机关依法告知诉讼权利义务，何某自愿认罪认罚。检察机关据此提出对其判处有期徒刑一年九个月，并处罚金人民币三千元的量刑建议。何某在辩护人的见证下签署了认罪认罚具结书，认可检察机关指控的事实、罪名以及提出的量刑建议。

2021年7月1日，南京市秦淮区人民检察院以被告人何某犯贩卖、制造毒品罪依法提起公诉。

三、指控与证明犯罪

2021年7月21日，南京市秦淮区人民法院依法公开开庭审理本案。庭审中，被告人何某对检察机关指控的事实、证据及量刑建议均无异议，当庭再次表示认罪认罚，希望从宽处理。辩护人对指控事实和定性不持异议，提出被告人何某贩卖、制造的毒品数量不多，有立功表现，社会危害性不大，建议宣告缓刑。

公诉人答辩指出，被告人何某多次贩卖含有国家管制的精神药品成分的"死藤水"，且所贩卖的"死藤水"是其本人购入未管制原生植物的某类树皮作为原料，提炼其中的国家管制精神药品成分所制成，应当以贩卖、制造毒品罪追究其刑事责任。何某不仅制造毒品"死藤水"用于自吸，还多次向他人贩卖牟利，结合其犯罪性质及相关量刑情节，可以依法减轻处罚，但不宜适用缓刑。

四、处理结果

2021 年 7 月 29 日，南京市秦淮区人民法院作出一审判决，采纳检察机关的指控和量刑建议，以贩卖、制造毒品罪判处被告人何某有期徒刑一年九个月，并处罚金人民币三千元；依法没收扣押在案的"死藤水"、树皮粉末，追缴违法所得人民币一千八百元。宣判后，何某未提出上诉，判决已生效。

指导意义

（一）准确区分利用原生植物制成的毒品和未管制原生植物。根据禁毒法第十九条的规定，禁止非法种植罂粟、古柯植物、大麻植物以及国家规定管制的可以用于提炼加工毒品的其他原植物。以国家未管制但含有国家管制的麻醉药品、精神药品成分的原生植物为原料，通过特定方法，将植物中国家管制的麻醉药品、精神药品成分提炼制成相关物质，相关物质具有使人形成瘾癖的毒品特征，应当认定为毒品。对于未被国家管制的原生植物，以及通过研磨等方式简单改变外在形态的植物载体，虽含有国家管制的麻醉药品、精神药品成分，不认定为毒品。

（二）依法认定从未管制原生植物中提炼麻醉药品、精神药品成分行为的性质。根据《最高人民检察院 公安部关于公安机关管辖的刑事案件立案追诉标准的规定（三）》的规定，制造毒品是指非法利用毒品原植物直接提炼或者用化学方法加工、配制毒品，或者以改变毒品成分和效用为目的，用混合等物理方法加工、配制毒品的行为。行为人明知某类植物系未被国家管制的原生植物，但含有国家管制的麻醉药品、精神药品成分，采取特定方法提炼出植物中国家管制的麻醉药品、精神药品成分，改变了原生植物的物理形态，使其具备毒品效用，应当认定为制造毒品行为。行为人从未管制原生植物中提炼出毒品并予以贩卖的，应当认定为贩卖、制造毒品罪。

（三）办理新型毒品犯罪案件，应当充分运用有效的侦查方法。检察机关应当引导侦查机关采取各项侦查措施，全面收集、固定新型毒品犯罪案件关于主观明知和制造、贩卖行为认定等方面的证据。在制造毒品方法存疑等情形下，根据案件具体情况，引导侦查机关开展侦查实验，列明实验要求和注意事项，依法及时固定证据，以查明案件事实。

《中华人民共和国刑法》第三百四十七条、第三百五十七条。

《中华人民共和国刑事诉讼法》（2018 年 10 月 26 日修正）第一百三十五条。

《中华人民共和国禁毒法》第二条、第十九条、第二十一条、第二十五条、第五十九条。

《麻醉药品和精神药品管理条例》（2016 年 2 月 6 日修订）第三条、第四条。

《最高人民检察院　公安部关于公安机关管辖的刑事案件立案追诉标准的规定（三）》第一条。

第三十八批指导性案例

李某荣等七人与李某云民间借贷纠纷抗诉案

（检例第 154 号）

关键词

民间借贷　举证责任　司法鉴定　抗诉

要　旨

检察机关办理民间借贷纠纷监督案件应当全面、客观地审查证据，加强对借款、还款凭证等合同类文件以及款项实际交付情况的审查，确保相关证据达到高度可能性的证明标准，并就举证责任分配是否符合法定规则加强监督。对于鉴定意见应否采信，检察机关应当统筹考虑鉴定内容、鉴定程序、鉴定资质以及当事人在关键节点能否充分行使诉权等因素，结合案件其他证据综合作出判断。

基本案情

2004 年至 2005 年期间，李某云因经营耐火材料厂，分四次向魏某义借款 140 万元并出具借条。2006 年 7 月 31 日，魏某义因病去世。魏某义的法定继承人（即李某荣等七人）凭借条多次向李某云催要借款，李某云以已经偿还为由拒绝还款。

2007 年 6 月 5 日，李某荣等七人将李某云诉至河南省新密市人民法院，请求判令：李某云偿还借款 140 万元及起诉后的利息。李某云应诉后，向一审法院提交内容为"李某云借款已全部还清，以前双方所写借款条和还款条自行撕毁，以此为据。2006.5.8 立字据人：魏某义"的字据（以下简称还款字据），据此主张已将借款还清。李某云于 2007 年 7 月 9 日自行委托河南某司法鉴定中心对还款字据进行鉴定。2007 年 7 月 17 日，该司法鉴定中心作出鉴定意见，认为还款字据中"魏某义"的签名系本人所写，指纹系本人捺印。经李某荣等七人申请，一审法院于 2007 年 7 月 26 日委托西南某司法鉴定中心对还款字据进行鉴定。2007 年 9 月 4 日，该司法鉴定中心作出鉴定意见，认为还款字据上"魏某义"三字不是本人书写形成，不能确定指印是否打印形成。法庭质证中，李某云对内容为"李某云原借款下欠 20 万元未还，因合作硅砖款未收回，收回后归还，其他借款已全部归还，原借款条作废。2006.5.4. 魏某义"的鉴定样本提出异议。经法庭核实，双方均否认提交过该鉴定样本，法院亦未向西南某司法鉴定中心送检。李某云以此为由主张鉴定意见不应采信并申请重新鉴定。一审法院委托辽宁某司法鉴定所重新鉴定。2008 年 5 月 21 日，该司法鉴定所作出鉴定意见，认为还款字据上"魏某义"签名与样本上"魏某义"签名为同一人所写。一审法院采信辽宁某司法鉴定所作出的鉴定意见，判决驳回李某荣等七人提出的全部诉讼请求。

李某荣等七人不服一审判决，向郑州市中级人民法院提出上诉。二审中，李某荣等七人申请对还款字据重新鉴定。二审法院委托北京某物证鉴定中心对还款字据进行鉴定。2009 年 10 月 19 日，该鉴定中心作出鉴定意见，认为还款字据上"魏某义"签名字迹与样本上"魏某义"签名字迹是同一人所写，指印是魏某义用印油按捺形成。二审法院采信北京某物证鉴定中心作出的鉴定意见，判决驳回上诉，维持原判。

李某荣等七人不服二审判决，向河南省高级人民法院申请再审。该院再审认定，李某云提供还款字据证明其偿还魏某义 140 万元借款，举证责任已经完成。第一，李某云自行委托河南某司法鉴定中心对还款字据进行鉴定，不违反法律规定，但该鉴定采用的样本未经质证，李某荣等七人提出异议，原审法院不予采信正确。第二，西南某司法鉴定中心采用的一份比对样本未经质证且来源不明，鉴定程序违法，原审法院不予采信正确。第三，辽宁某司法鉴定所在接受委托时，明确表示依其资质仅能接受文书鉴定，而指纹鉴定属痕迹鉴定，超出其资质范围。一审法院在征得双方当事人同意的情况下，委托辽宁某司法鉴定所在其鉴定资质范围内进行鉴定，程序合法。第四，二审法院委托北京某物证鉴定中心重新作出的鉴定，虽与辽宁某司法鉴定所作出的鉴定意见存在一定差异，但主要结论相同，印证了李某云的主张。综上，再审法院采信辽宁某司法鉴定所和北京某物证鉴定中心作出的鉴定意见，判决维持二审判决。

检察机关履职过程

受理及审查情况。李某荣等七人不服再审判决，向河南省人民检察院申请监督。河南省人民检察院依法受理并审查后，提请最高人民检察院抗诉。检察机关通过调阅卷宗并询问当事人，重点对以下问题进行审查：一是审查承兑汇票贴息兑付情况。在本案历次诉讼中，李某云主张已偿还的 100 万元是以承兑汇票贴息的方式兑付，而办理承兑汇票贴息兑付手续时李某云必然会在银行划转留痕。从本案的客观情况看，款项交付情况对正确认定还款事实具有重要意义，在还款字据这一核心证据存在瑕疵的情况下，原审法院并未要求李某云提供相关证据对款项交付情况予以证明，亦未依职权调取相关证据，明显不当。二是审查还款字据的形式和内容。经审查，还款字据系孤证，且存在明显裁剪痕迹、正文与签字不是同一人所写等重大瑕疵。李某云自行委托河南某司法鉴定中心对还款字据进行鉴定时，该鉴定机构对字据原件中"魏某义"的签名和指印采用溶解、剪切的破坏性检验方法。在李某荣等七人对该瑕疵证据的真实性提出异议的情形下，原审法院亦未要求李某云提供其他能够证明还款事实的必要证据予以补强。三是审查鉴定意见。再审判决采信的鉴定意见存在李某云与鉴定机构负责人多次不当电话联系、原审法院送检时未说明该检材已经多次鉴定等瑕疵，且未采信西南某司法鉴定中心的鉴定意见，理据不充分。虽然再审法院以西南某司法鉴定中心采用未经质证且来源不明的样本为由，认定鉴定程序违法并对鉴定意见不予采信，但是从鉴定人王某荣出具的《出庭质证的书面说明》可以看出，即使不采用该份比对样本，依据其他鉴定样本也能够得出检材字迹"魏某义"非本人所写的结论。

监督意见。最高人民检察院在对承兑汇票贴息兑付、还款字据的形式和内容以及鉴定意见等情况进行全面、客观审查后，认为再审判决认定李某云已经偿还借款的事实缺乏证据证明，遂于2015年5月12日依法向最高人民法院提出抗诉。

监督结果。最高人民法院经审理，采纳了最高人民检察院的抗诉意见，并于2019年3月25日作出再审民事判决：撤销原一、二审判决及河南省高级人民法院再审判决；李某云于判决生效后十日内向李某荣等七人支付140万元及自2007年6月5日起按同期银行活期存款利率计算至付清之日止的利息。

指导意义

（一）检察机关办理民间借贷纠纷监督案件应当全面、客观地审查证据，并就举证责任分配是否符合法定规则加强监督。在民间借贷纠纷案件中，当事人用以证明交付借款或还款的书证往往系孤证或者存在形式、内容上的瑕疵，难以形成完整的证据链条。检察机关办理此类案件时应当重点审查以下内容：一是对借款合同、借据、收条、阶段性汇总协议等合同类文件的形式和内容进行审查；二是结合借贷金额、款项交付方式、当事人的经济能力、当地或者当事人之间的交易方式、交易习惯、当事人的财产变动情况等要素，运用日常生活经验判断相关证据的真实性以及是否能够达到高度可能性的证明标准。本案中，还款字据系孤证且自身存在重大瑕疵，债务人据此主张所借款项已经清偿，法院未要求债务人就还款字据项下的款项交付情况作出合理说明并提供相关证据，亦未在必要时依职权调取相关证据，属于举证责任分配失当。实践中，检察机关应当加强对上述问题的监督，及时监督纠正错误裁判，维护司法公正和人民群众合法权益。

（二）对鉴定意见是否采信应当结合相关证据进行综合性审查。司法鉴定是民事诉讼程序的重要组成部分，准确适用司法鉴定对于查明案件事实、充分保障当事人诉权及客观公正办理案件具有重要意义。司法实践中，检察机关对鉴定意见应当重点审查以下内容：鉴定机构或鉴定人是否具有法定鉴定资质；检材是否经各方当事人质证；鉴定人对当事人提出的异议是否答复以及答复是否合理；对合理异议鉴定机构是否作出补充鉴定意见；鉴定人是否对鉴定使用的标准和方法作出说明；鉴定人是否出庭答疑；鉴定人出具的鉴定意见与法院委托鉴定的范围、方式是否相符等。特别是在经过多次鉴定且鉴定意见存在冲突的情形下，检察机关应当统筹考虑鉴定内容、鉴定程序、鉴定资质以及当事人在关键节点能否充分行使诉权等因素，并结合案件其他证据，综合判断鉴定意见是否可以采信，防止出现"以鉴代审"的情况。

相关规定

《中华人民共和国民法典》第六百六十七条、第六百七十五条（本案适用的是《中华人民共和国合同法》第一百九十六条、第二百零六条）。

《中华人民共和国民事诉讼法》（2017年修正）第二百零八条、第二百零九条（现为2023年修正后的第二百一十九条、第二百二十条）。

《人民检察院民事诉讼监督规则（试行）》（2013年施行）第四十七条、第九十一条（现为2021年施行的《人民检察院民事诉讼监督规则》第四十三条、第九十条）。

某小额贷款公司与某置业公司借款合同纠纷抗诉案

（检例第155号）

关键词

借款合同　依职权监督　高利放贷　抗诉

要旨

检察机关在办理借款合同纠纷监督案件中发现小额贷款公司设立关联公司，以收取咨询费、管理费等名义预先扣除借款本金、变相收取高额利息的，应当按照实际借款金额认定借款本金并依法计息。检察机关在办理相关案件中应当加强对小额贷款公司等地方金融组织违规发放贷款行为的审查和调查核实，发挥司法能动作用，依法维护金融秩序和金融安全。

基本案情

2012年11月23日，某置业公司与某小额贷款公司签订《借款合同》，约定：

借款金额为 1300 万元；借款期限为 90 天，从 2012 年 11 月 23 日起至 2013 年 2 月 22 日止；借款月利率 15‰，若人民银行调整贷款基准利率，则以提款日人民银行公布的同期贷款基准利率的 4 倍为准，逾期罚息在借款利率基础上加收 50%。同日，某置业公司（甲方）与某信息咨询服务部（乙方）签订《咨询服务协议》，约定：甲方邀请乙方协助甲方办理贷款业务，为甲方提供贷款基本资料、贷款抵押品估价等办理贷款相关手续的咨询服务，使甲方融资成功；融资成功后，甲方同意在贷款期内向乙方缴纳服务费总额 78 万元，超过首次约定贷款期限的，按月收取服务费，不足一个月按一个月收取，标准为：以贷款金额为标的，每月按 20‰收取咨询服务费。某信息咨询服务部负责人赵某露在乙方负责人处签字。同日，某小额贷款公司按约向某置业公司支付 1300 万元，某置业公司当即通过转账方式向赵某露支付咨询服务费 45.5 万元。其后，某置业公司又陆续向某小额贷款公司、某信息咨询服务部支付 508.1602 万元。

2015 年 6 月 24 日，某小额贷款公司将某置业公司诉至重庆市永川区人民法院，请求判令：某置业公司偿还借款本金 1300 万元及约定的借期与逾期利息。一审法院认定，某小额贷款公司与某置业公司签订的《借款合同》合法有效，双方当事人均应按照合同约定履行各自义务，某小额贷款公司依约支付借款，某置业公司即应按照合同约定期限向某小额贷款公司偿还借款本息。某小额贷款公司主张逾期月利率为 22.5‰过高，调整为按中国人民银行同期同类贷款基准利率的四倍计息。某置业公司与某信息咨询服务部签订的《咨询服务协议》合法有效且已经实际履行，故某置业公司辩称咨询服务费应作为本金抵扣的理由不能成立。一审法院遂于 2016 年 10 月 31 日作出判决，判令：某置业公司偿还某小额贷款公司借款本金 1300 万元；截至 2015 年 3 月 20 日，利息 142.2878 万元；从 2015 年 3 月 21 日起，以 1300 万元为基数按中国人民银行同期同类贷款基准利率的四倍计算至本金付清之日止的利息。当事人双方均未上诉，一审判决生效。

检察机关履职过程

受理及审查情况。重庆市永川区人民检察院在协助上级检察院办理某小额贷款公司与王某、何某等借款合同纠纷监督案中，发现本案监督线索。经初步调查了解，某小额贷款公司可能存在规避行业监管，变相收取高额利息，扰乱国家金融秩序的情形，遂依职权启动监督程序，并重点开展以下调查核实工作：询问赵某露以及某小额贷款公司副总经理、会计等，证实某信息咨询服务部是某小额贷款公司设立，实际上是"一套人马、两块牌子"，赵某露既是某信息咨询服务部负责人，也是某小额贷款公司出纳；调取赵某露银行流水，查明赵某露收到某置业公司咨询费后，最终将钱款转入某小额贷款公司账户；查阅某小额贷款公司财务凭证等会计资料，发现某小额贷款公司做账时，将每月收取的钱款分别做成利息与咨询费，本案实际年利率达到 42%。重庆市永川区人民检察院认为原审判决确有错误，依法提请重庆市人民检察院第五分院抗诉。

监督意见。重庆市人民检察院第五分院经审查认为，当事人履行合同不得扰乱金融监管秩序。某信息咨询服务部名义上向某置业公司收取的咨询费、服务费，实际是代某小额贷款公司收取的利息，旨在规避国家金融监管，违规获取高息。本案借款本金数额应扣除借款当日支付的咨询服务费，即"砍头息"45.5万元，其后支付的咨询服务费应抵扣借款本息。原审判决认定事实错误，应予纠正。重庆市人民检察院第五分院于2020年10月26日向重庆市第五中级人民法院提出抗诉。

监督结果。重庆市第五中级人民法院裁定重庆市永川区人民法院再审。再审中，某小额贷款公司认可检察机关查明的事实。再审另查明，2017年12月28日，重庆市大足区人民法院裁定受理某置业公司的破产申请；同日，某小额贷款公司申报债权。综上，重庆市永川区人民法院采纳检察机关的抗诉意见，并于2021年6月24日作出再审判决：撤销一审判决；确认某小额贷款公司对某置业公司享有破产债权1254.50万元及利息，已付利息508.1602万元予以抵扣。当事人双方均未上诉，再审判决已生效。

指导意义

（一）检察机关在办理借款合同纠纷监督案中，发现小额贷款公司设立关联公司预先扣除借款本金、变相收取高额利息的，应当按照实际借款金额认定借款本金并依法计息。实践中，一些小额贷款公司作为非银行性金融机构，为规避监管，利用其在放贷业务中的优势地位，采取预扣借款本金、变相收取高额利息等违法手段，损害借款人合法权益，扰乱金融市场秩序。从表面上看，此类小额贷款公司通过设立关联公司，要求借款人与关联公司订立咨询、中介等服务合同，收取咨询、管理、服务、顾问等费用，但实际上是预先扣除借款本金、变相收取高额利息。《中华人民共和国合同法》第二百条规定，借款的利息不得预先在本金中扣除，利息预先在本金中扣除的，应当按照实际借款数额返还借款并计算利息。《中华人民共和国民法典》对上述内容再次予以确认并明确规定，禁止高利放贷，借款的利率不得违反国家有关规定。对小额贷款公司设立关联公司预扣借款本金、变相收取高额利息的行为作出否定性评价，符合民法典精神及稳定规范金融秩序的要求。

（二）检察机关在办理相关案件中应当加强对小额贷款公司等地方金融组织违规发放贷款行为的审查和调查核实，发挥司法能动作用，依法维护金融秩序和金融安全。当前，部分小额贷款公司背离有效配置金融资源，引导民间资本满足实体经济、服务"三农"、小微型企业、城市低收入者等融资需求的政策初衷，违背"小额、分散"原则，违法违规放贷，甚至违背国家房地产调控措施，以首付贷、经营贷等形式违规向买房人放贷。这不仅增加自身经营风险，而且加大金融杠杆，增大金融风险，乃至危及国家金融安全。检察机关在办理相关案件中，一方面保障借款人的合法权益，另一方面应当注重通过大数据筛查类案情况，积极调查核实当事人订立合同的目的及资金流向等是否存在异常情况，发现小额贷款公司等存在违规发放贷款情形的，可以依法通过抗诉、制发检察建议等方式，促进规范小额贷款公司经营行为，依法维护金融秩序。

相关规定

《中华人民共和国民法典》第六百七十条（本案适用的是《中华人民共和国合同法》第二百条）、第六百八十条。

《中华人民共和国民事诉讼法》（2017 年修正）第二百零八条（现为 2023 年修正后的第二百一十九条）。

《人民检察院民事诉讼监督规则（试行）》（2013 年施行）第四十一条、第九十一条（现为 2021 年施行的《人民检察院民事诉讼监督规则》第三十七条、第九十条）。

郑某安与某物业发展公司商品房买卖合同纠纷再审检察建议案

（检例第 156 号）

关键词

一房二卖　可得利益损失　自由裁量权　再审检察建议

要　旨

"一房二卖"民事纠纷中，房屋差价损失是当事人在订立合同时应当预见的内容，属可得利益损失，应当由违约方予以赔偿。对于法院行使自由裁量权明显失当的，检察机关应当合理选择监督方式，依法进行监督，促进案件公正审理。

基本案情

2004 年 3 月 13 日，郑某安与某物业发展公司订立《商品房买卖合同》，约定购买商业用房，面积 251.77 平方米，单价 2 万元 / 平方米，总价 503.54 万元。合同还约定了交房日期、双方违约责任等条款。郑某安付清首付款 201.44 万元，余款 302.1 万元以银行按揭贷款的方式支付。2005 年 6 月，某物业发展公司将案涉商铺交付郑某安使用，后郑某安将房屋出租。郑某安称因某物业发展公司未提供相关资料，导致案涉商铺至今未办理过户手续。2012 年 1 月 16 日，某物业发展公司与某百货公司订立《商品房买卖合同》，将包括郑某安已购商铺在内的一层 46—67 号商铺 2089.09 平方米，以单价 0.9 万元 / 平方米，总价 1880.181 万元，出售给某百货公司。2012 年 1 月 20 日，双方办理房屋产权过户手续。某物业发展公司向某百货公司依约交接一层46—67号商铺期间，某物业发展公司与郑某安就商铺回购问题协商未果。

2013年2月28日，郑某安将某物业发展公司诉至青海省高级人民法院，请求判令：解除双方签订的《商品房买卖合同》，返还已付购房款503.54万元，并承担已付购房款一倍的赔偿及房屋涨价损失。一审法院委托评估，郑某安已购商铺以2012年1月20日作为基准日的市场价格为：单价6.5731万元/平方米，总价为1654.91万元。一审法院认定，某物业发展公司于2012年1月20日向某百货公司办理案涉商铺过户手续，导致郑某安与某物业发展公司签订的《商品房买卖合同》无法继续履行，构成违约。因违约给郑某安造成的损失，应以合同正常履行后可获得的利益为限，某物业发展公司应按此时的案涉商铺市场价与购买价之间的差价1151.37万元，向郑某安赔偿。郑某安主张的按揭贷款利息为合同正常履行后为获得利益所支出的必要成本，其应获得的利益在差价部分已得到补偿。某物业发展公司在向某百货公司交付商铺产权时，曾就案涉商铺问题与郑某安协商过，并且某物业公司以同样方式回购了其他商铺，因此某物业发展公司实施的行为有别于"一房二卖"中出卖人存在欺诈或恶意的情形，郑某安请求某物业发展公司承担已付购房款一倍503.54万元的赔偿责任，不予支持。据此，一审法院判令：解除《商品房买卖合同》；某物业发展公司向郑某安返还已付购房款503.54万元、赔偿商铺差价损失1151.37万元。

郑某安、某物业发展公司均不服一审判决，向最高人民法院提出上诉。二审法院认定，某物业发展公司与郑某安订立《商品房买卖合同》时，《最高人民法院关于审理商品房买卖合同纠纷案件适用法律若干问题的解释》已经实施。因此，某物业发展公司应当预见到如其违反合同约定，根据该司法解释第八条规定，可能承担的违约责任，除对方当事人所遭受直接损失外，还可能包括已付购房款一倍的赔偿。综合本案郑某安实际占有案涉商铺并出租获益6年多，以及某物业发展公司将案涉商铺转售他人的背景、原因、交易价格等因素，一审判决以合同无法继续履行时点的市场价与郑某安购买价之间的差额作为可得利益损失，判令某物业发展公司赔偿郑某安1151.37万元，导致双方当事人之间利益失衡，超出当事人对违反合同可能造成损失的预期。根据《中华人民共和国合同法》第一百一十三条第一款规定精神，为了更好平衡双方当事人利益，酌定某物业发展公司赔偿郑某安可得利益损失503.54万元。据此，二审判决判令：解除《商品房买卖合同》，某物业发展公司向郑某安返还已付购房款503.54万元、赔偿商铺差价损失503.54万元。

郑某安不服二审判决，向最高人民法院申请再审，该院裁定驳回郑某安提出的再审申请。

检察机关履职过程

受理及审查情况。郑某安不服二审判决，向最高人民检察院申请监督。最高人民检察院通过调阅卷宗并询问当事人，重点对以下问题进行审查：一是审查郑某安主张的房屋差价损失 1151.37 万元是否属于可得利益损失及应否赔偿。本案中，郑某安依约支付购房款，其主要合同义务履行完毕，某物业发展公司亦已将案涉商铺交付郑某安。因不可归责于郑某安原因，案涉商铺未办理产权过户手续。其后，某物业发展公司再次出售案涉商铺给某百货公司并办理过户，构成违约，应当承担违约责任。依照《中华人民共和国合同法》规定，违约损失赔偿额相当于因违约所造成的损失，包括合同履行后可以获得的利益，但不得超过违反合同一方订立合同时预见到或者应当预见到的因违反合同可能造成的损失。某物业发展公司作为从事房地产开发的专业企业，订立合同时应预见到，若违反合同约定，将承担包括差价损失赔偿在内的违约责任。某物业发展公司再次出售案涉商铺时，对案涉商铺市价应当知悉，对因此给郑某安造成的房屋差价损失也是明知的。因此，案涉房屋差价损失 1151.37 万元属于可得利益损失，某物业发展公司应予赔偿。二是审查生效判决酌定某物业发展公司赔偿郑某安可得利益损失 503.54 万元，是否属于适用法律确有错误。某物业发展公司擅自再次出售案涉商铺，主观恶意明显，具有过错，应受到法律否定性评价。郑某安出租商铺收取租金，是其作为房屋合法占有人所享有的权利，不应作为减轻某物业发展公司民事赔偿责任的事实依据。案涉商铺第二次出售价格虽仅为 0.9 万元 / 平方米，但郑某安所购商铺的评估价为 6.5731 万元 / 平方米，某物业发展公司作为某百货公司发起人，将案涉商铺以较低价格出售给关联企业某百货公司，双方存在利害关系，故案涉商铺的第二次出售价格不应作为减轻某物业发展公司民事赔偿责任的事实依据。

监督意见。最高人民检察院在对郑某安主张的可得利益损失是否应予赔偿以及酌定调整可得利益损失数额是否属行使裁量权失当等情况进行全面、客观审查后，认为生效判决适用法律确有错误，且有失公平，遂于 2019 年 1 月 21 日依法向最高人民法院发出再审检察建议。

监督结果。最高人民法院于 2020 年 3 月 31 日作出民事裁定，再审本案。再审中，在法庭主持下，郑某安与某物业发展公司达成调解协议，主要内容为：（一）解除双方订立的《商品房买卖合同》；（二）某物业发展公司向郑某安返还已付购房款 503.54 万元，赔偿可得利益损失 503.54 万元；（三）某物业发展公司另行支付郑某安商铺差价损失 450 万元，于 2020 年 12 月 31 日支付 200 万元，于 2021 年 5 月 31 日前付清其余 250 万元；某物业发展公司如未能如期足额向郑某安付清上述款项，则再赔偿郑某安差价损失 701.37 万元。最高人民法院出具民事调解书对调解协议依法予以确认。

指导意义

（一）检察机关在办理"一房二卖"民事纠纷监督案件中，应当加强对可得利益损失法律适用相关问题的监督。根据《中华人民共和国合同法》第一百一十三条规定，当事人一方不履行合同义务或者履行合同义务不符合约定，给对方造成损失的，损失数额应当相当于因违约所造成的损失，包括合同履行后可以获得的利益。"一房二卖"纠纷中，出卖人先后与不同买受人订立房屋买卖合同，后买受人办理房屋产权过户登记手续的，前买受人基于房价上涨产生的房屋差价损失，属于可得利益损失，可以依法主张赔偿。同时，在计算和认定可得利益损失时，应当综合考虑可预见规则、减损规则、损益相抵规则等因素，合理确定可得利益损失数额。本案系通过再审检察建议的方式开展监督，法院采纳监督意见进行再审后，依法促成双方当事人达成调解协议，实现案结事了人和。在监督实务中，检察机关应当根据案件实际情况，合理选择抗诉或再审检察建议的方式开展监督，实现双赢多赢共赢。

（二）检察机关应当加强对行使自由裁量权明显失当行为的监督，促进案件公正审理。司法机关行使自由裁量权，应当根据法律规定和立法精神，坚持合法、合理、公正、审慎的原则，对案件事实认定、法律适用等关键问题进行综合分析判断，并作出公平公正的裁判。司法实践中，有的案件办理未能充分体现法律精神，裁量时违反市场交易一般规则，导致裁量失当、裁判不公。"一房二卖"纠纷中，涉案房屋交付使用后，签约在先的买受人出租房屋所获取的租金收益，系其履行房屋买卖合同主要义务后，基于合法占有而享有的权益，而非买受人基于出卖人违约所获得的利益，不能作为法院酌减违约赔偿金的考量因素。对行使自由裁量权失当问题，检察机关应当依法加强监督，在实现个案公正的基础上，促进统一裁判标准，不断提升司法公信，维护司法权威。

相关规定

《中华人民共和国民法典》第五百八十三条、第五百八十四条（本案适用的是《中华人民共和国合同法》第一百一十二条、第一百一十三条第一款）。

《中华人民共和国民事诉讼法》（2017年修正）第二百零八条、第二百零九条（现为2023年修正后的第二百一十九条、第二百二十条）。

《人民检察院民事诉讼监督规则（试行）》（2013年施行）第三条、第四十七条（现为2021年施行的《人民检察院民事诉讼监督规则》第三条、第四十三条）。

陈某与向某贵房屋租赁合同纠纷抗诉案

（检例第 157 号）

关键词

房屋租赁合同　权利瑕疵担保责任　合同解除　抗诉

要　旨

出租人履行房屋租赁合同，应当保证租赁物符合约定的用途。租赁物存在权利瑕疵并导致房屋租赁合同目的不能实现时，承租人有权解除房屋租赁合同。检察机关在办案中应当准确适用关于合同解除的法律规定，保障当事人能够按照法定条件和程序解除合同。

基本案情

2012年9月，某地产公司与向某贵、邓某辉等拆迁户分别签订《房屋拆迁补偿及产权调换安置协议》，约定对向某贵、邓某辉等拆迁户所属房产实施产权调换拆迁。2017年10月，某地产公司与向某贵、邓某辉分别签订《门面接房协议书》，两份协议约定安置的房产为案涉同一门面房。其后，某地产公司通知向某贵、邓某辉撤销前述两份协议，并重新作出拆迁安置分配方案，将案涉门面房安置给向某贵，隔壁门面房安置给邓某辉。此后，向某贵与某地产公司办理案涉门面房交房手续并实际占有使用案涉门面房，但邓某辉以其与某地产公司签订《房屋拆迁补偿及产权调换安置协议》为由，主张其为案涉门面房权利人。2018年5月1日，出租人向某贵与承租人陈某签订《房屋租赁协议》，将案涉门面房出租给陈某，租期三年，第一年租金59900元，第二年62500元，第三年62500元，保证金1000元，陈某已交纳保证金1000元及第一年的第一期租金29900元。门面房交付后，陈某即开始装修。装修中，案外人邓某辉及家人以其享有讼争门面房权属为由，多次强行阻止陈某施工。陈某多次报警，经当地派出所多次协调未果，陈某被迫停止装修。其后，陈某要求解除《房屋租赁协议》，向某贵不同意，并拒绝接收陈某交还的钥匙。

2018年7月10日，陈某将向某贵起诉至重庆市彭水苗族土家族自治县人民法院，请求判令：解除双方签订的《房屋租赁协议》；向某贵退还租金、保证金并赔偿损失。重庆市彭水苗族土家族自治县人民法院认定，《最高人民法院关于审理城镇房屋租赁合同纠纷案件具体应用法律若干问题的解释》第八条规定，租赁房屋权属有争议的，承租人可以解除合同。虽然案外人邓某辉阻止陈某使用案涉房屋，但是并无证据证明其对案涉商铺享有所有权，其干涉承租人租赁使用属于侵权行为，不属于上述司法解释规定的租赁房屋权属有争议的情形。据此，重庆市彭水苗族土家族自治县人民法院作出一审判决，判令：驳回陈某的诉讼请求。

一审判决作出后，双方当事人均未提出上诉，一审判决生效。

后陈某不服一审生效判决，向重庆市彭水苗族土家族自治县人民法院申请再审，该院于2019年10月30日裁定驳回陈某提出的再审申请。

检察机关履职过程

受理及审查情况。陈某不服一审生效判决，向重庆市彭水苗族土家族自治县人民检察院申请监督。重庆市彭水苗族土家族自治县人民检察院依法受理并审查后，提请重庆市人民检察院第四分院抗诉。检察机关通过调阅卷宗并询问当事人，重点对房屋租赁协议应否解除等相关情况进行审查后认为，向某贵作为出租方，虽向陈某交付案涉门面房，但在陈某装修门面房期间，案外人邓某辉以享有案涉门面房权属为由阻止陈某施工，导致陈某不能正常使用该门面房，签约目的不能实现，陈某有权解除《房屋租赁协议》。陈某租赁案涉门面房的目的是尽快完成装修投入经营使用，案外人邓某辉阻止陈某装修，导致陈某三分之二租期内未能使用该门面房，继续履行合同对陈某明显不公平。

检察机关还查明，一审判决生效后，陈某曾于2019年6月13日向向某贵发出《解除合同通知书》，通知解除双方签订的《房屋租赁协议》。向某贵收到《解除合同通知书》后，不同意解除房屋租赁协议，遂于2019年8月29日起诉至重庆市彭水苗族土家族自治县人民法院，请求判决确认陈某发出的解除合同通知无效；陈某支付剩余租金92500元及利息。重庆市彭水苗族土家族自治县人民法院认为，陈某诉向某贵房屋租赁合同纠纷一案已经确认陈某无权解除租赁合同，现陈某再次发出《解除合同通知书》无效，陈某应当依约支付租金及利息，遂判决支持向某贵的全部诉讼请求。陈某不服，上诉至重庆市第四中级人民法院。重庆市第四中级人民法院认为，案外人邓某辉对案涉门面房主张权属并阻止陈某装修，系发生了合同成立后难以预见的客观情况变化，并导致继续履行合同对陈某不公平，亦不能实现合同目的，陈某书面通知解除合同有效，判决撤销该案一审判决，驳回向某贵的诉讼请求。

监督意见。重庆市人民检察院第四分院在对案涉门面房权属、房屋租赁协议履行情况以及应否解除房屋租赁协议等问题进行全面审查后，认为陈某诉向某贵房屋租赁合同纠纷案的一审生效判决适用法律确有错误，遂于2020年6月19日向重庆市第四中级人民法院提出抗诉。

监督结果。重庆市第四中级人民法院裁定将陈某诉向某贵房屋租赁合同纠纷一案发回重庆市彭水苗族土家族自治县人民法院重审。重庆市彭水苗族土家族自治县人民法院采纳检察机关的抗诉意见，于2020年12月22日作出再审一审判决：撤销一审生效民事判决；确认陈某与向某贵于2018年5月1日签订的《房屋租赁协议》已经解除；向某贵退还陈某房屋租金28589.32元、保证金1000元；赔偿陈某装修损失13375元。

指导意义

（一）检察机关在办理房屋租赁合同纠纷监督案件中，应当依法对出租人负有的出租房屋权利瑕疵担保责任作出正确认定。《中华人民共和国合同法》第二百一十六条规定，出租人应当按照约定将租赁物交付承租人，并在租赁期间保持租赁物符合约定的用途。在房屋租赁合同中，承租人与出租人签订租赁合同的目的，在于使用租赁物并获得收益，出租人应当保证租赁物符合约定的用途，即要承担对租赁物的瑕疵担保责任，包括物的瑕疵担保责任和权利的瑕疵担保责任。其中，出租人的权利瑕疵担保责任，是指出租人应担保不因第三人对承租人主张权利而使承租人不能依约使用、收益租赁物的责任。根据合同法相关规定，因第三人主张权利，致使承租人不能对租赁物使用、收益的，承租人可以请求减少租金或者不支付租金；如果承租人合同目的无法实现，亦可以主张解除租赁合同。《中华人民共和国民法典》第七百二十三条、第七百二十四条延续了上述规定精神。检察机关对此类案件应当重点审查以下内容：第一，出租房屋权利瑕疵在签约时是否存在。如在签约时已存在，承租人有权请求出租人承担瑕疵担保责任。第二，承租人是否明知出租房屋存在权利瑕疵。如承租人在签约时不知存在权利瑕疵，则其为善意相对人，有权请求出租人承担瑕疵担保责任；如承租人明知存在权利瑕疵，自愿承担案外人主张讼争标的物权属可能带来的风险，则出租人不承担瑕疵担保责任。第三，承租人是否及时告知出租人权利瑕疵存在并要求出租人合理剔除。如承租人及时告知，但出租人未能合理剔除权利瑕疵，出租人应当承担权利瑕疵担保责任；如承租人怠于履行告知义务，导致出租人丧失剔除瑕疵时机，应当减轻或者免除出租人的赔偿责任。

（二）检察机关在办案中应当准确适用关于合同解除的法律规定，保障当事人能够按照法定条件和程序解除合同。《中华人民共和国合同法》第九十三条、第九十四条规定，当事人协商一致，可以解除合同；当事人可以约定一方解除合同的条件，解除合同的条件成就时，解除权人可以解除合同；符合法律规定的相关情形，当事人可以解除合同。《中华人民共和国民法典》延续并完善上述规定：一是如果当事人以通知方式解除合同的，合同应自通知到达对方时解除；对方对解除合同有异议的，应当保障任何一方当事人均可以请求人民法院或者仲裁机构确认解除行为的效力。二是如果当事人未通知对方，直接以提起诉讼或者仲裁的方式主张解除合同，人民法院或者仲裁机构确认该主张的，应当保障合同自起诉状副本或者仲裁申请副本送达对方时解除。本案中，出租人不同意按合同约定解除合同，双方对此协商未果，后承租人诉请解除房屋租赁合同未获得法院支持，在此情形下，承租人向出租人发送《解除合同通知书》，亦未实现解除合同的目的。对于承租人通过协商与诉讼已穷尽法定的合同解除手段，但仍然未能解除合同而申请检察监督的，检察机关应当依法履行监督职责，保障当事人能够按照法定条件和程序解除合同，以维护当事人的合法权益，实现公权监督与私权救济的有效结合。

相关规定

《中华人民共和国民法典》第五百六十二条、第五百六十三条、第五百六十五条、第五百九十三条、第七百零八条、第七百二十三条（本案适用的是《中华人民共和国合同法》第九十三条、第九十四条、第九十六条、第一百二十一条、第二百一十六条、第二百二十八条）。

《中华人民共和国民法典》第七百二十四条（本案适用的是自2009年起施行

的《最高人民法院关于审理城镇房屋租赁合同纠纷案件具体应用法律若干问题的解释》第八条）。

《中华人民共和国民事诉讼法》（2017 年修正）第二百零八条、第二百零九条（现为 2023 年修正后的第二百一十九条、第二百二十条）。

《人民检察院民事诉讼监督规则（试行）》（2013 年施行）第四十七条、第九十一条（现为 2021 年施行的《人民检察院民事诉讼监督规则》第四十三条、第九十条）。

第三十九批指导性案例

陈某某刑事申诉公开听证案

（检例第 158 号）

关键词

刑事申诉　大检察官主持听证　刑民交叉　释法说理　矛盾化解　应听证尽听证

要　旨

检察机关办理疑难复杂和争议较大的刑事案件应当坚持"应听证尽听证"，做到厘清案情、释明法理、化解矛盾、案结事了。刑事申诉案件公开听证，重在释法说理，解开"心结"，引导当事人理解、认同人民检察院依法作出的处理决定。主办检察官主持听证，能当场作出决定的，可当场宣布处理决定并阐明理由。在听证员评议时，主办检察官可结合听证情况分别与双方当事人进一步沟通交流，做针对性更强、更为具体的矛盾化解和释法说理工作。听证员评议意见是人民检察院作出决定的重要参考，检察机关要保障听证员独立和充分发表意见。

基本案情

申诉人陈某某，系王某某、吕某某涉嫌合同诈骗案的被害人。

2010 年至 2013 年，福建省某铝业有限公司（以下简称铝业公司）连续三年为福建省某塑胶制造有限公司（以下简称塑胶公司）向中国光大银行股份有限公司泉州分行（以下简称泉州分行）贷款提供担保，塑胶公司均按期还贷。2014 年 4 月 10 日，塑胶公司与泉州分行签订有效期一年、最高授信额度 2000 万元的《综合授信协议》。

铝业公司及王某某、吕某某（均为铝业公司股东）为塑胶公司提供最高额保证，保证期为塑胶公司履行债务期限届满之日起两年。在最高授信额度有效使用期限届满前二日，即2015年4月8日，塑胶公司利用南安市政府转贷"过桥"资金归还上述2000万元贷款，并于当日续贷2000万元，贷款期限至2015年10月6日。

2014年4月至2015年5月，陈某某得知铝业公司欲转让，遂多次到铝业公司实地考察。2015年5月12日，铝业公司股东王某某、吕某某与陈某某签订《股权转让协议书》，约定将铝业公司100%股权以1400万元转让给陈某某，并出具《保证书》，承诺铝业公司股权转让前对外不存在任何债务纠纷，股权转让后若铝业公司被第三方追讨债务，保证人愿意承担一切保证责任，所有债务及造成铝业公司或陈某某的损失，均由保证人承担。铝业公司总经理陈某钊作为该保证书的担保人。另约定，陈某某支付铝业公司库存材料款1400万元，其中1000万元直接由陈某某代偿铝业公司贷款。股权转让协议签订后，陈某某先后向铝业公司账户转款1000万元，向吕某某转款1800万元。

2015年10月6日，塑胶公司2000万元贷款到期后未能如期归还贷款及利息。2016年1月7日，泉州分行向泉州市丰泽区人民法院提起诉讼，要求塑胶公司和担保人铝业公司及股东王某某、吕某某归还贷款本息。2016年12月12日，泉州市丰泽区人民法院判决铝业公司和王某某、吕某某对塑胶公司2000万元贷款本息承担连带担保责任。

因铝业公司被诉，陈某某于2016年2月5日以王某某、吕某某涉嫌合同诈骗罪向连城县公安局报案，连城县公安局遂立案侦查。同年5月2日，陈某某又向泉州市中级人民法院提起撤销股权转让协议之诉，要求王某某、吕某某返还1400万元股权转让款。

2017年4月24日，连城县公安局以王某某、吕某某涉嫌合同诈骗罪移送连城县人民检察院审查起诉。同年11月3日，泉州市中级人民法院审理认为，陈某某因王某某、吕某某涉嫌合同诈骗一案已向连城县公安局提出控告，相关司法机关作为刑事案件受理并进入审查起诉阶段，故裁定予以驳回。陈某某不服，上诉至福建省高级人民法院。

2018年4月3日，连城县人民检察院以事实不清、证据不足为由对王某某、吕某某作出不起诉决定。同年7月23日，福建省高级人民法院作出裁定，鉴于连城县人民检察院已经作出不起诉决定，针对王某某、吕某某的刑事程序已经终结，遂指令泉州市中级人民法院审理陈某某诉王某某、吕某某等人股权转让合同纠纷一案。

2018年12月3日，泉州市中级人民法院审理认为，王某某、吕某某等人未如实告知陈某某铝业公司的担保事实，隐瞒真实情况，构成欺诈，判决撤销《股权转让协议书》，王某某、吕某某返还陈某某股权转让款1400万元，陈某钊对上述款项承担连带清偿责任。陈某钊不服，提出上诉。2019年9月26日，福建省高级人民法院裁定驳回上诉，维持原判。后陈某某申请执行，因被执行人王某某、吕某某、陈某钊暂无可供执行的财产，泉州市中级人民法院裁定终结该次执行程序。

陈某某不服连城县人民检察院以事实不清、证据不足为由对王某某、吕某某涉嫌合同诈骗作出的不起诉决定，提出申诉。龙岩市人民检察院经复查，维持原不起诉决定。福建省人民检察院审查认为申诉人陈某某的申诉理由不成立，不予立案复查。申诉人陈某某仍不服，以被不起诉人王某某、吕某某的行为构成合同诈骗罪，应当追究二人的刑事责任为由，向最高人民检察院提出申诉。

检察听证过程

听证前准备。最高人民检察院依法受理后，根据"群众信访件件有回复"工作制度，于七日内回复申诉人陈某某受理情况，并经初步审查，认为本案系民营企业之间股权转让纠纷引发，刑事和民事法律关系交织，疑难复杂，属于检察机关办理的涉嫌经济犯罪以事实不清、证据不足作出不起诉决定的典型案件。为依法妥善处理此案，最高人民检察院成立了以大检察官担任主办检察官的办案组，研究制定工作预案，调阅全案卷宗，全面梳理刑事、民事各诉讼阶段的事实证据、法律适用和争议焦点，制作案发前后涉案贷款担保明细和资金交易去向图表，参考专家学者的理论观点和司法实务案例，深入分析涉案行为性质，厘清民事欺诈行为与合同诈骗罪的界限，提出依法解决路径。办案组检察官两次赴案发地，了解案发背景、涉案企业经营状况，当面听取申诉人陈某某的申诉理由和请求，核实被不起诉人王某某、吕某某及家族企业经营情况，通过当地工商联与涉案企业原法定代表人（被不起诉人亲属）联系，走访相关人民法院等。经研判认为此类案件在检察机关办理的以证据不足不予起诉涉嫌经济犯罪案件中较为典型，为全面查证案情，释法说理，维护申诉人、原案被不起诉人合法权益，增强办理刑事申诉案件透明度，促进社会矛盾化解，经征得申诉人、被不起诉人同意，办案组决定召开听证会，公开审查此案。

公开听证。听证会于2020年10月22日在福建省人民检察院检察听证室举行，由最高人民检察院大检察官作为办案组主办检察官主持。申诉人陈某某，被不起诉人吕某某（被不起诉人王某某因病无法参加）及其代理律师张某某，四级检察院承办检察官，全国人大代表、法学专家以及最高人民检察院指定的人民监督员等五名听证员参加听证，被不起诉人亲属、当地民营企业家代表等现场旁听。

围绕被不起诉人吕某某、王某某的行为是否构成合同诈骗罪这一争议焦点，办案组充分听取各方意见。原案承办检察官阐述了民事欺诈行为与合同诈骗罪在主观故意、行为目的等方面的区别，逐一展示证人证言、书证等在案证据，围绕现有证据不足以证实被不起诉人吕某某、王某某存在故意转嫁担保责任等问题，详细说明了检察机关作出不起诉决定及审查维持不起诉决定的理由和依据。申诉人陈某某充分陈述了申诉理由和请求，认为被不起诉人吕某某、王某某在转让公司股权时隐瞒负有担保责任的行为，给其造成了巨大损失，已构成合同诈骗罪，要求检察机关追究被不起诉人吕某某、王某某的刑事责任。当主办检察官询问申诉人陈某某在受让铝业公司股份前是否做了尽职调查时，申诉人陈某某承认未做尽职调查，表示如果再有同样情形绝不会轻易签合同。被不起诉人吕某某、王某某则表示其在转让铝业公司股份前并不知道塑胶公司资金链断裂以及续贷等情况，造成现在的结果并非其本意。因为其未能执行民事判决，已被法院列入失信被执行人名单，企业生产、个人生活均受到很大影响，愿意与申诉人陈某某和解，尽早脱困。

听证员分别向双方当事人和原案承办检察官提问。有听证员提出股权转让协议签订时铝业公司已经在为塑胶公司提供担保，而铝业公司最终因担保问题不能正常经营，且吕某某存在恶意取现转让资金行为，主观上是否具有非法占有目的的问题。原案承办检察官回应，铝业公司自2010年至2013年连续四年先后八次为塑胶公司提供合计1亿元贷款的担保，塑胶公司均如期如数归还贷款，均未产生担保之债。铝业公司股权转让磋商、协议签订过程持续一年之久，陈某某实地考察和当面洽谈后，委托其妻子公司的法律顾问起草《股权转让协议书》《保证书》，由王某某、吕某某签字后生效。现无证据证实王某某、吕某某在签订股权转让时即明知塑胶公司资金链断裂，必将产生担保之债，恶意将债务转嫁给陈某某。在担保之债产生后，陈某某无法向银行贷款，经营困难时，吕某某还给予协助，积极帮助其渡过难关。从双方股权转让过程看，不存在明显不正常交易情形，没有证据证明王某某、吕某某具有非法占有的预谋。针对股权转让款去向问题，原案承办检察官再次展示了证人证言，其中吕某某到案后有过数次供述，其供述与证人黄某春、黄某电的证言能相互印证，即吕某某取得1400万元股权转让款后交由黄某春，用以偿还其先前购买铝业公司股权时向黄某电的借款。原案承办检察官通过详细客观的证据，再现了案发前后细节，充分回应了听证员的疑问。

听证员提问后，主办检察官宣布休会，由听证员对本案进行讨论评议。一名听证员认为，王某某、吕某某未如实告知陈某某铝业公司的担保事实，隐瞒真实情况，获取股权转让款予以转移，具有非法占有的目的，构成合同诈骗罪，应予追究其刑事责任。但多数听证员认为本案事实不清，证据存在短缺，是一件疑罪案件，检察机关按照疑罪从无的原则作出证据不足不起诉的决定是适当的。建议检察机关加强对民营企业的依法均衡保护，为涉案企业解决实际问题，及时修复破损的社会关系。同时，期待被不起诉人吕某某、王某某积极履行法院民事裁判，实现和解。

听证员评议期间，主办检察官结合听证情况，分别与申诉人和被不起诉人及代理律师、亲属交谈，进一步有针对性地释法说理，充分阐释了妥处本案，及时化解矛盾纠纷，使双方当事人回归正常生产生活的重要性，对双方当事人进行了矛盾调处和化解工作。指出被不起诉人及其亲属应当真诚、全力执行法院判决，早日从失信被执行人名单中解脱，恢复正常的生产生活。同时，向申诉人进一步解释检察机关作出不起诉决定的事实、证据和法律依据，并希望申诉人吸取教训，今后在签订合同前做好尽职调查，避免不必要的损失。申诉人和被不起诉人及代理律师、亲属均明确表示愿意接受最高人民检察院将作出的处理决定。

　　主办检察官宣布复会后，听证员代表发表了多数听证员的意见。结合听证意见，办案组讨论认为，王某某、吕某某确有隐瞒铝业公司负有担保责任的欺诈行为，但从签订、履行股权转让协议整个过程及客观行为分析判断，现有证据既不足以证实王某某、吕某某在签订股权转让协议时具有非法占有1400万元股权转让款的主观故意，也不足以证实王某某、吕某某在签订股权转让协议后实施了故意隐匿财产的行为，连城县人民检察院对王某某、吕某某作出的不起诉决定，并无不当，应予维持。理由如下：

　　（一）现有证据不足以证实王某某、吕某某于2015年5月12日与申诉人陈某某签订股权转让协议时具有非法占有1400万元转让款的故意。经查，铝业公司转让磋商、协议签订过程持续一年之久，陈某某自愿实地考察和当面洽谈，并委托其妻公司法律顾问起草《股权转让协议书》《保证书》，最终由王某某、吕某某签字后生效。从双方合同协商、订立的过程看，不存在明显不正常交易情形，没有证据证明王某某、吕某某具有非法占有的预谋。按照一般交易习惯，受让方在订立合同和收购过程中应当对目标企业做尽职调查，但本案申诉人陈某某在签订股权转让协议过程中未做尽职调查。

　　（二）现有证据不足以证实王某某、吕某某在签订股权转让协议时存在转嫁铝业公司担保责任的故意。申诉人陈某某称，王某某、吕某某在明知自身无财产可供偿债的情况下，在签订股权转让协议时以保证书形式承诺铝业公司股权转让前不存在任何债务纠纷，并承诺承担保证责任，属于故意隐瞒并转嫁担保责任。在案证据及公开听证情况表明，王某某、吕某某确有隐瞒铝业公司负有担保责任的欺诈行为，但这一行为并不必然构成刑法意义上的合同诈骗犯罪。本案中，从塑胶公司在泉州分行2010年至2013年贷款情况看，铝业公司连续三年先后八次为塑胶公司提供合计1亿元贷款的担保，塑胶公司均如期如数归还贷款，均未产生担保之债。认定王某某、吕某某二人是否存在故意转嫁铝业公司担保责任的故意，应当首先判断王某某、吕某某是否明知塑胶公司资金链断裂，必将产生担保之债，以及塑胶公司已经严重资不抵债。现有证据不能证实王某某、吕某某明知塑胶公司在最高授信额度有效使用期届满前二日续贷及还贷不能情况，故不能形成认定王某某、吕某某故意转嫁担保责任的证据链。

　　（三）现有证据不足以证实王某某、吕某某在合同履行完毕后实施了故意隐匿财产的行为。经查，双方签订股权转让协议后，即开始履行合同约定的主要义务：陈某某积极履行支付义务，王某某、吕某某委托陈某钊协助陈某某办理资产清算、过户等手续；在陈某某无法贷款时，吕某某、陈某钊还给予协助。关于申诉人提出的支付履约现金去向问题，吕某某到案后有过数次供述，后期供述与证人黄某春、黄某电的证言能相互印证，即吕某某取出现金交由黄某春，用以偿还其先行购买铝业公司时向黄某电的借款。由此不能得出吕某某故意隐匿转让款的结论。

　　（四）铝业公司转让申诉人陈某某前的实际控制人存疑。申诉人称，铝业公司以福建省闽发铝业股份有限公司（以下简称闽发铝业）为背景，铝业公司与闽发铝业存在关联。在案证据显示，铝业公司系家族企业，自2001年成立后至2011年期间共有三次股权变更，均系在亲属间流转，无现金交易记录；塑胶公司法定代表人陈某华等人证言证实，在铝业公司为塑胶公司提供担保、铝业公司股权转让谈判和协议签订等重大事项中，黄某电均不同程度地参与甚至起决策作用，且黄某电是铝业公司在泉州分行业务的指定联系人。作为商事合同，转让方在履约过程中存在欺诈行为，但有证据指向并归责一定实力的合同标的实际所有人，往往不必然导致受让方财产灭失，故难以认定王某某、吕某某具有诈骗犯罪的主观故意。

（五）从法律后果看，担保责任一方提供担保并不必然导致担保人财产损失。本案中，铝业公司为塑胶公司向银行贷款提供担保，在签订公司股权转让协议时该担保只是一种"或然债务"，并不必然发生担保债务。虽然之后塑胶公司被法院判决返还银行欠款，铝业公司需承担连带保证责任，但从发生担保之债时企业经营情况看，塑胶公司在正常经营，铝业公司并不必然要实际履行担保债务，或履行该担保债务后无法向主债务人追偿，即铝业公司为塑胶公司提供担保并不必然导致铝业公司受让人陈某某财产损失。

主办检察官当场宣布了审查结论，申诉人陈某某表示无不同意见，被不起诉人吕某某及代理律师张某某明确表示，将尽快以实际行动与申诉人就民事判决的执行达成和解。

后续工作。听证会后，最高人民检察院办案组指导福建省检察机关继续做好案件后续工作。福建省三级检察院积极落实听证会对本案的处理决定，督促被不起诉人王某某、吕某某尽快履行福建省高级人民法院生效民事判决，为申诉人挽回经济损失。2020年11月2日，双方当事人自愿签署了《执行和解协议》，由被不起诉人王某某、吕某某以1200万元收回涉案企业铝业公司。2021年3月10日，《执行和解协议》履行完毕。

指导意义

（一）办理疑难复杂和争议较大的刑事案件应当坚持"应听证尽听证"，保障司法公正，提升司法公信，促进矛盾化解。检察听证既是深化案件审查、查明案件事实的有效方式，又是做好释法说理、矛盾化解工作的客观需要。检察机关受理、首办疑难复杂、争议较大的刑民交叉案件，应当以听证方式审查，依法准确定性处理。对于拟依法作出不批准逮捕或者不起诉决定的刑事案件，当事人矛盾冲突尖锐，或者属有影响性案件的，检察机关应当组织召开听证会，就事实认定、证据采信、法律适用和案件处理等听取当事人、听证员及其他参加人的意见。对于诉求强烈、矛盾突出的刑事申诉案件，检察机关也应当通过听证方式当面听取申诉人和其他相关人员意见，充分释法说理，达到消除疑虑、增进理解、化解矛盾、促进案结事了的目的。

（二）各级人民检察院检察长、副检察长应当直接主持重大疑难复杂刑事申诉案件的检察听证。检察长、副检察长主持听证，要在全面阅卷、掌握案情和申诉争议焦点的基础上，结合听证过程，有针对性地做好矛盾化解工作。特别是在听证员进行评议的暂时休会期间，要不失时机地结合听证情况，分别与当事人进一步沟通交流，从人民检察院拟作出决定考虑，做更为具体的矛盾化解和释法说理工作，为当事人理解、接受将要作出的处理决定奠定基础。

（三）要充分尊重听证员的独立评议地位，听证员评议意见是人民检察院作出决定的重要参考。听证员受邀参加听证，其职责主要是听取当事人、案件承办人及其他参加人就案件争议焦点等问题作出陈述和说明，独立进行评议，并发表评议意见。要保障所有听证员独立和充分发表意见。评议完毕，可以推举一名听证员代表全体听证员发表意见。听证员之间有意见分歧的，听证员代表阐述完多数听证员共同意见后，也要对少数听证员的不同意见予以适当表述。听证员的意见应当作为人民检察院依法处理案件的重要参考，拟不采纳听证员多数意见的，应当层报检察长作出决定。

相关规定

《中华人民共和国刑事诉讼法》（2012 年 3 月 14 日修正）第一百七十一条第四款、第一百七十六条（现为 2018 年 10 月 26 日修正后的第一百七十五条第四款、第一百八十条）。

《人民检察院刑事诉讼规则（试行）》（2013 年 1 月 1 日施行）第四百零三条、第四百零四条、第四百一十三条、第四百一十七条（现为 2019 年 12 月 30 日施行的《人民检察院刑事诉讼规则》第三百六十七条、第三百六十八条、第三百七十七条、第三百八十一条）。*

《人民检察院办理刑事申诉案件规定》（2020 年 9 月 22 日施行）第十八条、第

---

* 编者注：《人民检察院刑事诉讼规则（试行）》已失效，变更为《人民检察院刑事诉讼规则》。第四百零三条已变更为第三百六十七条，修改后的内容为："人民检察院对于二次退回补充调查或者补充侦查的案件，仍然认为证据不足，不符合起诉条件的，经检察长批准，依法作出不起诉决定。人民检察院对于经过一次退回补充调查或者补充侦查的案件，认为证据不足，不符合起诉条件，且没有再次退回补充调查或者补充侦查必要的，经检察长批准，可以作出不起诉决定。"第四百零四条变更为第三百六十八条，修改后的内容为："具有下列情形之一，不能确定犯罪嫌疑人构成犯罪和需要追究刑事责任的，属于证据不足，不符合起诉条件：（一）犯罪构成要件事实缺乏必要的证据予以证明的；（二）据以定罪的证据存在疑问，无法查证属实的；（三）据以定罪的证据之间、证据与案件事实之间的矛盾不能合理排除的；（四）根据证据得出的结论具有其他可能性，不能排除合理怀疑的；（五）根据证据认定案件事实不符合逻辑和经验法则，得出的结论明显不符合常理的。"第四百一十三条变更为第三百七十七条，修改后的内容为："不起诉决定书应当送达被害人或者其近亲属及其诉讼代理人、被不起诉人及其辩护人以及被不起诉人所在单位。送达时，应当告知被害人或者其近亲属及其诉讼代理人，如果对不起诉决定不服，可以自收到不起诉决定书后七日以内向上一级人民检察院申诉；也可以不经申诉，直接向人民法院起诉。依照刑事诉讼法第一百七十七条第二款作出不起诉决定的，应当告知被不起诉人，如果对不起诉决定不服，可以自收到不起诉决定书后七日以内向人民检察院申诉。"第四百一十七条变更为第三百八十一条，修改后的内容为："被害人不服不起诉决定，在收到不起诉决定书后七日以内提出申诉的，由作出不起诉决定的人民检察院的上一级人民检察院负责捕诉的部门进行复查。被害人向作出不起诉决定的人民检察院提出申诉的，作出决定的人民检察院应当将申诉材料连同案卷一并报送上一级人民检察院。"

五十七条。

《人民检察院审查案件听证工作规定》（2020 年 9 月 14 日施行）第四条、第十三条、第十七条。

吴某某、杨某某刑事申诉公开听证案

（检例第 159 号）

关键词

刑事申诉　刑事责任年龄　附带民事诉讼执行监督　司法救助　反向审视

要　旨

对于因司法机关依法改变原处理决定，但未对当事人释法说理引起刑事申诉的，检察机关应当充分做好释法说理，必要时组织检察听证，弥补原案办理中的缺陷，促进案结事了。要认真做好检察听证前的准备工作。出现申诉人不信任、不配合等抵触情形的，要做好情绪疏导工作，必要时争取当地有关部门支持配合，共同解开"心结"，确保听证顺利举行。办案过程中发现申诉人因案致困，符合司法救助条件的，应当及时给予救助帮扶。对于反向审视发现的原案办理中履职不到位或者不规范司法等问题，应当促使相关检察机关提出切实可行的整改措施，进一步规范司法行为，提升案件办理质效。

基本案情

申诉人吴某某、杨某某，系吴某坚抢劫案被害人吴某辉的近亲属。

2008 年 1 月 28 日 12 时许，原审被告人吴某坚携带匕首在广西壮族自治区平南县大将客运中心乘坐被害人吴某辉的二轮摩托车，谎称去平南县官成镇横岭村。当摩托车行驶至平金公路转入横岭村的村级道路时，吴某坚用匕首连续捅刺吴某辉数刀。随后，吴某坚搜吴某辉的身体，抢走吴某辉的诺基亚牌手机 1 部、现金 2 元，并抢走吴某辉的二轮摩托车，逃离现场。经法医鉴定，吴某辉系颈动脉离断大出血死亡。2008 年 10 月 17 日，贵港市人民检察院以吴某坚涉嫌抢劫罪向贵港市中级人民法院提起公诉。2009 年 8 月 20 日，贵港市中级人民法院以吴某坚犯抢劫罪，判处其有期徒刑十五年。吴某坚以其犯罪时不满 14 周岁为由提出上诉。2010 年 7 月 30 日，广西壮族自治区高级人民法院以原判认定事实不清、证据不足为由，裁定撤销原判，发回重审。同年 12 月 28 日，贵港市人民检察院以事实、证据有变化为由向贵港市中级人民法院申请撤回起诉，退回公安机关补充侦查。同年 12 月 31 日，贵港市中级人民法院裁定准许撤回起诉。2012 年 1 月 19 日，贵港市中级人民法院经审理由吴某某、杨某某提起的附带民事诉讼，判决赔偿被告人吴某某、杨某某经济损失 141075 元。吴某某、杨某某不服，提出上诉。2012 年 5 月 4 日，广西壮族自治区高级人民法院裁定驳回上诉，维持原判。吴某某、杨某某仍不服，以原审被告人吴某坚案发时已年满 14 周岁，构成抢劫罪为由，提出申诉。广西壮族自治区人民检察院审查认为申诉人的申诉理由不成立，审查结案。申诉人仍不服，向最高人民检察院提出申诉。

检察听证过程

听证前准备。经初步审查，本案是否为未成年人作案，存在罪与非罪的重大争议。案件办理过程中未向申诉人充分释法说理，检察机关撤回起诉并退回公安机关补充侦查后长期"挂案"，原审被告人未赔礼道歉、未充分履行民事赔偿义务，申诉人生活非常困难，未能及时获得司法救助，导致申诉人长年信访申诉，不接受司法机关作出的决定。最高人民检察院组成由大检察官为主办检察官的办案组，认真审查申诉材料，调阅了原案全部卷宗，核实相关证据，听取原案承办人意见，围绕案件争议焦点即原审被告人吴某坚作案时是否年满 14 周岁进行重点调查核实。鉴于本案疑难复杂，办案组决定召开听证会，公开审查此案。

听证会前，办案组检察官两赴案发地，当面听取申诉人意见，实地了解申诉人家庭情况，耐心引导申诉人依法理性维权。在听证会前一天，申诉人突然提出不参加听证会，办案组及时协调当地检察机关和政府部门共同对申诉人开展心理疏导，确保听证会如期召开。针对原审被告人吴某坚案发后未被教育惩戒，未认错悔过等情形，办案组要求当地检察机关找到已经成家立业的吴某坚，对其进行严肃批评教育，吴某坚表示认错悔过，将尽自己所能赔偿被害人经济损失。

公开听证。2021 年 6 月 18 日，吴某某、杨某某刑事申诉案公开听证会在广西壮族自治区贵港市人民检察院检察听证室举行，办案组主办检察官主持听证会。申诉人及其委托代理人充分阐述申诉理由，原案一审公诉人就审查起诉情况、二审承办检察官就建议法院发回重审情况、二审主审法官就法院决定发回重审情况、重审案件公诉人就发回重审后检察机关撤回起诉情况、广西壮族自治区人民检察院办理申诉案件的检察官就申诉案件审查情况等详尽阐述和举证、示证，认真回应申诉人的诉求，并围绕争议焦点逐一释法说理。

听证会上，办案组检察官就吴某坚作案时是否年满 14 周岁，存在两组证据的情况向申诉人充分予以展示。一组认定吴某坚出生于 1993 年 6 月 24 日（农历端午节），作案时已年满 14 周岁的证据，有吴某坚的供述、嫌疑人信息登记表、在校学生名册、学籍卡、相关证人证言和公安部骨龄鉴定意见等。吴某坚供述系听其母亲讲出生于农历 1993 年 5 月 5 日，但该供述与其母亲的证言相矛盾；嫌疑人信息登记表所载吴某坚出生时间，为犯罪嫌疑人自述时间；在校学生名册、学籍卡所记载吴某坚的出生时间亦为其本人自行填报；一些证人证言表示，不知道吴某坚的具体出生日期；公安部骨龄鉴定意见证实吴某坚年龄为 17±1 岁，即使采信该骨龄鉴定意见认定吴某坚作案时 16 周岁，也与其他证据证实吴某坚作案时不满 15 周岁有较大差距。另一组证实吴某坚出生于 1994 年 6 月 13 日（农历端午节），作案时未满 14 周岁的证据，有证人柯某某（接生吴某坚的人）、王某、吴某成等人证言以及《未落实常住人口登记表》、水文资料等。其中，柯某某证言证实吴某坚是其唯一接生的孩子，因此印象深刻。之所以记得吴某坚出生于 1994 年，是因为当年是其嫁到江口镇以来洪水最大的一年，家里的房子都被洪水冲塌了。贵港市防汛办《贵港市浔江、郁江历次洪水记录》证实，1994 年 7 月该市贵港站经历建国后第一大洪水，该书证与柯某某的证言能够相互印证；证人王某证言证实，其与吴某坚之母同年怀孕，且在吴某坚出生三四个月后其子于 1994 年 10 月出生；证人吴某成证言证实，之所以记得其子与吴某坚同岁（1994 年出生）是因为"我们同祠堂，得男丁的要在清明节的时候抓阉鸡拜祖，所以记得很清楚"；《未落实常住人口登记表》证实，2007 年 12 月人口普查时吴某坚登记出生日期为 1994 年。

五名听证员在充分听取案件事实和证据的基础上，经认真评议，形成听证意见，一致认为本案现有证据不足以证实原审被告人吴某坚作案时已满 14 周岁，骨龄鉴定意见也未能准确确定案发时吴某坚的真实年龄，而吴某坚在作案时的真实年龄是其应否承担刑事责任的关键，因此不能简单依骨龄鉴定意见认定，而应结合全案证据综合认定。故认定原审被告人吴某坚作案时已满 14 周岁的证据不足，检察机关撤回起诉并退回公安机关补充侦查的处理决定并无不当。鉴于被害人吴某辉死亡后，其妻子外出打工，下落不明；申诉人吴某某、杨某某以及被害人吴某辉的儿子吴某林祖孙三人目前仅靠每月 870 元左右的低保和养老金维持生活，无其他经济收入，加上申诉人吴某某、杨某某体弱多病，吴某林目前就读初中，尚未成年，祖孙三人的生活极为困难，符合国家司法救助条件，建议检察机关给予其国家司法救助。

办案组在全面审查案件的基础上，参考听证意见，在听证会上向申诉人说明，由于原审被告人吴某坚未在医院出生，没有出生证明，出生时其父母未向户籍管理部门申报户口，吴某坚的出生年龄无法通过出生证明、户籍证明等材料证实，根据《最高人民法院关于审理未成年人刑事案件具体应用法律若干问题的解释》第四条第一款"对于没有充分证据证明被告人实施被指控的犯罪时已经达到法定刑事责任年龄且确实无法查明的，应当推定其没有达到相应法定刑事责任年龄"的规定，推定吴某坚犯罪时未达到法定刑事责任年龄，故原办案机关综合全案证据所做处理决定，于法有据，并无不当，申诉人的申诉理由不能成立。办案组还当场播放了当地检察机关录制的吴某坚认错悔过和主动表示赔偿被害人经济损失的视频。申诉人表示服从检察机关作出的处理决定，承诺息诉罢访。

后续工作。2021年8月9日，贵港市人民检察院向公安机关发出撤销案件的检察建议书。8月10日，平南县公安局决定撤销此案。当地检察机关还依职权启动附带民事诉讼判决执行监督程序，向人民法院发出检察建议书，建议督促原审被告人吴某坚支付赔偿款。后吴某坚将3万元赔偿款汇至人民法院执行账户，并承诺今后每月履行3300元剩余赔偿款。为解决申诉人实际困难，广西壮族自治区三级检察院联合给予申诉人国家司法救助金，会同当地党委政法委、教委、妇联等部门，给予吴某林相应的民政救助，并开展心理辅导等。

广西壮族自治区人民检察院在全区范围就本案办理过程中，检察机关撤回起诉并退回公安机关补充侦查后长期"挂案"，检察机关既没有依法及时作出不起诉决定，也没有建议公安机关撤销案件；未对法院发回重审以及检察机关撤回起诉的具体理由和依据作出说明；未对被害人家属进行必要的释法说理，并给予帮扶救助；未对原审被告人吴某坚进行帮教，并移送相关部门采取相应的管束措施；未对附带民事诉讼判决执行情况跟进监督，导致赔偿款一直未执行到位，案未结、事未了等办案中的问题，开展专题反向审视，提出整改意见并督促落实，对相关责任人进行了责任追究。最高人民检察院向全国检察机关通报该案办理情况，要求各级检察机关进一步压实首办责任，建立常态化重复信访治理机制。

指导意义

（一）人民检察院组织检察听证，应当认真做好各项准备工作。对决定举行检察听证的刑事申诉案件，承办检察官在听证前要全面阅卷，充分了解案件事实、证据及焦点问题，并对相关问题进行调查核实。对于矛盾激化、诉求强烈的申诉案件，应当做好申诉人情绪引导和安抚工作，使其理解和自愿参加听证。

（二）人民检察院办理刑事申诉案件，发现申诉人因案致困，符合司法救助条件的，应当及时给予救助帮扶。在办理刑事申诉案件过程中，发现申诉人因案导致生活困难，经调查核实其经济收入、生活状况后，认为其符合司法救助条件的，应当主动告知其申请救助的方式，及时按程序提供救助。要联合社会各方力量，多渠道、更大力度解决申诉人的实际困难，给予申诉人更多的人文关怀、帮扶救济，让人民群众在司法案件的办理中不仅感受到公平正义，还感受到司法的温度。

（三）人民检察院办理刑事申诉案件，应当通过反向审视，对原案办理中的问题和瑕疵进行针对性整改。办理刑事申诉案件具有检视整个刑事诉讼过程的独特优势。要通过全面审查案件和公开听证，反向审视检察环节存在的履职不到位或者司法不规范等问题和瑕疵，促使相关检察机关提出切实可行的整改措施，并认真落实。要依规依纪追究相关人员司法责任，促进规范司法行为、严格依法办案，提升案件办理质效，增强司法公信力。

相关规定

《中华人民共和国刑法》第十七条、第二百六十三条。

《最高人民法院关于执行〈中华人民共和国刑事诉讼法〉若干问题的解释》（1998年9月8日施行）第一百七十七条（现为2021年3月1日施行《最高人民法院关于适用〈中华人民共和国刑事诉讼法〉的解释》第二百九十六条）。

《最高人民法院关于审理未成年人刑事案件具体应用法律若干问题的解释》（2006年1月23日施行）第四条第一款。*

《人民检察院审查案件听证工作规定》（2020年9月14日施行）第二条、第四条、第六条。

董某某刑事申诉公开听证案

（检例第160号）

关键词

刑事申诉　检察听证　引导和解　检察建议　能动履职　综合治理

要　旨

检察机关办理因民间矛盾、邻里纠纷等引发的复杂、疑难刑事申诉案件，应当举行检察听证，消除双方当事人之间的误会和积怨，引导双方当事人和解。对于刑事申诉案件反映出的社会治理不完善的问题，检察机关应当依法能动履职，推动主管部门予以完善。必要时可以邀请相关主管部门负责人参加检察听证，就有效化解矛盾、妥善处理案件等提出意见建议，促进综合治理。

基本案情

申诉人董某某，江西省供销储运公司退休职工，系徐某某涉嫌故意伤害案的被害人。

被不起诉人徐某某，系南昌铁路局南昌供电段退休职工。

2017年7月6日18时40分许，董某某和徐某某在南昌铁路文化宫门口台阶处因

---

* 编者注：《最高人民法院关于执行〈中华人民共和国刑事诉讼法〉若干问题的解释》已失效，其第一百七十七条已修正为《最高人民法院关于适用〈中华人民共和国刑事诉讼法〉的解释》第二百九十六条，修正后的内容为："在开庭后、宣告判决前，人民检察院要求撤回起诉的，人民法院应当审查撤回起诉的理由，作出是否准许的裁定。"

跳广场舞发生口角，进而互相拉扯。多名广场舞队成员上前劝阻，场面一度混乱，董某某、徐某某等人在拉扯过程中摔下台阶。后经南昌市西湖区公安司法鉴定中心鉴定，董某某右锁骨肩峰端粉碎性骨折，右侧第 2 至第 6 根肋骨骨折，符合轻伤二级标准。2017 年 9 月 19 日，徐某某主动到公安机关接受调查。2019 年 1 月 17 日，公安机关侦查终结，以徐某某涉嫌故意伤害罪移送南昌铁路运输检察院审查起诉。南昌铁路运输检察院经审查并两次退回公安机关补充侦查，认为徐某某与被害人董某某二人相互拉扯，摔下台阶导致董某某轻伤，现有证据无法认定系徐某某将董某某推下台阶或者击打董某某导致董某某轻伤，认定徐某某故意伤害董某某的证据不足，本案不符合起诉条件，于 2019 年 7 月 23 日决定对徐某某不起诉。申诉人董某某不服，向江西省人民检察院南昌铁路运输分院提出申诉，要求以故意伤害罪对徐某某提起公诉，追究其刑事责任。南昌铁路运输分院经审查认为董某某的申诉理由不能成立，于 2019 年 12 月 12 日审查结案。申诉人董某某仍不服，于 2020 年 4 月 24 日向江西省人民检察院提出申诉。

检察听证情况

听证前准备。江西省人民检察院受理案件后，组成了以副检察长为主办检察官的办案组，调取了该案全部案卷材料，多次听取申诉人董某某及其委托代理律师的意见，详细了解申诉人诉求，对董某某伤情鉴定进行文证审查，询问被不起诉人徐某某，到案发地调查，核实相关证人证言。经调查了解，董某某申诉的主要原因是其受到伤害后没有得到徐某某的道歉和赔偿，徐某某虽然表示愿意赔偿，但由于双方对赔偿金额分歧过大，无法达成一致，导致双方的矛盾一直没有化解。

公开听证。申诉人董某某和被不起诉人徐某某均向江西省人民检察院提出书面调解申请，并同意检察机关组织公开听证。2020 年 6 月 12 日，办案组就该案举行公开听证，由主办检察官主持听证会。

听证会邀请了人大代表、政协委员、人民监督员、专家咨询委员、律师共五名听证员参加。听证会上，在主持人的引导下，申诉人董某某及其代理律师充分表达了申诉请求和理由，被不起诉人徐某某也表达了意见。三级检察机关承办检察官分别就案件办理经过、事实认定和证据情况以及作不起诉决定的理由向申诉人及其委托代理人进行了阐述和说明：一是认定徐某某实施伤害行为的证据存在疑问。董某某对于伤害过程的陈述前后不一致，在案多个证人证言内容相互矛盾，客观证据无法调取，徐某某是否实施了伤害行为存有疑问。二是认定徐某某主观上具有伤害故意存在疑问。现有证据仅能证实双方互有拉扯，徐某某未使用工具，没有确凿的证据显示徐某某有踢、打、推等伤害行为，证实徐某某主观上具有伤害董某某故意的证据不足。三是认定徐某某与他人共同犯罪的证据存在疑问。本案系突发性事件，没有证据显示徐某某与他人存在事先预谋、意思联络及共同行为。南昌铁路运输检察院经审查并两次退回补充侦查，仍然认为徐某某故意伤害董某某的证据不足，依法作出不起诉决定，并无不当。

五名听证员分别就有关问题向承办检察官、申诉人、被不起诉人进行了提问。经评议，听证员一致认为该案事发突然，徐某某是否殴打董某某，证人证言与董某某的陈述并不一致，徐某某坚决否认殴打董某某，侦查机关未提取到监控视频，依现有证据，难以认定徐某某具有伤害董某某的主观故意和行为，检察机关对徐某某作出不起诉决定正确，希望双方当事人推己及人、互让互敬，共同维护和谐稳定的社会秩序。申诉人董某某和被不起诉人徐某某均表示接受听证员意见。

本案办理过程中，办案组调查了解到，本案的起因系广场舞队活动场地纠纷引发。同时在该广场活动的广场舞队有铁路队、社区队。因场地、音乐声量等问题，两队纠纷不断，多次发生争斗事件，严重影响当地治安。为此，南昌铁路运输检察院曾向南站街道办制发检察建议书，针对其在规范管理、宣传引导和调解疏导等方面存在的问题，提出了改进工作、完善治理的检察建议。后又积极协助南站街道办落实检察建议，指派检察官支持配合南站街道办的调解工作。本着贯彻新时代"枫桥经验"，能动办案，诉源治理，举行听证会时，办案组还邀请了南站街道办、南昌铁路公安局南昌公安处治安支队、中国铁路南昌局集团有限公司政法办公室及退休管理科等部门的负责人，一并参加听证。听证会上，南昌铁路运输检察院检察长介绍了检察建议的制发和督促落实情况，南站街道办、南昌铁路公安局南昌公安处治安支队、中国铁路南昌局集团有限公司政法办公室及退休管理科等部门的负责人就检察建议落实情况、矛盾纠纷化解工作说明了情况。

后续工作。听证会后，江西省人民检察院继续做双方当事人和广场舞队场地纠纷调解工作，跟进落实检察建议。2020年6月28日，承办检察官向申诉人董某某送达了刑事申诉审查结果通知书，认为南昌铁路运输检察院对徐某某作不起诉处理符合法律规定，申诉人董某某的申诉理由不能成立，不予支持。在检察机关的见证下，董某某和徐某某签署《和解协议》，徐某某向董某某支付15000元补偿款，董某某不再就其人身损害问题申请追究徐某某的刑事责任，息诉罢访。2020年8月4日，两支广场舞队决定自主划分活动场地，邀请检察机关、南站街道办、南昌铁路文化宫等负责同志到场见证。检察机关办案人员再次对两支广场舞队代表进行法制教育，劝说她们和平共处、互谅互让、互相尊重，做好自我管理，自觉接受南昌铁路文化宫、社区、街道办等单位的管理。目前，两支广场舞队均在各自的场地划分区域开展活动，广场呈现安定平和景象。

指导意义

（一）人民检察院办理群众之间积怨较深、难解的"小案"，应当通过检察听证消除误会积怨，引导双方和解。因民间矛盾、邻里纠纷等引发的轻伤害案件常见多发，许多是典型的"小案"，但当事人申诉比例很高。究其原因，主要在于一些案件简单"依法"办理，走完诉讼程序，刑事和解、多元化解、释法说理等工作没有做到位，致矛盾激化，甚至存在诱发严重刑事案件的可能。对于此类案件，人民检察院拟作出不起诉决定时，应当举行检察听证，向当事人充分释法说理，将双方当事人的责任，犯罪嫌疑人是否构成犯罪的证据和法律依据、应当承担的损害赔偿等处理意见阐述清楚，引导双方当事人就民事赔偿达成和解，为当事人接受不起诉决定奠定基础。对于因释法说理和矛盾化解不到位导致反复申诉的"小案"，人民检察院也应当通过检察听证搭建沟通化解的平台，让申诉人有理能讲、有怨能诉、有感得释，在摆事实、讲证据、释法理的基础上积极引导双方达成谅解，从而化解矛盾纠纷。

（二）人民检察院应当结合办案依法能动履职，积极促进社会治理。不少久诉不息的刑事申诉案件背后，都存在社会治理薄弱环节和突出问题。人民检察院在办理刑事申诉案件过程中，要自觉践行新时代"枫桥经验"，立足于法律监督定位，依法能动履职，对申诉案件反映出的社会治理不完善问题，通过制发检察建议推动解决。对于与案件处理有重要关系的问题，可以邀请相关主管部门负责人参加听证会，就案件处理和完善治理、就地化解矛盾、防范同类案事件发生等发表意见建议，协助案件的妥善处理。听证会后，要督促落实检察建议，积极促进综合治理，实现社会和谐稳定。

> **相关规定**

《中华人民共和国刑事诉讼法》（2018 年 10 月 26 日修正）第一百七十五条第四款、第一百八十条。

《人民检察院刑事诉讼规则》（2019 年 12 月 30 日施行）第三百六十七条、第三百六十八条、第三百七十七条、第三百八十二条。

《人民检察院办理刑事申诉案件规定》（2020 年 9 月 22 日施行）第三十八条、第四十二条、第四十三条。

《人民检察院审查案件听证工作规定》（2020 年 9 月 14 日施行）第四条、第十三条、第十七条。

董某娟刑事申诉简易公开听证案

（检例第 161 号）

> **关键词**

刑事申诉　自诉案件　简易公开听证　现场释惑　心理疏导

要 旨

检察机关办理申诉人走访申诉的案件，可以在12309检察服务中心等申诉案件办理场所举行简易公开听证，由检察官和听证员现场解答申诉人关于案件事实认定、证据采信和法律适用等方面的疑问。心理咨询师可以作为听证员或者辅助人员，参与检察听证，有针对性地给予申诉人专业化的心理疏导，纾解其心结，增强释法说理效果，促进矛盾化解、案结事了。

基本案情

申诉人董某娟，系王某某故意伤害案的自诉人。

2014年9月16日，董某娟因家庭矛盾与刘某甲（董某娟之嫂）、刘某乙（刘某甲之妹）发生口角和推搡。途经案发地并与刘某甲相熟的王某某见状，用拳数次击打董某娟鼻部，导致董某娟先后住院治疗21天，医疗费等各项经济损失共计15841.08元。经鉴定，董某娟的损伤程度为轻伤二级，十级伤残。董某娟以刘某甲、刘某乙、王某某犯故意伤害罪为由，向吉林省四平市铁西区人民法院提起自诉。2015年12月31日，四平市铁西区人民法院判决被告人刘某甲、刘某乙无罪；被告人王某某犯故意伤害罪，判处有期徒刑六个月，赔偿董某娟15841.08元。董某娟不服，认为刘某甲、刘某乙、王某某系共同犯罪，不应当只追究王某某的刑事责任，也应当追究刘某甲、刘某乙的刑事责任，提出上诉。2016年4月28日，四平市中级人民法院裁定驳回上诉，维持原判。董某娟仍不服，先后向四平市人民检察院和吉林省人民检察院申诉。两级检察院经审查，均认为原审裁判认定事实清楚，证据确实充分，适用法律正确，申诉人申诉理由不成立，予以结案。申诉人仍不服，到最高人民检察院12309检察服务中心走访申诉。

检察听证过程

听证前准备。最高人民检察院12309检察服务中心信访接待检察官受理案件后，初步审查并与申诉人沟通交流后认为，原审裁判认定事实清楚，证据确实、充分，定性准确，处理适当。两级检察机关的处理决定正确。本案系发生在亲属之间的矛盾纠纷案件，案情简单，申诉人之所以不服原审裁判及检察机关处理结论持续申诉的原因是，原案办理时未充分和清晰播放现场监控录像，没有就关键视频影像逐一进行说明质证，也未对申诉人进行充分的释法说理。两级检察机关在审查本案时，亦未对申诉人充分释法说理。因此，申诉人不信任司法机关的处理结论，不断信访申诉。

为回应申诉人的疑问，解开其"心结"，检察官在征得董某娟本人同意后，决定在12309检察服务中心举行简易公开听证。为依法有据向申诉人释法说理，检察官委托四平市铁西区人民检察院到四平市铁西区人民法院调取案发现场监控录像，查阅相关案例，为公开听证做好准备。由于调取案发现场监控录像需要时间，检察官与申诉人约定了简易公开听证的时间。

公开听证。2021 年 6 月 9 日，董某娟刑事申诉案简易公开听证会在最高人民检察院 12309 检察服务中心召开，由当天在 12309 检察服务中心值班的律师、心理咨询师和从最高人民检察院控告申诉检察专家咨询库中邀请的一名刑事律师，共三人担任听证员。为纾解申诉人的对立情绪和消极心态，听证会前，在检察官的主持下，心理咨询师与申诉人进行了沟通交流，给予心理疏导。

听证会上，检察官播放了案发现场监控录像，就申诉人申诉的关键环节逐帧播放，向申诉人详细分析讲解案发时的情况。监控录像证实，董某娟与刘某甲、刘某乙发生口角，进而相互撕扯、踢踹，但并未伤及董某娟鼻子部位；随后，王某某来到案发现场，用拳击打董某娟，致董某娟鼻子受伤。检察官指出，刘某甲、刘某乙与董某娟之间因家庭矛盾引发争执，进而发生撕扯、踢踹等行为，双方在冲突过程中没有使用凶器，能够保持一定的克制，均不具备伤害对方的主观故意，不属于刑法意义上的故意伤害行为。王某某路过案发现场后，用拳击打董某娟头面部，其击打力度、击打部位和损害后果已经达到了严重损害人体健康的程度，属于刑法意义上的故意伤害行为。没有证据证实王某某与刘某甲、刘某乙事先、事中有通谋。检察官还结合原审裁判文书中被告人王某某供述、申诉人董某娟的陈述以及现场目击证人证言等证据，从证据采信、事实认定、法律适用等方面逐一回应申诉人的疑问。

听证员围绕案发起因、共同犯罪认定、诉讼程序适用等焦点问题发表了专业、客观的意见，一致认为，原审裁判并无不当，申诉人的申诉理由不能成立，并对申诉人进行了劝慰。

听证会让申诉人多年的疑惑得以明晰，打开了心结，主动表示相信法律的公平公正，接受司法机关的处理决定，息诉罢访。

后续工作。最高人民检察院依法作出决定，委托申诉人所在地检察机关上门向董某娟送达刑事申诉结果通知书，并再次向其释法说理。同时，结合其家庭困难等因素，由申诉人所在地检察机关给予其适当的司法救助。董某娟主动签订了息诉息访协议，一起申诉 6 年的案件圆满化解。

指导意义

（一）人民检察院对于申诉人走访申诉的案件，根据案件情况，可以举行简易公开听证。简易公开听证是检察机关办理刑事申诉案件，化解矛盾纠纷的方式创新。承办检察官经审查申诉材料、相关法律文书等，认为司法机关对原案的处理决定并无不当，只是未对申诉人充分释法说理的，可以采取即时或者预约的方式在 12309 检察服务中心等申诉案件办理场所举行简易公开听证，由听证员和检察官向申诉人充分释法说理，消除申诉人对司法机关处理决定的疑惑。简易公开听证是对普通听证程序的简化，一般不需要制定听证方案、发布听证会公告等，通常也无需邀请被申诉人、原案承办人员等参加听证会。出席简易公开听证的主要是办理刑事申诉案件的检察官、申诉人和听证员。听证员可由当天在 12309 检察服务中心值班的律师、心理咨询师等组成，一般为3人。听证过程中，听证员可以休会评议，也可以直接发表意见。

（二）对于因原案办理时释法说理不充分，矛盾没有得到有效化解而导致长年申诉、对立情绪和消极心态比较强烈的申诉人，可以邀请心理咨询师介入，做好申诉人的心理疏导工作。心理咨询师作为听证员参加检察听证，或者作为辅助人员参与听证过程，有针对性地进行专业的心理疏导，可以有效平复申诉人的心态，增强释法说理效果，促进矛盾化解。

相关规定

《中华人民共和国刑法》第二百三十四条。

《人民检察院审查案件听证工作规定》（2020年9月14日施行）第二条、第四条。

第四十批指导性案例

吉林省检察机关督促履行环境保护监管职责行政公益诉讼案

（检例第162号）

关键词

行政公益诉讼　生态环境保护　监督管理职责　抗诉

要　旨

《中华人民共和国行政诉讼法》第二十五条第四款中的"监督管理职责"，不仅包括行政机关对违法行为的行政处罚职责，也包括行政机关为避免公益损害持续或扩大，依据法律、法规、规章等规定，运用公共权力、使用公共资金等对受损公益进行恢复等综合性治理职责。上级检察机关对于确有错误的生效公益诉讼裁判，应当依法提出抗诉。

基本案情

松花江作为吉林省的母亲河，串联起吉林省境内80%的河湖系统，相关流域生态系统保护十分重要。吉林省德惠市朝阳乡辖区内某荒地垃圾就地堆放，形成两处大规模垃圾堆放场，截至2017年已存在10余年。该垃圾堆放场位于松花江两岸堤防之间，占地面积巨大，主要为破旧衣物、餐厨垃圾、农作物秸秆、塑料袋等生活垃圾和农业固体废物，也包括部分砖瓦、石块、混凝土等建筑垃圾。该垃圾堆放场未作防渗漏、防扬散及无害化处理，常年散发刺鼻气味，影响松花江水质安全和行洪安全。

检察机关履职过程

一、行政公益诉讼诉前程序

吉林省德惠市人民检察院（以下简称德惠市院）在开展"服务幸福德惠，保障民生民利"检察专项活动中发现该案件线索，经初步调查认为，垃圾堆放场污染环境，影响行洪安全，损害社会公共利益，遂于 2017 年 3 月 31 日对该线索立案调查。

经聘请专业机构对垃圾堆放场进行测绘，两处垃圾堆放场总占地面积为 2148.86 平方米，垃圾总容量为 6051.5 立方米。经委托环保专家进行鉴别，垃圾堆放场堆存物属于典型的农村生活垃圾，垃圾堆放处未见防渗漏等污染防治设施，垃圾产生的渗滤液可能对地表水及地下水造成污染，散发的含有硫、氨等的恶臭气体污染空气。环保专家及德惠市环境保护局出具意见，建议对堆存垃圾尽快做无害化处置。

德惠市院认为，根据《中华人民共和国环境保护法》《中华人民共和国固体废物污染环境防治法》以及住房城乡建设部、中央农办等 10 部门《关于全面推进农村垃圾治理的指导意见》（建村〔2015〕170 号）等相关规定，德惠市朝阳乡人民政府（以下简称朝阳乡政府）对本行政区域环境保护负有监督管理职责，对违法堆放的垃圾有责任进行清运处理。2017 年 4 月 18 日，德惠市院向朝阳乡政府发出检察建议，督促其对违法堆放的垃圾进行处理。因本案同时涉及河道安全，德惠市院同步向德惠市水利局制发检察建议，督促其依法履行河道管理职责，对擅自倾倒、堆放垃圾的行为依法进行处罚，恢复河道原状。德惠市水利局收到检察建议后，对案件现场进行了勘查并调取垃圾存放位置的平面图，确认两处垃圾堆放场均处于松花江两岸堤防之间，影响流域水体及河道行洪安全，属于松花江河道管理范围，遂派员到朝阳乡进行检查督导，并责令朝阳乡政府及时组织垃圾清理。

2017 年 5 月 12 日，朝阳乡政府书面回复称对检察建议反映的问题高度重视，已制定垃圾堆放场整治方案。6 月 5 日至 6 月 23 日，德惠市院对整改情况跟进调查发现，垃圾堆放场边缘地带陆续有新增的垃圾出现，朝阳乡政府在未采取防渗漏等无害化处理措施的情况下，雇佣人员、机械用沙土对堆放的垃圾进行掩埋处理，环境污染未得到有效整治，公益持续受损。

二、提起行政公益诉讼

2017 年 6 月 27 日，德惠市院向德惠市人民法院提起行政公益诉讼，请求：1. 确认被告朝阳乡政府对垃圾堆放处理不履行监管职责违法；2. 判令朝阳乡政府立即依法履行职责，对违法形成的垃圾堆放场进行处理，恢复原有的生态环境。朝阳乡政府辩称，垃圾堆放场属于松花江河道管理范围，监管主体是水利行政机关，其依法不应承担对涉案垃圾堆放场的监管职责。

2017 年 12 月 26 日，德惠市人民法院作出一审行政裁定认为，本案垃圾是德惠市朝阳乡区域的生活垃圾，该垃圾堆放场位于松花江国堤内，属于松花江河道管理范围，其监管职责应当由有关行政主管部门行使，朝阳乡政府只对该事项负有管理职责，不是本案的适格被告，裁定驳回德惠市院的起诉。

2018 年 1 月 4 日，德惠市院提出上诉认为，一审裁定在认定朝阳乡政府有管理职责的前提下，认定其不是适格被告，于法无据。长春市中级人民法院二审审理认为：行政机关对生态环境行政管理职责包含两方面的含义：一是运用公共权力使用公共资金，组织相关部门对生态环境进行治理；二是运用公共权力对破坏生态环境的违法行为进行监督管理。《中华人民共和国行政诉讼法》第二十五条第四款规定的"监督管理职责"应当不包括行政机关"运用公共权力使用公共资金，组织相关部门对生态环境进行治理"的管理职责。朝阳乡政府不是履行"对破坏生态环境的违法行为进行制止和处罚的监督管理职责"的责任主体。检察机关引用的法律法规及相关文件仅宏观规定了乡镇政府负责辖区内的环境保护工作，但没有具体明确如何负责。因此，朝阳乡政府是否履行清理垃圾的职责不受行政诉讼法调整；朝阳乡政府不是履行对破坏生态环境的违法行为进行制止和处罚的监督管理职责的责任主体。2018 年 4 月 20 日，长春市中级人民法院作出二审裁定，驳回检察机关上诉，维持原裁定。

三、提出抗诉

吉林省人民检察院经审查，于 2018 年 6 月 25 日向吉林省高级人民法院提出抗诉，抗诉理由为二审裁定适用法律错误：一是现行行政诉讼法律体系对"监督管理职责"未做任何限定和划分，而二审法院将行政机关的法定监管职责区分为治理职责和对违法行为的监管职责，二审裁定提出的"目前行政诉讼有权调整的行政行为应当限定在行政机关运用公共权力对破坏生态环境的违法行为进行监督管理的范围内"，是对"监督管理职责"进行限缩解释，与立法原意不符；二是将行政机关的职责区分为治理职责和对违法行为的监管职责，没有法律依据，属于适用法律错误；三是法律、行政法规、地方性法规以及从省级到县级关于生态环境保护工作职责的文件，都明确规定了乡镇人民政府对于辖区环境卫生的监管职责，朝阳乡政府对其乡镇辖区存在的生活垃圾处理负有监管职责。

2019 年 5 月 29 日，吉林省高级人民法院对本案组织了听证，吉林省人民检察院和德惠市院、朝阳乡政府共同参加了听证会。同年 12 月 30 日，吉林省高级人民法院经审理作出再审裁定认为：本案争议的焦点是朝阳乡政府对其辖区范围内环境卫生是否负有监督管理职责。环境是典型的公共产品，环境卫生的"监督管理职责"具有一定的复杂性，并非某一行政部门或某级人民政府独有的行政职责。因此，对于垃圾堆放等破坏辖区范围内环境卫生的行为，乡级人民政府应当依法履行"监督管理职责"。本案中，案涉垃圾堆放地点位于朝阳乡辖区，朝阳乡政府具有"监督管理职责"，德惠市院提起的公益诉讼符合《中华人民共和国行政诉讼法》规定的起诉条件，本案应予实体审理。法律、法规、规章或其他规范性文件是行政机关职责或行政作为义务的主要来源，这其中无论是明确式规定，或者是概括式规定，都属于行政机关的法定职责范畴，二审沿用"私益诉讼"思路审理"公益诉讼"案件，忽略了环境保护的特殊性，对乡级人民政府环境保护"监督管理职责"作出限缩解释，确有不妥，本院予以纠正。裁定：支持吉林省人民检察院的抗诉意见，撤销一审、二审裁定，指定德惠市人民法院重新审理。

2020年9月18日，德惠市人民法院重新组成合议庭审理本案。在此期间，朝阳乡政府对案涉垃圾堆放场进行了清理，经吉林省、长春市、德惠市三级人民检察院共同现场确认，垃圾确已彻底清理，但因朝阳乡政府对其履职尽责标准仍然存在不同认识，德惠市院决定撤回第二项关于要求朝阳乡政府依法履职的诉讼请求，保留第一项确认违法的诉讼请求。2020年12月28日，德惠市人民法院作出行政判决认为，对于垃圾堆放等破坏辖区内环境卫生的行为，乡级人民政府应当依法履行"监督管理职责"，本案符合法定起诉条件。朝阳乡政府对辖区内的环境具有监管职责，在收到检察建议后未及时履行监管职责进行治理，虽然现在已治理完毕，但德惠市院请求确认朝阳乡政府原行政行为违法，于法有据。判决：确认朝阳乡政府原不依法履行生活垃圾处理职责违法。朝阳乡政府未提出上诉，该判决已生效。

指导意义

（一）正确理解行政机关的"监督管理职责"。《中华人民共和国行政诉讼法》第二十五条第四款规定的"监督管理职责"，不仅包括行政机关对违法行为的行政处罚职责，也包括行政机关为避免公益损害持续或扩大，依据法律、法规、行政规章和规范性文件相关授权，运用公共权力、使用公共资金等对受损公益进行修复等综合性治理职责。检察机关提起行政公益诉讼，其目的是通过督促行政机关依法履行监督管理职责来维护国家利益和社会公共利益。行政公益诉讼应当聚焦受损的公共利益，督促行政机关按照法律、法规、行政规章以及其他规范性文件的授权，对违法行为进行监管，对受损公益督促修复；在无法查明违法主体等特殊情形下，自行组织修复，发挥其综合性管理职责。《中华人民共和国地方各级人民代表大会和地方各级人民政府组织法》《中华人民共和国环境保护法》等法律赋予基层人民政府对辖区环境的综合性管理职责，对于历史形成的农村垃圾堆放场，基层人民政府应当主动依法履职进行环境整治，而不能将自身履职标准仅仅限缩于对违法行为的行政处罚。

（二）检察机关提起行政公益诉讼后，行政机关认为其不负有相应履职义务，即使对受损公益完成修复或治理的，检察机关仍可以诉请判决确认违法。《最高人民法院关于适用〈中华人民共和国行政诉讼法〉的解释》第八十一条对于行政机关在诉讼过程中履行作为义务下适用确认违法的情形作了规定。《最高人民法院　最高人民检察院关于检察公益诉讼案件适用法律若干问题的解释》第二十四条规定："在行政公益诉讼案件审理过程中，被告纠正违法行为或者依法履行职责而使人民检察院的诉讼请求全部实现，人民检察院撤回起诉的，人民法院应当裁定准许；人民检察院变更诉讼请求，请求确认原行政行为违法的，人民法院应当判决确认违法。"进一步明确了行政公益诉讼中确认违法的适用情形。据此，在行政公益诉讼案件审理过程中，行政机关认可检察机关起诉意见并依法全面履行职责，诉讼请求全部实现的，检察机关可以撤回起诉。但若行政机关对其法定职责及其行为违法性认识违背法律规定，即使依照诉讼请求被动履行了职责，检察机关仍可以诉请判决确认违法，由人民法院通过裁判明确行政机关的行为性质，促进形成行政执法与司法共识。

相关规定

《中华人民共和国行政诉讼法》（2017年修正）第十三条、第二十五条第四款、第九十一条、第九十三条第一款、第二款。

《中华人民共和国地方各级人民代表大会和地方各级人民政府组织法》（2015年修正）第六十一条（现为2022年修正后的第七十六条）。

《中华人民共和国环境保护法》（2014年修订）第六条第二款、第十九条、第二十八条第一款、第三十三条第二款、第三十七条、第五十一条。

《中华人民共和国固体废物污染环境防治法》（2016年修正）第三十九条、第四十九条（现为2020修订后的第四十八条、第五十九条）。

《村庄和集镇规划建设管理条例》（1993年施行）第六条第三款、第三十九条。

《最高人民法院　最高人民检察院关于检察公益诉讼案件适用法律若干问题的解释》（2018年施行）第二十一条、第二十四条（现为2020年修正后的第二十一条、第二十四条）。

《最高人民法院关于适用〈中华人民共和国行政诉讼法〉的解释》（2018年施行）第八十一条。

《人民检察院公益诉讼办案规则》（2021年施行）第九条、第六十四条。

《吉林省环境保护条例》第十五条（2004年修正）（现为2021年实施的《吉林省生态环境保护条例》第五条第三款）。

山西省检察机关督促整治浑源矿企非法开采行政公益诉讼案

（检例第163号）

关键词

行政公益诉讼诉前程序　重大公益损害　矿产资源保护　分层级监督　生态环境修复

要 旨

检察机关办理重大公益损害案件，要积极争取党委领导和政府支持。在多层级多个行政机关都负有监管职责的情况下，要统筹发挥一体化办案机制作用，根据同级监督原则，由不同层级检察机关督促相应行政机关依法履行职责。办案过程中，可以综合运用诉前检察建议和社会治理检察建议等相应监督办案方式，推动形成检察监督与行政层级监督合力，促进问题解决。

基本案情

山西浑源 A 煤业有限公司（以下简称 A 煤业公司）、山西浑源 B 露天煤业有限责任公司（以下简称 B 煤业公司）等 32 家煤矿、花岗岩矿、萤石矿等矿企，分别地处恒山国家级风景名胜区、恒山省级自然保护区和恒山国家森林公园及周边（以下简称恒山风景名胜区及周边）。上述矿企在开采和经营过程中，违反生态环境保护和自然资源管理法律法规，无证开采、越界开采，严重破坏生态环境和矿产、耕地及林草资源。其中，A 煤业公司矿区在未办理建设用地使用手续的情况下非法占用农用地，造成农用地大量毁坏，涉及耕地面积达 9305 亩。B 煤业公司等其他矿企也分别长期存在越界开采煤炭资源，违反矿山开发利用方案多采区同时开采，未经审批占用耕地、林地等违法行为，违法开采造成生态环境受损面积达 8.4 万余亩，经济损失约 9.5 亿元。

检察机关履职过程

一、线索发现和立案调查

2017 年 12 月，山西省人民检察院（以下简称山西省院）通过公益诉讼大数据信息平台收集到多条反映浑源县矿企破坏恒山风景名胜区及周边生态环境和自然资源的线索，报告最高人民检察院（以下简称最高检）后，最高检挂牌督办。山西省院启动一体化办案机制，统筹推进省市县三级检察院开展立案调查。

检察机关通过调取涉案地区卫星遥感图片和无人机航拍照片，初步查实恒山风景名胜区及周边露天开采矿企底数、生态破坏面积等基本情况。经委托专门鉴定机构现场勘查测绘，针对不同矿企制作现场平面图、三维建模图等，检察机关摸清了生态环境和资源遭受破坏情况并及时固定证据。初步认定，A 煤业公司、B 煤业公司等矿企长期实施非法采矿、非法占地、非法排污及无证经营等违法行为，使当地煤炭、花岗岩等矿产和耕地、林草资源遭到严重破坏。2018 年 9 月 3 日，浑源县人民检察院（以下简称浑源县院）决定作为公益诉讼案件立案办理，此后相关检察院也经指定管辖先后依法立案。

二、督促履职

根据查明的违法情形及损害后果，并结合行政机关法定职责，检察机关研判认为自然资源、林草、生态环境、应急管理、水务、市场监管部门及乡、镇政府等行政机关负有监管职责，且不同的矿产资源、林地权属及矿企的违法行为由不同层级的行政机关监管。其中，煤矿、花岗岩矿分别由省级和市级自然资源部门颁发采矿许可予以监管；矿企破坏林地的违法行为分别由市级、县级林草部门监管；矿企违法占地、未取得安全生产许可证生产、非法倾倒固体废物、无营业执照经营等违法行为分别由县级自然资源、应急管理、生态环境、市场监管等部门监管。

多年来，上述相应的行政机关对涉案矿企的违法行为曾采取过罚款、没收违法所得、责令退回本矿区范围内开采、下达停工通知和停止违法违规生产建设行为通知等监管治理措施，但生态环境和自然资源受损状况并未改观甚至日益加剧。2018 年 8 月至 12 月，大同市两级检察机关针对花岗岩矿、萤石矿、黏土砖矿企业实施的破坏生态环境和自然资源违法行为，根据同级监督的原则，分别向负有监督管理职责的相应行政机关发出检察建议，督促对涉案矿企违法行为依法全面履行监管职责。

因该案涉及矿企数量众多，违法和公益损害的情形多样，涉及不同层级多个行政机关，为有效推进案件办理，大同市人民检察院（以下简称大同市院）发挥一体化办案优势，统筹辖区办案资源，除浑源县院外，还将该案相关具体线索分别指定辖区多个县级检察院管辖。根据大同市院的指定，云冈区检察院就 A 煤业公司剥离废渣石随意堆积污染环境违法情形，于 2018 年 10 月 15 日向浑源县生态环境部门制发诉前检察建议，建议其依法履职，督促该矿采取有效防范措施，防止固废污染环境。同年 12 月 10 日，生态环境部门回复已完成对剥离废渣石等固废的整治并建立矿山监管长效机制。广灵县、左云县、平城区、天镇县检察院根据大同市院指定，先后向大同市国土资源局、林业局，浑源县国土资源局、林业局、安监局以及浑源县青瓷窑乡、千佛岭乡政府等行政机关发出诉前检察建议并持续跟进，相关行政机关均按期回复，查处整治、植被恢复等整改任务都已落实到位。

山西省自然资源厅系 A 煤业公司、B 煤业公司等 5 家涉案煤矿企业采矿许可证发证机关，对涉案煤企的违法行为负有监管职责。2019 年 1 月 21 日，山西省院向山西省自然资源厅发出行政公益诉讼诉前检察建议，督促其对涉案煤矿企业破坏资源环境和耕地的违法行为依法全面履行监管职责。1 月 29 日，山西省自然资源厅函复山西省院，对被非法占用的耕地和基本农田及时组织补划工作，协调开展技术评审。该厅派员赴大同市、浑源县对接查处整治和生态修复工作，全程指导浑源县矿山地质环境恢复、综合治理规划、露天采矿生态环境治理修复可行性研究、勘察设计制定、生态环境治理修复工程实施等工作。3 月 19 日，该厅书面回复山西省院，已在全省开展严厉打击非法用地用矿专项行动，并组织对破坏资源的鉴定工作，建议动用 5 家煤矿企业预存的 5500 万元土地复垦费用直接用于生态修复，并联合省财政厅下达专项资金支持浑源县开展露天矿山生态修复。

鉴于相关违法行为具有一定的普遍性和典型性，且损害重大公共利益，为督促相关省级行政机关加大对下级主管部门的行政执法监督和指导力度，2019 年 1 月 29 日，山西省院向省市场监督管理局、省应急管理厅、省生态环境厅、省林业和草原局等行政机关发出社会治理检察建议，建议上述机关分别针对涉案煤矿无安全生产许可证开采经营、无环评手续非法生产、擅自倾倒堆放固废、违法占用林地等违法行为督促大同市、浑源县有关部门依法及时查处。上述四厅局迅即向大同市、浑源县通报情况并实地督导，在项目规划、资金筹措、技术支持、法规适用等方面跟踪指导并相互配合，确保生态修复有序推进。

鉴于案情重大复杂，山西省院在办案过程中及时就案件进展情况向最高检和山西省委请示汇报，最高检持续进行督办，山西省委常委会专题研究并成立整治浑源县露天矿山开采破坏生态环境专项工作领导小组，扎实推动相关整改工作。

三、综合整治成效

相关行政机关收到检察建议后，均在法定期限内予以回复，依法全面履职，整治涉案矿企违法违规行为，积极推进生态修复。通过采取注销采矿许可证、拆除、搬迁等措施，使涉案矿企违法违规开采及破坏环境资源违法行为得到全面遏制，部分花岗岩矿和黏土砖矿已完成搬迁拆除或注销，对涉案5家煤矿根据违法违规情形责令逐步分批分期退出。

在该案办理过程中，检察机关根据调查核实掌握的证据，就有关公职人员不依法履行监管职责、大面积耕地被非法占用等情况进行研判，向纪检监察机关移送公职人员违纪违法线索92件，其中77人受到党政纪处分，9人被追究刑事责任；向公安机关移送涉嫌非法占用农用地等涉嫌犯罪线索31件，公安机关立案侦查35人，检察机关向人民法院提起公诉30人。

当地政府制定了恒山风景名胜区及周边生态修复整治方案，提出"一年见绿，两年见树，三年见景"的生态修复目标。截至2021年底，修复工程完成矿山生态治理面积5.39万亩，其中恢复林地耕地1.1万亩，栽种各类树木348.55万株，铺设各类灌溉管网16.525万米，累计投入10亿余元。其余受损生态也在按修复整治方案因地因势治理中。

指导意义

（一）统分结合，分层级精准监督，推动受损生态全面修复。重大公益诉讼案件往往涉及不同层级的多个行政机关，检察机关要统筹发挥一体化办案机制作用，在全面查清公益损害事实和相应监管机关的基础上，上级检察机关加强督办指导，采取统分结合的办法立案办理，由不同层级检察机关对应监督同级行政机关，督促不同行政机关各司其职，促进受损公益得到全面修复。

（二）多措并举，综合运用诉前检察建议和社会治理检察建议，推动行政机关上下联动。《中华人民共和国人民检察院组织法》第二十一条规定，人民检察院行使法律监督职权，可以向有关单位发出检察建议。《人民检察院检察建议工作规定》第十一条规定，"人民检察院在办理案件中发现社会治理工作存在下列情形之一的，可以向有关单位和部门提出改进工作、完善治理的检察建议……（四）相关单位或者部门不依法及时履行职责，致使个人或者组织合法权益受到损害或者存在损害危险，需要及时整改消除的。"根据上述规定，针对整改难度大、违法情形具有普遍性的重大公益损害案件，检察机关在通过制发诉前检察建议督促负有直接监督管理职责的行政机关依法履职的同时，可以向负有领导、督促和指导整改工作的上级行政机关发出社会治理检察建议，通过诉前检察建议和社会治理检察建议的结合运用，推动行政机关上下联动，形成层级监督整改合力，促进受损公益尽快得到修复。

（三）综合治理，争取党委领导、政府支持，协同发挥公益诉讼检察与刑事检察职能作用，并与纪检监察、公安等机关有效衔接配合。检察机关办理重大公益诉讼案件过程中，要积极向党委报告重大情况，争取政府支持，统筹推进整改工作。对发现的涉嫌犯罪或者职务违法、违纪线索，应当及时移送公安、纪检监察等有管辖权的机关依法惩治破坏环境资源等犯罪及其背后的职务犯罪，强化公益保护的整体效应。

相关规定

《中华人民共和国人民检察院组织法》（2018 年修订）第二十一条。

《中华人民共和国行政诉讼法》（2017 年修正）第二十五条第四款。

《中华人民共和国矿产资源法》（2009 年修正）第二十九条、第四十条、第四十四条、第四十五条。

《中华人民共和国煤炭法》（2016 年修正）第二十一条、第二十二条第一款、第二十六条。

《中华人民共和国土地管理法》（2004 年修正）第七十四条、第七十六条第一款、第八十一条（现为 2019 年修正后的第七十五条、第七十七条第一款、第八十二条）。

《中华人民共和国森林法》（2009 年修正）第十五条第一、三款、第十八条第一款、第四十四条第一款（现为 2019 年修订后的第十五条第三款、第三十七条、第七十四条第一款）。

《中华人民共和国固体废物污染环境防治法》（2016 年修正）第十七条第一款（现为 2020 年修订后的第二十条第一款）。

《安全生产许可证条例》（2014 年施行）第三条第三款、第四款。

《风景名胜区条例》（2016 年施行）第二十六条。

《中华人民共和国矿产资源法实施细则》（1994 年施行）第八条第二款、第四款。

《最高人民法院　最高人民检察院关于检察公益诉讼案件适用法律若干问题的解释》（2018 年施行）第二十一条第一款（现为 2020 年修正后的第二十一条第一款）

《人民检察院检察建议工作规定》第十一条（2019 年施行）。

江西省浮梁县人民检察院诉 A 化工集团有限公司
污染环境民事公益诉讼案
（检例第 164 号）

关键词

民事公益诉讼　跨省倾倒危险废物　惩罚性赔偿　侵权企业民事责任

要　旨

检察机关提起环境民事公益诉讼时，对于侵权人违反法律规定故意污染环境、破坏生态致社会公共利益受到严重损害后果的，有权要求侵权人依法承担相应的惩罚性赔偿责任。提出惩罚性赔偿数额，可以以生态环境功能损失费用为基数，综合案件具体情况予以确定。

基本案情

2018 年 3 月 3 日至 7 月 31 日，位于浙江的 A 化工集团有限公司（以下简称 A 公司）生产叠氮化钠的蒸馏系统设备损坏，导致大量硫酸钠废液无法正常处理。该公司生产部经理吴某甲经请示公司法定代表人同意，负责对硫酸钠废液进行处置。在处置过程中，A 公司为吴某甲报销了两次费用。吴某甲将硫酸钠废液交由无危险废物处置资质的吴某乙处理。吴某乙雇请李某某，由范某某押运、董某某和周某某带路，在江西省浮梁县寿安镇八角井、湘湖镇洞口村两处地块违法倾倒 30 车共计 1124.1 吨硫酸钠废液，致使周边 8.08 亩范围内土壤和地表水、地下水受到污染，当地 3.6 公里河道、6.6 平方公里流域环境受影响，造成 1000 余名群众饮水、用水困难。经鉴定，两处地块修复的总费用为 2168000 元，环境功能性损失费用为 57135.45 元。

检察机关履职过程

江西省浮梁县人民检察院（以下简称浮梁县院）在办理吴某甲等 6 人涉嫌污染环境罪刑事案件时，发现公益受损的线索。浮梁县院即引导侦查机关和督促生态环境部门固定污染环境的相关证据，同时建议当地政府采取必要应急措施，防止污染进一步扩大。办案过程中，委托鉴定机构对倾倒点是否存在土壤污染以及生态修复所需费用、环境功能性损失费用等进行司法鉴定。经江西求实司法鉴定中心鉴定，浮梁县两处倾倒点的土壤表层均存在列入《国家危险废物名录》（2016 年版）中的危险废物叠氮化钠污染，八角井倾倒点水体中存在叠氮化钠且含量超标 2.2 至 177.33 倍不等，对周边约 8.08 亩的范围内环境造成污染；两处地块修复的总费用为 2168000 元，环境功能性损失费用为 57135.45 元。

浮梁县院经审查，对吴某甲等 6 人提起刑事诉讼。2019 年 12 月 18 日，浮梁县人民法院以污染环境罪判处被告人吴某甲等 6 人有期徒刑六年六个月至三年二个月不等，并处罚金 5 万元至 2 万元不等。一审宣判后，吴某甲、李某某不服提出上诉，2020 年 4 月 7 日，江西省景德镇市中级人民法院裁定驳回上诉，维持原判。

一、民事公益诉讼诉前程序

根据"两高"司法解释规定，民事公益诉讼由侵权行为地或者被告住所地中级人民法院管辖。因本案的环境污染侵权行为发生地和损害结果地均在浮梁县，且涉及的刑事案件已由浮梁县院办理，从案件调查取证、生态环境恢复等便利性考虑，应继续由浮梁县院管辖民事公益诉讼案件。经与江西省高级人民法院协商，江西省人民检察院 2020 年 6 月 22 日将本案指定浮梁县院管辖，江西省高级人民法院将该案指定浮梁县人民法院审理。7 月 1 日，浮梁县院对本案立案审查并开展调查核实，同时调取了刑事案件卷宗和相关证据材料。

2020 年 7 月 2 日，浮梁县院发布公告，公告期满后没有适格主体提起诉讼。

二、提起民事公益诉讼

2020 年 11 月 17 日，浮梁县院以 A 公司为被告提起民事公益诉讼，诉请法院判令被告承担污染修复费 2168000 元、环境功能性损失费 57135.45 元、应急处置费 532860.11 元、检测费、鉴定费 95670 元，共计 2853665.56 元，并在国家级新闻媒体上向社会公众赔礼道歉。

浮梁县院经审查认为，A 公司工作人员将公司生产的硫酸钠废液交由无危险废物处置资质的个人处理，非法倾倒在浮梁县境内，造成了当地水体、土壤等生态环境严重污染，损害了社会公共利益。案件审理中，因《中华人民共和国民法典》已于 2021 年 1 月 1 日正式实施。虽然案涉污染环境、破坏生态的侵权行为发生在民法典施行前，但是侵权人未采取有效措施修复生态环境，生态环境持续性受损，严重损害社会公共利益，为更有利于保护生态环境，维护社会秩序和公共利益，根据《最高人民法院关于适用〈中华人民共和国民法典〉时间效力的若干规定》第二条规定，"民法典实施前的法律事实引起的民事纠纷案件，当时的法律、司法解释有规定，适用当时的法律、司法解释的规定，但是适用民法典的规定更有利于保护民事主体合法权益，更有利于维护社会和经济秩序，更有利于弘扬社会主义核心价值观的除外"。A 公司生产部经理吴某甲系经法定代表人授权处理废液，公司也两次为其报销了产生的相关费用，吴某甲污染环境的行为应认定为职务行为，A 公司应承担污染环境的侵权责任。因公司工作人员违法故意污染环境造成严重后果，为更加有力、有效地保护社会公共利益，根据民法典第一千二百三十二条之规定，A 公司除应承担环境污染损失和赔礼道歉的侵权责任外，还应承担惩罚性赔偿金。

2021 年 1 月 3 日，浮梁县院依法变更诉讼请求，在原诉讼请求基础上增加诉讼请求，要求 A 公司以环境功能性损失费的 3 倍承担环境侵权惩罚性赔偿金 171406.35 元。

三、案件办理结果

2021 年 1 月 4 日，浮梁县人民法院公开审理本案并当庭依法判决，支持检察机关全部诉讼请求：1. 被告于本判决生效之日起十日内赔偿生态环境修复费用 2168000 元、环境功能性损失费用 57135.45 元、应急处置费用 532860.11 元、检测鉴定费 95670 元，并承担环境污染惩罚性赔偿 171406.35 元，以上共计 3025071.91 元；2. 被告于本判决生效之日起三十日内对违法倾倒硫酸钠废液污染环境的行为在国家级新闻媒体上向社会公众赔礼道歉。

一审宣判后，被告未上诉。判决生效后，被告主动将赔偿款缴纳到位。为修复被污染的环境，2021 年 9 月，浮梁县人民法院将被告缴纳的环境修复费用委托第三方依法公开招标确定修复工程施工主体，并邀请当地政府、环保部门和村民进行全程监督，目前被倾倒点生态环境修复治理已经完成。

【指导意义】

（一）检察机关提起环境民事公益诉讼时，可以依法提出惩罚性赔偿诉讼请求。民法典在环境污染和生态破坏责任中规定惩罚性赔偿，目的在于加大侵权人的违法成本，更加有效地发挥制裁、预防功能，遏制污染环境、破坏生态的行为发生。民法典第一千二百三十二条关于惩罚性赔偿的规定是环境污染和生态环境破坏责任的一般规定，既适用于环境私益诉讼，也适用于环境公益诉讼。故意污染环境侵害公共利益，损害后果往往更为严重，尤其需要发挥惩罚性赔偿的惩戒功能。检察机关履行公共利益代表的职责，在依法提起环境民事公益诉讼时应当重视适用惩罚性赔偿，对于侵权人违反法律规定故意污染环境、破坏生态造成严重后果的，可以请求人民法院判令侵权人承担惩罚性赔偿责任。

（二）检察机关应当综合考量具体案情提出惩罚性赔偿数额。基于保护生态环境的公益目的，检察机关在确定环境侵权惩罚性赔偿数额时，应当以生态环境受到损害至修复完成期间服务功能丧失导致的损失、生态环境功能永久性损害造成的损失等可量化的生态环境损害作为计算基数，同时结合具体案情，综合考量侵权人主观过错程度，损害后果的严重程度，生态修复成本，侵权人的经济能力、对案件造成危害后果及承担责任的态度、所受行政处罚和刑事处罚等因素，提出请求判令赔偿的数额。

（三）检察机关可以要求违反污染防治责任的企业承担生态环境修复等民事责任。我国对危险废物污染环境防治实行污染者依法承担责任的原则。危险废物产生者未按照法律法规规定的程序和方法将危险废物交由有处置资质的单位或者个人处置，属于违反污染防治责任的行为，应对由此造成的环境污染承担民事责任。同时，根据《民法典》第一千一百九十一条关于用人单位的工作人员因执行工作任务造成他人损害的，由用人单位承担侵权责任的规定，企业职工在执行工作任务时，实施违法处置危险废物的行为造成环境污染的，企业应承担民事侵权责任。因承担刑事责任和民事责任的主体不同，检察机关不能提出刑事附带民事公益诉讼的，可以在刑事诉讼结束后，单独提起民事公益诉讼，要求企业对其处理危险废物过程中违反国家规定造成生态环境损害的行为，依法承担民事责任。

相关规定

《中华人民共和国民法典》（2021年施行）第一百二十条、第一百七十八条、第一百七十九条、第一千一百九十一条、第一千二百二十九条、第一千二百三十二条、第一千二百三十四条。

《中华人民共和国环境保护法》（2014年修订）第六条、第四十八条。

《中华人民共和国民事诉讼法》（2017年修正）第五十五条第二款（现为2023年修正后的第五十八条第二款）。

《最高人民法院　最高人民检察院关于检察公益诉讼案件适用法律若干问题的解释》（2018年施行）第十三条（现为2020年修正后的第十三条第一款、第二款）。

《最高人民法院关于审理环境民事公益诉讼案件适用法律若干问题的解释》（2020年修正）第十八条、第十九条、第二十条、第二十一条、第二十二条。

《最高人民法院关于适用〈中华人民共和国民法典〉时间效力的若干规定》（2021年施行）第二条。

《人民检察院公益诉讼办案规则》（2021年施行）第九十八条。

《最高人民法院关于审理生态环境侵权纠纷案件适用惩罚性赔偿的解释》（2022年施行）第十二条。

山东省淄博市人民检察院对A发展基金会诉B石油化工有限公司、C化工有限公司民事公益诉讼检察监督案

（检例第165号）

关键词

社会组织提起公益诉讼　和解协议　调查核实　书面异议

要　旨

人民检察院发布民事公益诉讼诉前公告后，社会组织提起民事公益诉讼的，人民检察院应当继续履行法律监督机关和公共利益代表职责。发现社会组织与侵权人达成和解协议，可能损害社会公共利益的，人民检察院应当依法开展调查核实，在人民法院公告期限内提出书面异议。人民法院不采纳书面异议而出具调解书，可能损害社会

公共利益的，人民检察院应当依法提出抗诉或者再审检察建议。

基本案情

2014 年 4 月至 9 月间，B 石油化工有限公司（住所地山东省寿光市，以下简称 B 石化公司）、C 化工有限公司（住所地山东省高密市，以下简称 C 化工公司）分别将 125 车 5107.1 吨、70 车 2107.2 吨废硫酸交由不具有危险废物处置资质的个人，违法倾倒至山东省淄博市淄川区岭子镇台头崖村附近废弃煤井和渗坑中，造成严重环境污染。2017 年 3 月 1 日，淄博市淄川区人民检察院以被告单位 B 石化公司、C 化工公司、被告人刘某等 14 人犯污染环境罪向淄博市淄川区人民法院提起公诉。2020 年 3 月 23 日，淄博市淄川区人民法院判决两被告企业犯污染环境罪，分别判处罚金 1000 万、600 万元，其他被告人被依法判处有期徒刑一年十个月至六年十个月不等，并处罚金两万元至四十五万元不等。

淄博市淄川区人民检察院在办理上述刑事案件中发现 B 石化公司、C 化工公司等污染环境的行为已严重损害社会公共利益，依法于 2018 年 1 月 26 日将该公益诉讼案件线索移送淄博市人民检察院（以下简称淄博市院）。2018 年 3 月 20 日，淄博市院依法立案并发布民事公益诉讼诉前公告。2018 年 4 月，A 发展基金会向淄博市中级人民法院提起民事公益诉讼，请求两被告企业承担环境侵权责任，具体赔偿生态环境损害费用以鉴定或评估报告为准，未请求其他侵权人承担环境侵权责任。

经淄博市环境保护局淄川分局委托，山东省环境保护科学研究设计院于 2017 年 8 月出具检验报告，评估被污染场地的生态环境损害费用为 14474.18 万元。2019 年 12 月，淄博市中级人民法院根据淄博市公安局淄川分局查明的事实及上述检验报告，鉴于涉案环境污染系两被告以及河北省三家单位倾倒废硫酸共同造成，综合考量两被告非法倾倒污染物的数量及生态环境恢复的难易程度、防治污染设备的运行成本、被告因侵害行为获得的利益以及过错程度等因素，作出一审判决：两被告因非法倾倒造成涉案地环境污染，应承担生态环境修复费用和生态环境服务功能损失费，由 B 石化公司承担生态损害赔偿金 6000 万元，由 C 化工公司承担生态损害赔偿金 3000 万元，分别支付至山东省生态环境损害赔偿资金账户。

B 石化公司不服一审判决，上诉至山东省高级人民法院。二审期间，A 发展基金会、B 石化公司、C 化工公司三方达成和解协议：A 发展基金会同意 B 石化公司、C 化工公司在分别承担 6000 万元和 3000 万元生态损害赔偿金范围内自行修复所损害的生态环境。如按照修复方案完成修复工作，A 发展基金会不再要求 B 石化公司、C 化工公司承担生态损害赔偿金等。三方当事人请求法院对和解协议效力予以确认，2020 年 10 月 9 日，山东省高级人民法院对该和解协议予以公告。

检察机关履职过程

淄博市院在和解协议公告期间得知协议内容，认为该和解协议未达到有效修复受损生态环境的目的，如被法院司法确认，社会公共利益可能受到严重损害，遂向山东省人民检察院报告。山东省人民检察院经审查，确定了"调查核实、提出异议、跟进监督"的工作指导意见。

检察机关通过向生态环境部门调取《山东省生态环境损害修复效果后评估工作办法》等文件资料，对被污染地进行现场勘验，询问当地村民，就环境修复问题咨询专业机构意见等方式调查取证，初步证明被污染地一直未修复，和解协议可能无法实现修复目的，损害社会公共利益。

检察机关会同市、区两级生态环境部门召开专家论证会，委托山东大学、山东省环境保护科学研究设计院等单位环保领域专家实地查看被污染现场，就和解协议实质内容、修复可行性、是否违反法律规定以及是否足以保护公共利益等进行论证。专家意见认为，和解协议在未对被污染地是否具有实际修复可行性论证的前提下，随意约定侵权人自行修复受损环境，并约定侵权人完成自行修复后不再承担生态损害赔偿金，缺乏第三方有效参与和监督，从程序上不足以保证社会公共利益切实得到应有保护。

经调查核实，检察机关认为和解协议不能确保受损生态环境得到有效修复，将损害社会公共利益。一方面，受损环境是否具有实际修复的可行性应在调查论证的基础上确定，不能由和解协议随意约定。山东省环境保护科学研究设计院出具的《淄川区岭子镇台头崖村污染环境案环境损害检验报告》证明，本案污染现场的环境损害范围已无法准确估算。A 发展基金会与两涉案企业约定企业自行修复受损环境，不再承担生态环境损害赔偿金，可能损害社会公共利益。另一方面，案发 6 年多来，两涉案企业始终未出具任何修复方案，也未实际承担任何其他损害赔偿责任。和解协议未确定环境修复方案，由地处外地的侵权企业自行修复受损环境，缺乏当地环境保护部门和被污染地村民等第三方有效参与和监管，修复时间（协议约定 5 年内完成修复）和修复效果无法保证。

2020 年 11 月 9 日，根据《最高人民法院关于审理环境公益诉讼案件的工作规范（试行）》第二十九条的规定，淄博市院会同淄博市生态环境局向山东省高级人民法院提出书面异议，指出和解协议内容达不到使受损生态环境得到有效修复的目的，可能损害社会公共利益，法院依法不应据此出具调解书；并将专家论证意见、走访当地村民以及政府工作人员调查笔录、生态环境损害结果地所在村村委会诉求书、相关刑事判决书等证据提交山东省高级人民法院。

山东省高级人民法院经审查认为，淄博市人民检察院和淄博市生态环境局在和解协议公告期间提出异议，故对和解协议效力不予确认。2020 年 12 月 10 日依法作出民事判决，认为原审判决认定事实清楚，适用法律正确，B 石化公司的上诉请求不能成立，不予支持，判决：驳回上诉，维持一审判决。

判决生效后，检察机关督促法院加大执行力度，并主动对接生态环境和财政部门，对已执行到账的生态环境损害赔偿金使用跟进监督，确保用于修复受损的生态环境。

指导意义

对于检察机关依法立案的民事公益诉讼案件，社会组织在公告期间提起民事公益诉讼的，检察机关应当继续关注，并依法履行法律监督机关和公共利益代表的相应职责。根据《最高人民法院　最高人民检察院关于检察公益诉讼案件适用法律若干问题的解释》第二条规定："人民法院、人民检察院办理公益诉讼案件主要任务是充分发挥司法审判、法律监督职能作用，维护宪法法律权威，维护社会公平正义，维护国家利益和社会公共利益，督促适格主体依法行使公益诉权，促进依法行政、严格执法。"对于社会组织依法提起民事公益诉讼的，检察机关可以督促其依法行使公益诉权。对损害后果严重、社会影响较大、社会组织诉讼能力较弱等情形，检察机关可以采取提供法律咨询、向人民法院提交支持起诉意见书、协助调查取证、派员出席法庭等方式支持起诉。对于社会组织和侵权人达成和解协议的，检察机关应从合法性、可行性、有效性等方面进行审查，对可能损害社会公共利益的，在协议公告期间届满前发现的，应当向人民法院提出书面异议。人民法院未采纳检察机关提出的书面异议而出具调解书，可能损害社会公共利益的，检察机关应当依法提出抗诉或者再审检察建议；在协议生效后发现的，应当依职权主动开展监督。

相关规定

《中华人民共和国民事诉讼法》（2017年修正）第五十五条第二款、第二百零八条（现为2023年修正后的第五十八条第二款、第二百一十九条）。

《最高人民法院关于适用〈中华人民共和国民事诉讼法〉的解释》（2015年施行）第二百八十九条（现为2022年修正后的第二百八十七条）。

《最高人民法院　最高人民检察院关于检察公益诉讼案件适用法律若干问题的解释》（2018年施行）第二条（现为2020年修正后的第二条）。

《最高人民法院关于审理环境民事公益诉讼案件适用法律若干问题的解释》（2015年施行）第十一条、第二十五条（现为2020年修正后的第十一条、第二十五条）。

《人民检察院公益诉讼办案规则》（2021年施行）第九条、第二十八条、第一百零一条、第一百零二条、第一百零三条。

《最高人民法院关于审理环境公益诉讼案件的工作规范（试行）》（2017年施行）第二十八条、第二十九条。

第四十一批指导性案例

最高人民检察院督促整治万峰湖流域生态环境受损公益诉讼案

（检例第 166 号）

关键词

流域生态环境治理　跨区划公益损害　以事立案　一体化办案　检察听证　诉源治理

要　旨

对于公益损害严重，且违法主体较多、行政机关层级复杂，难以确定具体监督对象的，检察机关可以基于公益损害事实立案。

对于跨两个以上省或者市、县级行政区划的生态环境公益损害，共同的上级人民检察院可以直接立案。

上级人民检察院可以采用检察一体化办案模式，依法统一调用辖区的检察人员组成办案组，可同时在下级检察机关设立办案分组，统一工作方案，明确办案目标任务，统一研判案件线索，以交办或指定管辖等方式统一分配办案任务。上级人民检察院可以督办或者提办重点案件，下级人民检察院可以将办案中的重要问题逐级请示上级人民检察院决定，包括需要上级人民检察院直接协调解决的相关问题。

检察机关办理公益诉讼案件，对于拟采取的公益损害救济方案或者已经取得的阶段性治理成效，包括涉及不同区域之间利益关系调整的，或者涉及案件当事人以外的利益主体，特别是涉及不特定多数的利益群体和社会民众，可以通过公开听证等方式进行客观评估，或者征询对相关问题的治理对策和意见。

对于因跨行政区划导致制度供给不足等根源性问题，检察机关可以通过建立健全跨区划协同履职机制，在保护受损公益的同时，推动有关行政机关和相关地方政府统一监管执法，协同强化经济社会管理，促进诉源治理。

基本案情

万峰湖地处广西、贵州、云南三省（区）接合部，属于珠江源头南盘江水系，水面达 816 平方公里，是"珠三角"经济区的重要水源，其水质事关沿岸 50 多万人民群众的生产生活和珠江流域的高质量发展。多年来，湖区污染防治工作滞后，网箱养殖无序发展，水质不断恶化，水体富营养化严重，部分水域呈劣 V 类水质，远超《地表水环境质量标准》（GB 3838-2002）相关项目标准限值。

2016 年，第一轮中央生态环保督察第一批第六督察组在广西督察时发现："2015 年全区 11 个重点湖库中有 5 个水质下降明显"，其中包括万峰湖的广西水域。2017 年，第一轮中央生态环保督察第一批第七督察组在贵州督察时发现："珠江流域万峰湖库区网箱面积 7072 亩，超过规划养殖面积 2.48 倍"。贵州省黔西南州、广西壮族自治区百色市政府就督察发现的问题分别组织了整改，但相关问题并未从根本上解决。此外，万峰湖流域还存在干支流工业废水直排、生活垃圾污染等问题，也直接影响着万峰湖水质，公共利益受到损害。

（一）非法网箱养殖污染。广西壮族自治区隆林县、西林县辖区内水域违法网箱养殖面积达 53.6 万平方米，日均投放饲料达上百吨，导致网箱养鱼库湾及其附近水域水质总氮超标，投饵后部分水域水质为劣 V 类水。云南省师宗县辖区内也有非法网箱养殖情况，对万峰湖库区的生态环境造成不利影响。

（二）水面浮房、钓台等污染。隆林县、西林县辖区分别有水面浮房 397 个、289 个，浮房大多设置厨房、卫生间、休息室等；云南省罗平县辖区有钓台等水上浮动设施 154 个、总面积约为 1.9 万平方米，浮房、钓台使用过程中产生的生活垃圾、污水直排入湖。云南省曲靖市多依河沿岸周边有多个鱼塘，养鱼产生的废水直排多依河后注入万峰湖。

（三）船舶污染。西林县辖区内，有按照浮房模式进行改装的船舶约 50 艘，配备住宿床位 4 到 12 张不等，均无污水集中收集装置或过滤、净化设施，经营过程中产生的厨余油污、厨余垃圾以及生活污水，均直接排入湖中或倾倒岸边。罗平县 A 航运有限公司（简称 A 公司）有 7 艘船舶检验不合格、22 艘船舶废机油收集后未按规定进行处置造成污染。

（四）沿岸垃圾污染。水域及沿岸有多条垃圾带，主要包括塑料瓶、塑料袋、泡沫、废弃油桶、浮房拆解残余物等，随水体流动漂浮到湖面并滞留。贵州省兴义市辖区某地长期堆放大量垃圾，未配套建设防渗漏等设施，导致汇入万峰湖的河流受到污染。

（五）生活和养殖污水直排。兴义市辖区两处居民安置区总占地面积 637.76 亩，安置户总数为 1509 户，安置区房屋多为自建，导致雨污混流，污水最终汇入万峰湖。

（六）企业偷排、乱排废水。贵州省普安县辖区两处小煤窑废弃矿井每天产生 90 余吨的酸性废水，沿坡梗、沟渠、河道汇入万峰湖。普安县 B 能源有限公司 C 洗煤厂（简称 B 公司 C 洗煤厂）在建设生产过程中未严格按照"三同时"制度（建设项目需要配置的环境保护设施必须与主体工程同时设计、同时施工、同时投产使用）、未落实"三防"（防扬散、防流失、防渗漏）措施，导致大量煤矸石、煤泥及煤渣中的有害物质经雨水冲刷后渗漏造成土壤污染，汇入万峰湖污染水体。

（七）破坏水文地质环境。隆林县辖区 D 渔港有限公司（简称 D 公司）在 780 水位线下施工，改变水文情况，造成岸坡泥土松动，可能存在引发水土流失、泥石流等自然灾害的风险。

检察机关履职过程

一、依法立案

2019 年 11 月，贵州省人民检察院向最高人民检察院（以下简称最高检）反映了万峰湖流域生态环境污染公益诉讼案件线索。

最高检初步调查查明，万峰湖流域污染问题由来已久，经中央生态环境保护督察，近年来，贵州省黔西南州部署开展了"清源、清网、清岸、清违"专项活动，云南省、广西壮族自治区所辖湖区也陆续开展了治理行动，但由于三省（区）水域分割管理、治理标准、步调不一等原因，流域污染问题未能根治，此起彼伏，不时反弹蔓延。

最高检认为，万峰湖流域污染问题涉及重大公共利益，流域生态环境受损难以根治的重要原因，在于地跨三省（区），上下游、左右岸的治理主张和执行标准不统一，仅由一省（区）检察机关依法履职督促治理难以奏效。为根治污染，有必要由最高检直接立案办理。鉴于该案违法主体涉及不同地区不同层级不同行政机关，数量较多，如采取依监督对象立案的方式，不仅形成一事多案，且重复劳动、延时低效，公共利益难以得到及时有效保护。综合考虑本案实际，2019 年 12 月 11 日，最高检决定基于万峰湖流域生态环境受损的事实直接进行公益诉讼立案。

二、一体化办案

最高检启动一体化办案机制，组建由大检察官担任主办检察官的办案组，从本院及三省（区）检察机关抽调办案骨干作为办案组成员；三省（区）分别组建办案分组，负责摸排污染源线索、办理最高检交办和指定管辖的案件。由此整合四级检察机关办案力量，充分发挥不同层级检察机关的职能作用。

2020 年 1 月 13 日，最高检向三省（区）人民检察院印发《万峰湖流域生态环境受损公益诉讼专案工作方案》，确定了"统分结合、因案施策、一体推进"的办案模式。最高检办案组统一研判案件线索，以交办、指定管辖等方式统一分配办案任务、调配办案力量，以案件审批、备案审查等方式把控办案质量，以下发通知、提示等方式统一开展指导，助力各办案分组破解办案困难和阻力，统筹全案办理进度。

统一研判案件线索。在办案过程中，各办案分组摸排并上报案件线索 61 条，主要包括非法网箱养殖、水面浮房和钓台、船舶、垃圾、违法排放废（污）水等污染和破坏水文地质环境等问题，涉及生态环境、农业农村、水利、交通运输等行政机关。因万峰湖流域污染问题涉及的行政机关多为基层，地方检察机关更熟悉本辖区情况，开展调查更及时、更便利，最高检办案组依据公益诉讼相关管辖规定，对案件线索统一研判并分类处置，统一分配办案任务。

对一般行政公益诉讼案件线索，交可能未依法履职的行政机关所对应的同级人民检察院办理；对民事公益诉讼案件线索，交违法行为发生地、损害结果地或者违法行为人住所地的市级检察院或者基层检察院办理；对两个检察院都有管辖权的，或存在管辖争议的，以指定管辖方式交最有利于公益保护的检察院办理。2020年4月和8月，最高检以交办、指定管辖等方式，将47条案件线索分两批交地方检察机关办理。鉴于该案是最高检立案的公益诉讼案件，最高检根据相关财务规定，对于地方检察机关的相关办案工作，给予了办案经费支持。

统一办案目标。鉴于非法网箱养殖是导致万峰湖流域污染的主要原因，也是万峰湖污染攻坚战中拖延多年想解决仍未解决的"硬骨头"，最高检立案后将全面清理万峰湖湖区非法养殖网箱明确为首要办案目标，通过履行公益诉讼检察职责，督促有关行政机关依法履职，让违法主体承担恢复原状等相应民事责任。2020年9月，非法养殖网箱已全部被拆除。办案进程中，为强化并落实诉源治理，最高检办案组将治理干支流污染、工矿企业污染、生活污水直排等问题新增为办案重点任务。

统一办案要求。为规范案件办理，最高检办案组下发有关立案、调查、磋商、检察建议、提起诉讼等关键环节的办案提示，把好办案质效标准。为确保办案节奏一致，最高检办案组先后五次召开办案推进会和案情分析会，了解问题困难，听取意见建议，提出工作要求。为确保办案质量、统一结案标准，2020年12月，最高检办案组对各办案分组办理的案件逐一进行结案审查。

凝聚保护合力。为营造良好的办案环境，有力推进案件依法办理，最高检在立案后指导三省（区）相关检察机关第一时间向地方党委和政法委报告有关情况。三省（区）党委政府主要领导对办案工作给予高度重视和支持，明确要求辖区水域所在市（州）和县（市）政府以及有关行政机关积极配合办案工作，依法解决万峰湖流域生态环境问题。沿湖三市（州）党委政府认真落实省（区）党委政府的指示要求，与检察机关密切配合，形成协同保护合力。沿湖五县（市）党委政府和相关行政机关高度重视办案中发现的问题，严格执行相关法律，切实履职，协同解决辖区内污染问题。沿湖三市（州）人大常委会为解决万峰湖生态环境保护因跨行政区划带来的执法差异问题，共同签署了《跨区域协同立法合作协议》，推动实现市域间立法资源共享、执法守法统一、规范。

破解办案阻力。对各分组办案中遇到的困难和阻力以及法律问题，最高检办案组要求逐级上报，由上级院履职推进问题解决。广西E集团旗下的F渔业有限公司是隆林县招商引资的龙头企业，其非法养殖的网箱面积达到24万平方米，每天投入饵料约为30吨左右，对水体造成严重污染。针对发展与保护的矛盾问题，2020年2月17日，广西壮族自治区检察院基于某些环节存在的思想认识问题，报请最高检明确下步办案方向和要求。2月26日，最高检明确批复，企业的合法权益应当受法律保护，但对待经济发展中涉及的环境保护问题，应以习近平生态文明思想为指引，坚持生态优先、绿色发展的先进理念，不改变清理违法网箱的办案目标，但基于新冠疫情对鲜鱼市场的影响，允许在不再投放饵料前提下适当延缓拆除网箱时限，尽可能减少企业损失。8月25日，最高检办案组深入督导发现，该公司约8800余平方米网箱仍在持续投料喂养，直接向涉案企业阐明法律责任，向县政府主要负责人严肃指出存在问题，督促从严依法履职。9月13日，涉案企业自行拆除全部网箱。

三、监督整改

最高检将非法网箱养殖污染等七类问题线索经由省（区）院交沿湖市（州）、县（市）两级检察院具体办理。相关检察机关在收到交办和指定管辖的案件线索后，经进一步调查，共依法立案45件，其中行政公益诉讼案件44件，民事公益诉讼1件。在办理行政公益诉讼案件过程中，地方检察机关严格落实"诉前实现公益保护是最佳司法状态"的办案要求，秉持双赢多赢共赢的办案理念，优先与有关行政机关就其存在违法行使职权或者不作为、公共利益受到侵害的后果、整改方案等事项进行磋商。在磋商不能解决问题的情况下，对于行政机关不依法履行职责，致使公共利益受到侵害的情形，依法制发检察建议。44件行政公益诉讼案件均在诉前程序中得到解决，其中通过磋商解决8件，通过制发检察建议解决36件。

（一）非法网箱养殖污染问题

针对广西隆林县辖区的非法网箱养殖污染问题，2020年2月，隆林县政府成立万峰湖库区环保专项整治指挥部，清理万峰湖隆林县辖区的非法养殖网箱和水面浮房。因鲜鱼存量大及新冠疫情影响等原因，拆除非法养殖网箱进度缓慢，截至同年5月，仍有25.4万平方米网箱未拆除。5月27日，隆林县检察院就此对隆林县生态环境局和县农业农村局立案开展行政公益诉讼。6月4日，广西壮族自治区政府召开万峰湖生态环境问题整治工作会议，要求坚决清理万峰湖污染源。百色市政府明确下达网箱、浮房拆除的最后期限，隆林县政府组织责任单位及相关部门集中开展整治行动。9月1日，隆林县检察院进一步加大工作力度，向隆林县生态环境局和县农业农村局发出检察建议，督促其彻底清理万峰湖隆林县辖区剩余非法网箱。9月13日，万峰湖隆林县辖区前述非法养殖网箱全部拆除。

针对广西西林县辖区的非法网箱养殖污染问题，2020年1月21日，西林县检察院与县政府进行磋商，确定由县政府立即成立整治工作指挥部，组织有关行政机关对万峰湖西林水域生态环境开展综合整治。1月24日，西林县政府组织农业、生态环境、水利、林业、沿湖乡镇等部门深入库区开展整治工作。历时近3个月，西林县累计投入231.9万元，出动人员4370人次，拆除了辖区全部非法养殖网箱6.3万平方米。

针对云南师宗县辖区的非法网箱养殖污染问题，2020年10月15日，师宗县检察院对师宗县农业农村局立案开展行政公益诉讼，并多次与该局就非法网箱养殖的现状、执法情况和治理方案等进行磋商。11月2日，师宗县检察院向县农业农村局发送检察建议，要求其根据相关法律规定，结合该局的工作职责和"三定"方案等规定依法履职，取缔南盘江干流龙庆乡凤凰谷电站附近以及干流的非法养殖网箱，并依法处理网箱养殖造成损害生态环境的遗留问题。11月3日，师宗县农业农村局牵头会同县水务局、交通局、龙庆乡政府召开南盘江师宗段综合整治工作推进会，严格按照程序依法依规拆除网箱。截至 2020 年 11 月 14 日，共拆除 2175 平方米非法养殖网箱。

办案成效。为评估非法网箱养殖整治效果，2020 年 9 月 23 日至 25 日，隆林县、西林县检察院分别召开公开听证会，邀请全国人大代表、政协委员、人民监督员作为听证员到万峰湖隆林县、西林县辖区水域实地巡湖检查，听证员一致认为相关辖区非法养殖网箱污染问题整治成效明显，生态环境得到恢复。检察机关通过办案，共督促有关行政机关拆除非法养殖网箱 53.6 万平方米，彻底解决该类污染。

（二）水面浮房、钓台等污染问题

针对水面浮房、钓台等污染问题，2020 年 1 月，广西西林县检察院与县政府及相关部门进行磋商并促进整改。罗平县政府发布万峰湖流域罗平段治理通告，组织水务、环保、农业农村、鲁布革乡政府等部门单位开展联合整治，共拆除水面浮房、钓台等水上浮动设施 120 个。

办案成效。检察机关通过公益诉讼办案，督促有关行政机关拆除水面浮房、钓台等设施 899 个，劝返万峰湖垂钓人员 500 余人，彻底清理浮房、钓台问题。

（三）船舶污染问题

针对为钓客提供食宿服务的改装船生活污水直排和垃圾污染问题，2020 年 10 月 16 日，广西百色市检察院对百色海事局立案开展行政公益诉讼。经磋商，双方就海事局是否负有监管职责未达成一致意见。百色市检察院认为，本案改装船舶的用途系供钓客住宿以及从事其他活动，性质上应为农（自）用船舶，不属于渔业船舶，根据法律等相关规定，由海事部门对船舶污染负总监管责任，农（自）用船舶和"三无"船舶的污染应由海事部门监管。而百色海事局认为，根据 2020 年 6 月 30 日农业农村部渔业渔政管理局发布的《休闲渔船管理办法（征求意见稿）》规定，本案改装船"是为了向钓客提供食宿"，符合上述休闲渔船的定义，其涉渔导致的污染应由农业农村部门负责监管。

为推进案件依法办理，百色市检察院举行专家论证会、听证会，一致意见认为，海事部门负有船舶排污监管职责。百色市检察院据此再次与百色海事局磋商，仍未达成共识。根据一体化办案要求，广西壮族自治区检察院接到报告后开展跟进监督，与广西海事局沟通协商达成共识，进而督促百色海事局对违法改装船舶造成水体污染情况进行整治，拆除了船舶违法改装设施，消除了污染源。

针对罗平县辖区 A 公司船舶污染问题，2020 年 4 月，罗平县检察院与县政府开展磋商。4 月 15 日，县政府发布整改公告，相关行政机关积极履行职责，对万峰湖水上客船和农（自）用船进行定期检查，督促废旧机油依法依规处置，防止造成环境污染。

办案成效。检察机关通过公益诉讼办案，依法督促有关行政机关对万峰湖流域的船舶加强监管，违法违规生产经营造成污染问题得到实质性整改。

（四）垃圾污染问题

针对西林县、兴义市辖区内湖面存在的漂浮垃圾难以确定管辖问题，2020 年 9 月

27日，最高检通过指定管辖交广西西林县检察院办理。9月30日，西林县检察院立案；10月19日向西林县生态环境局制发诉前检察建议，督促其依法履行监管职责，及时清理湖面垃圾。相关职能部门积极行动，落实检察建议要求。11月19日，经办案分组实地查验，原有漂浮垃圾已全部清理，受损公益已得到恢复。

针对万峰湖流域干支流河道及沿岸的垃圾问题，办案组统一部署相关检察机关属地管辖办理案件。云南陆良县检察院对辖区内的南盘江干流和支流进行全线巡查，于2020年10月21日立案后，经与县水务局进行磋商，确认违法事实。11月2日，向县水务局发出诉前检察建议，建议其依法全面履行对本辖区内河道的监督管理职责，做好日常水面漂浮物的清理打捞工作。截至11月9日，县水利局协同相关乡镇政府累计组织出动人员2000余人次，清理河道漂浮垃圾2929.8吨。同时以清运漂浮垃圾为契机，在全县境内南盘江流域范围593个自然村建立了垃圾清运制度，建立健全河道保洁长效机制，组织开展河道日常保洁工作。

贵州兴义市检察院于2020年5月26日和6月1日分别对市综合行政执法局（兴义市城市管理局）、洛万乡政府立案调查。6月5日、10日分别向两行政机关发出检察建议，督促依法对行政区域内生活垃圾收集、运输、处置等各个环节监督管理，对污染的土地进行治理，恢复该地块原状。贵州安龙县检察院摸排发现辖区内万峰湖流域沿岸存在游湖、垂钓等产生的生活垃圾违法倾倒问题，依法对万峰湖镇政府公益诉讼立案，制发检察建议，督促其对辖区内万峰湖流域的污染物进行清理，同时加强宣传，引导群众文明游湖、垂钓，妥善处理废弃垃圾。上述案件中被监督单位都认真落实了整改要求。

办案成效。检察机关通过公益诉讼办案，督促有关行政机关清理湖面8.1平方千米、垃圾22万吨，干支流沿岸垃圾污染问题得以全面解决。

（五）生活污水直排问题

针对兴义市部分安置区雨污未分流污水直排问题，2020年5月21日，兴义市检察院向市委专题汇报。兴义市委、市政府立即组织住建、水务、环保及兴义市十个街道办等部门召开专题会议，组织普查发现全市存在问题的雨污管网总计669公里。就未有效整改违法问题，7月8日，兴义市检察院以公开宣告的方式，向市水务局、桔山街道办事处送达诉前检察建议，督促依法履职整改。收到检察建议后，兴义市水务局、兴义市桔山街道办事处高度重视，以积极姿态开展整改，投入必要财政资金启动城市雨污分流工程，完善雨污分流设施，解决支管错搭乱接问题等，修复了污水收集系统。

（六）沿湖（河）工矿企业废水污染问题

针对贵州普安县楼下镇废弃矿井水污染问题，2020年6月23日，普安县检察院立案调查，7月8日向普安县楼下镇政府发出诉前检察建议，建议其依法履行法定职责，对两处历史遗留废弃小煤窑矿井废水污染环境问题进行有效治理。同时，黔西南州检察院授权普安县检察院向黔西南州生态环境局发出诉前检察建议，要求该局依法履行环境污染治理法定监管职责。收到检察建议后，黔西南州生态环境局、楼下镇政府投入资金20余万元，对案涉两处矿井废水污染环境问题进行初步治理和修复。普安县政府召开专题会议研究部署整治措施，邀请专家现场勘查，并编制废弃小煤窑矿井废水污染环境问题的治理技术方案。截至目前，共投资 830 万元，已修建完毕 5 个沉淀池，污水经过多级沉淀已实现达标排放，废弃矿井水污染的问题已得到有效治理。

针对普安县 B 公司 C 洗煤厂污水直排问题，2020 年 6 月 20 日，普安县检察院立案开展行政公益诉讼，8 月 10 日向楼下镇政府发出诉前检察建议，督促该镇政府依法履行环境污染治理主体职责，对普安县 B 公司 C 洗煤厂直排马别河的污染问题进行有效治理。同时针对洗煤厂直排废水污染土地问题，2020 年 11 月 9 日，黔西南州检察院以民事公益诉讼立案。2021 年 9 月 2 日，该院依法向州中级人民法院提起诉讼，请求判令 B 公司对污染的土地进行修复治理，并从源头消除污染隐患，直至验收通过；承担本案开展生态环境损害调查评估费用 26 万元；就其污染行为在黔西南州州级媒体向社会公众公开赔礼道歉。2 月 17 日，经法院主持，黔西南州院与被告达成调解协议，B 公司对检察机关的诉讼请求全部予以认可，现已履行完毕。

办案成效。通过公益诉讼办案，共推动完善、新建流域辖区内污水处理设施、垃圾压缩中转站等 53 个，干支流工业废水直排问题得到有效解决。

（七）破坏水文地质环境问题

针对隆林县 D 公司破坏沿岸水土问题，2020 年 6 月 23 日，隆林县检察院立案调查。6 月 26 日，该院分别与县水利局、天生桥镇政府进行磋商，督促其依法履行监管职责。9 月 23 日，隆林县水利局、天生桥镇政府答复整改情况：已依法处置在 780 水位线下弃置固体废弃物；及时对在 780 线下施工可能造成的岸坡水土流失问题采取防护措施。经办案组实地查看，受损公益确已得到恢复。

办案成效。检察机关通过公益诉讼办案，共督促相关行政机关组织拆除占用河堤的违章建筑 1144 平方米。

四、公开听证问效求计

由于万峰湖流域生态环境受损涉及三省（区）五县（市），管理主体分散、利益诉求多元，各方认识不一，为了评估整改效果、凝聚治理共识，自觉接受社会监督，2020 年 12 月 24 日，最高检办案组对该案公开听证，沿湖三市（州）政府和五县（市）政府负责人以及群众代表作为案件当事人；邀请全国人大代表、专业人员作为听证员参加听证；邀请生态环境部、水利部、农业农村部相关代表列席听证会。听证会议题包括两方面：一是案件是否取得整治网箱养殖污染等成效；二是探讨开展渔业生态养殖保护生态的可行性，以及如何通过统一管理等方式实现依法规范治理。

听证员和其他听证会参加人员充分肯定了案件办理取得的成效，形成了下一步沿湖五县（市）统一开展生态养殖、协同规范治理、推动万峰湖流域生态环境持续向好的共识。最高检办案组结合听证意见，综合考虑受损社会公共利益经整治得到有效保护的实际情况，对该案作出了终结案件决定，同时推动五县（市）联合执法监管和统一生态养殖，守好沿岸绿水青山、变成金山银山，造福沿湖人民群众。

通过办案督促整治，万峰湖生态环境污染问题得到有效整改，湖面非法养殖、沿湖岸线及干支流污染等问题得到有效解决，水质持续好转。2020年12月，三省（区）共用自动检测设备对万峰湖库区国控断面监督点每月1次的断面水质检测结果表明，万峰湖水质均达到或优于《地表水环境质量标准》（GB3838-2002）Ⅲ类水质；2022年二季度，万峰湖水质均达到Ⅱ类以上，多数监测点水质已为Ⅰ类。

五、诉源治理

为从源头预防污染问题发生，形成跨区划保护合力，推动解决万峰湖流域统一执法、统一生态养殖等可持续发展问题，2021年1月，最高检办案组指导三省（区）检察机关对案件办理效果开展"回头看"工作，跟踪了解整改落实情况，并指导沿湖三市（州）检察院共同签署了《关于万峰湖流域生态环境和资源保护协作机制（试行）》，强化公益诉讼检察职能对万峰湖的生态保护作用。2021年6月、8月和9月，最高检办案组三次赴沿湖五县（市）调研，推动相关政府部门坚定绿色发展理念，消除分歧，统一执法监管、统一生态养殖，形成共管、共治、共建、共享的新发展格局。2021年12月，五县（市）检察机关就建立黔桂滇三省（区）五县（市）万峰湖联合检察机制达成一致意见，联合制定《关于万峰湖流域生态环境检察公益诉讼案件跨区划管辖暂行办法（试行）》。2022年3月，五县（市）党委政府决定成立联合执法指挥部，并会签《关于成立黔桂滇三省（区）五县（市）万峰湖联合执法指挥部的通知》，对湖区实行统一联合执法监管。2022年6月，五县（市）党委政府就万峰湖大水面生态养殖项目达成共识，并会签《黔桂滇三省（区）五县（市）万峰湖产业发展框架协议》，合作成立"黔桂滇万峰湖渔业开发有限公司"，携手走上万峰湖流域长效保护、绿色发展和乡村振兴之路。

指导意义

（一）对于案情复杂、一时难以确定监督对象的公益损害线索，可以基于公益损害事实立案。生态环境和资源保护领域中的重大公益受损问题往往涉及多个侵权违法主体，还可能涉及多地多层级多个行政机关，一时难以确定具体监督对象，如果查证清楚再行立案，难免迁延时日，使公益损害继续扩大，影响公益保护的及时性、有效性。人民检察院即使尚未查明具体违法履职的行政机关，或者实施具体侵害公益的民事违法主体，也可以基于公益损害事实及时立案。《人民检察院公益诉讼办案规则》第二十九条对此作了明确规定。

（二）对于江河湖泊流域性生态环境治理或者跨行政区划重大公益损害案件线索，上级人民检察院可以依法直接立案。跨两个以上省、市、县级行政区划的生态环境和自然资源公益损害，被公认为是治理难题，各地执法标准不一，治理进度和力度不同，由具有管辖权的各个基层人民检察院直接办案难度较大，对此，所涉行政区划共同的上级人民检察院可以直接立案。

（三）发挥检察一体化优势，上、下级人民检察院统分结合，充分发挥各自的职能作用。上级人民检察院可以采用检察一体化办案模式，依法统一调用辖区的检察人员组成办案组，或者在下级人民检察院设立办案分组。上级人民检察院统一制定办案方案，明确办案目标、办案形式、办案步骤、办案要求等内容，统一把握案件进度、标准，通过案件审批、备案审查等方式把关具体案件立案、调查、磋商、制发检察建议、听证、提起诉讼等关键办案环节，统筹指挥开展办案活动。对于具体的违法和公益损害线索，基于下级人民检察院更熟悉本辖区情况，监督同级行政机关更直接、具体等办案实际，上级人民检察院可以以交办或者指定管辖等方式交由下级人民检察院立案办理。下级人民检察院对于办案中发现并难以处理的重要问题，包括需要上级人民检察院直接协调解决的相关问题，可逐级请示交办和指定管辖的上级人民检察院决定。直接立案的上级人民检察院对下级人民检察院请示的、案件办理中的重大问题承担兜底统筹的主体责任。从而形成上级人民检察院以事立案为主案，下级人民检察院以监督对象立案为从案，主案与从案统分结合、因案施策、一体推进的办案模式。

（四）发挥检察听证作用，评估办案成效，凝聚治理共识，提升办案效果。检察机关办理公益诉讼案件，往往关系到行政执法监管、经济社会管理的主要事项，具体涉及案件当事人以外的多元利益主体，包括行政管理对象，特别是可能涉及不特定多数的利益群体和社会民众，或者涉及不同区域之间重大利益关系的调整等。对于公益诉讼的阶段性治理成效，通过公开听证会等方式征询相关主体代表的意见，对公益损害救济状况、办案成效进行评估，有利于形成共识，提升公益保护的实效；对于尚未付诸实践或者具有探索性质的治理对策，也有必要借助公开听证听取各方面意见，确保治理措施的合法性和可行性，更好践行公益保护为了人民、依靠人民的理念，更好落实"谁执法谁普法"普法责任制，实现"办理一案、警示一片、教育影响社会面"的良好办案效果。

（五）以跨区划流域治理问题为导向，建立常态化公益保护机制，推进诉源治理。"上下游不同步、左右岸不同行"等流域治理问题的根源在于跨行政区划管理制度机制的供给不足或者不完善，导致公益损害现象在取得治理成效后仍存在反弹隐患。检察机关可以通过建立健全跨区划协同履职机制，在保护受损公益的同时，协调、推动有关行政机关和相关地方政府统一监管执法，协同强化经济社会管理，促进诉源治理。万峰湖流域因为多头管理、难以管理、都不管理现象突出，导致养殖污染严重，只有通过沿湖五县（市）统一、严格规范下的生态养殖，统一联合执法和检察协同督促，才可能有效根治违法养殖导致污染，守住一湖碧水，才可能通过科学利用湖泊资源，助力脱贫区域乡村振兴，造福一方百姓，打造绿水青山就是金山银山的样板。

相关规定

《中华人民共和国人民检察院组织法》（2018 年修订）第二十四条。

《中华人民共和国行政诉讼法》（2017 年修正）第二十五条第四款。

《中华人民共和国环境保护法》（2014 年修订）第六条、第十条、第五十一条。

《中华人民共和国渔业法》（2013 年修正）第十一条、第四十条。

《中华人民共和国水污染防治法》（2017 年修正）第四条、第九条、第十九条、第三十三条、第三十八条、第四十二条、第四十九条、第八十五条。

《中华人民共和国固体废物污染环境防治法》（2016 年修正）第十七条（现为 2020 年修订后的第二十条）。

《中华人民共和国土壤污染防治法》（2019 年施行）第五条、第七条、第八十七条。

《城镇排水与污水处理条例》（2014 年施行）第五条、第二十条。

《建设项目环境保护管理条例》（2017 年修订）第十五条。

《人民检察院检察建议工作规定》（2019 年施行）第十条。

《人民检察院公益诉讼办案规则》（2021 年施行）第十七条、第二十九条。

《人民检察院审查案件听证工作规定》（2020 年施行）第四条、第五条。

第四十二批指导性案例

陈某诉江苏省某市人社局撤销退休审批　检察监督案

（检例第 167 号）

关键词

行政检察　抗诉　职工退休年龄　劳动者权益保护　社会治理

要　旨

企业职工退休年龄应当依据所从事的岗位类型依法确定。人民检察院办理行政诉讼监督案件，发现行政机关未依照国家关于企业职工管理从身份管理向岗位管理转变的要求审批退休，人民法院生效裁判予以错误维持的，应当依法监督。针对办案发现的企业职工退休审批中存在的违反法律政策的问题，人民检察院与人民法院、相关行政机关加强沟通磋商，推动规范完善企业职工退休审批标准和程序，促进依据岗位类型确定退休年龄的国家政策有效落实，保障劳动者合法权益。

基本案情

陈某，女，1964 年 4 月出生。1981 年经招工成为江苏省某市印染厂职工，2001 年

7 月经招聘进入某集团有限公司的子公司某投资公司工作。2005 年起，某投资公司多次行文，委派陈某到其下属的石化公司、纺织公司任财务科长、财务部副经理、财务总监等职务。某投资公司也多次发文明确陈某享受管理岗位相应待遇。

2014 年 8 月 14 日，某投资公司以陈某已年满 50 周岁达到工人退休年龄为由，为陈某办理退休手续。同月 18 日，某市人社局批准陈某自 2014 年 4 月起退休。陈某认为自己属于管理岗位人员，按照规定应在 55 周岁退休，向人民法院提起行政诉讼，要求撤销市人社局退休审批手续。

2016 年 3 月 24 日，某区人民法院作出行政判决，以现有证据无法证明陈某的工作岗位已按照程序被确定为管理或技术岗位为由，驳回其诉讼请求。陈某不服一审判决，提起上诉。2016 年 10 月 30 日，某市中级人民法院作出二审判决，认为无证据证明陈某曾从工人身份转换为干部身份，且某投资公司对陈某 45 周岁前后的管理或者技术岗位不予认可，故陈某应按工人身份 50 周岁退休，人社局批准其退休并无不当，遂判决驳回上诉，维持原判。陈某向江苏省高级人民法院申请再审，被以相同的理由裁定驳回。

检察机关履职过程

案件来源。陈某不服人民法院生效判决，向某市人民检察院申请监督。某市人民检察院经审查，于 2019 年 6 月 24 日提请江苏省人民检察院抗诉。

调查核实。围绕本案争议焦点，检察机关重点开展了以下调查核实工作：一是向陈某了解情况、调阅某集团有限公司相关资料，查明陈某自 40 岁起先后在某投资公司下属石化公司、纺织公司等从事财务管理工作，并得到某集团有限公司的确认。二是向某市人社局了解关于退休审批的政策规定，发现其为陈某办理退休审批手续依据的是原江苏省劳动厅《关于实施劳动合同制度有关问题的补充处理意见》（2015 年 12 月 21 日被废止）。该《意见》第十三条规定，企业内生产操作岗位和技术管理岗位的划分，由本企业根据编制定员和生产经营实际自行确定，经过职工代表大会讨论通过后实施。因某投资公司自成立到本案争议时从未召开过职工代表大会确定区分工人岗、管理岗的目录，故人社局以无证据证明陈某工作岗位已按照程序被确定为管理岗或技术岗为由，以其工人身份审批 50 周岁退休。

监督意见。江苏省人民检察院审查后认为：1. 二审判决以无证据证明陈某工作岗位已按照程序被确定为管理岗或技术岗为由，直接认定陈某应按工人身份 50 周岁退休，与客观事实不符。2. 人社部门应当根据陈某实际工作岗位审批退休申请。人社部门作为社会保险行政部门，对于陈某退休具有审批权，虽然某投资公司未对管理和非管理岗位作出明确划分和界定，但人社部门应当根据陈某曾被公司多次任命管理职务的客观实际，确定陈某的岗位性质、退休年龄。3. 陈某可以年满 55 周岁退休。根据国家关于退休年龄的相关规定，原劳动部《关于贯彻执行〈中华人民共和国劳动法〉若干问题的意见》中，关于"……职工在用人单位内由转制前的原工人岗位转为原干部

（技术）岗位或由原干部（技术）岗位转为原工人岗位，其退休年龄和条件，按现岗位国家规定执行"的规定，以及《〈江苏省企业职工基本养老保险规定〉实施意见》中"关于45周岁前在管理或技术岗位上工作、45周岁后仍继续在管理或技术岗位上工作过的女工人，年满55周岁退休"的规定，陈某属于可以年满55周岁退休的情形。

2019年8月16日，江苏省人民检察院向江苏省高级人民法院提出抗诉。

监督结果。江苏省高级人民法院再审期间，江苏省人民检察院副检察长受检察长委托列席审判委员会会议发表法律监督意见。省人民检察院还会同省高级人民法院办案人员多次联合走访陈某、某集团有限公司、省市两级人社部门，释法说理，指出企业应当积极落实从身份管理转向岗位管理的国家政策和劳动法的相关规定。最终促成和解，陈某书面撤回监督申请，某集团有限公司补偿陈某被提前退休的损失。2022年1月25日，省高级人民法院裁定终结诉讼。

推进治理。江苏省人民检察院在办案中发现，虽然原省劳动厅《关于实施劳动合同制度有关问题的补充处理意见》已于2015年12月21日被废止，但省市两级人社部门依然在沿用该文件第十三条的规定。省人民检察院就该案反映出的一些企业未按照有关规定对管理和非管理岗位作出明确界定，人社部门依职工原身份直接认定管理岗和技术岗不符合客观实际的问题，与省高级人民法院、省人社厅多次沟通，反复磋商，达成一致。省人社厅采纳省检察院的意见，在制定《江苏省企业职工养老保险实施办法》中明确女职工退休年龄的审批标准和程序，规定"女工人50周岁时在管理技术岗位上工作，或者在管理技术岗位上工作累计满5年且45周岁后在管理技术岗位上工作过的，按照女干部退休年龄执行；……""企业应当制定本单位的岗位目录（包括岗位名称、岗位性质等），经职工大会或职工代表大会通过后，提供给人力资源社会保障部门，作为确定女职工退休年龄和办理退休手续的依据之一。"同时规定，企业应当按照岗位目录确定女职工所从事的岗位性质，岗位发生变动时，应当及时通过签订岗位变动协议或者变更劳动合同等形式确定，并向社会保险经办机构申报变更岗位性质信息。

2022年3月1日，《江苏省企业职工养老保险实施办法》正式施行。某集团有限公司按照该实施办法规定的民主和决策程序制定了内部机构和岗位"三定"方案，明确了集团总部的岗位目录并区分管理岗和工人岗，向市人社部门履行了报备程序。

指导意义

人民检察院通过依法监督人民法院生效行政裁判，推动依据岗位类型确定退休年龄的国家政策有效落实，并由个案到类案，与行政机关磋商，促进劳动纠纷诉源治理。退休年龄关涉企业和职工缴纳社会保险等的年限和数额，与企业和职工利益直接相关，应当依法确定。1995年1月《中华人民共和国劳动法》实施以后，为适应社会主义市场经济体制，推行劳动合同制，企业管理员工从身份管理转向岗位管理。女职工退休年龄应当依据所实际从事的岗位性质依法确定，与其原有的工人或干部身份不必然相关。人民检察院办理企业员工不服退休审批的行政诉讼监督案件，应当审查企业、人社部门及人民法院是否正确执行依员工实际工作岗位确定退休年龄的规定，对人民法院生效行政裁判维持以身份确定女职工退休年龄的行政审批决定，认定事实与女职工实际从事工作岗位不符的情形，应当依法予以监督。检察机关在办理涉及企业职工合法权益个案的同时，发现企业职工退休审批中存在的共同性、普遍性问题，应当查找分析其制度性、管理性根源，推动相关职能部门健全管理制度，明确企业职工退休审批标准和程序，推动相关企业规范职工岗位管理，保护劳动者合法权益，提升社会治理水平。

相关规定

《中华人民共和国行政诉讼法》（2017年修正）第九十一条、第九十三条。

《中华人民共和国劳动法》（2018年修正）第四条。

《最高人民法院关于适用〈中华人民共和国行政诉讼法〉的解释》（2018年施行）第一百二十一条。

《人民检察院行政诉讼监督规则》（2021年施行）第六条。

原劳动部《关于贯彻执行〈中华人民共和国劳动法〉若干问题的意见》（1995年施行）。

志某诉湖南省甲县公安局确认执法信息录入行政行为违法检察监督案

（检例第168号）

关键词

行政检察　抗诉　检察建议　执法信息数据管理　人格尊严社会治理

要旨

人民检察院办理行政诉讼监督案件，对于违法行政行为严重侵犯公民人格尊严，当事人要求行政机关赔礼道歉的，应当予以支持。人民检察院对办案中发现的执法信息数据采集、使用、管理中带有普遍性的问题，可以依法制发检察建议，督促行政机关加强和改进管理监督工作，健全完善执法信息数据录入与审查核实机制，从源头上消除防范侵犯公民人格权的风险隐患。

基本案情

2016年，湖南省甲县公安局在补录罪犯信息时，审核不严格，操作不规范，误将志某的身份信息录入到"全国违法犯罪人员信息资源库"。志某因此失去工作，社会活动受到诸多限制。志某多次请求甲县公安局解决未果，遂于2018年1月向人民法院提起行政诉讼，请求确认甲县公安局行政行为违法，并责令甲县公安局从该信息资源库中删除本人信息，赔偿损失，赔礼道歉。

甲县人民法院以行政诉讼、行政赔偿诉讼两个案件立案，合并审理。行政诉讼案一审判决确认甲县公安局将志某的个人信息录入"全国违法犯罪人员信息资源库"的行政行为违法，限判决生效后五日内将志某从该信息资源库中删除。甲县公安局不服一审判决，提起上诉。衡阳市中级人民法院于2018年7月25日受理。二审期间，甲县公安局于2018年10月向该院提交《关于删除错录志某犯罪信息情况说明》，称自2018年1月起，已对"全国违法犯罪人员信息资源库"等数据平台中志某的错录数据予以删除。衡阳市中级人民法院认为，甲县公安局将志某的信息录入到"全国违法犯罪人员信息资源库"的行政行为没有事实依据，程序违法，由于错录的信息已被删除，故无须再判决甲县公安局限期删除，遂判决撤销一审行政判决，撤销甲县公安局将志某的个人信息录入"全国违法犯罪人员信息资源库"的行政行为。人民法院对行政赔偿诉讼案作出的二审生效判决，判处甲县公安局赔偿志某精神损害抚慰金30000元。志某认为，其诉讼请求没有得到完全支持，多次到当地人大等有关机关反映情况。

检察机关履职过程

案件来源。衡阳市人大监察司法委将该案线索转交衡阳市人民检察院。衡阳市人民检察院依法受理并审查后，提请湖南省人民检察院抗诉。

调查核实。检察机关调查查明，志某原户籍地为乙县某镇，乙县公安、司法机关在办理恩某盗窃案中未核查其身份信息，致恩某冒用志某名字被追究刑事责任，投入甲县看守所服刑。2000年前后，湖南省监所执法管理系统启用信息化管理，甲县看守所对所内历年来羁押人员信息进行补录，工作人员按照判决书信息配对人口信息网时，发现乙县某镇只有志某的信息与罪犯恩某的信息较为相符，便认定志某为判决书上的"志某"，将其录入看守所管理系统。2016年看守所管理系统并入全国违法犯罪人员信息资源库，志某的错录信息同步进入资源库并被公开到相应应用系统。

监督意见。湖南省人民检察院经审查认为：1. 志某在诉讼中并未变更诉讼请求，其关于赔礼道歉的诉讼请求，本案一审、二审判决和另案行政赔偿判决，均未予以回应。2. 虽然甲县公安局在二审判决前已将志某的错录信息删除，原行政行为的违法状态已经消除，但根据《中华人民共和国行政诉讼法》第七十四条规定，被告改变原违法行政行为，原告仍要求确认原行政行为违法，不需要撤销或者判决履行的，人民法院应当判决确认违法，故二审判决"撤销行政行为"属于适用法律错误。2021年5月，湖南省人民检察院向湖南省高级人民法院提出抗诉。

监督结果。湖南省高级人民法院依法再审，判决确认甲县公安局将志某的个人信息录入"全国违法犯罪人员信息资源库"的行政行为违法。再审法院指出，本案一、二审期间志某均未变更其诉讼请求，一审遗漏了志某"赔礼道歉"的诉讼请求，但在二审庭审过程中，甲县公安局当庭向志某予以赔礼道歉。此种情形，二审判决既未在判决理由予以回应，亦未在判项中对该诉讼请求进行处理，确有不当。鉴于志某"赔礼道歉"的诉讼请求已经得到解决，再审判决对一审、二审的遗漏予以指正。再审中，行政机关负责人当庭向志某诚恳道歉，平复了志某的不满情绪。

推进治理。检察机关针对该案反映出的公民身份信息录入错误进一步调查核实，发现当地公安机关执法信息数据采集使用管理工作存在对录入信息审核监督不足，把关不严，怠于纠正错录信息等问题。针对上述问题，衡阳市人民检察院2021年5月依法向衡阳市公安局发出检察建议书，建议公安机关集中整治公民身份信息录入工作中存在的突出问题；建立健全公民身份信息录入工作机制，从根本上堵住管理上的漏洞；加强队伍政治业务培训，不断提高公民信息录入管理能力水平；做好矛盾化解工作，切实防范社会稳定风险。

衡阳市公安局收到检察建议后成立工作专班，对全市违法犯罪人员信息录入工作进行全面清查，对执法领域冒用他人身份信息情况进行纠正，对相关承办民警予以追责处理。衡阳市公安局将整改相关情况报告湖南省公安厅，2022年4月，省公安厅出台《湖南省公安机关执法办案信息数据采集使用管理工作规定》，完善了公民身份信息录入审批监督机制。湖南省公安厅还在全省公安机关开展错误录入公民违法犯罪信息问题专项清查整治工作，截至2022年7月，将排查出的2019年1月以来被错误录入"全国违法犯罪人员信息资源库"人员信息全部予以纠错，并对相关责任人追责处理。

指导意义

（一）人民检察院办理因违法行政行为造成公民精神损害引起的行政诉讼监督案件，对于法院生效裁判遗漏赔礼道歉诉讼请求的，可以依法监督，促进行政争议实质解决。当事人提起行政诉讼，诉请确认行政行为违法并要求赔礼道歉，人民法院在行政判决主文中对赔礼道歉的诉讼请求未予以回应，在判项中也未作出判决的，属于遗漏诉讼请求情形，人民检察院可以提出抗诉。行政机关及其工作人员的侵权行为往往会给受害人带来不同程度的困扰和精神痛苦，赔礼道歉作为行政机关承担责任的方式之一，有利于抚慰受害人。检察机关办理因违法行政行为造成公民精神损害引起的行政诉讼监督案件，监督人民法院纠正遗漏判项，促使行政机关向受害人赔礼道歉，有利于实质性化解行政争议。

（二）人民检察院针对发现的执法信息数据采集使用管理安全隐患问题，制发社会治理检察建议督促行政机关及时修补管理监督漏洞，有利于从源头上消除违法和侵权隐患，保护公民信息安全。信息化时代，行政机关采集使用管理公民信息紧密关联公民的人格尊严和合法权益，影响公民基本权利行使。行政机关有义务依法客观准确采集使用公民信息。人民检察院在办案中发现执法信息采集、审核机制不健全，可以通过制发检察建议书督促行政机关堵塞管理漏洞，消除违法犯罪风险和侵害公民信息安全隐患，维护公民合法权益，发挥源头治理实效。

相关规定

《中华人民共和国人民检察院组织法》（2018 年修订）第二十一条。

《中华人民共和国行政诉讼法》（2017 年修正）第七十条、第七十四条、第九十一条。

《人民检察院检察建议工作规定》（2019 年施行）第三条、第十一条。

浙江省杭州市某区人民检察院督促治理虚假登记市场主体检察监督案

（检例第 169 号）

关键词

行政检察　虚假登记　类案监督　检察一体化　数字化治理

要　旨

人民检察院在开展行政诉讼监督中发现存在虚假登记市场主体问题，可以依法制发检察建议，督促行政主管部门依法履行监管职责。要积极运用大数据赋能法律监督，注重从个案发现类案监督线索，通过社会治理检察建议推动跨部门高效协同社会治理。

基本案情

2018 年 8 月，王某在购买车票时发现自己被纳入限制高消费名单，经查询得知，其遗失的身份证被他人冒名用于登记设立某咨询公司，王某被登记为公司法定代表人，因某咨询公司欠款未还，王某被法院列为失信被执行人。2018 年 11 月，王某向某区市场监督管理局申请撤销登记，该局未同意。王某申请笔迹鉴定，鉴定意见证明注册的登记资料和委托书上的"王某"签名均非其本人书写。2019 年 3 月，王某向某区人民法院提起行政诉讼，请求判令某区市场监督管理局撤销公司登记。因王某提起的行政诉讼已超过法定起诉期限，依据浙江省高级人民法院、浙江省人民检察院《关于共同推进行政争议实质性化解工作的纪要》，某区人民法院邀请检察机关共同开展行政争议实质性化解工作。

检察机关履职过程

案件来源。某区人民检察院应邀参与化解工作。经调查查明王某确系被冒名登记，遂于 2019 年 11 月 18 日向某区市场监督管理局发出检察建议书，建议其依法启动公示和调查程序。某区市场监督管理局收到检察建议后，按照规定启动了公示调查程序，并于 2020 年 4 月 23 日撤销王某名下的某咨询公司。针对王某案反映出的提交虚假材料或者采取其他欺诈手段隐瞒重要事实取得市场主体登记（以下简称虚假登记）问题，某区人民检察院研判认为该问题并非个案，经检索检察业务应用系统，发现该院办结的朱某某诈骗案中，朱某某等人为骗取街道招商引资引荐奖金，通过购买、借用他人身份信息，虚假登记 26 家公司。经对辖区内涉嫌虚假登记线索进一步筛查，发现 2019 年 11 月至 2020 年 1 月期间，杭州某灯饰有限公司等 74 家公司分别以杭州市已处于歇业状态的某宾馆 3—8 层 74 个房间号为经营地址登记注册，涉嫌提交虚假材料取得公司登记，遂依法启动行政检察类案监督。

调查核实。某区人民检察院开展了以下调查核实工作：一是向该区市场监督管理局调取相关公司登记材料；二是向人社部门、税务部门调取涉案公司人员社保缴纳信息、税款缴纳情况；三是向该区公安分局刑事侦查大队了解电信诈骗团伙犯罪相关情况；四是实地查看 74 家公司登记地址，调取该地址经营的某宾馆有限公司营业执照、租赁合同。查明：某宾馆有限公司是 74 间房屋产权所有方，74 家公司系邓某某等人伪造租赁合同和办公租用协议，加盖伪造的"某宾馆有限公司"的印章，冒用他人身份信息，通过浙江省企业登记全程电子化平台登记设立公司，申请银行对公账户，某宾馆有限公司对 74 家公司擅自使用其地址注册公司的行为并不知情；该 74 家公司均无社保、税费缴纳记录，未在登记地址实际经营。其中有 4 家公司的对公账户已证实被用于电信诈骗活动，其余公司及其对公账户也被转卖给他人用于违法犯罪活动。上述 74 家公司冒用某宾馆有限公司经营地址，影响了该公司破产程序的进行。

监督意见。某区人民检察院经审查认为，杭州某灯饰有限公司等 74 家公司提交虚假材料取得公司登记用于违法犯罪活动，已严重损害人民群众的财产安全、信用安全，情节严重，根据《中华人民共和国公司法》第一百九十八条、《中华人民共和国公司登记管理条例》第六十四条规定，应当吊销营业执照。杭州市某区市场监督管理局对上述违法行为负有法定监督管理职责，但并未依法尽责履职。2020 年 5 月 29 日，某区人民检察院向区市场监督管理局发出检察建议书，建议：1. 履行监管职责，吊销杭州某灯饰有限公司等74家公司的营业执照；2.开展涉案公司法定代表人的关联公司信息排查专项行动；3.建立长效监管机制，利用大数据排查等方式加强日常巡查。

监督结果。某区市场监管局针对检察建议书的内容，对所涉及的74家公司的违法行为依法进行了相关调查处理，查明74家公司提供的租赁合同和办公租用协议确属伪造，依法作出吊销杭州某灯饰有限公司等74家公司营业执照的行政处罚决定。区市场监督管理局在全区范围内开展虚假登记专项检查，撤销20家因冒用他人身份证登记的公司，将200余家无社保缴纳记录、无缴税记录、同一地址登记多家公司等异常公司列入重点管控企业名录。朱某某诈骗案所涉及的26家公司亦被依法吊销营业执照。

针对案件办理过程中发现的职能衔接不畅、信息共享不及时、传统监管手段滞后等问题，某区人民检察院会同区法院、公安、人社、市场监管、税务等部门，建立线索移送反馈、快速联动查处、定期案情通报等工作机制，形成虚假登记行政监管"快通道"。

推进治理。案件办理后，某区人民检察院组建由行政检察牵头，刑事检察、检察技术部门共同参与的办案团队，开展类案解析、要素梳理、规则研判，建立数字办案模型，对检察业务应用系统中"营业执照、对公账户、公司登记、公司注册"等关键词和数据进行检索和碰撞，从而获取虚假登记线索。针对案件反映出互联网商事登记审核虚化、执法办案数据与司法办案数据存在信息壁垒、对异常信息的辨识和预警能力不足等行政监管问题，某区人民检察院撰写调研报告、检察情况反映报送区委及其政法委、区政府，得到充分肯定和支持。为提升治理效果，某区人民检察院会同区委政法委、区人社局、市场监管局、税务局签订《关于建立某区综合治理虚假登记公司共同守护法治营商环境工作机制的意见》，成立工作专班，共建"虚假公司综合治理一件事"多跨应用场景，打通了检察机关与行政机关的数据壁垒，对数字办案模型筛选出来的虚假登记线索与市场监管局的企业基本信息数据、人社局的企业社保缴纳数据、税务局的企业缴税数据进行实时对比碰撞，获取社保缴纳异常、缴税情况异常的企业清单，并将上述线索通过"法治营商环境共护"平台线上移送给相关部门处理，实现对虚假登记监督办案、处置反馈、动态预警、综合治理的全流程实时分析，形成覆盖"数据—平台—机制"的长效动态治理模式。

2022年1月，杭州市人民检察院以某区经验为范本，在全市范围内开展数字监督集中专项行动，借助"法治营商环境共护"平台对近年来杭州市内刑事案件中涉及虚假登记及关联公司的情况进行排查。2022年4月，浙江省人民检察院在全省推广某区经验，开展虚假登记数字监督专项行动，通过数字赋能，促进社会治理。截至2022年7月，全省检察机关通过制发检察建议的方式，督促市场监督管理部门对753家公司撤销登记或者吊销营业执照。杭州市检察机关向市场监督管理部门推送涉案公司918家、关联公司822家，10个区县（市）同步启动治理，市场监督管理部门已撤销29家公司登记，吊销97家公司营业执照，另有846家公司被列入经营异常名录。

指导意义

（一）人民检察院在履行行政诉讼监督职责中发现虚假登记市场主体问题，依法制发检察建议，督促行政机关依法履职，并运用大数据挖掘分析，从个案办理发现类案线索，透过案件发现深层次问题，有助于推动跨部门高效协同数字化诉源治理。人民检察院依法能动履职，以个案办理、类案监督为切口，运用大数据构建关键词检索、关联数据碰撞的类案监督模型，对案件进行特征归纳，发掘案件背后执法司法、制度机制、管理衔接等方面存在的共性问题，适时提出检察建议，促进社会治理。要主动加强与其他执法司法机关协作，打通"数据孤岛"，推动建立执法和司法办案数据互联互通的数字化治理平台，建立数据交换、业务协同、关联分析、异常预警的数字化治理模式，实现跨部门协同治理，以监督推进共享、以共享赋能监督，有效维护公平竞争的市场秩序，营造法治化营商环境。

（二）人民检察院在办案中要坚持系统思维，充分发挥检察一体化办案机制优势，上下联动、内部融合，优化检察资源配置，提升法律监督质效。人民检察院在办案中，要凝聚检察机关上下级之间的纵向监督合力，以及内部各业务部门之间的横向监督合力，构建"线索同步发现、双向移送、协同办理"办案模式。根据办案需要，组建跨部门一体化专业办案团队，整合上下级检察机关和同一检察机关各部门资源，紧密衔接、同向发力，形成法律监督合力。上级检察机关在加大自身办案和对下指导力度的同时，要对下推动跨区域协作办案，实现检察监督效果的倍增、叠加效应。

相关规定

《中华人民共和国人民检察院组织法》（2018年修订）第二十一条。

《中华人民共和国公司法》（2018年修正）第一百九十八条。

《人民检察院检察建议工作规定》（2019年施行）第三条、第十一条。

《中华人民共和国公司登记管理条例》（2016年修订）第二条、第四条、第六十四条（现为2022年3月1日施行的《中华人民共和国市场主体登记管理条例》第五条、第十七条、第四十条、第四十四条）。

国家市场监督管理总局《关于撤销冒用他人身份信息取得公司登记的指导意见》（2019年施行）。

广东省某市人民检察院督促住房和城乡建设行政
主管部门依法履行监管职责检察监督案
（检例第 170 号）

关键词

行政检察 建设工程质量 竣工验收备案 检察建议 类案监督 专题分析

要 旨

人民检察院办理住建领域行政诉讼监督案件，发现相关行政机关未依法履行工程竣工验收备案审查职责的，可以向相关行政机关提出检察建议。经调查分析，不严格依法履职情形具有一定普遍性的，可以形成专题报告，向党委、人大报告，向行政机关及人民法院等通报，推动相关部门完善保障建设工程质量的长效监管和规范执法机制，发挥行政检察监督在促进社会治理方面的职能作用。

基本案情

2015 年 10 月 22 日，王某霞与某发展有限公司签订《商品房认购协议》，以 342 万余元购买案涉房屋。2016 年 5 月 5 日，双方又签订《改造及装饰装修协议书》，约定由某发展有限公司对该房屋加建夹层、卫生间等。因该房屋加建后王某霞认为未完成消防验收、备案，拒绝收房。2019 年 11 月 7 日，王某霞要求某市住建局对小区大楼公共区域及其所购买的房屋进行消防评审及竣工验收备案。同年 11 月 15 日，某市住建局就王某霞所提要求作出书面回复，王某霞对该回复不服，2020 年 5 月 14 日，以某市住建局应当撤销回复、重新作出答复为由提起行政诉讼，请求法院判令某市住建局履行对案涉房屋改建部分进行竣工验收并依法备案的法定职责。法院审理后，以诉讼请求包含公共区域，王某霞以自己的名义提起诉讼不符合法定起诉条件为由，裁定驳回起诉。为解决纠纷，王某霞随后以某发展有限公司为被告诉至某市某区人民法院，请求法院判令某发展有限公司承担未完成房屋竣工验收备案的违约责任。一审、二审均未支持其请求，再审裁定驳回后，王某霞于 2021 年 8 月 26 日向某市人民检察院申请监督。

检察机关履职过程

案件来源。广东省某市人民检察院依法受理王某霞申请监督案，经审查发现该案系"民行交叉"案件，法院作出的行政裁定事实清楚，适用法律正确，裁定驳回起诉并无不当，法院作出的民事裁判也并无不当。市住建局在接到王某霞投诉后，已于2019年11月责令某发展有限公司补办消防审核和验收手续，某发展有限公司已补办上述手续，但并未依法进行竣工验收备案，住建部门对未依法备案存在未依法履职的行政不作为问题。经进一步了解，该市市民热线2017年至2020年间接到的关于住建、城乡规划领域的投诉、举报、咨询共7000余条；该市两级人民法院2018年1月至2021年6月受理的竣工验收备案类纠纷案件总计422件。建设工程竣工验收备案制度落实不到位既是当地住建领域行政执法中存在的带有普遍性的问题，也是引发商品房买卖纠纷的重要诱因，还是人民群众向市民热线投诉的热点问题。为促进诉源治理，某市人民检察院经请示省检察院后，决定启动涉住建领域竣工验收备案专项行政检察监督。

调查核实。某市人民检察院多次走访市区两级住建部门了解情况，发现住建部门在执法过程中存在以下问题：一是对建设单位在工程竣工验收合格后未依法及时办理工程竣工验收备案的，未依法责令限期改正、处以罚款；二是建设单位提交的竣工验收备案材料不齐全的，未严格审查便予以竣工验收备案。商品房买卖合同通常约定，交付房屋的条件为取得建设工程竣工验收备案证明文件，但当地行政主管部门对建设工程竣工验收备案监管缺位，部分商品房验收合格后仍然不符合合同约定的交付条件，导致一系列民事纠纷。

监督意见。某市人民检察院审查认为，根据《建设工程质量管理条例》的规定，建设单位应当自建设工程竣工验收合格之日起15日内，报建设行政主管部门或者其他有关部门备案；建设行政主管部门或者其他有关部门发现建设单位在竣工验收过程中有违反国家有关建设工程质量管理规定行为的，责令停止使用，重新组织验收；建设单位未按照国家规定报送备案的，由备案机关责令改正、处以罚款。商品房开发建设企业应在工程竣工验收合格后依法及时办理消防、环保、人防工程等验收并备案，行政机关应当高效便民，加强对竣工验收的各环节监督，督促企业提高项目竣工验收效率，减少有关竣工验收的诉讼纠纷。据此，检察机关向市住建部门发出检察建议书，建议开展房地产开发项目竣工验收备案专项检查整治；并撰写《关于涉住建领域执法规范行政检察专项监督情况的专题分析》，向市住建部门进行通报，向市委政法委报告，抄送市中级人民法院和市司法局，提出解决问题的路径：一是加大对建设单位违法违规行为查处力度，全面开展建设工程项目排查；二是进一步规范建设工程竣工验收备案审查工作；三是加强房地产信用管理力度；四是加大宣传力度，增强各参与主体的法律意识；五是进一步推进房屋建设和市政基础设施工程竣工联合验收工作。

监督结果。住建部门收到检察建议书和专题分析报告后，采纳检察机关的意见建议，研究解决方案，推动整改落实：1.全面排查未按时办理竣工验收备案的项目。

检察建议书中指出的问题项目均完成了竣工验收备案手续；2.严格工程验收备案资料审核，结合营商环境整治工作，向辖区建筑企业派发竣工验收备案宣传册，并采取承诺制优化备案工作，对未按时完成竣工验收备案的企业进行扣分并计入房地产开发企业信用档案；3.由住建部门牵头成立联合验收专班，积极推动联合验收工作。

某市市委政法委收到专题分析报告后批转至市政府。市政府常务会议专题听取住建部门关于住建领域执法情况汇报，会后印发《市政府常务会议决定事项通知》，要求住建部门认真对照检察机关的专题分析报告，整改落实，联合自然资源局、生态环境局、水务局、城市管理综合执法局，进一步规范建设工程竣工验收备案管理工作。

某市人民检察院向广东省人民检察院汇报了专项监督情况，省检察院高度重视，前往省住建厅调研走访，推动省住建厅在全省范围内对房屋建筑和市政基础设施工程竣工联合验收不规范行为进行专项整治。省住建厅还制定出台《广东省房屋市政工程建设单位落实质量安全首要责任管理规定（试行）》《广东省房屋市政工程安全生产治理行动实施方案》等相关配套制度机制。

指导意义

人民检察院履行法律监督职责，发现行政机关存在不履行法定职责情形，可以制发检察建议促使整改。必要时，可以针对普遍性问题进行专题分析，形成报告报送上级领导机关，通报相关部门，推动形成解决问题的合力。国家实行建设工程质量监督管理制度，取消房地产开发项目竣工验收行政审批后，建设工程竣工验收后须向主管部门备案。从事前审批转到事后监管，有助于提升行政效率，强化企业的主体责任，行政主管部门仍然负有监管职责。人民检察院在办案中发现行政机关怠于履行职责，在制发检察建议的同时，为促进形成解决问题的合力，可以对监督中发现的共性问题进行深入分析，形成专题报告，向党委、人大报告，向行政机关等相关部门通报，将检察监督效果向推进完善社会治理延伸。上级检察机关要加强指导，上下联动，共同助推相关部门建立健全长效机制，填补制度管理漏洞，以依法监督的"我管"促进相关行政职能部门依法履职的"都管"，以能动履职促进诉源治理。

相关规定

《中华人民共和国人民检察院组织法》（2018年修订）第二十一条。

《中华人民共和国建筑法》（2019年修正）第六十一条。

《人民检察院检察建议工作规定》（2019年施行）第三条、第十一条。

《建设工程质量管理条例》（2019年修订）第四十九条、第五十六条。

住房和城乡建设部《房屋建筑和市政基础设施工程竣工验收备案管理办法》（2009年修正）第三条、第九条。

第四十三批指导性案例

防止未成年人滥用药物综合司法保护案

（检例第 171 号）

天键词

综合履职　附条件不起诉　行政公益诉讼　滥用药物　数字检察

要　旨

检察机关办理涉未成年人案件，应当统筹发挥多种检察职能，通过一体融合履职，加强未成年人综合司法保护。对有滥用药物问题的涉罪未成年人适用附条件不起诉时，可以细化戒瘾治疗措施，提升精准帮教的效果。针对个案中发现的社会治理问题，充分运用大数据分析，深挖类案线索，推动堵漏建制、源头保护，提升"个案办理—类案监督—系统治理"工作质效。

基本案情

被附条件不起诉人杨某某，男，作案时 17 周岁，初中文化，公司文员。

被附条件不起诉人李某某，男，作案时 17 周岁，初中文化，无业。

被附条件不起诉人杜某某，男，作案时 16 周岁，初中文化，在其父的菜场摊位帮工。

被附条件不起诉人何某某，男，作案时 17 周岁，小学文化，无业。

被告人郭某某，男，作案时 17 周岁，初中文化，休学。

被告人张某某，男，作案时 16 周岁，初中文化，无业。

被告人陈某某，男，作案时 16 周岁，初中文化，休学。

2019 年至 2020 年 7 月，杨某某等 7 名未成年人在汪某等成年人（另案处理，已判刑）的纠集下，多次在浙江省湖州市某县实施聚众斗殴、寻衅滋事等违法犯罪活动。经查，杨某某、李某某长期大量服用通过网络购买的氢溴酸右美沙芬（以下简称"右美沙芬"），形成一定程度的药物依赖。"右美沙芬"属于非处方止咳药，具有抑制神经中枢的作用，长期服用会给人带来兴奋刺激，易产生暴躁不安、冲动、醉酒样等成瘾性身体表现，易诱发暴力型犯罪或遭受侵害。该药物具有一定的躯体耐受性，停药后会出现胸闷、头晕等戒断反应。

检察机关履职过程

审查起诉和附条件不起诉。2020年10月，浙江省湖州市某县公安局将杨某某等7名未成年人分别以涉嫌聚众斗殴、寻衅滋事罪移送审查起诉，某县人民检察院受理后，及时启动社会调查、心理测评等特别程序。经综合评估7名未成年人在共同犯罪中的作用及其成长经历、主观恶性、悔罪表现、监护帮教条件、再犯可能性等因素，依法对杨某某、李某某、杜某某、何某某作出附条件不起诉决定。针对杨某某、李某某的暴力行为与长期大量服用"右美沙芬"成瘾相关，检察机关将禁止滥用药物、配合戒瘾治疗作为所附条件之一，引入专业医疗、心理咨询机构对二人进行"右美沙芬"戒断治疗，并阶段性评估和调整帮教措施，使二人的药物依赖问题明显改善。对犯罪情节严重的郭某某、张某某、陈某某等3人，依法提起公诉。后人民法院以聚众斗殴罪、寻衅滋事罪数罪并罚，判处郭某某、张某某、陈某某有期徒刑二年至二年三个月不等。

行政公益诉讼。办案期间，某县人民检察院对当地近年来发生的类似刑事案件进行梳理，发现多名涉案未成年人存在"右美沙芬"滥用情况，与未成年人实施犯罪或遭受侵害存在一定关联。在将该情况报告湖州市人民检察院后，湖州市人民检察院在浙江检察大数据法律监督平台上开展数字建模分析，汇总2020年1月起线下线上"右美沙芬"流通数据，集中筛选购买时间间隔短、频次高、数量大的人员，并与检察业务应用系统内的涉案未成年人信息以及公安行政违法案件中的未成年人信息进行数据碰撞，经比对研判后发现，该市46名涉案未成年人有"右美沙芬"滥用史。

经初步调查，当地部分实体、网络药店等违反《中华人民共和国药品管理法》《中华人民共和国药品管理法实施条例》等有关规定，存在部分微商无资质或者违法加价网络销售"右美沙芬"、部分网络平台未设置相关在线药学服务渠道等问题。同时，销售"右美沙芬"未履行用药风险提示和指导用药义务等情况也普遍存在。湖州市市场监督管理局作为承担药品安全监督管理职责的行政部门，未依法全面履行药品经营和流通监督管理职责，导致未成年人可以随意购买"右美沙芬"，危害未成年人身体健康，损害社会公共利益。2021年4月，湖州市人民检察院作为行政公益诉讼立案并开展调查取证工作，将在刑事案件中调取的涉案人员微信聊天记录、手机交易记录等，作为公益诉讼案件证据材料，并固定药物来源、用药反应、用药群体、公益受损事实等关联证据，证实不特定未成年人利益受到损害。

2021年4月25日，湖州市人民检察院向湖州市市场监督管理局发出行政公益诉讼诉前检察建议：一是严格落实监测药品销售实名登记制度，对未成年人购药异常情况予以管控。二是加大"右美沙芬"网络经营流通的监管力度，依法查处非法销售问题。三是对"右美沙芬"成瘾性及安全风险开展测评，推动提升药品管制级别。

检察建议发出后，湖州市市场监督管理局采纳检察建议，依法排查销售记录34112条，排查网络销售企业326家，梳理异常购药记录600余条，查处网络违法售药案件8起，追踪滥用涉案药物人员89名；建立按需销售原则，明确医师的用药指导和安全提示义务；落实实名登记、分级预警等综合治理措施。

促进社会治理。湖州市人民检察院会同当地市场监督管理部门、药学会、药品经营企业代表围绕未成年人滥用药物风险防控深入研讨、凝聚共识，推动湖州市市场监督管理局制发《未成年人药物滥用风险管控实施意见（试行）》，加强对实体、网络药品销售企业的监督管理，健全涉未成年人滥用药物事件应急预警处置机制。浙江省人民检察院对湖州检察机关办案情况加强指导，同时建议浙江省教育厅、市场监督管理局等单位开展涉案药物的交易监测、专项检查、成瘾性研究，自下而上推动国家层面研究调整"右美沙芬"药物管制级别。2021年12月，国家药品监督管理局根据各地上报案件信息和反映情况，将"右美沙芬"口服单方制剂由非处方药转为处方药管理。2022年11月，国家药品监督管理局发布《药品网络销售禁止清单（第一版）》公告，将"右美沙芬"口服单方制剂纳入禁止通过网络零售的药品清单。

指导意义

（一）统筹运用多种检察职能，推动完善一体履职、全面保护、统分有序的未检融合履职模式，综合保护未成年人合法权益。检察机关应当充分发挥未检业务集中统一办理优势，强化系统审查意识和综合取证能力，在办理涉未成年人刑事案件过程中，一并审查未成年人相关公共利益等其他权益是否遭受损害。对经审查评估需要同步履行相关法律监督职责的案件，应当依法融合履职，综合运用法律赋予的监督手段，系统维护未成年人合法权益。

（二）附条件不起诉考验期监督管理规定的设定，应当以最有利于教育挽救未成年人为原则，体现帮教考察的个性化、精准性和有效性。检察机关对未成年人作出附条件不起诉决定时，应当考虑涉罪未成年人发案原因和个性需求，细化矫治教育措施。对共同犯罪的未成年人，既要考虑其共性问题，又要考虑每名涉罪未成年人的实际情况和个体特点，设置既有共性又有个性的监督管理规定和帮教措施，并督促落实。对存在滥用药物情形的涉罪未成年人，检察机关应当会同未成年人父母或其他监护人，要求其督促未成年人接受心理疏导和戒断治疗，并将相关情况纳入监督考察范围，提升精准帮教效果，落实附条件不起诉制度的教育矫治功能，帮助涉罪未成年人顺利回归社会。

（三）能动运用大数据分析，提升法律监督质效，做实诉源治理。检察机关要综合研判案件背后的风险因素、类案特质，主动应用数字思维，通过数字建模进行数据分析和比对，深挖药品流通过程中的问题，系统梳理类案监督线索，精准发现案发领域治理漏洞，通过开展公益诉讼等方式实现协同治理，促进有关方面依法履职、加强监管执法，推动从顶层设计上健全制度机制，完善相关领域社会治理，实现办案法律效果和社会效果的有机统一。

《中华人民共和国刑事诉讼法》（2018 年修正）第二百八十三条。

《中华人民共和国行政诉讼法》（2017 年修正）第二十五条第四款。

《中华人民共和国未成年人保护法》（2020 年修订）第一百零六条。

《中华人民共和国预防未成年人犯罪法》（2020 年修订）第四条。

《中华人民共和国药品管理法》（2019 年修订）第三条、第十一条、第十二条、第五十一条、第五十二条。

《中华人民共和国药品管理法实施条例》（2019 年修订）第十五条、第十九条、第五十一条。

阻断性侵犯罪未成年被害人感染艾滋病风险综合司法保护案

（检例第 172 号）

关键词

奸淫幼女　情节恶劣　认罪认罚　艾滋病暴露后预防　检察建议

要　旨

检察机关办理性侵害未成年人案件，在受邀介入侦查时，应当及时协同做好取证和未成年被害人保护救助工作。对于遭受艾滋病病人或感染者性侵的未成年被害人，应当立即开展艾滋病暴露后预防并进行心理干预、司法救助，最大限度降低犯罪给其造成的危害后果和长期影响。行为人明知自己系艾滋病病人或感染者，奸淫幼女，造成艾滋病传播重大现实风险的，应当认定为奸淫幼女"情节恶劣"。对于犯罪情节恶劣，社会危害严重，主观恶性大的成年人性侵害未成年人案件，即使认罪认罚也不足以从宽处罚的，依法不予从宽。发现类案风险和社会治理漏洞，应当积极推动风险防控和相关领域制度完善。

基本案情

被告人王某某，男，1996 年 8 月出生，2016 年 6 月因犯盗窃罪被刑事拘留，入所体检时确诊为艾滋病病毒感染者，同年 10 月被依法判处有期徒刑 6 个月。2017 年

10 月确诊为艾滋病病人，但王某某一直未按县疾病预防控制中心要求接受艾滋病抗病毒治疗。

被告人王某某与被害人林某某（女，案发时 13 周岁）于案发前一周在奶茶店相识，被害人告诉王某某自己在某中学初一就读，其父母均在外务工，自己跟随奶奶生活。2020 年 8 月 25 日晚，被告人王某某和朋友曹某某、被害人林某某在奶茶店玩时，王某某提出到林某某家里拿酒喝。21 时许，王某某骑摩托车搭乘林某某、曹某某一同前往林某某家，到达林某某所住小区后曹某某有事离开。王某某进入林某某家后产生奸淫之意，明知林某某为初一学生，以扇耳光等暴力手段，强行与林某某发生性关系。当晚林某某报警。次日下午，王某某被抓获归案，但未主动向公安机关供述自己系艾滋病病人的事实。

检察机关履职过程

开展保护救助。2020 年，四川省某县人民检察院与各镇（街道）政法委员和村（社区）治保委员建立了应急处置、线索收集、协作协同等涉未成年人保护联动机制。2020 年 8 月 26 日上午，县公安局向县检察院通报有留守儿童在 8 月 25 日晚被性侵，县检察院通过联动机制获知该犯罪嫌疑人已被确诊艾滋病。县检察院受邀介入侦查，一方面建议公安机关围绕行为人是否明知自己患有艾滋病、是否明知被害人系不满十四周岁的幼女，以及被害人遭受性侵后身心状况等情况调查取证；另一方面，启动未成年人保护联动应急处置机制，协同公安机关和卫生健康部门对被害人开展艾滋病暴露后预防，指导被害人服用阻断药物。因阻断工作启动及时，取得较好效果，被害人在受到侵害后进行了三次艾滋病病毒抗体检测，均呈阴性。检察机关还会同公安机关全面了解被害人家庭情况，协调镇、村妇联、教育行政部门开展临时生活照料、情绪安抚、心理干预、法律援助、转学复课、家庭教育指导工作，并对被害人开展司法救助。

组织不公开听证。本案审查过程中，对于犯罪嫌疑人王某某的行为已构成强奸罪不存在争议，但对于能否适用《中华人民共和国刑法》第二百三十六条第三款第一项"奸淫幼女情节恶劣"存在认识分歧。为保护被害人隐私，2021 年 1 月 13 日，县检察院组织召开不公开听证会，听取艾滋病防治专家、法学专家和未成年人保护单位等各方面意见。听证员认为，犯罪嫌疑人已经确诊为艾滋病病人，案发时处于发病期，其体内病毒载量高，传染性极强，给被害人带来了极大的感染风险。犯罪嫌疑人明知自己系艾滋病病人，性侵幼女，严重危及被害人身心健康，其社会危害性与《中华人民共和国刑法》第二百三十六条第三款第二项至五项规定的严重情形具有相当性。经评议，听证员一致认为本案应按照"奸淫幼女情节恶劣"论处。

指控和证明犯罪。某县人民检察院根据案件事实、证据并参考听证意见审查认为，王某某属奸淫幼女"情节恶劣"，决定以强奸罪提起公诉，综合王某某系累犯，以及具有进入未成年人住所、采取暴力手段、对农村留守儿童实施犯罪等司法解释性文件规定的从严惩处情节，提出判处有期徒刑十五年、剥夺政治权利五年的量刑建议。

2021 年 2 月 8 日，某县人民法院依法不公开开庭审理本案。被告人王某某及其辩护人对检察机关指控的主要犯罪事实、证据无异议，但提出以下辩解及辩护意见：一是被告人的行为没有造成被害人感染艾滋病的后果，不应当认定为奸淫幼女情节恶劣的情形；二是被告人认罪认罚，建议从宽处理。

针对第一条辩解及辩护意见，公诉人答辩指出：本案适用的是《中华人民共和国刑法》第二百三十六条第三款第一项情节加重，而不是第五项结果加重。本案被告人的行为应当评价为"情节恶劣"，主要理由：一是王某某明知自己患有艾滋病，亦明知自己的行为可能导致的严重危害后果，仍强行与不满 14 周岁的幼女发生性关系，无视他人的健康权和生命权，其行为主观恶性大。二是不满十四周岁的幼女自我保护能力更弱，是刑法特殊保护对象。本案被害人是只有 13 周岁的幼女，被艾滋病病人王某某性侵，有可能因感染艾滋病导致身体健康终身受害，被告人王某某的行为造成艾滋病传播重大现实风险，犯罪性质恶劣，社会危害严重。三是虽然被害人目前未检出艾滋病病毒，但危害后果的阻断得益于司法机关和卫生健康部门的及时干预，不能因此减轻被告人的罪责。而且，由于检测窗口期和个体差异的存在，尚不能完全排除被害人感染艾滋病病毒的可能。这种不确定性将长期影响未成年被害人及其家人的生活。因此，应当认定被告人奸淫幼女"情节恶劣"。

针对第二条辩解及辩护意见，公诉人答辩指出：根据《最高人民法院　最高人民检察院　公安部　国家安全部　司法部关于适用认罪认罚从宽制度的指导意见》，被告人认罪认罚后是否从宽，由司法机关根据案件具体情况决定。本案被告人王某某犯罪情节恶劣，社会危害严重，主观恶性大。且王某某系累犯，又有采取暴力手段奸淫幼女、对农村留守儿童实施犯罪等多项从严惩处情节，虽然认罪认罚，但根据其犯罪事实、性质、情节和影响，不属于《中华人民共和国刑事诉讼法》第十五条规定的"可以依法从宽处理"的情形。

处理结果。2021 年 2 月，某县人民法院采纳检察机关的公诉意见和量刑建议，以强奸罪判处王某某有期徒刑十五年，剥夺政治权利五年。判决宣告后，王某某未提出上诉，判决已生效。

制发检察建议。艾滋病病人或感染者性侵害犯罪案件，若不能及时发现和确认犯罪嫌疑人系艾滋病病人或感染者，并立即开展病毒阻断治疗，将给被害人带来感染艾滋病的极大风险。结合本案暴露出的问题，检察机关开展了专项调查，通过调阅本县 2017 年至 2020 年性侵案件犯罪嫌疑人第一次讯问、拘留入所体检等相关材料，以及到卫生健康部门、公安机关走访了解、查阅档案、询问相关人员、听取意见等，查明：按照《艾滋病防治条例》的规定，公安机关对依法拘留的艾滋病病人或感染者应当采取相应的防治措施防止艾滋病传播，卫生健康部门要对建档的艾滋病病人或感染者进行医学随访，对公安机关采取的防治措施应当予以配合。但实践中，犯罪嫌疑人一般不会主动告知被害人和公安机关自己系艾滋病病人或感染者，公安机关主要通过拘留入所体检才能发现犯罪嫌疑人系艾滋病病人或感染者。通过办案数据分析，拘留入所体检超过案发时间 24 小时的占比达 85.7%，这就势必会错失对被艾滋病病人或感染者性侵的被害人开展暴露后预防的 24 小时黄金时间。存在此问题的原因主要在于公安机关和卫生健康部门之间对案发后第一时间查明犯罪嫌疑人是否系艾滋病病人或感染者缺乏有效沟通核查机制，对性侵害被害人健康权、生命权保护存在安全漏洞。某县人民检察院随即向县公安局制发检察建议并抄送县卫生健康局，建议完善相关信息沟通核查机制，对性侵害案件犯罪嫌疑人应当第一时间开展艾滋病信息核查，对被害人开展艾滋病暴露后预防时间一般应当在案发后 24 小时之内。检察建议引起相关部门高度重视，县检察院会同县公安局、卫生健康局多次进行研究磋商，三部门联合制定《关于建立性侵害案件艾滋病信息核查制度的意见》，明确了对性侵害案件犯罪嫌疑人进行艾滋病信息核查的时间要求和方式、对被害人开展暴露后预防的用药时间，以及持续跟踪关爱保护未成年被害人等措施，切实预防艾滋病病毒通过性侵害等行为向被害人特别是未成年被害人传播。

指导意义

（一）对于性侵害未成年人犯罪案件，检察机关受邀介入侦查时应当同步开展未成年被害人保护救助工作。性侵害未成年人案件存在发现难、取证难、危害大的特点，检察机关在受邀介入侦查时，应当建议侦查机关围绕犯罪嫌疑人主观恶性、作案手段、被害人遭受侵害后身心状况等进行全面取证。同时，建议或协同公安机关第一时间核查犯罪嫌疑人是否系艾滋病病人或感染者。确定犯罪嫌疑人系艾滋病病人或感染者的，应当立即协同公安机关和卫生健康部门开展艾滋病暴露后预防，切实保护未成年被害人健康权益。检察机关应当发挥未成年人检察社会支持体系作用，从介入侦查阶段就及时启动心理干预、司法救助、家庭教育指导等保护救助措施，尽可能将犯罪的伤害降至最低。

（二）犯罪嫌疑人明知自己是艾滋病病人或感染者，奸淫幼女，造成艾滋病传播重大现实风险的，应当认定为奸淫幼女"情节恶劣"。行为人明知自己患有艾滋病或者感染艾滋病病毒，仍对幼女实施奸淫，放任艾滋病传播风险的发生，客观上极易造成被害人感染艾滋病的严重后果，主观上体现出行为人对幼女健康权、生命权的极度漠视，其社会危害程度与《中华人民共和国刑法》第二百三十六条第三款第二项至六项规定的情形具有相当性，应当依法认定为奸淫幼女"情节恶劣"，适用十年以上有期徒刑、无期徒刑或者死刑的刑罚。对成年人性侵害未成年人犯罪，应综合考虑案件性质、主观恶性、具体情节、社会危害等因素，从严适用认罪认罚从宽制度。对于犯罪性质和危害后果严重、犯罪手段残忍、社会影响恶劣的，可依法不予从宽。

（三）办理案件中发现未成年人保护工作机制存在漏洞的，应当着眼于最有利于未成年人原则和社会公共利益维护，推动相关领域制度机制完善。对于案件中暴露出的未成年人保护重大风险隐患，检察机关应当深入调查，针对性采取措施，促进相关制度和工作机制完善，促使职能部门更加积极有效依法履职尽责，推动形成损害修复与风险防控相结合，事前保护与事后救助相结合的未成年人综合保护模式。艾滋病暴露后预防有时间窗口，及时发现和确定性侵犯罪嫌疑人系艾滋病人或感染者是关键。办案机关同卫生健康部门之间建立顺畅有效的相关信息沟通核查机制是基础。检察机关针对这方面存在的机制漏洞，会同相关部门建章立制、完善制度措施，有利于最大化保护性侵害案件未成年被害人的生命健康权。

相关规定

《中华人民共和国刑法》（2020年修正）第二百三十六条。

《中华人民共和国未成年人保护法》（2020年修订）第一百条。

《艾滋病防治条例》（2019年修订）第三十一条。

《最高人民法院 最高人民检察院 公安部 司法部关于依法惩治性侵害未成年人犯罪的意见》（2013年施行）第二十五条。

《最高人民法院 最高人民检察院 公安部 国家安全部 司法部关于适用认罪认罚从宽制度的指导意见》（2019年施行）第五条。

《人民检察院检察建议工作规定》（2019年施行）第十一条。

惩治组织未成年人进行违反治安管理活动犯罪综合司法保护案

（检例第173号）

关键词

组织未成年人进行违反治安管理活动罪 有偿陪侍 情节严重 督促监护令 社会治理

要旨

对组织未成年人在KTV等娱乐场所进行有偿陪侍的，检察机关应当以组织未成年人进行违反治安管理活动罪进行追诉，并可以从被组织人数、持续时间、组织手段、陪侍情节、危害后果等方面综合认定本罪的"情节严重"。检察机关应当针对案件背后的家庭监护缺失、监护不力问题开展督促监护工作，综合评估监护履责中存在的具体问题，制发个性化督促监护令，并跟踪落实。检察机关应当坚持未成年人保护治罪与治理并重，针对个案发生的原因开展诉源治理。

基本案情

原审被告人张某，女，1986年11月出生，个体工商户。

自2018年开始，张某为获取非法利益，采用殴打、言语威胁等暴力手段，以及专人看管、"打欠条"经济控制、扣押身份证等限制人身自由的手段，控制17名未成年女性在其经营的KTV内提供有偿陪侍服务。张某要求未成年女性着装暴露，提供陪酒以及让客人搂抱等色情陪侍服务。17名未成年被害人因被组织有偿陪侍而沾染吸烟、酗酒、夜不归宿等不良习惯，其中吴某等因被组织有偿陪侍而辍学，杜某某等出现性格孤僻、自暴自弃等情形。

检察机关履职过程

刑事案件办理。2019年6月27日，山东省某市公安局接群众举报，依法查处张某经营的KTV，7月14日张某到公安机关投案。同年11月，某市人民检察院以组织未成年人进行违反治安管理活动罪对张某提起公诉。2020年4月，某市人民法院作出判决，认定张某具有自首情节，以组织未成年人进行违反治安管理活动罪判处张某有期徒刑二年，并处罚金十万元。一审宣判后，张某以量刑过重为由提出上诉，某市中级人民法院以"积极主动缴纳罚金"为由对其从轻处罚，改判张某有期徒刑一年六个月，并处罚金十万元。

同级检察机关认为二审判决对张某量刑畸轻，改判并减轻刑罚理由不当，确有错误，按照审判监督程序提请山东省人民检察院抗诉。2021年2月，山东省人民检察院依法向山东省高级人民法院提出抗诉，省高级人民法院依法开庭审理。原审被告人张某及其辩护人在再审庭审中提出本罪"情节严重"目前无明确规定，从有利于被告人角度出发，不应予以认定，且张某构成自首，原审判决量刑适当。省检察院派员出庭发表意见：一是侵害未成年人犯罪依法应予严惩，本案查实的未成年陪侍人员达17名，被侵害人数众多；二是张某自2018年开始组织未成年人进行有偿陪侍活动，持续时间较长；三是张某采用殴打、言语威胁、扣押身份证、强制"打欠条"等手段，对被害人进行人身和经济控制，要求陪侍人员穿着暴露，提供陪酒以及让客人搂抱、摸胸等色情陪侍服务，对被害人身心健康损害严重；四是17名被害人因被组织有偿陪侍，沾染吸烟、酗酒、夜不归宿等不良习惯，部分未成年人出现辍学、自暴自弃、心理障碍等情况，危害后果严重。综合上述情节，本案应认定为"情节严重"。此外，张某虽自动投案，但在投案后拒不承认其经营KTV的陪侍人员中有未成年人，在公安机关掌握其主要犯罪事实后才如实供述，依法不应认定为自首。2021年11月29日，山东省高级人民法院依法作出判决，采纳检察机关意见，改判张某有期徒刑五年，并处罚金三十万元。

制发督促监护令。检察机关办案中发现，17名未成年被害人均存在家庭监护缺失、监护不力等问题，影响未成年人健康成长，甚至导致未成年人遭受犯罪侵害。检察机关对涉案未成年人的生活环境、家庭教育、监护人监护履责状况等进行调查评估，针对不同的家庭问题，向未成年被害人的监护人分别制发个性化督促监护令：针对监护人长期疏于管教，被害人沾染不良习气及义务教育阶段辍学问题，督促监护人纠正未成年被害人无心向学、沉迷网络等不良习惯，帮助其返校入学；针对监护人教养方式不当，导致亲子关系紧张问题，督促监护人接受家庭教育指导，改变简单粗暴或溺爱的教养方式，提高亲子沟通能力；针对被害人自护意识、能力不足的问题，督促监护人认真学习青春期性教育知识，引导孩子加强自我防护等。检察机关还与公安机关、村委会协作联动，通过电话回访、实地走访等方式推动督促监护令落实。对落实不力的监护人，检察机关委托家庭教育指导师制定改进提升方案，并协调妇联、关工委安排村妇联主席、"五老"志愿者每周两次入户指导。通过上述措施，本案未成年被害人家庭监护中存在的问题得到明显改善。

制发检察建议。针对办案中发现的 KTV 等娱乐场所违规接纳未成年人问题，2020 年 9 月，检察机关向负有监督管理职责的市文化和旅游局等行政职能部门制发检察建议，督促依法履职。收到检察建议后，相关行政职能部门组织开展了娱乐场所无证无照经营专项整治、校园周边文化环境治理等专项行动，重点对违规接纳未成年人、未悬挂未成年人禁入或者限入标志等违法经营行为进行查处，共检查各类经营场所80 余家次，查处整改问题 20 余个，关停 4 家无证经营歌舞娱乐场所。针对多名被害人未完成义务教育的情形，2020 年 12 月，检察机关向市教育和体育局制发检察建议，督促其履行职责，市教育和体育局组织全面排查工作，劝导 78 名未成年人返回课堂，完善了适龄入学儿童基础信息共享、入学情况全面核查、辍学劝返、教师家访全覆盖、初中毕业生去向考核等义务教育阶段"控辍保学"机制。针对本案 17 名被害人均来自农村，成长过程中法治教育和保护措施相对缺乏，检察机关延伸履职，主动向市委政法委专题报告，推动将未成年人保护纳入村域网格化管理体系。在市委政法委的统一领导下，检察机关依托村级活动站建立未成年人检察联系点，择优选聘 915 名儿童主任、村妇联主席协助检察机关开展法治宣传、社会调查、督促监护、强制报告、公益诉讼线索收集等工作，共同织密未成年人保护工作网络。

指导意义

（一）准确把握组织未成年人有偿陪侍行为的定罪处罚，从严惩处侵害未成年人犯罪。《刑法修正案（七）》增设组织未成年人进行违反治安管理活动罪，旨在加强未成年人保护，维护社会治安秩序。《娱乐场所管理条例》将以营利为目的的陪侍与卖淫嫖娼、赌博等行为并列，一并予以禁止，并规定了相应的处罚措施，明确了该行为具有妨害社会治安管理的行政违法性。处于人生成长阶段的未成年人被组织从事有偿陪侍服务，不仅败坏社会风气，危害社会治安秩序，更严重侵害未成年人的人格尊严和身心健康，构成组织未成年人进行违反治安管理活动罪。检察机关办理此类案件，可以围绕被组织人数众多，犯罪行为持续时间长，采用控制手段的强制程度，色情陪侍方式严重损害未成年人身心健康等情形，综合认定为"情节严重"。

（二）聚焦案件背后的问题，统筹使用督促监护令、检察建议等方式，以检察司法保护促进家庭、社会、政府等保护责任落实。在办理涉未成年人案件过程中，检察机关应当注重分析案件暴露出的家庭、社会等方面的问题，结合办案对未成年人的生活环境、家庭教育、监护人监护履责状况等进行调查评估，制定个性化督促监护方案，并跟踪落实，指导、帮助和监督监护人履行监护职责。检察机关应当依法能动履行法律监督职能，督促相关职能部门加强管理、落实责任。检察机关还可以加强与相关部门的协作联动，形成整体合力，积极促进区域未成年人保护制度完善和社会综合治理，更好保护未成年人合法权益和公共利益。

相关规定

《中华人民共和国刑法》（2020 年修正）第二百六十二条之二。

《中华人民共和国刑事诉讼法》（2018 年修正）第二百五十四条。

《中华人民共和国未成年人保护法》（2020 年修订）第七条、第一百一十八条。

《中华人民共和国家庭教育促进法》（2022 年施行）第四十九条。

《娱乐场所管理条例》（2020 年修订）第三条、第十四条。

未成年人网络民事权益综合司法保护案

（检例第 174 号）

关键词

未成年人网络服务　支持起诉　行政公益诉讼　社会治理

要旨

未成年人未经父母或者其他监护人同意，因网络高额消费行为引发纠纷提起民事诉讼并向检察机关申请支持起诉的，检察机关应当坚持未成年人特殊、优先保护要求，对确有必要的，可以依法支持起诉。检察机关应当结合办案，综合运用社会治理检察建议、行政公益诉讼诉前检察建议等监督方式，督促、推动网络服务提供者、相关行政主管部门细化落实未成年人网络保护责任。

基本案情

原告程某甲，女，2005 年 9 月出生，在校学生。

法定代理人程某，男，系程某甲父亲。

法定代理人徐某，女，系程某甲母亲。

被告上海某网络科技有限公司（以下简称某公司）。

2020年7月，程某甲在父母不知情的情况下，下载某公司开发运营的一款网络游戏社交应用软件（App），并注册成为其用户，后又升级至可以进行高额消费的高级别用户。至2021年2月，程某甲在该App上频繁购买虚拟币、打赏主播，累计消费人民币21.7万余元。程某甲的法定代理人程某、徐某，对程某甲登录该App并进行高额消费的行为不予追认。

检察机关履职过程

支持起诉。2021年2月，程某甲的父亲程某发现女儿的网络高额消费行为，与某公司多次协调未果后向多个相关部门求助，但问题未得到解决。程某通过电话向上海市人民检察院与共青团上海市委员会共建的"上海市未成年人权益保护监督平台"寻求帮助，该平台将线索移至公司注册地某区人民检察院。检察机关受理后，立即向程某了解详细情况。经调查核实，该App虽然在用户协议中载明"不满18周岁不得自行注册登录"，但对用户身份审核不严，致程某甲注册为能够进行高额消费的用户。检察机关向程某甲及其法定代理人解释民法典、未成年人保护法和相关规定，建议程某甲及其法定代理人向人民法院提起民事诉讼。

2021年3月，程某甲及其法定代理人向某区人民法院提起民事诉讼，要求确认程某甲与某公司的网络服务合同无效，某公司全额返还消费款。同时，程某甲及其法定代理人向检察机关申请支持起诉。检察机关审查认为：程某甲系限制民事行为能力人，未经监护人同意实施与其年龄、智力不相符合的高额网络消费行为，其法定代理人亦明确表示对该行为不予追认，程某甲实施的消费行为无效，程某甲及其法定代理人要求网络服务提供者返还钱款符合法律规定。本案系未成年人涉网络案件，相较于应对该类问题经验丰富的某公司，程某甲及其法定代理人在网络证据收集、网络专业知识等方面均处于弱势，其曾采取多种形式维权，但未取得实际效果，检察机关有必要通过支持起诉的方式，帮助程某甲依法维护权益。检察机关指导程某甲的法定代理人收集、梳理证据，固定程某甲在该App上的聊天、充值记录，对注册登录过程、使用及消费情况进行公证。同年5月，某区人民法院开庭审理此案，检察机关派员出庭，并结合指导程某甲收集的证据发表支持起诉意见，某公司表示认可。检察机关积极配合人民法院开展诉讼调解工作，原、被告自愿达成调解协议并经法庭确认，某公司全额返还程某甲消费款项。同时，针对程某甲父母疏于对女儿心理状况关心，忽视对其网络行为监管等问题，检察机关要求程某甲父母切实履行监护责任，加强对程某甲关心关爱，引导和监督其安全、合理使用网络。

制发检察建议。在支持起诉过程中，检察机关通过大数据摸排、实地走访行政主管部门、法院发现，相关部门受理了大量与涉案App有关的未成年人网络消费投诉和立案申请，本案具有一定普遍性。该App兼具网络游戏和社交功能，属于网络服务新业态，作为该领域知名企业之一的某公司，没有完全落实未成年人保护相关法律、行政法规规定的法律责任。针对该 App 用户超出本区管辖范围的情况，某区人民检察院及时报告，在上海市人民检察院指导下，于 2021 年 5 月向某公司制发检察建议，要求其全面落实未成年人网络保护主体责任，按照未成年人保护法有关要求优化产品功能、强化内容管理，完善未成年用户识别认证和保护措施。该公司成立专项整改小组，推出完善平台实名制认证规则、提高平台监管能力、增设未成年人申诉维权通道、升级风险防控措施、完善未成年人个人信息保护制度等六个方面的 12 项整改措施。

开展行政公益诉讼。结合本案及多起与该 App 有关的涉未成年人网络服务案件，检察机关发现，相关行政主管部门对网络服务新业态的监管不到位，存在侵害不特定未成年网络消费者合法权益的隐患。2021 年 6 月，某区人民检察院向区文化和旅游局执法大队制发行政公益诉讼诉前检察建议，要求对某公司的整改情况进行跟踪评估，并加强本区互联网企业监管，督促网络服务提供者严格落实未成年人网络保护法律规定和网络保护措施。执法大队完全采纳检察建议，对该公司进行约谈，并以新修订的未成年人保护法正式施行为契机，组织相关网络服务提供者开展网络"护苗行动"。

形成网络保护合力。检察机关立足法律监督职能，邀请市网络游戏行业协会、某区相关行政主管部门，对某公司落实检察建议内容、完善网络服务规则和设定相应技术标准、构建"网游＋社交"新业态未成年人保护标准等方面进行跟踪评估。为进一步净化未成年人网络环境，上海市人民检察院组织全市检察机关开展"未成年人网络保护"专项监督，主动会商市网络和信息管理办公室，联合市网络游戏行业协会及某公司等 30 余家知名网络游戏企业发起《上海市网络游戏行业未成年人保护倡议》，明确技术标准、增设智能筛查和人工审核措施，严格落实未成年人网络防沉迷、消费保护措施，强化未成年人网络游戏真实身份认证，促进建立政府监管、行业自治、企业自律、法律监督的未成年人网络保护"四责协同"机制。检察机关还联合相关部门举办"未成年人网络文明主题宣传""清朗 e 企来"等活动，通过座谈交流、在线直播、拍摄公益宣传片等方式，向全社会开展以案释法，促进提升未成年人网络保护意识。

指导意义

（一）依法能动履行支持起诉职能，保障未成年人民事权益。未成年人保护法明确规定，人民检察院可以通过督促、支持起诉的方式，维护未成年人合法权益。未成年人及其法定代理人因网络服务合同纠纷提出支持起诉申请的，检察机关应当坚持未成年人特殊、优先保护要求，对支持起诉必要性进行审查。对于网络服务提供者未落实未成年人网络保护责任，当事人申请符合法律规定，但存在诉讼能力较弱，采取其他方式不足以实现权利救济等情形的典型案件，检察机关可以依法支持起诉。检察机关可以通过法律释明引导、协助当事人收集证据，制发《支持起诉意见书》，还可以派员出席法庭，发表支持起诉意见，更有力维护未成年人合法权益。同时，检察机关可以结合案件办理开展以案释法宣传，为同类案件处理提供指引，提高当事人依法维权能力。

（二）以司法保护推动网络空间诉源治理，增强未成年人网络保护合力。检察机关针对行政机关履行未成年人网络保护监管职责不到位的情况，可以加强磋商联动，以行政公益诉讼促进未成年人网络保护行政监管落地落实。发现有的互联网平台存在未成年人权益保护措施缺失、违法犯罪隐患等问题的，要依法审慎选择履职方式，充分运用检察建议督促企业依法经营，主动落实未成年人网络保护主体责任。检察机关可以加强与相关行政主管部门、行业协会的联动，将个案办理与类案监督、社会治理相结合，推动未成年人网络保护多方协同、齐抓共管。

相关规定

《中华人民共和国民法典》（2021 年施行）第一百四十五条、第一百五十七条。

《中华人民共和国民事诉讼法》（2021 年修正）第十五条（现为 2023 年修正后的第十五条）。

《中华人民共和国未成年人保护法》（2020 年修订）第六十六条、第七十四条、第七十五条、第七十八条、第一百零六条。

第四十四批指导性案例

张业强等人非法集资案

（检例第 175 号）

关键词

私募基金　非法集资　非法占有目的　证据审查

要　旨

违反私募基金管理有关规定，以发行销售私募基金形式公开宣传，向社会公众吸收资金，并承诺还本付息的，属于变相非法集资。向私募基金投资者隐瞒未将募集资金用于约定项目的事实，虚构投资项目经营情况，应当认定为使用诈骗方法。非法集资人虽然将部分集资款投入生产经营活动，但投资随意，明知经营活动盈利能力不具有支付本息的现实可能性，仍然向社会公众大规模吸收资金，还本付息主要通过募新还旧实现，致使集资款不能返还的，应当认定其具有非法占有目的。在共同犯罪或者单位犯罪中，应当根据非法集资人是否具有非法占有目的，认定其构成集资诈骗罪还是非法吸收公众存款罪。检察机关应当围绕私募基金宣传推介方式、收益分配规则、投资人信息、资金实际去向等重点判断非法集资人是否具有非法占有目的，针对性开展指控证明工作。

基本案情

被告人张业强，男，国盈资产管理有限公司、国盈投资基金管理（北京）有限公司等7家国盈系公司实际控制人。

被告人白中杰，男，国盈系公司实际控制人。

被告人鹿梅，女，自2016年8月起任国盈系公司财务负责人。

2012年7月至2018年间，被告人张业强、白中杰相继成立国盈系公司，其实际控制的国盈投资基金管理（北京）有限公司、中兴联合投资有限公司、国盈资产管理有限公司在中国证券投资基金业协会（以下简称"中基协"）先后取得私募股权、创业投资基金管理人、私募证券投资基金管理人资格（以下均简称"私募基金管理人"）。

2014年10月至2018年8月间，张业强、白中杰将其投资并实际控制的公司的经营项目作为发行私募基金的投资标的，并在南京等多地设立分公司，采取电话联络、微信推广、发放宣传册、召开推介会等方式公开虚假宣传，夸大项目公司经营规模和投资价值，骗取投资人信任，允许不适格投资者以"拼单""代持"等方式购买私募基金，与投资人订立私募基金份额回购合同，承诺给予年化收益率7.5%至14%不等的回报。鹿梅自2016年8月起负责国盈系公司"资金池"及其投资项目公司之间的资金调度、划拨以及私募基金本金、收益的兑付。张业强、白中杰控制国盈系公司通过上述方式先后发行销售133只私募基金，非法公开募集资金人民币76.81亿余元。张业强、白中杰指定部分公司账户作为国盈系公司"资金池"账户，将绝大部分募集资金从项目公司划转至"资金池"账户进行统一控制、支配。上述集资款中，以募新还旧方式兑付已发行私募基金本金及收益49.76亿余元，用于股权、股票投资3.2亿余元，用于"溢价收购"项目公司股权2.3亿余元，用于支付员工薪酬佣金、国盈系公司运营费用、归还国盈系公司及项目公司欠款等17.03亿余元，用于挥霍及支付张业强个人欠款等4.52亿余元。张业强所投资的项目公司绝大部分长期处于亏损状态，国盈系公司主要依靠募新还旧维持运转。案发时，集资参与人本金损失共计28.53亿余元。

检察机关履职过程

2018年12月14日，江苏省南京市公安局以张业强、白中杰、鹿梅涉嫌集资诈骗罪向南京市人民检察院移送起诉。

一、审查起诉

侦查阶段，张业强等人辩称不构成集资诈骗罪，移送起诉后进一步辩称国盈系公司在中基协进行了私募基金管理人登记，发行销售的133只私募基金中有119只私募基金按规定进行了备案，是对项目公司投资前景的认可，公司与投资人签订回购协议是出于降低单个项目风险的考量，未将募集款全部投入项目公司是基于公司计划进行内部调配，使用后期募集款归还前期私募基金本息仅是违规操作。

针对张业强等人的辩解，南京市人民检察院对在案证据审查后认为，证明张业强等人销售私募基金违反有关规定，公开向不特定对象吸收资金以及具有非法占有目的的证据尚有不足，要求公安机关围绕国盈系公司在募集、投资、管理、退出各环节实际运作情况进行补充侦查：（1）调取国盈系公司私募基金备案资料，与实际募集资金的相关资料进行比对，查明国盈系公司是否存在向中基协隐匿承诺保本保收益、引诱投资人投资等违规事实。（2）询问集资参与人、发行销售工作人员，核实营销方式及发行销售过程中是否有承诺还本付息、突破合格投资者确认程序等事实。（3）调取发行销售人员背景资料、培训宣传相关证据，查明是否存在公开宣传情形。（4）调取相关项目公司的账册、审计材料等相关证据，询问张业强指派的项目公司管理人员及项目公司相关工作人员，查明项目公司的实际经营情况和盈利能力。（5）对募集资金流向进行逐项审计，查明募集资金实际去向，是否存在募新还旧情形等。

公安机关根据补充侦查提纲收集并移送了相关证据。南京市人民检察院审查后认为，在案证据足以证明张业强、白中杰、鹿梅通过销售私募基金方式，以非法占有目的，使用诈骗方法非法集资，造成集资参与人损失数额特别巨大，于2019年6月28日以三被告人犯集资诈骗罪提起公诉，2020年1月10日又补充起诉了部分集资诈骗犯罪事实。

二、指控和证明犯罪

2020年8月11日至12日，南京市中级人民法院公开开庭审理本案。庭审阶段，公诉人结合在案证据指控和证明张业强等人的行为构成集资诈骗罪。

首先，公诉人出示证明张业强、白中杰控制国盈系公司利用私募基金非法吸收公众存款的有关证据，包括：一是出示国盈系公司微信公众号发布信息，组织投资人参加文旅活动方案，私募基金投资人、销售人员、活动组织人员关于招揽投资人、推介项目等方面的证言等，证实张业强等人进行了公开宣传。二是出示回购合同，资金交易记录，审计报告，被告人供述及私募基金投资人、销售人员证言等，证实张业强等人变相承诺还本付息。三是出示有关投资人实际信息相关书证、资金交易记录、被告人供述和私募基金投资人、销售人员证言等，证实张业强等人以"拼单""代持"等方式将不适格人员包装成合格投资者，向社会公众销售私募基金产品。公诉人指出，张业强等人实际控制的国盈系公司虽然具有私募基金管理人资格，发行销售的119只私募基金经过备案，但是其通过电话联络、微信推广、发放宣传册、召开推介会等方式招揽投资人，公开推介宣传、销售经过备案或者未经备案的私募基金，虚化合格投资者确认程序，允许不合格投资者通过"拼单""代持"等购买私募基金，并利用实际控制的关联公司与投资人签订回购协议变相承诺还本付息，既违反了《中华人民共和国证券投资基金法》等私募基金管理有关规定，也违反了《中华人民共和国商业银行法》关于任何单位和个人未经国务院金融管理部门批准不得从事吸收公众存款的规定。上述行为符合非法吸收公众存款活动所具有的"非法性""公开性""利诱性""社会性"特征。

随后，公诉人出示募集资金实际去向和项目公司经营状况等相关证据，证明张业强等人在非法集资过程中使用诈骗方法，并具有非法占有目的。一是出示国盈系公司及其项目公司账册，关于项目经营状况、募集资金去向等被告人供述、证人证言、审计报告等，证实募集资金转入项目公司后，绝大部分资金在鹿梅等人的操作下回流至国盈系公司"资金池"账户。二是出示被告人、项目公司负责人、财务人员等关于项目公司投资决策过程、经营管理状况等言词证据，项目公司涉诉资料等，证实张业强等人在对外投资时不进行尽职调查，随意进行"溢价收购"，收购后经营管理不负责任，任由公司持续亏损。三是出示项目公司财务账册资料、"利益分配款"（即利息）有关审计报告等，证实张业强等人投资的绝大多数项目持续亏损，自2015年1月起国盈系公司已依靠募新还旧维持运转。四是出示张业强等人供述、有关资金交易记录、审计报告等证据，证实张业强将巨额募集资金用于购买豪车、别墅、归还个人欠款等。公诉人指出，张业强等人实际发行销售的133只私募基金中，有131只未按照合同约定的投资方向使用募集资金，并向投资人隐瞒了私募基金投资的项目公司系由张业强实际控制且连年亏损等事实，属于使用诈骗方法非法集资。张业强等人募集的资金大部分未用于生产经营活动，少部分募集资金虽用于投资项目经营过程中，但张业强等人投资决策和经营管理随意，项目公司持续亏损、没有实际盈利能力，长期以来张业强等人主要通过募新还旧支付承诺的本息，最终造成巨额资金无法返还，足以认定被告人具有非法占有目的。综上，被告人张业强、白中杰、鹿梅构成集资诈骗罪。

庭审中，张业强、白中杰、鹿梅及辩护人对指控的主要犯罪事实及罪名没有异议。

三、处理结果

2021年8月11日，南京市中级人民法院以犯集资诈骗罪判处被告人张业强无期徒刑，剥夺政治权利终身，并处没收个人全部财产；判处被告人白中杰有期徒刑十五年，没收财产一千五百万元；判处被告人鹿梅有期徒刑十二年，没收财产一千万元。张业强、白中杰、鹿梅提出上诉，同年12月29日，江苏省高级人民法院裁定驳回上诉，维持原判。

此外，国盈系公司在南京、苏州、广州设立的分公司负责人组织业务人员以销售私募基金为由，向社会不特定公众公开宣传，以获取定期收益、承诺担保回购为诱饵，向社会公众公开募集资金，根据案件证据不能证明相关人员具有非法占有目的，应以非法吸收公众存款罪追究刑事责任。经南京、苏州、广州相关检察机关依法起诉，相关人民法院以犯非法吸收公众存款罪，分别对28名分公司负责人、业务经理判处有期徒刑一年至五年（部分人适用缓刑）不等，并处罚金一万元至五十万元不等。

指导意义

（一）打着发行销售私募基金的幌子，进行公开宣传，向社会公众吸收资金，并承诺还本付息的，属于变相非法集资。私募基金是我国多层次资本市场的有机组成部分，在资本市场中发挥着重要作用。与公募基金不同，私募基金只需经过备案、无需审批，但不能以私募为名公开募集资金。检察机关办理以私募基金为名非法集资的案件，应当结合《中华人民共和国证券投资基金法》《私募投资基金监督管理暂行办法》等有关私募基金宣传推介途径、收益分配、募集对象等方面的具体规定，对涉案私募基金是否符合非法集资特征作出判断。违反私募基金有关管理规定，通过公众媒体或者讲座、报告会、分析会等方式向不特定对象宣传，属于向社会公开宣传；通过签订回购协议等方式向投资者承诺投资本金不受损失或者承诺最低收益，属于变相承诺还本付息；通过"拼单""代持"等方式向合格投资者之外的单位和个人募集资金或者投资者累计超过规定人数，属于向社会公众吸收资金。在发行销售私募基金过程中同时具有上述情形的，本质上系假借私募之名变相非法集资，应当依法追究刑事责任。

（二）以发行销售私募基金名义，使用诈骗的方法非法集资，对集资款具有非法占有目的，应当认定集资诈骗罪。非法集资人是否使用诈骗方法、是否具有非法占有目的，应当根据涉案私募基金信息披露情况、募集资金实际用途、非法集资人归还能力等要素综合判断。向私募基金投资者隐瞒募集资金未用于约定项目的事实，虚构投资项目经营情况，应当认定为使用诈骗方法。非法集资人虽然将部分集资款投入生产经营活动，但投资决策随意，明知经营活动盈利能力不具有支付本息的现实可能性，仍然向社会公众大规模吸收资金，兑付本息主要通过募新还旧实现，致使集资款不能返还的，应当认定其具有非法占有目的。在共同犯罪或者单位犯罪中，由于行为人层级、职责分工、获利方式、对全部犯罪事实的知情程度不同，其犯罪目的也存在不同，应当根据非法集资人是否具有非法占有目的分别认定构成集资诈骗罪还是非法吸收公众存款罪。

（三）围绕私募基金宣传推介方式、收益分配规则、投资人信息、资金实际去向等重点，有针对性开展引导取证、指控证明工作。检察机关指控证明犯罪时，不能局限于备案材料、正式合同等表面合乎规定的材料，必须穿透表象查清涉案私募基金实际运作全过程，提出引导取证意见，构建指控证明体系。1.注重收集私募基金宣传推介方式、合格投资者确认过程、投资资金实际来源、实际投资人信息、实际利益分配方案等与募集过程相关的客观证据，查清资金募集过程及其具体违法违规情形。2.注重收集募集资金投资项目、募集资金流向等与项目投资决策过程、经营管理状况、实际盈亏情况等相关客观性证据，在全面收集财务资料等证据的基础上，要求审计机构尽可能对资金流向进行全面审计，以查清募集资金全部流转过程和最终实际用途。3.注重对犯罪嫌疑人、被告人的针对性讯问和有关人员的针对性询问，结合客观证据共同证明募集资金方式、资金去向、项目公司经营情况等关键性事实。

《中华人民共和国刑法》第一百七十六条、第一百九十二条。

《中华人民共和国商业银行法》第十一条。

《中华人民共和国证券投资基金法》第八十七条、第九十一条。

《最高人民法院关于审理非法集资刑事案件具体应用法律若干问题的解释》（法释〔2022〕5号）第一条、第二条、第七条。

《私募投资基金监督管理暂行办法》（中国证券监督管理委员会令第105号）第十一条、第十二条、第十四条、第十五条、第二十四条。

郭四记、徐维伦等人伪造货币案

（检例第176号）

关键词

伪造货币　网络犯罪　共同犯罪　主犯　全链条惩治

要　旨

行为人为直接实施伪造货币人员提供专门用于伪造货币的技术或者物资的，应当认定其具有伪造货币的共同犯罪故意。通过网络积极宣传、主动为直接实施伪造货币人员提供伪造货币的关键技术、物资，或者明知他人有伪造货币意图，仍积极提供专门从事伪造货币相关技术、物资等，应当认定其在共同伪造货币犯罪中起主要作用，系主犯，对其实际参与的伪造货币犯罪总额负责。对于通过网络联络、分工负责、共同实施伪造货币犯罪案件，检察机关应当注重对伪造货币犯罪全链条依法追诉。

基本案情

被告人郭四记，男，防伪纸网络代理商。

被告人徐维伦，男，防伪纸网络代理商。

被告人胡春云、于文星、胡甲武、胡康康、宋金星，均系无业人员。

2018年9月，徐维伦成为某品牌防伪纸网络代理商后，组建多个QQ群，发布销售防伪纸广告。徐维伦利用该防伪纸自行制造假币，在QQ群发布视频炫耀，至案发共伪造人民币2.906万元。郭四记等意图伪造货币的人员通过网络广告加入徐维伦建立的QQ群，购买防伪纸用于制造假币。郭四记认识徐维伦后，也成为该防伪纸销售代理商，徐维伦向其出售防伪纸、印章、假币电子模板等设备、材料，并传授制造假币技术。

2018年9月至11月，徐维伦通过网络与胡春云、于文星、胡甲武、胡康康、宋金星共同伪造货币：1.徐维伦通过网络向意图伪造货币的胡春云出售防伪纸、印油、丝印台、假币电子模板等制造假币材料，胡春云纠集同村村民于文星、胡甲武共同制造假币。在胡春云等人制造假币遇到困难时，徐维伦通过QQ远程操控电脑提供制假技术支持。胡春云等人共伪造人民币1.8万元，并使用了部分假币。2.徐维伦通过网络向胡康康出售防伪纸、丝印网版等制造假币的材料，并赠送假币电子模板，胡康康纠集其堂弟宋金星共同伪造人民币1.636万元，并使用了部分假币。

期间，郭四记、徐维伦还通过网络分别或者共同与山西、贵州、河北、福建、山东等地相关人员伪造货币：1.郭四记通过网络向意图伪造货币的张鑫出售防伪纸、打印机、假币模板、丝印网版等制造假币设备材料，并传授制造假币技术，张鑫据此伪造人民币3.822万元。2.郭四记通过网络向意图伪造货币的廖波出售防伪纸、丝印网版、印油、丝印网水等制造假币的材料，并赠送假币电子模板，廖波与汪钰芳、陈香等人据此共同伪造人民币96.85万元。3.徐维伦通过网络向意图伪造货币的王刚刚、郭四记出售防伪纸、印章、假币模板等制造假币设备材料，王刚刚、郭四记据此共同伪造人民币4000张（多为面值20元）并销往全国各地，徐维伦参与介绍贩卖。4.徐维伦通过网络向意图伪造货币的邸天佑出售防伪纸、印油、印章等制造假币的材料，赠送假币电子模板，传授制造假币技术，邸天佑与赵春杰据此共同伪造人民币1.876万元。5.徐维伦通过网络向意图伪造货币的白青沛出售防伪纸，白青沛据此伪造人民币3.352万元。张鑫、廖波等上述其他地区的人员均因伪造货币罪被当地法院判处刑罚。

检察机关履职过程

一、审查起诉

2019年2月12日，江西省庐山市公安局以郭四记、徐维伦、胡春云、于文星、胡甲武、胡康康、宋金星涉嫌伪造货币罪移送起诉。

江西省庐山市人民检察院审查发现，郭四记、徐维伦为全国多地伪造货币人员提供了大量制造假币所用防伪纸、丝印网版，并传授制假技术，但是直接实施伪造货币人员身份未查实，两名犯罪嫌疑人是否参与他人制造假币的事实以及具体犯罪数额不清。庐山市人民检察院将案件退回公安机关补充侦查，要求公安机关对全部直接实施伪造货币人员犯罪情况侦查取证。侦查人员赴相关省份提讯相关犯罪嫌疑人，并向当地公安机关调取犯罪嫌疑人供述、证人证言、制假设备及假币相关物证照片、扣押清单、假币鉴定意见等证明郭四记、徐维伦与直接实施伪造货币人员共同制造假币的证据材料，固定了共同犯罪的证据。2019年8月19日，江西省庐山市人民检察院以伪造货币罪对郭四记、徐维伦等七名被告人提起公诉。

二、指控和证明犯罪

2019 年 10 月 12 日，江西省庐山市人民法院依法公开开庭审理。

庭审中，被告人郭四记对指控罪名无异议，但对犯罪事实和犯罪数额提出异议。郭四记的辩护人提出，郭四记只是出售制造假币设备材料和提供制造假币技术，未直接实施伪造货币活动，不应认定为伪造货币的共犯，不应对直接实施伪造货币人员的犯罪数额负责。郭四记的行为属于制造、销售用于伪造货币的版样，应根据犯罪情节量刑。被告人徐维伦及其辩护人对犯罪数额提出异议，认为不应将郭四记等人伪造货币的数额计入徐维伦名下。

公诉人答辩指出，被告人计算机、手机、U 盘等电子设备中的聊天记录、电子邮件、交易记录、制作假币相关应用程序等电子数据以及被告人供述证实，被告人郭四记、徐维伦在向直接实施伪造货币的人员销售可用于制造假币的防伪纸、打印机等通用设备材料以外，还销售专门用于制造假币的电子模板、印章、丝印网版，足以认定其与伪造货币人员具有制造假币的共同故意。而且，二被告人不仅销售制造假币所需的设备材料，还提供制造假币技术，被告人徐维伦在他人制造假币遇到问题时，甚至远程控制他人电脑直接操作，足以认定二被告人在各自参与的伪造货币共同犯罪中起主要作用，系主犯，应当对他人实际使用二被告人提供的设备材料、技术伪造货币的总额负责。被告人胡春云、胡康康主动联系徐维伦购买制造假币材料、学习制造假币技术并制造假币，均系主犯。被告人于文星、胡甲武、宋金星按照指令从事从属性工作，在共同犯罪中起次要、辅助作用，系从犯。

三、处理结果

2019 年 11 月 14 日，庐山市人民法院以伪造货币罪判处被告人郭四记有期徒刑十四年，并处罚金十万元；判处被告人徐维伦有期徒刑十二年，并处罚金五万元；判处胡春云等其他五名被告人二年至四年有期徒刑，并处罚金。宣判后，七名被告人均未上诉，判决已生效。

【指导意义】

（一）明知他人意图伪造货币，通过网络提供伪造货币技术或者设备、材料的人员，与直接实施伪造货币的人员构成伪造货币共同犯罪。为直接实施伪造货币人员提供专门用于伪造货币的技术或者设备、材料的，应当认定其具有伪造货币的共同犯罪故意。

（二）对于提供伪造货币的技术或者设备、材料但未直接实施伪造货币行为的人员，应当根据具体行为判断在共同伪造货币中的地位和作用。通过网络积极宣传、主动为直接实施伪造货币人员提供伪造货币的关键技术、设备、材料，或者明知他人有伪造货币意图，仍积极提供专门从事伪造货币的相关技术、设备、材料等，应当认定其在共同伪造货币犯罪中起主要作用，系主犯，对其实际参与的伪造货币犯罪总额负责。

（三）注重依法能动履职，对伪造货币犯罪全链条追诉。对于通过网络联络、分工负责、共同实施伪造货币犯罪案件，检察机关在审查逮捕、审查起诉时要注重审查伪造货币全链条行为人的犯罪事实是否全部查清，是否遗漏共同犯罪事实。办理利用网络共同伪造货币案件，要注重引导公安机关及时查封、扣押犯罪嫌疑人的计算机、手机、U盘等电子设备，全面提取社交通信工具中留存的通信记录、交易信息、制造假币应用程序等相关电子数据，以此为基础查清共同犯罪事实。

相关规定

《中华人民共和国刑法》第二十五条、第二十六条、第一百七十条。

《中华人民共和国刑事诉讼法》第一百七十一条、第一百七十五条。

《最高人民法院关于审理伪造货币等案件具体应用法律若干问题的解释》第一条。

孙旭东非法经营案

（检例第 177 号）

关键词

非法经营罪　POS机套现　违反国家规定　自行侦查

要 旨

对于为恶意透支的信用卡持卡人非法套现的行为，应当根据其与信用卡持卡人有无犯意联络、是否具有非法占有目的等，区分非法经营罪与信用卡诈骗罪。经二次退回补充侦查仍未达到起诉条件，但根据已查清的事实认为犯罪嫌疑人仍然有遗漏犯罪重大嫌疑的，检察机关依法可以自行侦查。应当结合相关类型犯罪的特点，对在案证据、需要补充的证据和可能的侦查方向进行分析研判，明确自行侦查的可行性和路径。检察机关办理信用卡诈骗案件时发现涉及上下游非法经营金融业务等犯罪线索的，应当通过履行立案监督等职责，依法追诉遗漏犯罪嫌疑人和遗漏犯罪事实。

基本案情

被告人孙旭东，男，曾用名孙旭，别名孙盼盼。

2013年间，孙旭东对外谎称是某银行工作人员，可以帮助不符合信用卡申办条件的人代办该银行大额度信用卡。因某银行要求申办大额度信用卡的人员必须在该行储蓄卡内有一定存款，孙旭东与某银行北京分行某支行负责办理信用卡的工作人员王某君（在逃国外）商议，先帮助申办人办理某银行储蓄卡，并将孙旭东本人银行账户中的资金转入该储蓄卡以达到申办标准，审核通过后再将转入申办人储蓄卡的资金转回，随后由孙旭东帮助信用卡申办人填写虚假的工作单位、收入情况等信用卡申办资料，再由王某君负责办理某银行大额度信用卡。代办信用卡后，孙旭东使用其同乡潘兰军（因犯信用卡诈骗罪被判刑）经营的北京君香博业食品有限公司（以下简称"博业食品公司"）注册办理的POS机，以虚构交易的方式全额刷卡套现，并按照事先约定截留部分套现资金作为申办信用卡和套现的好处费，剩余资金连同信用卡交给申办人。通过上述方式，孙旭东为他人申办信用卡46张，套现资金共计1324万元。截至案发时，16张信用卡无欠款，30张信用卡持卡人逾期后未归还套现资金共计458万余元。

检察机关履职过程

一、发现线索

2016年9月，在北京市西城区人民检察院（以下简称"西城区检察院"）办理史悦信用卡诈骗案过程中，史悦供称其信用卡系一名为"陈旭"的男子代办，"陈旭"帮助其套现40万元后截留10万元作为好处费。检察机关认为，该"陈旭"为他人套现信用卡资金的行为可能涉嫌非法经营罪，遂将线索移交公安机关。经公安机关核查，"陈旭"是孙旭东。

2016年12月24日，西城区检察院对史悦信用卡诈骗案提起公诉的同时，建议公安机关对孙旭东涉嫌犯罪问题进行调查核实。公安机关经调取相关银行账户交易流水、信用卡申办材料、交易记录等，证实孙旭东为史悦等4人办理了大额度信用卡，上述信用卡通过POS机将卡内额度全额刷卡消费，交易记录显示收款方为北京顺通泰达货运代理有限公司（以下简称"顺通货运代理公司"）。2017年6月26日，北京市西城区人民法院以信用卡诈骗罪判处史悦有期徒刑五年八个月，并处罚金六万元。同年12月19日，公安机关将孙旭东抓获归案。

二、审查起诉和退回补充侦查

2018年3月19日，北京市公安局西城分局将孙旭东作为史悦信用卡诈骗罪的共犯移送起诉。

在审查起诉期间，孙旭东辩称仅帮助某银行工作人员王某君将现金转交给办卡人，没有帮助他人进行信用卡套现。因在案证据不能证明孙旭东系套现POS机的实际使用人，西城区检察院将案件两次退回补充侦查，要求查明POS机开户信息、王某君相关情况、孙旭东银行卡交易记录及帮助办卡、套现等相关事实。公安机关经过补充侦查，发现孙旭东为40余人以同样方式办卡、套现，交易金额达1000余万元，交易收款方显示为顺通货运代理公司。因侦查时相关信用卡交易涉及的POS机商户信息已超过法定保存期限，无法查询。

公安机关重新移送起诉后，经对补充侦查的证据进行审查，检察机关认为，套现资金去向不明，王某君在逃国外，无法找到交易记录显示的商户顺通货运代理公司，孙旭东亦不供认使用该 POS 机套现，证明孙旭东使用 POS 机套现的证据尚不符合起诉条件。因相关证据无法查实，西城区检察院就孙旭东在史悦信用卡诈骗中的犯罪事实先行提起公诉，并要求公安机关对孙旭东遗漏罪行继续补充侦查。

三、自行侦查

根据公安机关补充侦查后移送的相关证据仍无法找到 POS 机对应的商户，西城区检察院结合已有证据和已查清的案件事实对进一步侦查的方向和自行侦查的必要性、可行性进行研判。该院认为，涉案 POS 机对犯罪事实的认定具有重要作用，且根据已查明的事实孙旭东仍有遗漏犯罪的重大嫌疑，具有自行侦查的必要性。同时，从缺失证据情况看，检察机关也有自行侦查的可行性：第一，孙旭东为多人办理某银行信用卡，此前该院办理的其他信用卡诈骗案中不排除存在孙旭东帮助办理信用卡的情况，从中可能发现 POS 机商户信息的相关证据。第二，可以从已经查明的孙旭东相关银行交易记录中，进一步筛查可能包含涉案 POS 机商户信息的线索。研判后，该院决定围绕涉案 POS 机的真实商户和使用人以及套现资金去向等关键问题自行侦查。

西城区检察院对孙旭东名下 20 余张银行卡交易记录梳理发现，上述银行卡内转入大量资金，很有可能来自套现 POS 机账户，遂对 20 余张银行卡交易记录进行筛查，发现其中 1 张银行卡涉及的 1 笔交易对手方是博业食品公司名下的 POS 机，检察机关以此为突破口调取了博业食品公司 POS 机开户信息和交易记录，进而证实孙旭东使用该 POS 机进行非法套现，套现资金经博业食品公司对公账户流入孙旭东名下的银行账户，使用过程中交易记录显示的商户名被违规设置为顺通货运代理公司。同时，西城区检察院对该院近年办理的涉及某银行大额度信用卡诈骗案件逐案排查，发现已判决的一起信用卡诈骗案中被告人名字与孙旭东代办卡中的申办人相同，均为潘兰军。经调阅卷宗发现，两起案件中的潘兰军为同一人，且潘兰军曾供述其信用卡系一名为"孙盼盼"的人代为办理和套现。根据这一线索，检察机关提审潘兰军、询问相关证人、调取开户信息及交易明细，证实"孙盼盼"就是孙旭东，孙旭东曾以潘兰军经营的博业食品公司名义办理 POS 机并实际控制使用，博业食品公司对公账户由孙旭东代办，该账户接收过大量转账资金，又转至孙旭东名下多张银行卡，由此解开了此前侦查中无法找到顺通货运代理公司涉案证据的关键疑问。

根据自行侦查收集的 POS 机信息及相关交易记录，检察机关认定孙旭东为史悦之外的其他 45 人办理信用卡后，使用以博业食品公司名义开户的 POS 机，以顺通货运代理公司作为代收款方进行刷卡套现。2019 年 8 月 2 日，西城区检察院以孙旭东犯非法经营罪补充起诉。

四、指控和证明犯罪

2019 年 10 月 30 日、12 月 6 日，北京市西城区人民法院两次公开开庭审理。庭审中，孙旭东辩称其未办理涉案 POS 机，未帮助他人进行信用卡套现，相关资金系王某君提供，不构成犯罪。孙旭东的辩护人提出，没有证据证明孙旭东申办 POS 机刷卡套现，也无法确定涉案信用卡申请人与孙旭东有关联，孙旭东不构成非法经营罪。

公诉人针对上述辩护意见答辩指出，在案证据能够证实，孙旭东代办多张信用卡并使用实际控制的他人 POS 机进行非法套现活动，其行为已构成非法经营罪。一是 POS 机开户信息及交易明细、博业食品公司在某银行的开户资料、交易记录、证人证言等证实，孙旭东使用博业食品公司名义申办 POS 机并实际使用，但是该 POS 机交易记录显示的商户名称被违规设置为顺通货运代理公司。二是史悦等证人证言、POS 机交易记录、孙旭东银行卡交易明细、史悦信用卡及其他 45 张信用卡交易记录证实，孙旭东以虚构交易的方式使用该 POS 机刷卡套现，套现资金进入博业食品公司账户后转入孙旭东实际控制的银行账户，再由孙旭东转账或者直接取现支付给信用卡申办人。三是潘兰军和史悦的刑事判决书、某银行提供的催收记录等证据材料证实，孙旭东帮助大量无申卡资质的人员办卡套现，多名信用卡持卡人未按期归还欠款给银行造成重大损失，孙旭东的行为严重扰乱了市场经济秩序。综上，孙旭东违反国家规定，使用销售点终端机具（POS 机），以虚构交易方式向信用卡持卡人直接支付现金，构成非法经营罪，情节特别严重，应当依法追究刑事责任。

五、处理结果

北京市西城区人民法院认为，孙旭东构成非法经营罪，根据《最高人民法院　最高人民检察院关于办理妨害信用卡管理刑事案件具体应用法律若干问题的解释》第十二条的规定，非法经营数额在 500 万元以上的，属于情节特别严重，于 2019 年 12 月 6 日以非法经营罪判处孙旭东有期徒刑六年，并处罚金十五万元。孙旭东提出上诉。2020 年 3 月 10 日，北京市第二中级人民法院裁定驳回上诉，维持原判。

指导意义

（一）对于为恶意透支的信用卡持卡人非法套现的行为人，应当根据其与信用卡持卡人有无犯意联络、有无非法占有目的等证据，区分非法经营罪与信用卡诈骗罪。使用销售点终端机具（POS 机）等方法，以虚构交易等方式向信用卡持卡人支付货币资金，违反了《中华人民共和国商业银行法》第三条、第十一条和 2021 年实施的《防范和处置非法集资条例》第三十九条等规定，系非法从事资金支付结算业务，构成非法经营罪。与恶意透支的信用卡持卡人通谋，或者明知信用卡持卡人意图恶意透支信用卡，仍然使用销售点终端机具（POS 机）等方法帮助其非法套现，构成信用卡诈骗罪的共同犯罪。虽然信用卡持卡人通过非法套现恶意透支，但证明从事非法套现的行为人构成信用卡诈骗罪共同犯罪证据不足的，对其非法经营 POS 机套现的行为依法以非法经营罪定罪处罚。

（二）对二次退回公安机关补充侦查，仍未达到起诉条件的，检察机关应当结合在案证据和案件情况充分研判自行侦查的必要性和可行性。经二次退回补充侦查的案件，虽然证明犯罪事实的证据仍有缺失，但根据已查清的事实认为犯罪嫌疑人仍然有遗漏犯罪重大嫌疑的，具有自行侦查的必要性。检察机关应当结合相关类型金融业务的特点、在案证据、需要补充的证据和可能的侦查方向进行分析研判，明确自行侦查是否具有可行性，决定自行侦查的具体措施，依照法定程序进行自行侦查。

（三）检察机关办理信用卡诈骗案件时发现涉及非法从事金融活动等犯罪线索的，应当依法追诉遗漏犯罪嫌疑人和遗漏犯罪事实。信用卡诈骗案件中，恶意透支与非法套现相互勾结的问题较为突出。检察机关办理此类案件时发现涉及 POS 机套现等非法经营金融业务犯罪线索的，应当对相关线索进行核查，积极运用立案监督、引导取证、退回补充侦查、自行侦查等措施，对犯罪进行全链条惩治。

相关规定

《中华人民共和国刑法》第二百二十五条。

《中华人民共和国刑事诉讼法》第一百七十五条。

《中华人民共和国商业银行法》第三条、第十一条。

《防范和处置非法集资条例》第三十九条。

《最高人民法院　最高人民检察院关于办理妨害信用卡管理刑事案件具体应用法律若干问题的解释》（法释〔2018〕19号）第十二条。

《人民检察院刑事诉讼规则》（高检发释字〔2019〕4号）第三百四十五条、第四百二十三条。

第四十五批指导性案例

王某等人故意伤害等犯罪二审抗诉案

（检例第 178 号）

关键词

二审抗诉　恶势力犯罪　胁迫未成年人犯罪　故意伤害致死　赔偿谅解协议的审查

要旨

检察机关在办案中要加强对未成年人的特殊、优先保护，对于侵害未成年人犯罪手段残忍、情节恶劣、后果严重的，应当依法从严惩处。胁迫未成年人实施毒品犯罪、参加恶势力犯罪集团，采用暴力手段殴打致该未成年人死亡的，属于"罪行极其严重"，应当依法适用死刑。对于人民法院以被告方与被害方达成赔偿谅解协议为由，从轻判处的，人民检察院应当对赔偿谅解协议进行实质性审查，全面、准确分析从宽处罚是否合适。虽达成赔偿谅解但并不足以从宽处罚的，人民检察院应当依法提出抗诉，监督纠正确有错误的判决，贯彻罪责刑相适应原则，维护公平正义。

基本案情

被告人王某，男，1985年3月出生，无业，曾因犯盗窃罪被判处有期徒刑六个月。

被告人龙某，男，1989年12月出生，无业。

被告人王某湘，男，1963年1月出生，无业。

被告人米某华，女，1974年10月出生，无业。

被害人安某甲，男，2007年3月出生，殁年11岁。

被害人安某乙，男，2010年5月出生，系安某甲之弟。

2017年11月底至2019年1月，王某为牟取非法利益，组织龙某、王某湘、米某华在四川省攀枝花市零包贩卖毒品海洛因36次，并容留多人在其租住房内吸毒。2018年6、7月，为掩盖毒品犯罪事实，王某以赠送吸毒人员吉某货值100元的海洛因为条件，"收养"其两个儿子安某甲和安某乙，并控制、胁迫二人帮助其贩毒，还对二人长期殴打、虐待。自2018年8月起，王某在其租住房内，多次强迫安某乙吸食海洛因等毒品（经检测，在安某乙头发样本中检出吗啡、单乙酰吗啡和甲基苯丙胺成分，安某乙左侧外耳郭因被王某等人殴打未及时医治而出现明显畸形）。2018年11月以来，王某安排龙某带领8岁的安某乙在市东区华山一带贩卖毒品，王某带领11岁的安某甲购买用于贩卖的毒品后"零星贩毒"。王某等人还备有塑料管、电击棍等工具，用于殴打、控制安某甲和安某乙。2019年1月22日晚至次日凌晨，王某从龙某处得知安某甲将团伙贩毒情况告知其母吉某后，不顾王某湘劝阻，伙同龙某在租住房内用烟头烫，用塑料管、电击棍等工具殴打、电击安某甲，并强迫安某乙殴打安某甲，还指使龙某逼迫安某甲吸毒。23日上午，安某甲因全身大面积皮肤及软组织挫伤，皮下出血致失血性和创伤性休克死亡。案发后，王某亲属与吉某达成赔偿协议，约定赔偿10万元，先行支付5万元并由吉某出具谅解书，余款于2021年12月31日前付清。2019年12月5日，吉某在其家人收到5万元后出具了谅解书。

2019年11月14日，攀枝花市人民检察院提起公诉，指控被告人王某犯故意伤害罪、贩卖毒品罪、强迫他人吸毒罪、容留他人吸毒罪，且王某等人构成恶势力犯罪集团。2020年5月29日，攀枝花市中级人民法院经审理认为，以被告人王某为首的恶势力犯罪集团，多次实施贩卖毒品、故意伤害、容留他人吸毒、强迫他人吸毒犯罪活动，应依法从严惩处，特别是王某在故意伤害犯罪中，手段残忍、情节恶劣，本应严惩，但考虑其赔偿了被害方部分经济损失并取得谅解，以故意伤害罪判处死刑，缓期二年执行，剥夺政治权利终身；以贩卖毒品罪判处有期徒刑十四年，并处罚金五万元；以强迫他人吸毒罪判处有期徒刑八年，并处罚金二万元；以容留他人吸毒罪判处有期徒刑三年，并处罚金一万元，数罪并罚，决定执行死刑，缓期二年执行，剥夺政治权利终身,并处罚金八万元,并限制减刑。对另3名被告人分别以故意伤害罪、贩卖毒品罪、容留他人吸毒罪判处有期徒刑五年至无期徒刑不等刑罚。被告人王某、龙某、米某华不服一审判决,提出上诉。

检察机关履职过程

一、提出和支持抗诉

2020年6月7日,攀枝花市人民检察院以量刑不当为由,向四川省高级人民法院提出抗诉,并报请四川省人民检察院支持抗诉。同年8月21日,四川省人民检察院支持抗诉。

四川省人民检察院在审查案件期间围绕"赔偿谅解情节是否足以影响量刑""王某是否可以判处死缓"等关键问题,补充完善了部分证据:一是复勘现场、复核部分证人及走访调查,重点研判伤害行为的方式及强度;二是询问证人,查明二被害人在被王某等人控制前均身体健康且没有吸毒行为;三是针对一审期间租住房周边居民因恐慌不愿作证的情况,释法说理,收集补强了王某等人长期殴打、虐待两名儿童,并威胁恐吓周边群众等恶势力犯罪证据;四是核实赔偿谅解情况,查明被告方的赔偿附加了被害方出具谅解书、法院不判处死刑、余款于两年后付清等条件。

二、抗诉意见和理由

四川省检察机关认为,一审法院对被告人王某等人涉毒犯罪定罪准确、量刑适当;对王某等人故意伤害致未成年人死亡的行为定性准确,但量刑畸轻。根据2020年3月《最高人民法院 最高人民检察院 公安部 司法部关于依法严惩利用未成年人实施黑恶势力犯罪的意见》,对于胁迫未达到刑事责任年龄的未成年人参加恶势力犯罪集团的行为,应当依法严厉打击、从重处罚。被告人王某作为恶势力犯罪集团的首要分子,长期控制、利用未成年人贩卖毒品,具有殴打、虐待并残害未成年人致死的行为,犯罪动机卑劣、手段残忍,情节恶劣,属于"罪行极其严重"的犯罪分子,依法应当适用死刑立即执行。具体理由如下:

(一)一审法院以被告人王某亲属代为赔偿并取得被害方谅解为由判处王某死缓,量刑明显不当。一是被告人"赔偿"被害方损失属于其应当依法履行的义务,并非从宽处罚的必要性条件,而且本案的"赔偿"附加了被害人亲属出具谅解书、法院不判处死刑立即执行、两年后才支付全款等条件,并非真诚悔罪;二是被害人母亲吉某系吸毒人员,仅为收取货值100元的海洛因,就放弃法定抚养义务,将两名幼童交由毒贩控制、虐待,并对二被害人的伤痕长期不闻不问、置之不理,由吉某作为谅解主体出具的谅解书,不足以产生从宽处罚的法律后果;三是被告人王某"收养"两名儿童并故意伤害的动机和目的是为了控制、胁迫两名儿童实施毒品犯罪,对于这类罪行极其严重的犯罪,即使达成了赔偿谅解协议,也不足以产生从宽处罚的法律后果。

(二)综合评判本案的事实、情节和后果,一审法院对王某判处死缓不当。一是侵害对象系未成年人,该群体普遍缺乏自我保护能力,是法律予以特别保护的对象,本案被告人王某胁迫儿童吸毒、贩毒，殴打、虐待、残害两名儿童并致一人死亡，犯罪对象特殊；二是犯罪动机卑劣，王某长期控制、利用被害人贩毒，又唯恐罪行败露而迁怒于被害人，对其实施长时间、高强度殴打；三是犯罪手段残忍，尤其在被害人受长时间折磨、身体越来越虚弱的情况下，被告人还逼迫被害人吸毒，加速了被害人的死亡；四是社会影响极其恶劣，王某等人为实施毒品犯罪，长期强迫、驱使儿童实施毒品犯罪行为，强迫儿童吸毒，致使一名儿童死亡，造成严重社会后果，犯罪行为令人发指，严重挑战社会道德底线。因此，王某的行为既侵害未成年人生命健康权，又严重扰乱社会秩序，社会危害性极大，罪行极其严重。同时，王某具有恶势力犯罪集团首要分子、盗窃犯罪前科等从重处罚情节，并在故意伤害犯罪中起主要作用，主观恶性极深，人身危险性极大，应当依法从严惩处。

三、抗诉结果

2020年10月30日，四川省高级人民法院作出二审判决，采纳人民检察院抗诉意见，以故意伤害罪改判王某死刑，数罪并罚，决定执行死刑。2021年3月，最高人民法院裁定核准死刑。

四、注重做好未成年人保护工作

四川省检察机关在办案过程中，关注涉案未成年人保护情况，通过多种方式推动全社会一体保护未成年人，为未成年人健康成长营造良好社会环境。被害人安某甲、安某乙的母亲吉某于2019年8月因贩卖毒品罪被判刑并在监狱服刑，父亲是吸毒人员且已失踪多年，四川省人民检察院积极推动当地民政部门认定被害人安某乙为"事实无人抚养儿童"，变更监护人为其外祖父，协调解决户籍、入学、生活补贴等问题，开展心理辅导，给予司法救助，并委托第三方对司法救助资金进行监管。针对本案暴露出的城市房屋租赁监管、重点人员管理、街面治安巡查等问题，攀枝花市人民检察院向相关部门制发检察建议，推进落实整改，加强社会治安防控。

指导意义

（一）检察机关要对"赔偿谅解协议"作实质性审查，准确提出量刑建议。赔偿谅解是刑事案件常见的酌定从轻处罚情节，是评价被告人认罪悔罪态度和人身危险性的因素之一。审查时应主要考虑：一是赔偿谅解是"可以"从轻处罚，不是"必须"从轻处罚，且适用的前提是被告人认罪、悔罪；二是赔偿谅解要考察被犯罪行为破坏的社会关系是否得到一定程度的修复，在被害人死亡或者无法独立表达意志的情况下，对被害人亲属出具的赔偿谅解协议更要严格审查和全面准确把握；三是对于严重危害社会治安和影响人民群众安全感的犯罪，必须结合犯罪事实、性质及其他情节进行综合衡量，予以适当、准确的评价。在此基础上，检察机关要对赔偿谅解协议进行实质性审查，如审查谅解主体是否适格、谅解意愿是否自愿真实、谅解内容是否合法、是否附有不合理条件等，综合案件全部量刑情节，准确提出量刑建议。

（二）对于"罪行极其严重"的侵害未成年人犯罪，应当坚决依法适用死刑。死刑只适用于极少数罪行极其严重的犯罪分子。根据《最高人民法院　最高人民检察院　公安部　司法部关于依法严惩利用未成年人实施黑恶势力犯罪的意见》，应当依法严厉打击、从重处罚胁迫未达到刑事责任年龄的未成年人参加恶势力犯罪集团的行为。此类恶势力犯罪集团的首要分子，利用未成年人实施毒品犯罪，强迫未成年人吸毒，并致该未成年人死亡，犯罪手段残忍、情节恶劣、社会危害性极大的，属于"罪行极其严重"，应当坚决依法适用死刑。

（三）加强对未成年人的特殊、优先保护，依法从严惩处侵害未成年人犯罪。关心关爱未成年人的健康成长，是全社会的共同责任。检察机关在办案中，一方面，对于侵害未成年人犯罪手段残忍、情节恶劣、后果严重的，应当依法从严惩处；另一方面，要注重做好未成年人保护工作，通过开展司法救助、心理辅导、公益诉讼、提出社会治理类检察建议等方式，推进对涉案未成年人的综合帮扶，努力为未成年人健康成长营造良好环境。

相关规定

《中华人民共和国刑法》第四十八条、第二百三十四条。

《中华人民共和国刑事诉讼法》（2018年修正）第二百二十八条、第二百三十二条、第二百三十六条。

《中华人民共和国未成年人保护法》（2012年修正）第三条、第十条（现为2020年修订的《中华人民共和国未成年人保护法》第四条、第七条）。

《最高人民法院　最高人民检察院　公安部　司法部关于依法严惩利用未成年人实施黑恶势力犯罪的意见》（2020年3月施行）第一条、第二条。

《人民检察院刑事抗诉工作指引》（2018年施行）第九条。

刘某某贩卖毒品二审抗诉案
（检例第179号）

关键词

二审抗诉　贩卖毒品罪　被告人不认罪　排除合理怀疑　直接改判

要旨

对于人民法院以存在"合理怀疑"为由宣告被告人无罪的案件，人民检察院认为在案证据能够形成完整的证据链，且被告人的无罪辩解没有证据证实的，应当提出抗诉。同时，对于确有必要的，要补充完善证据，对人民法院认为存在的"合理怀疑"

作出解释，以准确排除"合理怀疑"，充分支持抗诉意见和理由。对于查清事实后足以定罪量刑的抗诉案件，如未超出起诉指控范围，人民检察院可以建议人民法院依法直接改判。

基本案情

被告人刘某某，女，1982年6月出生，无业。

2015年12月21日，公安机关接周某举报，在广东省广州市番禺区某小区附近刘某某所驾驶车辆的副驾驶位的脚踏板上，查获装在茶叶袋内的甲基苯丙胺1千克，在驾驶位座椅上缴获金色手机1部，在刘某某手上缴获黑色手机1部，在副驾驶座椅上缴获黑色钱包1个，内有银行卡8张。刘某某称自己经营燕窝生意，车内毒品系刚下车的朋友周某所留。次日，刘某某被刑事拘留。经公安机关询问，周某称车内毒品系刘某某所有，刘某某让其帮助卖掉，其乘坐刘某某车辆谎称去找购毒人，下车后即报警。

2016年9月22日，广州市番禺区人民检察院以非法持有毒品罪对刘某某提起公诉，后以贩卖毒品罪变更起诉。番禺区人民法院经三次开庭审理，认为被告人可能被判处无期徒刑以上刑罚，报送广州市中级人民法院管辖。2017年7月4日，广州市人民检察院以贩卖毒品罪对刘某某提起公诉。广州市中级人民法院经两次开庭审理，认为虽然在被告人刘某某的车上发现了涉案毒品，但是周某举报前刚从涉案车辆副驾驶位离开，毒品又系从副驾驶位的脚踏板上查获，无法排除刘某某提出的毒品归周某所有的合理辩解。因此，检察机关指控被告人刘某某贩卖毒品罪的事实不清、证据不足，遂于2018年2月2日一审宣告刘某某无罪。

检察机关履职过程

一、提出和支持抗诉

2018年2月12日，广州市人民检察院提出抗诉。同年7月31日，广东省人民检察院支持抗诉。

广东省人民检察院在审查支持抗诉期间和支持抗诉后，围绕争议焦点进一步补充完善了相关证据：一是核查刘某某与周某之间关系及经济往来情况，进一步查清周某不具备购买1千克甲基苯丙胺的经济条件，且没有陷害刘某某的动机；二是通过梳理刘某某的社会关系和5起毒品犯罪关联案件，发现凌某等4人贩卖毒品案与刘某某的毒品上家均为陈某，并发现陈某身份信息。经报告最高人民检察院协调公安部，成功抓获陈某。随后围绕陈某展开调查，证实陈某从未做过燕窝生意，且具有长期从事毒品犯罪活动的重大嫌疑，而扣押在案的刘某某手机在案发前的2015年12月5日至21日与陈某有28次通话记录、26次短信息来往记录。

二、抗诉意见和理由

广东省检察机关认为，一审法院在对被告人刘某某所驾驶的车辆内发现涉案毒品的归属问题上，片面采信刘某某的不合理辩解，进而不合理地怀疑毒品为证人周某所有，认定刘某某构成贩卖毒品罪的证据没有形成完整的证明体系，不能排除合理怀疑，据此宣告刘某某无罪的判决确有错误。本案侦查工作中存在的取证问题和瑕疵并未切断证据链条，刘某某的无罪辩解与其他在案证据存在矛盾，全案证据足以证实刘某某具有贩卖毒品的主观故意和客观行为。具体理由如下：

（一）"合理怀疑"不尽合理。被告人刘某某的辩解明显与其他在案证据相互矛盾，人民法院以存在"合理怀疑"为由作出无罪判决系确有错误。刘某某辩解自己经营燕窝生意，案发前一天去过汕尾购买走私燕窝，却无法验证和登录自己的微商账号，也提供不出下线微商或者客户的联系方式；刘某某辩解其与周某交易的系燕窝，但双方言语隐晦，短信、微信记录有大量疑似毒品交易的行话、黑话，与燕窝交易习惯不符；刘某某称开车带"货"贩卖，但车上的"货"只有毒品没有燕窝；周某不具备购买甲基苯丙胺1千克的经济条件，刘某某辩解毒品归周某所有无其他证据印证。本案侦查工作中存在的问题和部分证言的变化并不影响证据的真实性、客观性，并未切断全案证据链条。证人周某在举报电话中，称她与被举报人刘某某认识，因担心被打击报复而不愿意提供自己的个人情况、不愿意进行指认，并在开庭审理时当庭改变部分证言，但其一直稳定陈述本案基本事实，不能就此否认其证言的证据效力。

（二）在案证据足以证实刘某某具有贩卖毒品的主观故意和客观行为。检察机关提起公诉时提交的被告人刘某某手机中的微信语音、声纹鉴定书、通话清单和银行交易流水，以及刘某某驾车赴粤东往返的交通监控视频截图等证据，足以证实刘某某从粤东不法分子处购得毒品，并准备在案发当天通过周某卖出。从刘某某手机里存储的大量毒品交易行话和暗语，可以看出其从事毒品交易至少一年时间，案发前一天还有周某以外的其他人准备向刘某某购买毒品。综合原有证据及抗诉期间补充完善的毒品上家陈某的有罪供述、周某关于部分证言改变的原因等证据，足以证实涉案毒品系刘某某案发前在陆丰市向陈某购买并带回广州准备贩卖的事实。

需要说明的是，本案已在三级法院七次开庭审理，而且人民检察院在开庭审理前已向刘某某及其辩护人开示新证据，充分听取了辩方意见，依法充分保障了当事人诉讼权利，鉴于本案事实清楚，证据确实、充分，广东省人民检察院建议省高级人民法院依法改判被告人有罪。

三、抗诉结果及案件后续情况

2019年6月7日，广东省高级人民法院经审理依法作出终审判决，采纳抗诉意见，以贩卖毒品罪判处刘某某无期徒刑。

判决生效后，刘某某约见检察官，认罪悔罪，主动承认人民检察院指控的全部犯罪事实，并指认了上家陈某。2020年7月6日，陈某因贩卖甲基苯丙胺22千克，被广州市中级人民法院判处死刑立即执行，陈某未提出上诉，2023年3月已被执行死刑；向陈某购买甲基苯丙胺21千克的凌某等4人，被广州市中级人民法院以贩卖毒品罪判处死刑、无期徒刑等刑罚，判决已生效。

指导意义

（一）正确适用排除合理怀疑的证据规则。合理怀疑是指以证据、逻辑和经验法则为根据的怀疑，即案件存在被告人无罪的现实可能性。办理刑事案件要综合审查全案证据，考虑各方面因素，对所认定事实排除合理怀疑并得出唯一性结论。对于不当适用"合理怀疑"作出无罪判决的，人民检察院要根据案件证据情况，认真审查法院判决无罪的理由。对于确有必要的，要补充完善证据，以准确排除"合理怀疑"，充分支持抗诉意见和理由。针对被告人的无罪辩解，要注意审查辩解是否具有合理性，与案件事实和证据是否存在矛盾。对于证人改变证言的情形，要结合证人改变的理由、证人之前的证言以及与在案其他证据印证情况进行综合判断。经综合审查，如果案件确实存在"合理怀疑"，应当坚持疑罪从无原则，依法作出无罪的结论；如果被告人的辩解与全案证据矛盾，或者无客观性证据印证，且与经验法则、逻辑法则不相符，应当认定不属于"合理怀疑"。

（二）对于行为人不认罪的毒品犯罪案件，要根据在案证据，结合案件实际情况综合判断行为人对毒品犯罪的主观"明知"。人民检察院在办理案件中，判断行为人是否"知道或者应当知道行为对象是毒品"，应综合考虑案件中的各种客观实际情况，依据实施毒品犯罪行为的过程、行为方式、毒品被查获时的情形和环境等证据，结合行为人的年龄、阅历、智力及掌握相关知识情况，进行综合分析判断。并且用作推定行为人"知道或者应当知道行为对象是毒品"的前提的事实基础必须有确凿的证据证明。

（三）对于查清事实后足以定罪量刑的抗诉案件，如未超出起诉指控范围的，人民检察院可以建议人民法院依法直接改判。根据《中华人民共和国刑事诉讼法》第二百三十六条规定，对于原判决事实不清或者证据不足的，第二审人民法院在查清事实后可以依法改判或者发回重审。司法实践中，对于人民检察院提出抗诉后补充的证据，如果该证据属于补强证据，认定的案件事实没有超出起诉指控的范围，且案件已经多次开庭审理，应当综合考虑诉讼经济原则和人权保障的关系，建议人民法院在查明案件事实后依法改判。

相关规定

《中华人民共和国刑法》第三百四十七条。

《中华人民共和国刑事诉讼法》（2018年修正）第五十五条、第二百二十八条、第二百三十二条、第二百三十六条。

《人民检察院刑事诉讼规则（试行）》（2013年1月施行）第五百八十二条、第五百八十四条、第五百八十九条（现为2019年施行的《人民检察院刑事诉讼规则》第五百八十三条、第五百八十四条、第五百八十九条）。

李某抢劫、强奸、强制猥亵二审抗诉案

（检例第 180 号）

关键词

二审抗诉　间接证据的审查运用　电子数据　发现新的犯罪事实　补充起诉

要　旨

对于认定事实、适用法律存在争议的抗诉案件，人民检察院要全面收集、审查判断和综合运用证据，充分利用技术手段收集电子数据，注重运用间接证据完善证据链条，确保准确认定犯罪事实和适用法律。如果在二审抗诉案件办理过程中，发现漏罪线索，应当及时移送公安机关侦查，经查证属实的，建议人民法院发回重审，由人民检察院对新的犯罪事实补充起诉，依法保障被告人的上诉权。人民检察院要加强反向审视，通过办理抗诉案件，发现和改进审查逮捕、审查起诉工作中存在的问题和不足。

基本案情

被告人李某，男，1986 年 11 月出生，无业。

2016 年 6 月 26 日 16 时许，被害人荣某向天津市公安局和平分局某派出所报案称，李某盗窃其支付宝账户 4000 元。公安机关经侦查发现，李某于 2016 年 3 至 6 月间通过网络社交平台结识多名女性。2016 年 6 月 24 日 18 时许，李某在某商场附近约见被害人荣某，当日 22 时许将其带至李某预定的快捷酒店房间内，随后趁荣某昏睡之际，使用其指纹解锁手机，窃取荣某支付宝账户内人民币 4000 元。李某还采用同样手段，分别于同年 3 月、5 月在同一酒店窃取被害人于某、常某人民币 500 元、1000 元。7 月 13 日，李某被抓获归案。10 月 18 日，公安机关以李某涉嫌盗窃罪移送天津市和平区人民检察院审查起诉。

2017 年 4 月 25 日，天津市和平区人民检察院以抢劫罪对李某提起公诉，指控李某于 2016 年 6 月 24 日约见被害人荣某，在吃饭过程中，趁其不备，向饮料中投放可致人昏迷的不明物质，并于当日 22 时许将其带至快捷酒店房间内。其间，李某趁荣某昏睡之际，使用其指纹解锁，打开其手机并将其支付宝账户内 4000 元转入自己支付宝账户。李某还采用同样手段，分别于同年 3 月、5 月在上述酒店劫取被害人于某、常某人民币 500 元、1000 元。

2018 年 3 月 20 日，天津市和平区人民法院作出一审判决，仅认定李某秘密窃取被害人荣某 4000 元的犯罪事实，且认为李某基本能够如实供述盗窃犯罪事实，退缴赃款，从轻判处李某有期徒刑一年十一个月，并处罚金 4000 元。

检察机关履职过程

一、提出和支持抗诉

天津市和平区人民检察院认为，一审判决认定被告人李某犯盗窃罪系事实认定错误、适用法律不当，量刑畸轻，李某的行为符合抢劫罪的构成要件，应当认定为抢劫罪。2018 年 3 月 30 日，天津市和平区人民检察院向天津市第一中级人民法院提出抗诉，并报请天津市人民检察院第一分院支持抗诉。2018 年 9 月 28 日，天津市人民检察院第一分院支持抗诉。

天津市人民检察院第一分院在审查支持抗诉期间，针对一审阶段检法之间存在的分歧，特别是一审法院认为本案在缺乏直接证据的情况下，间接证据构筑的证明体系不能排除合理怀疑的观点，组织技术力量破解了在一审阶段始终未能破解的李某电脑硬盘加密分区，发现李某还涉嫌在 2013 年至 2016 年 6 月间，强奸、强制猥亵犯罪及其他抢劫犯罪线索，遂移送公安机关进一步侦查。通过提取到的大量不雅照片和视频，确定了 15 名潜在被害人的身份信息，进而发现有多名女性在不知情的情况下被强奸、猥亵并被拍摄视频和照片。这些被害人互不相识，但与李某的交往经历和受侵害的遭遇基本相似，充分印证了被李某投放药物后处于"不知反抗、不能反抗"的状态。同时，转换侦查思路，多方查找李某获取精神类药物的途径和方式。通过调取李某社保卡记录，发现其多次以失眠抑郁、癫痫疾病为由开具精神类药物，并收集证据证实其从未患有过精神类疾病的客观事实。

二、抗诉意见和理由

天津市检察机关认为，一审法院关于"不能证实被告人李某向被害人饮品中投放不明物质；不能证实被害人的血液、尿液中有可致人昏迷的不明物质；不能证实被害人系在'不知反抗、不能反抗'状态下被劫取财物；无法排除李某与被害人之间存在正当经济往来的合理辩解，检察机关指控的抢劫罪名不能成立"的认定不当。本案区分盗窃罪与抢劫罪的关键在于被告人是否使用暴力、胁迫以外的其他方法使被害人不能反抗以劫取财物。在案证据能够证实被告人李某构成抢劫罪而不是盗窃罪，李某系有预谋、有准备地采用投放药物致人昏迷的惯用手段，多次实施抢劫、强奸、强制猥亵犯罪。具体理由如下：

（一）在案证据能够证实被告人李某在饮品中投放了可以致人昏迷的药物。饭店监控录像、被害人陈述与证人证言相互印证，证实李某与被害人用餐之前或者就餐期间外出购买饮料向被害人提供；多名被告人的同学、朋友及同监室人员证实李某曾向其"炫耀"给人下药并发生性关系的犯罪事实；社保卡购药记录、证人证言均证实李某在未患有相关疾病情况下却购买了精神类药物。

（二）现有证据可以证实被害人与李某之间不存在正常经济往来。从转账金额看，多名被害人证实支付宝转账金额与李某辩称的 AA 制消费金额存在矛盾；从转账时间看，被害人证实在此段时间自己并不需要现金，不存在转账后从李某处换取现金的必要性；从转账时的状态看，多名被害人陈述自己当时出现头晕、意识不清的状况，后被带至酒店或者居住地昏睡，转账时段处于昏迷状态，不可能主动转账给李某，且有的被害人直至公安人员向其询问，才发现曾经转账给李某的事实。

（三）在案证据已经形成完整证据链。各被害人对于同李某交往过程中的经历和受侵害的情况高度相似，均是喝了李某提供的水或者饮料后从头晕到意识不清再到完全昏迷，被害人之间互不相识，这种特殊经历绝非偶然；李某的手机搜索浏览记录，证实其曾多次查询"怀疑被下药没证据报警管用吗""某时尚广场 5 楼及影院有监控吗""女人被下药是什么表现"等信息；李某在作案后，为逃避法律制裁，还曾假借被害人名义在网上向律师咨询"未经同意支付宝转账行为"的法律后果；多名被害人证实李某在与其交往过程中或者见面吃饭时，存在劝说被害人将手机支付密码改为指纹支付的情况；被害人陈述案发时处于昏迷状态，与在案照片、视频录像显示的情况一致，且与专家意见证实的药物药理、药效相互印证，被害人荣某报案时已近 48 小时，因药物代谢原因身体内未提取到药物成分残留具有合理性。

综上，全案证据证实，被告人李某通过网络社交平台专门结识年轻女性，犯罪对象不特定，且同时与多名被害人交往，交往中劝说对方将手机屏保更改为指纹解锁，并提前购买精神类药物、预订酒店房间，见面后观察被害人手机支付方式、打探支付密码，在饮品中投放精神类药物，随后将饮用饮品后意识不清的被害人带至酒店房间，实施犯罪。

三、发回重审和补充起诉

2018 年 9 月 29 日，天津市第一中级人民法院采纳检察机关意见，裁定撤销原判，发回重审。2019 年 5 月 31 日，天津市和平区人民检察院补充起诉，指控被告人李某于 2013 年至 2016 年间，采用在饮料中投放精神类物质致被害人昏迷的方式，劫取被害人吴某银行卡内钱款 1500 元；强行与李某某、刘某、常某、于某等 4 人发生性关系，强制猥亵杨某 1 人。

四、抗诉结果及后续情况

2019 年 12 月 20 日，天津市和平区人民法院经审理，采纳人民检察院抗诉意见和指控意见，认定被告人李某犯抢劫罪，判处有期徒刑十五年，剥夺政治权利二年，并处罚金人民币二十万元；犯强奸罪，判处有期徒刑十五年，剥夺政治权利二年；犯强制猥亵罪，判处有期徒刑三年，数罪并罚，决定执行有期徒刑二十年，剥夺政治权利四年，并处罚金人民币二十万元。一审宣判后，李某提出上诉。天津市第一中级人民法院二审裁定驳回上诉，维持原判。

天津市人民检察院第一分院针对李某骗购精神类药物的管理漏洞，依法向医疗卫生主管部门制发检察建议，推动医疗卫生主管部门开展药品使用管理专项整治，出台精神类药物管理规范；沟通协商市妇女联合会，邀请妇女法律心理帮助中心的专业心理咨询师，对受害女性进行心理疏导；围绕本案起诉指控犯罪过程中存在的问题，建立重大疑难复杂刑事案件审查起诉报告机制、刑事抗诉案件会商机制，进一步改进、规范和提高办案质量，提升办案效果。

指导意义

（一）注重收集电子数据在内的客观性证据，充分运用间接证据，综合其他在案证据形成完整证据链证明案件事实。对于以间接证据认定犯罪的，要综合在案证据之间相互印证，运用证据推理符合逻辑和经验，根据证据认定事实排除合理怀疑，全案证据形成完整的证据链等准确认定。对每一份间接证据，均要确认其真实性、合法性，充分挖掘证据与事实之间、证据与证据之间的关联性，增强间接证据的证明力。在收集、固定证据过程中，要注意收集和运用电子数据证实犯罪，实现科技强检在完善证据链条，追诉漏罪漏犯，指控证明犯罪等方面的效能。

（二）在二审抗诉案件办理过程中，如发现新的犯罪事实的，人民检察院应当移送公安机关侦查，查证属实的，建议人民法院发回重审，由人民检察院补充起诉。人民检察院在二审抗诉过程中，如果发现原判决事实不清楚，存在新的犯罪事实的，应当要求公安机关侦查并移送起诉。为充分保障被告人对补充起诉的犯罪事实的上诉权，人民检察院应当建议二审法院裁定撤销原判、发回重审，待公安机关侦查终结移送审查起诉后，由人民检察院补充起诉，做到既全面、准确、有力打击犯罪，又保障被告人依法享有的上诉权。

（三）在办理抗诉案件中要加强反向审视，发现和改进捕诉工作中存在的问题和不足。高质效办好每一个案件，事实证据是基础和前提。有的抗诉案件会暴露出审查逮捕、审查起诉环节存在的审查不细、把关不严、举证不力等问题。人民检察院应当通过办理抗诉案件，加强反向审视，及时分析和研究这些问题产生的原因，加以改进、规范和提高，提升办案能力，确保办案质量。

相关规定

《中华人民共和国刑法》第二百三十六条、第二百三十七条、第二百六十三条、第二百六十四条。

《中华人民共和国刑事诉讼法》（2018 年修正）第二百二十八条、第二百三十二条、第二百三十六条。

《人民检察院刑事诉讼规则（试行）》（2013 年 1 月施行）第三百六十八条、第五百八十二条、第五百八十四条、第五百八十九条（现为 2019 年施行的《人民检察院刑事诉讼规则》第三百三十四条、第五百八十三条、第五百八十四条、第五百八十九条）。

《人民检察院检察建议工作规定》（2019 年施行）第三条、第十一条。

孟某某等人组织、领导、参加黑社会性质组织、寻衅

滋事等犯罪再审抗诉案

（检例第 181 号）

关键词

再审抗诉　裁定准许撤回上诉　自行侦查　补充追加起诉　强化监督履职

要　旨

被告人不服第一审判决，上诉后又在上诉期满后申请撤回上诉、人民法院裁定准许的，如果人民检察院认为该一审判决确有错误，作出准许撤回上诉裁定人民法院的同级人民检察院有权依照审判监督程序提出抗诉。抗诉后人民法院指令按照第一审程序审理的案件，人民检察院发现原案遗漏犯罪事实的，应当补充起诉；发现遗漏同案犯罪嫌疑人的，应当追加起诉，并建议人民法院对指令再审的案件与补充、追加起诉的案件并案审理，数罪并罚。人民检察院在办案中应当强化监督，充分运用自行侦查与侦查机关（部门）补充侦查相结合的方式，加强侦检监衔接，深挖漏罪漏犯，推进诉源治理，把监督办案持续做深做实。

基本案情

被告人孟某某，男，1971 年 1 月出生，某采砂场主。

被告人张某，男，1989 年 10 月出生，无业，孟某某黑社会犯罪集团积极参加者。

其余 10 名被告人基本情况略。

2014 年至 2016 年 5 月，被告人孟某某等人在没有办理采砂许可证的情况下，在微山湖水域前程子段（可采砂区域，需持有采砂许可证）租用他人鱼塘私自开挖航道，利用砂泵船非法采砂共 29 万余吨，价值人民币 800 余万元；2014 年 11 月至 2016 年 5 月，被告人孟某某等人在明知南四湖水域系国家禁止采砂区域的情况下，仍在南四湖水域刘香庄段开辟非法采砂区域，非法采砂共 23 万余吨，价值人民币 749 余万元。

2014 年 3 月 3 日，被告人孟某某等人阻碍渔政站执法人员查获采砂船上用于非法采砂的两桶柴油和一些维修工具，用汽车将执法车辆前后堵住，言语辱骂、威胁执法人员，抢走被依法扣押的柴油和维修工具。2014 年 4 月 3 日，被告人孟某某等人驾车将在微山县张楼水域执法的警车截停，言语威胁执法民警，整个过程持续约 10 分钟，后孟某某等人见目的无法达到遂离去。2015 年 3 月 12 日，被告人张某等人驾驶多艘

摩托艇冲撞在微山湖张楼水域执法巡逻的船只，并在执法船周围快速行驶盘旋，形成巨大波浪，阻碍执法船接近采砂船。张某还驾驶摩托艇冲撞执法船，造成执法船进水，并向执法船投掷石块、泥块等。

2016 年 2 月 26 日，被告人孟某某等人驾驶快艇围堵在微山湖水域张楼湖面捕鱼的韩某某、李某某，并在湖面的一个土堆上，使用竹竿等对二人进行殴打，致韩某某轻伤、李某某轻微伤。

2016 年 12 月 7 日，江苏省徐州市沛县人民检察院以非法采矿罪、妨害公务罪、寻衅滋事罪对孟某某等 12 人提起公诉。沛县人民法院经审理认为，检察机关指控的非法采矿罪不构成禁采区的从重规定；3 起妨害公务犯罪事实仅能够认定 1 起；寻衅滋事罪定性不当，应当认定为故意伤害罪。2017 年 6 月 26 日，沛县人民法院对孟某某等 12 人以非法采矿罪、妨害公务罪、故意伤害罪判处十个月至四年十个月不等的有期徒刑。一审宣判后，有两名被告人提出上诉，后又申请撤回上诉。2018 年 2 月 9 日，徐州市中级人民法院裁定准许撤回上诉，一审判决自裁定送达之日起生效。

检察机关履职过程

一、提出抗诉

徐州市人民检察院在对同级人民法院作出的裁定进行审查时发现，原审判决事实认定、法律适用错误，量刑畸轻，且存在遗漏犯罪事实、遗漏同案犯的重大线索，2018 年 3 月 15 日，按照审判监督程序向徐州市中级人民法院提出抗诉。

二、抗诉意见和理由

徐州市人民检察院认为，原审判决事实认定、法律适用错误，量刑畸轻。具体理由如下：

（一）原审判决未认定禁采区情节不当。行政机关依法公告微山湖水域为禁采区，并多次开展执法检查，同期多起类似案件的生效判决亦认定该区域为禁采区；

（二）原审判决未认定妨害公务犯罪部分事实不当。证人证言、执法记录仪以及执法人员陈述能够证实孟某某等人多次抗拒执法，纠集多人威胁、辱骂执法人员，驾车逼停执法车辆，破坏执法船只，抢夺被扣押物品，导致执法活动无法正常进行。

（三）原审判决改变寻衅滋事定性不当。被害人韩某某、李某某陈述称案发当天去湖里逮鱼时，遭到孟某某等人围堵、殴打，强迫下跪并被录像。不能因为此前双方存在纠纷就将孟某某等人的围堵、殴打行为认定为故意伤害罪。孟某某等人为谋取不法利益或者形成非法影响，有组织地非法划定水域采砂，追逐、拦截、殴打渔民，致人轻伤，严重破坏社会秩序，情节恶劣，应认定为寻衅滋事罪。

2018 年 9 月 21 日，徐州市中级人民法院指令沛县人民法院再审。2019 年 4 月 1 日，因沛县人民法院存在不适宜继续审理的情形，徐州市中级人民法院裁定撤销原判，指定云龙区人民法院按照第一审程序审判。

三、检察机关自行侦查

徐州市人民检察院组织专门力量，调取关联案件，审查发现以孟某某为首的非法采矿团伙成员共 20 余人，已有多起案件在山东、江苏的法院审查处理，另有多起犯罪事实、多条犯罪线索未查证，还存在公职人员入股经营等问题，很可能是涉及自然资源领域的黑社会性质组织犯罪，于是开展了自行侦查工作。

（一）走访行政执法人员、周边群众等相关证人 56 人，调取禁止非法采砂通告、渔政部门执法录像、未有效处理报警记录、伤情鉴定等证据 32 份，补强了微山湖水域系禁采区及孟某某等人妨害公务犯罪的证据。

（二）围绕该团伙暴力抗拒执法、争夺采砂区域、组织架构层次、"保护伞"线索等方面，查实了孟某某等人利用组织势力和影响力强行购买渔民鱼塘，与其他非法采砂势力争夺地盘、聚众斗殴，拉拢腐蚀执法人员、基层组织人员，随意殴打、辱骂村民，在禁渔期内非法捕捞水产品等未处理的违法犯罪事实和线索。

（三）向公安机关通报案件情况，对孟某某等人组织、领导、参加黑社会性质组织、对非国家工作人员行贿等犯罪行为监督立案，对遗漏的楚某等人非法采矿、寻衅滋事等犯罪要求侦查并移送起诉，共涉及漏犯 16 人、新增罪名 7 个、新增犯罪事实 18 起。

（四）深挖职务犯罪并向纪委监委移送违法违纪线索。

四、裁判结果及职务犯罪线索查处情况

2019 年 6 月，云龙区人民检察院对孟某某等 28 人以涉嫌组织、领导、参加黑社会性质组织罪，抢劫罪，强迫交易罪，聚众斗殴罪，非法捕捞水产品罪，行贿罪，对非国家工作人员行贿罪等补充、追加起诉。2020 年 9 月 29 日，云龙区人民法院采纳人民检察院抗诉意见和指控意见，对被告人孟某某以组织、领导、参加黑社会性质组织罪、抢劫罪、非法采矿罪、强迫交易罪、聚众斗殴罪、寻衅滋事罪、妨害公务罪、非法捕捞水产品罪、行贿罪、对非国家工作人员行贿罪，数罪并罚，决定执行有期徒刑十九年，其余 27 名被告人分别被判处二年三个月至十二年六个月不等的有期徒刑。一审宣判后，孟某某等人提出上诉。2021 年 3 月 15 日，徐州市中级人民法院裁定驳回上诉，维持原判。

该组织"保护伞"沛县公安局原民警张某、郑某，沛县国土资源局矿管科原科长李某等 5 人，分别犯受贿罪、徇私枉法罪被判处五年六个月至一年六个月不等的有期徒刑，另有 11 名公职人员被给予党纪政纪处分。

五、依法能动履职，推进诉源治理

在案件办理期间，云龙区人民检察院对孟某某等人非法采矿、非法捕捞水产品行为，依法提起刑事附带民事公益诉讼。2021 年 4 月 6 日，云龙区人民法院判决孟某某等人承担生态环境修复费用 451 万元。同时，针对案件反映出来的基层治理问题，云龙区人民检察院与沛县人民检察院沟通后发出检察建议，推动政府职能部门从加强廉政教育、基层组织建设等方面进行整改；沛县人民检察院牵头公安、水利、环保、

南四湖下级湖水利管理局等单位联合召开"打击破坏环境犯罪，保护微山湖生态座谈会"，与山东省微山县人民检察院建立扫黑除恶专项斗争协作机制，开展沛微"南四湖自然保护区生态环境保护暨公益诉讼专项活动"协作，以个案办理推动微山湖周边综合治理。

指导意义

（一）法院裁定准许撤回上诉后，生效的第一审裁判确有错误应当提出抗诉的，作出裁定的人民法院的同级人民检察院有权依照审判监督程序提出抗诉；法院指令再审后，人民检察院发现漏罪漏犯的，应当补充追加起诉。依据《最高人民法院关于适用〈中华人民共和国刑事诉讼法〉的解释》，在上诉期满后要求撤回上诉的，二审法院经审查作出准许被告人撤回上诉裁定后，第一审判决、裁定自准许撤回上诉裁定书送达上诉人之日起生效。法院对案件作出实体处理并发生法律效力的判决是第一审判决，如果上一级人民检察院认为该判决确有错误的，有权依照审判监督程序提出抗诉。抗诉后人民法院指令按照第一审程序再审的案件，人民检察院发现原案遗漏犯罪事实的，应当补充起诉；发现遗漏同案犯罪嫌疑人的，应当追加起诉，并建议人民法院对指令再审的案件与补充、追加起诉的案件并案审理，数罪并罚。

（二）检察机关要强化监督意识，充分发挥监督职能，加强自行侦查，积极引导侦查取证。对同案不同判、漏罪漏犯的审判监督线索，人民检察院应当以必要性、适度性、有效性为原则，开展自行侦查。灵活运用多种取证手段，通过实地勘查、调取书证、走访询问证人等方式，增强办案亲历性，完善指控证据体系；对事实、证据存在问题的案件，检察机关应当及时退回侦查机关开展补充侦查，列明详细的补充侦查提纲，督促及时补充完善证据。强化检警协作和监检衔接，通报研判案情，准确列明补充侦查提纲，与侦查、调查人员充分沟通查证要点，深挖彻查漏罪漏犯，全面、准确打击犯罪。

（三）人民检察院应当以个案的能动履职、融合履职，助推诉源治理。人民检察院在办案过程中，要全面深入履行法律监督职责，加强立案监督、侦查活动监督和审判监督，深挖漏罪漏犯，监督纠正确有错误的判决，做到罚当其罪；要强化能动履职，将检察办案职能向社会治理延伸，针对个案发现的社会治理问题，通过提出检察建议、开展司法救助、做好普法宣传、开展区域联合、部门协作等方式，促进相关行业、领域健全完善规章制度，推进源头防治；对环境资源领域的犯罪行为，要融合发力，同步提起刑事附带民事公益诉讼，助力生态环境保护，实现"治罪"与"治理"并重，服务经济社会发展大局。

相关规定

《中华人民共和国刑法》第二百七十七条、第二百九十三条、第三百四十三条。

《中华人民共和国刑事诉讼法》（2018年修正）第一百一十三条、第二百五十四条。

《最高人民法院关于适用〈中华人民共和国刑事诉讼法〉的解释》（2013 年 1 月施行）第三百零八条（现为 2021 年施行的《最高人民法院关于适用〈中华人民共和国刑事诉讼法〉的解释》第三百八十六条）。

《人民检察院检察建议工作规定》（2019 年施行）第三条、第十一条。

宋某某危险驾驶二审、再审抗诉案

（检例第 182 号）

关键词

接续抗诉　危险驾驶罪　不起诉的内部监督制约　司法鉴定的审查判断

要　旨

人民检察院应当依法规范行使不起诉权，通过备案审查等方式加强对不起诉决定的内部监督制约，着力提高审查起诉工作水平和办案质量。对于就同一专门性问题有两份或者两份以上的司法鉴定意见，且结论不一致时，检察人员要注重从鉴定主体的合规性、鉴定程序的合法性、鉴定方法的科学性、鉴定材料的充分性及分析论证的合理性等方面进行实质化审查。对于提出抗诉的案件，为确保抗诉效果，人民检察院可以通过自行侦查进一步补强证据，充分支持抗诉意见和理由，通过接续抗诉，持续监督，全面履行刑事审判监督职责，维护司法公正。

基本案情

被告人宋某某，男，1980 年 2 月出生，海南省海口市某局原科员。

2015 年 11 月 16 日 20 时 22 分许，被告人宋某某驾车自西向东从海口市滨海大道右拐驶入长怡路，行驶至长怡新村东门处停下，宋某某从车上下来走到马路对面人行道上睡觉。这一过程被正在长怡新村东门站岗的武警战士张某某看到，张某某遂向排长温某某、班长陈某某报告，二人随即赶到现场查看，当时在该路段巡逻的城管队员发现该情况后报警，随后交警到达现场处理。经抽血检验，宋某某血样酒精浓度为 213mg/100ml。同日 19 时 40 分许，被害人张某驾驶电动车在海口市滨海大道长安路口处被一车辆碰撞，肇事车辆逃逸。经鉴定，事故现场的散落物系从宋某某轿车的前车头右侧部位分离出来的，确认该轿车前车头右侧部位碰撞到电动车的后尾部。被害人张某损伤程度评定为轻微伤。同年 11 月 18 日，宋某某因涉嫌危险驾驶罪被海口市公安局决定取保候审。案发后，宋某某妻子吴某某与被害人张某达成协议，一次性赔偿被害人经济损失 42000 元，张某对车主表示谅解。

公安机关侦查终结后，2015 年 12 月 18 日以宋某某涉嫌危险驾驶罪向海口市秀英区人民检察院移送审查起诉。2016 年 6 月 3 日，秀英区人民检察院认为该案认定宋某某危险驾驶的事实不清、证据不足，不符合起诉条件，对宋某某作出不起诉决定，同日报上级检察院备案审查。海口市人民检察院审查后报海南省人民检察院。海南省人民检察院经审查，认为不起诉决定有误，要求秀英区人民检察院纠正。2017 年 3 月 23 日，秀英区人民检察院撤销原不起诉决定，同月 29 日以危险驾驶罪对宋某某提起公诉。2017 年 9 月 28 日，秀英区人民法院经审理认为，检察机关指控宋某某犯危险驾驶罪的事实不清、证据不足，判决宋某某无罪。

检察机关履职过程

一、第一次二审抗诉

2017 年 10 月 9 日，秀英区人民检察院向海口市中级人民法院提出抗诉。2017 年 11 月 18 日，海口市人民检察院支持抗诉。

针对一审法院关于"检察机关证明涉案车辆由宋某某驾驶的证据均属间接证据，尚不能形成完整的证据链，不能排除其间有其他人驾驶车辆的可能性，依据现有证据不能排除合理怀疑，难以得出唯一结论，检察机关指控被告人犯危险驾驶罪的事实不清、证据不足"的无罪判决理由，海口市检察机关认为，一审法院片面采信被告人辩解，确有错误，在案证据足以证实案发时宋某某系该涉案车辆驾驶员。

（一）有充分证据证实案发时宋某某系该车驾驶员。本案目击证人张某某证言客观详细，多次证言稳定一致，能够证实宋某某从车上下来，且当时车上只有一人；温某某等多名证人证言均证实宋某某就是醉酒躺在绿化带边人行道上的人；出警经过、到案经过及《道路交通事故认定书》等书证，亦认定宋某某是该车驾驶员。

（二）宋某某关于小轿车不是其驾驶的辩解不应采信。宋某某辩解小轿车由"魏某"驾驶，但"魏某"身份信息无法核实，其手机号码已经停机，宋某关于如何认识"魏某"以及两人偶然碰到并一起吃饭的辩解前后矛盾；目击证人张某某证实宋某某系从驾驶位下车，多名证人均证实醉卧街边的宋某某身边无人陪伴，车内没有其他人；宋某某供述只喝了一罐啤酒，但一罐啤酒致餐后近 5 个小时的宋某某血液酒精浓度含量高达 213mg/100ml，处于严重醉酒状态且大量呕吐，不符合常理。因此，宋某某的辩解无其他证据印证，且其辩解理由超出日常生活经验，内容真实性存疑，宋某某的辩解不应采信。

同时，为充分说明抗诉意见和理由，检察机关在提出抗诉后，提取了案发路段的监控录像检材并委托广东杰思特声像资料司法鉴定所进行了鉴定，鉴定意见（以下简称"粤杰思图像鉴定意见"）为："送检监控录像记录：2015 年 11 月 16 日 20 时 20 分 41 秒，出现在'滨海大道——长怡路'被监控路面的银灰色嫌疑小轿车驾驶员，与被鉴定人宋某某，是同一人"。

2017 年 12 月 28 日，海口市中级人民法院裁定发回秀英区人民法院重审。在秀英区人民法院审理过程中，被告人宋某某不服"粤杰思图像鉴定意见"，秀英区人民法院分别委托西南政法大学司法鉴定中心、广东天正司法鉴定中心对上述视频监控图像与被告人宋某某的同一性进行重新鉴定。2018 年 9 月 20 日、21 日，西南政法大学司法鉴定中心、广东天正司法鉴定中心分别作出书面意见，认为检材人像颜面高度模糊，不具备视频人像鉴定条件。2018 年 12 月 4 日，秀英区人民法院经审理认为，证实宋某某犯危险驾驶罪的证据不足，不能排除合理怀疑，再次判决宋某某无罪。

二、第二次二审抗诉

2018 年 12 月 13 日，秀英区人民检察院第二次提出抗诉。2019 年 5 月 17 日，海口市人民检察院支持抗诉。

除第一次二审抗诉时提出的抗诉理由之外，海口市人民检察院提出以下抗诉意见和理由：

（一）秀英区人民法院未采纳"粤杰思图像鉴定意见"不当。"粤杰思图像鉴定意见"内容客观真实，鉴定程序合法，鉴定机构和鉴定人适格，应采信作为本案的证据之一使用。一是调取在案的鉴定机构及鉴定人资质证书及侦查机关到广东省司法厅调取的两名鉴定人资质证明等证据，证实鉴定机构及鉴定人适格。二是该鉴定意见与此前该图像鉴定中心第一次鉴定出具的"是一名男性"的意见，是根据不同委托范围而出具的鉴定意见，并不矛盾，而是进一步证实了本案事实。且该份证据仅是本案的其中一份证据，并非唯一，该份证据与在案其他证据共同达到确实、充分的证明程度，共同证明本案事实。三是秀英区人民法院重新委托的西南政法大学司法鉴定中心和广东天正司法鉴定中心所作的"不能对同一份检材进行鉴定"的意见，并不能否定"粤杰思图像鉴定意见"的客观真实性。

（二）道路交通管理部门出具的《道路交通事故认定书》和《道路交通安全违法行为处理通知书》是本案证据链重要一环，认定事故发生是由于宋某某醉酒驾驶机动车，肇事后逃逸和当事人张某驾驶电动自行车未在非机动车道内行驶而造成的，据此认定宋某某承担事故的全部责任。该份证据佐证了张某某的证言，也与其他证据所证实的内容相互吻合，形成证据链，一审判决对此不予采信明显不当。

海口市中级人民法院经审理认为，用以证明本案事实的证人张某某的证言没有其他证据与之印证，不能排除合理怀疑；西南政法大学司法鉴定中心和广东天正司法鉴定中心均认定同样的检材不具备人像鉴定条件，而"粤杰思图像鉴定意见"所依据的同样检材作出同一性结论意见，比较论证后"粤杰思图像鉴定意见"缺乏可靠性。原审判决认定事实和适用法律正确，据此认定原审被告人宋某某无罪正确。2019 年 9 月 2 日，海口市中级人民法院作出终审裁定，驳回抗诉，维持原判。

三、再审抗诉

2019 年 9 月 29 日，海口市人民检察院认为原判确有错误，提请海南省人民检察院按照审判监督程序抗诉。2019 年 12 月 27 日，海南省人民检察院向海南省高级人民法院提出抗诉。抗诉期间，承办检察官新发现了案发路面监控抓拍的影像资料，遂委托上海市人民检察院司法鉴定中心对该影像中出现的小轿车驾驶员与原审被告人宋某某进行同一性鉴定。鉴定意见再次证实，案发当晚该车驾驶员所穿的上衣款式、颜色及驾驶员发际线和鼻部特征比对该车车主宋某某醉卧、抽血时所穿的上衣款式、颜色及发际线和鼻部特征，二者具有相似或者相同特征。综合分析原有证据和调取出示的新证据，全案证据更加确实、充分，证据链更加完整，完全排除他人驾车的可能性，能够得出宋某某醉酒驾车的唯一性结论。

四、抗诉结果

2021 年 6 月 7 日，海南省高级人民法院采纳抗诉意见，裁定撤销原判，改判原审被告人宋某某犯危险驾驶罪，判处拘役六个月，并处罚金二万元。

指导意义

（一）人民检察院应当依法规范行使不起诉权，加强对不起诉决定的内部监督制约。依据《人民检察院刑事诉讼规则》，上级人民检察院对于下级人民检察院确有错误的不起诉决定，应当予以撤销或者指令下级人民检察院纠正。对于存在较大争议、具有较大影响的案件，下级人民检察院经审查决定不起诉的，要及时向上级人民检察院备案，上级人民检察院发现存在错误的，应当及时予以纠正。为保证不起诉决定的公正性，各级检察院要充分认识建立健全备案审查工作制度的重要性，及时发现并纠正错误决定，有必要组织听证的，要及时召开不起诉听证会；加强对下业务指导，通过开展定期分析、情况通报、类案总结等，着力提高审查起诉工作水平和办案质量。

（二）人民检察院在办理抗诉案件过程中，要充分履行法律监督职能，坚持接续抗诉、持续监督，确保案件裁判结果公正，以"小案"的客观公正办理体现检察担当。检察机关应当充分履行法律监督职能，上级检察院要加强对下级检察院抗诉工作的指导，紧扣抗诉重点，严把抗诉标准，形成监督合力。对下级检察院正确的抗诉意见，法院不予采纳的，上级检察院应当提供有力支持，与下级检察院接续监督，一抗到底，通过上下级检察院持续监督，确保错误裁判被监督纠正。要用心用情办好每一件"小案"，这是检察机关客观公正义务的基本要求，展现了检察担当和为民情怀。

（三）强化对司法鉴定意见的实质性审查，确保审查结论的客观性、科学性。人民检察院如果发现案件就同一专门性问题有两份或者两份以上的鉴定意见，且结论不一致的，确有必要时，可以依法决定补充鉴定或者重新鉴定。对于司法鉴定意见要加强分析比对和判断鉴别，从鉴定主体的合规性、鉴定程序的合法性、鉴定方法的科学性、鉴定材料的充分性及分析论证的合理性等方面进行实质化审查，结合案件其他事实证据，分析得出科学的审查结论。

相关规定

《中华人民共和国刑法》第一百三十三条之一。

《中华人民共和国刑事诉讼法》（2018 年修正）第二百二十八条、第二百三十二条、第二百三十六条、第二百五十四条。

《人民检察院刑事诉讼规则（试行）》（2013 年 1 月施行）第四百二十五条、第五百九十一条（现为 2019 年施行的《人民检察院刑事诉讼规则》第三百八十九条、第五百九十一条）。

第四十六批指导性案例

浙江省嵊州市人民检察院督促规范成品油领域税收监管秩序行政公益诉讼案

（检例第 183 号）

关键词

行政公益诉讼诉前程序　国有财产保护　偷逃税款　非标油　大数据法律监督模型

要　旨

对于违规销售、使用"非标油"等偷逃税款造成国有财产流失的情形，检察机关可以通过"解析个案、梳理要素、构建模型、类案监督、诉源治理"的法律监督路径，构建大数据法律监督模型，以法律监督助力依法行政，凝聚国有财产保护执法、司法合力。

基本案情

针对人民群众反映强烈、新闻媒体曝光的"非标油"（指除正规成品油以外所有非法油品的总称，包括来源不明确、渠道不合规、质量不达标或偷逃税款的非法油品）危害公共安全、污染大气环境等问题，2019 年 8 月，浙江省嵊州市人民检察院（以下简称嵊州市检察院）部署开展综合整治"非标油"专项法律监督活动，发现部分物流运输、工程基建等用油企业，大量违规购买、使用"非标油"，并以非成品油增值税发票进行违规抵扣；部分加油站则通过"无票销售"、账外走账等方式大量销售"非标油"，逃避税收监管。

检察机关履职过程

2019 年 12 月，嵊州市检察院对在专项法律监督活动中发现的无证无照加油点损害公共利益问题进行立案调查。该院抓住用油企业将购油资金作为经营成本入账抵税的特征，探索运用大数据思维，碰撞多部门行政监管数据，锁定 72 家用油企业使用非成品油增值税发票进行抵扣，涉及发票品名有"复合柴油""导热油""轻质循环油"等 9 种油品名称，涉案货值共计 6200 余万元。上述用油企业将非成品油发票作为成品油增值税发票进行违规抵扣税款，造成国家税收流失，损害了国家利益。2020 年 3 月 20 日，嵊州市检察院向税务部门送达检察建议书，建议对非成品油发票不符合实际用途、品名的违法现象进行整治，切实防控税收风险。税务部门收到检察建议书后，依法履行税收监管职责，督促涉案企业补交税费共计 1008.11 万元，有效规范成品油消费端市场秩序。

嵊州市检察院经调查发现，"非标油"不仅在消费端违规抵扣增值税问题突出，还存在销售端偷逃税款问题，部分加油站在销售"非标油"过程中，通过"无票销售"、账外走账等方式逃避监管，造成国家税收大量流失。嵊州市检察院以油罐车运行轨迹数据为突破口，将监督视野从终端消费市场延伸至前端销售市场。在上级检察院支持下，嵊州市检察院与相关科研机构合作，设计研发了"非标油"综合治理监督模型（以下简称监督模型）。该监督模型依据"非标油"物流运输规律计算出加油站实际应税销售收入，与税务部门监管数据进行碰撞分析，从而锁定偷逃税款违法线索。嵊州市检察院通过该监督模型排查某加油站，核算出 2021 年 1 月至 8 月期间该加油站自行申报应税销售收入与实际应税销售收入存在较大差距。针对新发现的加油站销售"非标油"偷逃税款损害国家利益的情形，2021 年 10 月 11 日，嵊州市检察院向税务部门发出检察建议书，建议采取有效措施追缴加油站偷逃税款，规范加油站纳税申报工作等。税务部门在收到检察建议书后，组成专案组开展调查工作，并作出责令涉案加油站补缴税费、罚款共计人民币 605 万元的行政处罚。

2021 年 8 月，浙江省人民检察院在全省部署违规销售、使用"非标油"专项监督活动。截至 2022 年底，浙江检察机关督促税务部门追缴税款共计 2.8 亿余元；通过监督模型还发现黑加油点线索 93 处，已移送相关部门依法处理。在浙江省检察机关的推动下，浙江省将该监督模型升级打造为由税务、检察、交通运输等 17 个省级部门参与的"成品油综合智治"数字化多跨场景应用，规范成品油税收监管秩序，助力省域成品油市场"全链条"数字化闭环管理。

指导意义

（一）督促整治偷逃税款违法行为是国有财产保护领域公益诉讼办案的一个重要方面。国有财产保护领域监督范围点多面广，检察机关应注重运用系统思维，找准监督切入口。税收作为国家财政收入的重要组成部分，影响着社会主义市场经济的各个方面，办好涉税案件意义重大。针对"非标油"领域偷逃税款行为隐蔽、行政监管难度大、产业链条长等问题，检察机关应当坚持问题导向，做深做实溯源治理，从规范"非标油"消费端票据行为到严惩销售端偷逃税款违法行为，以法律监督助力行政机关依法行政，保护国有财产安全。

（二）检察机关在公益诉讼办案中要增强大数据思维，通过构建大数据法律监督模型，提升法律监督质效。对于在履职中发现的具有普遍性的社会治理难题，检察机关应高度重视相关数据的收集与整理，尤其是对依法采集、具有统一标准的数据，提炼特征要素进行数据解析，并融入公益诉讼办案规则流程，转化为计算机能够识别的"语言"，即发挥大数据法律监督模型在发现线索、调查取证、固定证据以及提供解决问题方案等多方面作用，实现从个案办理到类案监督。

（三）检察机关在依法能动履职的同时应注重与行政机关协作配合，提升社会治理效能。检察机关与行政机关在保护国家利益和社会公共利益方面目标一致，办案中应立足法律监督职能定位，发挥公益诉讼检察统筹协调多元主体协同共治职能作用，助推行政机关深入推进系统治理、综合治理，将公益诉讼制度优势实实在在转化为社会治理效能。

相关规定

《中华人民共和国行政诉讼法》（2017年修正）第二十五条第四款。

《中华人民共和国税收征收管理法》（2015年修正）第五条、第二十五条第一款、第六十三条第一款。

《中华人民共和国发票管理办法》（2019年修订）第四条、第二十二条。

《中华人民共和国发票管理办法实施细则》（2019年修正）第二十八条、第三十四条。

《道路运输车辆动态监督管理办法》（2016年修正）第三条、第十三条、第二十条、第二十八条〔现适用《道路运输车辆动态监督管理办法》（2022年修正）第三条、第十二条、第十九条、第二十七条〕。

《人民检察院公益诉讼办案规则》（2021年施行）第七十五条第一款。

江苏省扬州经济技术开发区人民检察院督促整治闲置国有土地行政公益诉讼案

（检例第 184 号）

【关键词】

行政公益诉讼诉前程序　国有土地使用权出让　闲置土地　分类处置

【要　旨】

对于国有土地使用权出让后土地闲置、违反土地出让协议约定用途等情形，检察机关可以通过行政公益诉讼督促负有监管职责的行政机关依法履行职责。涉及多个行政机关、多个相对人、多种违法行为类型的，检察机关可以采取不同办案方式分类处置。

【基本案情】

2009 年 9 月至 2014 年 9 月期间，江苏省扬州经济技术开发区（以下简称经开区）A 发电公司、B 太阳能公司、C 照明公司、D 自动化公司、E 光电公司共取得 326 亩国有土地使用权，一直未动工开发或投产，造成土地闲置。

【检察机关履职过程】

2021 年 10 月，扬州经济技术开发区人民检察院（以下简称经开区检察院）在履行职责中发现上述线索后，对涉案土地闲置的历史成因、企业经营状况、行政机关履职情况等进行了初步调查，查明造成 326 亩土地闲置的原因比较复杂，ABCDE 五家公司仍然没有具体使用意向。用地企业与行政机关签订的《国有土地使用权出让合同》均载明违反土地管理法律法规及出让合同的违约责任、法律适用及争议解决的条款，但相关行政机关未依法依规依约对企业的用地情况开展监督管理工作。

2021 年 11 月，经开区检察院研究认为，对于 326 亩闲置土地，虽然造成土地闲置的原因比较复杂，既有土地规划、国家政策调整原因，也有企业自身原因，但相关行政机关未依照土地管理法依法履行监管职责，未依照闲置土地处置办法启动调查程序，可归结为违法不作为。2021 年 12 月 10 日，经开区检察院以行政公益诉讼立案。经调查查明，根据《中华人民共和国土地管理法》《江苏省土地管理条例》以及经开区工作委员会、管理委员会职责配置的有关规定，经开区招商部门负责项目洽谈、招引，自然资源部门负责向企业供地，工业和信息化部门负责服务企业。供地后，自然资源部门负有会同招商部门、工业和信息化部门建立信用监管、动态巡查，加强对建设用地供应交易和供后开发利用的监管职责；招商部门、工业和信息化部门，负有跟踪管理、建立诚信档案、配合自然资源部门处置闲置土地的职责。但上述职能部门对企业用地情况没有全面履行后续监管职责，且未形成监管合力，导致土地资源长期闲置。

2022年2月11日，经开区检察院向自然资源、招商、工业和信息化等部门发出检察建议，督促自然资源部门对326亩闲置土地启动调查程序，督促招商部门、工业和信息化部门积极配合自然资源部门开展调查，并加强土地市场动态监测与监管。

2022年4月，经开区检察院相继收到相关部门书面回复：已启动闲置土地调查程序，案涉326亩土地闲置系市场、企业、政府多种因素叠加形成，符合协议收回的条件，自然资源部门及属地政府等相关行政机关已着手与国有土地使用权人协商。同年5月，属地政府与E光电公司签订《闲置土地回收补偿协议书》，与B太阳能公司签订《节约集约用地盘活（处置）框架协议》。同年9月，属地政府与D自动化公司签订《国有存量土地回收补偿协议书》，上述3宗地随后收回。同年10月，A发电公司、C照明公司制定再投资开发计划，相关项目已进场实施。至此，案涉5宗闲置土地326亩处置完毕。

为建立健全及时发现、整治国有土地出让后被闲置的机制，检察机关与相关行政机关共同努力，推动经开区管委会出台了推进工业用地提质增效的规范性文件，统一细化土地处置标准，并成立自然资源部门、招商部门等23家单位在内的闲置产业用地处置工作专班，形成闲置土地长效监管机制。

指导意义

（一）检察机关办理国有土地使用权出让领域公益诉讼案件，既要关注土地出让收入征缴问题，也要关注土地使用中的违法问题。土地资源稀缺，促进土地资源的优化配置和节约集约利用是我国长期坚持的基本用地制度。国有土地使用权出让后，闲置已成为制约地方经济高质量发展的突出问题。检察机关在办理国有土地使用权出让领域公益诉讼案件过程中，在重点关注土地出让收入征缴是否到位的同时，也要关注国有土地出让后使用中的闲置、违法改变用途等问题。

（二）对于违法情形复杂的国有土地闲置问题，检察机关可以采取不同办案方式分类处置。国有土地闲置，系市场、企业、政府多种因素叠加，有的可能涉及多个行政机关、多个相对人、多种违法违约类型，检察机关应坚持法治思维，区分情况，分类处置。对于既存在土地规划调整、国家政策调整、拆迁未按期交付土地等政府原因，也存在企业自身原因，造成土地闲置情形的，可以通过提出检察建议督促行政机关依法履行监管职责，符合起诉条件的可以提起行政公益诉讼；相关企业有整改意愿的，检察机关可以与行政机关磋商，引导企业积极整改、合规经营。

【相关规定】

《中华人民共和国行政诉讼法》（2017年修正）第二十五条第四款。

《中华人民共和国土地管理法》（2019年修正）第三条、第五十六条。

《中华人民共和国土地管理法实施条例》（2021年修正）第五十条。

《最高人民法院　最高人民检察院关于检察公益诉讼案件适用法律若干问题的解释》（2020年修正）第二十一条。

《闲置土地处置办法》（2012年修订）第二条、第四条、第八条、第十二条。

湖南省长沙市检察机关督促追回违法支出国有土地使用权出让收入行政公益诉讼案

（检例第185号）

【关键词】

行政公益诉讼　国有财产保护　国有土地使用权出让　土地出让收入违法支出　撤回起诉

【要　旨】

检察机关办理国有土地使用权出让收入公益诉讼案件，应加强跟进监督，督促行政机关依法全面履职，确保应征收的款项全部上缴国库。对于基层检察院管辖可能存在干扰和阻力的，上级检察院可以提级办理，符合提起行政公益诉讼条件的，可以指定基层检察院向同级法院提起诉讼。办案中发现行政监管漏洞的，可以向地方政府发出社会治理检察建议，推动诉源治理。

【基本案情】

2017年12月27日，某地产集团公司在湖南省某市（县级市，下同）竞得五宗地块（编号分别为071—075号）的国有建设用地使用权，出让金总价为42.98亿余元，约定竞买保证金自动转作受让地块的出让金。由负责开发受让地块的该集团公司子公司——某置业有限公司（以下简称置业公司）与该市原国土资源局签订《国有建设用地使用权出让合同》五份，保证金15.24亿余元从公共资源中心转入某市财政局非税收入汇缴结算户（以下简称非税账户）。2018年2月、11月，某市财政局以"退保证金"名义两次将已进入非税账户的国有土地使用权出让收入（以下简称土地出让收入）支出给置业公司 2.9 亿余元。置业公司用该笔资金缴清五宗地块契税及 072 号地块剩余土地价款，办理了 072 号地块不动产权证，申请抵押贷款 26.5 亿余元。截至 2019 年 9 月 4 日，某市财政局未依法追回违法支出给置业公司的土地出让收入 2.9 亿余元。

检察机关履职过程

2019 年 6 月，湖南省人民检察院开展全省国有土地使用权出让领域公益诉讼专项监督行动，在督办某市检察院办理的欠缴国有土地出让金系列案中发现该线索，遂交办至湖南省长沙市人民检察院（以下简称长沙市检察院）。因该案系辖区内重大复杂案件，长沙市检察院决定自办该案，于 2019 年 8 月 21 日立案调查。办案人员通过调取土地出让协议、支付凭证等书证、询问相关人员及咨询财务专家等方式调查查明：转入非税账户的竞买保证金系置业公司缴纳的五宗地块费用，成交确认书签订后已自动转作土地价款，应定性为土地出让收入，属于国有财产。某市财政局作为所在地人民政府财政部门和非税收入主管部门，未将收缴的土地出让收入及时足额上缴国库，违规设立收入过渡户滞留、挪用、坐支，无正当理由以"退保证金"名义向置业公司违法支出已进入非税账户的土地出让收入 2.9 亿余元，损害了国家利益。

长沙市检察院针对该案中财政部门违法支出土地出让收入造成国有财产损失的违法情形，于 2019 年 9 月 9 日依法向某市财政局发出检察建议，督促其依法履行法定职责，及时追回违法支出的土地出让收入 2.9 亿余元；针对该市在土地出让收入等非税收入收支管理方面存在的衔接不顺畅、机制不完善、管理有漏洞等普遍性问题，于 2019 年 9 月 11 日向某市人民政府公开送达社会治理检察建议书，建议其强化监督职责和管理力度，治理监管失范问题。

收到检察建议后，某市财政局成立整改工作小组，迅速约谈并要求置业公司提交还款计划，提请某市人民政府召开专题会议研究整改措施。2019 年 9 月 26 日，某市财政局书面回复称，已依法启动追缴程序，置业公司承诺在 2019 年 10 月 15 日之前还款。2019 年 11 月 14 日，某市人民政府书面回复称，该市已经召集相关职能部门多次专题研究，进一步强化衔接和管理，堵塞漏洞。

省、市两级检察院持续跟进监督发现，检察建议回复期满，某市财政局未依法全面履职，违法支出的土地出让收入仍未追回。为避免可能出现的办案阻力和干扰因素，经湖南省检察院批准，长沙市检察院指定长沙市岳麓区人民检察院（以下简称岳麓区检察院）起诉管辖。岳麓区检察院于 2020 年 4 月 3 日向集中管辖的长沙铁路运输法院提起行政公益诉讼，诉请某市财政局依法采取有效措施追回违法支出的土地出让收入 2.9 亿余元。对于案涉国家机关工作人员职务违法犯罪线索，长沙市检察院同步移送长沙市纪委监委处理。起诉后，省、市、区三级检察院继续跟进某市财政局追缴进度，2020 年 4 月 30 日置业公司开出商业承兑汇票，由某市城投公司于 5 月 27 日代置业公司向某市财政局非税账户退缴土地出让收入，并缴入国库，置业公司于 2020 年 11 月

1 日承兑该汇票。因诉讼请求全部实现，经岳麓区检察院提交撤回起诉决定书，长沙铁路运输法院裁定准予撤诉。

指导意义

（一）检察机关对损害公益的违法行为应当坚持全流程监督，依法保障国有财产安全。在办理国有土地使用权出让领域公益诉讼案件中，检察机关既要监督征收环节，督促征收部门及时收缴国有土地出让收入，也要监督征收资金划缴国库环节，确保"应缴尽缴、及时入库"，防止土地出让收入不当滞留、坐支、挪用造成国有财产损失。

（二）检察机关在办案过程中要注重通过诉的方式来推动问题解决。检察建议回复期满，行政机关仍未依法全面履职且公益仍受侵害的，检察机关应依法提起行政公益诉讼，发挥诉讼程序、司法裁判增强监督刚性、推动问题解决、引领社会价值的功能作用。提起诉讼后，检察机关诉讼请求全部实现的，可以撤回起诉；确有必要的，可以变更诉讼请求，请求法院判决确认行政行为违法。

（三）充分发挥检察一体化工作机制优势，排除办案阻力。国财国土领域公益诉讼案件往往重大敏感、疑难复杂，办案过程中，要充分发挥检察一体化优势，共同分析研判，上下联动发力。省、市检察院要通过直接办理重大复杂的国财国土公益诉讼案件，发挥示范引领作用。对于下级检察院管辖有难度或者办案有干扰阻力的案件，上级检察院可以提级办理，符合提起行政公益诉讼条件的，可以指定基层检察院向同级法院提起诉讼。

（四）针对具有普遍性的问题发出社会治理检察建议，助推国有财产保护。检察机关针对办案中发现的土地出让收入收支管理不规范、存在监管漏洞、部门协同配合不足等问题，可以向地方政府提出改进工作的社会治理检察建议，推动政府统筹协调，健全制度机制，加强行政监管，提升治理能力。

相关规定

《中华人民共和国行政诉讼法》（2017 年修正）第二十五条第四款。

《中华人民共和国城镇国有土地使用权出让和转让暂行条例》（2020 年修订）第五十条。

《国有土地使用权出让收支管理办法》（2007 年施行）第四条、第三十三条。

浙江省杭州市拱墅区人民检察院督促落实电价优惠政策行政公益诉讼案

（检例第 186 号）

关键词

行政公益诉讼诉前程序　公共政策执行　转供电　专项监督

要　旨

转供电主体违规收取电费，未执行国家电费结算优惠政策，导致公共政策的功能和目的无法实现，侵害了国家利益和社会公共利益，检察机关可以开展公益诉讼，并通过专项监督促进行业长效久治。

基本案情

转供电是指电网企业不直接供电、抄表和收费，而由其直供户转供给终端用户并代为抄表、收费的情形。2018 年起，国家多次下调一般工商业用电价格。2020 年初，为减轻企业负担、提振市场主体信心，国家又陆续推出一系列阶段性降低企业用电成本的惠民助企政策。国家发展改革委发布通知，要求电网企业在计收一般工商业及其他电价类别的电力用户电费时，按原到户电价水平的 95% 结算。浙江省杭州市拱墅区内作为转供电主体的多个产业园区、商业综合体和物业公司违反规定，在与电力终端用户结算时，未对终端用户实施电费降价、未执行阶段性电费优惠政策，涉及款项巨大。

检察机关履职过程

2020 年 4 月，浙江省杭州市拱墅区人民检察院（以下简称拱墅区检察院）在履行职责中发现上述案件线索后开展初步调查，并于同年 6 月立案调查。一方面从市场监管、供电部门调取转供电主体数量、分布情况、终端用户结构、用电量等基础信息，详细了解转供电环节运作流程和操作程序；另一方面对相关转供电终端用户和转供电企业进行调查，询问公司负责人、财务人员等主要人员，调取电费明细和发票、房屋租赁合同、电费收缴清单等书证，查实 6 家转供电企业违反规定，未对终端用户实施电费降价、未执行阶段性九五折结算电费的国家优惠政策。

拱墅区检察院审查认为，国家出台阶段性降低企业用电成本的优惠政策，是为帮扶中小微企业纾困解难，实现经济平稳健康发展而实施的助企惠民公共政策。电费降价优惠源于国家电网企业的经营性财产收入，国家制定出台电费降价、电费优惠政策，系行使其对电网企业经营性国有财产的使用、处分权利。而转供电主体不执行电费降价、电费优惠政策，相当于利用优势地位截取国家政策优惠资金，导致电费降价红利未能足额传导至不特定多数的终端用户，非法侵占了国家政策红利补贴，违背了降低企业用电成本的政策初衷，消解了国家为企业减负的政策目的，侵害了国家利益和社会公共利益。

转供电主体不执行电费降价、电费优惠政策，其行为违反了《中华人民共和国电力法》第四十四条第一款、《中华人民共和国价格法》第十二条等相关规定。根据《中华人民共和国价格法》第三十三条、第三十九条等规定，市场监督管理部门作为价格主管部门，依法应当对价格活动进行监督检查，并且《国家发展改革委关于阶段性降低企业用电成本支持企业复工复产的通知》也要求，相关部门要积极配合当地市场监督管理部门，切实加强转供电环节收费行为监管，确保电费降价红利及时足额传导到终端用户。据此，同年8月21日拱墅区检察院向拱墅区市场监督管理局（以下简称拱墅区市场监管局）发出检察建议，建议对涉案6家转供电企业的违法行为进行查处，对辖区内所有转供电企业开展专项排查。

拱墅区市场监管局收到检察建议后，高度重视，积极开展专项整治行动。鉴于本案涉及的终端用户多、电费数额高、清退难度大，拱墅区检察院多次与拱墅区市场监管局召开联席会议，分析案件查办过程中的法律适用、办案方式和执法尺度，达成共识。拱墅区市场监管局制定了清理转供电环节加价的工作方案，对检察建议涉及的6家转供电企业立案调查，依法开展电费清退工作；集体约谈辖区内多个产业园区、商业综合体和物业公司的经营者，引导转供电企业自主退费；加大政策宣传力度，采取联合宣讲、发放告知书、现场检查等方式，扩大政策及其优惠措施的知晓度。截至2021年6月，检察建议所涉的6家转供电企业清退多收费用共计290万余元，罚没款项240万余元。拱墅区市场监管局在辖区范围内开展专项排查，检查转供电企业83家，清退多收费用4464万余元，惠及终端用户14000余户，实施行政处罚28件，罚没款项807万余元，整治工作取得明显成效。

在此基础上，杭州市人民检察院于2021年2月在全市开展专项监督，全面排查整治转供电环节违规收取电费行为，推动相关职能部门排查转供电企业276家，行政罚款1122万余元，清退多收费用8653万余元，惠及终端用户4万余户。

指导意义

（一）监督保障惠民公共政策有效执行，属于公益诉讼检察职责范围。公共政策是国家统筹分配社会利益、协调经济社会活动的手段、工具和杠杆，与民生和经济社会发展息息相关，需要法律的保障。检察机关是保障国家法律统一正确实施的司法机关，要立足保护国家利益和社会公共利益的职能定位，充分发挥法律监督职能作用，对公共政策实施过程中违法违规套取、骗取、截留、挪用各类惠民助企补贴等损害国家利益或者社会公共利益的情形，依法能动履职，督促有关行政机关加强监管，确保国家惠民助企政策落地见效。

（二）对于有一定普遍性的问题，检察机关可以通过专项监督推动诉源治理。针对一定区域内点多面广具有普遍性的问题，检察机关可以总结提炼办案中可复制、可推广的经验，开展专项监督活动，实现类案监督，推动诉源治理。专项监督活动中，在立足法律监督职能定位的基础上，可以加强与行政机关的协作配合，形成执法司法合力。

相关规定

《中华人民共和国行政诉讼法》（2017 年修正）第二十五条第四款。
《中华人民共和国电力法》（2018 年修正）第四十四条第一款。
《中华人民共和国价格法》（1998 年施行）第十二条、第三十三条、第三十九条。
《电力供应与使用条例》（2019 年修订）第二十条第二款。
《人民检察院公益诉讼办案规则》（2021 年施行）第七十五条。

第四十七批指导性案例

沈某某、郑某某贪污案

（检例第 187 号）

关键词

贪污罪　期货交易　交易异常点　贪污数额认定

要　旨

对于国家工作人员利用职务便利，在期货交易中通过增设相互交易环节侵吞公款的行为，可以依法认定为贪污罪。审查时重点围绕交易行为的异常性、行为人获利与职务便利之间的关联性进行分析论证。对于贪污犯罪数额，可以结合案件具体情况，根据行为人实际获利数额予以认定。庭审中，检察机关采取多媒体示证方式，综合运用动态流程模拟图、思维导图等全面展示证据，揭示犯罪行为和结果，增强庭审指控效果。

基本案情

被告人沈某某，男，甲国有公司期货部原主任。

被告人郑某某，男，甲国有公司期货部原副总监。

2012年7月至2020年5月，沈某某先后任甲国有公司期货部操盘手、期货部临时负责人、副主任及主任，其间负责期货部日常经营管理工作，参与制定甲国有公司期货交易策略，依据市场行情确定具体的操盘价格，下达期货交易指令并实际操盘。2014年2月至2020年5月，郑某某先后担任甲国有公司期货部经理、高级经理及副总监，参与制定甲国有公司期货交易策略，根据决策指令对相关期货账户进行实际操盘。

2015年7月至2020年5月间，沈某某、郑某某二人经合谋，向他人借用了多个期货账户，利用前述职务便利，在事先获知公司期货交易策略后，以借用的个人账户提前在有利价位买入或卖出与甲国有公司策略相同的期货产品进行埋单，采用与公司报单价格相同或接近、报单时间衔接紧凑以及公司大单覆盖等方式，与公司期货账户进行低买高卖或者高卖低买的相互交易，使二人实际控制的账户获利共计人民币3000余万元，赃款由二人平分并占为己有。

其间，沈某某在郑某某不知情的情况下，利用职务便利，采用前述相同方式，以其个人借用并实际控制的多个期货账户及其本人期货账户，与甲国有公司期货账户进行相互交易，个人获利共计人民币1000余万元。

本案由上海市虹口区监察委员会调查终结后移送起诉。2021年6月23日，上海市人民检察院第二分院（以下简称上海市检二分院）以被告人沈某某、郑某某犯贪污罪依法提起公诉。2022年6月29日，上海市第二中级人民法院作出一审判决，以贪污罪判处沈某某有期徒刑十三年，剥夺政治权利三年，并处罚金人民币四百万元；郑某某具有自首、立功情节，自愿认罪认罚，依法可以减轻处罚，法院以贪污罪判处其有期徒刑五年，并处罚金人民币一百万元。一审宣判后，沈某某提出上诉，上海市高级人民法院二审裁定驳回上诉，维持原判。

检察机关履职过程

一、审查起诉

本案系以在期货交易中增设交易环节的方式侵吞国有资产的新型职务犯罪案件。审查起诉阶段，上海市检二分院围绕查明事实、弄懂期货交易专业知识、阐明定性等方面进行审查论证。

一是查实涉案账户的控制使用情况，确认涉案账户相互交易均系沈某某、郑某某操作。检察机关建议监察机关调取涉案违法交易终端信息并就MAC地址（局域网地址）、IP地址（互联网协议地址）等进行匹配，对涉案电脑、手机等设备依法扣押并进行电子数据鉴定，查明了个人控制账户与公司账户登录设备的MAC地址及IP地址大量重合，涉案账户系被告人控制使用；同时，经与监察机关沟通，检察机关开展自行补充侦查，询问甲国有公司期货交易员等证人，调取微信聊天数据等客观证据，交叉比对涉案期货账户登录数据、交易数据等，进一步排除案发时间段其他人使用相关账户的可能性。

二是开展数据建模，发现和分析各类异常数据背后的真实情况。检察机关通过建立"风险承受异常性模型""交易时间差额模型""先报价比例及价格模型"等，查明相关账户之间的交易具有不同于正常期货交易特点的交易时间紧密、盈利比例畸高以及交易手数显著增加等异常点。

三是加强与期货专业机构的沟通，厘清正常期货交易和增设期货交易环节非法获利的贪污行为的界限。检察机关深入研究期货交易规则，与上海期货交易所专业人员就涉案期货交易相关问题及数据分析难点进行研讨，合力解决基础数据分析运用、交易模式异常特征、获利手法认定等关键问题。

四是论证了贪污罪和国有公司人员滥用职权罪的区别。沈某某、郑某某利用提前知悉的公司交易指令和操盘便利，使用个人控制账户提前买入或卖出同一期货产品，后续与国有公司相互交易获利，造成甲国有公司交易成本增加，属于国有公司人员滥用职权的行为。但是，国有公司人员滥用职权罪没有评价行为人将国有财产直接据为己有的故意和行为，且在一个行为同时触犯该罪与贪污罪的情形下，属于想象竞合，应当从一重罪处罚，由于贪污罪的法定刑更重，且能够更为全面地评价被告人的犯罪行为，故应以贪污罪追究刑事责任。

二、指控与证明犯罪

为增强庭审指控效果，检察机关创新举证示证模式，通过适用思维导图、交易结构模型图、获利过程示意图、交易对比分析表等图表对证据进行展示，直观地揭示了犯罪手段、过程和结果。针对庭审中被告人和辩护律师提出的行为系正常期货交易，并未侵吞公共财物，未造成国有公司损失的辩解，检察机关进行有针对性的答辩。

一是被告人增设期货交易环节获利并非正常的市场交易行为，职务行为与交易获利之间具有高度关联。从基本交易模式看，沈某某等人利用职务便利获知国有公司相关交易指令后随即操纵个人控制账户提前建仓埋单，在数秒至数分钟后即操作公司账户挂单与个人控制账户成交，具有时间上的紧密关联性和交易种类的一致性；从交易手数看，沈某某等人控制账户与公司成交手数相比其他主体明显增加，手数倍数差达10倍至50倍，具有交易习惯的异常性；从交易盈亏情况看，沈某某等人所控制账户盈利比例高达91%以上，部分账户甚至100%盈利，具有盈利比例的异常性；从交易对象看，在沈某某和郑某某合谋前，二人控制账户几乎没有和公司有过交易，合谋后即开始与公司有大量成交，具有交易对象的异常性。

二是被告人通过期货交易侵吞国有公司财产，国有公司因交易成本增加造成实际损失。由于公司交易指令仅包括交易对象、方向、区间价格及总手数，被告人通过个人控制账户以更有利价格先与其他市场主体交易后，再报单以低买高卖（个人控制账户先买后卖）或高卖低买（个人控制账户先卖后买）方式与本公司成交，虽然并未违反指令单操作，但是直接导致公司以更高价格买入期货合约或者以更低价格卖出期货合约，造成公司交易成本提高，使得本应归属于公司的利益归个人所有，属于侵吞国有公司财产的行为。

三是被告人使用个人控制账户与公司相互交易获利部分应认定为贪污数额。本案中，公司在被告人控制账户提前埋单后与个人账户成交，直接造成公司在该相互交易中多支出成本，该部分数额与被告人实际获利数额相一致，具体应以公司交易成本扣减被告人提前埋单支付的交易成本的差额计算贪污数额。此外，本案中被告人控制账户交易亏损部分不应从犯罪数额中扣除。个人控制账户提前"埋单"后，由于市场行情突然发生反向变化，无法以预设盈利价格转让给公司，此时如果以正常市场价交易必然产生较大亏损。被告人遂操作公司账户以优于当时市场价的价格"接盘"，与个人控制账户成交，使得被告人减少了部分交易损失。对于被告人的实际损失部分，公司交易成本并未因此降低，故被告人交易亏损部分属于其在非法牟利过程中所支出的犯罪成本，不应从犯罪金额中扣除。

指导意义

（一）对于国家工作人员利用职务便利，在期货交易中通过增设相互交易环节侵吞公款的行为，可以依法认定为贪污罪。国家工作人员利用职务便利提前获知国有公司期货交易指令后，先用个人控制账户买入或卖出期货产品，再与国有公司账户进行相互交易的行为，属于在正常期货交易过程中增设相互交易环节，该行为直接造成国有公司交易成本提高，使本应归属国有公司的利益被个人占有，增设交易环节的行为与个人非法获利之间具有刑法上的因果关系，具有侵吞公共财产的性质，可依法认定为贪污罪。

（二）对于利用期货交易手段实施贪污犯罪的数额，可以结合案件具体情况，根据行为人实际获利数额予以认定，不扣除交易中亏损部分。行为人在期货交易中增加相互交易环节提高国有公司支出成本，侵占公共财产获利的，在认定贪污犯罪数额时，可以根据行为人获利手段、公共财产损失以及因果关系等情况，以行为人实际获利数额计算。对于行为人与国有公司交易的亏损部分，如果系行为人交易不当、市场反向变化造成，且国有公司并未因此降低交易成本的，可以认定为犯罪成本，不在犯罪数额中扣减。

（三）针对证券期货类犯罪复杂程度高、专业性强等特点，可以借助多媒体方式展示证据，强化举证效果。运用动态流程模拟图、思维导图，全面揭示被告人犯罪过程和行为模式，解析检察机关指控证明犯罪的思维逻辑；运用交易结构模型图、交易对比分析表等，对庞杂的证据进行归纳分析后系统展示，将较为抽象晦涩的专业概念和数据具体化、可视化，切实增强庭审指控效果。

相关规定

《中华人民共和国刑法》第二十五条、第三百八十二条、第三百八十三条。

《中华人民共和国刑事诉讼法》（2018 年修订）第一百七十条。

桑某受贿、国有公司人员滥用职权、利用未公开信息交易案

（检例第 188 号）

关键词

受贿罪　国有公司人员滥用职权罪　利用未公开信息交易罪　股权收益权　损失认定

要　旨

检察机关在办理投融资领域受贿犯罪案件时，要准确认定利益输送行为的性质，着重审查投融资的背景、投融资方式、融资需求的真实性、行为人是否需要承担风险、风险与所获收益是否相符等证据。在办理国有公司人员滥用职权犯罪案件时，要客观认定行为造成公共财产损失的范围，对于国有公司应得而未获得的预期收益，可以认定为损失数额。在办理利用未公开信息交易犯罪案件时，对于内幕信息、未公开信息的范围、趋同性交易盈利数额等关键要件的认定，要调取证券监督管理部门、证券交易所等专业机构出具的认定意见，综合全案证据审查判断。

基本案情

被告人桑某，男，甲资产管理股份有限公司（国有非银行金融机构，以下简称甲公司）原总裁助理、投资投行事业部总经理，乙投资管理有限公司（甲公司的全资子公司，以下简称乙公司）原总经理、董事长。

（一）受贿罪。2009 年至 2017 年，被告人桑某利用担任甲公司投资投行部总经理，乙公司总经理、董事长等职务上的便利，为相关公司或个人在企业融资等事项上提供帮助，收受公司、个人给予的股权、钱款共计折合人民币 1.05 亿余元。

其中，2015 年至 2017 年，桑某利用职务便利，为郭某实际控制的泉州某公司借壳黑龙江某公司上市、获得乙公司融资支持等事项提供帮助。借壳上市成功后，黑龙江某公司股票更名为泉州某公司股票。2016 年 9 月，桑某安排朋友蒋某与郭某签订股权收益权代持协议，约定郭某低价将泉州某公司股票 500 万股股份收益权以上市前的

价格即每股 7.26 元转让给蒋某,协议有效期至少为一年,按照退出日前 20 个交易日均价的 9 折计算回购股份金额,蒋某向郭某支付 3630 万元。2017 年 3 月,协议有效期尚未到期,蒋某见市场行情较好,遂与郭某签订协议,约定由郭某提前回购股权收益权,回购总价款为 6200 万元。同年 4 月至 7 月,郭某分两次将 6200 万元转账给蒋某。蒋某实际获益 2570 万元,并与桑某约定平分。

（二）国有公司人员滥用职权罪。2015 年 6 月,乙公司管理的一个基金项目成立,桑某让其朋友温某的云南某公司投资 1.61 亿余元作为基金劣后级,后其中的 1.3 亿元出让给乙公司,云南某公司剩余 3132.55 万元劣后级份额。为帮助云南某公司提前转让该剩余部分份额获利,2018 年 2 月,桑某找到朱某帮助承接,同时未经乙公司经营决策委员会及董事会研究决定,违规安排乙公司向朱某实际控制的上海某公司出具函件,表示知晓上海某公司出资 1.01 亿元购买云南某公司剩余的全部劣后级份额,并承诺将来按照其出资份额而非基金份额分配股票。2018 年 3 月,上海某公司出资 1.01 亿元承接云南某公司劣后级份额后,云南某公司早于乙公司退出该基金项目,并获利 7000 余万元。因云南某公司提前退出,导致改变了劣后级合伙人分配协议等文件约定的浮动收益分配规则,使得基金份额年化收益出现差别,经会计师事务所测算,乙公司少分得投资收益 1986.99 万元。

桑某其他国有公司人员滥用职权事实略。

（三）利用未公开信息交易罪。2015 年 6 月至 2016 年 9 月,桑某利用职务便利,获取乙公司及该公司实际控制的某基金证券账户投资股票名称、交易时间、交易价格等未公开信息。经证监会认定,上述信息属于内幕信息以外的其他未公开信息。其间,桑某违反相关规定,利用上述未公开信息,操作其本人控制的公司和他人名下证券账户进行关联趋同交易,非法获利 441.66 万元。

本案由北京市监察委员会调查终结后移送起诉。2020 年 3 月 3 日,北京市人民检察院第二分院以桑某犯受贿罪、利用未公开信息交易罪、国有公司人员滥用职权罪依法提起公诉。2021 年 8 月 27 日,北京市第二中级人民法院作出一审判决,以桑某犯受贿罪,判处无期徒刑,剥夺政治权利终身,并处没收个人全部财产;犯利用未公开信息交易罪,判处有期徒刑三年,并处罚金人民币四百五十万元;犯国有公司人员滥用职权罪,判处有期徒刑五年;决定执行无期徒刑,剥夺政治权利终身,并处没收个人全部财产。一审宣判后,桑某提出上诉。北京市高级人民法院二审裁定驳回上诉,维持原判。

检察机关履职过程

一、提前介入

检察机关根据监察机关商请提前介入审查,围绕利用未公开信息交易罪中桑某的主观故意、未公开信息的认定等,提出具体补证意见,全面夯实关键证据。一是调取乙公司的交易指令,并由乙公司对桑某签字的相关交易指令进行说明,查明桑某对未公开信息的主观明知。二是调取证监会专业认定意见,证实桑某利用职务便利所掌握的乙公司和某基金证券账户在投资决策、交易执行、持仓、资金数量及变化、投资规模等方面的信息，属于"内幕信息以外的其他未公开信息"。

二、审查起诉

审查起诉阶段，检察机关依法审查了桑某涉案全部犯罪事实和证据。针对受贿犯罪中所涉金融专业问题，咨询了证券行业人士和刑法学专家，了解正常的股权收益权代持融资协议的性质和交易形式，厘清与本案中所涉协议的区别，揭示涉案协议系行受贿双方输送利益的手段。针对利用未公开信息交易犯罪中获利数额的认定问题，听取了证券交易所等机构的意见，确定了趋同性交易股票"前五后二"的比对原则、交易金额及盈利计算方法即"先进先出法"、盈利数额的计算公式，最终以上海、深圳证券交易所提供的交易数据为依据，认定桑某非法获利共计441.66万元。

三、指控与证明犯罪

庭审中，针对被告人和辩护人提出的桑某、蒋某和郭某之间签订的股权收益权代持融资协议属于正常商业投资，涉案基金项目并未造成公共财产损失等意见，有针对性地进行了质证和答辩。

关于收受郭某贿赂的事实，公诉人指出，该笔系以股权收益权代持融资协议的方式受贿，不属于资本市场正常的投融资行为。一是签订股权收益权代持融资协议的背景异常。桑某安排蒋某与郭某签订协议时，郭某公司没有大额融资需求，且当时公司已经上市，股权价格正处于上涨区间，郭某将500万股股权收益权转让给他人，属于让渡具有高度确定性的预期利益，不符合常理。二是转让价格异常。双方签订协议时公司已经上市，桑某方按照公司上市前的价格计算应支付的价款，显然与正常交易价格不符。三是回购时间异常。股权收益权代持融资协议约定协议有效期至少为一年，也就是桑某方至少在一年后方能要求郭某公司回购股权收益权，但在协议签订后六个月左右，桑某方为兑现收益，即要求郭某提前回购，有违协议约定的主要条款。此外，桑某利用职务便利为郭某实际控制的公司借壳上市、获得乙公司融资支持等事项提供帮助。综上，涉案股权收益权代持融资协议具有虚假性，实为权钱交易、输送利益的手段。

关于滥用职权的事实，公诉人指出，桑某未经董事会、经营决策委员会审议，擅自决定采用会签形式向上海某公司出具承诺函，朱某据此同意上海某公司高价受让云南某公司劣后级基金份额，由于云南某公司提前退出基金项目，直接改变了合伙协议等文件约定的浮动收益分配规则，使得同为劣后级有限合伙人的乙公司持有的基金份额年化收益减少，损害了乙公司的利益。桑某滥用职权行为与公共财产损失的结果之间具有因果关系。

指导意义

（一）办理以投融资方式收受贿赂的职务犯罪案件，要综合审查投融资的背景、方式、真实性、风险性、风险与收益是否相符等证据，判断是否具备受贿罪权钱交易的本质特征。对于利用股权收益权代持融资等投融资手段进行利益输送的受贿案件，检察机关应当着重审查投融资的背景情况、请托方是否有真实融资需求、投融资的具体方式、受贿人是否支付对价以及是否需要承担投资风险、风险是否与所获收益相符等情况。对于资本运作或相关交易异于正常市场投资，受贿人职务行为和非法获利之间紧密关联，受贿人所支付对价与所获收益明显不对等，具备受贿犯罪权钱交易特征的，依法认定构成受贿罪。

（二）渎职犯罪造成公共财产损失的范围包括国有单位因错失交易机会、压缩利润空间、让渡应有权益进而造成应得而未得的收益损失。实践中，渎职犯罪造成公共财产的损失范围一般为国有单位现有财产的实际损失，但在金融领域渎职犯罪案件中，介入交易规则变化、收益分配方式调整等因素，可能导致国有单位压缩利润空间、让渡应有权益，进而造成国有单位预期收益应得而未得。检察机关应当注重审查造成损失的原因是市场因素还是渎职行为，渎职行为的违规性、违法性，是否具有徇私舞弊情节等要素。对因渎职行为而不是市场因素造成预期收益损失的部分，一般应当计入公共财产损失范围。

（三）办理证券期货类犯罪案件，对于内幕信息、未公开信息的范围、趋同性交易盈利数额等关键要件的认定，一般应调取证券监督管理部门、证券交易所等专业机构的认定意见，并依法进行审查判断。行为人利用职务便利实施的内幕交易、利用未公开信息交易犯罪，此类犯罪中的内幕信息、未公开信息等关键要件的认定，以及对趋同性交易盈利数额等重要情节的认定，专业性较强，要以证券监督管理部门、证券交易所等专业机构出具的认定意见为依据，如在审查中发现缺少专业认定意见，应及时与监察机关沟通，补充完善相关证据材料。

相关规定

《中华人民共和国刑法》第一百六十八条、第一百八十条、第三百八十三条、第三百八十五条、第三百八十六条。

《最高人民法院 最高人民检察院关于办理利用未公开信息交易刑事案件适用法律若干问题的解释》第五条。

李某等人挪用公款案

（检例第 189 号）

关键词

挪用公款罪　归个人使用　追缴违法所得

要　旨

办理金融领域挪用公款犯罪案件，应从实质上把握"归个人使用"等要件。对于为个人从事营利活动而违规使用单位公款，给公款安全造成风险，如果公款形式上归单位使用，但是实质上为个人使用的，可以认定挪用公款"归个人使用"。他人因行为人挪用公款犯罪直接获利，虽不构成犯罪或未被追究刑事责任，但主观上对利益违法性有认知的，对他人的直接获利应认定为违法所得，检察机关可以向监察机关提出建议，依法予以追缴或者责令退赔。

基本案情

被告人李某，男，甲国有银行原行长，曾任甲国有银行副行长。

被告人王某、邵某、余某，甲国有银行资金营运中心原工作人员。

被告人赵某、钱某，乙证券公司固定收益证券部原工作人员。

2006年，某政策性银行发行"2006年第三期黄河信贷资产支持证券"的次级档产品（以下简称"黄河3C证券"），乙证券公司系承销商之一，该公司固定收益证券部副总经理赵某、业务经理钱某掌握该证券极可能盈利的信息后，为追求个人利益，商议由赵某联系甲国有银行发行分级理财产品对接该证券。后赵某联系时任甲国有银行副行长李某、资金营运中心副总经理王某等人。经商议，李某决定由甲国有银行发行理财产品，再通过信托合同将理财产品所募集资金用于购买"黄河3C证券"。2008年6月，甲国有银行发行"天山5号"理财产品，募集资金人民币4.25亿元，通过丙信托公司发行信托计划投资"黄河3C证券"。该理财产品分为稳健级和进取级，其中稳健级募集人民币3.65亿元，由商业银行等金融机构认购；进取级募集人民币0.6亿元，由李某、赵某、王某等70余人认购。甲国有银行收取投资管理费。

2008年底，为实现个人利益最大化，赵某与钱某商议后，向李某、王某等人提议提前兑付"天山5号"理财产品，另行设立稳健级收益更低、进取级收益更高的理财平台用于投资"黄河3C证券"。2009年7月，在不符合提前终止条件且"黄河3C证券"预期收益较好的情况下，李某在专题会议上否决了银行风控部门的意见，力主提前终止"天山5号"理财产品，又在行长办公会上虚构了"黄河3C证券"存在较大风险的事实，隐瞒了提前兑付是为了获取更大个人利益的真实目的，促使该国有银行作出了提前兑付决定，会议中未研究兑付方式和资金来源。因短期内无法从其他渠道募集到足额资金，经赵某提议、李某同意，王某、余某、邵某审批或具体经办，违规使用甲国有银行备付金人民币4.8亿余元提前兑付了"天山5号"理财产品。

2009年8月，李某经与王某等人商议，通过签订转让协议的方式，将甲国有银行持有的"黄河3C证券"的收益权以人民币4.85亿余元的价格，转让给丁信托公司另行设立的信托计划，并用该信托计划募集的资金归还了甲国有银行被挪用款项。经查，另行设立的信托计划募集资金人民币 4.9 亿元，6 名被告人及李某、王某、邵某、余某介绍的 15 名甲国有银行、金融监管机构的相关人员认购进取级产品共计 0.6 亿元。截至 2010 年 10 月到期兑付，上述 21 人共计获利人民币 1.26 亿余元，其中李某等 6 名被告人获利 0.8 亿余元，其余 15 人获利 0.4 亿余元。

本案由 A 市监察委员会及 A 市 B 区监察委员会调查终结后分别移送起诉。2019 年 10 月 12 日、11 月 8 日，A 市人民检察院以李某等六人犯挪用公款罪分两个案件依法提起公诉。2020 年 10 月 13 日，A 市中级人民法院作出一审判决，认定上述六名被告人构成挪用公款罪，且分别具有自首、从犯等从轻、减轻处罚情节，判处五年六个月到一年二个月不等的有期徒刑。一审宣判后，李某、赵某提出上诉，2021 年 8 月 31 日，C 省高级人民法院二审裁定驳回上诉、维持原判。

检察机关履职过程

一、提前介入

监察机关商请检察机关派员提前介入，检察机关围绕事实认定、法律适用及调查取证方向等方面开展工作。

一是研讨案件定性。有观点认为，甲国有银行使用银行备付金兑付理财产品后，即获得"黄河 3C 证券"的收益权，李某决定将该证券的收益权转让给另行成立且自己参与的信托计划，侵吞了本该由甲国有银行获得的收益，符合贪污罪特征。另有观点认为，李某等人的行为使甲国有银行丧失了应得收益，造成了国家利益的损失，应评价为国有公司人员滥用职权罪。检察机关研究认为，李某为谋取个人利益最大化，违规使用公款，主观上是挪用而非侵吞的故意；使用银行备付金提前兑付未到期理财产品，到期后银行能否获益无法确定，银行损失的仅是可能获益的机会，不符合贪污罪的构成要件。被挪用款项案发前均已归还，未造成银行财产性利益损失，也不宜评价为国有公司人员滥用职权罪。李某等人为了进行营利活动，违规使用银行备付金提前兑付理财产品，使银行承担了本不应该承担的证券投资风险，符合挪用公款罪的特征，该意见得到监察机关认可。

二是提出补证意见。为进一步查明全案事实，检察机关建议调取钱某对"黄河 3C 证券"进行分析所依据的基础资料和相关样本，以查明信息来源和信息性质；补充银行财务人员的证言和规章制度、会议记录等书证，以查明银行备付金管理规定和审批流程；调取其他进取级投资人的证言及相关银行流水，以查明上述人员参与投资、获取利益的情况。监察机关均予以采纳。

二、审查起诉

检察机关进一步审查案件事实证据，论证构成挪用公款罪，在梳理中还发现，另行设立的信托计划中参与认购进取级的共 21 人，除 6 名被告人获利 0.8 亿余元外，尚有 15 人获利 0.4 亿余元。经审查认为，上述 15 人是银行高级管理人员或监管机构工作人员，具备相应的专业知识和从业资历，认购信息和渠道均来自李某等人，主观上对巨额收益的违法性存在认知；实际获利均直接来自李某等人挪用公款犯罪后产生的投资收益，虽因缺乏主观罪责未被追究刑事责任，但对其所获收益应一并认定为违法所得。后检察机关向监察机关提出依法追缴建议，监察机关采纳建议并予以追缴。

三、指控与证明犯罪

庭审中，被告人李某、赵某及其辩护人提出以下辩解及辩护意见：一是公款的使用是经领导集体研究决定；二是李某等人的行为不属于"归个人使用"；三是挪用行为未导致公款处于风险之中。

针对上述意见，公诉人答辩指出：一是本案中李某为实现个人目的，在银行风控部门强烈反对下坚持己见，在行长办公会讨论研究时虚构事实、隐瞒真相，引导作出提前终止理财产品的决策。之后李某利用职务便利违规签批使用银行备付金兑付，并指使王某等人审批或经办。可见，公款的使用是李某个人意志和擅用职权的体现。二是被挪用钱款的使用主体虽是甲国有银行，但银行在兑付理财产品后，被挪用的备付金实际转移给了原认购人，甲国有银行获得了"黄河 3C 证券"的收益权，即甲国有银行成为"黄河 3C 证券"的投资主体，将本应由不特定投资人承担的证券投资风险不当转嫁给银行，使巨额公款脱离单位控制，损害了单位对公款的管理、使用权。三是李某等人违规使用银行备付金提前兑付理财产品，是为其后利用信托计划承接"黄河 3C 证券"做准备，最终目的是为了谋取个人利益。综上，李某等人的行为属于挪用公款"归个人使用"，符合挪用公款罪的构成要件。

指导意义

（一）依法惩治金融领域挪用公款犯罪，应准确把握"个人决定""归个人使用"的本质特征。检察机关应将打击金融领域职务犯罪与防范化解金融风险紧密结合，针对内外勾结、手段复杂隐蔽的挪用公款犯罪，要从实质上把握犯罪构成要件。对于为下一步个人擅自挪用公款做铺垫准备，相关负责人在集体研究时采取虚构事实、隐瞒真相的方式，引导形成错误决策的，不影响对个人责任的认定。对于为个人从事营利活动而违规使用单位公款的行为，应重点审查使用公款目的、公款流转去向、公款潜在风险、违法所得归属等要素，如公款形式上归单位使用、实质上为个人使用的，可以认定挪用公款"归个人使用"。

（二）对于挪用公款犯罪中"归个人使用"后进行营利活动取得的财物和孳息，如能排除系善意取得，应依法追缴。对于行为人实施挪用公款犯罪取得的非法获利，应按照犯罪所得依法予以追缴。在特定情况下，其他不构成犯罪或未被追究刑事责任的相关人员也可能因行为人实施挪用公款行为获利，如能够证实该获利系因挪用公款犯罪行为而直接产生，相关人员主观上对收益的违法性有认知，不属于善意取得，检察机关可以建议监察机关根据《中华人民共和国刑法》《中华人民共和国监察法》《中华人民共和国监察法实施条例》等相关法律法规的规定，将该部分获利作为违法所得，依法予以没收、追缴。

相关规定

《中华人民共和国刑法》第二十五条、第六十四条、第三百八十四条。

《中华人民共和国监察法》第四十六条。

《中华人民共和国监察法实施条例》第二百零八条。

《最高人民法院　最高人民检察院关于办理贪污贿赂刑事案件适用法律若干问题的解释》第六条。

《最高人民法院关于审理挪用公款案件具体应用法律若干问题的解释》第一条、第八条。

宋某某违规出具金融票证、违法发放贷款、非国家

工作人员受贿案

（检例第 190 号）

关键词

违规出具金融票证　违法发放贷款　非国家工作人员受贿责任主体

要　旨

集体经济组织中行使公权力的人员是否属于国家工作人员，应当依据该集体经济组织股权结构、是否从事公务等要素审查判断。银行或其他金融机构工作人员违反规定，不正当履行职权或超越职权出具信用证或者保函、票据、存单、资信证明，情节严重的，构成违规出具金融票证罪。

基本案情

被告人宋某某，男，四川省甲县农村信用合作联社（以下简称甲信用联社）原党委书记、理事长，曾任四川省乙县农村信用合作联社（以下简称乙信用联社）党委书记、理事长，四川省乙县农村商业银行（以下简称乙农商银行）党委书记、董事长。

（一）违规出具金融票证罪。2015 年初，四川某某实业有限公司（以下简称某某公司）开发的房地产项目急需资金周转，但因不符合国家相关贷款政策，无法从银行申请获得贷款。2015 年 4 月，某某公司法定代表人叶某通过融资中介介绍，决定以非标准化债权资产方式融资（简称非标融资）4 亿元。随后，叶某通过某投资公司将某某公司的房地产项目包装为 4 亿元的理财产品，并联系四川某农商银行、河北某农商

银行出资购买。两家银行要求某某公司为该 4 亿元理财产品提供担保，叶某遂找到时任乙农商银行党委书记、董事长宋某某，希望乙农商银行为该 4 亿元理财产品出具保函提供担保，同时承诺按照保函金额的 2% 给予宋某某好处费。宋某某明知乙农商银行经营范围不包括出具融资性保函，未通过调查审核，未经集体研究，私自决定以乙农商银行的名义出具 4 亿元融资性保函。截至案发，某某公司无力支付 4 亿元理财产品本金及收益，乙农商银行承担连带偿还责任。目前，四川某农商银行 1 亿元本金及收益由某某公司开发的房地产项目资产逐步偿还，河北某农商银行已就 3 亿元本金及收益偿还问题起诉乙农商银行，案件处于法院审理阶段。

（二）违法发放贷款罪。2018 年，宋某某在担任甲信用联社党委书记、理事长期间，为避免其在乙农商银行任职期间帮助某某公司和四川某房地产开发有限公司非标融资的事情案发受到牵连，违反《中华人民共和国商业银行法》《贷款通则》等法律法规的规定，和叶某、该房地产公司法定代表人孙某某商议，以二人控制的未实际开展经营活动的公司名义向甲信用联社申请贷款。为了规避甲信用联社对企业贷款授信额度超过 4000 万元应上报上级联社进行风险审查的监管要求，宋某某决定将大额贷款分解为多笔不超过 4000 万元的小额贷款。在叶某等人申请贷款后，宋某某违规提前向本单位企业部、信贷管理部相关人员打招呼，要求不做实质审查尽快办理相关贷款。宋某某向叶某、孙某某二人的关联公司违法发放贷款共计 4.128 亿元，至案发，上述贷款本息逾期后无法收回。

（三）非国家工作人员受贿罪。2013 年至 2019 年，宋某某在担任乙信用联社、乙农商银行、甲信用联社主要负责人期间，利用职务上的便利，为叶某等人在贷款融资、工程承建等方面谋取利益，收受上述人员所送财物共计 962 万元。其中，按照出具保函金额 2% 收受叶某所送财物 800 万元。

本案由四川省广安市监察委员会调查终结后移送起诉，2020 年 5 月 20 日，四川省广安市广安区人民检察院以宋某某犯违法发放贷款罪、违规出具金融票证罪、非国家工作人员受贿罪提起公诉。2020 年 12 月 31 日，四川省广安市广安区人民法院作出一审判决，以违规出具金融票证罪判处有期徒刑九年；以违法发放贷款罪判处有期徒刑九年，并处罚金人民币二十万元；以非国家工作人员受贿罪判处有期徒刑七年，并处没收个人财产人民币五十万元；数罪并罚，决定执行有期徒刑十九年，并处罚金人民币二十万元、没收个人财产人民币五十万元。一审宣判后，宋某某提出上诉，四川省广安市中级人民法院二审裁定驳回上诉，维持原判。

检察机关履职过程

一、提前介入

经监察机关商请，检察机关提前介入案件。经查阅卷宗材料、听取调查人员对案件情况的介绍，对证据调取、案件定性、法律适用等提出书面反馈意见。一是补充完善宋某某主体身份证据，明确职能管辖主体。建议监察机关补充调取四川省农村信用社联合社（以下简称省信用联社）章程，省委组织部关于全省农村信用社干部管理权限的相关文件，乙信用联社、乙农商银行及甲信用联社章程、营业执照，宋某某的任免审批手续等书证，以便准确认定涉案单位的性质以及宋某某主体身份。经补充相关证据，查明省信用联社由省政府组建，履行省政府对全省农村信用社的服务、指导、协调和行业管理职能，宋某某案发前所任职的信用联社属于集体经济组织，其经省信用联社党委任命提名后，从事组织、领导、管理、监督工作，属于《中华人民共和国监察法》第十五条第六项、《中华人民共和国监察法实施条例》第四十三条第三项所列举的"其他依法履行公职的人员"。二是提出宋某某不属于国家工作人员的意见。经查，虽然省政府和省信用联社对宋某某任职的涉案相关企业有一定管理职责，但企业的性质应当以章程、企业工商登记情况进行认定，涉案相关企业注册资本中均没有国有资本，不属于国有出资企业，因此宋某某不负有管理、经营、监督国有资产的职责，其职务不具有"从事公务"性质，不属于《中华人民共和国刑法》第九十三条中的"国家工作人员"。宋某某利用职务便利收受他人财物的行为应当认定为非国家工作人员受贿罪。

二、审查起诉

审查起诉阶段，检察机关围绕案件事实和法律适用争议开展审查工作。

一是查明宋某某发放贷款中的"违法点"。围绕违法发放贷款的具体行为方式，从三个方面构建完善证据体系。梳理叶某等人设立空壳公司或借他人名义申请贷款的资料、银行审批文件、放贷资金流向等证据，锁定"借名贷款"事实；梳理宋某某的供述和叶某等人的证言，查清宋某某与叶某等人为规避大额信贷风险提示及监管要求，将大额贷款分解为多笔审批程序相对宽松的小额贷款的"化整为零"作案手段；梳理违法放贷各关键环节的书证和证人证言，查明看似合法合规，实则是宋某某先打招呼，后走贷款审批流程的"逆程序操作"事实。

二是查明乙农商银行的经营范围，研究论证超越职权出具保函的行为性质。检察机关梳理了涉案金融机构的担保资质、公司章程、银监部门对涉案金融机构经营范围的批复、违规出具金融票据各流程节点的客观证据，查明乙农商银行属于商业银行，出具融资性保函属于担保业务，根据《中华人民共和国商业银行法》相关规定"商业银行经营范围由商业银行章程规定，报国务院银行业监督管理机构批准"，乙农商银行公司章程中未规定从事融资性担保业务的相关内容，银监部门也未批准其开展该项业务，其出具融资性保函属于超越职权的行为。

三、指控和证明犯罪

庭审过程中，公诉人围绕宋某某是否构成违规出具金融票证罪、发放贷款是否系宋某某个人决定等焦点问题，有针对性地提出质证和答辩意见。

一是宋某某明知乙农商银行无出具融资性保函资质，违反《中华人民共和国商业银行法》等法律法规的规定，擅自决定以乙农商银行名义出具融资性保函，其行为构成违规出具金融票证罪。尽管乙农商银行不具有出具融资性保函的资质，但是其作为银行类金融机构，其出具保函的行为与其经营业务范围紧密相关，且难以为善意第三人所明知，其超越职权出具保函的行为，不仅破坏了金融交易安全、银行信用，也给银行资金带来巨额损失风险，侵害了违规出具金融票证罪所保护的法益。

二是宋某某明知相关公司不符合发放贷款条件，仍和贷款申请人商议规避相关规定提交贷款申请，同时在贷款发放各个环节，宋某某作为单位"一把手"提前给相关部门工作人员打招呼，要求不做实质审查尽快发放，使得本单位信贷审查核实职能形同虚设，最终贷款的发放是其利用职务便利推动的结果，是其个人意志的体现。

四、制发检察建议

宋某某违法犯罪时间长、涉及金额特别巨大，实施的犯罪行为涉及多项主要业务，反映出相关金融机构存在关键人员、关键岗位监管不力，关键环节把关不严等漏洞。2020年7月12日，检察机关向甲信用联社制发检察建议，提出依法依规妥善处理相关违规人员、警示教育干部职工、完善贷款管理制度、加强"一把手"监督等建议。甲信用联社对此高度重视，对22名相关人员作出行政记大过、警告、免职、调离岗位、撤销党内职务等问责处理，采取措施收回贷款90余万元，轮候查封担保人资金2261万元，召开全员案件警示教育大会，完善对"一把手"的监督制约机制、落实"贷款三查"等制度。

指导意义

（一）对监察机关移送起诉的集体经济组织中行使公权力的人员所涉犯罪案件，应当重点审查其是否属于国家工作人员。对于集体经济组织注册资本中没有国有资本，所从事工作不具有"从事公务"属性的，相关人员不属于国家工作人员。农村信用合作社受计划经济体制影响和农村经济发展需要，在其改制为农村商业银行或农村合作银行前，系由农民、农村工商户、企业法人和其他经济组织以及本社职工自愿入股组成的农村合作金融机构，性质属于集体经济组织。根据《中华人民共和国监察法》第十五条第六项、《中华人民共和国监察法实施条例》第四十三条第三项规定，其管理人员是"其他依法履行公职的人员"。检察机关在审查监察机关移送起诉的此类人员涉嫌职务犯罪案件时，应当审查其是否具有国家工作人员身份，对其行为定性和所涉罪名作出准确认定。一般应当根据其所在信用社的股权结构进行判断，注册资本中没有国有资本，所从事工作不具有"从事公务"属性的，相关人员不属于国家工作人员。

（二）不具备出具保函、票据等金融票证资质的银行或其他金融机构工作人员，违规为他人出具金融票证，情节严重的，应当认定构成违规出具金融票证罪。国家有关金融法律、法规对金融票证出具条件及程序有严格规定，银行及其他金融机构内部也有严格的规章制度和业务规程，有出具金融票证资质的银行、金融机构工作人员违反法定程序、超越职权范围出具金融票证，情节严重的，构成违规出具金融票证罪。对于明知所在金融机构不具备出具金融票证资质，仍为他人出具相关金融票证，属于超越职权范围滥用职权，行为人主观恶性更深、社会危害性更大，对其依法定罪处罚不仅是刑法的应有之义，也符合常情常理和社会大众普遍认知，符合违规出具金融票证罪的，应依法予以认定。

相关规定

《中华人民共和国刑法》第九十三条、第一百六十三条、第一百八十四条第一款、第一百八十六条、第一百八十八条第一款。

《中华人民共和国监察法》第十五条。

《中华人民共和国监察法实施条例》第三十一条、第四十三条。

第六章

企 业 合 规

关于印发《最高人民检察院关于开展企业合规改革试点工作方案》的通知

（2021 年 3 月 19 日印发）

北京、辽宁、上海、江苏、浙江、福建、山东、湖北、湖南、广东省（直辖市）人民检察院：

为深入贯彻党的十九大和十九届二中、三中、四中、五中全会精神，认真贯彻习近平法治思想，2020 年 3 月起，最高人民检察院在上海浦东、金山，江苏张家港，山东郯城，广东深圳南山、宝安等 6 家基层检察院开展企业合规改革第一期试点工作。试点检察院对民营企业负责人涉经营类犯罪，依法能不捕的不捕、能不诉的不诉、能不判实刑的提出适用缓刑的量刑建议，同时探索督促涉案企业合规管理，促进"严管"制度化，不让"厚爱"被滥用，得到当地党委政府和社会各界的认可、支持。在刚刚胜利闭幕的十三届全国人大四次会议上，张军检察长专门报告了这项工作，全国人大代表、全国政协委员给予充分肯定。代表委员、专家学者普遍反映，检察机关开展企业合规试点具有积极的政治意义、法治意义、现实意义，有利于进一步深入贯彻落实党中央重大决策部署，及时有效惩治预防企业违法犯罪，推动营造法治化营商环境，为经济社会高质量发展提供更加优质的法治保障。

为进一步充分发挥检察职能作用，做好对涉案企业负责人依法不捕、不诉、不判实刑的"后半篇文章"，并为下一步立法完善积累实践经验，最高人民检察院决定扩大试点范围，依法有序推进企业合规改革试点向纵深发展。现将《最高人民检察院关于开展企业合规改革试点工作方案》印发你们，请结合实际抓好贯彻落实。

一要严格按照高检院统一部署，把试点工作抓紧抓实。各试点地区省级院要根据本地实际，精心选择和确定试点单位。试点检察院党组要将试点工作列入重要议事日程，成立以检察长为组长、本院分管负责同志和业务部门负责人为成员的领导小组，并确定一名工作人员为联络员。各试点检察院领导小组成员及联络员名单，由省级院统一报送高检院企业合规问题研究指导工作组办公室（法律政策研究室）。

　　二要严格按照本方案依法有序推进改革试点。试点期间，确定适用企业合规的案件由省级院统一把关，争议案件可以对口向高检院相关业务厅请示。各试点检察院要注重培养案例意识，积极收集、整理、上报典型案例，及时总结经验、教训，提出意见建议。试点单位制定的有关工作文件、典型案例、经验交流等材料，统一由省级院报送高检院企业合规问题研究指导工作组办公室（法律政策研究室）。非试点单位不得以企业合规名义进行改革试点或宣传报道。

　　三要积极向党委、党委政法委报告。各试点单位要及时向同级党委、党委政法委报告，积极争取人大、政府和有关部门的支持，注重与公安机关、工商联、市场监管部门等单位的沟通协调，共同推进试点工作有序、稳妥开展。

　　各试点检察院工作进展情况，每月向上一级人民检察院报告；各省级院每季度向高检院提交书面报告。各地工作中遇到重大事项和重大疑难问题，请及时报告高检院。

　　联系人：侯思倩　何赞国
　　电话：010-65209489、13520115555
　　　　　010-65209583、18101237540
　　传真：010-65268982

最高人民检察院

2021 年 3 月 17 日

最高人民检察院关于开展企业合规改革试点工作方案

　　检察机关开展企业合规改革试点工作是深入贯彻党的十九大和十九届二中、三中、四中、五中全会精神，认真贯彻习近平法治思想，助力实现"十四五"规划和2035 年远景目标的重要举措，对于促进国家治理体系和治理能力现代化具有重要意义。为确保试点工作依法有序推进，制定如下方案。

一、内涵、目标和原则

（一）基本内涵

　　开展企业合规改革试点工作，是指检察机关对于办理的涉企刑事案件，在依法做出不批准逮捕、不起诉决定或者根据认罪认罚从宽制度提出轻缓量刑建议等的同时，针对企业涉嫌具体犯罪，结合办案实际，督促涉案企业作出合规承诺并积极整改落实，促进企业合规守法经营，减少和预防企业犯罪，实现司法办案政治效果、法律效果、社会效果的有机统一。

（二）主要目标

检察机关开展企业合规改革试点，旨在充分发挥检察职能，加大对民营经济平等保护，更好落实依法不捕不诉不提出判实刑量刑建议等司法政策，既给涉案企业以深刻警醒和教育，防范今后可能再发生违法犯罪，也给相关行业企业合规经营提供样板和借鉴，为服务"六稳""六保"，促进市场主体健康发展，营造良好法治化营商环境，推动形成新发展格局，促进经济社会高质量发展，助推国家治理体系和治理能力现代化提供新的检察产品，贡献更大检察力量。

（三）基本原则

1. 坚持党的领导。服务和保障市场主体健康发展，促进经济社会高质量发展，是检察机关贯彻落实习近平法治思想的重要体现。试点地区检察机关要进一步提高认识，主动向党委、党委政法委汇报，争取人大、政府支持，加强与市场监管、税务、工商联、律师协会等单位联系，建立联席会议制度和第三方监管机制，在党委及其政法委领导下稳步推进改革试点工作。

2. 坚持检察职责定位。要立足于刑事、民事、行政、公益诉讼"四大检察"职能，督促企业履行合规承诺，促进企业合规经营，建立现代企业管理制度，服务保障经济社会高质量发展。

3. 严格依法有序推进。试点应严格依照法律规定，按照试点方案要求，有规划、分步骤进行。未经立法授权，各试点单位不得突破法律规定试行对涉企业犯罪附条件不起诉（暂缓起诉）等做法。地方检察院开展企业合规试点，要层报高检院同意。

二、主要内容

（一）企业范围和案件类型

企业范围包括各类市场主体，主要是指涉案企业以及与涉案企业相关联企业。国企民企、内资外资、大中小微企业，均可列入试点范围。案件类型包括企业经济活动涉及的各种经济犯罪、职务犯罪。

（二）试点形式和内容

1. 与依法适用认罪认罚从宽制度和检察建议结合起来。通过适用认罪认罚从宽制度等，对涉企案件，做到依法能不捕的不捕、能不诉的不诉、能不判实刑的要提出判缓刑的量刑建议，督促企业建立合规制度，履行合规承诺。

2. 与依法清理"挂案"结合起来。通过积极推动企业合规试点工作，提出企业合规建设意见和建议，包括整改方向和意见，同时促进"挂案"清理工作，依法平等保护企业合法权益。

3. 与依法适用不起诉结合起来。不起诉类型既包括刑事诉讼法第一百七十五条第四款规定的不起诉，也包括刑事诉讼法第一百七十七条第一款、第二款规定的不起诉，以及刑事诉讼法第一八十二条规定的不起诉。对不起诉案件，做到应听证尽听证。

（三）积极探索建立第三方监管机制

各试点单位应当结合本地实际，探索建立包括市场监管部门、税务部门、工商联等以及律师、审计师、会计师、人民监督员、人大代表、政协委员等在内的企业合规第三方监管机制。通过第三方监管，监督、促进企业践行合规承诺。检察机关要定期检查合规建设情况，并根据案件具体情况依法作出相应处理。

三、工作步骤

（一）扩大试点范围，规范试点工作。对于前一时期试点工作中的不规范做法，依法予以规范，同时适当扩大试点范围，开展为期一至二年的试点。

（二）总结试点经验，申请全国人大常委会授权开展涉企业犯罪附条件不起诉试点。在第二期试点一年左右基础上，总结试点经验和效果，向中央政法委专题汇报；向全国人大常委会申请扩大附条件不起诉适用范围，对合规建设效果较好的涉案企业，可以附条件不起诉，同时授权部分检察机关开展试点。

（三）提出立法建议，推动立法。在总结试点经验基础上，向中央改革办、中央政法委和全国人大常委会专题报告，提出建立涉企业犯罪附条件不起诉制度的立法建议，推动相关立法修改。

四、第二期试点时间、范围和工作要求

（一）试点时间和范围

试点时间：2021年3月至2022年3月。

试点范围：北京、辽宁、上海、江苏、浙江、福建、山东、湖北、湖南、广东。上述省级检察院可根据本地情况，自行确定1至2个设区的市级院及其所辖基层院作为试点单位。已经试点的基层院所属市级院可将该市检察机关整体纳入试点范围，并报高检院备案。

（二）工作要求

1. 加强组织领导。各试点单位要严格按照高检院的统一部署，树立检察工作"一盘棋"意识，把试点工作抓紧抓实。试点院党组要将试点工作列入重要议事日程，成立以检察长为组长、有关院领导和业务部门负责人为成员的试点工作领导小组，一把手亲自抓，其他院领导负起应有的领导责任。上级院要加强对下督促检查，确保试点工作顺利进行，取得实效。

2. 依法有序推进试点。试点单位要严格按照现行法律规定和本方案的试点范围开展试点。遇到重大问题，要及时向上级院和当地党委政法委报告。试点期间确定适用企业合规的案件由省级院统一把关，争议案件可以对口向高检院相关业务厅请示。地方制发的有关规范性文件及时报高检院法律政策研究室备案。各地非试点单位不得以企业合规名义进行改革试点或宣传报道。

3. 积极向党委、党委政法委报告。各试点单位要及时向地方党委、党委政法委报告，积极争取人大、政府和有关部门的支持，注重与公安机关、工商联、市场监管部门等单位的沟通协调，共同推进试点工作有序稳妥开展。

最高人民检察院关于加强涉企业合规案件办理工作的通知

各省级人民检察院经济犯罪检察部门：

根据高检院党组的部署要求，检察机关企业合规改革第二期试点工作正在深入推进。按照职能分工，最高人民检察院第四检察厅负责改革试点中的指导办案、编发案例等工作。为贯彻落实试点方案要求，规范涉企业合规案件办理，提升试点改革质效，提出以下要求。

一、提高站位，严格落实试点工作方案

企业合规改革试点工作是检察机关全面贯彻习近平法治思想，充分发挥检察职能作用，服务保障经济社会高质量发展，助力推进国家治理体系和治理能力现代化的改革创新举措。2021 年 3 月 17 日，最高人民检察院下发《关于开展企业合规改革试点工作方案》（以下简称《方案》），明确开展企业合规改革试点的基本内涵、主要目标和基本原则，并提出工作部署和具体要求。6 月 3 日，最高人民检察院会同国务院国资委、财政部、全国工商联等部门联合发布《关于建立涉案企业合规第三方监督评估机制的指导意见（试行）》（以下简称《意见》），对在依法推进企业合规改革试点中建立健全第三方监督评估机制作出具体规定。《方案》和《意见》是当前开展企业合规改革试点工作的重要依据，各省级院经济犯罪检察部门要认真学习领会，提高站位、严格落实，确保相关工作符合最高人民检察院关于企业合规改革试点的部署精神和工作要求。

二、依法有序，积极稳妥开展办案工作

一要严格依法有序推进。各省级院经济犯罪检察部门要遵循依法严格有序的要求，

稳步推进。未经立法授权，不得突破法律规定试行对涉企业犯罪附条件不起诉（暂缓起诉）等做法。二要推动企业合规与依法适用认罪认罚从宽制度和检察建议相结合。通过适用认罪认罚从宽制度等，对于涉企案件，坚持和落实能不捕的不捕、能不诉的不诉、能不判实刑的提出判缓刑的量刑建议等司法政策，同时督促企业建立合规制度、履行合规承诺。三要推动企业合规与依法清理"挂案"相结合。要通过企业合规试点工作，向企业提出整改方向和意见，同时促进"挂案"清理工作，建立长效机制，实现精准监督。四要推动企业合规与依法适用不起诉制度相结合。依法对涉案企业及其负责人作出不捕、不诉决定后，不能简单不诉了之，而要通过对企业提出整改意见，推动企业合规建设，建立第三方评估制度，进行合规考察等后续工作。对不起诉案件，做到应听证尽听证。五要推动企业合规与经济、行政处罚相衔接。对于涉企案件，依法可以不予追诉但经济上、行政上需要追责的，要向有关主管部门提出检察意见；企业不能按照合规承诺落实到位，再涉嫌犯罪的，要依法从严追究刑事责任，形成威慑和警示。六要逐步扩大企业合规适用范围。既要立足于从现有成熟案件中积累合规试点经验，总结常见多发案件类型的合规工作模式，也要在重大、有代表性、有影响力的案件中开展合规试点，逐步扩大适用合规所涉罪名的范围，为下一步推动立法建议工作积累实践基础。七要强化检察机关的主导责任。办案检察机关对第三方监督评估组织的组成人员名单、涉案企业合规计划、定期书面报告以及第三方监督评估组织合规考察书面报告等负有审查职责，必要时应当开展调查核实工作。八要始终绷紧"依法、规范"这根弦。严格落实"三个规定"等重大事项记录报告制度，时刻警惕以合规为名办关系案、人情案、金钱案，切实防止和避免因出现个别"问题案件"而影响改革推进。

三、注重探索，不断积累相关工作经验

企业合规改革试点的生命力，以及对助推社会治理现代化，服务保障经济社会高质量发展的重大价值，需要通过司法办案不断强化和丰富。各省级院经济犯罪检察部门要注重探索，自觉将改革试点与检察重点工作，特别是惩治和预防经济犯罪等涉企刑事犯罪的新情况新问题相结合，与反垄断、反不正当竞争工作相结合，通过典型案件推动行业治理，营造法治化营商环境。同时注重提升我国企业在对外贸易、境外投资、对外承包工程等领域的合规经营能力，为依法反制境外长臂管辖积累经验。

四、健全机制，切实强化对下业务指导

按照企业合规改革试点工作职能分工，各省级院经济犯罪检察部门要切实负起试点案件办理的牵头指导责任，积极推动各地规范、有序开展案件办理工作。各地拟选定的企业合规改革试点案件，一律报省级院经济犯罪检察部门牵头审核把关。对于正在开展的企业合规案件，各省级院经济犯罪检察部门要建立台账，并报最高人民检察院第四检察厅备案，其中重大问题、重点案件应及时请示报告。

各省级院经济犯罪检察部门要高度重视案例培育工作，积极引导各地培育、发现重大、有代表性、有影响力的企业合规典型案例，为推动立法完善积累丰富的实践样本。案例培育选送工作的具体要求按照最高人民检察院企业合规问题研究指导工作组办公室《关于组织开展企业合规改革案事例选送工作的通知》进行把握。

各省级院经济犯罪检察部门要大力加强信息报送工作，有关工作文件、典型案例、经验交流等材料，统一报送最高人民检察院企业合规问题研究指导工作组办公室（法律政策研究室）。其中，涉及案件、案例的信息材料，同步抄送最高人民检察院第四检察厅。

联系人：俞启泳，电话：010-65209263

内网邮箱：yuqiyong@gj.pro

最高人民检察院第四检察厅
2021 年 6 月 18 日

最高人民检察院　司法部　财政部　生态环境部　国务院国有资产监督管理委员会　国家税务总局　国家市场监督管理总局　中华全国工商业联合会　中国国际贸易促进委员会关于印发《关于建立涉案企业合规第三方监督评估机制的指导意见（试行）》的通知

（高检发〔2021〕6 号）

为深入学习贯彻党的十九大和十九届二中、三中、四中、五中全会精神，全面贯彻习近平法治思想，在依法推进企业合规改革试点工作中建立健全涉案企业合规第三方监督评估机制，有效惩治预防企业违法犯罪，服务保障经济社会高质量发展，助力推进国家治理体系和治理能力现代化，最高人民检察院、司法部、财政部、生态环境部、国务院国有资产监督管理委员会、国家税务总局、国家市场监督管理总局、全国工商联、中国国际贸易促进委员会研究制定了《关于建立涉案企业合规第三方监督评估机制的指导意见（试行）》，现印发你们，请结合实际认真贯彻落实。贯彻落实中遇到的重要情况和问题，请及时层报最高人民检察院、司法部、财政部、生态环境部、国务院国有资产监督管理委员会、国家税务总局、国家市场监督管理总局、全国工商联、中国国际贸易促进委员会。

最高人民检察院　司法部　财政部　生态环境部

国务院国有资产监督管理委员会　国家税务总局　国家市场监督管理总局

中华全国工商业联合会　中国国际贸易促进委员会

2021 年 6 月 3 日

关于建立涉案企业合规第三方监督评估机制的指导意见（试行）

为贯彻落实习近平总书记重要讲话精神和党中央重大决策部署，在依法推进企业合规改革试点工作中建立健全涉案企业合规第三方监督评估机制，有效惩治预防企业违法犯罪，服务保障经济社会高质量发展，助力推进国家治理体系和治理能力现代化，根据刑法、刑事诉讼法等法律法规及相关政策精神，制定本指导意见。

第一章　总　　则

第一条　涉案企业合规第三方监督评估机制（以下简称第三方机制），是指人民检察院在办理涉企犯罪案件时，对符合企业合规改革试点适用条件的，交由第三方监督评估机制管理委员会（以下简称第三方机制管委会）选任组成的第三方监督评估组织（以下简称第三方组织），对涉案企业的合规承诺进行调查、评估、监督和考察。考察结果作为人民检察院依法处理案件的重要参考。

第二条　第三方机制的建立和运行，应当遵循依法有序、公开公正、平等保护、标本兼治的原则。

第三条　第三方机制适用于公司、企业等市场主体在生产经营活动中涉及的经济犯罪、职务犯罪等案件，既包括公司、企业等实施的单位犯罪案件，也包括公司、企业实际控制人、经营管理人员、关键技术人员等实施的与生产经营活动密切相关的犯罪案件。

第四条　对于同时符合下列条件的涉企犯罪案件，试点地区人民检察院可以根据案件情况适用本指导意见：

（一）涉案企业、个人认罪认罚；

（二）涉案企业能够正常生产经营，承诺建立或者完善企业合规制度，具备启动第三方机制的基本条件；

（三）涉案企业自愿适用第三方机制。

第五条　对于具有下列情形之一的涉企犯罪案件，不适用企业合规试点以及第三方机制：

（一）个人为进行违法犯罪活动而设立公司、企业的；

（二）公司、企业设立后以实施犯罪为主要活动的，

（三）公司、企业人员盗用单位名义实施犯罪的；

（四）涉嫌危害国家安全犯罪、恐怖活动犯罪的；

（五）其他不宜适用的情形。

第二章　第三方机制管委会的组成和职责

第六条　最高人民检察院、国务院国有资产监督管理委员会、财政部、全国工商联会同司法部、生态环境部、国家税务总局、国家市场监督管理总局、中国国际贸易促进委员会等部门组建第三方机制管委会，全国工商联负责承担管委会的日常工作，国务院国有资产监督管理委员会、财政部负责承担管委会中涉及国有企业的日常工作。

第三方机制管委会履行下列职责：

（一）研究制定涉及第三方机制的规范性文件；

（二）研究论证第三方机制涉及的重大法律政策问题；

（三）研究制定第三方机制专业人员名录库的入库条件和管理办法；

（四）研究制定第三方组织及其人员的工作保障和激励制度；

（五）对试点地方第三方机制管委会和第三方组织开展日常监督和巡回检查；

（六）协调相关成员单位对所属或者主管的中华全国律师协会、中国注册会计师协会、中国企业联合会、中国注册税务师协会、中国贸促会全国企业合规委员会（中国贸促会商事法律服务中心）以及其他行业协会、商会、机构等在企业合规领域的业务指导，研究制定涉企犯罪的合规考察标准；

（七）统筹协调全国范围内第三方机制的其他工作。

第七条　第三方机制管委会各成员单位建立联席会议机制，由最高人民检察院、国务院国有资产监督管理委员会、财政部、全国工商联负责同志担任召集人，根据工作需要定期或者不定期召开会议，研究有关重大事项和规范性文件，确定阶段性工作重点和措施。

各成员单位应当按照职责分工，认真落实联席会议确定的工作任务和议定事项，建立健全日常联系、联合调研、信息共享、宣传培训等机制，推动企业合规改革试点和第三方机制相关工作的顺利进行。

第八条　试点地方的人民检察院和国资委、财政部门、工商联应当结合本地实际，参照本指导意见第六条、第七条规定组建本地区的第三方机制管委会并建立联席会议机制。

试点地方第三方机制管委会履行下列职责：

（一）建立本地区第三方机制专业人员名录库，并根据各方意见建议和工作实际进行动态管理；

（二）负责本地区第三方组织及其成员的日常选任、培训、考核工作，确保其依

法依规履行职责；

（三）对选任组成的第三方组织及其成员开展日常监督和巡回检查；

（四）对第三方组织的成员违反本指导意见的规定，或者实施其他违反社会公德、职业伦理的行为，严重损害第三方组织形象或公信力的，及时向有关主管机关、协会等提出惩戒建议，涉嫌违法犯罪的，及时向公安司法机关报案或者举报，并将其列入第三方机制专业人员名录库黑名单；

（五）统筹协调本地区第三方机制的其他工作。

第九条 第三方机制管委会应当组建巡回检查小组，按照本指导意见第六条第五项、第八条第三项的规定，对相关组织和人员在第三方机制相关工作中的履职情况开展不预先告知的现场抽查和跟踪监督。

巡回检查小组成员可以由人大代表、政协委员、人民监督员、退休法官、检察官以及会计审计等相关领域的专家学者担任。

第三章　第三方机制的启动和运行

第十条 人民检察院在办理涉企犯罪案件时，应当注意审查是否符合企业合规试点以及第三方机制的适用条件，并及时征询涉案企业、个人的意见。涉案企业、个人及其辩护人、诉讼代理人或者其他相关单位、人员提出适用企业合规试点以及第三方机制申请的，人民检察院应当依法受理并进行审查。

人民检察院经审查认为涉企犯罪案件符合第三方机制适用条件的，可以商请本地区第三方机制管委会启动第三方机制。第三方机制管委会应当根据案件具体情况以及涉案企业类型，从专业人员名录库中分类随机抽取人员组成第三方组织，并向社会公示。

第三方组织组成人员名单应当报送负责办理案件的人民检察院备案。人民检察院或者涉案企业、个人、其他相关单位、人员对选任的第三方组织组成人员提出异议的，第三方机制管委会应当调查核实并视情况做出调整。

第十一条 第三方组织应当要求涉案企业提交专项或者多项合规计划，并明确合规计划的承诺完成时限。

涉案企业提交的合规计划，主要围绕与企业涉嫌犯罪有密切联系的企业内部治理结构、规章制度、人员管理等方面存在的问题，制定可行的合规管理规范，构建有效的合规组织体系，健全合规风险防范报告机制，弥补企业制度建设和监督管理漏洞，防止再次发生相同或者类似的违法犯罪。

第十二条 第三方组织应当对涉案企业合规计划的可行性、有效性与全面性进行审查，提出修改完善的意见建议，并根据案件具体情况和涉案企业承诺履行的期限，确定合规考察期限。

在合规考察期内，第三方组织可以定期或者不定期对涉案企业合规计划履行情况进行检查和评估，可以要求涉案企业定期书面报告合规计划的执行情况，同时抄送负责办理案件的人民检察院。第三方组织发现涉案企业或其人员尚未被办案机关掌握的犯罪事实或者新实施的犯罪行为，应当中止第三方监督评估程序，并向负责办理案件的人民检察院报告。

第十三条　第三方组织在合规考察期届满后，应当对涉案企业的合规计划完成情况进行全面检查、评估和考核，并制作合规考察书面报告，报送负责选任第三方组织的第三方机制管委会和负责办理案件的人民检察院。

第十四条　人民检察院在办理涉企犯罪案件过程中，应当将第三方组织合规考察书面报告、涉案企业合规计划、定期书面报告等合规材料，作为依法作出批准或者不批准逮捕、起诉或者不起诉以及是否变更强制措施等决定，提出量刑建议或者检察建议、检察意见的重要参考。

人民检察院发现涉案企业在预防违法犯罪方面制度不健全、不落实，管理不完善，存在违法犯罪隐患，需要及时消除的，可以结合合规材料，向涉案企业提出检察建议。

人民检察院对涉案企业作出不起诉决定，认为需要给予行政处罚、处分或者没收其违法所得的，应当结合合规材料，依法向有关主管机关提出检察意见。

人民检察院通过第三方机制，发现涉案企业或其人员存在其他违法违规情形的，应当依法将案件线索移送有关主管机关、公安机关或者纪检监察机关处理。

第十五条　人民检察院对于拟作不批准逮捕、不起诉、变更强制措施等决定的涉企犯罪案件，可以根据《人民检察院审查案件听证工作规定》召开听证会，并邀请第三方组织组成人员到会发表意见。

第十六条　负责办理案件的人民检察院应当履行下列职责：

（一）对第三方组织组成人员名单进行备案审查，发现组成人员存在明显不适当情形的，及时向第三方机制管委会提出意见建议；

（二）对涉案企业合规计划、定期书面报告进行审查，向第三方组织提出意见建议；

（三）对第三方组织合规考察书面报告进行审查，向第三方机制管委会提出意见建议，必要时开展调查核实工作；

（四）依法办理涉案企业、个人及其辩护人、诉讼代理人或者其他相关单位、人员在第三方机制运行期间提出的申诉、控告或者有关申请、要求；

（五）刑事诉讼法、人民检察院刑事诉讼规则等法律、司法解释规定的其他法定职责。

第十七条　第三方组织及其组成人员在合规考察期内，可以针对涉案企业合规计划、定期书面报告开展必要的检查、评估，涉案企业应当予以配合。

第三方组织及其组成人员应当履行下列义务：

（一）遵纪守法，勤勉尽责，客观中立；

（二）不得泄露履职过程中知悉的国家秘密、商业秘密和个人隐私；

（三）不得利用履职便利，索取、收受贿赂或者非法侵占涉案企业、个人的财物；

（四）不得利用履职便利，干扰涉案企业正常生产经营活动。

第三方组织组成人员系律师、注册会计师、税务师（注册税务师）等中介组织人员的，在履行第三方监督评估职责期间不得违反规定接受可能有利益关系的业务；在履行第三方监督评估职责结束后一年以内，上述人员及其所在中介组织不得接受涉案企业、个人或者其他有利益关系的单位、人员的业务。

第十八条 涉案企业或其人员在第三方机制运行期间，认为第三方组织或其组成人员存在行为不当或者涉嫌违法犯罪的，可以向负责选任第三方组织的第三方机制管委会反映或者提出异议，或者向负责办理案件的人民检察院提出申诉、控告。

涉案企业及其人员应当按照时限要求认真履行合规计划，不得拒绝履行或者变相不履行合规计划、拒不配合第三方组织合规考察或者实施其他严重违反合规计划的行为。

第四章 附 则

第十九条 纪检监察机关认为涉嫌行贿的企业符合企业合规试点以及第三方机制适用条件，向人民检察院提出建议的，人民检察院可以参照适用本指导意见。

第二十条 试点地方人民检察院、国资委、财政部门、工商联可以结合本地实际，参照本指导意见会同有关部门制定具体实施办法，并按照试点工作要求报送备案。

本指导意见由最高人民检察院、国务院国有资产监督管理委员会、财政部、全国工商联会同司法部、生态环境部、国家税务总局、国家市场监督管理总局、中国国际贸易促进委员会负责解释，自印发之日起施行。

关于印发《〈关于建立涉案企业合规第三方监督
评估机制的指导意见（试行）〉实施细则》《涉案
企业合规第三方监督评估机制专业人员选任管理
办法（试行）》的通知

（全联厅发〔2021〕66号）

为贯彻落实最高人民检察院、司法部、财政部等九部门联合印发的《关于建立涉案企业合规第三方监督评估机制的指导意见（试行）》，加快推进第三方监督评估机制规范化制度化建设，根据第三方监督评估机制管理委员会工作部署，全国工商联、最高人民检察院、司法部、财政部、生态环境部、国务院国有资产监督管理委员会、国家税务总局、国家市场监督管理总局、中国国际贸易促进委员会研究制定了《〈关于建立涉案企业合规第三方监督评估机制的指导意见（试行）〉实施细则》《涉案企业合规第三方监督评估机制专业人员选任管理办法（试行）》，现印发你们，请结合实际认真贯彻落实。贯彻落实中遇到的重要问题和情况，请及时层报全国工商联、最高人民检察院、司法部、财政部、生态环境部、国务院国有资产监督管理委员会、国家税务总局、国家市场监督管理总局、中国国际贸易促进委员会。

中华全国工商业联合会办公厅　最高人民检察院办公厅　司法部办公厅
财政部办公厅　生态环境部办公厅　国务院国有资产监督管理委员会办公厅
国家税务总局办公厅　国家市场监督管理总局办公厅
中国国际贸易促进委员会办公室
2021 年 11 月 25 日

《关于建立涉案企业合规第三方监督评估机制的指导意见（试行）》实施细则

为深入学习贯彻习近平新时代中国特色社会主义思想，全面贯彻习近平法治思想，完整、准确、全面贯彻新发展理念，认真落实最高人民检察院、司法部、财政部、生态环境部、国务院国资委、税务总局、市场监管总局、全国工商联、中国贸促会《关于建立涉案企业合规第三方监督评估机制的指导意见 （试行）》（以下简称《指导意见》），依法推进企业合规改革试点工作，规范涉案企业合规第三方监督评估机制管理委员会（以下简称第三方机制管委会）以及第三方监督评估机制（以下简称第三方机制）相关工作有序开展，结合工作实际，制定本实施细则。

第一章　第三方机制管委会的组成和职责

第一条　第三方机制管委会是承担对第三方机制的宏观指导、具体管理、日常监督、统筹协调等职责，确保第三方机制依法、有序、规范运行，以及第三方监督评估组织（以下简称第三方组织）及其组成人员依法依规履行职责的议事协调机构。

第二条　第三方机制管委会成员单位包括最高人民检察院、司法部、财政部、生态环境部、国务院国资委、税务总局、市场监管总局、全国工商联、中国贸促会等部门，并可以根据工作需要增加成员单位。

第三条　第三方机制管委会履行下列职责：
（一）研究制定涉及第三方机制的规范性文件；
（二）研究论证第三方机制涉及的重大法律政策问题；
（三）研究制定第三方机制专业人员名录库的入库条件和管理办法；
（四）研究制定第三方组织及其组成人员的工作保障和激励制度；

（五）对试点地方第三方机制管委会和第三方组织开展日常监督和巡回检查；

（六）协调相关成员单位对所属或者主管的中华全国律师协会、中国注册会计师协会、中国企业联合会、中国注册税务师协会、中国贸促会全国企业合规委员会（中国贸促会商事法律服务中心）以及其他行业协会、商会、机构等在企业合规领域的业务指导，研究制定涉企犯罪的合规考察标准；

（七）统筹协调第三方机制的其他工作。

第二章　第三方机制管委会联席会议的职责

第四条　第三方机制管委会建立联席会议机制，以联席会议形式研究制定重大规范性文件，研究论证重大法律政策问题，研究确定阶段性工作重点和措施，协调议定重大事项，推动管委会有效履职尽责。

第五条　联席会议由最高人民检察院、国务院国资委、财政部、全国工商联有关负责同志担任召集人，管委会其他成员单位有关负责同志担任联席会议成员。联席会议成员因工作变动需要调整的，由所在单位提出，联席会议确定。

第六条　联席会议原则上每半年召开一次，也可以根据工作需要临时召开。涉及企业合规改革试点工作及重大法律政策议题的由最高人民检察院召集，涉及第三方机制管委会日常工作及民营企业议题的由全国工商联召集，涉及国有企业议题的由国务院国资委、财政部召集。召集人可以根据议题邀请其他相关部门、单位以及专家学者参加会议。

第七条　联席会议以纪要形式明确会议议定事项，印发第三方机制管委会各成员单位及有关方面贯彻落实，重大事项按程序报批，落实情况定期报告联席会议。

第八条　联席会议设联络员，由第三方机制管委会各成员单位有关司局负责同志担任。在联席会议召开之前，应当召开联络员会议，研究讨论联席会议议题和需提交联席会议议定的事项及其他有关工作。

联络员应当根据所在单位职能，履行下列职责：

（一）协调本单位与其他成员单位的工作联系；

（二）组织研究起草有关规范性文件，研究论证有关法律政策问题，对有关事项或者议题提出意见建议；

（三）组织研究提出本单位需提交联席会议讨论的议题；

（四）在联席会议成员因故不能参加会议时，受委托参加会议并发表意见；

（五）组织落实联席会议确定的工作任务和议定事项。

第九条　联席会议设联系人，由第三方机制管委会各成员单位有关处级负责同志担任，负责日常联系沟通工作，承办联席会议成员及联络员的交办事项。

第三章　第三方机制管委会办公室的职责

第十条　第三方机制管委会下设办公室作为常设机构，负责承担第三方机制管委会的日常工作。办公室设在全国工商联，由全国工商联有关部门负责同志担任办公室主任，最高人民检察院、国务院国资委、财政部有关部门负责同志担任办公室副主任。

第十一条　第三方机制管委会办公室履行下列职责：

（一）协调督促各成员单位落实联席会议确定的工作任务和议定事项；

（二）收集整理各成员单位提交联席会议研究讨论的议题，负责联席会议和联络员会议的组织筹备工作；

（三）协调指导联席会议联系人开展日常联系沟通工作；

（四）负责国家层面第三方机制专业人员名录库的建立选任、日常管理、动态调整，并建立禁入名单等惩戒机制；

（五）组织开展对试点地方第三方机制管委会和第三方组织日常监督和巡回检查；

（六）承担第三方机制管委会及其联席会议交办的其他工作。

第十二条　第三方机制管委会办公室应当采取有效措施，建立健全第三方机制管委会联合调研、信息共享、案例指导、宣传培训等机制，并加强与中华全国律师协会、中国注册会计师协会、中国企业联合会、中国注册税务师协会、中国贸促会全国企业合规委员会（中国贸促会商事法律服务中心）以及其他行业协会、商会、机构的工作联系。

第十三条　第三方机制管委会办公室牵头组建巡回检查小组，邀请人大代表、政协委员、人民监督员、退休法官、退休检察官以及会计、审计、法律、合规等相关领域的专家学者担任巡回检查小组成员，对试点地方第三方机制管委会和相关第三方组织及其组成人员的履职情况开展不预先告知的现场抽查和跟踪监督。

第三方机制管委会办公室应当将巡回检查情况及时报告第三方机制管委会及其联席会议，并提出改进工作的意见建议。

第十四条　第三方机制管委会办公室可以推动各成员单位、各工作联系单位根据工作需要互派干部挂职交流，探索相关单位工作人员兼任检察官助理制度，并协调各成员单位视情派员参与第三方机制管委会办公室工作，提升企业合规工作专业化规范化水平。

第十五条　试点地方的人民检察院和国资委、财政、工商联等有关单位应当结合本地实际，组建本地区的第三方机制管委会并建立联席会议机制，设立第三方机制管委会办公室负责日常工作。

第四章　第三方组织的性质

第十六条　第三方组织是试点地方第三方机制管委会选任组成的负责对涉案企业的合规承诺及其完成情况进行调查、评估、监督和考察的临时性组织。

第十七条　第三方组织的运行应当遵循依法依规、公开公正、客观中立、专业高效的原则。

第十八条 试点地方第三方机制管委会负责对其选任组成的第三方组织及其组成人员履职期间的监督、检查、考核等工作，确保其依法依规履行职责。

第五章 第三方机制的启动

第十九条 人民检察院在办理涉企犯罪案件时，应当注意审查是否符合企业合规试点以及第三方机制的适用条件，并及时听取涉案企业、人员的意见。经审查认为符合适用条件的，应当商请本地区第三方机制管委会启动第三方机制。

公安机关、纪检监察机关等办案机关提出适用建议的，人民检察院参照前款规定处理。

第二十条 涉案企业、人员及其辩护人、诉讼代理人以及其他相关单位、人员提出适用企业合规试点以及第三方机制申请的，人民检察院应当依法受理并进行审查。经审查认为符合适用条件的，应当商请本地区第三方机制管委会启动第三方机制。

第二十一条 第三方机制管委会收到人民检察院商请后，应当综合考虑案件涉嫌罪名、复杂程度以及涉案企业类型、规模、经营范围、主营业务等因素，从专业人员名录库中分类随机抽取人员组成第三方组织。

专业人员名录库中没有相关领域专业人员的，第三方机制管委会可以采取协商邀请的方式，商请有关专业人员参加第三方组织。

同一个第三方组织一般负责监督评估一个涉案企业。同一案件涉及多个涉案企业，或者涉案企业之间存在明显关联关系的，可以由同一个第三方组织负责监督评估。

第二十二条 涉案企业、人员的居住地与案件办理地不一致的，案件办理地第三方机制管委会可以委托涉案企业、人员居住地第三方机制管委会选任组成第三方组织并开展监督评估，或者可以通过第三方机制管委会成员单位及其所属或者主管的行业协会、商会、机构的异地协作机制，协助开展监督评估。

第二十三条 第三方组织一般由 3 至 7 名专业人员组成，针对小微企业的第三方组织也可以由 2 名专业人员组成。

同一名专业人员在不存在利益关系、保障工作质量的条件下，可以同时担任一个以上第三方组织的组成人员。

第三方机制管委会应当根据工作需要，指定第三方组织牵头负责人，也可由第三方组织组成人员民主推举负责人，并报第三方机制管委会审定。

第二十四条 第三方机制管委会应当将第三方组织组成人员名单及提出意见的方式向社会公示，接受社会监督。

公示期限由第三方机制管委会根据情况决定，但不得少于五个工作日。公示可以通过在涉案单位所在地或者有关新闻媒体、网站发布公示通知等形式进行。

第二十五条 涉案企业、人员或者其他相关单位、人员对选任的第三方组织组成人员提出异议，或者第三方组织组成人员申请回避的，第三方机制管委会应当及时调查核实并视情况作出调整。

公示期满后无异议或者经审查异议不成立的，第三方机制管委会应当将第三方组织组成人员名单报送负责办理案件的人民检察院备案。人民检察院发现组成人员存在明显不适当情形的，应当及时向第三方机制管委会提出意见建议，第三方机制管委会依照本条第一款的规定处理。

第二十六条 人民检察院对第三方机制管委会报送的第三方组织组成人员名单，经审查未提出不同意见的，应当通报第三方机制管委会，并由第三方机制管委会宣告第三方组织成立。

第三方组织存续期间，其组成人员一般不得变更。确需变更的，第三方机制管委会应当依照本实施细则相关规定处理。

第六章　第三方机制的运行

第二十七条 第三方组织成立后，应当在负责办理案件的人民检察院的支持协助下，深入了解企业涉案情况，认真研判涉案企业在合规领域存在的薄弱环节和突出问题，合理确定涉案企业适用的合规计划类型，做好相关前期准备工作。

第三方机制管委会可以根据工作需要，指派专门人员负责与选任组成的第三方组织及负责办理案件的人民检察院、涉案企业联络沟通，协调处理第三方机制启动和运行有关事宜。

第二十八条 第三方组织根据涉案企业情况和工作需要，应当要求涉案企业提交单项或者多项合规计划，对于小微企业可以视情简化。

涉案企业提交的合规计划，应当以全面合规为目标、专项合规为重点，主要针对与企业涉嫌犯罪有密切联系的企业内部治理结构、规章制度、人员管理等方面存在的问题，制定可行的合规管理规范，构建有效的合规组织体系，完善相关业务管理流程，健全合规风险防范报告机制，弥补企业制度建设和监督管理漏洞，防止再次发生相同或者类似的违法犯罪。

第二十九条 第三方组织应当对涉案企业合规计划的可行性、有效性与全面性进行审查，重点审查以下内容：

（一）涉案企业完成合规计划的可能性以及合规计划本身的可操作性；

（二）合规计划对涉案企业预防治理涉嫌的犯罪行为或者类似违法犯罪行为的实效性；

（三）合规计划是否覆盖涉案企业在合规领域的薄弱环节和明显漏洞；

（四）其他根据涉案企业实际情况需要重点审查的内容。

第三方组织应当就合规计划向负责办理案件的人民检察院征求意见，综合审查情况一并向涉案企业提出修改完善的意见。

第三十条 第三方组织根据案件具体情况和涉案企业承诺履行的期限，并向负责办理案件的人民检察院征求意见后，合理确定合规考察期限。

第三十一条 在合规考察期内，第三方组织可以定期或者不定期对涉案企业合规计划履行情况进行监督和评估，可以要求涉案企业定期书面报告合规计划的执行情况，同时抄送负责办理案件的人民检察院。

第三方组织发现涉案企业执行合规计划存在明显偏差或错误的，应当及时进行指导、提出纠正意见，并报告负责办理案件的人民检察院。

第三十二条 第三方组织发现涉案企业或其人员尚未被办案机关掌握的犯罪事实或者新实施的犯罪行为，应当中止第三方监督评估程序，并及时向负责办理案件的人民检察院报告。

负责办理案件的人民检察院接到报告后，依照刑事诉讼法及相关司法解释的规定依法处理。

第三十三条 第三方组织在合规考察期届满后，应当对涉案企业的合规计划完成情况进行全面了解、监督、评估和考核，并制作合规考察书面报告。

合规考察书面报告一般应当包括以下内容：

（一）涉案企业履行合规承诺、落实合规计划情况；

（二）第三方组织开展了解、监督、评估和考核情况；

（三）第三方组织监督评估的程序、方法和依据；

（四）监督评估结论及意见建议；

（五）其他需要说明的问题。

第三十四条 合规考察书面报告应当由第三方组织全体组成人员签名或者盖章后，报送负责选任第三方组织的第三方机制管委会、负责办理案件的人民检察院等单位。

第三方组织组成人员对合规考察书面报告有不同意见的，应当在报告中说明其不同意见及理由。

第三十五条 本实施细则第三十一条、第三十三条规定的监督、评估方法应当紧密联系企业涉嫌犯罪有关情况，包括但不限于以下方法：

（一）观察、访谈、文本审阅、问卷调查、知识测试；

（二）对涉案企业的相关业务与管理事项，结合业务发生频率、重要性及合规风险高低进行抽样检查；

（三）对涉案企业的相关业务处理流程，结合相关原始文件、业务处理踪迹、操作管理流程等进行穿透式检查；

（四）对涉案企业的相关系统及数据，结合交易数据、业务凭证、工作记录以及权限、参数设置等进行比对检查。

第三十六条 涉案企业及其人员对第三方组织开展的检查、评估应当予以配合并提供便利，如实填写、提交相关文件、材料，不得弄虚作假。

涉案企业或其人员认为第三方组织或其组成人员的检查、评估行为不当或者涉嫌违法犯罪的，可以向负责选任第三方组织的第三方机制管委会反映或者提出异议，或者向负责办理案件的人民检察院提出申诉、控告。

第三十七条 负责选任第三方组织的第三方机制管委会和负责办理案件的人民检

察院收到第三方组织报送的合规考察书面报告后，应当及时进行审查，双方认为第三方组织已经完成监督评估工作的，由第三方机制管委会宣告第三方组织解散。

第三十八条　第三方组织组成人员系律师、注册会计师、税务师（注册税务师）等中介组织人员的，在履行第三方监督评估职责期间不得违反规定接受可能有利益关系的业务；在履行第三方监督评估职责结束后二年以内，上述人员及其所在中介组织不得接受涉案企业、人员或者其他有利益关系的单位、人员的业务。

第三十九条　第三方机制管委会或者负责办理案件的人民检察院发现第三方组织或其组成人员故意提供虚假报告或者提供的报告严重失实的，应当依照《指导意见》的规定及时向有关主管机关、协会等提出惩戒建议，涉嫌违法犯罪的，及时向有关机关报案或者举报，并将其列入第三方机制专业人员名录库禁入名单。

第四十条　负责办理案件的人民检察院应当要求知悉案情的第三方组织组成人员，参照执行防止干预司法"三个规定"，严格做好有关事项填报工作。

第七章　附　　则

第四十一条　试点地方第三方机制管委会可以结合本地实际，参照《指导意见》及本实施细则制定具体实施办法，并按照试点工作要求报送备案。

第四十二条　本实施细则由最高人民检察院、国务院国资委、财政部、全国工商联会同司法部、生态环境部、税务总局、市场监管总局、中国贸促会等部门组建的第三方机制管委会负责解释，自印发之日起施行。

涉案企业合规第三方监督评估机制专业人员
选任管理办法（试行）

为深入学习贯彻习近平新时代中国特色社会主义思想，全面贯彻习近平法治思想，完整、准确、全面贯彻新发展理念，认真落实最高人民检察院、司法部、财政部、生态环境部、国务院国资委、税务总局、市场监管总局、全国工商联、中国贸促会《关于建立涉案企业合规第三方监督评估机制的指导意见（试行）》（以下简称《指导意见》），规范涉案企业合规第三方监督评估机制专业人员（以下简称第三方机制专业人员）选任管理工作，保障涉案企业合规第三方监督评估机制（以下简称第三方机制）有效运行，结合工作实际，制定本办法。

第一章　总　　则

第一条　第三方机制专业人员，是指由涉案企业合规第三方监督评估机制管理委员会（以下简称第三方机制管委会）选任确定，作为第三方监督评估组织（以下简称第三方组织）组成人员参与涉案企业合规第三方监督评估工作的相关领域专业人员，主要包括律师、注册会计师、税务师（注册税务师）、企业合规师、相关领域专家学者以及有关行业协会、商会、机构、社会团体（以下简称有关组织）的专业人员。

生态环境、税务、市场监督管理等政府工作部门中具有专业知识的人员可以被选任确定为第三方机制专业人员，或者可以受第三方机制管委会邀请或者受所在单位委派参加第三方组织及其相关工作，其选任管理具体事宜由第三方机制管委会与其所在单位协商确定。有关政府工作部门所属企事业单位中的专业人员可以被选任确定为第三方机制专业人员，参加第三方组织及其相关工作。有关单位中具有专门知识的退休人员参加第三方组织及其相关工作的，应当同时符合有关退休人员的管理规定。

第二条 第三方机制专业人员选任管理应当遵循依法依规、公开公正、分级负责、接受监督的原则。

第三条 各级第三方机制管委会统筹协调本级第三方机制专业人员的选任、培训、考核、奖惩、监督等工作。

国家层面第三方机制管委会负责研究制定涉及第三方机制专业人员的规范性文件及保障激励制度，统筹协调全国范围内涉及第三方机制专业人员的相关工作。

上级第三方机制管委会应当加强对下级第三方机制管委会涉及第三方机制专业人员相关工作的具体指导。

第二章 第三方机制专业人员的选任

第四条 国家层面、省级和地市级第三方机制管委会应当组建本级第三方机制专业人员名录库（以下简称名录库）。经省级第三方机制管委会审核同意，有条件的县级第三方机制管委会可以组建名录库。

第五条 名录库以个人作为入库主体，不得以单位、团体作为入库主体。

名录库应当分类组建，总人数不少于五十人。人员数量、组成结构和各专业领域名额分配可以由负责组建名录库的第三方机制管委会根据工作需要自行确定，并可以结合实际进行调整。省级以下名录库的入库人员限定为本省（自治区、直辖市）区域内的专业人员。因专业人员数量不足未达到组建条件的，可以由省级第三方机制管委会统筹协调相邻地市联合组建名录库。

第六条 第三方机制专业人员应当拥有较好的政治素质和道德品质，具备履行第三方监督评估工作的专业知识、业务能力和时间精力，其所在单位或者所属有关组织同意其参与第三方监督评估工作。

第三方机制专业人员一般应当具备下列条件：

（一）拥护中国共产党领导，拥护我国社会主义法治；

（二）具有良好道德品行和职业操守；

（三）持有本行业执业资格证书，从事本行业工作满三年；

（四）工作业绩突出，近三年考核等次为称职以上；

（五）熟悉企业运行管理或者具备相应专业知识；

（六）近三年未受过与执业行为有关的行政处罚或者行业惩戒；

（七）无受过刑事处罚、被开除公职或者开除党籍等情形；

（八）无其他不适宜履职的情形。

第七条　第三方机制管委会一般应当按照制定计划、发布公告、本人申请、单位推荐、材料审核、考察了解、初定人选、公示监督、确定人选、颁发证书等程序组织实施第三方机制专业人员选任工作。

第八条　第三方机制管委会组织实施第三方机制专业人员选任，应当在成员单位或其所属或者主管的律师协会、注册会计师协会、注册税务师协会等有关组织的官方网站上发布公告。

公告应当载明选任名额、标准条件、报名方式、报名材料和选任工作程序等相关事项，公告期一般不少于二十个工作日。

第九条　第三方机制管委会可以通过审查材料、走访了解、面谈测试等方式对报名人员进行审核考察，并在此基础上提出拟入库人选。

第三方机制管委会可以通过成员单位所属或者主管的有关组织了解核实拟入库人选的相关情况。

第十条　第三方机制管委会应当将拟入库人选名单及监督联系方式向社会公示，接受社会监督。公示可以通过在拟入库人选所在单位或者有关新闻媒体、网站发布公示通知等形式进行，公示期一般不少于七个工作日。

第三方机制管委会对于收到的举报材料、情况反映应当及时进行调查核实，视情提出处理意见。调查核实过程中可以根据情况与举报人、反映人沟通联系。

第十一条　第三方机制管委会在确定拟入库人选时应当综合考虑报名人员的政治素质、执业（工作）时间、工作业绩、研究成果、表彰奖励，以及所在单位的资质条件、人员规模、所获奖励、行业影响力等情况。同等条件下，可以优先考虑担任党代表、人大代表、政协委员、人民团体职务的人选。

第十二条　公示期满后无异议或者经审查异议不成立的，第三方机制管委会应当向入库人员颁发证书，并通知其所在单位或者所属有关组织。名录库人员名单应当在第三方机制管委会成员单位的官方网站上公布，供社会查询。

第三方机制管委会应当明确入库人员的任职期限，一般为二至三年。经第三方机制管委会审核，期满后可以续任。

第三章　第三方机制专业人员的日常管理

第十三条　第三方机制专业人员根据履职需要，可以查阅相关文件资料，参加有关会议和考察活动，接受业务培训。

第十四条 第三方机制专业人员应当认真履职、勤勉尽责，严格履行相关法律法规及《指导意见》等有关保密、回避、廉洁等义务。

第十五条 第三方机制管委会应当结合涉案企业合规第三方监督评估工作情况，定期组织第三方机制专业人员进行业务培训、开展调研考察和座谈交流，总结推广经验做法。

第三方机制管委会有关成员单位应当指导所属或者主管的有关组织，加强本行业、本部门涉及第三方机制相关工作的理论实务研究，积极开展业务培训和工作指导。

第十六条 第三方机制管委会可以通过定期考核、一案一评、随机抽查、巡回检查等方式，对第三方机制专业人员进行考核评价。考核结果作为对第三方机制专业人员奖励激励、续任或者调整出库的重要依据。

第十七条 第三方机制管委会应当建立健全第三方机制专业人员奖励激励制度，对表现突出的第三方机制专业人员给予奖励激励，或向其所在单位或者所属有关组织提出奖励激励的建议。

第十八条 第三方机制管委会应当及时将考核结果、奖励激励情况书面通知本人及所在单位或者所属有关组织，可以通过有关媒体向社会公布。

第十九条 第三方机制管委会应当建立健全第三方机制专业人员履职台账，全面客观记录第三方机制专业人员业务培训、参加活动和履行职责情况，作为确定考核结果的重要参考。

第二十条 第三方机制管委会在对第三方机制专业人员的履职情况开展考核评价时，应当主动征求办理案件的检察机关、巡回检查小组以及涉案企业等意见建议。

第二十一条 第三方机制专业人员有下列情形之一的，考核评价结果应当确定为不合格，并视情作出相应后续处理：

（一）不参加第三方组织工作或者不接受第三方机制管委会分配工作任务，且无正当理由的；

（二）在履行第三方监督评估职责中出现重大失误，造成不良影响的；

（三）在履行第三方监督评估职责中存在行为不当，涉案企业向第三方机制管委会反映或者提出异议，造成不良影响的；

（四）其他造成不良影响或者损害第三方组织形象、公信力的情形。

第二十二条 第三方机制管委会对违反有关义务的第三方机制专业人员，可以谈话提醒、批评教育，或视情通报其所在单位或者所属有关组织，情节严重或者造成严重后果的可以将其调整出库。

第三方机制专业人员有下列情形之一的，第三方机制管委会应当及时将其调整出库：

（一）在选任或者履职中弄虚作假，提供虚假材料或者情况的；

（二）受到刑事处罚、被开除公职或者开除党籍的；

（三）受到行政处罚或者行业惩戒，情节严重的；

（四）违反《指导意见》第十七条第二款第二项至第四项规定的；

（五）利用第三方机制专业人员身份发表与履职无关的言论或者从事与履职无关的活动，造成严重不良影响的；

（六）考核评价结果两次确定为不合格的；

（七）实施严重违反社会公德、职业道德或者其他严重有损第三方机制专业人员形象、公信力行为的；

（八）其他不适宜继续履行第三方监督评估职责的情形。第三方机制管委会发现第三方机制专业人员的行为涉嫌违规的，应当及时向有关主管机关，或其所在单位或者所属有关组织反映情况、提出惩戒或者处理建议；涉嫌违法犯罪的，应当及时向有关机关报案或者举报。

第二十三条　第三方机制管委会应当建立健全第三方机制专业人员名录库禁入名单制度。对于依照本办法第二十二条规定被调整出库的第三方机制专业人员，应当列入名录库禁入名单。

第三方机制管委会对列入名录库禁入名单的人员应当逐级汇总上报，实现信息共享。

第二十四条　第三方机制专业人员因客观原因不能履职、本人不愿继续履职或者发生影响履职重大事项的，应当及时向第三方机制管委会报告并说明情况，主动辞任第三方机制专业人员。第三方机制管委会应当及时进行审查并将其调整出库。

第二十五条　第三方机制管委会应当根据工作需要，结合履职台账、考核情况以及本人意愿、所在单位或者所属有关组织意见等，定期或者不定期对名录库人员进行动态调整。名录库人员名单调整更新后，应当依照本办法第十二条规定，及时向社会公布。

第四章　工作保障

第二十六条　第三方机制管委会各成员单位、第三方机制专业人员所在单位或者所属有关组织以及涉案企业，应当为第三方机制专业人员履行职责提供必要支持和便利条件。

第二十七条　第三方机制专业人员选任管理工作所需业务经费和第三方机制专业人员履职所需费用，试点地方可以结合本地实际，探索多种经费保障模式。

第五章　附　　则

第二十八条　地方各级第三方机制管委会可以结合本地实际，参照本办法制定具体实施细则，并按照试点工作要求报送备案。

有关部门、组织可以结合本行业、本部门实际，制定名录库人员的具体入选标准。本办法出台前，已组建的各地各级名录库不符合本办法规定的，可以继续试点。

第二十九条　本办法由最高人民检察院、国务院国资委、财政部、全国工商联会同司法部、生态环境部、税务总局、市场监管总局、中国贸促会等部门组建的第三方机制管委会负责解释，自印发之日起施行。

企业合规改革试点典型案例
（第一批）

张家港市L公司、张某甲等人污染环境案

一、基本案情

江苏省张家港市L化机有限公司（以下简称L公司）系从事不锈钢产品研发和生产的省级高科技民营企业，张某甲、张某乙、陆某某分别系该公司的总经理、副总经理、行政主管。

2018年下半年，L公司在未取得生态环境部门环境评价的情况下建设酸洗池，并于2019年2月私设暗管，将含有镍、铬等重金属的酸洗废水排放至生活污水管，造成严重环境污染。经苏州市张家港生态环境局现场检测，L公司排放井内积存水样中总镍浓度为29.4mg/L、总铬浓度为29.2mg/L，分别超过《污水综合排放标准》的29.4倍和19.5倍。2020年6月，张某甲、张某乙、陆某某主动向张家港市公安局投案，如实供述犯罪事实，自愿认罪认罚。

2020年8月，张家港市公安局以L公司及张某甲等人涉嫌污染环境罪向张家港市检察院移送审查起诉。张家港市检察院进行办案影响评估并听取L公司合规意愿后，指导该公司开展合规建设。

二、企业合规整改情况及处理结果

检察机关经审查认为，L公司及张某甲等人虽涉嫌污染环境罪，但排放污水量较小，尚未造成实质性危害后果，可以进行合规考察监督并参考考察情况依法决定是否适用不起诉。同时经调查，L公司系省级高科技民营企业，年均纳税400余万元、企业员工90余名、拥有专利20余件、部分产品突破国外垄断。如果公司及其主要经营管理人员被判刑，对国内相关技术领域将造成较大影响。有鉴于此，2020年10月，检察机关向L公司送达《企业刑事合规告知书》，该公司在第一时间提交了书面合规承诺以及行业地位、科研力量、纳税贡献、承担社会责任等证明材料。

检察机关在认真审查调查报告、听取行政机关意见以及综合审查企业书面承诺的基础上，对 L 公司作出合规考察决定。随后，L 公司聘请律师对合规建设进行初评，全面排查企业合规风险，制定详细合规计划，检察机关委托税务、生态环境、应急管理等部门对合规计划进行专业评估。L 公司每月向检察机关书面汇报合规计划实施情况。2020 年 12 月，组建以生态环境部门专业人员为组长的评估小组，对 L 公司整改情况及合规建设情况进行评估，经评估合格，通过合规考察。同月，检察机关邀请人民监督员、相关行政主管部门、工商联等各界代表，召开公开听证会，参会人员一致建议对 L 公司作不起诉处理。检察机关经审查认为，符合刑事诉讼法相关规定，当场公开宣告不起诉决定，并依法向生态环境部门提出对该公司给予行政处罚的检察意见。2021 年 3 月，苏州市生态环境局根据《水污染防治法》有关规定，对 L 公司作出行政处罚决定。

通过开展合规建设，L 公司实现了快速转型发展，逐步建立起完备的生产经营、财务管理、合规内控的管理体系，改变了野蛮粗放的发展运营模式，企业家和员工的责任感明显提高，企业抵御和防控经济风险的能力得到进一步增强。2021 年 L 公司一季度销售收入同比增长 275%，缴纳税收同比增长 333%，成为所在地区增幅最大的企业。

三、典型意义

一是检察机关积极主动发挥合规主导责任。本案中，检察机关在办理涉企犯罪案件时，主动审查是否符合企业合规试点适用条件，并及时征询涉案企业、个人的意见，做好合规前期准备。在企业合规建设过程中，检察机关会同有关部门，对涉案企业合规计划及实施情况进行检查、评估、考察，引导涉案企业实质化合规整改，取得明显成效。

二是检察机关推动企业合规与检察听证、刑行衔接相结合。本案中，检察机关召开公开听证会，听取各方面意见后对涉案企业依法作出不起诉决定，以公开促公正，提升司法公信力。同时，检察机关结合企业合规情况，主动做好刑行衔接工作，提出检察意见移送有关主管机关处理，防止不起诉后一放了之。

上海市 A 公司、B 公司、关某某虚开增值税专用发票案

一、基本案情

被告单位上海 A 医疗科技股份有限公司（以下简称 A 公司）、上海 B 科技有限公司（以下简称 B 公司），被告人关某某系 A、B 两家公司实际控制人。

2016 年至 2018 年间，关某某在经营 A 公司、B 公司业务期间，在无真实货物交易的情况下，通过他人介绍，采用支付开票费的方式，让他人为两家公司虚开增值税专用发票共 219 份，价税合计 2887 余万元，其中税款 419 余万元已申报抵扣。2019 年 10 月，关某某到案后如实供述上述犯罪事实并补缴涉案税款。

2020 年 6 月，公安机关以 A 公司、B 公司、关某某涉嫌虚开增值税专用发票罪移送检察机关审查起诉。上海市宝山区检察院受理案件后，走访涉案企业及有关方面了解情况，督促企业作出合规承诺并开展合规建设。

二、企业合规整改情况及处理结果

检察机关走访涉案企业了解经营情况，并向当地政府了解其纳税及容纳就业情况。经调查，涉案企业系我国某技术领域的领军企业、上海市高新技术企业，科技实力雄厚，对地方经济发展和增进就业有很大贡献。公司管理人员及员工学历普遍较高，对合规管理的接受度高、执行力强，企业合规具有可行性，检察机关遂督促企业作出合规承诺并开展合规建设。同时，检察机关先后赴多地税务机关对企业提供的纳税材料及涉案税额补缴情况进行核实，并针对关某某在审查起诉阶段提出的立功线索自行补充侦查，认为其具有立功情节。

2020 年 11 月，检察机关以 A 公司、B 公司、关某某涉嫌虚开增值税专用发票罪对其提起公诉并适用认罪认罚从宽制度。12 月，上海市宝山区人民法院采纳检察机关全部量刑建议，以虚开增值税专用发票罪分别判处被告单位 A 公司罚金 15 万元，B 公司罚金 6 万元，被告人关某某有期徒刑三年，缓刑五年。

法院判决后，检察机关联合税务机关上门回访，发现涉案企业的合规建设仍需进一步完善，遂向其制发检察建议并公开宣告，建议进一步强化合法合规经营意识，严格业务监督流程，提升税收筹划和控制成本能力。检察机关在收到涉案企业对检察建议的回复后，又及时组织合规建设回头看。经了解，涉案企业已经逐步建立合规审计、内部调查、合规举报等有效合规制度，聘请专业人士进行税收筹划，大幅节约生产经营成本，提高市场占有份额。

三、典型意义

一是检察机关推动企业合规与适用认罪认罚从宽制度相结合。本案中，检察机关在督促企业作出合规承诺并开展合规建设的同时，通过适用认罪认罚从宽制度，坚持和落实能不判实刑的提出判缓刑的量刑建议等司法政策，努力让企业"活下来""留得住""经营得好"，取得更好的司法办案效果。

二是检察机关推动企业合规与检察建议相结合。本案中，检察机关会同税务机关在回访过程中，发现涉案企业在预防违法犯罪方面制度不健全、不落实，管理不完善，存在违法犯罪隐患，需要及时消除的，结合合规整改情况，向涉案企业制发检察建议，推动其深化实化合规建设，避免合规整改走过场、流于形式。

王某某、林某某、刘某乙对非国家工作人员行贿案

一、基本案情

深圳Y科技股份有限公司（以下简称Y公司）系深圳H智能技术有限公司（以下简称H公司）的音响设备供货商。Y公司业务员王某某，为了在H公司音响设备选型中获得照顾，向H公司采购员刘某甲陆续支付好处费25万元，并在刘某甲的暗示下向H公司技术总监陈某行贿24万余元。由王某某通过公司采购流程与深圳市A数码科技有限公司（以下简称A公司）签订采购合同，将资金转入至A公司账户，A公司将相关费用扣除后，将剩余的资金转入至陈某指定的账户中。Y公司副总裁刘某乙、财务总监林某某，对相关款项进行审核后，王某某从公司领取行贿款项实施行贿。

2019年10月，H公司向深圳市公安局南山分局报案，王某某、林某某、刘某乙及刘某甲、陈某相继到案。2020年3月，深圳市公安局南山分局以王某某、林某某、刘某乙涉嫌对非国家工作人员行贿罪，刘某甲、陈某涉嫌非国家工作人员受贿罪向深圳市南山区检察院移送审查起诉。

2020年4月，检察机关对王某某依据刑事诉讼法第一百七十七条第二款作出不起诉决定，对林某某、刘某乙依据刑事诉讼法第一百七十七条第一款作出不起诉决定，以陈某、刘某甲涉嫌非国家工作人员受贿罪向深圳市南山区法院提起公诉。同月，深圳市南山区法院以非国家工作人员受贿罪判处被告人刘某甲有期徒刑6个月，判处被告人陈某拘役5个月。法院判决后，检察机关于2020年7月与Y公司签署合规监管协议，协助企业开展合规建设。

二、企业合规整改情况及处理结果

检察机关在司法办案过程中了解到，Y 公司属于深圳市南山区拟上市的重点企业，该公司在专业音响领域处于国内领先地位，已经在开展上市前辅导，但本案暴露出 Y 公司在制度建设和日常管理中存在较大漏洞。检察机关与 Y 公司签署合规监管协议后，围绕与商业贿赂犯罪有密切联系的企业内部治理结构、规章制度、人员管理等方面存在的问题，制定可行的合规管理规范，构建有效的合规组织体系，健全合规风险防范报告机制，弥补企业制度建设和监督管理漏洞，防止再次发生相同或者类似的违法犯罪。Y 公司对内部架构和人员进行了重整，着手制定企业内部反舞弊和防止商业贿赂指引等一系列规章制度，增加企业合规的专门人员。检察机关通过回访 Y 公司合规建设情况，针对企业可能涉及的知识产权等合规问题进一步提出指导意见，推动企业查漏补缺并重启了上市申报程序。

三、典型意义

本案中，检察机关积极推动企业合规与依法适用不起诉相结合。依法对涉案企业负责人作出不起诉决定，不是简单一放了之，而是通过对企业提出整改意见，推动企业合规建设，进行合规考察等后续工作，让涉案企业既为违法犯罪付出代价，又吸取教训建立健全防范再犯的合规制度，维护正常经济秩序。

新泰市 J 公司等建筑企业串通投标系列案件

一、基本案情

2013 年以来，山东省新泰市 J 工程有限公司（以下简称 J 公司）等 6 家建筑企业，迫于张某黑社会性质组织的影响力，被要挟参与该涉黑组织骨干成员李某某（新城建筑工程公司经理，犯串通投标罪被判处有期徒刑一年零六个月）组织的串通投标。李某某暗箱操作统一制作标书、统一控制报价，导致新泰市涉及管道节能改造、道路维修、楼房建设等全市 13 个建设工程项目被新城建筑工程公司中标。由张某黑社会性质组织案带出的 5 起串通投标案件，涉及该市 1 家民营企业、2 家国有企业、3 家集体企业，均为当地建筑业龙头企业，牵扯面大，社会关注度高。

2020 年 3 月、4 月，公安机关将上述 5 起串通投标案件移送新泰市检察院审查起诉。检察机关受理案件后，通过自行补充侦查进一步查清案件事实，同时深入企业开展调查，于 2020 年 5 月召开公开听证会，对 J 公司等 6 家企业作出不起诉决定。

二、企业合规整改情况及处理结果

检察机关通过自行补充侦查，查清 J 公司等 6 家企业被胁迫陪标的案件事实。6 家企业案发时均受到涉黑组织骨干成员李某某的要挟，处于张某黑社会性质组织控制范围内，被迫出借建筑资质参与陪标，且没有获得任何非法利益。同时，检察机关实地到 6 家企业走访调查，掌握企业疫情防控常态化下复工复产情况及存在的困难问题；多次到住建部门座谈，了解到 6 家企业常年承接全市重点工程项目，年创税均达 1000 万元以上，其中 1 家企业年创税 1 亿余元，在繁荣地方经济、城乡建设、劳动力就业等方面作出了突出贡献。如作出起诉决定，6 家企业三年内将无法参加任何招投标工程，并被列入银行贷款黑名单，将对企业发展、劳动力就业和全市经济社会稳定造成一定的影响。

2020 年 5 月，泰安市两级检察机关邀请人民监督员等各界代表召开公开听证会，参会人员一致同意对 J 公司等 6 家企业及其负责人作不起诉处理。检察机关当场公开宣告不起诉决定，并依法向住建部门提出对 6 家企业给予行政处罚的检察意见，同时建议对近年来建筑行业的招投标情况进行全面细致摸排自查，净化建筑业招投标环境。听证会结束后，检察机关组织当地 10 家建筑企业、连同 6 家涉案企业负责人召开专题座谈会，宣讲企业合规知识，用身边案例警醒企业依法规范经营，从而实现了"办理一案、教育一片、治理社会面"的目的。

检察机关还向 6 家涉案企业发出检察建议，要求企业围绕所涉罪名及相关领域开展合规建设，并对合规建设情况进行跟踪监督，最后举办检察建议落实情况公开回复会，对合规建设情况进行验收，从源头上避免再发生类似违法犯罪问题。在合规建设过程中，6 家涉案企业缴纳 171 万余元行政罚款，并对公司监事会作出人事调整，完善公司重大法务风险防控机制。此后 6 家被不起诉企业积极扩大就业规模，安置就业人数 2000 余人，先后中标 20 余项重大民生工程，中标工程总造价 20 余亿元。

三、典型意义

本案中，检察机关充分履行自行补充侦查职权，全面查清案件事实，开展社会调查，为适用企业合规提供充分依据。同时，检察机关推动企业合规与不起诉决定、检察听证、检察意见、检察建议等相关工作紧密结合，既推动对企业违法犯罪行为依法处罚、教育、矫治，使企业能够改过自新、合规守法经营，又能减少和预防企业再犯罪，使企业更主动地承担社会责任，同时推动当地建筑行业深层次问题的解决，为企业合规建设提供了生动的检察实践。

企业合规典型案例
（第二批）

上海 J 公司、朱某某假冒注册商标案
——依托长三角一体化协作平台，对涉案企业异地
适用第三方监督评估机制

关键词

企业合规　异地监督　考察长三角协作　检察一体化

要　旨

针对涉案企业注册地、生产经营地和犯罪地分离的情况，依托长三角区域检察协作平台，联合探索建立涉案企业合规异地协作工作机制，合力破解异地社会调查、监督考察、行刑衔接等难题，以检察机关企业合规工作协同化推动长三角营商环境一体化建设，为企业合规异地检察协作提供参考和借鉴。

一、基本案情

上海市 J 智能电器有限公司（以下简称"J 公司"）注册成立于 2016 年 1 月，住所地位于浙江省嘉兴市秀洲区，公司以生产智能家居电器为主，拥有专利数百件，有效注册商标 3 件，近年来先后被评定为浙江省科技型中小企业、国家高新技术企业。公司有员工 2000 余人，年纳税总额 1 亿余元，被不起诉人朱某某系该公司股东及实际控制人。

2018 年 8 月，上海 T 智能科技有限公司（以下简称"T 公司"）与 J 公司洽谈委托代加工事宜，约定由 J 公司为 T 公司代为加工智能垃圾桶，后因试产样品未达质量标准，且无法按时交货等原因，双方于 2018 年 12 月终止合作。为了挽回前期投资损失，2018 年 12 月至 2019 年 11 月，朱某某在未获得商标权利人 T 公司许可的情况下，组织公司员工生产假冒 T 公司注册商标的智能垃圾桶、垃圾盒，并对外销售获利，涉案金额达 560 万余元。2020 年 9 月 11 日，朱某某主动投案后被取保候审。案发后，J 公司认罪认罚，赔偿权利人 700 万元并取得谅解。2020 年 12 月 14 日，上海

市公安局浦东分局以犯罪嫌疑单位 J 公司、犯罪嫌疑人朱某某涉嫌假冒注册商标罪移送浦东新区检察院审查起诉。

二、企业合规整改情况及效果

一是认真审查，对符合适用条件的企业开展合规试点。浦东新区检察院经审查认为，J 公司是一家高新技术企业，但公司管理层及员工法律意识淡薄，尤其对涉及商业秘密、专利权、商标权等民事侵权及刑事犯罪认识淡薄，在合同审核、财务审批、采购销售等环节均存在管理不善问题。鉴于 J 公司具有良好发展前景，犯罪嫌疑人朱某某有自首情节，并认罪认罚赔偿了 T 公司的损失，且该公司有合规建设意愿，具备启动第三方机制的基本条件，考虑其注册地、生产经营地和犯罪地分离的情况，有必要启动跨区域合规考察。

二是三级联动，开启跨区域合规第三方机制"绿色通道"。2021 年 4 月，浦东新区检察院根据沪浙苏皖四地检察院联合制定的《长三角区域检察协作工作办法》，向上海市检察院申请启动长三角跨区域协作机制，委托企业所在地的浙江省嘉兴市检察院、秀洲区检察院协助开展企业合规社会调查及第三方监督考察。两地检察机关签订《第三方监督评估委托函》，明确委托事项及各方职责，确立了"委托方发起""受托方协助""第三方执行"的合规考察异地协作模式，由秀洲区检察院根据最高检等九部门联合下发的《指导意见》成立第三方监督评估组织。随后，秀洲区检察院成立了由律师、区市场监督管理局、区科技局熟悉知识产权工作的专业人员组成的第三方监督评估组织，并邀请人大代表、政协委员对涉案企业同步开展监督考察。

三是有的放矢，确保合规计划"治标更治本"。浦东新区检察院结合办案中发现的经营管理不善情况，向 J 公司制发《合规风险告知书》，从合规风险排查、合规制度建设、合规运行体系及合规文化养成等方面提出整改建议，引导 J 公司作出合规承诺。第三方组织结合风险告知内容指导企业制定合规计划，明确合规计划的政策性和程序性规定，从责任分配、培训方案到奖惩制度，确保合规计划的针对性和实效性。同时，督促企业对合规计划涉及的组织体系、政策体系、程序体系和风险防控体系等主题进行分解，保证计划的可行性和有效性。J 公司制定了包括制定合规章程、健全基层党组织、建立合规组织体系、制定知识产权专项合规政策体系、打造合规程序体系、提升企业合规意识等方面的递进式合规计划，并严格按照时间表扎实推进。

四是找准定位，动态衔接实现异地监管"客观有效"。监督考察期间，第三方组织通过问询谈话、走访调查，深入了解案件背景，帮助企业梳理合规、风控方面的管理漏洞，督促制定专项整改措施。根据第三方组织建议，J 公司成立合规工作领导小组，修改公司章程，强化管理职责，先后制定知识产权管理、合同审批、保密管理、员工培训、风险控制等多项合规专项制度，设立合规专岗，实行管理、销售分离，建立合规举报途径，连续开展刑事合规、民事合规及知识产权保护专项培训，外聘合规专业团队定期对企业进行法律风险全面体检，并且每半个月提交一次阶段性书面报告。第三方组织通过书面审查、实地走访、听取汇报等形式，对合规阶段性成效进行监督检查。同时，浦东新区检察院为确保异地合规监管的有效性，制作了《企业合规监督考察反馈意见表》，实时动态跟进监督评估进度，对第三方组织成员组成、合规计划执行、企业定期书面报告、申诉控告处理等提出意见建议。

五是充分评估，确保监督考察及处理结果"公平公正"。考察期限届满，第三方组织评估认为，经过合规管理，J公司提升合规意识，完善组织架构，设立合规专岗，开展专项检查，建立制度指引，强化流程管理，健全风控机制，加强学习培训，完成了从合规组织体系建立到合规政策制定，从合规程序完善到合规文化建设等一系列整改，评定J公司合规整改合格。浦东新区检察院联合嘉兴市检察院、秀洲区检察院通过听取汇报、现场验收、公开评议等方式对监督考察结果的客观性充分论证。2021年9月10日，浦东新区检察院邀请人民监督员、侦查机关、异地检察机关代表等进行公开听证。经评议，参与听证各方一致同意对涉案企业及个人作出不起诉决定。

三、典型意义

1. 积极探索，为企业合规异地适用第三方机制开拓实践思路。针对涉案企业注册地、生产经营地和犯罪地分离的情况，上海、浙江检察机关依托长三角区域检察协作平台，通过个案办理探索建立企业合规异地协作工作机制，确立了"委托方发起""受托方协助""第三方执行"的合规考察异地协作模式，合力破解异地社会调查、监督考察、行刑衔接等难题，降低司法办案成本，提升办案质效，为推动区域行业现代化治理提供了实践样本。

2. 有序推进，切实防止社会调查"一托了之"。本案中，检察机关采取层层递进的工作方式，确保社会调查重点明确、调查结果全面客观。一是事前细化调查提纲。重点围绕涉案企业社会贡献度、企业发展前景、社会综合评价等开展协助调查，一并考察企业家的一贯表现，确保社会调查结果全面客观。二是事中加强沟通协调。浦东新区检察院多次赴浙江会商，就调查方式、调查内容及相关要求达成共识，形成办案合力。秀洲区检察院协调区市场监管、人社、税务、科技、工商联及行业协会，对涉案公司及个人开展全面调查。三是事后进行专项研讨。检察机关深入审查全部协查材料，研究认为涉案企业符合企业合规改革试点适用条件，并层报上级机关审核备案。

3. 完善机制，提升监督评估实际效果。本案中，秀洲区检察院联合当地13个部门出台规范性文件，探索构建企业合规"双组六机制"工作模式。"双组"，即检察机关牵头成立"合规监管考察组"和"合规指导组"两个工作组；"六机制"，即联席会议、合规培育、提前介入、会商通报、指导帮扶、审查监管等六个协作机制。合规考察中，由合规监管考察组和合规指导组共同研究形成专业意见，并邀请人大代表、政协委员全程参与，提高监管考察的透明度和公信力。

4. 标本兼治，有效防治企业违法犯罪。从司法实践看，涉企经济犯罪成因复杂，许多涉及经济社会系统性、深层次矛盾问题，单靠刑事法律的"孤军作战"，难以取得良好的社会治理效果。本案中，检察机关开展企业合规改革以推动源头治理为着力点，针对办案发现的企业经营管理中的突出问题，通过第三方监督评估机制对涉案企业开展扎实有效的合规整改，促进企业依法合规经营发展，对于完善制度机制、形成治理合力具有积极意义。

张家港S公司、睢某某销售假冒注册商标的商品案
——介入侦查认定"挂案"性质，积极引导
涉案小微企业开展合规建设

关键词

假冒注册商标　　"挂案"清理　　小微企业合规建设　　第三方监督评估

要旨

检察机关推进涉企"挂案"清理过程中，对尚未进入检察环节的案件，可采取介入侦查的形式开展个案会商，认定"挂案"性质，能动清理。对符合企业刑事合规条件的案件，积极引导涉案企业开展合规建设，引入第三方组织进行监督评估，规范推进合规监督考察和"挂案"清理工作。检察机关与公安机关等有关部门积极配合，多措并举合力护航民营经济健康发展。

一、基本案情

张家港市S五交化贸易有限公司（以下简称S公司）2015年6月注册成立，注册资本200万元，在职员工3人，睢某某系该公司法定代表人、实际控制人。

2018年11月22日，张家港市市场监督管理局在对S公司进行检查时，发现该公司疑似销售假冒"SKF"商标的轴承，并在其门店及仓库内查获标注"SKF"商标的各种型号轴承27829个，金额共计68万余元。2018年12月17日，张家港市市场监督管理局将该案移送至张家港市公安局。2019年2月14日，斯凯孚（中国）有限公司出具书面的鉴别报告，认为所查获的标有"SKF"商标的轴承产品均为侵犯该公司注册商标专用权的产品。2019年2月15日，张家港市公安局对本案立案侦查。

二、企业合规整改情况及效果

一是应公安机关邀请介入侦查。2021年5月初，张家港市检察院应张家港市公安

局邀请,派员介入听取案件情况。梳理在案证据,本案侦查工作的主要情况如下:第一,睢某某辩称涉案的轴承部分是从山东威海一旧货调剂市场打包购买,部分是从广州H公司、上海J公司购买,认为自己购进的都应该是正品。第二,公安机关经与广州H公司、上海J公司核实,上海J公司系授权的一级代理商,主要经营SKF等品牌轴承。广州H公司从上海J公司进购SKF轴承后进行销售,曾3次通过上海J公司直接发货给S公司,共计54万元。同时,公安机关对山东威海的旧货调剂市场进行了现场调查,发现该市场确实是二手交易市场,无法追溯货品源头。第三,斯凯孚(中国)有限公司出具书面鉴别报告时,未对查获的轴承及包装的真伪进行现场勘查,仅根据清点明细材料出具了鉴别说明和比对示例,且不愿再重新鉴定。此外,该案立案距今超过两年,已属"挂案"状态。

二是及时启动社会调查。检察机关向S公司、睢某某告知企业合规相关政策后,该公司分别向检察机关、公安机关递交了《提请开展刑事合规监督考察的申请书》。随后承办检察官走访企业和市场监督管理局、税务局等行政部门,实地查看公司经营现状、指导填写合规承诺、撰写调查报告。走访调查了解到,该公司系已实际经营六年的小微民营企业,因涉嫌犯罪被立案,一定程度上影响经营,资金周转困难,公司面临危机。该公司规章制度不健全,内部管理不完善,尤其是企业采购程序不规范,对供货商资质和货品来源审查不严,单据留存不全,还曾因接受虚开的增值税发票被税务机关行政处罚。检察机关经综合考虑,鉴于S公司有整改行为和较强的合规愿望,认为可以开展企业合规监督考察。

三是深入会商达成共识。检察机关认为,该案证明S公司及睢某某犯罪故意的证据不确实、不充分,公安机关也难以再查明轴承及包装的来源是否合法,案件久拖不决已处于"挂案"状态,亟待清理。检察机关与公安机关共同分析了相关情况,并就该案下一步处理进行会商,双方就企业合规、"挂案"清理工作达成共识。公安机关明确表示,如该公司通过企业合规监督考察时还没有新的证据进展,将作出撤案处理。

四是扎实推进合规考察。经向上级检察机关请示并向张家港市企业合规监管委员会报告后,张家港市检察院联合公安机关对S公司启动合规监督考察程序,确定6个月的整改考察期。同时,张家港市企业合规监管委员会根据第三方监督评估机制,从第三方监管人员库中随机抽取组建监督评估小组,跟踪S公司整改、评估合规计划落实情况。按照合规计划,S公司梳理企业风险点,制定《财务管理合规建设制度》《发票制发流程》《货物销售采购流程》等内部制度,并形成规范的公司合同模板。在税务方面,公司从以往直接与代账会计单线联系,转变为与会计所在单位签订合同,对财务人员应尽责任、单位管理职责进行书面约定。在知识产权方面,公司明确渠道商应提供品牌授权证明并备案,每笔发货都注明产品明细,做到采购来路明晰、底数清晰。合规整改期间,检察机关会同第三方监督评估小组,每月通过座谈会议、电话联系、查阅资料、实地检查等方式,特别是通过"不打招呼"的随机方式,检查企业合规建设情况。同时，检察机关还向公安机关通报企业合规建设进展情况，邀请参与合规检查，并认真吸收公安机关对合规制度完善提出的意见。2021年8月5日，鉴于该公司员工数少、业务单一、合规建设相对简易的情况，第三方监督评估小组提出缩短合规监督考察期限的建议。检察机关听取市场监督管理部门、税务部门意见后，决定将合规监督考察期限缩短至3个月。2021年8月16日至18日，第三方监督评估小组对该公司合规有效性进行评估，出具了合规建设合格有效的评估报告。

五是参考考察结果作出处理。2021年8月20日，张家港市检察院组织公开听证，综合考虑企业合规整改效果，就是否建议公安机关撤销案件听取意见，听证与会人员一致同意检察机关制发相关检察建议。当日，检察机关向公安机关发出检察建议，公安机关根据检察建议及时作出撤案处理，并移送市场监督管理部门作行政处罚。检察机关两个月后回访发现，S公司各项经营已步入正轨，因为合规建设，两家大型企业看中S公司合规资质与其建立了长期合作关系，业务预期翻几番，发展势头强劲。

三、典型意义

1. 对尚未进入检察环节的涉企"挂案"进行排查，采取与企业合规改革试点结合等方式能动清理。检察机关推进涉企"挂案"清理过程中，除依托统一业务应用系统中排除出相关数据外，还可以通过控告申诉、日常走访、服务企业平台等了解"挂案"线索。对尚未进入检察环节的案件，可采取介入侦查的形式，积极与公安机关开展个案会商。通过听取案件情况、审查在案证据、实地走访调查等工作，与公安机关共同分析是否属于"挂案"、"挂案"原因、"挂案"影响以及侦查取证方向、可行性等因素，分类施策、妥善处理。对符合合规监督考察的条件的案件，积极引导涉案企业开展合规整改，促进涉企"挂案"清理，最大限度降低"挂案"对企业生产经营的影响。

2. 严格把握企业合规监督考察条件、标准和工作程序，规范清理涉企"挂案"。通过企业合规促进"挂案"清理，在具体操作中应该重点把握三点：一是要通过走访调查，深入了解犯罪嫌疑人认罪悔罪态度、企业经营状况、社会贡献、合规意愿以及违法犯罪既往历史等情况，评估涉案企业是否符合开展合规监督考察的条件。二是要加强对外沟通，向公安机关讲清企业合规政策和涉企"挂案"清理意义，争取理解和支持。三是要依托第三方监督评估机制，客观公正地跟踪指导企业合规建设、评估合规有效性，以第三方监督评估结论为主要依据，听取行政机关以及公开听证等多方意见，做到"阳光"清理、规范清理。本案中，检察机关按照申请、调查、会商、考察等程序，规范推进企业合规，同时引入第三方组织对企业合规建设进行全程监督，值得肯定。

3. 与公安机关等有关部门积极配合，多措并举合力护航民营经济健康发展。为加强民营经济平等保护，2020年10月以来，最高检与公安部联合部署开展涉民营企业刑事诉讼"挂案"专项清理工作。全国检察机关、公安机关强化协作、多措并举，一大批"挂案"得到有效清理，该撤案的及时撤案，该继续侦办的尽快突破，以实际行动服务"六稳""六保"大局，受到社会各界的广泛好评。同时，检察机关正在深入开展涉案企业合规改革试点，落实"少捕慎诉慎押"刑事司法政策，依法保护涉案企业和企业家人身和财产合法权益，向涉案企业提出整改意见，督促涉案企业作出合规承诺并积极整改。在日常"挂案"清理工作中，检察机关要针对涉案企业暴露出的经营管理、法律风险方面的突出问题，自觉开展企业合规工作，积极适用第三方监督评估机制，会同公安机关等有关部门综合运用经济、行政、刑事等手段，既促进涉案企业合规守法经营，也警示潜在缺乏规制约束的企业遵纪守法发展，逐步建立长效机制，实现精准监督。

山东沂南县 Y 公司、姚某明等人串通投标案
——异地协作开展第三方监督评估，对第三方组织开展"飞行监管"，促进当地招投标领域行业治理

关键词

串通投标　异地协作　飞行监管　关联企业共同整改　行业治理

要旨

在办理企业合规案件过程中，依托第三方监督评估机制，充分发挥异地协作、公开听证、检察建议等作用，促进涉案企业及关联企业共同整改，形成工作合力。组建巡回检查小组，对第三方组织履职情况开展"飞行监管"，确保对涉案企业的监督评估客观公正有效。延伸检察职能，推动行业治理，实现"办理一案、治理一片"效果。

一、基本案情

山东省沂南县 Y 有限公司（以下简称 Y 公司）系专门从事家电销售及售后服务的有限责任公司，法定代表人姚某明。除 Y 公司外，姚某明还实际控制由其表哥姚某柱担任法定代表人的沂水县 H 电器有限公司（以下简称 H 公司）。

2016 年 9 月、2018 年 3 月、2020 年 6 月，犯罪嫌疑人姚某明为让 Y 公司中标沂水县农村义务教育学校取暖空调设备采购、沂水县第一、第四中学教室空调等招标项目，安排犯罪嫌疑人徐某（Y 公司员工）借用 H 公司等三家公司资质，通过暗箱操作统一制作标书、统一控制报价、协调专家评委等方式串通投标，后分别中标，中标金额共计 1134 万余元。2021 年 1 月，沂水县公安局以 Y 公司、姚某明等人涉嫌串通投标罪移送沂水县检察院审查起诉。

二、企业合规整改情况及效果

一是综合审查，确定案件纳入企业合规考察范围。沂水县检察院经审查认为，虽然该案中标金额较大，但 Y 公司姚某明等人有自首情节，主动认罪认罚，Y 公司正处于快速发展阶段，在沂南县、沂水县空调销售市场占据较大份额，疫情期间带头捐款捐物，综合考虑企业社会贡献度、发展前景、社会综合评价、企业负责人一贯表现等情况，以及该企业在法律意识、商业伦理、人员管理、财务管理等方面存在的问题，决定对该案适用企业合规试点工作。2021 年 6 月，沂水县检察院经征询涉案企业、个人同意，层报山东省检察院审核批准，对该案正式启动企业合规考察。

二是探索异地协作，对涉案企业开展第三方监督评估。结合涉案企业 Y 公司所在地为沂南县、犯罪地为沂水县的实际，沂水县检察院多次与两地第三方机制管委会及沂南县检察院沟通交流，共同签订《企业合规异地协作协议》，并由沂南、沂水两地第三方机制管委会从专业人员名录库中抽取律师、市场监管、工商联人员 5 人组建第三方组织，对 Y 公司合规建设开展监督评估。第三方组织多次深入企业实地走访、考察，主动约谈企业负责人，全面了解企业情况，诊断出 Y 公司在风险防控、日常管理方面存在缺乏招投标管理制度，内部审批不严，账簿登记不实，守法意识不强，工资发放不规范等诸多问题，指导企业制定覆盖生产经营全过程、各环节和管理层级的合规计划，确定 3 个月的考察期。整改过程中，第三方组织每月将合规计划执行情况通报双方检察机关及第三方机制管委会，四方会商后对合规计划及执行情况提出修改完善意见建议，定期跟踪调度，并于考察期满后出具对涉案企业的合规考察报告。同时，沂水县检察院积极建议县工商联、县市场监管局指派专人，参照 Y 公司合规计划，一并督促做好关联企业 H 公司的合规整改。

三是组建巡回检查小组，对第三方组织履职情况开展"飞行监管"。沂水县第三方机制管委会制定《沂水县企业合规改革试点巡回检查小组工作方案》，结合本案案情，选取 6 名熟悉企业经营和法律知识的人大代表、政协委员、人民监督员组成巡回检查小组。巡回检查小组和办案检察官通过不预先告知的方式，深入到两个企业进行实地座谈，现场抽查 Y 公司近期中标的招标项目，对第三方组织履职情况以及企业合规整改情况进行"飞行监管"。通过现场核查，认为涉案企业整改到位，未发现第三方组织不客观公正履职情况。

四是延伸检察职能，扩大办案效果。承办检察官在全面审查合规考察报告和案件情况的基础上，提出拟不起诉意见。为确保公开公正，检察机关邀请政协委员、人民监督员和第三方机制管委会成员等 5 人组成听证团，对该案进行合规验收听证，听证人员一致同意检察机关意见。2021 年 10 月，沂水县检察院经综合评估案情、企业合规整改、公开听证等情况，认为 Y 公司、姚某明等人主动投案、认罪认罚，主观恶性较小，串通投标次数较少，且案发后有效进行企业合规整改，建立健全相关制度机制堵塞管理漏洞，依法合规经营不断创造利税，社会危害性较小，对 Y 公司、姚某明等人依法作出相对不起诉决定。同时，针对办案过程中发现的问题，沂水县检察院建议行政主管部门对 Y 公司及其他公司出借资质的行为依法处理；向财政、教育、市场监管三部门发出完善招投标管理、堵塞制度漏洞等检察建议，建议进一步严格落实行贿犯罪查询、政府采购活动中违法违规行为查询等制度规定，加强对招标代理公司管理。

当地市场监管等部门积极采纳检察建议，开展招投标领域专项整治，对 2021 年以来 60 余个招投标项目全面清查，发现标前审查不严格、招标代理机构管理不规范等问题 21 个，并针对问题逐项整改；举办行业管理人员、招标代理机构专题培训，建立健全投标单位标前承诺制度、违法违规行为强制查询制度，对专项整治以来中标项目进行动态跟踪，畅通违法行为举报途径、加大惩罚力度，强化行政监管，有效遏制了串标、围标等违法行为发生。

三、典型意义

1. 积极探索，对第三方组织开展"飞行监管"。该案中，为确保企业合规建设和第三方组织监督工作依法、规范、有序进行，第三方机制管委会组建巡回检查小组，探索建立"飞行监管"机制，对第三方组织及其组成人员的履职情况开展不预先告知的现场抽查和跟踪监督。实践中，第三方机制管委会可以牵头组建巡回检查小组，邀请人大代表、政协委员、人民监督员、退休法官、检察官以及会计、审计、法律、合规等相关领域的专家学者担任巡回检查小组成员开展巡回检查，并将检查情况及时报告第三方机制管委会及其联席会议，提出改进工作的意见建议。

2. 强化协作配合，促进关联企业共同整改。该案探索建立第三方监督评估异地协作模式，对涉案企业开展合规建设。同时由行政主管部门加强对关联企业合规整改的监督指导。经过共同监管，涉案企业及关联企业专门聘请法律顾问进行合规建设，同时建立每月述职谈合规、合规学习、员工管理、财务管理、举报制度等相关机制。整改期间，Y 公司参与了六个项目的招投标，依法合规承揽工程 2000 余万元，稳定持续提供就业岗位 200 余个。同时，各职能部门在各自管理环节落实"谁执法谁普法"，加强正面引导和反面警示，让招投标领域相关从业人员正确判断自己的行为性质，遵规守法，加强行业自律。

3. 注重行业治理，实现"办理一案、治理一片"效果。近年来，不法分子为经济利益所驱动，在工程建设、设备采购等多个领域大肆"串标""围标"，不仅严重扰乱市场经济秩序，侵害其他招投标当事人合法利益，还给工程质量、安全管理带来隐患，各方务必高度重视，采取有力措施加以解决。该案中，检察机关积极延伸办案职能，主动作为，注重加强与相关行政主管部门的沟通协作，用好公开听证、检察意见、检察建议组合拳，促进从个案合规提升为行业合规，助力在招投标领域形成合规建设的法治氛围，努力实现"办理一起案件、扶助一批企业、规范一个行业"的良好示范效应。

随州市 Z 公司康某某等人重大责任事故案

——在涉企危害生产安全犯罪案件中适用企业合规
推动当地企业强化安全生产意识

关键词

重大责任事故　专项合规整改　第三方监督评估　安全生产

要 旨

针对涉案企业安全生产管理中漏洞，检察机关深入开展社会调查，积极引导企业开展合规建设。检察机关委托应急管理局、市场监督管理局、工商联等第三方监督评估机制管委会成员单位以及安全生产协会，共同组成第三方监督评估组织，指导涉案企业及其相关人员结合履行合规计划，认真落实安全生产职责。检察机关对合规考察结果认真审查，组织召开公开听证会，确保合规整改效果，推动当地企业强化安全生产意识。

一、基本案情

湖北省随州市 Z 有限公司（以下简称 Z 公司）系当地重点引进的外资在华食品加工企业，康某某、周某某、朱某某分别系该公司行政总监、安环部责任人、行政部负责人。

2020 年 4 月 15 日，Z 公司与随州市高新区某保洁经营部法定代表人曹某某签订污水沟清理协议，将食品厂洗衣房至污水站下水道、污水沟内垃圾、污泥的清理工作交由曹某某承包。2020 年 4 月 23 日，曹某某与其同事刘某某违规进入未将盖板挖开的污水沟内作业时，有硫化氢等有毒气体溢出，导致二人与前来救助的吴某某先后中毒身亡。随州市政府事故调查组经调查后认定该事故为一起生产安全责任事故。曹某某作为清污工程的承包方，不具备有限空间作业的安全生产条件，在未为作业人员配备应急救援装备及物资，未对作业人员进行安全培训的情况下，违规从事污水沟清淤作业，导致事故发生，对事故负有直接责任。康某某、周某某、朱某某作为 Z 公司分管和负责安全生产的责任人，在与曹某某签订合同以及曹某某实施清污工程期间把关不严，未认真履行相关工作职责，未及时发现事故隐患，导致发生较大生产安全事故。案发后，康某某、周某某、朱某某先后被公安机关采取取保候审措施，Z 公司分别对曹某某等三人的家属进行赔偿，取得了谅解。2021 年 1 月 22 日，随州市公安局曾都区分局以康某某、周某某、朱某某涉嫌重大责任事故罪移送随州市曾都区检察院审查起诉。

二、企业合规整改情况及效果

一是审查启动企业合规考察。曾都区检察院经审查认为，康某某等人涉嫌重大责任事故罪，属于企业人员在生产经营履职过程中的过失犯罪，同时反映出涉案企业存在安全生产管理制度不健全、操作规程执行不到位等问题。事故报告认定被害人曹某某对事故负有直接责任，结合三名犯罪嫌疑人的相应管理职责，应当属于次要责任。三人认罪认罚，有自首情节，依法可以从宽、减轻处罚。Z公司系外资在华企业，是当地引进的重点企业，每年依法纳税，并解决2500余人的就业问题，对当地经济助力很大。且Z公司所属集团正在积极准备上市，如果公司管理人员被判刑，对公司发展将造成较大影响。2021年5月，检察机关征询Z公司意见后，Z公司提交了开展企业合规的申请书、书面合规承诺以及企业经营状况、纳税就业、社会贡献度等证明材料，检察机关经审查对Z公司作出合规考察决定。

二是精心组织第三方监督评估。检察机关委托当地应急管理局、市场监督管理局、工商联等第三方监督评估机制管委会成员单位以及安全生产协会，共同组成了第三方监督评估组织。第三方组织指导涉案企业结合事故调查报告和整改要求，按照合规管理体系的标准格式制定、完善合规计划；建立以法定代表人为负责人、企业部门全覆盖的合规组织架构；健全企业经营管理需接受合规审查和评估的审查监督、风险预警机制；完善安全生产管理制度和定期检查排查机制，从制度上预防安全事故再发生，初步形成安全生产领域"合规模板"。Z公司在合规监管过程中积极整改并向第三方组织书面汇报合规计划实施情况。2021年8月，第三方组织对Z公司合规整改及合规建设情况进行评估，并报第三方机制管委会审核，Z公司通过企业合规考察。

三是公开听证依法作出不起诉决定。检察机关在收到评估报告和审核意见后组织召开公开听证会，邀请省人大代表、省政协委员、人民监督员、公安机关和行政监管部门代表、工商联代表以及第三方组织代表参加听证，参会人员一致同意检察机关对康某某等三人作不起诉处理。2021年8月24日，检察机关依法对康某某、周某某、朱某某作出不起诉决定。

Z公司通过开展合规建设，逐步建立起完备的生产经营、安全防范、合规内控的管理体系，企业管理人员和员工的安全生产意识和责任感明显增强，生产效益得到进一步提升。

三、典型意义

1. 检察机关积极稳妥在涉企危害生产安全犯罪案件中适用企业合规，推动当地企业强化安全生产意识。检察机关为遏制本地生产安全事故多发频发势头，保护人民群众生命财产安全，教育警示相关企业建立健全安全生产管理制度，积极稳妥选择在安全生产领域开展企业合规改革试点。涉企危害生产安全犯罪具有不同于涉企经济犯罪、职务犯罪的特点，检察机关需要更加深入细致开展社会调查，对涉企危害生产安全犯罪的社会危害性以及合规整改的必要性、可行性进行全面评估，确保涉案企业"真整改""真合规"，切实防止"边整改""边违规"。

2. 检察机关在企业合规试点中注意"因罪施救""因案明规"。在合规整改期间，检察机关针对危害生产安全犯罪的特点，建议第三方组织对企业合规整改情况定期或不定期进行检查，确保企业合规整改措施落实落细。同时，第三方组织还根据检察机关建议，要求企业定期组织安全生产全面排查和专项检查，组织作业人员学习生产安全操作规程，加强施工承包方安全资质审查，配备生产作业防护设备，聘请专家对企业人员进行专项安全教育培训并考试考核。涉案企业通过合规整改，提高了安全生产隐患排查和事故防范能力，有效防止再次发生危害生产安全违法行为。

3. 检察机关积极适用第三方机制，确保监督评估的专业性。本案中，检察机关紧密结合涉企危害生产安全犯罪特点，有针对性加强与第三方机制管委会沟通协调，由安全生产领域相关行政执法机关、行业协会人员组成第三方组织，应急管理部门相关人员担任牵头人，提升监督评估专业性。第三方组织围绕本案中造成生产安全责任事故的重要因素，如未认真核验承包方作业人员劳动防护用品、应急救援物资配备等情况，未及时发现承包方劳动防护用品配备不到位等问题，指导涉案企业及其相关人员结合履行合规计划，认真落实安全生产职责，细致排查消除安全生产隐患，确保合规整改取得实效。

深圳 X 公司走私普通货物案

——持续开展合规引导，做好刑事司法与行政管理行业治理的衔接贯通

关键词

合规激励　第三方监督评估　行刑衔接　合规传导

要旨

积极探索检察履职与企业合规的结合方式，发挥少捕、慎诉等刑事司法政策的优势，激励企业加强合规管理。在涉案企业进行合规整改的过程中，检察机关应发挥程序性主导作用及保持中立性，推动企业真正依法合规经营。通过检察履职传导合规理

念，加强与行政机关的沟通协作，促进"合规互认"，提升合规效果，增强参与力量，形成保护民营经济健康发展合力。

一、基本案情

X 股份有限公司（以下简称"X 公司"）系国内水果行业的龙头企业。2018 年开始，X 公司从其收购的 T 公司进口榴莲销售给国内客户。张某某为 T 公司总经理，负责在泰国采购榴莲并包装、报关运输至香港；曲某某为 X 公司副总裁，分管公司进口业务；李某、程某分别为 X 公司业务经理，负责具体对接榴莲进口报关、财务记账、货款支付等。

X 公司进口榴莲海运主要委托深圳、珠海两地的 S 公司（另案处理）代理报关。在报关过程中，由 S 公司每月发布虚假"指导价"，X 公司根据指导价制作虚假采购合同及发票用于报关，报关价格低于实际成本价格。2018 年至 2019 年期间，X 公司多次要求以实际成本价报关，均被 S 公司以统一报价容易快速通关等行业惯例为由拒绝。2019 年 4 月后，经双方商议最终决定以实际成本价报关。

2019 年 12 月 12 日，张某某、曲某某、李某、程某被抓获归案。经深圳海关计核，2018 年 3 月至 2019 年 4 月，X 公司通过 S 公司低报价格进口榴莲 415 柜，偷逃税款合计 397 万余元。案发后，X 公司规范了报关行为，主动补缴了税款。2020 年 1 月 17 日，深圳市检察院以走私普通货物罪对张某某、曲某某批准逮捕，以无新的社会危险性为由对程某、李某作出不批准逮捕决定。2020 年 3 月 3 日，为支持疫情期间企业复工复产，根据深圳市检察院建议，张某某、曲某某变更强制措施为取保候审。2020 年 6 月 17 日，深圳海关缉私局以 X 公司、张某某、曲某某、李某、程某涉嫌走私普通货物罪移送深圳市检察院审查起诉。

二、企业合规整改情况及效果

一是精准问诊，指导涉案企业扎实开展合规建设。2020 年 3 月，在深圳市检察院的建议下，X 公司开始启动为期一年的进口业务合规整改工作。X 公司制定的合规计划主要针对与走私犯罪有密切联系的企业内部治理结构、规章制度、人员管理等方面存在的问题，制定可行的合规管理规范，构建有效的合规组织体系，完善相关业务管理流程，健全合规风险防范报告机制，弥补企业制度建设和监督管理漏洞，防止再次发生类似违法犯罪。经过前期合规整改，X 公司在集团层面设立了合规管理委员会，合规部、内控部与审计部形成合规风险管理的三道防线。加强代理报关公司合规管理，明确在合同履行时的责任划分。聘请进口合规领域的律师事务所、会计师事务所对重点法律风险及其防范措施提供专业意见，完善业务流程和内控制度。建立合规风险识别、合规培训、合规举报调查、合规绩效考核等合规体系运行机制，积极开展合规文化建设。X 公司还制定专项预算，为企业合规体系建设和维护提供持续的人力和资金保障。合规建设期间，X 公司被宝安区促进企业合规建设委员会（以下简称"宝安区合规委"）列为首批合规建设示范企业。鉴于该公司积极开展企业合规整改，建立了较为完善的合规管理体系，实现合规管理对所有业务及流程的全覆盖，取得阶段性良好效果，为进一步支持民营企业复工复产，深圳市检察院于 2020 年 9 月 9 日对 X 公司及涉案人员作出相对不起诉处理，X 公司被不起诉后继续进行合规整改。

二是认真开展第三方监督评估，确保企业合规整改效果。为检验合规整改效果，避免"纸面合规""形式合规"，深圳市宝安区检察院受深圳市检察院委托，于2021 年 6 月向宝安区合规委提出申请，宝安区合规委组织成立了企业合规第三方监督评估工作组，对 X 公司合规整改情况进行评估验收和回访考察。第三方工作组通过查阅资料、现场检查、听取汇报、针对性提问、调查问卷等方式进行考察评估并形成考察意见。工作组经考察认为，X 集团的合规整改取得了明显效果，制定了可行的合规管理规范，在合规组织体系、制度体系、运行机制、合规文化建设等方面搭建起了基本有效的合规管理体系，弥补了企业违法违规行为的管理漏洞，从而能够有效防范企业再次发生相同或者类似的违法犯罪。通过合规互认的方式，相关考察意见将作为深圳海关对 X 公司作出行政处理决定的重要参考。为了确保合规整改的持续性，考察结束后，第三方工作组继续对 X 集团进行为期一年的回访考察。

三是强化合规引导，做好刑事司法与行政管理、行业治理的衔接贯通。深圳市检察院在该案办理过程中，在合规整改结果互认、合规从宽处理等方面加强与深圳海关的沟通协作，形成治理合力，共同指导 X 公司做好合规整改，发挥龙头企业在行业治理的示范作用。整改期间，X 公司积极推动行业生态良性发展，不仅主动配合海关总署关税司工作，不定期提供公司进口水果的采购价格，作为海关总署出具验估价格参数的参照标准，还参与行业协会调研、探讨开展定期价格审查评估与监督机制。针对案件办理过程中发现的行政监管漏洞、价格低报等行业普遍性问题，深圳市检察院依法向深圳海关发出《检察建议书》并得到采纳。深圳海关已就完善进口水果价格管理机制向海关总署提出合理化建议，并对报关行业开展规范化管理以及加强普法宣讲，引导企业守法自律。

开展合规整改以来，X 集团在合法合规的基础上，实现了年营业收入 25%、年进口额 60% 的逆势同比增长。2021 年 8 月 10 日 X 集团被评为深圳市宝安区"3A"信用企业（3A：海关认证、纳税信用、公共信用），同年 9 月 9 日被评为诚信合规示范企业。

三、典型意义

1.落实少捕慎诉慎押刑事司法政策，降低办案对企业正常生产经营的影响。该案中，鉴于 X 公司长期以正规报关为主，不是低报走私犯意的提起者，系共同犯罪的从犯，案发后积极与海关、银行合作，探索水果进口合规经营模式，深圳市检察院经过社会危险性量化评估，对重要业务人员李某、程某作出不捕决定。在跟踪侦查进展，深入了解涉案企业复工复产状况的基础上，深圳市检察院对两名高管张某某、曲某某启动捕后羁押必要性审查。经审查，深圳市检察院认为该案事实已经查清，主要证据已收集完毕，建议侦查机关将两名高管变更强制措施回归企业。后侦查机关根据建议及时对张某某、曲某某变更为取保候审，有效避免企业生产停顿带来的严重影响。

2. 坚守法定办案期限，探索合规考察不局限于办案期限的模式。企业合规改革试点要依法有序推进，不能随意突破法律。改革试点中，如何处理合规考察期限和办案期限的关系是亟需厘清的重要问题。根据案件采取强制措施方式的不同，至多存在六个半月或一年的不同办案期限。本案中，涉案企业作为大型民营企业，其涉案合规风险点及合规管理体系建设较为复杂，合规整改时间无法在案件办理期限内完成。作为企业合规改革第一批试点地区，深圳检察机关根据涉案企业阶段性的合规整改情况作出不起诉决定后，持续督促其进行合规整改，合规考察期限届满后通过第三方工作组开展合规监督评估，确保合规整改充分开展、取得实效。

3. 积极促成"合规互认"，彰显企业合规程序价值。检察机关对涉案企业作出不起诉决定后，行政执法机关仍需对涉案企业行政处罚的，检察机关可以提出检察意见。在企业合规整改期限较长的情况下，合规程序往往横跨多个法律程序，前一法律程序中已经开展的企业合规能否得到下一法律程序的认可，是改革试点实践中普遍存在的问题。本案中，深圳市检察机关对涉案企业开展第三方监督评估后，积极促成"合规互认"，将企业合规计划、定期书面报告、合规考察报告等移送深圳海关，作为海关作出处理决定的重要参考，彰显了企业合规的程序价值。

4. 设置考察回访程序，确保合规监管延续性。企业合规监督评估后，涉案企业合规体系是否能实现持续有效的运转，直接关系到合规整改的实效。本案中，第三方工作组针对涉案企业合规管理体系建设尚待完善之处，再进行为期一年的企业合规跟踪回访，助力企业通过持续、全面合规打造核心竞争力。

海南文昌市 S 公司、翁某某掩饰、隐瞒犯罪所得案
——非试点地区在法律框架内积极开展企业合规改革相关工作
因地制宜推动第三方监督评估机制规范运行

关键词

掩饰、隐瞒犯罪所得　第三方监督评估　公开听证　轻缓量刑建议

要　旨

非试点地区严格按照法律规定和企业合规改革的精神，在本地选择符合条件的涉案高新技术民营企业开展企业合规考察。结合案发原因指导企业制定切实可行的合规

计划，根据地方实际，推动第三方监督评估机制规范运行。企业合规整改结束后，检察机关组织公开听证，综合考虑案情及合规考察效果，对涉案企业及责任人依法提起公诉，并提出轻缓量刑建议。

一、基本案情

海南省文昌市S科技开发有限公司（以下简称S公司）系当地高新技术民营企业，翁某某系该公司厂长。

2015年至2016年期间，张某某（另案处理）在海南省文昌市翁田镇某处实施非法采矿，经张某某雇请的王某某（另案处理）联系，将采挖的石英砂出售给S公司。S公司厂长翁某某为解决生产原料来源问题，在明知石英砂为非法采挖的情况下，仍予以收购，共计3.69万吨。随后，翁某某安排公司财务部门通过公司员工陈某某及翁某某个人账户，将购砂款转账支付给王某某，王某某再将钱取出交给张某某。经审计，S公司支付石英砂款共计125万余元。

2020年2月，文昌市公安局在侦查张某某涉恶犯罪团伙案件时，发现翁某某涉嫌掩饰、隐瞒犯罪所得犯罪线索。2021年1月，翁某某经公安机关传唤到案后，如实供述犯罪事实，自愿认罪认罚。2021年2月，文昌市公安局以翁某某涉嫌掩饰、隐瞒犯罪所得罪移送文昌市检察院审查起诉。检察机关经审查，以涉嫌掩饰、隐瞒犯罪所得罪追加S公司为被告单位。

二、企业合规整改情况及效果

一是认真审查启动企业合规。检察机关经审查了解，S公司、翁某某涉嫌掩饰、隐瞒犯罪所得罪，反映出该公司及其管理人员过度关注生产效益，片面追求经济利益，法律意识较为淡薄。S公司系高新技术民营企业，生产的产品广泛应用于航天、新能源、芯片等领域，曾荣获全国优秀民营科技企业创新奖，现有员工80余人，年产值2000余万元。2021年3月，经S公司申请，检察机关启动合规整改程序，要求该公司对自身存在的管理漏洞进行全面自查并开展合规整改。2021年4月，S公司提交了合规整改承诺书，由公司董事会审核通过，并经检察机关审查同意，企业按照要求进行合规整改。

二是扎实开展第三方监督评估。2021年7月，由文昌市自然资源和规划局、市场监督管理局、税务局、综合行政执法局、工商联等单位的相关人员以及人大代表、政协委员、律师代表等组成的第三方监督评估组织，对S公司合规整改情况进行评估验收。2021年8月，第三方监督评估组织出具评估验收报告，认为S公司已经按照要求进行合规整改，建立了较为完善的内控制度和管理机制，可以对类似的刑事合规风险进行识别并有效预防违法犯罪。检察机关就S公司是否符合从宽处理条件及案发后合规整改评估情况举行公开听证会，充分听取人大代表、政协委员、律师代表和相关行政部门负责人的意见，还邀请人民监督员参加，全程接受监督。听证会上，听证员、人民监督员一致同意检察机关对 S 公司和翁某某的从宽处理意见，同时认可该企业的整改结果。

三是综合考虑提出轻缓量刑建议。2021 年 9 月，文昌市检察院根据案情，结合企业合规整改情况，以 S 公司、翁某某涉嫌掩饰、隐瞒犯罪所得罪依法提起公诉，并提出轻缓量刑建议。2021 年 11 月，文昌市法院采纳检察机关全部量刑建议，以掩饰、隐瞒犯罪所得罪分别判处被告单位 S 公司罚金 3 万元；被告人翁某某有期徒刑一年，缓刑一年六个月，并处罚金人民币 1 万元；退缴的赃款 125 万余元予以没收，上缴国库。判决已生效。

三、典型意义

1. 非试点地区在法律框架内积极开展企业合规改革相关工作。文昌市检察院充分认识开展涉案企业合规改革工作的重大意义，作为非试点地区积极主动作为，全面梳理排查 2020 年以来受理的涉企刑事案件，建立涉企案件台账，通过严把企业合规案件的条件和范围，精心选定开展企业合规改革工作的重点案件。

2. 结合案发原因，指导企业制定切实可行的合规计划。检察机关经审查认为，S 公司在合规经营方面主要存在两个方面的明显漏洞，首先是合同签订履行存在违法风险，其次是财务管理存在违规漏洞。鉴此，有针对性地指导企业重点围绕建立健全内部监督管理制度进行整改，督促企业在业务审批流程中增加合规性审查环节，建立起业务流程审批—法律事务审核（合规性审查）—资金收支规范—集团公司审计等四个方面全流程监管体系，有效防控无书面合同交易、坐支现金等突出问题。

3. 根据本地实际，推动第三方监督评估机制规范运行。作为非试点地区，检察机关商请当地自然资源和规划局、市场监督管理局、税务局、综合行政执法局、工商联等单位的业务骨干以及人大代表、律师代表组成第三方组织对 S 公司合规整改情况进行评估验收，评估方式包括召开座谈会、查阅公司资料和台账、对经营场所检查走访等。各方面专业人员在此基础上结合各自职责范围出具评估验收报告，督促涉案企业履行合规承诺，促进企业合规经营。

4. 充分履行检察职能，确保合规工作取得实效。本案中，检察机关结合办案发现、研判企业管理制度上的漏洞，向涉案企业制发检察建议，有针对性地指出问题，提出整改建议要求，督促涉案企业履行合规承诺。同时，还派员不定期走访 S 公司及相关单位，持续对合规整改进行跟踪检查并提出意见建议。整改完成后，及时公开听证，做到"能听证、尽听证"。目前，S 公司在合规整改完成后，已妥善解决生产原料来源问题，经营状况良好。

涉案企业合规典型案例

（第三批）

上海 Z 公司、陈某某等人非法获取计算机信息系统数据案

关键词

数据合规　监督评估有效性　云听证　行业治理

要　旨

检察机关针对互联网科创企业的数据合规漏洞，深入开展社会调查，积极引导涉案企业开展数据合规。综合考虑涉案企业行业属性、技术行为合规规则，组建独立、专业的第三方组织，提升涉案企业数据合规监督评估有效性。能动创新优化合规考察模式，在疫情期间灵活运用智慧检务开展"云听证"，兼顾办案的公开与效率，助力复工复产。多措并举推动行业治理，促进互联网行业建立健全数据合规经营体系，助力构建健康清朗的网络生态环境。

一、基本案情

上海 Z 网络科技有限公司（以下简称"Z 公司"）成立于 2016 年 1 月，系一家为本地商户提供数字化转型服务的互联网大数据公司。Z 公司现有员工 1000 余人，年纳税总额 1000 余万元，已帮助 2 万余家商户完成数字化转型，拥有计算机软件著作权 10 余件，2020 年被评定为高新技术企业。被不起诉人陈某某、汤某某、王某某等人分别系该公司首席技术官、核心技术人员。

2019 年至 2020 年，在未经上海 E 信息科技有限公司（以下简称"E 公司"，系国内特大型美食外卖平台企业）授权许可的情况下，Z 公司为了以提供超范围数据服务吸引更多的客户，由公司首席技术官陈某某指使汤某某等多名公司技术人员，通过"外爬""内爬"等爬虫程序（按照一定的规则，在网上自动抓取数据的程序），非法获取 E 公司运营的外卖平台（以下简称"E 平台"）数据。其中，汤某某技术团队实施"外爬"，以非法技术手段，或利用 E 平台网页漏洞，突破、绕开 E 公司设置的 IP 限制、验证码验证等网络安全措施，通过爬虫程序大量获取 E 公司存储的店铺信息

等数据。王某某技术团队实施"内爬",利用掌握的登录 E 平台商户端的账号、密码及自行设计的浏览器插件,违反 E 平台商户端协议,通过爬虫程序大量获取 E 公司存储的订单信息等数据。上述行为造成 E 公司存储的具有巨大商业价值的海量商户信息被非法获取,同时造成 E 公司流量成本增加,直接经济损失人民币 4 万余元。

案发后,Z 公司、陈某某等人均认罪认罚,Z 公司积极赔偿被害单位经济损失并取得谅解。2020 年 8 月 14 日,上海市公安局普陀分局以陈某某等人涉嫌非法获取计算机信息系统数据罪提请上海市普陀区检察院审查逮捕。8 月 21 日,普陀区检察院经审查认为,陈某某等人不具有法律规定的社会危险性,依法决定不批准逮捕。2021 年 6 月 25 日,上海市公安局普陀分局以陈某某等人涉嫌非法获取计算机信息系统数据罪移送普陀区检察院审查起诉。2022 年 5 月,普陀区检察院依法对犯罪嫌疑单位 Z 公司、犯罪嫌疑人陈某某等 14 人作出不起诉决定。

二、企业合规整改情况及效果

一是介入侦查,把准案件定性。因本案罪名涉及专业领域、作案手法复杂,侦查之初,普陀区检察院即应公安机关邀请介入侦查,引导取证,明确鉴定方向。一方面,引导公安机关固定 Z 公司爬虫程序、云服务器电子数据,以查清爬虫的运行模式、被爬取的数据属性等关键事实并加以鉴定。同时,走访被害企业,深入核实被害企业数据防护措施、直接经济损失等,为认定案件事实补充完善证据链条。另一方面,引导公安机关在讯问时关注作案动机、Z 公司现状及发展前景等与企业合规相关的问题,督促 Z 公司积极赔偿被害企业损失,消除影响,同时会同执法司法机关、监管部门、专家学者,围绕爬虫的技术原理、合法性边界、法律适用及数据合规重点、难点,深入开展研讨交流,为案件定性、开展企业合规整改奠定工作基础。

二是认真审查,启动合规考察。案件移送审查起诉后,普陀区检察院经实地走访 Z 公司查看经营现状以及会同监管部门研商公司运营情况发现,Z 公司管理层及员工存在重技术开发、轻数据合规等问题,此次爬取数据出于自身拓展业务的动机,未进行二次售卖。考虑到 Z 公司系成长型科创企业,陈某某等 14 名涉案人员均认罪认罚,积极赔偿 E 公司经济损失并取得谅解,Z 公司合规整改意愿强烈,提交了《适用刑事合规不起诉申请书》及企业经营情况、社会贡献度等书面证明材料,检察机关经审查对 Z 公司作出合规考察决定。

三是因案制宜,围绕数据合规专项计划精准"开方",对涉案企业开展专业第三方监督评估。经走访座谈、办案调研,普陀区检察院发现,Z 公司存在管理盲区、制度空白、技术滥用等合规风险,遂向 Z 公司制发《合规检察建议书》,从数据合规管理、数据风险识别、评估与处理、数据合规运行与保障等方面提出整改建议。Z 公司积极整改,并聘请法律顾问制定数据合规专项整改计划。同时,鉴于开展数据合规的专业性要求较高,本案第三方组织吸纳网信办、知名互联网安全企业、产业促进社会组织等的专家成员,通过询问谈话、走访调查、审查资料、召开培训会等形式,全程监督

Z公司数据合规整改工作。第一，数据来源合规。Z公司与E公司达成合规数据交互约定，彻底销毁相关爬虫程序及源代码，对非法获取的涉案数据进行无害化处理，并与E平台API数据接口直连，实现数据来源合法化。第二，数据安全合规。Z公司设立数据安全官，专项负责数据安全及个人信息安全保护工作；构建数据安全管理体系，制定、落实《数据分类分级管理制度》《员工安全管理等级》；加入区级态势感知平台，提升安全威胁的识别、响应处置能力，分拆服务，提高云访问权限，数据及时脱敏、加密，增强网络攻击防护能力。第三，数据管理制度合规。Z公司建立数据合规委员会，制定常态化合规管理制度，开展合规年度报告。

四是"云听证"，确保监督评估考察公正透明。三个月考察期限届满，第三方组织评估认为，涉案企业与个人积极进行合规整改，建立合规组织、完善制度规范、提升技术能级，已完成数据合规建设的整改措施。2022年2月，评定Z公司合规整改合格。普陀区检察院通过听取汇报、现场验收、公开评议等方式对监督考察结果予以充分审查。为保障涉案企业及时复工复产，同年4月28日，普陀区检察院因应疫情开展"云听证"，邀请全国人大代表、人民监督员、侦查机关、第三方组织、被害单位等线上参加或旁听。经评议，参与听证各方一致同意对涉案人员作出不起诉决定。同年5月10日，检察机关经审查后认为，因本案犯罪情节轻微，Z公司及犯罪嫌疑人具有坦白、认罪认罚等法定从宽处罚情节，积极退赔被害企业损失并取得谅解，系初犯，主观恶性小，社会危害性不大，且Z公司合规整改经第三方考察评估合格，依法对Z公司、陈某某等人分别作出不起诉决定。

五是企业合规整改见实效、显长效。为确保企业将数据合规内化为长效机制，根据检察机关不定期回访工作了解，Z公司认真落实合规整改，与E平台达成数据交互合作，通过API数据接口直连，合法合规获取平台数据。同时，Z公司将其与E平台的合作模式进行复制、移植，与3家大型互联网企业达成数据合作。Z公司通过扎实开展企业合规，建立健全数据合规长效机制，公司实现稳步发展，分支机构在全国覆盖面进一步扩大，员工人数比2020年底增加400余人，2021年度全年营收2亿余元，纳税总额1700余万元。

三、典型意义

1. 合规准备工作前移，积极推动侦查过程中合规准备工作，为审查起诉阶段的合规监督考察奠定基础。本案中检察机关积极利用提前介入侦查，引导公安机关收集合规信息与材料，为后续合规工作的高效开展奠定坚实基础。对于挽救企业而言，早合规优于晚合规，检察机关应当与侦查机关密切配合、相向而行，综合运用好介入侦查引导取证、审查逮捕、强制性措施适用等法定职权，把促进合规的工作做在前面，推动合规改革释放出最优效果。

2. 组建专业化第三方组织，提升涉案企业数据合规监督评估的有效性。检察机关立足区域内互联网产业集聚特点，推动设立涉互联网第三方专业人员名录库。针对涉及"网络爬虫"等数据合规专业领域情况，检察机关经社会调查认定涉案企业符合企业合规第三方机制适用条件，商请第三方机制管委会从专类名录库中抽取了由互联网行业管理部门、行业龙头企业和专业协会人员组成的第三方组织，为第三方机制运转提供专业性、公正性、协同性支撑。检察机关依托第三方组织的专业优势，以召开评估工作现场会的形式对涉案企业合规计划的可信性、有效性与全面性进行充分审查，围绕案件反映的数据获取问题开展"因罪施救""因案明规"，督促涉案企业构建有效的数据合规整改体系，做到"真合身""真管用"。

3.能动履职强化审查把关，多措并举保障企业有效推进合规整改。本案中，检察机关在依法适用第三方机制的基础上，一是强化主导责任，因案制宜加强合规考察的审查把关，主动听取第三方组织对企业合规整改的考察情况，协调有关行政机关将涉案企业纳入监测平台，统筹数据专项合规与全面合规，确保企业合规整改措施全方位落实落细，避免出现"纸面合规""形式合规"。二是延伸合规激励，秉持惩治与挽救并重，加强检企沟通对接，充分听取被害企业意见，积极推动双方企业实现和解，促成涉案企业与数据来源方达成合规数据交互协议，确保数据来源的合法化，最大限度维护涉案企业正常生产经营。三是深化科技赋能，立足疫情防控常态化下的办案要求，通过"云听证"审查方式兼顾办案公开与效率，召开由全国人大代表、第三方组织、涉案企业参加的线上座谈，听取各方意见，延伸办案效果，实现线上线下对接、场内场外联动，以公开促公正赢公信。

4.由点及面推动行业治理，助力构建健康清朗的网络生态环境。推动网络空间法治化治理，促进互联网企业守法经营，是检察机关依法能动履职、促进诉源治理肩负的重要责任。数字化转型背景下衍生出的数据侵权、网络犯罪问题，亟需规范引导以保障数字经济高质量发展。本案中，涉案企业与被害企业均为大型互联网科创企业，普陀区检察院深化社会综合治理，依法打击网络灰黑产业链的同时，推动促进互联网行业建立数据合规经营体系。一方面，通过案件办理、检察建议、法治宣传等方式，深入涉案企业所在园区引导广大互联网企业树立数据合规意识，从源头防止再次发生类似违法犯罪。另一方面，以"我管"促"都管"助力营造企业合规文化，推动区政府相关部门、司法机关及30余家区内互联网企业深入落实《普陀区互联网企业合规共识框架》，发布《互联网企业常见刑事法律风险防控提示》，为企业风险防范、合规经营提供法律支持，努力实现"办理一个案件、形成一个合规标准、规范一个行业"的良好效果。

王某某泄露内幕信息、金某某内幕交易案

天键词

信息保密合规　　证券犯罪　　检察建议　　第三方监督评估　　量化式评估

要　旨

办理民营企业高管涉证券犯罪案件，要兼顾惩罚个人犯罪和保障民营企业合法权益、激励民营企业合规建设的双重目标。积极适用第三方监督评估机制开展企业合规工作，突出检察机关在合规工作中的全流程主导作用，探索实践"检察建议宏观把控＋检察主导第三方考察＋检察听证事后监督"的企业合规路径。发挥第三方监督评估组织在引导监督涉案企业落实落细合规计划中的专业化作用，以量化式评估验收标准助推企业合规工作取得实效。

一、基本案情

广东 K 电子科技股份有限公司（以下简称"K 公司"）长期从事汽车电子产品研发制造，连续多年获国家火炬计划重点高新技术企业称号，创设国家级驰名商标，取得 700 余项专利及软件著作权，2018 年开始打造占地 30 万平方米、可容纳 300 余家企业的产业园，已被认定为国家级科技企业孵化器。被告人王某某系 K 公司副总经理、董事会秘书。

2016 年 12 月，K 公司拟向深圳市 C 科技股份有限公司（以下简称"C 公司"）出售全资子公司。2017 年 1 月 15 日，K 公司实际控制人卢某某与 C 公司时任总经理张某某达成合作意向。同年 2 月 9 日，双方正式签署《收购意向协议》，同日下午 C 公司向深交所进行报备，于次日开始停牌。同年 4 月 7 日，C 公司发布复牌公告，宣布与 K 公司终止资产重组。经中国证券监督管理委员会认定，上述收购事项在公开前属于内幕信息，内幕信息敏感期为 2017 年 1 月 15 日至 4 月 7 日。被告人王某某作为 K 公司董事会秘书，自动议开始知悉重组计划，参与重组事项，系内幕信息的知情人员。

2016 年 12 月和 2017 年 2 月 9 日，被告人王某某两次向其好友被告人金某某泄露重组计划和时间进程。被告人金某某获取内幕信息后，为非法获利，于 2017 年 2 月 9 日紧急筹集资金，使用本人证券账户买入 C 公司股票 8.37 万股，成交金额人民币 411 万余元，复牌后陆续卖出，金某某亏损合计人民币 50 余万元。

2021 年 8 月 10 日，北京市公安局以王某某、金某某涉嫌内幕交易罪向北京市检察院第二分院（以下简称"市检二分院"）移送审查起诉。审查起诉期间，市检二分

院对 K 公司开展企业合规工作，合规考察结束后结合犯罪事实和企业合规整改情况对被告人提出有期徒刑二年至二年半，适用缓刑，并处罚金的量刑建议，与二被告人签署认罪认罚具结书。2021 年 12 月 30 日，市检二分院以泄露内幕信息罪、内幕交易罪分别对王某某、金某某提起公诉。2022 年 1 月 28 日，北京市第二中级法院作出一审判决，认可检察机关指控事实和罪名，认为检察机关开展的合规工作有利于促进企业合法守规经营，优化营商环境，可在量刑时酌情考虑，采纳市检二分院提出的量刑建议，以泄露内幕信息罪判处王某某有期徒刑二年，缓刑二年，并处罚金人民币十万元，以内幕交易罪判处金某某有期徒刑二年，缓刑二年，并处罚金人民币二十万元。

二、企业合规整改情况及效果

一是强化事先审查，确保个人犯罪中企业合规开展必要性。案件办理期间，K 公司提出王某某被羁押造成公司业务陷入停滞，主动作出合规经营承诺。市检二分院向 K 公司负责人、投资人及合作伙伴多方核实，调取企业项目资质、决策会议记录等证明材料，了解到 K 公司正处于从生产制造模式向产融运营模式转型的关键阶段，王某某长期负责战略规划、投融资等工作，因其羁押已造成多个投融资和招商项目搁浅，导致涉十亿元投资的产业园项目停滞，王某某对企业当下正常经营和持续发展确有重要作用。市检二分院综合考虑犯罪情节、案件查证情况及王某某认罪认罚意愿，及时回应企业需求，变更王某某强制措施为取保候审。同时，鉴于 K 公司具有良好发展前景，且有合规建设意愿，检察机关经审查评估犯罪行为危害、个人态度、履职影响及整改必要性等因素，于 2021 年 9 月 8 日启动企业合规工作。

二是找准合规风险点，精准提出检察建议。市检二分院结合案件审查情况，在 K 公司保密制度缺失、人员保密意识淡薄等表象问题外，挖掘出治理结构风险、经营决策风险、制度运行漏洞以及外部关联公司风险等多项深层次合规风险，为制发精准有效的合规整改检察建议奠定基础。2021 年 10 月 11 日，针对投资参股型企业经营特点，检察机关向 K 公司制发检察建议书，建议 K 公司及其必要的关联公司、子公司共同整改，同步建立资本运作信息保密专项制度，并通过调整治理结构、配备责任主体、规范工作程序、加强员工培训等管控措施保障制度落实。

三是及时启动第三方监督评估机制，监督引导企业进行专项整改。为进一步实现检察建议具体化、可行化和专业化落地，确保企业合规整改取得实效，市检二分院决定适用第三方监督评估机制，监督、引导涉案企业进行合规整改。第三方组织对照检察建议，在尽职调查基础上，根据股权控制关系、业务关联程度、管理层交叉任职情况等因素筛选出三家重要子公司同步参加整改，以合规风险自查清单形式引导企业逐员、逐部门排查合规风险点并作出具体整改承诺，以监管清单形式对企业合规计划提出专业性意见。在第三方组织监督、引导下，K 公司制定了涵盖组织体系、保密对象、制度重建、运行保障、意识文化以及主体延伸等多个层面的信息保密专项合规计划，并聘请专业合规团队辅导公司逐项完成，规范配置经营决策权，建立体系化信息保密管理和考核制度，新设合规管理责任部门，实现合规管理流程全覆盖，组织开展了辐射内部员工、关联公司以及产业园区企业的专项培训。

四是注重多措并施，确保合规审查结果科学公正。2021年12月20日，经过两个月合规考察，第三方组织参照检察建议和相关合规指引对K公司整改情况进行评价。针对此次专项合规整改特点，量身定制了包括检察建议完成情况、合规方案、合规文化培育等12个模块65项评价要素的评价体系，将企业合规整改工作逐项拆解评分，再累加汇总，最终第三方组织认为K公司整改效果达到良好等级，并出具了合规考察报告。2021年12月23日，市检二分院邀请多位合规领域专家学者作为听证员举行听证会进行公开验收，听证员认真听取合规工作各参与主体介绍涉案企业整改情况，追问评估考察方式、合规责任主体、合规经费投入等细节问题，并在经过闭门评议后发表听证意见，一致同意通过K公司合规整改验收。

2022年5月，K公司完成整改以来，产业园项目已顺利竣工等待验收，王某某主导的约2000万投资和基金项目均已按照新规章制度稳步推进。

三、典型意义

1. 积极稳妥探索可能判处较重刑罚案件适用合规改革的全流程办案机制。本案中犯罪嫌疑人可能判处三年以上有期徒刑，但在涉案企业的经营活动中具有难以替代的作用，简单化起诉、判刑不利于涉案企业正常经营发展，且企业具有强烈的合规意愿。检察机关在侦查、起诉与审判三个主要程序环节上均充分利用了合规工作的有效措施，通过在侦查程序中慎重采取强制措施、在审查起诉环节督促开展专项合规整改、起诉后基于合规整改情况提出宽缓的量刑建议，融通了三个主要程序环节中的合规工作，对可能判处较重刑罚案件如何适用合规改革作出有益探索。

2. 充分发挥检察职能优势，探索检察机关全流程主导的合规路径。检察机关多措并举进行合理安排、科学衔接、有效配置，积极实践"检察建议宏观把控＋检察主导第三方考察＋检察听证事后监督"的企业合规路径。一方面借助案件审查和检察建议调查程序，深入挖掘犯罪成因，避免"头痛医头，脚痛医脚"式合规；另一方面积极推动检察建议与第三方监督评估相互融通，并通过第三方组织《工作周报》《定期书面报告》等联系机制动态掌握整改进程，及时解决整改问题；此外，在整改结束后向第三方组织和专家学者借智借力，以第三方组织量化式评估验收确保评价体系公开透明，以公开听证展示合规依法公正。

3. 因案施治，依托专项合规推动民营企业完善法人治理结构。本案虽是针对泄露内幕信息和内幕交易犯罪案件开展的专项合规，但检察机关发现并通过第三方组织调查了解到，K公司存在家族式治理、关键人控制、实际决策人与职权分离等民营企业常见的内控失调现象，如脱离个案的特殊情况片面开展专项合规势必不能取得良好效果。为此，检察机关决定以内幕信息保密合规为契机，推动涉案企业向现代企业法人治理结构积极转变，为企业的健康发展打牢法治根基。

4. 依托涉案企业合规改革试点，强化资本市场非上市公司内幕信息保密合规管理，涵养资本市场法治生态。资本市场是信息市场加信心市场，健全内幕信息保密合规管理，是提振投资信心的重要体现。但内幕交易案件暴露出，企业内幕信息保密管理缺失会引起内幕信息泄密风险，诱发内幕交易，在扰乱证券市场秩序的同时，侵害了广大投资者的合法权益。尤其是作为上市公司交易对方的非上市公司，在行政监管相对薄弱的情况下，更应该加强自身合规管理。该案作为全国首例开展涉案企业合规工作的证券犯罪案件，检察机关坚持惩治犯罪与助力维护资本市场秩序并重，依托涉案企业合规改革积极推动资本市场非上市公司更新合规理念，对标上市公司健全自身合规管理体系，培养全链条合规意识，将外部监管类规定内化为自律合规要求，提高资本运作规范化水平，助力营造资本市场良好法治环境。

江苏 F 公司、严某某、王某某提供虚假证明文件案

关键词

小微企业　简式合规　中介机构　提供虚假证明文件　检察主导

要　旨

针对涉案的小微企业开展合规整改，可以根据《涉案企业合规建设、评估和审查办法（试行）》简化合规审查、评估、监管等程序，由检察机关主导合规监管和验收评估，并直接对涉案企业提交的合规计划和整改报告进行审查。针对涉案企业和责任人，应坚持认罪认罚从宽制度和宽严相济刑事政策，准确区分单位及责任人的责任。

一、基本案情

被告人严某某、王某某分别是江苏 F 土地房地产评估咨询有限公司（以下简称 F 公司）的估价师和总经理。

2019 年 1 月，F 公司接受委托为 G 工贸实业有限公司（以下简称 G 公司）协议搬迁项目进行征收估价，先是采取整体收益法形成了总价为 2.23 亿余元的评估报告初稿。为满足 G 公司要求，王某某要求严某某将涉案地块评估单价提高。严某某在无事实依据的情况下，通过随意调整评估报告中营业收益率，将单价自 2.16 万元提高至 2.38 万元，后又经王某某许可，通过加入丈量面积与证载面积差等方式，再次将单价提高到 2.4 万余元，最终形成的《房屋征收分户估价报告》将房屋评估总价定为 2.49 亿余元。后相关部门按此评估报告进行拆迁补偿，造成国家经济损失 2576 万余元。

2021 年 5 月 6 日，江苏省南京市公安局江宁分局以 F 公司、严某某、王某某涉嫌

提供虚假证明文件罪向南京市江宁区检察院移送审查起诉。2021年6月6日，江宁区检察院依法对严某某、王某某以提供虚假证明文件罪提起公诉。2021年9月17日，南京市江宁区法院以提供虚假证明文件罪判处严某某有期徒刑二年，罚金十万元；判处王某某有期徒刑一年六个月，缓刑二年，罚金八万元。2022年1月30日，江宁区检察院依法对F公司作出不起诉决定。

二、企业合规整改情况及效果

一是开展办案影响评估，充分论证合规必要性、可行性。受理案件后，江宁区检察院对涉案企业开展办案影响评估，调取涉案企业工商信息、纳税、就业等材料；到涉案企业了解行业资质、业务流程、监督管理制度设置；到城乡建设委员会、房屋征收指导中心、住房保障和房产局等行政主管机关，了解土地、房地产征迁谈判、评估、补偿相关规定。F公司从业人员39人，曾获评市优秀估价机构、诚信单位，涉案导致公司参与的多项招投标业务停滞，经营面临困难。江宁区检察院评估后认为，涉案企业以往经营和纳税均正常，案发后企业和个人认罪认罚，且主动提交合规申请，承诺建立企业合规制度。鉴于此，江宁区检察院决定启动企业合规，确定为期6个月的合规考察期。

二是立足小微企业实际，发挥检察主导作用，探索开展简式合规。涉案企业属于小微企业，江宁区检察院决定对企业涉案的房地产估价业务开展简式合规。包括指导涉案企业开展风险自查，形成自查报告；结合案件办理中暴露出的问题，指导企业修订合规计划；围绕13个风险点，制发检察建议，督促企业查漏补缺。涉案企业依据指导设立合规部门、修订员工手册、制定《评估业务合规管理制度》、委托研发线上审批的OA系统、组织开展业务技术规范培训和合规管理制度培训。为降低合规成本、减轻企业经济负担，由江宁区检察院直接开展合规监管、评估，设置合规整改时间表，要求涉案企业明确整改节点、按时序推进。同时为确保合规监管评估的专业性和公平性，邀请三名专业人员协助检察机关开展合规监管、评估。经过6个月的合规整改，江宁区检察院组织公开听证，对合规整改进行评估验收。

三是区别对待，分别处理涉案民营企业和责任人。鉴于两名责任人严重违反职业道德、违法出具证明文件，造成国家经济损失巨大，江宁区检察院于2021年6月6日依法对严某某、王某某以提供虚假证明文件罪提起公诉。同时，对涉案企业开展合规工作和监管验收，经综合审查认定F公司通过评估验收。2022年1月30日，江宁区检察院依法对F公司作出不起诉决定。

三、典型意义

1. 量身定制，对符合条件的小微企业积极探索简式合规监管。检察机关开展企业合规要准确把握企业合规案件适用条件与企业适用范围，因案制宜，根据企业类型的不同开展具有针对性的企业合规工作。小微企业在治理模式、业务规模、员工数量、资金能力、风险防范等方面与大中型企业存在显著差异。检察机关应当结合小微企业的自身特点，积极探索适合小微企业的合规模式，在保证合规计划制定、实施、验收评估等基本环节的同时，通过简化程序、降低合规成本、制定与大中型企业不同的监管标准等简式合规管理，激发小微企业做实合规的积极性。

2. 有的放矢，检察机关在简式合规计划的审查、监管、评估过程中应发挥主导作用。针对小微企业的合规整改，未启动第三方机制的，可以根据《涉案企业合规建设、评估和审查办法（试行）》的规定，由检察机关对其提交的合规计划和整改报告进行审查，主导合规监管和验收评估。一是根据案件具体情况主动听取公安机关等部门的意见，建立合规监管互通机制；二是设置合规时间表，要求涉案企业明确整改节点、按时序推进；三是依据时间表，采取"定向＋随机"的方式考察合规进展；四是选择专家学者、行政主管机关、侦查机关代表组成评估小组，同时组织公开听证对合规整改进行评估验收。

3. 区分责任，落细落实民营经济司法保护政策。检察机关在办理涉民营企业案件时，应当贯彻宽严相济刑事政策。一方面，对于确有重大过错的涉案企业责任人依法予以惩处；另一方面，对于涉案企业积极适用企业合规，针对与企业涉嫌犯罪有密切联系的企业内部治理结构、规章制度等问题开展合规整改，帮助企业弥补制度建设和监督管理方面的漏洞，从源头防止再次发生相同或类似违法犯罪。通过对合规考察合格的涉案企业依法作出不起诉决定，积极落实"六稳""六保"。

广西陆川县 23 家矿山企业非法采矿案

关键词

行业合规   非法采矿   办案模式   第三方监督评估   行业治理

要旨

针对非法采矿系列案涉案企业多、案发原因复杂、办案风险大的特点，依托检察机关纵向和地方各部门横向"系统化"、矿山治理"行业化"、检察队伍"专业化"、办案过程"透明化"办案模式，创新利用检察大数据赋能企业合规，推动行业整治，构建良好的企业合规文化，促进矿山企业转型升级，实现"办理一类案件，规范一个行业"的效果。同时，在办理破坏环境资源保护的刑事案件中，依法开展公益诉讼检察工作，提升检察工作质效。

一、基本案情

广西壮族自治区陆川县 Y 公司等 23 家涉案矿山企业系开采销售建筑用花岗岩、

高岭土等持证矿山企业（全县当时有持证矿山企业 36 家）。23 家涉案矿山企业共有员工 2000 余人，年度纳税总额 6000 多万元。

2019 年至 2020 年期间，Y 公司等 23 家涉案矿山企业在各自矿区内超深度或超范围越界开采建筑用花岗岩、高岭土等原矿，涉案价值人民币 21.69 万元至 1447.68 万元不等。2021 年 5 月，陆川县公安局对该 23 家矿山企业以涉嫌非法采矿罪立案侦查，陆川县检察院派员提前介入引导侦查。2021 年 8 月开始，陆川县公安局陆续将该系列案件移送陆川县检察院审查起诉。案发后，涉案矿山企业陆续主动退缴违法所得、缴纳罚金，相关责任人也主动投案、认罪认罚、主动提出合规意愿。2021 年 10 月，陆川县检察院对 Y 公司等第一批 6 家涉案矿山企业启动合规工作，经第三方组织对 6 家涉案矿山企业合规整改情况进行评估合格后，依法对 Y 公司等 2 家矿山企业及其责任人、L 石场等 4 家矿山企业责任人作出不起诉决定。

2022 年 1 月，陆川县检察院对 D 公司等 17 家涉案矿山企业陆续启动合规工作，截至 2022 年 5 月底已有 3 家涉案企业通过第三方组织考察评估合格，拟对相关企业和责任人作不起诉处理。尚有 14 家涉案企业因配合全县"半边山"整治进度正在进行整改中，由于有的涉案企业涉案金额较大，且因客观原因不能及时完成全部回填、复绿等环境修复义务，待合规考察结束后，将依据考察结果和案件具体情节依法作出处理决定。截至 2021 年 12 月，陆川县检察院依法对 2 家涉案企业和 6 名犯罪嫌疑人作出不起诉决定，其余案件正在参照已结案件的模式有序办理中。

二、企业合规整改情况及效果

一是综合审查，积极稳妥在非法采矿案件中适用企业合规。陆川县检察院经调查发现，全县持证矿山企业大部分于十多年前批准设立，由于当时生产技术条件、工艺和管理要求等历史原因，矿区设置普遍不科学、不合理，如矿区范围小，划界不合理，矿区大多设置在半山腰、半边山等，且涉案企业多为小型企业，普遍内部管理制度不完善，员工法律意识淡薄。如果就案办案对众多的涉案企业及相关人员予以追诉，将对全县矿产行业、地方经济造成严重影响，也直接影响 2000 余人就业。2021 年 10 月，陆川县检察院经综合研判，并层报上级检察院同意后，决定探索对非法采矿系列案适用企业合规。

二是依托"四化"模式，深入推进涉案企业合规改革。陆川县检察院主动向当地党委、政府汇报案件办理过程中遇到的问题和困难，积极争取支持，并促成县政府牵头成立了县矿山企业合规工作领导小组，协调各相关单位协同开展工作，实现企业合规工作推进"系统化"。通过矿山行业风险人排查，梳理矿山企业存在的高发易发风险点，解决矿山行业普遍性问题，推动矿山治理"行业化"。由检察长牵头、抽调刑事检察、公益诉讼检察和行政检察部门业务骨干组成工作专班，集中办理涉企业合规案件，确保办案团队"专业化"。利用检察大数据赋能企业合规，检察大数据同步接入全县矿山视频监控系统及部分行政机关执法数据系统，及时掌握矿山企业整改情况，并对合规计划确定、整改情况评估、拟作处理决定等关键环节举行公开听证，力求办案过程"透明化"。

三是建立以第三方组织为主，其他部门配合的监督考察机制。以第三方监督评估机制管理委员会选任的地质、安监、测绘等专业人员组成的第三方组织为主，相关行政机关参与，共同对全县矿山企业进行风险大排查。根据排查出的非法占用林地、环保污染、超载、爆破、安全用电、高陡边坡、职业病防治等8大类38项风险点，为矿山企业量身制定了《矿山行业企业合规管理计划编制提纲》。第三方组织实地考察企业合规整改情况时，办案检察官、行政机关代表共同参与。第三方组织形成考察评估报告后，检察机关向相关行政机关书面征求意见，并邀请派员参加听证会。

四是企业合规与公益诉讼、检察建议同步开展，促进行业全面合规。案发后，陆川县检察院提前介入引导侦查，了解案件情况，针对办案中发现的突出问题，通过公益诉讼诉前磋商督促林业部门对7家非法占用林地的矿山企业进行查处；通过发送检察建议督促卫生健康部门对1家企业不按要求申报职业病预防情况落实监管职责，确保企业合规整改的刚性。2021年12月，第一批6家涉案矿山企业合规考察期限届满，经第三方组织评估，认为6家涉案矿山企业均已逐步建立完备的生产经营、安全防范、合规内控的管理体系，完成了回填、复绿等环境修复义务。陆川县检察院举行公开听证会，参与听证各方一致同意检察机关对相关企业和人员作不起诉的意见。2021年12月31日，陆川县检察院依法对Y公司等2家涉案矿山企业及其责任人、L石场等4家涉案矿山企业责任人作出不起诉决定。通过企业合规整改、公益诉讼和检察建议方式，督促相关行政部门履行监管职责和涉案企业进行合规整改，有力推动了全县矿山行业全面合规、守法经营。

五是构建良好合规文化，推动采矿行业转型升级。陆川县检察院联合县自然资源局等部门，组织全县30多家持证矿山企业召开警示教育会，以案说法，激发了当地矿山行业开展合规建设的积极性。针对矿山企业矿区范围设置不科学、不合理，容易造成安全隐患等问题，以矿山企业合规整改为契机，督促县自然资源局等部门对原有不科学、不合理并具备整治条件的矿山采取予以注销，通过科学规划、踏勘，重新划定矿区范围，整治"半边山"采石场，优化矿山开发布局，推动采矿行业转型升级。涉案企业通过扎实开展合规整改，提升了相关软硬件设施，其中5家企业完成绿色矿山验收，2家企业年经营收入达到2000万元以上。

三、典型意义

1.依法能动履职，服务保障地方采矿行业高质量发展。检察机关办理非法采矿犯罪案件，应当充分考量犯罪事实和情节、案发原因背景、对当地经济社会的影响等因素，准确把握法律政策界限和开展企业合规范围条件，既要有力打击犯罪挽回国家损失，也要充分考虑司法办案对就业、税收、行业发展的影响，努力实现办案政治效果、社会效果与法律效果的有机统一。

2.创新工作方式,强化对第三方组织的履职监督。该系列案中,各涉案企业的情况不一,合规建设内容专业性强,矿山企业在生产经营中动态变化多。为实现检察机关对第三方组织的履职有效性监督,陆川县检察院通过对涉案矿山企业合规整改前后的情况以无人机拍摄进行3D建模,立体展现整改成效,作为评估第三方组织履职情况及涉案企业合规整改情况的客观依据。通过县矿山企业合规工作领导小组协调,检察机关对接全县矿山视频监控系统以及部分行政机关行政执法数据库,实时掌握涉案矿山企业动态,积极应用大数据法律监督工具,强化对第三方组织履职监督,确保合规考察成效。

3.刑事检察与公益诉讼检察业务实质性融合,提升检察工作质效。一方面,检察机关要牢牢把握职责定位,推动"四大检察"协同发力,建立健全检察机关各内设机构办案协作机制。另一方面,在办理破坏环境资源保护类犯罪案件中,检察机关在提前介入阶段即可开展公益诉讼诉前磋商,针对案件反映的突出问题制发行政检察建议,以公益诉讼检察监督企业合规整改落实情况,加大公共利益司法保护力度。

4.启动行业合规,推动检察机关落实诉源治理责任。陆川县检察院结合当地矿山行业经济发展特点,会同主管部门研究针对行业顽瘴痼疾的整治措施,以系列案推动行业治理,助力矿山行业领域形成合规建设的法治氛围。通过矿山"行业合规"建设,当地政府加快推进"半边山"矿山整治工作。企业合规在优化当地矿山企业布局、督促矿山转型升级、促进经济有序发展等方面起到积极促进作用,实现"办理一类案件、规范一个行业"的良好效果。

福建省三明市X公司、杨某某、王某某串通投标案

关键词

高科技民营企业合规　串通投标　第三方监督评估　跟踪回访

要旨

对于涉案高新技术型民营企业,围绕企业特点全面做好合规前调查,提出整改建议,使涉案企业明确合规整改方向。结合相关领域的合规标准,指导企业细化合规计划,严格督促企业逐条对照落实。综合运用多类型评估、考察机制,确保合规验收环节的质量效果。持续做好不起诉后跟踪回访,助力企业合规守法经营。

一、基本案情

福建省三明市X公司(以下简称X公司)系当地拥有高资质高技术的通信技术

规模级设计、施工、集成企业。杨某某系 X 公司法定代表人、总经理；王某某系 X 公司副总经理，负责对外招投标、施工及结算等业务。

X 公司在投标三明市公安局交警支队 3 个智能交通系统维保项目过程中，与其他公司串通，由 X 公司制作标书、垫付保证金，并派遣 X 公司员工冒充参与串标公司的投标代理人进行竞标，最终上述 3 个项目均由 X 公司中标施工建设，中标金额共计 603 万余元。上述项目现已施工完毕，并通过工程验收决算。案发后杨某某、王某某主动投案。2021 年 4 月，三明市公安局三元分局以 X 公司、杨某某、王某某涉嫌串通投标罪向三明市三元区检察院移送审查起诉。2022 年 1 月，检察机关依法对 X 公司、杨某某、王某某作出不起诉决定。

二、企业合规整改情况及效果

一是深入社会调查启动企业合规。检察机关经审查了解，X 公司系具有涉密信息系统集成资质乙级等多项资质、多项专利的高资质、发展型民营企业，企业综合实力在福建省同行业排名前 20 名，是三明市该行业的龙头企业，累计纳税 7000 余万元、企业员工 100 余名、拥有专利 20 余件。案发后，公司面临巨大危机，大量人员有失业风险，对当地经济和行业发展产生一定负面影响。审查起诉阶段，检察机关向 X 公司送达《企业刑事合规告知书》，该公司在第一时间提交了书面合规承诺以及行业地位、科研力量、纳税贡献、承担社会责任等证明材料。X 公司及杨某某、王某某均自愿认罪认罚，涉案项目已施工完毕，并通过竣工验收决算，无实质性危害后果。检察机关经过实地走访调研，X 公司的合规承诺具有真实性、自愿性，符合企业合规相关规定。检察机关在认真审查调查案件事实、听取行政机关意见以及审查企业书面承诺和证明材料基础上，综合考虑企业发展前景、社会贡献、一贯表现及企业当前暴露出的经营管理机制疏漏，2021 年 9 月启动合规考察程序，确定了 3 个月的合规考察期。

二是扎实开展第三方监督评估。三明市第三方监督评估机制管委会指定 3 名专业人员组成第三方组织，对 X 公司启动企业合规监督考察程序。整改期间，检察机关多次与第三方组织、企业专业律师团队会商，针对 X 公司在投标经营活动方面存在的风险漏洞，指导企业修订、完善《企业合规整改方案》和《企业合规工作计划》，有针对性地督促企业健全内控机制及合规管理体系。X 公司积极对照实施，及时汇报进展情况。检察机关会同第三方组织对合规计划执行情况不定期开展灵活多样的跟踪检查评估。

三是公开听证后作出不起诉决定。2022 年 1 月，第三方组织对 X 公司企业合规整改进行验收，经评估通过合规考察。检察机关组织召开听证会，听取人大代表、政协委员、人民监督员、侦查机关及社会群众代表对 X 公司合规整改的意见，听证员一致认可企业整改成效。同月，检察机关经综合审查认为，X 公司、杨某某、王某某等人主动投案、认罪认罚、主观恶性较小，相关项目业已施工完毕并通过验收，未给社会造成不良影响。且 X 公司案发后积极开展有效合规整改，建立健全相关制度机制，堵塞管理漏洞，确保依法经营，不断创造利税，依法对 X 公司、杨某某、王某某作出不起诉决定。

四是持续做好不起诉后跟踪回访。检察机关经综合考察听取各方意见后，依法作出不起诉决定，让企业"活下去"，有机会"经营好"，X 公司对参与投标的 13 个项目均进行合规审核，最终中标 2 个项目，金额 100 多万元。检察机关开展"回头看"，要求 X 公司对已整改到位部分加强常态监管，较为薄弱环节持续整改。而后检察机关邀请第三方监管人员围绕企业已整改问题及关联持续建设领域进行跟踪回访，继续为企业依法合规经营提供普法服务，确保合规整改效果能够"长效长治"。

三、典型意义

1. 严格把握企业合规适用标准、条件，围绕企业特点全面做好合规前调查。对于涉案高技术型民营企业，检察机关会同有关部门，对涉案公司开展社会调查，通过市场监管、人社、税务、工商联等平台，调查其社会贡献度、发展前景、社会评价、处罚记录等。同时研判发案原因，查找其经营风险和管理缺漏，以"合规告知书 + 检察建议书"形式，提出整改建议，使涉案企业"合规入脑"，督促其作出合规承诺。检察机关在社会调查时，主动审查涉案公司是否符合适用条件，及时征询涉案企业、个人的意见，与本地区第三方机制管委会提前沟通，做好合规前期准备。

2. 多方协作优化合规计划，严格督促企业逐条对照落实。依托第三方监督评估机制向相关行业领域的专家"借智借力"，立足 X 公司自身问题，结合相关领域的合规标准，指导企业优化合规计划，对合规体系运行涉及的组织架构、事项流程、内控机制、风险整改、文化培塑等进行分解细化，从提升合规意识、规范投标业务操作到健全配套内部资金流向监管审计等层面，严格按照时间表监督落实，做到点面衔接，实现"合规入心"。检察机关还会同第三方组织通过多次实地走访 X 公司，与律师团队等会商研讨，指导 X 公司对合规计划进行修订完善，为后续推进第三方监督评估创造重要前提条件。

3. 综合运用多类型评估、考察机制，确保涉案企业合规整改实质化。评估程序上，坚持问题导向，逐条对照合规计划检视企业整改效果，防止走过场的"纸面合规"。考察方式上，采取灵活、有效方式，不拘泥于特定形式，在不影响正常生产经营的前提下，融合开展实地考察、听取汇报、查阅资料、组织座谈、同业参照等组合方式，推动合规建设，强化员工守法意识。企业通过评估后，检察机关接续用好公开听证、人民监督员监督、人大代表、政协委员监督等方式，以公开促公正，确保合规验收环节的质量效果，实现合规"成效入档"，避免合规建设流于形式。

涉案企业合规典型案例
（第四批）

北京李某某等 9 人保险诈骗案

关键词

保险诈骗　专业监督考察　公开听证　诉源治理

要旨

　　针对汽车销售服务企业员工利用工作之便实施的保险诈骗行为，检察机关通过深入调查，积极引导侦查准确认定犯罪主体。启动合规时，考虑汽车销售服务企业与保险公司深度合作的行业特点，组织开展第三方监督评估。邀请保险和汽车销售服务行业各自监管部门共同参与公开审查，确保企业合规整改的针对性和有效性，既注重保障保险公司合法权益，又注重激励汽车销售服务企业推进合规建设。企业合规整改落实后，检察机关能动履职，推动行业合规诉源治理。

一、基本案情

　　北京 A 汽车销售服务有限公司和 B 汽车销售服务有限公司（以下简称 A 公司、B 公司）均系 C 集团下属企业，两家公司法定代表人系同一人，组织架构、管理模式相同，经营场所相邻。

　　李某甲、李某乙、曹某、孙某甲、崔某某、张某甲分别系 A 公司保险理赔经理、服务总监、保险理赔顾问、车间主任、维修技师，张某乙为 B 公司保险理赔顾问，李某丙、孙某乙系被保险车辆的车主。

　　A 公司、B 公司与多家保险公司有合作关系，保险公司派驻在两家公司的人员负责销售保险、事故车辆定损以及保险理赔等工作，A 公司、B 公司的保险理赔顾问负责售后协助顾客对接保险公司。李某甲等人为了维系客户、提高业绩，自 2019 年开始，与到店维修车辆的多名顾客共谋，通过伪造事故现场、故意制造碰撞事故等方式编造出险事由，或者以其它车辆事故定损照片冒充实际发生事故车辆照片夸大损失，骗取保险理赔款。2019 年至 2021 年，李某甲等人共实施 14 起保险诈骗行为，骗保金额共计41万余元。案发后，A公司、B公司代涉案员工向相关保险公司赔偿了经济损失，保险公司对相关涉案人员予以谅解。

2022年4月，北京市公安局顺义分局以李某甲等9人涉嫌保险诈骗罪向顺义区检察院移送审查起诉。2022年5月，检察机关综合考虑该案的社会危害性、认罪认罚情况，依法对李某甲提起公诉，对李某乙、曹某、孙某甲、李某丙、孙某乙等5人作出不起诉决定。同年6月，检察机关对A公司、B公司启动为期3个月的涉案企业合规整改考察。同年9月，根据企业合规进展情况，法院采纳了检察机关对李某甲从宽处罚的量刑建议，判处李某甲有期徒刑二年六个月，并处罚金3万元。同年10月，合规考察结束后，检察机关综合犯罪事实、企业合规整改情况和认罪认罚从宽制度适用情况，对张某甲、张某乙、崔某某等3人作出不起诉决定。

二、企业合规整改情况及效果

一是明确犯罪主体，为后续开展企业合规找准切入点。本案是发生在汽车维修服务领域的保险诈骗案件，主要涉案人员为汽车维修服务企业员工，诈骗所得基本由保险公司转入企业账户，因此本案是自然人犯罪还是单位犯罪需要进一步核实。检察机关从两方面着手开展工作，一方面引导公安机关调取企业法定代表人、其他非涉案员工的证言以及车辆维修审核单据等，查明本案行为是否出于单位意志，另一方面积极自行补充侦查，前往A公司、B公司开展调查工作。经调查，A公司、B公司的负责人及C集团的区域总监均表示公司对员工的骗保行为并不知情，这与公安机关调取到的其他非涉案员工的言词证据以及大多数犯罪嫌疑人的供述能够相互印证。在公安机关侦查和检察机关自行补充侦查相结合的基础上，明确本案非单位犯罪，为后续开展企业合规找准切入点。

二是充分开展调查，积极稳妥启动企业合规工作。检察机关在调查中了解到，C集团是一家多元化、跨区域经营的投资控股集团，其旗下的A公司、B公司均获得汽车流通协会认可的百强经销商称号，A公司、B公司近三年年均纳税额分别达到1300余万元和400余万元，共有200余名员工，具有较大的发展前景和社会贡献。但是公司在制度建设方面存在疏漏，主要体现在没有制定严密的保险理赔管理制度，公司人员法律意识不强，导致部分员工为了维系客户、提高个人业绩，通过骗保的方式为客户修车，触犯了法律。检察官在实地调研中发现，两家企业涉案员工众多，案发初期A公司的车辆维修服务部门一度陷入瘫痪状态，两家公司的经营管理、企业形象面临巨大危机。两家公司主动提出愿意承担企业责任，希望进行企业合规整改。同时，保险公司对涉案企业开展企业合规没有异议。检察机关在综合考虑案件事实、企业发展前景、社会贡献、合规意愿的基础上，决定启动合规考察程序。

三是紧扣案件特点，开展专业监督评估。本案中，保险理赔由店内员工与保险公司驻店的查勘定损人员相互配合完成定损、维修、理赔、结算整个流程，具有汽修与保险互涉的行业特点。据此，检察机关商第三方监督评估机制管委会，抽取了由物流行业协会、国企法务部门、市场监管部门的专家组成的第三方组织，突出监督评估的专业适配性。检察机关向第三方组织介绍了基本案情，并协助其对企业进行实地调查。经调查，发现企业存在保险理赔业务流程不规范，保险理赔顾问与财务人员、查勘定损人员职责不清，以及保险理赔与维修施工的衔接环节缺乏有效监管等问题。第三方组织针对汽车销售服务行业保险理赔业务的特点，在两家公司原有整改方案的基础上突出问题导向，细化落实措施，要求涉案公司根据流程要素细分为接车定损、维修施工、交车结算、交案回款、保险手续台账登记等项目进行整改。第三方组织根据企业的前期准备情况以及案件的办理进度，确定了3个月的合规考察期。

四是积极能动履职，全面深入组织专业公开听证。2022年10月，第三方监督组织对A公司、B公司的整改落实情况出具了合规考察书面报告，认为企业已经落实了合规整改计划。检察机关在审查企业合规情况、综合全案事实的基础上，拟对张某甲、张某乙、崔某某作相对不起诉处理。本案涉及多方主体，为保证监督考察和案件办理公正透明，实现政治效果、法律效果和社会效果的统一，检察机关组织公开听证。一是邀请汽车维修服务行业的行政监管部门及律师担任听证员，从行业监管角度和法律适用角度评议案件，确保听证意见的全面性；二是邀请A公司、B公司的代表及第三方组织成员参会，分别介绍企业合规整改落实情况和考察评估情况，确保听证员全面了解案件；三是邀请北京市银保监局工作人员以专家身份线上出席听证会，提供保险监管领域专业意见，确保评议结果的专业性。

五是注重权益维护，确保企业合规整改落实见效。案件办理中，检察机关注重对保险公司合法权益的保护，将企业承担经济责任的情况作为审查合规整改落实的要素，同时在办案中通过对犯罪嫌疑人开展释法说理、适用认罪认罚从宽制度、开展羁押必要性审查等工作积极促进追赃挽损，被骗保险公司的损失全部被挽回。同时，检察机关强化对涉案企业规范经营的引导，促使企业步入良性发展轨道。经过合规整改，A公司、B公司实现了对保险理赔业务运营风险点的有效管控，理赔服务部门的工作质效大幅提升，与保险公司的合作更为规范顺畅。2022年，两家公司保险理赔数据趋向正常，在保险公司内部的合作车商等级均由B级提升至A级。

六是强化行刑衔接，以点及面推进诉源治理。顺义区检察院在办理该案的同时，也对辖区内近年的车险类诈骗案进行系统梳理。经分析发现，有半数以上的案件均有汽车维修服务企业或个体汽车修理厂参与的情况。这些单位或个人熟悉定损和理赔的流程，了解车辆配件价格并掌握维修技巧，也有招揽车主进店维修进而提高收益的需求，往往主动向车主提出可以不付费修车，或者满足车主提出的免费修车要求，而修车款的来源普遍为通过保险诈骗行为获得的保险理赔款。对此情况，顺义区检察院会同区交通局深入研究在汽车维修服务行业开展行刑衔接的具体措施，探索建立联合普法、线索移送等合作机制，通过与汽车维修行业协会建立合作关系，针对辖区内

400 余家企业开展行业治理，促成合规经营的法治氛围。

三、典型意义

1. 依法全面审查，确保企业合规的必要性和可行性。将案件准确定性作为启动企业合规工作的先决条件，积极引导公安机关补充完善证据，并充分发挥检察机关自行补充侦查的职能作用。充分听取犯罪嫌疑人及辩护人的意见，结合证据进行释法说理，解决控辩双方在案件定性方面的争议。积极稳妥开展企业合规必要性审查，通过组织座谈、查阅企业年报、调取完税证明等材料、听取保险公司意见等方式，多角度审查涉案企业的制度漏洞、发展前景、社会贡献、合规意愿，确保后续开展的企业合规具有必要性、可行性。

2. 兼顾企业经营模式和案件特点适用第三方机制，确保企业合规的专业性和科学性。保险公司在车险营销中往往与汽车销售服务企业建立合作关系，企业暴露出的问题兼具汽车维修和保险服务的双重特点。该案在启动第三方机制时充分考虑专业性和针对性，由汽修行业的行政监管部门、相关行业协会组织、法律专业人士组成第三方监督评估组织。合规考察结束后组织公开听证，邀请北京市银保监局工作人员从保险监管的角度提出专业意见，确保合规考察结果运用的科学性。

3. 多措并举支持第三方机制运行，发挥企业合规中检察机关的主导作用。启动第三方机制时，检察机关在保证办案安全的前提下向第三方组织提供涉案企业资料及相关案情，协助第三方组织实地调查，综合研判企业在合规领域存在的突出问题。合规监督考察过程中，检察机关在充分保证第三方组织独立履职的基础上，与第三方组织和企业分别建立定期沟通会商机制，双向跟进企业合规整改进程、合规计划落实情况。第三方组织出具企业合规考察书面报告后，检察机关及时回访涉案企业、保险公司，将审查工作做细、做实。

4. 推进诉源治理，深化企业合规整改实效。在启动、推进、评估涉案企业合规过程中，兼顾保护民营企业健康发展和维护保险公司合法权益双重目标。保障保险公司的知情权和发表意见的权利，通过深入开展涉案企业合规促进保险合作更加规范、顺畅。立足司法办案，延伸检察职能，充分运用类案调研成果，携手行政监管部门、行业协会开展保险诈骗犯罪诉源治理专项工作，以个案合规推动行业合规。

山东潍坊 X 公司、张某某污染环境案

关键词

污染环境　中外合资企业　集团公司普遍推行合规　公开听证

要旨

根据污染环境案件特点有针对性选任第三方组织，精准开展合规监督评估。结合中外合资企业的特点，外资集团公司要求在华十余家企业同步开展合规建设，探索合规国际标准本土化路径。积极引导外资企业树立生态环境理念，以生态环境合规建设为契机全面推动外资企业合规建设，积极构建法治化营商环境及生态保护大格局。

一、基本案情

山东潍坊 X 公司系中外合资企业，是中国溴系阻燃剂产能最大的企业之一。犯罪嫌疑人张某某系该公司副总经理、生产经理。

2020 年 5 月，张某某雇佣人员在厂区土地挖掘沟渠后填埋 X 公司生产过程中产生的溴系阻燃剂落地料 4.8 吨。经山东省环境保护领域专业司法鉴定中心认定，上述倾倒特征物为危险废物。X 公司违反国家规定，非法填埋危险废物 4.8 吨，涉嫌污染环境犯罪，张某某系 X 公司直接负责的主管人员，应予追究刑事责任。案发后，张某某被依法传唤到案，如实供述了犯罪事实。2021 年 8 月 5 日，公安机关以 X 公司、张某某涉嫌污染环境罪移送潍坊市滨海经济技术开发区检察院（以下简称滨海经开区检察院）审查起诉。

2021 年 10 月，当地生态环境部门委托专业机构进行了生态环境损害鉴定评估工作。经评估，X 公司在厂区土地挖掘沟渠非法填埋危险废物的行为，导致沟渠内的土壤被污染，案发后该部分被污染土壤已经全部挖掘用于计算溴系阻燃剂落地料的数量。经检测，除被污染土壤外，周围土壤环境质量未受到本次事件的损害，无需生态环境损害修复，遂要求 X 公司支付土壤环境监测、现场调查、环境损害评估等费用 8 万元。

二、企业合规整改情况及效果

一是深入合资企业实地调查，审查启动企业合规考察。滨海经开区检察院经审查发现 X 公司、张某某非法处置危险废物 4.8 吨，构成污染环境罪，其中张某某作为负责生产经营的副总经理，决定实施倾倒废物的行为，代表了单位意志且单位从倾倒废物行为中获益，X 公司成立单位犯罪。X 公司与张某某均认罪认罚，犯罪嫌疑人张某某犯罪情节相对轻微，刑期为一年以下有期徒刑，并处罚金，可适用缓刑。审查起诉期间，检察办案人员先后多次前往 X 公司实地调查，了解到 X 公司是中国溴系阻燃剂产能最大的企业之一，X 公司的外资投资方 H 集团在其国内外同时上市，入选富时社会责任指数系列（FTSE4Good Index Series，旨在识别根据全球公认标准，在环境、社会和治理方面表现良好的公司，并对其成绩进行表彰）。如果对 X 公司进行刑事处罚，将在全球范围对 H 集团造成重大负面影响，严重影响 H 集团富时社会责任指数成员的地位以及 EcoVaidis（全球公认的企业社会责任权威评价机构）金牌评级。

考虑到 X 公司的产品主要以出口为主，失去众多国际订单，将严重影响企业的融资及生产运营的能力，进而可能导致企业大规模裁员。另发现 X 公司虽然设立了各种制度，但仍然存在生态环保制度不健全、生态环境观念欠缺、操作规程执行不到位等问题。在确认 X 公司已与当地政府达成赔偿协议，支付相关费用且将非法填埋物妥善处置，非法倾倒危险废物的行为对生态环境质量未造成重大影响的情况下，滨海经开区检察院经初步审查认定该公司符合企业合规适用条件，遂层报山东省检察院审批。2022 年 4 月 12 日，山东省检察院同意对 X 公司启动涉案企业合规考察。

二是上下级检察机关联动，积极适用第三方机制。滨海经开区检察院根据案件罪名、案件性质、合规重点方向等方面，着重考虑第三方组织成员人数和行业身份，争取潍坊市检察院支持，由潍坊市检察院从全市专业人员名录库中分类随机抽取 5 名人员（市生态环境局、市应急管理局、市税务局各 1 人，律师 2 人）组建了第三方组织。在合规考察期间，两级检察院积极会同第三方组织成员多次到 X 公司实地考察，查看危险废物非法填埋现场及处置方式，认真研判 X 公司合规领域的薄弱环节和突出问题，督促 X 公司制定整改方案。

X 公司成立专项合规建设领导小组，主动聘用外部专家及外部合规顾问（包括国家级、省级及世界银行专家库的环境专家）协助合规整改，重点对安全生产环节、危废物处置环节进行了检查整改，建立了环境安全合规管理体系，同时新设两处危废物仓库，新购置上框压滤系统用以减少落地物产生。考察期间，X 公司补充制定了共计 3200 多页的修订制度目录、证据清单等专项合规整改材料，同时报送检察机关与第三方组织，并根据双方提出的意见对合规整改方案进行了补充完善。X 公司还建立合规风险发现、举报、监控及处理机制，建立合规绩效评价机制，推进考核与追责，并先后对企业人员开展 12 次全员合规培训、30 多次专项合规培训，投资建立国际先进的"Go Arc"技术管理系统，企业合规文化得以重塑和深化普及。

三是通过听取汇报、现场验收、公开听证等方式，对监督考察结果的客观性进行充分评估论证。滨海经开区检察院经过对 X 公司制定的合规计划、整改方案，第三方组织制定的评估方案、评估指标体系、阶段性考察报告、合规整改考察评估报告等进行全面审查，对整改情况进行实地调查核实，认可企业合规整改合格。2022 年 7 月 28 日，滨海经开区检察院组织人民监督员、第三方组织成员、公安机关侦查人员、生态环境部门工作人员进行公开听证，一致认为，X 公司已经全面、有效完成了合规整改，并形成了长效合规管理机制，企业经营状况大为改观，同意检察机关作不起诉处理。2022 年 8 月 5 日，滨海经开区检察院对 X 公司、张某某作出不起诉决定并公开宣告。同时，滨海经开区检察院提出检察意见，对于办案中发现的涉行政处罚的事由，建议区生态环境局结合 X 公司已经进行企业合规整改的具体情况从宽处罚。

三、典型意义

1. 依法能动履职，全面准确把握涉案企业合规改革的主要目的。滨海经开区检察院以涉案企业合规改革精神为指导，先行到 X 公司调研和查看案发现场，积极推动 X 公司进行企业合规整改。合规建设使企业自身取得了持续发展的能力，保持了企业的国际竞争力，同时对本地其他化工企业起到了警示作用。截至 2022 年 8 月，X 公司稳定原有就业人员近百人，并新增就业人员多名。此外，潍坊市滨海经开区管委会出具了对 X 公司扩产技术改造项目的联审意见，同意 X 公司每年增产 4000 吨溴系阻燃剂的生产，预计 X 公司当年新增投资 1500 万元，新增税收 500 万元，显著提高了企业持续发展的能力。

2. 坚持检察上下一体，联动办案。经山东省检察院同意潍坊市滨海经开区检察院对该案启动涉案企业合规后，滨海经开区检察院结合当时该区尚未成立第三方机制委员会的实际情况，依托潍坊市检察院与市第三方监督评估机制管理委员会会商，选定了包括市检察院特聘专家在内的人员组建第三方组织，同时对第三方组织成员的选任工作和履职情况进行监督。在办案过程中，上下两级检察院办案人员多次会同第三方组织成员到 X 公司进行考察、座谈、评估，在危险废物的识别流程、固体废物的收集和处理环节、员工培训等方面，向 X 公司提出意见。企业合规整改完成后，上下两级检察院精准开展合规监督评估，督促 X 公司认真落实环保责任，弥补了 X 公司的监督管理漏洞，有效防止了再次发生相同或类似违法犯罪，助推 X 公司完善现代企业管理制度。

3. 结合中外合资企业特点，外资集团旗下在华十余家同类企业主动、全面开展合规建设，将 ESG 国际标准本土化，探索建立符合我国国情的专项合规体系。企业合规整改过程中，检察机关发现 X 公司所属集团公司曾获得 EcoVadis 评级金牌，在中国本土化进程中却遇到了挑战。究其原因，X 公司虽然意识到应当将国际 ESG 合规标准应用于中国本地企业，但该标准内容多为体系与原则性规定，在中国落地必然需要依据中国法规与中国实践经验进行细化。X 公司虽然要求 ESG 合规标准融入管理全流程，制定了指导性规定，但具体到每位员工应当承担的责任时出现了偏差，且在固体废物的收集和处理等环节存在漏洞，导致涉案企业危险废物处置由生产经理个人决策，未按照标准汇报公司后处理，从而发生污染环境的犯罪。

针对这一问题，检察机关与第三方组织协助 X 公司结合我国法律分析本地常见违规情况，识别可能导致企业刑事责任的风险点，建议在类似重大决策层面，应将个人责任与集体决策相结合，帮助企业完成制度落地。X 公司深入研究了案件发生的原因，参考 H 集团的 ESG 合规标准与当地最佳合规进行实践操作，使用新型合规方案，使新的决策机制在中国实践获得成功，并形成了双重预防机制智能化，从而将国际 ESG 合规标准本土化。H 集团为落实该项机制，以点带面，主动将集团公司在中国的其他十余家企业均进行了内部合规整改，设立了风险监控与处理机制，真正实现了集团企业全面合规，保证了集团企业在中国的可持续发展。

山西新绛南某某等人诈骗案

关键词

诈骗　合规准备工作前移　专项合规组合　推动区域合规

要旨

检察机关在启动涉案企业合规工作中，主动服务保障乡村振兴战略，积极稳妥在涉案劳动密集型企业中开展合规工作。因企施策，找准方向，标本兼治，为企业量身定制"安全生产＋财税管理"专项合规组合推进路径。积极稳妥探索合规准备工作前移，在"重罪"案件中开展合规改革，坚持量化评估、科学验收，确保企业"真合规""真整改"。

一、基本案情

L 公司系从事塑料包装袋生产、加工为一体的劳动密集型企业，拥有实用性专利 6 项，部分业务涉及进出口贸易，现有员工 300 人，属国家级高新技术企业，年营业收入 2000 余万元。L 公司拓展家庭加工，为周边留守、老龄无稳定收入人群提供稳定收入来源，助力乡村振兴。南某某系 L 公司总经理，张某甲、张某乙分别系公司会计、工人。

2019 年 9 月 7 日，张某乙在生产车间作业时遭机器轧伤右手。因公司未给工人张某乙缴纳工伤保险，为逃避企业承担高额赔偿金，南某某安排张某甲为张某乙于 9 月 9 日补缴工伤保险，采取办理出院再二次入院的手段，虚构张某乙受伤时间，骗取工伤保险赔偿款 26 万余元。案发后，南某某等 3 人主动投案，如实供述犯罪事实，自愿认罪认罚，L 公司将 26 万余元返还社保中心。

公安机关在侦查过程中邀请检察机关介入，涉案企业主动申请适用合规考察，检察机关作出不批准逮捕的决定并同步开展合规准备工作。2022 年 1 月 22 日，根据 L 公司的申请，检察机关决定对 L 公司启动合规考察程序。2022 年 1 月，新绛县公安局以南某某、张某甲、张某乙三人涉嫌诈骗罪向新绛县检察院移送审查起诉。检察机关受理案件后，经三个月合规考察，2022 年 5 月 18 日，新绛县检察院依法对南某某等 3 人作出不起诉决定。

二、企业合规整改情况及效果

一是深入调查、依法审查，积极稳妥在企业骗保案件中适用合规机制。新绛县检察院在介入侦查环节组成办案组，依法审查企业经营情况，并多次深入 L 公司调查，走访生产关联村民家庭。经了解，L 公司生产模式以车间加工为主、家庭手工为辅，解决了 480 个就业岗位，留守老人占比达 37.5%，对助力当地乡村振兴具有积极作用。L 公司经营状况稳定，产品销往域外多个国家和地区，发展前景良好，且在 2021 年 10 月新绛县遭受洪灾时，主动提供厂房安置灾民 300 余人，具有较强的社会责任感。检察机关综合考虑调查、审查情况，结合南某某等人自首、认罪认罚、退赔等法定、酌定从轻、减轻情节，2022 年 2 月 11 日，根据 L 公司的申请，决定对其正式启动合规考察程序，合规整改期 3 个月。同时，检察机关根据该案特点，及时商第三方机制管委会组成了由安全评价专家、会计师、律师等组成的第三方监督评估小组。

二是精准把脉、标本兼治，监督评估有的放矢。检察机关在社会调查中发现，L 公司在缴纳工伤保险方面存在问题，是案发直接原因，同时在员工管理、规章制度、安全生产执行等方面也存在问题，是引发骗保的深层次原因。新绛县检察院坚持标本兼治的合规整改原则，会同第三方组织为企业精准把脉，引导企业制定"安全生产＋财税管理"专项合规组合计划，督促企业设立法务部门，健全企业员工管理及财务管理等制度，补充完善员工分级管理制度和岗位责任制度，构建安全生产管理体系、现场作业规范执行奖惩体系，确保合规整改见实效。

三是量化评估、全面验收，合规考察效果显著。检察机关与第三方组织紧密合作，科学制定评估方案，列出安全管理、生产作业、财税管理、企业制度建设 4 方面内容。明确了修订安全管理制度、安全操作规程、生产安全应急预案，制定应急预案演练计划和年度安全教育培训计划，组织应急演练，完善各类台账，清理生产作业现场，作业岗位悬挂明显的安全警示提醒，完善财税管理制度，加强经济管理和财务管理，工伤保险的缴纳责任到人，按月缴纳并予以公示，确定总经理全面负责的责任落实制度等 24 项内容翔实细致的量化验收标准。L 公司各项指标全部完成，被第三方组织认定为合规整改合格。经公开听证，检察机关对南某某等 3 人作出相对不起诉决定。经整改，L 公司制度建设和生产经营成效显著，2022 年 5 月，L 公司与国外 3 家公司顺利履行 500 万元编织袋购销合同。

四是检察建议推动专项治理，"以案促改"推动行政机关规范监管。检察机关在履职中，针对发现的县社保中心和县工业园区管委会存在保险理赔审查把关不严、工作混乱、监管不力等问题，分别向两家单位制发检察建议。要求社保中心增强科学管理意识，要求工业园区管委会加强对辖区内企业安全生产管理，检察建议被全部采纳。2022 年 4 月，社保中心开展了"工伤保险专项整治"活动，对近 3 年工伤理赔案件进行"回头看"，督促辖区企业补齐工伤保险资料 50 余份，总结经验教训，加强和规范审核、把关工作。同月，工业园区管委会开展了"安全生产大检查"，组织辖区内企业负责人进行安全生产专题培训，对 20 家企业进行安全生产抽查，消除重大安全隐患 3 处。

三、典型意义

1. 准确把握涉案企业合规的适用条件，积极稳妥探索对重罪案件适用合规考察程序。本案中 3 名犯罪嫌疑人涉嫌诈骗罪，办案机关根据《关于建立涉案企业合规第三方监督评估机制的指导意见（试行）》第 3 条的规定，认为 3 名犯罪嫌疑人实施的骗取工伤保险基金的行为属于公司企业的经营管理人员实施的与生产经营活动密切相关的犯罪，可以适用合规考察程序。本案中的诈骗罪行为方式与普通诈骗罪存在许多不同，骗取的对象为政府部门管理的社会保险基金，骗取行为与企业生产经营活动直接相关，虽然刑法对诈骗罪未规定单位犯罪，但根据上述指导意见的规定，符合合规案件适用范围。刑法分则当中存在若干类似的罪名，由于未规定单位犯罪，但只要符合涉案企业合规改革试点文件规定的"与生产经营活动密切相关"的条件，就可以纳入合规改革试点的案件范围，从这个意义上讲，涉案企业合规改革并不限于单位犯罪案件。本案中南某某、张某甲的行为按照诈骗罪量刑，基准刑为 66 个月，属于重罪案件，但检察机关综合考虑其具有自首、退赔退赃、初犯偶犯、认罪认罚等法定酌定量刑情节，同时对涉案企业是否具备合规整改的条件进行了认真分析，对本案启动合规考察程序，完全符合当前涉案企业合规改革探索中的相关指导性文件规定。

2. 合规准备工作前移，坚持全流程、系统性推进合规改革试点工作。本案中，检察机关在介入侦查环节即着手开展合规准备工作，通过深入细致的专项调查，准确全面地掌握了犯罪的原因、是否符合合规条件等基本信息，并与侦查机关、政府有关部门、工商联等协作机构紧密沟通、达成共识。注重用足用好合规程序的工具箱，对犯罪嫌疑人不批准逮捕，对企业慎重采取查封、扣押、冻结等强制性侦查措施，有助于全面实现合规整改目的。同时，检察机关尽早开展合规准备工作，有助于案件进入审查起诉环节后高质量开展合规考察，更能发挥合规"保企业""保就业"等社会功能。

3. 针对性制定专项合规组合计划，标本兼治推动真合规、真整改。检察机关借助第三方组织，紧扣财税制度混乱导致的漏保风险，以及安全生产执行不到位引发安全事故风险等问题，为企业量身定制"安全生产＋财税管理"专项合规组合推进路径，向企业指明合规风险点，提出专业整改意见。同时，检察机关通过总结提炼《合规整改可行性评估报告》内容，建议第三方组织制定《合规整改情况验收表》，对企业合规整改完成情况进行量化评估，促进第三方组织准确履职，确保合规整改监督评估专业有据，考察验收结果更具说服力，合规整改成效更实。

安徽 C 公司、蔡某某等人滥伐林木、非法占用农用地案

关键词

外资企业　一体化办案　府检联动　生态修复

要　旨

检察机关依托"府检联动"工作机制，依法能动履职，加强与行政机关的沟通协作，综合运用行政、经济、司法手段，积极探索生态环境保护领域涉案企业合规适用，对涉多罪名涉案外资企业开展合规考察，通过个案合规推动行业合规，切实营造安商惠企的法治化营商环境，有力护航民营经济高质量发展。

一、基本案情

安徽 C 矿业有限公司（以下简称"C 公司"）系外商独资企业，注册成立于 2010 年 4 月，隶属于外资企业 J 控股集团。蔡某某系 C 公司法定代表人、总经理，熊某、刘某某系副总经理，方某某系生产技术部主管。

C 公司因拓宽采矿区的生产经营需要，向有关部门申请林木采伐和道路扩建。2020 年 8 月 14 日，经安徽省林业局审核，同意 C 公司扩建工程项目使用村集体林地 16 公顷。2021 年 2 月 2 日，芜湖市繁昌区自然资源和规划局根据 C 公司申报，批准该公司在其申请的四至范围内采伐。但 C 公司在采伐和修路过程中，均未在上述规定的范围内进行。

2021 年 2 月，在申领到林木采伐许可证后，经蔡某某同意，由熊某具体负责，安排员工对已征收的山林地实施林木砍伐。砍伐过程中，发生超审批许可砍伐林木情况。经鉴定，C 公司超审批采伐林木蓄积量 49.2236 立方米。2021 年 4 月，C 公司因扩建项目修建道路，刘某某分管此项工作，方某某具体负责。但在修路过程中，超出了申请的范围。2021 年 7 月 13 日，芜湖市自然资源和规划局繁昌分局鉴于 C 公司存在未经批准擅自改变林地用途和滥伐林木行为，向其下发立即停止违法行为的通知。2021 年 8 月，刘某某擅自向方某某下达复工指令，至同年 11 月工期结束。经鉴定，C 公司未经审批占用林地面积 91.056 亩，均为用材林。

2021 年 11 月 20 日，芜湖市公安局繁昌分局对 C 公司以滥伐林木、非法占用农用地罪，对蔡某某、熊某以滥伐林木罪，对刘某某、方某某以非法占用农用地罪立案侦查，并对四人采取了取保候审的强制措施，繁昌区检察院应繁昌公安分局邀请派员介入侦查引导取证。

案发后，C 公司表示愿意就违法行为造成的环境损害进行磋商和修复并以缴纳保证金的方式保障治理费用，充分弥补损失；涉案人员到案后，如实供述犯罪事实、自

愿认罪认罚，主动提出合规整改意愿。2022 年 3 月 11 日，繁昌公安分局将该案移送繁昌区检察院审查起诉，繁昌区检察院经层报省检察院同意后于 2022 年 5 月启动合规考察程序，经过两个月的考察，2022 年 7 月，第三方组织评估 C 公司合规整改合格后，繁昌区检察院依法对 C 公司及涉案人员作出不起诉决定。

二、企业合规整改情况及效果

一是坚持一体化办案，审慎启动涉案企业合规程序。案发后，繁昌区检察院介入侦查引导取证，了解案件情况，并及时与公益诉讼部门对接，组成工作专班，做到刑事案件办理与公益诉讼办理同步。在移送审查起诉后，工作专班第一时间赴涉案企业和案发矿区现场调查取证，并及时向市检察院和区委汇报案情。经市检察院批准，市、区两级检察机关抽调办案骨干成立联合办案组，推动涉案企业合规整改。经查，C 公司成立以来，为当地提供 300 余个就业岗位和创业机会，近两年的年纳税额超 6 千万元，关联下游企业年纳税额 3 亿余元。同时，该企业主动承担当地 350 户村民自来水费，积极参与抗洪抢险、疫情防控等公益活动。案发后，涉案企业主动委托第三方机构制定植被恢复治理实施方案，投入专项经费 460 余万元用于生态恢复治理，以弥补犯罪行为造成的环境损害，企业还明确表示愿意缴纳保证金来保障后续治理费用。检察机关综合考虑涉案企业的案发原因、合规整改意愿、社会贡献度、发展前景以及案发点受损林地恢复治理情况，在层报安徽省检察院同意后，决定启动涉案企业合规考察。

二是依托"府检联动"，有效凝聚合规整改合力。为争取支持、凝聚共识、形成合力，芜湖市检察院依托"府检联动"工作机制，在该案办理基础上，推动出台《芜湖市涉案企业合规第三方监督评估机制的实施意见》。繁昌区检察院与区行业主管部门就该案所涉违法行为、生态恢复治理要求等具体事项反复磋商沟通，召开府检专题座谈会 3 次。同时检察机关邀请来自繁昌区生态环境分局、区自然资源和规划分局的 2 名特邀检察官助理加入办案组，不仅提出有针对性的意见建议，还协助开展勘验、鉴定、调取证据材料等工作，为该案办理提供专业化支持。

三是专注缺陷补救，切实增强涉案企业全员法律意识。C 公司虽持有采伐许可证和规划许可证，但超量采伐，且未经批准擅自改变林地用途，造成环境资源损害，暴露出 C 公司在环保绿色生产、安全生产承诺及合规管理方面法律意识淡薄。为此，C 公司的上级集团公司任命专人担任合规建设领导小组组长到 C 公司担任合规办公室主任，在对 C 公司生产经营活动及制度执行履行决策权和监督权的同时，推动企业合规和"边开采边治理"理念向整个集团辐射，积极打造和申报"省级绿色矿山"。C 公司在合规建设阶段，邀请了自然资源和规划部门、律师等专业人员就森林法及其实施细则等开展了法律培训，编制了员工行为手册，并通过考试的方式巩固员工学习成果；同时，在用林用地、动土动工等重大事项上建立了分级管理制度，树立全体员工的合规意识、红线意识。

四是聚焦生态修复，推动合规整改走深走实。根据该案特点，检察机关邀请环保、林业、土地方面的专家学者，建立专业化的第三方组织。第三方组织先后 4 次现场查验，研判问题不足、提出针对性解决意见，并推动 C 公司在原定实施方案基础上，增加铺种草皮 42000 平方米，以"挂网喷播"技术恢复植被 30000 平方米，恢复治理费用由计划投入 192 万元增至实际支出 460 余万元，生态恢复治理力度得到大幅提升。在合规整改评估验收通过后，检察机关召开公开听证会，就合规考察工作充分听取意见建议。会议邀请行业代表、律师、人民监督员等 5 名听证员，同时邀请人大代表、政协委员及侦查机关、主管部门代表等 10 余人旁听。经评议，参与听证各方对 C 公司合规建设成效给予肯定，并一致同意检察机关对涉案企业和涉案人员拟不起诉的意见。

三、典型意义

1. 注重理念指引，积极探索对多罪名涉案企业开展合规考察。本案涉案企业涉嫌 2 个罪名、涉案自然人较多，芜湖市、区两级检察机关强化上下联动，结合涉案企业合规案件适用条件，对该案探索开展环保合规，并推动相关机制的建立。办案机关考虑到涉案企业虽涉嫌两个罪名，但两罪之间具有密切关联，鉴于犯罪成因、企业生产经营状况、法益修复情况等因素，可以对涉案企业开展合规考察。检察机关在办案过程中，还将涉案企业合规与少捕慎诉慎押刑事司法政策、认罪认罚从宽制度有机结合，在确保合规整改实效性的前提下确定合适的考察期限。同时办案机关积极依托"府检联动"机制，有效形成企业合规整改合力，督促涉案企业履行合规承诺的同时，帮助企业尽快恢复正常生产经营秩序。

2. 发挥主导责任，扎实推进合规进程。该案移送检察机关审查起诉之初，涉案企业虽有强烈的合规整改意愿，但因生态治理难度大、投入高，案发地的恢复治理工作迟迟未能跟进。检察机关严格把握企业合规适用条件，在督促涉案企业对损害后果采取必要的补救挽损措施后，才正式启动合规程序，并在合规建设期间，多次邀请第三方组织现场核查合规计划的执行落实情况。同时切实做好企业合规"后半篇文章"，通过上级集团公司直接派遣合规团队介入，督促涉案企业建立用林用地风险防控体系及处理机制，推动出台《合规管理制度》等规章制度，帮助涉案企业和员工树立合规意识，筑牢绿色可持续发展理念。

3. 延伸监督职能，实现行业合规治理。企业合规的最终目的是让企业"活下来""留得住""经营得好"。繁昌区检察院在依法对 C 公司和蔡某某等涉案人员作出不起诉决定后，充分总结该案暴露的行业治理问题，向行业主管部门制发检察建议，推动"个案合规"向"行业合规"延伸。行业主管部门根据检察机关的建议，在深入辖区内企业开展专项检查的基础上，召开全区矿山开采行业专题会议，通报 C 公司案件情况，要求各相关企业完善配套机制，强化制度执行，并对发现的问题限期整改。检察机关通过 C 公司环保合规案件的办理，推动行业治理，较好地实现了政治效果、法律效果和社会效果的有机统一。

浙江杭州 T 公司、陈某某等人帮助信息网络犯罪活动案

关键词

帮助信息网络犯罪活动　网络科技公司　互动式广告　制度建构与技术升级　数据合规指引

要　旨

互联网广告的高频性、易变性和非接触性，导致经营互联网广告业务的企业在实际经营过程中，难以判断广告主的违法性，极易成为网络违法犯罪的"帮凶"。检察机关针对互联网广告行业属性、技术行为合规规则，发挥"行政主管＋业务专家"联动监督的叠加优势，以"制度规范＋技术合规"综合施策，提升涉案企业合规监督评估的精准性和有效性。同时，注重强化诉源治理，制定出台企业数据合规指引，积极探索建立对科创企业的适度容错机制，从"治已病"到"治未病"，有效激发市场主体活力，助力数字经济健康发展。

一、基本案情

杭州 T 网络科技有限公司（以下简称 T 公司）成立于 2017 年，系香港上市公司 D 公司的全资子公司，主营第三方互动式广告平台业务。D 公司旗下"线上用户运营 SaaS""银行营销 SaaS""第三方互动式广告平台"三个业务板块均在国内行业领先。T 公司系国家高新技术企业，公司业务发展迅速，现有员工 300 余人，累计纳税超亿元，拥有多项国家专利，先后荣获诸多政府和行业荣誉奖项。陈某某等 12 人分别为 T 公司的实际控制人、主管人员、业务员。

2017 年，T 公司发现其互动广告业务中部分代理商可能存在发布彩票广告和疑似涉赌信息的情形，但为提升公司经营业绩，兼任 T 公司、D 公司董事长的犯罪嫌疑人陈某某与时任公司总裁黎某某等人商定，仍由 T 公司销售部人员对接相关代理商，商谈投放费用；运营部人员落实广告投放平台、投放时间、投放区域，采用直推或加粉方式向网络平台推送广告及后续维护；商务部人员在网络平台购买广告位进行发布，处理投诉和相关舆情；风控部人员对已上线广告明显为赌博页面的及时予以下架，规避查处。案发后，T 公司第一时间下架所有该类型广告，并主动退出 1350 万元非法获利。

2021 年 5 月 13 日，西湖区检察院依法受理了犯罪嫌疑单位 T 公司、犯罪嫌疑人陈某某等 12 人帮助信息网络犯罪活动罪一案。针对该案是否涉嫌开设赌场罪的共同犯罪问题，检察机关审查认为，T 公司、陈某某等人与上游犯罪分子没有共谋或默认的共同故意，也未实施共同的犯罪行为，没有直接从上游犯罪行为中获取高额利益，在侦查机关未能对上游赌博平台进行查证的情况下，不宜认定 T 公司、陈某某等人与

上游被帮助人存在积极的意思联络，案件以帮助信息网络犯罪活动罪定性较为适宜。经开展社会调查，检察机关综合考虑各种因素，于2022年2月决定对T公司启动涉案企业合规考察。在T公司完成有效合规整改后，2022年9月，西湖区检察院依法对犯罪嫌疑单位T公司、犯罪嫌疑人陈某某等12人作出不起诉决定。

二、企业合规整改情况及效果

一是精心审查，充分论证确保合规考察的必要性。案件移送审查起诉后，西湖区检察院多次实地走访企业，调查企业规模以及实际经营状况，听取企业在案发至移送审查起诉期间的整改情况汇报。经深入了解，T公司作为一家成长型科技企业，规模发展迅速，管理层及员工普遍存在重业绩增长轻法律风险等问题，且公司在停止违法行为后，其业绩稳中向好，具备合规整改的基础和意义。西湖区检察院与监管部门、上级检察院开展共同研判，考虑到公司发展前景较好，涉案业务比重小，主要业务运营合法，结合管理层主动停止违法行为着手合规整改的情况，在对其提交的合规申请、整改计划等材料认真审查后，决定对该公司开展合规考察。

二是精准施策，多管齐下确保合规方案的科学性。决定对涉案企业开展合规考察后，西湖区检察院根据企业特点，科学选任第三方组织，邀请省、市两级检察院参与并实际指导企业的合规整改工作，充分研究并提出整改方向和建议。一方面，指导企业深入剖析涉案原因：公司高速发展的业绩压力使管理层忽视了合规治理的重要性，导致内部风险管理水平与业务体量不匹配；广告审核制度不完善、线上风控技术能力较弱，内部核心岗位人员权责不明，制度建设未落实，人力及预算投入不够造成审核力度不足等。另一方面，指导企业制定合规整改方案：成立合规委员会，制定《T公司合规委员会章程》，避免管理者个人意志左右公司合规决策；创制《合规事项异议处理办法》《员工奖惩制度细则》《合规监察举报办法》，建立四级合规异议制度，初步形成体系性的日常合规事项管理制度；强化广告业务审核，对内全面更新广告业务内容审核，对外创设广告主身份认证规范，充分落实监管责任，避免第三方代理商及广告主违规发布不符合法律规定的广告；落实技术合规目标，加大技术研发投入，创设一系列广告落地页监控手段，针对违法广告开发了系列技术专利；加强内部人员合规意识，通过合规培训、警示教育、合规专项月等形式，强化"人人合规、事事合规"意识。

三是精细考察，多方评定确保审查结果的公正性。合规考察期间，公司"一周一汇报、一月一总结"，及时解决整改中的问题。2022年5月考察期满后，第三方组织认为T公司按要求完成合规整改计划，评定合规整改合格。西湖区检察院经过事后走访、现场验收等方式对该结果予以充分审查。为保障涉案企业及时复工复产，同年9月，西湖区检察院组织公开听证会，邀请省人大代表、人民监督员、工商联代表、第三方组织成员等参加或旁听。经评议，与会人员对T公司合规整改成效充分肯定，一致同意检察机关对T公司及涉案人员依法作出不起诉决定。

四是精良治理，系统防范新业态伴随的法律风险，确保企业发展的持续性。西湖区检察院通过办案发现，浙江数字经济发达，部分新业态常常游走在法律边缘，相关案件类型新、争议大，如果在企业违法犯罪之后再行治理，多是"亡羊补牢"，也不可避免对企业发展产生不利影响。为此，西湖区检察院根据本地数字经济产业聚集的实际，推动相关部门共同探索企业事前合规，主动联合该区九个部门研究出台《西湖区预防性企业合规监督评估机制的意见（试行）》，横向联动形成合力，以"我管"促"都管"，对有刑事风险的企业进行事先预警和评估。同时，注重强化行业系统治理，以《个人信息保护法》和《数据安全法》颁布实施为契机，牵头相关职能部门深入调研论证，制定出台了《西湖区企业数据合规指引》，创建企业数据刑事合规通道，助力企业依法合规经营。

三、典型意义

1. 强化能动履职，深入推进企业整改。检察机关从个案出发，考虑涉案企业系辖区重点培育企业，公司规模较大、员工达千余人，所涉犯罪涉及公司部分业务，罪名反映问题较新等诸多因素，从维护社会稳定、促进企业经营发展、保障劳动力就业等公共利益角度综合考虑决定对涉案企业开展合规整改。检察机关将企业合规与认罪认罚从宽制度、不起诉制度融合推进，督促企业重新审视经营流程和机制漏洞，引导企业从源头上完善内部管理体系。

2. 选好第三方组织，确保监督评估效果。第三方组织承担对涉案企业的调查、监督、评估、考核等职责，其专业人员库能否用好，直接关系第三方监督评估的实际效果。该涉案企业存在互联网企业营运模式的专业化特征，且本案又涉互联网广告运营这一特殊领域，检察机关基于涉案合规业务的特性，组建由浙江大学网络安全学术专家、行政主管机关领导、广告业内专家、法律实务专家等组成的第三方监督评估组织。在行政主管的政策引导和业务专家的技术支撑下，合规指导精准有力。

3. 针对犯罪成因的专项合规计划辅之以技术监管，形成行业合规示范效应。该案中，针对广告主身份认证这一关键问题，检察机关和第三方监督评估组要求涉案企业克服困难坚决整改到位，在管好自己的同时也要管理好合作伙伴。通过"制度构建＋技术升级"，涉案企业初步建立了刑事合规管理体系，一方面，通过对合作伙伴的管理，在一定程度上净化了行业风气；另一方面，也通过技术提升，在违法广告的巡查、筛选方面提出了六项专利权申请，将作弊监测系统、防篡改系统、自动审核系统、异常排查系统等技术手段应用于涉互联网广告行业相关企业，以点带面，有效推动行业良性发展。

4. 强化诉源治理，助力数字经济发展。办案检察机关通过联合相关部门搭建平台、整合数据、对有刑事风险的科创企业进行事先预警评估，督促开展合规整改，探索建立适度容错机制，有效激发了市场主体活力。同时，通过制发数据合规指引，引导企业自主构建数据合规管理、运行、保障和处置体系，强化企业数据安全保障意识和犯罪预防意识，实现"惩""防""治"工作的一体化开展，较好地推动了末端处理与前端治理的有机融合，有力促进了区域数字经济健康发展，彰显了检察担当。

附　录

立案追溯标准（常用罪名数额标准一览表）

罪名	数额较大（一档）	数额巨大（二档）	数额特别巨大（三档）
抢劫罪	—	6万元	—
抢夺罪	1000元	1万元	5万元
盗窃罪	3000元	6万元	30万元
诈骗罪	5000元	10万元	50万元
合同诈骗	个人：2万元 单位：10万元	个人：5万元 单位：50万元	个人：50万元 单位：200万元
信用卡诈骗	5000元、恶透5万元	5万元、恶透50万元	50万元、恶透500万元
敲诈勒索罪	2000元	5万元	3万元
侵占罪	1万元	5万元	—
职务侵占罪	1万元	10万元	—
故意毁坏财物罪	5000元	5万元	
掩饰、隐瞒犯罪所得罪	5000元	50万元或5辆机动车以上	—
单位受贿	10万元	—	—
单位行贿	20万元	—	—
对单位行贿	10万元	—	—
介绍贿赂	3万元	—	—

刑事罪名分类汇总

危害国家安全罪
　　分裂国家罪
　　煽动分裂国家罪
　　颠覆国家政权罪
　　煽动颠覆国家政权罪
　　间谍罪
　　为境外窃取、刺探、收买、非法提供军事秘密罪
危害公共安全罪
　　放火罪
　　决水罪
　　爆炸罪
　　投放危险物质罪
　　以危险方法危害公共安全罪
　　失火罪
　　过失决水罪
　　过失爆炸罪
　　过失投放危险物质罪
　　过失以危险方法危害公共安全罪
　　破坏交通工具罪
　　破坏交通设施罪
　　破坏电力设备罪
　　破坏易燃易爆设备罪
　　过失损坏交通设施罪
　　过失损坏电力设备罪
　　组织、领导、参加恐怖组织罪
　　劫持航空器罪
　　劫持船只、汽车罪
　　劫持航空器罪
　　劫持船只、汽车罪
　　破坏广播电视设施、公用电信设施罪

过失损坏广播电视设施、公用电信设施罪

非法制造、买卖、运输、储存危险物质罪

非法制造、买卖、运输、邮寄、储存枪支、弹药、爆炸物罪

盗窃、抢夺枪支、弹药、爆炸物罪

抢劫枪支、弹药、爆炸物、危险物质罪

非法持有、私藏枪支、弹药罪

非法携带枪支、弹药、管制刀具、危险物品危及公共安全罪

铁路运营安全事故罪

交通肇事罪

危险驾驶罪

重大责任事故罪

强令违章冒险作业罪

重大劳动安全事故罪

大型群众性活动重大安全事故罪

危险物品肇事罪

工程重大安全事故罪

教育设施重大安全事故罪

消防责任事故罪

不报、谎报安全事故罪

破坏社会主义市场经济秩序罪

生产、销售伪劣产品罪

生产、销售伪劣产品罪

生产、销售、提供假药罪

生产、销售、提供劣药罪

妨害药品管理罪

生产、销售不符合安全标准的食品罪

生产、销售有毒、有害食品罪

生产、销售不符合标准的医用器材罪

生产、销售不符合安全标准的产品罪

生产、销售伪劣农药、兽药、化肥、种子罪

生产、销售不符合卫生标准的化妆品罪

走私罪

走私武器、弹药罪

走私核材料罪

走私假币罪

走私文物罪

走私贵重金属罪

走私珍贵动物、珍贵动物制品罪

走私国家禁止进出口的货物、物品罪

走私淫秽物品罪

走私废物罪

走私普通货物、物品罪

妨害对公司、企业的管理秩序罪

虚报注册资本罪

虚假出资、抽逃出资罪

诈发行证券罪

违规披露、不披露重要信息罪

妨害清算罪

隐匿、故意销毁会计凭证、会计账簿、财务会计报告罪

虚假破产罪

非国家工作人员受贿罪

对非国家工作人员行贿罪

对外国公职人员、国际公共组织官员行贿罪

非法经营同类营业罪

为亲友非法牟利罪

签订、履行合同失职被骗罪

国有公司、企业、事业单位人员失职罪

国有公司、企业、事业单位人员滥用职权罪

徇私舞弊低价折股、出售国有资产罪

背信损害上市公司利益罪

破坏金融管理秩序罪

伪造货币罪

出售、购买、运输假币罪

金融工作人员购买假币、以假币换取货币罪

持有、使用假币罪

变造货币罪

擅自设立金融机构罪

伪造、变造、转让金融机构经营许可证、批准文件罪

高利转贷罪

骗取贷款、票据承兑、金融票证罪

非法吸收公众存款罪

伪造、变造金融票证罪

妨害信用卡管理罪

伪造、变造国家有价证券罪

擅自发行股票、公司、企业债券罪

内幕交易、泄露内幕信息罪

利用未公开信息交易罪

编造并传播证券、期货交易虚假信息罪

诱骗投资者买卖证券、期货合约罪

操纵证券、期货市场罪

职务侵占罪

贪污罪

非国家工作人员受贿罪

受贿罪

挪用资金罪

挪用公款罪

背信运用受托财产罪

违法运用资金罪

违法发放贷款罪

吸收客户资金不入账罪

违规出具金融票证罪

对违法票据承兑、付款、保证罪

逃汇罪

洗钱罪

金融诈骗罪

集资诈骗罪

贷款诈骗罪

票据诈骗罪

金融凭证诈骗罪

信用证诈骗罪

信用卡诈骗罪

有价证券诈骗罪

保险诈骗罪

危害税收征管罪

逃税罪

抗税罪

逃避追缴欠税罪

骗取出口退税罪

伪造公司、企业、事业单位、人民团体印章罪

伪造、变造居民身份证罪

非法生产、买卖警用装备罪

非法获取国家秘密罪

非法生产、销售间谍专用器材罪

非法使用窃听、窃照专用器材罪

非法侵入计算机信息系统罪

非法获取计算机信息系统数据罪

提供侵入、非法控制计算机信息系统程序、工具罪

破坏计算机信息系统罪

聚众扰乱社会秩序罪

聚众冲击国家机关罪

聚众扰乱公共场所秩序、交通秩序罪

投放虚假危险物质罪

编造、故意传播虚假恐怖信息罪

聚众斗殴罪

寻衅滋事罪

组织、领导、参加黑社会性质组织罪

入境发展黑社会组织罪

包庇、纵容黑社会性质组织罪

传授犯罪方法罪

非法集会、游行、示威罪

侮辱国旗、国徽罪

组织、利用会道门、邪教组织、利用迷信破坏法律实施罪

组织、利用会道门、邪教组织、利用迷信破坏法律实施罪

组织、利用会道门、邪教组织、利用迷信致人死亡罪

聚众淫乱罪

引诱未成年人聚众淫乱罪

盗窃、侮辱尸体罪

赌博罪

开设赌场罪

妨害司法罪

伪证罪

辩护人、诉讼代理人

妨害作证罪

帮助毁灭、伪造证据罪

打击报复证人罪

扰乱法庭秩序罪

窝藏、包庇罪

掩饰、隐瞒犯罪所得罪

拒不执行判决、裁定罪

非法处置查封、扣押、冻结的财产罪

破坏监管秩序罪

脱逃罪

劫夺被押解人员罪

组织越狱罪

暴动越狱罪

聚众持械劫狱罪

妨害国（边）境管理罪

组织他人偷越国边境罪

骗取出境证件罪

提供伪造、变造的出入境证件罪

出售出入境证件罪

运送他人偷越国（边）境罪

偷越国（边）境罪

妨害文物管理罪

故意损毁文物罪

故意损毁名胜古迹罪

过失损毁文物罪

倒卖文物罪

盗掘古文化遗址、古墓葬罪

盗掘古人类化石、古脊椎动物化石罪

抢夺、窃取国有档案罪

危害公共卫生罪

非法组织卖血罪

强迫卖血罪

非法采集、供应血液、制作、供应血液制品罪

医疗事故罪

非法行医罪

非法进行节育手术罪

妨害动植物防疫、检疫罪

破坏环境资源保护罪

污染环境罪

非法处置进口的固体废物罪

非法捕捞水产品罪

非法猎捕、杀害珍贵、濒危野生动物罪

非法收购、运输、珍贵野生动物罪

非法狩猎罪

非法占用农用地罪

非法采矿罪

非法收购、运输、加工、出售珍贵树木、国家重点保护的其他植物及其制品罪

盗伐林木罪

滥伐林木罪

非法采伐、毁坏国家重点保护植物罪

非法收购、运输盗伐、滥伐的林木罪

走私、贩卖、运输、制造毒品罪

非法持有毒品罪

包庇毒品犯罪分子罪

窝藏、转移、隐瞒毒品、毒赃罪

走私制毒物品罪

非法买卖制毒物品罪

非法种植毒品原植物罪

非法买卖、运输、携带、持有毒品原植物种子、幼苗罪

引诱、教唆、欺骗他人吸毒罪

强迫他人吸毒罪

容留他人吸毒罪

组织、强迫、引诱、容留、介绍卖淫罪

组织卖淫罪

强迫卖淫罪

协助组织卖淫罪

引诱、容留、介绍卖淫罪

引诱幼女卖淫罪

传播性病罪

嫖宿幼女罪

制作、贩卖、传播淫秽物品罪

制作、复制、出版、贩卖、传播淫秽物品牟利罪

传播淫秽物品罪

组织播放淫秽音像制品罪

组织淫秽表演罪

危害国防利益罪

阻碍军人执行职务罪

破坏武器装备、军事设施、军事通信罪

过失损坏武器装备、军事设施、军事通信罪

冒充军人招摇撞骗罪

接送不合格兵员罪

伪造、变造、买卖武装部队公文、证件、印章罪

非法生产、买卖武装部队制式服装罪

伪造、盗窃、买卖、非法提供、非法使用武装部队专用标志罪

贪污贿赂罪

贪污罪

挪用公款罪

受贿罪

利用影响力受贿罪

单位受贿罪

行贿罪

对单位行贿罪

介绍贿赂罪

单位行贿罪

巨额财产来源不明罪

隐瞒境外存款罪

私分国有资产罪

私分罚没财物罪

渎职罪

滥用职权罪

玩忽职守罪

故意泄露国家秘密罪

执行判决、裁定滥用职权罪

过失泄露国家秘密罪

徇私枉法罪

民事、行政枉法裁判罪

枉法仲裁罪

执行判决、裁定失职罪

私放在押人员罪

失职致使在押人员脱逃罪

徇私舞弊减刑、假释、暂予监外执行罪

徇私舞弊不移交刑事案件罪

滥用管理公司、证券职权罪

徇私舞弊不征、少征税款罪

徇私舞弊发售发票、抵扣税款、出口退税罪

违法提供出口退税凭证罪

国家机关工作人员签订、履行合同失职被骗罪

违法发放林木采伐许可证罪

环境监管失职罪

食品监管渎职罪

传染病防治失职罪

非法批准征用、占用土地罪

非法低价出让国有土地使用权罪

放纵走私罪

商检徇私舞弊罪

商检失职罪

动植物检疫徇私舞弊罪

动植物检疫失职罪

放纵制售伪劣商品犯罪行为罪

办理偷越国（边）境人员出入境证件罪

放行偷越国（边）境人员罪

帮助犯罪分子逃避处罚罪

招收公务员、学生徇私舞弊罪

失职造成珍贵文物损毁、流失罪

军人违反职责罪

盗窃抢夺武器装备军用物资罪

擅自出卖、转让军队房地产罪

虐待部属罪